63416 E   € 16,-

5673

M (H
l   d
66 37)

D1670630

Raub und Erpressung
nach englischem und deutschem Recht
und aus rechtsvergleichender Sicht

von
Karl Hagel
Ministerialrat a. D. in Stuttgart

1979

Walter de Gruyter · Berlin · New York

CIP-Kurztitelaufnahme der Deutschen Bibliothek

Hagel, Karl:
Raub und Erpressung nach englischem und deutschem
Recht und aus rechtsvergleichender Sicht / von
Karl Hagel. — Berlin, New York: de Gruyter, 1979.
ISBN 3-11-008103-2

Copyright 1979 by Walter de Gruyter & Co., vormals G. J. Göschen'sche Verlagshandlung, J. Guttentag,
Verlagsbuchhandlung, Georg Reimer, Karl J. Trübner, Veit & Comp., 1000 Berlin 30.

Printed in Germany

Druck: H. Heenemann GmbH & Co, 1000 Berlin 42 · Bindearbeiten: Thomas Fuhrmann KG, 1000 Berlin 36

Inhaltsverzeichnis

5.Abschnitt

Vergleichung der Erpressung nach englischem Recht mit der
einfachen Erpressung nach deutschem Recht

Vorwort

Obwohl die Strafrechtsvergleichung in Deutschland besonders seit
Franz von Liszt als wissenschaftliche Forschungsmethode Anerkennung gefunden und durch das Max-Planck-Institut für ausländisches
und internationales Strafrecht intensive Förderung erfahren hat,
weist dieser Zweig der modernen Rechtswissenschaft insbesondere
gegenüber der Rechtsvergleichung auf dem Gebiet des Zivilrechts
sowohl in der Forschung wie in der Lehre ein deutliches Gefälle
auf. Im Schrifttum stehen die Erörterungen über Bedeutung und
Aufgaben der komparativen Methode im materiellen Strafrecht und
methodologische Grundsatzfragen gegenüber der vergleichenden Analyse der Rechtssysteme oder einzelner Rechtsinstitute noch zu
sehr im Vordergrund. Anders als beispielsweise an den französi-
schen und den japanischen Universitäten oder den amerikanischen
Law Schools weisen die curricula der deutschen Universitäten,
nicht zuletzt bedingt durch das geringe Interesse der Studenten,
nur sehr spärlich Lehrveranstaltungen über Strafrechtsvergleichung
auf, die damit das Schicksal anderer, nicht unmittelbar berufs-
bezogener Studienfächer teilt. Dies ist umso bedauerlicher, als
das Studium fremder Strafrechtssysteme mit ihren spezifischen,
von moralischen und kulturellen Wertbegriffen und den sozialen
Lebensbedingungen geprägten Rechtsregeln einem besseren Verständnis und einer kritischen Wertung des einheimischen Rechts dient
und Erkenntnisse darüber gewinnen läßt, ob und inwieweit sich
Elemente des fremden Rechts vorteilhaft in das einheimische Recht
integrieren lassen.
Anknüpfend an die früheren rechtsvergleichenden Arbeiten des Verfassers auf dem Gebiet der Vermögensdelikte[1] soll in der vorliegenden Abhandlung neben der Interpretation und der Gegenüberstel-
lung der maßgeblichen Vorschriften der Frage nachgegangen werden,
ob und gegebenenfalls inwieweit die Änderung der gesetzlichen
Grundlagen in England durch das Theft Act 1968 zu einer Angleichung der Delikte des Raubes und der Erpressung in den Rechten
beider Länder geführt hat.

---

[1] Das Larceny Act 1916, 3 Bde & 1 Registerband, Stuttgart 1960,
im Archiv ungedruckter wissenschaftlicher Schriften bei der
Deutschen Bibliothek, Frankfurt/M. und Micro-Edition bei Inter
Documentation Company AG, Zug/Schweiz; Der einfache Diebstahl
nach englischem und deutschem Recht, Berlin 1964.

Einleitung

Die Grundlagen für eine Vergleichung des englischen und deutschen Rechts auf dem Gebiet des Raubes und der Erpressung
bilden nach englischem Recht die Bestimmung des s.8 i.Verb.
mit den ss.1-6 und die Bestimmung des s.21 Theft Act vom 26.
Juli 1968 (c.60), von denen die ersteren die Delikte des
larceny in jeder Form, des embezzlement und des fraudulent
conversion i.S. der ss.1, 17 und 20 Larceny Act 1916 ersetzten,
die letztere an die Stelle der ss.29-31 Larceny Act 1916 getreten ist. Die volle Bezeichnung des Gesetzes lautet: "An
Act to revise the law of England and Wales as to theft and
similar or associated offences, and in connection therewith
to make provision as to criminal proceedings by one party to
a marriage against the other, and to make certain amendments
extending beyond England and Wales in the Post Office Act 1953
and other enactments; and for other purposes connected therewith". Es wird nach s.36 (1) der Ergänzung (Supplementary) zu
diesem Gesetz kurz als Theft Act 1968 bezeichnet. Das Theft
Act ist nach s.35 (1) der Ergänzung am 1. Januar 1969 in Kraft
getreten und nur für Delikte wirksam, die ganz oder teilweise
an oder nach diesem Zeitpunkt begangen sind, soweit nicht in
diesem Gesetz eine abweichende Bestimmung getroffen ist. Bezüglich des Beweisverfahrens und der Restitutionsverfügungen sind
in s.35 (2) & (3) der genannten Ergänzung besondere Übergangs-
bestimmungen getroffen worden. Nach deutschem Recht sind die
§§ 249 - 253 und 255 des Strafgesetzbuches für das Deutsche
Reich vom 15. Mai 1871[1] in der Neufassung vom 1. Januar 1975[2]
maßgebend. Doch empfiehlt es sich bei der Vergleichung die Entwürfe eines Strafgesetzbuches von 1960[3] und 1962[4] mit zu berücksichtigen. Zur Auslegung der maßgebenden Bestimmungen des

---

[1] RGBl. S.127.

[2] BGBl.I, 1.

[3] BT-Drucksache 2150/60.

[4] BR-Drucksache 200/62.

Theft Act 1968 ist auf das Verhältnis dieses Gesetzes zu dem
bisher geltenden common law und den das common law, wenn auch
in modifizierter Form, kodifizierenden und konsolidierenden
Larceny Acts von 1861 (24 & 25 Vict. c.96) ss.12 & 13 und von
1916 (6 & 7 Geo.V c.50) s.23 mit s.1 einzugehen. Hierzu ist zu
bemerken, daß das Theft Act 1968 speziell im Hinblick auf den
vom Raubtatbestand eingeschlossenen Diebstahlstatbestand völlig neue Wege eingeschlagen hat, so daß die Auslegung seiner
Begriffe nach ihrer natürlichen Bedeutung zu erfolgen hat,
ohne unnötigerweise auf die Auffassungen des common law und
der Larceny Acts 1861 und 1916 zurückzugehen. So führt Sachs,
L.J. in R.v.Baxter[1] in Beziehung auf das Theft Act 1968 aus:
"That is an Act designed to simplify the law - it uses words
in their natural meaning and is to be construed thus to pro-
duce sensible results". Nur in einer beschränkten Zahl von
Fällen wird es notwendig oder wünschenswert sein, zum früheren
case law Zuflucht zu nehmen. Ganz auf das common law zu verzichten, ist jedoch nicht möglich, weil das Theft Act das Eigentumsrecht übernimmt, von welchem vieles nur in entschiedenen Fällen zu finden ist, wie z.B. die Übernahme der Ausdrücke
"tenancy", "proprietary right or interest" und anderer, welche
die Auffassungen des Zivilrechts beschreiben, die im Diebstahlsrecht nicht auszumerzen sind, wie z.B. bezüglich des
restoration of property or proceeds or value of it. Bei der
neuen strafrechtlichen Auffassung des Diebstahls i.S. des
theft werden die nach altem Recht entschiedenen Fälle im allgemeinen irrelevant sein, es sei denn, daß das Theft Act das
Wesen früherer Statuten einverleibt hat, wie z.B. bei der verbesserten Version des "taking motor vehicles" nach s.12 Theft
Act. Dasselbe gilt, wo Ausdrücke mit gut begründeter Bedeutung
nach den Larceny Acts im Theft Act verwendet sind, wie z.B. der
Gebrauch des Wortes "menaces" bei der Erpressung, das, wenn ihm
die klare und natürliche Bedeutung zukäme, so ausgelegt werden
möchte, als sei es auf Drohungen mit Gewalttätigkeit (violence) und dergleichen beschränkt. Dies würde auf eine drasti-

---

[1] R.v.Baxter, 1971, (1971) 2 All E.R.359 at 363, per Sachs, L.
J.; siehe auch Treacy v. Director of Public Prosecutions,
1971, (1971) 1 All E.R.110 at 124, per Lord Diplock.

sche Verengung des Erpressungsdelikts hinauslaufen und offensichtlich die Absicht des Parlaments vereiteln. Dem Ausdruck
sollte daher die ausgedehnte Bedeutung gegeben werden, welche
er in diesem Zusammenhang im bisherigen Recht aufgewiesen hat.
Das bisherige Recht ist auch als Konstruktionshilfe insofern
noch verwertbar, als seine Mängel einen Mißstand beleuchten,
auf dessen Beseitigung es das Theft Act absieht, sowie auch darin, daß es das Gericht überzeugen mag, daß das Parlament nicht
beabsichtigt haben konnte, ein Verhalten zu legalisieren, das
strafbar sein sollte und nach dem bisherigen Recht strafbar war.
In diesem Sinne führte Lord Hodson in Treacy v. Director of
Public Prosecutions[1] aus, daß, wenn man mit Lord Reid und Lord
Morris of Borth-Y-Gest davon ausgehen wollte, daß das "makes any
unwarranted demand" nach s.21 (1) Theft Act 1968 erst erfolgt
sei, wenn der Adressat des Drohbriefes diesen erhalten habe und
also erst damit die Erpressung begangen sei, die Zurpostgabe
des Briefes aber höchstens einen Versuch der Erpressung darstelle, es einen solchen aber bei der Erpressung nach R.v.Mo-
ran[2] nicht gebe, was allerdings nicht schlechthin zutreffen
dürfte, so daß der Fordernde straflos ausgehen würde, während
er nach s.29 (1) Larceny Act 1916, wonach die Zurpostgabe des
Drohbriefes als "uttering" für das Vorliegen einer Erpressung
ausreichte, bestraft worden wäre. Es würde also unter der genannten Voraussetzung dem Willen des Gesetzgebers zuwider eine
bisher strafbare Handlung legalisiert. Soweit von den erwähnten
Ausnahmefällen abgesehen im Folgenden auf alte Fälle hingewiesen ist, sind sie nicht als autoritäre Entscheidungen, sondern
nur als Illustration aktueller Situationen angeführt, um zu zeigen, wie das Theft Act jene Situationen künftig behandelt oder
nicht behandelt wissen will.[3] Alle bisherigen auf common law oder

[1] Treacy v. D.P.P., 1971, A.C.537 at 557-558; (1971) 1 All E.R.
110 at 118-119, per Lord Hodson & at 125, per Lord Diplock.
[2] R.v.Moran, 1952, (1952) 1 All E.R.803, 14 Dig.Repl.653, 6640.
[3] z.B. R.v.Feely, 1973, (1973) 1 All E.R.341 at 342 mit R.v.
Cockburn, 1968, (1968) 1 All E.R.466, (1968) 1 W.L.R.281,
Dig.Cont.Vol.C 263, 10 429 a und R.v.Williams, 1953, (1953)
1 All E.R.1068, (1953) 1 Q.B.660; siehe auch Smith (J.C.),
The Law of Theft, 2nd ed., London: Butterworths 1972 paras.
8-11.

Statutarrecht gegründeten Delikte, einschließlich der der
Larceny Acts 1861 und 1916, deren Neuregelung durch das
Theft Act 1968 erfolgt ist, sind nach s.32 (a) & (b) mit
dem Inkrafttreten dieses Act aufgehoben, mit Ausnahme gewisser Delikte des "taking or killing deer and taking or
destroying fish", die in Schedule 1 zu s.32 neu gefaßt
sind und in modifizierter Form die bisher in ss.12 und 13
Larceny Act 1861 enthaltenen Bestimmungen wiedergeben.[1]

1. A b s c h n i t t

Das englische Recht des Raubes und der Erpressung

1.Kapitel

Das Verbrechen des Raubes

A) Geschichtliche Entwicklung und Begriffsbestimmung

Der Raub (robbery) ist ebenso wie der Diebstahl von der Person (larceny from the person) entsprechend dem Grundsatz
des Zivilrechts "qui vi rapuit fur improbrior esse videtur"
schon seit dem 12.Jahrhundert ein erschwerter Fall des Diebstahls, obwohl er in seiner einfachen Art noch von Fortescue
(L.C.J. 1442-1460) in seiner Schrift "Monarchy" für weniger
strafbar bezeichnet wurde als der Diebstahl.[2] Nur so erklärt
sich die verschiedene Behandlung des qualifizierten Raubes
in der Form des Straßenraubes (robbery in or near the public
highway) und des Raubes aus einem Wohnhaus (robbery in a
dwelling-house) einerseits und des einfachen Raubes anderer-

---

[1] Siehe Criminal Law Revision Committee, Eighth Report: Theft
and Related Offences, Reprint, London: Her Majesty's Statio-
nery Office 1968 (im Folgenden als The Report Cmnd.2977 bezeichnet) p.111 (Annex 1: Draft Theft Bill clause 29 subs.1)
& p.135 (Annex 2: Notes on Draft Theft Bill to clause 29
subs.1).
[2] Kenny (C.St.), Outlines of Criminal Law, 18th ed.by J.W.

seits. Waren doch die beiden ersteren Delikte schon durch
das Statut von 1531 (23 Hen.VIII c.1) s.3 und durch das Statut von 1547 (1 Edw.VI c.12) s.10 sowie der Diebstahl von der
Person, der meist als Taschendiebstahl in Erscheinung trat,
durch das Statut von 1565 (8 Eliz. c.4) s.2 vom benefit of
clergy, sofern der Wert des Diebstahlsgegenstandes 12 d überstieg (grand larceny)[1] ausgeschlossen. Dem einfachen Raub dagegen, bei dem die in dem Begehungsort gelegene Erschwerung
fehlte, sei es, daß er auf einem abgelegenen Feld oder einem
Fußpfad begangen wurde, ist das benefit of clergy erst durch
das grundlegende Statut von 1691 (3 Will.& M. c.9) s.1 sowohl
in Ansehung der Haupttäter wie der Anstifter versagt worden.
Das benefit of clergy, ursprünglich ein Privileg für Geistli-
che, das ihre Unterstellung unter die Jurisdiktion der geistlichen Gerichte und die Befreiung von der Todesstrafe wegen
eines begangenen Verbrechens zum Inhalt hatte, wurde seit Mit-
te des 14. Jahrhunderts durch Statut von 1351 (25 Edw.III
st.6) auf des Lateinlesens kundige Laien und auf auch nicht re-
ligiösen Orden angehörende Frauen ausgedehnt und so zu einem
allgemeinen Privileg umgestaltet. Es konnte von ihm nur einmal Gebrauch gemacht werden, was durch Brandmarkung am Daumen
nach Statut von 1488 (4 Hen.VII c.13) kontrolliert wurde.
Mit der Zeit wurde aber durch eine Reihe von Statuten des 15.
bis 18. Jahrhunderts[2] eine große Zahl von Verbrechen von der
Wirksamkeit dieses Privilegs ausgeschlossen, so daß es mehr
und mehr an Bedeutung verlor und schließlich durch das Criminal Law Act von 1827 (7 & 8 Geo.IV c.28) aufgehoben wurde.

Cecil Turner, Cambridge: University Press 1962 p.309 unter
Bezugnahme auf Fortescue's 'Monarchy' c.12; Pollock (Sir F.)
& (F.W.) Maitland, The History of English Law before the
time of Edward I, 2nd ed., vol.2, Cambridge: University
Press 1898 p.495; zur Frühgeschichte des Raubes im angel-
sächsischen Recht vgl. Jackson (B.S.), Some Comparative Legal History: Robbery and Brigandage, Ga.J.Int'l & Comp.L.
vol.1 (1970) p.87 et seq.

[1] Das 'petty larceny', das einen Diebstahlsgegenstand im Wert
bis zu 12 d voraussetzte, bedurfte des benefit of clergy
nicht.

[2] z.B. 12 Hen.VII c.7 (1496), 2 & 3 Edw.VI c.33 (1548), 3 Will.
& M. c.9 (1691), 15 Geo.II c.34 (1742), 24 Geo.II c.45 (1751).

Seither hat es nur noch historische Bedeutung.[1] Mit dem Ausschluß des einfachen Raubes vom benefit of clergy verlor der Unterschied zwischen dem einfachen Raub und den qualifizierten Fällen des Straßenraubes sowie des damals noch bekannten Raubes aus einem Wohnhaus seine praktische Bedeutung, wenngleich der Straßenraub noch einige Male Erwähnung findet, wie z.B. im Statut von 1692 (4 Will. & M. c.8)[2] und im Statut von 1719 (6 Geo.I c.23). Fortan kannte daher das common law nur noch Raub schlechthin.[3]

Die Strafandrohung wegen Raubes bezweckt sowohl den Schutz der Person eines anderen als dessen Besitz und Eigentum.[4] Wenn auch der Raub - ebenso wie der Diebstahl - sich im englischen Recht nach common law in erster Linie gegen den Besitz richtete, so ergab sich doch schon aus der Fassung des das common law kodifizierenden Larceny Act 1916 Proviso to s.1 (1), daß außer auf den Schutz des Besitzes auch auf denjenigen des Eigentums abgestellt war.[5] War doch für den Diebstahl durch einen zeitweiligen Besitzer (bailee) und einen Teileigentümer (partowner) in Abweichung vom Diebstahl durch rechtswidrige Besitzentziehung (trespass) animo furandi arglistige rechtswidrige Aneignung (conversion) i.S. einer mit dem bailment schlechthin unverträglichen Verwendung der im Besitz des bailee befindlichen, ihm zum zeitweiligen Besitz überlassenen Sache (bailment) zugunsten eines anderen als des Eigentümers, wodurch letzterer derselben beraubt und hierdurch

---

[1] Blackstone (W.Sir), Commentaries on the Laws of England, vol.4, adapted by R.M.Kerr, Boston: Beacon Press (undated) pp.280-281; Radzinowicz (L.), A History of English Criminal Law and its Administration from 1750, vol.1, London: Stevens & Sons Ltd. 1948 pp.632-637; Kenny (C.St.), Outlines 16th ed. by J.W.Cecil Turner, Cambridge U.P.1952 pp. 75-76; Hall (J.), Theft, Law and Society, 2nd ed., Indianapolis: The Bobbs-Merrill Co.Inc.(undated) pp.110-112.

[2] Radzinowicz (L.) op.cit., vol.2, London: Stevens & Sons Ltd. 1956 p.29 n.21.

[3] Kielwein (G.), Die Straftaten gegen das Vermögen im englischen Recht, Bonn 1955 S.144 Anm.72 unter Bezugnahme auf R.v.Parker, 1932, 24 Cr.App.R.2, 14 Dig.Repl.656, 6669.

[4] Smith v. Desmond, 1965, (1965) 1 All E.R.976 at 989, H.L.

[5] Hagel (K.), Der einfache Diebstahl im englischen und deutschen Recht, Berlin 1964 S.7 ff.; siehe auch Smith (J.C.) op.cit. para.13.

geschädigt wird, als Tatbestandsmerkmal festgelegt. Auch
nach dem Recht nordamerikanischer Bundesstaaten steht fest,
daß sich der Raub sowohl gegen das Eigentum wie gegen die
Person eines anderen richtet. So sagt Mueller:[1] "robbery
is a crime directed both at the person of another and his
property" und auch die dortige Rechtsprechung[2] stimmt hiermit überein. Sie geht von einem umfassenden Eigentumsbegriff aus. Eigentumsverletzung ist gleichbedeutend mit
Geldverlust. Heute kann nach der in s.8 Theft Act 1968 niedergelegten Definition des Raubes, derzufolge sich der Raub
sowohl gegen das Eigentum als auch gegen die Person eines
anderen richtet, im englischen Recht die Beantwortung dieser Frage keinem Zweifel mehr unterliegen. Obwohl sich seit
der Zeit Heinrichs VIII. viele Statuten finden, die vom
Raub handeln, so versuchte doch keines dieser Gesetze eine
Begriffsbestimmung des Raubes zu geben. Sie behandelten lediglich Fragen der Bestrafung, wie z.B. den Ausschluß des
benefit of clergy für die schwereren Fälle des Straßenraubes, und setzten dabei den Begriff des Raubes, wie er nach
dem jeweiligen Stand des common law als feststehend angesehen wurde, voraus.[3] Auch das Larceny Act 1861 (24 & 25
Vict. c.96) hatte ebenso wie das Larceny Act 1916 (6 & 7
Geo.V c.50) von einer Definition des Raubes abgesehen und
enthielten nur die Strafsanktion,[4] so daß bisher auf das
common law zurückgegriffen werden mußte. Nach common law

[1] Mueller (G.O.W.), (J.E.V.) Pieski and (M.) Ploscowe (ed.),
Annual Survey of American Law 1963, Dobbs Ferry N.Y.:
Oceana Publications 1964 p.54.
[2] State v. Vallee, 136 Me.432, 12 A.2d 421 (1940); Keys v.
United States, 126 F.2d 181 (8th Cir.), cert.denied, 316
U.S. 694 (1942); People v. Hughes, 137 N.Y.29, 32 N.E.
1105 (1893); Judevine v. Benzies-Montanye Fuel & Ware-
house Co., 222 Wis.512, 520, 269 N.W.295, 299 (1936);
People v. Sheridan, 186 App.Div.211, 174 N.Y.Supp.327
(2d Dep't 1919) (siehe Col.L.Rev. 1954, Notes, p.90 mit
n.50, n.52 & n.56); vgl.auch die Definition von "robbery"
in Black's Law Dictionary, 3rd ed., St.Paul, Minn.: West
Publ.Co.1933 p.1565 mit U.S.v.Jones, 3 Wash.C.C.209, Fed.
Cas.No.15, 494; State v. Parker, 262 Mo.169, 170 S.W.1121,
1123, L.R.A.1915 C, 121; Howard v. Commonwealth, 198 Ky.
453, 248 S.W.1059, 1060; People v. Jones, 290 Ill.603, 125
N.E.256, 257, 8 A.L.R.357; State v. Roselli, 109 Kan.33,
198 P.195, 198.
[3] R.v.Desmond, R.v.Hall, 1964, (1964) 3 All E.R.587 at 590
und Smith v. Desmond, 1965, (1965) 1 All E.R.976 at 979.
[4] s.23 (2) Larceny Act 1916 i.Verb. mit ss.1 & 2 Criminal

hatte dieser Begriff im Laufe der Jahrhunderte in Literatur
und Rechtsprechung keine nennenswerte Änderung erfahren.
Russel[1] beschreibt den Raub als "a felonious taking of money
or goods of any value from the person of another or in his
presence, against his will, by violence or putting him in
fear" und schließt sich dabei den in den "books of authority"
der älteren Rechtsgelehrtengeneration der Hale, Coke, Hawkins,
East und Blackstone[2] niedergelegten Begriffsbestimmungen des
Raubes an. Im gleichen Sinne bezeichnet Henry John Stephen[3]
den Raub als "the unlawful and forcible taking from the person of another, of goods or money to any value, by violence
or putting him in fear". Ihm folgt im wesentlichen übereinstimmend Archbold,[4] dessen Definition folgendermaßen lautet:
"Robbery consists in the felonious and forcible taking from
the person of another, or in his presence against his will,
of any money or goods to any value, by violence, or putting
him in fear". James Fitzjames Stephen[5] umschreibt den Raub

Justice Act 1948: "Every person who robs any person shall
be guilty of felony and on conviction thereof liable to
imprisonment for any term not exceeding fourteen years".

[1] Russell (W.O.Sir), On Crime, 12th ed. by J.W.Cecil Turner,
vol.2 p.851.

[2] Hale (M.Sir), Pleas of the Crown, 1778 ed., vol.1 p.532;
Coke (E.Sir), Institutes of the Laws of England, 1817 ed.
part 3 ch.16 p.67; Hawkins (S.W.), A Treatise of the Pleas
of the Crown, 1842 ed., vol.1 p.212; East (E.H.Sir), Pleas
of the Crown, 1803 ed., vol.2 p.707; Blackstone (W.Sir),
Commentaries of the Laws of England, 1769 ed., vol.4 p.242.

[3] Stephen (H.J.), Commentaries on the Laws of England, 17th
ed. by Edward Jenks, vol.4 by (V.R.M.) Gattie, London:
Butterworth & Co.Ltd. 1922 p.102, 19 th ed. by (G.C.)
Cheshire, vol.4 by (C.H.S.) Fifoot, London: Butterworth &
Co.Ltd. 1928 p.96.

[4] Archbold (J.F.), Pleading, Evidence and Practice in Criminal Cases, 34th ed. by (T.R.F.) Butler and (M.) Garsia,
London: Sweet & Maxwell, Ltd. 1959 pp.660-661 unter Hinweis
auf R.v.Reane, 1794, 2 Leach C.C.616, 15 Dig.Repl.1108,
11 114 und R.v.Edwards, 1843, 1 Cox C.C.32, 15 Dig.Repl.1118,
11 124; vgl. auch Archbold (J.F.) op.cit. 35th ed.(1962)
para.1763 in Smith v. Desmond, 1965, (1965) 1 All E.R.976
at 979, per Lord Morris.

[5] Stephen (J.F.Sir), A Digest of the Criminal Law, 9th ed.
by (L.F.)Sturge, London: Sweet & Maxwell Ltd. 1950 p.318.

mit den Worten: "If the thing taken and carried away is on
the body or in the immediate presence of the person from
whom it is taken, and if the taking is by actual violence
intentionally used to overcome or to prevent his resistance,
or by threats of injury to his person, property or reputation, the offence is robbery" - eine Begriffsbestimmung,
die sich mit der von Harris[1] im wesentlichen deckt, welche
lautet: "Robbery is the felonious and forcible taking from
the person of another, or in his presence, against his will,
of any money or goods to any value by violence, or by putting
him to fear by threats of any kind of injury whether to the
person, property or reputation". Kenny[2] definiert den Raub
folgendermaßen: "If the property is not only stolen from the
person of someone but taken from him by force, or if he is
led to give it up by being put in fear of force being used,
the offence obtains the name of robbery". Es mag in diesem
Zusammenhang auch noch auf Halsbury's Raub-Begriff hingewiesen werden.[3] Die einzelnen Bundesstaaten der U.S.A. haben
den Raub-Begriff des common law übernommen[4] und auch die
dortigen statutarischen Vorschriften über Raub geben im wesentlichen die common law-Definition wieder und halten sich
meist auch an die englische Auslegung der einzelnen Tatbestandsmerkmale. So wird in Black's Law Dictionary[5] das Verbrechen des Raubes als "the felonious taking of personal
property in the possession of another, from his person or
immediate presence, and against his will, accomplished by
means of force or fear" bezeichnet. Der Unsicherheit der
verschiedenen, sich inhaltlich freilich im wesentlichen

[1] Harris (S.F.), Principles and Practice of the Criminal
Law, 17th ed.by (A.M.) Wilshere, London: Sweet & Maxwell,
Ltd. 1943 p.320 im wesentlichen übereinstimmend mit 20th
ed. by (H.A.) Palmer & (H.) Palmer, London: Sweet & Maxwell, Ltd.1960 p.301.

[2] Kenny (C.S.) op.cit. 18th ed. by J.W.Cecil Turner, Cambridge U.P.1962 p.309.

[3] Halsbury (Earl of), The Laws of England, 3rd ed., vol.
10, London: Butterworth & Co., Ltd.1955 pp.794-796 para.
1537.

[4] vgl. Bishop (J.P.), A Treatise on Criminal Law, 9th ed.
by (J.M.) Zane & (C.) Zollmann, Indianapolis: The Bobbs-
Merrill Co.1923 §§ 1158, 1166; Col.L.Rev.1954 Notes p.84
n.3; Robinson v. State, Okl.Cr.556 P2d 286 (1976); Honig

deckenden Begriffsbestimmungen des Raubes hat das Theft Act
1968 durch die in s.8 niedergelegte gesetzliche Definition
des Raubes ein Ende gesetzt. Sie hat folgenden Wortlaut:
"(1) A person is guilty of robbery if he steals, and immediately before or at the time of doing so, and in order to
do so, he uses force on any person or puts or seeks to put
any person in fear of being then and there subjected to
force. (2) A person guilty of robbery, or of an assault with
intent to rob, shall on conviction on indictment be liable
to imprisonment for life".
Dem Wesen nach ist der Raub auch nach dem Theft Act 1968 wie
bisher und wie auch nach dem erwähnten Recht nordamerikanischer Bundesstaaten ein erschwerter Fall des Diebstahls, der
als einziger vom Theft Act 1968 noch aufrechterhalten worden
ist. Die übrigen im Larceny Act 1916 noch enthaltenen erschwerten Diebstähle, wie larceny of cattle or sheep (s.3),
larceny of dogs (s.5), larceny of wills (s.6), larceny of
goods in the process of manufacture (s.9), larceny of ore
from mines (s.11), larceny of mailbags or postal packets etc.
(s.12), larceny in dwelling-houses (s.13), larceny from the
person (s.14), larceny from ships, docks etc. (s.15), larceny by tenants and lodgers (s.16 (a)), larceny by clerks
or servants (s.17)[1] sind in Wegfall gekommen. Sie wurden
entsprechend der vom Theft Act 1968 verfolgten Politik,
grundsätzlich von Erschwerungstatbeständen abzusehen, aufgehoben. Für ihre Aufrechterhaltung bestand auch insofern kein
Bedürfnis mehr, als das Theft Act im Gegensatz zu den Larceny
Acts nur noch Höchststrafen kennt, innerhalb deren nach dem
billigen Ermessen des Gerichts etwaige Erschwerungsgründe
bei der Strafzumessung zu berücksichtigen sind. Dabei ist
davon auszugehen, daß die Höchststrafe den schlimmsten
Fällen vorbehalten bleibt.[2] Der Raub ist somit seinem

(R.M.), Entwurf eines amerikanischen Musterstrafgesetzbuches vom 4.Mai 1962, Berlin 1965 S.109.

[5] Black's Law Dictionary, 3rd ed.(1933) p.1565 mit zahlreichen Entscheidungen.

---

[1] siehe auch The Report Cmnd.2977 para.27.
[2] Begründung hierfür in The Report Cmnd.2977 paras.10 & 11
unter Hinweis auf R.v.Harrison, 1909, 2 Cr.App.R.94 at 96,
14 Dig.Repl.548, 5311 und R.v.Ball, 1951, 35 Cr.App.R.164
at 166, 14 Dig.Repl.552, 5366.

Wesen nach im englischen Recht ein reines Vermögensdelikt.
Im Gegensatz hierzu dient nach deutschem Recht die Strafbestimmung für Raub nicht nur der Sicherung von Eigentum und Gewahrsam, sondern zugleich auch dem Schutz der persönlichen Freiheit. Der Raub weist daher den Charakter einer selbständigen
Straftat auf, wie schon rein äußerlich seine Einordnung im
Strafgesetzbuch im Abschnitt "Raub und Erpressung" zeigt. Allerdings ist der Zusammenhang mit dem Diebstahlsdelikt insofern aufrechterhalten und gewahrt, als der Raubtatbestand die
Tatbestandsmerkmale des Diebstahls einschließt,[1] so daß, wenn
bei einer Anklage wegen Raubes die Anwendung von Gewalt oder
Drohung nicht nachgewiesen werden kann, Verurteilung wegen Diebstahls erfolgen kann, sofern die Tatbestandsmerkmale des Diebstahls festgestellt sind. Als erschwerter Diebstahl setzt auch
nach englischem Recht der Raub neben den besonderen Voraussetzungen der Gewaltanwendung oder der Drohung mit Gewalt den
Tatbestand des einfachen Diebstahls voraus, auf den jedoch hier
nur insoweit einzugehen sein wird, als es zur Erläuterung des
Raubtatbestandes erforderlich ist. Dabei ist zu beachten, daß
das Theft Act 1968 den Diebstahlstatbestand auf eine grundsätzlich andere Grundlage gestellt hat, indem es nicht mehr auf
das "taking and carrying away" als rechtswidrige Entziehung
des Besitzes am Diebstahlsobjekt und das Wegbringen desselben,
sondern auf die Verletzung des Eigentumsrechts eines anderen
durch appropriation abstellt, wodurch sich das englische Recht
dem kontinentalen Recht, insbesondere auch dem deutschen Recht,
weithin angenähert hat und so das wesentlichste Hindernis für
eine künftige Rechtsangleichung auf dem Gebiet des Vermögensstrafrechts beseitigt hat. Die Definition des Diebstahls in
s.1 Theft Act 1968 lautet: "(1) A person is guilty of theft if
he dishonestly appropriates property belonging to another with

---

[1] BGHSt 14, 386 ff.; Schönke-Schröder 18.Aufl.(1976) Rdz.2 zu
§ 249 StGB; Maurach (R.), Deutsches Strafrecht, Bes.T., 5.
Aufl.(1971) S.247; Welzel (H.), Das deutsche Strafrecht 11.
Aufl.(1969) S.359.

the intention of permanently depriving the other of it; and
"thief" and "steal" shall be construed accordingly. (2) It is
immaterial whether the appropriation is made with a view to
gain, or is made for the thief's own benefit. (3) The five
following sections of this Act shall have effect as regards
the interpretation and operation of this section (and, except
as otherwise provided by this Act, shall apply only for purposes of this section)".

B) Das Wesen des Raubes nach dem Theft Act 1968

I. Raub - ein einziges Delikt

Das im Larceny Act 1916 konsolidierte common law kannte neben
dem mit Gefängnis bis zu 14 Jahren strafbaren Raub noch zwei
Fälle erschwerten, mit lebenslangem Gefängnis bestraften Raubes und tätlichen Angriffs in der Absicht zu rauben. Der Erschwerungsgrund besteht in dem einen Fall darin, daß der Räuber oder tätliche Angreifer mit irgendeiner Angriffswaffe
oder Werkzeug, z.B. Revolver, Pistole, Kleinkalibergewehr,
Handbeil, Messer, Eisenstange, Keil, Latte, Spazierstock oder
Stuhlbein, bewaffnet ist, wobei es genügt, daß bei mehreren
Beteiligten einer derselben eine Waffe mit sich führt oder den
Raub zusammen mit einer Person oder mehreren anderen Personen
in gemeinsamer Raubabsicht ausführt oder das Opfer in dieser
Absicht tätlich angreift (s.23 (1) (a) Larceny Act 1916), in
dem anderen darin, daß er zur Zeit des Raubes oder unmittelbar
vor oder unmittelbar nach der Begehung desselben irgendwelche
che einen Eingriff in die körperliche Unversehrtheit, also
eine persönliche körperliche Schädigung in Form einer Körperverletzung oder Tötung bewirkende Gewalt gegen irgendjemand
gebraucht, also auch gegenüber einem Dritten, der dem Opfer
bei der Verteidigung gegen den räuberischen Angriff beisteht oder den Räuber zwecks Festnahme oder Wiedererlangung

des geraubten Gutes unmittelbar nach Vollendung des Raubes
verfolgt (s.23 (1) (b) Larceny Act 1916).[1] Das Theft Act
1968 kennt nur noch den Tatbestand des mit lebenslangem
Gefängnis strafbaren Raubes (s.8 Theft Act 1968), welcher
nach dem von dem Criminal Law Revision Committee ausgesprochenen und dem Gesetz zugrunde gelegten Prinzip, das Gesetz
durch Vermeidung unnötiger Unterscheidungen zwischen den Delikten zu vereinfachen,[2] die genannten bisherigen Erschwe-
rungsfälle aufgesogen hat. Die einheitliche Höchststrafe
ist insofern berechtigt, als je nach den Umständen die angewandte Gewalt keinesfalls immer strafbarer zu sein braucht,
als die nur angedrohte, z.B. Drohung mit Mord gegenüber einer geringen Gewaltanwendung. Auch der einfache tätliche Angriff in der Absicht zu rauben (assault with intent to rob),
wie er in s.23 (3) Larceny Act 1916 vorgesehen war, ist als
selbständiges Verbrechen in Wegfall gekommen. Der Grund hie-
für liegt darin, daß der in s.23 (3) Larceny Act 1916 in Verbindung mit s.1 Criminal Justice Act 1948 (11 & 12 Geo.VI
c.88) vorgesehene, zum selbständigen Verbrechen erhobene tätliche Angriff in Raubabsicht in Wirklichkeit gewöhnlich eine
Form des Raubversuches ist[3] und, da die appropriation, jedenfalls bei offenem Diebstahl bzw. Raub, stets einen vollendeten
Diebstahl bzw. Raub begründet und ein Versuch nur ausnahmsweise bei heimlichem Diebstahl in Betracht kommt, als Versuch
keine selbständige Existenzberechtigung mehr hat und daher
nach dem Theft Act dem vollendeten Raub, auch im Strafmaß,
gleichgesetzt wurde.[4] Als Raub bleibt das "assault with intent to rob" natürlich bestehen. Es ist daher nach wie vor
die Frage zu beantworten, was unter dem assault with intent
to rob zu verstehen ist. Beim "assault" ist zwischen dem
common law-assault und dem statutarischen assault zu unterscheiden. Das letztere ist gegeben, wenn in den in Frage

---

[1] R.v.Wells, 1880, 5 Q.S.C.R.181 (Aus.), 15 Dig.Repl.1121,
6779.

[2] The Report Cmnd.2977 para.66; Smith (J.C.) op.cit. para.
151.

[3] The Report Cmnd.2977 para.67.

[4] Smith (J.C.) op.cit. para.152.

stehenden Statuten besondere Regelungen des assault getroffen sind. Eine solche Sonderregelung findet sich z.B. im Offences against the Person Act 1837 (1 Vict. c.85) ss.3, 4 und 11, wo das assault i.S. jenes Statuts eine geladene Waffe voraussetzt. Daher wurde ein assault in dem Falle R. v. St.George[1] verneint, in welchem jemand auf einen anderen eine Schußwaffe richtete, von der er wußte, daß sie nicht geladen ist und daß daher das Verbrechen des Mordes nicht begangen werden konnte, während der andere von dieser Tatsache keine Kenntnis hatte und daher in ihm, der sich in der Nähe befand, die Besorgnis hervorgerufen werden mußte, daß, sollte die Waffe geladen sein, ihre Abfeuerung ihn verletzen möchte, so daß von der Sonderregelung abgesehen, ein common law-assault vorgelegen hätte. Letztere Folgerung wurde allerdings in dem späteren Fall R.v.James[2] nicht gezogen, nach welchem das Vorhalten einer ungeladenen Pistole kein assault begründe. Die in R.v.St.George vertretene Auffassung, die das Delikt von der Angst abhängig macht, die natürlicher-, wenn auch irrtümlicherweise, in der bedrohten Person erregt wird, steht aber im Einklang mit dem schottischen Recht,[3] dem Recht von Queensland[4] und von New South Wales[5] sowie mit den maßgebenden Entscheidungen in den nordamerikanischen Bundesstaaten, wo diese Frage die Gerichte viel häufiger beschäftigte als in England.[6] In s.23 (3) Larceny Act 1916, das keine Sonderregelung traf, ist daher, wie beim Raub, so auch beim Angriff in Raubabsicht von dem Begriff des assault i.S. des common law auszugehen. Hiernach besteht das assault - im Gegensatz zum "battery", das einen rechtswidrigen gewaltsamen Eingriff in die körperliche Integrität eines anderen zum Gegenstand hat[7] - in dem Versuch, ein gewaltsames Delikt gegen einen

---

[1] R.v.St.George, 1840, 9 C.& P.483, 15 Dig.Repl.985, 9638; Turner (J.W.C.), A Modern Approach p.344 et seq.
[2] R.v.James, 1844, 9 C.& K.530, 3 L.T.O.S.410, 15 Dig.Repl. 984, 9634; Kenny (C.S.), Outlines of Criminal Law 8th ed., Cambridge U.P. 1917 p.152.
[3] Kenny (C.S.) op.cit. 8th ed.(1917) p.153 mit 1 Broun.394.
[4] Kenny (C.S.) op.cit. 8th ed.(1917) p.153 mit Q.L.R.1911, 206.
[5] Kenny (C.S.) op.cit. 8th ed.(1917) p.153 mit 12 N.S.W.S. C.R.113.
[6] Kenny (C.S.) op.cit. 8th ed.(1917) p.153 mit Commonwealth v. Stratton, 114 Mass.303.
[7] Fitzgerald (P.J.), Criminal law and punishment, Oxford:

anderen zu begehen[1] oder darin, in rücksichtsloser Weise eine
mit physischer Kraftentfaltung, d.h. mit aktivem Verhalten,
verbundene Drohung auszusprechen, die bei dem Opfer die Annahme hervorruft, daß unmittelbare, rechtswidrige Gewalt gegen es ausgeübt werde,[2] auch wenn die versuchte oder angedrohte Gewalt geringeren Grades sein sollte, wie z.B. Anfassen,
Schlagen nach jemand mit einem Spazierstock ohne zu treffen,
Drohen mit einem Faustschlag oder Abschneiden der Haare einer
Frau.[3] In ähnlicher Weise führt Archbold[4] aus, daß zum Beweis
eines assault nicht notwendig ist, daß der Angeklagte eine
wirkliche Gewaltanwendung (actual violence) gegenüber einem
anderen begeht, daß vielmehr ein Versuch, ein gewaltsames
Delikt an einem anderen zu verüben, genüge. Erweiternd verlangt Halsbury[5] eine Gewaltanwendung in zorniger und feindseliger Weise. Eine Körperverletzung braucht also nicht schon
herbeigeführt worden zu sein; der bloße Versuch einer solchen
reicht aus. Andererseits ist in R.v.Taylor[6] ausdrücklich betont, daß selbstverständlich ein "wounding and inflicting
grievous bodily harm necessarily includes an assault". Ver-
giftung ist jedenfalls dann kein assault, wenn das Gift vom
Leidenden mit eigener Hand eingenommen wird, auch wenn dies
auf Grund der Vorspiegelung, es handele sich hierbei um etwas
Harmloses, geschieht, da es für ein assault grundsätzlich wesentlich ist, daß eine persönliche Ausübung von Gewalt gegen
eine Person durch den Angreifer vorliegen muß. Die gegenteilige Auffassung findet sich allerdings in der Rechtsprechung
Nordamerikas.[7] Wesentlich ist für das assault durch Drohung,

Clarendon Press 1962 p.18.
[1] Archbold (J.F.), Pleading, Evidence and Practice in Criminal
Cases, 34th ed. by (T.R.Fitzwalter) Butler and (Marston) Gar-
[2] sia, London: Sweet & Maxwell,Ltd.1959 p.668.
Fitzgerald (P.J.) op.cit. p.18; Turner (J.W.C.), A Modern
Approach p.844 et seq.; vgl. auch Stephen (J.F.Sir), A Digest
[3] 7th ed.(1926) p.248 b.
Russell (W.O.Sir) op.cit. 9th ed.(1936) p.573; vgl.auch die
Entscheidung des Court of Criminal Appeal in R.v.Berry, May
[4] 10, 1965, Crim.L.Rev.1965 p.497.
Archbold (J.F.) op.cit. 34th ed.(1959) p.668; siehe auch
Stephen (J.F.Sir), A Digest 7th ed.(1926) p.248 a; Kenny (C.
[5] S.) op.cit. 15th ed.(1936) p.175.
Halsbury (Earl of) op.cit. 2nd ed., vol.9, p.470.
[6] R.v.Taylor, 1869, L.R.1 C.C.R.194, 14 Dig.Repl.359, 3497;
siehe auch R.v.Clarence, 1888, 22 Q.B.D.23, 15 Dig.Repl.986,
[7] 9646.
Kenny (C.S.) op.cit. 8th ed.(1917) p.153 mit Commonwealth v.

daß der Bedrohte in Angst versetzt wird.[1] An einer solchen
Angst vor unmittelbarer Gewaltanwendung fehlt es bei dem
Bedrohten, sofern der Drohung die unmittelbare Realisierungs-
möglichkeit fehlt, so z.B. wenn jemand einen anderen mit
Fäusten bedroht, aber jede der Parteien an dem entgegenge-
setzten Ufer eines breiten Flusses steht[2] oder wenn jemand
zu einem Schlag nach einem anderen ausholt, der so weit entfernt ist, daß er unmöglich von dem Schlag getroffen werden
kann.[3] Einen anderen Standpunkt vertrat allerdings Tindal C.
J. in Stephens v. Myers,[4] wo das Vorliegen eines assault in
dem Falle bejaht wurde, in dem A., der in drohender Haltung
mit der Absicht, dem B. einen Schlag zu versetzen, diesem
entgegenging, aber aufgehalten wurde, bevor er nahe genug
herangekommen war, um den Schlag ausführen zu können, wenn
der Schlag auch fast unmittelbar den B. erreicht hätte. Da
die Hervorrufung von natürlicher, wenn auch irrtümlicher
Angst bei dem Bedrohten eine wesentliche Voraussetzung für
ein assault bildet, so entfällt ein solches, wenn der Bedrohte nicht begreift, daß ihm Gewalt zugefügt werden soll,
entweder weil er eine Gewaltanwendung für unmöglich hält,
da er glaubt, daß die auf ihn gerichtete Schußwaffe nicht
geladen ist oder weil er gar nicht weiß, daß er mit Gewaltanwendung bedroht wird, wie z.B. weil er schläft oder weil
es sich bei dem Bedrohten um ein kleines Kind, einen sinnlos Betrunkenen oder einen Bewußtlosen handelt.[5] Bloße
Drohworte ohne physische Kraftentfaltung begründen kein
assault.[6] Diese Regel beruht auf der Auffassung, daß wörtliche Drohungen, die nicht von Gebärden begleitet sind,
keine ausreichende wirkliche Drohung mit Anwendung unmit-

---

[1] Stratton, 114 Mass.303.
[2] Kenny (C.S.) op.cit. 8th ed.(1917) p.152.
Cobbett v. Grey, 1850, 4 Exch.729, 22 Dig.Repl.76, 518,
185, 1677, 37 Dig.Repl.437, 1, 438, 13 and 441, 31, 38
Dig.Repl.60, 329, 61, 340; Read v. Coker, 1853, 13 C.B.
850, 22 L.J.C.P.201, 15 Dig.Repl.981, 9583.
[3] Kenny (C.S.) op.cit. 8th ed.(1917) p.152 & n.7.
[4] Stephens v. Myers, 1830, 4 C.& P.349, 15 Dig.Repl.981,
9584.
[5] Fitzgerald (P.J.) op.cit. p.18. Im Gegensatz zum assault
durch Drohung, wo das Opfer der Drohung gewahr sein muß,
ist es rechtlich möglich, battery an jemand zu begehen,
der schläft und der durch die Gewaltanwendung nicht aufge-
weckt wird.
[6] R.v.Meade and Belt, 1823, 1 Lew.C.C.184, 15 Dig.Repl.978,
9527; Harris (S.F.) op.cit. 20th ed.(1960) p.254.

telbarer Gewalt darstellen. Diese Regel wird von der h.M. getragen und findet ihre Bestätigung in R.v.Meade and Belt[1] wie auch in Read v. Coker,[2] während allerdings Lord Goddard C.J. in Fairclough v. Whipp[3] mit der Feststellung, daß "an assault can be constituted by a threatening gesture or a threat to use violence against a person" nahezulegen scheint, daß auch bloße Worte auf ein assault hinauslaufen können.[4] Allerdings wurde im letztgenannten Falle, in dem ein Mann, der am Ufer eines Flusses sein Wasser abschlug und so zum Teil entblößt dastand, ein vorübergehendes neunjähriges Mädchen mit den Worten "touch it" aufforderte, sein Geschlechtsteil zu berühren, das Vorliegen eines assault und damit auch eines indecent assault verneint. Subjektiv ist für das Vorhandensein eines assault nur gefordert, daß der Angreifer sich vergegenwärtigt, daß sein Verhalten den Eindruck von Furcht bei dem Opfer hervorruft. Ein assault aggravated liegt vor, wenn durch den Angriff schwerer körperlicher Schaden - nicht nur ein geringfügiger Eingriff in die körperliche Unversehrtheit oder eine Störung der Bequemlichkeit - verursacht wird oder wenn der Angriff in der Absicht zu verwunden, verstümmeln oder einen sonstigen schweren körperlichen Schaden zuzufügen erfolgt.[5] Der Angriff muß mit der Absicht zu rauben verbunden sein.[6] Die Absicht muß also auf Wegnahme oder Herausgabe mit Gewalt oder durch Furchterregung gerichtet sein. Eine Absicht, die Sachen des Anklägers zu stehlen, reicht nicht aus.[7] Der Angreifer muß die Absicht zu rauben irgendwie zum Ausdruck gebracht haben. Es ist aber nicht notwendig, ein wirkliches Fordern von Geld oder sonstigem Eigentum vor dem Angriff festzustellen, um zu beweisen, daß der Angriff in der Absicht zu rauben gemacht wurde. Dies ist

---

[1] R.v.Meade and Belt, 1823, 1 Lew.C.C.184, 15 Dig.Repl.978, 9 527.
[2] Read v. Coker, 1853, 13 C.B.850, 15 Dig.Repl.981, 9 583.
[3] Fairclough v. Whipp, 1951, (1951) 2 All E.R.834, 35 Cr.App. Rep.138, 49 L.G.R.36, 15 Dig.Repl.1026, 10 074.
[4] Fitzgerald (P.J.) op.cit. p.18.
[5] Fitzgerald (P.J.) op.cit. p.19.
[6] R.v.Barnett, 1848, 2 C.& K.594, 15 Dig.Repl.1120, 11 166; R.v.Parfait, 1740, 1 Leach 19, 15 Dig.Repl.1121, 11170; R. v.Sharwin, 1785, 1 East P.C.421, 15 Dig.Repl.1121, 11 172; R.v.Jackson & Randall, 1783, 1 Leach 267, 15 Dig.Repl.1122, 11 188.
[7] R.v.Monteth, 1795, 2 Leach 702, 15 Dig.Repl.1121, 11 176.

aus R.v.Sharwin und R.v.Jackson and Randall zu schließen und
ist in R.v.Parfait ausdrücklich niedergelegt.[1] Es genügt,
daß diese Absicht aus den Umständen, die den Angriff begleiten, wie aus der Zeit oder dem Ort der Begehung, den Äußerungen oder Gebärden des Angeklagten in diesem Zeitpunkt
oder sonstwie zu beweisen ist, worüber die jury zu entscheiden hat. Ein treffendes Beispiel hierfür bietet die Entscheidung in R.v.Trusty and Howard.[2] In diesem Falle stürzten zwei
Männer aus einer Hecke auf den Ankläger. Einer von ihnen zog
eine Pistole und hieß ihn anzuhalten. Auf die Hilferufe des
Anklägers hin drohten ihm beide Angreifer, den Schädel zu
zertrümmern, wenn er noch weiterhin rufe, aber keiner von
beiden erhob ein Verlangen nach Geld. Es wurde aus den gegebenen Umständen eine Absicht zu rauben bejaht. Wenn dem Täter
nur ein selbständiges, mit dem Raub unverbundenes assault,
nicht aber eine Teilnahme an dem damit in zeitlichem Zusammenhang stehenden, von anderen begangenen Diebstahl an den
Sachen des Eigentümers nachgewiesen werden kann, kann eine
Verurteilung wegen Raubes nicht aufrechterhalten werden.[3]

II. Raub - eine erschwerte Form des Diebstahls

Wie schon früher erwähnt, ist der Raub seinem Wesen nach ein
erschwerter Diebstahl. Der Raub setzt daher die Begehung eines Diebstahls voraus, wie dies auch schon bisher nach common
law erforderlich war. Daher liegt nach den früheren Ausführungen kein Raub vor, wenn der Dieb einen Rechtsanspruch auf
das mit Gewalt weggenommene Eigentum hat oder doch zu haben

---

[1] R.v.Sharwin, 1785, 1 East P.C.421, 15 Dig.Repl.1121, 11 172;
     R.v.Jackson and Randall, 1783, 1 Leach 267, 15 Dig.Repl.
     1122, 11 188; R.v.Parfait, 1740, 1 Leach 19, 1 East P.C.416,
     15 Dig.Repl.1121, 11 170; R.v.Barnett, 1848, 2 C.& K.594,
     3 Cox C.C.432, 15 Dig.Repl.1120, 11 166; R.v.Collister and
     Warhurst, 1955, 39 Cr.App.Rep.100, 15 Dig.Repl.1122, 11 189;
[2] vgl.auch Russell (W.O.Sir) op.cit. 12th ed.(1964) vol.2 p.864.
     R.v.Trusty and Howard, 1783, O.B.July Sess.Pap.735, 1 East P.
     C.418, 15 Dig.Repl.1121, 11 171; vgl.auch R.v.Jackson and Ran-
     dall, siehe Anm.1 und Russell (W.O.Sir) op.cit. 12th ed.(1964)
[3] vol.2 p.864.
     R.v.Barnett, 1848, 2 C.& K.594, 3 Cox C.C.432, 15 Dig.Repl.

annimmt, selbst wenn er wußte, daß er kein Recht zum Gebrauch von Gewalt habe.[1] Der ausgedehnte Begriff des Diebstahls i.S. von s.1 Theft Act 1968 verschafft auch dem Verbrechen des Raubes eine größere Reichweite, als dies bisher nach common law der Fall war. Allerdings weist Smith diesem Umstand insofern keine wesentliche Bedeutung bei, als Gewaltanwendung oder Drohung mit Gewalt bei Handlungen, die nach bisherigem Recht auf embezzlement und fraudulent conversion hinausliefen, verhältnismäßig selten sind.[2] Nach dem Theft Act genügt das gewaltsame Ergreifen einer fremden Sache in der Absicht, den Eigentümer der Sache dauernd zu berauben, zur Begründung von Raub, während nach bisherigem Recht solchenfalls nur ein Raubversuch vorgelegen hätte. Auch wenn jemand einen anderen in der Absicht verfolgt, ihm die Geldbörse mit Gewalt wegzunehmen und dieser andere die Geldbörse wegwerfen sollte, um zu entkommen, so wäre dies kein Diebstahl und daher auch kein Raub, bis der Verfolger sich durch irgendeine Handlung die Geldbörse zueignete. Aber es wäre wohl ein versuchter Raub, da die Verfolgung eine ausreichend nahe Ausführungshandlung sein würde. Auch eines assault with intent to rob mag er sich hierdurch schuldig machen.[3] Da der Raub nach englischem Recht als erschwerter Diebstahl,[4] nach deutschem Recht zwar als Sonderdelikt, das aber Diebstahl als Tatbestandsmerkmal einschließt, anzusehen ist, so begründen sowohl nach deutschem Recht wie nach dem im Larceny Act 1916 kodifizierten und konsolidierten common law auch die privilegierten Diebstahlsfälle bei Vorliegen der besonderen Voraussetzungen des Raubes den Tatbestand des Raubes. Es handelt sich im deutschen Recht um die privilegier-

---

1120, 11 166; R.v.Parfait, 1740, 1 Leach 19, 1 East P.C.416, 15 Dig.Repl.1121, 11 170; R.v.Sharwin, 1785, 1 East P.C.421, 15 Dig.Repl.1121, 11 172; R.v.Jackson and Randall, 1783, 1 Leach 267, 15 Dig.Repl.1122, 11 188.

[1] R.v.Skivington, 1967, (1967) 1 All E.R.483, (1967) 2 W.L.R. 665, (1968) 1 Q.B.166, 131 J.P.205, 111 Sol.Jo.72, 51 Cr. App.R.167, Dig.Cont.Vol.C 263, 10 474 a.

[2] Smith (J.C.) op.cit. para.153.

[3] Smith (J.C.) op.cit. para.154.

[4] methodisch ist der Raub auch nach englischem Recht ein selbständiges Delikt, materiellrechtlich aber eine Form erschwerten Diebstahls.

ten Diebstahlsfälle des Haus- oder Familiendiebstahls (§ 247
StGB), des Diebstahls und der Unterschlagung geringwertiger
Sachen (§ 248 a StGB) sowie der landesrechtlich geregelten
Forst- und Felddiebstähle mit der Einschränkung nach Art.4
Abs.4 EGStGB. Die Privilegierung ist nach herrschender Meinung in Rechtsprechung und Schrifttum für die Annahme von
Raub unerheblich.[1] Im englischen Recht fielen unter die privilegierten Diebstahlsfälle nach den Larceny Acts der Hunde-
diebstahl (Larceny Act 1861 (24 & 25 Vict. c.96) s.18 und
Larceny Act 1916 (6 & 7 Geo.V c.50) s.5), der Diebstahl von
eingesperrten oder für häusliche Zwecke gehaltenen, nach
common law nicht stehlbaren Tieren (Larceny Act 1861 s.21)
sowie von Pflanzen, Obst oder sonstigen pflanzlichen Erzeugnissen, die in einem Garten gewachsen sind (Larceny Act 1861
s.36). Nach englischem Recht war es ganz unerheblich, welchen Wert und welche Art auch immer das weggenommene Diebstahlsobjekt aufweist, wenn nur die besonderen Voraussetzungen
des Raubes, Gewaltanwendung oder Furchterregung durch Drohung,
gegeben sind. In diesem Sinne sprechen sich auch Blackstone,[2]
H.J.Stephen[3] und Archbold[4] aus. Kenny[5] ist gleichfalls so zu
verstehen, wenn nach ihm diese privilegierten Fälle, die er unter die als quasi-larcenies bezeichneten Entwendungen rechnet,
dem einfachen Diebstahl gleichzubehandeln und daher, wie dieser,
bei Vornahme mit Gewalt oder Furchterregung durch Drohung als
Raub zu qualifizieren sind. Das Theft Act 1968 (c.60) allerdings
kennt solche privilegierten Diebstahlssonderfälle nicht mehr,
sondern subsumiert sie unter den Diebstahl schlechthin und bewertet sie bei Vorliegen der besonderen für Raub geltenden

---

[1] RGSt 6, 325; 43, 176; 46, 376, 378; RMG 21, 81; BGHSt 9, 253;
LK 9.Aufl.(1974) § 249 Anm.1; Dreher 36.Aufl.(1976) Rdz.1 zu
§ 249; Schönke-Schröder 18.Aufl.(1976) Rdz.1 zu § 249; StGBE
1960 (BT-Drucksache 2150) Begründung zu § 242 S.379; a.A.
Burkhardt (B.), Gewaltanwendung bei Vermögensdelikten mit Bagatellcharakter, JZ 73, 110 ff.; ders., Die Geringwertigkeit
des Weggenommenen bei Raub und raubgleichen Delikten, NJW 75,
1687 f.
[2] Blackstone (W.Sir) op.cit., Beacon Press ed.(1962) p.280.
[3] Stephen (H.J.), Commentaries on the Laws of England, 17th ed.
by (E.) Jenks, vol.4 by (V.R.M.) Gattie, London: Butterworth
& Co., Ltd. 1922 p.102.
[4] Archbold (J.F.) op.cit. 34th ed.(1959) p.661.
[5] Kenny (C.S.) op.cit. 8th ed.(1917) pp.219, 221.

Voraussetzungen in gleicher Weise wie nach altem Recht als
Raub, soweit der Eigentumsgegenstand ein Diebstahlsobjekt
bildet.

C) Die den Diebstahlstatbestand enthaltenden
Tatbestandsmerkmale des Raubes

I. Objektive Tatbestandsmerkmale

1. Zueignung

Maßgebend für den Raub ist, wie für den in ihn eingeschlossenen Diebstahl, nach s.8 Theft Act in Verbindung mit ss.1
und 3 Theft Act der Begriff der Zueignung (appropriation).
Die Zueignung ist das Grundtatbestandsmerkmal des Diebstahls
nach s.1 Theft Act 1968. Sie ist in s.3 Theft Act gesetzlich
festgelegt: "(1) Any assumption by a person of the rights of
an owner amounts to an appropriation, and this includes, where
he has come by the property (innocently or not) without
stealing it, any later assumption of a right to it by keeping
or dealing with it as owner. (2) Where property or a right
or interest in property is or purports to be transferred for
value to a person acting in good faith, no later assumption
by him of rights which he believed himself to be acquiring
shall, by reason of any defect in the transferor's title,
amount to theft of the property". Die in den ss.2 und 4-6
Theft Act 1968 enthaltenen gesetzlichen untergeordneten und
unterstützenden Hilfsdefinitionen erläutern den Tatbestand
des s.1 Theft Act 1968. Die in s.3 (1) Theft Act enthaltene
partielle Definition von "appropriates" soll nach der Begründung des Eighth Report des Criminal Law Revision Committee
zu der mit s.3 (1) Theft Act 1968 sich deckenden clause 3 (1)
Draft Theft Bill[1] zum Ausdruck bringen, daß appropriation mit

---
[1] The Report Cmnd.2977 para.34 & p.100.

dem wohl bekannten Begriff des "conversion", das den Haupt-
bestandteil des larceny by a bailee or part-owner (s.1 (1)
proviso Larceny Act 1916) und des fraudulent conversion (s.20
(1)(iv)Larceny Act 1916) bildete, identisch ist und daß sie
die Verneinung eines appropriation in dem in s.3 (2) Theft
Act 1968 statuierten Sonderfall herausheben soll. Nach dieser
Sonderbestimmung soll vom Diebstahlsgesetz der Fall ausgenommen werden, in dem der gutgläubige Erwerber von Sachen gegen
Entgelt später ausfindig macht, daß der Veräußerer keinen
Rechtstitel hatte und die Sachen noch einer dritten Partei
gehören, mag der Eigentümer sie verloren haben oder mögen sie
ihm vom Veräußerer oder sonst jemandem gestohlen worden sein.
Wenn der Erwerber nichtsdestoweniger die Sache behält oder mit
ihr sonstwie wie ein Eigentümer verfährt, so könnte er an sich
nach s.1 mit s.3 Theft Act des Diebstahls schuldig sein. Doch
würde es nach der Auffassung des Criminal Law Revision Committee,
von der moralischen Verpflichtung des Erwerbers abgesehen, zu
hart sein, ihn des Diebstahls schuldig zu sprechen. Das Committee sah daher in clause 3 (2) Draft Theft Bill vor, daß unter solchen Umständen eine spätere Übernahme der Eigentumsrechte keinen Diebstahl begründe.[1] Da s.3 (2) Theft Act 1968 mit
der genannten Bestimmung des Draft Theft Bill wörtlich übereinstimmt, ist diese Sonderbestimmung heute geltendes Recht. Es
fehlt solchenfalls an der appropriation, also an einem objektiven Tatbestandsmerkmal des Diebstahls im Sinne des Theft Act
1968. Diese Sonderbestimmung trifft aber nicht zu, wenn der Erwerber keinen Gegenwert gegeben hat, wie wenn z.B. der Erwerber das Eigentum in gutem Glauben vom Dieb kauft und an einen
Dritten weitergibt, der später die Wahrheit entdeckt und sich
dann entschließt, den Eigentumsgegenstand zu behalten. Solchenfalls macht sich der Dritte des Diebstahls schuldig. Der
Schutz des s.3 (2) Theft Act 1968 ist aber insofern beschränkt,
als wenn jemand sich Rechte anmaßt, die über jene hinausgehen,
die er, wie er annimmt, selbst erworben hat, so daß er sich
des Diebstahls schuldig machen dürfte. Wenn so jemand Sachen
unter solchen Umständen findet, daß er vernünftigerweise an-

---

[1] The Report Cmnd.2977 para.37.

nimmt, daß ihr Eigentümer durch Ergreifen vernünftiger Schritte nicht ausfindig gemacht werden kann und die Sachen an einen anderen verkauft, der diese Tatsachen kennt, so ist sich dieser bewußt, daß er nur die Rechte eines Finders erwirbt. Wenn er dann in der Folgezeit entdeckt, wer der Eigentümer ist, so ist mit einer späteren Übernahme eines Rechts, die Sache zu behalten, der objektive Tatbestand des Diebstahls gegeben.[1] Bezüglich des Begriffes des appropriation ist das Criminal Law Revision Committee der Auffassung, daß in dem appropriation der Begriff des "conversion" über die genannten Deliktstatbestände des larceny by a bailee or partowner und des fraudulent conversion hinaus ganz allgemein auch auf solche Personen ausgedehnt wurde, die sich nicht im Besitz des Zueignungsobjekts befinden.[2] Das Committee zog aber den Ausdruck "appropriation" aus dem Grunde vor, weil er nach dem gewöhnlichen Gebrauch des täglichen Lebens in geeigneterer Weise die Art der Handlungen begrenzt, die er zu umfassen bezweckt, während "converts", wie es im Larceny Act 1916 in s.20 (1) gebraucht ist, ein Ausdruck der Gesetzessprache ist, dem vom Nichtjuristen bei natürlicher Auslegung die Bedeutung der Veränderung von etwas oder der Auswechslung von Eigentum gegen anderes Eigentum beigelegt werden mag.[3] Anlaß zur Verwendung der Fassung "dishonest appropriation" war für das Criminal Law Revision Committee der Fall Walters v. Lunt.[4] In diesem Falle hatte ein sieben Jahre altes Kind, das das Alter für eine kriminelle Verantwortlichkeit noch nicht erreicht hatte, aus dem Nachbargrundstück ein Dreirad nach Hause gebracht, wo es die Eltern in Empfang nahmen. Hehlerei wurde verneint, da wegen der kriminellen Nichtverantwortlichkeit des Kindes das Rad nicht gestohlen war. Auch ein larceny by finding war

---

[1] Smith (J.C.) op.cit. para.43.

[2] The Report Cmnd.2977 para.35 und Smith (J.C.) op.cit. para. 28 unter Hinweis auf R.v.Bloxham, 1943, 29 Cr.App.R.37, C. C.A., 15 Dig.Repl.1054, 10 391.

[3] The Report Cmnd.2977 para.35.

[4] Walters v. Lunt, 1951, 35 Cr.App.R.94, (1951) 2 All E.R.645, 15 Dig.Repl.1142, 11 501.

nicht anzunehmen, da ein solches ein Verlieren voraussetzt, wozu erforderlich ist, daß der Eigentümer den Besitz der Sache,
ohne es zu wissen und unfreiwillig aufgegeben haben muß, während er vorliegendenfalls in Wirklichkeit ihm widerrechtlich
entzogen wurde. Auch ein larceny by a bailee bei Annahme eines
bailment zwischen dem Eigentümer und den Eltern durch Vermittlung des juristischen Besitzes an die letzteren seitens des
Kindes als bloßen Werkzeuges scheiterte daran, daß dem Eigentümer der Besitz rechtswidrigerweise entzogen wurde und nicht
angenommen werden konnte, daß die Eltern das Dreirad nur auf
Zeit zur Verwahrung für den Eigentümer an sich genommen hatten.
Außerdem wurde auch in Thompson v. Nixon[1] larceny by a bailee
i.S. von s.1 (1) Larceny Act 1916 mit der Begründung abgelehnt,
daß das Wort bailee nach herrschender Meinung sich nur auf
Personen beziehe, die Sachen von einer anderen Person unter
ausdrücklichen oder schlüssigen Bedingungen zu zeitweiligem
Besitz bekommen haben. Diese im vorliegenden Falle aufgetretenen Schwierigkeiten beabsichtigte das Criminal Law Revision
Committee in dem von ihm verfaßten Draft Theft Bill durch
die Worte "dishonest appropriation" zu beseitigen. Da diese
Bestimmung wörtlich in ss.1 - 3 Theft Act 1968 übernommen wurde, so erschien auch dem Gesetzgeber diese Fassung des Gesetzes
geboten. Auch möchte der Verwendung des Begriffes "conversion"
anstelle des "appropriation" der Umstand entgegenstehen, daß
schon die zivilrechtliche Auslegung dieses Begriffes von der
strafrechtlichen Auslegung abweicht.[2] Während das zivilrechtliche, eine unerlaubte Handlung (tort) bildende conversion
eine Handlung willentlicher Einwirkung auf eine bewegliche Sache ohne gesetzliche Rechtfertigung und in einer mit dem Rechtstitel eines anderen unvereinbaren Weise verlangt, wodurch dieser
andere, der Eigentümer i.S. des Rechtstitelinhabers, des Besitzes und Gebrauchs der Sache beraubt und so geschädigt wird,
wurde auf strafrechtlichem Gebiet die Verwendung zu eigenem
Nutzen oder zu dem eines anderen beibehalten,[3] mit der im Laufe

---

[1] Thompson v. Nixon, 1965, (1965) 2 All E.R.741, (1966) 1 Q.B.
103, 49 Cr.App.R.324, Dig.Cont.Vol.B 202, 10 536 a.
[2] Hagel (K.), Der einfache Diebstahl S.239 & 240 mit der dort
angegebenen Literatur und Rechtsprechung, insbes. Rogers v.
Arnott, 1960, (1960) 2 Q.B.244, (1960) 2 All E.R.417, Dig.
Cont.Vol.A 440, 10 540 a.
[3] siehe s.20 (1) (iv) Larceny Act 1916.

der Zeit allerdings erfolgten Abschwächung, daß Weitergabe an
Dritte oder Zerstörung die Zueignung nicht ausschloß, und es
wurde im Falle eines bailment ein conversion schon in irgendeiner Handlung erblickt, die mit dem bailment unverträglich
ist. Aus dem Falle R.v.Jackson,[1] in welchem jemand einen Mantel geliehen hatte, den er auf das abfahrbereite Schiff mitnahm, ohne daß unter den gegebenen Umständen eine Rückgabemög-
lichkeit überhaupt bestand, ist zu entnehmen, daß auf Seiten
des Entleihers ein conversion in Ansehung des Mantels im strafrechtlichen Sinne vorgelegen hatte, nicht aber ein solches im
zivilrechtlichen Sinne, insofern dieses noch die weitere Anforderung stellte, daß der Entleiher einer der Anbordnahme nachfolgenden Handlung bedurft haben würde, aus der unzweideutig
hervorgegangen wäre, daß er über den Mantel wie ein Eigentümer
unter Ausschluß des wahren Eigentümers zu dessen Schaden verfügte, wie z.B. durch Veräußerung und Übergabe des Mantels an
einen Mitreisenden.[2] Mit Rücksicht auf diese Unsicherheit und
Zwiespältigkeit des conversion-Begriffes erscheint es richtig,
auf die natürliche Auslegung des in s.3 Theft Act definierten
"appropriation" abzustellen und in der appropriation die Anmassung einer dem Eigentümer zustehenden Herrschaftsmacht i.S. der
Übernahme der Rechte eines Eigentümers an einer einem anderen gehörenden Sache zu sehen, derzufolge sich der Zueignende an die
Stelle des Eigentümers setzen will und mit der Sache so zu verfahren gewillt ist, wie wenn er der Eigentümer derselben wäre.[3]
Hiernach mag in dem vorgenannten Falle ein Diebstahl nach dem
Theft Act 1968 schon in dem Zeitpunkt vorgelegen haben, in welchem der Entleiher des Mantels in der Absicht, ihn nicht zurückzugeben, sondern über ihn, wie wenn er sein Eigentum wäre,

---

[1] R.v.Jackson, 1864, 9 Cox C.C.505, 15 Dig.Repl.1068, 10 537.

[2] Hagel (K.), Der einfache Diebstahl S.242 und die dort angeführte Rechtsprechung.

[3] siehe Stapylton v. O'Callaghan, 1973, (1973) 2 All E.R.784.

zu verfügen, an sich brachte. Auch dürfte in dem Falle, daß
ein bailee die ihm anvertraute und bei Beendigung des bailment
dem Eigentümer zurückzugebende Sache in der Tageszeitung zum
Verkauf ausschreibt oder einem Interessenten zum Kauf anbietet,
in der Absicht, über die Sache wie seine eigene zu verfügen,
eine Übernahme der Eigentümerrechte und damit ein theft nach
ss.1, 3 und 6 Theft Act 1968 anzunehmen sein, aber kein conversion, weil diese Handlungsweise noch nicht mit dem bailment
schlechthin unvereinbar sein mag. Anders verhält es sich, wenn
der bailee zu seinen Gunsten die Sache dem Käufer aushändigte.
Erst in diesem Falle wäre auch ein conversion gegeben.[1] Aus den
bisherigen Ausführungen ergibt sich, daß die über das strafrechtliche und zivilrechtliche conversion erfolgten Entscheidungen zwar zur Aufklärung des appropriation-Begriffes herangezogen werden können, nicht aber als bindende Autoritäten zu
verwerten sind. Zur Begründung des appropriation ist eine Handlung oder Unterlassung erforderlich. Eine bloße gedankliche
Entscheidung, die Rechte des Eigentümers zu übernehmen, genügt
nicht. Die Zueignung kann aber, wie gesagt, auch durch eine Unterlassung ausgeführt werden, wie aus s.3 (1) Theft Act 1968
sich ergibt, wonach jemand durch "keeping as owner" Eigentum,
zu dem er schuldlos gekommen ist, sich zueignen kann. Das
"keeping" dürfte, wie es scheint, nicht notwendigerweise die
Ausführung einer Tätigkeit in sich schließen, sondern es mag
demselben dadurch Genüge geschehen, daß jemand in Zueignungsabsicht es unterläßt, auf den Besitz der Sache zu verzichten. So
wäre nach s.1 Theft Act in dem erwähnten Falle Walters v. Lunt[2]
ein Diebstahl der Eltern anzunehmen, die in Kenntnis, daß das
Kind in rechtswidriger Weise in den Besitz des Dreirades gekommen war, sich untätig verhielten, in der Absicht, dem Nachbarn
das Eigentum an dem Dreirad auf die Dauer zu entziehen. Es dürfte eine Übernahme der Eigentumsrechte durch das unschuldige Mittel des Kindes, das zweifellos fortfahren würde, wie ein Eigen-

---

[1] siehe den schon erwähnten, von Smith (J.C.) op.cit. paras.28
& 29 näher erörterten Fall R.v.Bloxham, 1943, 29 Cr.App.R.37,
C.C.A., 15 Dig.Repl.1054, 10 391.

[2] Walters v. Lunt, 1951, 35 Cr.App.R.94, (1951) 2 All E.R.645,
15 Dig.Repl.1142, 11 501.

tümer tätig zu sein, anzunehmen sein. Dies trifft natürlich
erst zu, wenn der Vater sich dahin äußerte, das Kind solle das
Dreirad nur behalten. Aber auch ohne solche Übernahmeäußerung
genügt das bloße Behalten in der Absicht, dem Eigentümer das
Eigentum endgültig zu entziehen, wie z.B. in dem Falle, in dem
Schafe vom Grundstück des X auf das des Y streuten und X lediglich erlaubte, daß sie dort bleiben.[1] Solchenfalls ist X des
Diebstahls schuldig, wenn bewiesen werden kann, daß er in Zueignungsabsicht es unterließ, zu handeln. Freilich mag es solchenfalls schwierig, wenn nicht unmöglich sein, eine solche
Absicht zu beweisen und dann scheitert die Anklage nicht nur
aus Mangel der mens rea, sondern weil kein appropriation gegeben war.[2] Wenn auch das appropriation das wesentliche Tatbestandsmerkmal des Diebstahls nach neuem Recht ist, darf doch
die Tatsache nicht außerachtgelassen werden, daß es in vielen,
wenn nicht in allen Fällen unmöglich ist, zu bestimmen, ob
ein appropriation ohne Rücksicht auf die Absicht, in der die
Handlung begangen worden ist, vorgelegen hat. Auch wenn eine
ausdrückliche Bestimmung, die eine Absicht dauernder Entziehung
des Eigentums verlangt, nicht vorhanden wäre, würde eine solche
Absicht wahrscheinlich schon aus dem Begriff des appropriation
zu schließen sein. Dies zeigt der Fall R.v.Holloway,[3] wo der
Täter in das Warenlager seines Arbeitgebers einbrach und eine
Anzahl gegerbter Häute wegnahm. Es war dabei seine Absicht, die
Häute dem Werkmeister mit der Behauptung vorzulegen, die Gerbung
ausgeführt zu haben und dafür Bezahlung erhalten zu haben. Er
wurde von larceny aus dem Grunde freigesprochen, weil er keine
Absicht gehabt habe, dem Arbeitgeber das Eigentum an den Häuten
auf die Dauer zu entziehen.[4] Aus demselben Grunde würde er auch

---

[1] R.v.Thomas, 1953, 37 Cr.App.R.169, 15 Dig.Repl.1054, 10 386.
[2] Smith (J.C.) op.cit. para.48.
[3] R.v.Holloway, 1849, 2 Car.& Kir.942, 1 Den.370, 3 New Sess.
Cas.410, T.& M.40, 18 L.J.M.C.60, 12 L.T.O.S.382, 13 J.P.54,
3 Cox C.C.241, 15 Dig.Repl.1060, 10 454.
[4] Smith (J.C.) op.cit. para.136.

nach dem Theft Act 1968 des Diebstahls nicht schuldig sein.
Aber er würde sicherlich des Verbrechens des Diebstahls auch
aus dem fundamentalen Grunde nicht schuldig sein, weil er niemals die Häute sich aneignete, da er die Rechte eines Eigentümers nicht übernahm, sondern nur als Bediensteter - was er
auch war - zu handeln beabsichtigte, indem er lediglich Sachen
seines Dienstherrn handhabte.[1] Das appropriation of property
mag ein theft auch sein, wenn es nicht in der Absicht auf Gewinn noch zu des Diebes eigenem Vorteil erfolgt.[2] Es erhebt
sich nun die Frage, was alles bei der ausgedehnten Begriffsbestimmung des appropriation i.S. von s.1 mit s.3 Theft Act
1968 als Diebstahlsdelikt zu werten ist. Es unterliegt keinem
Zweifel, daß beim Vorliegen der erforderlichen Diebstahlsabsicht alle Fälle, in denen bisher die Voraussetzungen des nunmehr aufgehobenen taking and carrying away erfüllt waren, nach
dem Theft Act 1968 auch dem Tatbestand des appropriation gerecht werden und so auch heute Diebstahl begründen. Im Hinblick
auf die für den Raubtatbestand erforderliche Gewaltanwendung
oder Drohung mit Gewalt kommt als Bestandteil des Raubes aber
nur offener Diebstahl in Betracht. Damit scheiden heimliche
Diebstähle beim Raub aus, so daß Taschendiebstähle[3] ebenso
wie Handtaschen-, Aktenmappen- und ähnliche Diebstähle bei blos-
sem Wegschnappen dieser Gegenstände, ohne daß der Inhaber derselben zur Widerstandsleistung in der Lage ist, für Raub nicht
in Frage kommen, es sei denn, daß die Wegnahme der Tasche etc.
nach den bestehenden Umständen vom Inhaber befürchtet wird und
er daher den Gegenstand in verstärktem Maße festhält, so daß bei
der Wegnahme ein Widerstand des Inhabers zu überwinden ist. Dasselbe gilt für solche Fälle, in denen ein Gast die ihm zur Benützung vom Gastwirt überlassenen Gegenstände einsteckt und damit
verschwindet[4] oder für solche, in denen ein Kunde sich mit den
ihm zur Ansicht vorgelegten Juwelen, ohne einen Kaufabschluß

---

[1] Smith (J.C.) op.cit. para.46.

[2] Annex 2 "Notes on Draft Theft Bill" clause 1 in The Report
Cmnd.2977 p.125 und ausdrücklich s.1 (2) Theft Act 1968.

[3] siehe R.v.Thompson, 1825, 1 Mood.C.C.78, 15 Dig.Repl.1054,
10 383; R.v.Taylor, 1911, 1 K.B.674, 15 Dig.Repl.1054,
10 384.

[4] R.v.Stephens, 1910, 4 Cr.App.R.52, 15 Dig.Repl.1039, 10 215.

zu tätigen, davonmacht.[1] Dies trifft auch zu, wenn einem
Fuhrmann eine Anzahl Säcke von Roheisen auf seinen Lastwagen zum Transport von A nach B geladen werden und er bei
der Ankunft entdeckt, daß zehn Säcke zuviel geladen waren.
Entschließt er sich die zuviel geladenen Säcke für sich zu
behalten, so macht er sich des appropriation und damit des
Diebstahls schuldig.[2] Im allgemeinen freilich werden die
Fälle des Diebstahls durch Wegnahme regelmäßig, soweit die
besonderen Voraussetzungen des Raubes vorliegen, auch Diebstahl und Raub nach dem Theft Act begründen, wie z.B., wenn
in dem erwähnten Fall der Täter durch Vorhalten einer Pistole den Juwelier zwingt, ihm die Juwelen ohne Bezahlung zu
überlassen oder wo der Täter, wie im Falle R.v.Lapier,[3] einer Dame beim Besteigen ihres Wagens den mit Diamanten be-
setzten Ohrring aus der Ohrmuschel zog und dabei das Ohr-
läppchen durchriß, der Ohrring sich aber in dem Haar der Dame verfing und von ihr bei der Ankunft in ihrem Heim gefunden
wurde. Wie schon nach dem Larceny Act 1916 ist auch nach dem
Theft Act 1968 solchenfalls Diebstahl und Raub zu bejahen.
Dabei ist zu beachten, daß nach dem Theft Act schon dann vollendeter Raub vorgelegen hätte, wenn es dem Täter auch nicht
gelungen wäre, den Ohrring vom Ohr der Dame abzutrennen, da
schon in dem Ergreifen des Ohrringes eine Übernahme der Eigentümerrechte i.S. der ss.1 & 3 Theft Act 1968 erblickt werden
muß, während nach dem Larceny Act 1916 letzterenfalls nur ein
versuchter Raub in der Form des assault with intent to rob
(s.23 (3) Larceny Act 1916) vorgelegen hätte, da zum vollendeten Diebstahl und Raub nach s.1 (1) & (2) (ii) Larceny Act
1916 ein taking and carrying away, d.h. eine Erlangung des
Besitzes an dem vom Ohr der Dame abgetrennten Ohrring erforderlich war, auch wenn der Besitz des Täters an dem Ring nur
einen Augenblick bestanden haben sollte. Da Lostrennung und

---

[1] R.v.Chissers, 1678, T.Raym.275, 2 East P.C.677, 683, 15 Dig.
Repl.1039, 10 207; R.v.Johnson & Wright, 1851, 2 Den.310,
15 Dig.Repl.1041, 10 237.
[2] Russell v. Smith, 1957, (1957) 2 All E.R.796, (1958) 1 Q.B.
27, (1957) 3 W.L.R.515, 121 J.P.538, 41 Cr.App.R.198, Dig.
Cont.Vol.A 439, 10 329 b.
[3] R.v.Lapier, 1784, 1 Leach 320, 15 Dig.Repl.1072, 10 569.

Besitzerlangung vom Gericht bejaht wurde, wurde auf vollendeten Raub erkannt. Ob nach dem Theft Act schon in dem Ausstrecken
der Hand in Richtung des Ohrringes in der Absicht, sich denselben gewaltsamerweise zu verschaffen, ein vollendeter Diebstahl
bzw. Raub vorgelegen hätte, mag zweifelhaft sein. Hierin wäre
wohl nur eine Vorbereitungshandlung zu erblicken. Ein versuchter Raub käme nicht in Frage, da für einen Diebstahls- bzw.
Raubversuch nach dem Theft Act insofern kaum mehr ein Spielraum gegeben ist, als die Übernahme der Eigentümerrechte normalerweise bereits einen vollendeten Diebstahl und beim Vorliegen
der besonderen Voraussetzungen des Raubes einen vollendeten
Raub begründen. Ein versuchter Diebstahl kommt nach dem Theft
Act nur noch in äußerst seltenen Fällen in Betracht. Als ein
Beispiel versuchten Diebstahls, das auch weiterhin noch fortbestehen wird, mag das bekannte empty pocket case[1] angeführt
werden, in welchem der Täter seine Hand in die Rocktasche eines anderen streckt, in der Absicht, den Inhalt zu stehlen.
Da die Tasche leer ist, kann nicht festgestellt werden, daß er
tatsächlich die Rechte eines Eigentümers über irgendein Eigentum übernahm, da kein Eigentum vorhanden war. Es steht aber
außer Zweifel, daß er dies versuchte. Der Versuch war spätestens vollendet, als D's Hand in die Tasche eindrang und nach
seinem Inhalt tastete.[2] Hätte er darin eine Sache gefunden,
die er sofort zurückwies, z.B. ein Stück Schnur, so könnte dies
den Versuch nicht ungeschehen machen. Daß eine Anklage wegen versuchten Stehlens von Eigentum eines anderen, ohne Spezifikation dessen, was zu stehlen war, von Erfolg begleitet sein

---

[1] R.v.Ring, Atkins & Jackson, 1892, 61 L.J.M.C.116, 66 L.T.
300, 56 J.P.552, 8 T.L.R.326, 17 Cox C.C.491, 14 Dig.Repl.
118, 813 & 358, 3476; siehe auch R.v.M'Pherson, 1857,
Dears.& B.197, 26 L.J.M.C.134, 7 Cox C.C.281, 14 Dig.Repl.
117, 811 & 357, 3473; ferner R.v.Stark, October 5, 1967,
unrep., zit.bei R.v.Easom, Crim.L.R.1971 p.488; Criminal
Law Act 1967 s.6; Williams (G.L.), Criminal Law: The General Part, 2nd ed., p.52; Smith & Hogan, Criminal Law, 2nd
ed., p.163.

[2] In Ring's Case ging der Beweis nur dahin, daß der Angeklagte versuchte, die Taschen in den Kleidern unbekannter Damen
zu finden.

möchte, wie Smith meint,[1] deckt sich mit dem Kommentar zu R.
v. Easom,[2] wo ausgeführt ist, daß in diesem Falle[3] versuchter Diebstahl nur verneint wurde, weil die Anklage auf Stehlen bestimmter Gegenstände, nämlich Handtasche, Geldbörse,
Notizbuch, gewobener Stoff, Kosmetika und eine Feder, lautete, bezüglich deren es dem Täter an der dauernden und auch
nur zeitweiligen Beraubungsabsicht fehlte, während er bei
Anklage ohne die Spezifikation bestimmter Fahrnisgegenstände
wegen versuchten Diebstahls hätte verurteilt werden können.
In R. v. Easom ging der Sachverhalt dahin, daß in einem Kino
ein Mann die Handtasche einer Frau, die unmittelbar vor ihm
saß und die ihre Handtasche neben ihren Sitz gestellt hatte,
nach dem Inhalt durchstöberte und, da er darin nichts vor-
fand, was für ihn Wert hatte, dieselbe wieder an denselben
Platz oder doch in dessen Nähe zurückstellte, ohne etwas weggenommen zu haben. Es hätte daher, wie in R. v. Ring auch
hier versuchter Diebstahl angenommen werden müssen, wenn die
Anklage richtig abgefaßt gewesen wäre. Gleichgelagert wie R.
v. Lapier war auch der Fall R.v.Simpson,[4] dem folgender
Sachverhalt zugrunde lag: Der Ankläger trug seine Uhr in der
Westentasche. Sie war an einer Uhrenkette befestigt, die
durch ein Knopfloch der Weste lief und dort an ihrem anderen
Ende durch einen Uhrenschlüssel festgehalten wurde, der so
angebracht war, daß er ein Herausschlüpfen der Kette verhinderte. Der Angeklagte nahm die Uhr heraus und zog mit Gewalt
die Kette und den Schlüssel aus dem Knopfloch. Aber der
Schlüssel verfing sich an einem Knopf der Weste mit der Folge, daß die Uhr an der Kette hängenblieb, weil inzwischen die
Hand des Angeklagten festgehalten worden war. Wie in diesem
Fall schon nach s.23 Larceny Act 1916 Raub festgestellt wurde, indem der Besitzerwerb an der Uhr durch den Angeklagten
trotz der kurzen Besitzdauer bejaht wurde, so erst recht nach
dem Theft Act 1968, das eine derartige Voraussetzung nicht

[1] Smith (J.C.) op.cit. paras.49 & 50.
[2] Crim.L.R.1971 p.488 et seq.
[3] R.v.Easom, 1971, 3 W.L.R.82, 115 S.J.485, (1971) 2 All E.R.
945, 947, The Times, May 28, 1971.
[4] R.v.Simpson, 1854, Dears.C.C.421, 24 L.J.M.C.7, 24 L.T.O.S.
136, 6 Cox C.C.422, 15 Dig.Repl.1072, 10 570.

kennt, sondern es mit der unredlichen Übernahme der Eigentümerrechte unter Gewaltanwendung, die vorliegendenfalls nicht in Zweifel gezogen werden kann, genügen läßt.

Während nach altem Recht beim Diebstahl von der Person (s.14 Larceny Act 1916) eine tatsächliche Wegnahme (actual taking) der Sache von dem Körper des Angegriffenen oder doch in seiner Anwesenheit in der Weise, daß die Sache unter seiner unmittelbaren Obhut und seinem Schutz (in immediate personal care and protection) gestanden haben muß, aus der Wesensart des Delikts sich notwendigerweise ergab, war im Gegensatz hierzu beim Raub neben der tatsächlichen Wegnahme auch eine Wegnahme im rechtlichen Sinne (taking in law) in Form erzwungener oder unter dem Schein eines Rechtsanspruches erlangter Übergabe der Sache möglich, die bei Gewaltanwendung oder Drohung mit Gewaltanwendung Raub begründete,[1] indem der Täter dem anderen die Sache genau so wegnahm, wie wenn er sie ihm mit Gewalt aus der Tasche genommen hätte. Auch nach s.8 mit ss.1 und 3 Theft Act 1968 liegt in einem solchen Fall ein dishonest appropriation i.S. einer unredlichen Übernahme der Eigentümerrechte an einer einem anderen gehörenden Sache in der Absicht, ihm deren Eigentum daran auf die Dauer zu entziehen, vor, das beim Vorliegen der besonderen Voraussetzungen des Raubes Raub begründet. Eine gegenteilige Auffassung stünde auch in Widerspruch zu dem in der Einleitung erwähnten Auslegungsgrundsatz des Gesetzes, nach welchem das neue Recht keinesfalls ein nach dem bisherigen Recht strafbares Verbrechen straflos lassen darf. Neben der Wegnahme im natürlichen und rechtlichen Sinne kannte das Larceny Act 1916 auch vier Fälle des "constructive taking", nämlich des larceny by any trick, des larceny by intimidation, des larceny under a mistake und des larceny by finding. Es frägt sich, wie diese Fälle nach

---

[1] Merriman v. Chippenham Hundred, 1767, 2 East P.C.709, 15 Dig.Repl.1119, 11 125; R.v.Donnally, 1779, 1 Leach 193, 2 East P.C.713, 715, 15 Dig.Repl.1118, 11 113; R.v.Walton and Ogden, 1863, Le.& Ca.288, 32 L.J.M.C.79, 9 Cox C.C. 268, 15 Dig.Repl.1119, 11 138; Russell (W.O.Sir) op.cit., 12th ed., vol.2 (1964), p.853 unter Hinweis auf 3 Co.Inst. 68, 1 Hale 532 und 2 East P.C.711.

dem Theft Act zu beurteilen sind und ob sie, soweit sie sich als thefts darstellen, im Hinblick auf die besonderen Voraussetzungen des Raubes für den Tatbestand eines solchen in Betracht kommen. Was das larceny by any trick anbelangt, so war dies schon nach bisherigem Recht gegenüber dem Delikt des obtaining by false pretences mitunter nur schwer unterscheidbar, wie der Fall Buckmaster[1] zeigt, in welchem ein Buchmacher mit dem auf ein Pferd gesetzten Einsatz während des Rennens von der Rennbahn in der von Anfang an vorhandenen Absicht, einen auf das gewettete Pferd entfallenden Gewinn nicht auszubezahlen, verschwand. In diesem Fall lag kein larceny by any trick vor, da der Wetter nicht nur den Besitz, sondern auch das Eigentum an dem eingesetzten Geld aufgab und nicht erwartete, dieselben Münzen zurückzuerhalten, vielmehr der Buchmacher durch den schlüssigen falschen Vorwand, daß er im Falle des Gewinnes des Pferdes zahlen werde, das Geld erlangte. Die Folge war, daß der Buchmacher nach dem Larceny Act 1916 straflos blieb, weil der Vorwand von einer Absicht für das Vergehen des obtaining by false pretences nicht genügte - ein Ergebnis, das auf starke Kritik Russells stieß. Auch nach neuem Recht ist nicht zweifelsfrei geklärt, ob das larceny by any trick als "theft" oder als "obtaining property by deception" zu beurteilen ist. Das Criminal Law Revision Committee vertritt die Auffassung, daß s.15 (1) & (2) Theft Act 1968, das sich inhaltlich vollständig mit clause 12 (1) des Draft Theft Bill deckt, so gefaßt ist, daß es sowohl das larceny by any trick (s.1 (2) (a) Larceny Act 1916) wie das obtaining property by false pretences (s.32 Larceny Act 1916) umfasse, während unter s.1 Theft Act 1968 nur der erstere Fall subsumiert werden könne, und lehnte seinerseits eine Ausdehnung des theft auf das obtaining property by false pretences ab.[2] Demgegenüber wird die gegenteilige Auffassung vertreten, daß die beiden Fälle nach der Fassung

[1] R.v.Buckmaster, 1887, 20 Q.B.D.182, 57 L.J.M.C.25, 57 L.T. 720, 52 J.P.358, 36 W.R.701, 4 T.L.R.149, 16 Cox C.C.339, 15 Dig.Repl.1037, 10 195.
[2] The Report Cmnd.2977 para.38.

des s.1 Theft Act 1968 und im Hinblick auf die Auswirkung
des s.5 (4) Theft Act 1968, wonach, wenn jemand auf Grund
des Irrtums eines anderen Eigentum erhält und verpflichtet
ist, das Eigentum oder seinen Erlös oder den Wert desselben
zurückzugeben, solchenfalls im Umfang dieser Verpflichtung
das Eigentum oder der Erlös ihm gegenüber so angesehen werden soll, als gehöre es demjenigen, der auf Rückerstattung
einen rechtlichen Anspruch habe, und eine Absicht, die Rückerstattung nicht zu vollziehen, demgemäß als eine Absicht,
jener Person das Eigentum oder den Erlös daraus auf die Dauer zu entziehen, erachtet werden soll, als Diebstähle anzusehen sind. Diese letztere Auffassung stützt sich auf die
Entscheidung des Court of Criminal Appeal in R.v.Lawrence,[1]
wonach auch im zweiten Falle trotz bestehender Bedenken das
Vorliegen eines Diebstahls bejaht wurde, und auf die Stellungnahme des House of Lords im gleichen Falle sub nomine
Lawrence v. Metropolis Police Commissioner,[2] nach der s.1 (1)
und s.15 (1) Theft Act 1968 sich gegenseitig nicht ausschließen würden und es Fälle gebe, die unter s.1 (1) und
manche, die nur unter s.15 (1) Theft Act 1968 fallen werden.
Selbst wenn man sich auf den Standpunkt stellt, daß auch im
Falle der Übertragung des ganzen Eigentümerinteresses Diebstahl nach s.1 Theft Act 1968 und nicht obtaining property
by deception anzunehmen sein sollte, so käme ein solcher
Diebstahl als Tatbestandsmerkmal des Raubes nicht in Frage,
da der Raub Diebstahl mit Gewaltanwendung oder Drohung mit
solcher voraussetzt, was auf den durch Täuschung hervorgerufenen Diebstahl nicht zutrifft.
Da nach s.1 Larceny Act 1916 eine Wegnahme nur dann larceny
begründete, wenn der Wegnehmende zur Zeit der Wegnahme betrü-
gerisch (fraudulently) handelte und dabei die Absicht verfolgte, dem Eigentümer das Eigentum auf die Dauer zu entziehen,
so lief ein schuldloser Erwerb, dem eine unredliche Entschei-

---

[1] R.v.Lawrence, 1970, (1970) 3 All E.R.933, (1971) 1 Q.B.373,
  (1970) 3 W.L.R.1103, 135 J.P.144, 114 Sol.Jo.864, 55 Cr.App.
  R.73, (1971) Crim.L.R.51, Dig.Cont.Vol.C 262, 10 197 a.
[2] Lawrence v. Metropolis Police Commissioner, 1971, (1971) 2
  All E.R.1253 at p.1256, (1971) 3 W.L.R.325, 135 J.P.481, 115
  Sol.Jo.565.

dung, das Eigentum zu behalten oder darüber zu verfügen, nachfolgte, im allgemeinen nicht auf ein larceny hinaus. Wenn so
der Finder eines verlorenen Eigentumsgegenstandes, der zur
Zeit des Findens die Absicht hatte, den Eigentumsgegenstand
dem Eigentümer zurückzugeben, hernach aber seinen Sinn änderte
und unredlicherweise das Eigentum behielt oder über dasselbe
verfügte, so machte ihn diese nachfolgende Zueignung nicht des
Diebstahls als eines bailee schuldig.[1] Dabei ist überdies fraglich, ob solchenfalls überhaupt das Vorliegen eines bailment
angenommen werden kann, wie dies Lord Goddard in Walters v.
Lunt[2] in seinem dortigen dictum behauptet, in welchem er sich
dahin aussprach, daß als "bailee" jeder anzusehen sei, der jene speziellen Rechte und Pflichten habe, die aus rechtmäßigem
Besitz entstehen, sofern er nicht der wirkliche Eigentümer ist.
Nach herrschender Meinung[3] ist aber für das Bestehen eines
bailment erforderlich, daß der bailor als Eigentümer der Sache
den Besitz derselben auf Zeit dem bailee zu treuen Händen unter
der Bedingung überläßt, daß der bailee verpflichtet ist, bei Beendigung des bailment die anvertraute Sache dem bailor als
Rechtsinhaber zurückzugeben oder über sie nach Weisung des bailor zu verfügen. Dies trifft aber bei der bloß einseitigen Ansichnahme einer Fundsache für den Verlierer nicht zu.[4] Ein Fund-
diebstahl lag nach s.1 (2) (i) (d) Larceny Act 1916 vielmehr
nur dann vor, wenn der Finder zur Zeit des Findens den Eigentümer kannte oder unmittelbare Gründe für die Annahme hatte,
daß der Eigentümer der Fundsache bei Ergreifung vernünftiger,
ihm zumutbarer Schritte ausfindig gemacht werden kann und sich
gleichwohl die Fundsache zueignete. Nahm er dies nicht an und
hatte er auch keinen Grund für eine solche Annahme, so war er
selbst dann nicht des Diebstahls schuldig, wenn er schon zu dieser Zeit beabsichtigte, die Fundsache zu behalten, gleichviel
ob der Eigentümer ihm in der Folgezeit bekannt werden sollte

---

[1] The Report Cmnd.2977 para.21 und R.v.Matthews, 1873, 28 L.T.
645, 12 Cox C.C.489, 15 Dig.Repl.1050, 10 339.
[2] Walters v. Lunt, 1951, 2 All E.R.645, 115 J.P.512, 95 Sol.Jo.
625, 35 Cr.App.R.94, 15 Dig.Repl.1142, 11 501.
[3] Siehe Hagel (K.), Der einfache Diebstahl S.216 ff. und die
dort angegebene Literatur und Rechtsprechung.
[4] Thompson v. Nixon, 1965, (1965) 2 All E.R.741, (1966) 1 Q.
B.103, (1965) 3 W.L.R.501, 129 J.P.414, 109 Sol.Jo.471, 49
Cr.App.R.324 per Sachs J. at p.329, 15 Dig.Repl.1142, 11 501;

oder nicht, und sogar dann, wenn er über die Fundsache verfügte, nachdem ihm der Eigentümer bekannt geworden war.[1] Dasselbe
galt, wenn der Finder irrigerweise der Meinung war, durch geeignete Schritte den Eigentümer ausfindig machen zu können, ohne
daß aber Umstände vorlagen und ihm bekannt waren, die auf den
Eigentümer hindeuten konnten. Solchenfalls lag ein "reines Finden" vor, bei dem sich der Erwerber keines Diebstahls schuldig
machte. Die erwähnten Regeln betreffend verlorenes Eigentum fanden auch für den Fall Anwendung, daß jemand in den Besitz gestohlenen Eigentums kommt und zu dieser Zeit die Absicht hat,
das Eigentum dem Eigentümer oder einer anderen angemessenen Obhut auszuhändigen. In diesem Falle beging er bereits nach s.33
Larceny Act 1916 nicht das Delikt des receiving stolen property
und eine nachfolgende unredliche Entscheidung, das Eigentum zu
behalten oder darüber zu verfügen, machte ihn nicht des larceny
schuldig.[2] Ebensowenig beging der Empfänger das Delikt des receiving stolen property durch unredliches Behalten des Eigentums oder durch Verfügung über dasselbe, nachdem er erst hernach
herausgefunden hat, daß es gestohlen war.[3] Schwierigkeiten berei-
teten auch die Fälle unredlicher Zurückbehaltung von Eigentum,
zu dem jemand als Folge eines Irrtums gekommen ist. In R.v.
Ashwell[4] bat der Angeklagte den Ankläger, ihm einen shilling
zu leihen, den er ihm alsbald zurückzuzahlen versprach, da er
am nächsten Tag Geld bekomme, und der Ankläger händigte ihm
daraufhin in der Dunkelheit einen Sovereign, den beide für einen shilling hielten, aus. Beim Entdecken des Irrtums nach Ablauf einer Stunde wechselte der Angeklagte in einem anderen
Gasthaus in unredlicher Weise das Geldstück und verbrauchte einen Teil des Wechselgeldes. Als am anderen Morgen der Ankläger
den Angeklagten in dessen Wohnung aufsuchte und diesem erklärte, daß er den Irrtum entdeckt habe, gab der Angeklagte

---

[1] siehe auch Hagel (K.), Der einfache Diebstahl S.192 und 222 ff.
R.v.Thurborn, 1849, 1 Den.387, 18 L.J.M.C.140, 15 Dig.Repl.
1049, 10 332.
[2] R.v.Matthews, 1950, (1950) 1 All E.R.137, 34 Cr.App.R.55, 15
Dig.Repl.1057, 10 423.
[3] R.v.Johnson, 1911, 6 Cr.App.R.218, 15 Dig.Repl.1150, 11 578;
The Report Cmnd.2977 para.22.
[4] R.v.Ashwell, 1885, 16 Q.B.D.190, 15 Dig.Repl.1048, 10 325;
siehe auch R.v.Hehir, 1895, 2 I.R.709, 18 Cox C.C.267, 15 Dig.
Repl.1049, 6418.

nach anfänglichem Leugnen zu, vom Ankläger das Geldstück erhalten zu haben. Er wurde wegen Diebstahls des Sovereign für
schuldig befunden. Diese Entscheidung war umstritten, zumal
die Tatsachen der Bestimmung über das "taking" i.S. von s.1
(2) (i) (c) Larceny Act 1916 nur dann entsprechen, wenn, wie
Lord Cave und Lord Coleridge C.J. in ihrer Begründung aus-
führten, die rechtswidrige Wegnahme (trespassory taking) erst
in dem Augenblick erfolgte, in welchem der Angeklagte den Irrtum entdeckte und sich gleichzeitig entschloß, das Goldstück
in Kenntnis seines Wertes zu eigener Verwendung sich zuzueignen. Eine andere Lösung sei, so fuhr Lord Coleridge C.J. fort,
nicht möglich, ohne die Entscheidungen in Cartwright v. Green,[1]
Merry v. Green and Dawes[2] und das Mehrheitsurteil in R.v.Middle-
ton[3] umzustoßen. Gegen diese Auslegung des "possession" und des
"taking" wandte sich Stephen J. und eine vermittelnde Ansicht
vertrat Pollock, der dem Besitzerwerb zwar besitzentziehenden
Charakter zuschrieb, der aber insolange, als er in gutem Glauben ausgeübt wird, entschuldbar (excusable trespass) ist. Die
englische Rechtsprechung hielt aber auch in der Folge an dem in
R.v.Ashwell ausgesprochenen Grundsatz fest, wie in der Entscheidung R.v.Hudson[4] bestätigt wird, dem folgender Sachverhalt zugrunde lag: Hudson erhielt durch die Post vom Ernährungsministerium einen Brief, den er einige Tage ungeöffnet liegen ließ und
der, wie es sich nach der Öffnung zeigte, einen Scheck zugunsten
von "Mr.Hudson" enthielt, aber offensichtlich für jemand anderes
bestimmt war. Er schickte eine Woche später den Scheck an das
Ministerium in einem unehrlichen Brief zurück, in welchem er in
der Tat darum bat, daß sein Vorname (J.) eingefügt werden möge.
Als der Scheck entsprechend ergänzt vom Ernährungsministerium
wieder zurückgeschickt worden war, eröffnete er ein Bankkonto

---

[1] Cartwright v. Green, 1802, 2 Leach 952, 8 Ves.Jun.405, 15
Dig.Repl.1049, 10 330.

[2] Merry v. Green and Dawes, 1841, 7 M.& W.623, 15 Dig.Repl.
1049, 10 330.

[3] R.v.Middleton, 1873, L.R.2 C.C.R.38, 12 Cox C.C.417, 37
J.P.629, 42 L.J.M.C.73, 28 L.T.777, 15 Dig.Repl.1044,
10 282.

[4] R.v.Hudson, 1943, 1 K.B.458, 29 Cr.App.R.65, (1943) 1 All
E.R.642, 15 Dig.Repl.1049, 10 329.

und löste den Scheck ein, nachdem er ihn zuvor indossiert
hatte. Ungefähr sechs Wochen später zog Hudson zwanzig Pfund
von diesem Konto ab. Von der Polizei ausgefragt machte er die
Feststellung, daß ihm kein Geld vom Ernährungsministerium geschuldet wurde. Das Appellationsgericht ging bei seinem Urteil
davon aus, daß Hudson vom rechtlichen Standpunkt aus betrachtet in derselben Lage wie Ashwell war und daß er sich daher
des Diebstahls in dem Augenblick schuldig machte, als er den
Scheck entdeckt und gleichzeitig den Entschluß gefaßt hatte,
ihn sich zuzueignen. Der Angeklagte erwarb hiernach mit der irrtümlichen Übergabe des Briefes an ihn zwar den tatsächlichen
Besitz am Briefumschlag, den juristischen Besitz an dem im
Briefumschlag befindlichen Scheck aber, dessen Entziehung für
die rechtswidrige Wegnahme wesentlich ist, erst in dem Augenblick, als er in Kenntnis von dem Vorhandensein des eingeleg-
ten Schecks sich entschloß, sich denselben zuzueignen und ihn
zu eigener Verwendung behielt. Richtig ist, daß Hudson bei Rücksendung des Schecks an das Ministerium durch eine falsche Behauptung, einen Anspruch auf den Scheck zu haben, sich eines Delikts des obtaining by false pretences (s.32 Larceny Act 1916)
schuldig gemacht hätte, falls in der ersten Ansichnahme des
Schecks in Zueignungsabsicht durch ihn kein larceny vorgelegen
hätte. Die Verurteilung wegen Diebstahls wurde aus dem Grunde
kritisiert, daß der ursprüngliche Empfang des Briefes und des
darin enthaltenen Schecks schuldlos war und aus dem zweifelhaf-
teren Grunde, daß die Rücksendung des Schecks mit einer "Absicht, zu der Zeit solchen Wegnehmens dem Eigentümer den Besitz
auf die Dauer zu entziehen" sich nicht vereinbaren lasse. Dem
ist aber entgegenzuhalten, daß Hudson beim Empfang des Schecks
nicht die Absicht hatte, dem Ernährungsministerium den Besitz
des Schecks zu entziehen, sondern daß er nur beabsichtigte, eine Ergänzung des von ihm bereits rechtswidrig angeeigneten
Schecks durch den Aussteller zu veranlassen, um Schwierigkeiten bei der künftigen Einlösung des Schecks zu vermeiden.
In zwei weiteren Entscheidungen des Queen's Bench Divisional
Court zeigten sich gleichfalls die Schwierigkeiten und Anoma-

lien dieses Teils des Diebstahlsrechts. Es sind die Entscheidungen Moynes v. Coopper[1] und Russell v. Smith.[2] In Moynes v. Coopper war dem Arbeiter M. auf sein Verlangen am 29.April 1955 ein Lohnvorschuß von 6£19 s. und 6 1/2 d. auf den am 2.Mai 1955 fälligen Lohn ausbezahlt worden. Am letztgenannten Tag legte der Lohnbuchhalter, der von dem Vorschuß nichts wußte, ohne Bemerkung den vollen Lohnbetrag von 7£ 3 s. und 4 d. in die für M. bestimmte Lohntüte und händigte sie ihm am gleichen Tage aus. Als der Arbeiter die Lohntüte erhielt, wußte er nicht, daß sie die volle Lohnsumme von 7£ 3 s. und 4 d. enthielt. Als er später am Tage die Lohntüte öffnete, entdeckte er erst, daß sie den vollen Lohn ohne Abzug des Vorschusses enthielt und entschloß sich nun im gleichen Moment, den ganzen Inhalt der Tüte mit 7£ 3 s. und 4 d. sich in unredlicher Weise zuzueignen, wodurch er zu seinem eigenen Nutzen 6£19 s. und 6 1/2 d. mehr erhielt als den Betrag, auf den er einen Rechtsanspruch besaß. Im Gegensatz zu Stable J., der in seiner Urteilsbegründung davon ausging, daß die Annahme der Lohntüte und die Öffnung derselben eine einheitliche Handlung bilde und daß entsprechend R.v.Hudson[3] und R.v.Ashwell[4] der Angeklagte die Lohnüberzahlung erst an sich genommen habe, als er von ihr nach Öffnung der Tüte Kenntnis erhalten habe und sie sich erst dann animo furandi zugeeignet und damit Diebstahl begangen habe, lehnten die übrigen Richter diese Auffassung von Stable J. ab und sprachen den Angeklagten arg. s.1 (2) (i) (c) Larceny Act 1916 von einem Diebstahl des überschießenden Betrages mit der Begründung frei, daß im vorliegenden Fall im Gegensatz zu R.v.Middleton[5] der Angeklagte von dem Irrtum des Lohnbuchhalters bei Übergabe der Lohntüte an ihn keine Kenntnis gehabt habe, so daß die Besitznahme nicht animo furandi erfolgt sei. Zwar wäre eine zivilrechtliche Klage zugunsten des Arbeitgebers auf Herausgabe des zuviel

[1] Moynes v. Coopper, 1956, (1956) 1 Q.B.439, (1956) 1 All E.R. 450, (1956) 2 W.L.R.562, 120 J.P.147, 40 Cr.App.R.20, Dig. Cont.Vol.A 439, 10 329 a; siehe auch R.v.Flowers, 1886, 16 Q.B.D.643, 16 Cox C.C.33, 15 Dig.Repl.1049, 10 326.
[2] Russell v. Smith, 1957, (1957) 2 All E.R.796, (1958) 1 Q.B. 27, 41 Cr.App.R.198, Dig.Cont.Vol.A 439, 10 329 b.
[3] R.v.Hudson, 1943, (1943) 1 All E.R.642, 15 Dig.Repl.1049, 10 329.
[4] R.v.Ashwell, 1885, 16 Q.B.D.190, 15 Dig.Repl.1048, 10 325.
[5] R.v.Middleton, 1873, L.R.2 C.C.R.38, 12 Cox C.C.417, 15 Dig. Repl.1044, 10 282.

bezahlten Geldes gegeben, da dieses unter tatsächlichem Irrtum (error in quantitate) ausbezahlt worden sei, aber andererseits sei der Angeklagte, obwohl er sich einer schweren Unehrlichkeit schuldig gemacht habe, eines Diebstahls, ja nach dem bisherigen Recht eines strafbaren Delikts überhaupt nicht schuldig geworden. Auch sei R.v.Hudson[1] keine Autorität für Moynes v. Coopper, da in R.v.Hudson weder der Scheck noch der Umschlag für den Angeklagten bestimmt gewesen sei, während es vorliegendenfalls zweifelsfrei feststehe, daß die Lohntüte für den Angeklagten bestimmt war und ihm auch übergeben wurde. In Russell v. Smith lag dem Urteil folgender Sachverhalt zugrunde: Ein Lastwagenfahrer, der bei einem Transportunternehmen beschäftigt war, wurde angewiesen, eine Tonne Futtermittel bei X zu holen und sie an Y abzuliefern. Auf Grund Irrtums des Dienstboten des X wurden acht Säcke zuviel auf den Lastwagen geladen und als der Fahrer beim Ausladen des Lastwagens den Irrtum entdeckte, entschloß er sich, den Überschuß sich zuzueignen und fuhr mit ihnen weg und verkaufte sie. Der Angeklagte wurde des Diebstahls für schuldig befunden, weil er hier - anders als im Falle Moynes v. Coopper - die überschüssigen acht Säcke nicht wegnahm, bis er den Irrtum entdeckte und zu diesem Zeitpunkt die unredliche Absicht bildete, während im Falle Moynes v. Coopper der Besitzerwerb und damit die Wegnahme bereits mit der Aushändigung der Lohntüte erfolgt war, zu welchem Zeitpunkt keine unehrliche Absicht des Erwerbers bestanden hatte. In beiden Fällen würden freilich die meisten Leute die unehrliche Zueignung des Eigentums als das wesentliche Element ansehen und es würde ihnen kaum verständlich sein, warum nur wegen der gering differierenden Umstände, unter denen die Unehrlichkeit begangen wurde, die Entscheidungen verschieden waren. So ist die Kritik von Lord Goddard C.J. in Russell v. Smith verständlich, der es für gut bezeichnete, wenn das Diebstahlsrecht vereinfacht und in der Auslegung geklärt werden könnte, um so viele Meinungsverschiedenheiten unter den Richtern und Streitfragen in der Literatur zu vermeiden.[2] So er-

---

[1] R.v.Hudson, 1943, (1943) 1 K.B.458, 29 Cr.App.R.65, (1943) 1 All E.R.642, 15 Dig.Repl.1049, 10 329.

[2] The Report Cmnd.2977 para.15.

achtet auch das Criminal Law Revision Committee diese beiden
Fälle als ein starkes Argument für eine Neugestaltung des
Diebstahlsrechts.[1] Während in den erwähnten Fällen die ursprüngliche Besitzerlangung schuldlos war, wurde dasselbe
Ergebnis auch in den Fällen angenommen, in denen die Besitzerlangung schuldhaft erfolgt war. Die autoritative Entscheidung für solche Fälle war R.v.Riley.[2] Die darin niedergelegte
Doktrin besteht darin, daß, wenn der ursprüngliche Besitz
rechtmäßig ist, eine nachfolgende rechtswidrige Zueignung
keinen Diebstahl begründet,[3] daß aber, wenn der ursprüngliche
Besitz unrechtmäßig, obwohl nicht verbrecherisch ist, eine
nachträgliche Zueignung Diebstahl begründet. In diesem Falle
hatte der Angeklagte seine Schafherde, bestehend aus 29
schwarzen Schafen, eine Nacht auf dem Hof von P. gelassen.
Als er am 1.Oktober in der Frühe eines nebligen und regneri-
schen Morgens seine Herde abtrieb, trieb er mit derselben ein
weißes Schaf des Anklägers, das zugelaufen war, ab, und als
beim Anbieten seiner Schafe zum Verkauf vier Tage danach der
Käufer bemerkte, daß es 30 Schafe waren, verkaufte der Angeklagte, darauf aufmerksam gemacht, das Schaf des Anklägers
mit den übrigen Schafen an einen gewissen Calvert. Die jury
stellte fest, daß zu der Zeit, wo der Angeklagte das Feld verließ, er nicht wußte, daß das Schaf des Anklägers unter seiner
Herde war, aber daß er des Diebstahls schuldig wurde, als er,
auf den Irrtum aufmerksam gemacht, gleichwohl das fremde Schaf
verkaufte. Die Entscheidung des Gerichts ging dahin, daß zur
Begründung rechtswidriger Besitzentziehung keine Kenntnis des
Besitzentziehers davon vorzuliegen brauche, daß die Sache im
Eigentum oder Besitz eines anderen sich befindet, daß vielmehr nur erforderlich ist, daß die Handlung, in der die rechtswidrige Besitzentziehung zu erblicken ist, vorliegendenfalls
also das Abtreiben des fremden Schafes mit der eigenen Herde
vom Feld, durch den Besitzentzieher willentlich, d.h. frei-

---

[1] The Report Cmnd.2977 para.24.
[2] R.v.Riley, 1853, Dears.C.C.149, 22 L.J.M.C.48, 20 L.T.O.S.
228, 17 J.P.69, 6 Cox C.C.89, 15 Dig.Repl.1049, 10 333.
[3] R.v.Matthews, 1873, 28 L.T.645, 12 Cox C.C.489, sub nomine
R.v.Mathews, 37 J.P.596, 15 Dig.Repl.1050, 10 339.

willig erfolgt, also nicht auf Grund eines solchen Zwanges
oder Versehens, daß dadurch der Wille, die auf einem bestimmten Grundstück befindlichen Schafe abzutreiben, ausgeschlossen ist. Alle Richter stimmten darin überein, daß Riley mit
dem Wegtreiben des fremden Schafes vom Feld ein trespass beging. Freilich hatte mit dem Wegtreiben des fremden Schafes
vom Feld in dem Augenblick, als der Angeklagte das Feld verließ, der eine Teil des "taking", die rechtswidrige Besitzentziehung, nur begonnen und setzte sich die ganze Zeit fort,
während der der Angeklagte die Kontrolle über das Eigentum
ausübte, so daß mit dem Hinzutreten des animus furandi, der
durch jede Handlung, z.B. Verkaufsangebot an einen Dritten,
nicht bloß durch eine solche, die eine rechtswidrige Zueignung
begründet, wie das Anzeichnen, Abscheiden oder Verkaufen des
versehentlich abgetriebenen Schafes, bewiesen werden kann,
während des continuous trespass die rechtswidrige Besitzentziehung zu einer verbrecherischen Wegnahme (felonious taking)
und damit zum Diebstahl gestempelt wurde. In dem Falle des
continuous trespass kann der animus furandi während der ganzen
Fortdauer des trespass noch bis zu dem Augenblick gebildet
werden, in welchem der Besitzentzieher den zweiten Teil des
"taking" vollendet, also bis zu dem Zeitpunkt, in dem er den
Besitz an der Sache erwirbt. Dies ist aber der Fall, sobald
der Besitzentzieher in Kenntnis des Erwerbs des Besitzes und
des Besitzgegenstandes - mindestens in seinen wesentlichen
Eigenschaften - die Sache sich zueignet. Trotz der von Turner[1]
gegen diese Entscheidung geübten heftigen Kritik fand die besagte Lehre vom continuous trespass unter dem Einfluß von Parke
B. Zustimmung in der Literatur[2] und Eingang in die Rechtsprechung, in der der in R.v.Riley aufgestellte Grundsatz des
continuous trespass in der Folge mehrfach bestätigt wurde,
wie den weiteren noch zu erwähnenden Fällen zu entnehmen

---

[1] Turner (J.W.C.), Larceny and Trespass. The Case of Riley,
L.Q.R. vol.58 (1942) p.340 et seq.
[2] Cross (A.R.N.), Larceny and the Formation of a Felonious
Intent after Taking Possession, M.L.R. vol.12 (1949) Notes
of Cases p.230; Kerr (M.R.E.), The Time of Criminal Intent
in Larceny, L.Q.R. vol.66 (1950) pp.176-177; Prevezer (S.),
Criminal Appropriation, C.L.Pr. vol.12 (1959) p.169.

sein wird.[1] Es sind dies die Entscheidungen in Ruse v. Read[2]
und in R.v.Kindon.[3] Im ersteren Fall hatte der Angeklagte tags-
über eine große Menge Bier und Most getrunken und beim Besuch
einer Messe am Abend desselben Tages beim Verlassen derselben
ein Fahrrad, das an einem Geländer angelehnt war, mitgenommen,
war auf ihm zwei Stunden bis zu seiner Wohnung gefahren und gab
es am anderen Tage, um sein Verhalten vom Vortag zu verbergen,
bei der örtlichen Bahnstation nach York auf, ohne die Absicht,
es wieder an seinen früheren Bestimmungsort gelangen zu lassen.
Das Fahrrad wurde jedoch auf der Bahnstation entdeckt und der
Täter wegen Diebstahls angeklagt. Die Mitglieder des Divisional
Court hatten Zweifel, ob man sagen kann, daß ein Mann, der in
der Lage ist, ein Fahrrad zu besteigen und zwei Stunden lang
darauf zu fahren, so betrunken ist, daß er außerstande ist,
verstandesmäßig zu erfassen, ob seine Absicht darauf abzielt,
das Rad zu seinem Vorteil wegzunehmen oder es nur zu borgen
und zurückzugeben. Sie entschieden, daß der Angeklagte zu verurteilen sei, weil das Wegnehmen des Fahrrades, selbst wenn es
wegen Fehlens der diebischen Absicht nicht verbrecherisch war,
doch rechtswidrig war und verbrecherisch wurde, als der animus
furandi am folgenden Tage von ihm geoffenbart wurde. Das Gericht stützte sein Urteil ausdrücklich auf den Grundsatz des
continuous trespass, wie er in R.v.Riley anerkannt worden war
und in diesem Falle als bindende Autorität anerkannt wurde.[4]
Im letzteren Falle wurden im Hinblick auf das "felonious ab
initio" die Entscheidungen R.v.Riley und Ruse v. Read ein
Stadium weitergetrieben und zur Klärung geführt. Die Angeklagte
war eine von drei Mädchen, die bei einem Besuch des F. in dessen Wohnung während der Abwesenheit des Hausherrn aus einer
Kommode 100 £ in Noten stahl. Sie gab zu, das Geld gestohlen
zu haben, machte aber geltend, daß sie bei der Wegnahme des
Geldes zu betrunken und durch Drogen in solchem Maße beeinflußt war, daß sie nicht in der Lage gewesen sei, eine Dieb-

[1] Siehe auch Hagel (K.) a.a.O. S.192 ff.
[2] Ruse v. Read, 1949, 1 K.B.377, (1949) 1 All E.R.398, 33 Cr.
App.R.67, 65 T.L.R. 124, 93 Sol.Jo.184, 15 Dig.Repl.1050,
10 340.
[3] R.v.Kindon, 1957, 41 Cr.App.R.208, 3 Dig.Supp.49, 10 424,
Dig.Cont.Vol.A 440, 10 424 a.
[4] vgl. Hagel (K.) a.a.O. S.198 f.

stahlsabsicht zu bilden. Sie räumte aber ein, daß sie die Absicht zu stehlen gehabt habe, als das Geld auf der Bahnfahrt nach Dencaster von einem der anderen Mädchen, in deren Besitz das Geld damals war, gezeigt und hernach in einem Hotel in Dencaster zwischen den drei Mädchen aufgeteilt wurde, wobei die Angeklagte 150£ erhielt. Das Urteil ging davon aus, daß die ursprüngliche Wegnahme des Geldes eine unerlaubte Handlung (tortious), also rechtswidrig, obgleich nicht verbrecherisch war und, da die Angeklagte nach der Beweislage ständig im gemeinschaftlichen Besitz des Geldes mit den beiden anderen Mädchen war, so wurde sie des Diebstahls für schuldig befunden, jedoch nicht des einfachen Diebstahls, sondern des erschwerten Diebstahls in einem Wohnhaus (larceny in dwellinghouses, s.13 Larceny Act 1916), indem das Gericht davon ausging, daß der Diebstahl nicht in dem Eisenbahnzug oder in dem Hotel zu Dencaster, sondern schon in der Wohnung des F. begangen wurde und es daher, anders als in den Fällen R.v.Riley und Ruse v. Read, bei denen zu dem fortdauernden trespass hernach der animus furandi hinzutrat, hier darüber hinausgehend dem animus furandi rückwirkende Bedeutung zusprach. Hierbei ist davon auszugehen, daß das in der Wohnung des Bestohlenen begonnene trespass bis zur Verteilung der Beute im Hotel in Dencaster als continuous trespass fortdauerte und erst in diesem Zeitpunkt mit dem Erwerb des Besitzes durch die einzelnen Mädchen das taking endete, so daß der beim Vorzeigen im Zug oder bei der Verteilung vorhandene animus furandi ausreicht, um Diebstahl zu begründen, daß aber das Gericht noch weiterging und den während der Dauer des continuous trespass vorhandenen animus furandi auf dessen Beginn zurückbezog und so mindestens im Ergebnis, mit der Auffassung von Kenny[1] und Lord Coleridge[2] übereinstimmte.[3] Den unbefriedigenden und daher auch mehrfach kritisierten Ergebnissen der vorgenannten Ent-

---

[1] Kenny stellte den Satz auf, daß "a subsequent intent to appropriate the thing will thus relate back and renders the act a larceny".

[2] der bei Erörterung von Riley's Case in R.v.Ashwell ausführte, daß "by the sale the trespass became felonious" und dabei "felonious ab initio" annahm.

[3] siehe hierzu Hagel (K.) a.a.O. S.202 f.

scheidungen, die auf der Tatsache beruhten, daß der animus furandi an den Zeitraum des taking gebunden war, beabsichtigte das Criminal Law Revision Committee durch die neue Definition des "theft" in clauses 1 und 3 Draft Theft Bill, die in s.1 und s.3 Theft Act 1968 im gleichen Wortlaut übernommen wurden, ein Ende zu setzen, indem es das appropriation nicht mehr an den Zeitpunkt des appropriation band, so daß diese Fälle nach dem neuen Recht ausnahmslos als Diebstähle zu beurteilen sind. Zunächst soll noch der letzte Fall des "constructive taking", das larceny by intimidation, nach dem neuen Recht besprochen werden. Ein larceny by intimidation lag vor, wenn der Eigentümer einer beweglichen Sache unter dem Druck der Einschüchterung, die vom Täter animo furandi hervorgerufen ist, den Besitz daran diesem überläßt. Im Gegensatz zum Raub, bei dem der Wegnahmehandlung solche Drohungen vorausgehen oder sie begleiten, die ausreichen, um die eingeschüchterte Person nach Vernunft und allgemeiner Erfahrung in wahrscheinlicher Weise dazu zu bringen, ihren vom Drohenden begehrten Gegenstand um der Sicherheit ihrer Person - oder bei wahrscheinlicher Gewalttätigkeit des Pöbels - ihres Vermögens willen ohne Zustimmung oder unter Ablehnung einer solchen herzugeben, lag ein larceny by intimidation vor, sofern der Grad der erregten Furcht geringer ist, die Herausgabe des Gegenstandes aber doch infolge der Einschüchterung gegen den Willen des Eigentümers, also durch rechtswidrige Wegnahme, erfolgt. Während beim Raub die Herausgabe des Gegenstandes ohne den Willen des Opfers (Willensausschluß) geschieht, erfolgte beim larceny by intimidation die Hergabe gegen den Willen des Opfers (Willensbeugung). Im ersteren Falle besteht überhaupt keine Wahl zwischen Erfüllung und Ablehnung, während im zweiten Fall die Wahl durch die Furchterregung beeinflußt und in die vom Täter begehrte Willensrichtung gedrängt wird. Das Larceny Act 1916 ging in s.1 (2) (b) davon aus, daß die Besitzerlangung von Sachen auf Grund von Einschüchterung ein ausreichendes taking bildet, um Diebstahl zu begründen. Ein Musterbeispiel hierfür bildet die Entscheidung R.v.McGrath[1], der folgender

---

[1] R.v.McGrath, 1869, L.R.1 C.C.R.205, 39 L.J.M.C.71, 21 L.T. 543, 34 J.P.86, 11 Cox C.C.347, 18 W.R.119, 15 Dig.Repl.1047, 10 314.

Tatbestand zugrunde liegt: Bei einer Scheinauktion schlug
der Versteigerer ein Stück Tuch einer Frau namens Jane Powell
für 26 s. zu, obwohl sie, wie er wußte, kein Steigerungsange-
bot auf dasselbe gemacht hatte. Trotz ihres Protestes verlangte er von ihr die Zahlung genannten Betrages und erklärte,
daß sie vor der Bezahlung das Versteigerungslokal nicht verlassen dürfe. Als sie gleichwohl versuchte, das Lokal zu verlassen, wurde sie von Komplizen des Versteigerers, die ihr in
den Weg traten, daran gehindert, mit der Folge, daß sie
schließlich aus Furcht vor dem, was ihr bei weiterer Weigerung
passieren möchte, die 26 s. bezahlte und das Tuch mitnahm. Der
Diebstahl wurde darin gesehen, daß der Besitz des Geldes durch
Einschüchterung erlangt worden sei. In der Urteilsbegründung
wurde unter anderem ausgeführt: "Der Schuldspruch wurde als
richtig bestätigt, weil, wenn die Gewalt, die gegenüber der
Frau gebraucht wurde, die Wegnahme zu einem Raub macht, Diebstahl in diesem Verbrechen eingeschlossen war, während, wenn
die Gewalt nicht genügte, um einen Raub zu begründen, die Wegnahme des Geldes nichtsdestoweniger auf einen Diebstahl hinaus-
lief, da sie dem Angeklagten, weil sie Angst hatte, das Geld
gegen ihren Willen bezahlte". Ebendaselbst führte Blackburn J.
unter anderem aus: "Wenn eine Sache mit Gewalt erlangt wird,
so ist Raub begangen. Dieser würde Diebstahl einschließen.
Aber Gewalt ist nicht ein notwendiger Bestandteil des Diebstahls.
Es genügt, um einen Diebstahl zu begründen, wenn die Sache gegen den Willen des Eigentümers erlangt wird". In ähnlicher Weise betonte Brett J. unter anderem: "Die Geschworenen hatten
gefunden, daß das Geld auf Grund von Furcht erlangt wurde, die
hinreichte, um das Herausgeben desselben zu einer ungewollten
Handlung zu machen. Daher erfolgte die Wegnahme gegen den Willen von Jane Powell und war daher Diebstahl". Dieser Entscheidung wurde auch in R.v.Lovell[1] gefolgt, wo ein reisender Scherenschleifer von einer Frau für das Schleifen einiger Messer
unter Drohungen statt des üblichen Preises von 1 s. 3 d. eine
übermäßige Vergütung von 5 s. 6 d. abverlangte, welche die Frau,
durch die Drohungen in Furcht versetzt, ihm auch bezahlte. Trotz

---

[1] R.v.Lovell, 1881, 8 Q.B.D.185, 50 L.J.M.C.91, 44 L.T.319, 45
J.P.406, 30 W.R.416, 15 Dig.Repl.1048, 10 316.

der Drohungen wurde angenommen, daß hierdurch keine genügende
Einschüchterung bewirkt wurde, um das Verbrechen des Raubes
zu begründen. Zum gleichen Ergebnis kommt die Entscheidung in
R.v.Knewland and Wood,[1] wo der Angeklagte dem Ankläger gedroht hatte, ihn der Polizei vorzuführen, falls letzterer ihm
die geforderte Sache nicht überlasse. Ein ähnlicher Fall ist
auch R.v.Morgan.[2] In der gleichen Richtung bewegt sich der Fall
R.v.Hazell,[3] wo der Ankläger in der Verhandlung erklärte, er
habe die von ihm geforderten 5 Pfund Sterling samt Uhr und
Kette den Angeklagten lediglich aus Furcht, sie würden ihm
etwas antun, und nicht in der Erwartung, sie würden ihm die
5 Pfund Sterling geben, ausgehändigt. Notwendig ist nach dem
Ausgeführten aber immer, daß die Drohung zur Hergabe der Sache
geführt hat. Wo es zu einer solchen Verfügung nicht kommt,
ist ein larceny by intimidation nicht gegeben. Das Theft Act
1968 kennt keine dem s.1 (2) (b) Larceny Act 1916 entsprechende Bestimmung; doch darf aus dem Fehlen einer solchen Bestimmung nicht die Absicht herausgelesen werden, als werde ein solches Verhalten von ihm nicht erfaßt.[4] Es erhebt sich aber in
jedem Fall die Frage, ob eine solche Handlungsweise des Ein-
schüchternden ein appropriation von Eigentum, das einem anderen
gehört, darstellt. Wenn die Wirkung der Einschüchterung derart
ist, daß das Eigentum auf den Täter nicht übergeht, so ist derselbe nach neuem Recht durch das appropriation klarerweise des
Diebstahls nach s.1 mit s.3 Theft Act 1968 schuldig. Dies trifft
auch auf den obenerwähnten Fall R.v.McGrath zu, der auch nach
neuem Recht als Diebstahl zu beurteilen ist, da zwischen dem
Versteigerer und Jane Powell kein, auch kein vernichtbarer,
Vertrag zustande kam, es vielmehr sogar an dem bloßen äußeren
Schein eines Vertrages fehlte, kraft dessen das Eigentum an
dem Geld auf den Versteigerer hätte übergehen können, so daß
er durch die Zueignung desselben Diebstahl beging. Dasselbe
gilt für den gleichfalls erwähnten Fall R.v.Lovell, insofern

---

[1] R.v.Knewland and Wood, 1796, 2 Leach 721, 15 Dig.Repl.1119,
11 149.

[2] R.v.Morgan, 1854, Dears.C.C.395, 6 Cox C.C.408, 24 L.T.O.S.
136, 15 Dig.Repl.1042, 10 249; vgl.auch R.v.Hilliard, 1913,
9 Cr.App.R.171, 15 Dig.Repl.1042, 10 254.

[3] R.v.Hazell, 1870, 11 Cox C.C.597, 15 Dig.Repl.1047, 10 315.

[4] Smith (J.C.) op.cit. para.37 unter Bezugnahme auf R.v.Bonner,

die Drohungen des Scherenschleifers keinen Vertrag herbeiführten, war doch der Vertrag bereits abgeschlossen und führten die Drohungen nur zur Bezahlung einer Summe, auf welche der Scherenschleifer, wie er sehr wohl wußte, keinen Rechtsanspruch besaß. Da selbstverständlich keine Schenkung beabsichtigt war, so würde er auch nach dem Theft Act 1968 durch Zueignung des übermäßigen Geldbetrages des Diebstahls schuldig gewesen sein. Da das intimidation auf Zwang (duress) beruht, so ist strittig, ob der auf Zwang gegründete Rechtsvorgang, der Eigentumsübergang, nichtig ist und ob der Erwerber daher kein Eigentum erworben hat und daher durch das appropriation einen Diebstahl nach s.1 mit s.3 Theft Act 1968 begeht oder ob er Eigentum erwirbt und sich solchenfalls keines Diebstahls schuldig machen kann, indem er sich nicht die Eigentümerrechte an einer Sache anmaßen kann, an der er Eigentum besitzt. Nach dem für diese Frage maßgebenden Zivilrecht ist nach den folgenden Ausführungen von Smith[1] eine eindeutige Lösung derselben bisher nicht gefunden. Wenn die zivilrechtlichen Autoritäten fast einstimmig dahin gehen, daß Zwang einen Vertrag nur anfechtbar und nicht nichtig macht, so ist in dem Falle, daß D das Angebot macht, P's Auto für einen horrent geringen Betrag zu kaufen und P veranlaßt, das Angebot auf Grund der Drohung, ihn zu schlagen oder zu verhaften, wenn er es nicht tue, anzunehmen, so ist schwer einzusehen, wie D des Diebstahls schuldig sein kann. Aber die zivilrechtlichen Autoritäten sind gering an Zahl und liegen weit auseinander. Auch wäre es nach der Mehrzahl derselben dasselbe gewesen, ob der Rechtsvorgang nichtig oder nur anfechtbar war. Es ist auch schwierig einzusehen, wie der Ausdruck "anfechtbar" ('voidable') eigentlich auf die oben geschilderte Situation angewandt werden kann. Ein Rechtsvorgang zwischen A und B ist anfechtbar, wenn er auf A's Mitteilung an B hin, daß A den Rechtsvorgang nichtig zu machen wünscht, aufgehoben werden muß. Aber wo, wie im obigen Falle, D von P Eigentum auf Grund Zwanges (anders als auf Grund von Betrug) erhalten hat, weiß er von Anfang an sehr wohl, daß P den Rechtsvorgang nichtig machen

---

[1] 1970, (1970) 2 All E.R.97, (1970) 1 W.L.R.838, 134 J.P.429, 114 Sol.Jo.188, Dig.Cont.Vol.C (1971) 264, 10 596 a.
Smith (J.C.) op.cit. para.40 mit Hinweis in Anm.10 auf Hooper (A.), Larceny by Intimidation, 1965 Crim.L.R.532 & 592.

will und daß P nicht zögern wird, die hierfür nötigen Schritte
zu unternehmen, sobald er von der Drohung frei ist. Ein anfechtbarer Rechtsvorgang, der ab initio vernichtet wird, ist
von einem solchen, der nichtig ist, nicht unterscheidbar. Ausserdem sind die Autoritäten über Raub (s.23 Larceny Act 1916)
und Erpressung (s.30 Larceny Act 1916) schwierig zu begründen,
außer auf der Grundlage, daß mindestens manche Arten von Zwang
und Einschüchterung Rechtsvorgänge nichtig machen.[1] Wann dies
der Fall ist, läßt sich nur den autoritativen Entscheidungen
über Diebstahl durch Einschüchterung i.S. von s.1 (2) (1) (b)
Larceny Act 1916 entnehmen. Allerdings können hierfür auch die
viel häufigeren Fälle des Verbrechens des "demanding with menaces with intent to steal" i.S. von s.30 Larceny Act 1916 herangezogen werden, da diese Fälle auch autoritativ für larceny by intimidation deshalb sind, weil, wie in Walton and Ogden[2] ausgesprochen ist, ein Fordern von Geld in der Absicht zu stehlen,
wenn von Erfolg begleitet, auf ein Stehlen hinauslaufen muß. Die
angewandte Drohung muß daher eine solche sein, daß, wenn sie
den Ankläger eingeschüchtert und dadurch bestimmt hätte, die geforderte Sache herauszugeben, es Diebstahl gewesen wäre. Auf der
Grundlage der autoritativen Entscheidungen über die Delikte i.S.
von s.30 und ss.1 & 2 Larceny Act 1916 mochte eine Drohung mit
Beschädigung oder Zerstörung von stehlbarem Eigentum des Bedrohten dann Diebstahl durch Einschüchterung begründen können, wenn
der Eigentümer die geforderte Sache infolge eines solchen Grades
von Furcht oder Beunruhigung abliefert, daß er nicht mehr als ein
frei Handelnder tätig ist und daher nicht mehr fähig ist, das Eigentum mit seiner Zustimmung herauszugeben.[3] So wurde ausnahmsweise und erstmals im Jahre 1859 in R.v.Taylor[4] der Angeklagte wegen
demanding with menaces with intent to steal nach s.7 des Act von
1837 (7 Will.IV & 1 Vict.c.87) - neu bestimmt in s.30 Larceny Act 1916-

---

[1] siehe Duke de Caderval v. Collins, 1836, 4 A.& E.858, 5 L.J.K.
B.71, 6 N.& M.324; Granger v. Hill, 1838, 4 Bing.N.C.212, 1
Arn.42, 5 Scott 561, 7 L.J.C.P.85, 132 E.R.769, sub nom.Granger
v.Hill, 2 Jur.235, 14 Dig.Repl.190, 1547; Wilson v. Ray, 1839,
10 A.& E.82; Powell v. Hoyland, 1851, 6 Exch.67, 20 L.J.Ex.82,
16 L.T.(O.S.) 369, 15 Dig.Repl.1045, 10 287.
[2] R.v.Walton & Ogden, 1863, L.& C.288 at p.297, 15 Dig.Repl.1122,
11 196, gebilligt in R.v.Boyle & Merchant, 1914, 3 K.B.339 at p.
344, 14 Dig.Repl.437, 4237 und in R.v.Bernhard, 1938, 2 K.B.264
at p.270; Hooper (A.) op.cit. p.536 mit n.46 - n.48.
[3] Hooper (A.) op.cit. p.538.
[4] R.v.Taylor, 1859, 1 F.& F.511, 15 Dig.Repl.1123, 11 203.

auf Grund der Drohung, das Anwesen des Anklägers niederzubren-
nen, wenn er ihm nicht einen shilling gäbe, und auf Grund seines nach Weigerung des Anklägers erfolgten Versuches, einen
Getreidehaufen in Brand zu stecken, verurteilt. Die sonstigen
älteren Entscheidungen stimmten allerdings hiermit nicht überein, da sie davon ausgingen, daß eine Drohung, jemandens Haus
in Brand zu stecken oder aber ihn seiner beweglichen Sachen zu
berauben, nicht genügt, um eine Rechtshandlung nichtig zu machen, weil der durch die Einschüchterung bewirkte Zwang (duress)
hierzu nicht ausreiche. Es war daher anhand der späteren Entscheidungen R.v.Walton and Ogden, R.v.Boyle and Merchant, R.v.
Bernhard und R.v.Robertson (per Charrnell B.)[1] festzustellen,
daß der common law-Begriff des duress in der Folgezeit dahin
modifiziert und erweitert wurde, daß er unter die Typen des
duress auch Drohung mit Beschädigung oder Zerstörung von Eigentum einschloß, so daß davon auszugehen war, daß eine Drohung,
das Eigentum eines anderen zu beschädigen, Einschüchterung i.
S. von s.1 (2) (i) (b) Larceny Act 1916 begründen kann und,
falls die übrigen Voraussetzungen des Diebstahls vorgelegen haben, auch begründe. Allerdings wäre Diebstahl entfallen, wenn
der Eigentümer die geforderten Sachen nicht aus Furcht, sondern
zu dem Zweck, eindeutigen Beweis gegen den in Diebstahlsabsicht
Handelnden zu erlangen, ausgehändigt hätte. Dasselbe würde gelten, wenn der Eigentümer die Sache nicht aus Furcht vor der
Drohung, sondern aus anderen Gründen dem Angeklagten herausgegeben hätte, wie z.B., um sich Unannehmlichkeiten zu ersparen.
Ein weiterer Typ von Zwang (duress), der eine Nichtigkeit des
Rechtsvorganges bewirkt, ist die Drohung mit unrechtmäßiger
Einsperrung (false imprisonment)[2] und mit strafrechtlicher Ver-
folgung. Die Drohung mit einer Zivilklage dagegen ist ein Zwang

---

[1] R.v.Robertson, 1864, L.& C.483 at p.487, 11 Jur.N.S.96, 15
Dig.Repl.1047, 10 313.

[2] R.v.McGrath, 1869, L.R.1 C.C.R.205, 11 Cox C.C.347, 21 L.T.
543, 34 J.P.86, 39 L.J.M.C.71, 15 Dig.Repl.1047, 10 314; R.
v. Robertson, siehe Anm.1; R.v.Collister and Warhurst, 1955,
39 Cr.App.R.100, 15 Dig.Repl.1122, 11 189.

[3] R.v.Boyle and Merchant, 1914, 3 K.B.339 at pp.344-345, 14
Dig.Repl.437, 4237, 15 Dig.Repl.1123, 11 204; R.v.Bernhard,

(duress) nach common law, der eine Rechtshandlung und so auch
die Besitz- bzw. Eigentumsübertragung an der übergebenen Sache
nur anfechtbar und nicht nichtig macht. Desgleichen ist die
Drohung mit Schädigung des guten Rufes nach Kaufman v. Gerson[1]
zivilrechtlich ein Zwang (duress), der aber nach Lord Reading
in R.v.Boyle and Merchant "with intent to steal" das Delikt des
s.30 Larceny Act 1916 begründen kann. Diese Schwierigkeit möchte
nach Smith dadurch überwunden werden können, daß unter Umständen die Anklage auf Erpressung wie bisher auf s.29 (1) (i) &
s.31 (a) (2) Larceny Act 1916, so heute auf s.21 Theft Act 1968
gestützt wird, wo es unwesentlich ist, ob der Rechtsvorgang
nichtig oder anfechtbar ist, vorausgesetzt nur, daß das Fordern (demand) nicht zu rechtfertigen (unwarranted) ist. Abgesehen von den Fällen des appropriation durch Wegnahme im natürlichen, rechtlichen und konstruktiven Sinne ist noch von dem
appropriation durch einen bailee und von demjenigen durch einen clerk or servant zu handeln. Im ersteren Fall ist das appropriation i.S. von s.1 mit s.3 Theft Act 1968 an die Stelle des
Proviso zu s.1 (1) Larceny Act 1916 getreten, indem, wie schon
früher angedeutet, das appropriation mit dem das bailment been-
digenden conversion identisch ist oder doch mindestens dasselbe
einschließt. Es fragt sich nur, worin in diesem Fall das appropriation zu sehen ist. In dem von Smith angeführten Beispiel,
in welchem dem D, dem das Auto des P als bailee unter der Bedingung anvertraut ist, dasselbe dem bailor P als Rechtsinhaber
nach Ablauf des bailment zurückzugeben oder über dasselbe nach
Weisung des bailor zu verfügen, sieht Smith in dem Umstand, daß
der bailee D ohne Ermächtigung des bailor P einen Vertrag ab-
schließt, durch den er den Wagen an E verkauft, einen klaren Akt
des appropriation. Der Diebstahl wäre sogar vollendet, obwohl
das Auto nie bewegt oder nicht einmal berührt wurde. Auch wenn
D niemals über das Stadium des Angebotes, z.B. auch durch ein

1938, 2 K.B.264, (1938) 2 All E.R.140, 26 Cr.App.R.137, 82
Sol.Jo.257, 31 Cox C.C.61, 15 Dig.Repl.1125, 11 218; R.v.
Studer, 1915, 85 L.J.K.B.1017, 25 Cox C.C.312, 15 Dig.Repl.
1122, 11 191.

[1] Kaufman v. Gerson, 1904, 1 K.B.591, 11 Dig.Repl.444, 843, 12
Dig.Repl.105, 618; Hooper (A.) op.cit. p.601 & n.60.

Zeitungsinserat, hinausginge, würde es vernünftigerweise ein
eindeutiger vollendeter Diebstahl nach neuem Recht sein.[1] So
vertrat das Divisional Court in Rogers v. Arnott[2] die Auffassung, daß das Delikt des larceny by a bailee bei Abgabe einer
Offerte, ein Tonbandgerät zu verkaufen, vollendet war. Der
Grund dafür ist, daß der bailee in einem solchen Fall die Rechte des Eigentümers zu seinen, des bailee, Gunsten sich ange-
maßt hat. Durch den Rechtsanwalt war sogar nahegelegt worden,
daß das Verbrechen in einem früheren Stadium vollendet war,
nämlich sobald sich der bailee entschied, den Entschluß, das
Tonbandgerät zu verkaufen, aufrechtzuerhalten, und sicherlich
trifft dies zu, sobald er es in das Auto hineingelegt hat.
Aber eine bloße Entscheidung in D's Gehirn, das Tonbandgerät
zu verkaufen, die nicht von irgendeiner Handlung begleitet
oder gefolgt ist, würde, sofern eine solche überhaupt bewiesen werden könnte, weder auf ein conversion nach altem Recht
noch auf ein appropriation nach neuem Recht hinauslaufen.[3]
Donovan J.[4] ging auch nicht so weit, indem er nur sagte, daß D
schuldig ist, wenn er fortfährt, seine vorher gebildete Absicht, ein Verkaufsangebot zu machen, zu verwirklichen. Das
Gesagte gilt auch für den Fall des fraudulent conversion i.S.
des s.20 (1) (iv) (a) & (b) Larceny Act 1916,[5] wo bestimmt war,

---

[1] Smith (J.C.) op.cit. para.25 unter Bezugnahme auf Rogers v.
   Arnott, 1960, 2 Q.B.244, (1960) 2 All E.R.417, (1960) 3 W.L.
   R.73, 124 J.P.349, 104 Sol.Jo.508, 44 Cr.App.R.195, Dig.Cont.
   Vol.A 440, 10 540 a.
[2] siehe Anm.1.
[3] Smith (J.C.) op.cit. para.25.
[4] Donovan J. in Rogers v. Arnott, siehe Anm.1.
[5] § 20 - (1) (iv) (a) & (b) lautet:
   Every person who-
   (iv) (a) being entrusted either solely or jointly with any
   other person with any property in order that he may retain
   in safe custody or apply, pay, or deliver, for any purpose
   or to any person, the property or any part thereof or any
   proceeds thereof; or
   (b) having either solely or jointly with any other person
   received any property for or on account of any other person;
   fraudulently converts to his own use or benefit, or the use
   or benefit of any other person, the property or any part
   thereof or any proceeds thereof;
   shall be guilty of a misdemeanour and on conviction thereof
   liable to penal servitude for any term not exceeding seven
   years.
   Dazu ist zu bemerken, daß durch das Criminal Law Act 1967
   die Unterscheidung von "felony" und "misdemeanour" abge-

daß jeder, dem Eigentum zu bestimmten Zwecken anvertraut ist[1]
oder der Eigentum für oder auf Rechnung eines anderen erhalten
hat, durch betrügerische Zueignung sich eines Vergehens schuldig macht, das mit Gefängnis bis zu sieben Jahren bestraft werden kann. Die Fassung von s.20 (1) (iv) (a) & (b) Larceny Act
1916 spricht für die Annahme, daß diese Bestimmung sowohl das
larceny by a bailee, als auch das larceny by a clerk or servant wie auch das embezzlement einschloß. Allerdings fand sie
auch auf einen anderen Kreis von Personen Anwendung, denen
nicht nur der Besitz, sondern auch das Eigentum an der Sache
anvertraut worden war. Einige Schriftsteller[2] argumentierten
daher, daß fraudulent conversion auf den letzteren Fall beschränkt sei und nicht auch übergreifend auf die anderen genannten Delikte diese mitumfasse. Der Streit ist jetzt illuso-
risch geworden, nachdem in allen diesen Fällen bei rechtswidriger Zueignung Diebstahl nach s.1 mit s.3 Theft Act 1968 anzunehmen ist. Was das larceny oder embezzlement by clerks or servants nach s.17 Larceny Act 1916 anbelangt, so hing nach bisherigem Recht die Unterscheidung davon ab, ob dem clerk oder
servant die Sache vom Arbeitgeber zur Durchführung seiner
Dienstleistung oder sonstwie überlassen war oder ob sie ihm
durch einen Dritten zur Übermittlung des Besitzes und Eigentums
an den Dienstherrn übergeben worden war. Im ersteren Falle wurde dem Bediensteten kein Besitz, sondern nur Obhut zugestanden,
während der Besitz beim Dienstherrn verblieb. Eignete sich der
Bedienstete diese Sachen rechtswidrig an, so entzog er dem
Dienstherrn den Besitz in Form des trespass und beging daher
erschwerten Diebstahl i.S. des s.17 (1) (a) Larceny Act 1916.
Überließ allerdings der Arbeitgeber dem Arbeitnehmer ausnahmsweise das Eigentum an der Sache, z.B. an Geld, indem er den Bediensteten als Schuldner behandeln will,[3] so beging er nach
bisherigem Recht keinen Diebstahl. Dasselbe trifft auch nach
dem Theft Act 1968 zu. Solchenfalls können nur zivilrechtliche

---

1 schafft worden ist.
  R.v.Grubb, 1915, 2 K.B.683, 84 L.J.K.B.1744, 113 L.T.510, 79
  J.P.430, 31 T.L.R.429, 59 Sol.Jo.547, 24 Cox C.C.77, 11 Cr.
2 App.R.153, 14 Dig.Repl.668, 6767.
  Smith (J.C.) op.cit. para.16 mit n.20 unter Hinweis auf Rus-
  sell (W.O.Sir), On Crime 12th ed.(1964) by J.W.C.Turner p.1112
  et seq.; Kenny (C.S.), Outlines 19th ed.(1965) by J.W.C.Turner
3 p.334 et seq.; a.A. Crim.L.R.1961, 741, 797.
  R.v.Barnes, 1850, 2 Den.59, 15 Dig.Repl.1047, 10 311; R.v.
  Thompson, 1862, 9 Cox C.C.222, 15 Dig.Repl.1065, 10 512.

Ansprüche bestehen. Gewährt der Arbeitgeber dem Arbeitnehmer wenigstens den juristischen Besitz an der übergebenen Sache, z.B. bei weiten Reisen, so räumt er ihm ausdrücklich oder stillschweigend ein bailment ein, so daß der Bedienstete bei rechtswidriger Zueignung der Sache sich eines larceny by a bailee[1] und auch nach neuem Recht sich eines Diebstahls schuldig macht, wie z.B. wenn der Arbeitgeber dem Arbeitnehmer das Geld nur unter der Bedingung überläßt, daß dieser die identischen Münzen nach Weisung des Arbeitgebers einem Dritten aushändigen soll. Anders ist die Rechtslage, wenn dem Arbeitnehmer von einem Dritten Sachen zur Übertragung des Besitzes und Eigentums an seinen Dienstherrn übergeben werden. Hier erlangt der Arbeitnehmer Besitz an der übergebenen Sache, der ihm auch in transitu bis zur Übertragung des Besitzes an den Dienstherrn verbleibt, was allerdings auch in schlüssiger Form erfolgen kann, z.B. Niederlegen der Ladung auf dem für die Aufbewahrung bestimmten Grundstück des Dienstherrn. Solange der Arbeitnehmer Besitzer der Sache ist und der Arbeitgeber noch keinen Besitz erlangt hat, konnte der Arbeitnehmer keinen Diebstahl begehen, sondern nur eine Unterschlagung (embezzlement), die für diesen Fall anstelle des larceny by a bailee getreten ist. Die Unterscheidung zwischen larceny by a servant und embezzlement war äußerst heikel. Erhielt z.B. der Bedienstete von einem Dritten Geld für den Dienstherrn und steckte es in Zueignungsabsicht alsbald in seine Tasche, so war embezzlement gegeben. Legte er aber das Geld in die Ladenkasse des Dienstherrn und nahm es dann wieder heraus und an sich, so beging er larceny by a servant, da durch das Hineinlegen in die Ladenkasse der Besitz auf den Dienstherrn übergegangen war, den ihm der Bedienstete rechtswidrig entzog. Wurde z.B. ein Dienstbote mit einer Fünfpfundnote weggeschickt, um sie in Silbergeld umwechseln zu lassen und eignete sich der Bedienstete das erhaltene Silbergeld an, so beging er kein larceny, weil der Besitz an dem Münzgeld noch nicht auf den Dienst-

---

[1] The Carrier's Case, 1473, Y.B. 13 Edw.IV pasch. f.9 pl.5; Kenny S.C.I. 223, 225; vgl.auch 2 East P.C.682; Turner (J.W. C.), A Modern Approach to Criminal Law, London: Macmillan & Co.,Ltd. 1945 p.357 n.8.

herrn übergegangen war, wohl aber konnte embezzlement vorliegen.[1] Nach dem Theft Act 1968 begeht der Arbeitnehmer, der sich die eigentümerischen Rechte an den ihm vom Dienstherrn oder von einem Dritten überlassenen Sachen anmaßt, einen Diebstahl, gleichviel, ob ihm an denselben Besitz oder nur Obhut zukommt, außer in dem seltenen Falle, in dem ihm das Eigentum an den Sachen übertragen sein sollte. Regelmäßig wird aber der Dienstherr mit der Übergabe der Sachen an den Dienstboten für den Dienstherrn Eigentum oder jedenfalls ein einen Bestandteil des absoluten Eigentums bildendes Recht zum Besitz erlangen, das mit der Übergabe der Sache an den Dienstherrn zum absoluten Eigentum (general property) wird, das bis dahin in transitu ist.

Wenn auch der Raub als Form des erschwerten Diebstahls begrifflich Diebstahl einschließt, so kann doch, wie schon früher angedeutet, im Hinblick auf die besonderen Voraussetzungen des Raubes nicht jede Form des Diebstahls Bestandteil des Raubtatbestandes bilden. Der Diebstahl durch Wegnahme kommt nur dann als Bestandteil des Raubes in Betracht, wenn es sich um einen offenen Diebstahl handelt. Ein heimlicher Diebstahl, wie z.B. der Taschendiebstahl, scheidet insofern aus, als die für den Raub geforderte Gewaltanwendung oder Drohung mit Gewaltanwendung Heimlichkeit des Diebstahls ausschließt. Was die konstruktiven Wegnahmen einer Sache anbelangt, so kommt beim Raub i.S. des s.8 Theft Act 1968 das bisherige larceny by a trick als Diebstahlsbestandteil des Raubes insofern nicht in Betracht, als diesfalls nicht die vom Raub geforderte Gewaltanwendung oder die Drohung mit solcher den Schuldgrund bildet, sondern die Täuschung, auch wenn man davon ausgehen will, daß überhaupt in diesem Falle ein theft und nicht ein obtaining property by deception gegeben ist. Was das bisherige larceny by finding oder by mistake betrifft, so ist nach neuem Recht ein diese Diebstahlsformen einschließender Raub nur dann möglich, wenn nach Entdeckung des auf Grund vernünftiger Anstrengungen ausfindig gemachten Eigentümers der Fundsache oder nach Aufklärung des Irrtums der Finder oder der Irrende den Eigentümer der Fundsache oder den Inhaber der irrtümlich übergebenen Sache

---

[1] R.v.Sullens, 1826, 1 Mood.C.C.129, 15 Dig.Repl.1086, 10 745.

mit Gewalt oder Gewaltandrohung nötigt, auf ihr Rückforderungs-
recht zu verzichten. Beim larceny by a bailee macht sich, wie
schon früher erwähnt, der bailee auch nach dem Theft Act 1968
durch das mit dem appropriation identische conversion des Diebstahls i.S. von s.1 mit s.3 und bei Vorliegen der besonderen
Voraussetzungen des Raubes auch des Raubes nach s.8 schuldig.
Dasselbe gilt auch für denjenigen, der sich des fraudulent conversion i.S. des s.20 (1) (iv) (a) & (b) Larceny Act 1916 schuldig machte. Auch er ist nach dem Theft Act des Diebstahls bzw.
Raubes schuldig.

Die unredliche Zueignung verlangt, daß der Eigentümer der Zueignung seines Eigentums durch einen anderen nicht zustimmt. Die
Zueignung muß ohne oder gegen den Willen des Eigentümers erfolgen.[1] Die redliche Zueignung setzt dagegen eine wahre, d.h. freie
und volle, Zustimmung des Eigentümers voraus. Sie darf daher
nicht durch Einschüchterung, Arglist oder wesentlichen Irrtum
herbeigeführt sein.[2] Ob die Zustimmung eines Kindes oder Geisteskranken die Rechtswidrigkeit der Wegnahme ausschließt oder doch
ausschließen kann, darüber liegt, soweit ersichtlich, bisher
keine autoritative Entscheidung vor. Wo es freilich auch an einem tatsächlichen Willen fehlt, wie z.B. bei Bewußtlosigkeit
oder völliger geistiger Umnachtung, ist eine Zustimmung selbstverständlich ausgeschlossen. Die Wegnahme muß also "ohne Zustimmung des Eigentümers oder einer anderen gesetzlichen Autorität"
erfolgen. Die Zustimmung wird nicht dadurch ungültig gemacht,
daß sie durch einen Vorwand (by false pretence) bezüglich des
Bestimmungsortes und des Zwecks der Fahrt - des bei der Überlassung des Kraftwagens angegebenen Fahrtzieles - erreicht ist.Frag-
lich ist aber, ob eine fundamental falsche Darstellung, z.B. bezüglich der Identität des Entleihers, die Zustimmung für die Zwecke des s.12 (1) Theft Act ungültig machen würde.[3] Diese Vor-

---

[1] Williams (G.L.), Criminal Law - Larceny - Receiving, M.L.R.1952
p.222; vgl. auch State v. Durham, 196 N.W.2d at 430 (Iowa 1972),
zit. in Dunahoo (K.L.), Survey of Iowa Law. Iowa Criminal Law
23 Drake L.Rev.76 (1973).
[2] R.v.MacGrath, 1869, L.R.1 C.C.R.205, 39 L.J.M.C.7, 21 L.T.543,
11 Cox C.C.347, 15 Dig.Repl.1047, 10 314; R.v.Hench, 1810, R.
& R.163, 15 Dig.Repl.1038, 10 200.
[3] R.v.Peart, 1970, (1970) 2 All E.R.823, (1970) 2 Q.B.672, (1970)
3 W.L.R.63, 134 J.P.547, 114 Sol.Jo.418, (1970) R.T.R.376 C.A.,
Dig.Cont.Vol.C 263, 10 403 c.

aussetzung wurde in R.v.M'Daniel, Berry and Eagon verneint.[1]
Der Sachverhalt war folgender: S. und mehrere andere Personen
einigten sich auf den Plan, nach dem ein Raub auf S. durch B.,
einen der Komplizen, und zwei von B. gedungene Fremde ausgeführt werden sollte, um die durch Parlamentsgesetz für die Ergreifung von Straßenräubern ausgesetzte Prämie zu erhalten. S.
war an diesem Übereinkommen insofern beteiligt, als er sein
Geld und andere Sachen nur zum Schein und Vorwand abgeben sollte. Zu diesem Zweck und auf Grund dieser Zustimmung i.S. des
Abkommens gingen die angeblichen Räuber auf die Landstrasse
und warteten dort, bis sie den fingierten Raub an S. ausführen
konnten. Die Richter waren der Meinung, daß S. nicht beraubt
wurde, weil ihm sein Eigentum nicht gegen seinen Willen weggenommen worden sei. Daran ist durch das Theft Act 1968 keine
Änderung erfolgt. Stimmt also der Eigentümer zu, daß sein Eigentum durch einen anderen zugeeignet wird, und kennt dieser
andere die Zustimmung des Eigentümers in dem Zeitpunkt, wo er
die Zueignung vollzieht, so begeht derselbe auch nach Theft
Act keinen Diebstahl, weil es ihm an der dishonest appropriation fehlt. Angenommen aber, daß der Eigentümer in der Tat
zustimmt, aber der andere dies nicht weiß, so handelt er bei
der Zueignung dishonestly. Nach dem Larceny Act 1916 wäre er
nicht des larceny schuldig geworden, weil keine Wegnahme "without the consent of the owner" erfolgt ist.[2] Ob der Täter wegen
eines versuchten larceny hätte verurteilt werden können, war
strittig.[3] Aber in dem neueren Fall R.v.Miller, R.v.Page,[4] wo
an den Fahrer eines Lastwagens, der Ballen wollener Lumpen geladen hatte, die Angeklagten mit dem Ansinnen herangetreten
waren, er solle ihnen gegen eine Geldvergütung gestatten, eine

[1] R.v.M'Daniel and Others, 1755, 19 St.Tr.745, 804; Fost.121,
128, 15 Dig.Repl.1117, 11 101; vgl.auch R.v.Norden, 1774,
Fost.129, 15 Dig.Repl.1119, 11 141 mit Bemerkungen durch
Fost.J. in Fost.129.
[2] R.v.Turvey, 1946, 31 Cr.App.R.154, (1946) 2 All E.R.60, 15
Dig.Repl.1056, 10 403.
[3] Smith (J.C.) op.cit. para.51 unter Bezugnahme auf Crim.L.R.
1962 pp.135, 212 & 300.
[4] R.v.Miller, R.v.Page, sub nom. R.v.Miller & Page, 1965, 49
Cr.App.R.241, (1965) Crim.L.R.437, Mews (1965 ed.) 172-173,
Dig.Cont.Vol.B 201, 10 403 a; vgl.auch R.v.Curbishley, 1971,
55 Cr.App.R.310 at p.314; Lawrence v. Metropolis Police
Commissioner, 1971, (1971) 2 All E.R.1253.

Lastwagenladung dieser Ballen zu stehlen, der Fahrer aber
seinem Arbeitgeber die Angelegenheit berichtete und auf dessen Weisung den Wagen an einen bestimmten Ort brachte, wo er
den Angeklagten half, denselben zu entladen, wurden die Angeklagten nicht des Diebstahls für schuldig befunden, da das Eigentum - in gleicher Weise wie in R.v.Turvey[1] - nicht invito
domino weggenommen worden sei. Aber da die Beweislage einen
versuchten Diebstahl enthüllte, wurde in Übereinstimmung mit
s.5 (2) des Criminal Appeal Act von 1907 (7 Edw.VII c.23) auf
Verurteilung wegen versuchten Diebstahls erkannt. Das Fehlen
der Zustimmung des Eigentümers, das nach s.1 (1) Larceny Act
1916 mit den Worten "without the consent of the owner" verlangt war, ist nach dem Theft Act kein Tatbestandsmerkmal des
Diebstahls mehr, wie denn auch das House of Lords in R.v.
Lawrence[2] die Frage, ob s.1 Theft Act so konstruiert werden
sollte, wie wenn es die Worte "without the consent of the
owner" enthielte, ausdrücklich verneinte. Wesentlich ist vielmehr, ob die Zustimmung des Eigentümers dahinging, das Eigentum auf den Erwerber der Sache zu übertragen, bevor des letzteren Zueignungsakt statthatte. Solchenfalls würde er des Diebstahls nicht schuldig sein, da er sich als Eigentümer keine
Eigentümerrechte unredlicherweise anmaßen kann, insofern die
Sache nicht "belonging to another" war. Nach dem von Smith
angeführten Beispiel eignete sich D. einen Füllfederhalter zu,
welchen, wie er annahm, P. auf seinem Schreibtisch versehentlich hatte liegen lassen. In Wirklichkeit legte P. den Füllfederhalter in der Absicht dorthin, dem D. damit ein Geschenk
zu machen und machte ihn so zum Eigentümer desselben.[3] Die
Frage, ob so ein versuchter Diebstahl entstehen würde, möchte
Smith entsprechend R.v.Miller, R.v.Page[4] bejahen. Wenn aber,
wie es üblicherweise der Fall ist, die Zustimmung nicht wirk-

---

[1] R.v.Turvey, 1946, 31 Cr.App.R.154, (1946) 2 All E.R.60, 15
Dig.Repl.1056, 10 403.

[2] R.v.Lawrence, 1971, 1 Q.B.373, (1970) 3 All E.R.933, Dig.
Cont.Vol.C 262, 10 197 a.

[3] Smith (J.C.) op.cit. para.51 n.13 unter Hinweis auf Standing
v. Bowring, 1885, 31 Ch.D.282.

[4] R.v.Miller, R.v.Page, sub nom.R.v.Miller & Page, 1965, 49 Cr.

sam sein sollte, das Eigentum übergehen zu lassen - weil keine
Absicht vorlag, daß es übergehen sollte -, so würde D. sich das
Eigentum eines anderen unredlicherweise angeeignet haben, und
es liegt, wie es scheint, kein Grund vor, warum er nicht des
vollen Delikts schuldig gesprochen werden sollte.[1] Anders als
bei dem oben geschilderten fingierten Raub kann bei wirklichem
Raub, da solchenfalls der freie Wille des Eigentümers durch
die Gewaltanwendung oder Furchterregung ausgeschlossen wird,
schon begrifflich ein Ausschluß des dishonest appropriation
durch Zustimmung des Angegriffenen nicht in Frage kommen. Aus-
ser durch Zustimmung kann ein dishonest appropriation auch
entfallen, wenn das öffentliche Wohl einen solchen Eigentums-
eingriff unbedingt erfordert, wie z.B. wenn ein Passant einen
Amokläufer seiner Waffe mit Gewalt beraubt. Außerdem scheidet
ein dishonest appropriation auch aus, wenn dasselbe zur
Durchführung der Rechtspflege, wie z.B. bei gesetzlich begründeter Einziehung von Verbrechenswerkzeugen, erforderlich ist.
Darüberhinaus gibt es Fälle, in denen das Zivilrecht jemanden
ermächtigt, das Eigentum eines anderen in der Absicht, es dem
anderen dauernd zu entziehen, sich zuzueignen. Wenn in einem
solchen Fall der Zueignende des Rechtes gewahr ist, so ist es
klar, daß er nicht "dishonestly" handelt und daher kein Delikt
begeht. Aber auch, wenn er des zivilen Rechts, das ihn ermächtigt, so zu handeln, wie er tut, ungewahr ist und er, eine unehrliche Absicht zum Ausdruck bringend, mit der Zueignungshandlung fortfährt, würde er zwar dem Buchstaben nach unter die
Voraussetzungen des Theft Act fallen, insofern dies keinen
Ausdruck wie "unlawfully" enthält, aber eine Auslegung des Gesetzes in diesem Sinne müßte, wie Smith zuzustimmen ist, als
widersinnig abgelehnt werden.[2] Freilich muß von der Ermächtigung und dem Recht die bloße Freiheit (liberty) und Macht
(power) unterschieden werden, deren Einschränkung dem Strafrecht in passenden Fällen nicht verwehrt werden kann, wie
dies auch das Theft Act im Falle eines co-owner, der un-

---

[1] App.R.241, (1965) Crim.L.R.437, Mews (1965 ed.) 172-173, Dig.
Cont.Vol.B 201, 10 403 a.
[2] Smith (J.C.) op.cit. para.51.
Smith (J.C.) op.cit. para.112.

redlicherweise das gemeinschaftliche Eigentum sich zueignete, getan hat.[1] Auch wo jemand die Macht hat, einen guten Rechtstitel zu übertragen, mag er gleichwohl in manchen Fällen richtigerweise des Diebstahls für schuldig befunden werden, wenn er dies tut. In dem Fall z.B., in dem ein Handelsvertreter, der mit Zustimmung des Eigentümers im Besitz von Waren ist, einen guten Rechtstitel überträgt, ist dies, wenn er sie an einen gutgläubigen Käufer verkauft, obwohl er selbst so in unredlicher Weise und mit Bruch der mit dem Eigentümer getroffenen Vereinbarung handelt,[2] klarerweise Diebstahl durch den Handelsvertreter.[3] Ferner ist nach englischem Recht bei Bestehen eines fälligen Anspruchs auf die weggenommene Sache die objektive Rechtswidrigkeit der gewaltsamen Wegnahme und damit Diebstahl und Raub ausgeschlossen. Zwar wird eine solche gewaltsame Durchsetzung eines fälligen Anspruchs als ungesetzliches Verfahren gebrandmarkt, aber das Vorliegen einer verbrecherischen Absicht solchenfalls verneint. Allerdings kann sich nach der englischen Rechtsprechung derjenige auf das Vorhandensein eines solchen fälligen Anspruchs nicht berufen, der einen anderen unter Anwendung von Gewalt oder durch Furchterregung zwingt, ihm Sachen zu überlassen, wobei er das Opfer zum Schein verpflichtet, weniger als den Wert der Sachen als Entgelt anzunehmen oder ihm weniger als den Wert der Sache anbietet. Dagegen wurde ein Raub bei Leistung des vollen Wertes der Sache im Hinblick auf Zweifel an der verbrecherischen Absicht in der englischen Rechtsprechung verneint. Auch nach deutschem Recht entfällt die Rechtswidrigkeit der Wegnahme, wenn der Eigentümer die Sache freiwillig herausgibt. Dabei bedarf es aber der freien und vollen Zustimmung oder Einwilligung des Eigentümers oder des Gewahrsamsinhabers, wodurch im ersteren Fall die Rechtswidrigkeit der Zueignung, im letzteren diejenige des Gewahrsamsbruches ausgeschlossen ist und daher in beiden Fällen Dieb-

---

[1] Smith (J.C.) op.cit. para.113 unter Bezugnahme auf R.v.Bonner, 1970, (1970) 2 All E.R.97 und R.v.Turner, 1971, (1971) 2 All E.R.441; (1971) Crim.L.R.373.

[2] Factors Act 1889 s.2 (1).

[3] Smith (J.C.) op.cit. para.113.

stahl und Raub ausscheidet,[1] letzterenfalls aber der neue Inhaber mit der Zueignung Unterschlagung nach § 246 StGB begeht.
Die die Rechtswidrigkeit ausschließende Zustimmung oder Einwilligung muß vor oder bei der Wegnahme erfolgen, eine nachträgliche schließt Rechtswidrigkeit und Strafbarkeit nicht aus.[2] Die objektive Rechtswidrigkeit entfällt auch nach deutschem Recht, wenn die Wegnahme zur Durchführung der Rechtspflege oder nach § 910 BGB oder im Wege erlaubter Selbsthilfe nach § 229 BGB erfolgt oder wenn sie durch das öffentliche Wohl bedingt ist, wie z.B. bei Entwaffnung eines Amokläufers oder wenn dem Wegnehmenden ein unmittelbarer, uneingeschränkter und fälliger Anspruch auf Übereignung der konkreten Sache zusteht, auch wenn ihm das Bestehen des Anspruches nicht bekannt sein sollte.[3] Dagegen ist die Rechtswidrigkeit der Wegnahme nicht ausgeschlossen, wenn sie zur Befriedigung einer bestehenden Geldforderung, also einer Gattungssache, erfolgt.[4]
Freilich kann von der inneren Tatseite aus betrachtet auch bei einem fälligen Anspruch auf eine Gattungssache das Bewußtsein der Rechtswidrigkeit ausgeschlossen sein, sofern der Täter irrtümlicherweise davon ausgeht, sein Gattungsanspruch gebe ihm das Recht auf eine bestimmte, vom Opfer mitgeführte Sache. Es wird darauf bei der Erörterung der subjektiven Tatbestandsmomente zurückzukommen sein. Dem englischen Recht ist eine solche Einschränkung nicht bekannt. Die Rechtswidrigkeit entfällt auch, wenn der Täter bei vertretbaren Sachen, insbesondere bei Geld, auf Grund jederzeitiger Ersatzmöglichkeit und Ersatzbereitschaft - nicht bloßer Ersatzabsicht - mit dem Einverständnis des Eigentümers rechnen darf oder wenn er im Zeitpunkt der Wegnahme vernünftigerweise das Einverständnis des Eigentümers voraussetzen darf, wie bei üblicherweise gestattetem Nachlesen von Getreide.[5]

---

[1] Olshausen (J.v.), Kommentar zum StGB, 12.Aufl., 3.Lieferung, Berlin 1944 § 242 Anm.27 b, bb.
[2] Olshausen (J.v.) a.a.O.
[3] BGH GA 1962, 144; vgl.auch Hirsch (H.J.), Eigenmächtige Zueignung geschuldeter Sachen. Rechtswidrigkeit und Irrtum bei den Zueignungsstrafbestimmungen, JZ 63, 155, der bereits die Zueignung als durch die Einwilligung des Eigentümers oder sonstigen Verfügungsberechtigten ausgeschlossen ansieht.
[4] Olshausen (J.v.) § 242 Anm.27 c; RGSt 1, 193; 12, 88; RG LZ 1917 Sp.809 u. h.M. sowie BGHSt 17, 87.
[5] RGR 1, 659; 2, 402; RGSt 2, 21; 21, 366; RG HRR 1937 Nr.1562; RG GA 47, 449; RGSt 26, 230.

2. Objekt der Zueignung

Objekt eines Raubes als eines erschwerten Diebstahls konnte
nach bisherigem englischen Recht nur eine stehlbare "Sache"
sein. Unter "Sache" war, wie heute, nur ein körperlicher Gegenstand zu verstehen, wobei es auf den Aggregatzustand nicht
ankam. Darunter fiel auch Wasser und Leucht- oder Kochgas, sofern es zum Zwecke des Gebrauchs oder Verkaufs in Röhren oder
Reservoirs gefaßt ist und daher seinen bestimmten Eigentümer
hat.[1] Unkörperliche Gegenstände konnten dagegen nicht Gegenstand des Diebstahls und Raubes sein. Zu den unkörperlichen
Gegenständen, die von der Begriffsbestimmung des Stehlens nach
s.1 (3) Larceny Act 1916 ausgeschlossen waren, zählte die englische Rechtsprechung auch die Elektrizität, so daß sich der
Gesetzgeber gezwungen sah, die rechtswidrige Zueignung elektrischen Stromes, sofern sie in böswilliger oder arglistiger Weise erfolgte, in s.23 Electric Lighting Act von 1885 (45 & 46
Vict. c.56) zu einem statutarischen Delikt zu machen. Diese
Bestimmung wurde in s.10 Larceny Act 1916 übernommen, das
folgendermaßen lautete: "Every person who maliciously or fraudulently abstracts, causes to be wasted or diverted, consumes
or uses any electricity shall be guilty of felony, and on conviction thereof liable to be punished as in the case of simple
larceny". Eine abgeänderte Fassung schlug das Draft Theft Bill
in clause 11 vor, mit der Begründung, daß es richtig erscheine,
das Delikt auf ein dishonestly misusing von Elektrizität zu beschränken, so daß ein Rechtstitel auf ihren Gebrauch eine Verteidigung bilden würde. Damit sollte auch die nach s.10 Larceny
Act 1916 bestehende Möglichkeit eines "malicious use" von Elektrizität durch einen telefonischen Anruf "ohne Unredlichkeit"
ausgeschlossen werden. Es erschien dem Committee richtig, "eine Absicht, einem anderen einen Verlust zuzufügen", aufrechtzuerhalten.[2] Theft Act 1968 s.13 hat in Abweichung von dem vorge-

---

[1] R.v.Firth, 1869, L.R.1 C.C.R.172, 38 L.J.M.C.54, 19 L.T.746,
15 Dig.Repl.1085, 10 734; R.v.White, 1853, Dears.C.C.203, 22
L.J.M.C.123, 21 L.T.O.S.159, 15 Dig.Repl.1054, 10 385.
[2] The Report Cmnd.2977 para.85 und Draft Theft Bill clause 11.

schlagenen Wortlaut des Draft Theft Bill eine gekürzte Fassung, in der die in clause 11 Draft Theft Bill enthaltenen Worte "with intent to cause loss to another" durch das House of Lords gestrichen worden waren, vorgesehen, die lautet: "A person who dishonestly uses without due authority, or dishonestly causes to be wasted or diverted, any electricity shall on conviction on indictment be liable to imprisonment for a term not exceeding five years". Die Auslegung dieser Bestimmung geht über den Rahmen dieser Abhandlung hinaus und erübrigt sich auch insofern, als der Raub tatbestandsmäßig Diebstahl einschließt, die Entziehung elektrischer Energie aber im Hinblick auf die Besonderheit der Sache gerade aus dem Diebstahlsbegriff ausgeschieden und zu einem Sonderdelikt gemacht worden ist und daher für Raub ausscheidet. Auch im deutschen Recht wurde die Entziehung von Elektrizität durch das Gesetz betr. die Bestrafung der Entziehung elektrischer Arbeit vom 9. April 1900 (RGBl. S.228) zum Sonderdelikt gemacht und in der Folge das genannte Gesetz durch § 248 c StGB ersetzt. Auch in § 251 StGBE 1960 ist beim Vorliegen einer Absicht, denjenigen, dem die Energie entzogen wird, zu schädigen, Bestrafung wegen Sachentziehung vorgesehen, die im Entwurf allerdings nicht unter dem Titel "Diebstahl und Unterschlagung", sondern unter dem Titel "Sachbeschädigung und Sachentziehung" eingereiht ist. Unter Abschnitt "Diebstahl und Unterschlagung" reihte dann aber das Strafgesetzbuch i.d.F. vom 1.4.70 in § 248 c die Entziehung elektrischer Energie ein und diese Bestimmung wurde im gleichen Wortlaut nach § 248 c StGB n.F. übernommen. Die Ausdehnung auf andere Energien, wie z.B. Atomkraft, wird künftig zu erwägen sein.

Nach Larceny Act 1916 und dem darin kodifizierten common law war eine Sache nur stehlbar, wenn sie greifbar und beweglich war, wie sich aus dem Erfordernis des "taking and carrying away" ergab. Aus diesem Grunde war Grund und Boden, der als unbeweglich erachtet wurde, nicht Gegenstand des larceny, weil s.1 (3) Larceny Act 1916 bestimmte, daß mit gewissen Ausnahmen "anything attached to or forming part of the realty shall not be capable of being stolen", es sei denn, daß es vom Boden abgetrennt und damit bewegliche Sache geworden war und der Besitz

daran von dem die Trennung vollziehenden Nichteigentümer des
Grundstücks aufgegeben und so dem Grundeigentümer zugefallen
war, dem sie hernach durch rechtswidrige Besitzentziehung
(trespass) gestohlen werden konnte, während der sie trennende
Nichteigentümer des Grund und Bodens durch die unmittelbare Inbesitznahme der abgetrennten Sache kein larceny begehen konnte, insofern er den Besitz daran auf originäre Weise und nicht
durch Besitzentziehung erlangt hatte. Allerdings bestanden von
dieser gesetzlichen Regelung Ausnahmen für fixtures, growing
things und ore from mines nach ss.8, 11 Larceny Act 1916, die,
obwohl sie mit dem Grundeigentum verbunden waren oder einen
Teil desselben bildeten, unmittelbar gestohlen werden konnten.
Was den Begriff der fixtures anbelangt, so ist dieser nicht unbestritten, wie z.B. bezüglich Tapeten oder ornamentaler Kamin-
stücke. Man wird sagen können, daß als "fixture" eine mit dem
Grund und Boden oder Gebäude fest verbundene bewegliche Sache
anzusehen ist, wenn sie nach Gegenstand und Zweck eine dauernde
und wesentliche Verbesserung des Grund und Bodens oder Gebäudes
bewirkt. Wenn sie aber dem Grundstück oder Gebäude nur für einen
vorübergehenden Zweck oder für den vollkommeneren Genuß oder Gebrauch eingefügt werden sollte, so würde sie ihren Charakter als
bewegliche Sache nicht verlieren. Sie würde solchenfalls nicht
Bestandteil des Grund und Bodens werden und daher stehlbar sein.
Gestützt wird diese Auffassung durch Holland v. Hodgson.[1] Auch
die unmittelbare Wegnahme von Erde, Sand oder Kies begründete
nach common law keinen Diebstahl, wurde aber nach ss.8 & 11 Larceny Act 1916 zu einem solchen gemacht. Nach dem Theft Act 1968
begeht der Nichteigentümer des Grund und Bodens mit der Trennung
und rechtswidrigen Zueignung der getrennten Gegenstände zweifelsfrei Diebstahl durch Anmaßung des Eigentümerrechts daran. Dagegen
hätte er nach Larceny Act 1916 - von den genannten Sonderbestimmungen abgesehen - Diebstahl an den unmittelbar weggenommenen Sachen wegen des dadurch erlangten originären Besitzes nicht begehen können. Nur bei dessen Aufgabe, der solchenfalls dem Grundeigentümer zugefallen wäre, hätte er durch rechtswidrige Wegnahme
desselben in Zueignungsabsicht sich eines Diebstahls schuldig machen können. Auch war es nach bisherigem Recht kein Diebstahl

---

[1] Holland v. Hodgson, 1872, L.R.7 C.& P.328, 31 Dig.Repl.206,
3376; vgl.auch Urteilsbegründung in Billing v. Pill, 1953,
(1953) 2 All E.R.1061, (1954) 1 Q.B.70, 37 Cr.App.R.174, 15
Dig.Repl.1083, 10 716.

Grundareal wegzunehmen, soweit dies überhaupt möglich ist, wie z.B.
durch unredliches Versetzen eines Grenzzaunes oder durch Beseitigen
von Grenzzeichen.[1] Kein Diebstahl war nach common law auch möglich
an Forderungsrechten, die nicht greifbar sind und keine physische
Existenz aufweisen, soweit sie nicht in Wertpapieren verkörpert
sind, wie auch aus demselben Grunde an anderem nicht greifbarem
Eigentum, z.B. an immateriellen Rechten. Dasselbe galt für wilde
Tiere in ihrer natürlichen Freiheit, weil sie keinen Eigentümer aufweisen, bis sie ergriffen oder getötet sind. Der Eigentümer des
Grund und Bodens, auf dem sie sich zufällig befinden, hatte auf
Grund seines mit dem Grundstück verbundenen Rechts zum Besitz auf
die darauf befindlichen Gegenstände die ausschließliche Befugnis,
das Tier an sich zu nehmen und damit Eigentum daran zu erwerben,
die aber strafrechtlich nur durch das Delikt der Wilddieberei
(poaching), nicht aber durch das Diebstahlsrecht Dritten gegenüber
geschützt ist. Ein solcher Dritter, der nicht Eigentümer des Grund
und Bodens ist, auf dem das wilde Tier ergriffen oder getötet wurde, machte sich eines Diebstahls an demselben nicht schuldig, wenn
er das Tier an sich nahm, da er den Besitz daran in originärer Weise, nicht durch Besitzentziehung erwarb. Nur wenn er nach der Tötung oder Ergreifung des Tieres den Besitz daran aufgab, der solchenfalls dem Grundstückseigentümer als Inhaber des Rechts zum Besitz zufiel, und hernach das Tier an sich brachte, also dem Grundstückseigentümer den Besitz rechtswidrigerweise wieder entzog, konnte er sich eines larceny nach s.1 (3) (b) Larceny Act 1916 schuldig
machen. Dabei kann die schwierige Frage entstehen, ob der Dritte
den Besitz des Tieres aufgegeben hatte oder nicht. Es mag in diesem
Punkt auf den Fall R.v.Townley,[2] der Diebstahl von gestohlenem Wild
betraf hingewiesen werden. Hier legten die Täter die von ihnen in
Netzen gefangenen 126 toten Kaninchen teils in Säcken, teils in an
den Beinen zusammengebundenen Bündeln, offensichtlich in einen
Graben im Wald als Verwahrungsplatz, von wo sie dieselben mit einem danach mitgebrachten Fuhrwerk wegzuschaffen beabsichtigten.
Nach Beginn des Wegschaffens wurden sie von den Aufsehern des Jagd-
berechtigten, welche die Kaninchen entdeckt und sich auf die Lauer
gelegt hatten, überrascht. Diebstahl wurde aus dem Grunde verneint,
weil die Täter den Besitz an den Tieren nicht aufgegeben hatten,
sondern durch das Verstecken derselben ihren Besitzwillen daran

[1] nach deutschem Recht liegt bei Grenzsteinverrückung Urkunden-
unterdrückung nach § 274 StGB vor.
[2] R.v.Townley, 1871, L.R.1 C.C.R.315, 40 L.J.M.C.144, 24 L.T.517,

aufrechterhalten hatten.

Nach s.1 Theft Act 1968 ist "property" Gegenstand des Diebstahls bzw. Raubes. Nach s.4 Theft Act 1968 schließt aber "property" Geld und alles andere Eigentum, sei es Real- oder Personaleigentum einschließlich in Wertpapieren verbriefte For-
derungsrechte (stocks and shares), Klagrechte (things in action)
und anderes nicht greifbares Eigentum in sich.[1] Doch muß es,
auch wenn es nicht im Gesetz ausgesprochen ist, ein spezielles
property sein, da selbstverständlich nur ein solches zugeeignet
werden kann. Ein allgemeiner Abmangel (deficiency) kann nicht
Diebstahl und daher auch nicht Raub nach dem Theft Act sein.[2]
Die vorgenannte Definition des "property" ist jedoch in Ansehung
von Grund und Boden, wild wachsendem Gewächs und wilden Tieren
durch s.4 subs.(2) (3) & (4) Theft Act stark eingeschränkt. Der
Diebstahl von Grund und Boden erklärt sich aus der Tatsache, daß
schon nach bisherigem Recht Grund und Boden zwar nicht gestohlen (s.1 Larceny Act 1916) noch unterschlagen (s.17 (1) Larceny
Act 1916), wohl aber nach s.20 (1) (iv) Larceny Act 1916 betrü-
gerischerweise zugeeignet werden konnte (fraudulently converted).
Daher machte die Schaffung eines neuen Diebstahldelikts (theft),
das die bestehenden Delikte des larceny, embezzlement und fraudulent conversion umfassen sollte, sofern nicht für letzteres ein
Sonderdelikt geschaffen werden wollte, was das Criminal Law Revision Committee ablehnte, eine solche Ausweitung des Diebstahlsbegriffes notwendig, daß er, mindestens im wesentlichen,
die bisher strafbaren Fälle des fraudulent conversion von Grund
und Boden und von Gegenständen, die mit ihm verbunden sind oder
einen Teil desselben bilden, worunter Erde, Metalle, fixtures
und growing things zu zählen sind, soweit sie nicht ausnahmsweise unter die nachstehenden Ausnahmen fallen, einschloß. Als
solche Ausnahmefälle des Diebstahls von Grund und Boden, Teilen
von solchen oder mit ihm verbundenen Gegenständen schlug das
Criminal Law Revision Committee folgende drei Zueignungsmodali-
täten vor:

[1] 15 Dig.Repl.1079, 10 659; siehe auch R.v.Petch, 1878, 14 Cox
   C.C.116, 38 L.T.788, 15 Dig.Repl.1079, 10 658 und R.v.Read,
   1878, 3 Q.B.D.131, 47 L.J.M.C.50, 14 Cox C.C.17, 15 Dig.Repl.
   1102, 10 945.
[2] The Report Cmnd.2977 Annex 2: Notes on Draft Theft Bill,
   clause 4 subs.(1); Theft Act 1968 s.4 subs.(1).
   Smith (J.C.) op.cit. paras.52, 107 & 109.

a) Unredliche Zueignung durch trustees oder andere Personen, in einer Position, in der sie in der Lage sind, Grund und Boden eines anderen oder Teile eines solchen zu verkaufen oder sonst darüber zu verfügen.

b) Unredliche Zueignung durch Personen, die nicht im Besitz des Grund und Bodens sind, wie durch Wegschaffen der Erde (Humus).

c) Unredliche Zueignung von fixtures und Bauwerken durch Pächter, denen diese Gegenstände mit dem Grund und Boden zum Gebrauch überlassen sind.[1]

Der Gesetzgeber hat diese grundsätzliche Regelung übernommen und in s.4 (2) (a) (b) & (c) Theft Act 1968 entsprechende, im einzelnen näher detaillierte Bestimmungen getroffen, die folgendermaßen lauten:

(2) A person cannot steal land, or things forming part of land and severed from it by him or by his directions, except in the following cases, that is to say-

    (a) when he is a trustee or personal representative, or is authorised by power of attorney, or as liquidator of a company, or otherwise, to sell or dispose of land belonging to another, and he appropriates the land or anything forming part of it by dealing with it in breach of the confidence reposed in him; or

    (b) when he is not in possession of the land and appropriates anything forming part of the land by severing it or causing it to be severed, or after it has been severed; or

    (c) when, being in possession of the land under a tenancy, he appropriates the whole or part of any fixture or structure let to be used with the land.

Auf eine nähere Auslegung dieser Bestimmungen kann im Rahmen dieser Arbeit verzichtet werden, zumal sie für das Delikt des Raubes voraussichtlich kaum, allenfalls in äußerst seltenen Fällen von Bedeutung sein können.

Das Stehlen von Bäumen oder Pflanzen oder ihrer Blumen, Früchte oder Laubwerk sowie von eßbaren und anderen Pilzen war nach bisherigem Recht nicht Gegenstand des larceny, weil sie mit dem

---

[1] The Report Cmnd.2977 para.44 und clause 4 Draft Theft Bill.

Grund und Boden i.S. von s.1 (3) Larceny Act 1916 verbunden
waren. Aber für die Wegnahme von Gewächsen waren Bestimmungen
in ss.32-37 Larceny Act 1861 und in s.8 Larceny Act 1916 getroffen. Es kann kein Zweifel sein, daß Gewächse bezeichneter
Art, wenn sie angebaut sind, auch nach neuem Recht Diebstahlsgegenstand sind. Anders liegt es freilich bei wild wachsenden
Pflanzen. Sie fallen sicher unter die Begriffsbestimmung des
property i.S. von s.4 (1) Theft Act 1968 und könnten daher von
jemand, der nicht im Besitz des Grundstückes ist, abgetrennt
und zugeeignet werden. Das Criminal Law Revision Committee erwog aber die Frage, ob in solchen Fällen im Hinblick auf das
Erfordernis des dishonesty Diebstahl bejaht oder es dem Grundeigentümer überlassen werden sollte, wegen Sachbeschädigung
(malicious damage) oder im Zivilverfahren gegen Zuwiderhandeln-
de vorzugehen. Es kam zu dem Schluß, daß im allgemeinen wild
wachsende Dinge vom Diebstahlsrecht ausgenommen werden sollen,
es sei denn, daß sie gegen Entgelt oder zum Verkauf oder zu einem anderen kommerziellen Zweck gepflückt werden und dies
"without damage to the growth" der Pflanze oder des Baumes geschieht. Eine dahin gehende, in clause 4 (3) Draft Theft Bill
vorgesehene Bestimmung wurde auch nach s.4 (3) Theft Act 1968
übernommen. Sie lautet: "A person who picks mushrooms growing
wild on any land, or who picks flowers, fruit or foliage from
a plant growing wild on any land, does not (although not in
possession of the land) steal what he picks, unless he does it
for reward or for sale or other commercial purpose". Dabei
schließt für Zwecke dieser Bestimmung "mushroom" jede Art von
Pilzen und "plant" jede Art von Strauch und Baum ein. Zu Han-
delszwecken pflückt jemand wild wachsende Pilze, Blumen, Früchte oder Laubwerk, wenn er sie zum Verkauf in seinem Laden oder
z.B. Stechpalmen von Haus zu Haus zur Weihnachtszeit vertreibt.
Freilich zielt diese Vorschrift offenbar auf eine Absicht der
Verwendung des Gepflückten zu Erwerbszwecken ab und setzt daher
wohl auch einen Absatz der Gegenstände in größerem Umfang voraus.
Ob auch der Fall darunter subsumiert werden kann, in dem ein Schüler Pilze in der Absicht sammelt, sie an seine Mutter oder an Nachbarn zu verkaufen, um sich so ein Taschengeld zu verschaffen,

erscheint zweifelhaft, da solchenfalls von einem "kommerziellen" Zweck schwerlich gesprochen werden kann. Allerdings ist
die Grenzlinie schwer zu ziehen. Diebstahl liegt stets vor,
wenn jemand - außer im Falle eines eßbaren Pilzes - die ganze
Pflanze mit der Wurzel ausreißt, wie wenn er z.B. eine Primel
oder einen jungen Baum entwurzelt, da dies nicht als "Ab-
pflücken" einer Pflanze angesehen werden kann und es daher
nicht unter die Ausnahme fällt. Desgleichen kann ein solches
Pflücken nicht darin gesehen werden, daß jemand z.B. die
Spitze eines Tannenbaumes, der wild auf dem Grundstück eines
anderen wächst, absägt oder daß er Gras, das auf dem Grundstück eines anderen wächst, mit einer Mähmaschine oder einer
Sense abmäht. Was die wilden Tiere in Freiheit betrifft, so
könnten sie, sofern keine besonderen Bestimmungen im Theft Act
getroffen worden wären, wahrscheinlich kraft s.3 (1) gestohlen
werden, obwohl es im Augenblick der Wegnahme keine Zueignung
gewesen sein würde, weil sie in niemandes Eigentum waren.
Aber eine nachfolgende Übernahme des Eigentums, wie durch Wegschaffen der Tiere, würde Diebstahl gegenüber dem Eigentümer
des Grund und Bodens sein, auf welchem sie ergriffen wurden,
da mit dem Ergreifen oder Töten des wilden Tieres durch den
Wilddieb das Eigentum daran auf den Grundstückseigentümer oder
auf denjenigen, der ein Recht, das Tier zu töten auf Grund des
ihm zustehenden absoluten Aneignungsrechtes hat, überging.[1]
Das Criminal Law Revision Committee entschloß sich aber nach
reiflicher Erwägung die Wilddieberei im allgemeinen nicht im
Diebstahl aufgehen zu lassen, empfal aber dieselbe als Diebstahl anzusehen, falls sie auf großer Stufe gegen Entgelt oder
zum Verkauf oder zu einem anderen kommerziellen Zweck erfolgen
sollte.[2] Doch fand dieser Vorschlag im Theft Act keinen Niederschlag, vielmehr ging der Gesetzgeber davon aus, daß die Wilddieberei (poaching) wie bisher eine Sonderregelung erfahren

---

[1] The Report Cmnd.2977 para.48 unter Bezugnahme auf Blades v.
Higgs, 1865, 11 H.L.C.621, 12 L.T.615, 29 J.P.390, 11 Jur.
N.S.701, 13 W.R.927, 15 Dig.Repl.996, 9807.
[2] The Report Cmnd.2977 para.52, Draft Theft Bill s.4 (4) (b).

solle. Entsprechend einem weiteren Vorschlag des Criminal Law Revision Committee sollte das ganze Recht der Wilddieberei überprüft und durch eine umfassende Gesetzgebung neu geregelt werden. Das bisher geltende Recht, wie es im Night Poaching Act 1828, dem Game Act 1831, ergänzt durch das Game Laws Amendment Act 1960, und dem Poaching Prevention Act 1862 sowie in gewissen Bestimmungen über die Wilddieberei von Rotwild (deer) und die widerrechtliche Aneignung von Fischen im Larceny Act 1861 enthalten ist, wurde angesichts der Entscheidung, dieses ganze Gesetzgebungswerk aufzuheben, im ersten Anhang (First Schedule) zum Theft Act 1968 in einer vereinfachten Form und mit revidierten Höchststrafen wiedergegeben. Diese Bestimmungen wurden nicht dem Gesetz selbst einverleibt, um den Eindruck zu vermeiden, daß sie als dauernder Teil des Diebstahlsrechts beabsichtigt sind.[1] Das Criminal Damage Act 1971 definiert "property" derart, daß es jene wilden Tiere und jene Gewächse, die nicht gestohlen werden können, ausschließt, so daß die Bestimmungen des Theft Act 1968 durch eine Anklage wegen Sachbeschädigung (criminal damage) nicht umgangen werden können.[2] Auch nach deutschem Recht sind die Jagd- und Fischwilderei als Sonderdelikte in den §§ 292, 293 StGB mit ergänzenden Bestimmungen in den §§ 294, 295 und 296 a StGB unter Strafe gestellt. Soweit es sich aber um nicht-jagdbare Tiere in freier Wildbahn handelt, ist nach deutschem wie auch nach bisherigem englischen Recht deren Ergreifung, weil sie in niemandens Eigentum stehen, straflos. Anders verhält es sich, wenn sie eingesperrt oder gezähmt sind, da sie solchenfalls einen Eigentümer haben und einen Wert aufweisen, wie beispielsweise Wild in geschlossenen Gehegen oder Fische in geschlossenen Gewässern oder Zirkustiere. Zahme Tiere und Haustiere sind sowohl Diebstahls- wie Raubobjekt, erstere aber nach common law nur, wenn sie zur Nahrung oder Dienstleistung brauchbar und daher nicht wertlos sind.[3]

---

[1] The Report Cmnd.2977 para.53; Smith (J.C.) op.cit. para.102.
[2] Smith (J.C.) op.cit. para.103.
[3] R.v.Searing, 1818, R.& R.330, 2 Dig.Animals 210, 63.

Auch entlaufene Tiere sind stehlbar, wenn sie den animus revertendi haben. Wie Grund und Boden so konnten auch Klagfor-
derungen (things in action) nicht Gegenstand des larceny,
wohl aber des fraudulent conversion sein. Aus der verhältnismäßig kleinen Zahl der zu erwartenden Fälle, die zum größten
Teil unredliche Zueignung durch trustees, persönliche Vertreter und andere zum Gegenstand haben werden, werden sich im
wesentlichen die nachstehenden Fälle als Diebstahl erweisen
können: Verkauf des Autorrechts an einem fremden Buch (bestritten), Verkauf eines fremden Warenzeichens oder von Han-
delsgeheimnissen, unredliche Zuweisung einer Schuld an einen
anderen und unredliche Scheckmanipulationen wie z.B. Ausnützung
eines zur Zahlung an einen anderen bestimmten Blankoschecks zu
eigenen Gunsten. Nach deutschem Recht ist ebenso wie nach dem
bisherigen englischen Recht Gegenstand des Diebstahls eine bewegliche oder beweglich gemachte Sache, wobei unter Sache ein
körperlicher Gegenstand im physikalischen Sinne ohne Rücksicht
auf den Aggregatzustand, z.B. in Röhren gefaßtes Wasser oder
Gas, zu verstehen ist. Weil nicht beweglich ist hiernach Grund
und Boden nicht Diebstahlsgegenstand. Ebensowenig sind es mit
dem Grund und Boden fest verbundene Gegenstände, seien es Gebäude oder in solche eingefügte Gegenstände wie auch pflanzli-
che Erzeugnisse. Sie werden aber Diebstahlsgegenstand, sobald
sie vom Grund und Boden getrennt und damit selbständige Sachen
geworden sind. Dasselbe gilt von Bodenbestandteilen, die mit
der Trennung selbständige Sachen und damit gleichfalls Diebstahlsobjekt werden. Auch nach dem Theft Act 1968 sind Bodenbestandteile mit oder nach Trennung oder Trennenlassen vom
Grund und Boden Diebstahlsobjekt, so daß sich derjenige, der
mit der Trennung oder nach derselben sich die Bodenbestandteile vom Grund und Boden unredlicherweise aneignet, sich des Diebstahls bzw. Raubes schuldig macht, sofern er nicht im Besitz
des Grund und Bodens ist, von dem die Bodenbestandteile getrennt
werden.

3. Einem anderen gehörend

Erforderlich für den einen einfachen Diebstahl einschließenden Raub ist, daß das den Gegenstand des Raubes bildende Eigentum (property) einem anderen als dem Räuber gehört. Das· "belonging to another" ist aber so weit gefaßt, daß es fast jedwedes gesetzlich anerkannte Interesse an dem Eigentum einschließt, wie aus s.5 (1) Theft Act 1968 zu entnehmen ist, das folgendermaßen lautet: "Property shall be regarded as belonging to any person having possession or control of it,[1] or having in it any proprietary right or interest (not being an equitable interest arising only from an agreement to transfer or grant an interest)". Fast alles kann hiernach Eigentum sein. Eine Ausnahme bildet der menschliche Körper. Der lebende menschliche Körper ist Subjekt und kann heute nicht mehr Objekt der Rechtspflege sein.[2] Der früher bestehende Sklavenhandel wurde völkerrechtlich für unzulässig erklärt und aufgehoben. Auch der tote menschliche Körper konnte nach common law nicht Gegenstand des Diebstahls und Raubes sein.[3] Niemand kann ein Eigentümerrecht oder -interesse daran haben, wie denn auch eine zivile Klage für conversion nicht gegeben ist.[4] Eine Ausnahme gilt aber für menschliche Leichen, die in Laboratorien für anatomische Zwecke verwendet werden.[5] Auch Skelette und andere anatomische Präparate, auf die große Mühe verwendet wurde, sowie ethnologische Schädelsammlungen und Mumien können Diebstahls- und Raubobjekt sein.[6] Desgleichen kann auch irgend-

---

[1] vgl. R.v.Woodman, (1974) Crim.L.R.441.
[2] Smith (J.C.) op.cit. para.53.
[3] R.v.Lynn, 1788, 2 T.R.733, 100 E.R.394, 7 Dig.Burial 559, 352; R.v.Giles, 1818, R.& R.366 n, 15 Dig.Repl.891, 8 592; Handyside's Case, undated, 2 East P.C.652, 15 Dig.Repl.1077, 10 631; R.v.Sharpe, 1857, Dears. & B.160, 15 Dig.Repl.1077, 10 632.
[4] Smith (J.C.) op.cit. para.53 mit Doodeward v. Spencer, 1907, 9 S.R.(N.S.W.) 107.
[5] Fitzgerald (P.J.), Criminal Law and Punishment, Oxford: Clarendon Press 1962 p.40.
[6] Kenny (C.S.), Outlines of Criminal Law, 19th ed.(1966) by J.W.Cecil Turner p.294.

etwas, das in die Leiche eingefügt oder mit ihr verbunden ist,
wie der Draht eines Skeletts oder die Umhüllung einer Mumie
in gleicher Weise gestohlen werden wie die Leichen- und Grab-
tücher, die im Eigentum des Testamentsvollstreckers oder der
Angehörigen, die sie angeschafft haben, bleiben. Auch Teile
des lebenden menschlichen Körpers können Diebstahls- oder
Raubobjekt sein, wenn sie vom Körper abgetrennt werden und
damit in das Eigentum derjenigen Person fallen, zu deren Körper sie gehörten, wie z.B. Haare eines Mädchens, die ohne ihre
Zustimmung vom Kopf durch Abschneiden getrennt werden. Das
Zopfabschneiden ist daher Diebstahl und nicht nur Körperverletzung, sofern eine Zueignung der Haare beabsichtigt ist.
Auch Frauenhaare, die von Friseuren zur Anfertigung von Pe-
rücken aufgekauft und verwendet werden, sind Diebstahls- und
Raubobjekt. Ebenso können Goldplomben und Goldzähne, die gewaltsam aus dem Gebiß eines lebenden Menschen oder einer menschlichen Leiche herausgerissen werden, wie auch Prothesen irgendwelcher Art, die abgelegt oder abgebunden werden können, gestohlen bzw. geraubt werden. Dasselbe gilt von gezogenen Zähnen,
die als Zahnersatz Verwendung finden sollen. Nicht Gegenstand
von Diebstahl und Raub ist Eigentum, das niemand gehört, wie
gefangengehaltene wilde Tiere, die ihre Bewegungsfreiheit wiedererlangt haben, oder Gas, das aus der Röhre entwichen, oder
Wasser, das ausgelaufen ist, insbesondere aber Eigentum, das
derelinquiert, d.h. vom Eigentümer in der Absicht, auf das Eigentum schlechthin zu verzichten, aufgegeben worden ist.[1]
Nicht derelinquiert ist aber Eigentum, von dem der Eigentümer
nur andere auszuschließen beabsichtigt, auch wenn er selbst
nicht beabsichtigt, von ihm weiteren Gebrauch zu machen.[2] So
liegt z.B. keine Dereliktion in den Fällen R.v.Edwards and
Stacey[3] und Williams v. Phillips [4] vor. Im ersteren Fall handelt

[1] R.v.Peters, 1843, 1 C.& K.245, 15 Dig.Repl.1050, 10 342; R.v.
Reed, 1842, C.& M.306, 6 J.P.206, 15 Dig.Repl.1052, 10 364;
R.v.Chrystal, 1894, A.C.508, 532; Smith (J.C.) op.cit. para.
56.
[2] Digby v. Heelan, 1952, (1952) 102 L.J.R.287, 116 J.P.Jo.312,
15 Dig.Repl.1057, 10 424.
[3] R.v.Edwards and Stacey, 1877, 36 L.T.30, 41 J.P.212, 13 Cox
C.C.384, 15 Dig.Repl.1077, 10 638; Hagel (K.), Der einfache
Diebstahl S.297.
[4] Williams v. Phillips, 1957, 41 Cr.App.R.5, 121 J.P.163, 3 Dig.
Supp.49, 10 336 a, Dig.Cont.Vol.A 439, 10 336 a.

es sich um drei Schweine, die von einem tollwütigen Hund ge-
bissen und, um die Verbreitung von Tollwut zu verhindern, im
Auftrag des Eigentümers erschossen und hinter der Scheuer mehr
als drei Meter tief verscharrt worden waren. Sie wurden als
nicht derelinquiert erachtet und es wurde daher in ihrer rechtswidrigen Wegnahme Diebstahl gesehen. Dasselbe muß auch nach
dem Theft Act angenommen werden, indem sich derjenige, der die
Tiere ausgräbt und sich zueignet, Eigentumsrechte an denselben
anmaßt, die nicht ihm, sondern dem Eigentümer der Schweine zukommen und der sich daher so dieselben unredlicherweise zueignet. Er begeht daher auch nach dem Theft Act 1968 Diebstahl.[1]
Im zweiten Falle waren Müllabfuhrleute wegen Stehlens von Ab-
fallmetall angeklagt, das aus Mülleimern stammte, die sie in
Ausführung ihrer Pflichten entleert hatten. So bestand, wie
den Müllabfuhrleuten bekannt war und worauf sie von der Reinigungsgesellschaft noch besonders hingewiesen waren, zwischen der
Reinigungsgesellschaft und der Vereinigung der Müllabfuhrleute
ein Übereinkommen, das vorsah, daß irgendwelche Summen, die aus
dem Verkauf des Abfalls durch die Reinigungsgesellschaft erzielt
werden sollten, verhältnismäßig zwischen der Reinigungsgesellschaft und den Müllabfuhrleuten verteilt werden sollten. Dieses Übereinkommen war auf dem Grundstück der Reinigungsgesellschaft angeschlagen und mit der Bemerkung versehen, daß, wenn
die Müllabfuhrleute entgegen dem Übereinkommen sich Abfall zueigneten, ein Strafverfahren eingeleitet werde. All dies war
den Müllabfuhrleuten bekannt. Gleichwohl eigneten sich die Müllabfuhrleute bei Leerung des Müllwagens solchen Abfall an und
veräußerten ihn zu ihren eigenen Gunsten. Sie wurden des Diebstahls für schuldig befunden. Die Urteilsgründe gingen dahin,
daß die Haushaltsvorstände dadurch, daß sie den Abfall in die
Mülltonnen zwecks Einsammlung durch die lokale Gesellschaft gelegt hätten, den Abfall nicht derelinquiert hätten, derselbe
vielmehr in ihrem Eigentum und Besitz bis zum Zeitpunkt der Ab-
holung verblieb, daß ferner mit dem Einwerfen des Abfalls in den
der Reinigungsgesellschaft gehörenden Müllwagen die Gesellschaft
Besitz an dem Abfall als constructive possession erlangte und

---

[1] Smith (J.C.) op.cit. para.56.

die Müllabfuhrleute trotz der tatsächlichen Kontrolle über
den Wagen und seinen Inhalt nur tatsächlichen Besitz oder Obhut (custody) hatten, so daß sie, als sie hernach animo furandi den Abfall sich rechtswidrig zueigneten, den juristischen Besitz (possession) der Reinigungsgesellschaft entzogen und animo furandi Diebstahl begingen und sich so eines
larceny by a servant (s.17 Larceny Act 1916) schuldig machten.
Auch nach dem Theft Act 1968 würden sich die Müllabfuhrleute
eines Diebstahls schuldig machen, wenn sie sich den Abfall
in der Kenntnis zueigneten, daß sie hierzu nicht berechtigt
sind.[1] Hätten die Müllabfuhrleute schon beim Einsammeln sich
den Abfall, bevor sie ihn in den Müllwagen schütteten, zugeeignet, so hätten sie, da sie mit dem Einsammeln Besitz an
dem zur Ablieferung an die Reinigungsgesellschaft bestimmten
Abfall erwarben, durch die rechtswidrige Zueignung eine Unterschlagung (embezzlement, s.17 Larceny Act 1916) begangen,[2]
was praktisch allerdings nur insofern von Bedeutung ist, als
der Diebstahl eine dauernde Beraubung des Eigentümers verlangt, die Unterschlagung aber nicht und daß beim Diebstahl
die rechtswidrige Absicht zur Zeit der Wegnahme vorliegen
muß, während dies im Falle der Unterschlagung nicht der Fall
zu sein braucht.[3] Da das Theft Act 1968 alle Interessen am
Eigentum schützt, so kann eine Person mit einem größeren Interesse an einer speziellen Sache sich des Diebstahls gegenüber einer Person mit einem geringeren Interesse an derselben
Sache schuldig machen, wie schon nach bisherigem Recht ein Eigentümer im strengen Sinne ein larceny durch Stehlen seines
eigenen Eigentums mittels jemanden begehen konnte, der nur Besitz oder Obhut daran hatte. Eine Bestätigung hierfür findet sich
im Falle Rose v. Matt.[4] Der Sachverhalt war folgender:

---

[1] Smith (J.C.) op.cit. para.56.

[2] Prevezer (S.), Criminal Appropriation, C.L.Pr.1959 p.165
und Urteilsbegründung in Williams v. Phillips, 1957, 41 Cr.
App.R.5, 3 Dig.Supp.49, 10 336 a, Cont.Vol.A 439, 10 336 a.

[3] Prevezer (S.) op.cit. p.165.

[4] Rose v. Matt, 1951, (1951) 1 K.B.810, (1951) 1 All E.R.361,
115 J.P.122, (1951)1T.L.R.474, 95 Sol.Jo.62, 35 Cr.App.R.1,
15 Dig.Repl.1073, 10 584.

Matt hatte ein Flugzeugmaschinenmodell von Simpson gekauft,
war aber nicht in der Lage, es sofort zu bezahlen. Da er die
sofortige Aushändigung wünschte, bot Matt eine Reiseuhr als
Sicherheit für die Bezahlung des Kaufpreises an. Simpson nahm
sie unter der Bedingung an, daß, wenn Matt nicht innerhalb
eines Monates bezahle, es ihm freistehen soll, die Uhr zu verkaufen. Matt stimmte dieser Bedingung zu und es wurde ihm gestattet, die gekaufte Ware mitzunehmen. Da es Matt nicht gelang, Geld aufzutreiben, kehrte er einige Zeit später in den
Laden des Simpson zurück und nahm heimlich die Uhr weg, um,
wie er es hinstellte, Simpson an dem Verkauf der Uhr zu hindern, aber mit keiner Absicht, Simpson wegen Verlustes der
Sache in Anspruch zu nehmen. Matt wurde des einfachen Diebstahls der Uhr angeklagt. Das Divisional Court führte aus,
daß Simpson ein "special property" an der Uhr hatte, insofern
er das Recht hatte, die Uhr zur Sicherheit für den Kaufpreis
zurückzubehalten und eventuell zu verkaufen. Durch Wegnahme
der Uhr innerhalb des vereinbarten einen Monats, in dem er den
Kaufpreis nicht bezahlt hatte, beabsichtigte Matt und führte
diese Absicht auch tatsächlich aus, Simpson seines special
property zu berauben, indem er Simpson an der Ausübung des
Rechts, die Uhr zu verkaufen, das er sonst gehabt hätte, hinderte. Das Divisional Court war daher der Auffassung, daß
Simpson als Inhaber eines special property an der Uhr ein
"owner" i.S. von s.1 (2) (iii) Larceny Act 1916 ist, dem als
bailee auch der Besitz an der Uhr zustand, der ihm durch den
Generaleigentümer und bailor Matt, dessen Generaleigentum
während der Dauer des bailment ruhte, in dieser Zeit fraudulently wieder weggenommen wurde. Simpson war daher befugt,
mit Erfolg Anklage wegen Diebstahls gegen Matt zu erheben.[1]
Wenn auch vorgenannter Fall nach dem alten Recht entschieden
wurde, so dürfte doch auch das Theft Act 1968 zu keinem anderen Ergebnis führen. So sieht auch Smith in der Handlungsweise des Matt ein appropriation von property, das nach s.1
mit s.5 (1) Theft Act 1968 dem Ladeninhaber Simpson zukommt.

---

[1] Hagel (K.) a.a.O. S.157 unter Hinweis auf Modern Law Review
vol.14 (1951) No.2, Notes of Cases, p.215.

Hätte Matt die Sache unter Gewaltanwendung statt heimlich
weggenommen, so hätte Raub vorgelegen. Ein weiteres Beispiel,
das Smith anführt, besteht darin, daß D bei einer Verstei-
gerung ein Angebot auf ein Auto macht, das ihm auch zuge-
schlagen wird, und er sodann P, den Auktionator, durch Täuschung veranlaßt, ihm den Besitz des Autos zu überlassen.[1]
Der Wagen wurde beim Fallen des Hammers D's Eigentum, aber
P behielt das Zurückbehaltungsrecht seines Verkäufers für
den Preis und D eignete sich daher P's property zu. Doch erachtet Smith es solchenfalls für wünschenswert lieber wegen
Betrugs nach s.15 (1) Theft Act 1968 als wegen Diebstahls Anklage zu erheben.[2] Nach dem Ausgeführten kann der bailor,
dessen Eigentumsrecht während der Dauer des bailment for
value ruht, durch unredliche Zueignung des dem bailee in Form
des Besitzes zustehenden special property Diebstahl oder Raub
begehen. Dasselbe gilt auch für die Wegnahme der beim Eigentümer gepfändeten Sachen durch den Eigentümer bei dem Gerichtsvollzieher, sei es heimlich oder unter Gewaltanwendung gegen
den letzteren. Dabei ist vorausgesetzt, daß dem Gerichtsvollzieher nach der herrschenden Meinung der juristische Besitz
an den gepfändeten Sachen zusteht, während der Schuldner
Eigentümer der Sachen bis zum rechtmäßigen Verkauf derselben
durch den Gerichtsvollzieher bleibt und der Gläubiger nur ein
Recht zum Besitz erlangt. Durch die Entziehung des Besitzes
an den gepfändeten Sachen begeht der Eigentümer Diebstahl oder
Raub, sofern er es auf sich nimmt, die absolute Herrschaft über
die gepfändeten Sachen auszuüben, zu deren Ausübung er zu dieser Zeit nicht berechtigt ist und zwar wissentlich gegen den
Willen des zeitweiligen Besitzers und Spezialeigentümers, d.h.
in unehrlicher Weise und ohne wirklichen oder vermutlichen
Rechtsanspruch. Ob das Gesagte auch im Falle des bailment at
will, das in zeitweiliger Besitzüberlassung auf jederzeitigen
Widerruf besteht, zutrifft, ist mehr als fraglich. So bezwei-

[1] Dennant v. Skinner and Collom, 1948, (1948) 2 K.B.164, (1948)
2 All E.R.29, (1948) L.J.R.1576, 3 Dig.Repl.41, 299.
[2] Smith (J.C.) op.cit. para.57 & n.4.

felte schon Wright,[1] daß der Eigentümer einer Sache einen
Diebstahl daran dadurch begehen kann, daß er sie einem blossen Besitzer auf jederzeitigen Widerruf wegnimmt. Zwar ist
nicht zweifelhaft, daß der Eigentümer auch dem bailee at will
gegenüber eine Besitzentziehung begehen kann, da letzterem
juristischer Besitz an der ihm anvertrauten Sache zukommt.
Aber einmal dürfte es dem Eigentümer (bailor) an dem animus
furandi i.S. obiger Ausführungen fehlen, indem ihm die Absicht mangelt, den bailee at will seines special property
zu berauben, er vielmehr mit der Ansichnahme der Sache schlüssigerweise das special property des bailee at will mit Recht
aufhebt und außerdem die Wiederansichnahme des Besitzes durch
den bailor auch nicht fraudulently, d.h. in unehrlicher Absicht, sondern durch eine ihm rechtmäßig zustehende Handlung
erfolgt. Dies wird vor allem in dem Falle praktisch, in welchem der Eigentümer, der seinen Bediensteten auf eine Reise
schickte und ihm hierbei Geld und einige wertvolle Gegenstände mitgab, sich dann als Wegelagerer verkleidete und den Die-
ner dieser Gegenstände beraubte, um deren Wert von den Bewoh-
nern der Hundertschaft zu beanspruchen, die auf Grund alter
Verbindlichkeit den Verlust zu ersetzen hatte, der durch ein
Verbrechen der Gewalt innerhalb ihrer Grenzen erlitten worden war. In dem Falle R.v.MacDaniel[2] wurde von Foster Raub
mit der Begründung bejaht, daß der Dienstbote "temporary property" an den Sachen, worunter er offenbar juristischen Besitz versteht, gehabt habe, das ihm in böswilliger, unehrlicher Absicht vom Eigentümer abgenommen worden sei, um die
Hundertschaft mit dem Verlust zu belasten. Gleichgelagert ist
der auf die Gegenwart bezogene Fall, in welchem der Eigentümer dem Dienstboten auflauerte und ihm das Geld unter Gewaltanwendung in der Absicht abnahm, Anspruch wegen des Verlustes
des Geldes durch Raub gegen seine Versicherungsgesellschaft
auf Grund eines Versicherungsvertrages zu erheben.[3] Diese An-

---

[1] Pollock (Sir F.) & (R.S.) Wright, An Essay on Possession in
the Common Law, Oxford: Clarendon Press 1888 part III by
Wright pp.165, 228; vgl.auch für das amerikanische Recht:
Bishop (J.P.), New Commentaries on the Criminal Law upon a
New System of Legal Exposition 8th ed., vol.2, Chicago: T.H.
Flood & Co.1892 § 790.
[2] R.v.MacDaniel, 1756, 19 St.Tr.745, Fost.131, 1 East P.C.333,
1 Leach 44, 15 Dig.Repl.934, 8 949.
[3] Edwards (J.Ll.J.), Possession and Larceny, 1950 C.L.Pr.133-
134.

sicht wurde von Wright[1] scharf kritisiert, der es ablehnte,
dem Dienstboten Besitz an den ihm vom Dienstherrn anvertrauten Sachen zuzuschreiben und der an der Theorie festhielt,
daß dem Bediensteten an solchen Sachen dem Dienstherrn gegenüber kein Besitz, sondern nur Obhut zustehe, so daß der Eigentümer mangels Besitzentziehung auch keinen Raub begehen könne.
Diesem Standpunkt wird man, mindestens für die Regel, beipflichten können. Auf alle Fälle könnte man beim Dienstboten
im Regelfall höchstens ein bailment at will annehmen, da der
Dienstbote gegenüber dem Dienstherrn kein zivilrechtlich geschütztes Interesse in Ansehung der ihm anvertrauten Sachen
hat und solchenfalls nach den obigen Ausführungen ein Raub nur
dann angenommen werden könnte, wenn man in der Absicht, die
Versicherungsgesellschaft zu betrügen, nach dem Vorgang von R.
v. Wilkinson and Marsden[2] nicht nur ein unredliches Verhalten,
sondern auch einen ausreichenden animus furandi erblicken
wollte. Im letztgenannten Falle wurde Diebstahl an eigenen
Sachen durch den bailor gegenüber dem bailee angenommen, obwohl der bailor nicht den bailee zu belasten beabsichtigte,
sondern sein Sinn darauf gerichtet war, den König zu betrügen.
Vorausgesetzt ist aber dabei, daß der bailee ein Interesse an
dem Besitz der Sachen hatte und berechtigt war, sie dem Eigentümer und bailor vorzuenthalten. Im Gegensatz hierzu nimmt
Kenny[3] in dem Falle, daß der Dienstbote sich mit den anvertrauten Sachen in weiter Entfernung vom Dienstherrn befindet,
an, daß ihm juristischer Besitz und nicht nur Obhut an den anvertrauten Sachen zustehe, wobei allerdings offenbleibt, ob es
sich um ein gewöhnliches bailment oder um ein bloßes bailment
at will handelt, da nur im ersteren Falle Diebstahl bzw. Raub
begangen werden kann, während im letzteren Falle nach den obigen
Ausführungen ein solches Delikt regelmäßig entfällt. Nach Smith[4]
soll allerdings im Gegensatz zu den bisherigen Ausführungen
nach dem Theft Act 1968 der Eigentümer auch dem bailee at will

---

[1] Pollock (Sir F.) and (R.S.) Wright op.cit. part III by (R.S.)
Wright p.139.
[2] R.v.Nowell Wilkinson and Joseph Marsden, 1821, R.& R.470, 15
Dig.Repl.1073, 10 585.
[3] Kenny (C.S.) op.cit. 16 th ed. by (J.W.Cecil) Turner (1952)
p.235.
[4] Smith (J.C.) op.cit. para.58.

gegenüber Diebstahl begehen können. Obwohl er ein Recht habe,
das bailment jederzeit zu beendigen, soll er des Diebstahls
schuldig sein, wenn er einfach in unredlicher Weise sich die
anvertraute Sache zueignet. Allerdings räumt Smith selbst ein,
daß dies nur in Ausnahmefällen zutreffe, weil klarerweise der
bailor gewöhnlich einen Rechtsanspruch auf die Wiedererlangung
des Besitzes habe. Er beruft sich für die auf Ausnahmefälle beschränkte Meinung auf R.v.Turner,[1] wo jemand sein Auto dem Auto-
werkstattinhaber zur Reparatur übergeben hatte und es in der
unredlichen Absicht, die Reparaturkosten nicht zu bezahlen,
wieder zurückholte. In Wirklichkeit war diesfalls, wie auch
Smith annimmt, der Werkstattinhaber nicht ein bloßer bailee
at will, da er ein Zurückbehaltungsrecht an dem Wagen wegen der
Reparaturkosten hatte. Aber das Court of Appeal mußte das Zurückbehaltungsrecht, da es mit diesem nicht befaßt war, unbeachtet lassen und verwarf das Argument, daß der Besitz in Form des
bailment at will unzureichend sei, da kein Grund vorläge, die
Worte "possession or control" i.S. von s.5 (1) Theft Act 1968
irgendwie einzuschränken. Es erscheint freilich auch nach Smith
etwas sonderbar, daß, wo jemand ein besseres Recht zum Besitz
hat als der andere, er gleichwohl nichtsdestoweniger Diebstahl
dadurch begehen kann, daß er (wenn auch immer in unredlicher
Weise) dieses Recht ausübt. Man möchte in Übereinstimmung mit
dem oben Ausgeführten, dem auch Smith - von Ausnahmefällen abgesehen - beipflichtet, annehmen, daß eine Sache einem Besitzer
i.S. von s.5 (1) Theft Act 1968 nicht gehört, sofern ein anderer
ein unmittelbares Recht hat, ihm den Besitz abzunehmen. Die von
Smith[2] als einzig möglich bezeichnete Erklärung der Entscheidung
R.v.Turner[3] besteht in der Annahme, daß ein bailor kein Recht
habe, den anvertrauten Fahrnisgegenstand ohne Mitteilung an den
bailee at will zurückzunehmen. Diese Auffassung wird auch von
dem Herausgeber des Criminal Law Review in seinem Kommentar zu
dem genannten Urteil geteilt, allerdings mit der Einschränkung,
daß hierfür keine Autorität vorzuliegen scheine, jedoch eine

---

[1] R.v.Turner (No.2), 1971, (1971) 2 All E.R.441, (1971) 1 W.L.
R.901, 135 J.P.419, 115 Sol.Jo.405, (1971) Crim.L.R.373.

[2] Smith (J.C.) op.cit. para.58.

[3] siehe Anm.1.

solche Regel wünschenswert sein möchte.[1] Doch ist diese Annahme mit dem Rechtsverhältnis zwischen bailor und bailee at will
schwerlich vereinbar. Dies räumt auch der genannte Kommentar
ein, wenn er dem bailor grundsätzlich das Recht zugesteht, die
anvertraute Sache sich vom bailee at will jederzeit zurückzu-
holen, da er ein Recht hierzu hat und dies auch weiß. Aber auch
wenn der bailor nur irrigerweise annehmen sollte, ein solches
Recht zu haben, müßte er, weil dann bei ihm keine Unehrlichkeit
(dishonesty) vorläge, vom Diebstahl freigesprochen werden.
Geht man also davon aus, daß auch nach dem Theft Act 1968 der
bailor gegenüber dem bailee at will durch Zurücknahme der anvertrauten Sache keinen Diebstahl begeht, so gilt dies erst recht
für den Fall, daß jemand Besitz und Eigentum behält und nur die
Obhut einem anderen überlassen ist. Dies träfe z.B. zu, wenn
in dem schon geschilderten Falle R.v.MacDaniel wie in seiner
neuzeitlichen Abwandlung dem Dienstboten nur Obhut an dem überlassenen Geld zustünde, der Dienstherr aber Eigentum und Besitz
daran behielte. Daß nach bisherigem Recht in diesem Falle kein
Diebstahl durch den Dienstherrn begangen werden konnte, steht
außer Zweifel. Dagegen glaubt Smith,[2] daß nach dem Theft Act
im genannten Fall der Dienstherr Diebstahl bzw. Raub an der dem
Dienstboten zur Obhut (custody) überlassenen Sache begeht, wenn
er die Absicht hat, die Versicherung wegen Verlustes der Sache
in Anspruch zu nehmen, wie auch nach common law sich der Dienstherr durch Wegnahme der dem Dienstboten anvertrauten Sache in
der Absicht, die Hundertschaft wegen des Verlustes in Anspruch
zu nehmen, des Diebstahls schuldig machte.[3] Dies läßt sich allerdings mit der Auffassung, nach welcher der bailor dem bailee
at will gegenüber durch die Zurücknahme der Sache auch nach
Theft Act keinen Diebstahl begehen kann, schwerlich vereinbaren, weshalb Smith es auch für richtiger erachtet, in solchem
Falle Anklage wegen obtaining by deception nach s.15 Theft Act
zu erheben. Wo das Eigentum mehreren Personen gehört, was nach
s.5 (1) vielfach zutreffen mag, und einer derselben sich dassel-

---

[1] Kommentar zu R.v.Turner, Crim.L.R.1971 p.374.
[2] Smith (J.C.) op.cit. para.59.
[3] R.v.MacDaniel, 1756, 19 St.Tr.745, Fost.131, 1 East P.C.333,
1 Leach 44, 15 Dig.Repl.934, 8949.

be zu seinen Gunsten zueignet, wird er sich nach dem Theft
Act des Diebstahls desselben gegenüber irgendeiner der Personen schuldig machen, denen es gehört. In dem von Smith angeführten Beispiel, in welchem P einen Grasmäher dem Q vermietet,
der ihn seinem Dienstboten R aushändigt, um die Wiese abzu-
mähen, bleibt P Eigentümer, Q ist im Besitz der Sache als bailee und R hat die Kontrolle darüber. Wenn nun D den Grasmäher
sich zueignet, so macht er sich des Diebstahls des Eigentums
gegenüber jeder der drei Personen schuldig. Wenn er, um sich
den Grasmäher zuzueignen, Gewalt gegen R gebraucht, so begeht
er Raub gegenüber P, Q und R (s.8 Theft Act 1968).[1] Eine andere Rechtslage bestand nach bisherigem Recht, wie der Entscheidung R.v.Harding[2] zu entnehmen ist, wo auf Raub gegenüber dem sich allein im Haus des sich im Garten aufhaltenden
Commander Bowen befindlichen Dienstmädchen nur aus dem Grunde
erkannt wurde, daß dem Dienstmädchen unter den besonderen
Verhältnissen nicht bloß Obhut, sondern Besitz an den im Haus
aufbewahrten Kleidungsstücken des Dienstherrn zugesprochen
wurde, insofern nach bisherigem Recht für das Vorliegen eines
Raubes verlangt war, daß die Gewaltanwendung gegenüber dem
Besitzer des Raubobjektes erfolgen mußte, dies aber gegenüber dem abwesenden Commander Bowen nicht möglich war. Bei der
Erörterung der für den Raub geltenden besonderen Voraussetzungen wird auf diese Entscheidung noch näher einzugehen
sein. Auch equitable interests sind nach s.5 (1) Theft Act 1968
in gleicher Weise wie legal interests geschützt. Eine Ausnahme
gilt nur für "an equitable interest arising from an agreement to
transfer or grant an interest" (s.5 (1) Theft Act 1968). Wo das
Eigentum einem trust unterworfen ist, soll unter denjenigen,
denen es gehört, irgendeine Person als darin eingeschlossen angesehen werden, welche ein Recht hat, das Treuhandverhältnis
zu erzwingen und eine Absicht, das trust aufzuheben, soll demgemäß als eine Absicht erachtet werden, irgendjemand, der dieses

---

[1] Smith (J.C.) op.cit. para.60.
[2] R.v.Harding, 1929, 21 Crim.App.R.166, 15 Dig.Repl.1087, 10 771;
Cross (A.R.N.) and (Ph.A.) Jones, An Introduction to Criminal
Law, 2nd ed.(1949) p.153 n.(b).

Recht hat, des Eigentums zu berauben (s.5 (2) Theft Act 1968).
Wenn jemand Eigentum von einem anderen oder auf Rechnung eines
anderen erhält und dem anderen gegenüber verpflichtet ist, dieses Eigentum oder den Erlös daraus zurückzubehalten oder damit
in einer besonderen Weise zu verfahren, soll es ihm gegenüber
so angesehen werden, als gehöre das Eigentum oder der Erlös daraus dem anderen (s.5 (3) Theft Act 1968). Von Wichtigkeit ist
besonders s.5 (4) Theft Act 1968, das bestimmt, daß, wenn jemand Eigentum auf Grund des Irrtums eines anderen erhält und
verpflichtet ist, das Eigentum oder den Erlös daraus oder dessen Wert im ganzen oder teilweise zurückzuerstatten, es im Umfang
dieser Verpflichtung so angesehen werden soll, als gehöre das
Eigentum oder der Erlös demjenigen, der einen Rechtsanspruch
auf Rückerstattung hat, und eine Absicht, keine Rückerstattung
zu leisten, soll demgemäß als eine Absicht erachtet werden, jene Person des Eigentums oder des Erlöses zu berauben (s.5 (4)
Theft Act 1968). Ohne im Rahmen dieser Arbeit auf Einzelheiten
eingehen zu können, sollen zu diesen Bestimmungen des s.5 Theft
Act 1968 im Anschluß an Smith nur einige Bemerkungen angefügt
werden. Wenn, nachdem A einen Vertrag abgeschlossen hat, ein
Grundstück an B zu verkaufen, ein Dritter das Grundstück betritt und sich etwas, was Teil des Grundstückes bildet, durch
Lostrennung desselben zueignet, so wird dies Diebstahl gegenüber A sein, aber wegen s.5 (1) nicht gegenüber B, der nur ein
Billigkeitsinteresse aus Übereinkommen für eine Übertragung
des Grundstückes hat.[1] Wenn einer von zwei Miteigentümern an
einer Sache das Miteigentum ohne Zustimmung des anderen Miteigentümers verkauft, so begeht er, gleichviel ob sein Verhalten
die unerlaubte Handlung des conversion begründet oder nicht,
einen Diebstahl, da der Miteigentümer proprietary rights an der
Sache hat. Die Rechtslage des Miteigentümers ist dieselbe wie
die des Teileigentümers, der sich unredlicherweise das Teilei-
gentum zueignet.[2] Die Zueignung durch einen Treuhänder (trustee)

---

[1] Smith (J.C.) op.cit. para.62.
[2] Smith (J.C.) op.cit. para.64 & n.12 unter Bezugnahme auf R.v.
Bonner, 1970, (1970) 2 All E.R.97, (1970) 1 W.L.R.838, 134 J.
P.429, 114 Sol.Jo.188, Dig.Cont.Vol.C 264, 10 596 a; siehe
auch Hagel (K.), Der einfache Diebstahl S.249 ff.

war ein besonderes Delikt nach s.21 Larceny Act 1916. Jetzt
ist es ein gewöhnlicher Diebstahl. In s.5 (3) Theft Act 1968
muß die Verpflichtung dahin gehen, gerade mit diesem Eigentum
in einer speziellen Weise zu verfahren. Daher wird die Aneignung einer Vorschußzahlung entsprechend dem bisherigen Recht
Diebstahl nur sein, wenn das Geld mit einer Verpflichtung gegeben wird, es für einen speziellen Zweck zu gebrauchen,[1] z.B.
zum Erwerb von Farbe durch einen mit dem Anstreichen des Hauses
eines anderen beauftragten Malermeisters. Dasselbe gilt für
den Fall, wo ein Schuldeneintreiber nach den Bedingungen des
mit dem Gläubiger abgeschlossenen Vertrages verpflichtet ist,
das beigetriebene Geld abzüglich seiner Provision dem Gläubiger abzuliefern, derselbe also verpflichtet ist, einen speziellen Fonds zu bilden. Wenn die Vertragsabmachung jedoch
dahin geht, daß der Eintreiber nur Schuldner im Umfang der bei-
getriebenen Schuldforderungen abzüglich seiner Provision ist,
ist das Geld, das er von den Schuldnern einzieht, sein eigenes
und er ist nicht gebunden, mit diesem Geld in besonderer Weise
zu verfahren.[2] In diesem Sinne spricht sich auch LJ Edmund
Davies in R.v.Hall[3] aus. In diesem Falle nahm ein Reisebüroin-
haber Geld von einer Anzahl Kunden als Vorschußzahlungen für
eine projektierte Charterflugreise nach Amerika entgegen, weigerte sich jedoch und erklärte sich außerstande, die an ihn bezahlten Geldbeträge, die für die Aufwendungen der Firma veraus-
gabt worden waren, den Kunden zurückzuerstatten. Die Annahme
eines Diebstahls durch Zueignung des Geldes wurde vom Gericht
verneint und zwar aus dem Gesichtspunkt des s.1 (1) Theft Act
1968, weil die Krone nicht in der Lage war nachzuweisen, daß
der Angeklagte unredlich zu der Zeit handelte, als er die Geldbeträge sich zueignete. Aber auch aus s.5 (3) Theft Act 1968
wurde das Vorliegen eines Diebstahls verneint. Die Urteilsbegründung ging dahin, daß ein legal obligation i.S. des s.5 (3)
Theft Act 1968 nur vorliege, wenn durch den einzelnen, die Fi-

---

[1] Smith (J.C.) op.cit. para.67 mit (1961) Cr.L.R.741, 797.

[2] Smith (J.C.) op.cit. paras.68-69.

[3] R.v.Hall, 1972, (1972) 2 All E.R.1009, (1973) 1 Q.B.126.

nanzierung der Flugreise beabsichtigenden Kunden eine besondere Vereinbarung mit dem Reisevermittler getroffen worden
wäre, auf Grund deren dieser das eingezahlte Geld zurückzubehalten und über dasselbe in der in der vertraglichen Abmachung speziell vorgesehenen Weise zu verfügen verpflichtet
gewesen wäre. Zwar könne es Fälle geben, so ist im Urteil ausgeführt, in denen der Kunde durch spezielle, insbesondere ur-
kundliche, Vereinbarung dem Reiseagenten eine Verpflichtung
auferlege, die unter s.5 (3) Theft Act 1968 falle. Dies treffe
aber vorliegendenfalls nicht zu. Vielmehr sei zwar durch die
Gutschrift der eingezahlten Beträge ipso iure kein Eigentum
auf das Reisebüro übergegangen,[1] aber da die Kunden die An-
zahlungen in Erwartung der versprochenen Dienstleistungen
zu deren Vorfinanzierung an die Firma einbezahlt hätten, hätte
sie Eigentum an den eingezahlten Geldbeträgen erlangt und
daher durch die anschließende Verwendung keinen Diebstahl begehen können. Dem steht, wie im Urteil ausgeführt, nicht entgegen, daß die Kunden berechtigt blieben, auf zivilrechtlichem
Wege die Erstattung der bezahlten Geldsummen durchzusetzen,
vorausgesetzt, daß das Reisebüro, was hier nicht der Fall war,
in der Lage war, die eingenommenen Beträge zurückzuerstatten,
wie denn auch der Reiseagent in einzelnen Abmachungen einerseits die Rückerstattung des bezahlten Vorschusses ausdrücklich für den Fall ausschloß, daß ein Widerruf der Beteiligung
erst nach einem bestimmten Zeitpunkt erfolgen sollte und andererseits anderen Kunden eine volle Rückerstattung zusagte,
falls die geplanten Charterreisen nicht zur Ausführung kommen
sollten. Die Tatsache, daß der angeklagte Reisevermittler den
Zweck, für den die Kunden das Geld bezahlten, anerkannte, begründete nach dem Urteil ipso facto kein "obligation to retain
and deal with for that purpose". Von einem Diebstahl nach s.5
(3) Theft Act 1968 handelt auch das Urteil im Falle R.v.Meech,[2]
dem folgender Sachverhalt zugrunde lag: X erlangte durch Betrug
mittels einer gefälschten Urkunde einen Scheck, lautend auf
£ 1.450,-, von einer Finanzgesellschaft. M, der von dem Betrug

---

[1] R.v.Yule, 1963, (1963) 2 All E.R.780, (1964) 1 Q.B.5, (1963)
3 W.L.R.285, 127 J.P.469, 47 Cr.App.R.220, Dig.Cont.Vol.A
402, 6 740 a, 14 (2) Dig.Repl.1977 Reissue 832, 7 122.
[2] R.v.Meech and Others, 1973, (1973) 3 All E.R.939 et seq.

nichts wußte, erklärte sich X gegenüber einverstanden, den
Scheck für X einzulösen und von dem Erlös £ 40 zurückzubehalten, die X ihm schuldete. Zu diesem Zweck zahlte M den Scheck
auf sein eigenes Konto ein, so daß er das Bargeld abheben konnte, sobald der Scheck eingelöst war. Zwei Tage später zog M
seinen eigenen Scheck, der auf £1410 lautete. Zwischen der Ein-
zahlung des ursprünglichen Schecks und der Ziehung des eigenen
Schecks hatte M von dem Betrug des X Kenntnis erlangt. M kam
nun mit P und J überein, einen Raub zu inszenieren, bei dem P
und J dem M das Geld abnehmen sollten und M als offensicht-
liches Opfer erscheinen sollte, in der Absicht, dem M eine
Entschuldigung dafür zu schaffen, daß er den Erlös aus dem
Scheck dem X nicht zurückerstattete und in der Absicht, M, J
und P in den Stand zu setzen, den X dieser Summe zu berauben.
Der Raub wurde verabredungsgemäß ausgeführt und der Polizei
berichtet. Die Polizei entdeckte auf Grund ihrer Nachfor-
schungen den wahren Sachverhalt. M, P und J wurden wegen Diebstahls angeklagt, auf der Grundlage, daß der Erlös aus dem
Scheck so zu behandeln war, als gehöre er nach s.5 (3) Theft
Act 1968 dem X. Das Appelationsgericht wies die Berufung übereinstimmend mit dem Vorderrichter zurück. In der Urteilsbegründung führte L.J. Roskill unter anderem aus: Der Hinweis der Verteidigung auf die Entscheidungen R.v.Hall,[1] R.v.Gilks[2] und R.v.
Pearce[3] sowie auf eine Stelle bei Smith,[4] die gerade vor Fällung
der genannten Urteile geschrieben wurde und sich übrigens nicht
auf s.5 (3) Theft Act 1968, sondern auf s.5 (4) Theft Act 1968
bezieht, sei insofern hinfällig, als die Sachlage in jenen Fällen sich weitgehendst von derjenigen des vorliegenden Falles
unterscheide. Ausgehend von der Prämisse "obligation means
legal obligation" ist für das Vorliegen eines legal obligation
i.S. des s.5 (3) Theft Act 1968 - wie in der Urteilsbegründung
ausgeführt - nicht vom Standpunkt des M, sondern von dem des
X auszugehen. Hiernach hat M offensichtlich eine Verbindlich-

[1] R.v.Hall, 1972, (1972) 2 All E.R.1009, (1973) 1 Q.B.126.
[2] R.v.Gilks, 1972, (1972) 3 All E.R.280, (1972) 1 W.L.R.1341.
[3] R.v.Pearce, 1973, Crim.L.R.321.
[4] Smith (J.C.) op.cit. para.76.

keit gegenüber X übernommen, zu deren Erfüllung er auf Grund
der ihm damals bekannten Tatsachen verpflichtet und hierzu
auch redlicherweise gewillt war. Dem Umstand, daß hierdurch
eine Verbindlichkeit i.S. des s.5 (3) Theft Act 1968 in der
Person des M entstanden ist, steht die Tatsache nicht entgegen, daß auf Grund der wahren Tatsachen, auch wenn sie ihm
bekannt gewesen wären, dem X nicht möchte und in der Tat auch
nicht würde gestattet worden sein, diese Verbindlichkeit bei
einem Zivilgericht zu erzwingen, weil er den Scheck illegal,
d.h. in rechtsungültiger Weise, erworben hatte. Dieses Argument
der Verteidigung verwechselt die Begründung der Verbindlichkeit
mit der nachfolgenden Erfüllung entweder durch Leistung oder
auf andere Weise. Daß es dem M nach Kenntnis der Sachlage unmöglich geworden sein möchte, die Verpflichtung zu erfüllen, wie
auch dem X, dieselbe aus Gründen der Ungesetzlichkeit oder aus
Rechtsgründen der public policy zu erzwingen, ist, wie im Urteil
festgestellt, irrelevant. Die Eingangsworte von s.5 (3) stellten klarerweise auf die Begründung oder Annahme der Verpflichtung durch den bailee und nicht auf die Zeit der Ausführung derselben durch ihn ab. Hatte M als bailee den ursprünglich von X
erhaltenen Scheck unter der schon erwähnten Verpflichtung bekommen, über denselben in der speziellen, von X festgelegten Weise
zu verfügen, so sieht das Strafrecht in s.5 (3) Theft Act 1968
vor, daß im Verhältnis zwischen dem bailor X und dem bailee M
der Scheck und der Erlös daraus als Eigentum des X anzusehen
sind, so daß M durch die nachfolgende unredliche rechtswidrige
Zueignung des Schecks bzw. des Erlöses aus demselben des Diebstahls für schuldig erklärt werden mußte, wie er auch nach dem
Larceny Act 1916 sich zwar nicht eines larceny, wohl aber eines
fraudulent conversion schuldig gemacht hätte. War M hiernach des
Diebstahls schuldig, so waren auch P und J durch Mitwirkung an
der im fingierten Raub zum Ausdruck gebrachten Zueignung wegen
Teilnahme am Diebstahl mit Recht verurteilt worden.
Bezüglich s.5 (4) Theft Act 1968 ist zu bemerken, daß diese Bestimmung offenbar den Zweck verfolgen soll, die unbefriedigenden und scharf kritisierten Entscheidungen[1] in R.v.Ashwell[2]

---

[1] Smith (J.C.) op.cit. para.71 unter Hinweis auf Russell (Sir
W.O.), On Crime 12th ed. by J.W.Cecil Turner, London: Stevens
& Sons, Ltd. 1964 pp.970-974, 979-982, 1553-1574.
[2] R.v.Ashwell, 1885, 16 Q.B.D.190, 15 Dig.Repl.1048, 10 325.

und R.v.Middleton[1] unmöglich zu machen. Die Entscheidung in
R.v.Ashwell ist bereits eingehend erörtert worden und es kann
hierauf Bezug genommen werden. Dem Fall R.v.Middleton lag folgender Sachverhalt zugrunde: Der Angeklagte hatte bei einer
Postsparkasse ein Guthaben von 11 sh. stehen. Er kündigte in
der üblichen Form die Abhebung von 10 sh. an. Es wurde ihm
daher eine auf diesen Betrag lautende Empfangsvollmacht ausgehändigt und gleichzeitig von der Direktion (Postmaster General) ein Avisbrief an das Postamt in N. gesandt, der dahin lautete, es solle dem Angeklagten von seinem Guthaben 10 sh. ausbezahlen. Der Angeklagte ging auf jenes Postamt und händigte
sein Sparkassenbuch und die Empfangsvollmacht dem amtierenden
Postbeamten aus. Der Beamte nahm, anstatt den richtigen Avisbrief über 10 sh. zu beachten, irrtümlicherweise auf einen anderen, ihm vorliegenden Avisbrief Bezug, der auf 8£16 sh. 10 d.
lautete und sich auf einen anderen Deponenten bezog, legte den
letzteren Betrag auf den Zahltisch, trug den ausgezahlten Betrag
von 8£16 sh. 10 d. in das Sparkassenbuch des Angeklagten ein
und stempelte den Eintrag ab. Der Angeklagte nahm, obwohl er
sich des Versehens des Beamten und des Umstandes bewußt war,
daß ihm das ausbezahlte Geld nicht gehöre, sondern Geld des
Generalpostmeisters sei, dasselbe, das in einer fünf Pfundnote,
3 sovereigns, 1/2 sovereign, 6 sh. und 10 d. in Silber und Kupfer
bestand, in der Absicht, es für sich zu verwenden, an sich und
ging damit weg. Als der Irrtum entdeckt wurde, wurde der Angeklagte zurückgeholt. Dabei erklärte er, er habe sein Sparkassenbuch verbrannt. Er wurde des Diebstahls von 8£16 sh. 10 d. angeklagt und desselben für schuldig befunden. Dabei ging die Mehrheit der Richter davon aus, daß durch die bloße Übergabe des
Geldes das Eigentum und der Besitz des Geldes mangels rechts-
gültiger Absicht nicht auf den Deponenten übergegangen sei und
daß daher der Angeklagte durch die Wegnahme des Geldes vom Zahltisch eine rechtswidrige Besitzentziehung und animo furandi Diebstahl begangen habe. Zu demselben Ergebnis führt auch das Theft

---

[1] R.v.Middleton, 1873, L.R. 2 C.C.R.38, 42 L.J.M.C.73, 28 L.T.777,
37 J.P.629, 12 Cox C.C.417, 15 Dig.Repl.1044, 10 282; vgl. auch
R.v.Mollis, 1883, 12 Q.B.25.

Act 1968. Wie schon in R.v.Ashwell näher dargelegt, ist davon
auszugehen, daß in beiden Fällen, in denen wegen Identitäts-
irrtumsdas Eigentum auf den Empfänger nicht übergegangen war,
derselbe durch unredliche Übernahme der Eigentümerrechte sich
des Diebstahls nach s.1 mit s.3 Theft Act 1968 schuldig machte,
so daß die Heranziehung des s.5 (4) Theft Act 1968 nicht erforderlich ist.[1] Der einzige geringe Unterschied besteht lediglich darin, daß im Falle R.v.Middleton der Deponent 8£16 sh.
10 d. erhielt und des Stehlens dieser Summe für schuldig befunden wurde, daß er jedoch einen Rechtsanspruch auf 10 sh. hatte
und er, wenn das Eigentum übergegangen wäre, nach dem Theft Act
des Diebstahls von nur 8£6 sh. 10 d. schuldig gewesen wäre und
er nur diesen Betrag zurückzuerstatten verpflichtet gewesen
wäre.[2] Das eigentliche Ziel von s.5 (4) Theft Act 1968 ist jedoch, die Entscheidung in Moynes v. Coopper[3] oder doch jenen
Teil derselben, der den Wert der Sachen betrifft, los zu werden.
In diesem Falle, der schon früher eingehend erörtert wurde, war
es nach bisherigem Recht ganz unmöglich, den Empfänger des Geldes, der zu Hause angekommen die Lohntüte öffnete und sich dann
entschloß, das Geld, das, wie er erkannte, ihm nicht gehörte,
sich zuzueignen, eines larceny für schuldig zu erachten. Da
diese Entscheidung auf sehr ungünstige Kritik stieß, beabsichtigte der Gesetzgeber einen solchen Fall künftig unter die Diebstahlsbestimmungen des Theft Act zu bringen, wie dies durch
s.5 (4); worin die Worte "of the value thereof" zu beachten sind,
erreicht werden soll. Obwohl das Geld noch dem Empfänger, dem es
übertragen worden war, gehört, wurde hiernach ein imaginäres Eigentum daran dem die Zahlung leistenden Arbeitgeber für Zwecke
dieses Gesetzes zugesprochen und des Empfängers Absicht, das
Geld nicht zurückzuzahlen, als eine Absicht erachtet, den Arbeitgeber des Geldes zu berauben. Die Bestimmung des s.5 (4) Theft
Act 1968 schafft also nur eine fiktive gesetzliche Eigentums-

---

[1] R.v.Gilks, 1972, (1972) 3 All E.R.280 at p.282.

[2] Smith (J.C.) op.cit. para.71.

[3] Moynes v. Coopper, 1956, (1956) 1 All E.R.450, (1956) 1 Q.B.
439, (1956) 2 W.L.R.562, 120 J.P.147, 100 Sol.Jo.171, 40 Cr.
App.R.20, Dig.Cont.Vol.A 439, 10 329 a.

verschiebung, die das "belonging to another" in s.1 (1) Theft Act 1968 gesetzlich ausdehnt,[1] und begründet noch kein Delikt. Es muß vielmehr ein appropriation des irrtümlich gegebenen Eigentums oder seines Ertrages hinzukommen. Es muß also der Empfänger des Geldes die Eigentümerrechte an den dem Arbeitgeber begrifflich zukommenden Geld übernehmen, sich also die Eigentümerrechte daran anmaßen, um sich des Diebstahls schuldig zu machen. Dies wäre z.B. nicht der Fall, wenn Moynes als Empfänger der Lohntüte dieselbe einem Dritten, ohne sie zu öffnen, weitergegeben hätte und erst später davon unterrichtet worden wäre, wieviel sie enthielt. Anders wäre es, wenn der Dritte ihm die Summe, um welche der wirkliche Inhalt der Lohntüte den vermuteten Inhalt übertraf, zurückbezahlte und er diese unredlicherweise zurückbehielt. Er würde sich damit den Ertrag zugeeignet und damit Diebstahl begangen haben. Angenommen, er hätte die Lohntüte geöffnet und, ohne sich für den Augenblick Gedanken über seinen geringeren Lohnanspruch zu machen, mit dem Geld ein Fahrrad gekauft, so möchte, da er verpflichtet wäre, den Wert zurückzuerstatten, es so anzusehen sein, daß das Fahrrad seinem Arbeitgeber gehören würde.[2] Hätte Moynes, ohne daß er des Irrtums gewahr war, den ganzen Inhalt der Lohntüte für Bier für sich und seine Arbeitskollegen ausgegeben, so könnte er hernach keines Deliktes schuldig sein. Zwar würde, falls er danach von dem Irrtum Kenntnis erhielte, die Absicht, nicht zurückzuerstatten, eine mens rea begründen, aber es wäre nichts vorhanden, was Gegenstand der appropriation sein könnte. Moynes wäre lediglich ein widerspenstiger Schuldner.[3] Kein Zweifel besteht darüber, daß s.5 (4) Theft Act 1968 die Reichweite des Stehlens ausdehnt. Wenn so z.B. P dem D Geld auf Grund des Verkaufs einer Fischereigerechtigkeit zahlt, obwohl das Fischereirecht dem P bereits gehörte und D bei Entdeckung der Wahrheit sich entschließt, es dem P nicht zurückzuerstatten, so ist dieser Fall von dem in Moynes v. Coopper nicht zu unterscheiden.[4] Es ist nach Smith[5] kaum an-

---

[1] R.v.Gilks, 1972, (1972) 3 All E.R.282, 56 Cr.App.R.734.
[2] Smith (J.C.) op.cit. paras.72 & 73.
[3] Smith (J.C.) op.cit. para.74.
[4] Smith (J.C.) op.cit. para.75 mit n.9 - 12.
[5] Smith (J.C.) op.cit. para.76.

zunehmen, daß obligation in s.5 (4) Theft Act etwas anderes
bedeutet als ein "legal obligation", das Wort "obligation" also
nur eine rechtsgültige Verpflichtung zum Inhalt hat und daher
eine moralische und soziale Verpflichtung nicht einschließt.[1]
Wenn so das Zivilrecht in Morgan v. Ashcroft,[2] in welchem eine
rechtsgültige Verpflichtung zur Rückzahlung des von einem Buchmacher irrtümlich zuviel bezahlten Betrages aus dem Grunde verneint wurde, weil sich die Auszahlung auf Wettgeschäfte bezog,
die nach dem Gaming Act 1845 nichtig waren, aus denen daher der
Buchmacher keine Rechte herleiten konnte, davon ausgeht, daß
der Empfänger des durch Überzahlung des Buchmachers erhaltenen
Geldes ausschließlicher Eigentümer dieses Geldes ist und nicht
verpflichtet ist, sogar eine gleich hohe Summe zurückzubezahlen, so wäre es nach Smith[3] für das Strafrecht widersinnig zu
sagen, er hätte das Geld gestohlen. Diese Schlußfolgerung bezieht sich offenbar nur auf Morgan v. Ashcroft, weil es in diesem Fall an einer "legal obligation" der Rückerstattung des Geleisteten nach den obigen Ausführungen fehlte. Im Gegensatz hierzu bejahte das Court of Appeal in R.v.Gilks[4] in einem ähnlichen
Fall, dem folgender Sachverhalt zugrunde lag, das Vorliegen eines
Diebstahls. Am 27.März 1971 ging der Appellant in Ladbrokes Wettbüro in North Cheam und schloß einige Wetten auf gewisse Pferde
ab. In einem Fall setzte er auf ein Pferd, das "Fighting Scot"
genannt wurde. Dieses Pferd hatte in dem Rennen keinen Erfolg,
wohl aber ein Pferd mit dem Namen "Fighting Taffy". Auf Grund
eines Irrtums des Hilfsgeschäftsführers in dem Wettbüro wurde
der Appellant so ausbezahlt, wie wenn er auf das erfolgreiche
Pferd gesetzt hätte, mit dem Ergebnis, daß er einen Betrag in
Höhe von £ 106.63 zuviel ausbezahlt erhielt. Während er bei anderen Rennen nur £ 10.62 gewonnen hatte, wurden ihm in Wirklichkeit insgesamt £ 117.25 ausbezahlt. In demselben Augenblick, in
dem die Auszahlung erfolgte, wußte der Appellant, daß ein Feh-

---

[1] Smith (J.C.) op.cit. para.76.
[2] Morgan v. Ashcroft, 1938, 1 K.B.49, (1937) 3 All E.R.92, 106
   L.J.K.B.544, 157 L.T.87, 53 T.L.R.786, 81 Sol.Jo.477, 35 Dig.
   Repl.159, 484 per Wilfried Green, M.R.
[3] Smith (J.C.) op.cit. para.76.
[4] R.v.Gilks, 1972, (1972) 3 All E.R.280, 282.

ler vorlag und daß er keinen Rechtsanspruch auf das zuviel bezahlte Geld hatte, behielt aber dasselbe und weigerte sich,
die Rückzahlung in Erwägung zu ziehen. Seine Stellungnahme ging
dahin, daß es zu Lasten von Ladbroke gehe. Die Entscheidung
des Gerichts lautete auf Diebstahl. Die Begründung ging im wesentlichen dahin, daß im Augenblick der Auszahlung die bezahlte
Summe "property to another" war, da auf Grund des Irrtums kein
Eigentum auf den Appelanten übergegangen, sondern dasselbe beim
Buchmacher verblieben war, so daß der Appellant, da er im Zeitpunkt der Auszahlung sich des Irrtums bewußt war, durch die Annahme des Geldes sich des Diebstahls nach s.1 (1) Theft Act
schuldig machte und eine Heranziehung des s.5 (4) Theft Act
nicht in Betracht kam. Wo jemand Eigentum durch Täuschung erlangt, erlangt er es durch den Irrtum eines anderen, nämlich
des das Eigentum Abgebenden. Aus diesem Grunde fallen fast
alle Fälle i.S. des s.15 Theft Act auch unter den theft-Begriff
des s.1 (1) Theft Act 1968. Auch bei Unwirksamkeit des früher
erwähnten Lawrence-Prinzips dürfte dies auch aus s.5 (4) Theft
Act folgen. Schon das Criminal Law Revision Committee lehnte es
ausdrücklich ab, das obtaining by false pretences in den theft-
Begriff einzubeziehen[1] und sah daher in clause 12 des Draft
Theft Bill das besondere Delikt des criminal deception vor. Der
Gesetzgeber, der in s.15 (1) & (2) die Bestimmungen des Draft
Theft Bill wortgetreu übernommen hat, war sich bei der Übernahme dieser Bestimmung sicherlich bewußt, daß durch die Einbeziehung in den Diebstahlsbegriff s.15 Theft Act 1968 im wesentlichen überflüssig gemacht würde, dies aber dem Willen des Gesetzgebers, der das Delikt des s.15 Theft Act 1968 besonders
vorgesehen hat, widersprechen würde. Daher wird geltendgemacht,
daß "reading the Act as a whole it is probably necessary to treat
the word 'mistake' " in s.5 (4) Theft Act in der Bedeutung "mistake not induced by the dishonest deception of the accused".[2]
Zwar sind diese ergänzenden Worte im Gesetz nicht enthalten. Eine angemessene Konstruktion der benutzten Fassung schließt je-

---

[1] The Report Cmnd.2977 para.38.
[2] Smith (J.C.) op.cit. para.78 unter Hinweis auf Griew (E.),
The Theft Act 1968 pp.2-18.

doch den typischen Fall des Delikts nach s.15 Theft Act 1968
von der Wirksamkeit des s.5 (4) Theft Act 1968 und daher vom
Diebstahl aus. Es bleibt die Frage, ob derjenige, der das
Eigentum durch Täuschung erlangt hat, verpflichtet ist, das
Eigentum oder seinen Ertrag oder seinen Wert zurückzuerstatten.
In den meisten Fällen besteht zwischen den Parteien ein anfechtbarer Vertrag. Ein solcher hat aber alle Wirkungen eines vollkommenen Vertrages, bis er durch Anfechtung nichtig gemacht ist.
Wenn das Aufhebungsrecht infolge nicht sofortiger Anfechtung
erloschen ist, ist er vom vollkommenen Vertrag nicht unterscheidbar. Bis der anfechtbare Vertrag vernichtet ist, ist, wie
es scheint, der die Täuschung Ausführende nicht verpflichtet,
dem durch die Irrtumserregung Getäuschten Ersatz zu leisten.
Wenn ersterer so das Eigentum zurückbehält oder sonstwie mit
dem Eigentum verfährt, begeht er keinen Diebstahl. Er eignet
sich nicht Eigentum, das dem Getäuschten gehört, zu, da nach
dem anfechtbaren Vertrag das Eigentum auf den Täuschenden übergegangen ist und es so sein eigenes Eigentum ist, das er zurückbehält oder mit dem er sonstwie verfährt. Auch ist das Eigentum
nicht als dem Getäuschten nach s.5 (4) gehörend anzusehen, da
der Täuschende keiner Verpflichtung zur Ersatzleistung unterliegt. Wo eine andere gesetzliche Transaktion als ein Vertrag
durch Täuschung herbeigeführt wird, z.B. eine Schenkung, ist
sie mußmaßlich gleichfalls anfechtbar und es gilt das Gesagte
in gleicher Weise.[1] In den Fällen des obtaining by deception,
in denen die Täuschung eine bloße Zahlung oder Eigentumsübertragung, ohne von einem neuen anfechtbaren Geschäft begleitet
zu sein, herbeiführt, wie bei einer Zahlung in Verfolgung eines bestimmten wirksamen Geschäfts, z.B. eines bestehenden
Versicherungsvertrages,[2] hat der Getäuschte ein unmittelbares
Recht auf Rückzahlung. Angenommen, daß der Irrtum des Getäuschten durch die Täuschung eines anderen herbeigeführt worden wäre,
würde dieser andere klarerweise eines Deliktes nach s.15 Theft
Act 1968, aber auch eines Diebstahls nach s.5 (4) Theft Act 1968

[1] Smith (J.C.) op.cit. para.79.
[2] Norwich Union Fire Insurance Society Ltd. v. Price, 1934, A.C.
455, (1934) All E.R.352, 151 L.T.309, 29 Dig.Repl.350, 2683.

schuldig sein. Wenn ferner Moynes den Irrtum des Lohnbuchhalters durch die Erklärung, er habe keinen Vorschuß erhalten, herbeigeführt hätte, so würde er des Diebstahls (theft) wie des Betruges (obtaining by deception) schuldig sein. Die Frage ist nicht, ob eine Täuschung vorlag oder nicht, sondern ob der Irrtum von der Art war, daß der Täuschende verpflichtet ist, zurückzubezahlen oder nicht. Im ersteren Falle ist es Diebstahl, im letzteren nicht.[1] Wo ein anfechtbarer Vertrag oder ein anderes Rechtsgeschäft vorliegt und der Getäuschte es vernichtet hat, besteht eine andere Rechtslage. Hier gehört das Eigentum nun dem Getäuschten und das Behalten oder anderweitige Verfahren mit demselben wie ein Eigentümer durch den Täuschenden ist eine Zueignung von Eigentum, das einem anderen gehört. Es besteht kein Bedürfnis nach s.5 (4) Theft Act 1968 zu dem fiktiven Eigentum seine Zuflucht zu nehmen, da hier der Getäuschte nach Zivilrecht Eigentümer ist.[2] Nach deutschem Recht muß das Diebstahlsobjekt eine fremde Sache sein, d.h. eine solche, die in fremdem Eigentum steht. Die Frage des fremden Eigentums an der Sache bestimmt sich nach den einschlägigen Vorschriften des bürgerlichen Rechts (§§ 929 ff.BGB). So ist z.B. eine zur Sicherheit übereignete Sache für den Veräußerer eine fremde Sache, die Gegenstand des Diebstahls und so auch des Raubes sein kann. Andererseits können Gegenstände, die in niemandens Eigentum stehen, wie z.B. freie Luft und laufendes oder stehendes Wasser, soweit sie nicht für Haushalts- oder Gewerbzwecke in Röhren oder sonstigen Behältnissen gefaßt sind, ferner wild wachsende Pflanzen nicht Objekt eines Diebstahls oder Raubes sein.

Nach common law mußte der Gegenstand von Diebstahl und Raub irgendeinen Wert für irgendjemanden aufweisen. Der Grund für das Werterfordernis geht wahrscheinlich auf die alte Lehre zurück, wonach für den Diebstahl das Motiv des lucri faciendi gratia erforderlich war, oder es war ein indirektes Ergebnis der Unterscheidung zwischen grand und petty larceny. Dieser common law - Grundsatz wurde auch in s.1 (3) Larceny Act 1916 übernommen.[3]

---

[1] Smith (J.C.) op.cit. para.80.
[2] Smith (J.C.) op.cit. para.81.
[3] s.1 (3) Larceny Act 1916 spricht von "everything which has value".

Der Wert konnte i.S. dieser Bestimmung groß oder gering sein
und mußte nicht in einer im Umlauf befindlichen Münze ausdrückbar sein. Auch der minimalste Wert, wie z.B. der hundert-
ste Teil eines farthing wurde für ausreichend angesehen,[1] so
u.a. eine Schreibfeder,[2] ein Stück Papier, ein wertloser Scheck[3]
oder die Abschrift einer abgelegten diplomatischen Urkunde.[4]
Ebenso, wie in R.v.Bingley and Law,[5] ein mit Bleistiftnotizen
beschriebener Zettel, auf dem eine Aufzeichnung über eine dem
Ankläger geschuldete Summe sich befunden hat. In diesem letzteren Falle war ausdrücklich erklärt, daß, wenn etwas dem Ankläger mit Gewalt weggenommen wird, es, so unbedeutend auch sein
Wert ist, ausreicht, um Raub zu begründen. Dadurch, daß der Ankläger die Aufzeichnung in der Tasche trug, zeigte er, daß die
Aufzeichnung von irgendeinem Wert für ihn war. Allerdings mußte
auch bisher der Gegenstand einen wirtschaftlichen Wert aufweisen.
Ein reiner Affektionswert (sentimental value) war unerheblich.
Die Sache brauchte aber nicht von allgemeinem Wert zu sein, da
sie auch nur für einen Einzelnen einen Wert aufweisen kann.[6]
Wertlos ist sie nur, wenn sie für niemand einen Wert hat. War
danach der Grad des Wertes für Diebstahl und Raub unerheblich,
so folgte daraus, daß ein Irrtum hierüber für das Diebstahls-
und Raubrecht ohne Bedeutung war, solange beide Parteien von
irgendeinem Wert der Sache ausgingen. Wenn freilich der Eigentümer annahm, daß die Sache wertlos sei, so durfte dieser Umstand regelmäßig einen Beweis dafür liefern, daß er mit der Wegnahme durch einen anderen einverstanden sein würde. Wenn aber der

---

[1] Blackstone (Sir W.), Commentaries on the Laws of England,
adapted by R.M.Kerr, Boston: Beacon Press 1962 p.280 n.(m)
unter Bezugnahme auf 1 Hawk.P.C.97; Russell (Sir W.O.), On
Crime 12th ed. by J.W.Cecil Turner, vol.2, London: Stevens
& Sons,Ltd.1964 p.852.

[2] Dictum von Hawkins J. in R.v.Clarence, 1888, 22 Q.B.D.23, 15
Dig.Repl.986, 9646.

[3] R.v.Perry, 1845, 1 Den.69, 1 C.& K.725, 15 Dig.Repl.1082,
10 702; R.v.Mead, 1831, 4 C.& P.535, 15 Dig.Repl.1081, 10 689.

[4] R.v.A.B., 1941, 1 K.B.454, 15 Dig.Repl.1078, 10 641; Cross
(A.R.N.) & (Ph.A.) Jones, An Introduction to Criminal Law, 2nd
ed., London: Butterworth & Co.,Ltd.1949 p.161 n.(h).

[5] R.v.Bingley and Law, 1833, 5 C.& P.602, 15 Dig.Repl.1118, 11 110.

[6] R.v.Clark, 1810, 2 Leach 1036, R.& R.181, 15 Dig.Repl.1081,
10 690.

Wegnehmende mit Grund glaubte, die Sache hätte keinen Wert,
so mochte dies seine Meinung stützen, er habe die Sache auf
Grund eines im guten Glauben gemachten Rechtsanspruches an
sich genommen. Allerdings war schon nach bisherigem Recht,
wie dem Ausgeführten zu entnehmen ist, der Begriff "Wert", dessen Feststellung in der Anklage nicht notwendig war,[1] in einem
Sinne verwendet worden, der vielfach als unnatürlich erscheinen mußte.[2] So ist es erklärlich, daß schon im Recht der amerikanischen Bundesstaaten das Tatbestandsmerkmal "Wert" als ver-
altet angesehen und daher beim Raub, bei dem das wesentliche
Moment in der Wegnahme einer Sache mit Gewalt oder durch Furchterregung, nicht in dem Wert der Sache gelegen ist, für unwesentlich erklärt wurde, während beim Diebstahl der Grad des
Delikts von dem Eigentumswert abhängig gemacht wurde.[3] Auch das
Theft Act 1968 kennt "Wert" des Diebstahls- oder Raubobjekts
als Tatbestandsmerkmal dieser Delikte nicht mehr. Wenn es nach
s.1 (2) Theft Act 1968 unwesentlich ist, ob die Zueignung mit
Aussicht auf Gewinn erfolgt oder nicht, so schließt dies zwar
das schon nach bisherigem Recht aufgehobene Erfordernis des
lucri faciendi gratia, d.h. der Bereicherungsabsicht, bei
Diebstahl und Raub aus, läßt aber keinen Schluß darauf zu, daß
das Diebstahls- oder Raubobjekt keinen Wert aufzuweisen brauche.
Im Gegenteil setzt das Motiv für diese Delikte einen Wert des
Objekts normalerweise und für die Regel voraus, da doch der
Dieb und erst recht der Räuber bei der Zueignung der Sache von
einem wirklich vorhandenen oder doch mindestens vermuteten Wert
derselben ausgeht und an einer allgemein oder doch für ihn wertlosen Sache schlechterdings nicht interessiert ist. So wird in
diesen Fällen ein Wert des Objekts vom Gesetz stillschweigend
unterstellt. Allerdings spielt die Höhe des Wertes, insbesondere
beim Raub, keine entscheidende Rolle, da es bei ihm, wie schon
oben ausgeführt, nicht so sehr auf den Wert des Objekts, als auf

---

[1] Indictments Act 1915 Appendix I rule 6 (1).

[2] Über den vagen Begriff des Wertes vgl. Radzinowicz (L.), A
History of English Criminal Law and its Administration from
1750, vol.1 London: Stevens & Sons, Ltd.1948 p.94 et seq.

[3] Bishop (J.P.), New Commentaries on the Criminal Law upon a
New System of Legal Exposition, 8th ed. Chicago: T.H.Flood
& Co.1892, vol.2 § 57.9.

die Anwendung von Gewalt oder die Drohung mit sólcher ankommt
und daher ein Raub auch dann vorliegt, wenn z.B. in der vom
Räuber mit Gewaltanwendung erbeuteten Geldbörse nur ganz wenig Münzgeld sich befindet. Die Höhe des Wertes spielt aber
neben anderen Umständen bei der Beurteilung der Schwere des
Raubes und damit für die Strafzumessung eine wesentliche Rolle.
Das deutsche Recht kennt die Werteigenschaft des Diebstahlsgegenstandes als Tatbestandsmerkmal nicht. Es genügt für Diebstahl und Raub der minimalste Wert, es sei denn, daß überhaupt
eine Eigentumsfähigkeit der Sache zu verneinen ist. Ob und wann
letzteres der Fall ist, kann der Rechtsprechung überlassen werden. Es ist daher auch im StGBE 1960 davon abgesehen worden,
die Werteigenschaft zum Tatbestandsmerkmal des Diebstahls und
Raubes zu machen. In § 242 bzw. § 249 StGB n.F. ist gleichfalls kein Werterfordernis im Tatbestand enthalten.

II. Subjektive Tatbestandsmerkmale

a) nach bisherigem Recht

Nach bisherigem Recht war in subjektiver Hinsicht eine Zueignungsabsicht (animus furandi) erforderlich. Ursprünglich ausgehend von dem "converting to one's own use" bezeichnete der
Zueignungsbegriff die Verwendung einer einem anderen gehörenden beweglichen Sache durch deren Besitzer zu eigenem Nutzen
oder zum Nutzen eines anderen als des Eigentümers derselben.
Als aber der zivilrechtliche Zueignungsbegriff in der Folge eine Ausdehnung in der Richtung erfuhr, daß die Herleitung eines
Vorteils für den Zueignenden nicht mehr für notwendig erachtet
wurde, sondern daß die Schädigung des Eigentümers als ausreichend angesehen wurde, wobei das Wesen der Schädigung darin er-

blickt wurde, daß mit der Sache in einer Weise verfahren wird,
die mit dem Herrschaftsrecht des Eigentümers unvereinbar ist,
griff diese Auffassung auch auf das strafrechtliche Gebiet
über. Auch hier wurde nunmehr im Zuge dieser Entwicklung die
Erlangung eines Vorteils durch den Wegnehmenden - lucri causa -
nicht mehr für notwendig befunden und die Absicht, die volle
Herrschaft über den Eigentumsgegenstand zu übernehmen und den
Eigentümer für dauernd des Eigentums zu berauben und ihn so zu
schädigen, für ausreichend erachtet. So wurde die Zueignungsabsicht auch dann bejaht, wenn die Absicht darin bestand, die
an sich gebrachte Sache sofort an einen Dritten weiterzugeben
oder sie zu zerstören. Diese Rechtsauffassung fand erstmals
ihren Ausdruck in R.v.Cabbage,[1] wo der Angeklagte ein Pferd
weggenommen und es in einen Kohlenschacht gestürzt hatte, um
es als Beweismittel in einem Verfahren gegen seinen Freund zu
vernichten. Er wurde des Diebstahls für schuldig befunden.
Zu demselben Ergebnis kam R.v.Jones,[2] wo ein Dienstbote einen
Brief, der seinem Dienstherrn gehörte, auf Grund einer Annahme,
daß der Brief Nachteiliges über ihn enthalte, wegnahm und zer-
störte. Auch in R.v.Wynn,[3] wo ein Postbeamter, um die Entdeckung
eines beim Sortieren von Briefen gemachten Fehlers zu verhindern, zwei Briefe wegnahm und in den Abort warf, wurde die in
den vorgenannten Entscheidungen vertretene Auffassung bestätigt.[4]
Ferner mußte das Stehlen "fraudulently and without a claim of
right" erfolgen. Dieses Schuldmoment weist einen subjektiv-ob-
jektiven Charakter auf. Es ist offensichtlich, daß, wenn eine
Sache von dem Eigentümer, der ein unmittelbares Recht auf deren
Besitz hat, weggenommen wird, dieser weder ein zivilrechtliches
noch ein strafrechtliches Unrecht begeht. Diese objektive Seite,
die in Wirklichkeit dem Gebiet der Rechtswidrigkeit angehört, ist

---

[1] R.v.Cabbage, 1815, R.& R.292, 15 Dig.Repl.1059, 10 449.

[2] R.v.Jones, 1846, 2 C.& K.236, 15 Dig.Repl.1059, 10 451.

[3] R.v.Wynn, 1849, 2 C.& K.859, 1 Den.365, 15 Dig.Repl.1059,
   10 452.

[4] vgl. Hagel (K.), Der einfache Diebstahl S.182 ff.

bereits früher erörtert worden. Darüber hinaus ist aber Straflosigkeit gegeben und begründet die Wegnahme auch dann keinen
Diebstahl, wenn sie unter dem vernünftigermaßen begründeten
Schein eines Rechts geschieht. Irgendein "Rechtsanspruch, der
in gutem Glauben gemacht ist", sei es, daß er auf Tat- oder sogar auf Rechtsirrtum beruht, mag die Annahme vernünftig sein
oder nicht,[1] genügt, der Wegnahmehandlung jeden deliktischen
Charakter zu nehmen,[2] z.B. ein Irrtum über die Rechte eines Finders[3] oder eines Wilddiebes.[4] Wenn freilich der Anspruch nur
ein scheinbarer Vorwand ist, um sich im Besitz der Sache zu erhalten, so kann er keine Verteidigung begründen. Der erwähnte
Grundsatz ist in den von Edwards[5] angeführten Fällen R.v.Hall,[6]
Daniel v. James,[7] Smith v. Williams[8] und in neuerer Zeit in R.
v. Bernhard[9] vom Court of Criminal Appeal eingehend dargelegt
worden. In letzterem ist unter anderem ausgeführt: "Wir sind
anderer Meinung als der Lord Chief Justice in Ansehung der
richtigen Konstruktion der Worte "fraudulently and without a
claim of right made in good faith". Wenn die Frage res integra
wäre, so würde zweifellos für die Ansicht, die beim Lord Ober-
richter Gunst fand und die dahin ging, daß die Worte "claim of
right" nicht so verstanden werden dürften, daß sie auch einen
Anspruch einschlössen, der rechtlich unbegründet ist, viel sprechen. Wir sind jedoch durch eine lange Reihe von Entscheidungen,
von denen viele dem Larceny Act 1916 vorausgingen und eine mindestens ihm nachfolgte, an die Auffassung gebunden, daß diese Ansicht unrichtig ist und daß jemand einen Rechtsanspruch i.S.der
common-law-Lehre hat, wenn er ehrlicherweise etwas zu haben be-

---

1 R.v.Nundah, 1916, 16 S.R.N.S.W.482, 15 Dig.Repl.1062, 6473
   (Aus.).
2 Journal of Criminal Law vol.XV (1951) pp.23-25.
3 R.v.Reed, 1842, C.& M.306, 6 J.P.206, 15 Dig.Repl.1052, 10364.
4 R.v.Hall, 1828, 3 C.& P.409, 15 Dig.Repl.1061, 10 462; R.v.
   Clayton, 1920, 15 Cr.App.R.45, 15 Dig.Repl.1061, 10 465; R.v.
   Knight, 1908, 73 J.P.15, 1 Cr.App.R.186, 15 Dig.Repl.1061,
   10 468.
5 Edwards (J.Ll.J.), Malice and Wilfulness in Statutory Offences, C.L.Pr.1951 p.269.
6 R.v.Hall, 1828, 3 C.& P.409, 15 Dig.Repl.1061, 10 462.
7 Daniel v. James, 1877, 2 C.P.D.351 at p.353, 15 Dig.Repl.1223,
   12 492.
8 Smith v. Williams, 1892, 56 J.P.840, 15 Dig.Repl.1223, 12 493;
   siehe auch Bryan v. Eaton, 1875, 40 J.P.213, 15 Dig.Repl.1223,
   12 491; R.v.Hemmings, 1864, 4 F.& F.50, 15 Dig.Repl.1061,
   10 469; R.v.Wade, 1869, 11 Cox C.C.549, 15 Dig.Repl.1061,

hauptet, wofür er einen rechtmäßigen Anspruch zu haben annimmt,
auch wenn derselbe rechtlich oder tatsächlich unbegründet sein
möchte". Die wesentlichen Worte des s.1 Larceny Act 1916 geben
das genannte, durch eine ununterbrochene Kette von Autoritäten
unterstützte common law lediglich wieder. So spricht sich die
schon erwähnte Entscheidung R.v.Bernhard[1] aus, wo gesagt ist:
"a person has a claim of right within the meaning of the section" - i.e. s.1 Larceny Act 1916 - "if he is honestly asser-
ting what he believes to be a lawful claim, even though it be
unfounded in law or in fact". Da hiernach ein subjektiver Prü-
fungsmaßstab anzulegen ist, so muß, selbst wenn die Gründe für
die Annahme des Wegnehmenden objektiv für unvernünftig erachtet werden sollten, die jury noch prüfen, ob der Angeklagte
selbst nicht in ehrlicher und echter Weise annahm, er habe ein
Recht ausgeübt, auf das er einen Anspruch gehabt habe, um so
befriedigt zu sein, daß er keine schuldhafte Gesinnung besaß.[2]
Der beste Beweis, daß tatsächlich ein aufrichtiger Rechtsanspruch behauptet wird, ist, daß die Sache ganz offen weggenommen wird.[3] Eine heimliche Wegnahme oder ein nachfolgendes Leugnen oder ein Verstecken der Sache läßt dagegen stark auf eine
verbrecherische Absicht schließen.[4] Notwendig ist, daß ein wirk-
licher oder scheinbarer Rechtsanspruch auf die Wegnahme der
Sache besteht. Die Tatsache oder die gutgläubige Annahme, daß
die weggenommene Sache dem Wegnehmenden gehört, genügt nicht,
da sonst der Eigentümer mit Recht und ungestraft die von ihm
einem anderen zu zeitweisem Besitz überlassene Sache vor Ablauf

---

10 470; R.v.Clayton, 1920, 15 Cr.App.R.45, 15 Dig.Repl.1061,
10 465; R.v.Boden, 1844, 1 C.& K.395, 15 Dig.Repl.1117,
11 096.
9 R.v.Bernhard, 1938, (1938) 2 K.B.264, 26 Cr.App.R.137, (1938)
2 All E.R.140, 15 Dig.Repl.1125, 11 218; Edwards (J.Ll.J.),
Mens rea in Statutory Offences, London: Macmillan & Co., Ltd.
1955 pp.184-185.

---

1 R.v.Bernhard, siehe Anm.9.
2 Edwards (J.Ll.J.), Malice and Wilfulness p.281; id., Mens rea
p.188.
3 1 Hale P.C.509; R.v.Curtiss, 1925, 18 Cr.App.R.174; 14 Dig.
Repl.338, 3 302; Kenny S.C.I.281 mit Causey v. State Supreme
Court of Georgia, 1887, 79 Georgia 564.
4 Stephen (H.J.), Commentaries on the Laws of England, 17th ed.,
vol.IV (1922) p.94.

der Überlassungszeit wieder wegnehmen könnte.[1] Endlich muß
der Dieb und Räuber die Absicht haben, den Eigentümer seines Eigentums gänzlich[2] und auf die Dauer zu berauben und ihn
so zu schädigen.[3] Die bloße Besitzentziehung auf Zeit (furtum
usus) begründet keinen Diebstahl. So wurde in R.v.Phillips and
Strong[4] Diebstahl verneint, wo die Angeklagten eine Stute und
einen Wallachen aus dem Stall des Anklägers geholt hatten,
mit ihnen 30 Meilen weit geritten waren und sie dann in einer
Gaststallung eingestellt und den Gastwirt angewiesen hatten,
die Pferde zu reinigen und zu füttern, bis sie in drei Stunden wieder zurück sein würden, was aber nicht der Fall war.
In den Urteilsgründen wurde ausgeführt, daß die Angeklagten
keine Absicht hatten, dem Ankläger das Eigentum an den Pferden
auf die Dauer zu entziehen, sondern lediglich den Besitz und
auch diesen nur auf vorübergehende Zeit, so daß es an dem Erfordernis der Endgültigkeit der Beraubung und Zueignung fehlte.
Dasselbe gilt in dem Falle, in dem ein Schüler zur Vorbereitung auf eine Unterrichtsstunde aus dem Pult des Lehrers eine
Übersetzung herausnahm, in der Absicht, sie nach gemachtem Gebrauch wieder hineinzulegen. Desgleichen ist es kein Diebstahl,
das Eigentum eines Schuldners in Beschlag zu nehmen, in der
Absicht, ihn durch Zurückbehaltung desselben zu belästigen, bis
er seine Schuld bezahlt hat.[5] Kein Diebstahl liegt auch vor,
wenn jemand einen Schlüssel in der Absicht wegnimmt, einen
Geldschrank aufzuschließen und danach den Schlüssel wieder zurückzugeben, selbst wenn es mit dem Ziel erfolgen sollte, den
Inhalt des Geldschrankes zu stehlen.[6] Furtum usus und kein
Diebstahl liegt auch vor, wenn ein Landwirt den Pflug seines

---

[1] Hagel (K.), Der einfache Diebstahl S.174 ff.

[2] R.v.Webb, 1835, 1 Mood.C.C.431, 1 Den.370, 15 Dig.Repl.1059,
10 453.

[3] R.v.Holloway, 1849, 2 C.& K.942, 1 Den.370, 15 Dig.Repl.1060,
10 454; R.v.Poole and Yates, 1857, Dears.& B.345, 27 L.J.M.C.
23, 15 Dig.Repl.1060, 10 456; R.v.Sibiya, 1955, 4 S.A.247
(S.Afr.), Dig.Cont.Vol.A 440, 6 457 a (S.Afr.).

[4] R.v.Phillips and Strong, 1801, 2 East P.C.662, 15 Dig.Repl.
1059, 10 439.

[5] Schinnerer (E.), Diebstahl und Larceny. Eine rechtsvergleichende Studie, ZStW Bd.57 (1938) S.346 ff., 354 unter Berufung auf R.v.Jones, 1925, 19 Cr.App.R.39, 14 Dig.Repl.645,
6 543.

[6] Kenny (C.S.), Outlines 16th ed. by J.W.Cecil Turner (1952)
p.245 mit C.C.C.Sessions Papers LXVII.

Nachbarn, der auf dem angrenzenden Grundstück liegengelassen
wurde, wegholte und nach gemachtem Gebrauch an den alten Platz
zurücklegte[1] oder wenn jemand ein Pferd in der Absicht wegnahm,
es für gewisse Zeit zu gebrauchen und es dann zurückzugeben.[2]
Dasselbe gilt, wenn jemand Sachen eines Fräuleins in der Absicht wegnimmt, sie zu bestimmen, nach den Sachen zu fragen
und ihm so Gelegenheit zu geben, unzüchtige Handlungen an ihr
vorzunehmen,[3] oder wenn ein Dienstmädchen den Schmuck ihrer
Dienstherrin ohne deren Einwilligung wegnimmt, um ihn bei einer bestimmten Gelegenheit zu tragen und ihn nach Ablauf des
Ereignisses wieder zurückzugeben. Voraussetzung für die Verneinung eines Diebstahls in den genannten Fällen ist aber
stets, daß die Rückgabeabsicht schon zur Zeit der Wegnahme bestanden hat. Ging die ursprüngliche Absicht aber auf Beraubung
des Eigentümers, so kann die nachträgliche Rückgabe der Sache
den Diebstahl nicht ungeschehen machen. Ob bei der Wegnahme
der Sache die Rückgabeabsicht schon vorhanden war, ist Tatfrage und läßt sich nur aus dem nachträglichen Verhalten des
Wegnehmenden oder unter Umständen auch aus der Länge und dem
Umfang des Gebrauchs sowie der Art der Aufgabe der Sache
schließen. Wenn ein Junge einen Ritt auf einem Esel ausführt
und am Ende des Rittes das Tier laufen läßt, so mag eine Zueignungsabsicht zu verneinen sein, wenn das Tier von dem Ort,
wo es losgelassen wird, ohne weiteres zu seinem Stall zurück-
finden kann. Anders verhält es sich aber, wenn dieser Ort so
weit entfernt und abgelegen ist, daß das Tier nicht in der Lage
ist, zu seinem Eigentümer zurückzufinden. Solchenfalls dürfte
Beraubungs- und Zueignungsabsicht mit gleichzeitiger Dereliktion des Besitzes gegeben sein.[4] Dasselbe ist der Fall bei der

---

[1] Anonymous, 1698, 1 Hale P.C.509, 15 Dig.Crim.941, 10 364.

[2] R.v.Crump, 1825, 1 C.& P.658, Kenny S.C.I.284, 15 Dig.Repl.
1059, 10 441.

[3] R.v.Dickinson, 1820, R.& R.420, 15 Dig.Repl.1058, 10 433;
vgl.auch R.v.Bailey, 1872, L.R. 1 C.C.R.347, 41 L.J.M.C.1,
25 L.T.882, 12 Cox C.C.129, 15 Dig.Repl.1058, 10 438.

[4] R.v.Addis, 1844, 3 L.T.O.S.410, 1 Cox C.C.78, 15 Dig.Repl.
1059, 10 440.

unermächtigten Benützung eines fremden Fahrrades oder Kraftwagens zu einer Vergnügungsfahrt oder zum Zwecke des Entkom-
mens. Wenn also das Fahrzeug in einer selten besuchten Einöde
oder einem dichten Wald zurückgelassen wird, wo es unwahrscheinlich erscheint, daß dasselbe seinem Eigentümer zurückgestellt wird, so wird man aus dem Stehenlassen des Fahrzeuges
in der bewußten, vom Täter in Rechnung gestellten Gefahr des
Verlustes desselben für den Eigentümer das Vorliegen eines
animus furandi schon zur Zeit der Wegnahme herauslesen können
und solchenfalls Diebstahl annehmen müssen. Anders liegt der
Fall, wenn bei der Wegnahme nachweisbar nur die Absicht einer
bloßen Benützung des Fahrzeuges vorgelegen hat. Hier ist furtum usus gegeben, es sei denn, daß das zur Benützung des Fahrzeuges benötigte Benzin oder Öl gleichfalls dem Eigentümer des
Fahrzeuges gehörten und nicht vom unberechtigten Benützer des
Fahrzeuges selbst gestellt wurden. Solchenfalls käme Diebstahl
des Treibstoffes in Frage. Da aber letztere Lösung nicht zweck-
mäßig erschien, wurde die Wegnahme und das Fahren eines Kraftwagens oder Kraftrades ohne Ermächtigung oder Zustimmung des
Eigentümers oder sonstigen Berechtigten durch das Road Traffic
Act 1930 (20 & 21 Geo.V c.43) s.28, an dessen Stelle das Road
Traffic Act 1960 c.16 s.217 mit Ergänzung durch das Road Traffic Act 1962 c.59 s.44 getreten ist, zu einem Sonderdelikt gemacht, durch welches das Fahren oder Gefahrenwerden einer Person in irgendeinem Fahrzeug (Motorfahrzeug, Fahrrad, Jacht,
Boot, Flugzeug, nicht aber Milchwagen und Handkarren), das ohne
Genehmigung weggenommen worden ist, in Kenntnis dieses Umstandes
unter Strafe gestellt wurde, ohne daß aber hierdurch ein Diebstahl wegen Wegnahme des fremden Treibstoffes ausgeschlossen
sein sollte. Empfahl doch das Gericht in R.v.Flower[1] außer der
Anklage wegen des statutarischen Delikts auch eine solche wegen
Stehlens des Treibstoffes zu erheben, um den Täter nicht straflos ausgehen lassen zu müssen. Nach deutschem Strafrecht ist
zwar gleichfalls die vorübergehende Benützung eines Kraftfahrzeuges oder eines Fahrrades nach § 248 b StGB strafbar.

---

[1] R.v.Flower, 1956, 40 Cr.App.R.189.

Der Verbrauch des dabei benützten, dem Eigentümer gehörenden
Benzins und Öls bleibt aber nach der Rechtsprechung als Vortat straflos.[1] Auch nach s.12 Theft Act 1968 dürfte der Verbrauch von Benzin und Öl nicht mehr als Diebstahl neben der
Bestrafung aus s.12 strafbar sein, zumal die Strafe in s.12
gegenüber bisher erheblich erhöht worden ist und daher kein
Anlaß mehr besteht, die höhere Strafdrohung für Diebstahl
heranzuziehen. Handelte der Angeklagte freilich in der vernünftigen Annahme, daß er eine gesetzliche Ermächtigung gehabt habe oder daß der Eigentümer bei der gegebenen Sachlage
seine Zustimmung gegeben hätte, wenn er darum gebeten worden
wäre, so müßte Freispruch erfolgen. Dies ist nach bisherigem
Recht der einzige Fall eines strafbaren furtum usus. Hierüber
wird noch bei der Erörterung der diesbezüglichen Bestimmung
des s.12 Theft Act 1968 zu sprechen sein. In diesem Zusammenhang wird dann auch auf die Strafbestimmung für einen weiteren Fall, der erst neu geschaffen wurde, eingegangen. Die
Verpfändung einer fremden Sache schließt das Vorliegen eines
animus furandi nur dann aus, wenn bei der Verpfändung sowohl
die feste Absicht der Einlösung und Rückgabe als die Fähigkeit oder mindestens ein vernünftiger Glaube an die Fähigkeit
hierzu seitens des Verpfändenden nachgewiesen werden kann.
Die bloße Hoffnung oder der Wunsch, das Pfand in der Folgezeit wieder einlösen zu können, reicht hierzu nicht aus. Aber
auch bei Ausschluß des animus furandi kann immerhin das Delikt des "unlawful pawning" nach dem Unlawful Pawning Act (35
& 36 Vict. c.93) s.33 Platz greifen. Angefügt mag noch werden,
daß die Wegnahmeabsicht nicht dadurch ausgeschlossen wird, daß
der Eigentümer der weggenommenen Sache unbekannt oder gar
nicht feststellbar ist, wie wenn z.B. ein Totengräber Messing-
geräte aus alten unbekannten Särgen, die er ausgräbt, stiehlt.

---

[1] BGHSt 14, 388; BGH GA 1960, 182; Schönke-Schröder 19.Aufl.
(1978) Rdz.15 zu § 248 b.

b) nach Theft Act 1968 (c.60)

1.Wegnahmeabsicht

Auch nach s.1 (2) Theft Act 1968 ist es, wie schon nach bisherigem Recht, kein Erfordernis des Diebstahls, daß das Stehlen in der Absicht erfolgt, für sich oder einen anderen irgendeinen Vorteil zu erlangen. Es genügt für das Vorliegen eines
Diebstahls die Absicht des Täters, den Eigentümer des Eigentums an der Sache auf die Dauer zu berauben. Es liegt daher
Diebstahl auch dann vor, wenn der Täter bei der Wegnahme der
Sache beabsichtigt, sie zu zerstören oder an einen Dritten
weiterzuleiten. Die bereits bei Erörterung des bisherigen
Rechts erwähnten Fälle R.v.Cabbage,[1] R.v.Jones[2] und R.v.Wynn[3]
sind hiernach ebenso auch nach s.1 (2) Theft Act 1968 als
Diebstähle zu beurteilen. Allerdings möchte Smith diese Fälle
richtiger als damage to property[4] und nicht als Diebstähle
werten.[5] Jedoch gibt es, wie Smith zuzustimmen ist, Fälle der
Sachwertentziehung, in denen keine Beschädigung oder Zerstörung vorliegt, so daß sie mangels gesetzlicher Bestimmung nach
einer anderen gesetzlichen Vorschrift nicht angeklagt werden
könnten. So erwähnt Smith den Fall, in dem der Täter dem neben
ihm am Rande eines tiefen Teiches stehenden Mann den wertvollen Diamantring vom Finger zieht und in den Teich wirft. Hier
liegt keine Sachbeschädigung vor, da der Ring unversehrt auf
dem Grunde des Teiches ruht und nicht wieder auffindbar ist.
Eine Klage wegen Sachbeschädigung wäre daher erfolglos. Es ist
somit richtigerweise Diebstahl zu bejahen.[6] Dies entspricht
auch der Auffassung des Criminal Law Revision Committee, das

---

[1] R.v.Cabbage, 1815, R.& R.292, 15 Dig.Repl.1059, 10 449.
[2] R.v.Jones, 1846, 2 C.& K.236, 1 Den.188, 15 Dig.Repl.1059,
10 451.
[3] R.v.Wynn, 1849, 1 Den.365, 15 Dig.Repl.1059, 10 452.
[4] siehe Malicious Damage Act 1861 (24 & 25 Vict. c.97) und
Criminal Justice Administration Act 1914 (4 & 5 Geo.V c.58).
[5] Smith (J.C.) op.cit. para.117.
[6] Smith (J.C.) op.cit. para.117.

sich dahin ausgesprochen hat, daß die Bestimmung in clause
1 (1) Draft Theft Bill, die sich mit s.1 (1) Theft Act 1968
deckt, wonach Diebstahl eine Absicht erfordert, den Eigentümer seines Eigentums dauernd zu berauben, nicht ausschließt,
auch auf solche Fälle angewandt zu werden, in denen der Täter
beabsichtigt, mit dem Eigentum des anderen etwas zu tun, das
für praktische Zwecke einer dauernden Beraubung gleichkommt.
Dies trifft z.B. zu, wo der Täter beabsichtigt, das Eigentum
unter solchen Umständen aufzugeben, daß, wie er weiß, die
Möglichkeit der Rückgabe an den Eigentümer äußerst fern liegt,
ja so gut wie unmöglich ist. Dies findet auf den vorliegenden
Fall unmittelbar Anwendung. Die Konstruktion und Auslegung von
s.1 (1) Theft Act 1968 ist eine Sache des common sense und
schließt daher auch solche Fälle ein. Von einer besonderen
Bestimmung für derartige Fälle sah der Ausschuß nur deswegen
ab, weil es schwierig sein würde, die Bestimmung so zu fassen,
daß sie, ohne im Detail ausgearbeitet zu sein, alle einschlägigen Fälle umfassen würde.[1]

2.Unredlichkeit der Zueignung

Was das "dishonestly" in s.2 (1) Theft Act 1968, das mit
clause 2 (1) Draft Theft Bill identisch ist, anbelangt, so
bezieht es sich nur auf die Geistesverfassung der Person,
welche die Handlung vornimmt, die ein appropriation begründet.[2] Es muß auch im Zeitpunkt des appropriation vorliegen,[3]
das in der Anmaßung der Eigentümerrechte besteht und zum theft
i.S. der ss.1 und 3 (1) Theft Act 1968 erst wird, wenn das
"dishonestly" hinzutritt. Es hängt also i.S. des Theft Act
1968 von der Absicht ab, mit der das appropriation vorgenommen
wird. So liegt z.B. in der Wegnahme eines Kaufgegenstandes in

---

[1] The Report Cmnd.2977 para.58.
[2] R.v.Feely, 1972, (1973) 1 All E.R.341 unter Bezugnahme auf
Lord Reid in Brutus v. Cozens, 1972, (1972) 2 All E.R.1297,
(1972) 3 W.L.R.521, betr. den Begriff "insulting behaviour",
der in entsprechender Weise nach gewöhnlichem Sprachgebrauch
auszulegen war und nicht in einer außergewöhnlichen Bedeutung, (1972) 2 All E.R. at 1299, (1972) 3 W.L.R. at 525.
[3] R.v.Hall, 1972, (1972) 2 All E.R.1009 at 1010.

einem Selbstbedienungsladen zwar ein appropriation vor, aber
ein theft nur dann, wenn der Zueignende die Absicht hat, für
den Gegenstand nicht zu zahlen, auch wenn er diese Absicht
erst in dem Augenblick faßt, in dem er durch Verbergen des
Gegenstandes an der Kasse ihn der Bezahlung entzieht.[1] Die
jury muß bei der Belehrung durch den Richter darauf hingewiesen werden, daß es Sache der jury ist, zu finden, ob diese
Voraussetzungen im konkreten Fall gegeben sind.[2] Das "dishonestly" ersetzt nach dem 8.Bericht des Criminal Law Revision Committee das "fraudulently and without a claim of
right made in good faith" in s.1 (1) Larceny Act 1916 und
ist nach diesem Bericht für den Laien leichter verständlich
als fraudulently, das als Ergebnis des case law eine spezielle Bedeutung erworben hat und technische Feinheiten einschließt, die durch einen Rechtskundigen erläutert werden
müssen, während "dishonestly" im populären Sinne, wie es nach
dem jeweiligen Maßstab gewöhnlicher anständiger Leute verstanden zu werden pflegt, auszulegen ist.[3] Trotz der leichten Ver-
ständlichkeit dieses Begriffes entschloß sich das genannte
Committee in clause 2 Draft Theft Bill, das mit einigen nicht
wesentlichen Abweichungen in der Fassung in s.2 (1) (a-c)
Theft Act 1968 übernommen worden ist, eine Teildefinition des
"dishonestly" zu geben, um speziell zwei Regeln des bisherigen Rechts aufrechtzuerhalten.[4] Die erste derselben ist die,
daß ein claim of right made in good faith mit dem Delikt des
Diebstahls und des Raubes unvereinbar ist.[5] Die andere Regel,
die sich bisher in s.1 (2) (d) Larceny Act 1916 fand, geht

---

[1] R.v.McPherson and Others, 1973 Crim.L.R.191 unter Hinweis
auf Smith (J.C.) op.cit., 2nd ed., para.46; siehe auch
Elliott (D.W.), Dishonesty under the Theft Act, Crim.L.R.
1972 pp.625 et seq., at p.628.

[2] R.v.Hall, 1972, (1972) 2 All E.R.1010 unter Bezugnahme auf
R.v.Pulham, 15th June 1971, unreported.

[3] R.v.Feely, 1972, (1973) 1 All E.R.341, at 345.

[4] The Report Cmnd.2977 para.39.

[5] clause 2 (1) (a) Draft Theft Bill; etwas andere Fassung,
aber gleicher Inhalt in s.2 (1) (a) Theft Act 1968.

dahin, daß der Finder eines Eigentumsgegenstandes des Stehlens
nicht schuldig sein kann, es sei denn, daß er annimmt, daß der
Eigentümer mittels vernünftiger Schritte ausfindig gemacht werden kann.[1] Es wird behauptet, daß jemand nicht unredlich (dishonest) ist, wenn er, vernünftigerweise oder nicht, annimmt,
daß er das gesetzliche Recht habe, die Handlung vorzunehmen,
die, wie angenommen, ein appropriation des Eigentums eines anderen begründet, wobei es unerheblich ist, daß gesetzlich kein
solches Recht besteht.[2] Wie es scheint, ist diese Rechtsauffassung, die mit dem bisherigen Recht übereinstimmt, nie in Zweifel gezogen worden, so daß der Glaube an das Bestehen eines fälligen Rechtsanspruchs, so unvernünftig er offensichtlich auch
ist, eine Verteidigung bildete.[3] Dasselbe gilt, wenn sich der
vermeintliche Anspruch darauf gründet, daß der Wegnehmende sich
für den Eigentümer der weggenommenen Sache hält[4] oder daß er
aus sonstigem Rechtsgrund eine Herausgabe der Sache auch als
Äquivalent für sein Eigentum[5] zu fordern sich für berechtigt erachtet.[6] Dabei ist es gleichgültig, um welche Art von Sachen es
sich handelt und ob die Annahme des Täters auf einem Tat- oder
Rechtsirrtum beruht.[7] Die Beweislast für das dishonest intention
obliegt der Krone. Sollte die jury daher der Meinung sein, daß
es vernünftigerweise möglich ist, daß der Täter annahm, das
Recht zu haben, das zu tun, was er tat, so ist Freispruch geboten. Wenn das Theft Act auf ein gesetzlich (in law) begründetes
Recht Bezug nimmt, so schließt dies nicht notwendig einen Glauben an ein moralisches Recht aus. Klarerweise aber ist der Glaube an ein moralisches Recht durch jemand, der weiß, daß er kein
gesetzliches Recht hat, nicht ausreichend, wie schon bisher

---

[1] clause 2 (1) (b) Draft Theft Bill mit etwas verschiedenem Wortlaut, aber ohne inhaltliche Änderung in s.2 (1) (c) Theft Act.
[2] Smith (J.C.) op.cit. para.119 mit n.10.
[3] Smith (J.C.) op.cit. para.119 mit n.10 unter Bezugnahme auf R.
v. Bernhard, 1938, 2 K.B.264, 26 Cr.App.R.137, (1938) 2 All E.
R.140, 15 Dig.Repl.1125, 11 218.
[4] R.v.Hall, 1828, 3 C.& P.409, 15 Dig.Repl.1061, 10 462.
[5] R.v.Boden, 1844, 1 C.& K.395, 15 Dig.Repl.1117, 11 096; R.v.
Daniels, 1915, 11 Cr.App.R.101, 14 Dig.Repl.556, 5 462.
[6] R.v.Hemmings, 1864, 4 F.& F.50, 15 Dig.Repl.1061, 10 469; R.v.
Wade, 1869, 11 Cox C.C.549, 15 Dig.Repl.1061, 10 470; R.v.Clay-
ton, 1920, 15 Cr.App.R.45, 15 Dig.Repl.1061, 10 465; R.v.Smith,
1732, 2 Barn.K.B.174, 94 E.R.431, 15 Dig.Repl.1061, 10 461; R.
v. Simons, 1773, 2 East P.C.712, 731, 15 Dig.Repl.1117, 11 098;
R.v.Boden, cf.fn.5.
[7] R.v.Hall, 1828, 3 C.& P.409, 15 Dig.Repl.1061, 10 462; R.v.

ein Glaube an ein moralisches Recht keine Verteidigung gegenüber einem larceny bildete.[1] Der Glaube an das gesetzliche Recht eines anderen wird Unredlichkeit geradeso verneinen, wie es bei einem Rechtsanspruch nach dem larceny-Recht der Fall war.[2] Wenn also jemand zugunsten eines anderen einem Dritten Eigentum wegnehmen sollte in der falschen, aber redlichen Annahme, daß der andere einen Rechtsanspruch darauf hätte, so wäre er klarerweise des Diebstahls nicht schuldig.[3]

Die in s.2 (1) (b) Theft Act 1968 ausgesprochene Annahme, daß keine Unredlichkeit vorliege, wenn der Wegnehmende das Eigentum sich in der Annahme zueignet, daß er des anderen Zustimmung zur Wegnahme gehabt haben würde, wenn der andere von der Zueignung und deren Umständen Kenntnis gehabt hätte, war im Larceny Act 1916 nicht ausgesprochen, aber wahrscheinlich aus dem Erfordernis der Wegnahme "fraudulently" zu schließen.[4] Dasselbe gilt, wenn das Einverständnis des Eigentümers auf Grund von Sitte und Gewohnheit, wie z.B. für ein am Ort übliches Nachlesen von Getreide, vorausgesetzt werden durfte.[5] Ausgeschlossen ist die Rechtswidrigkeit auch im Falle, daß der Täter die weggenommene Sache für herrenlos oder derelinquiert hält.[6]

Das Vorliegen eines Diebstahls oder Raubes verlangte nach bisherigem Recht nicht nur, daß der Wegnehmende keinen wirklichen oder scheinbaren Rechtsanspruch auf die weggenommene Sache hatte, sondern auch, daß die Wegnahme "fraudulently" erfolgte.[7] Der Sinn des Ausdrucks "fraudulently", an dessen Stelle, wie erwähnt, mit inhaltlich entsprechender Bedeutung in s.1 (1) und s.2 Theft Act 1968 der Ausdruck "dishonestly" getreten ist, war lange Zeit

[1] Holloway, 1879, 1 Den.370, 2 C.& K.942, 18 L.J.M.C.60, 15 Dig. Repl.1060, 10 454; R.v.Nundah, 1916, 16 S.R.N.S.W.482, 15 Dig. Repl.1062, 6 473 (Aus.).
[2] Smith (J.C.) op.cit. para.120 mit Harris v. Harrison, 1963 Crim.L.R.497.
[3] Smith (J.C.) op.cit. para.120 unter Bezugnahme auf Williams in 1962 Crim.L.R.111.
[4] Smith (J.C.) op.cit. para.120.
[5] Smith (J.C.) op.cit. ibid.
[6] Russell (Sir W.O.), On Crime 10th ed. vol.2 (1950) p.1207; Steel v. Houghton, 1788, 1 Hy.Bl.51, 2 Dig.Agric.60, 345; R. v. Price, 1766, 4 Burr.1925, 2 Dig.Agric.61, 347.
[7] vgl. Williams v. Phillips, 1957, 121 J.P.163, 41 Cr.App.R.5, 3 Dig.Supp.439, 10 336 a, Dig.Cont.Vol.A 439, 10 336 a. s.1 (1) Larceny Act 1916.

ungeklärt. Die Entwicklung dieses Tatbestandsmomentes "fraudulently" mag im Anschluß an Edwards[1] folgendermaßen zusammengefaßt werden. Der Ausdruck "fraudulently" wiederholt, was in der Diebstahlsdefinition des römischen Rechts mit contrectatio fraudulosa bezeichnet ist. Gewisse Unterschiede gegenüber dem römischen Recht zeigt die Bracton'sche Diebstahlsdefinition, die von einer contrectatio fraudulenta cum animo furandi spricht. Mit Rücksicht auf die im Ausdruck "fraudulenta" ausgesprochene Bedeutung der geistigen Haltung des Diebes erachtet J.F.Stephen[2] "fraudulenta" mit dem Ausdruck "cum animo furandi" tautologisch, fügt aber bei, daß, wenn es aus der Diebstahlsdefinition Bractons den Fall der Wegnahme auf Grund eines Rechtsanspruches ausschließen soll, es dann keineswegs überflüssig ist. Eine andere Auffassung vertritt Turner in Russell on Crime,[3] der geltendmacht, daß der Ausdruck "fraudulenta" in Bractons Definition überflüssig wurde, als die Worte "cum animo furandi" eingefügt wurden, da der Ausdruck "fraudulosa" im römischen Recht schon eine unrechtmäßige Absicht in sich geschlossen habe. Von den Schriftstellern des 17. bis 19. Jahrhunderts legte Hale[4] den animus furandi so aus, daß er einfach verbrecherisch (felonious) sein muß. Ihm folgte Coke,[5] der forderte, daß die Wegnahme verbrecherisch, d.h. animo furandi, sein müsse. In demselben Sinne spricht sich Blackstone[6] aus, während Hawkins[7] Diebstahl als "a felonious and fraudulent taking and carrying away" bezeichnet. In R.v.Holloway[8] geht Parke B. von der Diebstahlsdefinition aus, die East[9] aufgestellt hat und die ein "wrongful or fraudulent taking and carrying away ... with a felonious intent to convert them to his" (the taker's) "own

---

[1] Edwards (J.Ll.J.), Mens rea p. 178 et seq.

[2] Stephen (Sir J.F.), A History of the Criminal Law of England vol.3 (1883) p.131.

[3] Russell (Sir W.O.), On Crime 10th ed. by J.W.Cecil Turner (1950) vol.2 p.1162 mit Ergänzungen in 12th ed.(1964) by J.W.C.Turner.

[4] 1 Hale P.C.506.

[5] 3 Co.Inst.107.

[6] Blackstone (Sir W.), Commentaries on the Laws of England 4th ed. by R.M.Kerr, London: John Murray Publ.Ltd.1876 vol.4 p.330.

[7] Hawkins P.C.134.

[8] R.v.Holloway, 1849, 2 C.& K.942, (1849) 5 C & P.525, (1849) 1 Den.370, 3 New Sess.Cas.410, 18 L.J.M.C.60, 12 L.T.O.S.382, 13 J.P.54, 3 Cox C.C.241, 175 E.R.395, 15 Dig.Repl.1060, 10 454.

[9] 2 East P.C.553.

use and make them his property without the consent of the
owner" verlangt und bezeichnet sie insofern als mangelhaft,
als die Wegnahme nicht nur "wrongful and fraudulent", sondern
auch "without any colour of right" sein sollte.[1] In anderen
reports desselben Falles spricht sich Parke B. dahin aus, daß
die Worte "wrongful and fraudulent" wahrscheinlich "without
colour of right" bedeuten. Aus diesen verschiedenen Versionen
ergab sich die Streitfrage, ob das Wort "fraudulently" in s.1
Larceny Act 1916 dem Satzteil "without a claim of right" etwas
noch beifüge. Russell[2] ist der Meinung, daß dem Ausdruck "fraudulently" etwas anhängt, was ursprünglich mit dem Ausdruck
"felonious" verknüpft war und daher anzeigen will, daß der Täter wissen muß, daß er etwas tut, was den Maßstäben sozialen
Verhaltens, die in der Gemeinschaft vorherrschen, widerspricht.
Aber er ist der Auffassung, daß der Ausdruck "fraudulently" dem
Ausdruck "without a claim of right" nichts hinzufüge.[3] In der
Entscheidung Rose v. Matt[4] wurde die Bedeutung des Ausdrucks
"fraudulently" im Hinblick darauf, daß bei klarer Fassung des
Gesetzes dessen Wortlaut die Entscheidung des Gerichts bestimmen müsse,[5] erneut erwogen. Eine Angabe über die Grenzen des
fraudulent intention wurde allerdings hierin nur insoweit gemacht, als es einfach "acting dishonestly" bedeuten soll.[6]
Zweifel, die in der Frage bestanden haben mögen, ob dem Wort
"fraudulently" eine Bedeutung zuzuschreiben ist, die vom nachfolgenden Satzteil "without a claim of right made in good faith"
verschieden ist, sind durch die bejahende Antwort des Court of
Criminal Appeal in R.v.Williams and Another[7] behoben worden.

---

[1] R.v.Holloway, 1849, 1 Den.370 at p.375.

[2] Russell (Sir W.O.), On Crime 10th ed. by J.W.Cecil Turner
(1950) vol.2 pp.1161, 1175.

[3] Russell (Sir W.O.), On Crime 12th ed. by J.W.Cecil Turner
(1964) vol.2 p.997.

[4] Rose v. Matt, 1951, 1 K.B.810, 15 Dig.Repl.1073, 10 584.

[5] Rose v. Matt, 1951, 1 K.B.810 at 813.

[6] Rose v. Matt, 1951, 1 K.B.810 at 814.

[7] R.v.Williams and Another, 1953, (1953) 1 All E.R.1068, (1953)
1 Q.B.660, 37 Cr.App.R.71, 2 W.L.R.939, 942, 15 Dig.Repl.1058,
10 429.

Die Angeklagte, eine Unterpostmeisterin, war in einem Ladengeschäft tätig, das ihr Ehemann betrieb. Als der Ladeninhaber
in finanzielle Schwierigkeiten geriet, weil der Laden schlecht
ging, nahm die Angeklagte aus der Kasse der Postabteilung
Geld, das dem Postmaster General gehörte, und verwendete es
für das Ladengeschäft. Auf Grund der ausgesprochenen Absicht
der Angeklagten, das Geld aus den Verkäufen des Ladens zurückzuzahlen, wurde eingewendet, daß sie nicht beabsichtigte, den
Postmaster General des Eigentums an dem Geld dauernd zu berauben. Dieser gegen den animus furandi gerichtete Einwand wurde
im Hinblick auf Geld als besonders gearteten Diebstahlsgegenstand vom Gericht zurückgewiesen. Der weitere Einwand der Angeklagten, daß sie nicht fraudulently gehandelt habe, schnitt
wieder die Frage an, welche Bedeutung dem Ausdruck "fraudulently" in der Diebstahlsdefinition des Larceny Act 1916 zukommt.
Unter Zurückweisung der durch Parke B. in R.v.Holloway[1] gegebenen Auslegung[2] vertrat Lord Goddard C.J. in R.v.Williams and
Another[3] die Auffassung, daß das Wort "fraudulently" den Zweck
verfolge, dem Satzteil "without a claim of right made in good
faith" etwas beizufügen und dies auch tue. Indem das Gericht
davon ausging, daß jedem Wort eines Gesetzes eine Bedeutung
zuzumessen ist, legte die Angeklagte nahe, daß das Wort "fraudulently" die Absicht ausdrücke, zum Nachteil irgendeiner Person gegen deren Wünsche zu handeln. Das Gericht vertrat aber
nach der Urteilsbegründung die Auffassung, daß das Wort "fraudulently", absichtlich den Worten "without a claim of right"
angefügt, die Bedeutung habe - obwohl dies nicht für alle Fälle,
wohl aber für den vorliegenden Fall passen dürfte -, daß die
Wegnahme absichtlich und überlegt, d.h. ohne Irrtum, sein müsse.
Der Täter müsse also wissen, daß der Gegenstand, den er wissentlich wegnimmt, das Eigentum eines anderen ist und daß er ihn

---

[1] R.v.Holloway, 1849, 2 C.& K.942, (1849) 5 C.& P.525, (1849)
1 Den.370, 3 New Sess.Cas.410, 18 L.J.M.C.60, 12 L.T.O.S.382,
13 J.P.54, 3 Cox C.C.241, 175 E.R.395, 15 Dig.Repl.1060, 10 454.

[2] siehe auch R.v.Feely, 1972, (1973) 1 All E.R.341 at 346.

[3] R.v.Williams and Another, 1953, (1953) 1 All E.R.1068, (1953)
1 Q.B.660, 37 Cr.App.R.71, 2 W.L.R.939, 942, 15 Dig.Repl.1058,
10 429.

überlegter-, nicht irrtümlicherweise mit der Absicht wegnimmt, die Person des Eigentümers dieses Gegenstandes auf die Dauer zu berauben.[1] Unter Hinweis auf die Schwierigkeit, "fraudulently" von dem zu trennen, was bisher als Handeln "without a claim of right made in good faith" beschrieben worden ist, sagte Lord Goddard im weiteren Verlauf seiner Begründung, daß die Angeklagte und ihr Ehemann "acted fraudulently because they knew they had no right to take the money".[2] Ihr Verhalten habe gezeigt, daß "they had acted dishonestly". Die Unehrlichkeit mag hauptsächlich mit Beziehung auf die Absicht geprüft werden, dem owner dauernd das Eigentum zu entziehen. Die Unehrlichkeit wird so nicht dadurch ausgeschlossen, daß die Angeklagte, obwohl sie zur Zeit der Wegnahme des Geldes, nach ihrer eigenen Annahme mindestens in Ansehung eines Teils des Geldes, nicht in der Lage war, diesen Teil zu ersetzen, gehofft und beabsichtigt hatte, wenigstens künftig hierzu in der Lage zu sein.[3] Diese Hoffnung und Erwartung kann nach Goddard nur einen Milderungsgrund bilden.[4] Für die Ansicht, daß "fraudulently" etwas dem "without a claim of right" beifügte,[5] spricht das von Cross[6] erwähnte Beispiel, nach welchem eine bis zum Verlangen der Rückgabe einem bailee at will zur Verwahrung gegebene Sache von dem Übergebenden ohne Rückgabeverlangen aus dem Haus des Verwahrers zurückgeholt wird. Hier würde der Eigentümer kein claim of right made in good faith behaupten können, da er keinen ehrlichen Glauben an sein Recht geltend machen könnte, die Sache in der Art und Weise und unter den Umständen wegzunehmen, unter denen er sie wegnahm.[7] Es könnte aber bei Fehlen weiteren Beweises nicht gesagt werden, daß er fraudulently gehandelt habe, sofern

[1] R.v.Williams and Another, 1953, (1953) 1 All E.R.1068, (1953) 1 Q.B.660, 37 Cr.App.R.71, 2 W.L.R.939, 942, 15 Dig.Repl.1058, 10 429.
[2] R.v.Williams and Another, siehe Anm.1.
[3] R.v.Carpenter, 1911, 76 J.P.158, 22 Cox C.C.618, 15 Dig.Repl. 1189, 12 042; R.v.Kritz, 1949, (1949) 2 All E.R.406, (1950) 1 K.B.82, 33 Cr.App.R.169, 14 Dig.Repl.652, 6 633.
[4] R.v.Feely, 1972, (1973) 1 All E.R. at 346.
[5] R.v.Williams and Another, 1953, (1953) 1 Q.B. at 662.
[6] Cross (R.), Larceny by an Owner and animus furandi, L.Q.R. vol.68 (1952) p.103.
[7] Russell (Sir W.O.), On Crime 10th ed. by J.W.Cecil Turner (1950) vol.2 p.1204.

er nicht beabsichtigte, einen falschen Anspruch gegen den Verwahrer wegen Verlustes der Sache zu erheben.

Das im Vorausgehenden geschilderte bisherige Recht ist auch
nach dem Theft Act 1968 von Erheblichkeit, da, wie schon erwähnt, das Wort "dishonestly" wegen seiner leichteren Ver-
ständlichkeit für den Laien anstelle des "fraudulently" gesetzt,
eine Änderung im Wesen des Begriffes aber damit nicht beabsichtigt wurde.[1] So kann auch nach dem Recht des Theft Act die Entscheidung R.v.Williams and Another[2] weiterhin Geltung beanspruchen und daraus der Schluß gezogen werden, daß ein ehrlicher Glaube an die Fähigkeit, einen weggenommenen Geldbetrag
in der Zukunft zurückzahlen zu können, keine Verteidigung bildet. Bei einer solchen Annahme muß sich der Täter bewußt sein,
daß er die Rückzahlung des Geldes oder doch eines Teils desselben dem Eigentümer gegenüber auf alle Fälle gefährde. Die
Absicht, ein solches Risiko zu übernehmen, war fraudulently
und muß daher jetzt auch als dishonestly bewertet werden. Das
dictum Lord Goddards, daß bei Fehlen eines solchen Risikos,
weil der Täter zweifelsfrei in der Lage und gewillt ist, im
Bedarfsfall jederzeit das Geld zurückzuerstatten, es an dem
dishonesty der Wegnahme fehle, wurde von Edwards als gefährlich zurückgewiesen und in R.v.Cockburn[3] kategorisch abgelehnt.
Dieses dictum ist in den All England Law Reports[4] und in den
Weekly Law Reports[5] enthalten, dagegen in den Law Reports
Queen's Bench[6] und den Criminal Appeal Reports[7] ausgelassen.
Daraus ist zu schließen, daß Lord Goddard sein Urteil für diese Law Reports revidierte, vielleicht, wie Winn L.J. in R.v.
Cockburn[8] nahelegte, weil er dachte, daß es eine äußerst ge-
fährliche und irreführende Feststellung sei, oder, was wahr-
scheinlicher ist, daß er es für unklug hielt, eine Meinung über

---

[1] The Report Cmnd.2977 para.39 und clause 2 (1) Draft Theft Bill.
[2] R.v.Williams and Another, 1953, (1953) 1 All E.R.1068, (1953)
   1 Q.B.660, 37 Cr.App.R.71, 2 W.L.R.939, 15 Dig.Repl.1058,
   10 429.
[3] R.v.Cockburn, 1968, (1968) 1 All E.R.466, (1968) 1 W.L.R.281,
   132 J.P.166, 112 Sol.Jo.91, 52 Cr.App.R.134, Dig.Cont.Vol.C
   263, 10 429 a, gefolgt von dem Supreme Court of Hongkong in
   Pang Hei Chung v.R.,(1971)Crim.L.R.440; Smith (J.C.) op.cit.
   para.123 n.1.
[4] (1953) 1 All E.R.1068.
[5] (1953) 2 W.L.R.937.
[6] (1953) 1 Q.B.660.
[7] 37 Cr.App.R.71.
[8] siehe R.v.Feely, 1972, (1973) 1 All E.R.347.

Tatsachen auszudrücken, die nicht der Entscheidung des Gerichts unterlagen.[1] Von diesen verschiedenen Vermutungen abgesehen, ist es wesentlich, daß Lord Goddard bei Begründung seiner Entscheidung von der Möglichkeit einer unermächtigten Wegnahme, die nicht fraudulent sein würde, ausging. Dieser Rechtsauffassung trat Winn L.J. in R.v.Cockburn[2] entschieden entgegen. In diesem Falle vertrat das Court of Appeal die Auffassung, daß der Betriebsleiter eines Ladens des larceny schuldig sei, wenn er Geld aus der Ladenkasse an einem Samstag nehme, in der Absicht, es mit einem Scheck seiner Tochter am folgenden Montag zu ersetzen. Die Wirkung der Entscheidung in R.v. Cockburn geht allerdings dahin, dem Wort fraudulently und so auch dem Wort dishonestly jede Bedeutung zu nehmen, da sie der jury keine Gelegenheit gäbe, die ihnen als Laien zukommende Anschauung von dishonesty, wenn immer sie es als gegeben ansehen, zur Anerkennung zu bringen. Wenn aber nach Lord Goddards Erklärung fraudulently, das doch dem "without a claim of right made in good faith" etwas beifügen solle, bedeute, "that the taking is done intentionally, under no mistake and with knowledge that the thing taken is the property of another person", fügt es offenbar nichts bei.[3] Was immer die wahre Absicht von fraudulently ist, so besteht, wie behauptet wird, kein Zweifel, daß "dishonestly" die Absicht verfolgt, der Definition des Diebstahls etwas beizufügen, da es ein wesentliches Element dieses Delikts ist.[4] Die Anregung, daß die Bedeutung von "fraudulently" und so auch von "dishonestly" dahin gehe, daß es den Angeklagten entschuldige, der in Kenntnis, daß eine Zustimmung des Eigentümers nicht vorliege, annimmt, daß der Eigentümer zugestimmt hätte, wenn er von der Wegnahme Kenntnis gehabt hätte,[5] ist nicht überzeugend, insofern s.2 (1) (b) Theft Act 1968 in ausdrücklichen Worten diesen speziellen Sachverhalt regelt, "dishonestly" daher

---

[1] siehe R.v.Feely, 1972, (1973) 1 All E.R.347.
[2] R.v.Cockburn, 1968, (1968) 1 All E.R.466, (1968) 1 W.L.R.281, Dig.Cont.Vol.C 263, 10 429 a.
[3] Smith (J.C.) op.cit. para.123 unter Hinweis auf 1955 Crim.L. R.23-24 und 1956 p.238.
[4] The Report Cmnd.2977 para.39.
[5] Smith (J.C.) op.cit. para.123 unter Hinweis auf Wing-Commander Lowe in 1956 Crim.L.R.78.

wenn es irgendetwas bedeutet, etwas mehr als dies bedeuten muß.
Die einzig mögliche Funktion des "dishonestly" ist, wie es
scheint, daß es jene Person, wie sie in Lord Goddards oben er-
wähntem dictum als jemand mit reichlichem Kredit und mit dem
Willen und der Fähigkeit, jederzeit das Weggenommene zu ersetzen, beschrieben ist, entschuldigt.[1] Durch den Anwalt wurde
in R.v.Williams and Another[2] als guter Prüfstein dafür, daß jemand nicht fraudulent (oder dishonest) ist, der Umstand bezeichnet, daß er nicht beabsichtigt, in unehrlicher Weise, d.h. zum
Schaden einer Person gegen die Wünsche dieser Person zu handeln.
Nach diesem Prüfstein würde jemand mit gutem Kredit nicht dishonest sein, wohl aber war es Williams, weil sie beabsichtigte,
das Geld des Generalpostmeisters zu riskieren. Wenn der Betriebsleiter in R. v. Cockburn wußte oder doch zu wissen annahm, daß
das Geld, das er wegnahm, sonst nur in der Ladenkasse über das
Wochenende liegen würde und daß er es bestimmt am folgenden Montag wieder ersetzen könnte, so beabsichtigte er keine Schädigung
und sollte von einer dishonesty freigesprochen werden. Dasselbe
muß wohl gelten, wenn jemand einen ungedeckten Scheck in Zahlung
gibt, in der bestimmten und begründeten Annahme, daß bis zur Vorlage des Schecks bei der Bank die dafür erforderlichen Mittel vorliegen werden.[3] Nicht geteilt wird diese Auffassung nach geltendem Recht durch Elliott,[4] nach welchem R.v.Williams[5] und R.v.Cock-
burn[6] auch für das Theft Act als autoritative Entscheidungen anzusehen sind, die noch durch die auf Grund des Theft Act 1968 ergangene Entscheidung Halstead v. Patel,[7] die allerdings ein "obtaining by deception" i.S. des s.15 Theft Act und nicht theft

---

[1] Smith (J.C.) op.cit. para.123.
[2] R.v.Williams and Another, 1953, (1953) 1 Q.B.662-663, sich
stützend auf Buckley J. in Re London and Globe Finance Corp.,
1903, 1 Ch.728 at p.732, zitiert bei Smith (J.C.) op.cit.
para.124 mit n.8.
[3] siehe auch R.v.Feely, 1972, (1973) 1 All E.R.341 at p.348 unter Bezugnahme auf Halstead v. Patel, 1972, (1972) 2 All E.R.
147 at p.152, (1972) 1 W.L.R.661 at p.666 per Lord Widgery C.J.
[4] Elliott (D.W.), Dishonesty under the Theft Act, Crim.L.R.1972
pp.625-632 at pp.629 and 630.
[5] R.v.Williams and Another, 1953, (1953) 1 Q.B.660, (1953) 1 All
E.R.1068, 37 Cr.App.R.71, 15 Dig.Repl.1058, 10 429.
[6] R.v.Cockburn, 1968, (1968) 1 All E.R.466, (1968) 1 W.L.R.281,
52, Cr.App.R.134, Dig.Cont.Vol.C 263, 10 429 a.
[7] siehe Fn.3.

betraf und mit R.v.Waterfall,[1] der Entscheidung eines höheren
Gerichts, als unverträglich bezeichnet werden muß, bestätigt
wurden. In dem auch von Elliott als unrichtig bezeichneten Urteil in R.v.Waterfall hatte das Court of Appeal die Auffassung
vertreten, daß die echte, d.h. ehrliche, wenn auch unvernünftige
Annahme des Kunden, den der Taxifahrer auf Grund ausdrücklicher
oder schlüssiger Vorgabe der Zahlungsfähigkeit von Portsmouth
nach London führte, am Zielort das für den Preis erforderliche
Geld zu erhalten, um den Taxifahrer ausbezahlen zu können, ausreichte, um dishonesty und damit eine Verurteilung nach s.16
Theft Act zu verneinen. Was die Frage betrifft, ob durch Gewährung einer voll gleichwertigen Gegenleistung das Erfordernis
des dishonesty ausgeschlossen wird, soll nach Elliott de lege
ferenda entgegen der bisherigen Rechtsprechung dishonesty nicht
nur dann entfallen, wenn die Gegenleistung in property nach s.15
Theft Act, sondern ebenso auch dann, wenn sie in Geld anderer
Sortierung nach s.16 Theft Act bestehen sollte. Es ist, wie
Elliott ausführt, nicht erfindlich, warum bei Zueignung eines
Regenschirmes in der Absicht, denselben zurückzugeben, als zeitweiliger Beraubung dishonesty verneint, dagegen als dauernde Beraubung bei in gleicher Absicht erfolgter Rückgabe von Geld anderer Sortierung dishonesty bejaht werden sollte. Bestritten ist,
ob das "dishonest" Handeln als Rechts- oder als Tatfrage zu beurteilen ist. Die von Smith und in R.v.Cockburn vertretene Meinung
geht von der ersteren Alternative mit der Begründung aus, daß es
sich um die Auslegung eines statutarischen Begriffes handelt. Will
man aber darin, wovon das Committee ausgegangen sein dürfte,[2]
eine von der jury zu entscheidende Tatfrage sehen, so bestünde
zwar die Gefahr, daß es zu widersprechenden Verdikten der juries
und so zu einer gewissen Unsicherheit der Rechtspflege kommen
möchte,[3] da Laien nicht weniger als Richter vernünftigerweise

---

[1] R.v.Waterfall, 1969, (1969) 3 All E.R.1048, (1970) 1 Q.B.148,
    53 Cr.App.R.596, Dig.Cont.Vol.C 268, 11 746 b.
[2] The Report Cmnd.2977 para.39; ebenso R.v.Feely, 1972, (1973)
    1 All E.R.341 at p.345.
[3] Smith (J.C.) op.cit. para.125 mit McKenna J., Crim.L.R.1966
    pp.550-553.

verschiedene Ansichten darüber haben können,[1] die sich aber
zwangsweise aus der Tatsache ergibt, daß das "unredliche"
Handeln nach den besonderen Umständen des einzelnen Falles zu
beurteilen ist. Obwohl das Theft Act sich nicht ausdrücklich
mit dem Finden einer Sache befaßt, zielt es offensichtlich
darauf ab, das Wesen der das Finden betreffenden common-law-
Regel[2] aufrechtzuerhalten. Danach erfüllt der Finder, der sich
Eigentum an der Fundsache zueignet, den objektiven Tatbestand
des Diebstahls, angenommen, daß der Eigentumsgegenstand jemand
gehört und nicht derelinquiert ist. Aber er ist nicht unehrlich,
wenn er annimmt, daß der Eigentümer durch Ergreifen vernünftiger Schritte nicht ausfindig gemacht werden kann. Selbst wenn
der Finder den Eigentümer der Fundsache kennt, mag er nicht
unehrlich sein, wenn er annimmt, daß das Eigentum außer durch
Ergreifen ganz unvernünftiger Schritte nicht zurückgegeben werden kann, wie z.B. wenn jemand im Hause seines Gastfreundes eine Zigarre versehentlich zurückläßt und nach seinem Heim in New
Zealand fliegt. Der Gastfreund findet die Zigarre und raucht
sie. Sogar wenn der Gastfreund nicht annehmen konnte, daß der
Eigentümer der Zigarre zugestimmt hätte, daß er die Zigarre
rauche, wird zu Recht geltend gemacht, daß der Gastfreund sich
dadurch nicht dishonestly betragen habe.[3] Anders verhält es sich
in dem gleichfalls von Smith angeführten Fall, wo zwei Freunde
eine bewegliche Sache auf der Landstrasse liegen sehen. Der eine hebt sie auf und der andere erkennt sie als das Eigentum eines Dritten, aber es besteht keine Möglichkeit, daß der Aufhe-
bende den Eigentümer durch Ergreifen vernünftiger Schritte ausfindig machen könnte. Der andere drängt aber den die Sache Auf-
hebenden, dieselbe für sich zu behalten anstatt sie dort liegen
zu lassen, wo er sie fand. Hier sollte dieser andere des Diebstahls für schuldig befunden werden, da er sowohl objektiv wie

---

[1] Smith (J.C.) op.cit. para.125 unter Hinweis auf Sinclair v.
Neighbour, 1967, (1967) 2 Q.B.279.

[2] R.v.Thurborn, 1849, 1 Den.387, 2 C.& K.831, T.& M.67, 18 L.J.
M.C.140, 13 L.T.O.S.548, 13 J.P.459, 13 Jur.499, 3 Cox C.C.
453, 15 Dig.Repl.1049, 10 332.

[3] Smith (J.C.) op.cit. para.126.

subjektiv den Diebstahlssachverhalt herbeigeführt hat.[1] Wie
schon früher ausgeführt, konnte nach common law der schuld-
lose Finder einer Sache, der bei der Ansichnahme derselben
nicht annahm, daß der Eigentümer durch Ergreifen vernünftiger
Schritte ausfindig gemacht werden kann, oder der die Absicht
hatte, die Sache dem Eigentümer zurückzugeben, durch nachträgliche unredliche Zueignung der Sache sich nicht des larceny
schuldig machen. Nach dem Theft Act 1968 aber wird er in einem solchen Falle nachträglicher Zueignung nach s.3 (1) des
Diebstahls schuldig sein. Maßgebend ist die tatsächliche
(actual) Annahme des Täters, und es ist unerheblich, ob es
sich um eine vernünftige Annahme handelt. Neben dem Hauptfall
des Findens gibt es auch andere Beispiele, in denen s.2 (1)
(c) Theft Act 1968 Platz greifen dürfte. So erwähnt Smith den
Fall, daß jemand mit seinem Bekannten dahin übereinkommt, daß
letzterer in seinem Hause unentgeltlich das Mobiliar des ersteren lagert. Dieser verläßt die Stadt und letzterer verliert
jeden Kontakt mit ihm. Einige Jahre später braucht letzterer
den Raum in seinem Hause und ist außerstande, den Eigentümer
des Mobiliars ausfindig zu machen. Er verkauft daher das Mobiliar. Dies ist zweifellos eine Zueignung von Eigentum eines
anderen und der Verkäufer ist zivilrechtlich dem Eigentümer
auf Grund der Zueignung (conversion) verantwortlich, doch mag
ihm, wie es scheint, die Möglichkeit einer Verurteilung wegen
Diebstahls nach s.2 (1) (c) Theft Act 1968 erspart sein. Obwohl das Kaufgeld wahrscheinlich rechtlich dem Eigentümer des
Mobiliars gehört, muß sich die Immunität des Verwahrers und
Verkäufers auf den Kauferlös erstrecken.[2] Wo das Eigentum an
jemanden als einen trustee oder persönlichen Repräsentanten
gelangt ist und er es sich zueignet, wird er unehrlich sein,
auch wenn er annimmt, daß derjenige, dem das Eigentum gehört,
durch Ergreifen vernünftiger Schritte nicht ausfindig gemacht

---

[1] Smith (J.C.) op.cit. para.126 mit n.15.

[2] Smith (J.C.) op.cit. para.128 mit Taylor v. Plumer, 1815,
3 M. & S.562.

werden kann (s.2 (1) (c) Theft Act 1968) und kann so einen
Diebstahl gegenüber den beneficiaries bzw. gegenüber der Krone begehen.[1]
Auch nach deutschem Recht ist Diebstahl bzw. Raub ausgeschlossen, wenn der Täter vernünftiger-, wenn auch irrigerweise annimmt, einen Rechtsanspruch auf die weggenommene konkrete Sache zu haben, sei es, daß er sich für den Eigentümer der Sache
hält oder aus anderem Rechtsgrund sich für berechtigt hält,
die Sache an sich zu nehmen. Es fehlt ihm solchenfalls das
Bewußtsein der Rechtswidrigkeit, insofern er im Gegenteil der
Meinung ist, den von der Eigentumsordnung gewollten Zustand
herbeizuführen.[2] Glaubt der Täter aber als Gläubiger eines Gattungsanspruches, z.B. einer Geldforderung, sich einen Gegenstand aus der Gattung nehmen zu dürfen, so liegt regelmäßig
ein den Vorsatz nicht ausschließender Verbotsirrtum vor, weil
der Gläubiger kein Recht auf Auswahl und damit auf Konkretisierung der Schuld hat.[3] Freilich kann auch bei dem fälligen
Anspruch auf eine Gattungssache nach deutschem Recht die Rechtswidrigkeit ausgeschlossen sein, wenn jemand in der Annahme, daß
die konkreten Geldstücke für den Besitzenden nicht von besonderer Wichtigkeit sind, eine Geldsumme als Äquivalent für eine
gleich hohe Forderung wegnimmt.[4] Der Umstand, daß der Täter
den vermeintlichen Rechtsanspruch eigenmächtig und mit unerlaubten Mitteln verwirklicht, macht die Wegnahme nicht rechtswidrig, denn für dieses Merkmal des inneren Tatbestandes kommt
es nicht auf die Rechtswidrigkeit der Art der Zueignung, sondern lediglich auf die Rechtswidrigkeit der Zueignung selbst
an. Es liegt also auch bei Durchsetzung des Anspruches mit Gewalt kein Raub vor.

---

[1] Smith (J.C.) op.cit. para.129.

[2] BGHSt 17, 90; BGH GA 1968, 121; Schönke-Schröder 18.Aufl.
(1976) Rdz.61 zu § 242; Dreher 36.Aufl.(1976) Rdz.22 zu
§ 242; Preisendanz 30.Aufl.(1978) S.770.

[3] BGHSt 17, 90; Preisendanz 30.Aufl.(1978) S.770.

[4] Schönke-Schröder 18.Aufl.(1976) Rdz.61 zu § 242.

3. Absicht endgültiger Wegnahme

Auch das Theft Act 1968 hält die Regel des common law und des
Larceny Act 1916, daß die Zueignung des Eigentums eines anderen in der Absicht, denselben nur zeitweilig des Eigentums zu
berauben, keinen Diebstahl begründet, aufrecht. Der furtum
usus, der lediglich in dem Gebrauch oder Genuß eines Fahrnis-
gegenstandes oder anderen Eigentums ohne Zustimmung des Eigentümers auf kurze oder längere Zeit besteht, ist kein Stehlen.[1]
Das Criminal Law Revision Committee erwog die Frage, ob die
zeitweilige Wegnahme im allgemeinen in die Diebstahlsdefinition
aufgenommen oder ein Sonderdelikt hierfür geschaffen werden
sollte, da es sicherlich Fälle gibt, in denen eine zeitweilige
Wegnahme unter Umständen unter Strafe gestellt werden sollte
und in denen die Unehrlichkeit mit der des Diebstahls vergleichbar ist und ernstlichen Verlust oder Härten verursachen
mag. Der Wegnehmende erhält den Vorteil des Eigentums ohne Bezahlung und der Eigentümer ist entsprechend beraubt. Gleichwohl
entschloß sich der Ausschuß, sowohl eine allgemeine Ausdehnung
des Diebstahlsbegriffes auf solche Fälle abzulehnen, als auch
ein allgemeines Delikt einer zeitweiligen Wegnahme von Eigentum
zu schaffen. Es erwog nur drei Fälle in Form von Sonderdelikten
unter Strafe zu stellen,[2] von denen aber nur zwei in dem Theft
Act in den ss.11 und 12 Aufnahme gefunden haben. Das eine, das
als Neuerung in das Theft Act 1968 aufgenommen wurde, betrifft

---

[1]

siehe R.v.Wilkins, 1964, 2 O.R.365 (Can.), betreffend "joy-
riding", Crim.Code s.281, Dig.Cont.Vol.B 202, 6 463 a.

[2]

The Report Cmnd.2977 paras.56 and 57.

die Entfernung von Gegenständen von Plätzen, die dem Publikum
zugänglich sind, gemäß s.11 Theft Act 1968, dessen wesentliche
Bestimmung lautet: "(1) Subject to subsections (2) and (3) below, where the public have access to a building in order to
view the building or part of it, or a collection or part of a
collection housed in it, any person who without lawful authority removes from the building or its grounds the whole or part
of any article displayed or kept for display to the public in
the building or that part of it or in its grounds shall be
guilty of an offence". Diese Bestimmung trifft auch auf nur
zeitweilige Sammlungen zu, soweit es sich nicht um Sammlungen
handelt, deren Ausstellung zum Zwecke des Verkaufes oder anderer Handelsgeschäfte erfolgt ist. Die subsections (2) und (3)
enthalten nähere Ausführungsbestimmungen. Da dieses Delikt
kein Diebstahl ist, kommt es auch für den Raub nicht in Frage.
Es kann daher im Rahmen dieser Arbeit auf dieses Delikt und seine Auslegung nicht näher eingegangen werden. Die zweite Alternative strafbaren furtum usus bezieht sich auf den Gebrauch
von Motorfahrzeugen. Sie war schon in den früher erwähnten
Road Traffic Acts - erstmals in s.28 Road Traffic Act 1930
(c.43) - geregelt, aber auf zu Land betriebene Motorfahrzeuge,
worunter nicht Kippkarren fielen,[1] beschränkt, so daß es kein
Delikt war, nicht mechanisch angetriebene Landfahrzeuge oder
irgendwelche Art von Schiffen oder Luftfahrzeugen wegzunehmen
und in Bewegung zu setzen. Im Theft Act 1968 ist nun aber, wie
wir sehen werden, eine Ausdehnung auf andere Transportmittel
erfolgt, insbesondere auf Jachten und Boote sowie Fahrräder.
Section 12 Theft Act ersetzt s.217 Road Traffic Act 1960 (c.16),
einschließlich eines Amendment 1962 (c.59) s.44, trifft aber
einige wichtige Änderungen in der Natur des Delikts. Die Bestimmung lautet: "Subject to subsections (5) and (6) below,
a person shall be guilty of an offence if, without having the
consent of the owner or other lawful authority, he takes any
conveyance for his own or another's use or, knowing that any

---

[1] Daley v. Hargreaves (1961) Crim.L.R.488, 489.

conveyance has been taken without such authority, drives it
or allows himself to be carried in or on it". Da auch dieses
Delikt kein Diebstahl, sondern ein Sonderdelikt ist und daher
für das Vorliegen eines Raubes ausscheidet, sollen nur einige
Punkte, die eine Änderung gegenüber dem bisherigen Recht betreffen, kurz gestreift werden. Das "taking" in s.12 ist auch
hier wie im bisherigen Diebstahlsrecht als "Besitzerwerb" (acquisition of possession) zu bestimmen. Ein solcher liegt vor,
wenn der Fahrer von der durch den Dienstherrn ermächtigten
Route in der Absicht abweicht, den Wagen für seine eigenen
Zwecke und nicht für die seines Dienstherrn, z.B. zu einer
Vergnügungs- oder Urlaubsfahrt, zu benützen, es sei denn, daß
der Fahrer den Wagen zur Ausführung eines privaten Auftrages
im Rahmen seiner Tagesarbeit vor Zurückführung desselben in
die Garage des Arbeitgebers benützte. In diesem Falle lag nur
ein Abgehen von einer ermächtigten Route während der Arbeits-
stunden, aber kein "taking" vor.[1] Anders verhält es sich, wenn
der Fahrer den Wagen nach erfolgtem Abschluß der Tagesarbeit
auch bei rechtlich erlaubtem Stehenlassen des Fahrzeuges aus-
serhalb seines Hauses für seine eigenen Zwecke wieder benützte.[2]
Nach Smith[3] ist diese Unterscheidung für das Vorliegen eines
"taking" nicht ausschlaggebend, vielmehr will er auf den Zeitpunkt abstellen, in dem der Fahrer von der ermächtigten Route
in dieser Absicht abging und daher das Fahrzeug für seine eigenen Zwecke und nicht mehr für diejenigen seines Arbeitgebers in
Anspruch nahm. Das Road Traffic Act sagt aber nichts über ein
taking "by intimidation". Gleichwohl findet vermutlich ein ähnliches Prinzip wie bei taking "under duress" Anwendung.[4] Nach
den bisherigen Road Traffic Acts war das Delikt nur begangen,

---

[1] Mowe v. Perraton, 1952, (1952) 1 All E.R.423, 116 J.P.139,
96 Sol.Jo.182, 35 Cr.App.R.194, 45 Dig.Repl.103, 332.

[2] R.v.Wibberley, 1965, (1966) A.C.214, (1965) 3 All E.R.718,
(1966) 2 W.L.R.1, 130 J.P.58, 109 Sol.Jo.877, 50 Cr.App.R.
51, Dig.Cont.Vol.B 676, 332 a.

[3] Smith (J.C.) op.cit. para.314.

[4] Kommentar zu R.v.Hogdon, (1962) Crim.L.R.564.

wenn das Fahrzeug nicht nur weggenommen (taken), sondern auch
weggefahren (driven away), d.h. in Bewegung gesetzt und durch
Steuerung kontrolliert war. So wurde ein "driving away" in R.
v. Spindley[1] und in Saycell v. Bool[2] bejaht. Im ersteren Fall
wurde das von einem anderen Fahrzeug in eine Sackgasse abge-
schleppte und dort hineingeschobene Fahrzeug vom Fahrer des
abgeschleppten Fahrzeuges gelenkt und auch zum Stehen gebracht.
Im zweiten Fall steuerte der Fahrer den ohne Motorantrieb einen Hügel einhundert Meter hinunterlaufenden Wagen, schob ihn
dann vollends ganz hinunter, sprang auf und lenkte den Wagen
wieder. In beiden Fällen wurde ein "Inbewegungsetzen" und eine gewisse Kontrolle über das Fahrzeug und damit ein "driving
away" angenommen. Zum gleichen Ergebnis kam das Gericht in
Shimmell v. Fisher,[3] wo ein mit Menschenkraft geschobenes Fahrzeug von dem darin befindlichen Fahrer gesteuert wurde und
es jeden Augenblick durch Bremsen angehalten werden konnte.
Dagegen lag kein driving away in dem Falle vor, in dem dadurch,
daß jemand die Handbremse gelöst hatte, das Fahrzeug auf Grund
seines Eigengewichtes einen Hügel hinunterfuhr.[4] Anders war es
freilich, wenn der Fahrer das sich von selbst in Bewegung
setzende Fahrzeug steuerte.[5] Kein driving away lag auch in dem
Falle vor, in dem ein Fahrzeug von einem anderen Fahrzeug ab-
geschleppt oder geschoben wurde.[6] Nach s.12 Theft Act 1968
braucht diese Voraussetzung des "Wegfahrens" nicht mehr vorzu-

---

[1] R.v.Spindley and Pearman, (1961) Crim.L.R.486 und Kommentar
des Herausgebers eod. p.488; vgl.auch R.v.Pearce, (1973)
Crim.L.R.321.

[2] Saycell v. Bool, 1948, (1948) 2 All E.R.83, 112 J.P.341, 64
T.L.R.421, 92 Sol.Jo.311, 46 L.G.R.447, 45 Dig.Repl.118,
411.

[3] Shimmell v. Fisher, 1951, (1951) 2 All E.R.672, 115 J.P.526,
(1951) 2 T.L.R.753, 95 Sol.Jo.625, 35 Cr.App.R.100, 49 L.G.
R.813, 45 Dig.Repl.103, 331.

[4] R.v.Roberts, 1964, (1964) 2 All E.R.541, (1964) 3 W.L.R.180,
108 Sol.Jo.383, (1965) 1 Q.B.85, 48 Cr.App.R.296, 45 Dig.
Repl.103, 337.

[5] siehe Kommentar zu R.v.Arnold, (1964) Crim.L.R.665.

[6] R.v.Arnold, 1964, (1964) Crim.L.R.664 mit Kommentar des Herausgebers eod. p.665; ebenso Wallace v. Major, 1946, (1946)
K.B.473 at pp.477-478.

liegen. Das Tatbestandsmerkmal "driving away", das im Gesetzentwurf des Criminal Law Revision Committee[1] noch enthalten
war, blieb im Gesetz selbst weg.[2] Freilich scheint in den genannten Fällen ein taking gegeben und daher eine Verurteilung
auch heute möglich zu sein.[3] Ein neues Erfordernis, das sich
in den Road Traffic Acts nicht fand, besteht darin, daß das
Fahrzeug für "his own or another's use" weggenommen werden
muß, wobei "taking" als Besitzerwerb auszulegen ist.[4] Wollte
man "takes" mit "uses" gleichsetzen, so würde dies die Bestimmung tautologisch machen. Das vollendete Delikt erfordert eine unermächtigte Inbesitz- oder Inkontrollnahme des Fahrzeuges in Widerspruch zu den Rechten des Eigentümers oder desjenigen, der ein Recht zum Besitz oder zur Kontrolle hat, die
durch irgendein Bewegen, so gering es auch sein mag, gefolgt
ist. Dies wurde im Falle R.v.Bogacki[5] verneint, in welchem
die Angeklagten in einer Busgarage einen Bus bestiegen, aber
weggingen, nachdem sie vergeblich versucht hatten, die Maschine in Gang zu setzen. Es handelte sich hierbei nach der Auffassung des Court of Appeal lediglich um eine strafbare Vorbereitungshandlung. Hierfür wird auf Smith[6] und Griew[7] verwiesen.
Wie der Kommentar bemerkt, begeht demnach derjenige kein Delikt i.S. des s.12 Theft Act 1968, der einen motorisierten,
aber unbewohnten Wohnwagen in Besitz nimmt und darin einen Monat lang lebt, vorausgesetzt, daß er das Fahrzeug nicht in Bewegung setzt. Wenn er es aber nur einen Meter verschiebt, macht
er sich des s.12 Theft Act 1968 schuldig. Der Kommentator erklärt
dies aus dem Begriff des Transportmittels, dessen Wesen darin
besteht, daß es bewegt wird. Die Beseitigung des "driving" dürf-

---

[1] Cmnd.2977 at p.102.
[2] R.v.Pearce, 1972, (1973) Crim.L.R.321; Smith op.cit. para.
317.
[3] Smith (J.C.) op.cit. paras.313 & 316 mit n.8 unter Bezugnahme auf R.v.Roberts, 1964, (1964) 2 All E.R.541.
[4] Mowe v. Perraton, 1952, (1952) 1 All E.R.423; Smith (J.C.)
op.cit. para.313.
[5] R.v.Bogacki, 1973, (1973) Crim.L.R.385 mit Kommentar des
Herausgebers.
[6] op.cit. paras.313, 317.
[7] The Theft Act 1968 p.71.

te gewisse Fahrzeuge unter s.12 Theft Act 1968 oder doch den ersten Teil desselben bringen, die sonst nicht darunter fielen, wie ein Fahrzeug mit Platz für ein oder mehrere Passagiere, welches kein Selbstantriebsmittel hat und so nicht gefahren werden kann, sondern geschleppt werden muß.[1] Nach s.12 (7) (a) bedeutet "conveyance" ein Fahrzeug, das für die Beförderung von einer oder mehreren Personen, sei es zu Land, zu Wasser oder zu Luft konstruiert oder geeignet gemacht ist, außer Fahrzeuge, deren Gebrauch nur unter der Kontrolle einer Person stehen, die darin oder darauf nicht befördert wird. So sind Fahrzeuge für den Gütertransport ausgeschlossen, aber nur insoweit, als sie keinen Platz für einen Fahrer haben. So fällt ein Lastkraftwagen stets unter das Gesetz, da er so konstruiert ist, daß mindestens eine Person befördert wird. Dagegen sind Fahrzeuge, wie z.B. Milchfuhrwerke, die durch einen Mann, der nebenher geht, betrieben werden, ausdrücklich ausgeschlossen. Auch Fahrräder sind ausdrücklich ausgenommen, doch ist in s.12 subs.6 die Wegnahme von pedal cycles ohne Zustimmung des Eigentümers oder eine andere gesetzliche Ermächtigung zu eigenem Gebrauch oder zu dem eines anderen, wie auch das Fahren auf einem solchen Fahrzeug in Kenntnis, daß es ohne eine solche Ermächtigung weggenommen worden ist, unter besondere Strafsanktion gestellt.[2] Wenn für dieses Delikt eine Wegnahme ohne Zustimmung des Eigentümers oder eine andere gesetzliche Ermächtigung verlangt ist, so gilt hierfür das beim Diebstahl Ausgeführte entsprechend. Insbesondere bedarf es daher auch hier der freien Zustimmung des Eigentümers. Ist dieselbe durch Versetzen in solche Furcht, daß seine scheinbare Zustimmung mit seiner Handlungsweise nicht übereinstimmt[3] oder durch Betrug (fraud) herbeigeführt, so würde sie unwirksam sein, sofern der durch den Betrug hervorgerufene Irrtum die Identität des Wegnehmenden oder die Natur des Geschäftsvorganges betreffen sollte oder durch die Furchterregung die Freiwilligkeit der Zustimmung auf-

---

[1] Smith (J.C.) op.cit. para.318.
[2] Smith (J.C.) op.cit. para.320.
[3] R.v.Hogdon, (1962) Crim.L.R.563-564.

gehoben ist. Ähnliche Grundsätze müssen auch für die Zustim-
mmung gelten, die ohne Betrug, aber auf Grund eines Irrtums erlangt ist, der dem Wegnehmenden bekannt ist. Auch hier gilt
nach s.12 (6), wie beim Diebstahl, der Grundsatz, daß eine
Person kein Delikt begeht, wenn sie etwas in der Annahme tut,
daß sie eine gesetzliche Ermächtigung hierzu habe oder daß
der Eigentümer zugestimmt haben würde, wenn er von dem Tun und
den Umständen der Wegnahme Kenntnis gehabt hätte.[1] Außerdem ersetzt s.12 Theft Act 1968 die Bestimmung s.44 Road Traffic
Amendment Act 1962 (c.59), wonach jemand sich auch schuldig
macht, wenn er in oder auf einem solchen Fahrzeug in Kenntnis,
daß es ohne Zustimmung des Eigentümers oder andere gesetzliche
Ermächtigung weggenommen worden ist, sich befördern läßt.[2]
Einen weiteren Fall von strafbarem furtum usus erwog das Criminal Law Revision Committee in Ansehung der Ansichnahme gewinn-
bringender Fahrnis. Es sollte darin ein Sonderdelikt gesehen
werden, daß jemand das Eigentum eines anderen, z.B. ein Werkzeug, das seinem Dienstherrn gehört, zu Gewinnzwecken für sich
gebraucht. Der Gewinn mag in Gegenständen bestehen, die mit dem
fremden Eigentum hergestellt wurden, oder in Geld, das mittels
des Eigentums verdient wurde. Ein Beispiel dieser Art bietet R.
v. Cullum,[3] wo der Kapitän einer Barke unehrlicherweise und in
Widerspruch zu den Anweisungen des Eigentümers eine Ladung auf
der Barke beförderte und sich das Geld, das er für die Fracht
erhielt, zueignete. Er wurde der Unterschlagung (embezzlement)
nach s.68 Larceny Act 1861, das s.17 (1) (b) Larceny Act 1916
ähnlich war, nicht für schuldig befunden, weil er das Geld nicht
"for or in the name or on the account" seines Herrn oder Arbeitgebers erhalten hatte, sondern "on his own account", wenn auch
unehrlicherweise. Eine solche Person mag eher der rechtswidrigen Zueignung des Erlöses, als des Mißbrauches des Eigentumsgegenstandes des Eigentümers für schuldig zu erachten sein.

---

[1] Smith (J.C.) op.cit. paras.321 & 323.
[2] siehe R.v.Pearce, (1961) Crim.L.R.122-123 entgegen R.v.Stally,
1959, (1959) 3 All E.R.814, (1960) 1 W.L.R.79, 124 J.P.65,
104 Sol.Jo.108, 44 Cr.App.R.5, 45 Dig.Repl.104, 338; D.(in-
fant) v. Parsons, 1960, (1960) 2 All E.R.493, (1960) 1 W.L.R.
797, 124 J.P.375, 104 Sol.Jo.605, 58 L.G.R.325, 45 Dig.Repl.
66, 189.
[3] R.v.Cullum, 1873, L.R.2 C.C.R.28, 42 L.J.M.C.64, 28 L.T.571,
37 J.P.422, 21 W.R.687, 12 Cox C.C.469, 15 Dig.Repl.1102,
10 943.

Obwohl ein solches Verhalten tadelnswert genug ist, um Strafe
zu verdienen, schien es dem Ausschuß doch nicht von solcher
Bedeutung, um es als Sonderdelikt unter Strafe zu stellen, so
daß er von einer Aufnahme in den Gesetzentwurf absah.[1]
Diebstahl kann gegen irgendjemand begangen werden, der eine im
Eigentum eines anderen stehende Sache in Besitz oder Obhut hat
oder der irgendwelches Eigentümerrecht oder Eigentümerinteresse
daran hat, mit Ausnahme eines Billigkeitsinteresses, das nur
aus einer Vereinbarung, ein Interesse zu übertragen oder zu gewähren, besteht. Die grundlegende Bestimmung hierfür ist s.5
(1) Theft Act 1968, das folgendermaßen lautet: "Property shall
be regarded as belonging to any person having possession or
control of it, or having in it any proprietary right or interest
(not being an equitable interest arising only from an agreement to transfer or grant an interest)". Sofern also jemand ein
Interesse hat, das hinter dem vollen Eigentum zurückbleibt, wird
eine Absicht des Diebes, ihm dieses ganze Interesse, was immer
es sein möchte, zu entziehen, ausreichen. Wenn somit jemand,
der weiß, daß sein Bekannter einen Wagen von einem Dritten auf
die Dauer eines Monats gemietet hat, den Wagen dem Bekannten in
der Absicht wegnimmt, denselben bei Ablauf der Monatsfrist an
den Dritten zurückzugeben, so ist dies Diebstahl gegenüber dem
Bekannten, dem dauernd sein ganzes Interesse an dem Eigentum
entzogen wird, jedoch kein Diebstahl gegenüber dem Dritten, dem
offensichtlich nicht auf die Dauer sein Eigentum entzogen wird.
Maßgebend ist stets die Absicht. Die Tatsache, daß die Wegnahme des Eigentums bei Personen mit beschränkten Interessen für
das Vorliegen eines Diebstahls genügt, kann, worauf Smith hinweist, in Fällen, in denen das Interesse der Person an dem ihr
entzogenen Eigentum sehr gering ist, zu ziemlich merkwürdigen
Ergebnissen führen, wie in dem Fall, wo jemand einen von ihm geschriebenen Brief einem Freund zur Aushändigung an den Adressaten gibt und ein Dritter den Freund abfängt und ihm den Brief
wegnimmt, denselben aber, nachdem er ihn gelesen hat, an den
Adressaten abliefert. Dies mag Diebstahl des Dritten gegenüber

---

[1] The Report Cmnd.2977 para.57 (iii).

dem Freund des Briefschreibers sein, nicht aber gegenüber dem
Briefschreiber und Absender noch gegenüber dem Adressaten.
Würde der Brief mit Gewalt oder Drohung mit Gewalt dem Freund
weggenommen, so wird es Raub gegenüber diesem sein.[1] Erläuterungen darüber, was auf die in s.1 (1) Theft Act 1968 geforderte unehrliche Absicht hinausläuft, gibt s.6 Theft Act 1968.
Die Bestimmung s.6 (1) lautet: "A person appropriating property
belonging to another without meaning the other permanently to
lose the thing itself is nevertheless to be regarded as having
the intention of permanently depriving the other of it if his
intention is to treat the thing as his own to dispose of regardless of the other's rights; and a borrowing or lending of
it may amount to so treating it if, but only if, the borrowing
or lending is for a period and in circumstances making it equi-
valent to an outright taking or disposal". Diese Bestimmung
soll die common law - Regel erneuern, daß, wo jemand eines anderen Eigentum sich in der Absicht zueignet, daß der andere es
nur zurückerhalten soll, wenn er dafür bezahlt, wie z.B. wenn
jemand einem anderen eine Pfundnote wegnimmt und ihm dieselbe
wieder mit der Bitte anbietet, ob er ihm dafür Münzgeld geben
kann, er eine ausreichende Absicht dauernder Wegnahme hat.[2]
Wenn jemand über das Eigentum eines anderen ohne Rücksicht auf
dessen Rechte mit der Behauptung, es sei sein Eigentum, wie über
sein eigenes Eigentum verfügt, so fällt er sicherlich unter s.6
(1) Theft Act 1968. Dasselbe muß aber auch gelten, wenn er über
das Eigentum eines anderen ohne Rücksicht auf dessen Recht mit
der Behauptung, es sei zwar fremdes Eigentum, über das er aber
zu verfügen die Macht habe, wie über sein eigenes Eigentum verfügt.[3] Section 6 (1) Theft Act 1968 deckt auch den Fall, wo
jemand das Eigentum eines anderen sich rechtswidrig zueignet,
es an einen Dritten verkauft und dann dem anderen sagt, wo
sein Eigentum zu finden ist, in Kenntnis, daß derselbe in der
Lage sein wird, seine Eigentumsrechte gegen den Dritten zu
behaupten und das Eigentum wieder zu erlangen.[4] In den vorge-

[1] Smith (J.C.) op.cit. para.131.
[2] Smith (J.C.) op.cit. para.133.
[3] Smith (J.C.) op.cit. para.133.
[4] Smith (J.C.) op.cit. para.134.

nannten Fällen wäre es zweckmäßiger, Anklage wegen obtaining property (the price) by deception nach s.15 (1) Theft Act zu erheben. Nur wenn der Täter das Eigentum eines anderen sich zueignen und er dem anderen es gegen Ersatz für etwas anderes als Eigentum oder einen geldlichen Vorteil, z.B. ein Amt oder eine Anstellung, anbieten sollte, wäre die einzige Möglichkeit eine Anklage wegen Diebstahls, es sei denn, daß das Delikt der Bestechung Platz greifen würde.[1] Im Prinzip dürfte kein Unterschied bestehen, wenn der Täter dem anderen dessen Eigentum als Geschenk anböte. Die Täuschung, durch die in dem anderen die Annahme hervorgerufen wird, daß er ein Geschenk erhalte, ist sicherlich unredlich. Doch mag es zweifelhaft sein, ob eine Absicht, dem Eigentümer sein Eigentum auf die Dauer zu entziehen, darin erblickt werden kann, daß der Täter dem Eigentümer sein Eigentum schenkweise zurückzugeben beabsichtigte.[2]

In R.v.Easom[3] entschied das Court of Appeal, daß eine bedingte Zueignung (conditional appropriation) nicht genüge, um Diebstahl zu begründen. Es ist darin ausgeführt, daß in allen Fällen des Diebstahls (theft) das appropriation von der Absicht dauernder Beraubung des Eigentümers in Ansehung seines Eigentums begleitet sein muß, wozu nach Ansicht des Gerichts ein "conditional appropriation" nicht ausreicht, ein Satz, der in seiner Allgemeinheit freilich nicht aufrechtzuerhalten ist, da jede Absicht, ob sie zum Ausdruck kommt oder nicht, irgendwie bedingt ist. Wenn der Zueignende lediglich im Sinn hatte, den Eigentümer nur solchen Eigentums zu berauben, wie es sich auf Prüfung hin als wegnehmenswert erweist, und er dann, nachdem er entdeckt hatte, daß es für ihn wertlos ist, dasselbe so griffbereit zurückließ, daß es von dem Eigentümer ohne weiteres wieder in Besitz zu nehmen war, so würde er es nicht gestohlen haben trotz der Bestimmungen von s.6 (1) Theft Act 1968. Da in diesem Fall die Fahrnisgegenstände, sobald, als sie identifi-

---

[1] siehe Sale of Offices Act 1809 (49 Geo.III c.126), Corrupt Practices Prevention Act 1863 (26 Vict. c.29) und The Sheriffs Act 1887 (50 & 51 Vict. c.55).

[2] Smith (J.C.) op.cit. para.135.

[3] R.v.Easom, 1971, (1971) 2 Q.B.315 at p.319, (1971) 2 All E. R.945 & 947; (1971) Crim.L.R.487-488, The Times May 28, 1971, (1971) 3 W.L.R.82.

ziert wurden, ausgeschlagen wurden, wird man von vollendeter
Zueignung, auch nicht in bedingter Form, sprechen können, wohl
aber kann, wie früher ausgeführt, versuchter Diebstahl vorliegen, der allerdings in R.v.Easom wegen mangelnder dauernder
Wegnahmeabsicht in Ansehung der einzelnen spezifischen Gegenstände verneint wurde. Es wird behauptet, daß eine Übernahme
von Eigentum, die aus dem Grunde bedingt ist, daß eine Wegnahmeabsicht nur für den Fall gefaßt ist, daß ein bestimmtes Ereignis vorliegt, Diebstahl ist, wie wenn jemand einem anderen
seinen Ring in der Absicht wegnimmt, ihn zu behalten, wenn
der Stein ein Diamant ist, andernfalls ihn aber wieder zurückzugeben. Der Juwelier, zu dem er den Ring brachte, erklärte den
Stein für eine Bleiglaskomposition, worauf der Dieb den Ring
dem bisherigen Inhaber zurückgab. Es wird erklärt, daß der Wegnehmende Diebstahl beging, als er den Ring wegnahm. Die Tatsache der Rückgabe ist nur für die Bemessung der Strafe erheblich. Ähnlich liegt der Fall, in welchem jemand das Eigentum eines anderen wegnimmt, in der Absicht, von diesem eine
Belohnung für das Finden derselben zu beanspruchen. Wenn er beabsichtigt, das Eigentum auf alle Fälle zurückzugeben und eine
Vergütung zu erhalten hofft, ist er des Diebstahls nicht schuldig, obwohl er versucht, Eigentum durch Täuschung nach s.15 (1)
Theft Act 1968 zu erlangen. Anders verhält es sich, wenn er
für den Fall, daß er die Belohnung nicht erhält, beabsichtigt,
das Eigentum zu behalten. Dann ist er in derselben Lage wie
derjenige, der das Eigentum dem Eigentümer zurückverkauft und
sich daher des Diebstahls schuldig macht. Dieser Fall dürfte
analogerweise auch unter das allgemeine Prinzip des s.6 Theft
Act gebracht werden können. Das allgemeine Prinzip dürfte dahin
gehen, daß eine Absicht, daß der Eigentümer das Eigentum nicht
zurückhaben soll, wenn nicht ein Entgelt durch ihn oder einen
anderen gewährt oder allgemein irgendeiner Bedingung entsprochen
wird, genügt.[1]

---

[1] Smith (J.C.) op.cit. para.138.

Rechtswidriges Borgen ist im allgemeinen nicht Diebstahl, da
der Borgende die Absicht hat, die Sache zurückzugeben. Falls
das Borgen aber auf einen Zeitraum und unter Umständen erfolgt,
die es einem gänzlichen Wegnehmen gleichwertig machen, kann es
so angesehen werden, als habe der Borgende die Absicht, den
Eigentümer auf die Dauer zu berauben. Diese etwas merkwürdige
Bestimmung des s.6 (1) Theft Act 1968 kann nur darauf abzielen, daß gewisse Borgensfälle als gänzliches Wegnehmen zu behandeln sind. Es kann sich hierbei nur um solche Borgensfälle
handeln, in denen der Wegnehmende beabsichtigt, die Sache nicht
zurückzugeben, bis sie ihre Wirksamkeit, d.h. ihren Nutzeffekt,
verloren hat, wie z.B. durch Rückgabe einer Trockenbatterie,
nachdem sie erschöpft ist, oder durch Rückgabe einer Saisonkarte für die Benützung einer Einrichtung, wie z.B. einer Parkanla-
ge, nach Ablauf der Saison, oder eines Straßenbahnabonnements
nach Ablauf des für seine Gültigkeit festgelegten Zeitraumes.
Ähnlich sind die Fälle, in denen die Rückgabe der Sache erst erfolgt, nachdem sie in ihrer Substanz völlig verändert ist, wie
wenn ein Arbeiter seinem Dienstherrn eine Radachse wegnimmt und
sie einschmelzt, um den Ausstoß und damit seinen Verdienst zu
erhöhen.[1] Dasselbe Problem entsteht beim Scheckdiebstahl. Wird
der Scheck vom Dieb eingelöst, wie es der Dieb vermutlich beabsichtigt, und geht der eingelöste Scheck auf dem üblichen Wege
an die Bank des Ziehers zurück, dann ist der Fall so anzusehen,
wie wenn der Dieb den Scheck so behandelte, als wenn er sein Eigentum wäre und darüber verfügte.[2] Vorstehende Ausführungen treffen ohne weiteres zu, wo das Eigentum seines wesentlichen Charakters, wie er oben als Nutzeffekt bezeichnet ist, ganz beraubt wird.
Wie ist es aber, wenn der Nutzeffekt nicht ganz, aber doch nahezu
erreicht ist, z.B. bei einer Saisonkarte für eine Reihe von Wett-
spielen? Wenn solchenfalls ein gänzliches Wegnehmen anzunehmen ist

---

[1] R.v.Richards, 1844, 1 C.& K.532, 15 Dig.Repl.1059,

[2] siehe auch R.v.Hall, 1849, 1 Den.381, 2 C.& K.947, n., T.& M.
47, 3 New Sess.Cas.407, 18 L.J.M.C.62, 12 L.T.O.S.383, 13 J.
P.55, 13 Jur.87, 3 Cox C.C.245, 15 Dig.Repl.1060, 10 457.

liegt dann der Diebstahl bei Rückgabe der Karte nach dem ersten Wettspiel oder erst nach einem späteren vor und wo ist die Grenze zu ziehen? Diese Schwierigkeit legt die Annahme nahe, daß Diebstahl erst vorliegt, wenn die Sache ihren vollen Nutzeffekt verloren hat. Dies mag allerdings zu nicht ohne weiteres verständlichen und auch unbilligen Ergebnissen führen. Wenn so z.B. jemand einem anderen das Auto wegnimmt und es zehn Jahre lang behält und benützt, so wird er des Diebstahls nicht schuldig sein, wenn er die ganze Zeit über die Absicht hat, das Auto dem Eigentümer zurückzugeben, jedenfalls sofern dasselbe noch ein fahrfähiges Fahrzeug ist, auch wenn das Verhältnis des Wertes, den es noch hat, zu dem ursprünglichen Wert sehr klein ist. Kann es aber nicht mehr als Auto bezeichnet werden, sondern ist es Schrott, so hat er es, wenn er es in diesem Zustand zurückgibt, gestohlen.[1] Die Bestimmung betreffend Ausleihen (lending) in s.6 (1) Theft Act 1968 geht davon aus, daß der Verleiher Besitz oder Obhut an der Sache hat, die er ausleiht. Wenn der Verleiher weiß, daß der Eigentümer niemals wieder sein Eigentum zurückerhalten wird, so hat er zweifellos eine Absicht dauernder Wegnahme. Ähnlich ist die Rechtslage, wenn der Verleiher weiß, daß, wenn der Eigentümer sein Eigentum zurückerhält, der Nutzeffekt der Sache verschwunden sein wird.

Die maßgebende Bestimmung bezüglich der Aufgabe des Eigentums unter einer die Rückgabe betreffenden Bedingung ist in s.6 (2) Theft Act getroffen und lautet folgendermaßen: "Without prejudice to the generality of subsection (1) above, where a person, having possession or control (lawfully or not) of property belonging to another, parts with the property under a condition as to its return which he may not be able to perform, this (if done for purposes of his own and without the other's authority) amounts to treating the property as his own to dispose of regardless of the other's rights". Diese Vorschrift bezweckt die Art von Fällen zu behandeln, die nach dem bisherigen Recht zu

---

[1] Smith (J.C.) op.cit. para.141.

Schwierigkeiten führten. Es handelt sich speziell um den Fall,
daß jemand, der Besitz oder Obhut an Sachen hat, die einem anderen gehören, diese Sachen verpfändet. Hatte der Verpfändende
keine Absicht, die verpfändeten Sachen jemals wieder auszulösen, so war er nach bisherigem Recht des larceny und ist auch
nach dem neuen Recht des theft schuldig, ganz abgesehen von
s.6 (2) Theft Act. Wenn er aber beabsichtigt, das Pfand wieder
auszulösen, so ist er klarerweise eines theft schuldig, wenn
er weiß, daß er hierzu nicht in der Lage sein mag, gleichviel,
ob die Chance der Auslösungsmöglichkeit gering oder groß ist.
In beiden Fällen ist die Bedingung eine solche, die er, wie er
weiß, nicht zu erfüllen imstande sein mag.[1] Im allgemeinen wird
man sagen dürfen, daß jemand, der mit absoluter Sicherheit in
der Lage ist, die verpfändete Sache jederzeit auszulösen, nicht
unehrlich handelt und keine Absicht dauernder Beraubung hat.
Wenn so der Mieter eines möbilierten Hauses in vorübergehender
Geldnot die Uhr des Vermieters in der bestimmten Erwartung und
in der sicheren Fähigkeit,die Auslösung der Uhr während der vereinbarten Mietzeit durchzuführen, verpfändet, so ist er nicht
unehrlich und hat nicht die Absicht, den Vermieter seiner Uhr
zu berauben.[2]
Der Fall der Dereliktion einer Sache fällt nicht unter s.6 (2)
Theft Act 1968, da der Derelinquierende das Eigentum nicht unter einer Bedingung aufgibt. Es mag jedoch so angesehen werden,
als habe er eine Absicht, die Sache, wie wenn sie seine eigene
wäre, zu behandeln und über sie ohne Rücksicht auf die Rechte
eines anderen zu verfügen. Wenn so jemand die Sache eines anderen borgt und sie dann an einem Ort liegen läßt, wo, wie er
weiß, der Eigentümer oder ein anderer zugunsten des Eigentümers
sie bestimmt findet, dann hat er sicherlich keine Absicht dauernder Beraubung. Aber wenn er die Sache unter solchen Umständen aufgibt, daß er es für ganz unsicher ansieht, ob der Eigentümer sie zurückerhalten wird oder nicht, dürfte anzunehmen
sein, daß er eine Absicht hatte, die Sache so zu behandeln, wie

[1] Smith (J.C.) op.cit. para.144.
[2] Smith (J.C.) op.cit. para.146 unter Hinweis auf die entsprechende Regelung in Pawnbrokers Act 1872 (35 & 36 Vict. c.93)
s.33.

wenn es seine eigene wäre, um darüber ohne Rücksicht auf die
Rechte des anderen zu verfügen. Es dürfte genügen, daß er beabsichtigte, den Verlust des Eigentums des anderen zu riskieren. Wenn z.B. jemand, von einem Platzregen überrascht, in einem Restaurant einen Schirm mitnimmt, um sich auf dem Weg zum
Bahnhof zu schützen, und ihn bei seiner Ankunft am Zielort in
der Eisenbahn zurückläßt, so soll er des Diebstahls schuldig
sein.[1]

Section 2 (2) Theft Act 1968 hat Fälle wie denjenigen im Auge,
in welchem jemand Milchflaschen, die auf der Haustreppe eines
anderen abgestellt sind, wegnimmt, aber den vollen Preis dafür
zurückerstattet, indem er den entsprechenden Geldbetrag hinter-
läßt. Sicherlich hat er keinen Rechtsanspruch auf die Milchflaschen und beraubt den anderen dauernd seines Eigentums. Zweifelhaft ist nur, ob seine Handlungsweise unredlich (dishonest)
war. Wenn nichts weiter vorliegt, so wird die bloße Tatsache
der Zahlung keine Verteidigung sein, wenn sie auch zweifellos
einen Milderungsgrund bildet, der bei der Strafzumessung zu berücksichtigen ist. Allerdings mag die Tatsache der Bezahlung
unter gewissen Umständen einen wichtigen Beweis für das Fehlen
einer Unredlichkeit liefern, wie z.B. in dem Falle, in welchem
jemand von dem Milchwagen, der während der vorübergehenden Abwesenheit des Milchmannes unbewacht ist, Milchflaschen wegnimmt und Geld in Höhe des Preises zurückläßt, sofern der Kunde
annehmen darf, daß der Milchmann ihm die Milch gern verkaufen
würde, wenn er anwesend wäre und der Kunde wegen dringender
Geschäfte Eile hat und die Rückkehr des Milchmannes nicht ab-
warten kann.[2]

Während das englische Recht, wie sich aus den bisherigen Ausführungen ergibt, für Diebstahl bzw. Raub als Tatbestandsmerkmal das Vorliegen der Besitzentziehungsabsicht voraussetzt,[3]
entspricht diesem Erfordernis im deutschen Recht die in §§ 242,
249 StGB statuierte Zueignungsabsicht. Allerdings sind diese

---

[1] Smith (J.C.) op.cit. para.148.

[2] Smith (J.C.) op.cit. para.149 & n.20.

[3] s.1(1) Theft Act 1968: "with the intention of permanently
    depriving the other of it" entsprechend s.1(1) Larceny Act
    1916: "with intent at the time of such taking permanently
    to deprive the owner thereof".

Begriffe keineswegs identisch. Zwar bedeuten beide die Anmassung einer eigentümerischen Herrschaftsmacht über das Diebstahls- bzw. Raubobjekt. Sie unterscheiden sich aber dadurch, daß die Besitzentziehungsabsicht in der Absicht besteht, dem Eigentümer das Eigentum in vollem Umfang und auf die Dauer zu entziehen und ihn so zu schädigen, in der Absicht also, die volle Herrschaft über die Sache sich anzumaßen, um über sie wie ein Eigentümer zu verfügen,[1] während die Zueignungsabsicht nicht nur die Absicht verfolgt, die Sache oder den in ihr verkörperten Sachwert dem Eigentümer auf die Dauer zu entziehen, sondern sie oder ihren Wert dem eigenen Vermögen oder ausnahmsweise unter bestimmten Voraussetzungen dem Vermögen eines anderen einzuverleiben, so daß sich also der Dieb oder Räuber wirtschaftlich an die Stelle des Eigentümers setzen will.[2] Während also die Besitzentziehungsabsicht des englischen Rechts die rechtswidrige Sachentziehung einschließt und daher Diebstahl bzw. Raub bei unmittelbarer Weitergabe der Sache an einen Dritten wie auch bei beabsichtigter sofortiger Zerstörung gegeben ist,[3] schließt die Zueignungsabsicht im ersteren Falle regelmäßig, im letzteren stets Diebstahl bzw. Raub aus und läßt im letzteren Falle nur Sachbeschädigung (§ 303 StGB) zu. Eine Bereicherungsabsicht ist im Gegensatz zum österreichischen und schweizerischen Recht nach beiden Rechtssystemen nicht erforderlich und ist auch in den Strafgesetzbuch-Entwürfen von 1960 und 1962 nicht vorgesehen. Sowohl die Besitzentziehungs- als auch die Zueignungsabsicht hat nach beiden Rechtssystemen die Sache selbst oder den in ihr verkörperten Sachwert zum Gegenstand. So wird die auf eine bestimmte Fahrstrecke lautende Eisenbahnfahrkarte mit Ausführung der Fahrt, eine Trockenbatterie mit deren Wirkungsloswerden zugeeignet. Eine Rückforderung der Fahrkarte durch die Eisenbahnverwaltung ist eine rein verwaltungsmäßige Ordnungsvorschrift, welche die Zueignung nicht

---

[1] siehe R.v.Webb, 1835, 1 Mood.C.C.431, 15 Dig.Repl.1059, 10 453; R.v.Poole and Yates, 1857, Dears.& B.345, 27 L.J.M. C.53, 30 L.T.O.S.158, 15 Dig.Repl.1060, 10 456; R.v.Sibiya, 1955, 4 S.A.247, Dig.Cont.Vol.A 440, 6 457 a (S.Afr.); Hagel (K.), Der einfache Diebstahl S.187.

[2] RGSt 61, 232; 64, 415; 67, 334; BGHSt 1, 264; 4, 238; 16, 192; OLG Hamm NJW 64, 1429; Schönke-Schröder 18.Aufl.(1976) § 242 Rdz.45.

[3] R.v.Cabbage, 1815, R.& R.292, 15 Dig.Repl.1059, 10 449; R.v.

berührt. Auch die Rückgabe der wirkungslosen Batterie steht
der Zueignung nicht entgegen. Die Beraubungsabsicht mußte
nach dem Larceny Act 1916 im Zeitpunkt des taking and carrying
away unter Ausdehnung auf den Zeitraum des continuous trespass[1] und muß heute im Zeitpunkt des appropriation i.S. von
ss.1 und 3 (1) Theft Act 1968 vorliegen, während nach deutschem Recht die Zueignungsabsicht zur Zeit der Wegnahme der
Sache gegeben sein muß. Das im deutschen Recht als Sonderdelikt vorgesehene Delikt der Pfandkehr (§ 289 StGB)[2] ist dem
englischen Recht unbekannt. Doch wird als Diebstahl bzw. Raub
nach altem Recht ebenso wie nach dem Theft Act 1968[3] der entsprechende Fall behandelt, in welchem der Eigentümer (bailor)
dem zeitweiligen Besitzer (bailee) während der Dauer des bailment die dem bailee überlassene Sache rechtswidrig und mit Gewalt wegnimmt.[4] Wird die vom zuständigen Gerichtsvollzieher ge-
pfändete Sache vom Eigentümer in rechtswidriger Weise weggenommen und so der Verstrickung entzogen, so liegt nach deutschem
Recht Verstrickungsbruch (§ 137 StGB)[5] vor. Im englischen Recht,
das eine solche Sonderrechtsbestimmung nicht kennt, war nach
altem Recht, sofern es sich um eine stehlbare Sache handelt,
Diebstahl bzw. Raub zu bejahen, insofern dem Gerichtsvollzieher

---

Jones, 1846, 1 Den.188, 7 L.T.O.S.285, 2 Cox C.C.6, 15 Dig.
Repl.1059, 10 451.

[1] siehe R.v.Riley, 1853, Dears.C.C.149, 22 L.J.M.C.48, 20 L.T.
O.S.228, 6 Cox C.C.89, 15 Dig.Repl.1049, 10 333; Ruse v. Read,
1949, (1949) 1 All E.R.398, (1949) 1 K.B.377, 15 Dig.Repl.
1050, 10 340; R.v.Kindon, 1957, 41 Cr.App.R.208, 3 Dig.Supp.
49, 10 424, Dig.Cont.Vol.A 440, 10 424 a; Moynes v. Coopper,
1956, (1956) 1 All E.R.450, 1 Q.B.439, 3 Dig.Supp.15, 36,
Dig.Cont.Vol.A 439, 10 329 a.

[2] "Wer eine eigene bewegliche Sache, oder eine fremde bewegliche Sache zugunsten des Eigentümers derselben, dem Nutznießer,
Pfandgläubiger oder demjenigen, welchem an der Sache ein Ge-
brauchs- oder Zurückbehaltungsrecht zusteht, in rechtswidriger
Absicht wegnimmt, wird ..."

[3] s.1 (1) proviso Larceny Act 1916, s.1 mit s.3 Theft Act 1968.

[4] Rogers v. Arnott, 1960, (1960) 2 Q.B.244, (1960) 2 All E.R.
417, 44 Cr.App.R.195, Dig.Cont.Vol.A 440, 10 540 a; siehe auch
Rose v. Matt, 1951, (1951) 1 K.B.810 at p.814, 15 Dig.Repl.
1073, 10 584 und Hagel (K.), Der einfache Diebstahl S.157.

[5] "Wer Sachen, welche durch die zuständigen Behörden oder Beamten gepfändet oder in Beschlag genommen worden sind, vorsätzlich beiseite schafft, zerstört oder in anderer Weise der
Verstrickung ganz oder teilweise entzieht, wird ..."

nach überwiegender Meinung juristischer Besitz und wie dem
bailee ein special property an der gepfändeten Sache zusteht
und sich der Eigentümer gegen den Willen des zeitweiligen
Besitzers, d.h. in unehrlicher Weise, die absolute Herrschaft
über die Sache anmaßt, zu deren Ausübung er zu dieser Zeit
nicht berechtigt ist. Nach dem Theft Act 1968 wird in diesem
Falle Diebstahl bzw. Raub deswegen entfallen, weil der Pfand-
schuldner Eigentümer der gepfändeten Sache bleibt, bis sie
durch den Gerichtsvollzieher verkauft oder übergeben wird, und
er sich daher nicht das Eigentum an der gepfändeten Sache anmaßen kann, an der ihm das Eigentum bereits zusteht, so daß
ein appropriation entfällt. In dem Falle, in dem im deutschen
Recht eine Gebrauchsanmaßung nach § 290 StGB[1] vorliegt, kommt
im englischen Recht nach dem Theft Act Diebstahl bzw. Raub
nicht in Betracht, da es an der Absicht der dauernden Besitzentziehung seitens des Täters, des öffentlichen Pfandleihers,
fehlt. Die Gebrauchsanmaßung ist nicht unter eine besondere
Strafsanktion gestellt. Die Wegnahme von Getreide oder anderer
zur Fütterung von Vieh bestimmter oder geeigneter Substanzen
gegen den Willen des Eigentümers, um dessen Vieh zu füttern,
wurde in beiden Rechtssystemen aus dem Diebstahl herausgenommen und unter besondere Strafsanktion gestellt[2] und scheidet
daher für Diebstahl und Raub aus.

D) Die besonderen Tatbestandsmerkmale des Raubes

Wie Lord Morris in Smith v. Desmond[3] ausführte, besteht wenig
Zweifel, daß Schrifttum und Rechtsprechung in Beziehung auf
Raub einen ständigen und progressiven Prozeß der Begriffsbe-

---

[1] "Öffentliche Pfandleiher, welche die von ihnen in Pfand genommenen Gegenstände unbefugt in Gebrauch nehmen, werden ..."
[2] Misappropriation by Servants Act 1863 (26 & 27 Vict. c.103)
s.1 mit s.5; § 370 Ziff.6 StGB.
[3] Smith v. Desmond, 1965, (1965) 1 All E.R.976 at p.979, (1965)
A.C.960 at p.971, Dig.Cont.Vol.B 187, 6 931 b; vgl. auch R.
v. Pollock and Divers, 1966, (1966) 2 All E.R.97 at p.100, 2
Q.B.195, Dig.Cont.Vol.B 202, 11 100 a.

stimmung aufweisen. In früheren Zeiten war das Delikt vermutlich auf Fälle beschränkt, in denen tatsächliche Gewaltanwendung gegen die Person und zwangsweise Wegnahme von der Person vorlagen. Schrittweise wurde die Anschauung darüber, was
Raub begründet, erweitert. Wirkliche Gewalt war nicht mehr un-
bedingtes Erfordernis. Es genügte auch Erregung von Furcht vor
Gewaltanwendung, also Drohung mit Gewaltanwendung. Man sprach
solchenfalls von constructive violence. Auch Furchterregung
durch andere Mittel, wie durch Drohung mit Anschuldigung eines
schändlichen Verbrechens in Gestalt sodomitischer Praktiken,
reichte in der Folgezeit aus.[1] Heute sind nach s.8 Theft Act
1968 die Nötigungsmittel auf Gewaltanwendung und auf Furchterregung durch Drohung mit unmittelbarer Gewaltanwendung beschränkt, aber insofern erweitert, als auch schon der Versuch,
jemand durch Drohung mit unmittelbarer Gewaltanwendung in
Furcht zu versetzen, ausreicht. Andererseits sind Drohungen
anderer Art für Raub nicht genügend, können aber als Tatbestandsmerkmal der Erpressung (blackmail) nach s.21 Theft Act
1968 - wie bisher nach s.29 Larceny Act 1916 - in Frage kommen.

I. Gewaltanwendung

Der Ausdruck "force" wird von den maßgebenden Schriftstellern
des common law vielfach synonym mit "violence" als jede körperliche Anstrengung zur Überwindung eines bestehenden oder zur
Verhinderung eines erwarteten Widerstandes gebraucht.[2] Sie ist
z.B. bei irgendeinem gewaltsamen Entreißen einer Sache vorhanden. In s.23 (1)(b) Larceny Act 1916 ist allerdings zur
Bezeichnung erschwerten Raubes der Ausdruck violence in dem

---

[1] R.v.Pollock & Divers, 1966, (1966) 2 All E.R.97, 130 J.P.287;
sub nom. R.v.Pollock, R.v.Divers, 1966, (1966) 50 Cr.App.R.
149, (1966) 2 W.L.R.1145, 110 Sol.Jo.212, Dig.Cont. Vol.B
203, 11 100 a.

[2] Black's Law Dictionary, 3rd ed., St.Paul, Minn.: West Publ.
Co.1933 p.1818; Kenny (C.S.) op.cit. 18th ed. by J.W.C.Tur-
ner (1962) pp.309-310; Stephen (H.J.) op.cit. 19th ed.(1928),
vol.IV, p.97; Archbold (J.F.) op.cit. 34th ed.(1959) pp.660-
661; Russell (W.O.Sir) op.cit. 12th ed.(1964) p.851; Stephen
(J.F.) op.cit. 9th ed.(1950) p.318.

engeren Sinne einer ungerechtfertigten Gewaltanwendung gegen
die körperliche Integrität des Opfers i.S. körperlicher Schädigung in Form der Körperverletzung oder Tötung gebraucht.
Man kann davon ausgehen, daß "force" ein etwas weiterer Begriff als violence ist, so daß z.b. das Niederhalten einer Person am Boden kein violence, wohl aber force gegen die Person
ist. Force bezeichnet nach Smith[1] die Ausübung physischer
Kraft gegen einen anderen schlechthin, während violence, wie
es scheint, eine dynamische Kraftausübung, wie z.B. durch
Versetzen eines Schlages, zum Ausdruck bringt. Gewalt ist entweder unmittelbare physische Gewaltanwendung (vis absoluta)
oder psychische Gewaltanwendung (vis compulsiva). Die überwältigende Gewalt schaltet den Willen des Gezwungenen völlig
aus, während die beeinflussende Gewalt den Willen des Genötigten in die vom Täter gewünschte Richtung drängt. Auch bei
letzterer wird eine physische Kraft entfaltet, wenngleich
außerdem eine psychische Beeinflussung stattfindet. Auch die
nur mittelbare Einwirkung kann vis compulsiva sein, da auch
bei ihr eine physische Kraft entfaltet werden kann, die vom
Vergewaltigten auch körperlich, nicht nur seelisch, empfunden wird. Es frägt sich nun, welche Art von force notwendig
ist, um das Stehlen in Raub umzuwandeln. Die Anwendung der
physischen Gewalt darf sich nicht in der bloßen Wegnahme, die
schon Tatbestandsmerkmal des Diebstahls ist, erschöpfen, sondern muß die Person des Opfers berühren oder doch das Opfer
fürchten lassen, daß seine Person berührt wird, und zwar in
der Weise, daß die Gewaltanwendung durch die Überwältigung eines bestehenden Widerstandes des Angegriffenen oder durch die
Verhinderung eines erwarteten Widerstandes desselben die Wegnahme ermöglicht. In diesem Sinne führte Garrow B. in R.v.Gno-
sil[2] unter anderem aus: "Die bloße Handlung der Wegnahme, auch
wenn sie gewaltsam erfolgt ist, macht dieses Delikt nicht zum

---

[1] Smith (J.C.) op.cit. para.155.

[2] R.v.Gnosil, 1824, 1 C.& P.304, 15 Dig.Repl.1118, 11 118.

Raub. Um Raub zu begründen, muß die Gewalt entweder vor oder
zur Zeit der Wegnahme gebraucht werden und muß von solcher
Beschaffenheit sein, daß sie die Absicht kundtut, hierdurch
die zu beraubende Partei zu überwältigen und ihren Widerstand
zu verhindern und nicht nur Besitz an dem erstrebten Eigentumsgegenstand zu erlangen". "Wenn so", fährt er fort, "ein
Mann, der auf der Straße hinter einer Frau hergeht, ihr mit
Gewalt den Schal von den Schultern ziehen würde, so würde er,
möchte er auch erhebliche Gewalt gebrauchen, hierdurch keinen
Raub begehen, weil die Gewaltanwendung nicht zu dem Zweck erfolgte, die beraubte Partei zu überwältigen, sondern nur Besitz an dem Eigentumsgegenstand zu erhalten". Zu demselben
Ergebnis kommt R.v.Walls and Hughes,[1] wo gleichfalls Raub
verneint und nur Diebstahl von der Person angenommen wurde,
als der Täter den Ankläger nach der Uhrzeit fragte und ihm
sodann die lose in Händen gehaltene Uhr an dem mit ihr verbundenen Band und Schlüssel wegschnappte und davonlief. Häufig sind auch die Fälle, in denen Frauen unversehens und plötzlich die in der Hand gehaltene Tasche weggeschnappt wird. Es
sollen nur die Entscheidungen in R.v.Macauley,[2] R.v.Baker,[3]
R.v.Steward,[4] R.v.Robins,[5] R.v.Harman[6] und R.v.Butt[7] erwähnt
werden, in denen es sich durchweg um bloßes Wegschnappen zur
Erlangung des Besitzes an dem weggenommenen Gegenstand und
daher nur um Diebstahl von der Person handelt. Auch in der
Mehrheit der nordamerikanischen Staaten begründet das plötz-
liche Wegschnappen keinen Raub, sondern nur Diebstahl von der
Person.[8] Wenn freilich dem Wegreißen ein Kampf um den Besitz
vorausgeht, indem das Opfer in Befürchtung eines Angriffs

1 R.v.Walls & Hughes, 1845, 2 C.& K.214 per Patteson J., 15
  Dig.Repl.1119, 11 131.
2 R.v.Macauley, 1783, 1 Leach 287, 15 Dig.Repl.1119, 11 128.
3 R.v.Baker, 1783, 1 Leach 290, 15 Dig.Repl.1119, 11 129.
4 R.v.Steward, 1690, 2 East P.C.702, 15 Dig.Repl.1119, 11 127.
5 R.v.Robins, 1787, 1 Leach 290 n., 15 Dig.Repl.1119, 11130.
6 R.v.Harman, 1620, 2 Roll.Rep.154, 1 Hale P.C.534, 81 E.R.
  721, 15 Dig.Repl.1118, 11 112.
7 R.v.Butt, 1957, 41 Cr.App.R.82, Dig.Cont.Vol.A 383, 5 621 a.
8 People v. McGinty, 24 Hun 62 (N.Y.1881), zit.in Anon., A
  Rationale, Col.L.Rev. 1954 p.87 & n.23; vgl.u.a.auch Advisory Committee Comment to § 609.24 Minnesota Criminal Code of
  1963, Minnesota Statutes Annotated, ss.609.01 to 609.655 under Arrangement of the Official Minnesota Statutes, vol.40,
  St.Paul, Minn.: West Publ.Co.1964 pp.282-283.

durch verstärktes Festhalten der Wegnahme einen Widerstand
entgegensetzt, der von dem Täter durch irgendeine Gewaltanwendung überwunden werden muß oder wenn das Opfer durch
die Gewaltanwendung absichtlich körperlich verletzt wird, ist
Raub zu bejahen.[1] Dasselbe gilt, wenn der Raubgegenstand mit
dem Körper oder der Kleidung des Angegriffenen so verbunden
ist, daß ein Widerstand überwunden werden muß, um die Wegnahme ausführen zu können. So ergriff in R.v.Mason[2] der Angeklagte die durch eine Kette mit der Uhr des Anklägers verbundenen
Siegel und zog die Uhr aus dessen Uhrentasche. Da aber die
Uhr noch durch eine Stahlkette gesichert war, die um den Hals
des Anklägers lief, konnte der Angeklagte die von ihm ergriffene Uhr nicht wegnehmen, bis er durch zwei- oder drei-
maliges ruckweises Ziehen die Kette zerbrochen hatte, worauf
er mit der Uhr davonrannte. Es wurde Raub bejaht. Weitere
Beispiele, in denen gleichfalls auf Raub erkannt wurde, sind
R.v.Moore,[3] R.v.Davies[4] und R.v.Lapier.[5] Im erstgenannten Fall
wurde von dem Kopfputz einer Dame eine schwere diamantene, mit
einem korkzieherartigen Stiel versehene Haarnadel, die in dem
dicht gelockten und stark gekräuselten Haar der Dame sehr fest
verflochten war, vom Täter weggeschnappt und dabei gleichzeitig auch ein Teil ihres Haares herausgerissen. Es wurde ausreichende Gewaltanwendung, um Raub zu begründen, angenommen.
In R.v.Davies griff der Angeklagte nach einem Schwert, das an
der Seite eines Edelmannes hing. Der Edelmann, der wahrnahm,
wie der Täter nach dem Schwert faßte, hielt die Scheide fest
zusammen, was zu einem Kampf zwischen beiden führte, bei dem
der Angeklagte Besitz an dem Schwert erlangte und es wegbrach-
te. Eine Gewaltanwendung, die zur Annahme eines Raubes ausreicht, wurde auch darin gefunden, daß der Täter in Diebstahlsabsicht jemand, um dessen Aufmerksamkeit abzulenken, anrannte,

---

[1] R.v.Davies, 1783, 1 Leach 290 n., 2 East P.C.709, 15 Dig.Repl.
  1119, 11 132; vgl. auch R.v.Horner, 1790, 1 Leach 291 n., 2
  East P.C.703, 15 Dig.Repl.1119, 11 133.
[2] R.v.Mason, 1820, R.& R.419, 15 Dig.Repl.1119, 11 136.
[3] R.v.Moore, 1784, 1 Leach 335, 15 Dig.Repl.1119, 11 135.
[4] R.v.Davies, 1783, 1 Leach 290 n., 2 East P.C.709, 15 Dig.
  Repl.1119, 11 132.
[5] R.v.Lapier, 1784, 1 Leach 320, 2 East P.C.557, 708, 15 Dig.
  Repl.1072, 10 569.

dem zu Boden Gefallenen die Tasche durchstöberte und ihm dann
beim Aufhelfen ein Paket Geldnoten daraus entwendete.[1] Der
Fall R.v.Lapier wurde früher schon geschildert.[2] Die Gewaltanwendung muß, obwohl das im Draft Theft Bill in clause 7 enthaltene Wort "wilfully"[3] in dem entsprechenden s.8 Theft Act
1968 gestrichen worden ist, vorsätzlich oder doch mindestens
rücksichtslos (d.h. dolus eventualis und grobe Fahrlässigkeit
umfassend) erfolgen. Dies gilt insbesondere auch, soweit die
Gewaltausübung in einer vorsätzlichen körperlichen Verletzung
des Opfers besteht. Ist diese Verletzung nur fahrlässig oder
gar zufällig herbeigeführt, so reicht sie zur Begründung eines
Raubes nicht aus. Dieser Grundsatz ist in R.v.Edwards[4] bestätigt, wo die Anklägerin einen Korb an den Handgriffen an das
obere Querholz des Wagens, auf dem sie fuhr, gebunden hatte
und der Angeklagte den Versuch machte, den Korb heimlich weg-
zuheben, aber der Strick dies verhinderte. Die Anklägerin, die
dies wahrnahm, streckte ihren Arm aus, um den Korb festzuhalten. Gerade in diesem Augenblick schnitt der Angeklagte den
Strick mit einem Messer durch und fügte dabei der Anklägerin
am Handgelenk eine Wunde zu. Der Schmerz und der Schrecken,
die darauf folgten, veranlaßten sie, ihre Hand zurückzuziehen
und den Angeklagten im Besitz des Korbes zu lassen, mit dem er
sich dann davonmachte. Alderson B. vertrat die Auffassung, daß
der Fall keinen Raub darstelle, da, um das Verbrechen des Raubes zu begründen, eine vorsätzliche Gewaltanwendung vorliegen
müsse, die Verwundung aber offenbar unabsichtlich und auf Grund
eines Zufalls zugefügt worden sei. Dasselbe trifft auch zu,
wenn der Täter zufällig das Opfer schneidet, während er dessen
Tasche aufschlitzt, um das darin befindliche Geld zu erhalten.
Ein Raub, begangen durch physische Gewaltanwendung, verbunden
mit der Behauptung eines gesetzlichen Rechts, ist in R.v.Gas-
coigne[5] festgestellt worden. Hier war die Anklägerin durch

[1] Russell (W.O.) op.cit. 12th ed.(1964) p.859 & n.58.
[2] siehe S.30.
[3] Smith (J.C.) op.cit. para.159.
[4] R.v.Edwards, 1843, 1 Cox C.C.32, 1 L.T.O.S.528, 7 J.P.532,
15 Dig.Repl.1118, 11 124.
[5] R.v.Gascoigne, 1783, 1 Leach 280, 2 East P.C.709, 15 Dig.
Repl.1119, 11 126.

den Angeklagten unter der Beschuldigung eines tätlichen, auf
Gewaltanwendung abzielenden Angriffs (assault) vor einen Magistrat gebracht worden. Nachdem der Magistrat die Klage geprüft hatte, befahl er der Anklägerin Kaution zu stellen. Während der Ehemann der Anklägerin wegging, um die Kaution zu beschaffen, fesselte der Angeklagte die Anklägerin und drohte
ihr, sie unmittelbar in das Gefängnis zu bringen. Sie erschrack
und nahm einen shilling aus der Tasche und bot ihm diesen und
danach sogar eine halbe Krone an, wenn er ihrer Bitte um Freilassung entsprechen würde. Er aber weigerte sich und schloß
sie mit einem Mann zusammen ein, der wegen Anschuldigung eines
gleichen Angriffes unter seiner Bewachung stand. Dann schob der
Angeklagte sie und den Mitgefangenen in eine Mietdroschke, in
die er gleichfalls einstieg und hielt ihr dort ein Taschentuch
vor den Mund. Darauf nahm er ihr gewaltsamerweise den shilling,
den sie noch in der Hand hielt, ab. Er streckte dann die Hand
in ihre Tasche und nahm drei shillings heraus. Später ließ er
die Droschke vor einem Wirtshaus halten, bestellte dort Gin
und bezahlte ihn mit dem einen shilling, den er ihr zuerst abgenommen hatte, und behielt das Wechselgeld in Höhe von sechs
pence für sich. Sodann zahlte er einen shilling oder einen
shilling und sechs pence für die Mietdroschke, gab aber keinen
Teil des der Anklägerin weggenommenen Geldes an sie zurück.
Die jury fand, daß der Angeklagte von Anfang an die verbrecherische Absicht hatte, alles Geld, das die Anklägerin in ihrer
Tasche hatte, an sich zu nehmen, und daß der Zustand, in den er
die Anklägerin versetzt hatte, nur ein scheinbares Mittel war,
seine verbrecherische Absicht auszuführen. Die zwölf Richter
waren einstimmig der Auffassung, daß der Angeklagte von Anfang
an die Absicht hatte, das Geld an sich zu nehmen und daß er zu
dem Zweck, es zu erhalten, Gewalt gebraucht habe, wenn auch unter dem Vorwand von Recht. Das Delikt war nach ihrer Auffassung
zweifelsfrei Raub. Ähnlich lag der Fall Merriman v. Chippenham
Hundred,[1] wo gleichfalls gewaltsame Wegnahme unter dem Vorwand
eines gesetzlichen Rechtes erfolgte. Der Raub erfordert eine

[1] Merriman v. Chippenham Hundred, 1767, 2 East P.C.709, 15 Dig.
Repl.1119, 11 125.

physische Gewaltanwendung gegen die Person i.S. eines Eingriffs in ihre körperliche Unversehrtheit, die aber ebenso
wie bei einem tätlichen, körperliche Schädigung verursachen-
den Angriff (assault occasioning actual bodily harm) nicht
nur auf eine Schädigung des Körpers, sondern auch auf eine solche des Geisteszustandes abzielen kann, wie z.B. wenn der Täter bei dem Opfer durch die gewalttätige Art seines Angriffes
einen Nervenschock hervorzurufen beabsichtigt, um in Ausnützung
desselben Sachen des Opfers sich anzueignen.[1] Eine tatsächliche Gewaltausübung gegenüber anderen Rechtsgütern, wie z.B.
Freiheit oder Eigentum, kann Raub nicht begründen. Wenn also
jemand das Opfer einschließt, um ungestört stehlen zu können,
ohne es körperlich anzugreifen, so liegt kein Raub vor.[2] Die
Gewalt muß "in order to steal", d.h. unmittelbar vor oder zur
Zeit des Stehlens,gebraucht oder angedroht werden. Ist die
jury davon überzeugt, daß der Täter einen Diebstahl ausführte,
nicht aber davon, daß er Gewalt für die Zwecke des Stehlens gebrauchte, so sollte sie ihn von Raub freisprechen und nur des
Diebstahls für schuldig befinden. In diesem Sinne entschied
auch das Court of Appeal (Criminal Division) in R.v.Shendley,[3]
wo die Anwendung von Gewalt zum Zwecke des Stehlens verneint
und daher Verurteilung wegen Diebstahls erfolgte, wobei der
Kommentator im Criminal Law Review[4] auf s.6 (3) Criminal Law
Act 1967 mit der Bemerkung hinweist, daß allerdings Archbold
(37.Aufl.) keine "other offences of which the Accused may be
found Guilty" unter dem Abschnitt "robbery" aufführt. Er bemerkt noch, daß der Gewaltanwendung die Drohung mit Gewalt
gleichzustellen ist. Ein Beispiel, bei dem es an einer Gewaltanwendung "in order to steal" fehlt, bietet der nach bisherigem Recht entschiedene Fall R.v.Blackham,[5] dem folgender Sach-

---

[1] R.v.Miller, 1954, 2 Q.B.282, 292, (1954) 2 All E.R.529, 38
    Cr.App.R.1, 15 Dig.Repl.1010, 9 949.
[2] Kielwein (G.), Die Straftaten gegen das Vermögen im englischen
    Recht, Bonn 1955 S.139 unter Bezugnahme auf R.v.Rabbitt, 1931,
    23 Cr.App.R.113, 14 Dig.Repl.334, 3 240.
[3] R.v.Shendley, 1969, 113 Sol.Jo.834, Dig.Cont.Vol.C.238, 6 640 b,
    (1970) Crim.L.R.49–50.
[4] Crim.L.R.1970 p.50.
[5] R.v.Blackham, 1787, 2 East P.C.515, 711, 15 Dig.Repl.1119,
    11 142.

verhalt zugrunde lag: Der Täter griff eine Frau in der Absicht an, sie zu schänden, und diese bot ihm ohne eine Anforderung seinerseits Geld an, das dieser an sich nahm und in
seine Tasche steckte, aber gleichwohl weiterhin gegen die
Frau Gewalt ausübte, um seine ursprüngliche Absicht zu verwirklichen, bis er in der Ausführung seiner verbrecherischen
Handlung unterbrochen wurde. Nach bisherigem Recht wurde in
diesem Falle von der Mehrheit der Richter Raub bejaht, mit
der Begründung, daß auch ein von der Frau angebotenes, nur
scheinbares Geschenk, das durch Furchterregung verschafft
wird, Raub begründet. Dagegen ist nach s.8 Theft Act 1968
Raub zu verneinen - selbst angenommen, es sollte Diebstahl in
Ansehung des Geldes vorliegen - und zwar gleichgültig, ob der
Täter von der Tat abstehen oder weitermachen und die Notzucht
vollenden sollte, weil die Gewaltanwendung nicht "in order to
steal" erfolgte.[1] Dasselbe gilt, wenn der Täter das Opfer aus
Rache oder Haß niederschlägt und sich danach entschließt, dem
Opfer die Uhr wegzunehmen und dies auch ausführt. Er begeht
solchenfalls keinen Raub, da auch hier die Gewaltanwendung
nicht "in order to steal" erfolgt ist. Möglicherweise liegt
in diesen Fällen Notzucht oder ein Delikt nach dem Offences
against Person Act 1861 wie auch Diebstahl vor.[2]

II. Furchterregung oder versuchte Furchterregung
vor sofortiger, d.h. an Ort und Stelle erfolgter, Gewaltanwendung

Neben der physischen Gewaltanwendung (vis absoluta) und der
psychischen Gewaltanwendung (vis compulsiva) steht nach dem
Theft Act 1968 als weiteres Nötigungsmittel die vollendete
oder versuchte Erregung von Furcht vor sofortiger Gewaltanwendung (s.8 (1) Theft Act 1968). Die Furchterregung vor so-

---

[1] Smith (J.C.) op.cit. para.156 mit n.8.

[2] Smith (J.C.) op.cit. para.156.

fortiger Gewaltanwendung unterscheidet sich von der vis compulsiva dadurch, daß bei ersterer eine rein seelische Beeinflussung stattfindet und ein Übel erst in Aussicht gestellt wird, während bei der vis compulsiva ein solches bereits zugefügt wird, z.B. bei der Abgabe von Schreckschüssen.[1] Während nach altem Recht ursprünglich nur eine solche Furchterregung für die Begründung eines Raubes als ausreichend erachtet wurde, die durch Bedrohung des Opfers mit dem Tod hervorgerufen worden war, wurde in der Folge Bedrohung mit Anschuldigung wegen eines Verbrechens der Sodomie der ersteren gleichgestellt und sodann, als die Beschränkung auf diese beiden Drohungen im Laufe der Zeit als unberechtigt empfunden wurde, im 18.Jahrhundert der Raubbegriff dadurch wesentlich erweitert, daß fortan jede Bedrohung mit Eingriff in die körperliche Unversehrtheit des Opfers genügen sollte. Hierbei blieb es auch in der Folgezeit. Erst das Theft Act 1968 hat den Raubtatbestand auf die vollendete oder versuchte Erregung von Furcht vor sofortiger, d.h. an Ort und Stelle erfolgender, Gewaltanwendung beschränkt und die Erregung von Furcht vor anderen angedrohten Übeln, die nach common law zur Begründung von Raub ausreichten, wie Infurchtsetzen durch Anschuldigung wegen Sodomie[2] und vielleicht auch wegen anderer Sittlichkeitsdelikte, wie indecency between males,[3] sowie die Drohung mit Schädigung des guten Rufes[4] und die Erregung von Furcht vor Verlust der Stellung,[5] oder doch mindestens ein larceny by intimidation begründeten, wie z.B. Furcht vor Einsperrung oder Vorführung bei der Polizei oder vor der Zerstörung oder der Beschädigung von Eigentum[6] oder der Drohung mit einer Zivilklage, auf das Gebiet der Er-

---

[1] Kielwein (G.), Der schwere Diebstahl, Raub und Erpressung, in Materialien zur Strafrechtsreform, Bd.2: Rechtsvergleichende Arbeiten II.Bes.T., Bonn 1955 S.324.

[2] R.v.Pollock and Divers, 1966, (1966) 2 All E.R.97, 130 J.P. 287, sub nom.R.v.Pollock, R.v.Divers, 1966, 2 W.L.R.1145, 110 Sol.Jo.212, 50 Cr.App.R.149, Dig.Cont.Vol.B 203, 11 100 a.

[3] R.v.Gascoigne, 1783, 1 Leach 280 at p.284, 2 East P.C.709, 15 Dig.Repl.1119, 11 126; R.v.Knewland and Wood, 1796, 2 Leach 721, 15 Dig.Repl.1119, 11 149; R.v.Jones (alias Evans), 1776, 1 Leach 139, 2 East P.C.714, 15 Dig.Repl.1119, 11 150; R.v.Hickman, 1784, 1 Leach 278, 2 East P.C.728, 15 Dig.Repl. 1119, 11 152; R.v.Reane, 1794, 2 Leach 616 n.a, 619, 2 East P.C.734, 15 Dig.Repl.1118, 11 114; R.v.Henry and Taunton,

pressung (blackmail) nach s.21 Theft Act 1968 verwiesen, soweit die übrigen hierfür erforderlichen Voraussetzungen gegeben sein sollten. Raub durch Gewaltanwendung und Drohung mit
solcher ist auch im Falle R.v.Simons[1] gegeben, wo der Angeklagte Waren im Wert von acht shillings der Anklägerin wegnahm und sie durch Gewalt und Furchterregung vor sofortiger
Gewaltanwendung zwang,unter dem Vorwand der Bezahlung derselben einen shilling anzunehmen. Ob Raub bei Bezahlung des vollen Wertes der Ware anzunehmen ist, ist zweifelhaft.[2] Im
letzteren Falle verneint das nordamerikanische Recht Raub.[3]
Ein besonderer Fall von Raub durch Furchterregung war nach
bisherigem Recht in R.v.Hughes and Wellings[4] darin zu sehen,
daß der Ankläger von den Angeklagten und ihren Gefährten auf
der Straße so umringt wurde, daß jeder Widerstand gewagt,
wenn nicht gar vergeblich erscheinen mußte, wobei sie ihn
gleichzeitig seiner Uhr und seines Geldes beraubten. Wenn

1840, 2 Mood C.C.118, 9 C.& P.309, 15 Dig.Repl.1120, 11 161;
R.v.Stringer, 1842, 1 C.& K.188, 2 Mood.C.C.261, 15 Dig.
Repl.1120, 11 162; R.v.Gardner, 1824, 1 C.& P.479, 15 Dig.
Repl.1120, 11 159; R.v.Simons, 1773, 2 East P.C.712, 731,
15 Dig.Repl.1117, 11 098; R.v.Brown, 1780, 2 East P.C.731,
15 Dig.Repl.1119, 11 145.

[4] R.v.Egerton, 1819, R.& R.375, 15 Dig.Repl.1120, 11 154; R.
v.Elmstead, 1802, 2 Russell on Crime 10th ed.(1950) p.1018,
15 Dig.Repl.1120, 11 153.

[5] R.v.Donnally, 1779, 1 Leach 193, 2 East P.C.713, 715, 15 Dig.
Repl.1118, 11 113; R.v.Egerton, siehe Anm.4; R.v.Elmstead,
siehe Anm.4; Kaufman v. Gerson, 1904, 1 K.B.491, 11 Dig.Repl.
444, 843, 12 Dig.Repl.105, 618; R.v.Cannon, 1809, R.& R.146,
15 Dig.Repl.1120, 11 157; R.v.Southerton, 1805, 6 East 126/7,
140, 2 Smith K.B.305, 102 E.R.1235, 15 Dig.Repl.1121, 11 179;
R.v.Jackson & Shipley, 1802, 1 Leach 193 n., 1 East P.C.Ad-
denda XXI, 15 Dig.Repl.1118, 11 122; R.v.Harrold, 1778, 2
East P.C.715.

[6] R.v.Boyle and Merchant, 1914, 3 K.B.339 at pp.344-345, 83
L.J.K.B.1801, 15 Dig.Repl.1123, 11 204; R.v.McGrath, 1869,
L.R.1 C.C.R.205, 39 L.J.M.C.7, 11 Cox C.C.347, 15 Dig.Repl.
1047, 10 314; R.v.Robertson, 1864, Le.& Ca.483 at 487, 11
Jur.N.S.96, 34 L.J.M.C.35, 15 Dig.Repl.1047, 10 313; R.v.Col-
lister and Warhurst, 1955, 39 Cr.App.R.100, 15 Dig.Repl.1122,
11 189; R.v.Southerton, 1805, 6 East 126 at pp.141, 143, 15
Dig.Repl.1121, 11 179.

[1] R.v.Simons, 1773, 2 East P.C.712, 731, 15 Dig.Repl.1117, 11098.

[2] Blackstone (W.Sir) op.cit.,4th ed.(1876) by R.M.Kerr,vol.IV,
p.252.

[3] Anon., A Rationale, Col.L.Rev.1954 p.91 n.59.

[4] R.v.Hughes and Wellings, 1825, 1 Lew.C.C.301, 15 Dig.Repl.
1118, 11 115.

auch keine direkte Gewalt oder Drohung gebraucht wurde, so
wurde doch schon in der bezeichneten Umzingelung mit dem Zweck,
dem Umringten jede Möglichkeit des Widerstandes zu nehmen, eine ausreichende Gewalt gesehen, um das Verbrechen des Raubes
zu begründen. In dem Urteil führte Bayley J. unter anderem aus:
"In order to constitute robbery must be either force or menaces. If several persons so surround another to take away the
power of resistance that is force". Auch nach dem Theft Act
ist in diesem Fall wenn schon keine Gewaltanwendung, so doch
mindestens eine vollendete oder versuchte Erregung von Furcht
vor Anwendung sofortiger Gewalt anzunehmen. Es wurde mitunter
behauptet, daß Furchterregung (putting in fear), die durch
Worte oder Gebärden erfolgen kann,[1] ein notwendiger Bestandteil aller Fälle des Raubes sei, auch jener, die durch tatsächliche Gewaltanwendungen bewirkt werden. Dieser Auffassung
trat schon Foster entgegen und Russell schloß sich ihm an, indem er darauf hinwies, daß es in der Tat Fälle gäbe, in denen
keine Vermutung für das Vorliegen einer Furchterregung angenommen werden könne. Wenn so z.B. ein Mann ohne vorherige Warnung niedergeschlagen und seines Eigentums beraubt wird, während er bewußtlos ist, kann man richtigerweise nicht sagen,
daß er in Furcht versetzt worden ist, und doch würde es zweifellos Raub sein.[2] In gleicher Weise äußert sich Girard[3] zu dieser Frage wie folgt: "Robbery is the felonious forceful taking
of property from a person who is or has been intimidated or
rendered unconscious or killed by a malicious act". Bei tatsächlicher Gewaltanwendung liegt danach auch ohne Furchterregung Raub vor. Dies gilt insbesondere für Raubmord. Der Um-

---

[1] Russell (W.O.Sir) op.cit., 12th ed.(1964) by J.W.C.Turner
pp.861-862.

[2] Foster p.128 zitiert bei Russell (W.O.Sir) op.cit., 12th ed.
(1964) vol.2 p.859 n.51 & n.52; Russell (W.O.Sir) op.cit.,
12th ed.(1964) vol.2 p.859; Blackstone (W.Sir) op.cit., 4th
ed.(1876) p.252; Stephen (H.J.) op.cit.,17th ed.(1922) p.103;
vgl. auch R.v.Norden, 1774, Fost.129, 15 Dig.Repl.1119,
11 141; Smith v. Desmond, 1965, (1965) 1 All E.R.976 at
p.982; R.v.Donally, 1779, 1 Leach 193 at p.196, 2 East P.C.
713, 715, 15 Dig.Repl.1118, 11 113.

[3] Girard (P.J.), Burglary Trends and Protection, The Journal
of Criminal Law, Criminology and Police Science vol.50
(1959/60) p.511.

stand, daß die diebische Wegnahme der Tötung nachfolgt und
der Beraubte zur Zeit der Beraubung bereits tot ist, schließt
Raub nicht aus, sofern Tötung und Diebstahl auf Grund derselben Willensentschließung im unmittelbaren zeitlichen Zusammenhang erfolgen und so eine einheitliche Handlung bilden. Hier
ist die Tötung nur Mittel und Anfang der Beraubung. Anders
wäre es nur, wenn der Täter es zunächst nur auf die Tötung
abgesehen hätte und erst hernach auf Grund neuen Entschlusses
Sachen des Getöteten an sich gebracht hätte. Solchenfalls läge Mord bzw. Totschlag und daneben Diebstahl vor. Auch nach
dem Recht der nordamerikanischen Staaten, das den Begriff des
putting in fear in der ihm im common law zukommenden Bedeutung übernommen hat, gilt das Ausgeführte in gleicher Weise.[1]
Durch das Theft Act 1968 ist eine Änderung gegenüber dem bisherigen Recht nur insofern eingetreten, als das putting in
fear auf die Erregung von Furcht vor sofortiger Gewaltanwendung
beschränkt worden ist. Es erhebt sich noch die Frage, welchen
Schweregrad die Gewaltanwendung und die Furchterregung vor sofortiger Gewaltanwendung nach common law aufweisen mußten, um
Raub zu begründen. Die tatsächliche Gewaltanwendung mußte von
solcher Beschaffenheit sein, daß sie ausreichte, das Opfer zu
überwältigen oder doch dessen vorhandenen oder erwarteten Widerstand gegen die Wegnahme seines Eigentums zu verhindern.[2]
Es hing daher vom Einzelfall ab, welche Stärke die Gewalt aufweisen muß, um das besagte Ziel zu erreichen. Sie kann je nach
den Umständen größer oder geringer sein. Auch die geringste
Gewaltausübung kann unter Umständen genügen,[3] so schon das Ergreifen und Festhalten eines Armes,[4] insbesondere wenn die un-

---

[1] Simmons v. State, 41 Fla.316, 318, 25 So.881, 882 (1899),
Col.L.Rev.1954 p.85 n.9; Cassey v. U.S., 296 F.2d 422 (D.C.
Civ.1961), The Journal of Criminal Law, Criminology and
Police Science vol.53 (1962) p.228.

[2] Harris (S.F.) op.cit.,20th ed.(1960) p.302; Stephen (H.J.)
op.cit.,17th ed.(1922) p.202, 19th ed.(1928) p.97; Stephen
(J.F.Sir) op.cit.,9th ed.(1950) p.318; R.v.Mason, 1820, R.
& R.419, 15 Dig.Repl.1119, 11 136; vgl. auch R.v.Grond-
kowski, R.v.Malinowski, 1946, K.B.369, (1946) 1 All E.R.
559, 14 Dig.Repl.255, 2 222.

[3] R.v.Harrison, 1930, 22 Cr.App.R.82, 15 Dig.Repl.1119,
11 137.

[4] Kenny (C.S.) op.cit.,18th ed.(1962) p.309.

zureichende Drohung mit Festnahme mit einem solchen, auch
leichtesten, Gebrauch von Gewalt verbunden ist.[1] Selbst die
milde Anwendung eines mit Chloroform getränkten Tuchfetzens,
die eine nur momentane Bewußtlosigkeit hervorruft, wurde
vom Court of Criminal Appeal für ausreichend angesehen.[2] Bei
der Erlangung von Eigentum durch Erregung von Furcht vor einem unmittelbar bevorstehenden Eingriff in die körperliche
Unversehrtheit des zu Beraubenden mußte ein solcher Grad von
Angsteinflößung durch Worte oder Gebärden in Form offener
oder verschleierter Drohungen gegeben sein, daß sie genügte,
nach Vernunft und allgemeiner Erfahrung in wahrscheinlicher
Weise einen Mann von durchschnittlicher Einsichtsfähigkeit
und Entschlußkraft (a man of ordinary firmness of mind) zu
bestimmen, sein Eigentum, um der Sicherheit seiner Person willen, ohne oder gegen sein Einverständnis abzugeben.[3] War dieser Grad nicht erreicht, wie z.B. bei Drohung mit Einsperren,
so lag kein Raub vor, möglicherweise aber ein larceny by intimidation. Auch das Theft Act 1968 geht von dem durch die
bisherige Rechtsprechung ausgebildeten Gewaltbegriff des common law aus, dem auch fortan unveränderte Geltung zukommt.
Was die Erregung von Furcht vor sofortiger Gewaltanwendung,
die nach bisherigem Recht Bedrohung mit Eingriff in die körperliche Unversehrtheit des Opfers verlangte, betrifft, so
mußte bislang der Betroffene nachweisen, daß er tatsächlich
von solcher Furcht ergriffen war, daß er seine Sachen nicht
freiwillig, sondern unter dem Einfluß der Furcht um der Sicherheit seiner Person willen hergab oder daß Umstände vorlagen,
die nach allgemeiner Erfahrung gewöhnlich und vernünftigerweise
die Existenz einer solchen Furcht vermuten lassen. Letzterenfalls brauchte das Opfer das Bestehen tatsächlicher Furcht

---

[1] Montsdoca v. State, 84 Fla.82, 93 So.157 (1922); Bussey v.
State, 71 Ga.100 (1883).

[2] Kenny (C.S.) op.cit. 18th ed.(1962) p.309 mit R.v.Carney,
18.12.1922 (unreported); Kielwein (G.), Straftaten S.139;
Blackstone (W.Sir) op.cit. 1769 ed. vol.4 p.244; R.v.Mac-
daniel, 1755, 19 St.Tr.745, 804, Fost.121, 2 East P.C.711,
15 Dig.Repl.1117, 11 101.

[3] Fost.128; Blackstone (W.Sir) op.cit. 1769 ed. vol.4 pp.243-
244, 1876 ed. vol.4 p.252; Russell (W.O.Sir) op.cit. pp.861-

nicht zu beweisen, auch nicht, daß er wirklich in Gefahr war.
Das Gericht prüfte in diesem Falle nicht nach, ob bei dem
Opfer Furcht wirklich bestand. Die Vermutung ging zu Lasten
des Übeltäters. Es brauchte also tatsächliche Furcht gar
nicht vorzuliegen.[1] Diese letztere Schwierigkeit umgeht s.8
Theft Act, in welchem der vollendeten die versuchte Furchterregung gleichgestellt ist. Daraus ist zu schließen, daß es
völlig unerheblich ist, ob der Bedrohte tatsächlich in Furcht
versetzt wurde oder nicht. Andererseits wird man aber davon
ausgehen müssen, daß sich der Täter seinerseits bei dem von
ihm erstrebten Ziel bewußt und ernstlich gewillt ist, mit
seiner Drohung bei dem Bedrohten Furcht hervorzurufen, es sei
denn, daß er sich dem Opfer gegenüber nur in großsprecheri-
scher Weise hervortun wollte, was rechtlich bedeutungslos wäre.
Gewaltanwendung wie auch Furchterregung vor sofortiger Gewaltanwendung mußten sich nach bisherigem Recht gegen die Person,
d.h. die körperliche Unversehrtheit des besitzenden Eigentümers, richten. Auch nach dem Theft Act 1968 muß sich die Gewalt oder die Erregung von Furcht vor sofortiger Gewaltanwendung stets gegen die Person ("to the person", d.h. ihre körperliche Unversehrtheit) richten. Drohungen mit Zerstörung
oder Beschädigung von Eigentum des Bedrohten reichen für die
Begründung von Raub nicht mehr aus. Es war übrigens schon
nach bisherigem Recht zweifelhaft, ob sie Raub begründen konnten. Alle Entscheidungen, die sich auf solche Bedrohung beziehen, gehen davon aus, daß die Gefahr der Zerstörung des Eigentums des Bedrohten durch einen aufrührerischen Mob verursacht ist. Solche Fälle sind unter anderem R.v.Simons,[2] R.v.

862; Stephen (H.J.) op.cit. 17th ed. vol.IV p.102, 19th ed.
vol.IV pp.97-98; Harris (S.F.) op.cit. 20th ed.(1960) p.302;
Kenny (C.S.) op.cit. 18th ed.(1962) p.315; R.v.Donally, 1779,
1 Leach 193, 2 East P.C.713, 715, 15 Dig.Repl.1118, 11 113;
R.v.Walton and Ogden, 1863, L.& C.288, 15 Dig.Repl.1119,
11 138; R.v.Woodward, 1707, 11 Mod.Rep.137, 6 East 133 n.,
15 Dig.Repl.1121, 11 178; R.v.Schmidt, Mews 292.

[1] R.v.Norden, 1774, Fost.129, 15 Dig.Repl.1119, 11 141; Russell
(W.O.Sir) op.cit. 12th ed. by J.W.C.Turner (1964) p.862 n.69.

[2] R.v.Simons, 1773, 2 East P.C.712, 731, 15 Dig.Repl.1117,
11 098.

Taplin,[1] R.v.Brown,[2] R.v.Astley,[3] R.v.Winkworth[4] und R.v.Spencer.[5] Im Falle R.v.Simons drohte der Pöbel mit dem Auseinanderreißen eines Getreidehaufens und Einebnen des Hauses des Bedrohten, wenn dieser kein Geld herausgäbe. Daraufhin gab der Ankläger dem drohenden Wortführer fünf shillings und händigte ihm, da dieser auf mehr Geld bestand, weitere fünf shillings aus. Hierauf nahm der Angeklagte aus dem Haus des Bedrohten ohne dessen Erlaubnis ein Stück Schweinefleisch und der ihn begleitende Pöbel Brot und Käse mit. Auch zapften sie ein Faß Most an und tranken davon, worauf sie sich dann entfernten. In R.v.Taplin kam bei den Aufständen im Jahre 1780 ein Pöbelhaufen, an dessen Spitze der Angeklagte stand, zu des Anklägers Haus und verlangte eine halbe Krone, die der Ankläger aus Furcht vor dem Pöbel ihm gab. Es wurde Raub bejaht, obwohl keine Drohungen ausgestoßen wurden. Es wurde hier offenbar angenommen, daß die Furchterregung durch die Umstände, d.h. die Begleitung durch den Pöbel, hervorgerufen worden ist.[6] Im gleichen Sinne spricht sich auch Russell[7] aus, der erklärt, daß freundliche Reden des Angeklagten, wenn er Eigentum seinem Opfer abfordert, für ihn keine Verteidigung begründen, wenn die Lage so ist, daß sie eine klare Drohung mit Gewaltanwendung offenbaren. Das Gesagte trifft auch im Falle R.v. Brown zu, wo mit der Zerstörung des Hauses durch eine größere Menschenmenge gedroht wurde. In R.v.Astley wurde während Aufständen in Birmingham von dem Täter mit Niederbrennen des Hauses durch den Pöbel gedroht, falls der Bedrohte sich weigern sollte, eine bestimmte Geldsumme zu bezahlen, worauf der Ankläger unter dem Eindruck dieser Drohung ihm das Geld gab. In R.v.Spencer hatte der Ankläger Korn, das anderen Personen gehörte, in seinem Besitz, als der Angeklagte mit einem großen

[1] R.v.Taplin, 1780, 2 East P.C.712, 15 Dig.Repl.1119, 11 144.
[2] R.v.Brown, 1780, 2 East P.C.731, 15 Dig.Repl.1119, 11 145.
[3] R.v.Astley, 1792, 2 East P.C.729, 15 Dig.Repl.1119, 11 147.
[4] R.v.Winkworth, 1830, 4 C.& P.444, 15 Dig.Repl.1119, 11 148.
[5] R.v.Spencer, 1783, 2 East P.C.712, 15 Dig.Repl.1117, 11 099;
[6] Russell (W.O.Sir) op.cit. 12th ed.(1964) vol.2 p.863.
[7] Archbold (J.F.) op.cit. 34th ed.(1959) p.663.
[7] Russell (W.O.Sir) op.cit. 12th ed.(1964) vol.2 p.863.

Pöbelhaufen, der in militärischer Ordnung marschierte, auf
ihn zukam. Einer aus der Menge sagte, daß, wenn der Ankläger
nicht verkaufen wolle, sie ihm das Korn wegnehmen würden. Darauf erklärte der Angeklagte, daß sie ihm dreißig shillings
für eine Ladung geben würden. Wenn er dies nicht nehmen wolle,
würden sie ihm das Korn wegnehmen, worauf der Ankläger aus
Furcht vor dem Pöbel das Korn, das achtunddreißig shillings
wert war, um dreißig shillings abgab. In R.v.Winkworth kam eine lärmende Menge Leute zum Haus des Anklägers. Unter dieser
befanden sich die Angeklagten, die dem Ankläger rieten, ihnen
etwas zu geben, um sie loszuwerden und Unheil damit zu verhüten, wodurch sie den Ankläger veranlaßten, ihnen Geld zu geben. Es wurde festgestellt, daß die Handlungen des Pöbels an
anderen Orten am gleichen Tage wie auch vor- und nachher zeigten, daß der Rat der Angeklagten nicht bona fide erfolgte, sondern in Wirklichkeit eine bloße Art von Beraubung des Anklägers war. Diese Fälle der Bedrohung des Eigentums des Opfers
durch den Pöbel, die in den damaligen unruhigen Zeiten der
Gordon-Aufstände und des Bauernaufstandes von 1830 eine große
Rolle spielten, wie Blackburn J. in R.v.Walton and Ogden[1] besonders hervorhob, haben heute ihre Bedeutung im wesentlichen
eingebüßt und können höchstens in Zeiten von Aufruhr und sonstigen allgemeinen Unruhen wieder praktische Bedeutung erlangen.
Freilich ist zu beachten und aus den geschilderten Fällen zu
entnehmen, daß mit den Drohungen gegen das Eigentum des Opfers
regelmäßig zugleich Drohungen mit Gefahr für Leib oder Leben
des Bedrohten verbunden sein können und vielfach auch sind.
Schon East stellte in R.v.Astley[2] die Frage, ob das Niederbrennen eines Hauses durch einen Pöbel nicht schon an sich eine
Drohung mit persönlicher körperlicher Schädigung der Bewohner
enthalte. Es wird auch nach dem Theft Act 1968 in solchen Ausnahmefällen Raub nicht ohne weiteres zu verneinen sein. Doch
kann natürlich aus ihnen nicht der Schluß gezogen werden, daß

---

[1] R.v.Walton and Ogden, 1863, L.& C.288 at p.293 ('it should
be remembered that those were times of great riot').
[2] R.v.Astley, 1792, 2 East P.C.729 at p.731 n.(a), 15 Dig.Repl.
1119, 11 147.

alleinige Drohung mit Gefahr für das Eigentum des Bedrohten
zur Begründung eines Raubes ausreiche. Im Gegenteil liegt
kein Grund dafür vor, daß eine solche bloße Drohung eines Ein-
zeltäters gegen jemandens Eigentum zur Feststellung eines Raubes genüge, und heute ist eine solche Drohung, wie gesagt, als
Nötigungsmittel für Raub nach s.8 Theft Act 1968 klarerweise
ausgeschlossen.

III. Gewaltanwendung oder Furchterregung unmittelbar vor oder zur Zeit der Wegnahme

Die Gewaltanwendung wie auch die Furchterregung mußte nach
dem common law der Wegnahme vorausgehen oder sie begleiten.
In R.v.Gnosil[1] führte Garrow B. in diesem Sinne aus: "Die
bloße Handlung der Wegnahme, auch wenn sie gewaltsam erfolgt
ist, macht dieses Delikt nicht zum Raub", ... "vielmehr muß
die Gewalt entweder vor oder zur Zeit der Wegnahme gebraucht
werden", um den Eigentümer zu überwältigen oder einen vorhandenen oder erwarteten Widerstand desselben zu verhindern. Eine der Wegnahme nachfolgende Gewaltanwendung oder Furchterregung macht eine vorausgehende Wegnahme, die heimlich oder ohne
Gewaltanwendung oder Infurchtsetzen bewirkt worden ist, nicht
zum Raub,[2] es sei denn, daß die nachträgliche Gewaltanwendung
und die Wegnahme eine einheitliche Handlung bilden.[3] Dies
trifft insbesondere dann zu, wenn sich an den Diebstahl ein
Kampf um den Besitz der gestohlenen Sache zwischen dem Dieb
und dem Eigentümer anschließt[4] oder wenn der Dieb erst nach
erfolgter Besitzerlangung den Eigentümer mit persönlicher
körperlicher Schädigung bedroht, um sich in Sicherheit zu
bringen oder den Eigentümer von Schritten zur Wiedererlangung

---

[1] R.v.Gnosil, 1824, 1 C.& P.304, 15 Dig.Repl.1118, 11 118.
[2] Russell (W.O.Sir) op.cit. 12th ed.(1964) p.858; Harris (S.F.)
op.cit. 20th ed.(1960) p.302; Kenny (C.S.) op.cit. 18th ed.
(1962) p.310; Archbold (J.F.) op.cit. 34th ed.(1959) p.663;
Criminal Law Revision Committee op.cit. p.32.
[3] Stephen (H.J.) op.cit. 19th ed.(1928) vol.IV p.96; so auch
nach nordamerikanischem Recht: Herman v. State, 123 So.2d
846 (Miss.1960).
[4] Harris (S.F.) op.cit. 20th ed.(1960) p.302.

des Besitzes abzuhalten. So wurde in R.v.Harman[1] das Vorliegen
eines Raubes verneint, wo ein Dieb eine Geldbörse gestohlen
hatte und, um sich im Besitz der gestohlenen Sache zu halten,
Rachedrohungen gegen den Eigentümer aussprach. Anders wäre es
gewesen, wenn die Drohworte den Ankläger erst bestimmt hätten,
die Geldbörse dem Angeklagten auszuhändigen, so daß dieselbe
mittels der Drohung vom Angeklagten erhalten worden wäre. Dann
läge zweifelsfrei Raub vor.

Auch die nordamerikanischen Bundesstaaten halten im allgemeinen an dem erwähnten common law-Grundsatz fest, daß die Gewaltanwendung oder Furchterregung der Wegnahme vorausgehen
oder sie doch begleiten muß.[2] Es soll nur auf die Fälle Thomas
v. State[3] und Lear v. State[4] hingewiesen werden. Auch der
Oberste Gerichtshof von Virginia lehnte in Mason v. Commonwealth[5] das Vorliegen eines Raubes aus dem Grunde ab, daß die
Gewaltanwendung erst nach vollendeter Wegnahme erfolgte. Der
Entscheidung lag folgender Sachverhalt zugrunde: Der Angeklagte zerschmetterte ein Schaufenster, nahm ein tragbares Fernsehgerät heraus und händigte es einem Komplizen, der in einem Seitenweg wartete, aus. In diesem Augenblick wurden sie von dem
Ladeninhaber gestellt. Während der Komplize sich mit dem Gerät
davonmachte, wandte sich der Angeklagte um und schleuderte gegen den hinter ihm stehenden Ladeninhaber ein Rundfunkgerät
und feuerte, als der Ladeninhaber sich in den rückwärtigen Teil
des Gebäudes zurückzog, noch vier Schüsse ab. Das Gericht war
der Auffassung, daß ein Raub entfalle, da die durch den Angeklagten ausgeübte Gewalt erst erfolgt sei, nachdem die Wegnahme schon vollendet war. Die Gewalt oder die Einschüchterung sei
nicht dazu verwendet worden, die Wegnahme zu ermöglichen, vielmehr sei die Gewalt erst ausgeübt worden, als der Komplize mit

---

[1] R.v.Harman, 1620, 2 Roll.Rep.154, 15 Dig.Repl.1118, 11 112.
[2] Martin v. State, 100 Fla.16, 20, 129 So.112, 114 (1930);
People v. McGinty, 24 Hun 62, 64 (N.Y.1881); Anon., A Rationale p.86.
[3] Thomas v. State, 91 Ala.34, 9 So.81 (1891).
[4] Lear v. State, 39 Ariz.313, 6 P.2d 426 (1931).
[5] Mason v. Commonwealth, 200 Va.253, 105 S.E.2d 149 (1958);
Hall (J.), General Principles 2nd ed.(1960) p.190 n.71.

dem Fernsehgerät bereits weggelaufen war. Nach einigen der
nordamerikanischen Statuten[1] freilich erstreckt sich der Tatbestand des Raubes auch auf das Behalten des erlangten Besitzes durch die Mittel der Gewaltanwendung oder Furchterregung, indem sie auch die Fälle einschließen, in denen ein
Widerstand erst nach der Wegnahme, aber in zeitlichem Zusammenhang mit derselben überwunden werden muß. Diese Auffassung
ist unter anderem in People v. Jones[2] und Thompson v. State[3]
zum Ausdruck gebracht. Der Gebrauch von Gewalt, um nach der
Wegnahme ein Entkommen zu ermöglichen, soll aber, ebenso wie
im englischen Recht, nicht auf einen Raub hinauslaufen. Dies
führt allerdings zu einer sehr feinen Unterscheidung.[4] In
den Fällen, in denen jemand bei einer Schlägerei seinen Gegner kampfunfähig machte und ihm dann sein Eigentum wegnahm,
wurde in einigen amerikanischen Fällen Raub angenommen, obwohl bis nach Beendigung der Schlägerei kein animus furandi
vorlag. Es sind dies die Fälle People v. Jordan[5] und Turner
v. State.[6] Dem kann nur dann zugestimmt werden, wenn schon
die Schlägerei in Raubabsicht begonnen wurde, Schlägerei und
diebische Wegnahme also als eine einheitliche Handlung, die
als perpetration of robbery bezeichnet wird, angesehen werden
können.[7] Liegen hierfür keine genügenden Anhaltspunkte vor,
so ist es richtiger mit Hall[8] anstatt des Raubes Schlägerei

---

[1] vgl. Anon., A Rationale, 54 Col.L.Rev.86; vgl.aber People
v. McGinty, 24 Hun 62 (N.Y.1881).

[2] 290 Ill.603, 125 N.E.256 (1919).

[3] 24 Ala.App.300, 134 So.679 (1931).

[4] Anon., A Rationale p.86 n.19; vgl. State v. Holmes, 317 Mo.
9, 295 S.W. 71 (1927) mit State v. Sala, 63 Nev.270, 169 P.
2d 524 (1946).

[5] 303 Ill.316, 135 N.E.729 (1922).

[6] Tex.198 S.W.2d 890 (Tex.1946).

[7] siehe People v. Perhab, 92 Cal.App.2d 430, 434, 206 P.2d
1133, 1135 (1949); vgl. State v. McCarthy, 160 Ore.196, 83
P.2d 801 (1938); siehe Wisconsin Legislative Council, Ju-
diciary Committee Report on the Criminal Code § 343.27 (1953).

[8] Hall (J.), General Principles, 2nd ed.(1960), p.189.

und Diebstahl von der Person anzunehmen. Auch in s.8 Theft Act
1968 ist der erwähnte common law-Grundsatz beibehalten worden,
aber durch den Zusatz 'immediately' before the stealing insofern eingeschränkt worden, als bisher bei der Gewaltanwendung
vor Begehung des Diebstahls eine solche Unmittelbarkeit nicht
unbedingt gefordert war. Es ist dies aus dem von East[1] berich-
teten Fall zu entnehmen, in welchem Räuber einen Fuhrmann unter
Drohungen zwangen, bei Tag von der Landstrasse weg in einen
Seitenweg zu fahren und die Waren erst in der folgenden Nacht
raubten. Hier nahmen manche Raub auf Grund der ersten Gewaltanwendung an; andere dagegen behaupteten, die Sachen seien im
Besitz und unter dem unmittelbaren Schutz des Fuhrmannes geblieben, bis sie tatsächlich weggenommen wurden, es sei denn,
daß der Wagen durch die Räuber selbst weggeführt worden wäre.
Allerdings wird dieser Verschiedenheit insofern keine große
praktische Bedeutung zukommen, als auch nach common law die Gewaltanwendung oder Furchterregung im unmittelbaren Zusammenhang mit der Ausübung des Diebstahls stehen mußte, um Raub zu
begründen, und eine nachträgliche Gewaltanwendung oder Furchterregung nur genügte, wenn sie und die Wegnahme eine einheitliche Handlung bildeten,[2] was insbesondere dann zutreffen mag,
wenn sich an den noch nicht vollendeten Diebstahl ein Kampf um
den Besitz der Diebesbeute zwischen dem Dieb und dem Eigentümer
anschließt. Allerdings ist die Frage, wann ein Diebstahl vollendet ist, und ob nicht, wie im erwähnten Fall, eine fortdauernde Handlung anzunehmen ist, vielfach schwer zu beantworten.[3] Für die Furchterregung ist verlangt, daß die Drohung
mit sofortiger, d.h. an Ort und Stelle ausgeübter,Gewalt erfolgt, so daß schriftliche oder fernmündliche Drohungen ausscheiden. Allerdings will Smith unter besonderen, höchst un-
wahrscheinlichen Umständen eine telefonische Drohung dann als

---

[1] 2 East P.C.707.

[2] Stephen (H.J.), Commentaries on the Laws of England 19th ed.,
vol.IV by C.H.S.Fifoot, London:Butterworth & Co.1928 p.96;
so auch nach amerikanischem Recht Herman v. State, 123 So 2d
846 (Miss.1960); siehe auch Smith (J.C.) op.cit. para.162.

[3] Smith (J.C.) op.cit. para.161 mit R.v.Kelly and McCarthy,
1847, 2 C.& K.379, 2 Cox C.C.171, 14 Dig.Repl.83, 460;
vgl.auch R.v.King, 1817, R.& R.332, 14 Dig.Repl.88, 497.

ausreichend erachten, wenn z.b. der Täter dem Opfer telefo-
nisch mitteilt, daß, wenn dieses einen bestimmten Eigentumsgegenstand einem Dritten (der schuldlosen Mittelsperson des Täters, welche das Haus des Opfers aufsuchte) nicht aushändige,
er unter dem Haus des Opfers eine Explosivladung zur Detona-
tion bringen werde. Wo die Drohung eine Übertragung von Eigentum zu einer künftigen Zeit zu sichern versucht, kann nur Erpressung (blackmail) nach s.21 Theft Act 1968 eingreifen.[1]
Eine Gewaltanwendung oder Furchterregung vor sofortiger Gewaltanwendung, die erst nach Vollendung des Diebstahls, also nach
der erfolgten Zueignung (appropriation) gebraucht wird, wie z.
B. um zu entkommen und sich in Sicherheit zu bringen oder zu
dem Zweck, das Opfer von Schritten zur Wiedererlangung der
Diebesbeute abzuhalten, begründen keinen Raub.[2] In solchem
Falle wäre es angemessen, gegen den Täter wegen Diebstahls
oder wegen eines einschlägigen Verbrechens auf Grund des Offences against the Person Act 1861 s.16 Anklage zu erheben. Sofern aber eine bloße Drohung nach der Vollendung des Diebstahls
gebraucht wurde, wird dies im allgemeinen kein besonderes Delikt begründen, da sogar eine Drohung mit Mord kein Delikt ist,
wenn sie nicht schriftlich erfolgt ist.[3] Daß die Gewaltanwendung
vor der Wegnahme der Sache erfolgen müsse, war schon nach bisherigem Recht, wie erwähnt, nicht erforderlich. Sie konnte auch
den Diebstahl begleiten und das gleiche gilt nach dem Theft Act,
wo sie unmittelbar vor oder zur Zeit des Diebstahls, also "in
the course of a theft", gebraucht werden kann.[4] Eine Schwierigkeit ergibt sich allerdings daraus, daß nach altem Recht die
Anwendung der Nötigungsmittel nicht nur bis zum taking, sondern auch bis zum carrying away erfolgen konnte, also auch noch
zu einer Zeit, wo die Sachen vom bisherigen Grundstück wegge-
bracht wurden, während nach dem Theft Act mit der Zueignung der

---

[1] Smith (J.C.) op.cit. para.160.
[2] R.v.Harmann, 1620, 2 Roll.Rep.154, 1 Hale P.C.534, 81 E.R.721,
15 Dig.Repl.1118, 11 112; Smith (J.C.) op.cit. para.162.
[3] Smith (J.C.) op.cit. para.164.
[4] Smith (J.C.) op.cit. para.162.

Diebstahl vollendet ist und es nicht mehr möglich ist, ihn
danach zu einem Raub zu machen. Ein Beispiel bietet die Entscheidung R.v.Taylor,[1] wo der Täter seine Hand in die Rocktasche des Opfers steckte und die Brieftasche desselben ergriff, sie bis an den Rand der Tasche heraushob, aber in diesem Augenblick festgehalten wurde. Damit beging er zweifelsfrei ein appropriation, da seine Tätigkeit sogar ausreichte,
ein taking and carrying away i.S. des simple larceny zu begründen. Als das Opfer nach Entdeckung der diebischen Handlung mit dem Täter um die Brieftasche kämpfte, bevor der Täter die Brieftasche wegbringen konnte, wurde Raub bejaht.
Dies ist aber nach neuem Recht nur möglich, wenn man die Zueignung wenigstens in gewissem Umfang und unter gewissen Umständen als eine fortdauernde Tätigkeit (continuing act) ansieht. Damit ist aber eine Unsicherheit über die Beendigung
der Zueignung geschaffen, wie es auch eine schwierige Frage
war, wann jemand zum Ende des Ablaufs oder des Fortschreitens
des larceny kam.[2]

IV. Gewaltanwendung oder Drohung
gegenüber einer dritten Person

Nach common law mußte die Gewaltanwendung ebenso wie die Furchterregung vor Gewaltanwendung sich immer gegen den zu beraubenden besitzenden Eigentümer des Raubobjekts richten, mag derselbe General- oder Spezialeigentümer desselben sein. Auch mußte
die Wegnahme von der Person des Eigentümers oder doch in seiner
Anwesenheit erfolgen,[3] was auch zutraf, wenn die Sache aus der
Obhut des Dienstboten in Anwesenheit und Sicht des Dienstherrn,
dem so die körperliche Herrschaft über die Sache noch zukam,
weggenommen wurde.[4] Diese Voraussetzung wurde durch das House

---

[1] R.v.Taylor, 1911, 1 K.B.674, 80 L.J.K.B.311, 75 J.P.126, 27
  T.L.R.108, 6 Cr.App.R.12, 15 Dig.Repl.1054, 10 384.
[2] Smith (J.C.) op.cit. para.163 unter Bezugnahme auf J.C.Smith
  and Brian Hogan, Criminal Law, 1st ed., pp.200-202.
[3] R.v.Donnally, 1779, 1 Leach 193, 2 East P.C.713 at p.723 per
  Gould J., 15 Dig.Repl.1118, 11 113; vgl. auch R.v.Hickman,
  1784, 1 Leach 278, 2 East P.C.728, 15 Dig.Repl.1119, 11 152
  und R.v.Jones (alias Evans), 1776, 2 East P.C.714, 1 Leach
  139, 15 Dig.Repl.1119, 11 150.
[4] R.v.Wright, 1649, Sty.156, 82 E.R.607, 15 Dig.Repl.1118, 11106.

of Lords,[1] das die Entscheidung des Court of Criminal Appeal[2]
aufhob, in Smith v. Desmond and Hall - auf diese Entscheidung
wird noch zurückzukommen sein - insofern gelockert, als es
fortan genügen sollte, daß das Raubobjekt in persönlicher Sorge und persönlichem Schutz (in personal care and protection)
des Eigentümers sich befinden muß. Dadurch sollte das Erfordernis "from the person or in the presence of the person on
whom the force is used or who is threatened" beseitigt werden,
da letztere Voraussetzung in der Praxis zu Schwierigkeiten geführt hatte. Solche Schwierigkeit trat im Falle R.v.Harding[3]
offensichtlich zutage. Dieser Entscheidung lag folgender Sachverhalt zu Grunde: Die Angeklagten brachen in die Ivybank in
Portland, Grafschaft Dorset, dem Sitz des Commander Basil
Hartpole Bowen, ein. Letzterer befand sich zu dieser Zeit im
Garten und der einzige Bewohner des Hauses war das Dienstmädchen mit Namen Valetta Mary Matthews. Beide Angeklagten
nahmen an dem Angriff auf das Mädchen teil, in dessen Verlauf
dasselbe mit einem Wagenbolzen geschlagen wurde und dabei
schwere Verletzungen erlitt. Als die Männer Geld und Kleidungsstücke verlangten, händigte sie einem von ihnen einen Regen-
mantel, der dem Commander Bowen gehörte, aus. Kurze Zeit darauf gelang es ihr, auf der Treppe in das obere Stockwerk zu
entkommen und Commander Bowen herbeizurufen, der die Festnahme der Täter veranlaßte. Die Anklage lautete auf Raub, begangen
an dem Dienstmädchen Matthews. Der Kronanwalt berief sich zur
Begründung der Anklage auf den Fall R.v.Deakin and Smith,[4] wo
Sachen aus dem Kasten einer Postkutsche, in der sie befördert
wurden, in räuberischer Weise weggenommen worden waren. Es
wurde entschieden, daß die Täter den Kutscher und nicht die
aus einer großen Zahl von Personen bestehende Gesellschaft der
Sachen beraubten. Zwar ist der Kritik dieses Falles einzuräumen, daß der letztgenannte Fall dem Fall R.v.Harding nicht
völlig gleichgesetzt werden kann, da davon auszugehen ist, daß

---

[1] Smith v. Desmond, 1965, A.C.971, (1965) 1 All E.R.976, (1965)
2 W.L.R.894, 109 Sol.Jo.269, 49 Cr.App.R.246, Dig.Cont.Vol.B
187, 6 931 b.
[2] R.v.Desmond, R.v.Hall, 1964, (1965) A.C.960, (1964) 3 All E.R.
587, Mews 175, (1964) 3 W.L.R.1148, 128 J.P.591, 108 Sol.Jo.
677, Dig.Cont.Vol.B 187, 6 931 b.
[3] R.v.Harding, 1929, 21 Cr.App.R.166, 20 Cox C.C.108, 142 L.T.
583, 94 J.P.55, 46 T.L.R.105, 15 Dig.Repl.1087, 10 771.
[4] R.v.Deakin and Smith, 1800, 2 Leach 862, 2 East P.C.653, 15

bei der Stellung des nicht unter der Kontrolle des Dienstherrn stehenden Postkutschers, der für das Reisegepäck der
Passagiere während der Fahrt besorgt sein mußte, diesem selbst
und nicht der Gesellschaft Besitz an diesem Gepäck zuzuschreiben war. Ob aber dem Dienstmädchen Matthews in gleicher Weise
Besitz an den Sachen des in Rufweite befindlichen Dienstherrn
zuerkannt werden kann, ist mindestens zweifelhaft. Hier setzte
auch die Kritik ein, die geltend machte, daß damit die jahr-
hundertealte Rechtsregel, daß dem Dienstboten an den ihm vom
Dienstherrn anvertrauten Sachen nicht Besitz, sondern nur Obhut zukomme, weggefegt worden sei.[1] Da aber Raub ebenso wie
Diebstahl eine Besitzentziehung erfordere, so hätte Raub oder
Diebstahl nur dem Dienstherrn gegenüber begangen werden können
und nicht gegenüber dem Dienstmädchen. Dem Dienstherrn gegenüber fehle es aber an der Gewaltanwendung, die sich stets gegen
die zu beraubende Person, d.h. den Besitzer der Sache, richten
müsse. Es kann sich also nur um die Frage drehen, ob und aus
welchen Gründen dem Dienstmädchen Matthews Besitz an dem Re-
genmantel ihres Dienstherrn zugeschrieben werden kann, um eine
Verurteilung wegen eines ihr gegenüber begangenen Raubes zu
rechtfertigen. Eine Lösung möchte sich vielleicht aus der Analyse des Falles R.v.Deakin and Smith durch R.S.Wright finden
lassen, auch wenn man der Erklärung des Falles aus der rein
praktischen Erwägung der Entscheidung ab inconvenienti nicht
beipflichten will. Die genannte Analyse schreibt ausnahmsweise
auch dem Dienstboten an den Sachen des Dienstherrn Fremden gegenüber dann Besitz zu, wenn der Auftrag desselben in einer
größeren Entfernung vom Dienstherrn auszuführen ist und wenn
die Art der Ausführung notwendigerweise in hohem Grade dem Ermessen des Dienstboten überlassen ist.[2] Wenn auch die letzt-

---

Dig.Repl.1087, 10 760.

[1] L.Q.R.1930 Notes pp.135-137; Prevezer (S.), Criminal Appropriation, C.L.Pr.1959 p.164; M.L.R.1951 Notes pp.217-218;
Edwards (J.Ll.J.), Possession and Larceny, C.L.Pr.1950 pp.
136-138.

[2] Pollock (F.Sir) and (R.S.) Wright, An Essay on Possession
in the Common Law, part III by R.S.Wright, Oxford: Clarendon Press 1888 p.139.

genannten Voraussetzungen vorliegendenfalls nicht zutreffen
möchten, so wird sich, zumal eine starke Tendenz dahin geht,
dem Dienstboten Besitz zuzuschreiben, wo immer es praktischen
Zwecken dient,[1] eine Erweiterung dieses Gedankens auch auf
sonstige Fälle nahelegen, bei denen es sich um die Wahrung
einer gegenüber dem Eigentümer, insbesondere in dessen Abwesenheit, bestehenden, aus dem Anstellungsverhältnis entspringenden Aufsichts- und Schutzpflicht in Ansehung der
Sachen des Dienstherrn gegenüber Fremden handelt, so daß in
solchen Fällen dem Dienstboten im Verhältnis zu Fremden Besitz zuzuschreiben ist[2] und der Dienstherr auf ein jederzeit
realisierbares Recht zum Besitz, wie beim bailment at will,
d.h. der zeitweisen, jederzeit widerruflichen Besitzübertra-
gung, beschränkt ist, während im Verhältnis zum Dienstherrn
der Dienstbote an den ihm anvertrauten Sachen des Dienstherrn
nur Obhut besitzt. Da der Besitz unteilbar ist, so kann er
nur dem Dienstherrn oder dem Dienstboten, beiden zusammen
aber nur bei bestehendem Gemeinschaftsverhältnis, wie ein
solches hier nicht vorliegt, zukommen. Steht also dem Dienstboten Fremden gegenüber Besitz zu, so kann der Dienstherr seinerseits sich nicht auf Besitz berufen, sondern ist auf das
jederzeit realisierbare Recht zum Besitz gegenüber dem Dienstboten beschränkt. Es kann daher ihm gegenüber solchenfalls
auch kein Raub begangen werden. Auf Grund seines auf der Auf-
sichts- und Schutzpflicht beruhenden Besitzes steht dem Dienstboten ein besseres Interesse an den Sachen des Dienstherrn als
einem Fremden zu. Dieses Interesse begründet auf strafrechtlichem Gebiet nicht nur nach common law, sondern auch nach

---

[1] Buckland (W.W.) and (A.D.) MacNair, Roman Law and Common
Law. A Comparison in Outline, 2nd revised ed. by F.H.Lawson,
Cambridge: University Press 1952 p.72.

[2] Prevezer (S.) op.cit. p.171 unter Bezugnahme auf Williams
(G.L.), Mistake as to Quantity in the Law of Larceny, Crim.
L.R.1958 p.312; vgl. auch die Begründung des Urteils in R.
v. Deakin and Smith, 1800, 2 East P.C.653, 15 Dig.Repl.
1087, 10 760 durch Hotham J.; Paton (G.W.Sir), Bailment in
the Common Law, London: Stevens & Sons Ltd.1952 p.443;
Marshall (O.R.), The Problem of Finding, C.L.Pr.1949 p.77.

Larceny Act 1916 ein special property gegenüber dem Dritten,
wenn auch nicht gegenüber dem Dienstherrn.[1] Hierzu ist zu bemerken, daß der Begriff des special property auf dem Gebiet
des Strafrechts eine viel weitere Ausdehnung erfahren hat,
als auf dem des Zivilrechts. Nach letzterem besteht das special property in vom allgemeinen Eigentum (general property)
umschlossenen, aber auf Zeit von ihm abgespaltenen Befugnis-
sen, die für die Dauer der Innehabung dem Berechtigten auch
gegenüber dem Generaleigentümer zustehen, wie dies u.a. bei
Miete, Nießbrauch oder Pfandrecht der Fall ist. An dieser Begrenzung des special property hält auch das Law of Property
Act 1925 (15 Geo.V c.20) fest, indem es das "property of a
hirer" dem "property of an owner" gegenüberstellt. Für das
Gebiet des Strafrechts hat dagegen der Begriff des special
property eine über die genannte Begriffsbestimmung erheblich
hinausgehende Ausdehnung erfahren und umfaßt auch jedes, sei
es auf eine allgemeine Aufsichts- und Schutzpflicht oder auf
den Besitz als solchen sich gründende Besitzinteresse, auch
soweit es sich nicht vom Generaleigentümer herleitet und diesem gegenüber nicht wirksam, also selbständig ist. Dies trifft
im vorliegenden Fall R.v.Harding zu, wo der Dienstbote aus seinem special property keine Rechte gegen den Dienstherrn herleiten kann. Als Inhaber des special property ist das Dienstmädchen Matthews auch als owner i.S. des Larceny Act 1916 s.1 (2)
(iii) anzusehen. Diese Bestimmung bezeichnet als owner auch
"any part owner, or person having possession or control of, or
a special property in, anything capable of being stolen" und
dehnt daher den Begriff auch auf Fälle aus, in denen weder
possession noch control über die weggenommene Sache, sondern
lediglich ein special property auf Grund allgemeiner Auf-
sichts- und Schutzpflicht anzunehmen ist. Einem solchen owner

---

[1] Beal (E.), The Law of Bailments, embracing Deposits, Man-
dates etc., London: Butterworth & Co.Ltd.1900 p.40; Edwards
(J.Ll.J.), Possession and Larceny, C.L.Pr.1950 p.136 n.33;
Goodeve (L.A.), Modern Law of Personal Property 9th ed.by
R.H.Kersley, London: Sweet & Maxwell,Ltd.1949 p.34 n.(h);
Stephen (J.F.Sir), A Digest of the Criminal Law 9th ed.by
L.F.Sturge, London: Sweet & Maxwell,Ltd.1950 c.XXXIII art.
283.

kann ebenso wie dem Eigentümer als general owner gegenüber
Raub begangen werden.[1] Bei der hier vertretenen Auffassung
bleibt die alte Rechtsregel, nach der dem Dienstboten in Ansehung der ihm vom Dienstherrn im Rahmen seines Dienstverhältnisses anvertrauten Sachen nur Obhut zukommt, unberührt.
Zu demselben Ergebnis kommt Goodeve,[2] der aus der allgemeinen aus dem Dienstverhältnis fließenden Aufsichtspflicht des
Dienstboten über die Sachen seines Dienstherrn ein special
property desselben herleitet, dessen Verletzung Diebstahl
oder Raub zu begründen vermag, sofern ihm der Besitz, der ihm
in Fällen der vorliegenden Art schon aus praktischen Erwägungen zuerkannt ist, rechtswidrig entzogen wird. Kielwein[3]
weist unter Bezugnahme auf R.v.Harding dem Dienstboten Fremden gegenüber die gleiche Stellung wie einem bailee zu, der
gegenüber dem Dienstherrn als special owner gilt, dem gegenüber durch Besitzentziehung seitens Dritter Diebstahl
oder Raub begangen werden kann. Im Verhältnis zum Dienstherrn aber bleibt der Dienstbote bezüglich der ihm vom
Dienstherrn im Rahmen des Dienstverhältnisses anvertrauten
Sachen Inhaber bloßer Obhut. Auch bei Kielwein dürfte der
Besitz des Dienstboten auf rein praktische Erwägungen gestützt sein. Ein ähnlicher Sachverhalt wie in R.v.Harding
lag dem schon erwähnten Fall R.v.Desmond, R.v.Hall[4] zugrunde.
Hier waren der Nachtwächter S. und der Betriebsingenieur L.
mit der Bewachung und Beaufsichtigung der Gebäude und Einrichtungen des Bäckereibetriebes der Herren W.J.Brookes & Co.,
Ltd. betraut. Kurz vor Mitternacht wurden sie von drei oder
vier vermummten Männern angegriffen und überwältigt. Es wurden ihnen die Hände auf den Rücken gebunden und ihnen dann

---

[1] Buckland (W.W.) and A.D.MacNair, Roman Law and Common Law.
A Comparison in Outline 2nd ed.ny F.H.Lawson, Cambridge:
University Press 1952 p.361; Paton (G.W.Sir), Bailment in
the Common Law, London: Stevens & Sons,Ltd.1952 p.443.
[2] Goodeve (L.A.), Modern Law of Personal Property 9th ed.by
R.H.Kersley, London: Sweet & Maxwell,Ltd.1949 p.34 n.(h.).
[3] Kielwein (G.), Die Straftaten gegen das Vermögen im englischen Recht, Bonn 1955 S.45.
[4] R.v.Desmond, R.v.Hall, 1964, (1964) 3 All E.R.587, (1965)
Mews 175, Dig.Cont.Vol.B 187, 6 931 b.

die Augen verbunden. Hierauf wurden sie in die Herrentoilette
gebracht und ihnen dort sitzend die Beine zusammengebunden.
In dieser Lage mußten sie viereinhalb Stunden verbringen, während
deren die Täter in dem verschlossenen Kassenraum, in den
sie durch ein Fenster eindrangen, den Geldschrank aufschweiß-
ten. S. und L. konnten von ihrem Raum aus hiervon nichts sehen,
wohl aber das Geräusch des Aufschweißens hören. Nachdem die
Täter ihren Zweck erreicht und rund 10 000 Pfund mitgenommen
hatten, konnten sich S. und L. freimachen und die Polizei be-
nachrichtigen. Obwohl der Kassier die Schlüssel zum Kassenraum und zum Geldschrank nach Hause mitgenommen hatte, S. also
keinen dieser Schlüssel besaß, war es doch seine Pflicht, jede halbe Stunde das Grundstück zu begehen, um zu sehen, ob
alles sicher war und notfalls die Polizei fernmündlich herbeizurufen. Auch die Pflichten des L. brachten es notwendigerweise mit sich, S. zu unterstützen und ihm beizustehen. Daher
hatten sie ein aus der Bewachung und Beaufsichtigung fließen-
des special property, dessen sie beraubt werden konnten. Dies
wurde schon im erstinstanzlichen Urteil festgestellt und in
der höheren Instanz nicht in Zweifel gezogen. Vom House of
Lords wurde diese Frage, weil nicht der Prüfung unterworfen,
unbeachtet gelassen. In gleicher Weise wie in R.v.Harding kann
davon ausgegangen werden, daß S. und L. Fremden gegenüber Besitz an den Einrichtungsgegenständen und dem sonstigen beweglichen Inventar des Betriebes zukam, während ihnen allerdings
den Dienstherren gegenüber nur Obhut und kein ihnen gegenüber
wirksames special property zustand. Das House of Lords, dem
die Frage eines special property des S. und L. nicht zur Prüfung vorlag, hatte daher keinen Anlaß, auf diese Argumentation
einzugehen. Es sah vielmehr von dem bisherigen Erfordernis des
Stehlens "from the person or in the presence of the person on
whom the force is used or who is threatened" ab und verlangte
lediglich, daß das Raubobjekt "in the immediate personal care
and protection" sein müsse. Dieses Erfordernis wurde als bei
S. und L. vorliegend anerkannt und daher robbery with violence
gegenüber S. und L. bejaht. Die in R.v.Harding und Smith v.
Desmond aufgetretenen Schwierigkeiten beabsichtigte das Criminal

Law Revision Committee zu beseitigen, war aber, obwohl inzwischen die Entscheidung Smith v. Desmond mit der genannten Änderung ergangen war, der Meinung, mit Rücksicht hierauf die in clause 7 (1) Draft Theft Bill vorgesehene, von einer Umstellung in der Fassung abgesehen, nach s.8 (1) Theft Act 1968 wörtlich übernommene Definition nicht ändern zu sollen, da dem Ausschuß das in der Definition enthaltene Erfordernis, daß "force should be used or threatened for the purpose of the theft", ausreichend erschien, dieses auf "force used or threatened immediately before or at the time of the stealing" zu beschränken. Es wurde vom Ausschuß - im Gegensatz zum bisherigen Recht - nicht für notwendig erachtet, daß die Person, gegen die Gewalt gebraucht wird oder die damit bedroht wird, die Person sein sollte, der das Eigentum gestohlen wird.[1] Diese Rechtsauffassung fand auch ihren Niederschlag in s.8 Theft Act 1968. Anders als bisher genügt die Anwendung von Gewalt gegen irgendeine Person, jedoch nur, wenn sie gebraucht wird, um Diebstahl zu begehen. Es wäre daher auch nach neuem Recht in Smith v. Desmond klarerweise Raub zu bejahen gewesen. In ähnlicher Weise ist eine Drohung mit Gewalt gegen irgendeine Person, die darauf abzielt, daß diese Person in die Furcht vor sofortiger Gewaltanwendung versetzt wird, genügend. Wenn so jemand, der im Begriff ist, einen Diebstahl gegenüber einem anderen zu begehen, dabei durch einen Passanten unterbrochen wird und dessen Versuch, sich einzumischen, entweder durch tatsächliche Gewalt oder durch die Drohung, Gewalt zu gebrauchen, zurückweist, so ist er des Raubes schuldig, wenn er den Diebstahl begeht. Es ist unwesentlich, daß keine Gewalt oder Drohung gegenüber demjenigen, gegen den der Diebstahl begangen wird, gebraucht wird. Wie es scheinen mag, würde in solchem Falle die Anklage richtiger auf Raub gegenüber dem Eigentümer der gestohlenen Sachen lauten, da selbstverständlich kein Raub gegenüber dem sich einmischenden Passanten vorlag.[2] Nach common law mußte sowohl die tatsächliche Ge-

---

[1] The Report Cmnd.2977 para.65 mit clause 7 (1) Draft Theft Bill.

[2] Smith (J.C.) op.cit. paras.165 & 169.

walt als auch die Furchterregung gegenüber dem zu beraubenden,
besitzenden Eigentümer gebraucht werden. So wurde in R.v.Edwards[1] auf eine Anklage wegen Beraubung der Ehefrau eines gewissen A. festgestellt, daß das Geld durch Drohung, ihren Ehemann eines Delikts widernatürlicher Unzucht anzuklagen, von
der Frau erlangt wurde, das geleistete Geld aber Eigentum ihres
Ehemanns war. Es wurde also die Drohung nicht gegenüber dem
zu beraubenden Eigentümer, sondern gegenüber der Ehefrau desselben ausgesprochen, so daß damit das Verbrechen des Raubes
entfiel. Die im Eigentümer hervorgerufene Furcht kann auch dadurch verursacht sein, daß eine dritte Person als Opfer der angedrohten unmittelbaren Gefahr für Leib oder Leben ausersehen
ist, falls der Dritte dem Bedrohten so nahe steht, daß letzterer nach Vernunft und allgemeiner menschlicher Erfahrung aller Wahrscheinlichkeit nach durch die Drohung bestimmt wird,
dem Verlangen des drohenden Täters zu entsprechen. Die älteren englischen Fälle beschränken allerdings den Kreis der Opfer
auf das mit unmittelbarer Tötung bedrohte Kind des Angegriffenen, wie dies in R.v.Donally[2] und R.v.Reane[3] ausgesprochen ist.
Im ersteren Falle wurde ein Mann, der mit seinem Kind, das er
auf dem Arm trug, spazierenging, von einem anderen Mann angehalten und mit Tötung des Kindes bedroht, falls er ihm nicht
sein Geld gäbe. In R.v.Reane führte Eyre C.J. aus, daß man von
einer gewaltsamen Wegnahme durch den Mann sprechen dürfte, welcher den anderen Mann, den Eigentümer, der Möglichkeit eines
Widerstandes, gleichgültig mit welchen Mitteln, beraubte und
daß er keinen merklichen Unterschied zwischen einer persönlichen, d.h. körperlichen, Gewaltanwendung gegenüber dem Gegner
selbst und dem durch einen der Richter vorgelegten Fall sähe,
in welchem ein Mann das Kind eines anderen über einen Fluß halte und ihm drohe, es hineinzuwerfen, wenn er ihm nicht Geld gä-

---

[1] R.v.Edwards, 1833, 5 C.& P.518, 1 Mood.& R.257, 15 Dig.Repl.
1120, 11 163; vgl. auch Hooper (A.) op.cit. p.532 n.10.

[2] R.v.Donally, 1779, 1 Leach 193, 15 Dig.Repl.1118, 11 113; vgl.
auch R.v.Astley, 1792, 2 East P.C.729, 15 Dig.Repl.1119,
11 147.

[3] R.v.Reane, 1794, 2 Leach 616, 2 East P.C.734 et seq. per Eyre
C.B.obiter, 15 Dig.Repl.1118, 11 122.

be. Nach neuerem Schrifttum muß auch die Bedrohung von Personen, die eine solche Sympathie bei dem zu beraubenden Eigentümer genießen, daß dieser sich durch die Drohung veranlaßt sieht, dem Verlangen des Drohenden zu entsprechen, mit Zufügung eines Übels ausreichen.[1] Sehr weit geht in dieser Hinsicht ein großer Teil der nordamerikanischen Bundesstaaten, die durch Gesetz den Kreis der Opfer der Drohung nicht nur auf Frau und Kind oder die Mitglieder der Familie beschränken, sondern auch Verwandte und Freunde miteinbeziehen, ja unter die möglichen Opfer auch irgendwelche Leute zählen, die zufällig zur Zeit des Raubes sich in der Gesellschaft des Opfers befinden, oder gar irgendwelche Leute überhaupt.[2] Nach Theft Act 1968 ist es in solchen Fällen, wie in R.v.Reane,[3] wo jemand einem anderen droht, daß er, wenn dieser ihm nicht einen gewissen Eigentumsgegenstand aushändige, Gewalt gegenüber einem Dritten gebrauchen werde, kaum möglich, einen derartigen Fall unter die Diebstahlsbestimmung zu subsumieren, insofern der Täter niemand in Furcht vor sofortiger Gewaltanwendung, um Diebstahl zu begehen, zu setzen versucht. Denn einmal versetzt er den anderen nicht in solche Furcht, weil die Drohung dahin geht, Gewalt gegen den Dritten zu gebrauchen. Er setzt aber auch den Dritten nicht in Furcht, weil die Drohung nicht an ihn gerichtet ist. Solche Fälle sollen, wie Smith meint, als Erpressung nach s.21 Theft Act 1968 behandelt werden. Würde allerdings die vom Täter gebrauchte Drohung sowohl an den Dritten wie an den anderen gerichtet worden sein oder würde vom Dritten die an den anderen gerichtete Drohung mitangehört worden sein und hätte es der Täter darauf abgesehen, den Dritten zu veranlassen, sich, um sich

---

[1] Harris (S.F.) op.cit. 13th ed.(1919) p.227, 20th ed.(1960) p.301.

[2] siehe S.194; vgl. auch, wenn auch zum Teil überholt, Notes, 54 Col.L.Rev. p.95 & n.84, 86, 87 & 88 (1954).

[3] R.v.Reane, 1794, 2 Leach 616, 619, 2 East P.C.734 et seq. per Eyre C.B. obiter, 15 Dig.Repl.1118, 11 122.

die ihm vom Täter angedrohte Gewaltanwendung zu ersparen, bei
dem anderen dafür einzusetzen, daß dieser das Eigentum aushändige, so würde es Raub sein.[1]

E) Strafsanktion

Was das Strafmaß für Raub betrifft, so betrug dieses für schweren Raub i.S. des s.23 (1) (a) und (b) Larceny Act 1916 penal
servitude auf Lebenszeit, für einfachen Raub nach s.23 (2) Larceny Act 1916 penal servitude bis zu 14 Jahren und für assault
with intent to rob nach s.23 (3) Larceny Act 1916 penal servitude bis zu fünf Jahren. Nach Criminal Justice Act 1948 (11 &
12 Geo.VI c.58) ist an die Stelle von penal servitude imprisonment - ohne Änderung des Strafmaßes - getreten. Nach s.8 (2)
Theft Act 1968 ist entsprechend dem Vorschlag des Criminal Law
Revision Committee und clause 7 Draft Theft Bill[2] auf Grund der
in diesem Gesetz allgemein verfolgten Tendenz zur Vereinfachung
durch Aufhebung von besonderen Erschwerungsdelikten und des
assault with intent to rob für Raub einheitlich imprisonment
auf Lebenszeit bestimmt und es dem billigen Ermessen des Gerichts überlassen worden, je nach der Schwere des Verbrechens
das Strafmaß im Einzelfall zu bestimmen. Es besteht damit allerdings die Gefahr einer ungleichen, stark differenzierenden
Strafbemessung, die nicht immer durch die besonderen Umstände
des Einzelfalles zu rechtfertigen sein dürfte und ein gut aus-
gebildetes, den Verhältnissen gerecht werdendes Richtertum
voraussetzt. Was die Restitution gestohlenen bzw. geraubten
Eigentums an den Eigentümer betrifft, so ist anstelle von s.45
Larceny Act 1916 nunmehr s.28 Theft Act 1968 getreten.[3]

---

[1] Smith (J.C.) op.cit. paras.166-167.

[2] The Report Cmnd.2977 paras.66 & 67 und Draft Theft Bill at
p.102.

[3] zu s.28 Theft Act 1968 siehe R.v.Parker, 1970, (1970) 2 All
E.R.458, (1970) 1 W.L.R.1003, 134 J.P.497, 114 Sol.Jo.396,
Dig.Cont.Vol.C 227, 5 385 a.

Exkurs: Seeräuberei

Im Zusammenhang mit dem Raub soll noch kurz auf eine besondere
Form desselben, die Seeräuberei, eingegangen werden. Dieses
Delikt richtet sich nicht so sehr gegen die Eigentumsordnung
als solche, sondern stellt in erster Linie einen Verstoß gegen
das Völkerrecht dar. Man muß so zwischen der Seeräuberei iure
gentium und derjenigen nach statute law unterscheiden. Erstere
ist eine Gefahrenquelle für die Schiffe aller Nationen und kann
daher von den Admiralitätsgerichten jeden Landes, in dem der
Täter festgenommen wird, verhandelt und bestraft werden, auch
wenn die Tat nicht in den Territorialgewässern dieses Landes
begangen worden ist.[1] Was den Tatbestand der Piracy anbelangt,
so hat das Judicial Committee of the Privy Council in Att.Gen.
for Colony of Hong Kong v. Kwok-a-Sing[2] die Regel bestätigt,
die durch Sir Charles Hedges im Jahre 1696 in R.v.Dawson[3] festgelegt wurde, daß Seeräuberei "only a sea term for robbery"
ist.[4] Auch Archbold[5] definiert Seeräuberei iure gentium als
Raub, der auf hoher See innerhalb der Zuständigkeit des Admira-
litätsgerichts an Bord eines Schiffes im Frieden der Königin
ohne Ermächtigung von Seiten eines Regenten oder Staates begangen wird, wobei, wie er bemerkt, im übrigen die Erfordernisse des Raubes zu gelten haben. Diese Begriffsbestimmung hat
sich in der Folgezeit als zu eng erwiesen und so wurde im Jahre 1934 durch Viscount Sankey L.C. im Judicial Committee of
the Privy Council[6] die Regel aufgestellt "that actual robbery
is not an essential element in the crime of piracy iure gentium and that a frustrated attempt to commit piratical robbery

---

[1] Att.Gen.for Colony of Hong Kong v. Kwok-a-Sing, 1873, L.R.5
P.C.199, 42 L.J.P.C.64, 12 Cox C.C.565; Halsbury's Laws of
England, 4th ed., vol.II, para.74 & n.10; siehe auch Tokyo
Convention Act 1967 s.4; ferner Offences at Sea Act 1799
(39 Geo.III c.77) s.1 i.Verb. mit Criminal Law Act 1827 (7
& 8 Geo.IV c.28) s.12.
[2] siehe Fn.1.
[3] R.v.Dawson, 1696, 13 St.Tr.451, 15 Dig.Repl.870, 8 379; vgl.
auch Republic of Bolivia v. Indemnity Mutual Marine Assurance
Co., Ltd., 1909, 1 K.B.785, 15 Dig.Repl.871, 8 390.
[4] ebenso China Navigation Co., Ltd. v. Att.Gen., 1932, 2 K.B.
222 und nach amerikanischem Bundesrecht: U.S. v. Smith, 18
U.S.(5 Wheat) 153, 5 LEd57 (1820); U.S. v. Furlong, 18 U.S.

is equally piracy iure gentium".[1] Dem vollendeten Raub ist somit seither der vereitelte Versuch, Seeräuberei zu begehen, gleichgestellt. Dieser Auffassung haben sich auch Kenny[2] und Russell[3] angeschlossen. Stephen[4] hat seine auf die Entscheidung des Privy Council in Re Piracy aufgebaute, detaillierte Definition der Seeräuberei iure gentium dahin neu gefaßt, daß sie im wesentlichen das Kapern oder versuchte Kapern eines Schiffes auf hoher See mit Gewalt oder durch Infurchtsetzen jener, die im Besitz des Schiffes sind, zum Inhalt hat. Weiterhin fällt darunter auch das Angreifen von Schiff oder Ladung mit genannten Mitteln in der Absicht, Ladegut wegzunehmen und wegzubringen oder ein Versuch solcher Handlungen. Schließlich wird Seeräuberei auch darin gesehen, daß beim Angriff auf ein Schiff jemandem an Bord mit Gewalt begegnet oder bei versuchtem Angriff jemandem gegenüber Gewalt auszuüben versucht wird. In ähnlicher Weise bezeichnet Harris[5] Seeräuberei iure gentium als einen Raub innerhalb der Zuständigkeit der Admiralität ohne Billigung eines Staates durch Absetzen des Kapitäns, Kapern oder Zerstören des Schiffes oder der Schiffsladung oder als Versuch solchen Raubes, sei es, daß diese Handlungen durch Marodeure von außen oder durch Seeleute auf dem Schiff ausgeführt werden. Voraussetzung ist aber, daß sie für private

---

(5 Wheat) 184, 5 LEd. 64 (1820); U.S. v. Chapels, (CC-Va), FedCas 14782, Brunner ColCas 444, 2 Wheeler CrCas 205 (1819); Davison v. Seal-Skins, (CC-NY), FedCas 3661, 2 Paine 324 (1835); U.S. v. Baker, (CC-NY), FedCas 14501, 5 Blatchf 6 (1861), zit.in Fed.Code Ann. Title 18 § 1651 no.2.
5 Archbold (J.F.) op.cit., 20th ed.(1886), pp.633-635.
6 Re Piracy iure gentium, 1934, A.C.586 (P.C.).

---

1 siehe Turner (J.W.C.) and (A.Ll.) Armitage, Cases on Criminal Law, 2nd ed., Cambridge: University Press 1958 pp.425-426.
2 Kenny (C.S.) op.cit. 19th ed.(1966) p.444.
3 Russell (W.O.Sir) op.cit. 10th ed.(1950), vol.1, p.87.
4 Stephen (J.F.) op.cit. 9th ed.(1950) p.101.
5 Harris (S.F.) op.cit. 20th ed.(1960) p.307.

Zwecke und nicht als einen Akt der Feindseligkeit durch einen feindlichen Staat oder mit dessen Genehmigung erfolgen. Durch das Treaties of Washington Act von 1922, 2nd Schedule, wurden jedoch bezüglich des Kaperns von Kauffarteischiffen besondere Bestimmungen getroffen, deren Verletzung wie Seeräuberei verhandelt und bestraft werden sollte. In Abweichung von den bisherigen Ausführungen finden sich aber schon in Re Piracy iure gentium auch obiter dicta, die bereits in einem Angriff auf ein Schiff in der Absicht, einen Mord oder eine andere Gewalttat zu begehen, Seeräuberei sehen wollen.[1] Dieser weitgehenden Auffassung ist auch Kenny[2] beigetreten, der "jede Gewalt mit Waffen zur See, soweit sie nicht eine rechtmäßige Kriegshandlung darstellt", als Seeräuberei behandelt wissen will. Keine Piraten sind hiernach solche Leute, die lediglich gegen einen Kriegführenden tätig sind und im Interesse der Macht handeln, welche mit ihm im Krieg sich befindet, selbst wenn sie über ihren Auftrag hinausgehen, sogar auch dann, wenn ihre Tätigkeit freiwillig und ohne jeglichen Auftrag seitens der Macht - ob anerkannter Staat oder nicht - erfolgt, deren Interessen sie dienen.[3] Eine Seeräuberei nach statute law besteht nach dem Piracy Act 1698[4] für britische Untertanen darin, eine seeräuberische Handlung, einen Raub oder einen Akt der Feindseligkeit gegen einen anderen Untertanen Seiner Majestät zur See unter dem Vorwand eines Auftrages seitens eines fremden Regenten oder Staates zu begehen. Dasselbe Gesetz verbietet einem Kommandeur, Kapitän oder Seemann in seeräuberischer und verbrecherischer Weise mit Schiff oder Boot, Munition oder Güter sich davon zu machen oder sie einem Seeräuber auszuliefern oder aufwiegelnde Nachrichten von einem Seeräuber, Feind oder Aufrührer zu überbringen oder mit ihnen zu komplottieren oder zu versuchen, einen Kommandeur, Kapitän, Offizier oder Seemann zu bestechen, einige der vorgenannten Handlungen zu begehen, oder selbst Seeräuber zu werden. Auch verbietet es

---

[1] Stephen (J.F.Sir) op.cit. 9th ed.(1950) p.101.
[2] Kenny (C.S.) op.cit. 19th ed.(1966) p.444.
[3] Re Tivnan, 1864, 5 B.& S.645 at p.680, 122 E.R.971, 15 Dig. Repl.870, 8 389.
[4] 11 & 12 Will.III c.7 s.7.

einem anderen, Gewalt gegen den Kommandeur zu verüben, um ihn
dadurch zu hindern, zur Verteidigung seines Schiffes zu käm-
pfen, oder den Kapitän einzusperren oder einen Aufruhr auf
dem Schiff hervorzurufen oder dies wenigstens zu versuchen.[1]
Außerdem liegt nach dem Piracy Act 1721[2] Seeräuberei eines
Kommandeurs oder Kapitäns oder irgendeines anderen darin, daß
sie mit einem Seeräuber Handel treiben oder einem solchen, einem Verbrecher oder Räuber auf hoher See, Munition, Lebens-
mittel oder Vorräte liefern oder wissentlich ein Schiff für
einen solchen Zweck ausrüsten. Ferner verbietet das genannte
Gesetz jemandem, mit einem Seeräuber zu komplottieren oder
auf hoher See oder in einem Hafen unter Gewaltanwendung an
Bord eines Kauffarteischiffes zu gehen und Güter oder Ware,
die sich darauf befinden, über Bord zu werfen.[3] Erschwerte,
mit Todesstrafe bedrohte Seeräuberei ist nach Piracy Act 1837[4]
gegeben, wenn sie mit einem Angriff verbunden ist, der in der
Absicht erfolgt, jemand, der sich auf dem Schiff befindet oder
zu demselben gehört, zu töten oder zu verwunden oder durch
rechtswidrige Handlung das Leben einer solchen Person in Gefahr zu bringen. Bei anderen in Verbindung mit der Seeräuberei
stehenden Delikten, wie denen nach dem Piracy Act 1698[5] und
dem Piracy Act 1721,[6] ist die ursprünglich auf Verbannung lautende Strafe[7] inzwischen auf lebenslängliches Gefängnis oder
auf solches kürzerer Zeit umgewandelt worden.[8] Als piracy
wird auch der Sklavenhandel i.S. des s.9 Slave Trade Act
1824[9] beurteilt und mit lebenslänglichem Gefängnis oder solches kürzerer Zeit bestraft.[10]

---

[1] 11 & 12 Will.III c.7 s.8.
[2] 8 Geo.I c.24.
[3] ss.1 & 3.
[4] 7 Will.IV & 1 Vict. c.88 s.2.
[5] 11 & 12 Will.III c.7.
[6] 8 Geo.I c.24.
[7] Piracy Act 1837 (7 Will.IV & 1 Vict. c.88) s.3.
[8] Penal Servitude Act 1857 (20 & 21 Vict. c.3) s.2 & Criminal
Justice Act 1948 (11 & 12 Geo.VI c.58) s.1 (1).
[9] 5 Geo.IV c.113 s.9.
[10] Punishment of Offences Act 1837 (7 Will.IV & 1 Vict. c.85)
s.1; Penal Servitude Act 1857 (20 & 21 Vict. c.3) s.2; Penal Servitude Act 1891 (54 & 55 Vict. c.69) s.1; Criminal
Justice Act 1948 (11 & 12 Geo.VI c.58) s.1 (1); Criminal
Justice Act 1967 c.80 s.10 (2), Sch.3, Part III.

2.Kapitel

Die Erpressung

A) Begriffsbestimmung und geschichtliche Entwicklung

Bis zum Theft Act 1968 gab es im englischen Recht keinen einheitlichen Begriff der Erpressung und keine einheitliche Bezeichnung für dieses Delikt. Die Randbezeichnung von s.29 Larceny Act 1916 lautete "Demanding money, &c., with menaces", von
s.30 "Demanding with menaces, with intent to steal" und von
s.31 "Threatening to publish, with intent to extort". Es handelte sich in allen Fällen um Drohungen zur Durchsetzung eines
nicht zu rechtfertigenden Forderns von Eigentum oder eines
sonstigen Vermögensvorteils von einem anderen. Lediglich Drohungen auszustoßen, die nicht von einem nicht zu rechtfertigenden Fordern fremden Eigentums oder eines sonstigen Vermögensvorteils begleitet sind, ist kein Delikt, es sei denn, daß aus
besonderen Gründen ein breach of the peace oder ein defamation
vorliegt. Um Erpressung zu begründen, muß es das Ziel der Drohungen sein, durch nicht zu rechtfertigendes Fordern von Eigentum des Bedrohten dessen Vermögen oder dem eines Dritten, sei es
mit, sei es ohne Bereicherungsabsicht, Schaden zuzufügen. In
ähnlicher Weise beschreibt der dem Draft Theft Bill von 1966
zugrundeliegende 8.Bericht des Criminal Law Revision Committee,
der von einem einheitlichen Begriff der Erpressung ausgeht,
die Erpressung in allgemeinen Worten als das Delikt, das mindestens ein nicht zu rechtfertigendes Verlangen finanziellen
Charakters einschließt, wobei die Gewinnabsicht die Regel bildet.[1] Außerdem aber soll ausnahmsweise auch ein Fordern in der
Absicht, einem anderen einen Verlust zuzufügen, ausreichen.[2]
So mag z.B. jemand damit drohen, einem anderen Unannehmlichkeiten zu bereiten, wenn er gewisse Briefe nicht vernichten

─────────────────

[1] The Report Cmnd.2977 para.115.
[2] The Report Cmnd.2977 para.117.

würde. Im übrigen dürfte nach dem genannten Bericht kein
Grund vorliegen, in dem Gegenstand des Forderns künftighin
irgendeinen Unterschied zu machen. Das bisherige Recht unterschied zwischen dem Verlangen, dem Drohenden Eigentum
auszuhändigen (s.29 (1) (i) (ii) (iii), s.30 & s.31 (a) (1)
(2) Larceny Act 1916), ein Wertpapier auszustellen (s.29 (2)
Larceny Act 1916) oder eine Ernennung zu vollziehen (s.31
(b) (1) (2) Larceny Act 1916). Aber es ist, wie es scheint,
nicht notwendig, das Delikt auf die genannten Fälle zu beschränken. Andere erpresserische Drohungen sind denkbar, z.
B. eine Drohung mit dem Ziel, jemand zu bestimmen, einen
Anspruch aufzugeben.[1] Es gibt auch keinen einheitlichen Ausdruck für die verschiedenen Tatbestände der Erpressung. Henry John Stephen[2] faßt diese Fälle unter der Bezeichnung "demanding with menaces" zusammen. Dem common law ist der alte
Ausdruck "extortion" vertraut und er erscheint auch am geeig-
netsten, jene Delikte zu beschreiben, die auf einer Absicht
zu erpressen basieren und die eine statutarische Ergänzung
der common law-Erpressung bilden. Der unter Juristen wie auch
allgemein verwendete Ausdruck "blackmail" begegnet uns erstmals im Statut von 1601[3] und bezeichnete das Lösegeld, das von
den Freibeutern in den nördlichen Grafschaften gegen die Zu-
sage der Sicherung vor Diebstahl und Raub verlangt wurde.[4]
Es drückte daher eine Drohung mit gewaltsamer Verletzung
von Eigentum aus. In einem anderen Sinne erscheint der Ausdruck "blackmail" erst seit dem 19.Jahrhundert und wurde gebraucht, um ein terminologisches Bedürfnis zu befriedigen,
nämlich die verschiedenartigen Fälle der Erpressung zusammen-
fassen zu können. Dieser Gebrauch des Wortes "blackmail" tritt
erstmals im Jahre 1840 auf und fällt zeitlich fast mit dem
Libel Act von 1843 (6 & 7 Vict. c.96) zusammen, das in s.3
erstmals das erpresserische Verhalten i.S. des späteren s.31
Larceny Act 1916 strafbar machte. Der einzige statutarische

---

[1] The Report Cmnd.2977 para.117.
[2] Stephen (H.J.) op.cit. 19th ed.(1928), vol.IV, p.29.
[3] 43 Eliz. c.13 preamble & s.2.
[4] Radzinowicz (L.) op.cit. vol.1 p.641; Blackstone (W.Sir)
op.cit. 8th ed.(1778), vol.4, p.243; Winder (W.H.D.), The
Development of Blackmail, 1941 M.L.R.24; Jowitt (Earl) &
(Cl.) Walsh, Dictionary of English Law, 2nd ed. by (J.)

Gebrauch in diesem Sinne findet sich im Criminal Justice Administration Act 1914,[1] um speziell jene Erpressungsdelikte nach s.3 Libel Act 1843 und jene nach ss.44-49 Larceny Act 1861 - die durch ss.29-31 Larceny Act 1916 ersetzt wurden - zu bezeichnen, die mit Anschuldigung von Verbrechen oder Drohung mit solcher Anschuldigung befaßt sind. In der Folgezeit wurde der Ausdruck "blackmail" allgemein als geeigneter Ausdruck benützt, um die Erpressungsdelikte der ss.29-31 Larceny Act 1916 zu bezeichnen. "Blackmail" verwendet auch der 8.Bericht des Criminal Law Revision Committee von 1966 in clause 17 Draft Theft Bill für den neuen einheitlichen Begriff der Erpressung und das Theft Act 1968 hat in s.21 diese Terminologie übernommen.[2]

Das Statut von 1601[3] unterwirft nicht nur den Drohenden der Bestrafung, sondern auch den Bedrohten, der der Geldforderung des Erpressers nachkam, weil er sich bei der schriftlichen Bedrohung nicht in unmittelbarer Gefahr für Leib oder Leben befand und gleichwohl von der ihm gebotenen Möglichkeit behördlicher Hilfe keinen Gebrauch machte.[4] Außer dem nach der üblichen Bedeutung des extortion nach common law und nach gewissen alten Statuten als Erpressung bezeichneten Delikt der unter dem Schein eines Amtes erfolgten rechtswidrigen Wegnahme von etwas von Wert, das nicht oder noch nicht geschuldet war oder von mehr, als was geschuldet war,[5] das noch heute in einigen Staaten der U.S.A. unter Strafe gestellt ist,[6] war nach common law

Burke, vol.1:A-K, London: Sweet & Maxwell, Ltd.1977 voce "blackmail" p.228.

[1] 4 & 5 Geo.V c.58 s.35 sched.3.
[2] The Report Cmnd.2977 para.108.
[3] 43 Eliz. c.13.
[4] Winder (W.H.D.) op.cit. p.24; Kielwein (G.), Straftaten S.147.
[5] Winder (W.H.D.) op.cit. p.30.
[6] vgl. Collier v. State, 55 Ala.125 (1876); Hood v. State, 156 Ark.92, 245 S.W. 176 (1922); La Tour v. Stone, 139 Fla.681, 190 So. 704 (1939); State v. Pritchard, 107 N.C. 921, 12 S. E.50 (1890).

auch die Absendung von Briefen mit der Androhung der Vernichtung von Leben und Eigentum jener, an die die Drohung gerichtet war, zu dem Zweck Geld zu erpressen, ein schweres common
law-Vergehen (high misdemeanour), das Geldstrafe und Gefängnis
nach sich zog.[1] Auch die Drohung mit unrechtmäßiger Einsperrung (false imprisonment) zum Zweck der Erpressung von Geld
war ein Delikt nach common law, wie aus R.v.Woodward[2] erhellt.
Dagegen wurde etwa hundert Jahre später im Jahre 1805 in R.v.
Southerton[3] die Bedrohung mit strafrechtlicher Verfolgung wegen Verstoßes gegen die Stamp Acts, in der Absicht, Geld zu
erpressen, als unzureichend erklärt, um das common law-Vergehen zu begründen. In diesem Falle war der Angeklagte wegen
common law-Erpressung schriftlich angeklagt worden, weil er
dem Ankläger damit gedroht hatte, er würde gegen ihn wegen
Verkaufs von Friar's Balsam ohne einen Stempel, wodurch er
gegen das Statut verstoßen habe, strafrechtliche Verfolgung
veranlassen, wenn er ihm nicht zehn Pfund zum Zweck der Verhinderung der Strafverfolgung zahlen würde. Es wurde entschieden, daß kein common law-Delikt begangen worden sei, weil nur
eine Drohung vorgelegen habe, eine Strafklage zu erheben, der
ein firm and constant man widerstanden haben möchte und sollte,
und daß die ratio decidendi auch für eine Drohung mit Verfolgung wegen eines Verbrechens gelte. Gleichgelagert ist der Fall
R.v.Best,[4] wo Anklage wegen Erpressung durch Drohung mit Anzeige wegen ungenehmigten Verkaufs von Spirituosen nach dem Common
Informers Act 1575 c.5 s.4 erfolgte. Aus diesen Urteilen ist daher die Regel herzuleiten, daß eine Anklage wegen Erpressung von
Geld nach common law nur bei Vorliegen tatsächlichen Zwanges oder
solcher Drohungen gegeben ist, gegen die Widerstand zu leisten
der mit durchschnittlicher Willensstärke ausgestattete Bedroh-

---

[1] Radzinowicz (L.) op.cit., vol.1, p.641; Russell (W.O.Sir) op.
cit. 12th ed.(1964), vol.2, p.867 mit n.16.

[2] R.v.Woodward, 1707, 11 Mod.Rep.137, genauer berichtet in 6
East 133, 88 E.R.149, 15 Dig.Repl.1121, 11 178.

[3] R.v.Southerton, 1805, 6 East 126, 2 Smith K.B.305, 102 E.R.
1235, 15 Dig.Repl.1121, 11 179.

[4] R.v.Best, 1840, 9 C.& P.368, 2 Mood.C.C.124, 15 Dig.Repl.
850, 8 170.

te außerstande ist.[1] Eine solche Wirkung der Drohung wurde
aber nach R.v.Edwards[2] nur bei Erregung von Furcht vor einem
gewaltsamen Eingriff in die körperliche Integrität des Bedrohten, die bei Ausführung der Drohung zu Raub oder doch versuchtem Raub geführt hätte, von der damaligen Rechtsprechung
anerkannt.[3] Nur in dem Falle R.v.Woodward[4] wurde auch wegen
Drohung mit Einsperrung und Anklage wegen Meineides eine Erpressung nach common law angenommen. Lord Ellenborough, der
in R.v.Southerton darauf Bezug nahm, erklärte, daß in R.v.
Woodward der Ankläger zu der Zeit, als er bedroht wurde, in
der Haft des Angeklagten sich tatsächlich befand und daß man
daher sagen müsse, daß die Drohung so beschaffen war, daß ihr
ein Mann von durchschnittlicher Willensstärke nicht Widerstand
leisten konnte. Diese Streitfrage spielt heute keine Rolle
mehr, da dieses common law-Delikt kaum noch Bedeutung besitzt.[5]
Außer nach der oben genannten Regel über extortion wurde nach
common law erpresserisches Verhalten als misdemeanour auch unter dem Gesichtspunkt des Raubes in solchen Fällen bestraft,
in denen wegen Fehlens der Wegnahme kein Raub begründet war,
sofern das Opfer durch Drohungen mit der Anschuldigung widernatürlicher Delikte oder ausnahmsweise durch Drohung mit Verletzung von Eigentum und endlich durch Drohung mit tatsächlicher Gewaltanwendung in solche Furcht versetzt wurde, daß es
bei einer durchschnittlichen Willensstärke den Drohungen
sich nicht widersetzen konnte.[6] Eine solche physische Gewalt
kann auch durch eine Umzingelung des Opfers seitens einer
Mehrheit von Personen in der Weise geschehen, daß jeder Versuch
eines Widerstandes zweifelhaft, wenn nicht vergeblich erscheint.
In diesem Sinne hat sich auch R.v.Hughes[7] ausgesprochen.

---

[1] 850, 8 170; vgl.auch Hooper (A.) op.cit. p.598 n.30.
Campbell (A.H.), The Anomalies of Blackmail, L.Q.R.1939 p.382
unter Bezugnahme auf Russell (W.O.Sir) op.cit. 8th ed.(1923)
vol.2 p.1105; Winder (W.H.D.), The Development of Blackmail,
M.L.R.July, 1941 p.31 unter Hinweis auf R.v.Southerton, 1805,
6 East 126, 2 Smith K.B.305, 15 Dig.Repl.1121, 11 179.
[2] R.v.Edwards, 1833, 5 C.& P.518, 1 Mood.& Rob.257, 15 Dig.Repl.
1120, 11 163.
[3] Winder (W.H.D.) op.cit. pp.31-32; Kielwein (G.), Straftaten
S.146.
[4] R.v.Woodward, 1707, 11 Mod.Rep.137, 15 Dig.Repl.1121, 11 178.
[5] Williams (G.L.), Blackmail p.81.
[6] Russell (W.O.Sir) op.cit. 12th ed.(1964) vol.2 pp.867-868.
[7] R.v.Hughes, 1825, 1 Lew.301.

Außerdem griffen bei erpresserischem Verhalten noch die Regeln über larceny by intimidation ein. Da die erwähnten common law-Regelungen aber nach den Anschauungen des 18. und 19. Jahrhunderts nicht mehr genügten, um den Fällen von Erpressung gerecht zu werden, zumal auch die Strafe als völlig ungenügend empfunden wurde, griff schon in der 1.Hälfte des 18. Jahrhunderts das Statutarrecht ein, das insbesondere in zwei Statuten sogar Todesstrafe androhte. Das ältere dieser Statuten war das Waltham Black Act - später kurz als Black Act bezeichnet - vom Jahre 1722,[1] das den Titel führte: "An Act for the more effectual punishing wicked and evil-disposed persons going armed in disguise, and doing injuries and violences to the persons and properties of His Majesty's subjects, and for the more speedy bringing the offenders to justice" und ursprünglich in erster Linie gegen die Wilddiebe in der Nähe von Waltham mit ihren geschwärzten Gesichtern gerichtet war. Es bestimmte in s.1, daß jeder, der wissentlich anonyme oder mit einem fiktiven Namen unterzeichnete Briefe absendet, worin er Geld, das Erlassen einer Schuldverpflichtung, Wildbret oder eine andere wertbare, d.h. in Geld veranschlagbare Sache (valuable thing) unter Drohung mit gegen den Körper eines anderen gerichteten Gewalt fordert, eines Verbrechens schuldig ist, für das ihm das benefit of clergy versagt war.[2] Dabei war wesentlich, daß das Fordern in einem erpresserischen Brief enthalten war. Strittig war der Begriff des "Forderns". Doch kann kein Zweifel sein, daß nach der Absicht des Parlaments das unbestimmte Wort "demanding" in s.1 ein Fordern umfaßte, das mit einer Drohung von Gewaltanwendung entweder gegen die Person oder das Eigentum des Opfers verbunden war. Black Act s.1 verfolgte einen ähnlichen Zweck wie das alte Statut von 1601, das, wie Hale[3] bemerkte, das "dispersing of bills of menace to burn homes, if money be not laid down in a certain place" bestrafte.[4] In R.v.Robinson,[5] in dem zum erstenmal die Bestimmung des Black

---

[1] 9 Geo.I c.22.
[2] Die maßgebenden Worte von s.1 dieses Statuts lauten: "... or shall knowingly send any letter without any name subscribed thereto or signed with a fictitious name, demanding money, venison or other valuable thing".
[3] Pleas of the Crown I, 567.
[4] Winder (W.H.D.) op.cit. p.35.
[5] R.v.Robinson, 1796, 2 Leach 749, 2 East P.C.1110, 15 Dig. Repl.1122, 11 190.

Act, um "blackmail" im modernen Sinne zu bestrafen, herangezogen wurde, wies der Anwalt auf das offensichtliche Argument
hin, daß die Präambel und die Strafsanktion darauf schließen
lassen, daß eine Drohung mit Gewaltanwendung gegen eine Person
oder Eigentum vorliegen müsse. Es handelte sich im genannten
Falle um Drohung mit Mord. In derselben Entscheidung wurde auch
ausgeführt, daß ein bloßes Ersuchen, wie das Verlangen nach einem Almosen, ohne daß es an Bedingungen geknüpft ist, kein
"Fordern" i.S. des Statuts darstelle, wenn auch andererseits
das Fordern nicht in direkter Weise und nicht von einer Androhung körperlicher Schädigung begleitet erfolgen müsse. Es
obliege dem Gericht nach den Tatsachen des einzelnen Falles zu
entscheiden, ob ein Fordern i.S. des Statuts vorliege. Auch
wurde entschieden, daß die Absendung eines nur mit den Initia-
len unterzeichneten Briefes das Erfordernis der Absendung eines Briefes ohne Namen erfülle. Strittig war ferner, ob eine
Banknote ein "valuable thing" i.S. des Black Act sei. Dies wurde aus dem Grunde verneint, daß damals eine Banknote nicht
Diebstahlsobjekt sein konnte, was aber hernach durch Perjury
Act von 1728 (2 Geo.II c.25) geändert wurde.[1] Während der Regierung Georg II. wurden die genannten Bestimmungen durch das
Statut von 1754 (27 Geo.II c.15) verschärft. Dieses Gesetz
stellte fest, daß, wenn Briefe an mehrere Personen gesandt werden, die eine Drohung gegen ihr Leben und ihr Eigentum, aber
keine Forderung nach Geld oder anderen wertbaren beweglichen
Gütern enthalten, die Absendung solcher und ähnlicher Briefe
als außerhalb der Reichweite des Black Act anzusehen ist. Um
eine künftige Umgehung dieses Gesetzes aus genannten Gründen zu
verhindern, bestimmte das Statut von 1754 (27 Geo.II c.15) unter
Bezugnahme auf 9 Geo.I c.22, daß eine Person, die wissentlich einen Brief ohne Namen oder mit einem fiktiven Namen absendet und
darin die Drohung ausspricht, zu töten oder ein Haus, ein Neben-
gebäude, eine Scheune, einen Haufen Korn oder Saatgetreide, Heu

---

[1] Radzinowicz (L.) op.cit. vol.1 pp.49, 51 & 641.

oder Stroh in Brand zu stecken, eines Verbrechens schuldig sei,
ohne daß ihr das benefit of clergy zustehe, auch wenn kein Geld
oder andere wertbare Güter verlangt worden seien. Solche Personen, die gewaltsam eine andere Person, die sich in rechtmäßiger Haft eines Beamten oder einer anderen Person wegen des be-
sagten Delikts befindet, befreien, seien gleicherweise dieses
Delikts schuldig.[1] Das Black Act, das erst im Jahre 1823 durch
4 Geo.IV c.54 aufgehoben wurde, duldete keine Ausdehnung, so
daß nach seinen Bestimmungen nach wie vor nur Drohung mit Gewalt gegen die Person, nicht aber mit einem anderen Übel anerkannt wurde. Es mußten daher, um andere Fälle der Drohung als
felony strafbar zu machen, neue statutarische Bestimmungen erlassen werden. Dies geschah durch das False Pretences Act von
1757 (30 Geo.II c.24) s.1. Hierin war bestimmt, daß derjenige,
der einen Brief absendet, in welchem er in der Absicht zu erpressen oder einen Vermögensvorteil zu erlangen das Opfer eines schweren Verbrechens, das mit dem Tod, mit Verbannung oder
Pranger bestraft wird, oder eines sonstigen ruchlosen Verbrechens beschuldigt oder mit der Anschuldigung eines solchen bedroht, wegen eines vollendeten Verbrechens mit sieben Jahren
Deportation bestraft wird, auch wenn der vom Drohenden erstrebte Erfolg, die Vermögensentziehung, nicht eingetreten ist.[2] Es
ist so ein Verbrechen, das mit den schwersten Strafen, außer
der Todesstrafe, belegt ist. Eine Zusammenfassung der gesetzlichen Bestimmungen erfolgte dann im Jahre 1823 durch das Statut 4 Geo.IV c.54 s.8, in welchem die schriftliche Drohung mit
Anwendung von Gewalt gegen die Person oder mit Schädigung des
guten Rufes in Erpressungsabsicht unter Strafe gestellt wurde.
Ihr wurde die mündliche Drohung mit der Anschuldigung eines Verbrechens gleichgestellt. Durch letztere Bestimmung wurde das Objekt des Angriffs in Raubabsicht unter der Bezeichnung "menace"
auf das Fordern von wertbaren Sicherheiten ausgedehnt, die damals nach common law - anders hernach nach s.1 und s.2 mit s.46
(1) Larceny Act 1916 - nicht Gegenstand eines Diebstahls und

---

[1] Radzinowicz (L.) op.cit. vol.1 p.641 mit den Entscheidungen R.
v. Girdwood, 1776, 1 Leach 142, 15 Dig.Repl.931, 8923; R.v.
John and Mary Mammond, 1787, 1 Leach 444; R.v.Japson and
Springett, 1798, 2 East P.C.1115; R.v.Heming, 1799, 2 East P.
C.1116, 15 Dig.Repl.1121, 11 185.
[2] Winder (W.H.D.) op.cit. p.35; Kielwein (G.), Straftaten S.147 f.

daher auch nicht eines Raubes sein konnten. Setzten doch die Vorschriften des Statuts 4 Geo.IV c.54 s.1 - in gleicher Weise wie bei Raub - Fahrnis als Erpressungsobjekt voraus, da, wenn der erstrebte Erfolg wirklich eintrat, das Delikt auf vollendeten Raub hinauslaufen mußte. Dies wurde im Larceny Act 1827 (7 & 8 Geo.IV c.29) s.7 ausdrücklich ausgesprochen[1] und zehn Jahre später im Act von 1837 (7 Will.IV & 1 Vict. c.87) s.4 bestätigt. Letzteres Statut wurde aber im Jahre 1861 durch das Statut 24 & 25 Vict. c.95 Schedule aufgehoben. In dem Larceny Act 1827 s.8 wurde zum ersten Mal "any letter or writing demanding of any person with menaces and without reasonable and probable cause" zum Gegenstand einer Strafbestimmung gemacht und damit der Zweck verfolgt, das Erpressungsdelikt, wie es im Act von 1757 festgelegt war und durch die Auslegung des "Forderns" durch Buller J. in R.v.Robinson[2] eine unmöglich weite Ausdehnung zu erfahren schien, näher zu umschreiben und bestimmter zu gestalten. Bemerkt mag noch werden, daß im Statut von 1827 noch streng an der Identität zwischen dem Bedrohten und dem Opfer der Schädigung festgehalten wird.[3] Andererseits freilich wurde durch das Larceny Act von 1827 s.8 die Abhängigkeit der Erpressungsbestimmungen von denen des Raubes weitgehend aus der Erkenntnis heraus gelockert, daß auch andere Drohungen als nur jene, die eine körperliche Schädigung ankündigten, bei dem Bedrohten Furchterregung hervorrufen und ihn so einschüchtern konnten, daß eine auf freiem Willen beruhende Zustimmung zur Herausgabe des geforderten Eigentums entfiel. Trotz dieser Verselbständigung wurde aber gleichwohl die Erpressung nach wie vor als eine besondere Form des erschwerten Diebstahls (theft aggravated) angesehen, indem die neuzeitliche Gesetzgebung den wesentlichen Inhalt des erschwerten Diebstahls dadurch ausdehnte, daß sie eine beim Raub sich zeigende Lücke mit dem

---

[1] Kielwein (G.), Straftaten S.148.

[2] R.v.Robinson, 1796, 2 Leach 749, 2 East P.C.1110, 15 Dig. Repl.1122, 11 190.

[3] Kielwein (G.), Straftaten S.148.

Verbrechen der Erpressung ausfüllte.[1] Auch Kenny[2] zählt außer
dem Raub und dem Angriff in Raubabsicht auch das Fordern einer Sache unter Drohungen in Diebstahlsabsicht i.S. des s.30
Larceny Act 1916 zu dem erschwerten Diebstahl. Eine Zusammenfassung der durch die verschiedenen Gesetze getroffenen Bestimmungen erfolgte im Larceny Act 1861 (24 & 25 Vict. c.96)
in den ss.44, 46, 47, 48 und 49. Durch s.29 Larceny Act 1916
wurden im wesentlichen die ss.44 und 46 bis 49 Larceny Act
1861 übernommen und zwar s.44 von s.29 (1) (i), ss.46 und 47
von s.29 (1) (ii) und (iii) und s.45 von s.30 Larceny Act 1916.
Larceny Act 1916 s.31 entspricht s.3 des Libel Act 1843 (6 & 7
Vict. c.96).[3] Bei dem Delikt des s.30 Larceny Act 1916 war -
verglichen mit den Erpressungsbestimmungen der ss.29 und 31
Larceny Act 1916 - der Zusammenhang mit dem Raub noch wesentlich enger, wenngleich auch hier das Wesen des Delikts, wie in
den anderen Erpressungsfällen, nicht in der Diebstahlsabsicht,
sondern in dem Eingriff in die Freiheit der Willensbetätigung
zu sehen ist, gegen die es sich richtet. Was die bisher in den
ss.29 bis 31 geregelten Erpressungsdelikte anbelangt, die mit
der Aufhebung des Larceny Act 1916 durch Schedule 3 Part I in
Wegfall gekommen und durch das neue einheitliche Erpressungsdelikt des s.21 Theft Act 1968 ersetzt worden sind, so war das
wichtigste derselben das des s.29 (1) (i), das in Verbindung
mit ss.1 & 2 Criminal Justice Act 1948 folgenden Wortlaut aufwies: "Every person who utters, knowing the contents thereof,
any letter or writing demanding of any person with menaces,
and without any reasonable or probable cause, any property or
valuable thing shall be guilty of felony, and on conviction
thereof liable to imprisonment for life". Erforderlich war also, daß der Täter einen Brief oder ein sonstiges Schriftstück,
in welchem er unter Drohungen mit Gewaltanwendung gegen die
Person oder das Eigentum von einem anderen irgendwelches Eigentum, wie Geld, Wildbret oder eine sonstige wertbare Sache
ohne vernünftigen oder im Sinn und Geist des Rechts zu rechtfertigenden Grunde fordert,[4] in Kenntnis des Inhalts des

---

[1] Anon., A Rationale, Col.L.Rev.1954 p.84.
[2] Kenny (C.S.) op.cit. 8th ed.(1917) p.219.
[3] Campbell (A.H.) op.cit. p.383 & n.3.
[4] Winder (W.H.D.) op.cit. p.35.

Schreibens in den Verkehr bringt, und zwar in der Weise, daß
das Schriftstück mit dem Willen des Fordernden auf irgendeine
Weise dem Bedrohten zur Kenntnis kommt, sei es durch Aufgabe
zur Post,[1] durch Postzustellung, durch Werfen in den Brief-
kasten, durch Übergabe seitens einer Mittelsperson oder durch
Niederlegung an einem Ort, wo es vom Bedrohten mit Sicherheit
oder doch großer Wahrscheinlichkeit gefunden wird,[2] wie z.B.
wenn der Brief in die Küsterstube geworfen, vom Küster aufgehoben und dem Ankläger übergeben wurde oder wo der Brief in
den Hof des Anklägers geworfen, von einem Dienstboten aufgehoben und dem Kläger abgeliefert wurde.[3] Doch ist nach s.29 (1)
Larceny Act 1916 nicht erforderlich, daß der Brief auch vom
Bedrohten in Empfang genommen und zur Kenntnis genommen wird.[4]
Trägt der Brief den Namen einer nicht existierenden Person, so
hat die jury festzustellen, ob derjenige, in dessen Hände er
gekommen ist, wirklich derjenige ist, für den er bestimmt war.[5]
Der Nachweis, daß der Täter den Drohbrief geschrieben hat,
reicht nicht aus. Er muß ihn auch willentlich in Verkehr gebracht haben.[6] Ob das Schriftstück als Drohbrief anzusehen ist,
muß sich aus dem Brief selbst und aus der Situation der Beteiligten ergeben, da auch ein scheinbar unschuldiger Brief eine
Drohung i.S. obengenannter Bestimmung übermitteln kann. Bei un-
klarem und mehrdeutigem Sinn des Schreibens war nach der Rechtsprechung[7] eine Klärung durch ergänzende mündliche Äußerungen

---

[1] vgl.R.v.Baxter, 1971, (1971) 2 All E.R.359 at p.363.

[2] siehe auch R.v.Heming, 1799, 2 East P.C.1116, 15 Dig.Repl.1121,
11 185; R.v.Lloyd, 1767, 2 East P.C.1122, 15 Dig.Repl.1121,
11 180; R.v.Wagstaff, 1819, R.& R.398, 15 Dig.Repl.1121,
11 181; R.v.Jepson and Springett, 1798, 2 East P.C.1115, 15.
Dig.Repl.1224, 12 502; R.v.Williams, 1843, 2 L.T.O.S.213, 15
Dig.Repl.1121, 11 182; R.v.Grimwade, 1844, 1 C.& K.592, 4 L.T.
O.S.140, 1 Cox C.C.85, 15 Dig.Repl.1121, 11 183; R.v.Paddle,
1822, R.& R.484, 15 Dig.Repl.1121, 11 184; R.v.Carruthers,
1844, 4 L.T.O.S.179, 1 Cox C.C.138, 15 Dig.Repl.1122, 11 187.

[3] Anm.2 und R.v.Girdwood, 1776, 1 Leach 142, 15 Dig.Repl.931,
8 923.

[4] Treacy v. Director of Public Prosecutions, 1971, H.L.(1971)
1 All E.R.110 at p.119 per Lord Hodson & at p.125 per Lord
Diplock; siehe auch Entscheidung des Central Criminal Court
in derselben Sache at p.115 und des Court of Appeal, 1970,
(1970) 3 All E.R.205, (1970) 3 W.L.R.592, at p.110.

[5] R.v.Carruthers, 1844, 4 L.T.O.S.179, 15 Dig.Repl.1122, 11 187.

[6] R.v.Howe, 1836, 7 C.& P.268, 15 Dig.Repl.1122, 11 186.

[7] R.v.Tucker, 1826, 1 Mood.C.C.134, 15 Dig.Repl.1125, 11 224; R.

des Schreibers möglich und zulässig. Die in dem Brief enthaltene Drohung kann auch unter Umständen in die Form eines Ersuchens gekleidet sein, sofern dem Brief zu entnehmen war, daß, wenn dem Ersuchen nicht entsprochen werden sollte, der Schreiber eine in seinem Besitz befindliche Schmähschrift veröffentlichen würde, die den Bedrohten des Mordes beschuldige.[1] Abgesehen von dem vorliegenden Fall des s.29 (1) (i) und dem des s.29 (1) (ii) Larceny Act 1916, von dem noch zu sprechen sein wird, in denen ein schriftliches Fordern mit Drohungen verlangt ist, konnte das Fordern auch mündlich erfolgen, wie in den Fällen der ss.29 (1) (iii), 30 und 31 Larceny Act 1916, ja sogar aus dem Gesamtverhalten des Fordernden, insbesondere seiner Gebärden, sich ergeben.[2] Ob auch ein versuchtes demand with menaces möglich ist, war eine offene Frage. In R.v.Moran[3] wurde diese Frage von Lord Goddard C.J. verneint, indem er ausführte, daß, wenn jemand die Absicht haben würde, Geld unter Drohungen zu fordern, und dann seine Absicht nicht in die Praxis umsetze, kein versuchtes Fordern vorliege, weil ein Fordern entweder gegeben oder nicht gegeben sei. So auch Lord Hodson in Treacy v. Director of Public Prosecutions,[4] während Lord Reid daselbst die Entscheidung R.v.Moran in seiner Allgemeinheit als falsch bezeichnete. Im Gegensatz hierzu bejahten Russell und Williams[5] einen solchen Versuch mit der Begründung, daß es wohl sein mag,

---

v. Kain, 1837, 8 C.& P.187, 15 Dig.Repl.1125, 11 223; R.v. Hendy, 1850, 4 Cox C.C.243, 15 Dig.Repl.1123, 11 207; R.v. Stuart and Others, 1927, 20 Cr.App.R.74, 43 T.L.R.715, 15 Dig.Repl.1126, 11 237; siehe auch R.v.Cooper, 1849, 13 J.P. 316, 3 Cox C.C.547, 15 Dig.Repl.1125, 11 220.

[1] R.v.Robinson, 1796, 2 Leach 749, 2 East P.C.1110, 15 Dig. Repl.1122, 11 190; R.v.Studer, 1915, 11 Cr.App.R.307, 85 L. J.K.B.1017, 15 Dig.Repl.1122, 11 191; siehe auch R.v.Ward, 1864, 10 Cox C.C.42, 14 Dig.Repl.437, 4 234 und R.v.Graham, 1909, 3 Cr.App.R.252, 14 Dig.Repl.437, 4 235.

[2] R.v.Collister and Warhurst, 1955, 39 Cr.App.R.100, 15 Dig. Repl.1122, 11 189; R.v.Norton, 1838, 8 C.& P.1671, 15 Dig. Repl.1122, 11 192; Jackson v. Randall, 1783, 1 Leach 267.

[3] R.v.Moran, 1952, (1952) 1 All E.R.803 n., 36 Cr.App.R.10, 14 Dig.Repl.653, 6 640.

[4] Treacy v. Director of Public Prosecutions, 1971, (1971) 1 All E.R.110 at p.118.

[5] Russell (W.O.Sir) op.cit. 12th ed.(1964) vol.2 p.878; Williams (G.L.), Blackmail, Crim.L.R.1954 p.85.

daß ein Fordern nicht erfolgt ist, bis es demjenigen, an den
es gerichtet ist, mitgeteilt ist, doch sollte es möglich sein,
zu versuchen es mitzuteilen und daher zu versuchen, die Sache
zu fordern, wie in dem Falle, wo der Fordernde die Drohung in
einem Brief dem Bedrohten überreicht, der ohne Kenntnis des Inhalts sich weigert, ihn anzunehmen, oder in dem Falle, daß der
zur Post gegebene Drohbrief den Adressaten niemals erreicht.
Wenn bei der Ablehnung durch Lord Goddard dieser nach Ansicht
von Williams offenbar nur ein mental intention, d.h. einen geheimen Vorbehalt, als vorliegend im Auge hatte, so erscheint
dies insofern unbegründet, als in R.v.Moran die Absicht eines
gewaltsamen Forderns bereits nach außen hin zum Ausdruck gekommen war. Eine andere Frage ist, ob das unter Drohungen erfolgte Fordern einer Sache, auf die der Fordernde einen Rechtsanspruch hat, die Erpressung ausschließt. Nach der im Bericht des
Criminal Law Revision Committee vertretenen Auffassung braucht
dies nicht der Fall zu sein.[1] Freilich gehen die Meinungen auseinander. Nach der einen Meinung begründet, wie in dem Bericht
ausgeführt ist, ein Fordern mit Drohungen bei Bestehen eines
Rechtsanspruches keine Erpressung, so hart auch die angedrohte
Handlung sein mag, sofern keine Unehrlichkeit vorliegt. Diese
Auffassung läßt sich nach dem Bericht aufrechterhalten, obwohl
sie als extrem anzusehen ist. Nach der Meinung des Criminal Law
Revision Committee geht aber diese Auffassung zu weit und gibt
es Drohungen, die das Fordern zu einer Erpressung machen, auch
wenn ein rechtswirksamer Anspruch auf die geforderte Sache gegeben ist. Zum Beispiel würden nach der in jenem Bericht vertretenen Meinung die meisten Leute es als Erpressung bezeichnen, wenn jemand drohen sollte, einen anderen als homosexuell
zu brandmarken, wenn dieser seine Schuldverbindlichkeit nicht
begleicht, auch wenn die Anschuldigung auf Wahrheit beruhen
sollte. Aus dem Bestehen einer Schuldverbindlichkeit folgt,
wie es scheint, nicht, daß der Gläubiger schlechthin berechtigt sein sollte, zu jedem, auch nicht strafbaren Verfahren Zuflucht zu nehmen, um Befriedigung seiner Forderung zu erlangen.
Es gibt vielmehr Grenzen für die Methoden, die erlaubt sind, um
die Bezahlung einer Geldschuld ohne Zuhilfenahme der Gerichte zu

---

[1] The Report Cmnd.2977 para.119.

erzwingen. So kann z.B. ein Gläubiger sich nicht Sachen des
Schuldners aneignen. Auch in R.v.Parker[1] wurde in analoger
Weise entschieden, daß ein Gläubiger, der einen Brief der Admiralität an einen Seemann, in dem letzterer ermahnt wurde,
eine Schuld zu begleichen, fälschte, sich der Urkundenfälschung trotz Bestehens der Schuldverbindlichkeit schuldig
macht.[2] So ist auch nach dem 8.Bericht des Criminal Law Revision Committee,[3] dessen Auffassung in s.21 Theft Act 1968
übernommen wurde, für das Delikt der Erpressung davon auszugehen, daß die Gesetzwidrigkeit des Forderns nach subjektivem
Maßstab zu beurteilen ist, nämlich danach, ob der Drohende
ehrlicherweise glaubt, ein Recht auf die Erhebung der Forderung
zu haben. Es erscheint mit Rücksicht auf den Unehrlichkeits-
charakter des Erpressungsdelikts unrichtig, daß jemand des
Deliktes, etwas zu fordern, schuldig sein sollte, auf das er,
wie er annimmt, ehrlicherweise einen berechtigten Anspruch
hat.[4] Außerdem involviert die Annahme eines objektiven Maßsta-
bes eine fast unüberwindliche Schwierigkeit. Es wäre solchenfalls notwendig, entweder die verschiedenen Arten von Fordern,
deren Rechtfertigung für gegeben erachtet werden sollte, festzulegen oder einen Ausdruck zu finden, der genau jene Arten,
aber keine anderen, bezeichnen würde. Der erstere Weg wäre
nach genanntem Bericht theoretisch möglich gewesen, die Bestimmung hätte aber sehr detailliert sein müssen und hätte die Gefahr in sich geborgen, die mit jedem Versuch, verschiedene Arten des Verhaltens zum Zweck der Feststellung eines strafbaren
Delikts aufzuzeichnen, verbunden ist, nämlich zu viele oder zu
wenige einzuschließen. Zudem bestünde viel Spielraum für die
Beantwortung der Frage, welche Arten von Fordern als gerechtfertigt behandelt werden sollten und welche nicht. Dieser Weg
erschien mit Rücksicht auf die Ergebnisse, die sich daraus herleiten würden, daß die Verantwortlichkeit von dem Fehlen eines

---

[1] R.v.Parker, 1910, 74 J.P.208, 15 Dig.Repl.1259, 12 932.
[2] The Report Cmnd.2977 para.119; siehe auch R.v.Bernhard, 1938,
2 K.B.264, (1938) 2 All E.R.140, 15 Dig.Repl.1125, 11 218;
R.v.Hall, 1928, 3 C.& P.409, 15 Dig.Repl.1061, 10 462; Smith
v. Williams, 1892, 56 J.P.840, 9 T.L.R.9, 15 Dig.Repl.1223,
12 493; Daniel v. Janes, 1877, 2 C.P.D.353, 41 J.P.712, 15
Dig.Repl.1223, 12 492.
[3] The Report Cmnd.2977 para.118.
[4] Smith (J.C.), Civil Law Concepts in the Criminal Law, 31 C.
L.J.1972 p.217.

reasonable or probable cause abhängig gemacht würde, unmöglich.
Eine allgemeine Bestimmung aber hätte wahrscheinlich einen solchen unbestimmten Ausdruck verwenden müssen, daß er ähnliche
Schwierigkeiten und Unsicherheit mit sich gebracht hätte. Auch
ist zu der genannten Doktrin noch zu bemerken, daß, da hiernach ein subjektiver Maßstab anzulegen ist, die jury, selbst
wenn die Gründe für die Annahme des Täters objektiv als unvernünftig erachtet werden sollten, noch prüfen muß, ob der Angeklagte selbst nicht in ehrlicher und überzeugter Weise annahm,
ein Recht ausgeübt zu haben, auf das er einen Anspruch gehabt
habe, damit die jury überzeugt sein kann, daß er keine schuldhafte Gesinnung besaß.[1] Diese Verteidigung könnte nur dann entfallen, wenn der Irrtum nach Auffassung des Gerichts so unvernünftig ist, daß auch bei pessimistischer Beurteilung menschlicher Intelligenz sich niemand ernstlich in solchem Irrtum befinden kann. Anders liegt der Fall, wenn derjenige, der unter Drohungen etwas fordert, von dem er weiß, daß er kein gesetzliches
Recht darauf hat, wie z.B. der Gewinner einer Wette, dem nur
ein moralischer, aber kein gesetzlicher Anspruch zusteht, oder
der Gläubiger, der unter Drohung der Bloßstellung in der Öffentlichkeit Bezahlung einer Schuldverbindlichkeit fordert, die,
wie er weiß, gegen ein gesetzliches Verbot verstößt. Allerdings
konnte ein solches moralisches Recht ein reasonable or probable
cause für ein Fordern i.S. des s.29 (1) (i) Larceny Act 1916
bilden.

Gegenstand des Forderns mußte nach s.29 (1) (i) wie auch nach
s.29 (1) (ii) und (iii) Larceny Act 1916 "any property or valuable thing" sein. Was den Begriff des "property" anbelangt, so
war hierfür die gesetzliche Definition des s.46 (1) Larceny Act
1916 maßgebend, wonach der Eigentumsbegriff sowohl das Real- wie
das Personaleigentum, Forderungen und das Recht verkörpernde oder
doch nachweisende Rechtstitelurkunden sowie das Eigentum umfaßte,
das gegen das ursprüngliche Eigentum umgewandelt oder eingetauscht
wurde. Der Begriff des "valuable thing" schloß jede Art bewegli-

---

[1] Edwards (J.Ll.J.), Malice and Wilfulness p.281; id., Mens rea
pp.184-185.

chen Eigentums, nicht aber Realeigentum und Pachtbesitz (lease-
hold), wohl aber Banknoten und Rechtstitelurkunden ein. Andere
Vorteile als property or valuable thing durch Drohungen zu erlangen, war mit Ausnahme des making of an appointment i.S. des
s.31 Larceny Act 1916 nicht strafbar, wie z.b. Dienstleistungen
als solche, wozu unter anderem die kostenlose Überlassung eines Zimmers oder die Verlängerung eines formlosen Vertrages zu
rechnen sind.[1] Die Drohung mußte zwar objektiv geeignet sein,
das Opfer zu dem geforderten Verhalten zu bestimmen. Dazu ist
erforderlich, daß sie eine Person von normaler Einsichtsfähigkeit und Willensstärke ihrer freien und freiwilligen Tätigkeit
beraubt und sie nicht in die Lage versetzt, ihr sich zu widersetzen.[2] Doch durfte die Drohung nicht so sein, daß sie niemand
beeinflussen würde.[3] Auch brauchte sich der Täter diese Tatsache
der objektiven Eignung nicht bewußt zu sein. Es genügte vielmehr, daß er die Drohung für hierzu geeignet hielt. Andererseits
mußte der Bedrohte die Drohung als solche verstehen. Er mußte
aber durch die Drohung keineswegs zum Handeln bestimmt werden.[4]
Eine weitergehende Absicht als die, den Drohbrief in Kenntnis
des Inhalts in den Verkehr zu bringen, war nicht verlangt.
Der Begriff der "menaces" i.S. von s.29 (1) (i) Larceny Act 1916
wurde in der Rechtsprechung zu den Erpressungsdelikten als synonym mit dem Begriff der "threats" behandelt, wie sich aus R.

---

[1] Kielwein (G.), Straftaten S.151 f.

[2] R.v.Walton and Ogden, 1863, L.& C.288, 7 L.T.754, 1 New Report
374, 15 Dig.Repl.1119, 11 138; R.v.Boyle and Merchant, 1914,
3 K.B.339 at p.344 per Lord Reading; Hooper (A.) op.cit. p.540;
Russell (W.O.Sir) op.cit. 12th ed.(1964) pp.875-876.

[3] R.v.Tomlinson, 1895, 1 Q.B.706 at p.708 per Wills J., 15 Dig.
Repl.1123, 11 200.

[4] R.v.Hendy, 1850, 4 Cox C.C.243, 15 Dig.Repl.1123, 11 207; R.
v. Stuart, 1927, 20 Cr.App.R.74, 43 T.L.R.715, 15 Dig.Repl.
1126, 11 237; vgl. auch R.v.Cooper, 1849, 3 Cox C.C.547, 13
J.P.316, 15 Dig.Repl.1125, 11 220.

v. Tomlinson[1] und R.v.Boyle and Merchant[2] ergibt und auch von
Lord Atkin in Thorne v. Motor Trade Association[3] bestätigt
wurde, während allerdings in der Umgangssprache "threats" eine
mildere Form von Drohung ausdrücken dürften als menaces.[4] Im
Laufe der Zeit freilich hat der Begriff der menaces eine wesentliche Ausdehnung erfahren. Ursprünglich war er auf die
Drohung mit gewaltsamem Eingriff in die körperliche Unversehrtheit des Opfers beschränkt und in der Folge auf Drohung
gegen die Person oder das Eigentum[5] und hernach auf eine solche mit Schädigung des guten Rufes ausgedehnt.[6] In R.v.Tomlin-
son[7] wurde der Begriff der menaces noch weiter gelockert und
auf Drohungen mit unmoralischem oder unziemlichem Betragen erstreckt. In diesem Sinne sprach sich auch Lord Wright[8] in seinem obiter dictum in Thorne v. Motor Trade Association[9] dahin
aus, daß das Wort "menace" im liberalen Sinne zu interpretieren und nicht auf Drohungen mit Gewaltanwendung zu beschränken
sei, sondern auch Drohungen mit irgendwelcher Handlung einschließe, die für die Person, an die sie gerichtet sind, schädlich sind oder ihr Unannehmlichkeiten bereiten, wie z.B. Drohung mit unrechtmäßiger Einsperrung, Drohung mit der Bekanntgabe unziemlichen Verhaltens des Bedrohten oder Drohung mit
strafrechtlicher Verfolgung, wenn sie schriftlich und wegen
eines anderen Deliktes, als den in s.29 (3) Larceny Act 1916
bezeichneten Verbrechen, erfolgt. Dagegen wurde Drohung mit
einer Zivilklage als zu einer Verurteilung wegen Erpressung
nicht ausreichend erachtet.[10] Möglich und ausreichend war schon

---

[1] R.v.Tomlinson, 1895, 1 Q.B.706, 43 W.R.544, 72 L.T.155, 64 L.
J.M.C.97, 18 Cox C.C.75, 15 Dig.Repl.1123, 11 200.
[2] R.v.Boyle and Merchant, 1914, 3 K.B.339, 10 Cr.App.R.180, 15
Dig.Repl.1123, 11 204.
[3] Thorne v. Motor Trade Association, 1937, A.C.797 at p.806,
(1937) 3 All E.R.157 at pp.159-160, 26 Cr.App.R.51 at p.56,
45 Dig.Repl.571, 1434.
[4] Winder (W.H.D.) op.cit. p.25 n.11.
[5] R.v.Smith, 1849, T.& M.214, 1 Den.510, 2 C.& K.882, 19 L.J.M.
C.80, 15 Dig.Repl.1122, 11 197; siehe auch The Report Cmnd.
2977 para.110.
[6] R.v.Hamilton, 1843, 1 C.& K.212, 15 Dig.Repl.1124, 11 210; R.
v. Miard, 1844, 1 Cox C.C.22, 15 Dig.Repl.1123, 11 199; R.v.
Abgood, 1826, 2 C.& P.436, 15 Dig.Repl.1125, 11 219.
[7] R.v.Tomlinson, 1895, 1 Q.B.706, 15 Dig.Repl.1123, 11 200;
siehe auch R.v.Boyle and Merchant, 1914, 3 K.B.339, 15 Dig.

nach common law, daß die Ausführung der das Fordern stützen-
den Drohung durch einen Dritten erfolgt, mit dem der Fordernde in solcher Weise verbunden ist, daß er zu erkennen gibt,
auf den Dritten so einwirken zu können, daß von seiner, des
Fordernden, Tätigkeit die Auslösung des angedrohten Übels oder
dessen Verhinderung abhängt.[1] Ob der Drohende tatsächlich in
der Lage ist, das angedrohte, von einem Dritten ausgehende
Übel herbeizuführen oder zu verhindern, ist unerheblich. Es
genügt, wenn der Täter dem Opfer ein Übel, wie z.B. Strafverfolgung, vortäuscht und sich bereit findet, gegen Bezahlung
einer Geldsumme durch von ihm zu unternehmende Schritte die
Strafverfolgung des Opfers zu verhindern. Maßgebend ist solchenfalls nicht so sehr die Täuschung als die durch Drohung
mit der vorgetäuschten Strafverfolgung hervorgerufene Furchterregung beim Opfer, die dessen Verhalten entscheidend zu beeinflussen vermag.[2] Nach R.v.Tomlinson[3] fiel unter "menace"
auch eine Drohung mit Schädigung einer dritten Person, also
nicht notwendig mit Schädigung dessen, an den die Drohung gerichtet ist und von dem die Erlangung des Eigentums erstrebt
wird. Dies trifft z.B. zu, wo der Drohende Geld vom Vater fordert, mit der Drohung, den Sohn eines Verbrechens anzuschuldigen, falls das geforderte Geld nicht bezahlt werden sollte.

Repl.1123, 11 204; ebenso Russell (W.O.Sir) op.cit. 12th ed.
by J.W.C.Turner (1964) vol.2 p.870.

[8] Thorne v. Motor Trade Association, 1937, A.C.797 at p.817,
(1937) 3 All E.R.157 at p.159, 26 Cr.App.R.51 at p.67; siehe
auch The Report Cmnd.2977 para.110; ebenso Harris (S.F.)
op.cit. 20th ed.by H.A.Palmer & H.Palmer (1960) p.304 und
Winder (W.H.O.) op.cit. p.24 sowie Lord Atkin in Thorne v.
Motor Trade Association, 1937, A.C.797 at p.806, (1937) 3
All E.R.157 at pp.159-160, 26 Cr.App.R.51 at p.56, 45 Dig.
Repl.571, 1434.

[9] Thorne v. Motor Trade Association, siehe Anm.8.

[10] R.v.Southerton, 1805, 6 East 126 at pp.141 & 145, 15 Dig.Repl.
1121, 11 179.

---

[1] R.v.Smith, 1850, T.& M.214, 2 C.& K.882, 15 Dig.Repl.1122,
11 197; R.v.Studer, 1915, 85 L.J.K.B.1017, 114 L.T.424, 25
Cox C.C.312, 11 Cr.App.R.307, 15 Dig.Repl.1122, 11 191.

[2] vgl. hierzu Kielwein (G.), Straftaten S.151 mit R.v.Dawson,
1920, 15 Cr.App.R.156.

[3] R.v.Tomlinson, 1895, 1 Q.B.706 at pp.708-709 per Lord Russell
C.J.; ebenso Williams (G.L.), Blackmail p.92.

Dies entspricht auch der in Australien geltenden Rechtsauffassung.[1] Die meisten der nordamerikanischen Bundesstaaten,
wie z.B. New Jersey,[2] Minnesota,[3] Delaware[4] und Ohio[5] lassen
die Drohung, irgendjemandem Schaden zuzufügen, genügen.[6]
Zweifelhaft war, ob eine Drohung mit dem Einklagen eines nicht
erzwingbaren Anspruches eine Drohung mit öffentlicher Diffamierung darstellt und daher für das Vorliegen einer Erpressung
ausreicht. Auch blieb die Frage offen, ob eine Erpressung vorliegt, wo die Drohung nicht darauf gerichtet ist, den Bedrohten in seiner Stellung zu schädigen, sondern einen sich fi-
nanziell auswirkenden Vorteil, mit dem er rechnete und rechnen
durfte, zu vereiteln, wie in dem Falle, wo der Fordernde z.B.
Geld durch eine Drohung erpreßte, seinen Einfluß darauf zu verwenden, daß der Bedrohte einen mit Gehalt verbundenen Posten,
um den er sich mit Aussicht auf Erfolg bewarb, nicht erhalte,
wenn ihm nicht eine bestimmte Geldsumme bezahlt werde, auch
wenn die Drohung keine Enthüllung einer für den Bedrohten entehrenden Handlung zum Inhalt haben sollte. Es dürfte kein
zwingender Grund vorgelegen haben, um einem solchen Verhalten
den Charakter einer Erpressung abzusprechen.[7] Um eine Einengung des Begriffes der "menaces" im Sinne von s.29 (1) (i)
Larceny Act 1916 zu erreichen, setzte die Rechtsprechung
das menace in Beziehung zu dem Fordern, so daß erst aus dem
Verhältnis der beiden zueinander sich die Bejahung oder Verneinung einer Erpressung ergab. Die Rechtswidrigkeit der Drohung
bestimmt sich nicht nach dem angedrohten Verhalten als solchem,

---

[1] vgl. Howard (C.), Australian Criminal Law, Melbourne, Sydney,
Brisbane: The Law Book Co., Ltd.1965 p.211 & fn.34; bzgl.
Raubes vgl. Wells (1880) 5 Q.S.C.R.181 und die in Howard op.
cit. p.207 fn.1 zitierten Statuten.

[2] The New Jersey Penal Code s.2 C.: 20-5; siehe auch The New
Jersey Penal Code vol.II: Commentary. Final Report of the
New Jersey Criminal Law Revision Commission, Newark, N.J.
October 1971, Commentary on section 2 C: 20-5 p.227.

[3] Minnesota Statutes Annotated, ss.609.01 to 609.655 under
Arrangement of the Official Minnesota Statutes, vol.40, St.
Paul, Minn.: West Publ.Co.1964, Advisory Comment on § 609.24
p.283.

[4] Delaware Criminal Code with Commentary, 1973 ed. by the State
of Delaware, § 846 Commentary on subs.(1) p.281.

[5] Page's Ohio Revised Code Annotated, 1975 Repl.Vol., title 29,
Cincinnati: The W.H.Anderson Co., § 2905.11 & Committee Comment p.34.

[6] vgl. auch La Fave (W.R.) & Scott, Jr.(A.W.), Handbook on Criminal Law, St.Paul, Minn.: West Publ.Co.1972 p.706 sowie Model Penal Code § 206.3, Comment (Tent.Draft No.2, 1954).

[7] Williams (G.L.), Blackmail p.91.

das unrechtmäßig oder strafbar, aber auch rechtmäßig, ja sogar
eine gesetzliche Pflicht sein kann. Erst die Verbindung mit
dem nicht zu rechtfertigenden Fordern begründet die Rechtswidrigkeit der Drohung und macht die Handlung zur Erpressung. So
ist z.B. das Drohen mit dem Setzen auf eine Sperrliste ohne
Zweifel ein menace i.S. von s.29 (1) (i) Larceny Act 1916. Ob
aber das Fordern von Geld gegen Verzicht auf diese Maßnahme einen gesetzlichen Rechtfertigungsgrund bildete und damit Erpressung i.S. von s.29 (1) (i) Larceny Act 1916 ausschloß, war
Gegenstand von Meinungsverschiedenheiten, deren Klärung erst
in Thorne v. Motor Trade Association[1] erfolgte. Es erhob sich
nun die Frage, was unter dem Tatbestandsmerkmal des Forderns
"without reasonable or probable cause" zu verstehen ist, welches eine Erpressung nach s.29 (1) (i) Larceny Act 1916 begründet. Die Auslegung des Ausdrucks "reasonable or probable
cause" stieß auf Schwierigkeiten. So hielt es Lord Wright in
Thorne v. Motor Trade Association für schwer, dem "probable"
im Unterschied zum "reasonable" eine besondere Bedeutung zuzuschreiben. Er nimmt an, daß es dem, was mit "reasonable" gemeint ist, nichts beifügt.[2] Auch nach Williams[3] ist, wie es
scheint, das "probable" in dem genannten Ausdruck überflüssig
und es genüge von "reasonable cause" zu sprechen. Dieser Auffassung schließt sich auch Harris[4] an, der allerdings anfügt,
daß in anderem Zusammenhang das Wort "probable" offenbar
"provable" bedeutet, aber hier über "reasonable" nicht hinausgeht. Allen[5] will das Wort "probable" im etymologischen Sinne
von "provable" verstanden wissen, als ein Grund, der einer jury
beweisbar erscheint, d.h. als ein solcher, der innerhalb der
Grenzen der Wahrscheinlichkeit liegt und nicht so phantastisch
und unüberzeugbar ist, daß er ganz unglaubhaft erscheint. Der

---

[1] Thorne v. Motor Trade Association, 1937, A.C.797 at p.802,
(1937) 3 All E.R.157 at p.161.
[2] Thorne v. Motor Trade Association, 1937, A.C.797 at p.817,
26 Cr.App.R.51 at p.68, (1937) 3 All E.R.157 at p.167 per
Lord Wright; so auch The Report Cmnd.2977 para.112.
[3] Williams (G.L.), Blackmail p.164.
[4] Harris (S.F.) op.cit. 20th ed.by H.A.Palmer & H.Palmer (1960)
p.305.
[5] Allen (C.K.), Notes to Thorne v. Motor Trade Association, L.
Q.R.1938 pp.15-16.

Ausdruck "reasonable or probable cause", wie er im Zusammenhang mit den Erpressungsdelikten verwendet wird, geht auf das
Gesetz von 1827 (7 & 8 Geo.IV c.29) s.8 zurück. In der Belehrung der Jury durch Richter Rolfe B. in R.v.Hamilton[1] im Jahre 1843 wurde der genannte Ausdruck dahin interpretiert, daß
er sich auf das Fordern beziehe und nicht auf das Fehlen eines
vernünftigen Grundes für die Aufstellung einer Behauptung, welche der Angeschuldigte zu machen drohe, also nicht auf die
Anschuldigung, die Gegenstand der Drohung bilde. Das without
any reasonable or probable cause fand sich dann wieder in
s.44 Larceny Act 1861 und wurde von dort in s.29 (1) (i) Larceny Act 1916 übernommen. In Anlehnung an Allen, der den Ausdruck als gleichbedeutend mit "without lawful justification"[2]
bezeichnete, kann er am besten mit "ohne vernünftigen und ohne
rechtlichen, d.h. im Sinn und Geist des Rechts zu rechtfertigenden, Grund" wiedergegeben werden. Ähnlich äußert sich Williams,[3] der die Worte "without reasonable or probable cause"
als synonym mit "unreasonably" bezeichnet. In gleicher Weise
beschreibt auch der 8.Bericht des Criminal Law Revision Committee den Ausdruck mit den Worten "ohne vernünftigen Grund"
und fügt bei, daß das Wort "probable" dem Wort "reasonable"
nichts hinzufüge.[4] Nach der von der ständigen Rechtsprechung
abweichenden Auffassung von A.D.Hargreaves, die von Campbell[5]
gebilligt wurde, ist "cause" nicht i.S. von justification zu
verstehen, sondern als das, was das Fordern nicht nach den tatsächlich vorliegenden Umständen, sondern nach den Annahmen und
Wünschen des Fordernden verursacht. Reasonable cause dürfte dann
bedeuten, daß die Annahme des Fordernden so sein muß, daß ein
vernünftiger Mensch auf Grund des verfügbaren Beweismaterials
eine solche Annahme haben würde. Die Auffassung Hargreaves wurde aber von den Gerichten außer in R.v.Miard,[6] der aber in

---

[1] R.v.Hamilton, 1843, 1 C.& K.212, 15 Dig.Repl.1124, 11 210;
[2] The Report Cmnd.2977 para.112.
   "lawful" bedeutet "im Sinn und Geist des Rechts" und steht
   im Gegensatz zu "legal", das Übereinstimmung mit dem Buchstaben des Gesetzes oder den gehandhabten Rechtsregeln zum
   Ausdruck bringt. Der Ausdruck "cause" wird in der Gerichts-
   praxis synonym mit "justification" oder "excuse" betrachtet.
[3] Williams (G.L.), Blackmail p.165.
[4] The Report Cmnd.2977 para.112.
[5] Campbell (A.H.), The Anomalies of Blackmail, 1939 L.Q.R.392
   n.20.
[6] R.v.Miard, 1844, 1 Cox C.C.22, 15 Dig.Repl.1123, 11 199.

R.v.Dymond[1] mißbilligt wurde, nicht übernommen. Es erhob sich
nun die grundlegende Frage, in welchen Fällen und unter welchen Voraussetzungen das auf Drohungen gestützte Fordern von
Eigentum ohne vernünftigen Grund und ohne im Sinn und Geist
des Rechts begründete Rechtfertigung erfolgt und so das Verbrechen der Erpressung i.S. von s.29 (1) (i) Larceny Act 1916
bildet, oder mit anderen Worten, worin der bezeichnete Rechtfertigungsgrund besteht, der dem Fordern von Eigentum unter
Drohungen den Makel der Erpressung nimmt. Dabei will Campbell[2]
das reasonable or probable cause nicht nur auf das Fordern von
Eigentum, sondern auch auf die angedrohte Handlung beziehen,
wobei er sich auf R.v.Denyer[3] bezog, das "made it clear that
the reasonable or probable cause which will justify a demand
must be reasonable and probable cause for demanding money,
not merely reasonable and probable cause for doing the act
threatened". Auch verwies er auf R.v.Dymond,[4] wo die Angeklagte Emily Dymond, die behauptete, vom Ankläger in unsittlicher
Weise angegriffen worden zu sein, von diesem Geld unter der
Drohung des Bloßstellens und strafrechtlicher Verfolgung forderte und der auch im Falle der Bestätigung ihrer Angaben ein
Recht auf Leistung von Schadenersatz wegen dieser unerlaubten
Handlung des tätlichen Angriffes zugestanden hätte, wenn, unterworfen dem Erfordernis einer vorläufigen gerichtlichen Verfolgung, das beklagte Verhalten ein Verbrechen (felony) begründet haben würde. Unter Bezugnahme auf diesen Sachverhalt erklärt Campbell: "She may have had a right to demand money;
what she certainly had not was a right to demand money as an
alternative to prosecution".[5] Im gleichen Sinne sprach sich

---

[1]
R.v.Dymond, 1920, 2 K.B.260, 89 L.J.K.B.876, 123 L.T.336, 84
J.P.103, 36 T.L.R.421, 64 Sol.Jo.571, 26 Cox C.C.621, 15 Cr.
App.R.1, 15 Dig.Repl.1124, 11 209.

[2]
Campbell (A.H.) op.cit. pp.384-385.

[3]
R.v.Denyer, 1926, 2 K.B.258, 95 L.J.K.B.699, 134 L.T.637, 19
Cr.App.R.93, 15 Dig.Repl.1124, 11 217.

[4]
R.v.Dymond, siehe Anm.1.

[5]
Campbell (A.H.) op.cit. p.391; siehe auch ibid. p.396.

auch Williams[1] dahin aus, daß nicht nur das Fordern, sondern
auch die gebrauchte Drohung reasonable sein müsse. Die Drohung
müsse als unvernünftig und ungerechtfertigt erachtet werden,
wenn das angedrohte Verhalten an sich rechtswidrig oder strafbar sei; aber auch dann, wenn sie von solcher Beschaffenheit
sei, daß sie nicht als Druckmittel zur Erlangung eines Vorteils benutzt werden dürfe. In beiden Fällen sei es unerheblich, ob das geforderte Eigentum geschuldet sei oder nur als
geschuldet angenommen worden sei. Dieser Auffassung von Campbell und Williams sind aber die Gerichte nicht gefolgt. Vielmehr ging die ständige Rechtsprechung dahin, daß das "without
reasonable or probable cause" sich nicht auf die Anschuldigung,
sondern auf das Fordern des Eigentums beziehe, wie unter anderem aus R.v.Dymond[2] und R.v.Chalmers[3] erhellt. Diese auch im
Schrifttum[4] überwiegend vertretene Auffassung wird von Lord
Atkin in Thorne's Case[5] mit den Worten bestätigt: "What he has
to justify is not the threat, but the demand of money. The gra-
vamen of the charge is the demand without reasonable or probable cause".[6] Es ist daher unerheblich, ob die Anschuldigung,
welche Gegenstand der Drohung ist, der Wahrheit entspricht oder
nicht. In diesem Sinne sprach sich schon Rolfe B. in R.v.Ha-
milton[7] aus, der erklärte, daß der Ausdruck reasonable or probable cause sich auf das geforderte Geld und nicht auf die An-

[1] Williams (G.L.), Blackmail pp.163, 165.

[2] R.v.Dymond, 1920, 2 K.B.260, 89 L.J.K.B.876, 26 Cox C.C.621,
15 Cr.App.R.1, 15 Dig.Repl.1124, 11 209.

[3] R.v.Chalmers, 1867, 16 L.T.363, 10 Cox C.C.450, 15 Dig.Repl.
1123, 11 198.

[4] Kenny (C.S.) op.cit. 18th ed. by J.W.C.Turner (1962) pp.312-
313; Archbold (J.F.) op.cit. 34th ed. by T.R.F.Butler and M.
Garsia (1959) p.701; Russell (W.O.Sir) op.cit. 12th ed. vol.
2 by J.W.C.Turner (1964) p.871; Stephen (J.F.Sir), A Digest
9th ed. by L.F.Sturge (1950) p.344; Stephen (H.J.) op.cit.
19th ed. vol.4 by C.H.S.Fifoot (1928) p.100; Harris (S.F.)
op.cit. 20th ed. by H.A.Palmer and H.Palmer (1960) p.305.

[5] Thorne v. Motor Trade Association, 1937, A.C.797, 26 Cr.App.
R.51, (1937) 3 All E.R.157, 45 Dig.Repl.571, 1434.

[6] Thorne v. Motor Trade Association, 1937, A.C.797 at p.806,
26 Cr.App.R.51 at p.56, (1937) 3 All E.R.157 at p.160 per
Lord Atkin.

[7] R.v.Hamilton, 1843, 1 C.& K.212, 15 Dig.Repl.1124, 11 210.

schuldigung beziehe und die Wahrheit oder Unwahrheit der angedrohten Anschuldigung völlig unerheblich sei. Dieselbe Auffassung wird in R.v.Crackwell and Walker,[1] R.v.Gardner[2] und R.v.Richards[3] vertreten. Auch in R.v.Denyer[4] führte Lord Hewart C.J. aus, es sei nicht nötig, daß die Anschuldigung unwahr sei. Auch eine wahre Anschuldigung sei ausreichend für eine Erpressung, wenn sie nur keinen vernünftigen Grund für das Fordern des Geldes liefere. Das Vorliegen eines reasonable or probable cause muß nach Rechtsprechung und Schrifttum tatsächlich, also objektiv, gegeben sein,[5] wie aus R.v.Dymond[6] und R.v.Denyer[7] erhellt. Zwar wurde in älteren Entscheidungen, wie in R.v.Miard,[8] wo die Angeklagte von einem Geistlichen Geld unter der Drohung forderte, ihn eines unehrenhaften Verhaltens bei den Dorfbewohnern und Amtsbrüdern anzuschuldigen, dem objektiven Vorliegen eines Rechtfertigungsgrundes für das Fordern noch der subjektive ehrliche Glaube an das Bestehen eines solchen gleichgestellt. Diese Auffassung wurde auch von Rolfe B. in R.v.Hamilton[9] übernommen, dagegen in R.v.Dymond[10] durch Lord Reading C.J. als unrichtig verworfen, dessen Ansicht sich auch Lord Hewart C.J. in R.v.Denyer[11] anschloß. Hieran wurde auch in der Folgezeit durch das Court of Criminal Appeal festgehalten, wie aus der Erklärung des Lord Chief

---

[1] R.v.Crackwell and Walker, 1866, 10 Cox C.C.408, 15 Dig.Repl. 1126, 11 230.

[2] R.v.Gardner, 1824, 1 C.& P.479, 15 Dig.Repl.1120, 11 159.

[3] R.v.Richards, 1868, 11 Cox C.C.43, 15 Dig.Repl.1126, 11 231.

[4] R.v.Denyer, 1926, 2 K.B.258, 95 L.J.K.B.699, 28 Cox C.C.153, 19 Cr.App.R.93, 15 Dig.Repl.1124, 11 217.

[5] Archbold (J.F.) op.cit. 34th ed.(1959) p.701; Kenny (C.S.) op.cit. 18th ed.(1962) p.813; Harris (S.F.) op.cit. 20th ed. (1960) p.305; Thorne v. Motor Trade Association, 1937, A.C. 808, 26 Cr.App.R.58, (1973) 3 All E.R.161 per Lord Atkin, at p.167 per Lord Wright.

[6] R.v.Dymond, 1920, 2 K.B.260, 89 L.J.K.B.876, 26 Cox C.C.621, 15 Cr.App.R.1, 15 Dig.Repl.1124, 11 209.

[7] R.v.Denyer, siehe Anm.4.

[8] R.v.Miard, 1844, 1 Cox C.C.22, 15 Dig.Repl.1123, 11 199.

[9] R.v.Hamilton, 1843, 1 C.& K.212, 15 Dig.Repl.1124, 11 210; Russell (W.O.Sir) op.cit. 12th ed.(1964) vol.2 p.871.

Justice in einer Sitzung des Court of Criminal Appeal vom 23.
April 1928[1] hervorgeht, in der es unter anderem heißt: "it
may be well, therefore, to make it clear for the purposes of
the administration of the criminal law, that, unless and until
the decision in R.v.Denyer in this Court is reversed by the
only competent tribunal, it is binding upon and will be enfor-
ced by this Court against any person or persons offending in
like manner". Auch das Schrifttum hat sich in der Mehrheit dieser Auffassung angeschlossen, wie unter anderem Archbold, J.F.
Stephen, H.J.Stephen und Campbell.[2] Auch in der Entscheidung
des House of Lord in Thorne v. Motor Trade Association[3] wurde
nur über das Vorliegen eines reasonable or probable cause entschieden und offengelassen, ob die ehrliche Annahme des Vorhandenseins solchen Rechtfertigungsgrundes das Bestehen einer
Erpressung i.S. von s.29 (1) (i) Larceny Act 1916 ausschließt.
Außer Lord Thankerton, der ausdrücklich erklärte, es bilde
keine Verteidigung, wenn jemand irrtümlich annehmen würde, er
hätte ein reasonable or probable cause für das Fordern von Eigentum, äußerte sich nur Lord Atkin[4] über diesen Punkt zum Fall
R.v.Dymond,[5] in welchem ein Mädchen einen Brief an einen Mann

[10] R.v.Dymond, 1920, 2 K.B.260 at p.268.

[11] R.v.Denyer, 1926, 2 K.B.258; vgl. auch R.v.Bernhard, 1938,
2 K.B.264 und R.v.Wheat and Stocks, 1921, 2 K.B.119, 15 Cr.
App.R.134, 15 Dig.Repl.891, 8 591; Archbold (J.F.) op.cit.
34th ed.(1959) p.701.

[1] 44 T.L.R.479, Goodhart (A.L.), Blackmail and Consideration
in Contracts, L.Q.R.1928 p.436 n.3.

[2] Archbold (J.F.) op.cit. 34th ed.(1959) p.701; Stephen (J.F.
Sir), A Digest 9th ed.(1950) p.344; Stephen (H.J.) op.cit.
19th ed.(1928) p.100; Campbell (A.H.) op.cit. p.385.

[3] Thorne v. Motor Trade Association, 1937, A.C.797, (1937) 3
All E.R.157, 26 Cr.App.R.51, 106 L.J.K.B.495, 157 L.T.399,
53 T.L.R.810, 81 Sol.Jo.476, 45 Dig.Repl.571,1434.

[4] Thorne v. Motor Trade Association, 1937, A.C. at pp.808-809,
26 Cr.App.R. at pp.58-59, (1937) 3 All E.R. at p.161 per
Lord Atkin.

[5] R.v.Dymond, 1920, 2 K.B.265, 268; Russell (W.O.Sir) op.cit.
12th ed.(1964) vol.2 p.872; Williams (G.L.), Blackmail p.165.

schrieb, in dem sie unter der Drohung, daß sie, wenn er nicht
bezahle, die Tatsache bekanntmachen würde, daß er einen unsittlichen Angriff auf sie begangen hätte, Geld verlangte. In
diesem Falle wurde durch Lord Darling J. entschieden, daß,
auch wenn die Angeklagte vom Ankläger angegriffen worden wäre,
dies einen Anspruch auf Schadensersatz nicht rechtfertigen würde und daß ihre irrtümliche Annahme eines Rechts auf einen solchen, auch wenn die Annahme auf einem Tatirrtum beruhen sollte,
der ein reasonable cause begründet haben würde, unerheblich wäre. Die Verurteilung wurde durch das Appelationsgericht bestätigt, so daß also hiernach tatsächlich ein Rechtfertigungsgrund,
nicht nur ein echter Glaube an einen solchen vorliegen muß. Demgegenüber bemerkte Lord Atkin, daß kein Zweifel über den im
Strafrecht wohl begründeten Satz bestehen sollte, daß normalerweise ein echter Glaube an die Existenz von Tatsachen - nicht
an die des Rechts -, wenn sie bestünden, eine Verteidigung ergeben würde. Stimmt man der Ansicht Lord Atkins, die unter anderem auch von Russell und Kenny sowie von Cross[1] vertreten
wird, zu, so schließt die irrtümliche, aber redliche Annahme
eines Rechtfertigungsgrundes, sofern sie auf Tatirrtum beruht,
eine Erpressung nach s.29 (1) (i) Larceny Act 1916 aus. Auch
das Criminal Law Revision Committee stellte sich sowohl für das
Fordern als auch für die Anwendung der rechtlich zu billigenden
Drohung auf den subjektiven Standpunkt und erachtete daher die
ehrliche (nicht notwendig vernünftige) Annahme einer Berechtigung des Forderns und der Angemessenheit der hierauf gerichteten Drohung für entscheidend. Der Ausschuß sieht auch keine
Rechtfertigung für die unterschiedliche Behandlung in der erwähnten Entscheidung R.v.Dymond einerseits und derjenigen in R.
v. Bernhard[2] andererseits, wo eine Ungarin, die mit einem ver-
heirateten Mann, mit dem sie in Frankreich zusammengelebt und
der ihr deshalb vertraglich einen bestimmten Geldbetrag zuge-

---

[1] Russell (W.O.Sir) op.cit. 12th ed.(1964) vol.2 p.871; Kenny
(C.S.) op.cit. 18th ed.(1962) p.313; Cross (A.R.N.) and P.A.
Jones, An Introduction to Criminal Law, 5th ed., London:
Butterworth & Co.1964 p.199 & notes j, k.

[2] R.v.Bernhard, 1938, (1938) 2 All E.R.140, (1938) 2 K.B.264,
26 Cr.App.R.137, 31 Cox C.C.61, 15 Dig.Repl.1125, 11 218.

sagt hatte, mündlich drohte, seiner Ehefrau und der Presse von
ihrem Verhältnis Kenntnis zu geben, wenn er ihr das zugesagte
Geld nicht gäbe. Da in R.v.Bernhard die Drohung mündlich erfolgte, konnte Anklage nach s.29 (1) (i) Larceny Act 1916 nicht
erhoben werden und es wurde daher nach s.30 Larceny Act 1916 angeklagt. Da es aber, wie der Ausschuß[1] betont, kaum einen prin-
zipiellen Unterschied, wenn überhaupt einen solchen, zwischen
einer schriftlichen und einer mündlichen Drohung, jemand wegen
schlechten Verhaltens bloßzustellen, wenn er kein Geld bezahle,
gebe, ist es, wie es scheint, nicht zu verteidigen, daß die kriminelle Verantwortlichkeit im ersteren Falle von dem objektiven
Prüfstein, ob ein reasonable or probable cause für das Fordern
vorliegt oder nicht, und im letzteren von dem subjektiven Prüfstein, ob die Person ehrlicherweise glaubt, auf die Bezahlung
ein Recht zu haben, abhängt.
Es frägt sich nun aber, worin der objektive Rechtfertigungsgrund
(reasonable or probable cause) bestehen mußte, um das Verbrechen der Erpressung i.S. von s.29 (1) (i) Larceny Act 1916 auszuschließen und auf zivilrechtlichem Gebiet eine rechtswirksame
Gegenleistung (consideration) für das Fordern von Eigentum unter Drohungen zu begründen. Über diese Frage entstanden Meinungsverschiedenheiten zwischen dem Court of Criminal Appeal und
dem Court of Appeal. Anlaß hierzu gab die schriftliche Bedrohung
des Anklägers mit dem Setzen auf eine Sperrliste, falls er nicht
bereit sein sollte, einen bestimmten Geldbetrag dafür zu bezahlen, daß auf diese Maßnahme verzichtet werde. In Ware and De Freville Ltd. v. Motor Trade Association[2] war durch das Court of
Appeal entschieden worden, daß in der Veröffentlichung des Namens eines Kaufmanns in einer Sperrliste, um die Preise aufrechtzuerhalten, keine Ungesetzlichkeit zu sehen sei, insoweit
sie zum bona fide-Schutz von Handelsinteressen und nicht zur
Schädigung eines anderen, oder zwar zur Förderung von Handelsinteressen, aber mit ungesetzlichen Mitteln, gemacht wurde. Diese
Auffassung wurde vom gleichen Gericht in Sorrell v. Smith[3] be-

[1] The Report Cmnd.2977 para.114.
[2] Ware and De Freville,Ltd. v. Motor Trade Association, 1921, 3
K.B.40, 45 Dig.124, 1264, 32 Dig.Repl.69, 920; Russell (W.O.
Sir) op.cit. 12th ed.(1964), vol.2, p.872.
[3] Sorrell v. Smith, 1925, A.C.700, 43 Dig.113, 1183; siehe auch

stätigt. Das Court of Appeal sah daher in dem Fordern eines
Geldbetrages als Alternative zu dem Verzicht auf das angedrohte Setzen auf die Sperrliste, wodurch der Bedrohte von einem
größeren, mit der genannten Maßnahme verbundenen Schaden bewahrt blieb, eine berechtigte Gegenleistung für die vorgesehene Abmachung. Demgegenüber vertrat das Court of Criminal Appeal
den Standpunkt, daß zwar das Setzen auf eine Sperrliste zum
Schutze der Geschäftsinteressen als rechtmäßig angesehen werden könne, daß aber der Verzicht auf diese Maßnahme gegen Geld
als ein Fordern ohne Rechtfertigungsgrund anzusehen sei und
daher eine Erpressung nach s.29 (1) (i) Larceny Act 1916 begründe. Das Court of Criminal Appeal sprach in dem gleichge-
lagerten Fall R.v.Denyer,[1] in dem es auf die frühere Entscheidung in R.v.Dymond[2] Bezug nahm, den Angeklagten der Erpressung
nach s.29 (1) (i) Larceny Act 1916 schuldig. In der Urteilsbegründung wurde noch ausdrücklich betont, daß es unerheblich
sei, daß das Motiv in dem Drohbrief der Schutz eines Handelsin-
teresses gewesen sei. Zwei Jahre später stand in Hardie and Lane,
Ltd. v. Chiltern and Others[3] ein entsprechender Fall zur Entscheidung. Im Hinblick auf die in R.v.Denyer anhängig gemachte
Klage wurde der Versuch unternommen, die bereits bezahlten 100 £,
die, um der Aufnahme in die Sperrliste zu entgehen, bezahlt
worden waren, wieder zurückzuerhalten. Die Entscheidung des
Court of Appeal ging dahin, daß kein Beweis für das Fehlen eines reasonable or probable cause erbracht worden sei. Nach der
Urteilsbegründung kamen sowohl Scrutton L.J. wie die beiden
anderen Richter Sankey L.J. und Romer J. bezüglich des Vorliegens eines reasonable or probable cause zu demselben bejahenden
Ergebnis, wobei Scrutton L.J. noch bemerkte: "In my opinion R.
v. Denyer was wrong decided". Das Court of Criminal Appeal hielt

Quinn v. Leathem, 1901, A.C.495, 15 Dig.Repl.915, 8 797; Mogul
S.S.Co. v. McGregor, Gow & Co., 1892, A.C.25, 15 Dig.Repl.
914, 8 794 und Allen v. Flood, 1898, A.C.1, 1 Dig.Repl.33, 254,
34 Dig.Repl.41, 164; 235, 1735.
[1] R.v.Denyer, 1926, 2 K.B.258, 42 T.L.R.452, 19 Cr.App.R.93, 43
Dig.119, 1 234, 15 Dig.Repl.1124, 11 217.
[2] R.v.Dymond, 1920, 2 K.B.260, 89 L.J.K.B.876, 123 L.T.336, 36 T.
L.R.421, 26 Cox C.C.621, 15 Cr.App.R.1, 15 Dig.Repl.1124, 11209.
[3] Hardie and Lane, Ltd. v. Chiltern and Others, 1928, 1 K.B.663,
96 L.J.K.B.1040, 138 L.T.14, 43 T.L.R.709, 71 Sol.Jo.664, 12
Dig.Repl.694, 5003.

aber nach der schon erwähnten Erklärung vom 23.April 1928 an
der Entscheidung in R.v.Denyer für das Gebiet des Strafrechts
fest und betonte, auch künftig daran festhalten zu wollen, bis
diese autoritative Entscheidung durch eben dieses hierfür allein zuständige Gericht umgestoßen werde.[1] Auf Betreiben der
Handelsvereinigung wurde die strittige Frage dem House of
Lords zur Entscheidung unterbreitet, das die von ihm zugelas-
sene deklaratorische Klage mit der Begründung abwies, daß der
Streitpunkt bereits durch Hardie and Lane, Ltd. v. Chiltern
entschieden worden sei. Mit der in dieser Entscheidung vertretenen Rechtsauffassung stimmte das House of Lords überein, indem es zugleich seine Mißbilligung der Entscheidung in R.v.
Denyer insoweit zum Ausdruck brachte, als letztere im Prinzip
mit Hardie and Lane, Ltd. v. Chiltern im Widerspruch stand.[2]
Die Entscheidung ging dahin, daß bei einer Strafklage nach
s.29 (1) (i) Larceny Act 1916 das Fehlen eines reasonable or
probable cause eine Tatfrage ist, die von der jury zu entscheiden ist.[3] Wenn aber der Grund vernünftigerweise mit der Förderung rechtmäßiger Geschäftsinteressen verbunden werden kann,
soll der Richter nicht zulassen, daß der Fall an die jury komme,
sofern kein Beweis von einer Absicht des Angeklagten, die über
die Wahrung jener rechtmäßigen Interessen hinausgeht, vorliegen
und die geforderte Summe an sich nicht übermäßig und deshalb er-
presserisch sein sollte.[4] Des weiteren wurde in der Entscheidung
zum Ausdruck gebracht, daß die durch die Vereinigung angenom-
mene Satzungsbestimmung weder ungesetzlich noch ultra vires sei,
wenn sie in der ehrlichen Absicht gehandhabt werde, die Han-
delspolitik der Vereinigung auszuführen. In diesem Falle würde die Vereinigung die Zahlung nicht without reasonable or probable cause im Sinne von s.29 (1) (i) Larceny Act 1916 fordern.

---

[1] 44 T.L.R.479; vgl. auch Goodhart (A.L.) op.cit. p.436 n.3.
[2] Kenny (C.S.) op.cit. 18th ed.(1962) pp.313-314; Russell (W.O.
Sir) op.cit. 12th ed.(1964) vol.2 p.872.
[3] Russell (W.O.Sir) op.cit. 12th ed.(1964) vol.2 p.872.
[4] Thorne v. Motor Trade Association, 1937, A.C.797, 26 Cr.App.
R.51, (1937) 3 All E.R.157.

Auch sei mit dem Angebot, die Aufnahme in die Sperrliste durch
Zahlung einer Geldbuße abzuwenden, beabsichtigt, dieser Person
eine Vergünstigung zukommen zu lassen. Das bestehende Recht
des Setzens einer Person auf die Sperrliste gewähre für die alternativ angebotene Zahlung einer Geldbuße ein reasonable or
probable cause, so daß mit dem möglichen Verlangen des Geldes
kein Verbrechen im Sinne des s.29 (1) (i) Larceny Act 1916 begangen werde.[1] Im gleichen Sinne wie Thorne v. Motor Trade
Association sprechen sich im nordamerikanischen Recht McKay v.
Retail Automobile Salesmen's Union[2] und People v. Bolanos[3]
aus. Auch mag aus Thorne v. Motor Trade Association für andere
Fälle ähnlicher Art eine Schlußfolgerung dahingehend gezogen
werden können, daß der Verzicht auf ein schriftlich erfolgtes
Fordern von Eigentum, das sich auf Drohungen stützt, die als
berechtigtes Druckmittel anzusehen sind, gegen Geld im allgemeinen dann nicht ohne reasonable or probable cause geschieht,
wenn es zum Schutze und zur Förderung von rechtlich, d.h. im
Sinn und Geist des Rechts, zu billigenden Interessen und nicht
zu bloßem Gelderwerb, in der Absicht, den Bedrohten zu schädigen, erfolgt. Den rechtmässigen Geschäftsinteressen, deren
Schutz und Förderung Erpressung ausschließt, sind ähnliche Interessen, wie solche beruflichen oder politischen Charakters,
gleichzustellen. Wenn z.B. B bei der Bewerbung um eine ausgeschriebene Stelle dem Bewerber A damit droht, daß er als
weiterer Bewerber auftreten und dadurch die Aussichten des Be-
werbers A verringern werde, wenn ihm von A nicht eine bestimmte Summe Geldes bezahlt werde, so ist darin, daß B von der Förderung seiner Interessen durch Verzicht auf die angedrohte Bewerbung gegen eine Geldabfindung absieht, keine Erpressung zu
sehen, es sei denn, daß es dem B ernstlich gar nicht um eine
Bewerbung um die Stelle zu tun ist, sondern lediglich darum,
sich Geld zu verschaffen. Einen anderen Fall erwähnt Campbell.

---

[1] Thorne v. Motor Trade Association, 1937, (1937) 3 All E.R.
157.
[2] McKay v. Retail Automobile Salesmen's Union, 16 Cal.2d 311,
106 Pac.2 d 373 (1940).
[3] People v. Bolanos, 49 Cal.App.2d 308, 121 Pac.2 d 753 (1942).

In diesem informierte ein gewisser Z bei einer Wahl, in der X
die Interessen von Blau und Y diejenigen von Rot vertritt, den
X dahin, daß er die Absicht habe, als unabhängiger Ultra-Blau-
Kandidat aufzutreten und so die Blau-Stimmen zu zersplittern,
wenn er ihm nicht eine Summe Geldes bezahle, bzw. daß er von
seinem Vorhaben nur gegen Bezahlung der verlangten Geldsumme
absehe. Als Parallelfall in der Geschäftswelt bezeichnet Campbell den eines mächtigen Mannes, der seine Absicht kundtut, Ge-
schäftsoperationen auf einem Gebiet zu beginnen, an dem er bisher kein Interesse gezeigt hatte, wenn ihm nicht jene Geschäfts-
leute, die sich schon auf diesem Gebiet niedergelassen haben,
dafür eine Summe Geldes bezahlen, daß er von seinem Vorhaben
absieht. Der gewöhnliche Mann, so meint Campbell, würde solchenfalls wahrscheinlich annehmen, daß es davon abhänge, ob
eine echte Absicht vorlag, solche Operationen zu beginnen,
oder ob es bloß ein auf Gelderwerb gerichteter Bluff war, so
daß im letzteren Falle das Fordern einer Geldzahlung lediglich
in Schädigungsabsicht erfolgen würde und daher kein Rechtfertigungsgrund für eine Forderung vorläge, der eine Erpressung im
Sinne von s.29 (1) (i) Larceny Act 1916 ausschließen würde,
wohl aber im ersteren Falle.[1] Campbell nahm dies auch als Sinn
des Gesetzes an.[2] Eine mit Thorne v. Motor Trade Association
übereinstimmende Rechtsprechung findet sich auch im nordamerikanischen Recht.[3]
Die Verneinung einer Erpressung setzte aber nach bisherigem
Recht nicht nur eine Rechtfertigung des Forderns durch ein reasonable or probable cause voraus, sondern es mußte sich auch die
Drohung, auf die sich das Fordern stützte, als ein rechtlich zu
billigendes Druckmittel darstellen. Der Umstand also, daß der
Fordernde einen Rechtsanspruch auf die geforderte Sache hat,
schloß daher das Vorliegen einer Erpressung dann nicht aus, wenn
sich die zur Geltendmachung des Anspruchs benützte Drohung als
ein unangemessenes, d.h. rechtlich (im Sinn und Geist des Rechtes) nicht zu billigendes und daher unzulässiges Druckmittel er-

---

[1] Campbell (A.H.) op.cit. pp.389-390; Williams (G.L.), Blackmail
p.240.
[2] Campbell (A.H.) op.cit. pp.389-390.
[3] Anon., A Rationale, Col.L.Rev.1954 p.92 mit Leslie v. Lorillard,
110 N.Y.519 (1888); vgl. auch Vancouver Malt and Sake Brewing
Co. v. Vancouver Breweries, Ltd., 1934, A.C.181.

wies. Der 8.Bericht des Criminal Law Revision Committee bezeichnet das zulässige Druckmittel zur Verstärkung des Forderns als "proper". Diesen Ausdruck zog das Committee den Be-
zeichnungen "legitimate" und "fair" vor, insofern er die Überlegung auf etwas hinlenkt, das moralisch und sozial annehmbar
ist, während "legitimate", obwohl zwischen legitimate und proper nur ein kleiner Unterschied zu bestehen scheint, nahelegen dürfte, daß es eine reine Rechtsfrage ist, ob der Drohende
ein Recht hatte, die Drohung zu äußern, und "fair" zwar ein
günstiger Prüfstein für die jury wäre, sich aber für den Drohenden insofern etwas günstiger auswirken würde, als die jury
annehmen mag, daß, selbst wenn der Angeklagte sich "improper"
betrug, der Ankläger sich so schlecht benahm, daß es fair für
ihn war, so behandelt zu werden, wie er behandelt wurde.[1] Unzulässiges Druckmittel ist die Drohung entweder, weil das angedrohte Verhalten an sich unrechtmäßig ist oder weil die Drohung eine solche ist, daß sie nicht als Mittel zur Erlangung
eines Vorteils gebraucht werden darf. Unrechtmäßig ist einerseits eine Drohung als solche, wenn sie eine strafbare Handlung zum Inhalt hat oder, wenn sie in der Anschuldigung anderer unrechtmäßiger Handlungen außer derjenigen, eine Verbindlichkeit nicht zu erfüllen, besteht. Als unzulässig ist andererseits eine Drohung mit strafrechtlicher Verfolgung oder
mit Verächtlichmachung außerhalb eines gesetzlichen Verfahrens zur Durchsetzung eines bestehenden Rechtsanspruches anzusehen.[2] Anders liegt der Fall, wenn bei Bestehen eines rechtmäßigen oder doch mindestens zweifelhaft rechtmäßigen Anspruchs
das Fordern seiner Erfüllung unter der Drohung der Erhebung einer Zivilklage geschieht. Hier ist sowohl die Forderung als die
Beitreibung derselben im Wege des Zivilverfahrens berechtigt,
so daß keine Erpressung in Frage kommen kann. Anders aber ist
es, wenn der Fordernde mit der Drohung der Erhebung einer Zivilklage eine Forderung geltendmacht, die, wie er weiß, gar

---

[1] The Report Cmnd.2977 para.123.

[2] Williams (G.L.), Blackmail pp.240, 169.

nicht besteht. Solchenfalls ist zwar die Drohung mit einer Zivilklage nicht zu beanstanden, da sie normalerweise als berechtigtes Druckmittel zur Beitreibung einer Forderung anzuerkennen ist, wohl aber das Fordern, dem die rechtliche Grundlage
mangelt. Die bewußte Geltendmachung einer nicht bestehenden
Forderung mit einer an sich berechtigten Drohung erfolgt ohne
vernünftigen Grund und stellt sich daher als Erpressung im
Sinne von s.29 (1) (i) Larceny Act 1916 dar.[1] Kein Rechtfertigungsgrund für das auf Drohungen gestützte Fordern und daher
Erpressung ist vorliegendenfalls, ebenso wie bei Bestehen der
geltendgemachten Forderung, gegeben, wenn mit strafrechtlicher
Verfolgung oder mit öffentlicher Diffamierung außerhalb eines
gesetzlichen Verfahrens gedroht wird oder wenn von der Durchführung solcher Drohung gegen Bezahlung einer bestimmten Geldsumme Abstand genommen wird. In diesem Zusammenhang mag noch
bemerkt werden, daß eine öffentliche Bloßstellung allerdings
auch aus einem gesetzlichen Verfahren resultieren kann, das
selbst rechtmäßig angedroht werden kann, wie bei der schon erwähnten Drohung mit einer Zivilklage zur Durchsetzung eines bestehenden oder doch redlicherweise für bestehend angenommenen
Rechtsanspruches, so daß es eine schwierige Auslegungsfrage
sein dürfte, zu entscheiden, ob nur die Androhung einer Rechtshandlung mit der Prophezeiung einer daraus entspringenden öffentlichen Bloßstellung vorliegt oder eine unabhängige Drohung
mit solcher Bloßstellung.[2] Eine öffentliche Bloßstellung lag
auch in dem früher erwähnten Fall R.v.Bernhard[3] vor, in welchem
die Angeklagte zwar ein moralisches Recht und so ein reasonable
or probable cause für das Fordern einer versprochenen Geldzahlung gehabt haben mag, sicherlich aber mangels gültiger Gegenleistung für das Zahlungsversprechen kein gesetzliches Recht
hatte und zudem jedenfalls die Drohung mit der Veröffentlichung
des unmoralischen Zusammenlebens mit dem Ankläger in der Presse

---

[1] Williams (G.L.), Blackmail p.242.
[2] Williams (G.L.), Blackmail p.166.
[3] R.v.Bernhard, 1938, (1938) 2 K.B.264, (1938) 2 All E.R.140,
   15 Dig.Repl.1125, 11 218.

kein rechtmäßiges Druckmittel bildete, um einen Rechtfertigungsgrund für das Fordern der Zahlung der verlangten Geldsumme abzugeben und so Erpressung i.S. des s.29 (1) (i) Larceny
Act 1916 auszuschließen.[1] Ob die Drohung mit öffentlicher Bloßstellung dann rechtmäßig ist, wenn sie nur zum Ausdruck bringt,
daß der Bedrohte seiner rechtlichen oder moralischen Schuldner-
verpflichtung nicht nachgekommen ist, wie Williams[2] meint, ist
mindestens sehr zweifelhaft. Jedenfalls sollte man, auch wenn
man den Gläubiger nicht schlechthin auf den Prozeßweg verweisen
will, zum mindesten darauf abstellen, in welcher Absicht und
Form die Veröffentlichung des Versäumnisses des Schuldners geschieht, insbesondere ob sie sich nur an einen beschränkten
Personenkreis, wie bei Veröffentlichung in einer für die Mitglieder bestimmten Verbandszeitung, z.B. eines Sportvereins,
oder ob sie sich an die Öffentlichkeit im allgemeinen richtet
und so sicherlich über die Wahrung rechtlich begründeter Interessen hinausgeht und eine Schädigungsabsicht erkennen läßt.
Das Vorliegen eines reasonable or probable cause bei Wahrung
begründeter Interessen durch rechtlich, d.h. im Sinn und Geist
des Rechts, zu billigende Drohungen muß auch angenommen werden,
wenn dem Fordern kein rechtlich erzwingbarer, sondern nur ein
moralischer Anspruch zugrunde liegt, wie z.B. bei Spiel- und
Wettschulden. So wurde die Drohung mit der Meldung des säumi-
gen Schuldners an den Tattersall-Ausschuß als rechtmäßige Drohung anerkannt, so daß die Vereinbarung, auf die Ausführung der
Drohung gegen Zahlung eines Geldbetrages zu verzichten, nicht
als unrechtmäßig angesehen werden konnte und daher bei Berechtigung der Forderung auf Bezahlung der Wettschuld als einer moralischen Verpflichtung ein reasonable or probable cause für das
Fordern vorlag und daher Erpressung ausschied.[3] Es frägt sich
nun, wie es zu beurteilen ist, wenn das auf Drohungen gestützte
Fordern sich weder auf einen Rechtsanspruch, noch auf einen moralischen Anspruch, sondern lediglich auf ein Recht im weiteren

---

[1] Campbell (A.H.) op.cit. p.395; Williams (G.L.), Blackmail
   pp.168-169.
[2] Williams (G.L.), Blackmail p.169.
[3] Burden v. Harris, 1937, (1937) 4 All E.R.559, 54 T.L.R.86,
   81 Sol.Jo.924, 15 Dig.Repl.1127, 11 249; Norreys v. Zeffert,

Sinn, eine Freiheit (liberty), bezieht. Nach Goodhart[1] ist dabei zwischen solchen Freiheiten zu unterscheiden, die das Recht anerkennt und billigt (moral liberties), und solchen, die es anerkennt, aber mißbilligt (immoral liberties). Während der Verzicht auf eine moralische Freiheit gegen Entgelt, z.B. eine Vereinbarung mit dem Anlieger, sein, des Anliegers, Grundstück nicht zu bebauen, zivilrechtlich eine gültige Gegenleistung (consideration) darstellt und die unter Drohungen erfolgte Forderung auf Zahlung

---

1939, (1939) 2 All E.R.187, 83 Sol.Jo.456, 25 Dig.Repl.426, 87; Goodhart (A.L.) op.cit. pp.443-444.

[1] Goodhart (A.L.) op.cit. pp.439-440.

[2] Zur historischen Entwicklung der doctrine of consideration siehe Preuß (M.), Vertragsbruch als Delikt im anglo-amerikanischen Recht, Heidelberg 1977 S.67 ff.; "consideration" bedeutet sachliche Erwägungsgrundlage, die iusta causa des römischen Rechts, und ist am besten mit Gegenwert oder Gegenopfer wiederzugeben. Pollock (on Contracts p.167) definiert consideration wie folgt: "consideration" is that which is actually given and accepted in return for the promise" und die Definition der Exchequer-Kammer, die im Jahre 1875 in Currie v. Misa (L.R.10 Exch.153, 162) aufgestellt wurde und heute noch anerkannt ist, erblickt das Wesen der consideration einerseits in einem Recht, einem Interesse ode einem Vorteil für den Promittenden und andererseits in einem Ver zicht, einem Nachteil, einem Schaden oder einer Verantwortlichkeit für den Promissar (ähnlich Williston (S.), A Treatise on th Law of Contracts, 3rd ed. by Walter H.E.Jaeger, Mount Kisco, N.Y Baker, Voorhis & Co. 1957- pp.395-396; siehe auch Treitel (G.H.) The Law of Contract, 4th ed., London: Stevens & Sons 1975 p.46). Neuere Definitionen betonen stärker, daß die Abgabe des Versprechens von einem Bestreben motiviert sein müsse, den Versprechensempfänger zu einem Gegenopfer zu veranlassen. So definiert das amerikanische Restatement of the Law, Contracts in s.75 (1): "Consideration for a promise is an act ..., or a forbearance, .. or a return promise bargained for and given in exchange for the promise" (Zweigert-Kötz, Einführung in die Rechtsvergleichung auf dem Gebiet des Privatrechts, Bd.II (Institutionen), Tübingen 1969 S.73; Kessler (F.), Einige Betrachtungen zur Lehre von der consideration, in: Festschrift für Ernst Rabel, Bd.I: Rechtsvergleichung und Internationales Privatrecht, Tübingen 1954 S.252). Auch die von Pollock aufgestellte und vom House of Lords im Jahre 1915 übernommene Definition der consideration weist eine ähnlich lautende Fassung auf: "An act or forbearance of one party, or the promise thereof, is the price for which the promise of the other is bought, and the promise thus given for value is enforceable" (Pollock on Contracts, 13th ed.(1950) p.133; siehe auch Cheshire-Fifoot-Furmston, The Law of Contract, 8th ed., London: Butterworths 1972 p.60 unter Bezugnahme auf Dunlop Pneumatic Tyre Co., Ltd. v. Selfridge, Ltd., 1915, A.C.847 at p.855). Eine "past consideration", d.h. eine solche, die bei Abgabe des Versprechens zeitlich schon zurückliegt, ist keine "good consideration" (Zweigert-Kötz S.74 f.). Doch diese Folge durch neuere Gesetze (Infants Relief Act 1874 (37 & 38 Vict. c.62), Limitation Act 193 (2 & 3 Geo.VI c.21), Bills of Exchange Act 1882 (45 & 46 Vict.

von Geld gegen einen solchen Verzicht strafrechtlich ein reasonable or probable cause begründet, würde das Versprechen, eine unmoralische Freiheit gegen Entgelt aufzugeben, ein Fordern "without any reasonable or probable cause" sein.[1] Dagegen ist aber ein-

c.61) beseitigt worden (Cheshire-Fifoot-Furmston op.cit. p.64). Der Gegenwert für die zugesagte Leistung braucht nach ständiger Rechtsprechung nicht der Leistung adäquat zu sein. Er mag noch so klein sein, z.B. ein Pfefferkorn (Cheshire-Fifoot-Furmston op.cit. pp.69-70; Calamari (J.D.) & Perillo (J.M.), The Law of Contracts, St.Paul, Minn.: West Publ.Co. 1970 p.107). Er braucht so faktisch überhaupt nicht in einer vermögensmäßigen Leistung bestehen, z.B. die Übergabe einer faktisch wertlosen Urkunde oder auch eine beabsichtigte Heirat (Schnitzer (A.F.), Vergleichende Rechtslehre, Bd.2, 2.Aufl., Basel 1961 S.615; a.A. Eastwood v. Kenyon, 1840, 11 A.& E.438, (1835-42) All E.R.133, 3 Per.& Dav.276, 9 L.J.Q.B.409, 4 Jur.1081, 12 Dig.Repl.228, 1703, und nach amerikanischem Recht Int.Rev.Code von 1954 § 2043 b, wo z.B. marital rights nicht als consideration in money or money's worth zu erachten sind; vgl.auch Calamari-Perillo op. cit. pp.107, 109; abweichend aber Holmes (O.W.), The Common Law (1881 ed.) pp.203-205). Eine bemerkenswerte Weiterentwicklung des consideration-Begriffes schuf das amerikanische Recht, wonach selbst ein formloses, unentgeltliches Versprechen dann bindend ist, wenn der Versprechensempfänger im Vertrauen darauf seine Lage endgültig und erheblich geändert hat und wenn diese Reaktion des Empfängers für den Versprechenden voraussehbar war, z.B. wenn der Empfänger erhebliche Aufwendungen gemacht hat (Zweigert-Kötz S.77). Bei Verträgen, die in formellen Urkunden (deeds) verkörpert sind, bedarf es keiner consideration. Eine andere Ausnahme bildet z.B. der Wechsel. Reformvorschläge von Lord Mansfield in den Jahren 1778 und 1782 fanden keinen Anklang. Insbesondere stieß sein Bemühen, in dem Falle, daß dem Versprechenden durch die zeitlich zurückliegende Handlung des Empfängers eine moralische Verpflichtung zur Vergütung auferlegt sei, deren Umwandlung in eine rechtliche dem Sinn des jetzigen Versprechens entspreche, auf allgemeine Ablehnung, da solchenfalls in Wirklichkeit die consideration aus dem Vertragsrecht überhaupt ausgemerzt worden wäre. Auch die Vorschläge des Law Revision Committee im Report von 1937 (6th Interim Report: Statute of frauds and the doctrine of consideration, London: HMSO 1937, Cmnd 5449; siehe auch Treitel (G.H.) op.cit. pp.95-96) wurden wegen der heftigen Kritik, die sie auslösten, bald wieder ad acta gelegt. A.G.Chloros (The Doctrine of Consideration and the Reform of the Law of Contract. A Comparative Analysis, Int.& Comp.L.Q. vol.17 (1968) p.137) hat den Vorschlag gemacht, die consideration ganz abzuschaffen (vgl. Lorenz (W.), Entgeltliche und unentgeltliche Geschäfte, in: Ius Privatum Gentium, FS f.M.Rheinstein, Bd.II, Tübingen 1969 S.548 f.; Kessler (F.) S.256 ff.; Hamson (C.J.), The Reform of Consideration, 54 L.Q.R.233 et seq.).

[1] Goodhart (A.L.) op.cit. pp.448-449.

zuwenden, daß es nicht darauf ankommt, ob die Freiheit moralisch und so vom Staat gebilligt oder unmoralisch, also vom
Staat mißbilligt, ist, sondern darauf, ob der Verzicht auf den
Genuß einer solchen Freiheit gegen Geld unmoralisch ist und
daher zivilrechtlich keine gültige Gegenleistung für die Ver-
zichtsabmachung darstellt sowie strafrechtlich kein reasonable
or probable cause für das Fordern von Geld gewährt und so
Erpressung i.S. des s.29 (1) (i) Larceny Act 1916 begründete.
So ist es z.b. sicherlich moralisch, die Polizei von einem
begangenen Verbrechen oder von dem Verdacht der Begehung eines solchen in Kenntnis zu setzen, dagegen unmoralisch und
ungesetzlich, ja möglicherweise strafbar, eine solche Infor-
mation von dem Fordern eines Geldbetrages abhängig zu machen.
Auch eine Freiheit, die mit gesetzlicher Rechtfertigung zu
genießen ist, kann die Grundlage für eine Erpressung bilden.
Wenn so ein Ehemann, der einen Beweis für den Ehebruch seiner
Frau in Händen hat, dem Ehebrecher droht, sich an das Ehe-
scheidungsgericht zu wenden, wenn er nicht abgefunden werde,
so mag dies einen Vergleich über einen Schadensersatzanspruch
darstellen, kann aber auch je nach den Tatsachen eine Erpressung begründen. Auch wird eine Vereinbarung, eine moralische
Freiheit gegen Geld aufzugeben, ein Fordern von Geld im allgemeinen dann zur Erpressung stempeln, wenn es mit der Drohung
einer öffentlichen Bloßstellung verbunden ist, die nicht zur
Wahrung eines rechtlich zu billigenden Interesses des Drohenden bestimmt ist, sondern Schädigungsabsicht verrät; so wenn
jemand in Keentnis entehrender Vorfälle im Leben des Opfers
versucht, Geld mit der Drohung zu erpressen, seine Kenntnis,
wenn ihm keine Bezahlung geleistet werde, dem Ehemann oder
der Ehefrau oder dem Arbeitgeber zu offenbaren, auch wenn die
Enthüllung weder ein gesetzliches Unrecht noch ein libel begründen sollte.[1] Auch wenn die Forderung von Geld für die Aufgabe einer moralischen Freiheit auf Drohung mit strafrechtlicher Verfolgung gestützt ist, war nach s.29 (1) (i) Larceny
Act 1916 Erpressung gegeben; so wenn der Täter dem Opfer droht,

---

[1] sei es als compounding a felony oder als criminal libel. Compounding a felony ist ein Übereinkommen, sich gegen Geld der
Verfolgung des Täters zu enthalten, der ein Verbrechen begangen hat (vgl. R.v.Burgess, 1885, 16 Q.B.D.141, 15 Dig.

daß er, falls es ihm nicht sein Grundstück verkaufe, es wegen
eines von ihm begangenen Diebstahls anschuldigen werde. Im
Falle des s.29 (1) (i) Larceny Act 1916 war wie bei allen in
diesem Gesetz geregelten Erpressungsfällen mit dem auf Drohung
gestützten Fordern die Erpressung vollendet, so daß die Erlangung des mit der Drohung erstrebten Eigentums unerheblich
ist. Es konnte deshalb eine Anklage wegen Erpressung auch dann
erhoben werden, wenn das erstrebte Eigentum unter Umständen erlangt wurde, die ein larceny by intimidation begründeten.[1] Es
wurde also in s.29 (1) (i) Larceny Act 1916 zwischen versuchter und vollendeter Erpressung nicht unterschieden. Dasselbe
gilt nach nordamerikanischem Recht.[2] Neben der Tatsache des
schuldhaften Inverkehrbringens des Drohbriefes war eine Absicht, sich einen Vorteil zu verschaffen, in s.29 (1) (i)
Larceny Act 1916 nicht verlangt. Es genügte die Absicht, die
Sache dem Eigentümer dauernd zu entziehen und ihn so zu schädigen.[3]
Von den sonstigen Erpressungsfällen, die im Larceny Act 1916
geregelt waren, gingen die Bestimmungen des s.29 (1) (ii) und
(iii) dahin, jemand in der Absicht, irgendwelches Eigentum oder
wertbare Sachen zu erpressen oder sich zu verschaffen, eines
Verbrechens i.S. von s.29 (3) Larceny Act 1916 anzuschuldigen
oder mit solcher Anschuldigung zu bedrohen. Außer den in s.29
(3) besonders aufgeführten Sexualverbrechen fielen auch alle
Verbrechen darunter, die mit Todesstrafe oder mindestens sieben
Jahren Gefängnis strafbar waren. S.29 (1) (ii) unterschied sich
von s.29 (1) (iii) nur dadurch, daß s.29 (1) (ii) das Inver-
kehrbringen eines Drohbriefes oder eines sonstigen, die Drohung
enthaltenden Schriftstückes voraussetzte, während in s.29 (1)
(iii) keine schriftliche Form gefordert war. Da gewöhnlich
eine Anschuldigung, wenn sie in der Absicht gemacht ist, Eigentum zu erlangen, eine Drohung einschließen wird, die

---

Repl.849, 8 162). Criminal libel ist eine böswillige Veröffentlichung in Schrift, Druck oder Bild, die jemand verhaßt,
verächtlich oder lächerlich macht.
[1] Williams (G.L.), Blackmail p.85 mit R.v.Robertson, 1864, L.
& C.483, 15 Dig.Repl.1047, 10 313.
[2] Frank (R.), Raub und Erpressung, in: Birkmeyer (u.a.), Vergleichende Darstellung des deutschen und ausländischen Strafrechts Bd.VI, Berlin 1907 S.82.
[3] Kielwein (G.), Straftaten S.155.

Anschuldigung fortzusetzen, wenn das Eigentum nicht herausgegeben wird, so liegt darin in der Praxis im allgemeinen auch eine Drohung mit Anschuldigung. Allerdings ist es möglich, daß die Anschuldigung, die ohne gegenwärtige Drohung nur als Basis für eine künftige Erpressung gemacht wird, nach s.29 (1) (ii) strafbar sein würde.[1] Ungeklärt blieb, wie es scheint, die Frage, ob unter die mit mindestens sieben Jahren Gefängnis strafbaren Delikte auch die common law misdemeanours fallen, die seit der Entscheidung R.v.Morris[2] nach der Theorie mit Gefängnis von beliebiger Dauer, lediglich mit der Einschränkung, daß bei Anstiftung und Versuch das für das vollendete Delikt geltende Strafmaß nicht überschritten werden darf, strafbar waren.[3] "Obtaining property by false pretences" fiel nicht unter s.29 (3) Larceny Act 1916, weil es nur mit Gefängnis bis zu fünf Jahren strafbar war (s.32 Larceny Act 1916), dagegen konnte die Drohung mit einer Anschuldigung des Betruges bei der extensiven Auslegung des Drohungsbegriffes unter s.29 (1) (i) fallen, wie überhaupt praktisch fast jedes unter s.29 (1) (ii) fallende Delikt auch unter s.29 (1) (i) fiel, während das letztere allerdings noch andere Drohungen umfaßt, die nicht nach s.29 (1) (ii) strafbar sind.[4] Bezüglich des Inverkehrbringens gilt das bei der Erörterung von s.29 (1) (i) hierüber Ausgeführte auch hier in gleicher Weise. Bemerkt mag noch werden, daß es belanglos ist, ob der Ankläger das Delikt, dessen er beschuldigt ist, begangen hat oder nicht, wenn der Angeklagte nur beabsichtigte, Geld durch die Anschuldigung zu erpressen.[5] Zweifelhaft war bislang, ob in s.29 (1) (ii) der Angeschuldigte oder der mit der Anschuldigung Bedrohte ein anderer sein muß, als derjenige, von dem das property or valuable thing zu erpressen oder zu erlangen beabsichtigt ist. Der Zweifel ergab sich aus einem Vergleich

---

[1] R.v.Cooper, 1849, 13 J.P.316, 15 Dig.Repl.1125, 11 220; Williams (G.L.), Blackmail p.81.

[2] R.v.Morris, 1950, 1 K.B.394, (1950) 2 All E.R.965, 14 Dig.Repl. 563, 5 629; Hooper (A.) op.cit. p.597 n.23; Williams (G.L.), Blackmail p.82.

[3] Hooper (A.) op.cit. p.597.

[4] vgl. R.v.Cooper, 1849, 13 J.P.316, 15 Dig.Repl.1125, 11 220; R. v.McDonnell, 1850, 5 Cox C.C.153, 15 Dig.Repl.1126, 11 241; R. v. Braynell and Wren, 1850, 4 Cox C.C.402, 15 Dig.Repl.1125, 11 221.

[5] R.v.Cracknell and Walker, 1866, 10 Cox 408, 15 Dig.Repl.1126, 11 230; R.v.Menage, 1862, 3 F.& F.310, 15 Dig.Repl.1125, 11222.

der Fassung des s.29 (1) (ii) mit derjenigen des s.29 (1) (iii), insofern im ersteren Fall von der Anschuldigung oder von der Drohung mit der Anschuldigung von "any other person" gesprochen ist, während im letzteren Fall von der Anschuldigung oder von der Drohung mit der Anschuldigung "either that person or any other person" die Rede ist. Es frägt sich nur, ob eine solche Unterscheidung sich trotz der verschiedenen Fassung rechtfertigen läßt. Mangels eines hinreichenden Beweises für das Gegenteil dürfte davon auszugehen sein, daß sich die Anschuldigung und die Drohung mit der Anschuldigung in beiden Fällen auch auf den zu Erpressenden selbst beziehen kann. Regelmäßig wird derjenige, gegen den sich das Fordern richtet, auch der mit der Anschuldigung Bedrohte sein. Doch kann auch der zu Erpressende mit der Anschuldigung eines Dritten bedroht werden,[1] sofern dieser ihm so nahe steht, daß er durch die Bedrohung des Dritten in seinem Handeln bestimmt wird. Bezüglich des "property" und des "valuable thing" kann auf die früheren Ausführungen bei Erörterung des s.29 (1) (i) hingewiesen werden. Was die Absicht "to extort or gain" in s.29 (1) (ii) und (iii) Larceny Act 1916 anbelangt, so war bislang dieser Ausdruck offenbar nicht hinreichend geklärt. Auch der 8.Bericht des Criminal Law Revision Committee von 1966 spricht von Dunkelheit in Ansehung der Bedeutung der Klausel "with intent to extort or gain".[2] Nach Frank muß das auf die Drohung mit der Anschuldigung gestützte Fordern der erstrebten Sache bewußt rechtswidrig sein. Er folgert dies aus der Tatsache, daß diese Fälle nirgends als Nötigung aufgefaßt werden.[3] Der Täter muß also wissen, daß er auf das Geforderte keinen Anspruch hat. Glaubt er redlicher-, wenn auch irrtümlicherweise an das Bestehen eines solchen Anspruchs, so kann er nicht wegen Erpressung bestraft werden. Es finden also auch hier die bereits früher erwähnten Grundsätze Anwendung, zumal in vielen, wenn nicht vielleicht in allen Fällen,

---

[1] R.v.Redman, 1865, L.R.1 C.C.R.12, 35 L.J.M.C.89, 14 W.R.56, 15 Dig.Repl.1125, 11 227; Warburton-Grundy 5th ed.(1921) pp.310-311.

[2] The Report Cmnd.2977 para.112.

[3] Frank (R.), Raub und Erpressung S.73.

in denen das genannte Ergebnis wünschenswert ist, die Person
mit einem in gutem Glauben erhobenen Rechtsanspruch, selbst
wenn er auf einem Rechtsirrtum beruhen sollte, eine gute Verteidigung nach s.29 (1) (i) Larceny Act 1916 wegen Vorliegens
eines vernünftigen Grundes gehabt hätte.[1] Zum gleichen Ergebnis kam bei der Erörterung von "intent to extort" i.S. von
s.31 Larceny Act 1916, das sich von dem "intent to extort or
gain" in s.29 (1) (ii) und (iii) Larceny Act 1916 nicht unterscheiden dürfte, Archbold, der ausführte: "The intent to extort may be implied from the circumstances and does not require an express demand for money.[2] But if it appears that
the object is to compel the delivery of accounts of moneys
honestly believed to be due and owing, there is no evidence
of the intent to extort money".[3] Regelmäßig wird bei der
Rechtswidrigkeit des Forderns der erstrebten Sache, insbesondere bei Geldforderungen, das intent to extort eine Bereicherungsabsicht in sich schließen, wenngleich auch beim Fordern
anderer Sachen in gleicher Weise wie beim Diebstahl und Raub
eine Zueignungsabsicht im Sinne einer Absicht, die Sache dem
Eigentümer dauernd zu entziehen und ihn dadurch zu schädigen,
ausreichen mag, so daß also solchenfalls die Absicht, die Sache unmittelbar nach Inbesitznahme zu zerstören, eine Erpressung nicht ausschließen würde. Nicht erforderlich für das intent to extort i.S. von s.31 Larceny Act 1916 war, daß es
"does not imply an overcoming of consent in the same way as do
words which introduce the conception of larceny".[4] Entsprechendes mochte auch für s.29 (1) (ii) & (iii) Larceny Act 1916 gelten. Fraglich ist aber, ob damit der Begriff des "intent to extort or gain" erschöpft ist oder noch etwas Weiteres in sich
schließt. Winder[5] geht von der Annahme aus, daß das in s.29
(1) (i) Larceny Act 1916 allgemein ausgesprochene Prinzip des
Fehlens eines vernünftigen Grundes für das Fordern des Eigentums und damit für das Vorliegen einer Erpressung auch auf die

---

[1] Campbell (A.H.) op.cit. p.398.
[2] R.v.Menage, 1862, 3 F.& F.310, 15 Dig.Repl.1125, 11 222; R.v.
    Wyatt, 1921, 91 L.J.K.B.402, 16 Cr.App.R.57, 15 Dig.Repl.1126,
    11 243.
[3] Archbold (J.F.) op.cit., 38th ed.(1973) p.770.
[4] Williams (G.L.), Blackmail pp.243-244.
[5] Winder (W.H.D.) op.cit. p.74.

Fälle des s.29 (1) (ii) und (iii) Larceny Act 1916 Anwendung
zu finden habe, auch wenn es in den letzteren Bestimmungen
mit Worten nicht ausgesprochen sei. Daraus leitete er die
Folgerung ab, daß das Verhalten des Angeklagten bei der Geltendmachung der Forderung, bei der Anschuldigung und bei der
Drohung ohne vernünftigen Grund sein müsse. Außer dieser Stellungnahme findet sich nur eine einzige Stelle, die eine Erläuterung der Erpressungsabsicht gibt und die in einer Entscheidung des Recorder von London vom Jahre 1932 ausgesprochen und nur bei Kenny[1] zitiert ist. Sie lautet folgendermaßen: "there can be an intent to extort, if there is a
threat, even though there is an honest belief that a debt is
due". Danach wäre der ehrliche Glaube an die Existenz eines in
Wirklichkeit nicht bestehenden rechtlichen oder moralischen
Anspruches, z.B. aus Wette,[2] auf das geforderte Eigentum nur
dann keine Verteidigung, wenn die Drohung nicht als rechtmäs-
siges Druckmittel für das Fordern angesehen werden könnte. Im
Ergebnis stimmt hiermit das im 8.Bericht des Criminal Law Revision Committee aufgestellte Draft Theft Bill überein, das,
ausgehend von einem einheitlichen Begriff der Erpressung, der
ss.29-31 Larceny Act 1916 ersetzen sollte, in clause 17 eine
Erpressung verneint, wenn der in Gewinnabsicht oder in der Absicht, einem anderen einen Verlust zuzufügen, fordernde Täter
vernünftige Gründe für das Fordern hat und der Gebrauch der
Drohung ein im Sinn und Geist des Rechts zu rechtfertigendes
Mittel für die Verstärkung des Forderns bildet.[3] Dieselben
Grundsätze, die für s.29 (1) (ii) galten, fanden auch, von dem
schon früher erwähnten Unterschied abgesehen, auf s.29 (1) (iii)
Anwendung. Im Falle des auf schriftliche Drohung gestützten For-
derns i.S. von s.29 (1) (iii) mit (3) erfolgt das Fordern

---

[1] Kenny (C.S.) op.cit. 15th ed.(1936) p.256; siehe auch Campbell (A.H.) op.cit. p.386 n.9 und Davies (D.R.S.), Demanding with Menaces - Claim of Right made in Good Faith, 1938
M.L.R.167-168 (Notes of Cases).

[2] Williams (G.L.), Blackmail p.241 unter Bezugnahme auf Bur-
den v. Harris, 1937, (1937) 4 All E.R.559, 54 T.L.R.86, 81
Sol.Jo.924, 15 Dig.Repl.1127, 11 249 und Hyams v. Stuart-
King, 1908, 2 K.B.696 at 720, per Farwell L.J.

[3] The Report Cmnd.2977 p.105.

des Anklägers in dessen Abwesenheit,[1] wenn es auch in dessen Anwesenheit durch Überreichung eines die Drohung enthaltenden
Schriftstückes vor sich gehen kann. Im Falle der mündlichen, auf
die Drohung gestützten Forderung vollzieht sich dieselbe normalerweise in Anwesenheit des Anklägers, kann aber ausnahmsweise
auch in dessen Abwesenheit erfolgen, wie z.B. bei Äußerung der
Drohung gegenüber einem Dienstboten zur Übermittlung an den
Dienstherrn. Die Drohung ist auch im Falle des s.29 (1) (iii)
vollendet, sobald der Täter die Drohung für andere vernehmbar
in der Absicht geäußert hat, den erstrebten Erfolg zu erreichen.
Der Erfolg braucht aber nicht eingetreten zu sein. Die Drohung
muß auch nicht in der Absicht erfolgen, eine unmittelbare Übertragung des Eigentums zu veranlassen. Wurde jemand wegen eines
anderen Deliktes als wegen der in s.29 (3) Larceny Act 1916 aufgeführten Delikte angeschuldigt oder wurde ihm mit einer solchen
Anschuldigung gedroht, so griff, je nachdem die Anschuldigung
oder die Drohung mit der Anschuldigung schriftlich oder mündlich
erfolgte, entweder s.29 (1) (i) Larceny Act 1916, sofern kein
reasonable or probable cause vorlag, oder aber s.31 Larceny Act
1916 ein.
Ein weiterer Fall der Erpressung war in s.29 (2) Larceny Act
1916 i.Verb. mit s.1 (i) Criminal Justice Act 1948 geregelt,
das auf ein Statut von 1823 (4 Geo.IV c.54) zurückgeht und nach
mehrmaligen statutarischen Neubestimmungen den endgültigen
Niederschlag in s.29 (2) Larceny Act 1916 fand. Anlaß zu dieser statutarischen Regelung hatte der im Jahre 1795 entschiedene Fall R.v.Phiboe[2] gegeben, in welchem der Ankläger auf
Grund von Bedrohung mit Tötung zur Unterzeichnung eines Schuld-
versprechens genötigt wurde, das durch den Angeklagten vorbereitet und dem Ankläger zur Unterzeichnung vorgelegt und danach vom Angeklagten sofort wieder an sich genommen wurde. Von
der Mehrheit der Richter wurde das Vorliegen eines Raubes verneint, weil die Urkunde von keinem Wert für den Ankläger war,

---

[1] Williams (G.L.), Blackmail p.85.
[2] R.v.Phiboe, 1795, 2 Leach 673, 2 East P.C.599, 15 Dig.Repl.
1117, 11 102.

der nicht einmal Eigentum oder Besitz an dem Papier hatte, auf
welches das Schuldversprechen geschrieben war, und der Angeklagte freigesprochen. Zu demselben Ergebnis kam das Gericht
in R.v.Edwards,[1] wo der Ankläger angekettet gezwungen wurde,
eine Anweisung auf Zahlung eines Geldbetrages und eine solche
auf Übergabe von versiegelten, auf Grundbesitz bezüglichen Urkunden zu schreiben, und in R.v.Smith,[2] wo der Ankläger genötigt wurde, eine Quittung für ein nicht erhaltenes Darlehen
auszustellen. Diese offensichtliche Gesetzeslücke wurde endgültig durch s.29 (2) Larceny Act 1916 geschlossen. Diese Bestimmung, die die Nötigung zur Herstellung, Änderung oder Zerstörung einer wertbaren Sicherheit zum Gegenstand hatte, ging
dahin, daß jede Person, welche in der Absicht, irgendeinen anderen zu betrügen oder ihn zu schädigen

    a) durch rechtswidrige Gewaltanwendung gegen die Person
eines anderen oder durch Ausübung von Zwang gegen denselben
oder

    b) durch Anschuldigung irgendeiner (lebenden oder toten)
Person eines Verbrechens i.S. des s.29 (3) Larceny Act 1916
oder irgendwelchen Verbrechens

einen anderen zwingt oder veranlaßt, eine wertbare Sicherheit
(valuable security) auszustellen, anzufertigen, zu akzeptieren,
zu indossieren oder dieselbe in ihrer Ganzheit oder teilweise
zu zerstören oder eine Blankounterschrift abzugeben, die danach
in eine wertbare Sache umgewandelt und als solche verwendet werden kann, sich eines Verbrechens schuldig machte und im Falle
der Verurteilung einer lebenslangen Gefängnisstrafe unterworfen
war.[3] Im einzelnen soll noch bemerkt werden, daß der Ausdruck

---

[1] R.v.Edwards, 1834, 6 C.& P.521, 15 Dig.Repl.1124, 11 213.
[2] R.v.Smith, 1852, 2 Den.449, 16 Jur.414, 21 L.J.M.C.111, 19
L.T.O.S.220, 15 Dig.Repl.1086, 10 754.
[3]   "(2) Every person who with intent to defraud or injure
any other person -
    (a) by any unlawful violence to or restraint of the
        person of another, or
    (b) by accusing or threatening to accuse any person
        (whether living or dead) of any such crime or of
        any felony,
compels or induces any person to execute, make, accept, en-
dorse, alter, or destroy the whole or any part of any valuable security, or to write, impress, or affix the name of

"valuable security" in s.46 (1) Larceny Act 1916 gesetzlich
definiert ist. Als Druckmittel kamen Gewalt, sowohl in der
Form der vis absoluta als in der der vis compulsiva, sowie
unrechtmäßige Einsperrung und Anschuldigung in dem erwähnten
Sinne in Betracht. Die erzwungene Unterschrift brauchte nicht
den Namen des Bedrohten wiederzugeben. Es konnte auch eine falsche Unterschrift benützt werden. Notwendig war aber, daß der
Ankläger eine der tatbestandsmäßigen Handlungen ausführte und
nicht nur duldete. Wer also einen anderen zwang, die Zerstörung einer solchen Urkunde zu dulden, machte sich nicht strafbar. Bedrohter und Verfügender müssen sich bei s.29 (2) Larceny Act 1916 decken. Dagegen konnte der Geschädigte ein anderer sein als derjenige, der erzwungenermaßen die tatbestandsmäßige Handlung vollzog.[1] Auf der subjektiven Seite verlangte
s.29 (2) Larceny Act 1916 ein "intent to defraud or injury any
other person". Diese Absicht dürfte sich mit der entsprechenden
Absicht decken, die in s.32 (2) Larceny Act 1916 für den Betrug (obtaining property by false pretences) verlangt war,[2]
zumal sich Betrug und Erpressung nur durch die Art des Druckmittels unterscheiden. Zum "intent to defraud" gehört, daß der

---

any person, company, firm or co-partnership, or the seal of
any body corporate, company or society upon or to any paper
or parchment in order that it may be afterwards made into or converted into or used or dealt with as a valuable security,
shall be guilty of a felony and on conviction thereof liable
to imprisonment for life".

[1] Kielwein (G.), Straftaten S.157.

[2] s.32 (2) Larceny Act 1916 i.Verb. mit s.1 (i) Criminal Justice
Act 1948 lautet:

"Every person who by any false pretence –
   with intent to defraud or injure any other person, fraudulently causes or induces any other person –
      (a) to execute, make, accept, endorse, or destroy
   the whole or any part of any valuable security; or
      (b) to write, impress, or affix his name or the
   name of any other person, or the seal of any body corporate or society, upon any paper or parchment in order that the same may be afterwards made or converted
      into, or used or dealt with as, a valuable security;
shall be guilty of a misdemeanour and on conviction thereof
liable to imprisonment for any term not exceeding five years".

Täter bei seiner Handlung das Opfer in bewußt arglistiger Weise zu der von ihm geforderten Tätigkeit nötigt, mit dem Ziel, dem Opfer oder einem anderen Nachteil zuzufügen. Regelmäßig wird es ein Vermögensnachteil sein, braucht es aber nicht zu sein. Es genügt schon die Absicht, einem anderen ein Beweismittel zu entziehen.[1] Der Genötigte und der durch das arglistige Verhalten Geschädigte brauchen nicht dieselbe Person zu sein. Es genügt, daß der Täter beabsichtigt, mit der abgenötigten Unterschrift einen anderen zu betrügen, so wenn der Täter das Opfer zwingt, einen Wechsel zu fälschen, mit dem er einen Dritten betrügen will. Dabei braucht die Schädigung des letzteren keineswegs die zeitlich unmittelbare Folge des abgenötigten Verhaltens zu sein. Das "intent to defraud" drückt die Absicht aus, einen anderen durch Täuschung zu veranlassen, zu seinem Schaden zu handeln. In diesem Sinne spricht sich Richter Buckley in Re London and Globe Finance Corp., Ltd.[2] aus, der ausdrücklich zwischen der Betrugsabsicht (intent to defraud) und der Täuschungsabsicht (intent to deceit) unterscheidet. "Zu täuschen", so ist in genannter Entscheidung ausgeführt, "heißt jemand in den Glauben versetzen, daß etwas wahr sei, was in Wirklichkeit falsch ist. Zu betrügen bedeutet aber jemand seines Rechts, Eigentums oder Interesses durch Täuschung zu berauben". Dieser für das Zivilrecht entwickelte Grundsatz ist durch Darling J. in R.v.Bennett, R.v.Newton[3] ausdrücklich für das Strafrecht übernommen worden, der erklärte: "To defraud is to deprive by deceit; it is by deceit to induce a man to act to his injury". Während also das "Täuschen" durch Falschheit einen Geisteszustand zu schaffen bedeutet, heißt "betrügen" durch Täuschung einen Tätigkeitsverlauf herbeiführen. Diese Begründung wurde auch in R.v.Wines[4] beibehalten, wo der Angeklagte beabsichtigt hatte, durch Fälschung der Rechnungs-

---

[1] Kielwein (G.), Straftaten S.158.

[2] Re London & Globe Finance Corp., Ltd., 1903, 1 Ch.728, 10 Mans. 198, 15 Dig.Repl.1115, 11 078.

[3] R.v.Bennett, R.v.Newton, 1913, 9 Cr.App.R.146, 77 J.P.Jo.508, 15 Dig.Repl.1192, 12 094.

[4] R.v.Wines, 1953, (1953) 2 All E.R.1497, 118 J.P.49, 98 Sol.Jo. 14, 37 Cr.App.R.197, 15 Dig.Repl.1117, 11 088.

bücher seinen Arbeitgeber zu veranlassen, ihn in seiner Stellung zu belassen und ihm einen Lohn auszubezahlen. Es erhebt sich dabei die Frage, ob der beabsichtigte Vermögensnachteil durch eine gleichwertige Gegenleistung nicht aufgehoben wird. Außer Zweifel steht, daß die Absicht des Täters die durch Täuschung oder Nötigung erlangte Leistung auszugleichen, wann immer er hierzu in der Lage sein sollte, für eine Verneinung der Schädigung nicht ausreichen würde, da das Opfer mindestens einer Vermögensgefährdung ausgesetzt sein würde.[1] Durch Gewährung einer nicht vollwertigen Gegenleistung wird selbstverständlich eine Schädigung nicht ausgeschlossen. Aber auch bei vollwertiger Gegenleistung ist eine Schädigung nicht ausgeschlossen, da die englischen Gerichte bei der Feststellung des Vermögensnachteils überhaupt nicht auf den Wert einer etwaigen Gegenleistung abstellen, im Gegensatz zu der deutschen Rechtsprechung, die von der Schädigung des Gesamtvermögens ausgeht und den Vermögensstand des Getäuschten oder Genötigten vor und nach seiner Verfügung vergleichen, um aus dem Saldo das Bestehen eines Vermögensnachteils zu bejahen oder zu verneinen. Da nach der englischen Rechtsprechung Betrug und Erpressung sich gegen einzelne bestimmte Objekte und nicht gegen das Vermögen als solches richten, ist für die Schadensfeststellung lediglich die Tatsache maßgebend, daß der Getäuschte oder Genötigte unter dem Eindruck der Täuschung oder Nötigung den Rechtstitel, das heißt das Eigentum oder die Befugnis, Eigentum zu übertragen,[2] ebenso wie die tatsächliche Herrschaft, das heißt den Besitz an einer Sache, aufgegeben hat oder eine andere sein Vermögen schädigende Handlung vorgenommen hat, wofür keine Gegenleistung einen Ersatz bieten kann. Die durch die Hingabe der Sache oder die vermögensschädigende Handlung be-

---

[1] vgl. R.v.Naylor, 1865, L.R.1 C.C.R.41, 35 L.J.M.C.61, 13 L.T. 381, 10 Cox C.C.149, 15 Dig.Repl.1189, 12 039; R.v.Carpenter, 1911, 76 J.P.158, 22 Cox C.C.618, 15 Dig.Repl.1189, 12 042; R.v.Brown, 1899, 63 J.P.790, 15 Dig.Repl.1002, 9 866.

[2] Whitehorn Brothers v. Davison, 1911, 1 K.B.463, 104 L.T.234, 80 L.J.K.B.425, 15 Dig.Repl.1038, 10 197; Folkes v. King, 1922, (1922) 2 K.B.348, 91 L.J.K.B.792, 38 T.L.R.731, 66 Sol. Jo.613; revsd. on other grounds (1923) 1 K.B.282, 15 Dig.Repl. 1040, 10 234; Lowther v. Harris, 1926, 43 T.L.R.24, (1927) 1 K.B.393, 34 Dig.Repl.29, 76; London Jewellers v. Attenborough, 1934, 103 L.J.K.B.429.

wirkte Vermögensminderung allein ist sowohl der Schaden i.S. des s.32 (2) wie des s.29 (2) mit (3) Larceny Act 1916. In diesem Sinne sprach sich auch Scott J. in Berg v. Sandler and Moore[1] aus, indem er erklärte: "It is nothing to the purpose to say that the fraudulent person who was attempting to commit that crime (i.e. false pretences) was in fact willing to pay the persons he was attempting to defraud the full prize of the goods".[2] Das "intent to injure" erfordert im Gegensatz zum "intent to defraud" kein arglistiges Verhalten. Es liegt vor, wenn es dem Täter nicht darum geht mit Hilfe der vom Genötigten vorgenommenen Handlung später einen Dritten durch Täuschung zu schädigen, sondern wenn die vom Täter erstrebte Schädigung die unmittelbare Folge des Verhaltens des Bedrohten sein soll, sei es, daß der Schaden in der Person des Genötigten oder in der eines Dritten eintritt, wie z.B. wenn der Täter seinen Gläubiger zwingt, einen Schuldschein zu vernichten oder einen Wechsel zu akzeptieren.[3] Auch beim intent to injure wird die Schädigungsabsicht durch eine vollwertige Gegenleistung nicht ausgeschlossen, falls der Täter durch Täuschung oder Nötigung eine ihm nicht zustehende Sache erlangt, die er, wie er weiß, ohne Anwendung des Täuschungs- oder Nötigungsmittels nicht erhalten würde.[4] Da das englische Recht beim Betrug wie bei der Erpressung lediglich auf das durch betrügerische oder zwangsweise Mittel bewerkstelligte Erlangen einer fremden Sache abstellt, läßt sich aus Schrifttum und Rechtsprechung nicht feststellen, ob über den Verlust eines Rechtstitels hinaus eine durch Täuschung oder Zwang bewirkte Zufügung eines Vermögensschadens strafbar ist. Aus der Strafbarkeit der in s.32 (2) und s.29 (2) Larceny Act 1916 statuierten Sonderfälle mag geschlossen werden, daß im allgemeinen die Zufügung eines solchen Vermögensschadens nicht unter Strafe gestellt ist. Es ist also nach englischem Strafrecht im Gegensatz zum deutschen, das unter gewissen Voraussetzungen in der Beeinträchtigung der wirtschaftlichen Bewegungsfreiheit bei Gleichwertigkeit der Gegenleistung eine Vermögensschädigung erblickt, eine solche Be-

[1] Berg v. Sandler and Moore, 1937, 2 K.B. at p.168.
[2] Kielwein (G.), Straftaten S.195 und Anm.122.
[3] Kielwein (G.), Straftaten S.158.
[4] Kielwein (G.), Straftaten S.198 unter Hinweis auf R.v.Bennett, R.v.Newton, 1913, 9 Cr.App.R.146.

einträchtigung straflos. Wenn jemand den Vermögensgegenstand,
um den er geprellt wird oder der ihm zwangsweise entzogen wird,
durch eine sittenwidrige, gesetzwidrige oder gar strafbare
Handlung erworben hat, wie wenn ein Dieb vom Hehler betrogen
wird oder wenn dem Dieb die Diebesbeute von einem anderen
zwangsweise abgenötigt wird, so wird nach englischer Rechtsprechung solchenfalls ein Strafverfahren gar nicht eingeleitet. Mit der Nötigungshandlung ist die Erpressung vollendet.
Auch in diesem Falle ist der Eintritt des erstrebten Erfolges
unerheblich. Angeregt durch R.v.Smith[1] ist in s.49 Larceny Act
1861 (24 & 25 Vict. c.96) bestimmt worden, daß eine Drohung
durch eine dritte Person, mit welcher der Angeklagte in irgendeiner Weise verbunden ist, zugunsten des Fordernden für ausreichend erklärt worden ist. Diese Regelung wurde auch vom
Larceny Act 1916 in s.29 (4) übernommen. Es lautet: "For the
purposes of this Act it is immaterial whether any menaces or
threats be of violence, injury, or accusation to be caused or
made by the offender or by any other person". Der Fassung der
Bestimmung ist zu entnehmen, daß sie nicht nur für s.29 Geltung besaß, sondern in gleicher Weise auch auf das Delikt des
s.30 und wahrscheinlich auch auf s.31 Larceny Act 1916 Anwendung fand. Die Auslegung dieser Vorschrift hatte in liberaler
Weise zu erfolgen.[2]
Eine weitere Form der Erpressung war in s.30 Larceny Act 1916
geregelt. Sie fand auf jemand Anwendung, der "with menaces or
by force demands of any person anything capable of being stolen
with intent to steal the same". Was das Fordern betrifft, so
war es auch in diesem Falle nicht notwendig, ein ausdrückliches
Fordern mit Worten nachzuweisen. Es genügte, daß ein mit durchschnittlicher Erkenntnisfähigkeit ausgestatteter Mensch aus
dem Täterverhalten, insbesondere seinen Gebärden, und den
näheren Umständen des Falles entnehmen kann, daß ein Fordern an
ihn gestellt ist. Auch ein Ersuchen, begleitet von Bedingungen,
kann ein Fordern darstellen. Aus dem Tatbestandsmerkmal des "in-

---

[1] R.v.Smith, 1850, 19 L.J.M.C.80, 4 Cox C.C.42, 1 Den.510, 14 J.
P.69, T.& M.214, 14 Jur.92, 15 Dig.Repl.1122, 11 197.
[2] R.v.Tomlinson, 1895, 1 Q.B.706, 64 L.J.M.C.97, 72 L.T.155, 11
T.L.R.212, 18 Cox C.C.75, 15 Dig.Repl.1123, 11 200, per Wills J.

tent to steal" ergibt sich, daß in s.30 Larceny Act 1916 nur
solche Drohungen in Betracht kamen, die, wenn die Tat zur
Vollendung käme, einen Diebstahl bzw. Raub begründet hätten.[1]
Nachdem aber, wie aus den früheren Ausführungen erhellt, der
Begriff der "menaces" in s.29 (1) (i) Larceny Act 1916, der
auch auf s.30 Larceny Act 1916 anzuwenden ist, eine sehr weit-
reichende Auslegung erfahren hat und sich sogar auf Drohungen
erstreckte, die dem Bedrohten Unannehmlichkeiten bereiten können, wurde dieses Delikt aus dem, was in Wirklichkeit ein Delikt des versuchten Diebstahls bzw. Raubes war, in ein solches
der Erpressung umgewandelt. Aus dem "intent to steal", das
trotz der Umbildung des Delikts beibehalten wurde, erklärt
sich die Tatsache, daß das Objekt des s.30 Larceny Act 1916
nur eine stehlbare Sache i.S. des s.1 (3) Larceny Act 1916,
also eine bewegliche Sache, sein konnte, so daß, wenn jemand
mit Gewalt gegen Leib oder Leben droht, sofern der Bedrohte
ihm nicht sein Haus überlasse, er sich nicht eines Delikts i.
S. des s.30 Larceny Act 1916 schuldig machen konnte weil ein
Haus nicht stehlbar ist. Auch ergab sich aus der Beibehaltung
des "intent to steal", daß eine vernünftige, wenn auch irrige
Annahme des Bestehens eines Rechtsanspruches die Diebstahlsabsicht und daher die Anwendung des s.30 Larceny Act 1916 ausschloß, mag es sich dabei um einen Rechtsirrtum oder Tatirrtum gehandelt haben.[2] Zweifelhaft blieb die Frage, ob die Ausführung der Drohung durch den Drohenden selbst oder irgendeine
andere Person in Aussicht gestellt sein konnte. Dem Wortlaut
nach durfte s.29 (4) Larceny Act 1916 auch auf die Fälle des
s.30 Larceny Act 1916 Anwendung finden. Die Rechtswirksamkeit
der Drohungen verlangt, daß sie geeignet und berechnet sind,
solche Furcht und Unruhe bei dem Opfer hervorzurufen, daß ein
Mann von durchschnittlicher Einsichtsfähigkeit und Entschlußkraft nicht in der Lage ist, sich der Drohung zu widersetzen.
Wenn die Drohung von einer Beschaffenheit ist, daß sie nicht
geeignet und berechnet sein kann, eine Person von gewöhnlicher

---

[1] **Davies** (D.R.S.), Demanding with Menaces - Claim of Right made
[2] in Good Faith, 1938 M.L.R.166 et seq.(Notes of Cases).
   vgl. R.v.Bernhard, 1938, (1938) 2 K.B.264, (1938) 2 All E.R.
   140, 54 T.L.R.615, 107 L.J.K.B.449, 159 L.T.22, 26 Cr.App.R.
   137, 31 Cox C.C.61, 15 Dig.Repl.1125, 11 218; R.v.Hall, 1828,
   3 C.& P.409, 15 Dig.Repl.1061, 10 462; Smith v. Williams, 1892,
   56 J.P.840, 9 T.L.R.9, 37 Sol.Jo.11, 15 Dig.Repl.1223,

Einsichtsfähigkeit und Willensstärke ihrer freien und freiwilligen Tätigkeit zu berauben, so ist es keine Drohung i.S. des s.30 Larceny Act 1916. Die Drohung muß geeignet sein, den freien Willen eines charakterfesten und standhaften Mannes zu überwältigen. Da nach dem Wesen der Erpressungsdelikte das entscheidende Gewicht auf die Furchterregung und nicht auf die Wegnahme gelegt ist, ist anzunehmen, daß es bei s.30 Larceny Act 1916 ausreichen sollte, daß der Drohende es darauf absieht, sein Opfer durch nach allgemeiner Erfahrung nicht widerstehbare Drohungen in Schrecken zu versetzen, und daß es daher gleichgültig ist, ob der Bedrohte tatsächlich in Furcht versetzt worden ist oder nicht.[1] Nicht notwendig ist, daß die Drohung mit Schädigung dessen erfolgt, an den sie gerichtet ist und von dem das Eigentum verlangt wird.[2] Wenn der Angeklagte einen Rechtfertigungsgrund gehabt haben würde, sofern der Fall unter s.29 (1) (i) Larceny Act 1916 gefallen wäre, so hätte er sich auch nach s.30 Larceny Act 1916 auf einen solchen Rechtfertigungsgrund berufen können.

Einen letzten Fall der Erpressung bildete nach s.31 Larceny Act 1916 die Drohung, eine Schmähschrift (libel) oder eine andere Angelegenheit in der Absicht zu veröffentlichen, zu erpressen oder irgendjemandem eine Anstellung zu verschaffen. Die Bestimmung des s.31 Larceny Act 1916 geht auf das Libel Act von 1843 (6 & 7 Vict. c.96) s.3 in Verbindung mit dem Criminal Justice Act von 1914 (4 & 5 Geo.V c.38) s.35 zurück. Durch letzteres sind lediglich die Worte "whether living or dead" in das Libel Act 1843 eingefügt worden. An die Stelle des Libel Act trat dann in Ansehung der Erpressung in der Folgezeit s.31 Larceny Act 1916, das den Begriff des libel i.S. von s.3 Libel Act 1843 als Tatbestandsmerkmal übernahm und folgenden Wortlaut aufwies:

"Every person who with intent -

(a) to extort any valuable thing from any person, or

(b) to induce any person to confer or procure for any person

  12493; Daniel v. Janes, 1877, 2 C.P.D.351, 41 J.P.712, 15 Dig.
[1] Repl.1223, 12 492.
  R.v.Tomlinson, 1895, 1 Q.B.706, 64 L.J.M.C.97, 18 Cox C.C.75, 15 Dig.Repl.1123, 11 200; R.v.Murphy, 1853, 6 Cox C.C.341, 14
[2] Dig.Repl.89, 506.
  R.v.Tomlinson, siehe Anm.1.

any appointment or office of profit or trust,

    (1) publishes or threatens to publish any libel upon
any other person (whether living or dead); or

    (2) directly or indirectly threatens to print or pub-
lish, or directly or indirectly proposes to abstain from
or offers to prevent the printing or publishing of any
matter or thing touching any other person (whether living
or dead);

shall be guilty of a misdemeanour and on conviction thereof liable
to imprisonment, with or without hard labour, for any term not
exceeding two years".

Dieses Delikt war im Falle des s.31 (a) (1) und (2) als Erpressung, im Falle des s.31 (b) (1) und (2) als Nötigung anzusehen.[1]
Bei ihm tauchte ebenso wie bei s.29 (1) (ii) und (iii) Larceny
Act 1916 die Frage auf, ob die Veröffentlichung oder die Drohung
mit der Veröffentlichung einer Schmähschrift oder das Drucken
oder die Veröffentlichung einer Angelegenheit oder einer Sache,
die irgendeine andere Person (ob zu Lebzeiten oder nach dem Tode)
berührt, sich auf den Bedrohten selbst oder nur auf einen Dritten beziehen kann. Bei der Vergleichung der Fassung des s.3 Libel Act ("from such or any other person") mit der des s.31 Larceny Act 1916 ("upon any other person" und "touching any other
person") und aus dem Beisatz "whether living or dead" müßte man
schließen, daß der Bedrohte selbst nicht darunter fallen solle.
Gleichwohl dürfte aus sachlichen Erwägungen trotz der verschiedenen Fassung der Gesetzesbestimmungen, wie oben bei der Erörterung von s.29 (1) (ii) und (iii) ausgeführt wurde, davon auszugehen sein, daß auch der Bedrohte selbst in s.31 Larceny Act
inbegriffen ist, so daß "any other person" mit "Bedrohter" oder
"Dritter" auszulegen sein wird. Bei der überwiegenden Bedeutung
von s.31 (a) (1) und (2) soll zunächst hierüber gesprochen und
im Anschluß daran noch kurz auf s.31 (b) (1) und (2) eingegangen
werden, zumal schon bisher s.31 im Hinblick auf s.29 und s.30
Larceny Act 1916 nur noch geringe Bedeutung aufwies. Das einzige

---

[1] Schuster (E.), Artikel "Großbrittanien und Irland" in: Die
Strafgesetzgebung der Gegenwart in rechtsvergleichender Darstellung, hrsg. von Franz v. Liszt, Bd.1, Berlin 1894 S.655.

Übel, das in s.31 angedroht werden mußte, ist die Veröffentlichung einer Schmähschrift gegen eine andere Person oder die
Drohung mit einer solchen Veröffentlichung sowie das Drucken
oder Veröffentlichen irgendeiner Angelegenheit oder Sache,
die eine andere Person berührt, in der Absicht, die geschmäh-
te oder eine dritte Person zur Herausgabe einer wertbaren
Sache (valuable thing) zu bestimmen. Dabei war es unerheblich,
ob die Angelegenheit, die veröffentlicht wird oder mit deren
Veröffentlichung gedroht wird, verleumderisch ist oder nicht,
wie in R.v.Coghlan[1] ausdrücklich erklärt wurde. Die Drohung
i.S. von s.31 Larceny Act 1916 konnte mündlich oder schriftlich erfolgen.[2] Auch machte es keinen Unterschied, ob der Erpresser verlangt, daß die Sache sofort oder erst zu einem künftigen Zeitpunkt ausgehändigt werden soll. Ferner mußte das
"valuable thing" nicht stehlbar sein.[3] Was die Natur der für
s.31 Larceny Act 1916 erforderlichen Drohung betrifft, so war
diese in der Bestimmung selbst festgestellt und besteht nach
subs.(1) in der Drohung, eine Schmähschrift zu veröffentlichen,
und nach subs.(2) in der Drohung, eine Angelegenheit oder Sache
zu veröffentlichen.[4] Das Wort "threatens" ist gleichbedeutend
mit "expresses an intention or says that he will", d.h. "er
bringt eine Absicht zum Ausdruck".[5] Die Erpressungsabsicht verlangt nicht ein ausdrückliches Fordern von Eigentum, insbesondere von Geld. Es kann auch aus den Umständen geschlossen werden.[6] Für die Auslegung des "intent to extort i.S. von s.31 (1)

---

[1] R.v.Coghlan, 1865, 4 F.& F.316, 15 Dig.Repl.1126, 11 244.
[2] Williams (G.L.), Blackmail p.82.
[3] Winder (W.H.D.) op.cit. p.48.
[4] Winder (W.H.D.) op.cit. p.49.
[5] Winder (W.H.D.) op.cit. p.49; Russell (W.O.Sir) op.cit. vol.2
12th ed.(1964) p.880 unter Bezugnahme auf R.v.Wyatt, 1921, 16
Cr.App.R.57, 91 L.J.K.B.402, 86 J.P.20, 38 T.L.R.118, 66 Sol.
Jo.143, 15 Dig.Repl.1126, 11 243; Archbold (J.F.) op.cit. 34th
ed.(1959) p.706.
[6] R.v.Coghlan, siehe Anm.1; R.v.Menage, 1862, 3 F.& F.310, 15
Dig.Repl.1125, 11 222; Archbold (J.F.) op.cit. 34th ed.(1959)
p.706; Russell (W.O.Sir) op.cit., vol.2, 12th ed.(1964) p.880
n.94.

liegen keine einschränkenden Entscheidungen vor. Es findet sich hierfür nur die schon früher erwähnte Entscheidung des Recorder of London vom Jahre 1932, die nur bei Kenny[1] angeführt ist und die dahin geht, daß "there can be an intent to extort, if there is a threat, even though there is an honest belief that a debt is due". Sie bejahte also auch bei ehrlichem Glauben an das Bestehen eines Rechtsanspruches die Annahme eines "intent to extort" dann, wenn die gebrauchte Drohung nicht als rechtlich zu billigendes Druckmittel für die Durchsetzung der Forderung anzuerkennen ist. Diese Auslegung des "intent to extort" bedeutete aber eine Einengung der herrschenden Meinung, die aus dem Fehlen der Worte "without reasonable or probable cause" in s.31 Larceny Act 1916 den Schluß zog, daß dieses Auslassen vom Gesetzgeber beabsichtigt war und daher s.31 streng dahin auszulegen sei, daß es rechtlich unerheblich ist, ob der Angeklagte ehrlicherweise annahm, es sei ihm das, was er zu erlangen erstrebt, wie z.B. die Bezahlung einer Schuld, rechtlich geschuldet, ja daß es sogar unwesentlich ist, daß der Angeklagte einen rechtlichen Anspruch hat, das erstrebte Eigentum zu fordern. Von dieser Auffassung aus griff s.31 in den Fällen ein, in denen eine Anklage nach s.30 wegen der Existenz eines Rechtsanspruches auf das geforderte Eigentum oder wegen eines redlichen Glaubens an das Bestehen eines solchen Anspruches nicht zum Zuge kommen konnte. Eine Entscheidung, welche die herrschende Meinung bejahte oder verneinte, liegt aber, soweit ersichtlich,nicht vor. Man könnte daran denken, daß das Vorliegen einer Erpressungsabsicht bei Bestehen eines Rechtsanspruches auf das Geforderte oder doch bei ehrlichem Glauben an das Bestehen eines solchen Anspruchs dann zu bejahen sei, wenn die Art der gebrauchten Drohung zur Erlangung des erstrebten Eigentums rechtlich nicht zu billigen ist. Letzteres träfe nicht nur dann zu, wenn mit etwas gedroht wird, das gegen das Gesetz verstößt, sondern auch dann, wenn mit Strafverfolgung oder mit öffentlicher Diffamierung gedroht wird. Nach Williams und Russell[2] soll-

---

[1] Kenny (C.S.) op.cit. 15th ed.(1936) p.256 (footnote); Davies (D.R.S.) op.cit. p.168.
[2] Williams (G.L.), Blackmail p.246; Russell (W.O.Sir) op.cit., vol.2, 12th ed.(1964) p.882.

te das in s.29 (1) (i) Larceny Act 1916 niedergelegte allgemeine Prinzip des Fehlens oder Vorliegens eines Rechtfertigungsgrundes auch auf den Fall des in erpresserischer Absicht
erfolgten Forderns einer wertbaren Sache nach s.31 (a) (1) und
(2) ausgedehnt werden, ohne daß hierfür allerdings eine richterliche Autorität ergangen ist. Die Veröffentlichung oder die
Drohung mit der Veröffentlichung hatte nach s.31 (a) (1) Larceny Act 1916 eine darstellerische Verleumdung zum Gegenstand,
während das Drucken oder die Veröffentlichung nach s.31 (a) (2)
Larceny Act 1916 irgendeine, einen anderen berührende Angelegenheit oder Sache zum Inhalt hatte. Das libel ist sowohl ein
strafrechtliches Delikt (crime) als eine zivilrechtliche unerlaubte Handlung (tort). Es ist zu unterscheiden zwischen dem
"private libel", das die Diffamierung einer Einzelperson, und
dem "public libel", das eine Schädigung der Religion, der Regierung[1] oder der Moral zum Gegenstand hat. Die Klagbarkeit
des civil libel wird, von besonders schweren Fällen abgesehen,
der strafrechtlichen Verfolgung im allgemeinen durch die Gerichte vorgezogen.[2] Für die Zwecke des Strafrechts mag es genügen, die fundamentalen Grundsätze darzulegen, düe für das zivile wie für das kriminelle Recht des libel gemeinsam sind und daran anschließend nur kurz die Unterscheidungsmerkmale anzudeuten. Der Begriff des libel ist für beide Rechtsgebiete derselbe und bestimmt sich nach s.3 Libel Act von 1843 (6 & 7 Vict.
c.96),[3] das kein neues Delikt schuf, sondern nur eine angemessene Bestrafung für die Anwendung dessen, was schon nach common
law ein Delikt war, vorsah. Es kann mit kurzen Worten als verleumderische i.S. von verächtlich machende, schmähende und be-
leidigende Darstellung bezeichnet und im Anschluß an die Darlegung von Lord Russell in R.v.Munslow[4] als "maliciously publishing a defamatory matter, expressed either in printing or
writing tending either to blacken the memory of one who is dead
or to damage the reputation of one who is alive, or expose him
to public hatred, contempt and ridicule" definiert werden. Eine

---

[1] z.B. R.v.Horsley, 1909, C.C.C.Sess.Pap.CLI 459.
[2] Kenny-Turner op.cit. 19th ed.(1966) p.231.
[3] auch Lord Campbell's Libel Act genannt.
[4] R.v.Munslow, 1895, L.R.1 Q.B.758, Kenny S.C.I. 6th ed.(1925)
pp.432-434, 32 Dig.Repl.236, 2 617.

ähnlich lautende Begriffsbestimmung des kriminellen libel gibt
Kenny,[1] der es wie folgt definiert: "Anyone who publishes a
defamatory document concerning another person, so as to tend
to bring him into hatred, contempt, or ridicule, or in any way
to diminish the good opinion that other persons have of him, is
guilty of 'publishing a defamatory libel' ", wobei das document
aus einer geschriebenen oder bildlichen Darstellung bestehen
kann. Einen im wesentlichen gleichen Inhalt weist die Definition des libel durch Archbold[2] auf, der sie der Entscheidung
Monson v. Tussauds, Ltd.[3] entnommen hat, die dieses indictable
misdemeanor "libel" als das Niederschreiben und Veröffentlichen
verleumderischer Worte gegen eine lebende Person bezeichnet,
oder als Worte, die berechnet und beabsichtigt sind, die Person
zum Zorn zu reizen oder sie dem Haß, der Verachtung oder der
Lächerlichkeit in der Öffentlichkeit preiszugeben oder ihren
Ruf im Amt, Beruf oder Handel zu schädigen, oder als Darstellung eines Bildes oder einer Figur, welche diese Person verun-
glimpft, z.B. eine bildhaft dargestellte Person, die an einem
symbolischen Galgen hängt.[4] Im gleichen Sinne definiert Schuster[5] libel als böswillige Verbreitung einer Verleumdung durch
Schrift, Druck oder sonstige, dem Auge wahrnehmbare Kundgabe,
wie durch Bilder, Modelle und dergleichen, wobei als Verleumdung für diesen Zweck jede Darstellung anzusehen ist, welche
jemand verhaßt, verächtlich oder lächerlich zu machen geeignet
ist. Ähnlich drückt sich Wertheim[6] aus, der das Delikt des s.31
Larceny Act 1916 folgendermaßen umschreibt: "Anything which im-
plies or may be generally understood to imply reproach, scandal
or ridicule to any person in a libel", sofern es also in Druck,
Bild, Zeichen oder irgendeiner anderen Darstellungsweise verkörpert und verbreitet worden ist. Als Mangel der erwähnten Definitionen wurde im allgemeinen empfunden, daß sie ein "injury
to trading reputation" nicht erfassen. Lord Atkin schlug daher

[1] Kenny-Turner op.cit. 19th ed.(1966) pp.231-232.
[2] Archbold (J.F.) op.cit. 32nd ed.(1949) p.1287 mit Thorley v.
 Lord Kerry, 1812, 4 Taunt. at p.364, 32 Dig.Repl.19, 38; 35,
 223; R.v.Wicks, 1936, 25 Cr.App.R.168, (1936) 1 All E.R.384,
 32 Dig.Repl.226, 2 454.
[3] Monson v. Tussauds, Ltd., 1894, L.R.1 Q.B.671, 63 L.J.Q.B.
 454, 32 Dig.Repl.10, 10.
[4] Monson v. Tussauds, Ltd., siehe Anm.3.
[5] Schuster (E.) S.653.
[6] Wertheim (C.), Wörterbuch des englischen Rechts, Berlin 1899

als Prüfstein, nicht als formelle Definition, folgende Frage
vor: "Would the words tend to lower the plaintiff in the esti-
mation of right-thinking members of society generally?" Aber
der Ausdruck "right-thinking members of society" ist mehrdeu-
tig und schafft keine klare Grundlage.[1] Vom libel als regelmäßig geschriebene oder in eine andere dauernde Form gebrachte Diffamierung unterscheidet sich das slander, das im allgemeinen als mündliche (oral) Verleumdung zu charakterisieren
ist und nur ein tort bildet und auch nicht strafbar ist, aus-
ser wenn es sich um die christliche Religion betreffende Beleidigungen gotteslästerischen, aufrührerischen oder doch obs-
zönen, d.h. stark unmoralischen, Charakters handelt oder wenn
diese Beleidigungen von solcher Beschaffenheit sind, daß sie
einen unmittelbaren Friedensbruch erwarten lassen.[2] Dagegen
ist in gewissen schweren Fällen eine Zivilklage gegeben, wenn
nur private Personen diffamiert werden. Während das libel von
dauernder Art und dem Auge sichtbar ist, z.B. eine fotografi-
sche Darstellung, ist das slander etwas Zeitweiliges und nur
hörbar. Das Diktat eines Briefes an eine Stenotypistin ist unter der erwähnten Voraussetzung nur ein slander, die Beförderung des Briefes aber ein libel.[3] Das laute Vorlesen eines
Briefes, der von einem anderen geschrieben wurde, wurde, wenn
jene, denen gegenüber er verlesen wurde, gewahr waren, daß der
Sprecher aus der Urkunde vorlas, als ein libel angesehen.[4] Das
Defamation Act von 1952 hat aber das common law durch die Bestimmung modifiziert, daß "for the purposes of the law of libel
and slander the broadcasting of word by means of wireless telegraphy shall be treated as publication in permanent form"[5] und

---

voce 'libel'; vgl. auch Cropp v. Tilney, 1693, Holt, K.B.422;
3 Salk.225, 90 E.R.1132; Wilson v. Reed, 1860, 2 F.& F.149,
N.P.; Brenon v. Ridgway, 1887, 3 T.L.R.592, N.P.

[1] Street (H.), The Law of Torts, 5th ed., London: Butterworths
1972 p.287.
[2] Kenny-Turner op.cit. 19th ed.(1966) p.238; Stephen (H.J.) op.
cit., vol.IV, 17th ed.(1922) pp.191-194; R.v.Burford, 1669,
1 Vent.16, 2 Keb.494, 2 Barn.K.B.80, 94 E.R.369, 14 Dig.Repl.
282, 2 543; R.v.Langley, 1704, 6 Mod.Rep.124, Holt, K.B.654,
2 Ld.Raym.1029, 3 Salk.190, 87 E.R.882, 15 Dig.Repl.848,
8 150; R.v.Ramsay, 1883, Cab.& El.126, 48 L.T.733, 15 Cox C.
C.231, 15 Dig.Repl.880, 8 486; Bowman v. Secular Society,
Ltd., 1917, A.C.406, 86 L.J.Ch.568, 15 Dig.Repl.880, 8 489;
R.v.Hicklin, 1868, L.R.3 Q.B.360, 37 L.J.M.C.89, 10 W.R.801,

daher als libel, mindestens nach dem Vorbild von Forrester v. Tyrell[1] dann, wenn der Funker aus einem Schriftstück vorliest. Die Ungewißheit bleibt, weil broadcasting im Wireless Telegraphy Act 1949 nicht erwähnt ist.[2] Auch die Kundgabe von Worten im Verlauf einer Theateraufführung kann eine verleumderische Veröffentlichung in permanent form, also libel sein.[3] Was den verleumderischen Charakter des libel betrifft, so ist zu beachten, daß das Bewußtsein der Unwahrheit der mitgeteilten Tatsachen - anders als nach § 187 des deutschen Strafgesetzbuches - nicht zum Begriff des libel gehört. Auch bei gutem Glauben an die Wahrheit der behaupteten Tatsachen liegt libel vor. Ja selbst die nachweisliche Wahrheit der behaupteten Tatsachen war lange Zeit zwar im Zivilverfahren eine gute Verteidigung, nicht dagegen im Strafverfahren.[4] Durch das Libel Act von 1843 (6 & 7 Vict. c.96) wurde aber dieser Unterschied zwischen dem zivil- und dem strafrechtlichen libel fast ganz beseitigt, indem es den Nachweis der Wahrheit des private libel als wirksame Verteidigung für das Strafverfahren nicht stets, sondern nur mit dem Vorbehalt zuließ, daß der Angeklagte beweisen muß, daß die Bekanntgabe der verleumderischen Behauptungen im Interesse des öffentlichen Wohls gelegen ist.[5] Damit wurde es seither möglich gemacht, die Veröffentlichung von Feststellungen zu unterdrücken, die, obwohl wahr, aus Gründen der Schicklichkeit oder der Geheimhaltung von Staatsgeheimnissen oder zur Verhinderung schmerzlicher und nutzloser Eingriffe in die häusliche Sphäre nicht bekanntgegeben werden sollen. So mag es im öffentlichen Wohl gelegen sein, bekannt zu machen, daß jemand an einer ansteckbaren Erkrankung leidet, aber nicht, daß er herzkrank ist oder eine sorgfältig verhüllte Miß-

11 Cox C.C.19, 15 Dig.Repl.895, 8 625; R.v.Boulter, 1908, 72
3 J.P.188, 15 Dig.Repl.880, 8 487.
Osborn v. Thomas Boulter & Son, 1930, 2 K.B.229, (1930) All
4 E.R.154, Street (H.) op.cit. p.281.
5 Forrester v. Tyrrell, 1893, 57 J.P.532.
Defamation Act 1952 (15 & 16 Geo.VI & 1 Eliz.II c.66), Halsbury's Statutes of England, 3rd ed.(1970), vol.19, p.34.

1 Forrester v. Tyrrell, siehe oben.
2 Street (H.) op.cit. p.281; abweichend Meldrum v. Australian Broadcasting Corporation, 1932, V.L.R.425, das darin nur einen Fall von slander sieht.
3 Theatres Act 1968 s.4; siehe Street (H.) op.cit. p.282 & n.5
4 eod.
5 siehe Hob.253; Moore K.B.627; 5 Co.Rep.125.
R.v.Munslow, 1895, L.R.1 Q.B.758, 32 Dig.Repl.236, 2 617, Warburton (H.), A Selection, 5th ed.(1921) pp.105-107.

gestaltung, z.B. einen Klumpfuß, aufweist.[1] Jeder, der ein libel in Umlauf bringt oder dessen Umlauf gutheißt, wird prima facie so angesehen, als veröffentliche er dasselbe. Als solche Veröffentlichung oder Verbreitung gilt jede Handlung, durch welche die die Verleumdung enthaltende Darstellung der verleumdeten oder einer dritten Person in für gewöhnliche Leute der Klasse, an die sie gerichtet ist, vernünftigerweise verständlichen Form bekanntgemacht wird,[2] wenn nicht die Person, welche die Handlung bewirkt oder veranlaßt hat, nachweisen kann, daß ihr der Inhalt der Darstellung unbekannt war und daß sie keine Gelegenheit hatte, den Inhalt kennenzulernen, daß sie also ein unbewußtes Instrument der Veröffentlichung ist. Dies reicht bei dem Fehlen eines geistigen Elements nicht aus, um den Akt der Veröffentlichung zu einer verantwortlichen Handlung zu stempeln.[3] Handelt es sich um die Verbreitung einer Zeitung oder eines Buches, so genügt der Nachweis, daß der Verbreiter nicht wußte noch wissen konnte, daß darin eine verleumderische Darstellung möglicherweise enthalten sein könnte.[4] Bei Verbreitung durch einen Gewerbebetrieb gilt als Urheber sowohl der Gehilfe, der die verleumderische Darstellung verkauft hatte, als auch der Betriebsinhaber, sofern letzterer nicht nachwies, daß der Gehilfe zu seiner Handlung nicht ermächtigt war und er als Geschäftsherr die nötige Vorsicht walten ließ.[5] Die Veröffentlichung des libel muß schuldhaft erfolgen. Eine zufällige Veröffentlichung ist keine Veröffentlichung i.S. des Gesetzes. Auf die Zahl der Kenntnisnehmer kommt es nicht an. Es genügt für das criminal libel - im Gegensatz zum civil libel,das an dritte Personen gerichtet sein muß - die Bekanntgabe an die verleumdete Person,[6] sofern die Veröffentlichung vernünftigerweise darauf abzielt, dieselbe zum Friedensbruch zu reizen.[7] Die

---

[1] Kenny-Turner op.cit. 19th ed.(1966) pp.234-235.
[2] Kenny-Turner op.cit. 19th ed.(1966) p.233.
[3] Kenny-Turner op.cit. 19th ed.(1966) p.232; Schuster (E.) a.a. O. S.653.
[4] Street (H.) op.cit. p.293 mit Visetelly v. Mudie's Select Library, Ltd., 1900, 2 Q.B.170, C.A.; siehe auch Emmens v. Pottle, 1885, 16 Q.B.D.354, C.A., betr.einen Zeitungsverkäufer.
[5] Schuster (E.) a.a.O. S.653.
[6] Barrow v. Lewellin, 1615, Hob.62, 80 E.R.211, 32 Dig.Repl.90, 1 125; Clutterbuck v. Chaffers, 1816, 1 Stark.471 N.P., 32 Dig. Repl.90, 1 127.
[7] Stephen (H.J.) op.cit. 19th ed.(1928) vol.IV by C.H.S.Fifoot p.135.

Absicht des Friedensbruches braucht in der Anklage nicht enthalten zu sein.[1] Nur die böswillige Veröffentlichung einer Verleumdung (malicious publishing) ist ein libel. "Malice" ist aber
im populären Sinne des Wortes gemeint, d.h. die Veröffentlichung
muß nicht auf Haß oder Groll zurückzuführen sein (express malice).[2] Richtig ist, daß das Libel Act von 1843 (6 & 7 Vict.
c.96) bei Behandlung des criminal libel in seiner Fassung das
Delikt auf "malicious publication" beschränkte. Aber das Gesetz
leitete aus der Tatsache der Veröffentlichung des verleumderischen Gegenstandes ohne Rechtfertigung und ohne irgendwelche
der anerkannten gesetzlichen Entschuldigungsgründe eine absolute Vermutung ab, daß die Veröffentlichung malicious war.[3] Malicious sollte nur zum Ausdruck bringen, daß es auch Fälle von libel gibt, die auf Grund von teilweise rein objektiven Umständen
ausnahmsweise von den das Delikt des libel regelnden gesetzlichen Strafbestimmungen nicht erfaßt werden.[4] Bei diesen privilegierten Fällen unterscheidet man zwischen absolut privilegierten, worunter z.B. die Veröffentlichung verleumderischer Tatsachen im Parlament[5] oder auf dessen Anweisung oder eine solche im
Verlaufe einer Gerichtsverhandlung durch Richter, Anwälte, Zeugen oder Parteien fallen,[6] und qualifiziert privilegierten, d.h.
solchen Veröffentlichungen, die prima facie begünstigt sind, deren Privileg jedoch entfällt, wenn die Verfolgungsbehörde nach-
weist, daß die verleumderischen Behauptungen aus gehässigen Motiven, also mit express malice veröffentlicht wurden.[7] Ein Privileg solcher Art ist verleumderischen Behauptungen zugestanden,
die auf Grund einer gesetzlichen oder sogar sozialen Pflicht
veröffentlicht wurden, wie z.B. bei Vornahme einer politischen
Kritik, die in der ehrlichen Absicht, eine öffentliche Pflicht
zu erfüllen, erfolgte, oder bei ehrlichen tadelnden Urteilen

---

[1] R.v.Adams, 1888, 2 Q.B.D.66, 32 Dig.Repl.92, 1 145; R.v.Brooke,
7 Cox C.C.251; R.v.Palmer, Sess.Pap.C.C.C. vol.106 p.495.
[2] O!Sullivan (R.) & (R.) Brown, The Law of Defamation, London:
Sweet & Maxwell, Ltd. 1958 p.128 mit Pratt v. B.M.A., 1919,
1 K.B. at p.275, per McCardie J.; vgl. aber für das nordamerikanische Recht: Crane v. New York World Telegram Corp., 308 N.
Y.470, 126 N.E.2d 753 (1955).
[3] R.v.Munslow, 1895, L.R.1 Q.B.758; Warburton (H.) op.cit. at p.
106, per Lord Russell; Kenny-Turner op.cit. 19th ed.(1966)
p.232.
[4] Schuster (E.) S.653.
[5] R.v.Lord Abington, 1794, 1 Esp.226, Peake 310 N.P., Kenny S.C.
I. p.440, 14 Dig.Repl.326, 3 150, Kenny-Turner op.cit. 19th

über Personen des öffentlichen Lebens oder über wissenschaftliche oder künstlerische Leistungen, wobei das Urteil dann als
ehrlich anzusehen ist, wenn es entweder der Wahrheit entspricht oder doch die wahre Meinung seines Autors ausdrückt,
die sich derselbe mit gebührender Sorgfalt nach vernünftigen
Erwägungen gebildet hat.[1] Dasselbe Privileg kommt auch der Veröffentlichung solcher schmähender Behauptungen zu, die einen
objektiven Kommentar über einen Gegenstand von öffentlichem Belang liefern,[2] oder die zum Schutze irgendwelcher Interessen
der sie veröffentlichenden Person oder sogar der Interessen jener Person, der die verleumderische Behauptung bekanntgegeben
wird,[3] erfolgen. Ist die Veröffentlichung der Schmähschrift
aber by the person libelled selbst veranlaßt, so ist das libel
nicht "criminal".[4] In gleicher Weise privilegiert sind auch objektive und genaue Berichte über Parlaments- oder Gerichtsver-
handlungen[5] und nach Statut[6] solche objektiven und genauen Berichte über öffentliche Versammlungen oder öffentliche Sitzungen
öffentlicher Körperschaften, wie sie in Tageszeitungen veröffentlicht zu werden pflegen und von Angelegenheiten öffentlichen Interesses handeln. Dem besonderen Schutz der Presse dien-
ten die Newspaper Libel and Registration Acts von 1881 (44 & 45
Vict. c.60) und 1888 (51 & 52 Vict. c.64). Der Richter hat die
jury darüber zu belehren, was rechtlich unter einem libel zu
verstehen ist. Auch hat er zu entscheiden, ob die Gelegenheit
der Veröffentlichung privilegiert ist und ob in dem Falle, in
dem ein qualifiziertes Privileg besteht, ein Beweis für express
malice vorliegt. Alle anderen Fragen, insbesondere die Frage, ob
die Veröffentlichung unter den vom Richter erläuterten Begriff
des libel fällt und in Zusammenhang damit, ob die Veröffentlichung des Schriftstückes, in welcher - und nicht in der Urkunde

6 ed.(1966) p.232.
6 Watson v. M'Ewan, Watson v. Jones, 1905, A.C.480, 74 L.J.P.C.
  151, 32 Dig.Repl.126, 1 476; Usill v. Hales, 1878, L.R.3 C.P.
  D.319, Kenny S.C.I., 6th ed.(1925), p.442; Kenny-Turner op.
7 cit. 19th ed.(1966) p.232.
7 so auch nach amerikanischem Recht: Loudin v. Mohawk Airlines,
  Inc., 44 Misc.2d 925, 255 N.Y.S.2d 302 (Sup.Ct.1964) einerseits und Engelmohr v. Bache, 66 Wash.2d 96, 401 P.2d 346 andererseits.

1 R.v.Labouchère, 1884, 12 Q.B.D.320, Warburton at p.108.
2 Kenny-Turner op.cit. 19th ed.(1966) p.233.
3 Kenny-Turner op.cit. 19th ed.(1966) p.233.
4 R.v.Hart, 1 Wm Blackstone 386.
5 Kenny-Turner op.cit. 19th ed.(1966) p.233.
6 Defamation Act 1952 (15 & 16 Geo.VI & Eliz.II c.66); aber s.17

selbst - die Schuld oder Unschuld zu erblicken ist, nach den unmittelbaren Umständen[1] darauf abzielt, die Person des Klägers zu schädigen,[2] sind von der jury zu beantworten.[3] Im Falle verleumderischer Darstellung ist die Strafe zwei Jahre Gefängnis, wenn das libel in Kenntnis der Unwahrheit der behaupteten Tatsachen veröffentlicht wurde, in allen anderen Fällen ein Jahr Gefängnis. Wie schon angedeutet, bestehen zwischen dem criminal und dem civil libel trotz der für beide in gleicher Weise geltenden fundamentalen Grundsätze einige Unterschiede geringerer Art. So ist für das civil libel erforderlich, daß die Veröffentlichung irgendeiner dritten Person gegenüber erfolgt sein muß, um ein civil action zu begründen,[4] während strafrechtlich eine Veröffentlichung gegenüber der libelled person genügt. Daher wird ein verleumderischer Brief, der an die verleumdete Person gesandt ist, kein libel action rechtfertigen, wohl aber eine verleumderische Postkarte, die an sie gerichtet ist.[5] Der Unterschied bezüglich der Möglichkeit des Wahrheitsbeweises ist, wie schon ausgeführt, durch das Libel Act 1843 fast aufgehoben, mit der Ausnahme, daß der Verteidiger zur Verneinung des criminal libel ausdrücklich beweisen muß, daß die Veröffentlichung der Angelegenheit im öffentlichen Interesse erfolgt ist, während beim civil libel der Wahrheitsbeweis eine Verteidigung gegen die Klage begründet.[6] Ferner sind Strafverfahren wegen libel gegen eine Klasse von Personen, z.B. den Klerus der Diözese Durham oder die Friedensrichter der Grafschaft Middlesex, zulässig, sofern die Klasse nur genau bestimmt ist,[7] nicht aber gegen die Männer der Wissenschaft oder die Sozialisten.[8] Zivilverfahren wegen libel sind aber in solchen Fällen nicht zulässig, da das civil libel action nur gegen eine bestimmte individuelle Person und nicht gegen eine zu

---

(2) sieht vor, daß nichts in diesem Gesetz das das criminal libel betreffende Recht berührt.

[1] Kenny-Turner op.cit. 19th ed.(1966) p.233.
[2] Kenny-Turner op.cit. 19th ed.(1966) p.233.
[3] Kenny-Turner op.cit. 19th ed.(1966) p.233.
[4] Kenny-Turner op.cit. 19th ed.(1966) p.233 mit Barrow v. Lewellin, 1615, Hobart 62 (T.A.C.), 80 E.R.211, Kenny S.C.I. p.437.
[5] Kenny-Turner op.cit. 19th ed.(1966) p.233 & p.459 mit Huth v. Huth, 1915, 3 K.B.32; Powell v. Gelston, 1916, 2 K.B.615.
[6] Kenny-Turner op.cit. 19th ed.(1966) p.234; Stephen (H.J.) op. cit., vol.IV, 17th ed.(1922) p.193.
[7] R.v.Williams, 1822, 5 B.& Ald.595; R.v.Holloway, cited in R. v. Williams, Kenny (C.S.) op.cit. 8th ed.(1917) p.312; Kenny-Turner op.cit. 19th ed.(1966) p.235.
[8] bezüglich eines Strafverfahrens gegen die "Juden" siehe The Case of the Jews, 2 Swan.503.

umfangreiche und nicht ohne weiteres erkundbare Klasse von Personen gerichtet werden kann. Libel gegenüber einem Verstorbenen ist kein tort. Eine Zivilklage der Nachkommen ist somit nicht gegeben, da der Tote keine gesetzlichen Rechte hat und keine gesetzlichen Rechtsverletzungen erleiden kann;[1] dagegen genießen sie den Schutz des Strafrechts, wenn das libel unter der Verschleierung des Angriffs auf den Toten dessen lebende Nachkommenschaft verächtlich oder verhaßt machen will.[2] Eine weitere Ausdehnung des Schutzes von Verstorbenen würde die literarische Freiheit jedes Historikers in unerträglicher Weise einschränken.[3] In civil libel actions ist der Dienstherr für alle libels verantwortlich, die durch seine Angestellten im Verlaufe ihrer Verwendung veröffentlicht werden. In criminal libel-Fällen dagegen kann sich der Dienstherr damit verteidigen, daß das libel weder mit seiner Ermächtigung noch infolge seiner Fahrlässigkeit veröffentlicht wurde.[4] Dem grundlegenden Libel Act von 1843 (6 & 7 Vict. c.96) gingen das Libel Act von 1792 (32 Geo.III c.60) und das Criminal Libel Act von 1819 (60 Geo.III & 1 Geo.IV c.8) sowie das Parliamentary Papers Act von 1840 (3 & 4 Vict. c.9) voraus und in Ergänzung spezieller Fragen, auf die nicht weiter eingegangen werden kann, folgten ihm das Libel Act von 1845 (8 & 9 Vict. c.75), das Newspapers, Printers, and Reading Rooms Repeal Act von 1869 (32 & 33 Vict. c.24), das Newspaper Libel and Registration Act von 1881 (44 & 45 Vict. c.60), das Law of Libel Amendment Act von 1888 (51 & 52 Vict. c.64), das Slander of Women Act von 1891 (54 & 55 Vict. c.51), das Defamation Act von 1952 (15 & 16 Geo.VI & 1 Eliz.II c.66) und das Printer's Imprint Act von 1961 (9 & 10 Eliz.II c.31).[5] Die geschichtliche Entwicklung des Law of Defamation wird durch Street[6] und insbesondere in eingehender Weise durch Carter-Ruck[7] geschildert.

---

[1] Kenny-Turner op.cit. 19th ed.(1966) p.235.
[2] R.v.Topham, 1791, 4 T.R.126, 130, E.R.931, 32 Dig.Repl.227, 2 465; R.v.Ensor, 1887, 3 T.L.R.366, 32 Dig.Repl.227, 2 465; R.v.Hunt, 1820, 2 St.Tr.N.S.69, 32 Dig.Repl.227, 2 466 betr. Verleumdung König Georg III. unter der Regierung von König Georg IV. in der Absicht, die Nachkommenschaft zu beunruhigen; Stephen (H.J.) op.cit. 17th ed., vol.IV (1922), p.192.
[3] Kenny-Turner op.cit. 19th ed.(1966) p.235 mit n.4.
[4] R.v.Holbrook, 1878, 4 Q.B.D.42, 48 L.J.Q.B.113, 39 L.T.536, 43 J.P.38, 27 W.R.313, 14 Cox C.C.185, 14 Dig.Repl.43, 113.
[5] siehe Halsbury's Statutes of England 3rd ed., vol.19 (1970), p.1 et seq.
[6] Street (H.) op.cit. pp.279-280.
[7] Carter-Ruck (P.F.), Libel and Slander, London: Faber & Faber 1972 p.34 et seq.; bzgl.der Reformbestrebungen siehe Report Cmnd.5909.

Section 31 (b) (1) & (2) Larceny Act 1916 stellte die Veröffentlichung einer verleumderischen Darstellung oder die Drohung mit einer solchen Veröffentlichung in Ansehung eines beliebigen anderen, ob zu dessen Lebzeiten oder nach seinem Tod, oder die direkte oder indirekte Drohung mit dem Drucken oder Veröffentlichen einer Angelegenheit oder Sache, die irgendeine andere Person zu Lebzeiten oder nach dem Tod berührt, oder den direkten oder indirekten Vorschlag, sich des Druckens oder der Veröffentlichung im letztgenannten Sinne zu enthalten, oder das Anerbieten, dieses Drucken oder diese Veröffentlichung zu verhindern, unter Strafe, sofern sie in der Absicht erfolgen, jemand zu veranlassen, einem anderen eine Ernennung oder ein gewinnbringendes Amt oder eine solche Treuhänderschaft zu verleihen oder zu verschaffen. Der Tatbestand des s.31 (b) (1) & (2) unterschied sich von s.31 (a) (1) & (2) nur durch seine subjektive Seite, indem statt des "intent to extort any valuable thing from any person" das "intent to induce any person to confer or procure for any person any appointment or office of profit or trust" getreten war. Es gelten also die zu s.31 (a) (1) & (2) gemachten Ausführungen auch für diesen Fall. Es erhob sich jedoch hier noch die Frage, ob die Drohung mit der Veröffentlichung gegenüber der Ernennungs- oder Anstellungsbehörde oder -stelle gemacht werden muß oder ob es auch genügt, wenn, um den Tatbestand des s.31 (b) (1) & (2) zu erfüllen, die Drohung einem anderen, insbesondere dem Bedrohten selbst, gegenüber erhoben wird. Wenn X und Y rivalisierende Kandidaten für eine ausgeschriebene Stelle sind und X dem Y droht, einen geheimen Fehltritt des Y der Ernennungsbehörde zu enthüllen, wenn dieser ihm nicht Geld gäbe, so würde dies in Übereinstimmung mit Campbell zweifellos ein Drohen mit Veröffentlichung with intent to extort nach s.31 (a) (1) & (2) gewesen sein.[1] Dagegen wäre es schwierig gewesen, diesen Fall unter s.31 (b) (1) & (2) zu bringen, da diese Bestimmung sich offenbar nach ihrer Fassung nur auf Drohungen bezog, die der Ernennungsbehörde bzw. der Anstellungsstelle gegenüber gemacht werden.[2]

---

[1] Campbell (A.H.) op.cit. pp.388-389.

[2] Campbell (A.H.) op.cit. p.389 n.15 unter Bezugnahme auf R. v. Wyatt, 1922, 91 L.J.K.B.402.

Besondere statutarische Bestimmungen waren unter anderem für die Fälle von Erpressung durch Sheriffs und ihre Beamten nach s.29 Sheriffs Act 1887 (50 & 51 Vict. c.55),[1] durch Leichenbeschauer nach s.8 Coroners Act 1887 (50 & 51 Vict. c.71)[2] und durch Gefängnisaufseher nach s.13 Gaol Fees Abolition Act 1815 (55 Geo.III c.50)[3] vorgesehen. Der Ergänzung der Erpressungsbestimmungen dient zum Teil die Nötigung, wie z.B. nach s.7 Conspiracy, and Protection of Property Act 1875 (38 & 39 Vict. c.86).[4] Unter Erpressung im weiteren Sinne wird auch ein Mißbrauch der Rechtspflege verstanden, der darin besteht, daß ein Beamter rechtswidrigerweise unter dem Schein seines Amtes Geld oder eine Sache von Wert, die ihm nicht geschuldet werden, oder mehr, als ihm geschuldet wird, oder bevor die Schuld fällig wird, abnimmt.[5]

---

[1] siehe s.33 (3) & Sch.3, Part I Theft Act 1968.

[2] siehe s.33 (3) & Sch.3, Part I Theft Act 1968.

[3] siehe s.33 (3) & Sch.3, Part I Theft Act 1968.

[4] In s.7 ist bestimmt, daß "every person who, with a view to compel any other person to abstain from doing or to do any act which such other person has a legal right to do or abstain from doing, wrongfully and without legal authority-

    (1) uses violence to or intimidates such other person or his wife or children, or injures his property; or

    (2) persistently follows such other person about from place to place; or

    (3) hides any tools, clothes, or other property owned or used by such other person, or deprives him of or hinders him in the use thereof; or

    (4) watches or besets the house or other place where such other person resides, or works, or carries on business, or happens to be, or the approach to such house or place; or

    (5) follows such other person with two or more other persons in a disorderly manner in or through any street or road

shall ... be liable either to pay a penalty ... etc. (Halsbury's Statutes of England 3rd ed., vol.8, London: Butterworths 1969 p.206).

[5] R.v.Gillham, 1795, 6 Term Rep.265, 101 E.R.545, 15 Dig.Repl. 806, 7 659; R.v.Jones, 1809, 2 Camp.131, 31 St.Tr.251, 14 Dig.Repl.261, 2 282; Shoppee v. Nathan & Co., 1892, 1 Q.B. 245, 21 Dig.Repl.712, 2 138; Stephen (H.J.) op.cit. 17th ed. (1922), vol.IV, p.182.

Abschließend mag noch bemerkt werden, daß im englischen Strafrecht Bedrohung und Erpressung nicht streng geschieden sind.
Man darf aber davon ausgehen, daß, wenn die Bedrohung in gewinnsüchtiger Absicht erfolgt, grundsätzlich versuchte bzw.
vollendete Erpressung vorliegt. Drohungen ohne diese Absicht
sind nicht allgemein, sondern nur in einzelnen speziellen Fällen unter Strafe gestellt. Hierzu rechnen briefliche Drohungen
mit Mord nach s.16 Offences against the Person Act von 1861
(24 & 25 Vict. c.100), wobei es sich um die Ermordung einer
beliebigen, dem Bedrohten auch unbekannten Person handeln kann,
ferner die schriftliche Androhung der Brandstiftung nach s.50
Malicious Injuries to Property Act von 1861 (24 & 25 Vict.
c.97),[1] nicht aber die Drohung mit einem anderen Verbrechen.
Eine Drohung durch das Telefon ist ein Delikt nach dem Post
Office Act 1953 (1 & 2 Eliz.II c.36).

Die erörterten Erpressungsdelikte des common law, wie sie im
Larceny Act 1916 konsolidiert und kodifiziert wurden, waren
nicht nur kompliziert, sondern griffen auch ineinander über.
Es war daher nicht verwunderlich, daß sie, die sich nur aus
einer langen geschichtlichen Entwicklung erklären lassen, mehrfach auf heftige Kritik gestoßen sind und im Schrifttum eine
Neuregelung gerade des Erpressungsdeliktes für dringend notwendig erachtet wurde. So erklärte unter anderem Campbell:
"Is there not a case for the systematic codification of the
whole law relating to blackmail? And we may wonder, if the many
other branches of our criminal law which has been similarly
consolidated in the last century will not on systematic analysis prove to contain as many inconsistencies and to stand no
less in need for revision".[2] Hierauf bezugnehmend äußerte Winder: "This is unlikely for it would appear that in no other
branch of the statutory law of crime has case law given such
an unforeseen interpretation to logical statutory provisions".[3]

---

[1] das auch kurz "Malicious Damage Act" genannt wird.
[2] Campbell (A.H.) op.cit. p.399.
[3] Winder (W.H.D.) op.cit. p.49.

So war schon seit einiger Zeit zur Beseitigung der vorhandenen
Mängel auf dem Gebiet des Vermögensstrafrechts an eine neue
Kodifikation gedacht. Durch das im Jahre 1968 verabschiedete
Theft Act wurde nun in s.21, das die clause 17 des auf dem
im Jahre 1966 vom Criminal Law Revision Committee vorgelegten 8.Bericht basierenden Draft Theft Bill übernahm und die
ss.29-31 Larceny Act 1916 ersetzte, das Erpressungsdelikt in
einer einzelnen Bestimmung zusammengefaßt, deren Erörterung
und Auslegung im folgenden Abschnitt erfolgen soll.

B) Die Erpressung nach Theft Act 1968 (c.60)

Die Erpressung (blackmail) ist in s.21 Theft Act 1968 wie
folgt definiert:

> "(1) A person is guilty of blackmail if, with a view
> to gain for himself or another or with intent to
> cause loss to another, he makes any unwarranted de-
> mand with menaces; and for this purpose a demand
> with menaces is unwarranted unless the person mak-
> ing it does so in the belief -
>> (a) that he has reasonable grounds for making
>>   the demand; and
>> (b) that the use of the menaces is a proper
>>   means of reinforcing the demand.

I. Objektive Tatbestandsmerkmale

Der objektive Tatbestand besteht einerseits aus dem Fordern
und andererseits aus den Drohungen.

1. Das Fordern

Während nach dem Larceny Act 1916 das Objekt des Forderns Eigentum oder eine wertbare Sache (any property or valuable thing),
etwas Stehlbares (anything capable of being stolen), eine Anstellung oder ein mit Gewinn versehenes Amt oder Treuhandverhältnis (appointment or office of profit or trust) zum Gegenstand haben mußte, ist nach s.21 (2) Theft Act 1968 keine Einschränkung des Erpressungsgegenstandes vorgesehen, indem bestimmt ist:

> "(2) The nature of the act or omission demanded is
> immaterial, and it is also immaterial whether the
> menaces relate to action to be taken by the person
> making the demand".

Freilich ist insofern eine Einschränkung gegeben, als das For-

dern im Hinblick auf den Charakter der Erpressung als Vermögensdelikt einen finanziellen Charakter aufweisen muß.[1] Dies
ist auch mit den Worten "with a view to gain for himself or
another or with intent to cause loss to another" zum Ausdruck gebracht, so daß z.B. das an das beabsichtigte Opfer
gerichtete Fordern eines sexuellen Verkehrs mit dem Fordernden unter Drohungen keine Erpressung begründen, wohl aber
nach dem Sexual Offences Act 1956 s.2 strafbar sein würde.[2]
Groß wird der Unterschied zum bisherigen Recht nicht sein,
da in der weitaus größten Zahl der Fälle der Erpresser Geld
oder anderes Eigentum in der Absicht, sich oder einem anderen
"gain", d.h. einen finanziellen Vorteil, zu verschaffen und
einen Verlust für einen anderen herbeizuführen, fordert. Man
darf wohl davon ausgehen, daß der Gesetzgeber beabsichtigte,
daß auch das Fordern einer mit einer Vergütung, Lohn oder Gehalt, ausgestatteten Anstellung oder eines solchen Amtes unter
s.21 Theft Act 1968 fallen soll, wenngleich nicht ganz zweifelsfrei ist, ob das Erfordernis "view to gain or loss" stets
zutrifft. Das Fordern eines Ehrenamtes, d.h. eines Amtes, das
unentgeltlich auszuüben ist, wie unter anderem das Amt des
Friedensrichters, des Lordleutnants einer Grafschaft oder des
Vorsitzenden der Trustees des Britischen Museums, die von Smith
besonders angeführt werden, würde dagegen wohl nach der Fassung des s.21 Theft Act 1968 ("view to gain"), im Gegensatz
zum bisherigen Recht, nach welchem der erstrebte Vorteil unter
"any property or valuable thing" gefallen sein dürfte, keine
Erpressung begründen, da solchenfalls keine wirtschaftlichen
Interessen im Spiele sein würden. Andererseits würde, wie schon
früher erwähnt, das Fordern unter Drohungen, daß jemand einen
Anspruch auf Eigentum aufgebe oder daß er den Fordernden von
einer gesetzlichen Verbindlichkeit wirtschaftlicher Natur frei-
mache, eine Erpressung nach s.21 Theft Act 1968 begründen. Dagegen würde das Fordern eines Ehegatten unter Drohungen, daß der
andere Ehegatte einen anhängigen Scheidungsprozeß unterbreche,

---

[1] siehe The Report Cmnd.2977 para.115 & s.34 subs.2 a Theft Act.
[2] Smith (J.C.) op.cit. para.336 mit n.8.

keine Erpressung sein.[1] Während nach den früheren Ausführungen
das Fordern i.S. des s.29 (1) (i) und (ii) Larceny Act 1916
schriftlich erfolgen mußte, kann nach dem Theft Act das Fordern mündlich oder schriftlich erfolgen. Es ist keine Form-
vorschrift vorgesehen.[2] Erfolgt die Drohung fernmündlich, so
ist sie gemacht und zugleich empfangen. Sie mag als zu gleicher Zeit, aber an zwei Orten erfolgt angesehen werden.[3] Das
Fordern ist auch, wie nach bisherigem Recht, durch Gebärden
ausdrückbar und kann in die Form eines Ersuchens unter Bedingungen gekleidet sein, wie wenn mit Veröffentlichung einer
Schmähschrift gedroht wird, falls dem Ersuchen nicht entsprochen werden sollte. Ob eine Äusserung sich als ein "Fordern"
darstellt, dürfte davon abhängen, ob ein Mann oder eine Frau
von normaler Bildung (ordinary literate man or woman) in der
alltäglichen Unterhaltung seine oder ihre Handlungsweise als
ein "Fordern" (demand) bezeichnen würde.[4] Strittig war die
Frage, ob das Fordern damit erfolgt ist, daß der Drohbrief
vom Fordernden zur Post gegeben ist. Sie wurde durch die Entscheidung des House of Lords in Treacy v. Director of Public
Prosecutions[5] geklärt. Nach genannter Entscheidung des House
of Lords, welche die Entscheidung des Court of Appeal[6] bestätigte, wurde durch die Mehrheit der Richter[7] die strittige
Frage dahin entschieden, daß mit der Aufgabe des an eine Adressatin in Deutschland gerichteten Drohbriefes bei dem Postamt
in England (Isle of Wight) als einem unwiderruflichen Schritt,
durch den der Fordernde alles getan hatte, was in seiner Macht
lag, um das Fordern zu bewerkstelligen, das Fordern in England
erfolgt war und so die Erpressung begangen wurde, für deren Ab-

---

[1] Smith (J.C.) op.cit. para.337.
[2] Smith (J.C.) op.cit. para.338.
[3] R.v.Treacy, 1970, 1970 Crim.L.R.585.
[4] Treacy v. Director of Public Prosecutions, 1971, A.C.537 at
p.565, (1971) 1 All E.R.110 at p.124, H.L.
[5] siehe Anm.4.
[6] R.v.Treacy, 1970, (1970) 3 All E.R.205.
[7] Lord Hodson, Lord Guest und Lord Diplock.

urteilung nach s.21 Theft Act 1968 daher auch die englische
Gerichtsbarkeit als zuständig erklärt wurde.[1] Ob die Drohung
auch in Deutschland anklagbar wäre, ist offengelassen, mag
aber wohl bejaht werden.[2] Gleichgültig ist, ob der Drohbrief
von der Post irregeleitet wurde oder vom Empfänger gelesen
wurde.[3] Anderer Meinung waren die Richter Lord Reid und Lord
Morris of Borth-Y-Gest, die für das "Fordern" verlangten, daß
die Adressatin in Deutschland den Drohbrief erhalten hat.[4]
Ein "fortdauerndes Fordern" (continuing demand), das mit der
Ablieferung an die Post in England begann und mit der Ankunft
des Briefes bei der Adressatin in Deutschland endete, wie dies
das Court of Appeal angenommen hatte,[5] lehnten Lord Reid und
Lord Morris ebenso ab, wie die Annahme des Court of Appeal,
daß das "Fordern" bei der Aufgabe des Drohbriefes bei dem Postamt in England erfolgt und bei der Ankunft desselben bei der
Adressatin in Deutschland wiederholt worden sei.[6] Nach ihrer
Auffassung würde eine Erpressung ausscheiden, wenn der Drohbrief auf dem Postwege verlorengegangen oder irregeleitet worden wäre, oder wenn die Adressatin in der Zwischenzeit ihren
Wohnsitz ohne Angabe ihrer neuen Adresse gewechselt hätte
oder an ein entferntes und einsames Gestade gezogen und daher
nicht auffindbar wäre, oder wenn die Adressatin vor Ankunft
des Drohbriefes gestorben wäre, oder wenn der Drohbrief von
der Adressatin zwar erhalten, aber von ihr, weil des Lesens
nicht kundig oder aus sonst einem Grunde nicht verstanden worden wäre, oder wenn der Brief wegen der ungewöhnlichen Seelen-
stärke der bedrohten Adressatin ihren Gleichmut nicht ge-
stört hätte, wie es im Falle R.v.Clear[7] der Fall war. Alle

[1] Treacy v. Director of Public Prosecutions, 1971, A.C.537,
(1971) 2 W.L.R.112, 135 J.P.112, 115 Sol.Jo.12, 55 Cr.App.
R.113, (1971) 1 All E.R.110, 119 & 125 (H.L.); da bei der
Erpressung nach englischem Recht schon mit der geäußerten
Drohung das Verbrechen vollendet ist, so steht dies in
Übereinstimmung mit der allgemeinen Auffassung der englischen Gerichte, daß auch bei inchoate crimes die Gerichte
desjenigen Landes für die Aburteilung zuständig sind, wo
das letzte Element des Verbrechens erfolgt ist (terminato-
ry theory), vgl. Williams (Gl.), Venue and the Ambit of
Criminal Law, 65 L.Q.R.1965 part 3 pp.536-537.
[2] R.v.Treacy, 1970, The Times, August 5, 1970, 1970 Crim.L.
R.585.
[3] R.v.Treacy, siehe Anm.2.
[4] Treacy v. Director of Public Prosecutions, 1971, (1971) 1
All E.R.110 at pp.112, 116 & 117.
[5] R.v.Treacy, 1970, (1970) 3 All E.R.205 at p.207, (1970) 3
W.L.R.592 at p.596.

diese Umstände mögen nach Lord Diplock einen relevanten Faktor bei der Erwägung bilden, welche Strafe angemessen ist, aber sie machen das Verhalten des Täters selbst nicht weniger bösartig, unsozial oder für Abschreckung tauglich.[1] Wenn Smith davon ausgeht, daß ein mündliches, mit Drohungen verbundenes Fordern anscheinend mit dessen Kundgabe erfolgt ist, auch wenn die Person, an die das Fordern gerichtet ist, es nicht gehört hat,[2] z.B. weil das Opfer taub ist, so mag dies nur dann zutreffen, wenn irgendjemand, wenn auch nicht der Bedrohte selbst, das Fordern mitangehört hat. Weiter als Smith geht Griew, der ein Fordern verneint, wenn dasselbe bei der Art des Ansprechens von einem Opfer überhaupt nicht gehört werden kann; anders, wenn es so gesprochen ist, daß ein gewöhnlicher Mensch an Stelle des Opfers verstanden haben würde, was der Erpresser mitzuteilen beabsichtigte, selbst wenn das Opfer taub sein sollte.[3] Sollte die Äußerung in den eigenen Räumen des Fordernden ohne Anwesenheit dritter Personen erfolgen und damit das Fordern nach außen gar nicht in Erscheinung getreten sein, so dürfte sicherlich ein erpresserisches Fordern i.S. des s.21 (1) Theft Act 1968 nicht gegeben sein. Ebenso liegt kein erpresserisches Fordern vor, wenn der Drohbrief gar nicht abgesandt wurde. Es ist also zwischen dem Drohen und der Bekanntgabe der Drohung zu unterscheiden, wobei eine Äußerung der Drohung ausreicht und keine Mitteilung erforderlich ist. Es folgt dies aus der inchoativen Natur des Delikts und seiner Ähnlichkeit mit einem Versuch.[4] Ist allerdings das mit Drohungen verknüpfte Fordern nach außen kundgetan worden, wie wenn der Fordernde beabsichtigt, seinem vorgesehenen Opfer das Fordern fernmündlich mitzuteilen, aber wegen Wählens einer falschen Nummer mit einer fremden Person verbunden worden ist oder wenn die drohende Äußerung vom Angerufenen nicht verstan-

---

[6] Treacy v. Director of Public Prosecutions, 1971, (1971) 1
[7] All E.R. at pp.112 & 116.
R.v.Clear, 1968, (1968) 1 All E.R.74, (1968) 1 Q.B.670, (1968) 2 W.L.R.122, 132 J.P.103, 112 Sol.Jo.67, 52 Cr.App. R.58, Dig.Cont.Vol.C 265, 11 197 a.

[1] Treacy v. Director of Public Prosecutions, 1971, (1971) 1
[2] All E.R.110 at p.125, per Lord Diplock.
[3] Smith (J.C.) op.cit. para.339.
Griew (E.), The Theft Act 1968, 2nd.ed., London: Sweet &
[4] Maxwell 1974 p.117 § 7-14.
R.v.Treacy, 1970, 1970 Crim.L.R.585 mit The Law Commission

den wird, oder wenn der den Anruf Entgegennehmende nicht unmittelbar zuhört und niemand die Drohworte hört, so ist ein
erpresserisches Fordern gegeben. Wird ein anderer Emissär als
das Postamt verwendet, um ein mündliches oder schriftliches
Fordern zu übermitteln, so liegt sicherlich im ersteren Falle
das Fordern solange nicht vor, bis der Emissär die Botschaft
ausgerichtet hat. Im letzteren Falle liegt das Fordern erst
in dem Augenblick vor, in welchem der Übermittler das Schriftstück dem Adressaten übergibt,[1] mag die Botschaft in einem
Briefumschlag verschlossen oder unverschlossen sein. Es dürfte
in diesem Falle auch unerheblich sein, ob der Übermittler weiß,
was in dem Briefumschlag enthalten ist, oder ob er es nicht
weiß. Der Prüfstein ist, wie Smith zuzustimmen sein wird,[2] darin zu sehen, ob der Fordernde persönlich oder die von ihm beauftragte Mittelsperson eine solche Handlung vollzogen hat,
die im normalen Verlauf auf eine Mitteilung hinausläuft. Eine
solche Handlung dürfte allerdings noch nicht vorliegen, solange
der Übermittler den Brief noch nicht übergeben hat und er mit
dem Fordernden in solcher Berührung geblieben ist, daß vor der
Übergabe des Briefes der Auftrag widerrufen werden kann. Wie
nach bisherigem Recht kann auch nach dem Theft Act 1968 das
Fordern ausdrücklich oder in schlüssiger Weise durch eine un-
zweideutige Gebärde erfolgen.[3] Es genügt hierfür, daß das Betragen des Fordernden und die Umstände des Falles so sind, daß
ein üblicherweise vernünftiger Mensch verstehen wird, daß ein
Fordern von Geld an ihn gerichtet worden ist.[4] Das Fordern kann,
wie auch nach bisherigem Recht, in die Form des Ersuchens gekleidet und im Ton entgegenkommend sein,[5] sofern die beigefüg-
_____
Published Working Paper No.29; Williams (Gl.), Venue and the
Ambit of Criminal Law, part 3, 81 L.Q.R.1965 p.537; R.v.Mo-
ran, 1952, 36 Cr.App.R.10; R.v.Clear, 1968, 1 Q.B.670; R.v.
Harden, 1963, 1 Q.B.9; Board of Trade v. Owen, 1957, A.C.602;
R.v.Governor of Brixton Prison, ex p.Rush, 1969, 1 W.L.R.165.

[1] Smith (J.C.) op.cit. para.339; vgl. auch Griew (E.) op.cit.
pp.116-117 unter Bezugnahme auf die Stellungnahmen von Lord
Reid und Lord Morris of Borth-Y-Gest in Treacy v. D.P.P.,
1971, A.C.556.
[2] Smith (J.C.) op.cit. para.339.
[3] R.v.Clear, 1968, (1968) 1 All E.R.74 at p.77, Dig.Cont.Vol.C
265, 11 197 a.
[4] R.v.Collister and Warhurst, 1955, 39 Cr.App.R.100 at p.102;
siehe auch R.v.Jackson and Randall, 1783, 1 Leach 267; Archbold (J.F.) op.cit. 38th ed.(1973) p.770.
[5] R.v.Robinson, 1796, 2 Leach 749, 2 East P.C.1110, 15 Dig.Repl.

ten Bedingungen, insbesondere die angefügte Drohung, hinreichend dartun, daß in Wirklichkeit ein Fordern vorliegt. Das
Fordern kann auch in den Deckmantel einer scheinbaren Wohltat
für das Opfer gekleidet sein, wie z.B. in R.v.Collister and
Warhurst, wo Polizeioffiziere drohten, gegen das Opfer eine
Scheinanklage zu erheben, aber ihm klarmachten, daß es die Anklage durch eine Geldzahlung vermeiden könne.[1]

2. Drohungen

In s.21 (1) Theft Act 1968, das mit clause 17 (1) Draft Theft
Bill wörtlich übereinstimmt, ist entsprechend dem 8.Report des
Criminal Law Revision Committee[2] das Wort "menaces" anstelle
des schwächeren "threats" gebraucht worden, obwohl in der bisherigen Rechtsprechung zum Larceny Act 1916[3] der Begriff der
"menaces" dem der "threats" gleichgestellt war, wie dem obiter
dictum von Lord Atkin in Thorne v. Motor Trade Association[4]
zu entnehmen ist. Das Wort "menaces" ist ein gewöhnliches eng-
lisches Wort, dessen Sinn von der jury ohne weiteres verstanden
werden muß, ohne daß sie vom Richter darüber zu belehren ist,
es sei denn in Ausnahmefällen, in denen wegen besonderer Kenntnis unter speziellen Umständen eine Belehrung darüber erforderlich ist.[5] In das Theft Act wurde nun der Begriff "menaces" in
der weiten Auslegung, die er in Beziehung auf s.26 (1) (i) Larceny Act 1916 nach dem schon erwähnten obiter dictum von Lord
Wright in Thorne v. Motor Trade Association gefunden hat,[6] über-

---

1122, 11 190; R.v.Studer, 1915, 11 Cr.App.R.307, 15 Dig.Repl.
1 1122, 11 191.
2 Griew (E.) op.cit. p.115.
  The Report Cmnd.2977 para.123; siehe auch Griew (E.) op.cit.
  p.118 § 7-17.
3 R.v.Walton and Ogden, 1863, 9 Cox C.C.268, 32 L.J.M.C.79, 7 L.
  T.754, 15 Dig.Repl.1119, 11 138; R.v.Tomlinson, 1895, 1 Q.B.
  706, 18 Cox C.C.75, 11 T.L.R.212, 64 L.J.M.C.97, 15 Dig.Repl.
  1123, 11 200; R.v.Boyle & Merchant, 1914, 3 K.B.339, 83 L.J.K.
  B.1801, 15 Dig.Repl.1123, 11 204; Griew (E.) op.cit. p.119
4 § 7-18; Archbold (J.F.) op.cit. 38th ed.(1973) p.770.
  Thorne v. Motor Trade Association, 1937, A.C.797 at p.806,

- 249 -

nommen, so daß er Drohungen mit jeder Art von Tätigkeit, die
für den Bedrohten schädlich oder auch nur mit Unannehmlichkeiten verbunden ist, einschließt und auch eine Warnung umfaßt,
daß in gewissen Fällen eine solche Tätigkeit beabsichtigt
wird.[1] Wie bei der Furchterregung beim Raub, so ist auch hier,
was den Stärkegrad der Drohung anbelangt, erforderlich, daß
das menace von solcher Beschaffenheit ist, daß es genügt und
geeignet ist, auf einen Mann von durchschnittlicher, d.h. normaler Standhaftigkeit, Entschlußkraft und Mut so einzuwirken,
daß er ohne oder gegen seinen Willen dem mit Drohungen ver-
knüpften Fordern entspricht,[2] jedoch braucht nicht bewiesen zu
werden, daß das vorgesehene Opfer des Forderns tatsächlich
durch die gegen es gebrauchten Drohungen erschreckt oder bedroht oder beunruhigt worden sein muß. In ähnlicher Weise legt
Griew nahe, daß ein Prüfstein nach folgenden Richtlinien gerecht und verwendbar sein möchte: a) daß eine Drohung sich als
menace i.S. des 21 Theft Act ausweisen mag, wenn nach all den
Tatsachen, die dem Erpresser bekannt sind, einschließlich der
Natur und den Umständen des Opfers, es eine Drohung ist, die
in der Lage sein dürfte, die Fähigkeit des Opfers, dem Fordern
sich zu widersetzen, zu schmälern, und b) daß, wenn der Erpresser nichts Spezielles von dem Opfer weiß, das Opfer für
diesen Zweck als eine Person angenommen werden mag, die weder
von Natur aus noch auf Grund von Umständen in ungewöhnlicher
Weise für einen Druck empfänglich ist.[3] Auch wenn das zum Gegenstand der Anklage gemachte Schreiben an eine Vielzahl von
Personen (z.B. an über hundert Personen) gerichtet war, ist
ein Vorliegen von menaces nicht anzunehmen, wenn die genannte
Voraussetzung nachweislich bei keiner derselben gegeben war und

(1937) 3 All E.R.157 at pp.159-160, 26 Cr.App.R.51 at p.56 per
5 Lord Atkin.
Archbold (J.F.) op.cit. 38th ed.(1973) p.771; Commentary to
R.v.Harry, 1973, Crim.L.R.1974 p.33 by D.J.Lamming, Barrister
unter Bezugnahme auf R.v.Lawrence and Pomroy, 1971, 55 Cr.App.
6 R.64, 72.
Thorne v. Motor Trade Association, 1937, A.C.797 at p.817,
(1937) 3 All E.R.157 at p.167, 26 Cr.App.R.51 at p.56 per Lord
Wright.

1 Archbold (J.F.) op.cit. 38th ed.(1973) p.770; R.v.Duffy (1971)
2 Crim.L.R.648.
R.v.Clear, 1968, 1 All E.R.74, 1 Q.B.670, 52 Cr.App.R.58, Dig.
Cont.Vol.C 265, 11 197 a; siehe auch R.v.Donnally, 1779, 1

nach der Art der Drohung, die, um unter s.21 Theft Act zu fallen, ziemlich ernster Natur sein und sich von einem bloßen Ersuchen oder einer Empfehlung deutlich abheben muß, auch nicht zu erwarten war.[1] Ist die Drohung nicht darauf berechnet, einer Person von vernünftigerweise gesundem und festem Sinn die freie und freiwillige Geistestätigkeit unmöglich zu machen, wußte also der Täter, daß seine Drohung keine Wirkung auf das Opfer haben würde, so ist es kein "menace" i.S. von s.21 (1) Theft Act 1968. Es mag allerdings dem Täter unbekannte besondere Umstände geben, welche die Drohungen unverschuldet und für das Fordern des Täters unwirksam machen würden; aber solche Umstände würden keine Wirkung auf des Täters Geisteshaltung gehabt haben.[2] Doch ist in R.v.Tomlinson[3] darauf hingewiesen, daß das Gericht in der Annahme zurückhaltend sein sollte, daß die Drohung einen Mann von gewöhnlicher Charakterstärke nicht beeinflussen würde. Ist die Drohung allerdings von so unbedeutender Beschaffenheit, daß sie niemand beeinflussen würde, so ist es kein "menace" i.S. von s.21 (1) Theft Act 1968, wie dies übrigens auch schon bisher so angesehen und beurteilt wurde. Sollte allerdings eine Person von schwacher geistig-psychischer Verfassung durch eine phantastische und ganz unbedeutende Drohung, die ein gewöhnlicher Mann ignorieren würde, gelenkt werden und ist dies dem Drohenden bekannt, so dürfte die Drohung solchenfalls als "menace" i.S. von s.21 (1) Theft Act 1968 anzuerkennen sein.[4] Ob eine Drohung als "menace" i.S. dieser Bestimmung anzusehen ist, ist nach R.v.Clear nicht objektiv nach den wirklichen Tatsachen des Falles zu beurteilen, sondern subjektiv nach den Tatsachen, wie sie dem Drohenden bekannt sind, so daß es in Wirklichkeit eine Frage der Absicht

---

Leach 193, 2 East P.C.713, 715, 15 Dig.Repl.1118, 11 113; R. v. Walton and Ogden, 1863, 32 L.J.M.C.79, 9 Cox C.C.268, L.& C.288, 27 J.P.165, 15 Dig.Repl.1119, 11 138; R.v.King, 1976 Crim.L.R.200.
[3] Griew (E.) op.cit. p.119 § 7-19.

[1] R.v.Harry, 1974 Crim.L.R.32 & 33.
[2] R.v.Clear, 1968, (1968) 1 All E.R.74 at p.80.
[3] R.v.Tomlinson, 1895, 1 Q.B.706 at p.710 per Wills J., 15 Dig. Repl.1123, 11 200.
[4] Smith (J.C.) op.cit. para.342 unter Hinweis auf R.v.Tomlinson, 1895, 1 Q.B.710 per Wills J.

(intention) ist.[1] Nach Smith[2] wird die Auffassung vertreten,
daß ein ausreichendes "menace" nur vorliegt, wenn unter den
gegebenen Umständen, die dem Fordernden bekannt sind, die Drohung 1. den Sinn einer Person von normaler Standhaftigkeit und
durchschnittlichen Mutes beeinflussen mag, gleichviel ob sie
in der Tat die angesprochene Person beeinflußt oder nicht, oder
2. den Sinn der angesprochenen Person beeinflussen mag, obwohl
sie eine gewöhnliche Person, d.h. eine solche von durchschnittlicher psychisch-geistiger Verfassung, nicht beeinflussen würde. Wenn man beim Raub davon ausgeht, daß der Maßstab i.S. der
Ziffer 1 für die Furchterregung durch Drohung ausreicht, so
ist nicht ohne weiteres einzusehen, warum bei der Erpressung
hinsichtlich der Fälle von Personen schwacher psychisch-geistiger Verfassung und mangelnder Willensstärke daneben noch der
Prüfstein im Sinne der Ziffer 2 erforderlich sein sollte, wenn
auch natürlich solche Ausnahmeverhältnisse bei der Strafbemessung berücksichtigt werden müßten. Auf alle Fälle ist aber
immer eine Absicht, mittels Drohungen die angesprochene Person dahin zu beeinflussen, daß sie dem Fordern entspricht,
notwendig. Unwesentlich ist, ob die Drohung sich auf eine Handlung bezieht, die durch den Fordernden selbst vorzunehmen ist
oder von einem anderen, auf den der Fordernde bestimmenden
Einfluß auszuüben in der Lage ist, z.B. wenn der Drohende
Geld von dem Bedrohten fordert, wobei er erklärt, daß im Falle der Weigerung seine Begleiter auf ihn losgehen werden,[3]
oder wenn der Drohende vom Bedrohten den Verzicht auf eine
Schuldforderung unter der Drohung fordert, im Weigerungsfalle
öffentlich bekanntzugeben, daß der Bedrohte seine Tochter ver-
führt habe.

---

[1] Smith (J.C.) op.cit. para.343 unter Bezugnahme auf R.v.Clear,
1968, (1968) 1 All E.R.74 at p.80; siehe auch Griew (E.) op.
cit. p.119 § 7-19.

[2] Smith (J.C.) op.cit. para.344; vgl.auch Tooher (L.G.), Deve-
lopments in the Law of Blackmail in England and Australia,
27 Int'l & Comp.L.Q.347, 376-377, der gegenüber dem in R.v.
Clear zum Ausdruck gebrachten subjective test ein objektives
Element bei der Auslegung des menace-Begriffes verlangt.

[3] Cross (R.) and Jones (Ph.A.) op.cit., 7th ed. (1972), p.211.

II. Subjektive Tatbestandsmerkmale

1. Absicht des Forderns mit Drohungen

Dem objektiven Tatbestandsmerkmal des Forderns mit Drohungen entspricht auf der subjektiven Seite die entsprechende Absicht, die nachzuweisen der Krone obliegt.[1]
Das Fordern mit Drohungen muß mit einer Aussicht auf Gewinn für den Täter oder einen anderen oder mit der Absicht, einem anderen einen Verlust zuzufügen, erfolgen. Was Gewinn (gain) und Verlust (loss) sind, ist in s.34 (2) Theft Act für die Zwecke dieses Gesetzes definiert. Danach sind "gain" und "loss" dahin auszulegen, daß sie sich nur auf Gewinn oder Verlust an Geld oder anderem Eigentum erstrecken, aber auch jeden solchen Gewinn oder Verlust umfassen, gleichviel ob sie nur zeitweilig oder von Dauer sind, und daß 1. der Gewinn einen solchen einschließt, bei dem man behält, was man hat, oder erhält, was man nicht hat, und daß 2. der Verlust sowohl ein Nichterhalten von etwas, was man haben möchte, wie auch das Aufgeben von etwas, was man hat, einschließt.[2] Diese Definition beschränkt sich aber nach der Tendenz des Theft Act auf den Schutz wirtschaftlicher Interessen. Ohne diese Einschränkung würde sich die Reichweite des s.21 (1) Theft Act 1968 weit über "theft and similar or associated offences" hinaus erstrecken, deren Revision das Theft Act in seiner Bezeichnung als "an Act to revise the law of England and Wales as to theft and similar or associated offences, ..." sich zum Ziel gesetzt hat. In der Regel bezweckt der Erpresser, sich Geld zu verschaffen, auf das er, wie er weiß, keinen rechtlichen Anspruch hat, so daß er solchenfalls zweifellos mit Aussicht auf Gewinn tätig ist. Es ist nicht nötig, daß der Täter unmittelbar Geld oder anderes Eigentum fordert; es genügt, daß die geforderte Handlung oder

---

[1] Über die Beweisfrage vgl. Smith (J.C.) op.cit. para.346 and n.8, hinweisend auf Palmer v. Reginam, 1971, (1971) 1 All E. R.1077 at p.1080 (P.C.) per Lord Morris.

[2] Section 34 subs.2 (a) Theft Act 1968 lautet:
"For purposes of this Act-
(a) "gain" and "loss" are to be construed as extending only

Unterlassung, gleichviel welcher Art, sich als einen Gewinn
oder Verlust darstellt, der als Geld oder anderes Eigentum zu
werten ist.[1] Als Beispiel führt Smith den Fall an, daß der
Täter mit Drohungen von einer Frau verlangt, daß sie ihn hei-
ratet. Ist dieselbe eine begüterte Erbin und bezweckt der Täter sich zu bereichern, so macht er sich der Erpressung schuldig. Beabsichtigt der Täter aber Befriedigung seiner sexuellen Gelüste oder eine Hebung seiner sozialen Stellung, welche
die Heirat mit sich bringen würde, so ist er keines Delikts
schuldig. Daß der Erpresser bei seinem Fordern außer dem Erwerb von Geld oder anderem Eigentum noch andere Zwecke mitverfolgt, ist unerheblich.[2] Verfolgt der mit Drohungen Fordernde
nicht-wirtschaftliche Ziele, ist sich aber dabei bewußt, daß
dadurch auch ein Vorteil für ihn herausspringen mag, so dürfte dies für eine Erpressung nicht ausreichen, da die "Aussicht
auf Gewinn" das entscheidende Motiv für das angedrohte Fordern
sein dürfte und die beiläufige Erlangung eines Vorteils daher
wohl nicht ausreichen wird. Da für das "causing loss to another"
Absicht verlangt ist, muß vom Täter gewollt sein, daß die mit
Drohungen geforderte Tätigkeit den erstrebten Verlust mit sich
bringt und daß ein etwa nebenbei entstehender Verlust, auch
wenn er vom Täter mit in Kauf genommen wird, nicht hierfür in
Betracht kommt. Dies trifft z.B. in dem von Smith angeführten
Fall zu, wo jemand mit Drohungen von einem anderen verlangt,
daß dieser in einen schmutzigen Teich springe, weil er den
Drohenden beleidigt hatte und der Drohende mit seinem Fordern
bezweckte, den anderen deswegen zu verdrießen und zu demütigen,
sich aber bei seinem Fordern auch bewußt war, daß die Kleider

---

 to gain or loss in money or other property, but as extending to any such gain or loss whether temporary or
 permanent; and-
  (i) "gain" includes a gain by keeping what one has,
    as well as a gain by getting what one has not;
    and
  (ii) "loss" includes a loss by not getting what one
    might get, as well as a loss by parting with
    what one has".

---

[1] Smith (J.C.) op.cit. para.348.
[2] Smith (J.C.) op.cit. para.348.

des Bedrohten dabei beschädigt würden und derselbe daher einen Verlust erleide.[1] Allerdings ist der Fall des "causing
loss to another" sicherlich ein sehr ungewöhnlicher Fall, da
ein "view to gain" und ein "intent to cause loss" regelmäßig
einander entsprechen werden. Doch liegt z.B. der Fall des
"intent to cause loss" vor, wenn eine Person einem anderen
drohen würde, ihm etwas Unangenehmes zuzufügen, wenn er nicht
den Drohenden diffamierende Briefe vernichte,[2] oder wenn der
Täter mit Drohungen vom Bedrohten verlangt, die von diesem geschriebenen Memoiren zu vernichten, oder wenn der Täter mit
Drohungen von dem Bedrohten verlangt, einen anderen aus einem
mit Gehalt oder Lohn verbundenen Amt oder solcher Anstellung
zu entlassen oder denselben nicht zu befördern, oder wenn er
von dem Bedrohten verlangt, auf seine Ernennung zu verzichten
oder um eine Beförderung nicht nachzusuchen oder sie zurückzu-
weisen.[3] Es ist nicht notwendig eine gute Verteidigung, daß
der Täter glaubt, er habe ein Recht auf den Gewinn. Hat er
solch einen Glauben, so nimmt er mit Bestimmtheit an, daß er
vernünftige Gründe für das Fordern hat. Aber dies macht das
Fordern nicht zu einem gerechtfertigten, wenn es nicht mit
der Annahme verbunden ist, daß der Gebrauch der Drohungen ein
angemessenes Mittel ist, das Fordern zu verstärken. Da s.21
Theft Act 1968 das Wort "dishonestly", das sicherstellt, daß
ein Rechtsanspruch auf das Eigentum eine Verteidigung bildet,
nicht gebraucht, ging die Meinung des Criminal Law Revision
Committee offensichtlich davon aus, daß das Delikt auch begangen werden möchte, wenn der Täter sowohl einen Rechtsanspruch als ein wirkliches Recht auf das Eigentum hatte, das
er zu erwerben beabsichtigte.[4] So führte das Criminal Law Revision Committee in seinem 8.Bericht unter anderem aus, daß
nach einer gewissen Meinung ein mit Drohungen verbundenes For-

---

[1] Smith (J.C.) op.cit. para.349.
[2] The Report Cmnd.2977 para.117.
[3] Smith (J.C.) op.cit. para.355.
[4] Smith (J.C.) op.cit. para.350 mit The Report Cmnd.2977 para.
119.

dern von etwas, was dem Fordernden geschuldet wird, nicht auf
Erpressung hinauslaufen würde, so hart auch die angedrohte
Handlung sein würde, sofern keine Unehrlichkeit vorläge. Demgegenüber betonte das Committee: "Dies ist eine haltbare Ansicht,
wenn auch eine extreme. Nach unserer Meinung geht sie zu weit
und gibt es Drohungen, welche das Fordern zur Erpressung machen würden, selbst wenn ein wirksamer Anspruch auf die geforderte Sache besteht. Zum Beispiel glauben wir, daß die meisten
Leute es für eine Erpressung ansehen würden, jemand als homosexuell, auch wenn es wahr sein sollte, zu denunzieren, falls
er seine Schuld nicht bezahle. Aus dem Bestehen einer Schuldverbindlichkeit folgt, wie es scheinen mag, nicht, daß der
Gläubiger berechtigt sein sollte, zu irgendeiner Methode, auch
wenn sie als solche nicht strafbar sein sollte, Zuflucht zu nehmen, um Bezahlung zu erlangen. Es gibt Grenzen für die Methoden,
die für den Zweck, Bezahlung einer Schuldverbindlichkeit zu erzwingen, ohne Zuflucht zu den Gerichten zu nehmen, zulässig
sind. Ein Gläubiger kann z.B. Sachen des Schuldners nicht be-
schlagnahmen und in R.v.Parker (1910, 74 J.P.208) wurde entschieden, daß ein Gläubiger, der einen von der Admiralität an
einen Seemann gerichteten Brief, in dem dieser gemahnt wurde,
eine Schuld zu bezahlen, fälschte, trotz des Bestehens der
Schuld der Urkundenfälschung für schuldig befunden wurde".[1]
Demgegenüber behauptete Hogan,[2] daß die Fassung des Gesetzes
"with a view to gain" das vom Ausschuß gewollte Ziel vereite-
le, indem er ausführte: "There is surely no gain or loss where
a person merely secures the payment of that which he is owed"
und weiterhin liefert eine Ergänzung dieses Arguments Gooderson[3] bei Erörterung der Bedeutung des Begriffes "fraud" in Welham v. D.P.P.,[4] wobei er erklärte: "If I liquidate a just debt, I

---

[1] The Report Cmnd.2977 para.119.
[2] Hogan (B.), Blackmail: Another View, 1966 Crim.L.R.474 at
p.476.
[3] Gooderson (R.N.), 1960 C.L.J.199 at p.205.
[4] Welham v. D.P.P., 1960, (1960) 1 All E.R.805, (1961) A.C.
103, (1960) 2 W.L.R.669, 124 J.P.280, 104 Sol.Jo.308, 44 Cr.
App.R.124, Dig.Cont.Vol.A 345, 1 461 a.

suffer no economic loss. In my personal balance sheet, the
amount of cash in hand on the credit side is reduced, but this
is offset by a corresponding reduction on the debit side in
the item 'sundry creditors' ". Wenn, so fügt Smith bei, "der
Schuldner keinen wirtschaftlichen Verlust erlitten hat, so
folgt daraus, daß der Gläubiger keinen wirtschaftlichen Gewinn
erworben hat, da, während sein bares Geld in der Hand zunehmen
wird, sein Kreditposten unter "sundry debtors" sich vermindern
wird. Wenn "gain in money or other property" wirtschaftliche
Bereicherung bedeutet, so ist es zu begründen, daß der Fordernde kein "view to gain" hat, wenn er das verlangt, auf das er
einen Rechtstitel besitzt".[1] Die Antwort dreht sich nach Smith[2]
um die Bedeutung des Wortes "gain". "Gain" mag sicherlich Gewinn i.S. von "profit" bedeuten, und wenn dies die Bedeutung im
Theft Act ist, so ist das eben Ausgeführte offenbar richtig.
Pflichtet man aber der Ansicht Jessels bei, der in Re Arthur
Average Association[3] ausführte: " 'Gain' means exactly acquisition ... Gain is something obtained or acquired", so ist "gain"
nicht notwendigerweise mit Gewinn i.S. von "profit" gleichzusetzen, wie Ostler, J. in Alley v. Alfred Bucklands & Sons, Ltd.[4]
annimmt, der "gain" mit "any increase in financial resources" definiert,[5] vielmehr schließt "gain" die Erwerbung (acquisition),
gleichviel ob mit oder ohne Gewinn (i.S. von profit) ein. In diesem Sinne spricht sich auch R.v.Parkes[6] aus, wo gesagt ist:
"Section 34 (2) (a) (i) defines gain as including 'getting what
one has not' ". Dazu bemerkt der Kommentator, daß gain i.S. von
Erwerb, ob mit oder ohne Gewinn, auch vom Criminal Law Revision
Committee[7] und s.34 (2) (a) (i) Theft Act 1968 gemeint ist.[8]

---

[1] Smith (J.C.) op.cit. para.351.
[2] Smith (J.C.) op.cit. para.352.
[3] Re Arthur Average Association, 1875, 10 Ch.App.542 at p.546.
[4] Alley v. Alfred Bucklands & Sons, Ltd., 1941, N.Z.L.R.575.
[5] Smith (J.C.) op.cit. para.352 n.15.
[6] R.v.Parkes, 1973 Crim.L.R.358.
[7] Cmnd.2977 para.117.
[8] 1973 Crim.L.R.358; siehe auch Lawrence and Pomroy, 1971 Crim.
L.R.645; Griew (E.) op.cit. 2nd ed.(1974) p.125 § 7-35 n.63;
Smith (J.C.) op.cit. paras.347-352.

Man mag richtigerweise sagen, daß jemand das "erworben" hat,
auf das er einen Rechtsanspruch hat, sofern er sich Eigentum
und Besitz daran sichert. Abgesehen von den Absichten des Aus-
schusses legt nach der Meinung von Smith das Gesetz selbst nahe,
daß dies die richtige Ansicht ist, indem es einmal das Wort
"dishonestly", das das Bestehen eines Rechtsanspruches als Verteidigung bedeutet haben würde, ausläßt, sodann weil s.21 Theft
Act nicht nur eine Annahme verlangt, daß der Fordernde einen
Rechtstitel auf die erstrebte Sache hat, sondern auch eine Annahme, daß der Gebrauch der Drohungen angemessen ist und endlich weil "gain" nach der gesetzlichen Definition in s.34 Theft
Act das Erlangen von etwas, was man nicht hat, einschließt. Es
wird daher die Meinung zu vertreten sein, daß "gain" den Erwerb
von Geld oder anderem Eigentum, gleichviel, ob es rechtlich geschuldet ist oder nicht, einschließt.[1] Vorausgesetzt, daß die
im Vorausgehenden vertretene Auffassung unrichtig sein sollte,
entsteht ein ähnliches Problem in dem Falle, in welchem der Fordernde beabsichtigt, dem Bedrohten für den angeblichen Gewinn
(gain), den er im Sinn hat, eine wirtschaftlich gleichwertige
Gegenleistung zu gewähren, wie in dem Falle, wo der Täter von
einem anderen, der im Besitz einer speziellen Münze ist, mit
Drohungen verlangt, dieselbe für eine ihm gehörende andere
gleichwertige Münze zu tauschen. Da die geforderte Münze für
den Täter nur einen Liebhaberwert und keinen höheren Marktwert[2]
hat, so beabsichtigt er mit dem verlangten Umtausch keinen in
Geld ausgedrückten Gewinn (profit) zu machen. Würde man in derartigen Fällen kein "view to gain" annehmen, so würden viele
Fälle von Erpressung i.S. von s.21 Theft Act 1968 ausgeschlossen sein, die vernünftigerweise davon erfaßt werden sollten.
Verlangt der Fordernde unter Drohungen von dem Arbeitgeber
eine Anstellung und hat er die Absicht, die ihm übertragene
Arbeit gut auszuführen und so auch den ihm zukommenden Lohn
zu verdienen, so besteht keine Absicht, dem Arbeitgeber ei-

---

[1] Smith (J.C.) op.cit. para.352 und n.17 unter Hinweis auf Lawrence (1971) Crim.L.R.645, (1971) 2 All E.R.1253, wo der Getäuschte, wie es scheint, annahm, die Schuldverpflichtung sei
begründet.

[2] Moss v. Hancock, 1899, 2 Q.B.111, 68 L.J.Q.B.657, 80 L.T.693,
63 J.P.517, 47 W.L.R.698, 15 T.L.R.353, 43 Sol.Jo.479, 19
Cox C.C.324, 14 Dig.Repl.597, 5 942.

nen Verlust zuzufügen, woraus folgt, daß der Arbeitnehmer auch
keine Absicht hat, einen wirtschaftlichen Gewinn zu machen. Dasselbe trifft zu, wenn ein Wetter den Sekretär des Buchmachers
unter Drohungen zwingt, ihn auf Kredit wetten zu lassen, wobei
er die Absicht hat, für den Fall, daß das Pferd, auf das er ge-
wettet hat, verliert, den kreditierten Betrag und damit den vollen wirtschaftlichen Wert der erworbenen Chance zu bezahlen.
In jedem dieser Fälle hat der Fordernde ein view to the acquisition von Geld oder anderem Eigentum und dürfte sich der Erpressung schuldig gemacht haben. Dasselbe Prinzip muß auch für
das causing loss gelten. Ein Fordern des Erpressers, daß das
Opfer einen Dritten durch Täuschung veranlasse, einen Anspruch
gegen eine andere Person aufzugeben, ist ein loss; denn s.34
(2) (a) (ii) Theft Act 1968 erfordert nicht, daß der beabsichtigte Verlust ein Verlust für diejenige Person sei, der gegenüber das Fordern erfolgt ist, und ein view to gain "for another"
ist ausreichend.[1] Beabsichtigt der Täter mit Drohungen einen
anderen eines speziellen Geldbetrages oder anderen Eigentums zu
berauben, so macht er sich der Erpressung schuldig, auch wenn
er die Absicht hat, den Bedrohten wirtschaftlich vollwertig
schadlos zu halten.
Die Absicht der dauernden Beraubung ist kein Erfordernis der
Erpressung. Wenn der Täter einen anderen durch Drohungen veranlaßt, ihm seinen Wagen auf die Dauer von einer Woche mietweise
zu überlassen, und der Täter beabsichtigt, den Wagen Ende der
Woche zurückzugeben, so kann er zwar des Diebstahls bzw. Raubes
nicht schuldig sein. Er hat jedoch a view to a temporary gain,
das genügt, nach s.21 Theft Act 1968 eine Erpressung zu begründen, insofern das Fordern mit Drohungen das Wesen der Erpressung
ausmacht und nicht der rechtswidrige Gewinn, der durch den Täter gemacht oder erwogen wurde, oder der entsprechende Verlust
für den Bedrohten.

Nach der schon erwähnten gesetzlichen Definition in s.34 (2)
(a) (i) & (ii) Theft Act 1968 schließt "a view to gain" eine

---

[1] Griew (E.) op.cit. p.126 § 7-35.

Absicht zu behalten, was man hat, und "to cause a loss" von
einem anderen nicht zu erhalten, was man haben möchte, ein.[1]
Wenn so der Täter dem Opfer 10 £ schuldet und er dasselbe mit
Drohungen zwingt, den Betrag von 5 £ als volle Befriedigung
anzunehmen, so hat er einen Gewinn und einen Verlust i.S. von
s.21 Theft Act 1968 verursacht.[2] Wenn der Fordernde weiß, daß
der Bedrohte in finanziellen Schwierigkeiten ist und er Vorteil daraus zieht, um denselben unter Drohungen zu veranlassen,
eine geringere als die geschuldete Summe zu seiner Befriedigung anzunehmen, so muß er eine Verurteilung wegen Erpressung
befürchten. Er kann nicht geltendmachen, daß er vernünftige
Gründe für das Fordern hat, wenn er weiß, daß die größere Summe geschuldet wurde. Solchenfalls ist es auch unwesentlich, ob
der Gebrauch der Drohungen ein angemessenes Mittel zur Verstärkung des Forderns ist. Das Court of Appeal hat die Ansicht
vertreten, daß es eine Einschüchterung (intimidation) ist und
daß das Damoklesschwert mit der Drohung über einen Gläubiger
zu halten, daß, wenn er den angebotenen Teilbetrag nicht als
volle Befriedigung annehme, er überhaupt nichts erhalten werde,[3]
einen solchen Druck auf den Gläubiger begründe, daß dieser vom
Gericht als "menace" angesehen werden müsse.[4] Wo zwischen der
Handlung, die durch die Drohung des Täters verursacht ist, und
der Gewinnerlangung eine Anzahl Zwischenstufen verlangt sind,
können Fragen der Unverbundenheit entstehen. Wenn jemand durch
eine Bedrohung des Under Treasurer[5] Zulassung zu einem Inn of
Court gewinnt, möchte wohl, wenn er schließlich beabsichtigt,
zu praktizieren und dadurch Gebühren zu verdienen, eine Tätigkeit "with a view to gain" ausgeführt worden sein. Wenn er

---

[1] Cross (R.) and Jones (Ph.A.) op.cit. 7th ed.(1972) p.211.

[2] Smith (J.C.) op.cit. para.356.

[3] D.& C. Builders, Ltd. v. Rees, 1965, 2 Q.B.617 at p.625 per
Lord Denning, M.R., (1965) 3 All E.R.837, (1966) 2 W.L.R.
288, 109 Sol.Jo.971, Dig.Cont.Vol.B 142, 3 744 a.

[4] Smith (J.C.) op.cit. para.357.

[5] vgl. R.v.Bassey, 1931, 47 T.L.R.222, 75 Sol.Jo.121, 22 Crim.
App.R.160, 14 Dig.Repl.129, 911.

aber keine Absicht zu praktizieren hat und nur das Prestige
eines barrister's qualification haben will, so kann man schwerlich darin ein Delikt erblicken. Er muß mindestens die Möglichkeit erwogen haben, seine Qualifikation zum Geldverdienen zu
gebrauchen; dies muß wahrscheinlich seine wirkliche Absicht gewesen sein.[1] Wenn jemand durch Drohungen den Direktor einer
public school zwingt, Zulassung für seinen neugeborenen Sohn
zu erreichen, so ist es keine Erpressung, wenn er glaubt, daß
der einzige Vorteil der Erziehung in dieser Schule darin liege,
daß sie eine gebildetere Persönlichkeit mit größerer Fähigkeit
für den Lebensgenuß als die Erziehung in einer Staatsschule
hervorbringe, da ein "view to gain" fehle. Wenn er jedoch annimmt und es auch so motiviert ist, daß sein Sohn (in etwa 20
Jahren) eine größere Verdienstmöglichkeit haben werde, so dürfte man dem Wortlaut des Gesetzes nach zwar ein "view to gain"
bejahen, doch dürfte der Zusammenhang mit dem Fordern unter
Drohungen als zu entfernt erachtet werden, um darin noch ein
deliktisches Verhalten sehen zu können. Näherliegend ist der
Fall, wo ein Kandidat für eine Universitätsprüfung in der Absicht, die Prüfung zu bestehen oder ein besseres Prüfungser-
gebnis zu erzielen, als er sonst erzielen würde, den Examinator
bedroht. Da die meisten Kandidaten es auf ihre künftige Verdienstmöglichkeit abgesehen haben, dürfte ein prima facie-Be-
weis für ein "view to gain" gegeben sein.[2] Verlangt ist nur eine Aussicht auf Gewinn. Die Tatsache, daß kein Gewinn oder Verlust entsteht, wie es sich danach herausstellt, ist unerheblich.[3]

2. Ungerechtfertigtes Fordern

Wie aus der gesetzlichen Definition der Erpressung in s.21 (1)
Theft Act 1968 zu entnehmen ist, verlangt das Vorliegen einer
Erpressung ein ungerechtfertigtes Fordern (unwarranted demand)

[1] Smith (J.C.) op.cit. para.358.
[2] Smith (J.C.) op.cit. para.358.
[3] Archbold (J.F.) op.cit. 38th ed.(1973) p.772.

mit Drohungen. Ein Fordern mit Drohungen ist ungerechtfertigt,
wenn derjenige, der so handelt, es nicht in der Annahme tut,
a) daß er vernünftige Gründe für das Fordern hat, und b) daß
der Gebrauch der Drohungen ein angemessenes (proper) Mittel
ist, das Fordern zu verstärken. Diese schon in clause 17 (1)
Draft Theft Bill enthaltene gesetzliche Definition wurde wörtlich übereinstimmend nach s.21 (1) Theft Act 1968 übernommen,
so daß die vom Criminal Law Revision Committee hierfür gegebene Begründung auch auf s.21 (1) Theft Act 1968 zutrifft und
daher für die Auslegung dieser Bestimmung herangezogen werden
kann und darf.[1] Danach ist das wesentliche Merkmal der Erpressung der Umstand, daß der Angeklagte etwas mit Drohungen verlangt, von dem er weiß, daß er kein Recht hat, es zu fordern,
oder daß der Gebrauch der Drohungen unangemessen (improper) ist.
Das Criminal Law Revision Committee vertritt sowohl in Ansehung
des Forderns als der rechtlich zu billigenden Drohung den subjektiven Standpunkt und erachtet so die ehrliche - nicht notwendig vernünftige - Annahme einer Berechtigung des Forderns
und der Angemessenheit der hierauf gerichteten Drohung für maßgebend.[2] Die Annahme muß so eine echte (genuine) sein.[3] Der
wahre Erpresser - so führt der Ausschuß aus - weiß, daß er keine vernünftigen Gründe für das Fordern von Geld als Preis dafür
hat, daß er das Geheimnis seines Opfers wahrt. Auch die Person
mit einem echten, d.h. wirklichen, Anspruch wird sich der Erpressung schuldig machen, wenn sie nicht glaubt, es sei angemessen, die Drohungen zur Verstärkung ihres Anspruches zu gebrauchen. Wann dies im Einzelfall zutrifft, wird viel von den Umständen des Falles abhängen. Der Umfang des Forderns mag zeigen,
ob der Angeklagte eine echte Ausgleichung erstrebt oder nur Geld
zu machen versucht. Die Wiederholung eines Forderns, dem schon
einmal entsprochen worden ist, ist wahrscheinlich ein starker
Beweis für die letztere Absicht. Auch eine Drohung, einen Scha-

---

[1] vgl. s.17 (1) Draft Theft Bill 1966, The Report Cmnd.2977
pp.105, 131.

[2] The Report Cmnd.2977 paras.118, 120, 121.

[3] Kommentar zu R.v.Lambert, 1972 Crim.L.R.424.

den anzurichten, der außer Verhältnis zu dem Betrag eines vom
Drohenden geltend gemachten bestrittenen Anspruches steht,
dürfte ein starker Beweis für das Fehlen eines Glaubens an
die Angemessenheit der Drohung sein.[1] Von diesem Prüfstein aus
würde in den früher erwähnten Fällen R.v.Dymond[2] und R.v.
Bernhard[3] Dymond wahrscheinlich und Bernhard sicherlich mit
Leichtigkeit begründen, daß sie glaubten, vernünftige Gründe
für das Fordern gehabt zu haben. Ob sie beweisen könnten, daß
sie glaubten, der Gebrauch der Drohungen sei ein angemessenes
Mittel gewesen, das Fordern zu verstärken, ist zweifelhaft und
würde von den Tatsachen des Falles abhängen. Eine überlegte
und ungerechtfertigte Weigerung des Schuldners, seinem Gläubiger eine Schuld zu bezahlen, dürfte diesen in den Glauben versetzen, daß er angemessenermaßen damit drohen darf, der Frau
des Schuldners oder seinem Arbeitgeber von der Schuldverpflichtung Kenntnis zu geben. Theoretisch mag ausnahmsweise ein Fordern mit Drohungen ungerechtfertigt sein, obwohl der Fordernde
berechtigt ist, das verlangte Eigentum beizutreiben, und die
Drohung ein völlig angemessenes Mittel ist, das Fordern zu erzwingen. Als Beispiel führt Smith[4] den Fall an, daß jemand das
Bild eines anderen gestohlen und über dasselbe verfügt hat.
Der Bestohlene droht dem Dieb an, ihn der Polizei anzuzeigen,
wenn er ihm nicht £1000 bezahle. Der Bestohlene ist aber der
Meinung, daß das Bild nur £100 wert ist. So glaubt er nicht,
daß der Dieb vernünftige Gründe für sein Fordern hat. Das Bild
ist aber in der Tat £1000 wert, so daß derselbe in Wirklichkeit vernünftige Gründe hat. Als weiteres Beispiel führt Smith
den Fall an, daß jemand, der ein veraltetes Rechtsbuch durchge-
sehen hat, glaubt, daß es ein Delikt des compounding a felony
ist, ein Entgelt für die Nichtoffenbarung eines Diebstahls anzunehmen. Er glaubt daher nicht, daß der Gebrauch der Drohung
mit der vermeintlichen strafbaren Handlung ein angemessenes Mittel ist, das Fordern zu erzwingen. Aber nach s.5 (1) Criminal

---

[1] Griew (E.) op.cit. p.124 § 7-32; Archbold (J.F.) op.cit.,
    38th ed.(1973), p.771.
[2] R.v.Dymond, 1920, 2 K.B.260, 89 L.J.K.B.876, 15 Cr.App.R.1,
    15 Dig.Repl.1124, 11 209.
[3] R.v.Bernhard, 1938, (1938) 2 All E.R.140, (1938) 2 K.B.264,
    15 Dig.Repl.1125, 11 218.
[4] Smith (J.C.) op.cit. para.359.

Law Act 1967 ist es rechtmäßig, eine vernünftige Vergütung
für die Ausgleichung der Schädigung oder des Verlustes, der
durch ein der Verhaftung unterliegendes Delikt verursacht
worden ist, als Entgelt für die Nichtoffenbarung desselben
anzunehmen. Der Gebrauch der Drohung ist dann ein angemessenes Mittel, das Fordern zu verstärken. Schaut man objektiv
auf die Tatsachen, so hat der Fordernde nichts Unrechtes getan, aber er ist der Erpressung schuldig. Maßgebend ist allein die Gesinnung. Freilich ist dies eine neue Entwicklung
im englischen Recht. Allerdings erscheint es unwahrscheinlich,
daß dies in der Praxis ein ernstliches Abgehen sein wird. Der
übliche Weg, die Jury zu überzeugen, daß der Angeklagte nicht
den Glauben, auf den in s.21 (1) (a) und (b) Bezug genommen
ist, hatte, wird in dem Nachweis bestehen, daß keine vernünftige Person einen solchen Glauben gehabt haben könnte. Wenn
z.B. der Angeklagte sagt, daß er glaubte, vernünftige Gründe
zu haben, £1000 von seinem Nachbarn dafür zu fordern, daß er
dessen Ehefrau nicht offenbare, daß ihr Ehemann Ehebruch begangen habe, ist mangels außerordentlicher Umstände sicher anzunehmen, daß die Jury ihm nicht glauben wird und ohne jeden
vernünftigen Zweifel von seiner Schuld überzeugt sein wird,
weil sie empfinden wird, daß kein Mann in seiner ehrlichen Gesinnung einen solchen Glauben für einen Augenblick unterhalten
könnte.[1] Wenn so der Glaube des Angeklagten i.S. des s.21 (1)
(a) und (b) ganz vernünftig ist, so wird der gewöhnliche Beweis
scheitern, und falls der Angeklagte seinen Glauben an das Unvernünftige seines Forderns oder die Unangemessenheit seiner
Drohung nicht eingesteht, so wird eine Verurteilung unmöglich
sein.[2] Zwar ging das Criminal Law Revision Committee über den
von ihm vertretenen, oben erwähnten subjektiven Standpunkt
hinaus ursprünglich davon aus, ein Erfordernis miteinzuschliess-
sen, daß jemandens Glaube, vernünftige Gründe für das Fordern
zu haben, oder der Glaube, daß der Gebrauch der Drohungen ange-

---

[1] Smith (J.C.) op.cit. para.360 mit s.8 Criminal Justice Act
    1967 und R.v.Wallett, 1968, (1968) 2 All E.R.296, (1968) 2
    Q.B.367, (1968) 2 W.L.R.1199, 132 J.P.318, 112 Sol.Jo.232,
    52 Cr.App.R.271, Dig.Cont.Vol.C 255, 9 145 b.
[2] Smith (J.C.) op.cit. para.360.

messen sein muß, ein "vernünftiger" Glaube sein sollte. Der
Ausschuß ging dabei von dem Gedanken aus, daß jemand, der
Druck auf einen anderen durch Drohungen von einer Art ausübt,
welche eine vernünftige Person als Erpressung ansehen dürfte,
der Verantwortlichkeit nicht allein aus dem Grunde entgehen
sollte, daß seine moralische Haltung zu gering entwickelt oder
seine Intelligenz zu beschränkt ist, um ihn in die Lage zu versetzen, die Rechtswidrigkeit seines Verhaltens richtig einzu-
schätzen. Dieses Erfordernis möchte der jury die Entscheidung
erleichtern. Denn wenn sie fände, daß das Fordern ungerechtfertigt war oder daß die Drohungen unangemessen waren, so müßte
sie nicht erwägen, ob der Angeklagte einen anderen Glauben hatte.
Gleichwohl kam der Ausschuß zu dem endgültigen Entschluß, das
genannte Erfordernis nicht aufzustellen. Wollte man verlangen,
daß ein ehrlicher Glaube, um eine Verteidigung zu bilden, vernünftig sein sollte, so würde dies zu dem Ergebnis führen, daß
die Erpressung durch bloße Fahrlässigkeit begangen werden könnte.
Dies würde mit der Tendenz des Gesetzes in Widerspruch stehen,
nach der alle schwereren darin geregelten Delikte ausdrücklich
oder doch schlüssigerweise von dem Bestehen einer Unredlichkeit
(dishonesty) abhängen. Insbesondere die Bestimmung in clause 2
(1) Draft Theft Bill,[1] die sich mit s.2 (1) Theft Act 1968
deckt, welche gegen die Anklage des Diebstahls darin eine Verteidigung sieht, daß der Angeklagte glaubte, daß er das Recht
gehabt habe, dem Eigentümer auf die Dauer den Besitz zu entziehen, erfordert nicht, daß der Glaube vernünftig sein sollte.[2]
Dieser vom Criminal Law Revision Committee vertretene und in
das Theft Act 1968 übernommene subjektive Standpunkt in Beziehung auf das Fordern wie auf die Angemessenheit der Drohungen
ist in der Literatur auf Kritik gestoßen. So sieht MacKenna[3]

---

[1] The Report Cmnd.2977 p.100; Griew (E.) op.cit. p.122 § 7-28.

[2] The Report Cmnd.2977 para.122.

[3] Mac Kenna (B.Sir), Blackmail: A Criticism, 1966 Crim.L.R.467,
at p.472; siehe auch Smith (J.C.) op.cit. para.362 mit n.6;

es nicht als Ungerechtigkeit an, daß jemand, wenn er durch ein Fordern, verstärkt durch Drohungen einer besonderen Art, schimpflich, d.h. unehrlich, gehandelt hat, von einem Strafgericht für verantwortlich erklärt wird, auch wenn er nach seinem eigenen Maßstab in diesen Dingen gehandelt haben mag. Andererseits sieht er eine Gefahr für unseren allgemeinen Maßstab von Recht und Unrecht, wenn jedermann nach seinem eigenen Maßstab, wie nieder dieser auch sein mag, zu handeln beanspruchen kann. Eine besondere Schwierigkeit besteht darin, wie die jury den Maßstab des Angeklagten erkunden kann, damit entschieden werden mag, ob in dem ihr vorliegenden Fall der Angeklagte in Übereinstimmung damit gehandelt hat. Einem Mann, dessen Maßstab niederer ist als der allgemeine Maßstab mag es in einem speziellen Fall nicht gelingen, sogar seinen eigenen Maßstab zu beachten, in welchem Falle er mutmaßlich nach clause 17 Draft Theft Bill - jetzt s.21 Theft Act 1968 - strafbar sein würde. Den Ausführungen MacKennas trat Hogan entgegen, der geltendmacht, daß die Bestimmung in s.21 (1) Theft Act 1968 sowohl einen moralischen als einen gesetzlichen Rechtsanspruch auf eine Verteidigung gegen eine Anklage wegen Erpressung schafft und daß dies auch angemessen (proper) ist.[1] Miss Bernhard[2] wurde von der Anklage der Erpressung nach s.30 Larceny Act 1916 freigesprochen, weil sie auf den Rat eines ungarischen Rechtsanwaltes hin glaubte, sie habe ein gesetzliches Recht auf das geforderte Geld. "Sonderbar genug", so sagt Hogan,"- mindestens erschien es mir stets sonderbar - würde sie der Erpressung für schuldig befunden worden sein, wenn sie das Gesetz gekannt, aber mit tiefster Aufrichtigkeit gefühlt hätte, daß sie moralisch zu etwas berechtigt war".[3] Bei der von MacKenna vertretenen Auffassung tritt die Schwierigkeit auf, die Frage zu beantworten, wann jemand Gründe für das Fordern hat; vielleicht wenn er glaubt, daß vernünftige Leute im allgemeinen die Gründe

---

[1] Archbold (J.F.) op.cit. 38th ed.(1973) p.771; Kommentar zu R. v.Lambert, 1972 Crim.L.R.422-423.
   Hogan (B.) op.cit.
[2] R.v.Bernhard, 1938, (1938) 2.K.B.264, (1938) 2 All E.R.140, 107 L.J.K.B.449, 159 L.T.22, 26 Cr.App.R.137, 31 Cox C.C.61, 15 Dig.Repl.1125, 11 218.
[3] Hogan (B.) op.cit. at p.478; Smith (J.C.) op.cit. para.363 mit n.9.

als vernünftig betrachten würden. Es ist nicht schwierig, sich Lagen auszudenken, in denen jemand keinen gesetzlichen Rechtsanspruch hat, aber vernünftige Leute im allgemeinen das Fordern für gerechtfertigt erachten würden, wie z.B. wenn jemand Zahlung von Geld fordert, das er bei einer Wette mit einem anderen gewonnen hat, obwohl er weiß, daß Wettschulden rechtlich nicht erzwingbar sind, oder wenn eine Frau Geld fordert, das ihr von einem Mann als Entgelt für unmoralische Dienstleistungen versprochen worden ist. Unter diesen Umständen dürfte sich eine Jury sehr wohl dahin aussprechen, daß sie dem Täter glaubt, wenn er sagt, er habe geglaubt, seine Handlungsweise würde von Leuten durchschnittlichen Bildungsgrades nicht als Unrecht verurteilt werden. Dieselbe Schwierigkeit taucht bei Beantwortung der Frage auf, wann jemand vernünftigerweise glaubt, daß die von ihm gebrauchte Drohung als angemessen (proper) zu erachten sei. Glaubt z.B. jemand, daß der Lohn ihm geschuldet sei und fordert er ihn, da er Bezahlung nicht erhalten kann, mit Hilfe eines Dolches, so ist die Frage: Kann er annehmen, daß die Leute im allgemeinen dies als ein angemessenes Mittel zur Erzwingung des Forderns betrachten würden? Wahrscheinlich ist dies nicht der Fall, so daß er, obwohl nicht des Raubes oder versuchten Raubes schuldig,[1] der Erpressung schuldig sein würde.[2] Es frägt sich allerdings, ob man nicht mit dem Kommentator zu R.v.Lambert[3] bei grundsätzlicher Annahme des subjektiven Standpunktes eine dem objektiven Standpunkt Rechnung tragende Einschränkung insofern machen muß, als der eigene Intelligenz- und ethische Maßstab des Drohenden sowohl in Ansehung des Forderns wie der Angemessenheit der Drohung nur insoweit Berücksichtigung verdient, als er dem Maßstab der übrigen Glieder der Gesellschaft nicht wesentlich widerspricht.

---

[1] R.v.Skivington, 1967, (1967) 1 All E.R.483, (1968) 1 Q.B. 166, (1967) 2 W.L.R.665, 131 J.P.265, 111 Sol.Jo.72, 51 Cr. App.R.167, Dig.Cont.Vol.C 263, 10 474 a.

[2] Smith (J.C.) op.cit. para.366; siehe auch R.v.Collins, 1971 Crim.L.R.48.

[3] 1972 Crim.L.R.424.

Dies träfe z.B. dann zu, wenn das Fordern mit dem gewählten
Mittel nach der Meinung aller vernünftigen Leute der Gesellschaft als ungerechtfertigt verurteilt würde. Es ist freilich
nicht zu verkennen, daß bei dieser Auslegung des s.21 (1)
Theft Act 1968 es dem Gesetz offenbar an Genauigkeit fehlen
dürfte und daher zu erwägen wäre, ob nicht doch der vom Ausschuß vertretenen Auslegung der Vorzug zu geben ist. Wenn die
Verteidigung die provisos in s.21 (1) (a) & (b) nicht an-
schneidet, braucht der Verhandlungsrichter die jury hierüber
nicht zu belehren.[1] Da das für die Erpressung erforderliche
Fordern beendet ist, sobald es ausgesprochen oder ohne Wider-
rufsmöglichkeit abgesandt ist, ist, da die Erpressung von inchoate nature ist, die Möglichkeit eines Falles versuchter
Erpressung auf phantastische Situationen wie jene beschränkt,
wo der Fordernde durch Stottern an der Ausführung des Forderns
behindert wird oder wo er auf dem Weg zur Aufgabe auf dem
Postamt, z.B. durch Verlieren des Briefes, an der Durchführung
gehindert wird. Dasselbe trifft in dem Falle zu, daß der Laut-
sprecher, der in dem Haus des Erpressers verborgen ist, nicht
funktioniert, als der Fordernde mittels desselben versucht, ein
Fordern an das Opfer zu richten. Wenn allerdings die Worte von
einem unbeabsichtigten Opfer gehört und von ihm als Fordern
mit Drohungen begriffen werden, so wird das Delikt vollendet
sein.[2] In der Tat gibt es eine Autorität für die These, daß es
einen Versuch des Forderns nicht geben kann,[3] da Erpressung als
solche "ihrem Wesen nach ein Versuch ist, Geld zu erlangen".[4]
Ob dieser Satz in vollem Umfang gerechtfertigt ist (von phan-
tasievollen Lagen abgesehen), wird in dem sich entwickelnden
case law zu klären sein.[5] Dadurch, daß mit dem Fordern das Delikt der Erpressung vollendet ist, ist es unerheblich, ob dem
Fordern entsprochen wird oder nicht.[6]

---

[1] Archbold (J.F.) op.cit. 38th ed.(1973) p.771 unter Bezugnahme auf R.v.Lawrence and Pomroy, 1971 Crim.L.R.645.
[2] vgl.auch Edwards (J.Ll.J.), Notes of Cases, 15 M.L.R.346.
[3] Griew (E.) op.cit. p.118 § 7-16 n.26.
[4] Treacy v. Director of Public Prosecutions, 1971, A.C. at
p.545 per John Stephenson J.
[5] Griew (E.) op.cit. p.118 § 7-16.
[6] Griew (E.) op.cit. p.116 § 7-12.

2. Abschnitt

Das deutsche Recht des Raubes, der räuberischen Erpressung und des räuberischen Diebstahls

1.Kapitel

Die gesetzlichen Grundlagen

Bei der Darstellung des deutschen Rechts ist vom Strafgesetzbuch für das Deutsche Reich vom 15. Mai 1871[1] in der Neufassung vom 1. Januar 1975[2] auszugehen. Wenn erforderlich wird auch auf die Fassungen vom 1. Oktober 1953[3] und vom 1.April 1970[4] Bezug genommen. Daneben sollen aber auch die Strafgesetzbuch - Entwürfe von 1960[5] und 1962[6], denen mit der Neufassung zum Teil vorgegriffen worden ist, bei der nachstehenden Erörterung geeignete Berücksichtigung finden.

2.Kapitel

Das Verbrechen des Raubes

A) Rechtliche Charakterisierung des gesetzlichen Tatbestandes

Der Raub i.S. der §§ 249-251 StGB dient nicht nur der Sicherung von Eigentum und Gewahrsam, sondern in gleicher Weise auch dem Schutz der persönlichen Freiheit, durch deren Verletzung die Verwirklichung des Vermögensdeliktes ermöglicht

---

[1] RGBl S.127.
[2] BGBl I S.1.
[3] BGBl I S.1083.
[4] BGBl 1969 I S.1445.
[5] StGBE 1960 BT-Drucksache Nr.2150/60.
[6] StGBE 1962 BR-Drucksache Nr.200/62.

werden soll.[1] Aus diesem Grunde weist der Raub den Charakter
einer selbständigen Straftat auf, wie er sich als solche schon
äußerlich durch seine Stellung im Strafgesetzbuch offenbart.
Freilich schließt die Selbständigkeit des Raubes sachlich die
gesetzlichen Tatbestandsmerkmale des Diebstahls ein, so daß,
wenn bei einer Anklage wegen Raubes die Anwendung von Gewalt
oder Drohung nicht nachgewiesen werden kann, das Gericht wegen
Diebstahls verurteilen kann, sofern die einzelnen Tatbestandsmerkmale des Diebstahls festgestellt sind. Die sich aus dem
Selbständigkeitscharakter des Raubes ergebende Folgerung, daß
auch die privilegierten Diebstahlsfälle Raub begründen, die
Privilegierung aber unerheblich ist, ist nunmehr durch die Neufassung auch gesetzlich festgelegt worden, indem nach § 12 StGB
die Kategorie der Übertretungen weggefallen ist und zum großen
Teil nach Art.13 EGStGB[2] in mit Buße belegbare Ordnungswidrig-
keiten umgewandelt wurde. Damit ist § 370 Abs.1 Nr.5 (Mundraub)
und § 370 Abs.1 Nr.2 (Wegnahme von Bodenbestandteilen) aufgehoben worden. An ihre Stelle und an diejenige des bisherigen
§ 248 a StGB (Notentwendung) ist auf Grund von Art.18 Nr.123
EGStGB die Neufassung von § 248 a getreten, die keinen privilegierten Tatbestand darstellt, sondern für Diebstahl (§ 242) und
Unterschlagung (§ 246) geringwertiger Sachen die Verfolgbarkeit
insofern einschränkt, als § 248 a StGB zum Antragsdelikt gemacht ist, soweit nicht die Strafverfolgungsbehörde wegen des
besonderen öffentlichen Interesses an der Strafverfolgung ein
Einschreiten von Amts wegen für geboten hält. "Geringwertige
Sachen" i.S. des § 248 a StGB sind solche, deren objektiver
Wert den Betrag von 40 DM nicht übersteigt.[3] Was den Haus- und
Familiendiebstahl (§ 247 StGB) betrifft, so ist dieser nach
der Neufassung nur auf Antrag verfolgbar, sofern durch einen
Diebstahl oder eine Unterschlagung ein Angehöriger oder der Vor-

---

[1] Die Vorschriften des Raubes richten sich gegen die persönliche Freiheit u n d das Vermögen.
[2] BGBl I 469, 472.
[3] AG Landstuhl MDR 75, 509 unter Ablehnung von Dreher 35.Aufl.
(1975) Anm.3 A zu § 248 a StGB, der die Grenze bei etwa 30 DM
zieht.

mund verletzt oder der Verletzte mit dem Täter in häuslicher
Gemeinschaft lebt. Es handelt sich also hier um eine Verfol-
gungsbeschränkung, nicht mehr um einen speziellen Tatbestand.
Bezüglich der landesrechtlichen Forst- und Felddiebstähle ist
eine Änderung nicht eingetreten. Sie begründen daher bei Vorliegen der besonderen Voraussetzungen nach herrschender Meinung in Rechtsprechung und Schrifttum Raub. Die neue gesetzliche Regelung ist auch insofern gerechtfertigt, als der Raub
ein delictum sui generis gegenüber dem Diebstahl darstellt,
woran auch in den Strafgesetzbuch-Entwürfen von 1960 und 1962
festgehalten ist[1] und ferner das entscheidende Gewicht für
die Annahme eines Raubes in der Gewaltanwendung und nicht in
dem Gegenstand der Wegnahme zu sehen ist. Unbilligkeiten, auf
welche Hardwig aufmerksam macht, können, soweit sie nicht
durch Annahme mildernder Umstände behoben werden können, nur
im Gnadenwege beseitigt werden.

B) Der Tatbestand des Raubes, soweit er die
   materiellen Bestandteile des Diebstahls
   einschließt

Wie aus den bisherigen Ausführungen hervorgeht, schließt der
Raub trotz seiner nach deutschem Recht bestehenden rechtlichen
Selbständigkeit materiell einen Diebstahl ein. Es müssen also
alle Tatbestandsmerkmale des Diebstahls erfüllt sein.[2] Im Rahmen dieser Abhandlung ist es nicht möglich, auf alle Einzelheiten, die eine Erörterung des Diebstahlstatbestandes erfordert, einzugehen.[3] Die folgende Darstellung muß sich daher auf
die grundlegenden Gesichtspunkte, die zur Erläuterung des Raub-

[1] StGBE 1960 3.Abschn.2.Tit.; StGBE 1962 3.Abschn.2.Tit.; a.A.
   Hardwig (W.), Zur Systematik der Tötungsdelikte, GA 1954, 261.
[2] BGHSt 14, 386, 388; BGH MDR 65, 925; Schönke-Schröder 16.Aufl.
   (1972) Rdz.2 zu § 249; Maurach (R.), Deutsches Strafrecht Bes.
   T. 5.Aufl.(1971) S.247; Mezger-Blei 9.Aufl.(1966) S.153; Welzel (H.), Das deutsche Strafrecht 11.Aufl.(1969) S.359.
[3] siehe Hagel (K.), Der einfache Diebstahl im englischen und
   deutschen Recht. Eine rechtsvergleichende Studie, Berlin 1964
   S.257 ff.

- 271 -

tatbestandes erforderlich sind, beschränken.

I. Objektive Tatbestandsmerkmale

1. Wegnahme

Die Wegnahme i.S. des § 242 StGB besteht in dem Bruch fremden
und dem Erwerb eigenen Gewahrsams durch den Dieb.[1] Dabei ist
als Gewahrsam der von einem Herrschaftswillen getragene natürliche Besitz an der Sache i.S. der tatsächlichen Verfügungsmacht über dieselbe zu verstehen, die nach der herrschenden Le-
bensanschauung die Herrschaft über die Sache ermöglicht, mit
einer gewissen Festigkeit der Verfügungsmacht, der keine physischen oder verkehrsmäßigen Hindernisse entgegenstehen.[2] Im
Schrifttum finden sich entsprechende Begriffsbestimmungen des
Gewahrsams.[3] Zu dem Begriff des Gewahrsams, den Bruch desselben
und die Begründung neuen Gewahrsams durch den Gewahrsamsbrecher
hat sich der Bundesgerichtshof im Beschluß vom 6.10.1961[4] eingehend geäußert. Der Beschluß war durch eine Vorlage des OLG
Köln an den BGH nach § 121 Abs.2 GVG veranlaßt, da sich das OLG
Köln durch ein Urteil des OLG Hamm vom 10.6.1960[5] in seiner Entscheidung gehindert sah. In dem Beschluß ist im wesentlichen ausgeführt, daß die Wegnahme einer Sache und damit bei Vorliegen
der übrigen Tatbestandsmerkmale der Diebstahl vollendet sei, sobald der Gewahrsam des bisherigen Inhabers aufgehoben und die Sache in die tatsächliche Verfügungsmacht des Diebes gelangt sei. Die

---

[1] vgl. zum Begriff des Gewahrsams RG JW 1933, 962.

[2] RGSt 60, 272; 68, 324; 69, 80.

[3] Dalcke-Fuhrmann-Schäfer 37.Aufl.(1961) § 242 Anm.4 a; Lackner-
Maassen 7.Aufl.(1972) § 242 Anm.3 a; LK 9.Aufl.(1974) Rdz.1 ff.
zu § 242; Maurach (R.) & Schroeder (Fr.Chr.), Strafrecht. Bes.
Teil, Teilbd.1: Straftaten gegen Persönlichkeits- und Vermögenswerte. Ein Lehrbuch, 6.Aufl., Heidelberg - Karlsruhe 1977 S.279
ff.; Schönke-Schröder 19.Aufl.(1978) Rdz.14 zu § 242; Dreher 37
Aufl.(1977) Rdz.9 zu § 242; Blei (H.), Strafrecht II. Bes.T.
10 Aufl.(1976) S.152 f.

[4] BGHSt 16, 271, NJW 61, 2266.

[5] NJW 61, 328.

könne nach der unangefochtenen Rechtsprechung auch der Fall
sein, ohne daß die Sache von ihrem bisherigen Aufbewahrungs-
ort entfernt werde und ohne daß die vom Täter begründete Sachherrschaft gesichert sei. Auch eine nur ganz vorübergehende
Sachherrschaft sei Gewahrsam. Zwar anerkenne das OLG Hamm, daß
eine vollendete Wegnahme trotz Beobachtung des Täters vorliegen könne, es wolle aber der Beobachtung eine die Gewahrsams-
begründung ausschließende Wirkung verleihen, wenn sie "so anhaltend und aus solcher Nähe" geschehe, daß der Gewahrsamsinhaber oder andere für ihn jederzeit ohne Schwierigkeiten die
Verfügungsgewalt über die Sache ausüben könnten. Der Täter
solle dann selbst an Gegenständen, die er in die Taschen seiner Kleidung stecke, nur scheinbar Gewahrsam erlangen, da der
Berechtigte jederzeit in der Lage sei, die Gegenstände wieder
an sich zu nehmen. Diese Auffassung beruht nach Ansicht des
Bundesgerichtshofes auf einer Verkennung des Gewahrsamsbegrif-
fes. Zwar sei Gewahrsam tatsächliche Sachherrschaft. Ob sie vorliege, hänge aber nicht in erster Linie, jedenfalls nicht allein,
von der körperlichen Nähe zur Sache und nicht von der physischen
Kraft ab, mit der die Beziehung zur Sache aufrechterhalten werde oder aufrechterhalten werden könne. Vielmehr komme es für
das Bestehen der Sachherrschaft entscheidend auf die Anschauungen des täglichen Lebens an. Der Gewahrsamsbegriff sei wesentlich durch die Verkehrsauffassung bestimmt, wofür der Bundesgerichtshof unter anderem auf RGSt 43, 10, 13; 50, 183 und RG
GA 48, 311 verweist. Sie allein rechtfertige die Annahme, daß
ein Bauer Gewahrsam an seinem auf dem Feld zurückgelassenen
Pflug behalte, möge auch sein Hof weit entfernt liegen und der
Pflug dem Zugriff eines körperlich kräftigeren und näher woh-
nenden Nachbarn unmittelbar offenstehen. Das gleiche gelte für
Haustiere, die sich vorübergehend von dem Anwesen ihres Herrn
entfernt haben. Der Wohnungsinhaber auf Reisen bleibe Gewahrsamsinhaber nicht nur gegenüber Dritten, sondern auch im Verhältnis zu der die Wohnung bewachenden Hausangestellten. Zweifellos weise die Verkehrsauffassung auch demjenigen, der einen
Gegenstand in der Tasche seiner Kleidung mit sich trage, regelmäßig Gewahrsam zu, weil eine intensivere Herrschaftsbeziehung
kaum denkbar sei und vor allem der Ausschluß anderer besonders

deutlich zum Ausdruck komme. Freilich ergäben sich nach der
Verkehrsauffassung Ausnahmen. Wenn die Hausfrau der Hausangestellten Einkaufsgeld mitgebe oder den Auftrag erteile, ein
kleines Haushaltsgerät zur Reparatur abzugeben, so behalte sie
Gewahrsam am Geld oder Gerät;[1] allenfalls habe die Hausangestellte Mitgewahrsam daran. Dies liege daran, daß die Hausangestellte in ihrer Beziehung zur Sache von der Hausfrau nicht
nur abhängig sei, sondern auch abhängig sein wolle. Zueignungsabsicht sei aber gerade das Gegenteil solchen Abhängigkeitswil-
lens. Das gleiche gilt im allgemeinen, wie hier angefügt werden
mag, auch für die Angestellten eines Ladengeschäfts, wo der Ladenbesitzer Gewahrsamsinhaber an den zum Verkauf bestimmten Gegenständen bis zur Übergabe an den Käufer und die Bezahlung des
Kaufpreises bleibt, soweit es sich um einen Barkauf handelt.[2]
Stecke der Täter in einem Selbstbedienungsladen einen Gegenstand in Zueignungsabsicht in seine Kleidung, so schließe er
allein durch diesen tatsächlichen Vorgang die Sachherrschaft
des Bestohlenen aus und begründe eigenen ausschließlichen Gewahrsam daran. Eine etwaige Beobachtung ändere an der Vollzie-
hung des Gewahrsamswechsels nichts. Diebstahl sei keine heimliche Tat. Die Beobachtung, möge sie zufällig oder planmäßig, anhaltend oder nur vorübergehend sein, und eine körperliche Unter-
legenheit des Täters oder seine Bereitschaft zur Rückgabe gebe
dem Bestohlenen lediglich die Möglichkeit, den ihm bereits entzogenen Gewahrsam wiederzuerlangen. Dasselbe müsse gelten, wenn
der Täter in einem Selbstbedienungsladen Waren in Zueignungsabsicht in eine von ihm mitgeführte Hand-, Einkaufs-, Akten- oder
ähnliche Tasche gesteckt habe. Zwar müsse nicht notwendig in
dem bloßen, den Abtransport vorbereitenden Einpacken des Diebesgutes die Begründung eigenen Gewahrsams durch den Täter erblickt werden, wie die Entscheidung des Bundesgerichtshofes in
LM Nr.18 zu § 243 Abs.1 Ziff.2 StGB[3] zeige, wo der Täter nach
dem Einbruch in eine Gastwirtschaft zunächst mehrere Sachen in

---

[1] Die Hausangestellte ist solchenfalls Gewahrsamshalterin für
die Hausfrau.
[2] RGSt 77, 34; Welzel (H.), Der Gewahrsamsbegriff und die Diebstähle in Selbstbedienungsläden, GA 1960, 268.
[3] siehe auch NJW 60, 542.

seine Aktentasche gesteckt habe, sich aber dann schlafen gelegt habe und so am anderen Morgen hinter der Theke aufgefun-
den worden sei. Dies seien aber Umstände, die mit einer Entwendung in einem Selbstbedienungsladen nicht vergleichbar sei-
en. Der Täter bereite hier nicht erst durch das Verpacken der
Ware ihre Mitnahme vor, sondern das Einstecken diene zugleich
dem Verbergen vor möglichen Beobachtern, weil der Täter hoffe,
alsbald ungehindert den Laden verlassen zu können. Damit aber
bringe er die Waren, mag er beobachtet werden oder nicht, in
gleicher Weise in seinen ausschließlichen Herrschaftsbereich
wie beim Einstecken in seine Kleidung. Der BGH vermöge daher
der für einen solchen Fall im Urteil des OLG Düsseldorf vom
10.5.61 (NJW 61, 1368) vertretenen Auffassung nicht zu folgen.[1]
Auch in der Entscheidung RGSt 52, 78 habe das Reichsgericht im
Falle eines Warenhausdiebstahls sich dahin geäußert, daß die
Wegnahme der entwendeten Schuhe mit dem Verstecken unter dem
Mantel vollendet gewesen sei, auch wenn der Diebstahl beobachtet worden sei. Daß das Reichsgericht dabei nur die Verhältnisse eines großstädtischen Warenhauses im Auge gehabt habe,
in dem der Täter jederzeit in der Menge habe verschwinden können, wie unter anderem das OLG Hamm (NJW 54, 523) und das OLG
Hamburg (NJW 60, 1920) annahmen, treffe nicht zu, wie aus der
Urteilsbegründung deutlich hervorgehe und auch in der Entscheidung RGSt 53, 144 bestätigt werde, wo im Falle eines Diebstahls
von Altarkerzen die Tatsache der Beobachtung schlechthin für
unerheblich erklärt wurde. Die abweichende Entscheidung in RG
GA 69, 102 sowie die anderen Entscheidungen, in denen die Täter beim Bereitstellen der umfangreichen oder schwer transpor-
tierbaren Diebesbeute, wie z.B. beim Einfüllen von Getreide in
Säcke oder von Flüssigkeiten in Behältnisse, überrascht wurden
(vgl. RGSt 7, 539; RG Urt.v.1.3.18 - IV 64/18, erwähnt in RGSt
66, 394; RG JW 1934, 1358) und außerdem die Entscheidung RGSt
66, 394 stünden, da sie alle auf die besonderen Umstände des konkreten Falles abgestellt seien, der im obengenannten Beschluß
des BGH vertretenen Auffassung nicht entgegen. Später freilich

---

[1] Nach diesem Urteil begründet der Täter, wenn er bei der Wegnahme "so anhaltend und aus solcher Nähe beobachtet wird, daß

habe das Reichsgericht anscheinend geglaubt, den oben erwähnten Entscheidungen RG GA 69, 102 und RGSt 66, 394 den allgemeinen Grundsatz entnehmen zu müssen, daß die Beobachtung der Wegnahme stets von Bedeutung sei. Hierauf jedenfalls deuteten die Ausführungen in RGSt 76, 131 hin, wo es heißt, daß die Annahme, daß der angeklagte Postbeamte bereits durch die Ansichnahme von zwei Postsendungen eigenen Gewahrsam begründet habe, dadurch nicht ausgeschlossen werde, daß er von einer Behördenangestellten beobachtet worden sei, weil die Angestellte weder die Aufgabe noch die Möglichkeit und auch nicht den Willen gehabt habe, die Verfügung des Angeklagten über die Gegenstände zu verhindern und darauf hinzuwirken, daß der Gewahrsam des Behördenvorstandes bestehen bleibe. Ein solcher allgemeiner Grundsatz sei jedoch mit den Entscheidungen RGSt 52, 75 und 53, 144 nicht mehr in Einklang zu bringen. Er sei auch mit der Rechtsprechung über § 252 StGB unvereinbar, bei dem die Frage der Vollendung des Diebstahls für die Abgrenzung vom Raub entscheidend ist; denn räuberischer Diebstahl sei nur gegeben, wenn die Wegnahme bei der Gewaltanwendung bereits vollendet war, sonst liege Raub vor. Da andererseits § 252 StGB das Betroffenwerden auf frischer Tat, also Beobachtung voraussetze, wäre seine Anwendung sehr eng beschränkt, falls diese Beobachtung die Vollendung ausschließe. Das Gegenteil sei nach der Rechtsprechung der Fall, wie insbesondere aus RGSt 73, 343 zu entnehmen sei. Die oben dargelegte Auffassung des Bundesgerichtshofes liege übrigens schon einigen Entscheidungen des Bundesgerichtshofes zugrunde, wie dem Urteil vom 18.9.57 - 2 StR 297/57, wo eine Verurteilung wegen vollendeten Diebstahls in dem Falle gebilligt wurde, in dem der Täter einem Panzerschrank Lohntüten entnommen und in seine Tasche gesteckt hatte, obwohl er beim Einstecken der Beute überrascht und gestellt wurde. In derselben Richtung bewege sich das Urteil vom 20.9.60 - 5 StR 328/60, wo ausgeführt ist, daß der am Tatort festgenommene Täter bereits Gewahrsam an zwei Ringen erlangt hatte, die er sich an die Finger gesteckt hatte. Auch das Urteil

---

der Gewahrsamsinhaber oder andere für ihn tatsächlich ständig und ohne Schwierigkeit die Verfügungsgewalt über die Sache betätigen können oder wollen", keinen eigenen Gewahrsam und macht sich mit der Ansichnahme der Sache nur eines versuchten Diebstahls schuldig.

des BGH vom 28.9.56 - 5 StR 236/56, mitgeteilt von Dallinger in
MDR 57, 141, und das weitere Urteil des BGH vom 30.4.53 - 5 StR
941/52, BGHSt 4, 199, NJW 53, 1271 stünden dem oben ausgesprochenen Rechtsstandpunkt des BGH nicht entgegen. Das erstgenannte
Urteil, das im Ergebnis vollendeten Diebstahl feststellte, hätte
auch nach der im vorliegenden Beschluß dargelegten Rechtsauffassung des BGH zu demselben Resultat geführt, weil die von ein-
griffsbereiten Kriminalbeamten beobachteten Täter die einem Spiel-
automaten entnommenen Geldstücke bereits in ihre Taschen gesteckt
und damit eigenen ausschließlichen Gewahrsam begründet hatten.
Auch dem zweiten Urteil wäre im Ergebnis beizupflichten, weil die
Tat bei einer sogenannten Diebesfalle wegen Einwilligung des Berechtigten begrifflich nur bis zum Versuch gedeihen könne, wie
in genannter Entscheidung ausdrücklich erwähnt sei (vgl. dazu bereits RGSt 1, 63; 53, 338). Die im Beschluß des BGH vom 6.10.61[1]
vertretene Auffassung wurde in einem weiteren Beschluß vom 13.4.
62[2] und im Urteil vom 25.6.69[3] bestätigt. Anders liegt der Fall,
wenn die vom Täter an sich genommene Ware in den vom Geschäftsinhaber zur Verfügung gestellten Drahtkorb gelegt ist. Hier behält der Ladenbesitzer den Gewahrsam an der Ware, bis sie an der
Kasse von einem Angestellten dem Kunden zum alleinigen Gewahrsam
übertragen wird. Der Auffassung des Bundesgerichtshofs stimmt
auch Cordier[4] zu, der dem Täter mit dem Einstecken der Ware ebenfalls Gewahrsam zuerkennt, ohne Rücksicht darauf, ob derselbe
bei der Wegnahme beobachtet wurde oder nicht. Sofern im ersteren
Falle der den Dieb beobachtende Geschäftsinhaber diesem die Ware wieder abnimmt, tut er es nicht aus dem Grunde, daß er noch
Gewahrsamsinhaber daran geblieben war, sondern weil er nach
§ 859 Abs.2 BGB und die Polizei nach § 102 StPO berechtigt war,
den vom Täter erworbenen Gewahrsam zu brechen.[5] Zu demselben
Ergebnis kommen auch Welzel[6] und Wimmer.[7] Im Gegensatz hierzu

[1] BGHSt 16, 272 ff.
[2] BGHSt 17, 208 f.
[3] BGHSt 23, 254 f.; ebenso BGH GA 1963, 147; 1969, 91 f.; OLG
    Köln Vorlegungsbeschluß NJW 61, 1136; KG JR 61, 271; OLG
    Braunschweig NJW 66, 1528; OLG Celle JZ 67, 504.
[4] Cordier (F.), Diebstahl oder Betrug in Selbstbedienungsläden,
    NJW 61, 1340; vgl.auch BGH GA 1969, 91 f., Dallinger MDR 69,
    359.
[5] vgl. RGSt 72, 75; 53, 144; BGH MDR 57, 141.
[6] Welzel (H.), Der Gewahrsamsbegriff S.257 ff.; ders., Anm.zu
    Urt.d.OLG Hamm v.10.6.60, NJW 61, 328 f. und Anm.zu Urt.d.
    OLG Düsseldorf v.10.5.61, GA 1961, 350.
[7] Wimmer (A.), Diebstahl mittels Verbergens, NJW 62, 611, 614.

nehmen Huschka[1] und Schröder[2] einen abweichenden Standpunkt
ein. Ersterer macht geltend, daß bei einem kleineren Selbstbedienungsladen im Gegensatz zu einem großstädtischen Warenhaus
dem die Wegnahme beobachtenden Ladenbesitzer bzw. seinen Angestellten die Einwirkungsmöglichkeit auf die Sache noch nicht
genommen und daher ein vollendeter Diebstahl oder Mundraub
nicht gegeben sei. Er will in dem Vorzeigen der Ware an der
Kasse unter Verschweigen der versteckten Sache einen Betrug
bzw., da die Wegnahme vom Ladenbesitzer beobachtet wurde und
dieser daher nicht getäuscht wurde, nur einen versuchten Betrug i.S. von §§ 263, 73 StGB als gegeben erachten. Schröder
räumt ein, daß die vom Bundesgerichtshof vertretene Auffassung
heute als festgefügt anzusehen ist, obwohl sie nach wie vor
von ihm selbst angezweifelt wird.[3] Er meint, daß, falls man
eine vollendete Wegnahme immer schon dann als vorliegend erach-
te, wenn der Täter die an sich genommene Sache in die Tasche
gesteckt oder sie sonst in seine enge körperliche Sphäre gebracht habe, dies in Widerspruch zu den tatsächlichen Verhältnissen stehe. Es könne z.B., wenn ein Dieb in einen Raum ein-
dringe, dessen Türen sich auf Grund einer Alarmvorrichtung
durch Eisengitter schließen, für den Gewahrsam nichts ausmachen, ob er das Diebesgut in die Tasche steckt oder nicht. Meines Erachtens schließt dieser Umstand aber die Vollendung der
Wegnahme durch Einstecken des Beutegutes nicht aus. Die Unmöglichkeit des Entweichens zwingt vielmehr lediglich den Dieb,
dem bisherigen Gewahrsamsinhaber den Gewahrsam an der weggenommenen Sache wieder einzuräumen, und verschafft diesem so die
Möglichkeit, unter Umständen unter Anwendung von Gewalt, den
gebrochenen Gewahrsam wieder auszuüben.[4] Auch der weitere von
Schröder angeführte Fall, in dem der Täter die weggenommenen
Kleidungsstücke bereits angezogen hatte, dürfte für die Auffassung des Autors nicht schlüssig sein, da in diesem Fall der Geschäftsinhaber jedenfalls einen Mitgewahrsam an der Diebesbeute solange behält, bis der Täter den Laden verläßt, da erst in

---

[1] Huschka (H.), Diebstahl oder Betrug im Selbstbedienungsladen?,
  NJW 60, 1189 f.
[2] Schröder (H.), Anm.zu Urt.des OLG Celle v.16.3.67, JR 67, 392.
[3] Schönke-Schröder 16.Aufl.(1972) Rdz.35 zu § 242; jetzt ebenso
  Eser in Schönke-Schröder 19.Aufl.(1978) Rdz.35 zu § 242.
[4] vgl. RG GA 69, 103.

diesem Moment der Gewahrsamsbruch und die Begründung eigenen
ausschließlichen Gewahrsams durch den Täter vollendet ist. In
dem Urteil vom 2.4.63[1] hat allerdings der Bundesgerichtshof
in einem Fall von Einbruchdiebstahl, der aber mit einem Diebstahl in einem Selbstbedienungsladen nicht verglichen werden
kann und darf, angenommen, daß das Einstecken der Beute durch
den Täter, solange er sich noch in der Wohnung befinde, bei
der allgemein naheliegenden Gefahr, durch den Wohnungsinhaber
überrascht und in der Ausübung der Herrschaft über die einge-
steckte Sache behindert zu werden, nach der Anschauung des
täglichen Lebens keine Vollendung der Wegnahme und daher keinen vollendeten Diebstahl begründet habe, vielmehr der Ge-
wahrsamswechsel an der Diebesbeute erst in demjenigen Zeitpunkt vollzogen worden sei, in welchem der Täter das Haus verlassen und den Hof betreten habe. Bemerkt mag noch werden, daß
eine vollendete Wegnahme ausnahmsweise auch schon im bloßen
Verbergen der Diebesbeute dann gefunden werden kann, wenn dadurch dem bisherigen Gewahrsamsinhaber die Verfügungsmacht über
die Sache entzogen ist, wie z.B. wenn das Dienstmädchen das dem
Dienstherrn entwendete Tafelgeschirr in ihrem im Dienstboten-
zimmer befindlichen Koffer unter ihrer Unterwäsche versteckt.[2]
Im übrigen aber liegt in dem bloßen Verbergen einer Sache zum
Zweck späteren Wegbringens regelmäßig keine vollendete Wegnahme
und daher auch kein vollendeter Diebstahl.[3] Bei Fahrzeugen wird
die Wegnahme erst dadurch vollendet, daß sie vom Parkplatz
fortbewegt werden, d.h. in Gang gesetzt werden, und die Möglichkeit besteht, sie alsbald in den fließenden Verkehr zu bringen.[4]
Einen Streitpunkt bildete seit langem die Frage, ob zur Erlangung von Gewahrsam an einer Sache ein Herrschafts- oder Beherrschungswille notwendig ist. Während im älteren Schrifttum ein
solcher tatsächlicher Beherrschungswille verneint und im Gewahrsam nur ein faktischer, vom Wissen und Willen unabhängiger

---

[1] JR 63, 466.
[2] BGH Urt.v.26.9.61 - 5 StR 386/61 unter Hinweis auf RGSt 53,
175 und BGHSt 4, 133; vgl.auch Maurach (R.), Deutsches Strafrecht 4.Aufl.(1964) S.197 und Wimmer (A.) a.a.O. S.611.
[3] BGH NJW 55, 71; BGH NJW 60, 542, MDR 60, 327.
[4] BGHSt 18, 69, VRS 13, 350; HansOLG MDR 70, 1027.

Zustand gesehen wird,[1] einer Auffassung, der sich auch das Reichsgericht in seinen älteren Entscheidungen im Gegensatz zum Reichsmilitärgericht[2] angeschlossen hatte,[3] hat sich dasselbe in Übereinstimmung mit der Literatur[4] in den späteren Entscheidungen dazu bekannt, daß der Gewahrsam von einem selbständigen natürlichen Herrschaftswillen getragen sein muß.[5] Auch der Bundesgerichtshof[6] verlangt für die Begründung des Gewahrsams an einer Sache ein tatsächliches, wenn auch nicht rechtlich relevantes Herrschaftsverhältnis. Es kann daher auch ein Kind oder ein Geisteskranker Gewahrsam an einer Sache erwerben, besitzen und aufgeben, sofern sie körperlich in der Lage sind, die Ausübung der tatsächlichen Herrschaft über eine Sache zum Ausdruck zu bringen.[7] Aus dem Erfordernis des Herrschaftswillens folgt, daß zu der Begründung des Gewahrsams Kenntnis von dem Herrschaftsverhältnis vorhanden sein muß.[8] Freilich muß sich diese Kenntnis nicht auf die einzelne konkrete Sache beziehen, wenn nur ein für ausreichend erachteter genereller Beherrschungswille gegeben ist.[9] Zur Aufrechterhaltung des erlangten Gewahrsams ist allerdings ein solches Bewußtsein der Sachherrschaft nicht unbedingt erforderlich, so daß auch bei einem vorübergehend bewußtlosen Gewahrsamsinhaber das Fortbestehen des Gewahrsams anzuerkennen ist,[10] wie dies z.B. bei einem Mann zutrifft, der im Park auf einer Bank eingeschlafen ist. Im übrigen darf noch bemerkt

---

[1] Olshausen (J.v.), Komm.z.StGB 12.Aufl., 3.Lief.(1944), § 242 Anm.14 a.
[2] RMG 20, 297.
[3] RGSt 3, 204; 23, 76; 37, 202; 50, 48; 54, 232, 346; 55, 220; 56, 207.
[4] Binding (K.), Lehrbuch des Gemeinen Deutschen Strafrechts, Bes.Teil, Bd.1, Leipzig 1902 S.286 mit Anm.5 und S.243; Frank (R.), Das Strafgesetzbuch für das Deutsche Reich 2.Aufl., Leipzig 1901 § 242 Anm.IV.
[5] RGSt 60, 272; 68, 324; 69, 80; vgl.auch LK 9.Aufl.(1974) Rdz. 1 zu § 242.
[6] BGHSt 8, 73; ebenso BGH GA 1962, 78; siehe auch Eser in Schönke-Schröder 19.Aufl.(1978) Rdz.20-22 zu § 242; Dreher 37.Aufl. (1977) Rdz.11 zu § 242.
[7] RGSt 2, 334; vgl.auch OLG Hamburg MDR 47, 35.
[8] RGSt 77, 34.
[9] RGSt 70, 202.
[10] BGHSt 4, 199.

werden, daß ein Wegnehmen - anders als bei freiwilliger Aufgabe des Gewahrsams - dadurch nicht entfällt, daß der Gewahrsamsinhaber lediglich dem Zwang weicht und die Gewahrsamsentziehung duldet, weil er glaubt, sie nicht verhindern zu können.[1] Zur Begründung eines vollendeten Diebstahls genügt für die Wegnahme ein bloßes Berühren des Diebstahlsgegenstandes (Kontrektationstheorie) nicht, verlangt ist aber auch keine "Entfernung aus dem Zugriffsbereich des bisherigen Gewahrsamsinhabers" (Ablationstheorie) und noch weniger eine "Sicherung und Bergung" des Diebstahlsobjekts (Illationstheorie); vielmehr stellt das deutsche Recht nach der herrschenden Meinung in Rechtsprechung und Schrifttum[2] auf ein "Wegnehmen", d.h. ein Ergreifen und Festhalten der Diebesbeute i.S. des nach den früheren Ausführungen notwendigen Bruchs des fremden und Begründung des eigenen Gewahrsams durch den Täter (Apprehensionstheorie) ab. Keine vollendete Wegnahme und daher nur versuchter Diebstahl ist in dem Falle anzunehmen, in dem der Täter die an sich genommene Beute verbirgt, um sie später wegzuschaffen,[3] es sei denn, daß ausnahmsweise das Verstecken der Sache in einer Weise erfolgt, daß dadurch die Verfügungsmacht des bisherigen Gewahrsamsinhabers ausgeschlossen wird,[4] was nach Maurach[5] immer dann zutreffen soll, wenn die Sache an einem dritten Ort verborgen wird. Während die Wegnahme i.S. des § 242 StGB bereits begonnen ist, sobald der fremde Gewahrsam beeinträchtigt ist, wie z.B. dadurch, daß ein Begleiter des zu Beraubenden gewaltsam verjagt wird,[6] ist die Wegnahme nach dem Ausgeführten mit dem Bruch des fremden und dem Erwerb des eigenen Gewahrsams durch den Täter auch dann schon vollendet, wenn die Sache sich zwar noch im Bereich des Angegriffenen befindet, dieser aber nur mit Gewalt den Willen, über die Sache

---

[1] RG GA 69, 102; HESt 2, 16; BGH bei Dallinger MDR 70, 601; OLG Hamburg MDR 60, 780; OLG Braunschweig NdsRpfl 47, 24; 48, 183.
[2] RGSt 52, 76; RG GA 69, 103; BGHSt 16, 272, NJW 61, 2266, MDR 62, 67; BGHSt 17, 206; 20, 196; OLG Karlsruhe Justiz 72, 361; Eser in Schönke-Schröder 19.Aufl.(1978) Rdz.27 zu § 242; Welzel (H.), Das deutsche Strafrecht 11.Aufl.(1969) S.349; Maurach (R.), Deutsches Strafrecht Bes.T. 5.Aufl.(1971) S.206; Dreher 37.Aufl.(1977) Rdz.14 zu § 242.
[3] BGH NJW 55, 71; NJW 60, 542, MDR 60, 327.
[4] BGH Urt.v.26.9.61 - 5 StR 386/61 unter Hinweis auf RGSt 53, 175 und BGHSt 4, 133.
[5] Maurach (R.), S.207.
[6] BGHSt 3, 297; Dalcke-Fuhrmann-Schäfer 37.Aufl.(1961) Anm.3 zu § 249.

zu verfügen, durchsetzen könnte.[1] Mit der Vollendung der Wegnahme i.S. des Diebstahlstatbestandes ist dieselbe aber nicht
schon ohne weiteres beendet. Über die Beendigung der Tat bei
Diebstahl und Raub und ihre Abgrenzung gegenüber der tatbestandsmäßigen Vollendung hat sich der Bundesgerichtshof schon
wiederholt, so insbesondere in der Entscheidung vom 6.April
1965[2] ausgesprochen. Darin ist unter anderem ausgeführt: "Eine Sache ist weggenommen und der Raub vollendet, wenn der Gewahrsam des bisherigen Inhabers aufgehoben und die Sache in
die tatsächliche Verfügungsmacht des Räubers gelangt ist. Ob
dies im Einzelfall zutrifft oder nicht, hängt von den Anschauungen des täglichen Lebens ab. Die Umstände, daß die Sache aus
dem Hause, in dem sie aufbewahrt wurde, noch nicht entfernt
worden ist und daß der vom Täter begründete neue Gewahrsam
noch nicht gesichert ist, schließen allein die Annahme einer
vollendeten Wegnahme und damit eines vollendeten Raubes nicht
aus (RGSt 62, 75; BGHSt 16, 271, MDR 62, 67; BGHSt 17, 206,
MDR 62, 590; BGH Urt.v.26.5.64 - 1 StR 108/64). Eine Wegnahme
von Geld und Überlegenheit des Täters deutet darauf hin, daß
der Gewahrsam der Opfer bereits gebrochen und daß der Täter
schon eigenen Gewahrsam begründet hatte, als Opfer und Täter
im Hausflur wieder zusammentrafen, nachdem erstere sich aus
dem Keller, in den der Täter sie eingeschlossen hatte, wieder
freigemacht hatten. Zwar war die Straftat in diesem Zeitpunkt
vollendet, aber noch nicht beendet. Der Täter hatte die gewaltsame Wegnahme des fremden Geldes noch nicht abgeschlossen. Er
befand sich noch im Hause der Beraubten und wollte gerade das
Anwesen verlassen und die soeben erlangte Herrschaft an dem
Geld festigen und sichern und so seine Zueignungsabsicht weiter verwirklichen. Damit hatte er die Wegnahme der Geldscheine jedenfalls nicht beendet (BGHSt 4, 132, 133; BGHSt 6, 248,
251; ferner RGSt 74, 175, 176). Dies hatte zur Folge, daß der
Räuber auch noch das erschwerende Merkmal des Führens einer
Waffe verwirklichen konnte und sich so eines erschwerten Rau-

---

[1] RG JW 1933, 962; Dalcke 37.Aufl.(1961) Anm.3 zu § 249.
[2] BGHSt 20, 194, MDR 65, 498, NJW 65, 1235.

bes schuldig machte (§ 250 Abs.1 Ziff.1 StGB), da für die Anwendung der genannten Bestimmung genügt, wenn der Täter vor Beendigung des Raubes, also während des ganzen Tatherganges, eine Waffe bei sich führt". Gegen diese schon vom Reichsgericht vertretene Rechtsprechung des Bundesgerichtshofes wendet sich Isenbeck.[1] Auch er hält es zwar für richtig, grundsätzlich die Beendigung einer Straftat von ihrer Vollendung zu unterscheiden, zumal diese Unterscheidung für die Möglichkeit einer Teilnahme, für das Hinzutreten gesetzlich bestimmter Strafschärfungsgründe und für den bei Verjährung und Amnestie entscheidenden Stichtag von Bedeutung ist. Er hält es aber für geboten, den Unterschied zwischen Vollendung und Beendigung eines Delikts nur bei solchen Delikten anzuerkennen, die in mehreren Teilhandlungen begangen werden, sowie bei Dauerdelikten, wie z.B. bei Freiheitsberaubung durch Einsperren des Opfers, da hier die Freiheitsentziehung solange andauert, bis das Opfer die Freiheit wiedererlangt. So sei Diebstahl bereits vollendet, wenn der Täter einen Teil der Sachen, auf deren Wegnahme er es abgesehen hat, in Zueignungsabsicht an sich gebracht hat. Er sei aber noch nicht beendet, wenn der Täter seinem Plan gemäß weitere Sachen wegnimmt, da der Diebstahlstatbestand nach Wegnahme der ersten Sachen von dem Täter weiter verwirklicht wird. In dieser Zeit könne die Tat noch zu einem schweren Diebstahl oder Raub werden, indem der Täter die letzten Sachen unter Mitführen von Waffen oder unter Anwendung von Gewalt wegnimmt. Auch könne sich noch ein anderer als Mittäter oder Gehilfe beteiligen.[2] Der Bundesgerichtshof gehe aber weiter und nehme an, daß der Diebstahl auch dann zwar vollendet, aber noch nicht beendet sei, wenn der Täter bereits alle Sachen weggenommen, die Beute aber noch nicht an ihren Bestimmungsort geschafft habe,[3] mit ihr unmittelbar nach der Tat flüchte[4] oder die Sachherrschaft noch durch Verlassen

---

1 Isenbeck (H.), Beendigung der Tat bei Raub und Diebstahl, NJW 65, 2326 ff.
2 vgl.RGSt 71, 194 bei Brandstiftung an mehreren Gebäuden.
3 BGHSt 4, 132, NJW 53, 992.
4 BGHSt 6, 248, NJW 54, 1495.

des Tatorts festigen und sichern, also seine Zueignungsabsicht noch weiter verwirklichen wolle. Damit sei die
Wegnahme noch nicht beendet gewesen.[1] Der Bundesgerichtshof geht, wie Isenbeck weiter ausführt, also davon aus,
daß mit der tatbestandsmäßigen Vollendung das Delikt des
Diebstahls bzw. Raubs noch nicht beendet sei, solange das
Verhalten des Täters "als natürliches Ganzes noch äußerlich ungetrennt sich abspielt".[2] Er betrachte so den
ganzen Tathergang als maßgebend für die Beendigung der
Straftat. Dabei ist, wie der Bundesgerichtshof ausführt,
als "Tathergang nicht nur die Verwirklichung der Tatbestandsmerkmale bis zur Vollendung des Raubes zu verstehen,
sondern das ganze Geschehen bis zu dessen tatsächlicher
Beendigung".[3] Auch in dem Beschluß des BGH vom 13. April
1962[4] und in dem Urteil des BGH vom 26. Mai 1964[5] ist an
dieser Auffassung, die schon vom Reichsgericht außer in
der schon oben erwähnten Entscheidung RGSt 71, 194 bereits
in dem Urteil RGSt 52, 75 vertreten wurde, festgehalten
worden. Das Urteil des Bundesgerichtshofs vom 13. Oktober
1959[6] stehe, wie dieser ausführt, dem nicht entgegen, da
es sich hier um das Führen einer Waffe handelte, die der
Täter erst während des Raubes, aber vor dessen Vollendung
ergriffen hatte. Isenbeck wendet aber gegen die Rechtsauffassung des Bundesgerichtshofes weiter ein, daß hierdurch
die Grenze zwischen Beihilfe und sachlicher Begünstigung
nach § 257 StGB verwischt werde, indem nur die Hilfeleistung
zur Wegnahme Beihilfe, die Unterstützung der Bemühungen des
Diebes um die weitere Festigung und Sicherung des durch die
Wegnahme gewonnenen Gewahrsams aber nur Begünstigung sein
könne. Diesem Einwand gegenüber erklärte der Bundesgerichtshof schon in seinem Urteil vom 23. April 1953[7] eine Beihilfe

---

[1] BGHSt 20, 194.
[2] RGR 5, 558.
[3] BGHSt 16, 271, MDR 62, 67.
[4] BGHSt 17, 206, MDR 62, 590.
[5] 1 StR 108/64.
[6] BGHSt 13, 259.
[7] BGHSt 4, 132.

zum Diebstahl auch noch für möglich, wenn der Dieb die Sache
bereits weggenommen habe, indem er für die Abgrenzung zwischen
Beihilfe und Begünstigung auf die Vorstellung und den Willen
des Täters abstellt, mit denen dieser seinen Beistand leistet.
Entscheidend ist nach der Ansicht des Bundesgerichtshofes, ob
der Täter dem Dieb die schon erlangten Vorteile der Straftat
sichern oder ihm zu der noch ausstehenden Verwirklichung des
Diebstahls Hilfe leisten wolle. Zwar bezeichnet Isenbeck dieses Kriterium nicht für brauchbar, räumt aber ein, daß nicht
zu bestreiten sei, daß der Wortlaut des Gesetzes in § 243 Abs.1
Nr.5 StGB und in § 250 Abs.1 Nr.1 StGB i.d.F. vom 25.8.53[1] nicht
ausschließe, unter der Tat mehr als die reine Diebstahls- oder
Raubhandlung zu verstehen. Wenn aber der Bundesgerichtshof im
Urteil vom 6.4.1965[2] seine Auffassung mit dem Zweck des § 250
Abs.1 Nr.1 StGB begründe, indem er geltendmache, daß die besondere Gefährlichkeit des Täters nach § 250 Abs.1 Nr.1 StGB i.d.
F. vom 25.8.53[3] auch gegeben sei, wenn der Täter erst in unmittelbarem Anschluß an die eigentliche Wegnahmehandlung eine Waffe bei sich führe, so hält Isenbeck diese Begründung nicht für
stichhaltig, da der Täter bei der Wegnahme regelmäßig größere
Schwierigkeiten zu überwinden habe als bei dem sich anschlies-
senden Abtransport der Beute. Dies gelte erst recht für den
Raub, wo der Täter beim Fliehen viel seltener Gebrauch von einer Waffe mache als bei der Wegnahme, bei der er dem Opfer unmittelbar gegenüberstehe. Gegen die Auffassung des Bundesgerichtshofes wendet Isenbeck vor allem die Unmöglichkeit einer
scharfen Abgrenzung des Tatbegriffs ein. Er gibt zwar zu, daß
der durch das Urteil vom 6.4.1965 entschiedene Fall, in welchem der Täter erst nach der Wegnahme beim Abtransport der
Beute eine Waffe an sich nahm, einem praktischen Bedürfnis ent-

---

[1] ersetzt durch § 244 Abs.1 Nr.1 bzw. § 244 Abs.1 Nr.2 und
§ 250 Abs.1 Nr.1 bzw. § 250 Abs.1 Nr.2 StGB i.d.F. vom 1.
1.1975.

[2] BGHSt 20, 196 f., NJW 65, 1236.

[3] ersetzt durch § 250 Abs.1 Nr.1 bzw. § 250 Abs.1 Nr.2 StGB
i.d.F. vom 1.1.1975.

spreche, ist aber der Meinung, daß der Bundesgerichtshof bei
Anwendung des § 252 StGB zu demselben Ergebnis gekommen wäre.
Auch der Räuber sei als Dieb i.S. des § 252 StGB anzusehen.
Wende er nach der Tat, aber noch auf frischer Tat betroffen,
Gewalt oder Drohungen gegen Leib oder Leben an, um sich im Besitz des geraubten Gutes zu erhalten, so sei er ebenso wie der
Dieb unter Ansehung der §§ 249 bis 251 StGB gleich einem Räuber
zu bestrafen, nämlich so, als wenn seine Verteidigung des räu-
berisch erlangten Gewahrsams Wegnahme wäre, so daß die erschwerenden Umstände des § 250 Abs.1 Nr.1 StGB die Tat noch an
dieser Stelle zu einem nach § 250 StGB zu bestrafenden Verbrechen machen.

2. Objekt der Wegnahme

Der Raub verlangt nach deutschem Recht die Wegnahme einer beweglichen Sache. Nach der herrschenden Meinung bestimmt sich
der Begriff der Sache strafrechtlich nicht nach § 90 BGB, sondern lediglich nach der Anschauung des täglichen Lebens und es
ist darunter entsprechend dem natürlichen Wortlaut und dem gewöhnlichen Sprachgebrauch ein "körperlicher Gegenstand" oder
doch ein "Körper im physikalischen Sinne" zu verstehen.[1] Deshalb können Forderungen, die nicht in Wertpapieren verkörpert
sind, nicht Gegenstand von Diebstahl oder Raub sein. Ebenso sind
auch bloße Naturkräfte wie Elektrizität keine Sache und daher
auch nicht Diebstahlsobjekt. Die Entziehung von Elektrizität ist
deshalb unter besondere Strafbestimmung gestellt worden.[2] Dies
müßte auch für andere wirtschaftlich verwertbare Energien, wie
z.B. die Atomkraft, geschehen. Auch im Strafgesetzbuch-Entwurf
von 1960 ist in § 243, wo übrigens in Abweichung vom Diebstahlstatbestand Bereicherungsabsicht verlangt ist, eine entsprechende Bestimmung für die Entziehung elektrischer Energie vorgesehen.

[1] Hagel (K.), Der einfache Diebstahl S.290 mit Anm.1116 und
1117; a.A. Krey (V.) S.11; Schönke-Schröder 18.Aufl.(1976)
Rdz.3 zu § 242.
[2] § 248 c StGB, früher Gesetz betr.die Bestrafung der Entziehung
elektrischer Arbeit vom 9.4.1900 (RGBl 228) und danach § 248 c
StGB i.d.F. vom 25.8.53 und v. 1.9.69.

Beim Fehlen einer solchen Absicht, aber beim Vorliegen einer
Absicht, denjenigen, dem die Energie entzogen wird, zu schädigen, ist nach § 251 des genannten Entwurfs Sachentziehung
gegeben, die aber nach diesem Entwurf nicht unter den Titel
"Diebstahl und Unterschlagung", sondern unter den Titel "Sachbeschädigung und Sachentziehung" eingereiht ist, im Strafgesetzbuch i.d.F. vom 1.1.75 aber wieder als § 248 c in dem Abschnitt "Diebstahl und Unterschlagung" läuft. Da in § 242 bzw.
§ 249 StGB Beweglichkeit des Diebstahls- bzw. Raubobjekts, die
sich nicht nach bürgerlichem Recht, sondern nach ihrer tatsächlichen Fortbeweglichkeit bestimmt, vorausgesetzt ist, scheidet
Grund und Boden als Gegenstand von Diebstahl und Raub aus. Auch
Bodenbestandteile sind als Teil des Grund und Bodens nicht
stehlbar, es sei denn, daß sie vom Grundeigentümer oder einer
anderen Person getrennt und damit zu beweglichen Sachen geworden sind. Was den Diebstahl von Früchten, Pflanzen und deren
Erzeugnisse betrifft, so ist er nach landesgesetzlichen Vorschriften als Forst- oder Felddiebstahl strafbar. Nicht stehlbar sind herrenlose und derelinquierte Sachen. So sind wilde
Tiere, die sich ihrer natürlichen Freiheit erfreuen, wie Wild
im Wald, Fische in offenem Teich oder Fluß oder wildes Geflü-
gel, wie auch Kadaver wilder Tiere, weil herrenlos, nicht Gegenstand des Diebstahls. Sie unterliegen, soweit es sich um
jagdbare Tiere handelt, dem Aneignungsrecht des Grundeigentü-
mers oder des sonstigen auf Grund seines Nutzungsrechts Aneig-
nungsberechtigten. Ihre Aneignung ist als Jagd- oder Fischerei-
delikt strafbar.[1] Solche Tiere sind aber Gegenstand von Diebstahl bzw. Raub, sofern sie gezähmt sind oder eingesperrt gehalten werden und so einen Eigentümer haben und einen Wert aufweisen, wie Wild in geschlossenen Gehegen oder Fische in geschlossenen Gewässern. Entlaufene Tiere sind stehlbar, sofern
sie die Gewohnheit zur Rückkehr (animus revertendi) haben. Zahme Tiere und Haustiere sind Diebstahls- bzw. Raubobjekt.

---

[1] §§ 292 - 296 a StGB.

Die weggenommene Sache muß eine fremde sein, d.h. in fremdem
Eigentum stehen. Die Frage des fremden Eigentums an der Sache
bestimmt sich nach den einschlägigen Bestimmungen des bürgerlichen Rechts[1] oder des öffentlichen Rechts des Tatorts. Es
gibt kein besonderes strafrechtliches Eigentum. So ist z.B.
eine zur Sicherheit übereignete Sache für den Veräußerer eine
fremde Sache, die Gegenstand des Diebstahls und so auch des
Raubes sein kann. Andererseits können Gegenstände, die in niemandens Eigentum stehen, wie z.B. freie Luft und laufendes oder
stehendes Wasser, soweit sie nicht für Haushalts- oder Gewerbe-
zwecke in Röhren oder sonstigen Behältnissen gefaßt sind, ferner wildwachsende Pflanzen, nicht Objekt eines Diebstahls oder
Raubes sein. Bezüglich näherer Einzelheiten über den Diebstahlsgegenstand darf auf die eingehenden Ausführungen des Verfassers
an anderer Stelle[2] verwiesen werden. Interessehalber mögen nur
noch zwei, auf die zivilrechtlichen Eigentumsbestimmungen sich
gründende Fälle angefügt werden. In dem einen forderte eine Dirne für den Geschlechtsverkehr einen bestimmten Geldbetrag und
erhielt ihn auch von dem Liebhaber ausbezahlt. An dem für den
Geschlechtsverkehr bezahlten Entgelt erwarb die Dirne das Eigentum. Zwar war die Vereinbarung zwischen der Dirne und dem Liebhaber sittenwidrig und nach § 138 BGB nichtig, nicht aber die
Übergabe des Geldbetrages verbunden mit der stillschweigenden
Einigung über den Eigentumserwerb. Das dingliche Erfüllungsgeschäft war vielmehr rechtswirksam, worauf auch § 817 BGB hindeutet. Eine Ausnahme, in der bei Nichtigkeit des Verpflichtungsge-
schäfts zugleich die Unwirksamkeit der dinglichen Vermögensverschiebung gegeben ist, lag hier nicht vor. Dies wäre nur der
Fall gewesen, wenn die Vertragschließenden gerade die Wirksamkeit der dinglichen Vermögensverschiebung von der Wirksamkeit
des ihr zugrundeliegenden Verpflichtungsgeschäftes abhängig machen wollten, oder aber, wenn gerade der dingliche Vorgang als
solcher unsittlich wäre, wie z.B. bei wucherischer Hingabe ei-

---

[1] § 929 ff. BGB.

[2] Hagel (K.), Der einfache Diebstahl S.152 ff., 298 ff.

nes Darlehensbetrages. Durch gewaltsame, mit Drohung für Leib oder Leben erfolgte Wiederansichnahme des bezahlten Entgelts durch den Liebhaber nach Vollzug des Geschlechtsverkehrs ist daher vollendeter Raub begangen.[1] In dem anderen Falle wurde einem Häftling eine Goldplombe gewaltsam herausgebrochen und weggenommen. Der Bundesgerichtshof billigte im Urteil vom 3.6. 1958[2] die Verurteilung des Täters wegen Raubes. Er führte hierzu aus: Nach der in der Rechtslehre überwiegenden Meinung gehören Plomben und Brücken, sobald sie durch festes Einfügen ein Teil des natürlichen menschlichen Gebisses geworden sind, auf, fremde bewegliche Sachen i.S. des § 242 StGB zu sein, weil der lebende menschliche Körper nicht Gegenstand von dinglichen Rechten und auch nicht Sache im strafrechtlichen Sinne sein kann. Aber auch bei Billigung dieser Ansicht sei das Verhalten des Täters als Raub zu beurteilen. Zwar werde im Schrifttum vereinzelt die Auffassung vertreten, daß abgetrennte natürliche Teile des menschlichen Körpers, wie z.B. ein abgeschnittener Zopf, nicht ohne weiteres Eigentum dessen werden, zu dessen Körper sie bisher gehörten, sondern daß letzterem nur ein ausschließliches Aneignungsrecht daran zustehe.[3] Die weit überwiegende Meinung im Schrifttum spreche jedoch jener Person den Erwerb des Eigentums ohne eine besondere Aneignungshandlung schon vom Augenblick der Trennung vom Körper an zu.[4] Diese Auffassung begründet der BGH im einzelnen damit, daß auch für die strafrechtliche Betrachtung sich die Frage, wann und wie Eigentum an einer Sache erworben werde ausschließlich nach bürgerlichem Recht bestimme. Zwar enthalte das BGB keine ausdrückliche Bestimmung über das rechtliche Schicksal abgetrennter Körperteile. Daraus schließe Frank,[5] daß dieselben mit der Trennung herrenlos seien und es deshalb eines besonderen Aneignungsaktes bedürfe. Demgegenüber weise Oertmann[6] darauf hin, daß der mensch-

---

[1] BGHSt 6, 380.
[2] 5 StR 179/58 bei Dallinger MDR 58, 739; Pfeiffer-Maul-Schulte § 249 Anm.2.
[3] Frank (R.), Das Strafgesetzbuch für das Deutsche Reich 18.Aufl. (1931) § 242 III 20; Liszt (F.v.), Lehrbuch des Deutschen Strafrechts 25.Aufl.(1927) § 127 Fußn.4 & 6.
[4] Schönke-Schröder 8.Aufl.(1957) § 242 III 3 c; Olshausen (J.v.) 12.Aufl.(1944) § 242 Anm.6; Dreher-Maassen 2.Aufl.(1956) § 242 Anm.2 c.
[5] Frank (R.) a.a.O.
[6] Oertmann (P.), Aneignung von Bestandteilen einer Leiche, LZ 1925 Sp.511 f.

liche Körper "die unabtrennbare und unverlierbare Leiblichkeit
unseres eigenen Ich" bilde und diese Intensität mehr sei, als
das weitgehendste Herrschaftsrecht. Aus diesem, auch rechtlich
anerkannten, noch viel engeren Zusammenhang zwischen dem Rechts-
träger und seinem Körper folge die Begründung seines Eigentums-
erwerbs an den abgetrennten Körperteilen schon in dem Augenblick, in dem diese durch die Trennung geeignet geworden sei-
en, Gegenstand besonderer Rechte zu sein. Der Bundesgerichtshof verweist auch noch auf Palandt,[1] der sich von dem von ihm
gebilligten Grundgedanken Oertmanns aus für die Zulässigkeit
einer analogen Anwendung des § 953 BGB auf abgetrennte Bestandteile des menschlichen Körpers ausspreche. Der Ungeeignetheit
des menschlichen Körpers, Gegenstand dinglicher Rechte zu sein,
stehe, wie im Urteil weiter ausgeführt ist, als Kehrseite der
stärksten Beziehung zwischen Persönlichkeit und Substanz das
Recht der Persönlichkeit gegenüber. Aus diesem umfassenden Persönlichkeitsrecht stamme auch das Eigentumsrecht an den abgetrennten Körperteilen. Sie fallen so als Ausfluß des mit der
Trennung entstehenden Eigentumsrechts in den Gewahrsam des Eigentümers. Dieser Gewahrsam wird mit der gewaltsamen Wegnahme
durch den Gewahrsam des Täters verdrängt. Erfolgt das Aus-
brechen der Plombe erst nach der Tötung des Opfers, so kann
die Wegnahme nur dann Diebstahl bzw. Raub begründen, wenn schon
die Tötung von der Absicht des Täters begleitet war, die Plombe auszubrechen und sich dieselbe rechtswidrig anzueignen, wenn
also die Tötung schon der Wegnahme diente und letztere ohne
zeitlichen Abstand von der Tötung erfolgte. Denn solchenfalls
handelt es sich bei der Wegnahme um einen mit der Tötung einheitlichen Akt, bei dem das aus dem Persönlichkeitsrecht des
Opfers fließende Eigentumsrecht und der hieraus abgeleitete Gewahrsam an dem abgetrennten Körperteil noch durch die mit der
Tötung ausgeübte Gewalt des Täters gebrochen und so Raub begangen werden kann. Würde jedoch die Absicht, die Goldplombe
auszubrechen und sich anzueignen, durch den Täter erst nach er-

---

[1] 17.Aufl.(1958) § 90 Anm.2; ebenso 34.Aufl.(1975) § 90 Anm.2.

folgter Tötung des Opfers gefaßt und ausgeführt, so läge Mord
in Realkonkurrenz mit Unterschlagung vor. Daß die weggenommene
Sache für irgendjemand einen Wert haben muß, ist im deutschen
Recht nicht verlangt. Zum Diebstahl und Raub genügt vielmehr
der kleinste Wert. So kann z.B. eine auf einem Papierfetzen ver-
merkte wichtige Notiz für den Eigentümer oder einen anderen einen Wert aufweisen und so einen Gegenstand von Diebstahl bzw.
Raub bilden. Fehlt es allerdings der Sache an der Eigentumsfähigkeit, wie z.B. bei einem entwerteten Gewinnlos,[1] und liegt
daher ein schutzbedürftiges Interesse überhaupt nicht vor, so
scheiden Diebstahl bzw. Raub aus.[2] Die Beantwortung der Frage,
ob und wann letzteres der Fall ist, kann der Rechtsprechung
überlassen bleiben. Es ist daher auch im Strafgesetzbuch-Entwurf 1960 davon abgesehen worden, die Werteigenschaft zum Tatbestandsmerkmal des Diebstahls und Raubes zu machen. Beim Raub
scheiden schon nach seiner Zielsetzung normalerweise wertlose
Gegenstände als Angriffsobjekt aus. Eine dem § 248 a StGB entsprechende Bestimmung ist für den Raub nicht vorgesehen, weil
die Gewaltausübung und nicht das Objekt maßgebend ist. Eine analoge Bestimmung wäre insofern möglich, als es sich nicht um eine
straferhöhende oder straferweiternde Bestimmung handeln würde.
Aber eine solche ist meines Erachtens im Hinblick auf § 249 Abs.
2 StGB überflüssig.[3]

3. Rechtswidrigkeit der Wegnahme

Nach deutschem Recht muß die Wegnahme der Sache objektiv rechtswidrig sein, d.h. sie muß ohne oder gegen den Willen des Eigentümers erfolgen, so daß bei freiwilliger Herausgabe der Sache
Diebstahl und Raub entfallen. Sind Eigentümer und Gewahrsams-
oder Obhutsinhaber zwei verschiedene Personen, so ist nach
deutschem Recht bei Einwilligung des Gewahrsamsinhabers die
Rechtswidrigkeit des Gewahrsamsbruchs und bei Einwilligung des
Eigentümers die Rechtswidrigkeit der Zueignung ausgeschlossen,
so daß im einen wie im anderen Falle Diebstahl bzw. Raub ausscheidet.[4] Freilich schließt die bloße Einwilligung des Gewahr-

---

[1] RGSt 10, 122; 69, 76.
[2] Hagel (K.), Der einfache Diebstahl S.323 f.
[3] Burkhardt (B.), Die Geringwertigkeit des Weggenommenen, NJW 75,
1687; vgl. auch G.G. in Jura-Rechtsprechungskartei, Jura 1/79.
[4] Olshausen (J.v.) 12.Aufl., 3.Lief.(1944) § 242 Anm.27 b) bb).

samsinhabers in die Wegnahme die Rechtswidrigkeit der Zueignung nicht aus, so daß der neue Inhaber nunmehr mit der Zueignung der Sache Unterschlagung (§ 246 StGB) begeht. Voraussetzung für den Ausschluß der Rechtswidrigkeit durch Einwilligung ist aber stets, daß die Einwilligung vor oder bei der
Wegnahme vorliegt. Eine nachträglich, d.h. nach der Wegnahme
erklärte Zustimmung zur Zueignung hebt trotz des § 184 BGB
die Rechtswidrigkeit und Strafbarkeit nicht auf.[1] Auch ist nur
die freie und volle Zustimmung oder Einwilligung ausreichend,
um der Wegnahme das Element der Rechtswidrigkeit zu nehmen.
Ist aber die Einwilligung oder Zustimmung zur Wegnahme und Zueignung der Sache durch den Täter unter Androhung von Gewalt
oder durch Furchterregung erzwungen worden, so schließt sie
die Widerrechtlichkeit der Wegnahme und Zueignung und damit
Diebstahl und Raub nicht aus. Beim Raub kann schon begrifflich
eine Negierung der Rechtswidrigkeit durch Zustimmung oder Einwilligung nicht in Frage kommen, da hier der freie Wille des
Eigentümers durch die Gewaltanwendung oder Furchterregung ausgeschlossen wird. Ist allerdings der Raub nur fingiert, so
schließt die Zustimmung des Gewahrsamsinhabers zu der gewaltsamen Wegnahme durch einen gedungenen Dritten das Vorliegen eines Raubes aus.[2] Außer durch Einwilligung oder Zustimmung kann
die Rechtswidrigkeit der Wegnahme entfallen, wenn die gewaltsame Wegnahme zur Durchführung der Rechtspflege, wie z.B. bei
gerichtlicher Einziehung von Verbrechenswerkzeugen oder nach
§ 910 BGB oder im Wege erlaubter Selbsthilfe nach § 229 BGB,
erfolgt oder wenn die Wegnahme durch das öffentliche Wohl bedingt ist, wie z.B. wenn einem Amokläufer durch einen Passanten die Feuerwaffe gewaltsam entwunden wird.[3] Die objektive
Rechtswidrigkeit der Zueignung entfällt ferner, wenn dem Wegnehmenden ein unmittelbarer, uneingeschränkter und fälliger
Anspruch auf Übereignung der konkreten Sache, sei es auf Grund

---

[1] Olshausen (J.v.) 12.Aufl. 3.Lieferung (1944) § 242 Anm.27
b) bb).

[2] BGH bei Dallinger MDR 74, 724.

[3] siehe auch §§ 227, 229 BGB; § 53 StGB; Olshausen (J.v.) 12.
Aufl. 3.Lieferung (1944) § 242 Anm.27 b) bb).

gesetzlicher oder rechtsgeschäftlicher Ermächtigung zusteht, auch wenn ihm das Bestehen des Anspruchs nicht bekannt sein sollte und auch wenn die eigenmächtige Wegnahme widerrechtlich sein sollte.[1] Denn wer den ihm als bestimmte Sache geschuldeten Gegenstand - mit oder ohne Selbsthilfeberechtigung - gewaltsam in Zueignungsabsicht wegnimmt, handelt nicht rechtswidrig im Sinne der Eigentumsordnung, weil er den von ihr gewollten Zustand herbeiführt. In diesem Sinne sprach sich der Bundesgerichtshof schon im Urteil vom 15.11.1961[2] aus, wo er unter anderem ausführte, daß derjenige, der eine individuell bestimmte Sache wegnehme, auf deren Übereignung er einen fälligen Anspruch habe, nicht im Widerspruch mit der Eigentumsordnung, mithin nicht in der Absicht rechtswidriger Zueignung handele. Eine abweichende Meinung vertritt Hirsch,[3] nach welchem das Zivilrecht es nicht als einen der Eigentumsordnung gemäßen Vorgang betrachte, wenn der Gläubiger sich die ihm geschuldete individuelle Sache eigenmächtig zueigne. Auch nach der Auffassung des Bundesgerichtshofs ist jedoch bei gewaltsamem Vorgehen noch eine Bestrafung aus § 240 StGB möglich. Besteht ein fälliger Anspruch auf die weggenommene Sache nicht, sondern wird er vom Täter nur als Vorwand benützt, um sich im Besitz der weggenommenen Sache zu halten, so steht die Widerrechtlichkeit der Wegnahme und Zueignung außer Frage. Nicht ausgeschlossen ist die Rechtswidrigkeit, wenn die Wegnahme einer Sache zu dem Zweck erfolgt, sich damit für eine bestehende Geldforderung Befriedigung zu verschaffen.[4] In diesem Sinne spricht sich auch der Bundesgerichtshof im Urteil vom 12.1.1962[5] aus, in dem er darlegt, daß die Strafkammer nicht verkenne, daß es für die

---

[1] Olshausen (J.v.) 12.Aufl. 3.Lieferung (1944) § 242 Anm.27 b) cc) mit RGSt 64, 212 f., RGHRR 1937 Nr.209; Dalcke-Fuhrmann-Schäfer 37.Aufl.(1961) § 242 Anm.7; Frank (R.) 18.Aufl. (1931) § 242 Anm.VII 2 b; LK 8.Aufl. Bd.2 (1958) Vorbem.D VIII vor § 242; Schröder (H.), Anm. zu Urt.d.BGH vom 12.1. 62 - 4 StR 346/61, JR 62, 347 f.

[2] GA 1962, 144.

[3] Hirsch (H.J.), Eigenmächtige Zueignung geschuldeter Sachen. Rechtswidrigkeit und Irrtum bei Zueignungsstrafbestimmungen, JZ 63, 149 ff., 150 f.

[4] Olshausen (J.v.) 12.Aufl. 3.Lieferung (1944) § 242 Anm.27 c mit RGSt 1, 194; 12, 89; RGLZ 1917 Sp.809 u.h.M.

[5] BGHSt 17, 88.

Rechtswidrigkeit der gewaltsamen Zueignung und damit für den äußeren Tatbestand des Raubes darauf ankomme, daß der Täter als Gläubiger einer auf Geld, also auf eine Gattungsschuld, gerichteten Forderung die Eigentumsordnung verletze, wenn er irgendwelche Geldscheine seines Schuldners zur Befriedigung seines Anspruches wegnehme. Er verweist für diese Auffassung auf die bisherige Rechtsprechung des Reichsgerichts und auf Schönke-Schröder.[1] "Denn", so fährt die Entscheidung fort, "nach der Regelung des bürgerlichen Rechts hat der Schuldner die ausschließliche Befugnis, seinerseits aus der Gattung die zur Erfüllung seiner Schuld erforderlichen bestimmten Sachen (hier die einzelnen Geldscheine) auszuwählen und zu leisten (§ 243 BGB). Der Gläubiger, der vor Ausübung dieses Auswahlrechts irgendeine Sache aus der Gattung eigenmächtig wegnimmt, führt damit nicht den von der Eigentumsordnung gewollten endgültigen Zustand herbei. Er könnte sich gegenüber dem Rückgabeanspruch, der auf das beim Schuldner verbliebene Eigentum gestützt würde (§ 985 BGB), nicht auf ein Recht zum Besitz i.S. des § 986 BGB berufen. Der Geltendmachung des Eigentumsanspruchs würde auch regelmäßig die Einrede der allgemeinen Arglist nicht entgegengehalten werden können (vgl.dazu RGSt 25, 172; Schröder DRiZ 1956, 69 ff.). Ein Selbsthilferecht des Geldgläubigers auf Verschaffung des Eigentums an den von ihm ausgewählten beliebigen Geldscheinen nach § 229 BGB ist", wie der Bundesgerichtshof weiter ausführt, "für die äußere Tatbestandsmäßigkeit als Raub ohne Bedeutung. Selbst wenn die Voraussetzungen einer solchen Selbsthilfe gegeben gewesen wären, würde im übrigen der Inhalt dieses Rechts auf die eigenmächtige Auswahl bestimmter Geldscheine anstelle des Schuldners und deren Sicherstellung für den Angeklagten beschränkt gewesen sein, nicht aber dessen hier vollzogene Befriedigung durch selbstherrliche Überführung in die eigene Verfügungsmacht umfaßt haben. Die Vorschrift des § 230 Abs.2 BGB bestimmt nämlich, daß im Falle der Wegnahme von Sachen deren dingliche Arrestierung zu beantragen sei, sofern der

---

[1] RGSt 64, 210, 212 f.; Schönke-Schröder 10.Aufl.(1961) § 242 Anm.VII 2 b; vgl. auch RGSt 12, 89 und 25, 173.

Gläubiger sie nicht zum Gegenstand der Zwangsvollstreckung aus einem ihm zustehenden Titel machen läßt. Die eigenmächtige Zueignung von Gattungssachen und daher von Geld kann danach auch durch ein etwa bestehendes Selbsthilferecht nicht gerechtfertigt werden". Für die innere Tatseite dagegen kann der Glaube an das Bestehen eines Selbsthilferechts sehr wohl erheblich sein. Bei der Erörterung der subjektiven Seite der Rechtswidrigkeit wird hierauf näher einzugehen sein. Gegen diese Auffassung des Bundesgerichtshofs richtet sich die eingehende Kritik von Hirsch,[1] der im Hinblick auf das für alle strafbaren Handlungen geltende Merkmal der Rechtswidrigkeit in dem "rechtswidrig" des § 242 StGB im Gegensatz zu der herrschenden Meinung[2] kein Tatbestandsmerkmal erblickt, sondern dessen Bedeutung darin sieht, daß besonders genau zu prüfen ist, ob das in der Strafbestimmung erschöpfend beschriebene tatbestandsmäßige Verhalten sich durch einen, insbesondere außerhalb des Strafrechts geregelten Rechtfertigungsgrund, wie unter anderem einen solchen aus den §§ 229, 859 oder 904 BGB, rechtfertigen läßt oder darin, daß es darauf hinweist, daß zur Bestimmung des genaueren Umfangs des Tatbestandes bestimmte außerstrafrechtliche Regelungen, wie etwa die zivilrechtlichen Eigentumsbestimmungen, zu beachten sind und daß außerdem der Rechtfertigungsfrage besondere Aufmerksamkeit zu schenken ist. Das Merkmal "rechtswidrig" soll lediglich den Rechtfertigungsgrund der zulässigen Selbsthilfe abgrenzen. Die rechtliche Bedeutung der verschiedenen Auffassungen zeigt sich insbesondere bei der inneren Tatseite.

---

[1] Hirsch (H.J.) S.153 ff.

[2] RGSt 44, 42; 49, 143; BGH GA 1962, 144; Olshausen (J.v.) 12. Aufl. 3.Lieferung (1944) § 242 Anm.27 a; LK 8.Aufl.(1958) § 242 IV; Kohlrausch-Lange 43.Aufl. (1961) § 242 III 2 a; Dalcke-Fuhrmann-Schäfer 37.Aufl.(1961) § 242 Anm.7 e; Mezger-Blei Bes.T. 9.Aufl.(1966) S.137 f.; Dreher 36.Aufl.(1976) Rdz.17 zu § 242; Schönke-Schröder 18.Aufl.(1976) Rdz.57 zu § 242; Niederschriften über die Sitzungen der Großen Strafrechtskommission Bd.6 (Bes.Teil), 59. bis 66. Sitzung, Bonn 1958 S.15 f. (Dreher, Baldus, Gallas); Entwurf eines Strafgesetzbuches (E 1960), Bonn 1960 (Bundestags-Drucksache 2150) Begründung zu § 235 E S.369; Entwurf eines Strafgesetzbuches (E 1962) mit Begründung, Bundesratsvorlage, Bonn 1962 (Bundesrats-Drucksache 200/62) Begründung zu § 235 E S.401.

II. Subjektive Tatbestandsmerkmale

1. Bewußtsein der Rechtswidrigkeit

Das Merkmal der Rechtswidrigkeit weist sowohl einen objektiven
als einen subjektiven Charakter auf, wobei ersterer dem letzteren präjudiziell ist. Baumann[1] spricht im ersteren Fall von
"materiellem Rechtswidrigkeitsurteil, welches die Tat betrifft"
und im letzteren von "Schuldurteil, das sich mit der Beziehung
des Täters zu seiner Tat befaßt". Was die objektive oder materielle Rechtswidrigkeit anbelangt, so ist diese bei Raub wie
bei Diebstahl nicht ein allgemeines Verbrechensmerkmal, sondern nach ständiger Rechtsprechung und fast einhelliger Meinung im Schrifttum ein gesetzliches Tatbestandsmerkmal, so
daß die irrtümliche Annahme rechtswidriger Zueignung ein Tatumstandsirrtum ist, der ein vorsätzliches Handeln nach § 16
StGB ausschließt. Neben dieser objektiven oder materiellen
Rechtswidrigkeit ist die subjektive Rechtswidrigkeit, d.h. das
Bewußtsein des Täters erforderlich, daß die Verletzung des
fremden Gewahrsams und Eigentums rechtswidrig ist. Es muß also
der Täter wissen oder doch bei Anspannung seines Gewissens erkennen können, daß das, was er zu tun im Begriff ist, ein Unrecht ist.[2] Hinsichtlich der rechtlichen Bedeutung des Bewußtseins der Rechtswidrigkeit stehen sich zwei Theorien gegenüber.
Die sogenannte "Vorsatztheorie" erhebt das Bewußtsein der
Rechtswidrigkeit zum Bestandteil des Vorsatzes mit der Folge,
daß hiernach kein Unterschied zwischen Tatumstandsirrtum und
Verbotsirrtum zu machen ist, weil beide Irrtumsarten gleichmäßig nach § 16 StGB behandelt werden. Nach ihr muß der Täter,
um bestraft werden zu können, im Augenblick der Tatbestandsverwirklichung sich bewußt sein, ein Unrecht zu tun, was häufig, z.B. bei plötzlicher Aufwallung oder bei Reizung, nicht
der Fall ist. Außerdem ist nach dieser Theorie die Bestrafung

---

[1] Baumann (J.), Strafrecht Allg.Teil 7.Aufl.(1975) S.266.
[2] RG JW 1934, 487.

von in verschuldetem Verbotsirrtum begangenen vorsätzlichen
Verbrechen auf diejenigen Straftaten beschränkt, die auch bei
fahrlässiger Begehung mit Strafe bedroht sind, wovon es aber
nur eine beschränkte Zahl gibt, so daß viele Strafwürdige
straflos ausgehen müssen. Auch kann dem Grad der Schuld nicht
immer genügend Rechnung getragen werden. Den Vorzug verdient
daher die sogenannte "Schuldtheorie", die das Bewußtsein der
Rechtswidrigkeit als ein besonderes Schuldelement neben dem
Vorsatz ansieht. Sie schließt bei unverschuldetem oder unüber-
windlichem Verbotsirrtum gleichfalls die Strafbarkeit aus,
macht aber bei den im verschuldeten oder überwindlichen Verbotsirrtum begangenen vorsätzlichen Verbrechen die Bestrafung
nicht von dem Vorhandensein einer Strafdrohung für die fahrlässige Tatbegehung abhängig und mindert die Schuld, wobei
das Ausmaß der Strafmilderung durch § 49 Abs.1 StGB begrenzt
ist. Dieser Schuldtheorie ist der Gesetzgeber schon bisher im
Wirtschaftsstrafgesetz und im Gesetz über Ordnungswidrigkei-
ten gefolgt und ihr muß auch im allgemeinen Strafrecht, wo
eine Regelung bisher fehlte, der Vorzug gegeben werden. Dem
wurde durch die Entscheidung des Bundesgerichtshofs vom 18.3.
1952[1] entsprochen, dessen Ergebnis nunmehr in § 17 StGB gesetzlich festgelegt ist. Das Bewußtsein der Rechtswidrigkeit
wird durch die Annahme, der Verletzte werde nach Begehung der
Tat mit der Zueignung einverstanden sein, nicht ausgeschlossen. Es ist ein wesentlicher Unterschied, ob der Täter ernsthaft glaubt, der Verletzte würde, wenn er im Zeitpunkt der
Wegnahme gefragt würde, der Zueignung zustimmen oder ob er nur
hofft, der Verletzte werde sich nach geschehener Tat damit abfinden, zumal wenn er dabei auch mit der gegenteiligen Möglichkeit rechnet und sie mit in Kauf nimmt. Nur im ersteren
Falle fehlt das Bewußtsein der Rechtswidrigkeit der Zueignung,
im anderen Fall ist es dagegen vorhanden.[2] Nimmt der Täter
ernsthafter-, wenn auch irrigerweise an, einen fälligen An-

---

[1] BGHSt 2, 194, NJW 52, 593, JZ 52, 335, MDR 52, 371.
[2] RG JW 1934, 487.

spruch auf Übereignung der konkreten, von ihm weggenommenen
Sache zu haben und ist er der Meinung, mit seiner Handlung
den von der Eigentumsordnung gewollten Zustand herbeizuführen,[1] so liegt ein Irrtum über das Vorhandensein eines von
der Rechtsordnung anerkannten Rechtfertigungsgrundes vor, welcher als Tatumstandsirrtum die Rechtswidrigkeit der gewaltsamen Wegnahme und der beabsichtigten Zueignung der Sache und
damit Diebstahl und Raub ausschließt.[2] Außerdem ist dieses
Bewußtsein der Rechtswidrigkeit auch dann ausgeschlossen,
wenn der Täter vernünftigerweise, wenn auch irrtümlich, sich
für den Eigentümer der weggenommenen Sache hält und daher,
sei es mit oder ohne Selbsthilfeberechtigung, mit der Wegnahme die Herstellung des nach seiner ehrlichen Meinung rechtmässigen Zustandes erstrebt.[3] Glaubt der Täter aber als Gläubiger
eines Gattungsanspruches, z.B. einer Geldforderung, sich einen
Gegenstand aus der Gattung nehmen zu dürfen, so liegt regelmäßig ein den Vorsatz nicht ausschließender Verbotsirrtum vor,
da der Täter das Vorliegen eines Rechtfertigungsgrundes annimmt, der, wie den Ausführungen über die objektive Rechtswidrigkeit der Wegnahme zu entnehmen ist, von der Rechtsordnung nicht anerkannt ist.[4] Dies bestätigt auch der Bundesgerichtshof in seinem Urteil vom 12.1.62,[5] wo er ausführt: "Der
Irrtum eines Täters, Gattungssachen zur Befriedigung des auf
Übereignung einer bestimmten Sache gerichteten Anspruchs wegnehmen zu dürfen, ist allerdings grundsätzlich ein den Vorsatz
nicht ausschließender Verbotsirrtum, weil der Täter regelmäßig
weiß, daß sein Anspruch auf eine bestimmte Sache, nicht auf
irgendwelche Sachen gleicher Art und Güte gerichtet ist".

---

[1] RGSt 64, 210; BGH GA 1962, 144.

[2] RGSt 64, 210; RG HRR 1937 Nr.209; BGHSt 17, 91; vgl. auch
Schönke-Schröder 18.Aufl. (1976) Rdz.61 zu § 242.

[3] RGSt 42, 44; BGH GA 1962, 144.

[4] BGHSt 17, 91 f., JR 62, 346 mit Anm.Schröder S.347 f.

[5] BGHSt 17, 90 f.

Gleichwohl behandelt der Bundesgerichtshof diesen Verbotsirrtum dem strafbefreienden Tatumstandsirrtum gleich, indem er der Auffassung ist, daß dem Täter vielfach nicht zur Schuld angerechnet werden kann, wenn er zwischen dem Anspruch auf eine bestimmte Sache und demjenigen auf eine Gattungssache oft nicht unterscheidet. "Diesen Unterschied", so führt die genannte Entscheidung aus, "wird aber der nicht rechtskundige Täter häufig gerade bei Geld als der schlechthin gleichartigen und vertretbaren Gattungssache nicht machen. Hier glaubt er möglicherweise als Gläubiger einer Geldforderung", wie z.B. im Falle einer Zechschuld, "jeweils die gerade im Besitz des Schuldners befindlichen Geldmittel als die ihm unmittelbar und nicht nur vertretungsweise geschuldeten beanspruchen zu dürfen". "Wenn er zu dieser Meinung auch infolge eines falschen rechtlichen Schlusses gekommen wäre, so entspräche der Inhalt seiner Vorstellung dennoch im Ergebnis der Vorstellung des Gläubigers, der eine Forderung auf Übereignung einer ihm als bestimmte Leistung geschuldeten Sache zu haben glaubt und sich etwa nur über die Nämlichkeit der von ihm weggenommenen Sache geirrt hat (vgl. dazu Schröder DRiZ 1956, 72). Er müßte deshalb rechtlich genauso wie dieser behandelt werden. Dieser Gläubiger würde aber bei eigenmächtiger Wegnahme einer irrigerweise für die geschuldete gehaltenen Sache infolge Annahme der Merkmale eines vermeintlichen Rechtfertigungsgrundes im Tatbestandsirrtum handeln und deshalb gemäß § 59 StGB[1] straffrei bleiben (BGHSt 3, 105, 107, 194, 271, 357). Dabei geht der Senat davon aus, daß bei einem solchen Irrtum über die Rechtswidrigkeit ein für den Tatbestand der Zueignungstaten erforderlicher Verstoß gegen die Eigentumsordnung nach der Vorstellung des Täters fehlen würde". Zu demselben Ergebnis wie im vorgenannten Urteil kommt der Bundesgerichtshof auch in den Entscheidungen vom 15.11.1961[2] und 23.6.1965.[3] Dem ersteren Ur-

---

[1] jetzt § 16 StGB.
[2] GA 1962, 144.
[3] GA 1966, 211.

teil lag folgender Sachverhalt zugrunde: Der Angeklagte war
von einer Dirne bestohlen worden. Als er einige Tage später
eine Dirne traf, die er für jene hielt, die ihn bestohlen
hatte, entriß er ihr die Handtasche, um sich an dem darin
vermuteten Geld für seinen Verlust schadlos zu halten. Der
Angeklagte wollte der zweiten Dirne den Geldbetrag wegnehmen, der demjenigen gleichkam, den ihm nach seiner Ansicht die
erste Dirne gestohlen hatte. In der Begründung führte der Bundesgerichtshof aus, daß derjenige allerdings, der eine individuell bestimmte Sache wegnehme, auf deren Übereignung er
einen fälligen Anspruch habe, nicht in Widerspruch mit der
Eigentumsordnung, mithin nicht in der Absicht rechtswidriger
Zueignung handele. Daß indessen der Angeklagte geglaubt hätte,
die Dirne habe nach sieben Tagen noch die ihm gestohlenen
Geldstücke in der Tasche, sei auch vom Vorderrichter ausdrücklich verneint worden. Gleichwohl sei, so fährt das Urteil
fort, damit die Absicht rechtswidriger Zueignung noch nicht
dargetan. Der Senat habe bereits in zwei unveröffentlichten
Entscheidungen[1] ausgesprochen, daß demjenigen, der sich durch
Wegnahme von Geld aus dem Gewahrsam seines Schuldners für eine Geldforderung bezahlt mache, die zum inneren Tatbestand des
Raubes gehörende Absicht rechtswidriger Zueignung fehle, wenn
er mit der Wegnahme nur die Herstellung des nach seiner Meinung
rechtmäßigen Zustandes erstrebe. In beiden Fällen habe der Senat aus genanntem Grunde die Verurteilung wegen schweren Raubes aufgehoben. Der Umstand, daß der Angeklagte sich in der
Person geirrt und angenommen habe, daß die Prostituierte, der
er die Handtasche wegnahm, diejenige sei, die ihn bestohlen
hatte, könne die Beurteilung nicht ändern. Zwar habe der Angeklagte gegen die zweite Dirne keinen Anspruch auf Zahlung von
Geld gehabt, habe aber wegen der Personenverwechslung geglaubt,
gegen sie diesen Anspruch zu haben. Da der Angeklagte nach dem
Beweisergebnis sich nur das Geld und nicht die Handtasche habe
zueignen wollen, so fehle ihm in dieser Hinsicht die zum Dieb-

---

[1] BGH Urt.v.11.10.55 - 2 StR 259/55 und BGH Urt.v.31.10.56 -
2 StR 324/56.

stahl bzw. Raub erforderliche Zueignungsabsicht, insofern
derjenige, der ein Behältnis wegnehme, um sich dessen Inhalt
zuzueignen, sich nicht das Behältnis zueigne, wenn er es nicht
für sich behalten oder verwerten wolle, sondern es wegwerfe,
sobald er den Inhalt an sich genommen hat.[1] Wenn auch kein
Raub in der gewaltsamen Wegnahme des Geldes zu sehen sei, so
könne doch möglicherweise darin eine Nötigung gefunden werden.[2] Doch erklärt der Bundesgerichtshof im Urteil vom 11.5.
1962,[3] daß die Annahme eines nicht bestehenden Selbsthilferechts, auch wenn sie verschuldet ist, bereits die Rechtswidrigkeit der Nötigung beseitigen könne. Einen ähnlichen Fall
entschied der Bundesgerichtshof mit Urteil vom 21.5.1975.[4]
Nach dessen Sachverhalt nahmen die beiden Mittäter dem von ihnen niedergeschlagenen Opfer, nachdem sie bei ihm kein Geld
und keine Wertsachen gefunden hatten, die Jacke und einen
Schlüsselbund weg, auf die sie es nicht abgesehen hatten und
die sie möglicherweise nach vergeblicher Durchsuchung der
Jacke weggeworfen hatten. Da es nach den Umständen nahelag,
daß es den beiden Tätern um eine Zueignung weder der Jacke
noch der Schlüssel ging, so konnte mangels Zueignungsabsicht
kein vollendeter, sondern nur versuchter Raub gegeben sein.
Dieser Fall unterscheidet sich von dem vorausgehenden dadurch,
daß in ersterem der Täter bei der Wegnahme des an sich gebrachten Geldes der Meinung war, einen Rechtsanspruch auf dasselbe zu haben und daß daher das Vorliegen einer rechtswidrigen Zueignungsabsicht entfiel. Im letzteren Falle dagegen versuchten die Täter das vermutete, aber nicht vorhandene Geld
des Opfers sich rechtswidrig zuzueignen, was ihnen aber bei
dem Nichtvorhandensein desselben nicht gelang, so daß sie
sich zwar keines vollendeten, wohl aber eines versuchten Rau-

---

[1] BGHSt 16, 190 ff., wo es sich um die Wegnahme eines Kraftwagens zur Benützung ohne Zueignungsabsicht in Ansehung der darin befindlichen Sachen handelt, deren spätere Aneignung aber
Unterschlagung begründet.

[2] BGH GA 1962, 145.

[3] BGHSt 17, 331, 332 f.

[4] bei Dallinger MDR 76, 16.

bes schuldig machten. Nach dem genannten Urteil des Bundesgerichtshofs vom 23.6.1965 erwartete der Angeklagte von seiner
Geliebten, wie bei früheren gemeinsamen Vergnügungen, einen
finanziellen Beitrag zu den Kosten einer unternommenen Urlaubsfahrt. Da diese bei Abbruch der Beziehungen den erhofften Beitrag nicht bezahlt hatte, rief er ihr, als er sie eines Tages auf der Straße traf, zu, er wolle jetzt endlich
Geld haben, stürzte sich auf sie und versuchte ihr die Handtasche zu entreißen. Als ihm dies nicht gelang, nahm er aus
der geöffneten Tasche den Geldbeutel mit etwa 60 DM weg.
Nachdem der Bundesgerichtshof sich in der Begründung des Urteils des näheren dahin ausgesprochen hatte, daß derjenige
keinen Diebstahl begehe, welcher einem anderen eine bestimmte
Sache, auf deren Übereignung er einen fälligen Anspruch habe,
wegnehme, führte er aus: "Dies ist auch der Fall, wenn der
Täter irrigerweise glaubt, einen solchen Anspruch zu haben,
da dieser Irrtum nach § 59 StGB[1] beachtlich ist". Er führt
dann weiter aus, daß der Umstand, daß der Täter seinen Eigentumsanspruch eigenmächtig und mit unerlaubten Mitteln verwirklicht habe, die Zueignung nicht rechtswidrig mache; denn für
dieses Merkmal der inneren Tatseite komme es nicht auf die
Rechtswidrigkeit der Art und Weise der Zueignung, sondern allein auf die Rechtswidrigkeit der Zueignung selbst an. Für
die Beurteilung könne daher nichts anderes gelten, wenn der
Täter seinen vermeintlichen Eigentumsanspruch mit Gewalt durch-
setze. Der Tatbestand des Raubes scheide in diesem Falle aus.[2]
Freilich wollte, so ist im Urteil weiter dargelegt, der Angeklagte sich allerdings durch die Wegnahme des Geldes für eine
Geldforderung, deren Höhe nicht angegeben ist, bezahlt machen.
Bei einer derartigen Gattungsschuld gebe die Rechtsordnung dem
Gläubiger nicht das Recht auf eigenmächtige Auswahl und damit
auf Konkretisierung der Schuld. Der 4.Strafsenat hat aber nun
in seiner Entscheidung vom 12.1.62[3] die Möglichkeit eines Tat-

---

[1] jetzt § 16 StGB.

[2] Der BGH nimmt dabei Bezug auf RGSt 64, 210; BGHSt 3, 160;
17, 87; BGH MDR 56, 10; Schönke-Schröder 12.Aufl.(1965)
§ 242 Anm.57, § 59 Anm.95 f.; LK 8.Aufl.(1958) Anm.D VIII
vor § 242.

[3] BGHSt 17, 91.

bestandsirrtums auch für den Fall bejaht, daß der Täter meine,
er habe seinem Schuldner gegenüber von Gesetzes wegen einen
Anspruch auf Übereignung des gerade in dessen Besitz befindlichen mitgeführten Geldes. Es fehle daher in der Vorentschei-
dung an einer Feststellung, welche Vorstellungen der Angeklagte bei seinem Vorgehen gehabt habe. Selbst wenn er nicht im
Tatbestandsirrtum gehandelt haben sollte, sei die Möglichkeit
eines Verbotsirrtums,und zwar eines entschuldbaren, nicht ausgeschlossen, weshalb die Verurteilung wegen schweren Raubes
nicht aufrechterhalten werden könne. Der BGH fügt dann noch an,
daß der Diebstahl oder der schwere Raub hinsichtlich der Geldbörse selbst nach der Sachlage entfalle, da der Angeklagte offenbar dieselbe nicht behalten, sondern nur deren Inhalt sich
habe zueignen wollen.[1] In Übereinstimmung mit den vorgenannten Entscheidungen hat der BGH in einem weiteren Urteil vom
1.9.67[2] sich dahingehend ausgesprochen, daß derjenige, der sich
durch gewaltsame Wegnahme aus dem Gewahrsam des Schuldners für
seine Geldforderung bezahlt mache, weil er glaube, auf das Geld
einen Anspruch zu haben, nicht in der Absicht rechtswidriger Zueignung handele. Die Zueignung einer Sache, so führt die Entscheidung weiter aus, könne trotz der Widerrechtlichkeit der
eigenmächtigen und gewaltsamen Wegnahme rechtmäßig sein, wenn
der Täter einen Rechtsanspruch auf Übereignung der Sache habe.
An der Absicht rechtswidriger Zueignung fehle es dem Angeklagten aber auch schon dann, wenn er ernstlich glaube, einen solchen Anspruch zu haben. Nun verschaffe allerdings ein schuld-
rechtlicher Anspruch auf Zahlung einer bestimmten Geldsumme dem
Gläubiger nicht das Recht, vom Schuldner die Übereignung der
Geldscheine oder Münzen zu verlangen, die dieser gerade bei
sich trage. Auch unter den Voraussetzungen der erlaubten Selbsthilfe (§ 229 BGB) sei er dazu nicht berechtigt. Weil es sich
hier aber um eine Geldforderung handele, habe bei den besonde-

---

[1] BGHSt 16, 190 ff.; desgl. schon RGSt 35, 357.

[2] GA 1968, 121 f.; Dreher 36.Aufl.(1976) Rdz.22 zu § 242.

ren Umständen des Falles für den Angeklagten die irrige Annahme nahegelegen, er habe gegen den Schuldner einen fälligen Anspruch auf Übereignung des geschuldeten Betrages aus dem Geld, das dieser in der Tasche habe. Wer sich in dieser Meinung durch Wegnahme von Geld aus dem Gewahrsam des Schuldners für eine Geldforderung bezahlt mache, strebe nur die Herstellung des nach seiner Ansicht rechtmäßigen Zustandes an, handele also nicht in der zum Tatbestand des Raubes gehörenden Absicht rechtswidriger Zueignung.[1] Es fehle daher an dem Vorliegen eines Raubes. Möglicherweise könne aber eine Nötigung eventuell in Tateinheit mit Körperverletzung gegeben sein.[2] In einem den Vorsatz ausschließenden Tatumstandsirrtum handelt, wer als Gläubiger einer Geldforderung in seinen Besitz gekommenes Geld des Schuldners einbehält, sofern er annimmt, wegen seiner Forderung einen Anspruch auf dieses Geld zu haben und sich durch dessen Einbehaltung ihretwegen befriedigen zu dürfen.[3] Neben dem Vorliegen eines fälligen Anspruchs auf eine konkrete Sache oder eine Gattungssache oder doch der ernsthaften, wenn auch irrigen Annahme eines solchen Anspruchs steht die eigenmächtige Befriedigung desselben auf Grund des Bestehens eines Rechtfertigungsgrundes der Selbsthilfe oder doch der ernstlichen, wenn auch irrigen Annahme eines solchen Bestehens. Daß das objektive Vorliegen eines Rechtfertigungsgrundes der Selbsthilfe, der nicht die Befriedigung eines Anspruchs rechtfertigt, die Rechtswidrigkeit der Wegnahme und Zueignung nicht ausschließt, wurde bereits ausgeführt. Hält der Täter aber sein Verhalten für rechtmäßig, weil er irrtümlich die tatsächlichen Voraussetzungen des von der Rechtsordnung anerkannten Rechtfertigungsgrundes der Selbsthilfe für gegeben erachtet, so ist nach der geltenden Rechtsprechung auf der Grundlage der im Beschluß des Großen Strafsenats vom 18.3.1952[4] aufgestellten Grundsätze die-

---

[1] BGH GA 1962, 144; BGHSt 17, 90; OLG Hamm NJW 69, 61.

[2] Hirsch (H.J.) S.150; RGSt 2, 184; RG HRR 1937 Nr.209; BGH GA 1962, 145; BGH GA 1968, 121.

[3] OLG Hamm GA 1969, 219.

[4] BGHSt 2, 194, 211, NJW 52, 593, 596.

ser Irrtum als ein den Vorsatz ausschließender Tatumstandsirrtum anzusehen.[1]

---

[1]
BGHSt 3, 107, NJW 52, 1023: BGHSt 3, 367, NJW 53, 351; BGHSt
4, 356; 5, 48; 9, 377; BayObLG NJW 55, 1848.

2. Zueignungsabsicht

Ein weiteres Tatbestandsmerkmal des Diebstahls ist die Zueignungsabsicht. Sie muß, um Diebstahl bzw. Raub zu begründen, im Zeitpunkt der Wegnahme vorliegen.[1] Wird die Zueignungsabsicht erst nach erfolgter Wegnahme gefaßt, so kommt regelmäßig Unterschlagung (§ 246 StGB) in Betracht.[2] Eine Bereicherungsabsicht wird weder nach der Rechtsprechung noch im Schrifttum gefordert.[3] Zwar haben die Strafgesetzbuch-Entwürfe der Jahre 1925 und 1927/30[4] nach österreichischem und schweizerischem Vorbild wieder auf eine ergänzende Bereicherungsabsicht abgestellt. Der Strafgesetzbuch-Entwurf von 1960 dagegen läßt, wie schon der Strafgesetzbuch-Entwurf von 1936 in Übereinstimmung mit den Beschlüssen der amtlichen Strafrechtskommission vom Jahre 1935, dieses Erfordernis mit der Begründung wieder fallen, daß bei dem Verlangen einer Bereicherungsabsicht der Gesetzgeber genötigt wäre, neben Diebstahl und Unterschlagung einen ergänzenden Tatbestand der "unberechtigten Aneignung" vorzusehen, wie ein solcher in § 334 StGB-Entwurf 1927[5] bestimmt war. Mit dieser Lösung würde die Anwendung des Rechts erschwert und im Ergebnis wenig geändert.[6] Bei der im deutschen Recht ge-

[1] RGSt 52, 147; 54, 229; RMG 14, 205; BGH GA 1962, 78; Olshausen (J.v.) 12.Aufl., 3.Lieferung (1944) § 242 Anm.24 a; Mezger (E.), Deutsches Strafrecht 2.Aufl.(1941) S.258; Dalcke-Fuhrmann-Schäfer 37.Aufl.(1961) § 242 Anm.7 a; Schönke-Schröder 18.Aufl.(1976) Rdz.65 zu § 242.
[2] Mezger (E.), Deutsches Strafrecht 2.Aufl.(1941) S.258; Olshausen (J.v.) 12.Aufl., 3.Lieferung (1944) § 242 Anm.25 a.
[3] RGSt 5, 7; 25, 174 f.; 67, 266; BGH GA 69, 306; Dalcke-Fuhrmann-Schäfer 37.Aufl.(1961) § 242 Anm.7 b; Dreher 36.Aufl. (1976) Rdz.25 zu § 242.
[4] Entwurf eines Allgemeinen Deutschen Strafgesetzbuchs nebst Begründung, veröffentlicht auf Anordnung des Reichsjustizministeriums, Berlin 1925, in: Materialien zur Strafrechtsreform Bd.3, Bonn 1954 §§ 296, 305 und S.151 f., 159 f.; Entwurf eines Allgemeinen Deutschen Strafgesetzbuchs nebst Begründung und zwei Anlagen, Reichstagsvorlage vom 14.5.27, Berlin 1927 §§ 328, 338 und S.165, 172 f.; Entwurf eines Allgemeinen Deutschen Strafgesetzbuchs, Antrag von D.Dr.Kahl und Genossen, Berlin 1930, in: Materialien Bd.5, Bonn 1954 §§ 328, 338.
[5] siehe Anm.4.
[6] StGBE 1960, Begründung zu Abschn.3, 1.Titel, S.369.

forderten Zueignungsabsicht ist der Begriff der Zueignung umstritten. Im Gegensatz zu der in der früheren Rechtsprechung
des Reichsgerichts[1] und im älteren Schrifttum[2] vertretenen
Substanz- oder Eigentümertheorie, nach welcher die Absicht
des Täters darauf gerichtet ist, über die weggenommene Sache
wie ein Eigentümer zu verfügen, d.h. den Gesamtinhalt der
Herrschafts- und Verfügungsbefugnisse auszuüben, hat das
Reichsgericht in seiner späteren Rechtsprechung, ausgehend
von einer wirtschaftlichen Betrachtungsweise, der Sachsub-
stanz, d.h. dem Substanz- oder Stoffwert, den wirtschaftlich
ausnutzbaren Sachwert der weggenommenen Sache gleichgestellt
(Sachwerttheorie).[3] In der Folgezeit hat aber das Reichsgericht in Verbindung beider Theorien die Zueignung darin erblickt, daß die weggenommene Sache oder der in ihr verkörperte Sachwert dem Eigentümer dauernd entzogen und dem eigenen
Vermögen des Täters einverleibt wird (Vereinigungstheorie).[4]
Eine vierte Theorie wurde von Rudolphi[5] entwickelt. Sie soll

---

[1] RGSt 4, 415; 5, 220; 10, 371; 11, 18; 15, 147; 21, 111; 22,
3; 24, 23; 26, 153; 29, 417; 35, 356.

[2] Merkel (A.), Diebstahl und Unterschlagung, in: Handbuch des
deutschen Strafrechts, hrsg. von Fr.v.Holtzendorff, Bd.3:
Die Lehre von den Verbrechensarten, Berlin 1874 S.648; Bin-
ding (K.), Lehrbuch des Gemeinen Deutschen Strafrechts, Bes.
Teil, Bd.1, 2.Aufl., Leipzig 1902 S.264, 294; Liszt (Fr.v.),
Lehrbuch des Deutschen Strafrechts, 21. & 22.Aufl., Berlin
& Leipzig 1919 S.417; Gerland (H.), Deutsches Reichsstraf-
recht, 2.Aufl., Berlin & Leipzig 1932 S.449; Hippel (R.v.),
Lehrbuch des Strafrechts, Berlin 1932 S.239; vgl. die neuer-
dings von Maurach (Deutsches Strafrecht, 5.Aufl.(1971), Bes.
Teil, S.210) und Welzel (Das deutsche Strafrecht, 11.Aufl.
(1969) S.340 ff.) vertretene "verfeinerte Substanztheorie".

[3] RGSt 40, 12; 43, 17; 44, 236; 47, 149; 48, 59; 49, 142, 406;
50, 255; 52, 147; 55, 60; 57, 168, 204.

[4] RGSt 61, 233; 62, 17, 174; 64, 415; 65, 147; 74, 2; 75, 186.

[5] Rudolphi (H.-J.), Der Begriff der Zueignung, GA 1965, 33 ff.;
ähnlich Paulus(R.), Der strafrechtliche Begriff der Sachzueignung, Neuwied & Berlin 1968 S.212, der die Zueignung als
"Zwecknutzen" einer Sache definiert.

sich von der Sachwerttheorie dadurch unterscheiden, daß sie
nicht bei dem Wert des Zueignungsobjekts stehenbleibt, sondern
als Gegenstand der Zueignung das ansieht, was diesen Wert ausmacht, nämlich die Herrschaftsmacht des Eigentümers, d.h. die
dem Eigentümer auf Grund seiner Rechtsposition zustehenden Ver-
wendungsmöglichkeiten der Sache. Bockelmann sieht darin nur
eine "rechtverstandene Substanztheorie", die aber im Hinblick
auf die hiernach erforderliche Neudefinition des "Sachbegriffs"
Probleme aufwirft, auf die aber im Rahmen dieser Arbeit nicht
näher eingegangen werden kann.[1] Sowohl der Bundesgerichtshof
als auch das Schrifttum haben sich der seit RGSt 61, 232 vom
Reichsgericht vertretenen Vereinigungstheorie angeschlossen.[2]
Es war bislang strittig, ob auch die Absicht, die weggenommene
Sache in das Vermögen eines Dritten zu überführen, für Diebstahl ausreicht. Die Judikatur und das ältere Schrifttum verneinten überwiegend im Hinblick auf die Fassung des § 242 StGB
("sich zuzueignen") solchenfalls Diebstahl nach geltendem Recht.
So verlangte v.Liszt[3] Zueignung an sich, nicht unmittelbar an
einen Dritten. Auch Binding[4] forderte Zueignung des Täters an
sich und schließt bei dem Willen, die Sache nicht für sich, sondern für einen anderen zu besitzen, Vorsatz aus. Dagegen
wandte sich aber in der Folgezeit das neuere Schrifttum.[5]

---

[1] Bockelmann (P.), Literaturbericht: Strafrecht - Bes.Teil I,
ZStW 1953, 578; vgl. auch Welzel (H.), Das Deutsche Strafrecht
11.Aufl.(1969) S.341.

[2] BGHSt 4, 238; 16, 192; 17, 92; Frank (R.) 18.Aufl.(1931) § 242
Anm.VII 2 a; Mezger (E.), Grundriß 2.Aufl.(1941) S.257; Ols-
hausen (J.v.) 12.Aufl., 3.Lieferung (1944) § 242 Anm.25 a;
LK 8.Aufl.(1958) Bem.D II vor § 242; Kohlrausch-Lange 43.Aufl.
(1961) § 242 Anm.III 2 b; Bockelmann (P.), Literaturbericht
S.574 f.; Mezger-Blei Bes.T., 9.Aufl.(1966) S.132; Dreher 36.
Aufl.(1976) Rdz.18 zu § 242; Schönke-Schröder 18.Aufl.(1976)
Rdz.47 zu § 242.

[3] Liszt (Fr.v.) 21.& 22.Aufl.(1919) S.418.

[4] Binding (K.) S.273 f.

[5] vgl. hierzu auch Schönke-Schröder 18.Aufl.(1976) Rdz.62 f. zu
§ 242.

Vor allem Frank, Merkel, v.Hippel und Mezger[1] sprachen sich
entgegen dem Wortlaut des § 242 StGB in Übereinstimmung mit
den Strafgesetzbuch-Entwürfen von 1925, 1927/30 und 1936 sowie dem Bericht über die Arbeit der amtlichen Strafrechtskommission von 1935[2] für eine ausdehnende Interpretation aus und
wollten auch die Absicht genügen lassen, die weggenommene Sache "sich oder einem anderen" zuzueignen. Ebenso vertrat Rudolphi[3] im Hinblick auf die Vorgeschichte des § 242 StGB[4] in
Widerspruch zum Wortlaut der Bestimmung die ausdehnende Auslegung, indem er geltend machte, daß niemand einem anderen
eine Sache zueignen könne, ohne sie nicht sich selbst wenigstens für kurze Zeit zugeeignet zu haben. Im gleichen Sinne
sprach sich auch Wachenfeld[5] aus, nach welchem in der Absicht
der Weitergabe der Sache immer die Absicht der Zueignung zu
erblicken ist. Auch das Reichsgericht hat in seinen frühen
Entscheidungen diese Auffassung vertreten,[6] später aber in
enger Auslegung (sich = sich selbst) die Zueignung für eine

---

[1] Frank (R.) 18.Aufl.(1931) § 242 Anm.VII 2 a; Merkel (A.)
S.649; Hippel (R.v.) S.240; Mezger (E.), Grundriß S.258.

[2] StGBE 1925 S.32 f.; StGBE 1927 S.35 f.; StGBE 1930 S.32 f.;
Entwurf eines Deutschen Strafgesetzbuchs (amtliche Strafrechtskommission) 1.Lesung 1933/34, 2.Lesung 1935/36, Berlin 1936 S.68; Gürtner (Fr.)(Hrsg.), Das kommende deutsche
Strafrecht. Besonderer Teil. Bericht über die Arbeit der
amtlichen Strafrechtskommission, Berlin 1935 S.305 f.

[3] Rudolphi (H.-J.) S.43.

[4] Ein Vergleich des Preußischen Strafgesetzbuches von 1851
mit dem Entwurf von 1847 zeigt, daß im letzteren die Absicht, eine fremde Sache "sich oder einem Dritten" rechtswidrig zuzueignen, vorgesehen war, daß aber im Strafgesetzbuch selbst die Worte "oder einem Dritten" gestrichen wurden. Wie aus den von Goltdammer herausgegebenen Materialien
zum Strafgesetzbuch für den Preußischen Staat Bd.2 S.467
hervorgeht, erfolgte die Streichung mit der Begründung, daß
niemand einem anderen eine Sache zueignen könne, ohne sich
selbst dieselbe zuvor zugeeignet zu haben (LK 8.Aufl.(1958)
Bem.D VI vor § 242).

[5] Wachenfeld (Fr.), Mittelbare Täterschaft und doloses Werkzeug, ZStW Bd.40 (1919) S.324.

[6] RGSt 5, 7; 34, 376; 47, 325.

andere Person vom Diebstahl ausgeschlossen.[1] Allerdings hat
es eine Zueignung dann angenommen, wenn der Wegnehmende damit
irgendeinen Vorteil für sich mitverfolgt, also ein eigenes Interesse desselben mitspricht.[2] In letzterem Sinne hat sich
dann auch der 3.Senat des Bundesgerichtshofs im Urteil vom 23.
4.1953[3] ausgesprochen, wobei er ausführte: " 'Sich zueignen'
bedeutet, die Sache selbst oder deren wirtschaftlichen Wert
dem eigenen Vermögen einzuverleiben. Dies kann in der Weise geschehen, daß der Täter die Sache einem Dritten zu eigentums-
gleicher Ausnutzung überträgt. Geschieht dies gegen Entgelt,
so führt er damit den wirtschaftlichen Wert der Sache in sein
Vermögen über und eignet sie sich zu". "Indessen kann der Täter die Sache ihrem wirtschaftlichen Wert nach auch dadurch
sich zueignen, daß er sie einem Dritten unentgeltlich zuwendet.
Hierbei ist jedoch Voraussetzung, daß er davon einen Nutzen
oder Vorteil im weitesten Sinne, wenn auch nur mittelbar, für
sich erreicht, zum mindesten im eigenen Namen über die Sache
verfügt. Deshalb eignet sich derjenige eine fremde Sache zu,
der sie einem Dritten schenkt. Sein Nutzen liegt darin, daß er
unter Ersparung einer Aufwendung aus dem eigenen Vermögen freigebig ist, mag eine gesellschaftliche oder sittliche Pflicht
dazu vorliegen oder nicht". Hierzu ist zu bemerken, daß die
Schenkungsabsicht auch schon vor der Wegnahme vorhanden sein
kann.[4] Der erwähnten Entscheidung des 3.Senats des Bundesgerichtshofs haben sich auch die übrigen mit dieser Frage befaßten Senate angeschlossen.[5] Sie sahen einen solchen wirtschaftlichen Nutzen oder Vorteil im weitesten Sinne unter anderem
in dem Interesse des Täters an dem Wohlergehen der beschenkten Unabhängigkeitsbewegung, in der Chance des Täters bei einer Tombola, einen der vom Beschenkten gestifteten Gegenstände zu gewinnen, oder in dem Interesse des Täters, von dem
Mittäter wegen einer Forderung nicht in Anspruch genommen zu
werden, nicht aber in der Absicht, seinem Vorgesetzten ge-

[1] RGSt 61, 233; 62, 17; 68, 305; siehe auch OLG Köln JMBlNRW
1954, 27.
[2] RGSt 47, 149, 325; 48, 59; 57, 168; 61, 233; 64, 407, 415;
66, 156; 67, 266 f.; 68, 305; 74, 2; RG JW 1929, 2729; RG
JW 1934, 1658; RG DJ 1936, 1126; OLG Bremen MDR 48, 260 f.
[3] BGHSt 4, 238 f., NJW 53, 1151; vgl.auch BGH NJW 54, 1295.
[4] BGH Urt.v.30.10.1953 - 3 StR 776/52.
[5] BGHSt 17, 92; BGH GA 1953, 84; 1959, 373; BGH NJW 54, 1295;
BGH Urt.v.2.11.1961 - 1 StR 447/61.

fällig zu sein. Dieser Auffassung ist auch das neuere Schrifttum weitgehendst beigetreten.[1] Strittig ist allerdings im Schrifttum, ob eine Zueignung zu Lasten des Täters auch dann vorliegt, wenn derselbe über die weggenommene Sache im Namen und in Vertretung eines Dritten zu dessen Nutzen verfügt. Nach der überwiegenden Auffassung in der Literatur, die auch vom Reichsgericht mehrfach, insbesondere in RGSt 67, 266 vertreten wird, ist solchenfalls Zueignung und damit Diebstahl zu verneinen,[2] da hierdurch der Täter keine wirtschaftliche Verfügung für sich trifft. Nach anderer Meinung genügt die Verfügung über die Sache für das Vorliegen von Zueignung und damit Diebstahl, weil eine solche Einschränkung als unberechtigt anzusehen sei.[3] Die Strafgesetzbuch-Entwürfe von 1960 und 1962[4] wollen diese Streitfrage dadurch beenden, daß sie in der Fassung des § 235 (Diebstahl) und des § 245 (Raub) in gleicher Weise, wie dies schon in den Strafgesetzbuch-Entwürfen von 1925, 1927/30 und 1936[5] vorgesehen war, von der Absicht, die fremde Sache "sich oder einem Dritten" bzw. "sich oder einem anderen" zuzueignen, ausgehen. Zueignung i.S. des § 242 StGB liegt auch vor, wenn der Täter die weggenommene Sache dem Eigentümer verkauft, insofern der Täter nicht in Anerkennung des bestehenden Eigentums dem Eigentümer die Sache zurückgibt, sondern ihm auf Grund eines Rechtsverhältnisses Eigentum daran neu verschafft.[6] Weitere

---

[1] Olshausen (J.v.) 12.Aufl., 3.Lieferung (1944) § 242 Anm.25 c; Dalcke-Fuhrmann-Schäfer 37.Aufl.(1961) § 242 Anm.7 a; Dreher 36.Aufl.(1976) Rdz.20 zu § 242; Schönke-Schröder 18.Aufl. (1976) Rdz.62 zu § 242; Mezger (E.), Deutsches Strafrecht 2. Aufl.(1941) S.258; Maurach (R.) 5.Aufl.(Studienausgabe) (1971) S.209; Mezger-Blei 9.Aufl.(1966) S.137.

[2] RGSt 67, 266; ferner RGSt 57, 199; 61, 233; 62, 17; 64, 406; 68, 305; RG DR 1943, 756; BGHSt 4, 238, NJW 53, 1151; BGH GA 1953, 84; OLG Bremen MDR 48, 260; OLG Köln JMBlNRW 54, 27; OLG Hamm NJW 68, 1940; Dalcke-Fuhrmann-Schäfer 37.Aufl.(1961) § 242 Anm.6; vgl. auch OLG Stuttgart NJW 70, 66.

[3] Mezger (E.), Deutsches Strafrecht 2.Aufl.(1941) S.258.

[4] §§ 235, 245.

[5] § 306 (E 1925), § 339 (E 1927, 1930), §§ 318, 451 (E 1936).

[6] RGSt 57, 199; BGH GA 1964, 378; LK 8.Aufl.(1958) Bem.D V 2 e vor § 242.

Zwecke, welche über die mit der Wegnahmehandlung erstrebte rechtswidrige Zueignung hinausgehen, sind ebenso wie das Motiv ohne rechtliche Bedeutung.[1] Ihre Realisierung bildet keine neue Straftat, sondern ist als straflose Nachtat anzusehen, es sei denn, daß durch letztere ein anderes Rechtsgut verletzt wird.[2] Eine widerrechtliche Sachentziehung, aber keine Zueignung liegt z.B. vor, wenn jemand ein fremdes Behältnis - worunter auch eine Handtasche fällt - rechtswidrigerweise wegnimmt, sofern er es nicht für sich behalten oder verwerten, sondern wegwerfen will, sobald er den Inhalt an sich genommen hat.[3] Er eignet sich solchenfalls zwar den Inhalt, aber nicht das Behältnis zu. Im Falle der Wegnahme in der Absicht des Wegwerfens kommt unter Umständen Sachbeschädigung nach § 303 StGB in Frage.[4] Will freilich der Täter das Behältnis als Mittel zum Transport der Diebesbeute benützen und die ursprüngliche Besitzlage nach der Benützung nicht wiederherstellen, so liegt vollendeter Diebstahl vor.[5] Nur Diebstahl am Behältnis ist gegeben, wenn sich der Täter nur dieses, nicht aber den Inhalt zueignen will, wie dies vielfach beim Kraftfahrzeugdiebstahl zu Fluchtzwecken zutrifft.[6] Um diese fühlbare Gesetzeslücke auszufüllen, müßte man entweder die Zueignungsabsicht durch die Beraubungs- und Schädigungsabsicht i.S. des animus furandi des englischen Rechts ersetzen, bei der auch der Fall sofortiger schenkweiser Weitergabe der Sache an einen Dritten, ohne daraus selbst einen Vorteil im weitesten Sinne zu ziehen, sowie der Fall sofortiger Zerstörung unter den Diebstahlstatbestand gebracht werden könnten, während nach geltendem Recht in diesen Fällen regelmäßig Diebstahl zu

---

[1] RGSt 44, 209; 49, 142.

[2] vgl. u.a. RGSt 35, 65; 39, 243 f.; 49, 18; BayObLG NJW 58, 1597.

[3] BGH GA 1962, 145; BGH Beschl. v.5.10.74 - 4 StR 454/74 bei Dallinger MDR 75, 22 und Übersicht MDR 68, 372.

[4] RGSt 35, 357; LK 8.Aufl.(1958) Bem.D V 2 e vor § 242; Kohlrausch-Lange 43.Aufl.(1961) § 242 Anm.III 2 b; Welzel (H.), Das deutsche Strafrecht 10.Aufl.(1967) S.320; die Zueignungsabsicht fehlt auch dann, wenn der Täter die Sache bis zur Verwirklichung des Entledigungswillens noch einige Zeit im Besitz behält, BGH GA 1954, 60.

[5] BGHSt 16, 192, NJW 61, 2122, MDR 61, 1028; BGH v.22.8.62 bei Dallinger MDR 75, 22.

[6] BGHSt 16, 192.

verneinen und straflose Sachentziehung anzunehmen ist, oder
man muß für Sachentziehung eine besondere Strafbestimmung vor-
sehen. Diesen Weg schlagen die Strafgesetzbuch-Entwürfe von
1960 und 1962 in Übereinstimmung mit den Entwürfen von 1925
(§ 304) und 1927 (§ 337) in § 251 ein und stellen darin die
Sachentziehung unter Einschluß der ohne Bereicherungsabsicht
vollzogenen Energieentziehung bei erheblicher Schädigungsabsicht des Eigentümers oder eines Dritten unter eine besondere
Strafbestimmung.[1] Eine dauernde Entziehung wird hierbei nicht
verlangt, da sonst den praktischen Bedürfnissen nicht genügt
würde, wie z.B. bei nur vorübergehender Entziehung zum Schaden des Eigentümers in der Absicht sofortiger Rückgabe nach
Verwirklichung der Schädigungsabsicht. Dabei ist es unerheblich, ob die vorübergehende Sachentziehung sich nur als zeitweiliges Zurückbehalten oder als zeitweilige Gebrauchsanmas-
sung darstellt. Es handelt sich solchenfalls freilich mangels
einer Zueignungsabsicht nicht um Diebstahl, sondern um ein der
Sachbeschädigung gleichgestelltes Delikt, wie es denn auch in
dem Strafgesetzbuch-Entwurf von 1960 im Dritten Titel ("Sachbeschädigung und Sachentziehung") des Dritten Abschnitts zusammengefaßt ist. Da die Zueignungsabsicht eine Absicht voraussetzt, die weggenommene Sache dem Eigentümer dauernd zu entziehen, so begründet die Besitzentziehung auf Zeit (furtum
usus) keinen Diebstahl.[2] Aus diesem Grunde mußte auch die unbefugte Benützung eines Fahrzeuges zu einer Vergnügungsfahrt,
um strafbar zu sein, durch Sonderbestimmung unter Strafe gestellt werden.[3] Nach Abs.5 dieser in § 248 b StGB getroffenen
Sonderbestimmung sind als Kraftfahrzeug Fahrzeuge anzusehen,
die durch Maschinenkraft bewegt werden, mit Ausnahme von Land-

---

[1] Die Energieentziehung in der Absicht, sich oder einen anderen widerrechtlich zu bereichern, ist in § 243 der Entwürfe von 1960 und 1962 unter Strafe gestellt.

[2] RGSt 24, 23; 64, 259; 65, 215; RG HRR 1932 Nr.580; BGHSt
16, 192; OLG Hamburg GA 1964, 123.

[3] § 248 b, durch das 3.StÄG vom 4.8.1953 eingefügt (BGBl.I
735).

kraftfahrzeugen, die an Gleise gebunden sind. Zu den Kraftfahrzeugen zählen sowohl Land- als auch Wasser- und Luftfahrzeuge. Nicht gehören Anhänger dazu, da ihnen die eigene Antriebskraft fehlt.[1] Der bei einem solchen unbefugten Gebrauch eines Kraftfahrzeuges benützte, im Tank befindliche Betriebsstoff begründet nach der Rechtsprechung des Bundesgerichtshofes in seinen Urteilen vom 8.12.59[2] und 5.7.60[3] keinen Diebstahl und auch keinen Raub an dem Betriebsstoff, wenn der Täter den unbefugten Gebrauch des Kraftfahrzeuges mit Gewalt erzwungen hat, da es sich insoweit um einen vom Tatbestand des § 248 b StGB mitumfaßten Vorgang handele. Weitere Entscheidungen haben diese Auffassung bestätigt.[4] Auch schon früher haben einige Oberlandesgerichte einen Diebstahl am Kraftstoff in solchen Fällen abgelehnt, da regelmäßig eine Zueignungsabsicht fehle.[5] Voraussetzung für das Nichtvorliegen eines Diebstahls wegen fehlender Zueignungsabsicht und das Vorliegen einer nur in dem genannten Ausnahmefall strafbaren Gebrauchsanmaßung ist aber, daß ein ernstlicher Rückgabewille im Zeitpunkt der Wegnahme oder doch während der Dauer der unbefugten Benützung vorgelegen hat.[6] Ist dies nicht der Fall, liegt also keine Rückgabeabsicht vor, was zutrifft, wenn die Begleitumstände einen Rückgabewillen ausschließen, so liegt zweifelsfrei Diebstahl oder Raub an der fremden Sache vor. Dies gilt nach ständiger Rechtsprechung auch dann, wenn der Täter keine Absicht hatte, die in Benützung genommene fremde Sache dauernd für sich zu behalten, sondern sich ihrer alsbald nach dem Gebrauch in der Weise zu entledigen, daß er sie dem schutzlosen Zugriff Dritter preisgibt und es dem Zufall überläßt, ob der Eigentümer sie früher oder später wiederbekommt. So hat die

---

[1] RG ZAkDR 38, 168, Recht 1938 Nr.3591; Schönke-Schröder 18. Aufl.(1976) Rdz.3 zu § 248 b; LK 9.Aufl.(1974) Rdz.3 zu § 248 b; Dalcke-Fuhrmann-Schäfer 37.Aufl.(1961) § 248 b Anm. 10 und 11.

[2] GA 1960, 182 f.

[3] BGHSt 14, 388.

[4] BAG NJW 61, 1422.

[5] vgl. u.a. OLG Celle NJW 53, 37; OLG Köln JMBlNRW 1954, 204.

[6] BGH NJW 59, 948, VRS 17, 57; BGH GA 1960, 182; BGH NJW 53, 1880.

Rechtsprechung insbesondere in dem Falle, in dem der Täter
das benützte fremde Kraftfahrzeug irgendwo stehen ließ und es
damit dem Zugriff beliebiger Dritter aussetzte, regelmäßig
Diebstahl oder Unterschlagung bejaht.[1] Lediglich einen einfachen, aber keinen schweren Diebstahl i.S. des § 243 Abs.1
Nr.2 StGB nimmt der Bundesgerichtshof auch in dem Falle an,
in dem der Täter ein Kraftfahrzeug aufbricht und es wegfährt,
um es in Ruhe ausplündern zu können und es dann irgendwie zurückläßt und so dem Zugriff Dritter schutzlos preisgibt.[2] Läßt
freilich der Täter das Fahrzeug nur wegen eines seine Benützung
ausschließenden Motorschadens oder Bremsendefekts stehen, so
kann aus diesem Umstand allein auf einen Mangel des Rückgabe-
willens nicht geschlossen werden.[3] Nach Schaffstein[4] genügt
es zur Zueignungsabsicht, wenn dem, der den Wagen preisgibt,
der Verlust desselben für den Eigentümer gleichgültig ist und
er diesen Verlust ernstlich in Rechnung stellt. Die der ständigen Rechtsprechung entgegengesetzte frühere Auffassung Schröders,[5] daß die Preisgabe keine Zueignung sei und dies auch,
wie für andere Sachen, auch für Kraftfahrzeuge gelte, wies der
Bundesgerichtshof mit der Argumentation zurück, daß zwar die
Preisgabe keine Zueignung sei, daß aber der Täter schon vor

[1] RGSt 64, 260; RG Urt.v.20.8.35 - 4 D 764/35, JW 1935, 3387;
BGHSt 5, 206, VRS 5, 616, NJW 53, 1880, MDR 53, 755; BGHSt
13, 43, VRS 17, 56, NJW 59, 948; BGHSt 16, 192; BGH MDR 60,
689; BGH GA 1960, 82; BGH VRS 14, 201, 363; VRS 19, 441;
VRS 24, 215; VRS 34, 443, NJW 68, 951; BayObLG VRS 19, 365;
OLG Celle VRS 7, 307; VRS 41, 272; OLG Neustadt VRS 21, 362;
VRS 27, 360; OGH Jur.Bl.57, 247; ÖJZ 61, 666; ÖJZ 62, 331;
Mezger-Blei 9.Aufl.(1966) Bes.T. S.163; Schönke-Schröder 18.
Aufl.(1976) Rdz.65 zu § 242; Schaffstein (Fr.), Zur Abgrenzung von Diebstahl und Gebrauchsanmaßung insbesondere
beim Kraftfahrzeugdiebstahl, GA 1964, 100, 107 f.
[2] BGH Urt.v.5.7.61 - 2 StR 264/61 unter Hinweis auf BGH NJW 52,
1184; 56, 271; BGHSt 5, 206.
[3] BGH Urt.v.30.1.62 - 1 StR 540/61.
[4] Schaffstein (Fr.) S.100, 108.
[5] Schönke-Schröder 10.Aufl.(1961) § 242 Anm.VII 2 a.

der Preisgabe den Zueignungswillen durch die unbefugte Benützung des Kraftfahrzeuges ohne Rückgabewillen betätigt habe und daß die Preisgabe nur ein Ausfluß seiner ausschließlichen Herrschaftsgewalt gewesen sei. Der fehlende Rückgabewille deckt sich mit der Absicht der Preisgabe des Fahrzeuges
nach gemachtem Gebrauch, mag diese Absicht schon zur Zeit der
Ingebrauchnahme desselben vorgelegen haben oder doch mindestens
während der Dauer der unbefugten Benützung gefaßt worden sein.
Schröder meint, daß solchenfalls § 248 b StGB eine ausreichende Strafmöglichkeit geschaffen habe und daher kein Anlaß mehr
bestehe, den Begriff der Zueignung bei Kraftfahrzeugen anders
als sonst zu interpretieren. Er selbst aber schränkte seine
Meinung dahin ein, daß Diebstahl dann vorliege, wenn die Ent-
äusserung des Kraftfahrzeuges unter Umständen erfolge, welche
die Rückerstattung des Wagens an den Berechtigten nicht ge-
währleiste oder wenn der unbefugte Gebrauch auf unbestimmte
Zeit fortgesetzt werden sollte.[1] Dabei nimmt er eine solche
Gewährleistung schon dann an, wenn das Fahrzeug auf Strassen
oder Parkplätzen, sei es in einer kleinen Stadt oder in einer
Großstadt, abgestellt werde, während der Bundesgerichtshof
bisher dazu neigte, hierbei einen Unterschied zu machen.[2] Der
Auffassung Schröders stimmt auch Schaudwet[3] zu, der gleichfalls die Ansicht des Bundesgerichtshofs[4] ablehnt, derzufolge
der Täter bei kleineren Orten damit rechnen könne, daß das benützte, am Straßenrand abgestellte Fahrzeug bald wieder in den
Besitz seines Eigentümers gelangen werde. Er will eine Zueignungsabsicht und damit Diebstahl nur annehmen, wenn Umstände
ermittelt werden, aus denen zweifelsfrei entnommen werden kann,
daß der Täter das Kraftfahrzeug nicht wieder an den Berechtig-

---

[1] Schönke-Schröder 18.Aufl.(1976) Rdz.55 zu § 242 mit OLG Köln
VRS 23, 284.

[2] BGHSt 13, 42; BGH VRS 14, 363; 19, 441 f.; KG VRS 37, 439.

[3] Schaudwet (M.), Die Kraftfahrzeugentwendung in der Rechtsprechung, JR 65, 414.

[4] BGH VRS 19, 442.

ten zurückgelangen lassen wollte, wie insbesondere z.B. bei
dem Stehenlassen des Wagens in einem Wald oder an einer unzu-
gänglichen Stelle oder bei Entfernung, Austausch oder Unkennt-
lichmachung des polizeilichen Kennzeichens. Beim Abstellen auf
einer öffentlichen Straße dagegen gebe der Täter zu erkennen,
daß er den Dingen ihren normalen Lauf lassen, d.h. das Fahrzeug dem Zugriff der Polizei und damit dem Berechtigten überlassen wolle. Diese Ansicht steht im Gegensatz zu der erst
neuerdings vom Bundesgerichtshof vertretenen, nunmehr strengeren Auffassung, die dahin geht, daß regelmäßig bei unbefugter
Benützung eines Kraftfahrzeuges eine Rückgabeabsicht und demzufolge ein furtum usus nur zu bejahen sei, wenn der Täter den
Wagen nach erfolgter Benützung so abgestellt habe, daß er
nicht allgemein zugänglich sei und der Eigentümer ihn ohne besondere Mühe auffinden und verwenden könne. Habe der Täter
den Wagen z.B. in einer anderen Straße oder auf einem öffentlichen Parkplatz abgestellt, wo er vom Eigentümer nicht ohne
weiteres ausfindig gemacht werden könne, so könne für die Regel ein Rückführungswille nicht als vorhanden angesehen werden, so daß also furtum usus und damit eine Bestrafung nach
§ 248 b StGB entfalle und Diebstahl anzunehmen sei. Werde der
Wagen unabgeschlossen am Straßenrand jedermann zugänglich
stehengelassen, so könne von einer Rückführungsabsicht keine
Rede sein, vielmehr weise die Sachlage darauf hin, daß das
Fahrzeug gestohlen wurde und es dem Dieb nur darauf angekommen
sei, dasselbe wieder loszuwerden. Im gleichen Sinne hat sich
das OLG Celle dahin ausgesprochen, daß eine Preisgabe des
Kraftfahrzeuges an Dritte und daher Diebstahl sogar auch dann
zu bejahen sei, wenn das Fahrzeug auf einem bewachten Parkplatz abgestellt werde.[1] Ein Versuch unbefugten Gebrauchs oder
Diebstahls eines Kraftfahrzeuges ist schon gegeben, wenn der
Täter in Gebrauchs- oder Zueignungsabsicht durch Rütteln an
den Vorderrädern untersucht, ob das Fahrzeug durch ein Lenkrad-
schloß gesichert ist. Wegen des engen zeitlichen Zusammenhangs

---

[1] BGHSt 22, 46 f.; OLG Celle VRS 7, 307 f.

zwischen dem Vorgehen des Täters und dem beabsichtigten unbefugten Gebrauch oder Diebstahl ist keine Vorbereitungs-, sondern eine Versuchshandlung gegeben. Gibt der Täter nach Feststellung der Blockierung der Steuerung sein Vorhaben auf, so liegt gleichwohl strafbarer Versuch vor und durch den Rücktritt vom Versuch wird, weil er nicht freiwillig erfolgt ist, keine Straflosigkeit begründet.[1] Keine Zueignung ist an den im weggenommenen Wagen befindlichen Sachen anzunehmen, wenn sie der Täter weder braucht noch brauchen will.[2] Auf die häufig vorkommenden Fälle strafloser Gebrauchsanmaßung kann hier nicht näher eingegangen werden.[3] Nur über die objektive Abgrenzung des Diebstahls von der Gebrauchsanmaßung soll noch gesprochen werden. Daß Diebstahl und keine Gebrauchsanmaßung vorliegt, wenn der bestimmungsgemäße Gebrauch der Sache in ihrem Verbrauch besteht, ist unbestritten, wie z.B. beim Verheizen von Brennstoffen, beim Verzehr von Nahrungsmitteln, bei Rückgabe einer ausgebrannten elektrischen Batterie oder bei absichtlich verzögerter Rückgabe einer Tageszeitung. Dagegen sind die Fälle zweifelhaft, in denen bei teilweisem Verbrauch der lediglich zum vorübergehenden Gebrauch weggenommenen Sache der Begriff der Zueignung von dem des furtum usus abzugrenzen ist. Hiermit hat sich das OLG Celle im Urteil vom 16.3.1967[4] eingehend befaßt. Der Sachverhalt war folgender: Der Angeklagte, ein Student der Philosophie, entnahm einem Verkaufsstand eines Warenhauses einen neuen Rowohlt-Kriminalroman, den er in die Rocktasche steckte. Er wurde beobachtet und beim Verlassen des Warenhauses gestellt. Der Angeklagte hat, wie ihm nicht zu widerlegen war, geltendgemacht, er habe das Buch nur durchlesen und dann zurückbringen wollen. Von einem Studenten der Rechte habe er erfahren, daß ein Gebrauchsdiebstahl nicht strafbar sei. Die-

---

[1] BGH 4 StR 259/67, Stgt.Ztg.v.24.4.1968.

[2] BGHSt 16, 192.

[3] Siehe hierzu Hagel (K.), Der einfache Diebstahl S.187 ff.

[4] JR 67, 389 ff.

se den meisten Menschen unbekannte Tatsache habe er ausnützen
wollen. Man könne ihm wohl einen Vorwurf moralischer Art machen, ein Dieb sei er jedoch nicht, da er nicht in Zueignungsabsicht gehandelt habe. Der erstinstanzliche Richter führte
aus, daß der wirtschaftliche Wert eines neuen Buches für einen Buchhändler oder einen sonstigen Gewerbetreibenden darin
liege, daß es im neuen ungebrauchten Zustand verkauft werden
könne. Wenn ein Buch einmal gelesen sei, könne der Händler
nicht mehr den vollen Preis verlangen. Dies habe auch der Angeklagte gewußt. So habe er selbst geschrieben: "Es erschien
mir unzweckmäßig, einen Taschenkriminalroman zu kaufen, da
solche Taschenbücher nach ihrer Lektüre meines Erachtens keinen persönlichen Wert mehr repräsentieren; ihr einziger Wert
liegt in der Vermittlung einer spannenden Geschichte". Der Angeklagte, so fährt das Gericht in seiner Begründung fort,
wollte das Buch lesen und es also in einer Weise verwenden,
die einem Verbrauch gleichkomme; denn es liege ein Verbrauch
vor, wenn die Sache ihre wirtschaftliche Bestimmung nicht mehr
erfüllen könne. Der Angeklagte habe sich den eigenartigen Wert
dieses neuen, zum Verkauf stehenden Buches zuführen wollen.
Dies sei aber Diebstahl und keine Gebrauchsentwendung. Gegen
diese Begründung bestehen nach der Auffassung des Revisionsgerichts keine rechtlichen Bedenken. Es führte in der Begründung
im wesentlichen aus, daß der Begriff der Zueignung, der nach
der Rechtsprechung des Reichsgerichts und der herrschenden
Meinung im Schrifttum darin bestehe, daß die Sache selbst oder
doch der in ihr verkörperte Sachwert vom Täter dem eigenen Vermögen einverleibt werde, dann der Ergänzung bedürfe, wenn es
sich um die Abgrenzung zwischen Gebrauch und teilweisem Verbrauch handele. Das Reichsgericht[1] habe hierzu ausgeführt, daß
ein Verbrauch dann vorliege, wenn die Sache infolge des Gebrauchs ihre wirtschaftliche Bestimmung im wesentlichen nicht
mehr erfüllen könne, wenn sie deshalb im Verkehrssinne eine andere Sache geworden sei. Ein solcher Verbrauch sei jedoch dann

---

[1] RGSt 44, 336 f.

nicht gegeben, wenn die Sache trotz des Gebrauchs wirtschaftlich gesehen weiterbestehe, so daß sie noch als dieselbe gelte wie vorher, wenn auch vielleicht mit gewissen Abnützungs-
mängeln behaftet. Tatbestandsmäßige Zueignung liege demnach
nur vor, wenn die Sache für ihre Zweckbestimmung unbenutzbar
geworden ist[1] oder - um mit Rudolphi zu sprechen -, wenn eine
solche Benützung erfolgt ist, die der Sache die gesamten realen Eigentumsbefugnisse oder doch mindestens die Funktions-
fähigkeit in einer bestimmten Richtung entzieht.[2] Es kann aber
nach Meinung des Revisionsgerichts keinem Zweifel unterliegen, daß neuwertige Sachen, die vom Eigentümer wirtschaftlich
als neue Sachen zum Verkauf bereitgestellt werden, infolge des
Gebrauchs aber nicht mehr als neuwertig angesehen werden können, ihre ursprüngliche wirtschaftliche Funktion - und zwar
für dauernd - nicht mehr erfüllen können, weil es sich nunmehr
um Gebrauchtwaren handele. So werde z.B. das fabrikneue Kraftfahrzeug durch die Benützung zum Gebrauchtwagen, neue Beklei-
dungsstücke könnten nach Gebrauch nur im Altwarengeschäft Verwendung finden, und gebrauchte Bücher würden in das Antiquariat
übergeführt. Da das Buch als neues von der Firma verkauft werden wolle und der Käufer dementsprechend auch ein neues Buch
erwerben wolle, wenn er es hier kaufe, so wäre das Buch in einem für den Verkäufer wesentlichen Wert gemindert, wenn der Angeklagte es gelesen hätte und es daher nicht mehr als neuwertig
verkauft werden könnte. Der Angeklagte habe es aber zu seinem
eigenen Vorteil verwertet, denn er habe die Mittel erspart,
die er hätte aufwenden müssen, wenn er sich das Buch zum Lesen
anderweitig hätte beschaffen müssen. Der Umstand, daß Bücher
in Buchhandlungen und Warenhäusern vom Publikum in die Hand
genommen, durchgeblättert und abschnittsweise gelesen zu werden pflegen, beeinträchtige deren Neuwertigkeit nicht. Alles

---

[1] LK 8.Aufl.(1958) Vorbem.D V II bb vor § 242; Schönke-Schröder
12.Aufl.(1965) Rdz.45 zu § 242; OLG Braunschweig NdsRpfl 1950,
94; OLG Hamm JMBlNRW 1962, 110.
[2] GA 1965, 39; ebenso Schröder (H.), Anm.zu Urt.d.OLG Celle vom
16.3.67, JR 67, 391.

dies geschehe mit Wissen und Willen des Verkäufers zum Zwecke
der Auswahl. Diese Art der Benützung sei regelmäßig nicht so
intensiv, wie wenn das gesamte Buch gelesen werde. Eine Wertminderung trete hierdurch kaum oder gar nicht ein. Das Buch
könne noch seine wirtschaftliche Bestimmung erfüllen. Möglicherweise müsse der Verkäufer die wirtschaftliche Bestimmung
des Buches als eines neuen ändern, wenn es infolge Unvorsich-
tigkeit des Verkäufers oder des Publikums beschädigt oder be-
schmutzt würde. Darauf komme es hier nicht an, da es sich um
ein neues, nicht um ein antiquarisches oder im Preis herabge-
setztes Exemplar gehandelt habe. Über die subjektive Seite bestünden keine Zweifel. Gegen die Begründung des Urteils nimmt
Schröder[1] in einer Anmerkung Stellung. Auch er geht davon aus,
daß bei der Abgrenzung zwischen furtum usus und Diebstahl im
wesentlichen darauf abzustellen sei, ob der Täter den beabsichtigten Gebrauch in einer Weise vornehmen wollte, die sich
für den Berechtigten als eine Wertminderung darstellt und damit zwar keine Beeinträchtigung seiner formalen Eigentumsposi-
tion, wohl aber ihre wirtschaftliche Aushöhlung bewirke.[2] Wollte der Täter die entwendete Sache lediglich gebrauchen, so liege, nach Schröder, Zueignung und Diebstahl nur dann vor, wenn
nach dem Willen des Täters bei Abschluß des Gebrauchs dem Berechtigten nicht wieder die volle wirtschaftliche Nutzung seines Eigentums eingeräumt werden sollte,[3] so vor allem, wenn
der Gebrauch ihrem gänzlichen oder teilweisen Verbrauch gleichkomme, wie etwa bei kurzlebigen Gebrauchsgütern, z.B. bei Rückgabe einer zum Lesen entwendeten Tageszeitung nach Ablauf mehrerer Tage. So könne auch der Gebrauch von Autoreifen für eine
Strecke von 10 000 km nicht mehr als bloßer Gebrauch, sondern
als teilweiser Verbrauch durch Abfahren angesehen werden.[4] Es

---

[1] JR 67, 391.
[2] Schönke-Schröder 18.Aufl.(1976) Rdz.53 zu § 242; Maurach (R.),
Deutsches Strafrecht, Bes.T., 5.Aufl.(1971) S.209; LK 8.Aufl.
(1958) Vorbem.D V 2 a vor § 242; Wessels (J.), Die Entwendung
von Dienstgegenständen zu vorübergehendem Gebrauch, JZ 65,
634; ders., Zueignung, Gebrauchsanmaßung und Sachentziehung,
NJW 65, 1156.
[3] Schönke-Schröder 18.Aufl.(1976) Rdz.53 zu § 242.
[4] Schönke-Schröder 14.Aufl.(1969) Rdz.53 zu § 242.

bestehe allerdings insofern eine gewisse Unsicherheit darüber,
wann der bloße Gebrauch in einen teilweisen Verbrauch übergeht.
So würde, wie Schröder meint, z.B. die Benützung eines fremden
Kraftfahrzeuges über eine Strecke von 20 000 bis 30 000 km unzweifelhaft ein teilweiser Verbrauch des Motors und damit
§ 242 StGB anwendbar sein,[1] während bei kurzdauernder Benützung
nur § 248 b StGB eingreifen würde. In ähnlichem Sinne äußert
sich Dreher bezüglich der Abgrenzung des furtum usus vom Diebstahl dahingehend, daß eine Wertminderung durch bloße Abnützung
zur Zueignung nicht ausreiche, daß vielmehr der Genuß fremden
Vermögens mit dauernder Nachteilwirkung für den Eigentümer erforderlich sei, wie insbesondere bei solchem Gebrauch, der in
Wirklichkeit einen Verbrauch begründe, z.B. Verheizen von
Brennstoffen, Verzehr von Nahrungsmitteln, bestimmungsgemäßer
Verbrauch von Geld oder Geldsurrogaten, und daß der wirtschaftliche Wert der Sache, wenn auch nur teilweise, so doch auf die
Dauer dem Eigentümer entzogen werde.[2] Auch der Leipziger Kommentar erblickt eine Zueignung bei teilweisem Verbrauch einer Sache nur dann, wenn die Wertminderung von Erheblichkeit ist.[3]
Eine solche eine Zueignung begründende Wertminderung nimmt
Schröder in Übereinstimmung mit dem genannten Urteil des OLG
Celle auch in dem Falle an, in dem ein fabrikneuer Gegenstand
durch eine nicht nur unerhebliche Benützung zu einem gebrauchten wird. Allerdings ist er der Auffassung, daß der Schluß, den
das OLG Celle von dem Gebrauch von Kraftfahrzeugen und Kleidungsstücken auf das Lesen von Büchern gezogen habe, nicht
zwingend sei. Dem möchte der Verfasser für den Fall beipflichten, daß die Überlassung des Buches zur Einsichtnahme mit dem
Willen des Eigentümers erfolgt. Es ist, wie Schröder betont,
vielfach üblich, daß ein Buchhändler bereit ist, jedenfalls gegenüber einem Kunden, den er kennt oder der ihm vertrauenswür-
dig erscheint, Bücher für einige Tage zur Ansicht zu überlassen

---

[1] Siehe auch OLG Hamm JMBlNRW 1960, 230 und 1962, 110, wo gesagt
ist, daß in solchen Fällen infolge der nicht unbeträchtlichen
Wertminderung der Gebrauch dem Verbrauch gleichzusetzen ist;
LK 9.Aufl., Bd.2 (1974) Rdz.49 zu § 242; Wessels NJW 65, 1158.
[2] Dreher 35.Aufl.(1975) § 242 Anm.3 A a; Olshausen (J.v.) 12.
Aufl., 3.Lieferung, § 242 Anm.C 25 a.
[3] LK 8.Aufl.(1958) Bem.D V 2 e vor § 242.

und sie wieder zurückzunehmen, wenn sie dem Entleiher nicht
gefallen sollten. Solchenfalls trage der Buchhändler keine
Bedenken, derartige Bücher an einen anderen Kunden als neu
anzubieten und zu verkaufen, da der Geschäftsverkehr in diesem Handelszweig Bücher, die vorübergehend in der Hand eines
Kunden gewesen sind, nicht als minderwertig anzusehen pflege
und deshalb durch das Lesen keine Beeinträchtigung des Eigentums am Buch eintrete. Auch Widmann[1] bezweifelt die Richtigkeit des im Urteil des OLG Celle vertretenen Standpunktes,
daß das weggenommene Buch seine ursprüngliche Funktion als
neuwertig verkauft zu werden, durch den Gebrauch für dauernd
eingebüßt habe, und weist auf die merkwürdigen Folgen hin,
die sich bei Anwendung dieses Satzes ergeben dürften. Hätte
nämlich der Student das Buch, wie vorgegeben, unbemerkt,
nachdem er es gelesen hatte, zurückgestellt, so wäre es vom
Warenhaus zu dem vollen Preis verkauft worden, und es wäre
also ein Funktionsverlust, der darin besteht, daß das Buch
nicht mehr als neuwertig verkauft werden kann, nicht eingetreten. Die Eigenschaft "Neuwertigkeit" bei Waren präge sich, wie
Widmann ausführt, im Gegensatz zu anderen stofflichen Eigenschaften, z.B. der Schärfe eines Messers oder der Unversehrtheit einer Kerze, jedenfalls nicht in vergleichbar konkreter
Weise aus. Es erhebe sich daher die Frage, wieso die Rechtsgemeinschaft den zum Verkauf stehenden unbenutzten Waren die
Eigenschaft der Neuwertigkeit beilege und worin sie den Verlust dieser Eigenschaft sehe. Insbesondere wären bei Beantwortung des zweiten Teils der Frage je nach der Art der Ware
erhebliche Differenzierungen vorzunehmen. So sei es, wie schon
oben ausgeführt, im Buchhandel üblich, z.B. bei vorgesehenen
Geburtstagsgeschenken eine Tausch- oder Gutschriftvereinbarung
zu treffen, mit der Folge, daß die gekauften Bücher kurzfristig
zurückgegeben werden dürfen, um dann als neuwertig im Buchhandel verkauft zu werden, auch wenn sie, was regelmäßig gar
nicht kontrolliert werden könne, inzwischen durchgelesen worden
sein sollten. Ähnlich verhalte es sich auch beim Verkauf von

---

[1] Widmann (H.J.), Die Grenzen der Sachwerttheorie, MDR 69, 530.

Oberbekleidung, die bereits im Geschäft selbst durch Anproben
oftmals gebraucht worden ist und die vielfach, wie in Insera-
ten ausdrücklich angekündigt, wenn sie nicht gefällt, nach
kurzfristiger Benützung zurückgegeben werden kann, um in der
Folgezeit, woran nach der Verkehrssitte kein Anstoß genommen
werde, als neuwertig verkauft zu werden. Man werde daher im
Gegensatz zur Entscheidung des OLG Celle sagen müssen, daß
nach der Verkehrssitte die vorübergehende Benützung einer Ware durch eine Person ihr regelmäßig noch nicht die Eigenschaft
"neuwertig" nehme. Dies sei vielmehr nur dann der Fall, wenn
die Ware durch den Gebrauch offenkundige Mängel erlitten habe
oder ihr der Verdacht möglicher Mängel anhafte, wie z.B. bei
einer von einem anderen bereits benützten Unterwäsche, in Ansehung deren beim Käufer möglicherweise der Argwohn entstehe,
es könnten Krankheiten übertragen werden. Die schwierige Be-
stimmbarkeit der Eigenschaft "neuwertig" dürfte es daher erforderlich machen zu verlangen, daß der Gebrauch der Sache
nicht nur aus der besonderen Sicht des Handelsverkehrs, sondern auch nach allgemeiner Anschauung einem Verbrauch gleichgesetzt werde. Nur dann also, wenn durch die Benützung solche
Eigenschaften verlorengingen oder verbraucht werden sollten,
die von der Rechtsgemeinschaft allgemein einer Sache als wesentlich zugeordnet würden, wie z.B. einem Messer oder einer
Säge die Schärfe, wäre eine Verbrauchsabsicht und damit Diebstahl oder Unterschlagung anzunehmen. Die Richtigkeit dieser
Begrenzung finde durch die Existenz der §§ 248 b und 290 StGB
ihre Bestätigung. Weil sie den Tatbestand des Diebstahls nicht
erfüllen, scheiden für das Vorliegen eines Raubes auch die im
Strafgesetzbuch vorgesehenen Delikte des Verwahrungsbruchs
(§ 133 StGB) und des Verstrickungsbruchs (§ 136 StGB) aus. Die
Wegnahme von Getreide oder anderer zur Fütterung des Viehs bestimmter oder geeigneter Substanzen wider den Willen des Eigentümers, um dessen Vieh damit zu füttern, wurde aus dem Diebstahlstatbestand herausgenommen und unter eine besondere Strafsanktion gestellt. Sie schied damit auch für Raub aus.[1]

[1] § 370 Nr.6 StGB a.F.

C) Die besonderen Tatbestandsmerkmale des Raubes

Die Nötigungsmittel, welche die besonderen Voraussetzungen für
das Vorliegen eines Raubes bilden, sind Gewalt gegen eine Person und Drohungen mit gegenwärtiger Gefahr für Leib oder Leben.

I. Gewaltanwendung

Bei der Gewaltanwendung ist von dem in den §§ 249, 252 und 255
StGB enthaltenen Begriff der Gewalt gegen eine Person, wie er
in Rechtsprechung und Schrifttum entwickelt worden ist, auszugehen.

1. Begriff der Gewalt

Der Gewaltbegriff des deutschen Strafrechts hat im Laufe der
Zeit in Anpassung an die praktischen Bedürfnisse durch die
Rechtsprechung und unter dem Einfluß des Schrifttums einen Wandel i.S. einer Erweiterung erfahren. Zum Verständnis der heute
nach der herrschenden Meinung maßgebenden Auslegung dieses Begriffes muß daher auf dessen Entwicklung kurz eingegangen werden. Der Erörterung des Begriffs der "Gewalt gegen eine Person",
wie er in den Bestimmungen der §§ 249 bis 251, 252 und 255 vorgesehen ist, soll eine Beschreibung der Gewalt als solcher, die
im deutschen Strafgesetzbuch ein Tatbestandsmerkmal einer Reihe
von Delikten bildet,[1] vorangestellt werden. Gewalt im volkstüm-
lichen Sinne ist eine durch Anwendung körperlicher Kraft ausgeführte Handlung. Ob es rechtlich einen für alle das Moment
der Gewalt enthaltenden Delikte einheitlichen Gewaltbegriff
gibt, wird von Schultz[2] in Zweifel gezogen, der für eine Ver-

---

[1] u.a. §§ 107, 113, 114, 177, 234, 235, 237, 240, 253 StGB.

[2] Schultz (H.), Der strafrechtliche Begriff der Gewalt,
SchwZStr 1952, 346.

schiedenheit des Begriffs je nach den einzelnen gesetzlichen
Tatbeständen eintritt. Allgemein wird man aber in Ansehung
der auf dem Grundelement der "Nötigung" aufgebauten Delikte
sagen können, daß die Gewaltanwendung - von der Nötigung
selbst abgesehen - nie Selbstzweck ist, vielmehr nur das Mittel, einen entfernteren Erfolg, z.B. die Wegnahme einer fremden Sache, zu erzielen. Das Reichsgericht geht bei der Bestimmung des Gewaltbegriffs von einer unter Anwendung physischer
Kraft erfolgenden Einwirkung auf einen anderen durch ein unmittelbar auf dessen Körper einwirkendes Mittel aus, das geeignet und dazu bestimmt ist, die Freiheit der Willensbildung
oder Willensbetätigung aufzuheben, um einen tatsächlich geleisteten Widerstand zu brechen oder einen bestimmt erwarteten Widerstand zu verhindern.[1] Dies trifft in erster Linie
auf die unmittelbare physische Gewaltausübung, die vis absoluta, zu, die bei ihrer Unwiderstehlichkeit eine freie Willensentschließung und Willensbetätigung des Opfers ausschließt. Dagegen reicht nach zahlreichen Entscheidungen des Reichsgerichts[2] die Beeinflussung der Willensentschließung des Opfers
zur Erfüllung des Tatbestandes der Nötigung aus. Es kann aber
selbstverständlich vom Nötiger sowohl auf die Willensentschließung als auch auf die Willensbetätigung des Opfers eingewirkt werden, insofern der Wille nur eine Teilerscheinung
der ganzen geistigen Kräfte des Menschen ist, welche die
Selbstbestimmung im Gegensatz zur Fremdbestimmung durch den
Nötiger ausübt.[3] Freilich braucht diese Einwirkung auf den anderen, wie die Rechtsprechung in Ansehung der Nötigung (§ 240
StGB) anerkannt hat, keine unmittelbar körperliche zu sein;[4]
es genügt auch eine mittelbare Zwangswirkung. Daher fällt nach

---

[1] RGSt 56, 88; 58, 99; 60, 158; 64, 115; 66, 355 f.; 69, 330;
73, 344; 77, 82; RG JW 1938, 789, 2734; vgl. auch Frank (R.)
18.Aufl.(1931) § 52 I 1; Olshausen (J.v.) 12.Aufl., 3.Lie-
ferung (1944) § 240 II 4 a.

[2] RGR 9, 447; RGSt 1, 6; 2, 288; 4, 429; 7, 270; 8, 305; 9,
228; 13, 50; 27, 308 f.; 46, 402; RG DJZ 12, 1259; RG GA 37,
366.

[3] RGSt 48, 350.

[4] RGSt 64, 115.

der Auffassung des Reichsgerichts auch die sogenannte vis
compulsiva, die übrigens so nachdrücklich sein kann, daß sie
auf den Angegriffenen gleichfalls unwiderstehlich wirkt, unter den Begriff der Gewalt, wenn die Anwendung physischer
Kraft, wenigstens mittelbar, als Gewalteinwirkung von dem zu
einer Willensentschließung oder Willensbetätigung Genötigten
empfunden wird, z.B. Werfen mit Steinen ohne getroffen zu werden[1] oder Abgabe eines Schreckschusses.[2] Der Unterschied dieser in gewissem Sinne seelischen Einwirkung von der rein seelischen Einwirkung durch Drohung liegt in der körperlichen
Kraftentfaltung, d.h. in dem Inbewegungsetzen physischer Kraft.
Diese Abgrenzung des Gewaltbegriffes von der rein seelischen
Einwirkung ist vom Reichsgericht in einer Reihe von Entscheidungen festgelegt worden. So sprach sich das Reichsgericht im
Urteil vom 1.10.1917[3] dahin aus, daß auch der Begriff der
"Gewalttätigkeit" i.S. des § 125 StGB nicht verlange, daß eine Verletzung der Person oder Beschädigung der Sache erfolgt
sei,[4] daß vielmehr nicht mehr gefordert werde, als das Inbewegungsetzen natürlicher Kraft gegen eine Person oder Sache,
die sich mechanisch auf die Person oder Sache übertragen soll.
Doch schon im Urteil des Reichsgerichts vom 29.2.1924[5] zeigte
sich eine gewisse Abkehr von der rein äußerlichen körperlichen Kraftentfaltung des Täters zugunsten der Zwangswirkung
auf den Körper des Genötigten oder, genauer gesagt, dahin, daß
das Vorgehen des Täters als solches auf das Opfer spürbar einwirkt,[6] selbst wenn es von ihm nicht gespürt werden sollte.[7]
Als maßgebend für den Begriff der Gewalt wurde nunmehr weniger

[1] RGSt 47, 180.
[2] RGSt 60, 158.
[3] RGSt 52, 35.
[4] vgl.auch RGSt 5, 378; 30, 392; 45, 156; 52, 35; 54,90; 60,
158; BGH NJW 53, 351.
[5] RGSt 58, 99.
[6] BGHSt 18, 330; BGH NJW 55, 1404; BGH GA 1965, 57.
[7] BGH NJW 53, 350; BGHSt 4, 212, NJW 53, 1400; OLG Saarbrücken
NJW 69, 622.

die körperliche Anstrengung desjenigen angesehen, der Gewalt gegen einen anderen ausübt, als vielmehr die Wirkung auf denjenigen, der von der Gewalt betroffen wird.[1] So ist für den Fall des Abgebens von Schreckschüssen in der Entscheidung vom 15.3.1926[2] ausgeführt, daß die Gewaltanwendung nicht die unmittelbare Einwirkung auf den Körper des Vergewaltigten, sei es durch Berührung oder eine andere die Sinne beeinflussende Tätigkeit erfordere, sondern daß hierfür vielmehr alle Handlungen genügten, die von der Person, gegen welche sie unmittelbar oder auch nur mittelbar gerichtet sind, als ein nicht nur seelischer, sondern körperlicher Zwang empfunden werden. Für diese Abgrenzung des Gewaltbegriffes von der bloß seelischen Einwirkung ist fernerhin auf die beiden Urteile des Reichsgerichts vom 29.6.1928[3] und vom 11.7.1929[4] hinzuweisen, in denen ausdrücklich betont wird, daß es auf die sinnliche Wirkung der vom Täter entwickelten physischen Kraft ankomme, daß es sich also bei einer nur mittelbar gegen die Person gerichteten Einwirkung immer um das Inbewegungsetzen einer körperlichen äußeren Kraft handeln müsse, das von dem Vergewaltigten körperlich, nicht bloß seelisch, als Zwang empfunden werde. Eine eingehende Darlegung seines Standpunktes gab das Reichsgericht sodann in dem Urteil vom 2.12.1929,[5] wo ausgeführt ist: "Die vis compulsiva fällt unter den Gewaltbegriff, wenn die Anwendung physischer Kraft wenigstens mittelbar als Gewalteinwirkung von dem zu einer Willensentschließung oder Willensbetätigung Genötigten empfunden wird (vgl.insbesondere RGSt 2, 287, auch RGSt 48, 346, 347). Es ist zuzugeben, daß in diesen Fällen die Einwirkung in gewissem Sinne eine seelische (psychische) ist. Aber der Unterschied von der rein seelischen (psychischen) Einwirkung, besonders durch Drohung, besteht gerade in dem Mittel, durch das auf den anderen eingewirkt wird, nämlich die körperliche (physische) Kraftent-

---

[1] Niethammer (E.), Lehrbuch des Besonderen Teils des Strafrechts, Tübingen 1950 S.255.

[2] RGSt 60, 158.

[3] I 186/28.

[4] II 534/29.

[5] RGSt 64, 116 f.; belanglose Rempeleien scheiden aus, BGHSt 7, 254.

faltung. Die vis compulsiva, nicht aber die Drohung, erfordert eine Entfaltung, ein Inbewegungsetzen physischer Kraft; sie enthält schon ein Übel für den davon Betroffenen und stellt nicht, wie die Drohung, erst ein solches Übel in Aussicht". Wenn entgegen der bisher geschilderten Auffassung im Urteil des Reichsgerichts vom 30.10.1885[1] folgender Satz enthalten ist: "Es bedarf zu einer solchen Einwirkung nicht einmal der Aufwendung physischer Kraft, sie kann auch durch eine Unterlassung, z.B. Entziehung der Nahrung oder durch Aufrechterhaltung eines ohne verbrecherischen Vorsatz herbeigeführten Zustandes der Freiheitsentziehung erfolgen", so kann dieser Satz es allerdings zweifelhaft erscheinen lassen, ob dieses Urteil dieselbe Auffassung wie die oben dargelegte vertritt. Jedoch einmal beruhe das abweichende Urteil nicht auf diesem mehr beiläufigen Satz, da tatsächlich auch in jenem Fall die Anwendung physischer Kraft bejaht wurde. Ausserdem würde der Senat Bedenken tragen, diese weitergehende Auffassung aufrechtzuerhalten. Übrigens wurde bereits in der dem Urteil des Reichsgerichts vom 30.Oktober 1885 nachfolgenden Entscheidung vom 5.11.1895[2] bezüglich der Gewaltanwendung i.S. des § 113 StGB die hier vertretene Auffassung gebilligt, wonach der Begriff der Gewalt eine unter Aufwendung von Körperkraft vorgenommene, gegen den Beamten gerichtete Handlung verlange, die nicht direkt gegen die Person desselben gerichtet sein müsse, wenn sie dieselbe nur mittelbar berühre. Eine solche Handlung könne aber in dem Einschließen erblickt werden, um dem Beamten die Vornahme einer Vollstreckungshandlung unmöglich zu machen. Die körperliche Kraftentfaltung hielt hiernach das Reichsgericht in seiner Rechtsprechung stets für ein wesentliches Merkmal des Gewaltbegriffes und es betonte in dem Urteil vom 2.12.1929[3] noch ausdrücklich, daß für die Rechtsprechung kein Anlaß bestehe, die Unterscheidung zwischen der rein seelischen Beeinflussung durch Drohung und der Willensbeeinträchtigung durch Gewaltanwendung (vis compulsiva)

---

[1] RGSt 13, 50.
[2] RGSt 27, 405.
[3] RGSt 64, 118.

aufzugeben. Auch das Schrifttum hat sich im allgemeinen der geschilderten Auffassung des Reichsgerichts angeschlossen.[1] Für die beiden Formen der Gewaltanwendung, die vis absoluta und die vis compulsiva, ist wesentlich, daß die Einwirkung ohne das Einverständnis des Betroffenen erfolgt. Es liegt daher keine Gewalt i.S. der §§ 240 und 249 ff. StGB vor, wenn das Opfer in die Narkose oder Hypnose, soweit darin eine Gewaltausübung zu erblicken ist, worüber später noch zu sprechen sein wird, einwilligt.[2] Hier bedient sich der Täter letztlich einer List in Bezug auf seine sonstigen Absichten.[3] Eine abweichende Ansicht vertreten Maurach[4] und Mittelbach,[5] nach welchen nicht bei Einverständnis des Opfers zur Versetzung in einen Zustand sinnloser Trunkenheit, während dem der Mißbrauch des Geschlechtsverkehrs erfolgt, sondern nur bei Einverständnis in den Geschlechtsverkehr Gewaltanwendung i.S. des § 177 StGB entfällt. Maurach verweist hierzu auf die Entscheidungen des OLG Hamm[6] und des Bundesgerichtshofs.[7] Bei dem Gewaltbegriff ist weiterhin zu unterscheiden zwischen der gewöhnlichen "Gewalt" und der "Gewalt gegen eine Person". Erstere ist jede Kraftentfaltung, die auf die Beseitigung eines Hindernisses abzielt, das dem vom Täter erstrebten Ziel, wie z.B. der Wegnahme einer fremden Sache, entgegensteht, gleichgültig, ob es sich bei dem Hindernis um eine sachliche Schutzeinrichtung, wie in den §§ 240 und 253 StGB gefordert ist, oder um das Verhalten eines Menschen handelt.[8] Soweit die Gewalt sich ausschließlich gegen

---

[1] LK 9.Aufl.(1974) Rdz.4 zu § 249; Dreher 36.Aufl.(1976) Rdz. 3 zu § 240; Kohlrausch-Lange 43.Aufl.(1961) § 249 Anm.3 a; Welzel (H.), Das deutsche Strafrecht in seinen Grundzügen, Berlin 1947 S.51; Mezger (E.), Strafrecht 3.Aufl.(1949) S.365; auch nach schweizerischem Recht wird diese Auffassung von der herrschenden Meinung geteilt, vgl. Schultz (H.) S.350, 354.
[2] BGHSt 14, 82; BGH NJW 59, 1092.
[3] Schönke-Schröder 18.Aufl.(1976) Rdz.17 zu Vorbem.zu §§ 234 ff.
[4] Maurach (R.), Deliktscharakter und Auslegung der Notzuchtsbestimmung des § 177 StGB, NJW 61, 1051.
[5] Mittelbach Anm.zu Urt.d.BGH v.21.4.59, JR 59, 345.
[6] HESt II, 270.
[7] vom 18.9.57 - 2 StR 311/57 bei Dallinger MDR 58, 13.
[8] BGHSt 16, 345, NJW 62, 356.

eine Sache richtet, ist es unerheblich, ob die Einwirkung auf
die Sache eine Veränderung in dem stofflichen Zustand derselben bezweckt oder herbeiführt oder auch nicht.[1] Eine solche
Gewaltanwendung ist z.B. bei der Zertrümmerung einer Türe, um
die Wegnahme fremder Sachen zu ermöglichen, gegeben und damit
Einbruchdiebstahl i.S. des § 243 Abs.1 Nr.2 StGB verübt. Ob in
dem Vernageln von Türen und Fenstern, dem Aushängen der Fenster, dem Wegschaffen der Möbel oder durch Unterbrechung der
Wasser- oder Stromzufuhr in Abwesenheit des Mieters, um ihn
zur Räumung der Wohnung zu zwingen, eine strafbare Gewaltanwendung i.S. des § 240 StGB zu erblicken ist, ist nach der
Entscheidung des Reichsgerichts vom 9.4.1890[2] zu verneinen, da
bei der Anwendung des § 240 StGB nicht davon abgesehen werden
könne, daß die Gewalt von dem zu Nötigenden physisch empfunden
werden müsse, um sie als gegen die Person gerichtet anzuerkennen. Das Gesetz verlange, daß die Gewaltanwendung, selbst wenn
sie zunächst nur gegen Sachen gerichtet sei, doch auch mittelbar gegen die Person des zu Nötigenden sich wende.[3] Die bloße
Herbeiführung eines Zustandes im Hinblick auf die Wirkung, welche derselbe auf das Gemüt und die Entschliessungen des dadurch
Betroffenen hervorbringen könne oder werde, genüge daher nicht.
Die genannte Voraussetzung sei aber, wie im vorliegenden Fall,
dann nicht gegeben, wenn das Opfer lediglich bei seiner späteren Rückkehr die Ausräumung der Werkstätte und deren Verschluß
wahrgenommen habe. Anders läge der Fall, wenn die genannten
Maßnahmen vom Vermieter im Beisein des Mieters ausgeführt worden wären. Dadurch würde den Mietern das Verweilen in den Räumen mit Rücksicht auf ihr körperliches Wohlbefinden unmöglich
gemacht, während ein Widerstand von ihrer Seite vermöge des ein-
geschlagenen Verfahrens aussichtslos oder ausgeschlossen er-
schiene.[4] Im gleichen Sinne hat sich das Reichsgericht auch in
der Entscheidung vom 13.1.1927[5] ausgesprochen, wo in der eigen-

---

[1] RGSt 5, 378; 30, 391; 45, 157; 52, 34.
[2] RGSt 20, 355 f.
[3] RGSt 3, 180.
[4] RGSt 7, 269; 9, 59.
[5] RGSt 61, 157.

mächtigen Ausräumung eines gemieteten Zimmers durch den Vermieter in Anwesenheit des Mieters, wodurch dem Mieter die
freie Bestimmung und Betätigung seines Willens genommen wurde,[1] wiewohl die Einwirkung sich unmittelbar auf Sachen bezog, die Anwendung von Gewalt i.S. des § 240 StGB bejaht wurde. Im Gegensatz zu der Entscheidung des OLG Neustadt vom 19.
12.1956,[2] die in den Fällen vorgenannter Art Gewaltanwendung
i.S. des § 240 StGB mit der Begründung ablehnte, daß es an der
Anwendung von Gewalt i.S. einer erheblichen körperlichen Kraft,
welche zur Brechung eines schon geleisteten oder erwarteten
Widerstandes entfaltet werde, fehle, geht das OLG Karlsruhe
im Urteil vom 30.10.58[3] im Sinne der neueren Entwicklung des
Gewaltbegriffes davon aus, daß zur Gewaltanwendung eine unmittelbare oder mittelbare Einwirkung auf den Betroffenen genüge, welche von diesem körperlich empfunden werde und zur
Beeinträchtigung seiner freien Willensbestimmung geeignet und
bestimmt sei.[4] Dabei genüge auch die gewaltsame Einwirkung auf
Sachen, wenn damit mittelbar ein physischer Zwang auf den Verletzten ausgeübt werde. Die Richtigkeit des nach den bisherigen Ausführungen auch vom Reichsgericht vertretenen Standpunkts
des OLG Neustadt, daß dem Wasser- und Stromentzug die Eigenschaft einer durch Willensbeugung ein Verhalten abnötigenden
Handlung abgehe, weil die zum Zweck der Unterbindung der Wasser-
und Stromzufuhr entfaltete Tätigkeit gar nicht dem Mieter zur
Kenntnis gekommen sei, dieser vielmehr erst durch den herbeigeführten Zustand in seiner Entschließungsfreiheit beeinträchtigt worden sei, zieht das OLG Karlsruhe in Zweifel, da für
die entscheidende Feststellung der Willensbeeinflussung sich
beide Fälle gleichstünden, läßt allerdings bei seiner Entscheidung diese Frage insofern offen, als es auf alle Fälle in der
Ankündigung, die benötigte Licht- und Wasserversorgung solange
vorzuenthalten, bis der Mieter ausziehe, eine Drohung i.S. des

---

[1] RGSt 48, 347 ff.
[2] MDR 57, 309.
[3] MDR 59, 233; vgl. auch Urt.d.Obergerichts Danzig vom 3.5.
1927 - 1 S 24/27, LZ 1928 Sp.922 f.
[4] BGHSt 1, 147.

§ 240 StGB sieht, zumal das Schwergewicht des Vorgehens des
Vermieters vorliegendenfalls nicht in dem gegenwärtig herbeigeführten, sondern erst in dem für die Zukunft angedrohten
Zustand liege. Eine Kraftanstrengung nur gegen die Sachen,
nicht auch gegen die Person der Trägerin hat das Reichsgericht im Urteil vom 13.1.1913[1] angenommen. Freilich könne, so
ist darin ausgeführt, eine Gewaltanwendung, die sich zunächst
und unmittelbar gegen Sachen richte, dann, wenn sie sich auf
den Körper einer Person übertrage und diesen in Mitleidenschaft ziehe und als Einwirkung auf den Körper gewollt sei und
empfunden werde, als eine "gegen eine Person" verübte Gewalt
angesehen werden. Es werde auch nicht notwendig gefordert,
daß ein tatsächlich geleisteter Widerstand des Vergewaltigten gegen die Wegnahme gebrochen werde. Es genüge, daß ein
beabsichtigter, selbst ein vom Täter als bevorstehend vermuteter Widerstand mittels vorgreifender Gewaltausübung von
vornherein unmöglich gemacht und verhindert werde. Wenn aber,
wie im vorliegenden Fall, die Wegnahme des Handtäschchens hinterlistigerweise durch überraschendes Wegreißen mit Durchreis-
sen des nur noch wenig haltbaren Bügels, bzw. richtiger des
Tragriemens, erfolge und der Absicht und dem Plan des Täters
gemäß durch listiges und überrumpelndes Vorgehen einem Widerstand des Betroffenen zuvorgekommen werde, so habe nicht das
Opfer durch körperliche Gewalt zur Duldung der Wegnahme gezwungen werden sollen. Die Kraftanstrengung habe nur insoweit
verwertet werden sollen, als sie zur Wegnahme notwendig gewesen sei. Auch habe sie keine Überschreitung des hierfür erforderlichen Maßes aufgewiesen. Wenn allerdings der Bestohlene den Anlaß zur Widerstandsleistung vor der vollendeten Wegnahme entdeckt und diese wahrgenommen hätte, so würde mit dem
Wegreißen ein tatsächlich geleisteter oder beabsichtigter Widerstand vom Angeklagten überwunden worden sein. Ob diese Auffassung nach der heutigen Rechtsprechung noch aufrechtzuerhalten ist, ist mindestens zweifelhaft. Bei der Erörterung des
Handtaschendiebstahls- bzw. -raubes wird hierüber noch zu spre-

[1] RGSt 46, 404.

chen sein.

Im Gegensatz zu der Gewalt im allgemeinen bezeichnet die "Gewalt gegen eine Person" nur die Richtung der Gewaltanwendung gegen diese, d.h. das Inbewegungsetzen des körperlichen äusseren Zwanges gegen die Person. Sie liegt nur vor, wenn die Kraftentfaltung sich gegen ein dem Täter hinderliches Verhalten eines Menschen wendet.[1] Gewalt gegen eine Person ist insbesondere ein Tatbestandsmerkmal der in den §§ 249 bis 252 und 255 StGB geregelten Delikte. Sie kann sich unmittelbar gegen die Person des Opfers richten. Doch genügt auch eine Gewaltanwendung gegen eine Sache, sofern sie nur mittelbar sich auf den Körper einer Person überträgt und ihn in Mitleidenschaft zieht, die Einwirkung auf den Körper auch gewollt ist und vom Opfer als körperlicher, nicht bloß seelischer Zwang empfunden wird oder, genauer gesagt, auf seinen Körper spürbar einwirkt.[2] Im Gegensatz zur Gewalt an der Person, welche die Person selbst trifft, liegt die Gewalt gegen die Person schon vor, wenn die Vergewaltigung der Person bezweckt wurde, wie z.B. bei Abgabe von Schreckschüssen.[3] Immerhin ist aber im letzteren Fall zur Gewaltanwendung im Gegensatz zur List, die nur eine seelische Beeinflussung hervorruft, irgendeine Einwirkung auf den Körper des Opfers mit dem Ziel erforderlich, einen geleisteten Widerstand zu brechen oder einen bestimmt erwarteten zu verhindern.[4] Bei der Gewalt gegen eine Person hat das Reichsgericht in ständiger Rechtsprechung unter Hinweis auf § 177 StGB[5] an dem Erfordernis der körperlichen Kraftentfaltung nach geltendem Recht festgehalten,[6] wenn es auch ein rechtspolitisches Bedürfnis nach einem ausgedehnteren Gewaltbegriff anerkannte. Andererseits hat es aber auch von seinem Standpunkt aus Gewalt gegen eine Person schon in der Freiheitsbeschränkung durch Einschließen mittels Vorschiebens eines Riegels, um den Vergewaltigten an der Vornahme wirk-

---

[1] RGSt 45, 156; BGHSt 16, 343.
[2] RGSt 45, 156; 46, 404; 60, 158; 61, 158; 73, 344; BGHSt 1, 147; 18, 330.
[3] RGSt 60, 157 f.; 66, 355 f.; BGHSt 1, 146; BGH GA 1962, 145.
[4] RGSt 58, 99; 64, 115; 69, 330; 73, 344.
[5] RGSt 72, 351.
[6] RGSt 58, 99; 72, 351.

samer Hilferufe zu hindern oder den durch Hilferufe herbeige-
eilten Personen die Möglichkeit der Widerstandsleistung zu
nehmen, gesehen. In gleicher Weise hat das Reichsgericht auch
in der Abgabe von Schreckschüssen Gewaltanwendung gegen die
Person erblickt, gleichgültig, ob diese aus einer scharf geladenen Pistole oder aus einer Schreckschußpistole stammen,
da in beiden Fällen maßgebend ist, daß der Täter mit dem
Schreckschuß, wenn er aus nächster Nähe und in Richtung auf
den zu Nötigenden abgegeben wird und seine Ungefährlichkeit
nicht zu erkennen war und auch nicht erkannt werden sollte,
den Eindruck eines scharfen, auf den zu Nötigenden gerichteten Schusses hervorrufen wollte und auch hervorgerufen hat.[1]
Das Reichsgericht hat dies sowohl bei Nötigung[2] als auch bei
räuberischem Diebstahl[3] ausgesprochen, obwohl in keinem der
Fälle festgestellt werden konnte, daß zum Einschließen oder
zum Schießen eine außerordentliche körperliche Kraftanstrengung gehörte. Gewaltanwendung hat das Reichsgericht in diesen
Fällen deshalb angenommen, weil Einwirkungen dieser Art auf
den Körper des Opfers von diesem nicht nur als ein seelischer,
sondern als ein unmittelbarer körperlicher Zwang empfunden
worden seien,[4] mit anderen Worten, weil das Vorgehen des Täters als körperlicher Zwang auf das Opfer gewirkt habe, dieses also körperlich getroffen, d.h. seinen Körper durch Beeinträchtigung des einen Teil desselben bildenden Nervensystems, also des psycho-physischen Gesamtorganismus,[5] in physisch spürbarer Weise in Mitleidenschaft gezogen habe, so daß
auch eine unversehens durch Schläge auf den Kopf herbeigeführ-

---

[1] RGSt 66, 356.

[2] RGSt 60, 158.

[3] RGSt 66, 356; BGH GA 1962, 145.

[4] RGSt 60, 158; 61, 158; 66, 355 f.; 73, 344; BGHSt 1, 147,
NJW 51, 532; BGH NJW 55, 1405; OLG Karlsruhe MDR 59, 233.

[5] Geilen (G.), Neue Entwicklungen S.450; Blei (H.), Zum
strafrechtlichen Gewaltbegriff, NJW 54, 586; BGHSt 19,
265.

te sofortige Betäubung oder gar Tötung Gewalt gegen eine Person i.S. des § 249 StGB nicht ausschließe.[1] Auch in Beziehung auf § 177 StGB hat sich das Reichsgericht im Urteil vom 12.8. 1938[2] dahin ausgesprochen, daß Gewalt schon dann angewandt werde, wenn in irgendeiner Weise körperliche Kraft durch ein auf den Körper des Opfers einwirkendes Mittel zur Brechung oder Verhinderung eines Widerstandes eingesetzt werde, möge hierzu eine größere oder geringere Körperkraft entfaltet werden.[3] Das Gesagte gilt außer bei Gewaltanwendung gegen einen durch einen betäubenden Schlag bewußtlos Gewordenen auch bei Gewaltanwendung gegen einen Schlafenden,[4] wie auch gegen einen sinnlos Betrunkenen, der zum Zwecke der Ausplünderung an einen einsamen Ort gebracht wird.[5] Erhebliche Kraftanwendung gegenüber dem Opfer setzt der Gewaltbegriff nicht voraus. Auch wenn eine solche Kraftentfaltung die Regel sein mag, wie z.B. bei Knebelung, so kann sich nach dem Sinn des Gesetzes der Gewaltbegriff darin nicht erschöpfen. Dies zeigt z.B. das Abfeuern einer Pistole in den Schreckschußfällen, wo der geringe Körperkraft erfordernde Fingerdruck des Täters den Schuß auslöst, der durch Hervorrufen lähmender Angst auf den Körper des Opfers einwirkt. Hier tritt eine Verstärkung der körperlichen Kraftentfaltung durch das mechanische Mittel der Pistole ein.[6] Ähnlich liegt der Fall, wo durch massive Drohungen ein so überwältigender physischer Schock (lähmender Schreck, Ohnmacht, Nervenzusammenbruch) herbeigeführt wurde, daß er als unmittelbare Einwirkung auf den Körper und als Beeinträchtigung der Widerstandsfähigkeit des Opfers anzusehen ist. Ein bestimmtes Maß an Gewalt ist keinesfalls erforderlich, insbesondere kein solches, dessen sich die angegriffene Person nicht mit Erfolg erwehren könnte. Es genügt stets ein solches Maß an Gewaltanwendung, das geeignet und bestimmt ist,

[1] RG Urt.v.31.3.1933 - I 254/33; siehe auch BGH NJW 53, 351.
[2] 4 D 483/38.
[3] RGSt 67, 186; siehe auch BGH NJW 63, 1211.
[4] RGSt 67, 187; Gerland (H.) S.601 Anm.5.
[5] BGHSt 4, 212, NJW 53, 1400.
[6] RGSt 73, 345; RG GA 37, 159; siehe auch BGH NJW 51, 532; BGH GA 1962, 145.

die freie Willensbestimmung des Opfers so zu beeinträchtigen, daß dasselbe unter Verzicht auf Widerstand sich der Gewalt beugt.[1] Allerdings scheiden ganz unwesentliche Beeinträchtigungen der körperlichen Unversehrtheit aus.[2] Auch für die "Gewalt gegen eine Person" genügt, worauf schon früher hingewiesen wurde, eine unmittelbare Gewaltanwendung gegen eine Sache dann, wenn sie mittelbar gegen die Person des Gewahrsamsinhabers in einer Weise sich richtet, daß zugleich auf den Körper des Opfers in spürbarer Weise eingewirkt und dieser in Mitleidenschaft gezogen wird.[3] Wann dies vorliegt, ist Tatfrage. Möglich ist dies bei heftigem Wegreißen einer aus bestimmten Gründen, z.B. wegen des hohen Werts des Inhalts oder wegen Annäherung einer verdächtigen Person, festgehaltenen Handtasche.

Schon früh befaßte sich die reichsgerichtliche Rechtsprechung mit der Frage, ob die Anwendung von betäubenden oder berauschenden Mitteln auf den Körper eines anderen oder die Anwendung von Hypnose bei einem anderen in der Absicht, ihn bewußtlos oder sonst widerstandsunfähig zu machen, unter den Begriff der "Gewalt gegen eine Person" zu bringen ist. Dieses Tatbestandsmerkmal ist nach der Auffassung des Reichsgerichts nur dann gegeben, wenn das Betäubungsmittel dem Verletzten nicht ohne sein Wissen, also nicht heimlich durch List, sondern unter Anwendung körperlicher Kraft beigebracht wird, um ihn in einen Zustand der Bewußtlosigkeit zu versetzen und ihn dadurch für die sonst erwartete Verteidigung des Gewahrsams an seinen Sachen unfähig zu machen, mit dem Ziel, die Wegnahme derselben zu ermöglichen. Denn Raub ist nach der Auffassung des Reichsgerichts nach natürlichem Empfinden nur dann anzunehmen, wenn die Gewalt in unmittelbarem Zusammenhang mit der diebischen Wegnahme ausgeübt wird,

---

[1] RGSt 13, 50; 64, 113; RG JW 1935, 2734; 1938, 789; OLG Karlsruhe MDR 59, 233.

[2] RGSt 72, 230 f.; BGHSt 7, 254.

[3] RGSt 7, 271; 45, 156; 46, 404; 69, 330; siehe auch OLG Karlsruhe MDR 59, 233; LK 9.Aufl.(1974) Rdz.4 zu § 249; Schönke-Schröder 18.Aufl.(1976) Rdz.4 a zu § 249.

wenn sie sich also gegen eine bereits betätigte oder als unmittelbar bevorstehend erkannte Verteidigung des Gewahrsams an der Sache gerichtet hat. Dies trifft aber nach der Meinung des Reichsgerichts auf die Anwendung von Betäubungsmitteln nicht zu. Sie bezweckt nur, eine Gelegenheit zu unbeachteter Wegnahme der Sachen vorzubereiten. Es soll ein Kampf um die Sachen vermieden und nicht durch offene Überwältigung des Gegners durchgeführt werden. Das Gesagte gilt auch, wenn die Bewußtlosigkeit des Opfers dadurch herbeigeführt wird, daß dasselbe unter dem Zwang der Drohungen mit gegenwärtiger Gefahr für Leib oder Leben das Betäubungsmittel selbst anwendet oder sich ohne körperliche Kraftentfaltung des Täters gewaltlos beibringen läßt. Für seinen Standpunkt beruft sich das Reichsgericht, wie schon früher angedeutet, auf § 176 Abs.1 Nr.1 StGB a.F. verglichen mit Nr.2 daselbst und auf § 177 StGB a.F. In diesen Bestimmungen war die Versetzung der zum außerehelichen Beischlaf mißbrauchten Frau in einen bewußtlosen Zustand der Nötigung zur Duldung des außerehelichen Beischlafs durch Gewalt gegenübergestellt. Wollte man, so argumentiert das Reichsgericht, in dem gewaltlosen Beibringen von Betäubungsmitteln Gewalt sehen, so müßte man auch die Verursachung sinnloser Betrunkenheit dem Gewaltbegriff unterstellen und entgegen der bestehenden Rechtsübung den als Räuber bestrafen, der die begehrte Sache einem zu diesem Zweck berauscht gemachten Opfer weggenommen hat. Wollte man die gewaltlose Anwendung narkotischer Mittel in den Gewaltbegriff einbeziehen, so müßte dies de lege lata nach der Auffassung des Reichsgerichts, um eine unzulässige ausdehnende Auslegung zu vermeiden,[1] durch eine besondere gesetzliche Vorschrift geschehen. Eine Gewaltanwendung durch Narkose hat das Reichsgericht allerdings in dem Urteil vom 29.2.1924[2] in dem Fall anerkannt, in welchem das Betäubungsmittel selbst in gewaltsamer Weise beigebracht wurde. Hier hatte der Täter seinem Opfer ein mit Chloroform getränk-

---

[1] RGSt 32, 185.
[2] RGSt 58, 98; siehe auch RGSt 56, 89.

tes Taschentuch auf das Gesicht gepreßt und es gewaltsam nach
hinten gedrückt, so daß es mit dem Hinterkopf auf die Sofa-
lehne zu liegen kam, und hatte außerdem mit seiner anderen
Hand die ihn abwehrenden Hände des Opfers festgehalten. Erst
nachdem der Täter das Opfer einige Augenblicke in dieser Lage
festgehalten hatte, wirkte das Betäubungsmittel und das Opfer
fiel in Bewußtlosigkeit. Es wurde Anwendung von Gewalt i.S.
des § 249 StGB für gegeben erachtet und daher Raub bejaht.
Dagegen hat derselbe Strafsenat des Reichsgerichts im Urteil
vom 4.10.1938[1] eine Gewaltanwendung durch Betäubungsmittel in
dem Falle verneint, in welchem die Täterin dem Opfer einen
Wattebausch, der mit einem Betäubungsmittel getränkt war, auf
das Gesicht gelegt hatte, ohne daß das Opfer, das durch anderweitig verursachte starke Übelkeit bereits geschwächt war, irgendwelche Abwehrbewegungen gemacht hatte. Das Reichsgericht
hat in diesem Urteil unter Hinweis auf die Entscheidungen RGSt
56, 87, 89 und RGSt 58, 98 namentlich mit Rücksicht auf den
Wortlaut des § 177 StGB a.F. geglaubt, de lege lata an der Auffassung festhalten zu müssen, daß in dem Betäuben keine Gewaltanwendung zu erblicken ist und daher Raub entfällt. Es hat
sich aber, wenn auch nur langsam, mit einer künftigen Einbeziehung gewaltloser Narkotisierung in den Gewaltbegriff in analoger Anwendung des Gesetzes gemäß § 2 StGB i.d.F. vom 28.6.35
insofern abgefunden, als es schon in dem genannten Urteil das
Bedürfnis nach solcher Einbeziehung mit folgenden Worten an-
deutete: "Der § 242 StGB enthält aber keinen angemessenen, dem
gesunden Volksempfinden entsprechenden Strafrahmen für einen
Diebstahl, der unter Anwenden von Betäubungsmitteln begangen
worden ist. Der Diebstahl in dieser erschwerten Form verdient
nach dem Grundgedanken des § 249 StGB Bestrafung als Raub. Da
hier die Betäubung mitursächlich für den Tod gewesen ist, ist
der § 251 StGB entsprechend anzuwenden. Das Urteil kann von
hier aus berichtigt werden; denn der räuberische Diebstahl
steht in Tateinheit mit dem Morde. Die Betäubung des P., die

---

[1] RGSt 72, 351 f.

bereits ein Anfang der Ausführung des Mordes war, verwirklicht gleichzeitig ein Tatbestandsmerkmal des raubähnlichen Diebstahles".[1] An diese Rechtsprechung des Reichsgerichts knüpft der Bundesgerichtshof in der grundsätzlichen Entscheidung vom 5.4.1951,[2] die im Urteil vom 15.1.1953[3] bestätigt wurde, an, erweitert aber den Gewaltbegriff insofern, als er auch in der gewaltlosen Anwendung eines Betäubungsmittels, das einer schlafenden Frau beizubringen versucht wurde, eine versuchte Gewaltanwendung i.S. des § 249 StGB erblickte. Er wies einmal darauf hin, daß schon das Reichsgericht ein rechtspolitisches Bedürfnis nach Bestrafung der gewaltlosen Anwendung von Betäubungsmitteln für gegeben erachtete, eine solche lediglich de lege lata im Hinblick auf § 177 StGB durch Einbeziehung in den Gewaltbegriff für nicht möglich hielt.[4] Sodann macht der Bundesgerichtshof geltend, daß das Reichsgericht sowohl bei Einschließen[5] wie bei Abgabe von Schreckschüssen[6] Gewaltanwendung bejaht habe, obwohl in keinem der Fälle festgestanden habe, daß eine nennenswerte körperliche Kraft angewandt wurde und daß es daher für ausreichend erachtet wurde, daß Einwirkungen dieser Art von dem Opfer nicht nur als seelischer, sondern als körperlicher Zwang empfunden worden seien.[7] Für die erweiterte Auslegung des Gewaltbegriffs bei Anwendung berauschender oder narkotischer Mittel nimmt der Bundesgerichtshof auch auf das Schrifttum Bezug, das weitgehend und zum Teil seit langem das gewaltlose Beibringen solcher Mittel, wie Chloroform, Äther u.ä., wie auch das Werfen von Stinkbomben, in den Gewaltbegriff der §§ 249 ff.StGB einbezieht[8] und vereinzelt auch die Hypnose zur

[1] RGSt 72, 351.
[2] BGHSt 1, 145, NJW 51, 532, MDR 51, 437, JZ 51, 369, JR 51,503, LM Nr.1 zu § 249 StGB; vgl. auch Ratz (M.), Juristische Methodik und Vorverständnis in der Rechtsprechung des BGH zum strafrechtlichen Gewaltbegriff, Diss.Köln 1976 S.7.
[3] NJW 53, 351.
[4] RGSt 56, 87; 58, 98 f.; 72, 351.
[5] RGSt 73, 344; siehe auch BGH GA 1965, 57.
[6] RGSt 60, 158; 66, 355; siehe auch BGH NJW 51, 532; BGH GA 1962, 145.
[7] RGSt 60, 158; 64, 115; 66, 355 f.; 73, 344.
[8] so u.a. die nachstehenden Autoren: Mezger (E.), Die Suggestion in kriminalpsychologisch-juristischer Beziehung, ZStW 1912, 902 f.; Frank (R.), Das Strafgesetzbuch für das Deutsche Reich, 10.Aufl.(1911) § 52 Anm.I 1; Olshausen (J.v.) Bd.2, 11.Aufl. (1927), § 249 Anm.4 c mit der dort zitierten Literatur; LK 7. Aufl.(1951) § 249 Anm.II B 2 a & Anm.I 3 a zu § 176.

Gewalt gegen eine Person zählt.[1] Aus alledem gehe hervor, daß
es zum Gewaltbegriff nicht notwendig gehöre, daß der Täter erhebliche körperliche Kraft gegen das Opfer anwende. Der Bundesgerichtshof erklärt daher nach dem Zweck der Strafdrohungen
der §§ 249 ff. StGB als entscheidend für den Gewaltbegriff, ob
der Täter durch eine körperliche Handlung die Ursache dafür
setzt, daß der wirkliche oder erwartete Widerstand des Angegriffenen durch ein unmittelbar auf dessen Körper einwirkendes spürbares, wenn auch nicht notwendig gespürtes[2] Mittel gebrochen oder verhindert wird, gleichviel, ob der Täter dazu
größere oder geringere Körperkraft braucht.[3] "Vom Opfer her
gesehen", so ist in der Entscheidung weiter ausgeführt, "ist
die rasch lähmende Wirkung eines Betäubungsmittels ebenso eine körperliche Überwindung oder Verhinderung des Widerstandes
wie ein betäubender Schlag auf den Kopf oder ein anderer Kör-
perzwang, dessen Eigenschaft als Gewaltanwendung nicht bezweifelt wird. Auch eine mechanische Körperverletzung wird die
den Widerstand brechende Wirkung - auf die es allein hier ankommt - häufig nicht durch Verletzungen, sondern durch eine
Lähmung im Nervensystem ausüben. Wird die den Widerstand brechende Lähmung durch ein Betäubungsmittel (Chloräthyl) herbeigeführt, dann ist es für die strafrechtliche Beurteilung unwesentlich, welches Maß an körperlicher Betätigung der Täter
zur Beibringung des Betäubungsmittels aufwenden muß". Für die
erweiterte Auslegung des Gewaltbegriffes durch "körperliche
Handlung" anstelle der "körperlichen Kraftentfaltung" beruft
sich der Bundesgerichtshof auf die natürliche Betrachtungsweise, die insbesondere um deswillen maßgebend sein müsse, als
auch im gewöhnlichen Leben die Betätigung reiner Körperkraft
hinter der Heranziehung anderer Naturkräfte immer mehr zurückgetreten sei. Für diese Auslegung der Gewaltanwendung bleibe
es gleich, ob sich der Täter zur körperlichen Überwältigung

---

[1] so z.B. Heberle (M.A.), Hypnose und Suggestion im deutschen
Strafrecht, Diss.Erlangen, München 1893 S.39; Mezger (E.),
Suggestion S.903; a.A. Olshausen (J.v.) Bd.2, 11.Aufl.
(1927) § 249 Anm.4 c und das dort angeführte Schrifttum.
[2] BGHSt 4, 212, NJW 53, 1400; BGH GA 1965, 57; Krey, JuS 74,
418 ff.
[3] siehe auch Müller-Dietz (H.), Zur Entwicklung des strafrechtlichen Gewaltbegriffs, GA 1974, 33 ff.

nur seiner Muskelkraft, in größerem oder geringerem Umfange,
oder sonstiger Naturkräfte bediene, etwa solcher physikali-
scher, chemischer oder anderer Art. Für die Ausnutzung der
Schwerkraft oder der Hebelwirkung durch Schlagwerkzeuge sei
dies von jeher anerkannt worden. Es müsse aber auch für solche nachdrückliche Einwirkungen auf das Nervensystem oder
sonst auf den Körper des Betroffenen gelten, für die chemi-
sche Stoffe oder der elektrische Strom benutzt werden. Allerdings verlangt der Bundesgerichtshof,[1] daß die Narkotisierung
als Gewaltanwendung i.S. des § 176 Abs.1 Nr.1 StGB a.F. nur
dann anerkannt werden könne, wenn sie gegen oder ohne Willen
des Opfers erfolge, daß also bei Einverständnis des Opfers
in die Berauschung oder Betäubung das Gewaltmerkmal entfalle.
Denn falls das Opfer sich freiwillig, wenn auch infolge einer Täuschung, in Bewußtlosigkeit versetzen lasse, werde ihm
keine Gewalt angetan. Es sei zu dieser Zeit nicht wider seinen Willen einer übermächtigen Einwirkung, sondern einer List
erlegen. Es könne dahingestellt bleiben, ob es unmittelbar
darauf Gewalt erlitten habe, als es den unzüchtigen Griff des
Angeklagten noch wahrgenommen habe und sich dagegen habe wehren wollen, es aber unter dem lähmenden Einfluß der Narkose
nicht mehr gekonnt habe. Diese besondere Sachlage sei dem Angeklagten jedenfalls nicht anzurechnen. Er habe von ihr nichts
gewußt, weil er das Opfer für schon bewußtlos gehalten habe.
An dieser Entscheidung haben vor allem Mittelbach[2] und Maurach[3]
starke Kritik geübt, indem sie insbesondere darauf hinweisen,
daß der Bundesgerichtshof durch seine Stellungnahme dem Täter
im Falle der Zustimmung des Opfers zu seiner Narkotisierung einen Blankoscheck für dessen sexuellen Mißbrauch ausstelle. Das
Einverständnis in die Narkose soll nach den genannten Autoren
nur als ein solches für einen bestimmten Zweck anzusehen sein,
z.B. zu einer bestimmten Behandlung, wie etwa einem chirurgi-

---

[1] BGHSt 14, 81; BGH MDR 59, 589 f.; BGH JR 59, 345.
[2] Mittelbach, JR 59, 345.
[3] Maurach (R.), Deliktscharakter S.1050 ff.

schen Eingriff, nicht aber zu anderen, insbesondere nicht zu
strafbaren Handlungen. Anders wäre es freilich, wenn die Frau
nicht nur in die Herbeiführung des euphorischen Zustandes der
Willenlosigkeit, sondern auch in die Tat selbst, die Vornahme
der unzüchtigen Handlung, zu einem Zeitpunkt eingewilligt hätte,
in dem sie ihrer Sinne noch mächtig war. Solchenfalls würde
zweifellos § 176 Abs.1 Nr.1 StGB a.F. entfallen.[1] Dies würde
selbst dann zutreffen, wenn der Täter irrigerweise angenommen
hätte, daß die Frau in die Vornahme der unzüchtigen Handlung
eingewilligt habe.[2] Was die Gewaltanwendung durch Betäubungsmittel anbelangt, so galt das zu den Fällen des § 249 StGB
Ausgeführte nach dem Urteil des Bundesgerichtshofes vom 15.1.
1953[3] in gleicher Weise auch für die Fälle des § 175 a StGB.
Allerdings hat diese Entscheidung jetzt dadurch ihre Bedeutung
verloren, daß durch das Erste Gesetz zur Reform des Strafrechts vom 25.6.1969[4] die §§ 175 und 175 a StGB als neuer
§ 175 in eine Bestimmung zusammengefaßt wurden und das in
§ 175 a StGB enthaltene Tatbestandsmerkmal der "Gewalt" in
der neuen Bestimmung nicht mehr enthalten ist. Strittig ist,
ob Gewalt auch durch Unterlassung ausgeübt werden kann. Nach
dem vom Bundesgerichtshof weiterentwickelten Gewaltbegriff
des Reichsgerichts muß es sich bei dem Merkmal der "körperlichen Handlung" mindestens in den Fällen der §§ 249 bis 251
und 252 StGB um eine positive, d.h. aktive, Tätigkeit handeln
und es darf ihr eine pflichtwidrige Unterlassung nicht gleichgestellt werden, wie Blei[5] dies aus allgemein rechtlichen Gesichtspunkten herleiten will, indem er daraus den Schluß zieht,
daß die "körperliche Handlung" mit der Handlung im Sinne der

---

[1] Nach dem Ersten Gesetz zur Reform des Strafrechts (1.StrRG)
vom 25.6.1969 (BGBl I, 645) treten in § 176 Abs.1 Nr.1 StGB
an die Stelle der Worte "an einer Frau" oder "dieselbe" die
Worte "an einem anderen" oder "einen anderen" (S.654 Nr.54).

[2] OLG Hamm HESt II, 270.

[3] NJW 53, 351.

[4] BGBl I, 654 Nr.54.

[5] Blei (H.), Zum strafrechtlichen Gewaltbegriff, NJW 54, 585.

allgemeinen Verbrechenslehre identisch sei und daher kein den
Gewaltbegriff unterscheidendes Merkmal bilden könne. Diese
Auffassung vertritt auch Eser, der ebenfalls unter Bezugnahme
auf die Entscheidung des Reichsgerichts vom 30.10.1885,[1] die
aber im Urteil vom 2.12.1929[2] abgelehnt wurde, in einem Unterlassen Gewaltanwendung erblickt, sofern es sich um die Aufrechterhaltung einer ohne verbrecherischen Vorsatz herbeigeführten Freiheitsberaubung handelt oder sofern eine Krankenschwester dem gelähmten Patienten nichts zu essen gibt, bis er
sie zu seiner Erbin einsetzt.[3] Auch im übrigen Schrifttum wird
diese Auffassung mehrfach vertreten, wie unter anderem von Knodel[4] und Mezger,[5] der eine Gewaltanwendung durch Unterlassen
unter besonderen Umständen für möglich hält, ohne jedoch, wie
Knodel einwendet, anzudeuten, worin die besonderen Umstände bestehen sollen.[6] Für die Auffassung des Bundesgerichtshofes
spricht aber, daß die "körperliche Kraftentfaltung" i.S. der
reichsgerichtlichen Rechtsprechung ein Inbewegungsetzen einer
körperlichen äußeren Kraft verlangte[7] und daß der BGH bei der
Ersetzung des genannten Merkmals durch das der "körperlichen
Handlung" sich in abgemilderter Form an die bisherige Entwicklung der Rechtsprechung anschließen oder doch jedenfalls nicht
grundsätzlich von ihr abweichen wollte. In diesem Sinne verlangt auch Schultz,[8] daß, da die meisten Gewaltdelikte for-

---

[1] RGSt 13, 50.

[2] RGSt 64, 115 f.

[3] in Schönke-Schröder 19.Aufl.(1978) Rdz.15 zu Vorbem.zu § 234
& Rdz.8 zu § 240; RGSt 13, 50; OLG Koblenz VRS 20, 436; siehe
auch BayObLG NJW 63, 1261 mit dem dort angeführten Schrifttum
und dem zitierten Urteil des BayObLG vom 22.2.1962 - 4 St 26/
62; LK 9.Aufl.(1974) Rdz.42 zu § 240.

[4] Knodel (K.D.), Der Begriff der Gewalt im Strafrecht, München
& Berlin 1962 S.114.

[5] Mezger-Blei 9.Aufl.(1966) S.56.

[6] Knodel (K.D.) S.114 Anm.2.

[7] RGSt 64, 116.

[8] Schultz (H.) S.371.

dern, daß der Täter auf sein Opfer einwirkt, um es zu einem
bestimmten Verhalten zu veranlassen, die Gewalt in einem tätigen Verhalten bestehen muß und daß ein nur widerstrebendes
passives Verhalten nicht genügt. Blei,[1] der, wie erwähnt, eine
abweichende Meinung vertritt, beruft sich hierfür zu Unrecht
auf einen Satz im Urteil des Reichsgerichts vom 30.10.1885,[2]
der in der Entscheidung des Reichsgerichts vom 2.12.1929[3]
ausdrücklich als unrichtig abgelehnt wird. Im Sinne Bleis
aber läßt sich auch nach Eser[4] jedenfalls eine Gleichbehandlung von Gewaltanwendung und Nichtbeendigung einer Gewaltsituation durch Heranziehung der für Unterlassungsdelikte entwickelten Grundsätze rechtfertigen. Heute, so führt er aus,
sei in Rechtsprechung und Lehre allgemein anerkannt, daß auch
derjenige Gewalt ausübe, der unter Mißachtung einer Pflicht
zum Handeln die bei einem anderen eingetretene Zwangssituation
nicht beende. Dabei beruft er sich ebenso wie Blei zu Unrecht
auf den in RGSt 13, 50 enthaltenen Satz, demzufolge die Gewalteinwirkung auf den Körper eines anderen auch durch Unterlassen, z.B. durch Aufrechterhaltung eines ohne verbrecherischen Vorsatz herbeigeführten Zustandes der Freiheitsberaubung,
erfolgen könne. Es sei deshalb auch kein Grund ersichtlich,
warum nicht auch demjenigen, der die Gewaltsituation lediglich
wegen einer Änderung seiner Ziele nicht beende, sein voraus-
gegangenes aktives Tun - die rechtswidrige Herbeiführung der
Zwangssituation - nach Unterlassungsgrundsätzen nicht sollte
angerechnet werden können. Denn selbst der mit Gewaltanwendung
durch Unterlassen begangene Raub bleibe seinem Handlungscharak-
ter nach ein Begehungsdelikt. Lediglich also das Nötigungsmittel enthalte ein Omissivelement, das aber heute nach allgemein
anerkannter Auffassung der kommissiven Gewalt gleichstehe.[5]
Eser geht bei seinen Ausführungen von dem Urteil des Bundesge-

---

[1] Blei (H.), Zum strafrechtlichen Gewaltbegriff S.584.
[2] RGSt 13, 50.
[3] RGSt 64, 116.
[4] Eser (A.), Zum Verhältnis von Gewaltanwendung und Wegnahme
beim Raub, NJW 65, 379.
[5] Eser (A.) S.379 mit Anm.14 a.

richtshofs vom 15.9.1964[1] aus, bei dem es sich aber nicht um
ein eine körperliche Handlung i.S. des Gewaltbegriffs bildendes pflichtwidriges Unterlassen des Täters handelt, sondern
um die Ausnützung einer aus dem Motiv sittlicher Belästigung
gewaltsam herbeigeführten und fortdauernden, also noch nicht
abgeschlossenen Zwangssituation zur Durchführung des vom Täter während der Dauer der von ihm herbeigeführten Zwangssituation neu gefaßten Wegnahmeentschlusses. Hierauf und auf die erwähnte Entscheidung des Bundesgerichtshofs wird später noch
näher einzugehen sein. Aber auch wenn die Zwangssituation vom
Täter nicht auf Grund eines verbrecherischen Vorsatzes, sondern aus nicht strafbaren Motiven begründet worden sein sollte, wird nicht die durch Unterlassung der pflichtgemäßen Beseitigung der Zwangssituation ermöglichte rechtswidrige Wegnahme einer fremden Sache, sondern die Ausnützung der vom Täter herbeigeführten und fortdauernden, noch nicht abgeschlossenen Zwangslage zur Ermöglichung des erstrebten Erfolgs auf
Grund eines während der Dauer der Zwangslage neu gefaßten Entschlusses Raub begründen. Der erwähnte, vom Bundesgerichtshof
definierte Gewaltbegriff, der von der "körperlichen Handlung"
anstelle der "körperlichen Kraftentfaltung" ausgeht, stellt
eine gewisse Auflockerung der bisherigen Auslegung des Gewaltbegriffs dar, die darauf abzielt, den praktischen Bedürfnissen entsprechend auch die Anwendung betäubender oder berauschender Mittel in den Gewaltbegriff einzubeziehen. Eine solche erweiterte Auslegung erscheint insofern berechtigt, als
zwar auch jede körperliche Handlung eine gewisse körperliche
Kraftentfaltung bedingt, die aber wie z.B. bei Einschließen
durch Vorschieben eines Riegels, bei Abgabe von Schreckschüssen wie auch bei Anwendung von Betäubungsmitteln so gering
sein kann, daß sie nach allgemeinem Sprachgebrauch, der auch
den gesetzlichen Bestimmungen zugrundeliegt, nicht mehr als
"Gewalt" i.S. von Kraftentfaltung bezeichnet werden kann. Ein
Fall von Gewalt durch berauschende Mittel liegt hiernach z.B.

---

[1] BGHSt 14, 82.

in dem Falle vor, in dem einer Frau eine solche Menge Alkohol
beigebracht wird, daß hierdurch deren Widerstandskraft gegen
eine Vornahme unzüchtiger Handlungen an ihr gebrochen wird.
Es ist hierbei nicht erforderlich, daß das Mittel sofort wirkt.[1]
Allerdings ist fraglich, ob nach dem neu definierten Gewaltbegriff die Anwendung von Hypnose bei dem Opfer unter die "körperliche Handlung" subsumiert werden kann. Auch das neuere
Schrifttum ist über diese Frage verschiedener Meinung. Autoren
wie unter anderem Maurach, Mezger und Schönke stellten zwar in
ihren, der erwähnten grundsätzlichen Entscheidung des Bundesgerichtshofs folgenden Äußerungen zum Gewaltbegriff nicht auf
das Merkmal einer "körperlichen Handlung" ab, hielten aber andererseits doch an einer Bezugnahme auf die Gewalt wirkende
Ursache fest, wenn sie betonten, daß die überwältigende Wirkung durch Entfaltung von "Kraft" oder, nach Maurach, von "Kräften" hervorgerufen sein müsse.[2] Ein Zurückgreifen auf den pri-
mitiven Gewaltbegriff war dabei von ihnen zweifellos nicht beabsichtigt, was schon daraus folgt, daß sie durchweg für einen
aufgelockerten Gewaltbegriff unter Einschluß der Hypnose eintreten. Neuerdings freilich sehen sie von dem Erfordernis der
Kraftentfaltung, Maurach sogar von dem der Einwirkung auf den
Körper des Opfers ab. Letzterer verlangt lediglich den Einsatz
von Mitteln, der darauf gerichtet ist, die freie Willensentschließung oder Willensbetätigung des Opfers auszuschließen
oder zu beeinträchtigen.[3] Diese Auffassung bezeichnet Mezger[4]
allerdings als bedenklich, da sie das einengende Kriterium
der Gewaltanwendung sprengt und zur Annahme einer Nötigung immer dann führt, wenn ein gewisses Verhalten in dem anderen eine Zwangslage erzeugt. Es erscheint auch zweifelhaft, ob eine

[1] BGHSt 14, 82.

[2] Schönke (A.) 6.Aufl.(1952) § 52 Anm.II 1; Maurach (R.),
Deutsches Strafrecht, Bes.T., Hannover-Darmstadt 1952
S.88; Mezger (E.), Strafrecht. Ein Studienbuch, Bes.T.,
3.Aufl.(1952) S.49; Blei (H.), Zum strafrechtlichen Gewaltbegriff S.585 mit Anm.18-20.

[3] Maurach (R.), Deutsches Strafrecht, Bes.T., 5.Aufl.(Studienausgabe) (1971) S.114 f.

[4] Mezger-Blei, Strafrecht, Bes.T., 9.Aufl.(1966) S.56.

so weitgehende Auslegung des Gewaltbegriffs sich noch mit dem Gesetz vereinbaren läßt. Die Rechtsprechung jedenfalls, insbesondere auch die des Bundesgerichtshofs, hält an dem Merkmal der "körperlichen Handlung" als einer gewissen Kraftentfaltung fest.[1] Auch in dem Beschluß des 4.Strafsenats vom 4. 3.1964[2] sucht der Bundesgerichtshof, obwohl er zunächst über seinen bisherigen Standpunkt hinausgehend nur noch die Zwangswirkung auf den Körper des Opfers als wesentlich für die Gewaltanwendung betrachtet, letztlich doch ein physisches Moment herauszuarbeiten und dadurch den Anschluß an die bisher herkömmliche Begriffsbestimmung zu wahren, daß er in dem Verhalten des Angeklagten, der durch seine gefährliche, verkehrswidrige Fahrweise - Abgabe dauernder Schall- und Lichtzeichen und nach links versetztes Heranfahren bis dicht an den Mittel-Grünstreifen - den Vorausfahrenden nervös und unsicher machte und ihn zwang, seine Überholabsicht aufzugeben und in voller Fahrt nach rechts in eine 100 m große Lücke einzufahren, wobei er bremsen mußte und sich dort der Sicherheitsabstand verringerte, eine Gewaltanwendung sah. In der bei dem Genötigten hervorgerufenen Nervosität, also in der Beeinträchtigung des zum Körper gehörenden Nervensystems, liegt die durch das Handeln des Täters hervorgerufene körperliche Einwirkung, die darauf abzielt, die freie Willensbestimmung oder Willensbetätigung des Opfers aufzuheben oder zu beeinträchtigen. In Einklang hiermit stehen auch weitere Entscheidungen des BGH[3] und der Oberlandesgerichte,[4] die in der willkürlichen Verhinderung des Überholens auf der Autobahn Gewalt erblicken. Sowohl im Urteil vom 12.9.60 als auch vom 31.10.74 nahm das OLG Koblenz[5] Nötigung in dem Falle an, in welchem jemand sein Fahrzeug so abstellte, daß er ein anderes Fahrzeug blockierte und trotz

---

[1] BGHSt 18, 330, NJW 63, 1211; BGHSt 23, 127; BGH GA 1974, 219; OLG Celle NJW 59, 1597, VRS 17, 349.

[2] BGHSt 19, 264 ff.; vgl.auch BGH Beschl. in BGHSt 18, 389 ff. mit Anm.Schröder, JZ 64, 30.

[3] BGH Beschl. MDR 64, 519.

[4] KG VRS 36, 105; OLG Saarbrücken VRS 17, 26; OLG Celle NJW 59, 1598; OLG Stuttgart DAR 64, 275; vgl. auch Vorlegungsbeschl. des OLG Hamm VRS 24, 376; OLG Frankfurt Beschl. VRS 51, 435.

[5] VRS 20, 436; VRS 49, 33; vgl. auch BayObLG NJW 70, 1803.

Aufforderung diesem Fahrzeug den Weg nicht freigab. Auch in dem Urteil des Bayerischen Obersten Landesgerichts vom 6.9. 1961[1] ist in der Erzwingung des Einfahrens in eine Parklücke in der Weise, daß der Nötigende auf einen anderen in einer diesen gefährdenden Art zufuhr, Gewaltanwendung i.S. von § 240 StGB gesehen worden. Desgleichen sah im grundlosen "Schneiden" des Überholten nach einem Überholungsvorgang das OLG Celle eine Gewaltanwendung.[2] Eine solche erblickt auch das OLG Hamm in dem mutwilligen, plötzlichen Bremsen, das den nachfolgenden Fahrer zu einer Gewaltbremsung zwingt.[3] Wie das OLG Karlsruhe[4] entschieden hat, wendet der Kraftfahrer Gewalt i.S. von § 240 StGB an, der, wenn auch nur kurzzeitig,[4] aber wiederholt auf einen mit hoher Geschwindigkeit vorausfahrenden PKW bis auf wenige Meter auffährt, um den Vorausfahrenden durch diese gefährlich bedrängende Fahrweise zum Verlassen der Fahrspur zu bewegen. Ebenso bejahten Gewaltanwendung im Straßenverkehr die Urteile des OLG Hamburg vom 21.11.1967[6] und des OLG Stuttgart vom 8.5.1968,[7] wenn sie auch das Vorliegen einer Nötigung wegen Fehlens der Rechtswidrigkeit im Sinne der Verwerflichkeit des § 240 Abs.2 StGB verneinten. Mit dem oben erwähnten Beschluß des Bundesgerichtshofes vom 4.3.1964[8] steht auch das Urteil des Kammergerichts vom 8.5.1968[9] in vollem Einklang, in welchem Gewaltanwendung für den Fall bejaht wurde, daß das Verhalten des Täters geeignet ist, einen durchschnittlichen Kraftfahrer in Furcht und Sorge zu versetzen und damit durch die Herbeiführung eines gefährlichen Zustandes eine Zwangswirkung auf ihn auszuüben. Dagegen stellt das OLG Hamm im Urteil vom 15.8.1969[10] auf

[1] VRS 21, 360, NJW 61, 2074; ebenso OLG Hamm DAR 69, 274, NJW 70, 2074; OLG Schleswig SchlHA 68, 265; siehe auch BayObLG NJW 63, 824; OLG Hamm NJW 72, 1826.
[2] NdsRpfl 1962, 68.
[3] VRS 26, 296.
[4] einmaliges kurzzeitiges Näherkommen an den Vorausfahrenden nicht genügend: OLG Hamm VRS 45, 360, DAR 74, 76; VRS 49, 101.
[5] VRS 42, 277; VRS 43, 105; ebenso OLG Celle VRS 38, 341; OLG Stuttgart DAR 64, 275; OLG Köln VRS 44, 16; vgl.auch OLG Düsseldorf VRS 52, 194.
[6] VRS 34, 442.
[7] VRS 35, 439.
[8] BGHSt 19, 265, VRS 26, 358.
[9] VRS 35, 437.
[10] DAR 69, 274.

die Gestaltung des Einzelfalles in der Frage ab, ob der Fahrer, dem von einem Fußgänger die Einfahrt in eine Parklücke streitig gemacht wird, sich einer strafbaren Nötigung dadurch schuldig macht, daß er durch Einsatz der Motorkraft seines Fahrzeuges oder sonst durch Zufahren auf den Fußgänger diesen vertreiben will. Eine konkrete Gefährdung des Genötigten wird in den vorgenannten Fällen nicht verlangt.[1] Zu einer erweiterten Auslegung des Gewaltbegriffs kommt allerdings ein Teil des heutigen Schrifttums, das in der Zwangswirkung auf den Genötigten allein das Tatbestandsmerkmal der Gewalt sieht. In diesem Sinne spricht sich unter anderem Blei[2] aus, nach welchem das Kriterium der Willensüberwältigung durch das Merkmal der körperlichen Einwirkung eine deutlichere Abgrenzung gegenüber anderen Formen der Willensüberwältigung erfährt, als durch das unsichere Merkmal der Kraftentfaltung. Er definiert daher "Gewalt" als "Einwirkung auf den Körper einer Person, die geeignet und bestimmt ist, die Freiheit der Willensbildung oder -betätigung aufzuheben oder zu beeinträchtigen". Bei dieser Auslegung fällt auch die Hypnose unter den Begriff der Gewalt. Eine Orientierung an ihrer willensüberwältigenden Wirkung allein wäre nach Blei verbotene Analogie, solange nicht auch das Merkmal der körperlichen Einwirkung bejaht werden kann. Nach seiner Meinung wird die Auffassung der Hypnose als Gewalt auch de lege lata demjenigen nicht schwerfallen, der in der Körperlichkeit des Menschen nicht nur eine sinnreiche Organisation von Protoplasma sieht, sondern sie als psycho-physischen Gesamtorganismus versteht, der durch den hypnotischen Einbruch zwar nicht pathologisch, aber funktional ganz erheblich beeinträchtigt wird. Auch fast alle neueren Autoren sehen in der Hypnose eine Gewaltan-

---

[1] Maurach (R.), Deutsches Strafrecht, Bes.T., 5.Aufl.(1971) S.115 unter Hinweis auf BGHSt 18, 393, JZ 64, 29; so auch OLG Hamm VRS 24, 376; KG VRS 36, 106, JR 69, 390; OLG Karlsruhe VRS 42, 278; OLG Düsseldorf VerkMitt 1970 Nr.56; a.A. BayObLG VRS 21, 361.

[2] Blei (H.), Zum strafrechtlichen Gewaltbegriff S.586.

wendung.[1] Ebenso soll nach der Begründung zu § 11 StGBE 1960[2]
neben dem Beibringen von Betäubungsmitteln folgerichtig auch
die Hypnose unter die Gewaltdefinition des Bundesgerichtshofs
subsumiert werden können, falls ein solcher Fall praktische
Bedeutung erlangen sollte. Ähnlich wie Blei spricht sich
Schultz[3] aus, der Gewalt als jede Einwirkung auf den Körper
des Opfers, welche geeignet ist, einen geleisteten oder erwarteten Widerstand unmittelbar aufzuheben oder zu umgehen, definiert. Er will alle Einwirkungsmittel gegenüber einem anderen,
wie z.B. eine durch List vermittelte körperliche Einwirkung
durch heimliches Eingießen eines Narkotikums in den Wein des
erwählten Opfers, genügen lassen, selbst wenn, wie bei der
Hypnose, von körperlicher Einwirkung nicht gesprochen werden
könne.[4] Anders liege der Fall bei Anwendung von List zur
Durchsetzung eines entfernteren Erfolges, wie bei Erreichung
eines Geschlechtsverkehrs durch das Versprechen künftiger Heirat. Schultz verzichtet absichtlich auf das Merkmal der Aufwendung von Kraft, da sonst die Auseinandersetzung über den
Begriff der Gewalt nur im Streit darüber, was Kraft ist, wie-
derkehre. So werde auch vermieden, daß der strafrechtliche Gewaltbegriff in das Schlepptau der jeweiligen physikalischen
Theorien über den Begriff der Kraft gelange. Durch das Verlangen, daß der Widerstand unmittelbar aufgehoben oder umgangen werde, schließe er die Drohung nicht ein, die nur mittelbar durch das in Aussicht gestellte Übel das Opfer veranlasse, sich aus eigenem Entschluß so zu verhalten, wie der Täter es wünscht. Eine andere Auslegung des Gewaltbegriffes gibt
Knodel,[5] der unter Verzicht auf die Voraussetzung körperlicher
Einwirkung als Gewalt jedes Vorgehen ansieht, das bestimmt und

[1] LK 9.Aufl.(1974) Rdz.9 zu § 240; Dalcke-Fuhrmann-Schäfer 37.
Aufl.(1961) § 249 Anm.1; Mezger-Blei 9.Aufl.(1966) S.57;
Welzel (H.), Das deutsche Strafrecht 11.Aufl.(1969) S.325;
Dreher 36.Aufl.(1976) Rdz.3 zu § 240; Schönke-Schröder 18.
Aufl.(1976) Rdz.7 zu Vorbem. zu § 234; Maurach (R.), Deutsches Strafrecht, Bes.T., 5.Aufl.(1971) S.114.
[2] S.114.
[3] Schultz (H.) S.360.
[4] Schultz (H.) S.363, 371.
[5] Knodel (K.D.), Der Begriff der Gewalt im Strafrecht S.115.

geeignet ist, einen tatsächlich geleisteten oder als bevorstehend erwarteten Widerstand des zu Nötigenden dadurch zu überwinden, daß ihm die Willensbildung oder die Willensbetätigung unmöglich gemacht oder durch gegenwärtige Zufügung eines empfindlichen Übels die Freiheit der Willensentschließung aufgehoben wird. Er verlangt für jenes Vorgehen eine Kraftentfaltung, die nach Absicht des Täters über das Maß hinausgeht, das zur Wegnahme der Sache erforderlich ist, also jene überschießende Kraft, die dazu geeignet und bestimmt ist, einen geleisteten Widerstand zu brechen oder einen erwarteten Widerstand zu verhindern, um so die Wegnahme der fremden Sache zu ermöglichen.[1] Richtet sich die Absicht des Täters lediglich auf die Wegnahme, was aus der Stärke der Wegnahmehandlung zu schließen ist, so liegt also kein Raub, sondern nur Diebstahl vor. Freilich bereitet, wie Knodel selbst zugibt, die Beweisfrage praktisch erhebliche Schwierigkeiten, wenn auch von der von Blei in solchem Falle behaupteten verbotenen Analogie nicht die Rede sein dürfte, da es sich hierbei nicht um die unzulässige Ausfüllung einer Gesetzeslücke, sondern "um eine streng im Rahmen des Gesetzes bleibende, lediglich den veränderten tatsächlichen äusseren Verhältnissen Rechnung tragende Auslegung" handelt.[2] Auch sagt diese Abgrenzung, bei der Knodel speziell von der Unterscheidung zwischen Handtaschendiebstahl und Handtaschenraub ausgeht, über die Art der Gewaltanwendung nichts aus und trägt daher zur Lösung der Frage, ob die Anwendung betäubender oder berauschender Mittel oder von Hypnose unter den Gewaltbegriff falle, nicht bei. Bei der umstrittenen Meinung über die Auslegung der "Gewalt gegen eine Person" i.S. der §§ 249 ff. StGB, insbesondere darüber, ob auch Narkose und Hypnose darunter zu subsumieren sind,[3] dürfte de lege ferenda der einzig richtige

---

[1] Knodel (K.D.), Zum Gewaltbegriff in § 249 StGB, JZ 63, 702 f.; siehe auch BGH GA 1974, 219 mit Hinweis auf BGH NJW 55, 1404.

[2] Feisenberger, Zum Begriff "Gewalt" i.S. des § 249 StGB, LZ 1921 Sp.490.

[3] so z.B. im österreichischen Recht; vgl. OGH Urt.v.10.6.76, 13 Os 51/76; OGH Urt.v.15.11.77, 9 Os 136/77.

Weg zur Lösung dieser Frage darin zu sehen sein, daß durch besondere gesetzliche Vorschrift Betäubungsmittel, Hypnose und ähnliche Praktiken der Gewalt gleichgestellt werden. Dieser Weg war schon in den früheren Entwürfen eines deutschen Strafgesetzbuches vorgesehen. So enthielt schon der Entwurf von 1919[1] die Bestimmung, daß i.S. dieses Gesetzes als Gewalt auch die Anwendung eines betäubenden Mittels anzusehen ist, das zu dem Zweck gebraucht wird, jemand bewußtlos oder widerstandsunfähig zu machen. Desgleichen stützte schon die Denkschrift zu diesem Entwurf[2] die vorgeschlagene Regelung auf die Erwägung, daß es für die Strafwürdigkeit gleichgültig sei, ob der Räuber ein Opfer durch einen Schlag auf den Kopf oder durch ein Narkotikum betäube. Eine entsprechende Bestimmung findet sich dann auch im Strafgesetzbuch-Entwurf von 1925,[3] während der Entwurf von 1927/30[4] eine mit § 9 Nr.6 des Entwurfs von 1919 übereinstimmende Bestimmung vorsah. Auch in der 60.Sitzung der Großen Strafrechtskommission zur Vorbereitung des Entwurfs eines deutschen Strafgesetzbuches beantragte das Kommissionsmitglied Professor Dr.Gallas eine Ergänzung zu § 245 E 1960 durch folgenden Beisatz: "Der Anwendung von Gewalt steht es gleich, wenn der Täter bei einem anderen gegen dessen Willen Hypnose anwendet oder mit einem betäubenden, berauschenden oder anderen Mittel auf den Körper eines anderen gegen dessen Willen einwirkt, um ihn bewußtlos oder sonst zum Widerstand körperlich unfähig zu machen".[5] Seinen Niederschlag fand dieser Antrag in § 11 Abs.2 des Strafgesetzbuch-Entwurfs vom 2.11.1960,[6] der lautet: "Der Gewalt im Sinne der Vorschriften über Taten gegen eine bestimm-

---

[1] § 9 Nr.6.

[2] S.19.

[3] § 11 Nr.6.

[4] § 9 Nr.6 mit Begründung zu § 338 E 1927 S.172.

[5] Niederschriften über die Sitzungen der Großen Strafrechtskommission Bd.6 (Bes.T.), 59. bis 66. Sitzung, Bonn 1958 S.78.

[6] S.13 mit Begründung S.114 f.

te Person steht es gleich, wenn der Täter bei einem anderen
ohne dessen Willen Hypnose anwendet oder mit einem betäubenden, berauschenden oder anderen Mittel auf den Körper eines
anderen ohne dessen Willen einwirkt, um ihn bewußtlos oder
sonst zum Widerstand körperlich unfähig zu machen". Eine Einschließung der genannten Vorgänge (Narkose und Hypnose) in
den Gewaltbegriff lehnt der Entwurf mit der Begründung ab,
daß der Sprachgebrauch mit dem Begriff der Gewalt gegen eine
bestimmte Person die Vorstellung einer nicht unerheblichen
Kraftentfaltung verbinde und stellt sie daher in § 11 Abs.2
nur der Gewalt gleich. Außerdem setzt der Entwurf, wie aus
genannter Bestimmung ersichtlich, auch noch andere Einwirkungsmittel der Gewalt gleich, wobei unter anderem an das Werfen
von Pfeffer in das Gesicht des Opfers oder an das Beibringen
eines lähmenden Giftes gedacht ist. Wenn so der Entwurf nach
seiner Begründung zwar die Mittel zur Vermeidung von Lücken
nicht abschließend beschreibt, so ist er doch andererseits insofern erschöpfend, als er stets ein auf den Körper des anderen einwirkendes Mittel zur Überwindung eines geleisteten oder
erwarteten körperlichen Widerstandes voraussetzt. Dadurch werden z.B. List und sonstige Mittel, die nur seelische Einwirkungen darstellen, ausgeschieden.[1] Die Gleichstellungsvor-
schrift des § 11 Abs.2 E 1960 legt, wie in der Begründung
hierzu ausgeführt ist, den Schluß nahe, daß der Begriff der
gegen eine Person gerichteten Gewalt wieder im Anschluß an
die ältere Rechtsprechung auf die Anwendung einer nicht bloß
unerheblichen körperlichen Kraft zur Überwindung eines geleisteten oder erwarteten Widerstandes zu beschränken sei. Der
Entwurf sieht aber davon ab, den Gewaltbegriff in diesem Sinne
festzulegen und will insoweit der künftigen Rechtsprechung und
Rechtslehre nicht vorgreifen. Er hält es aber für geboten,
durch die Fassung des § 11 Abs.2 klarzustellen, daß die Gleichstellung sich nur auf den Gewaltbegriff bezieht, der in Vorschriften über Taten gegen eine bestimmte Person verwendet wird,

---

[1] E 1960 Begründung zu § 11 S.114; vgl.auch Heintschel-Heinegg
(B.), Die Gewalt als Nötigungsmittel im Strafrecht, Diss.
Regensburg 1975 S.63.

wie z.B. in den §§ 166, 170, 196, 204, 206, 209, 229, 237
Abs.1 Nr.1, 245, 247, 259, 261, 282, 424 Nr.2 und 454 E 1960.
Nach der Bekanntmachung der Neufassung des Strafgesetzbuches
vom 1.9.69 i.Verb. mit dem Ersten Gesetz zur Reform des Strafrechts vom 25.6.69 traten an die Stelle der vorgenannten Bestimmungen des E 1960 die folgenden: §§ 234 a, 240, 235, 177, 176
Abs.1 Nr.1, 237, 244 Abs.1 Nr.2, 249, 252, 253, 255 und 343.
Diese Vorschriften sind in die Neufassung des Strafgesetzbuches
vom 1.1.75 mit der Ausnahme übernommen worden, daß anstelle von
§ 176 Abs.1 StGB a.F. § 178 StGB getreten ist und die §§ 117
und 122 weggefallen sind. Anstelle von § 229 Abs.1 Nr.2 StGBE
1960 ist § 181 Nr.2 StGB mit gewissen Änderungen getreten, die
einmal in dem Wegfall der Gewerbsmäßigkeit der Tat und sodann
darin bestehen, daß die Entführung unter Ausnutzung der Hilflo-
sigkeit, die mit dem Aufenthalt in einem fremden Land verbunden
ist, mit dem Ziel erfolgt, die entführte Person anstelle des
Bringens zur Unzucht zu sexuellen Handlungen zu bringen, die
sie an oder vor einem Dritten vornehmen oder von einem Dritten
an sich vornehmen lassen will. Im übrigen soll die Auslegung
des Gewaltbegriffes unberührt von § 11 Abs.2 E 1960 bleiben,
namentlich soweit er in Zusammenhang mit Angriffen gegen staatliche Einrichtungen verwendet wird, wie z.B. in den §§ 361, 362,
395, 400 und 402 E 1960. Nach der Fassung des Strafgesetzbuches
vom 1.4.70 entsprechen diesen Bestimmungen die §§ 81, 82, 105,
107 und 108, die nach Wortlaut und Inhalt unverändert in die
Neufassung vom 1.1.75 übernommen worden sind. Die Bestimmung des
Gewaltbegriffes müsse sich hier nach dem Sinn und Zweck der einzelnen Vorschriften richten. Nach der Begründung zum E 1960 soll
in den letztgenannten Fällen der Rechtsprechung nicht vorgegriffen werden, namentlich nicht in der Beantwortung der Frage, ob
Massenstreiks als Gewalt angesehen werden können. Bezüglich dieser Frage ist insbesondere auf zwei Entscheidungen des BGH hinzuweisen. Nach der ersteren Entscheidung[1] ist zur Erfüllung des
Tatbestandes des § 81 Abs.1 StGB erforderlich, daß die geplante
Änderung der verfassungsmäßigen Ordnung im Wege der Gewalt
durchgeführt werden soll. "Als Angriffsmittel sind Kundgebungen,
Demonstrationen und Streiks vorgesehen. Ob solche Handlungen

[1] BGHSt 6, 340.

("Aktionen") an sich schon eine Gewaltanwendung in sich schliessen", läßt die Entscheidung offen. "Daß Massenstreiks, die den gesamten Verkehr lähmen und das Leben der Bevölkerung in starkem Maße beeinflussen, zum mindesten als ein körperliches Einwirken empfunden werden können und damit das Merkmal der Gewalt erfüllen, hat der 2.Senat des Bundesgerichtshofs bereits ausgesprochen.[1] Dem läßt sich hinzufügen, daß solche Streiks, die die Versorgung des Volkes mit allen lebensnotwendigen Gütern abschneiden, auch die Tätigkeit des Staates bis zur Herbeiführung chaotischer Zustände lähmen". Jedoch brauche dazu nicht näher Stellung genommen werden. "Denn in dem Programm sind nicht nur die "Aktionen" als solche, sondern auch ihre Folgen genannt. Diese bilden ersichtlich ein Stück des Planes". Sie weisen auf einen revolutionären Kampf hin und zeigen "mit aller Deutlichkeit, daß die Verfasser des Programms an Gewaltmaßnahmen gedacht haben, die als Folge der von ihnen geforderten "Aktionen" eintreten. Haben sie aber diese Möglichkeiten in den Kreis ihrer Erwägungen einbezogen und trotzdem zu den genannten Aktionen aufgerufen, so haben sie die mögliche Anwendung von Gewalt bewußt in Kauf genommen und gebilligt. Daraus ergibt sich, daß das in dem Programm gezeigte Ziel, wenn nicht schlechthin, so doch zum mindesten auch mit Mitteln der Gewalt angestrebt werden sollte". In der zweiten Entscheidung,[2] welche Hochverrat nach § 80 Abs.1 Nr.1 StGB a.F.[3] betrifft, führte der Bundesgerichtshof aus: "Eine Auslegung, die für den Begriff der Gewalt i.S. des § 80 Abs.1 Nr.1 StGB körperliche Kraftentfaltung fordert, würde also die praktische Bedeutung der Vorschrift weitgehend entwerten. Entscheidend kann nur die Zwangswirkung sein. Diese Auffassung steht mit der Entwicklung in Einklang, die der Begriff der Gewalt allgemein in Schrifttum und Rechtsprechung genommen hat (z.B. BGHSt 1, 145). Geht man hiervon aus, dann können Demonstrationen und Streiks keineswegs als "typische Mittel der Gewaltlosigkeit" angesehen werden. Jeder Streik stellt eine aktive Kraftentfaltung dar und

---

[1] 2 StR 431/53.
[2] BGHSt 8, 103, NJW 56, 231.
[3] jetzt §§ 81 Abs.1 Nr.2 & 82 Abs.1 Nr.2 StGB.

ist auch als solche gedacht. Mit ihr braucht zwar nicht notwendig eine Zwangswirkung erstrebt und erzielt zu werden, jedoch
kann dies sehr wohl der Fall sein. Ob eine der körperlichen
Kraftentfaltung vergleichbare Wirkung erstrebt und erzielt werden soll, wird von der Art und dem Umfang des Streiks wie davon abhängen, auf wen durch ihn eingewirkt werden soll. Die
Frage, wann ein Streik rechtmäßig ist, hat damit nichts zu tun.
Ein örtlich begrenzter oder auf einen bestimmten, nicht lebens-
wichtigen Industrie- oder Berufszweig beschränkter Streik wird
regelmäßig keine Gewalt gegenüber den Verfassungsorganen des
Bundes darstellen, und zwar auch dann nicht, wenn sie dadurch
zu einem bestimmten Verhalten veranlaßt werden sollen; denn eine Zwangswirkung wird auf diese Weise nicht erzielt werden können. Anders aber steht es mit dem Massen- oder Generalstreik.
In einem stark industrialisierten und dicht besiedelten Land
wie der Bundesrepublik setzt die Versorgung der Bevölkerung mit
den lebensnotwendigen Gütern und Diensten ein reibungsloses
Ineinandergreifen der vielfältigen Einrichtungen, Betriebe und
Tätigkeiten voraus. Werden wesentliche Teile dieses komplizier-
ten Mechanismus in erheblichem Umfang und für geraume Zeit
stillgelegt oder tritt gar, wie beim Generalstreik, eine Lähmung des gesamten öffentlichen und wirtschaftlichen Lebens ein,
so wird auch das ordnungsgemäße Arbeiten des Staatsapparates
unmöglich und es müssen sich zwangsläufig chaotische Zustände
herausbilden. Wenn in der Bevölkerung durch Massendemonstratio-
nen zugleich Unruhe, Angst und Empörung hervorgerufen werden,
dann kann der Fall eintreten, daß sich Regierung und Volksvertretung nicht mehr als Herr der Lage fühlen und daher gezwungen sehen, vor den gegen sie ankämpfenden gegnerischen
Kräften zu kapitulieren, um der Bevölkerung weitere und noch
schwerere Leiden und Schädigungen zu ersparen. Daß dies die
Folge einer Zwangswirkung wäre, kann nicht ernstlich bezweifelt werden, wenn man bedenkt, daß es die wichtigste Aufgabe
von Regierung und Volksvertretung ist, für das Wohl des Volkes
zu sorgen. Ihre Mitglieder müssen es als einen auch auf sie
persönlich ausgeübten Zwang empfinden, wenn ein für die Bevölkerung unerträglicher Zustand der Auflösung jeder Ordnung ein-

tritt, dem sie nicht mehr wirksam begegnen können". Mit dieser Auffassung des Bundesgerichtshofs von Massenstreik als Gewalt stimmt unter anderem auch Knodel[1] überein, währen Geilen[2] und andere Autoren[3] eine Subsumtion solcher Streiks unter den Begriff der Gewalt ablehnen.

Der Gewaltbegriff, wie er vom Bundesgerichtshof fortentwickelt wurde, verlangt neben der "körperlichen Handlung" eine "Widerstand brechende Wirkung desselben", die darin besteht, daß vom Täter durch ein auf den Körper des Opfers einwirkendes Mittel der wirkliche oder erwartete Widerstand des Angegriffenen mit dem Ziel gebrochen oder verhindert wird, den erstrebten Erfolg dadurch zu ermöglichen,[4] gleichviel, ob es sich um einen physischen oder psychischen Widerstand handelt.[5] Die körperliche Handlung des Täters muß das Mittel sein, sich durch Überwindung eines geleisteten oder Verhinderung eines erwarteten, d. h. mutmaßlichen, Widerstandes den erstrebten Erfolg zu sichern. Die Gewaltanwendung muß also durch Überwindung eines Widerstandes die Erreichung dieses Erfolges erst ermöglichen. Führt sie diesen Erfolg jedoch unmittelbar, d.h. ohne Brechung oder Verhindern eines Widerstandes herbei, wie z.B. die rechtswidrige Wegnahme fremder Sachen in Zueignungsabsicht, so liegt zwar Diebstahl, aber nicht Raub vor. Dasselbe gilt, wenn z.B. die Gewaltausübung in der Vornahme einer unzüchtigen Handlung an einer Frau besteht und dieselbe nicht erst ermöglicht,[6] wie in dem Fall, in dem der Täter durch ein Loch in der Wand des Aborts einer Frau überraschend an das Geschlechtsteil griff. Solchenfalls wurde vom Reichsgericht das Vorliegen von § 176 Abs.1 Nr.1 StGB a.F. verneint.[7] Zu demselben Ergebnis kam auch das Hans.OLG Hamburg[8] in dem Fall, in dem ein Schneider einer Kundin bei der Anprobe überraschend in die entblößte Brust biß. In beiden Fällen wurde davon ausgegangen, daß die

---

[1] Knodel (K.D.), Der Begriff der Gewalt im Strafrecht S.122; vgl. auch Krauth (H.), (W.) Kurfess & (H.) Wulf, Zur Reform des Staatsschutz-Strafrechts durch das Achte Strafrechtsänderungsgesetz, JZ 68, 577 ff.; Dreher 36.Aufl.(1976) Rdz.8 zu § 81.

[2] Geilen (G.), Der Tatbestand der Parlamentsnötigung (§ 105 StGB), Bonn 1957 (Abhandlungen zur Rechtswissenschaft Bd.1) S.87 ff., 106.

[3] Knodel (K.D.) S.122 Anm.13; Heinemann (G.) und (D.) Posser, Kritische Bemerkungen zum politischen Strafrecht in der BR,

angewandte Gewalt das Mittel zur Vornahme der unzüchtigen Handlung sein muß, mit der von der Rechtsprechung des Reichsgerichts und des Bundesgerichtshofs gezogenen Folgerung, daß die Gewaltanwendung der unzüchtigen Handlung vorausgegangen sein müsse.[1] Dies soll auch schon der Fall sein, wenn die vom Täter begangene Gewaltanwendung auch nur zu einem Teil der unzüchtigen Handlung vorausgegangen ist.[2] Wenn also die Gewaltanwendung in ihrer Gesamtheit ausschließlich die unzüchtige Handlung selbst gewesen ist, also die Gewaltanwendung und die sexuelle Handlung zusammenfallen, und nicht wenigstens zum Teil dazu gedient hat, unzüchtige Handlungen erst herbeizuführen, so entfalle der Tatbestand des § 176 Abs.1 Ziff.1 StGB a.F.[3] Die neuere Rechtsprechung des Bundesgerichtshofs hat es aber abgelehnt, diese Konsequenz aus dem Erfordernis der Zweck-Mittel-Beziehung zu ziehen, wenn die Gewaltanwendung und die sexuelle Handlung zusammenfallen, insofern der Grundsatz, daß die Gewalt der sexuellen Handlung vorausgehen müsse, sich weder aus dem Wortlaut des Gesetzes ergebe, noch mit dem Zweck desselben vereinbar sei. Keine Gewaltanwendung ist auch dann gegeben, wenn gar kein bestehender oder erwarteter Widerstand vorliegt, der zur Erreichung des erstrebten Erfolges überwunden werden könnte und müßte, wie in dem Fall, wo der Täter auf eine bewußtlos am Boden liegende Person stößt und sich entschließt, dieselbe durch

---

[4] NJW 59, 122; Niese (W.), Streik und Strafrecht, Tübingen 1954 S.18.

[5] BGHSt 1, 147; 4, 212, NJW 53, 1400.

[6] Blei (H.), Zum strafrechtlichen Gewaltbegriff S.586.

[7] RGSt 63, 228; 77, 82; RG JW 1925, 2136; JW 1929, 1015; JW 1939, 400.

[8] RGSt 77, 82.

JR 50, 409.

---

[1] RGSt 63, 227; 77, 82; RG JW 1925, 2136; RG JW 1939, 400; BGH, Urt.v.1.3.1956 - 4 StR 37/56; BGH, Urt.v.24.4.1956 - 5 StR 78/56; BGH, Urt.v.14.5.1957 - 5 StR 95/57; BGH, Urt.v.7.10.1958 - 1 StR 282/58.

[2] BGH NJW 70, 1466.

[3] BGHSt 17, 4 f., NJW 62, 682.

Leeren ihrer Taschen auszuplündern. Ob schon in dem Umdrehen
einer bewußtlosen Person eine Gewaltanwendung gesehen werden
kann, ist strittig. Während Schröder[1] dies verneint, dürfte
die Auffassung des Bundesgerichtshofs eher für das Gegenteil
sprechen. Sieht der Bundesgerichtshof doch schon allein in
dem Wegtragen eines Bewußtlosen an einen einsamen Ort, um ihn
dort ausplündern zu können, eine Gewaltanwendung.[2] Auch hat
er in einem anderen Fall die Überwältigung eines auf bloß in-
stinktiver Reaktion beruhenden Widerstandes als Gewaltausübung
anerkannt, so daß also derjenige Gewalt gegen eine Person verübt, der durch seine körperliche Handlung eine unbewußte Ab-
wehrhandlung des Gewahrsamsinhabers überwindet. In diesem Sinne hat der Bundesgerichtshof in dem Urteil vom 5.12.1961[3]
entschieden, dem folgender Sachverhalt zugrunde lag: Die Angeklagte hatte den Entschluß, dem Gastwirt B. Geld wegzunehmen gefaßt, nachdem sie ihm zwei Beilhiebe versetzt hatte,
auf Grund deren er bäuchlings am Boden lag und benommen war,
ohne allerdings bewußtlos zu sein. Die Angeklagte nahm ihm
das Geld, das er in seiner Gesäßtasche hatte, in der Weise
weg, daß sie zunächst eine Hand, die er auf die Gesäßtasche
gelegt hatte und mit der er Widerstand leistete, unter Aufwendung körperlicher Kraft wegschob. Hierin wurde vom Bundesgerichtshof "Gewalt gegen eine Person" erblickt, indem er ausführte, daß der Umstand, daß der Widerstand nur "schwach" und
die Kraftaufwendung nur "gering" waren, Gewaltanwendung nicht
ausschließe und daß die früheren Entscheidungen des Reichsgerichts und des Bundesgerichtshofs[4] nicht entgegenstünden, da
die dort entschiedenen Fälle wesentlich anders gelagert gewesen seien. Zwar liege, so führt der BGH weiter aus, "Gewalt
gegen eine Person nur vor, wenn die Kraftentfaltung sich gegen das dem Täter hinderliche Verhalten eines Menschen richte.

---

[1] Schönke-Schröder 18.Aufl.(1976) Rdz.4 zu § 249.
[2] BGHSt 4, 212, NJW 53, 1400; BGHSt 25, 238.
[3] BGHSt 16, 341 ff.
[4] RGSt 46, 403; BGH NJW 55, 1404.

Hierbei zwischen bewußtem Widerstand und unbewußten Schutz- und Abwehrmaßnahmen mit der Wirkung zu unterscheiden, daß diejenigen Fälle von der Anwendung des § 249 StGB ausgeschlossen werden, in denen der Täter durch Kraftaufwendung lediglich eine unbewußte Schutz- und Abwehrmaßnahme eines anderen ausschaltet, ist nicht gerechtfertigt. Auch solche unbewußte Schutz- und Abwehrmaßnahmen sind Hindernisse, die in dem Verhalten eines Menschen bestehen. Die gegen sie gerichtete Kraftaufwendung ist keine Gewalt gegen eine Sache, sondern Gewalt gegen eine Person". Zweifelhafter ist der Fall, in welchem vom Angegriffenen überhaupt kein Widerstand entgegengesetzt wird, weil er von dem Vorhaben des Täters keine Kenntnis hat, vielmehr ahnungslos von diesem überrumpelt wird und der Täter es gerade darauf absieht, sein Ziel kampflos zu erreichen, bevor das Opfer merkt, was vor sich geht, und überhaupt in die Lage kommt, Widerstand zu leisten. Das bekannteste Beispiel hierfür bietet der Handtaschendiebstahl bzw. Handtaschenraub. Rechtsprechung wie Schrifttum sind in dieser Frage geteilter Meinung. Nach der Auffassung des Reichsgerichts ist die diebische Wegnahme einer Sache, die von einer Person getragen und ihr unvermutet entrissen wird, keine Gewalt gegen die Person und daher auch kein Raub. Seinem Urteil vom 13.1.1913[1] lag folgender Sachverhalt zugrunde: Der Angeklagte folgte einer Frau, die zwei Handtäschchen in der Weise trug, daß sie den Tragriemen des einen Täschchens in der Hand hielt oder um den Unterarm geschlungen hatte, während das andere Täschchen in diesem Riemen eingehängt war, in diebischer Absicht in ein Haus. Er näherte sich ihr unbemerkt auf der Treppe und bemächtigte sich der Täschchen dadurch, daß er sie plötzlich von hinten der Trägerin "mit einem Ruck wegriß", wobei der wenig haltbare Tragriemen durchgerissen wurde. Erst in diesem Augenblick wurde die Bestohlene auf den Angeklagten aufmerksam, der alsbald die Flucht ergriffen hatte. Das Reichsgericht bestätigte die Ansicht der Strafkammer, daß die Wegnahme nicht

[1] RGSt 46, 403.

mit Gewalt gegen die Person des Bestohlenen getätigt worden
sei.[1] "Freilich kann", so fährt das Reichsgericht fort, "eine
Gewaltanwendung, die sich zunächst und unmittelbar gegen Sachen richtet, dann, wenn sie sich auf den Körper einer Person
überträgt und diesen in Mitleidenschaft zieht und als Einwirkung auf den Körper gewollt ist und empfunden wird, als "gegen
die Person" geübte Gewalt angesehen werden (RGSt 3, 179; 7,
269; 9, 59; 20, 354; 45, 153, 156). Es wird auch zum Begriff
der Gewalt nicht notwendig erfordert, daß ein tatsächlich geleisteter Widerstand, der von dem Vergewaltigten der Wegnahme
entgegengesetzt wird, überwältigt und gebrochen wird. Vielmehr
genügt, daß ein beabsichtigter, selbst ein vom Täter als bevorstehend vermuteter Widerstand mittels zuvorkommender Gewaltausübung von vornherein unmöglich gemacht und verhindert wird
(Goltd.Arch. Bd.47 S.284, Bd.53 S.72)". Dies wurde aber vorliegendenfalls nicht angenommen, sondern es wurde davon ausgegangen, daß der Angeklagte hinterlistigerweise durch überraschendes Wegreißen der Täschchen mittels Durchreißens des "Bügels" deren Wegnahme betätigte. Die Absicht des Angeklagten sei
dahin gegangen, durch listiges, überrumpelndes Vorgehen einem
Widerstand der Bestohlenen zuvorzukommen, um den Besitz der Sachen ohne Kampf und ohne jede Beeinträchtigung der persönlichen
Freiheit der Trägerin zu erlangen. Er habe nicht beabsichtigt,
auf den Körper der Bestohlenen zum Zwecke ihrer Überwältigung
und der Unterdrückung ihres Widerstandes einzuwirken, sondern
nur, soweit es die Wegnahme der Sache erfordert habe, Kraft zu
gebrauchen. Die Kraftanstrengung des Angeklagten habe sich nur
in Richtung gegen die Sachen, nicht gegen die Person der Trägerin bewegt und auch nicht das hierzu im Verhältnis stehende Maß
überschritten. "Ein solches überraschendes Wegreißen der Sachen
mittels teilweiser Zerstörung, bei dem kein Widerstand überwunden, vielmehr die Leistung des Widerstandes und die Anwendung
von Gewalt gegen die Person zu seiner Überwindung umgangen werden soll und wird, ist kein Raub.[2] Nur wenn das Vergehen so,

---

[1] ebenso BGH GA 1968, 337.

[2] In diesem Sinne spricht sich auch der BGH im Urteil v.15.1.
75 aus, wonach entscheidend ist, ob die Wegnahme vorwiegend
durch die entfaltete Kraft oder in erster Linie durch die angewandte List, Geschicklichkeit und Schnelligkeit erreicht
wurde (bei Dallinger, MDR 75, 543 unter Bezugnahme auf BGH,
Beschl. v.3.7.74 - 3 StR 154/74, MDR 75, 22).

wie beabsichtigt, nicht gelingt, wenn der Bestohlene den Anlaß
zur Widerstandsleistung vor vollendeter Wegnahme entdeckt und
nunmehr wahrnimmt, kann der Dieb zum Räuber werden, sofern er
jetzt den tatsächlich geleisteten oder beabsichtigten Widerstand überwältigt. Nicht minder kann sich in den Fällen, in
denen die überraschende Wegnahme gelungen und vollendet ist,
die Tat noch zu dem in § 252 StGB vorgesehenen Verbrechen er-
weitern. Im allgemeinen aber kann überall da von Raub nicht die
Rede sein, wo es lediglich bei der überraschenden Entwendung
einer Sache zum Nachteil einer Person verbleibt, die weder Widerstand leistet, noch zu leisten beabsichtigt, und von der
auch der Täter einen Widerstand nicht erwartet, vielmehr einen solchen Widerstand, der bezweckte, die Wegnahme zu verhindern, gerade durch die Art, wie er die Wegnahme ausführt, vermeiden will und vermeidet. Wo es zufolge der Überraschung nicht
dazu kommt, daß die bestohlene Person sich überhaupt nur hinsichtlich der freiwilligen oder gezwungenen Duldung der Wegnahme schlüssig machen kann und der Täter als Erfolg seines Vorgehens gerade erwartet, daß es nicht erforderlich sei, die Duldung erst durch gewaltsame Beeinträchtigung der Willensbetätigung des Bestohlenen zu erzwingen, ist die von dem Bestohlenen
während der Ausführung der Wegnahme empfundene, vielleicht in
ihrer Bedeutung nicht einmal erkannte und gewürdigte Kraftaufwendung nur Mittel zur Ausführung der Wegnahmehandlung, nicht
aber eine Gewaltanwendung, die zur Vorbereitung einer nach oder
durch Überwältigung einer Person auszuführenden Wegnahme dient".
Dieser Auffassung schloß sich auch das Schrifttum in seiner Mehrheit an,[1] das bei überraschendem Wegziehen einer unter dem Arm
getragenen Hand- oder Aktentasche wie auch bei blitzschnellem
Entreißen einer in der Hand getragenen Hand-, Einkaufs- oder
Aktentasche das Vorliegen eines Raubes mit der Begründung ab-

---

[1] so u.a. Frank (R.), Das Strafgesetzbuch für das Deutsche Reich,
18.Aufl.(1931) § 249 Anm.II 1; Mezger-Blei, Bes.T., 9.Aufl.
(1966) S.153; Welzel (H.), Das deutsche Strafrecht 11.Aufl.
(1969) S.360; Dreher 36.Aufl. (1976) Rdz.4 zu § 249; Schönke-
Schröder 18.Aufl.(1976) Rdz.18 zu Vorbem.zu §§ 234 ff.; Baldus in LK 9.Aufl. (1974) Rdz.6 zu § 249; a.A. noch Jagusch in
LK 8.Aufl., Bd.2 (1958), § 249 Anm.3 a; ebenso Dalcke-Fuhrmann-Schäfer 37.Aufl. (1961) § 249 Anm.1 mit LG Köln DJ 44,
206.

lehnt, daß es solchenfalls an einer Gewaltanwendung fehle,
die über die Überwindung der zum Tragen der Sachen dienenden
Muskelkraft, d.h. der Beseitigung des Haltens, also der Entfernung der Sache vom Körper des Opfers, hinausgehe, um einen
bestehenden oder erwarteten Widerstand zu brechen. Wenn freilich das Opfer die Sache aus gewissen Gründen wie beim Miß-
lingen des ersten Angriffs oder beim Gehen durch eine unsichere und gefährliche Gegend oder bei Annäherung einer verdächtig
aussehenden Person in Erwartung eines möglichen Angriffs oder
bei erlangter Kenntnis eines solchen besonders stark mit beiden Händen festgehalten hätte und daher zur Überwindung des
dadurch geleisteten Widerstandes eine über das bloße Wegnehmen hinausgehende größere Kraftanstrengung erforderlich gewesen wäre,[1] hätte der Tatbestand des Raubes nach Ansicht genannter Autoren vorgelegen. In diesem Sinne sprach sich auch
in der Folgezeit der Bundesgerichtshof im Urteil vom 10.6.55[2]
aus, dem folgender Sachverhalt zugrunde lag: Der Täter fuhr
bei Dunkelheit auf unbeleuchtetem Rad in schneller Fahrt von
hinten auf eine Frau zu und entriß ihr, indem er sie auf die
Seite drängte, beim Vorbeifahren die von ihr mit beiden Händen festgehaltene Einkaufstasche mit solcher Wucht, daß sich
die Tragriemen lösten. Ob der Täter dadurch, daß er in der geschilderten Weise auf das Opfer zufuhr, es dadurch aus Furcht,
angefahren zu werden, zwang, zur Seite zu treten und so den
sonst erwarteten Widerstand gegen die Wegnahme der Tasche un-
terband, läßt der Bundesgerichtshof vorliegendenfalls dahingestellt. Dadurch, daß der Täter der Frau die mit beiden Händen
festgehaltene Einkaufstasche mit solcher Wucht entriß, daß die
Tasche aus den Tragriemen gerissen wurde, gebrauchte er auch
nach der früheren engeren Rechtsprechung unmittelbar körperliche Gewalt gegen das Opfer, da er mindestens in Verbindung mit
der Fahrtwucht erhebliche Kraft anwandte. Jedenfalls überstieg
der Kraftaufwand das zur bloßen Wegnahme (durch Überwindung des
Schwergewichts) erforderliche Maß bei weitem. Durch diese Ge-

---

[1] Knodel (K.D.), Zum Gewaltbegriff S.702.

[2] NJW 55, 1404, LM Nr.14 zu § 249 StGB, Pfeiffer-Maul-Schulte
S.710; vgl.auch BGH GA 1974, 219 und OLG Saarbrücken NJW 69,
622.

waltanwendung hinderte er die Überfallene von vornherein, sich
der Wegnahme zu widersetzen. Die Verurteilung wegen schweren
Raubes erfolgte daher zurecht. Dasselbe gilt natürlich erst
recht, wenn der Täter dem zum Widerstand bereits entschlossenen Opfer das begehrte Beutestück entreißt, der Gegenstand zu
Boden fällt und anschließend von dem Überfallenden ohne weitere Gewaltanwendung an sich gebracht wird. So entschied auch
der Bundesgerichtshof im Urteil vom 16.6.1955.[1] Der Angeklagte
hatte schon vor dem entscheidenden Vorfall auf sein Opfer eingeschlagen. Anschließend wollte er das Opfer, auf dessen Uhr
er es abgesehen hatte, in einen Park drängen. Als der Angegriffene merkte, daß der Angeklagte ihn niederschlagen wollte,
entschloß er sich, jeden Angriff auf Leib oder Leben oder sein
Eigentum abzuwehren. Er kam daher dem Angeklagten zuvor und
versetzte diesem einen Faustschlag. Es entstand nun ein Handgemenge, in dessen Verlauf der Angeklagte gleich zu Anfang
nach der Armbanduhr des Überfallenen griff und das Metallarm-
band zerriß, so daß die Uhr zu Boden fiel. Der Angeklagte machte sich dann frei und steckte die Uhr (oder das Uhrwerk) in die
Tasche, während der Angegriffene um Hilfe rief. Später fand die
Polizei das Uhrgehäuse am Tatort und die Uhr im Rockfutter des
Angeklagten. Wenn auch, so führt das Urteil aus, im allgemeinen nicht als Gewaltanwendung angesehen werde, wenn jemandem
unversehens und ohne körperliche Einwirkung auf die Person des
Betroffenen eine Sache entrissen wird, so handele es sich doch
im vorliegenden Fall nicht um eine bloße Überlistung des Opfers.
Vielmehr sei der Überfallene aufmerksam geworden und habe dem
gegen seine Person und sein Eigentum drohenden Angriff schon
Widerstand entgegengesetzt. Bei dieser Sachlage sei der Begriff
der Gewaltanwendung unbedenklich erfüllt. Es sei nicht erforderlich, daß der Überfallene wisse oder ahne, auf welche Sache
es der Täter abgesehen habe. Auch werde nicht vorausgesetzt,
daß der vom Täter begehrte Gegenstand den ihn festhaltenden
Händen des Betroffenen entrissen oder entwunden wird. Letzterer brauche die Anwendung der unmittelbar gegen seine Person

---

[1] NJW 55, 1238, LM Nr.13 zu § 249 StGB, Pfeiffer-Maul-Schulte
S.710.

gerichteten Gewalt nicht einmal zu empfinden. Die Gewalt sei
hier nicht lediglich gegen eine Sache, die Uhr, sondern zugleich gegen die Person des Überfallenen gerichtet gewesen.
Sie sei als Mittel der Wegnahme gegen den erwarteten und von
dem Opfer - wenn auch nur allgemein - geleisteten Widerstand
erfolgt. Durch die Gewaltanwendung sei die Abwehr des Opfers
überwunden, jedenfalls ausgeschaltet worden. Zwar sei es zu
einer vollendeten Wegnahme zunächst deshalb noch nicht gekommen, weil die Uhr infolge des Zerreißens des Armbandes zu Boden fiel. In diesem Zeitpunkt habe jedoch der Angeklagte die
Sachherrschaft des Überfallenen beseitigt gehabt und für sich
die Zugriffsmöglichkeit auf die Beute eröffnet. Sofort anschließend habe er die Wegnahme durch Ansichbringen der Uhr -
oder jedenfalls des Uhrwerks - vollendet. Dem stehe nicht entgegen, daß der Überfallene das Abreißen der Uhr bemerkt gehabt und sich in unmittelbarer Nähe befunden habe. Er sei,
wie die Urteilsgründe erkennen lassen, nicht in der Lage gewesen, seinen Herrschaftswillen gegenüber dem Täter, gegebenenfalls mit Gewalt, durchzusetzen. Diese rechtlich mögliche
Beurteilung der Sachlage durch den Tatrichter ergebe sich daraus, daß er bei dem anderen Vorkommnis darlege, daß der Gewahrsam jenes Opfers noch nicht völlig beseitigt gewesen sei,
als der Angeklagte die Sachen an sich nahm. Hiernach erscheine
es rechtlich bedenkenfrei, daß der Angegriffene durch die Gewalteinwirkung die Sachherrschaft über die Uhr verloren und
der Angeklagte alleinigen Gewahrsam, jedenfalls an dem Uhrwerk,
erlangt gehabt habe.[1] Daß der Angeklagte die heruntergefalle-
ne Uhr ohne weitere Nötigungshandlung an sich gebracht habe,
sei unerheblich. Der gesamte, das gewaltsame Abreißen und das
nachfolgende Ansichbringen umfassende Vorgang habe eine natürliche Einheit gebildet. Zudem sei auch dessen letzte Phase ersichtlich noch unter den Auswirkungen der Gewaltanwendung gestanden. Die Annahme einer gewaltsamen Wegnahme i.S. des § 249
Abs.1 StGB sei sonach gerechtfertigt. Eine andere rechtliche

---

[1] BGH NJW 55, 878; RG JW 33, 962; 66, 394 f.; 76, 133.

Beurteilung würde den Anschauungen des Lebens widersprechen. Von diesem Sonderfall abgesehen, hielt aber in der Folgezeit die Rechtsprechung im allgemeinen an der Verneinung eines Raubes in den Fällen blitzschnellen Zugreifens unter Überrumpelung des Opfers fest, so daß auch bei den Beratungen der Grossen Strafrechtskommission zur Vorbereitung des Strafgesetzbuch-Entwurfs von 1960 im Jahre 1958 ein zur Ausschließung dieser Fälle aus dem Raubtatbestand gestellter Antrag durch den Berichterstatter mit der Begründung abgelehnt wurde, daß die Rechtsprechung ohnehin die Auffassung vertrete, daß solchenfalls kein Raub vorliege.[1] Im Gegensatz hierzu sprach sich erstmals das SG Köln[2] in dem Fall, in dem die Handtasche schnell und mit geringster Kraftaufwendung dem ahnungslosen Opfer aus der Hand geschlagen oder unter dem Arm weggezogen werde, bevor dieses an einen Widerstand denken konnte, für das Vorliegen eines Raubes aus. Diesem abweichenden Standpunkt trat auch Dalcke[3] bei. Seine Begründung, daß es auf das Maß der gebrauchten Körperkraft nicht ankomme, dürfte freilich nur dann stichhaltig sein, wenn er einen mutmaßlichen Widerstand als bestehend voraussetzt. In dieser Richtung bewegt sich allerdings auch das Urteil des Bundesgerichtshofs vom 19.4. 1963,[4] dem folgender Sachverhalt zugrunde liegt: Während der Angeklagte in der Türnische eines Geschäfts mit der von ihm angesprochenen Hausangestellten H. stand, bewirkte er plötzlich "mit einem etwas stärkeren Schlag" seiner Hand auf deren bügellose Handtasche, auf deren vermuteten Inhalt an Geld er es abgesehen hatte, daß diese zu Boden fiel. Einem Versuch der H., die Tasche aufzuheben, die sie in natürlicher Weise in der Hand gehalten hatte "ohne sie besonders festzuhalten", kam der Angeklagte zuvor. Als die Freundin der H. den Angeklagten nach einigen Schritten am Rockärmel faßte, riß er sich

[1] Niederschriften S.78.

[2] DJ 44, 206.

[3] 37.Aufl.(1961) § 249 StGB Anm.1.

[4] BGHSt 18, 329 ff., NJW 63, 1210, JZ 63, 713, MDR 63, 695, LM Nr.14 zu § 249 StGB; vgl.auch Vogt (W.), Diebstahl und Raub. Ein Vergleich beider Deliktsgruppen unter besonderer Berücksichtigung des Handtaschenraubs und des Zusammenhangs zwischen Nötigung und Wegnahme beim Raub, Diss.München 1966 S.76.

los. Während bei einem solchen Sachverhalt das Reichsgericht[1]
davon ausging, daß Gewalt gegen eine Person i.S. von § 249 StGB
erst dann angewendet werde, wenn diese sich der Gefahr und ihres Willens zum Widerstandleisten bewußt geworden sei, spricht
sich der Bundesgerichtshof dahin aus, daß derjenige, der einen
nicht gerade wertlosen Gegenstand in der Hand halte, nach der
Erfahrung des täglichen Lebens in aller Regel bereits entschlossen sei, sich der beliebigen Wegnahme dieses Gegenstandes,
z.B. einer Handtasche, zu widersetzen. Darüber müsse er sich
nicht erst dann klar werden, wenn er sich etwa bewußt werde,
daß ihm der Gegenstand weggenommen wird oder weggenommen werden soll. Das wisse regelmäßig auch derjenige, der eine solche
Tasche an sich bringen wolle. Von dieser Vorstellung aus sei
sein planmäßiges Vorgehen erst sinnvoll. Er greife überraschend
zu, um den Träger der Tasche daran zu hindern, seiner von vornherein vorhandenen inneren Haltung entsprechend Widerstand zu
leisten, nicht aber deswegen, wie das Reichsgericht meint, um
der Entscheidung des Betroffenen darüber zuvorzukommen, ob er
die Tasche widerstandslos herausgeben will oder nicht. Wie das
Reichsgericht mehrfach ausgesprochen hat,[2] gehört zur Gewaltanwendung, daß die vom Täter ausgehende Wirkung auf sein Opfer
eine solche sein müsse, die es nicht nur seelisch, sondern
auch körperlich treffe und die geeignet und dazu bestimmt sei,
die Freiheit der Willensentschließung oder Willensbetätigung
aufzuheben. Bei der Gewaltanwendung verursache der Täter durch
seine körperliche Handlung, daß der wirkliche oder erwartete
Widerstand des Angegriffenen durch ein auf dessen Körper einwirkendes Mittel gebrochen oder verhindert werde, möge der Täter dazu größere oder geringere Körperkraft entfalten.[3] Dafür
reiche ein "Aus-der-Hand-Schlagen" aus,[4] möge dazu wegen der
Überraschungswirkung oder aus anderen Gründen auch kein beson-

---

[1] RGSt 46, 403 f.

[2] RGSt 60, 158; 66, 356.

[3] BGHSt 1, 147, NJW 51, 532; BGH NJW 55, 1404.

[4] BGH NJW 63, 1211.

derer Kraftaufwand gehören und angewendet werden. Auch ein
schwacher alter Mensch, der keine große Abwehrkraft mehr auf-
bringe, könne - so führt das Urteil aus - auf die festgestellte Weise beraubt werden. Es genüge, wenn der Täter Gewalt im
erwähnten Sinne anwende, weil er sie für geeignet halte, die
Wegnahme zu ermöglichen. Maßgebend sei allein seine Vorstellung und sein Wille.[1] Gegen diese Entscheidung wandte sich
Knodel[2] mit der Begründung, daß nach dem Standpunkt des Bundesgerichtshofs Gewalt - die objektiven Voraussetzungen als
gegeben angenommen - immer schon dann vorliege, wenn der Täter eine Handlung, die gegen den Willen eines anderen erfolge,
so überraschend vornehme, daß dem Betroffenen keine Zeit bleibe, sich zu widersetzen. Normalerweise liege beim Handtaschendiebstahl bzw. -raub keine Überwindung eines gegenwärtigen
Widerstandes vor, da das Opfer mangels Kenntnis des Angriffs
diesem keinen Widerstand entgegensetze. Ob die Handlung des
Täters einen erwarteten Widerstand unwirksam machen sollte,
ist nach Knodel Tatfrage und ist davon abhängig, ob der Täter bei der Wegnahme nur so viel Kraft einsetzte, als zur
bloßen Entfernung der Sache vom Körper des Opfers erforderlich ist, also seine Handlung nur dazu bestimmt war, die dem
Tragen dienende Muskelkraft zu überwinden oder den Tragriemen
zu zerreißen, durch den die wegzunehmende Tasche am Körper
des Opfers hängt. Hier liege ebensowenig nötigende Gewalt vor,
wie wenn der Täter den Tragriemen mit einer Schere durch-
schneide und die auf den Boden gefallene Tasche wegnehme. Sofern also der Täter sein Ziel habe erreichen können, bevor
sich für den Betroffenen überhaupt die Möglichkeit zu einem
Widerstand ergeben habe, bestehe für den Täter kein Anlaß,
eine Handlung vorzunehmen, die bestimmt ist, einen Widerstand
zu überwinden. Gewalt wäre allerdings dann anzunehmen, wenn
der Täter ein höheres Maß von Kraft angewendet hätte, als zur

---

[1] Siehe S.368 Anm.4 mit BGHSt 4, 211.

[2] Knodel (K.D.), Zum Gewaltbegriff S.702 f.

bloßen überraschenden Wegnahme erforderlich gewesen wäre, wie
wenn der Täter bei dem Einsatz der überschießenden Kraft damit gerechnet hätte, daß das Opfer sein Vorgehen vielleicht
noch rechtzeitig genug bemerken möchte, um die Sache bewußt
über das übliche Maß hinaus festzuhalten und der Wegnahme auf
diese Weise Widerstand entgegenzusetzen. Solchenfalls sollte
die Wucht des Angriffs dazu dienen, einen erwarteten Widerstand von vornherein unwirksam zu machen. Damit aber wäre Gewalt gegeben, da der Täter in der Absicht gehandelt hätte, einen erwarteten Widerstand zu überwinden.[1] Es komme also nicht
auf die besonders geartete Kraftentfaltung an, sondern vielmehr allein auf das Vorhandensein der Absicht des Täters, mit
seiner Handlung einen erwarteten Widerstand zu überwinden, wobei die erhöhte Kraftaufwendung nur ein Indiz für das Vorhandensein dieser Absicht bilde. In ähnlicher Weise spricht sich für
das schweizerische Recht Schultz[2] aus, der davon ausgeht, daß
auch die auf Umgehung eines erwarteten Widerstandes gerichtete,
überraschende Handlung dann als Gewalt anzusehen sei, wenn der
Täter im Einzelfall mit einem möglichen Widerstand des Opfers
rechnete und diesen Widerstand durch blitzschnelles Handeln
unwirksam zu machen beabsichtigte. So hat auch der 1.Strafse-
nat des Bundesgerichtshofs in Anlehnung an sein Urteil vom 10.
Juni 1955[3] bei überraschender Wegnahme in zwei Fällen nur dann
Gewalt i.S. des § 249 StGB angenommen, wenn der Täter einen
Widerstand des Opfers in Rechnung gestellt und deshalb mehr
Kraft entfaltet hatte, als zur bloßen Wegnahme nötig gewesen
wäre.[4] Um die Schwierigkeit der Beweisfrage in der Praxis, die
sich bei der Auffassung von Knodel, Schultz und dem letztgenannten Urteil des Bundesgerichtshofs ergibt, und deren sich
Knodel, wie er ausdrücklich betont, bewußt ist, zu vermeiden,
geht der Bundesgerichtshof in dem umstrittenen Urteil vom 19.
4.1963[5] einen Schritt weiter, indem er bei nicht geradezu wert-

---

[1] BGH NJW 55, 1404; BGH Urt.v.8.11.66 - 1 StR 476/66; BGH Urt.
v.19.12.67 - 1 StR 590/67; BGH Urt.v.12.7.68 - 4 StR 257/68.
[2] Schultz (H.) S.369.
[3] BGH NJW 55, 1404.
[4] BGH Urt.v.8.11.66 - 1 StR 476/66; BGH Urt.v.19.12.67 - 1 StR
590/67, GA 1968, 338; BGH Beschl. v.3.7.74 - 3 StR 154/74;
BGH GA 1974, 219.
[5] BGHSt 18, 329 f.

losen Sachen stets das Vorhandensein eines erwarteten Widerstandes sowohl seitens des Opfers nach dessen innerer Haltung als auch in der Vorstellung des Täters nach allgemein menschlicher Erfahrung als gegeben erachtet und angenommen hat, ohne auf das Erfordernis einer erhöhten, die bloße Wegnahme übersteigenden Kraftentfaltung abzustellen. Allerdings ist diese Entscheidung im Schrifttum starken Bedenken begegnet,[1] wenn sie auch andererseits vereinzelt Zustimmung gefunden hat.[2] Einige in letzter Zeit ergangene weitere Entscheidungen des Bundesgerichtshofs zeigen gegenüber der Ausweitung des Gewaltbegriffs im Urteil vom 19.4.1963[3] eine wenn nicht ablehnende, so doch mindestens vorsichtig zurückhaltende Stellungnahme. Es sind dies die Urteile vom 13.6.1967[4] und vom 19.7.1967.[5] Dem ersteren lag folgender Sachverhalt zugrunde: Während B aus einer Innentasche seinen Geldbeutel herauszog oder nachdem er ihn schon herausgezogen und bereits zwischen den Fingern seiner rechten Hand hatte, griff A blitzschnell zu, erfaßte den Lederbeutel und lief damit weg. A wollte sich den Inhalt des Geldbeutels rechtswidrig zueignen. Der Tatrichter verurteilte ihn unter Berufung auf die erwähnte Entscheidung[6] wegen schweren Raubes. Er war der Auffassung, es komme in dieser Beziehung nur darauf an, daß B "wie jeder andere, der dem plötzlichen und unerwarteten Zugriff eines anderen auf einen Wertgegenstand ausgesetzt ist, gewillt ist, sich gegen diese Wegnahme zu schützen, um sich seine Werte zu erhalten". Diese Ausführungen sind jedoch nach der Auffassung des 5. Strafsenats nicht geeignet, eine Gewaltanwendung nach § 249 StGB festzustellen. Der Senat läßt dahingestellt, ob der Entscheidung BGHSt 18, 329 in vollem Umfang zu folgen sei. Sie gehe jedenfalls in bezug auf die Anforderungen, die an den Begriff der Gewalt i.S. des § 249 StGB zu stellen sind, an die

---

[1] Geilen (G.), Neue Entwicklungen S.456, 460 & 465; Schönke-Schröder 14.Aufl. (1969) Rdz.12 zu Vorbem. zu §§ 234 ff.
[2] Anm.Martin zu BGH Urt.v.19.4.63, LM Nr.19 zu §§ 249, 250.
[3] BGHSt 18, 329.
[4] 5 StR 246/67, bei Dallinger MDR 68, 17.
[5] 2 StR 349/67, bei Dallinger MDR 68, 17.
[6] BGHSt 18, 329.

Grenze des nach dem Wortlaut des Gesetzes Möglichen. Immerhin
setze auch diese Entscheidung eine körperliche Handlung voraus, durch die ein Widerstand des Angegriffenen durch ein auf
dessen Körper einwirkendes Mittel gebrochen oder verhindert
wird. Dies treffe, so führt das Urteil weiter aus, hier nicht
zu. Aus dem blitzschnellen Zugriff und dem Erfassen des Geldbeutels ergebe sich keine körperliche Handlung, durch die der
Widerstand des Angegriffenen gebrochen worden sei, wie das
für ein "Aus-der-Hand-Schlagen" einer Tasche unter Umständen
noch bejaht werden könne. Ohne Belang sei in diesem Zusammenhang das Argument des Tatrichters, daß "kein Grund ersichtlich ist, der es verständlich machen könne, B sei mit der
Wegnahme auch nur im mindesten einverstanden gewesen". Denn
dieser Gesichtspunkt betreffe nicht die Gewalt, sondern die
Wegnahme, die auch vor den Augen und gegen den Willen des
Opfers geschehen könne. Daher sieht der Bundesgerichtshof
vorliegendenfalls nur Diebstahl als gegeben an. Der Sachverhalt des zweiten Urteils war folgender: A hat der Frau B,
die an einem Finger der Hand ihre Handtasche lose "baumeln"
ließ und mit derselben Hand ein Buch hielt, im Vorbeilaufen
die Handtasche weggenommen, um sich darin befindliches Geld
zu verschaffen. Nach seiner unwiderlegten Einlassung rechnete
A damit, der B ohne jede Gewaltanwendung die Handtasche mühelos wegnehmen zu können. Im tatrichterlichen Urteil wird ausgeführt, Frau B habe von vornherein den Griff der Hand stärker auf das Buch als auf die Handtasche konzentriert und im
Schrecken über den auf sie zustürzenden A die Hand noch stärker um das Buch statt um den Bügel der Handtasche geschlossen. Den Verlust der Handtasche habe sie zunächst überhaupt
nicht bemerkt, während sie das Buch fest in der Hand hielt.
Der Tatrichter sprach den A nur wegen Diebstahls schuldig.
Die von der Staatsanwaltschaft eingelegte Revision, die unter
Berufung auf BGHSt 18, 329 Verurteilung wegen schweren Raubes
erstrebte, hatte keinen Erfolg. Der 2.Strafsenat führte aus,
es könne unerörtert bleiben, ob der genannten Entscheidung in
allen Punkten zu folgen sei; denn es sei nicht dargetan, daß
A die Vorstellung und den Willen gehabt habe, Gewalt selbst

in dem weitgehenden Sinne der angeführten Entscheidung zur Wegnahme einzusetzen, da er weder mit einem Widerstand noch mit einer sonstigen Reaktion der Frau rechnete. Dieser Erwartung habe das Verhalten der Frau entsprochen. Zu demselben Ergebnis wie das Urteil des Bundesgerichtshofs vom 19. 4.1963,[1] wenn auch mit abweichender Begründung, kommt die Entscheidung des OLG Saarbrücken vom 4.7.1968,[2] der folgender Sachverhalt zugrunde lag: Der Angeklagte, dem das Geld ausgegangen war, sah auf dem Hauptweg des Friedhofs zwei ältere Frauen gehen. Er glaubte bestimmt, daß in den Handtaschen, welche die Zeuginnen mit sich führten, Geld enthalten sei. So entschloß er sich, um weiter zechen zu können, einer dieser Frauen ihre Handtasche wegzureißen und sie an sich zu bringen. Er näherte sich den beiden Frauen von hinten, riß der einen Frau die Handtasche, die diese an den Henkeln in ihrer linken Hand trug, aus den Fingern und rannte damit weg. In der Handtasche hatten sich der Geldbeutel, Ausweispapiere und die Hausschlüssel der Frau befunden. Auf der Flucht über die Friedhofmauer wurde der Täter von einem Dritten gestellt und festgehalten, dem er die entwendete Handtasche aushändigte. Es wurde Straßenraub vom Gericht bejaht. In der Begründung des Urteils ist unter anderem ausgeführt, es sei im vorliegenden Fall das Opfer zwar gar nicht mehr dazu gekommen, einen bewußten Abwehrwillen zu bilden und zu betätigen. Allein dies ändere nichts daran, daß eine gewaltsame Einwirkung auf den Körper des Opfers gegeben gewesen sei, komme es doch nicht darauf an, daß sich das Opfer der Einwirkung bewußt werde. Durch das "Wegreißen" sei zum Ausdruck gekommen, daß die Handtasche gewaltsam aus der sie haltenden Hand entfernt worden sei, daß also dabei ein gewisser Widerstand habe überwunden werden müssen. Der Widerstand sei durch den mehr oder weniger festen Griff, mit dem das Opfer den Henkel der Handtasche umfaßt habe, geleistet worden. Un-

---

[1] BGHSt 18, 329 ff.
[2] NJW 69, 621.

erheblich sei es, daß die Einwirkung auf den Körper des Opfers
hier in einem Akt mit der Wegnahme der Handtasche zusammenge-
fallen sei. Erforderlich sei nur, daß diese Einwirkung zum
Zwecke der Wegnahme erfolgt sei, daß sie also dem Täter zur
Durchführung der geplanten Tat dienen sollte.[1] Unerheblich
sei auch, daß die Einwirkung auf den Körper nicht unmittelbar,
z.B. durch einen Schlag auf die Hand des Opfers, in der es die
Tasche trug, geschehen sei, sondern daß die Gewaltanwendung bei
dem Wegreißen der Tasche durch deren Henkel auf die Hand und damit auf den Körper des Opfers übertragen worden sei. Auch sei
aus dem Verhalten des Täters zu entnehmen, daß derselbe mindestens mit einem unbewußten Widerstand seines Opfers gerechnet
habe und diesen zu überwinden entschlossen gewesen sei. Im Unterschied zum Urteil des Bundesgerichtshofs vom 19.4.63,[2] das
bei Gegenständen von nicht bloß geringem Wert von einem als vorhanden vermuteten Widerstand des Opfers, der auch vom Täter in
seinen Plan einkalkuliert ist, ausgeht, sieht das OLG Saarbrücken[3] in dem Wegreißen der Handtasche das Brechen eines tatsächlich geleisteten, mit der Wegnahme in einem einheitlichen
Akt zusammenfallenden Widerstandes, wodurch aber an der Tatsache eines Raubes sich nichts ändert. Im Hinblick auf die zur
Zeit starke Zunahme dieses Delikts mag es sich aus kriminalpolitischen Gründen empfehlen, von einer Einengung des Raubtatbestandes möglichst abzusehen. Doch hält offenbar der Bundesgerichtshof nach wie vor an seiner einschränkenden Auslegung des
Raubtatbestandes fest, wie er denn auch im Beschluß vom 3.7.74[4]
und schon bereits im Urteil vom 19.12.67[5] sich dahin ausgesprochen hat, daß nicht jede Wegnahme einer Handtasche durch
blitzschnelles Zugreifen als Raub anzusehen sei, und im Urteil vom 12.7.68[6] an seiner in den schon erwähnten Entscheidungen vom 8.11.1966[7] und vom 19.12.1967[8] vertretenen

---

[1] Schönke-Schröder 18.Aufl.(1976) Rdz.6 zu § 249.
[2] BGHSt 18, 329 ff., 330.
[3] NJW 69, 622 f.
[4] 3 StR 154/74 bei Dallinger MDR 75, 22.
[5] 1 StR 590/67, GA 1968, 337; BGH Beschl.v.3.7.74 - 3 StR 154/
    74, MDR 75, 22.
[6] 4 StR 257/68, Pfeiffer-Maul-Schulte § 249 Anm.4.
[7] 1 StR 476/66.
[8] 1 StR 590/67.

Auffassung festgehalten und für das Vorliegen von Gewalt i.S.
des § 249 StGB gefordert hat, daß der Täter einen Widerstand
des Opfers in Rechnung gestellt und deshalb mehr Kraft entfaltet habe als zur blossen Wegnahme nötig gewesen wäre.
Um eine andere Klärung des Gewaltbegriffs zur Abgrenzung des
Raubes vom Diebstahl bemühte sich Lehre und Rechtsprechung im
österreichischen Strafrecht. Sie verlangten ursprünglich für
die für den Raub erforderliche gewaltsame Wegnahme das Merkmal
des "Behauptungswillens" bei dem Opfer. Es liegt solchenfalls
ein Raub nur dann vor, wenn die Person in bezug auf die vom
Täter ergriffene Sache einen "Behauptungswillen" hat.[1] Dies
trifft zwar in den Fällen zu, in denen intensiv und wiederholt Angriffshandlungen zur Ermöglichung der Wegnahme der Sache vorgenommen werden, so daß es dem Betroffenen zum Bewußtsein kommt, daß eine Wegnahme der Sache beabsichtigt ist und
daß daher das Opfer sich hiegegen zur Wehr setzt. Doch könnte
in anderen Fällen diese dogmatische Einschränkung des Gewaltbegriffes nicht durch ausreichende Argumente gestützt werden
und sie war z.B. bei der durch die Rechtsprechung anerkannten
"Gewalt" in Form der Narkose undenkbar und versagte daher. In
der Folgezeit ging man dazu über, auf der Grundlage der entschiedenen Fälle die Unterscheidung zwischen Raub und Diebstahl auf den "Unwertsgehalt" der Gewalt zu stützen und für
den Raub einen Unwertsgehalt der Gewalt zu fordern, der dem einer "Drohung mit Gefahr für Leib oder Leben" entsprechen muß.[2]
Auch im schweizerischen Strafrecht ist der Begriff der Gewalt
bei Raub und Erpressung umstritten.[3] Auf die Einwirkung auf den
Körper des Opfers als Voraussetzung des Gewaltbegriffs stellt
auch das schweizerische Schrifttum[4] mit der Einschränkung ab,
daß die Einwirkung auf "mechanischem" Weg erfolgen muß. Damit

---

[1] so auch OGH v. 9.10.73 - 10 Os 117/73, EvBl.74, 131.

[2] Wegscheider (H.), Plötzliches Entreißen einer Sache - Raub
oder Diebstahl, ÖJZ 75, 516 ff.

[3] vgl. Schultz (H.), Der strafrechtliche Begriff der Gewalt,
SchwZStR 52, 358 f.

[4] Hafter (E.), Schweizerisches Strafrecht, Bd.II, 1.Bes.T.,
erste Hälfte, Berlin 1937 S.254.

wird - anders als nach dem deutschen Schrifttum - eine nicht-
mechanische Einwirkung, z.B. durch Hypnose, aus dem Gewaltbegriff ausgeschieden. Allerdings wird ein Raub auch in dem Falle angenommen, daß Gas in ein Zimmer eingeblasen wird, in dem
sich eine zu bestehlende Person befindet, aber mit der Begründung, daß nach schweizerischem Recht zur Erfüllung des Raubtatbestandes nicht bloß Gewalt, sondern auch jedes sonstige zum
Ausschalten des Widerstandes geeignete Mittel ausreicht,[1] wie
narkotische oder hypnotische Mittel oder Einsatz von Tränengas, Blendung, Schrecklähmung[2] oder auch die Eingabe von Brech-
oder schnellwirkenden Abführmitteln.[3] Das schweizerische Recht
verlangt in ähnlichem Sinne wie das deutsche Recht, daß durch
die Gewaltanwendung ein Widerstand überwunden wird, um die Wegnahme der erstrebten Beute zu ermöglichen. Es geht aber insofern weiter, als es in dem vollständigen Unfähigmachen des
Opfers zum Widerstand vollendeten Raub erblickt, ohne Rücksicht darauf, ob der Täter den beabsichtigten Diebstahl hat
ausführen können oder nicht.[4] Unfähig gemacht ist derjenige,
der sich nicht mehr selbst aus eigener Kraft gegenüber dem Angreifer zu behaupten vermag, wozu das bloße Suchen nach fremder Hilfe durch Hilferufe nicht ausreicht.[5] Soweit der Widerstand nicht durch Gewalt, sondern durch eine die Gewaltanwendung unnötig machende List oder Überraschung gebrochen wird,
liegt Raub oder Erpressung nicht vor.[6] Dagegen liegt Gewalt,
wie auch im deutschen Recht, vor, wenn das Opfer den Gegenstand mit Rücksicht auf einen erwarteten Angriff so festhält,
daß nur eine gewaltsame Überwindung dieses Widerstandes durch
das Ansichreißen möglich ist.[7] Das schweizerische Recht kennt

---

[1] Gerber (R.), Rechtliche Probleme beim Raub, SchwZStR 1974,
117 f.
[2] vgl. BGE 81 IV 226.
[3] Maurach (R.), Deutsches Strafrecht, Bes.T.,
[4] Gerber (R.) S.118 f., 122 f.
[5] Gerber (R.) S.120.
[6] Gerber (R.) S.121.
[7] Gerber (R.) S.121 mit BGE 81 IV 226.

den räuberischen Diebstahl nicht, sondern sieht in der Gewaltanwendung zur Sicherung der Beute einen Raub, keinen solchen
aber bei Anwendung von Gewalt, um sich die Flucht zu sichern.[1]

2. Gewalt als Mittel der Wegnahme

Da beim Raub die durch Gewaltanwendung bewirkte Nötigung die
Wegnahme ermöglichen soll, so muß die Gewaltanwendung, wenn
auch nicht notwendig objektiv, so doch zum mindesten nach
der Vorstellung und Absicht des Täters für die Wegnahme kausal gewesen sein.[2] Daher ist es für das Vorliegen von Raub
nicht ausreichend, daß die Gewalt erst nach der Wegnahme verübt wird, etwa um das fliehende Opfer oder einen überraschend
auftretenden Zeugen zu beseitigen. Solchenfalls kann allerdings § 252 StGB in Betracht kommen.[3] Außerdem ist Raub auch
dann ausgeschlossen, wenn der Entschluß zur Wegnahme erst gefaßt wird, nachdem die Gewaltanwendung bereits abgeschlossen
ist. In diesem Sinne sprach sich auch der Bundesgerichtshof im
Urteil vom 28.1.1969[4] aus, dem folgender Sachverhalt zugrunde
lag: Der Angeklagte B. entschloß sich nach Beendigung der Un-
zuchtsverbrechen aus den Handtäschchen der Mädchen stehlenswer-
te Gegenstände wegzunehmen, wobei er auf diese Weise einen
Geldbeutel mit Geld, eine Brieftasche, ein Gasfeuerzeug und
Manschettenknöpfe an sich brachte, ohne daß die Eigentümerin-
nen dessen gewahr wurden. Wie der Bundesgerichtshof ausführte,
erfordere der Tatbestand des Raubes für die Gewaltanwendung,
daß die Gewalt als Mittel eingesetzt werde, um die Wegnahme

---

[1] BGE 83 IV 66.
[2] BGHSt 4, 211; 18, 331.
[3] RG JW 1932, 2433; OGHSt 3, 114; Schönke-Schröder 18.Aufl.
(1976) Rdz.7 zu § 249.
[4] NJW 69, 619.

der Sache zu ermöglichen. Die Gewalt müsse also zum Zweck der Wegnahme angewendet werden.[1] Es müsse daher, wenn auch kein objektiver, so doch ein Zweckzusammenhang zwischen der Gewaltanwendung und der Wegnahme bestehen. Von einem räuberischen Vorgehen könne somit nicht die Rede sein, wenn der Täter nur eine mit anderer Zielsetzung durch Gewaltanwendung geschaffene, bereits abgeschlossene Situation dazu ausnütze, dem Betroffenen ohne dessen Wissen und Widerstand eine Sache wegzunehmen.[2] Ebensowenig könne aber Raub angenommen werden, wenn das durch Drohung mit gegenwärtiger Gefahr für Leib oder Leben herbeigeführte widerstandslose Verhalten des in seiner Geschlechtsehre angegriffenen Opfers dem Täter lediglich die Gelegenheit verschaffe, auf Grund eines neuen Entschlusses unbemerkt Aneignungshandlungen zu begehen. Denn auch in einem solchen Falle sei die Drohung nicht als Mittel zum Brechen eines entgegenstehenden Willens des Eigentümers und damit zur Ermöglichung der Wegnahme eingesetzt. Dasselbe gilt, wenn die durch Versetzen eines Faustschlages herbeigeführte Zwangssituation als einmaliges Geschehen zur Zeit des Wegnahmeentschlusses bereits abgeschlossen war und nur in ihren Folgen, der Einschüchterung des Verletzten, fortwirkte.[3] Raub entfällt auch, wenn der Täter nur eine von einem anderen herbeigeführte Zwangssituation benützt, um eine Aneignungshandlung zu begehen, wie wenn er z.B. einem angefahrenen und auf der Straße liegenden oder von einem anderen bewußtlos geschlagenen Mann die Taschen leert, da solchenfalls die Gewalt von ihm nicht zum Zweck der Wegnahme der Sachen ausgeübt wird, es also an einer von ihm als Mittel zur Ermöglichung der Wegnahme angewandten Gewalt fehlt. Aber auch wenn die Zwangssituation vom Täter selbst aus einem anderen Motiv, mag dasselbe strafwürdig

---

[1] RGSt 67, 186; BGHSt 4, 211.

[2] BGH Urt.v.12.7.67 - 2 StR 234/67, bei Dallinger MDR 68, 17.

[3] BGH Urt.v.12.7.67 - 2 StR 234/67, bei Dallinger MDR 68, 18; Maurach (R.), Deutsches Strafrecht, Bes.T., 5.Aufl.(Studienausg.) (1971) S.251 f.; Eser (A.), Zum Verhältnis S.378.

sein oder nicht, herbeigeführt worden ist, scheidet Raub dann aus, wenn die Gewaltanwendung bereits abgeschlossen war, als der Täter den Entschluß zur Wegnahme fremder Sachen faßte. Anders liegt der Fall, wenn die vom Täter verübte Gewaltanwendung fortdauert und der Täter diese von ihm geschaffene, selbst gegen seinen Willen fortdauernde Gewaltsituation dazu benützt, eine strafbare Handlung zu begehen, wie wenn er z.B. einer von ihm überfahrenen und durch die erlittenen schweren Verletzungen wehrlos oder gar bewußtlos gewordenen Person in unmittelbarem zeitlichen Zusammenhang, wenn auch auf Grund neuen Entschlusses, die Brieftasche wegnimmt. Solchenfalls wird Raub zu bejahen sein. Eine derartige Fortdauer der vom Täter herbeigeführten Gewaltanwendung liegt insbesondere bei Dauerdelikten, wie z.B. Freiheitsberaubung durch Einschließung oder Knebelung, insolange vor, als die Bewegungsfreiheit des Opfers nicht wieder hergestellt worden ist, so daß die während der Dauer dieses Zustandes erfolgte widerrechtliche Wegnahme fremder Sachen in Zueignungsabsicht Raub begründet. Aus demselben Grund liegt Raub vor, wenn zur Aufrechterhaltung der Gewaltsituation ein fortgesetztes Ringen des Täters mit dem Opfer notwendig ist. Raub ist auch gegeben, wenn eine vom Täter aus anderem Grund herbeigeführte und fortdauernde, also noch nicht abgeschlossene Gewaltsituation auf Grund neuen Entschlusses des Täters zur Ermöglichung des Diebstahls ausgenützt wird. Es ist nicht einzusehen, warum durch die Änderung der Zielsetzung des Täters die von ihm herbeigeführte Gewaltsituation ihr Ende finden sollte, sofern die Zwangslage nicht aufhört und damit abgeschlossen ist, sondern anhält. Es mag in dieser Hinsicht auf die Entscheidung des Bundesgerichtshof vom 15.9.1964[1] hingewiesen werden, der folgender Sachverhalt zugrunde lag: Der Angeklagte faßte auf öffentlicher Straße die achtzehnjährige Maria M. von hinten an ihrer Kleidung, um sie an sich zu ziehen und zu küssen. Das Mädchen wehrte sich gegen den Angriff, indem es ihm mit beiden Händen abzudrängen suchte. Wegen der Ab-

---

[1] BGHSt 20, 32 ff., NJW 65, 115, MDR 64, 935 f., LM (1965) Nr. 22 zu § 249 StGB.

wehr gelang es dem Angeklagten nicht, seinen Arm, wie er beabsichtigte, um das Mädchen zu legen. Er konnte jedoch den linken Arm des Mädchens fassen. Dabei fühlte er nun, daß es unter
dem Ärmel seiner Wolljacke eine Armbanduhr trug. Dies brachte
ihn auf den Gedanken, dem Mädchen die Uhr vom Arm abzustrei-
fen. Er tat dies und steckte die Uhr in die Tasche, ohne daß
das abwehrende Mädchen dies sofort bemerkte. Nachdem die Angegriffene mit Hilfe ihrer Begleiterin den Angeklagten abge-
drängt und den Verlust der Uhr wahrgenommen hatte, forderte
sie dieselbe zurück, worauf der Angeklagte davonlief. Die Urteilsgründe gingen im wesentlichen dahin: Der Angeklagte habe,
da es zwischen ihm und dem Mädchen zu einem Handgemenge gekommen sei, im Verlauf dessen das Mädchen eine Schürfwunde am linken Handgelenk davongetragen habe, Gewalt angewendet, die nicht
ganz unbedeutend gewesen sei, denn die Angegriffene habe sich
erst mit Hilfe ihrer Begleiterin der Gewalt erwehren können.
Zwar gehöre, so fährt das Urteil fort, zum Tatbestand des Raubes, daß die Gewalt zum Zweck der Wegnahme angewendet werden
müsse. Nun habe zwar der Angeklagte zunächst nur die Absicht
verfolgt, das Mädchen in sittlicher Hinsicht zu belästigen.
Als er aber die Armbanduhr bemerkt und sich entschlossen habe,
sie wegzunehmen, habe er die fortdauernde Gewaltanwendung bewußt dazu benützt, die Uhr von dem Arm des Mädchens zu ziehen
und an sich zu nehmen. Die Gewalt sei ihm also dann das Mittel
zur Wegnahme gewesen. Der Umstand, daß das angegriffene, mit
der Abwehr des Angeklagten beschäftigte Mädchen die Wegnahme
der Uhr nicht sofort bemerkte, zumal sie auch zunächst nicht
gewußt habe, was der Angeklagte überhaupt von ihr wolle,
schließe die Anwendung der §§ 249, 250 StGB nicht aus. Denn
diese Vorschriften setzten das Bewußtsein des Opfers von der
Wegnahmeabsicht des Täters oder von der Wegnahme nicht voraus.
Auch ein Schlafender oder Bewußtloser könne beraubt werden. Es
muß also mit dem Bundesgerichtshof[1] davon ausgegangen werden,
daß Raub dann vorliegt, wenn der Täter, der zunächst gegen eine Person zu anderen Zwecken Gewalt gebraucht, die fortdauern-

[1] BGHSt 20, 33; siehe auch OLG Frankfurt/M., NJW 70, 342 im
Anschluß an BGH NJW 53, 1400 f.

de Gewaltanwendung aber auf Grund neu gefaßten Entschlusses dazu benützt, dem Opfer eine Sache wegzunehmen. Daß das sich wehrende Opfer die Wegnahme sofort bemerkt und daß sich seine Abwehr gerade gegen die Wegnahme richtet, ist nicht erforderlich. Es muß, wie Eser[1] beizupflichten ist, das Gewaltmoment nur von der Angriffsseite her eine spezifische, auf den tatbestandlichen Erfolg bezogene Richtung haben, während auf seiten des Opfers ein genereller Widerstand genügt. Ein solcher ist aber bereits auch bei einem instinktiven Abwehrwillen des Opfers gegeben, so daß keine Rede davon sein kann, daß solchenfalls Angriff und Widerstand in ihrer Zielrichtung aneinander vorbeigehen. Eine generelle Abwehr des Opfers muß genügen, auch wenn ihm die Zielrichtung des Angreifers verborgen blieb. Im Gegensatz zu dem Fall uneingeschränkten Verteidigungswillens könnte das Verhältnis von Angriff und Abwehr dann problematisch werden, wenn das Opfer dem Angreifer bei Kenntnis von dessen wahrem Ziel keinen Widerstand entgegensetzen würde. Leistet z.B. eine Frau nur deshalb Widerstand, weil sie in Verkennung der räuberischen Absicht des Angreifers der Meinung ist, dieser wolle sie vergewaltigen, würde sich aber der Wegnahme des vom Angreifer erstrebten ziemlich wertlosen Halstuches nicht widersetzen, so könnte solchenfalls Raub nur dann bejaht werden, wenn zwischen der Gewaltanwendung und der Wegnahme kein objektiver Kausalzusammenhang bestehen muß, sondern es im Sinne der herrschenden Meinung ausreicht, daß der Angriff nach der Vorstellung des Täters das Mittel der Wegnahme sein sollte. Solchenfalls ist es nicht entscheidend, ob der tatsächliche Widerstand gerade den räuberischen Angriff abwehren wollte. Aus dem Wortlaut des § 249 StGB ("mit Gewalt oder unter Anwendung von Drohungen") im Gegensatz zur Fassung des § 240 StGB ("mit Gewalt oder durch Drohung") kann vielleicht der Wille des Gesetzgebers, daß die Gewalt für den Täter lediglich das subjektive Mittel zum Zweck, nicht aber die objektive Bedingung des Wegnehmens gewesen sein muß, abgeleitet werden. Sollte die durch die Gewaltausübung geschaffene Zwangssituation beendet

---

[1] Eser (A.), Zum Verhältnis S.378.

und abgeschlossen sein, als sich der Täter zur Wegnahme der Sache entschloß, so käme Raub nur dann in Frage, wenn dem Opfer die ihm gehörenden Sachen durch eine neue Gewaltanwendung weggenommen würden. Es frägt sich nun aber, in welchem Zeitpunkt die Zwangssituation als beendet und abgeschlossen anzusehen und daher ihre Ausnützung nicht mehr möglich ist. Maßgebend hierfür kann meines Erachtens nicht die Vollendung der Nötigungshandlung, wie offenbar Eser[1] meint, sondern nur die Beendigung des tatsächlichen Gesamtvorganges sein, wozu auch z.B. das Wegschaffen eines Verletzten aus der Fahrbahn und dessen Bergung und Wartung gehören, so daß die diebische Wegnahme während der ganzen Dauer des Vorgangs noch als "gewaltsame Wegnahme" anzusehen sein wird. Sollte sich die Wirkung bzw. Fortwirkung der Gewaltanwendung aber erst nach Beendigung des Gesamtvorganges zeigen, so kann sie wohl nicht mehr als Teil der Nötigungshandlung betrachtet werden. Einen solchen Fall mag der Bundesgerichtshof bei seinem Urteil vom 29.8.1967[2] im Auge gehabt haben, wo die durch das heimliche Eingießen eines Betäubungsmittels in den Wein des Opfers im Wirtslokal vorgenommene Gewaltanwendung erst bei der späteren Heimfahrt zu wirken begann und das Opfer in Schlaf versetzte. Raub ist aber auch dann anzunehmen, wenn die Sachen dem betäubten Opfer weggenommen werden. Hätte, um auf das vorhergehende Beispiel zurückzukommen, der Täter sein Opfer absichtlich überfahren, um es berauben zu können, so läge Mord in Tateinheit mit Raub (§§ 211, 249, 52 StGB) vor, indem hier die Gewaltanwendung zur Ermöglichung der diebischen Wegnahme vorgenommen wurde. Statt der Ausnützung fortdauernder Gewaltanwendung pflichtwidrige Nichtbeendigung der vom Täter geschaffenen Zwangssituation als Tatbestandsmoment des Raubes anzunehmen, führt, wie Eser selbst einräumt, zu einem praktisch unmöglichen Ergebnis in dem Fall, in welchem der Täter zur Beendigung der Gewaltsituation tatsächlich gar nicht in der Lage ist, wie z.B. bei einem bewußtlos geschlagenen Opfer.

[1] Eser (A.), Zum Verhältnis S.380.
[2] JZ 67, 680.

Die Praxis sieht solchenfalls schon in dem Wegtragen des bewußtlosen Opfers, um es auszuplündern, eine Gewaltanwendung.[1]
Wie schon früher erwähnt, ist bei der neueren Auffassung des
Bundesgerichtshofs vom Gewaltbegriff davon auszugehen, daß in
den früher geschilderten Fällen der Vornahme unzüchtiger Handlungen an einer Frau das Brechen eines erwarteten Widerstandes
und damit eine gewaltsame Vornahme i.S. des § 176 Abs.1 StGB
a.F. bzw. § 178 Abs.1 StGB anzunehmen und daher nach der heute
maßgebenden Rechtsprechung, nach der Gewaltanwendung und sexuelle Handlung zusammenfallen können, eine Verurteilung begründet wäre, was auch dem natürlichen Rechtsempfinden mehr entspricht. Allerdings räumt der Bundesgerichtshof[2] ein, daß es
auch Fälle gebe, in denen Gewaltanwendung und sexuelle Handlung in dem Sinne zusammenfallen, daß der Tatbestand des
§ 176 Abs.1 Nr.1 StGB a.F. bzw. des geänderten § 178 Abs.1
StGB nicht erfüllt ist. Dies trifft aber nur dann zu, wenn
die Gewalt nicht Nötigungsmittel, sondern Selbstzweck ist, wie
z.B. bei freiwilliger Preisgabe auf Grund von Schlägen eines
Sadisten oder bei gewaltsamen Handlungen, die der Täter zwar
in wollüstiger Absicht vornimmt, die aber nach ihrem äußeren
Erscheinungsbild noch keine sexuelle Handlung darstellen, wie
z.B. der in wollüstiger Absicht erfolgende Würgegriff zum
Hals einer Frau.[3] Auch bei lediglich überraschender Vornahme
sexueller Handlungen ist der Tatbestand nicht anwendbar.[4]
Anders dagegen bei überraschender Anwendung von Gewalt.[5] Handelt es sich um eine Drohung, so braucht diese im Falle einer
fortgesetzten Handlung nicht bei jedem Einzelakt noch einmal
ausdrücklich zu erfolgen.[6] Die geschilderten Grundsätze sind
auch auf den Raub anwendbar. Auch bei ihm muß die Gewalt oder
Drohung als Mittel zur Überwindung eines geleisteten oder er-

---

[1] BGHSt 4, 212, NJW 53, 1400, LM (1953) Nr.7 zu § 249 StGB mit
 Anm.Krumme.
[2] BGHSt 17, 4.
[3] BGHSt 17, 5; BGH Urt.v.1.3.56 - 4 StR 37/56; Schönke-Schröder 18.Aufl.(1976) Rdz.3 zu § 178.
[4] Schönke-Schröder 18.Aufl.(1976) Rdz.3 zu § 178 unter Bezugnahme auf RGSt 77, 81; OLG Hamburg JR 50, 409.
[5] Schönke-Schröder 18.Aufl.(1976) Rdz.3 zu § 178; vgl.RG HRR
 1940 Nr.1423.
[6] Schönke-Schröder 18.Aufl.(1976) Rdz.3 zu § 178 unter Bezugnahme auf RG DR 1942, 1322.

warteten Widerstandes der Wegnahme vorausgehen, dieselbe also ermöglichen oder doch mindestens während der Durchführung der Wegnahmehandlung zur Ermöglichung ihrer Vollendung gebraucht werden. Bei Vornahme der Gewalt oder Drohung nach der Wegnahme kann allerdings, wie schon oben erwähnt, nur räuberischer Diebstahl nach § 252 StGB in Frage kommen. Die Gewaltanwendung muß als Mittel der Wegnahme, wenn auch nicht notwendig objektiv, so doch zum mindesten nach der Vorstellung und Absicht des Täters für die Wegnahme kausal gewesen sein.[1] Es genügt also, daß die Gewaltanwendung oder Drohung dem Täter nach seinem Plan der Wegnahme dienen soll. Nach dieser herrschenden Meinung ist es nicht notwendig, daß die Nötigung die Tat objektiv gefördert hat noch daß das Opfer der Gewaltanwendung ein Berechtigter oder Schutzbereiter gewesen ist. Es genügt ein Zweckzusammenhang. Wesentlich ist daher, ob der Täter die Nötigung als Mittel der Wegnahme für geeignet und erforderlich hielt. Ob sie wirklich erforderlich war, ist unerheblich. In diesem Sinne sprach sich der Bundesgerichtshof schon im Urteil vom 21.5.1953[2] aus, wo unter anderem ausgeführt ist: "Für das Tatbestandsmerkmal des Raubes, daß die Sache "mit Gewalt" gegen eine Person weggenommen wird, ist eine tatsächliche Ursachenbeziehung zwischen der Gewaltanwendung und der Wegnahme nicht wesentlich. Es genügt vielmehr, wenn der Täter die Gewalt deshalb anwendet, weil er sie für geeignet hält, die Wegnahme zu ermöglichen; ob sie dazu wirklich erforderlich war, ist ohne Belang (vgl. RGSt 69, 330). Maßgebend ist somit allein die Vorstellung und der Wille des Täters". Dieser Standpunkt wurde durch die Entscheidung des Bundesgerichtshof vom 19.4.1963[3] bestätigt, die es für ausreichend erachtete, daß der Täter Gewalt anwendet, "weil er sie für geeignet hält, die Wegnahme zu ermöglichen". "Maßgebend", so ist darin ausgeführt,

---

[1] RGSt 67, 186; BGHSt 4, 211; 18, 331; 20, 33; Schönke-Schröder 18.Aufl.(1976) Rdz.6 zu § 249; LK 9.Aufl.(1974) Rdz.8 zu § 249; Maurach (R.), Deutsches Strafrecht, Bes.T., 5.Aufl. (Studienausg.) (1971) S.251.
[2] BGHSt 4, 211, NJW 53, 1400.
[3] BGHSt 18, 331, NJW 63, 1211, JZ 63, 713.

"ist allein seine Vorstellung und sein Wille".[1] Bemerkt mag noch werden, daß auch Kinder und Geisteskranke in ihrem Willen vergewaltigt werden können, sofern und soweit sie einen natürlichen Willen haben; ein rechtlich relevanter Wille ist nicht erforderlich.[2] Es soll nicht unerwähnt bleiben, daß die Tendenz dahin geht, bei Landfriedensbruch den Begriff der Gewalttätigkeit so einzuschränken, daß nur aggressive Verhaltensweisen den Tatbestand der Gewaltanwendung erfüllen sollen. Hierzu ist zu bemerken, daß Gewalttätigkeit, wie schon früher erwähnt, nach ständiger Rechtsprechung des Reichsgerichts ein Handeln mit ungerechter Anwendung von Gewalt bedeutet.[3] Weil aber jede Gewaltanwendung ungerecht ist, soweit nicht ausnahmsweise ein Rechtfertigungsgrund vorliegt, betrachtete die Rechtsprechung Gewalt und Gewalttätigkeit als identische Begriffe. Doch ging das Reichsgericht davon aus, daß bei den Gewalttätigkeitsdelikten ein körperlicher Zwang erforderlich ist und psychischer Zwang nicht genügt.[4] Knodel[5] dagegen definierte "Gewalttätigkeiten" als "vom Massenbewußtsein einer Zusammenrottung getragene Angriffe, welche sich gegen Personen oder Sachen in ihrer körperlichen Existenz richten". Ähnlich äußerte sich Schröder[6] unter Hinweis auf die Stellungnahme des Bundesgerichtshofs dahingehend, daß "Gewalttätigkeit" ein Angriff auf Personen oder Sachen in ihrer körperlichen Existenz durch Anwendung physischer Kraft ist. In zwei neueren Entscheidungen[7] verlangte der Bundesgerichtshof für den Begriff der "Gewalttätigkeit"[8] im Gegensatz zu dem der "Gewalt" ein aggressives Verhalten". In ähnlichem Sinne erklärt das LG Köln im Urteil vom 31.10.1968,[9] daß das Wesen des Begriffs der Gewalttä-

---

[1] siehe auch Eser (A.), Zum Verhältnis S.378; Müller-Dietz & Backmann, Der "mißglückte" Überfall, JuS 71, 417 f.; Wegscheider (H.), Plötzliches Entreißen S.516 Anm.8.
[2] Dreher 36.Aufl.(1976) Rdz.3 zu § 249 StGB.
[3] RGSt 45, 156; 52, 34; 55, 37; RG HRR 1926 Nr.37.
[4] RGSt 45, 156; 55, 37; OLG Köln NJW 70, 260.
[5] Knodel (K.D.), Der Begriff der Gewalt im Strafrecht S.177.
[6] Schönke-Schröder, Drittes Gesetz zur Reform des Strafrechts.
[7] Die Demonstrationsnovelle, München 1970 Rdz.4 zu § 125 StGB. Urteil vom 13.7.1960 - 2 StR 291/60; Urteil vom 19.6.1968 - 2 StR 248/68, zit. bei Martin (L.), Zur strafrechtlichen Beurteilung "passiver Gewalt" bei Demonstrationen, in: 25 Jahre Bundesgerichtshof, hrsg. von G.Krüger-Nieland, München 1975 S.222; siehe auch Ott (S.), Demonstrationsfreiheit und Strafrecht, NJW 69, 456 und Anm.27 unter Hinweis auf RGSt 45, 156.
[8] i.S. von § 125 StGB.
[9] JZ 69, 81.

tigkeit sich aus dem Wortlaut und dem Sinn des § 125 StGB ergebe. Nach § 125 Abs.2 StGB verstehe der Gesetzgeber unter Gewalttätigkeiten gegen Sachen deren Plünderung, Vernichtung oder Zerstörung, also einen besonders rohen Angriff mit der Folge einer schwerwiegenden Substanzbeeinträchtigung. Da der Gesetzgeber auf Grund von § 125 Abs.1 StGB bei der Gewalttätigkeit nur hinsichtlich des Angriffsobjekts, nicht aber hinsichtlich der Art und Weise des Angriffs unterscheidet, erfordere auch die Gewalttätigkeit gegen Personen einen ebenso rohen Angriff, der so erheblich sein müsse, daß er die körperliche Integrität der angegriffenen Personen beeinträchtigt oder doch mindestens deren Leib oder Leben unmittelbar gefährdet.[1] Auch der Bundesgerichtshof setzt im Revisionsurteil zu genanntem Urteil des OLG Köln[2] für Gewalttätigkeit i.S. des § 125 StGB aggressives Handeln, wie sich ein solches schon im Wegdrängen eines Polizeibeamten oder im Umwerfen eines Gegenstandes äussern kann,[3] voraus, erklärt es aber als zu weitgehend, wenn das OLG Köln hierfür ein rohes aggressives Verhalten mit einer unmittelbaren Gefährdung von Leib oder Leben anderer für erforderlich hält. Von der Forderung aggressiven Verhaltens aus sollen nach Heinitz und Klug auf Straßenbahnschienen oder vor Zeitungsdruckereien den Verkehr hindernde Studenten oder Schüler nicht nur keine Gewalttätigkeit, sondern auch keine Gewalt ausüben, sondern lediglich ein Hindernis bereiten. Insbesondere sieht Klug in psychischen Zwangswirkungen wie Sitzdemonstrationen keine Gewaltanwendung i.S. der Nötigungsvorschriften, die übrigens auch nicht als verwerflich i.S. von § 240 Abs.2 StGB gewertet werden könnte. Er sieht darin lediglich eine Ordnungswidrigkeit. Auch in dem Falle, in dem eine Frau sich vor einen Panzer wirft oder ein Mann sich auf die Schienen legt, um einen Zug zum Halten zu zwingen, soll dasselbe gelten.[4] Im Gegensatz hierzu entschied das Bayerische Oberste Landesgericht

---

[1] siehe auch Ott (S.), Demonstrationsfreiheit S.456; OLG Karlsruhe Beschl., GA 1977, 246.

[2] MDR 69, 940

[3] MDR 69, 940

[4] Bad Homburger Tagung vom 23.11.1968, Stuttgarter Zeitung v. 25.11.1968.

im Urteil vom 26.11.1968,[1] daß ein Sitzstreik von eine selbständige Einheit bildenden Demonstranten, die sich zu einem gemeinschaftlichen, in seiner Widerrechtlichkeit erkennbaren, bedroh-
lichen oder gewalttätigen Handeln zusammengerottet haben,[2] keine friedliche Demonstration mehr sei, und stellte fest, daß die
Sperrung einer Straße durch sitzende Demonstranten als "Gewalttätigkeit" anzusehen sei.[3] Dieser Auffassung stimmte auch
Schmidt[4] voll und ganz zu. Der Einwand der Revision, daß es sich
bei der Zusammenrottung um eine unangemeldete, aber nicht aufge-
löste Spontanversammlung gehandelt habe, die als solche unter
die im Grundgesetz geschützte Versammlungsfreiheit[5] falle, wurde vom Gericht mit der Begründung verworfen, daß die Demonstranten sich von vornherein zu unfriedlichen Zwecken zusammengefun-
den und solche Zwecke verfolgt hätten, das Grundgesetz ebenso
wie das Versammlungsgesetz jedoch nur das Recht zu friedlicher
und waffenloser Versammlung garantieren. Von einer friedlichen
Veranstaltung könne bei einer Straßensperre, bei der zudem noch
ein Volkswagen, der die Straße passieren wollte, geschaukelt und
leicht angehoben wurde, sowie von den Demonstranten gegen einen
städtischen Linienbus mit den Fäusten getrommelt wurde, nicht
die Rede sein. Da ferner die Menschenmenge sich trotz wiederholter Aufforderung durch die Polizei nicht entfernte, wurde auf
Landfriedensbruch in Idealkonkurrenz mit Auflauf[6] erkannt.
Anders als bei Landfriedensbruch sieht der Bundesgerichtshof
in Übereinstimmung mit Schröder[7] bei Nötigung auch passives

[1] NJW 69, 64, JZ 69, 207; vgl.auch Beschl.des BayObLG NJW 69,
    1127.
[2] Zu dem Begriff der "Zusammenrottung" siehe auch den Beschl.
    des AG Freiburg i.Br. vom 18.6.68, JZ 68, 802, wonach nach
    der Rechtsprechung ein räumliches Zusammentreten oder Zusam-
    menhalten mehrerer Personen zu einem gemeinschaftlichen Han-
    deln zu verstehen ist, und zwar so, daß der die Personenmehr-
    heit beherrschende friedensstörende Wille äußerlich erkennbar
    wird; ebenso RGSt 20, 407; 55, 68; 56, 281; BGH NJW 54, 1694;
    Schönke-Schröder, Drittes Gesetz Rdz.6 zu § 124 StGB.
[3] vgl.auch RGSt 45, 156; BayObLGSt 1955, 176, NJW 55, 1806;
    BGH v.13.7.60 - 2 StR 291/60.
[4] Schmidt (E.), Verfassungskonforme Auslegung des § 116 StGB?,
    JR 68, 321; ders., Anm.zu Urt.d.BayObLG v.26.11.1968, JZ 69,
    396.
[5] Art.8 GG.
[6] §§ 125, 116, 73 StGB.
[7] Schönke-Schröder, Drittes Gesetz Rdz.5 zu § 125.

Verhalten, wie Sitzen auf einem Gleiskörper der Straßenbahn, als "Gewalt" an, womit die vom Bundesgerichtshof in einem nicht veröffentlichten Urteil[1] und vom Bayerischen Obersten Landesgericht[2] vertretene, von Schmidt übernommene Auffassung aufgegeben wurde. Da Gewalt sich als die von der Handlungsweise des Täters ausgehende Zwangswirkung auf den Körper eines anderen darstellt, ist sie auch durch Unterlassung möglich, wie wenn z.B. eine Krankenschwester einem gelähmten Patienten die Abgabe von Speisen verweigert, bis er sie zum Erben einsetzt und ihn so körperlich schädigt.[3] Von der Nötigung mit Gewalt ist die Gewaltanwendung als solche zu unterscheiden, die durch Sperrung, sei es Behinderung oder gar Unterbrechung, des Straßenverkehrs in der Form gewaltlosen Widerstandes auftritt. Diese Gewaltanwendung ist nicht ohne weiteres rechtswidrig; vielmehr ist in einem solchen Fall eine Abwägung zwischen den Interessen an der Durchführung der Veranstaltung und dem der übrigen Verkehrsteilnehmer auf unbehinderte Straßenbenutzung zum Zwecke einer Demonstration geboten und zu prüfen, ob nicht ein sozialadäquates Verhalten gegeben ist.[4] Dagegen setzt die Nötigung mit Gewalt Rechtswidrigkeit voraus, wie dies in dem Falle zutrifft, in dem durch die auf dem Gleiskörper Sitzenden der Straßenbahnfahrer durch unwiderstehliche Gewalt gezwungen wurde, die Straßenbahn anzuhalten, weil er sonst einen Totschlag beginge. Dadurch, daß die Menschen sich auf den Straßenbahnschienen niederlassen, üben sie einen absoluten, unwiderstehlichen, nicht nur seelischen, sondern auch körperlich empfundenen Zwang zum Anhalten der Straßenbahn aus, auch wenn derselbe psychologisch determiniert ist.[5] Daß eine solche Gewaltanwendung

---

[1] v.13.7.1960 – 2 StR 291/60, zit. bei Stöcker, Anm. zu Urt.d. BayObLG v. 26.11.68, JZ 69, 398 und bei Martin a.a.O.

[2] NJW 69, 64, JZ 69, 207.

[3] Ott (S.), Demonstrationsfreiheit S.457; Schönke-Schröder 18. Aufl.(1976) Rdz.8 zu § 240 & Rdz.15 und 25 zu Vorbem. zu §§ 234 ff.; vgl. auch BGHSt 13, 50; BayObLG NJW 63, 1261; OLG Koblenz VRS 20, 436; vgl. ferner Eser (A.), Zum Verhältnis S.379.

[4] Ott (S.), Demonstrationsfreiheit S.457.

[5] BGHSt 23, 46, NJW 69, 1770, MDR 69, 939.

rechtswidrig, d.h. verwerflich i.S. des § 240 Abs.2 StGB ist,
hat der Bundesgerichtshof in Übereinstimmung mit der Vorinstanz
bejaht, insofern die Gewaltanwendung praktisch indiziell für
die Verwerflichkeit der Nötigung ist und nur ausnahmsweise besondere Umstände das Verwerflichkeitsurteil ausschließen können.[1] Aus den durch die Verfassung festgelegten Grundrechten
der Meinungs- und Versammlungsfreiheit lasse sich nicht eine
Rechtfertigung für das Recht herleiten, mit Demonstrationen
in die Rechte anderer einzugreifen. Eine Nötigung werde durch
die genannten Grundrechte nicht gerechtfertigt.[2] Der von der
Verfassung in Art.5 GG gewährte weitere Spielraum für die
Auseinandersetzung mit Worten dulde keine Erweiterung auf tät-
liches Verhalten.[3] So wenig wie ein Einzelner seine Unzufrie-
denheit mit einer Behördenentscheidung dadurch bemerkbar machen
dürfe, daß er sich zum Protest auf die Straßenbahnschienen setzt,
könne auch eine Gruppe von Personen sich das Mittel nicht aus-
suchen, auf welche Weise sie sich öffentlich Gehör verschaffen
wolle. Nach der Meinung des Bundesgerichtshofs geht aber der
freie Verkehr dem Recht auf Demonstration vor. Eine Rechtspflicht
zur Anhörung der Demonstranten bestehe nur in gerichtlichen Verfahren[4] und im übrigen nur soweit eine solche gesetzlich vorge-
schrieben ist. Ein verfassungsmäßiges Recht des Bürgers oder
irgendeiner Organisation, von sämtlichen Stellen und Behörden
vor jeglicher Maßnahme gehört zu werden, die den Einzelnen oder
die seine Interessen wahrnehmende Organisation in diesen Interessen berühre, existiere nicht und sei auch gar nicht wünschenswert, weil dadurch die Tätigkeit der Organe der Gesetzgebung und Verwaltung in ganz unerträglicher Weise zum Nachteil
des Ganzen behindert werde. Eine solche Vorstellung von Demokra-

---

[1] BGH MDR 69, 941.

[2] Ott (S.), Demonstrationsfreiheit S.457.

[3] BVerfGE 7, 198, MDR 58, 140; BGH MDR 69, 94; vgl.auch OLG
Stuttgart NJW 69, 1543, MDR 70, 65 & OLG Celle NJW 70, 207,
wo auch eine Berufung der Angeklagten auf Art.8 GG für ungerechtfertigt bezeichnet ist.

[4] BayVerfGE 18, 152.

tie entspreche nicht dem Grundgesetz.[1] Eine Anhörung könne vielmehr immer nur eine Frage des politischen Taktes oder der politischen Klugheit sein. Den Studenten sei es nicht versagt gewesen, in friedlichen öffentlichen Kundgebungen ihre Forderung
nach Anhörung durch die städtischen Körperschaften und ihren
Protest gegen die Erhöhung der Tarife zum Ausdruck zu bringen.
Mehr aber erlaube weder das Grundrecht der freien Meinungsäus-
serung noch das der Versammlungsfreiheit. Bezüglich des Begriffs
der Nötigung durch Drohung i.S. von § 240 StGB darf auf die eingehenden Ausführungen von Jakobs[2] verwiesen werden.

---

[1] BGH JZ 69, 640.
[2] Jakobs (G.), Nötigung durch Drohung S.69 ff.

II. Drohung mit gegenwärtiger
Gefahr für Leib oder Leben

Das zweite Nötigungsmittel, das für das Vorliegen eines Raubes notwendig ist, ist die Anwendung von "Drohungen mit gegenwärtiger Gefahr für Leib oder Leben". Dieses Tatbestandsmoment steht der Gewalt gleich, wenn es den Gewahrsamsinhaber zur Duldung der Wegnahme bestimmen soll. Bezweckt es jedoch, ihn zur Herausgabe der geforderten Sache zu veranlassen, so liegt räuberische Erpressung vor. Maßgebend ist nach der Rechtsprechung des Bundesgerichtshofs lediglich das äußere Erscheinungsbild.[1] Auf die abweichende Auffassung im Schrifttum über den Unterschied von Raub und räuberischer Erpressung wird bei Erörterung der letzteren näher einzugehen sein.

1. Begriff der Drohung

"Drohen" bedeutet ein seelisches Einwirken auf den Bedrohten in Form einer auf Angst- und Furchterregung abzielenden Ankündigung eines Übels, wobei der Bedrohte vor die Wahl gestellt wird, sich dem Willen des Drohenden zu unterwerfen oder das angedrohte Übel auf sich zu nehmen.[2] Das Übel muß aber irgendwie vom Täter in Aussicht gestellt worden sein. Es genügt nicht, wenn nur von einem anderen erwartet und zum Ausdruck gebracht wird, der Täter werde dem Opfer ein empfindliches Übel zufügen. Eine Drohung liegt nur vor, wenn der Drohende den Eintritt des Übels als von seinem Willen abhängig darstellt. Dies ist nicht nur der Fall, wenn er ein von ihm selbst zu bewirkendes Übel in Aussicht stellt, sondern auch dann, wenn er mit der Übelszufügung durch einen Dritten droht, auf dessen Willen er Einfluß zu haben vorgibt.[3] Die Drohung kann ausdrücklich ausge-

---

[1] BGHSt 7, 255.
[2] OLG Braunschweig NdsRpfl 1947, 24.
[3] Schönke-Schröder 18.Aufl.(1976) Vorbem.zu §§ 234 ff. Rdz.21 mit den dort zitierten Entscheidungen.

sprochen oder durch konkludente Handlungen, wie z.B. durch Erheben der Faust oder durch Anlegen des Gewehres, zum Ausdruck gebracht werden.[1] Die Drohung muß nach dem Willen des Täters unmittelbar oder mittelbar dem Bedrohten zur Kenntnis gelangt sein. Ob der Bedrohte sich erst nach einer Überlegung fügt, ist unerheblich.[2] Die Drohung kann auch in dem Sinne bedingt sein, daß die Zufügung des angekündigten Übels von dem Eintritt oder Nichteintritt eines bestimmten Umstandes abhängen soll. Je ungewisser allerdings der Eintritt der Bedingung ist, desto mehr können Zweifel an der Ernstlichkeit der Bedrohung bestehen. Das angedrohte Übel kann auch in einem Unterlassen bestehen. Dabei ist für die Frage, ob ein Unterlassen ein empfindliches Übel i.S. des § 240 StGB darstellt, das Bestehen einer Rechtspflicht ohne Bedeutung.[3] Verschieden von der Drohung ist die Warnung, bei der im Hinblick auf eine bedrohliche Lage der Warnende auf den Eintritt eines bevorstehenden oder erwarteten Übels aufmerksam macht, auf den er keinen Einfluß ausüben kann.[4] Wer warnt, will die Aufmerksamkeit auf etwas lenken, was eine von seinem Willen unabhängige Folge eines gewissen Tuns darstellt. Der Warnende will dem anderen die Folgen von dessen eigenem Tun vorstellen. Demgemäß ist auch die Einschüchterung in beiden Fällen eine verschiedene, nämlich bei der Drohung die Erregung von Furcht vor dem angedrohten Übel, im letzteren nur vor den unabhängig von ihm eintretenden Folgen einer Nichtbeachtung der Warnung.[5] Freilich

---

[1] BGHSt 16, 386.

[2] Schönke-Schröder 18.Aufl.(1976) Rdz.22 zu Vorbem.zu §§ 234 ff.StGB unter Hinweis auf RGSt 64, 16.

[3] Schönke-Schröder 18.Aufl.(1976) Rdz.22 zu Vorbem.zu §§ 234 ff.StGB.

[4] RGSt 34, 18 f.; 36, 386; 54, 236; RG GA 45, 356; RG JW 1923, 398; BGH NJW 57, 598. In einer kritischen Anmerkung zum Urteil des Reichsgerichts vom 9.5.1922 - 1 D 1733/21, JW 1923, 398 sieht Löwenstein den Unterschied zwischen Drohung und Warnung lediglich darin, daß im ersteren Fall der Bedrohte durch die Ankündigung des Übels zu der geforderten Handlung gezwungen werden soll, während im letzteren Fall die Vornahme der Handlung der freien Entschließung des Gewarnten überlassen bleibt.

[5] RGSt 54, 237.

kann auch in einer Warnung eine Drohung stecken.[1] Keine Drohung ist der ehrliche Rat, d.h. die Belehrung über die nach Ansicht des Ratenden bestehende Sachlage, nämlich über drohende schädliche Folgen oder Gefahren eines bestimmten Verhaltens, verbunden mit dem Hinweis auf eine Lösung, sofern der Ratende nur die Einsicht des Beratenen wecken oder stärken will. Wohl aber liegt eine verdeckte Drohung vor, wenn der Wille des Beratenen mittels eines Rates unter den des Ratgebers dadurch gebeugt werden soll, daß bei Nichtbefolgen des Rates ein empfindliches Übel vom Ratgeber selbst herbeigeführt würde. Auch die bloße Mitteilung vom Bestehen oder Drohen eines Übels ist keine Drohung, es sei denn, daß die Mitteilung wahrheitswidrig und die Besorgnis vor ihrer Verwirklichung Furcht erregen soll.[2] Ebenfalls keine Drohung ist ein Vertragsangebot, bei dem dem anderen Teil nur die Mitteilung von Bedingungen gemacht wird, unter denen der Anbietende eine Vertragsleistung übernehmen oder eine Rechtshandlung ausführen will, wo also dem Adressaten die Ablehnung der Vorschläge freisteht, wie in dem Fall, in dem der Anbietende auf eine ihm gebotene Gelegenheit zum Erwerb gegen Gewährung einer festen Entschädigung seitens eines Mitkonkurrenten verzichtet.[3] Ob aber ein ehrliches Vertragsangebot oder nur verdeckter Zwang vorliegt, ist Tatfrage.[4] Das angedrohte Übel kann nicht nur einen anderen betreffen, sondern auch den Drohenden selbst, wie z.B. wenn die getrennt lebende Ehefrau mit Selbstmord für den Fall droht, daß ihr der Ehemann nicht die von ihr verlangte Unterstützung gewährt oder wenn die Tochter droht, sich aus dem Fenster zu stürzen, wenn der Vater ihrem Begehren nicht entsprechen sollte.[5] Die Drohung muß mit einer bestimmten Ge-

---

[1] RGSt 54, 237.
[2] RGSt 3, 428; RG GA 43, 126.
[3] RGSt 3, 430; vgl.auch RGSt 64, 17.
[4] RGSt 21, 118.
[5] RGSt 38, 127; RG HRR 1937 Nr.133; Schönke-Schröder 16.Aufl. (1972) Rdz.8 zu § 52 StGB a.F.

fahr verbunden sein, d.h. mit einem ungewöhnlichen Zustand naheliegender Möglichkeit einer Verletzung, falls nicht dagegen eingeschritten werden sollte.[1] Auch eine Dauergefahr ist ausreichend, sofern sie nur als solche gegenwärtig ist[2] und nicht erst in der Zukunft liegt, z.B. bei einer Racheandrohung. Eine Drohung mit Nichtbeseitigung eines schon bestehenden Übels genügt, falls der Drohende zur Beseitigung verpflichtet ist.[3]

2. Arten der Drohung

Nicht jede Drohung reicht zur Begründung des Raubtatbestandes aus; vielmehr ist nur die Drohung mit gegenwärtiger Gefahr für Leib oder Leben raubbegründend. Drohungen geringerer Art genügen für den Tatbestand des Raubes nicht.[4] Sie können aber Erpressung oder Nötigung (§§ 253, 240 StGB) begründen. Gefahr ist die Wahrscheinlichkeit eines aus gegebener Sachlage nach menschlicher Erfahrung und den Gesetzen der Verursachungslehre zu erwartenden schädlichen Erfolgs.[5] Ob der aus einem gegebenen Tatsacheninbegriff zu befürchtende Erfolg früher oder später, für einen bestimmten Augenblick oder während einer längeren Zeitdauer zu erwarten ist, ändert an der Einheit der Gefahr nichts. Es handelt sich dabei um ein und dieselbe Gefahr, sei sie eine augenblickliche oder eine Dauergefahr.[6] Unter

---

[1] RGSt 66, 225.

[2] RGSt 36, 339 f.; 59, 70 f.; 60, 321; 66, 100 f., 225 f.; BGHSt 5, 373 ff.; BGH NJW 51, 769 f.; BGH NJW 66, 1824 f.; Samson in Rudolphi-Horn-Samson-Schreiber Bd.1 (Allg.T.) Rdz.7 zu § 34; Schönke-Schröder 18.Aufl.(1976) Rdz.17 zu § 34.

[3] RGSt 14, 264 f.

[4] LK 9.Aufl.(1974) Rdz.7 zu § 249.

[5] RGSt 6, 397; 66, 100; BGHSt 18, 272 f., NJW 63, 1069; BGHSt 19, 373, NJW 64, 1911; BGHSt 22, 345 f.; BGHSt 26, 179; OLG Frankfurt/Main NJW 75, 840 f. mit Blei JA 75, 381; Schönke-Schröder 18.Aufl.(1976) Rdz.12 ff.zu § 34.

[6] RGSt 36, 339 f.; 60, 318 mit RG Urt.v.3.4.1922 - II 791/21; RG Urt.v.22.3.1928 - III 96/28 und RG Urt.v.3.3.1930 - II 1421/29; RG HRR 1936 Nr.708; RG HRR 1939 Nr.1553.

"gegenwärtiger" Gefahr ist eine nicht schon begonnene, aber unmittelbar bevorstehende Gefahr zu verstehen, also ein Zustand,
der nach menschlicher Erfahrung bei natürlicher Weiterentwicklung der gegebenen Sachlage den Eintritt einer Schädigung als
sicher oder doch höchst wahrscheinlich alsbald erwarten läßt,
wenn nicht sofort Abwehrmaßnahmen ergriffen werden.[1] Wie der
Bundesgerichtshof ausführt, besteht "die Eigenart dieser Lage,
die sich auch über einen längeren Zeitraum erstrecken kann
(RGSt 66, 100, 222; HRR 1939 Nr.1553)", "also darin, daß nur
ein Teil der Bedingungen, von denen der schädigende Erfolg abhängt, gewiß ist und gegen die unbekannten, erfahrungsgemäß
aber häufig weiteren Teilbedingungen abgewogen werden muß. Aus
dem Ergebnis dieser Wertung ergibt sich der Grad der Wahrscheinlichkeit, mit der eine Verletzung des Rechtsgutes zu besorgen ist (Mezger, Studienbuch I 2.Aufl. S.67). Ob eine Gefahr wirklich gegenwärtig war, läßt sich oft erst aus einer
rückschauenden Betrachtung erschöpfend beurteilen. Diese Einsicht macht zugleich deutlich, daß die Abwägung der bekannten
und unbekannten Teilbedingungen ihrem Wesen nach eine tatrichterliche Aufgabe ist, die sich als eine Würdigung der zu dieser
Frage erhobenen Beweise der revisionsrichterlichen Nachprüfung
entzieht".[2] "Gegenwärtig" kann auch die Dauergefahr sein. "Das
ist dann der Fall, wenn die Dauergefahr so dringend ist, daß
sie jederzeit, also auch alsbald, in einen Schaden umschlagen
kann, mag auch die Möglichkeit offen bleiben, daß der Eintritt
des Schadens noch eine Zeitlang auf sich warten läßt, wie es
etwa bei der Gefahr des Einsturzes eines baufälligen Hauses zutreffen kann (RGSt 59, 69; siehe ferner RGSt 60, 318; RG HRR
1936 Nr.708; OGHSt 1, 369)".[3] "Weitergehend ist in der Recht-

---

[1] RGSt 30, 179; 36, 339 f.; 59, 71; 60, 320 f.; 66, 101, 225;
RG JW 1932, 2292; BGH NJW 51, 769; siehe auch Jescheck (H.-
H.), Lehrbuch des Strafrechts, Allg.T., 2.Aufl.(1972) S.362;
Dreher 36.Aufl.(1976) Rdz.3 zu § 34.

[2] BGH NJW 51, 770.

[3] BGHSt 5, 373; siehe auch Jescheck (H.-H.), Lehrbuch des
Strafrechts, Allg.T., 2.Aufl.(1972) S.362 f.; Schmidhäuser
(E.), Strafrecht, Allg.T., Tübingen 1975 S.465; Straten-
werth (G.), Strafrecht, Allg.T., I.Die Straftat, Köln-Berlin-
Bonn-München 1971 Rdz.637 und Vorseite Anm.2.

sprechung Gegenwärtigkeit einer Dauergefahr schon dann angenommen worden, wenn der nach dem Lauf der Dinge zu besorgende Schaden zwar nicht unmittelbar bevorstand, aber doch nur durch sofortiges, gegenwärtiges Handeln abwendbar war".[1] Ob dieser weitergehenden Ansicht grundsätzlich zu folgen ist, läßt der Bundesgerichtshof in seiner Entscheidung offen.[2] Andererseits ist eine Gefahr dann nicht gegenwärtig, wenn die Verwirklichung des angedrohten schädigenden Ereignisses erst in der Ferne liegt, z.B. bei einer Drohung mit Erschießen, falls das Opfer nicht binnen Monats- oder Jahresfrist zahlt. Eine zukünftige Gefahr ist eben keine gegenwärtig drohende.[3] Es kann aber das Setzen einer kurzen Frist unter Umständen nachhaltiger auf das Opfer einwirken, also gefährlicher sein, als die Androhung sofortiger Verwirklichung. Die Drohung mit Gefahr für Leib oder Leben kann so auch dann als gegenwärtig bezeichnet werden, wenn ihr Eintritt erst nach kurzem Fristablauf, wie z.B. für den folgenden Tag, angekündigt ist, was insbesondere im Falle der räuberischen Erpressung häufig zutrifft.[4] Eine solche Drohung mit gegenwärtiger Gefahr für Leib oder Leben wurde auch in dem Eindringen mehrerer SS-Leute in die Wohnung von Juden erblickt, da dies geeignet war und den Zweck verfolgen konnte, deren Willensbetätigung zu beeinträchtigen oder sie mit gegenwärtiger Gefahr für Leib oder Leben zu bedrohen, zumal alles im Rahmen organisierter Ausschreitungen der NSDAP geschah, gegen die körperlicher Widerstand aussichtslos war. Sollte eine eigene Zueignungsabsicht des im vorliegenden Fall Angeklagten nicht nachweisbar sein, so könne er doch Beihilfe zum Raub (§§ 249, 250, 49 StGB a.F.) geleistet haben, wenn er den über-

---

[1] BGHSt 5, 373; vgl.auch RGSt 66, 101; RG JW 1932, 2292; BGH MDR 57, 691; Maurach (R.), Strafrecht, Allg.T., 3.Aufl.(1965) S.333; Blei (H.), Strafrecht I (Allg.T.) 16.Aufl.(1975) S.183.

[2] BGHSt 5, 373. Gegen die oben angeführte Rechtsprechung des Reichsgerichts wendet sich H.Mayer. Er betrachtet in den Anmerkungen zu den Urteilen des 1.Senats vom 26.4.1932 (1 D 1341/31, 1 D 1519/31), JW 1932, 2293, 3069 auch bei einer Dauergefahr die Gefahr nur dann als "gegenwärtig", wenn der Eintritt des angedrohten schädigenden Ereignisses unmittelbar bevorsteht.

[3] RGSt 66, 102, 225; RG JW 1932, 2290; BGHSt 5, 375.

[4] BGH MDR 57, 691.

fallenen Juden die Wertsachen in der Kenntnis vorsätzlich
weggenommen hat, daß die SS oder sonst eine Parteistelle sie
sich rechtswidrig zueignen wolle.[1] Es ist daher unerheblich,
ob das Opfer sich der Verwirklichung der Drohung hätte entziehen können,[2] doch genügt wie bei der Gewaltanwendung die
Ankündigung von unerheblichen Eingriffen in die körperliche
Unversehrtheit, z.B. von geringfügigen Körperverletzungen,
nicht.[3] Die Drohung braucht auch nicht unwiderstehlich zu sein.[4]
Drohungen mit Schreckschüssen sind, wie schon früher ausgeführt,
als Gewalt (vis compulsiva), nicht als Drohung i.S. des § 249
StGB zu betrachten. Die Drohung darf, ebenso wie die Gewalt-
anwendung, sich nur gegen den Schützer des Gewahrsams richten.[5]
Doch ist nicht erforderlich, daß das in Aussicht gestellte
Übel den Bedrohten selbst treffen soll, wenn es ihn nur wenigstens mittelbar angeht, wie z.B. bei Drohung mit Tötung einer
Person seiner Sympathie, mit welcher der Bedrohte in näheren
persönlichen Beziehungen steht, so daß es auch gegenüber dem
Bedrohten als Übel erscheint, von diesem also als eigene Beeinträchtigung empfunden und er durch die Ankündigung des
Übels zu seinem unfreien Verhalten veranlaßt wird. Es muß nicht
notwendig ein Angehöriger, wie z.B. ein Sohn, sein.[6] Unerheblich ist, ob der Täter die Drohung verwirklichen will oder
ob er überhaupt glaubt, das angedrohte Übel verwirklichen zu
können, da die Ausführbarkeit der Drohung nicht erforderlich
ist.[7] Es genügt, daß er an die Wirksamkeit seiner Drohung
glaubt, daß er also davon ausgeht, daß in dem Bedrohten der

---

[1] OGHBrZ NJW 50, 237.

[2] RGSt 13, 51.

[3] RGSt 72, 230; LK 9.Aufl.(1974) Rdz.7 zu § 249.

[4] LK 8.Aufl.(1958) § 249 Anm.3 b mit RGSt 72, 230.

[5] RGSt 56, 24.

[6] Schönke-Schröder 18.Aufl.(1976) Rdz.26 zu Vorbem.zu §§ 234 ff.;
LK 9.Aufl.(1974) Rdz.7 zu § 249; Dreher 36.Aufl.(1976) Rdz.5
zu § 249.

[7] RGSt 3, 263; BGHSt 23, 296; BGH, Urt.v.21.6.1951 - 4 StR 312/
51; BayObLGSt 1955, 12; Schönke-Schröder 18.Aufl.(1976) Rdz.
23 zu Vorbem.zu §§ 234 ff.; Dreher 36.Aufl.(1976) Rdz.5 zu
§ 249.

Eindruck erweckt werde, daß die Drohung ernst gemeint sei,[1]
z.B. bei Drohung mit einer Tabakspfeife als einer vorgetäuschten Schußwaffe oder mit einer nicht brauchbaren Schußwaffe.[2]
Daß der Bedrohte die Drohung für ernst hält, ist nicht erforderlich, aber auch nicht genügend. Er muß aber auf alle Fälle
Kenntnis von der Drohung haben. Daher ist gegenüber einem Bewußtlosen eine Wegnahme unter Drohungen nicht möglich.[3] Im
übrigen gelten die in Hinsicht auf die Gewaltausübung gemachten Ausführungen auch für die tatbestandsmäßige Drohung.

3. Drohung als Mittel der Wegnahme

Die Drohung mit Gefahr für Leib oder Leben muß als Mittel der
Wegnahme dienen. Kein Raub kann daher angenommen werden, wenn
das durch Drohung mit gegenwärtiger Gefahr für Leib oder Leben
herbeigeführte Verhalten des angegriffenen Opfers dem Täter
lediglich die Gelegenheit verschafft, auf Grund neuen Entschlusses unbemerkt Aneignungshandlungen zu begehen. Denn in
einem solchen Fall ist die Drohung nicht als Mittel zur Brechung eines entgegenstehenden Willens des Eigentümers und damit zur Ermöglichung der Wegnahme eingesetzt. Doch muß wie
bei der Gewaltanwendung zwischen der Drohung als Mittel der
Wegnahme und der Wegnahme kein objektiver Kausalzusammenhang,
wohl aber ein Zweckzusammenhang bestehen. Es genügt also, daß
der Täter die durch Drohung hervorgerufene Nötigung als für
die Wegnahme geeignet und erforderlich hält. Einem Bewußtlosen gegenüber kann ein Raub nur durch Anwendung von Gewalt,
nicht durch Drohung begangen werden.[4] Auch Wegnahme mit Gewalt

[1] RGSt 34, 18; BayObLG NJW 63, 824.
[2] BGH Urt.v.14.4.64 - 1 StR 95/64; Dreher 36.Aufl.(1976) Rdz.5
zu § 249.
[3] BGH DRiZ 72, 30.
[4] BGH DRiZ 72, 30.

kann einem Bewußtlosen gegenüber nur Raub begründen, wenn die Bewußtlosigkeit zum Zweck der Wegnahme begründet wurde, nicht wenn der Täter das Opfer aus anderem Grunde bewußtlos geschlagen hat und erst dann den Entschluß zur Wegnahme einer Sache desselben gefaßt hat.[1] Die beiden Nötigungsmittel "Gewalt" und "Drohungen mit gegenwärtiger Gefahr für Leib oder Leben" können alternativ festgestellt werden. Rechtswidrigkeit muß für alle Tatbestandsmerkmale sowohl des Diebstahls wie der Nötigung vorliegen. Insbesondere muß also eine rechtswidrige Zueignungsabsicht gegeben sein. Dieses Erfordernis einer rechtswidrigen Zueignungsabsicht ist auch der Entscheidung des Bundesgerichtshofs vom 1.8.1967[2] zu entnehmen, wenn auch in dem vorliegenden Fall das tatsächliche Vorhandensein einer solchen Absicht nicht festgestellt werden konnte und daher nur auf Nötigung erkannt wurde. Der Sachverhalt war folgender: A und B mißhandelten den C unter Verwendung einer Schlagrute und nahmen ihm mit Gewalt bzw. unter Androhung gegenwärtiger Gefahr für Leib oder Leben einige Wertgegenstände weg, die ihnen nicht gehörten. Die Täter wollten eine Forderung geltend machen, die sie aus der Entziehung eines im gemeinschaftlichen Geschäftsbetrieb verwendeten Kraftwagens herleiteten. Da C sich zur Erfüllung der Forderung außerstande sah, strebten A und B mit der Wegnahme der Sachen den Erwerb von "Sicherheiten" an, die sie solange behalten wollten, bis sie von C sonstigen Schadensersatz erlangen würden. Der Tatrichter verurteilte wegen gemeinschaftlichen schweren Raubes in Tateinheit mit gefährlicher Körperverletzung. Die Sachrüge hatte Erfolg. Aus den tatrichterlichen Feststellungen konnte nach Ansicht des Bundesgerichtshofs nicht ohne weiteres auf das Vorliegen der zum Raubvorsatz gehörenden Absicht rechtswidriger Zueignung geschlossen werden. In der Begründung des Urteils ist ausgeführt: "Wer sich eigenmächtig ein Pfand nimmt, kann zwar in Zueignungsabsicht handeln, wenn sein Wille schon bei der Wegnahme auf eine

---

[1] BGH NJW 69, 619.
[2] 1 StR 281/67, bei Dallinger MDR 68, 18.

- 399 -

unbefugte Veräußerung oder sonstige Verwertung, also auf eine
mit Ausschließung des Eigentümers verbundene Verfügung über die
Substanz der fremden Sache, gerichtet ist (RGSt 12, 88, 90; so
auch zutreffend Jagusch in LK 8.Aufl. Bd.2 Bem.D V 2 d (S.323)
vor § 242 StGB mit weiteren Rechtsprechungsnachweisen). An einer solchen Absicht fehlt es aber, wenn der Täter zunächst nur
den Willen hat, die weggenommenen Sachen vorläufig als Pfand
zu besitzen, um dadurch seinen Schuldner zur Zahlung zu veranlassen, oder wenn er sie in Besitz nimmt, um bei Ausbleiben
der Zahlung die ordnungsmäßige Verwertung im Wege der Zwangsvollstreckung zu betreiben (RGSt 12, 89/90; vgl.auch BGH LM
StGB § 249 - Nr.15)". Hierzu bemerkt Dallinger, daß das Vorliegen der letztgenannten Möglichkeiten durch den festgestellten
Sachverhalt nicht ausgeschlossen werde, namentlich sei offen
geblieben, ob A und B mit ihrem Vorgehen nicht allein den Zweck
verfolgt hätten, auf ihren Schuldner Druck auszuüben, um seine
Zahlungsbereitschaft zu erhöhen, und sich zugleich Faustpfänder
für eine ordnungsgemäße Abwicklung des Schuldverhältnisses zu
sichern. Unter diesen Umständen käme nur Nötigung in Betracht.
Das festgestellte Unrechtsbewußtsein habe sich nur auf Anlaß
und nähere Umstände der Wegnahme, nicht aber auf die - im einzelnen unerörtert gebliebene - Art und Weise der geplanten Verwertung bezogen. Widerrechtlich ist insbesondere auch die unter
Nötigung i.S. des § 240 StGB vollzogene Wiederwegnahme der dem
Täter rechtmäßig entzogenen Beute,[1] die aber möglicherweise
durch die ernsthafte Annahme eines nicht bestehenden Selbsthilferechts beseitigt werden kann.[2] Fehlt die Rechtswidrigkeit der
Wegnahme, so bleibt die Nötigung bestehen.[3] Was die subjektive
Seite des Raubes anbelangt, so muß der Vorsatz auf alle für
die Begehung eines Diebstahls - nicht bloß einer Gebrauchsanmaßung - erforderlichen Voraussetzungen gerichtet sein.[4] Fer-

---

[1] RGSt 60, 277.
[2] BGHSt 17, 90 f.; BGH MDR 62, 490 f.
[3] RGSt 64, 212 f.; RG HRR 1937 Nr.209.
[4] RGSt 2, 184 f.; RG GA 47, 284; RG HRR 1932 Nr.580.

ner ist ein auf Wegnahme mit Gewalt oder Drohungen mit gegenwärtiger Gefahr für Leib oder Leben gerichteter Vorsatz erforderlich.[1] Bereicherungsabsicht ist für Raub nicht notwendig, wohl aber für räuberische Erpressung.[2] Nimmt der Dieb
die gestohlene Sache dem Dritten, der sie ihm zugunsten des
Eigentümers abgenommen hatte, mit Gewalt weg, so begeht der
Dieb einen Raub.[3] Vollendet ist der Raub erst mit der Beendigung der Wegnahme, nicht bereits mit der Vollendung der Gewaltanwendung oder der Drohung.[4] Die Nötigung ist nur das
Mittel zur Wegnahme und nur ein Schritt dahin.[5] Nach schweizerischem Recht ist dagegen der Raub schon vollendet, sobald
in Diebstahlsabsicht körperliche Gewalt angewendet oder eine
Person zum Widerstand unfähig gemacht wird.[6] Das Beiseitele-
gen gewaltsam abgenommener Sachen kann schon Vollendung des
Raubes sein, wenn der Gewahrsamsinhaber niedergeschlagen und
der Täter körperlich überlegen ist.[7]

---

[1] RG GA 47, 284.

[2] BGH bei Herlan MDR 55, 17; Dreher 36.Aufl.(1976) Rdz.8 zu
§ 249.

[3] Dreher 36.Aufl.(1976) Rdz.8 zu § 249 mit RGSt 60, 277.

[4] BGHSt 20, 195; 21, 378; BGH bei Dallinger MDR 55, 145; Welzel (H.), Das deutsche Strafrecht, 9.Aufl.(1965) S.320;
Schönke-Schröder 18.Aufl.(1976) Rdz.10 zu § 249; LK 9.Aufl.
(1974) Rdz.17 zu § 249.

[5] LK 9.Aufl.(1974) Rdz.17 zu § 249; Schönke-Schröder 18.Aufl.
(1976) Rdz.6 zu § 249.

[6] Schultz (H.), S.364.

[7] RGSt 66, 396; LK 9.Aufl.(1974) Rdz.17 zu § 249; Schönke-
Schröder 18.Aufl.(1976) Rdz.10 zu § 249.

D) Schwerer und besonders schwerer Raub

I. Schwerer Raub

1. Raub mit Waffen

Bis zum Ersten Strafrechtsreformgesetz vom 25.6.1969[1] stimmten
§ 243 Nr.5 StGB i.d.F. vom 25.8.53[2] und § 250 Abs.1 StGB derselben Fassung miteinander überein. Damals nahm die Schußwaffe keine Sonderstellung ein, so daß es unerheblich war, ob eine Waffe
technisch oder chemisch wirkt.[3] Dementsprechend wurden sowohl
Gaspistolen wie auch Sprühdosen mit Tränengas als Waffen i.S.
des § 250 Abs.1 Nr.1 angesehen.[4] Durch Art.1 Ziff.66 genannten
Gesetzes wurde der Begriff der Waffe in Waffen im technischen
Sinne und in nicht-technische Waffen aufgegliedert und nunmehr
in § 244 Abs.1 Nr.1 bzw. Nr.2 zwischen Schußwaffen einerseits
und Waffe oder gefährliches Werkzeug oder Mittel andererseits
unterschieden und diese Unterscheidung, die an die Stelle von
§ 243 Abs.1 Nr.1 trat, in das Strafgesetzbuch i.d.F. vom 1.9.69
als § 244 Abs.1 Nr.1 und Nr.2 übernommen. Nach letztgenannter
Neufassung des Strafgesetzbuches war - anders als beim Diebstahl
in § 244 StGB, wo in Abs.1 Nr.1 das Mitsichführen einer Schußwaffe durch den Täter oder einen Beteiligten und in Abs.2 das Mitsichführen einer Waffe oder eines sonstigen Werkzeuges oder Mittels zur Verhinderung oder Überwindung eines Widerstandes verlangt ist - beim Raub in § 250 Abs.1 nur das Mitsichführen von
Waffen durch den Täter oder einen anderen Beteiligten gefordert.
§ 250 Abs.1 Nr.1 StGB wurde auch durch die Neufassung des Strafgesetzbuches von 1970 nicht berührt und war daher wie bisher auszulegen.[5] Auf Grund von Art.18 Nr.127 EGStGB vom 2.3.1974[6] hat
sich aber die Neufassung des Strafgesetzbuches vom 1.1.1975 nun

---

[1] BGBl I 645.

[2] BGBl I 1038.

[3] Schröder (H.), Anm. zu Urt.d. BGH v.6.5.71 - 4 StR 114/71,
JR 71, 382 unter Bezugnahme auf BGHSt 1, 2 und BGH 5 StR 567/
67, zit.bei Dallinger MDR 68, 373.

[4] BGHSt 4, 127; BGH GA 1962, 145, 337.

[5] BGH Beschl. NJW 72, 547, LM (1972) Nr.1 zu § 250 StGB mit Anm.
Börtzler; Dreher 37.Aufl.(1977) Rdz.2 zu § 250.

auch bezüglich des Raubes an die Regelung des Diebstahls angeschlossen und unterscheidet gleichfalls zwischen dem Mitsichführen einer Schußwaffe (§ 250 Abs.1 Nr.1) und dem Mitsichführen einer sonstigen Waffe, eines Werkzeugs oder Mittels zur
Verhinderung oder Überwindung des Widerstandes eines anderen
durch Gewalt oder Drohung mit Gewalt (§ 250 Abs.1 Nr.2). Was
eine Schußwaffe ist, sagt das Gesetz nicht. Auch die Begründung hierzu gibt keine Auskunft. Im Waffengesetz (WaffG) vom
8.3.76 (BGBl I 433) wird in Abschnitt I eine Erklärung der
wichtigsten Waffenbegriffe, der Munition und Geschosse sowie
der wesentlichen Teile von Schußwaffen gegeben. § 1 Abs.1 WaffG
definiert als "Schußwaffen" i.S. dieses Gesetzes Geräte, die
zum Angriff, zur Verteidigung, zum Sport, Spiel oder zur Jagd
bestimmt sind und bei denen Geschosse durch einen Lauf getrieben werden. Ihnen stehen nach Abs.2 tragbare Geräte, die zum
Abschießen von Munition bestimmt sind, gleich. In § 2 Abs.1-3
WaffG ist bestimmt, was unter Munition und unter Geschosse zu
verstehen ist. Während Munition i.S. des Gesetzes Patronen-,
Kartuschen- und pyrotechnische Munition ist, sind Geschosse i.
S. des Gesetzes feste Körper oder gasförmige, flüssige oder
feste Stoffe in Umhüllungen. Der waffengesetzliche Schußwaffenbegriff ist aber nach der bisher im Schrifttum vertretenen Meinung mit dem Schußwaffenbegriff der §§ 125 a, 292 Abs.2 und insbesondere der §§ 244 Abs.1 Nr.1 und 250 Abs.1 Nr.1 nicht gleichbedeutend. In diesem Sinne spricht sich Potrykus[1] aus. Auch
Eser[2] ist der Auffassung, daß der Begriff des § 1 WaffG nicht
auf die genannten strafrechtlichen Bestimmungen zu übertragen
ist, weil der waffenrechtliche Begriff der Schußwaffe anderen
Überlegungen entstamme. Dreher[3] übernimmt zwar aus § 1 WaffG die
Voraussetzung für den Schußwaffenbegriff, daß mit der Schußwaffe
Geschosse durch einen Lauf getrieben werden, fügt aber bei, daß
diese Eigenschaft schon vor Inkrafttreten des Waffengesetzes als
maßgebend angesehen worden ist.[4] Auch der Bundesgerichtshof

---

[1] Potrykus (G.), Waffenrecht. Waffengesetz mit Durchführungsverordnungen und Kriegswaffenkontrollgesetz, 3.Aufl., München
1977 (Beck'sche Kurz-Kommentare Bd.35) Anm.3 zu § 1 Abs.1
WaffG.
[2] Schönke-Schröder 18.Aufl.(1976) Rdz.4 zu § 244.
[3] Dreher 37.Aufl.(1977) Rdz.3 zu § 244.
[4] BGH NJW 65, 2115; a.A. LK 9.Aufl. Bd.2 (1974) Rdz.3 zu § 244.

führt aus, daß der Schußwaffenbegriff des Waffenrechts für die
Interpretation des § 244 StGB und der analogen Bestimmungen
keine unmittelbare Bedeutung haben könne, da die gesetzgeberische Intention des Waffenrechts eine andere sei als die dem
§ 244 Abs.1 Nr.1 zugrunde liegende.[1] Der Inhalt des Begriffs
der Schußwaffe im strafrechtlichen Sinne muß daher "unter Berücksichtigung seiner Wandelbarkeit je nach dem Fortschritt
der Waffentechnik in Anlehnung an die in den Waffengesetzen
enthaltenen Grundvorstellungen über eine Schußwaffe und in Einklang mit dem allgemeinen Sprachgebrauch gefunden werden".[2]
So werden zu den "Schußwaffen" jedenfalls die tragbaren Instrumente gerechnet, die einen Lauf besitzen, durch den infolge der
Entwicklung von Explosivgasen oder durch Luftdruck Geschosse
getrieben werden können, d.h. eine bestimmte Bewegungsrichtung
erhalten.[3] "Lauf" ist jedes durchbohrte, glatte oder mit Zügen
versehene Metallrohr, das an beiden Seiten Öffnungen aufweist
und regelmäßig über eine geradlinige Seelenachse verfügt. Als
"Geschosse" gelten heute nicht nur feste Körper, sondern auch
Flüssigkeiten und Gase, wenn sie sich in Umhüllungen befinden
und in diesen verschossen werden.[4] Gaspistolen sind im allgemeinen so konstruiert und dazu bestimmt, Menschen auf chemischem Wege körperlich zu verletzen, indem das durch den Schuß
in Richtung auf den Gegner freigegebene Gas auf dessen Nervensystem einwirkt und ihn bestimmter Fähigkeiten, in der Regel
der Sehfähigkeit bei Verwendung von Tränengas, beraubt. Nach-
schüsse können darüber hinaus auch auf mechanischem Wege körperliche Verletzungen des Gegners durch den Austrieb von Rückständen
oder Pulverkörnern herbeiführen. Anderer Ansicht ist das Bayerische Oberste Landesgericht bezüglich der Tränengaspistolen, die
es nicht als Schußwaffen ansieht.[5] Die Tatsache, daß Gas-

---

[1] BGHSt 24, 138; siehe auch Schröder (H.), Anm. zu Urt. des BGH
vom 6.5.71 - 4 StR 114/71, JR 71, 382.

[2] BGHSt 24, 138.

[3] BGH VersR 78, 410; siehe auch Beschl. des BayObLG NJW 71, 393;
LK 9 Aufl., Bd.2 (1974), Rdz.3 zu § 244.

[4] § 2 Abs.3 WaffG; Potrykus (G.), Waffenrecht § 2 Anm.5; Beschl.
des BayObLG NJW 71, 393; zum Begriff der "Schußwaffe" vgl. insbes. BGHSt 24, 138 f. und BGH NJW 63, 2172 f.

[5] Beschl. NJW 71, 393.

pistolen regelmäßig Vorrichtungen wie Sperrlöcher, Querstifte
oder Verengungen im Lauf haben, die verhindern, daß massive
Geschosse, Pulverkörner oder Verbrennungsrückstände den Lauf
verlassen, nimmt ihnen die Eigenschaft einer Schußwaffe nicht.[1]
Entscheidend ist, daß im Lauf der Gaspistole bestimmungsgemäß
Gaspatronen, also in Umhüllungen befindliche Gase, mittels
eines Zünd- und Treibsatzes (Patronenmunition) mit der Bewegungsrichtung nach vorne verschossen werden.[2] Anders verhält
es sich, wenn das Gerät ungebundenes Gas, z.B. Tränengas, zum
Ausströmen bringt. Dann liegt keine Schußwaffe vor.[3] Daß die
leere Patronenhülse selbst den Lauf mit dem Schuß nicht verläßt, ist dagegen ohne Bedeutung.[4] Deshalb sind Gaspistolen
unter Verwendung von Gaspatronen Schußwaffen i.S. des § 244
Abs.1 Nr.1 StGB und des § 250 Abs.1 Nr.1 StGB.[5] Sprühdosen
sind jedoch ebenso wie Gaspistolen ohne Gaspatronen wohl als
Waffen, nicht aber als Schußwaffen anzusehen.[6] Keinesfalls
darf nach der Auffassung des Bundesgerichtshofs der Begriff der
"Schußwaffe" von der größeren oder geringeren Gefährlichkeit
der im Einzelfall verwendeten Waffenart oder Waffe abhängig gemacht werden.[7] Zur Begründung seines Standpunktes weist der
Bundesgerichtshof[8] auf die besondere Gefährlichkeit des mit einer Schußwaffe versehenen Diebes hin. Dabei liege die ins Auge
gefaßte erhöhte abstrakte Gefährlichkeit der Schußwaffe bei einer Gaspistole in ihrer unauffälligen Handhabung und schnellen
Einsatzbereitschaft sowie ihrer ausschließlichen Zweckbestimmung,

[1] OLG Karlsruhe Justiz 71, 146 f.
[2] BGHSt 24, 139; vgl.auch Schröder (H.), Anm.zu Urt.d.BGH vom
6.5.71 - 4 StR 114/71, JR 71, 382; ferner Krüger (R.), Zweifelsfragen zu den waffenrechtlichen Strafbestimmungen in Ba-
den-Württemberg nach der Verordnung des Innenministeriums vom
5.Juli 1965, Justiz 68, 20 ff.; ders., Zweifelsfragen zu den
Strafbestimmungen des Waffengesetzes, Kriminalistik 68, 413.
[3] BGHSt 24, 139; Schröder (H.), Anm.zu Urt.d.BGH v.6.5.71 - 4
StR 114/71, JR 71, 382.
[4] BGHSt 24, 139.
[5] BGHSt 4, 127; BGHSt 24, 139, NJW 71, 1224, JZ 71, 467, MDR 71,
675, JR 71, 381, LM (1972) Nr.2 zu § 244 StGB mit Anm.Willms;
BGH GA 1962, 146; vgl.auch BGH NJW 65, 2115 f.; BGH Urt.v.13.
12.68 - 4 StR 499/68; Dreher 37.Aufl.(1977) Rdz.3 zu § 244;
a.A. Schönke-Schröder 18.Aufl.(1976) Rdz.4 zu § 244; ders.,
Anm.zu Urt.d.BGH v.6.5.71 - 4 StR 114/71, JR 71, 383.
[6] Schröder (H.), Anm.zu Urt.d.BGH v.6.5.71 - 4 StR 114/71, JR
71, 383.
[7] BGHSt 24, 140.
[8] BGHSt 24, 137, 139 f.

den Gegner über eine nicht unbeachtliche Reichweite hinweg auf chemischem Wege körperlich nicht unerheblich - wenn auch nicht lebensgefährlich - zu verletzen. Eine engere Auslegung des Begriffs der Schußwaffe vertritt Schröder,[1] der als Schußwaffen nur solche Instrumente ansieht, bei denen aus einem Lauf mechanisch wirkende Geschosse gegen den Körper eines anderen abgefeuert werden, mag dies mit Hilfe von Explosivstoffen oder z.B. durch Luftdruck geschehen. Mechanische Triebwerke, z.B. durch Federn, spielen im übrigen keine nennenswerte Rolle. Für seine Auffassung verweist Schröder auf die Begründung zu § 237 StGBE 1962,[2] in der im übrigen das Problem nicht behandelt ist. Nach Schröder sind daher chemisch wirkende Instrumente wie Gaspistolen und dergleichen aus dem Begriff "Schußwaffe" auszuscheiden. Gegen die Definition des Bundesgerichtshofs wendet er ein, daß es auch Gaspistolen gäbe, bei denen das Gas nicht durch eine gegen den Gegner zu richtende Öffnung verschossen werde, sondern der Gasaustritt nach oben erfolge[3] und die daher wie Sprühdosen wirken, weil sie infolge der leichten Vermengung mit Luft auch so geeignet seien, einen Gegner außer Gefecht zu setzen, so daß kein Grund vorliegen dürfte, nicht auch die Sprühdosen als Schußwaffen anzuerkennen, sofern man der Gaspistole diesen Charakter beimesse. Was die Voraussetzung des Vorhandenseins eines "Laufs" anbelangt, so werde auch die Sprühdose in die Richtung gehalten, in der sich der Gegner befindet. Deshalb könne auch die Sprühdose ihrer Funktion nach als eine Art kleiner "Lauf" angesehen werden. Diese Begründung ist freilich wenig überzeugend, insofern nicht immer die Richtung gegen den Gegner eingehalten wird, wie z.B. bei Anwendung der Sprühdose in einem Versammlungsraum. Man könnte nach Schröder die Gaspistole allenfalls dann als Schußwaffe betrachten, wenn das Gas wegen seines höheren Druckes auch eine mechanische Wirkung

---

[1] Schröder (H.), Anm.zu Urt.d.BGH v.6.5.1971 - 4 StR 114/71, JR 71, 382 f.; ders., StGB Kommentar 18.Aufl.(1976) Rdz.4 zu § 244.

[2] S.406.

[3] Der BGH hat im Urteil vom 25.5.76, zit.bei Holtz MDR 76, 813, Gaspistolen mit seitwärts angebrachten Öffnungen nicht als Schußwaffen anerkannt.

auf den Gegner haben könnte. Dies wäre nur dann der Fall, wenn
der Täter die Gaspistole aus nächster Nähe gegen leicht verletzbare Körperteile, z.B. den Hals,[1] richtet. Ebenso wie Schröder
lehnen auch Heimann-Trosien,[2] Lackner,[3] Maurach,[4] Schneider,[5]
Blei,[6] Krey[7] und das Bayerische Oberste Landesgericht im Beschluß vom 30.9.1970[8] die Gaspistole als "Schußwaffe" ab. In
diesem Beschluß wird in Übereinstimmung mit der im Schrifttum
herrschenden Auffassung der Gaspistole dann die Eigenschaft einer Schußwaffe versagt, wenn durch Vorrichtungen sichergestellt
ist, daß kein festes Geschoß durch den Lauf getrieben werden
kann. Besteht also solchenfalls die Wirkung einer derartigen
Pistole nur in dem Ausströmen von Gas, z.B. Tränengas, so sieht
das Bayerische Oberste Landesgericht die abstrakte Gefährlichkeit der Waffe, die den Strafgrund für die §§ 244 Abs.1 Nr.1,
250 Abs.1 Nr.1 StGB bildet, nicht als gegeben an.[9] Die Auffassung des Bundesgerichtshofs wird dagegen von Dreher[10] geteilt,
nach welchem auch Flobert- und Luftgewehre, Scheintodpistolen
und mit Platzpatronen geladene Waffen als Schußwaffen zu gelten
haben. Dagegen sah der Bundesgerichtshof zunächst Luftpistolen
und Luftgewehre nicht als Schußwaffen an. Sie seien reine
Sportwaffen, die nicht dazu bestimmt seien, Menschen zu verletzen. Allerdings könne man auch mit einer solchen Waffe bei
mißbräuchlichem Gebrauch einem Menschen Verletzungen zufügen.

---

[1] "Mit Gaspistole verletzt", Stuttgarter Zeitung vom 31.10.77.
[2] LK 9.Aufl.(1974) Rdz.3 zu § 244.
[3] StGB 11.Aufl.(1977) § 244 Anm.2 b.
[4] Maurach (R.), Deutsches Strafrecht Bes.Teil, Nachtrag zur
5.Aufl.(1970) S.27.
[5] Schneider (A.), Anm.zu Urt.d.BGH vom 6.5.1971 - 4 StR 114/
71, NJW 71, 1663.
[6] Blei (H.), Strafrecht II.Bes.Teil, 10.Aufl.(1976) S.163;
ders., JA 71, 591.
[7] Krey (V.), Strafrecht Bes.Teil, Bd.2: Vermögensdelikte, 2.
Aufl.(1975) S.50.
[8] BayObLGSt 1970, 185 f., NJW 71, 392 ff.
[9] vgl. hierzu Schröder (H.), Anm.zu Urt.d.BGH vom 6.5.1971 -
4 StR 114/71, JR 71, 383.
[10] Dreher 37.Aufl.(1977) Rdz.3 zu § 244.

Diese Geräte könnten daher als Waffe im nicht-technischen Sinne gebraucht werden, vorausgesetzt, daß die Täter bei der Mitführung der Waffe das Bewußtsein gehabt haben, die Luftpistole als Waffe benutzen zu können.[1] Diese Auffassung hat der Bundesgerichtshof im Urteil vom 17.1.1974[2] bezüglich Luftgewehre und Luftpistolen aufgegeben und letztere als "Schußwaffen" anerkannt, wobei er anfügte, daß es daher auf die Absicht, gegebenenfalls von der Schußwaffe als Angriffs- oder Verteidigungsmittel Gebrauch zu machen, für die Tatbestandsverwirklichung des § 244 Abs.1 Nr.1 StGB nicht ankomme. Gaspistolen werden auch vom OLG Karlsruhe,[3] von Tröndle[4] und von Petters-Preisendanz[5] als Schußwaffen beurteilt. Ein Bolzenschußapparat ist als Schußwaffe nur dann zu werten, wenn mit ihm feste Körper (Bolzen) verschossen werden können, d.h. solche, die sich vom Lauf lösen und gezielt in den freien Raum abgeschossen werden oder auch wenn nur ein Bolzen aus dem Lauf vorgetrieben wird, sich aber nicht vom Schußapparat trennt.[6] Eine nur mit Platzpatronen geladene Pistole fällt nicht unter die Schußwaffen i.S. der §§ 244 Abs.1 Nr.1, 250 Abs.1 Nr.1 StGB.[7] Aus dem Zweck von § 244 Abs.1 Nr.1 StGB, die besondere Gefährlichkeit gerade der Schußwaffe zu erfassen, folgt, daß sie verwendungsfähig, also einsatzfähig sein muß.[8] Die Schußwaffe ist einsatzfähig, auch wenn sie nicht geladen ist, sofern die Ladung nur unschwer

---

[1] BGH GA 1967, 315.

[2] 4 StR 601/73 bei Dallinger MDR 74, 547.

[3] Justiz 71, 146.

[4] Tröndle (H.), Die Rechtsprechung des Bundesgerichtshofs in Strafsachen. Materielles Recht. Bd.20 - 24 der Amtlichen Sammlung, GA 1973, 327.

[5] Petters-Preisendanz 29.Aufl.(1975) § 244 Anm.II 1 a.

[6] OLG Hamm MDR 75, 420; vgl. auch OLG Celle MDR 50, 371.

[7] Schönke-Schröder 18.Aufl.(1976) Rdz.4 zu § 244.

[8] LK 9.Aufl. Bd.2 (1974) Rdz.4 zu § 244; Krey (V.), Strafrecht Bes.Teil Bd.2: Vermögensdelikte, 2.Aufl.(1975), S.67.

und ohne erheblichen Zeitverlust durch den Täter nachgeholt
werden kann[1] oder wenn ein anwesender Mittäter oder ein sonstiger Beteiligter die Munition bei sich führt. Dies trifft
auch zu, wenn eine Ladehemmung schnell beseitigt werden kann,
wie auch, wenn eine im Lauf verklemmte abgebrochene Patronenhülse durch ein Zurückstoßen von der Mündung aus dem Lauf
rasch entfernt werden kann.[2] Zum gleichen Ergebnis kam schon
bisher die Rechtsprechung des Bundesgerichtshofs, allerdings
unter dem Gesichtspunkt des "Beisichführens", indem er die
Einsatzbereitschaft mit dem Beisichführen verband und daher
ein Beisichführen der Schußwaffe nur dann annahm, wenn sie
gebrauchsbereit i.S. der obigen Ausführungen bei der Tatbegehung ist.[3] Auch muß der Täter wissen, daß er oder ein anderer Tatbeteiligter eine solche gebrauchsbereite Schußwaffe
bei sich führt.[4] Die Vorstellung der Gebrauchsbereitschaft genügt. Nicht erforderlich ist eine Gebrauchsabsicht. Auch ist
es gleichgültig, ob die Schußwaffe als Mittel der Gewaltanwendung oder nur als Drohmittel eingesetzt werden soll, da das
bloße bewußte Beisichführen der Schußwaffe ausreicht. Maßgebend ist die in der Gefahr der effektiven Anwendung gelegene
abstrakte Gefährlichkeit der Schußwaffe, unabhängig davon, ob
der Täter damit nur drohen oder gegebenenfalls verletzen wollte.[5] Anders ist es bei den sonstigen Waffen, Werkzeugen und
Mitteln, worunter auch nicht einsatzfähige Schußwaffen fallen,
bei denen eine Gebrauchsabsicht zu fordern ist und das bloße
Bewußtsein, das Werkzeug bei der Tat als Waffe benutzen zu können, nicht ausreicht. Der Täter muß in diesen Fällen den Willen
haben, die Waffe zur Überwindung des Widerstandes eines anderen

---

[1] BGHSt 3, 232; LK 9.Aufl. Bd.2 (1974) Rdz.4 zu § 244; Schröder
(H.), Diebstahl und Raub mit Waffen (§§ 244, 250 StGB). Anmerkungen zu dem Urteil des BGH vom 4.5.1972, NJW 72, 1243,
NJW 72, 1834.
[2] LK 9.Aufl. Bd.2 (1974) Rdz.4 zu § 244.
[3] BGHSt 3, 232; BGHSt 24, 340, LM (1972) Nr.3 zu § 244 mit Anm.
Martin; BGHSt 13, 260; BGH NJW 65, 2115, MDR 65, 924.
[4] BGH Urt.v.3.1.52 - 4 StR 592/51, Beil.zu MDR 6/1952 S.B 46;
BGH NJW 65, 2115, MDR 65, 924.
[5] BGH MDR 71, 674; Dreher 37.Aufl.(1977) Rdz.4 zu § 244; siehe
auch Corves in 122.Sitzung des Sonderausschusses für die
Strafrechtsreform, in: Verhandlungen des Deutschen Bundestages 5.Wahlperiode, Sitzungsberichte des Sonderausschusses für
die Strafrechtsreform, 5.Wahlperiode, 122.Sitzung, Erg.Bd.3
(1968/69) S.2474; vgl. auch Österr.OGH (verstärkter Senat)
Urt.v.11.9.78 - 12 Os 59/78, ÖJZ 78, 551.

im Bedarfsfalle zu verwenden, wie sich aus der Fassung der §§ 244 Abs.1 Nr.2 und 250 Abs.1 Nr.2 StGB ("um den Widerstand eines anderen durch Gewalt oder Drohung mit Gewalt zu verhindern oder zu überwinden") unzweideutig ergibt. Es genügt nicht mehr das Bewußtsein des Täters, die nicht-technische Waffe oder das gefährliche Werkzeug im Bedarfsfall gegen potentielle Störer seiner Tat einsetzen zu können. Ausreichend ist aber, wenn der Täter den tatsächlichen Einsatz des Mittels von weiteren Bedingungen, z.B. Verhalten des Opfers, abhängig macht, da auch in diesem Falle der Wille unbedingt ist, auch wenn dessen Realisierung von weiteren Umständen abhängig sein soll.[1] Bei einer nicht einsatzfähigen Schußwaffe muß also der Täter, wie bei anderen Waffen, die Absicht haben, die ungeladene Schußwaffe gegebenenfalls als Schlagwerkzeug einzusetzen. Die abstrakte Gefährlichkeit reicht für § 244 Abs.1 Nr.2 wie für § 250 Abs.1 Nr.2 StGB nur dann aus, wenn der Täter sie als eine Alternative in seinen Tatplan aufgenommen hat.[2] Zu den Waffen i.S. von § 244 Abs.1 Nr.2 und von § 250 Abs.1 Nr.2 StGB zählen nicht nur die Stoß-, Hieb-, Stich- und Wurfwaffen, so z.B. Handgranaten und Molotow-Cocktails, sondern auch nicht-technische Waffen wie Stöcke, Keulen, Knüppel, Stangen, Besenstiele, Backsteine, Pflastersteine und dergleichen. Es fallen darunter alle zur Zufügung körperlicher Verletzungen nicht unerheblicher Art auf mechanischem oder chemischem Wege geeigneten Werkzeuge, die dem Angriff oder der Verteidigung dienlich sind,[3] z.B. auch massive Aschenbecher, Damenschuhe mit Pfennigabsätzen oder Flaschen zum Schlagen oder zum Werfen. Voraussetzung für die Anwendung genannter Bestimmungen ist, daß diese Waffen mitgeführt werden, um den Widerstand eines anderen durch Gewalt oder Drohung mit Gewalt zu beseitigen oder zu verhindern. Eine solche Absicht darf aber bei lebensnaher Auslegung regelmäßig unterstellt werden.[4]

---

[1] Schönke-Schröder 18.Aufl.(1976) Rdz.18 zu § 22.

[2] LK 9.Aufl. Bd.2 (1974) Rdz.4 zu § 250; Schönke-Schröder 18. Aufl.(1976) Rdz.17 zu § 250, Rdz.15 ff. zu § 244; Schröder (H.), Diebstahl und Raub mit Waffen S.1835.

[3] RGSt 68, 239; OLG Hamburg NJW 47/48, 699.

[4] Krey (V.), Strafrecht Bes.Teil S.50; Dreher 37.Aufl.(1977) Rdz.8 zu § 244; Maurach (R.), Deutsches Strafrecht Bes.Teil, Nachtrag (1970) S.28; Schönke-Schröder 18.Aufl.(1976) Rdz.15 ff. zu § 244; LK 9.Aufl. Bd.2 (1974) Rdz.10 zu § 244.

Strittig ist, ob unter diese Waffen auch die Scheinwaffen
wie Spielzeugpistolen, Attrappen oder andere äußerlich einer
Pistole gleichsehende Gegenstände, wie z.B. eine Tabakspfeife,
fallen, denen auch eine ungeladene, nicht einsatzfähige Schußwaffe gleichzustellen ist.[1] Sie fielen nach der früheren Rechtsprechung des Bundesgerichtshofs, da sie mangels besonderer
erhöhter Gefährlichkeit zur körperlichen Verletzung von Menschen nicht geeignet sind,[2] weder unter § 244 Abs.1 Nr.1 noch
unter § 250 Abs.1 Nr.1 StGB i.d.F. v.1.9.69.[3] Dabei war nach
der Rechtsprechung die Frage der Eignung nach der konkreten
Art der Anwendung zu beurteilen, so daß es z.B. nicht ausreichte, wenn eine mitgeführte ungeladene, nicht einsatzfähige Pistole lediglich als Schreckmittel verwendet werden sollte, wohl
aber wenn der Täter sich bewußt ist, die Pistole als Waffe im
nicht-technischen Sinne, z.B. im Bedarfsfall zum Schlagen, verwenden zu können.[4] Es erhebt sich die Frage, ob es im Hinblick
auf die Anpassung des § 250 Abs.1 Nr.1 & 2 StGB an § 244 Abs.1
& 2 StGB i.d.F. vom 1.9.69 zur Annahme einer Waffe i.S. des
§ 250 Abs.1 Nr.2 StGB ausreicht, wenn der Täter sein Opfer mit
einer Scheinwaffe im genannten Sinne bedrohen will, nicht aber
vorhat, diese Scheinwaffe als Schlagwerkzeug zu verwenden. Benutzt er sie als Schlagwerkzeug, so fällt die Scheinwaffe unter
das gefährliche Werkzeug i.S. des § 250 Abs.1 Nr.2 StGB und begründet so einen schweren Raub.[5] Ob die Scheinwaffe aber als
Waffe i.S. des § 250 Abs.1 Nr.2 StGB beurteilt werden kann, ist
umstritten. Bezüglich der gleichlautenden Bestimmung des § 244
Abs.1 Nr.2 StGB i.d.F. vom 1.9.69 wurde diese Frage seinerzeit

---

[1] Bezüglich der ungeladenen Schußwaffe im österreichischen Recht
vgl. OGH JBl 77, 545 f., ÖJZ-LSK 1978/79, 80 & jetzt ÖJZ 78,550 f.
[2] Schröder (H.), Diebstahl und Raub mit Waffen S.1833 Fn.5 unter
Hinweis auf BGHSt 3, 233, NJW 53, 32; BGHSt 4, 127, NJW 53, 952;
BGH NJW 67, 1238; vgl.auch BGH NJW 65, 2116; BGH Beschl. vom 13.
12.72 - 3 StR 287/72, zit. in BGH NJW 76, 248, MDR 75, 1032, GA
1976, 56.
[3] BGH NJW 72, 731 mit Anm.Schröder S.731 f.; BGHSt 24, 278, NJW
72, 547 mit Anm.Küper NJW 72, 1059.
[4] BGHSt 3, 233, NJW 53, 33; BGHSt 4, 127, NJW 53, 952.
[5] Schönke-Schröder 18.Aufl.(1976) Rdz.18 zu § 244 mit BGHSt 20,
194; Schröder (H.), Diebstahl und Raub mit Waffen S.1835.

von Dreher,[1] Heimann-Trosien,[2] Maurach,[3] Petters-Preisendanz[4]
und anderen, insbesondere aber vom Bundesgerichtshof[5] mit der
Begründung bejaht, daß der Grund der Strafschärfung nicht mehr
nur in der objektiven Gefährlichkeit der Tat oder des Täters,
sondern auch in dem verstärkten Grad der Einschüchterung des
Opfers und dem schutzwürdigen Bedürfnis desselben nicht nur vor
Gewalteinwirkung, sondern auch schon vor möglichen Gewaltan-
drohungen bewahrt zu bleiben, zu sehen sei. Es genüge, so führt
der Bundesgerichtshof aus, bereits ein Gegenstand, "der zwar
objektiv nicht gefährlich ist, seiner Art nach aber sich dazu
eignet, bei dem anderen den Eindruck hervorzurufen, er könne
zur Gewaltanwendung verwendet werden und deshalb für ihn gefährlich sein", womit "Scheinwaffen" jeder Art, insbesondere
auch Schreckschußpistolen,[6] die als technische Waffen nicht in
Betracht kommen, da sie im Falle ihrer zweckbestimmten Verwendung
zur körperlichen Verletzung von Menschen nicht geeignet sind,
in den Anwendungsbereich der Diebstahlsqualifikation des § 244
Abs.1 Nr.2 StGB einbezogen wurden. Dabei ging der Bundesgerichtshof offenbar von der Gleichwertigkeit der beiden Einsatzmöglich-
keiten einer Waffe, der der Gewaltanwendung einerseits und der
der Drohung mit Gewalt andererseits und von der Voraussetzung
aus, daß solchenfalls der Täter gegen das Opfer in der Form einer besonders intensiven, auf die Vorbereitung eines Raubes abzielenden Nötigung vorgeht, für die es auf die Ernsthaftigkeit
und Realisierbarkeit der Drohung nicht ankommt. Sowohl der Strafgesetzbuch-Entwurf von 1960 wie der von 1962 haben diese Frage
der Rechtsprechung zur Entscheidung überlassen.[7] Das Schrifttum
ist aber zum Teil anderer Ansicht, so unter anderen Blei,[8]

---

[1] Dreher 34.Aufl.(1974) § 244 Anm.3 B.

[2] LK 9.Aufl. Bd.2 (1974) Rdz.11 zu § 244.

[3] Maurach (R.), Deutsches Strafrecht Bes.Teil 5.Aufl., Nachtrag 1970 S.28.

[4] Petters-Preisendanz 29.Aufl.(1975) § 244 Anm.II 2 c.

[5] BGHSt 24, 341.

[6] BGH NJW 76, 248, MDR 75, 1032, JZ 75, 703, GA 1976, 56.

[7] BT-Drucksache 2150 Begründung S.374; BR-Drucksache 200/62 Begründung S.406.

[8] Blei (H.), JA 1972, StR S.156(574); ders., Die Neugestaltung
der Raubtatbestände (EGStGB 1975), JA 1974, StR S.55 (233);
ders., Strafschutzbedürfnis und Auslegung, in FS f.H.Henkel
(1974) S.121.

Lackner,[1] Tröndle,[2] Krey,[3] Küper[4] und Schröder.[5] Letzterer wendet gegenüber der genannten Entscheidung des Bundesgerichtshofs ein, daß eine Scheinwaffe als "Waffe" i.S. des § 244 Abs.1 Nr.2 StGB nur angesehen werden könne, wenn die Drohung mit ihr auch realisiert werden könnte. Die leere Drohung sei aber für das Opfer ungefährlich und daher fehle bei ihr die erforderliche objektive Gefährlichkeit, die durch den erhöhten Grad der Einschüchterung des Betroffenen, von dem der Bundesgerichtshof ausgeht, nicht ersetzt werde. Könne allerdings die mitgeführte Waffe auf eine andere als die angedrohte Weise für das Opfer gefährlich werden, dann reiche es aus, daß der Täter eine solche Verwendungsmöglichkeit eventualiter ins Auge faßt. Auch das LG Hamburg verneint schweren Raub i.S. von § 250 Abs.1 Nr.2 StGB bei Drohung mit einer Scheinwaffe im Urteil vom 1.3.1977,[6] indem es der Auffassung ist, daß für die Qualifizierung einer Tat als schwerer Raub i.S. des § 250 Abs.1 Nr.2 StGB die objektiv begründete besondere Gefährlichkeit bei der Tatausführung entscheidend sein müsse. Eine Zusammenfassung der gegen die Auffassung des Bundesgerichtshofs bei Auslegung des § 244 Abs.1 Nr.2 StGB sprechenden Einwendungen findet sich bei Blei.[7] Dagegen waren sich Rechtsprechung[8] und Lehre[9] in Beziehung auf § 250 Abs.1 Nr.1 StGB darin einig, daß das bloße Vortäuschen der Gebrauchsbereitschaft einer in Wirklichkeit ungeladenen, nicht schußbereiten Schußwaffe oder das Mitführen einer Spielzeugpistole und ähnlichem den Tatbestand des Raubes mit Waffen

---

[1] Lackner (K.), StGB 11.Aufl.(1977) § 244 Anm.2 c.
[2] Tröndle (H.), Die Rechtsprechung des Bundesgerichtshofs in Strafsachen. Materielles Recht. Bd.20-24 der Amtlichen Sammlung, GA 1973 S.327 f.
[3] Krey (V.), Strafrecht S.51.
[4] Küper (W.), Anm.zu Urt.d.BGH v.22.12.1971 - 2 StR 609/71, NJW 72, 1059 f.
[5] Schröder (H.), Diebstahl und Raub mit Waffen S.1835; ders., Anm.zu Urt.d.BGH v.25.1.1972 - 1 StR 142/71, NJW 72, 731 f.; NJW 77, 1931.
[6] JA 1974, StR S.55 ff. (233 ff.).
[7] BGHSt 24, 277 ff., NJW 72, 547.
[8] vgl. u.a. Schönke-Schröder 18.Aufl.(1976) Rdz.16 zu § 250 m.weiteren Nachw.

nicht erfüllen konnte, wenn der Täter diese Scheinwaffe nur
als Mittel der Gewaltandrohung verwenden wollte. War eine solche unterschiedliche Auslegung auf Grund des abweichenden Wortlauts des § 244 Abs.1 Nr.1 & 2 und des § 250 Abs.1 Nr.1 StGB
i.d.F. vom 1.9.69 noch ohne weiteres möglich, so legte sich
doch die Frage nahe, ob die wörtliche Anpassung des § 250 Abs.1
Nr.1 & 2 StGB an § 244 Abs.1 Nr.1 & 2 StGB, die nach Art.19
Nr.127 EGStGB durch Art.1 Nr.66 des Ersten Gesetzes zur Reform
des Strafrechts vom 25.6.1969,[1] nach welcher nach dem Ausgeführten die Scheinwaffe vom Bundesgerichtshof als Waffe i.S.
des § 244 Abs.1 Nr.2 StGB anerkannt worden war, erfolgte, eine
Auslegung verlangt, derzufolge die Scheinwaffe auch i.S. des
§ 250 Abs.1 Nr.2 StGB als "Waffe" gewertet werden muß. Letzterem stimmte Dreher[2] zu, der sich auf die im Urteil des Bundesgerichtshofs vom 4. Mai 1972[3] für § 244 Abs.1 Nr.2 StGB dargelegten Gründe bezieht, die aber nach dem Schlußsatz dieser Entscheidung, worauf Braunsteffer[4] hinweist, insofern nicht stichhaltig sind, als darin ausgeführt ist, daß der Grund für die
erhöhte Bestrafung des Raubes mit Waffen ausschließlich in der
erhöhten Gefährlichkeit der Tat und des Täters, nicht auch in
dem Schutzbedürfnis der sich der Wegnahme widersetzenden Person
vor Gewaltanwendung oder Bedrohung, dem bereits die Vorschrift
über den einfachen Raub diene, liege. Im Gegensatz hierzu betrachten Blei,[5] Tröndle,[6] Eser,[7] Braunsteffer[8] und Jung[9] bei

---

[1] BGBl I 655.
[2] Dreher 37.Aufl.(1977) Rdz.5 zu § 250.
[3] BGHSt 24, 339 ff.
[4] Braunsteffer (H.), Schwerer Raub gemäß § 250 I Nr.2 StGB bei
    (beabsichtigter) Drohung mit einer Scheinwaffe?, NJW 75, 623.
[5] Blei (H.), Die Neugestaltung der Raubtatbestände (EGStGB
    1975), JA 1974, StR S.55 ff. (233 ff.); ders., Strafrecht
    II, Bes.Teil, 10.Aufl.(1976) S.164.
[6] Tröndle (H.), Die Rechtsprechung S.328.
[7] Schönke-Schröder 18.Aufl.(1976) Rdz.16 & 16 a zu § 250, Rdz.
    13 & 14 zu § 244.
[8] Braunsteffer (H.), Schwerer Raub S.624.
[9] Jung (H.) in Roxin-Stree-Zipf-Jung, Einführung in das neue
    Strafrecht, München 1974 (JuS-Schriftenreihe) S.122.

Drohung mit einer keine Gefährlichkeit begründenden Scheinwaffe diese nicht als Waffe i.S. des § 250 Abs.1 Nr.2 StGB. Sie gehen vielmehr davon aus, daß Scheinwaffen nur als Mittel für Drohungen mit Gefahr für Leib oder Leben i.S. der §§ 249, 255 StGB dienen können. Von einem Waffengebrauch könne aber in dem Falle, in dem die Waffe nur als Schreckmittel zur Bekräftigung der Drohung verwendbar ist und verwendet werden soll, nicht die Rede sein und sie könne daher auch nicht im Sinne einer List straferschwerend wirken.[1] Zur Klärung der Streitfrage hat nunmehr der Bundesgerichtshof in Abweichung seiner bisherigen Rechtsprechung in der Entscheidung vom 23.9.1975,[2] wie er schon in BGHSt 24, 278 und 24, 341 angedeutet hatte, die Scheinwaffe als Waffe i.S. des § 250 Abs.1 Nr.2 StGB mit der Begründung anerkannt, daß der Gesichtspunkt der objektiv begründeten besonderen Gefährlichkeit hinter dem Prinzip der Schutzbedürftigkeit des Opfers zurücktreten müsse. "Nach der eindeutig auf subjektive Voraussetzungen abstellenden Tatbestandsumschreibung des Gesetzes genügen nunmehr auch eine Scheinwaffe oder ein Scheinwerkzeug, wenn der Täter annimmt, er könne damit drohen, wenn er den Einsatz im Bedarfsfall beabsichtigt und wenn der Angegriffene glauben soll und glaubt, daß die Scheinwaffe oder das Scheinwerkzeug geeignet ist, ihm eine nicht unerhebliche Verletzung der körperlichen Unversehrtheit zuzufügen (vgl. BGHSt 24, 339, 341; Dreher StGB 35.Aufl. § 250 Anm.3; LK 9. Aufl. § 244 Rdn.10)". "Die Einbeziehung der Scheinwaffe oder des Scheinwerkzeugs", so fährt der BGH fort, "ist nicht 'schlechthin unerträglich' (so Lackner, StGB 9.Aufl. § 244 Anm. 2 mit weiteren Nachweisen). Die Bereitschaft notfalls als bewaffnet in Erscheinung zu treten, ist in der Regel Indiz eines gesteigerten verbrecherischen Willens. Für das Opfer aber ist es motivatorisch gleichgültig, ob es sich einem tatsächlich bewaffneten Angreifer gegenübersieht oder ob der Täter es dazu

---

[1] so auch LG Hamburg NJW 77, 1931.

[2] NJW 76, 248, MDR 75, 1032 f., JZ 75, 702 ff., GA 1976, 56 f.; in der Entscheidung BGH NJW 75, 2214 war das Problem offengeblieben.

bringt, ihn als besonders gefährlichen, weil bewaffneten Angreifer anzusehen. In jedem Falle befindet es sich (in Wirklichkeit oder in seiner Vorstellung) in einer Situation verstärkter Bedrohung und erhöhter Schutzbedürftigkeit. Für min-
derschwere Fälle gilt der stark herabgesetzte Strafrahmen des
§ 250 Abs.2 StGB". Gegen diese extensive subjektive Auslegung
wendet sich Küper in einer kritischen Stellungnahme.[1] Er lehnt
die Entscheidung sowohl im Ergebnis als auch in der Begründung
ab. Es würde den Rahmen dieser Arbeit sprengen, im einzelnen
auf die Ausführungen Küpers einzugehen. Es mag genügen, auf
den Haupteinwand des Autors hinzuweisen. Sein Hauptbedenken
ist, daß die Auffassung des Bundesgerichtshofs bei folgerich-
tiger Anwendung zu einer Ausuferung und konturlosen Weite des
Qualifikationstatbestandes führt, die sowohl rechtsstaatlich
als auch kriminalpolitisch fragwürdig erscheint. Kommt es nämlich bei der Drohungsvariante des § 250 Abs.1 Nr.2 lediglich
darauf an, daß das Mittel nach der geplanten Art seiner Verwendung aus der Sicht des Opfers als gefährliches Werkzeug erscheint, so würde der Kreis der objektiv harmlosen Gegenstände, die zu "qualifikationsbegründenden Waffen" werden könnten,
praktisch unbegrenzbar. Eine raffiniert hergestellte Waffen-
attrappe muß dann nicht notwendig stärker sein, als der Be-
drohungseffekt einer zweckentfremdeten Tabakspfeife, die in
der Dämmerung oder in der Manteltasche einen Revolver vorspie-
gelt. In den Anwendungsbereich des § 250 Abs.1 Nr.2 StGB gehört damit nach der Auffassung des Bundesgerichtshofs konsequenterweise auch eine Spraydose mit Rasierschaum, die nach der
Behauptung des Täters ein hochgiftiges Gas enthält, oder die
Schachtel mit einem vernehmlich tickenden Wecker, die als
selbstgebastelte Bombe ausgegeben wird. Der unbeschnittene Dau-
mennagel, der in der Rocktasche die Spitze eines scharfen Messers vortäuscht, entzieht sich - anders als der in gleicher
Weise verwendete Kugelschreiber - der Subsumtion unter § 250
Abs.1 Nr.2 StGB nur deshalb, weil er als Teil des menschlichen
Körpers kein "Werkzeug oder Mittel" darstellt, das man "bei sich

---

[1] Küper (W.), Zum Raub mit einer "Scheinwaffe" (§ 250 I Nr.2
StGB) - BGH, NJW 1976, 248, JuS 76, 645 ff.

führt".[1] Küper kommt daher zu der Auffassung, daß die Drohungs-
alternative des § 250 Abs.1 Nr.2 nur dann als qualifizierende
Strafnorm schärfere Konturen zu gewinnen vermag, wenn man sie
unter dem Leitgesichtspunkt der Gefährlichkeit einschränkend
interpretiert. Die Orientierung der Auslegung am Gefährlich-
keitsgedanken sichert nach Küper einerseits die erforderliche
Abschichtung des qualifizierenden Merkmalskomplexes vom Grundtatbestand und fügt andererseits § 250 Abs.1 Nr.2 StGB sinnvoll in den Rahmen der übrigen Begehungsmodalitäten des schweren Raubes ein, die ebenfalls auf den besonders gefährlichen
Täter zugeschnitten sind.[2] Es muß also nach der Auffassung Küpers das subjektive Prinzip der erhöhten Gefährlichkeit zur Anwendung kommen. Allerdings muß der Begriff der Gewalt als Merkmal dieser Vorschrift und Bezugspunkt der Drohung derart eingeschränkt werden, daß nur die wirklich gefährliche Gewaltandrohung (und -anwendung) erfaßt wird. Auch ist erforderlich,
daß die in § 250 Abs.1 Nr.2 StGB vorausgesetzte "Gewalt" unmittelbar gegen eine Person gerichtet und darüber hinaus geeignet
sein muß, den Betroffenen körperlich zu verletzen. Der Umstand,
daß der Täter ein Mittel bei sich führt, dessen Anwendung zwar
an sich Gewalt bedeuten würde, aber mit keinerlei Gefährdung
für die Körperintegrität des Opfers verbunden wäre, wie z.B. ein
Schlüssel zum Einsperren oder eine Schnur zur Fesselung, stellt
keine Gewalt i.S. des § 250 Abs.1 Nr.2 StGB dar.[3] Zu den Ausführungen Küpers nimmt Blei[4] Stellung und stimmt ihm darin zu,
daß die vom Bundesgerichtshof in der Entscheidung vom 23.9.75[5]
vertretene Argumentation verstärkter Bedrohung und erhöhter
Schutzbedürftigkeit des Opfers nur verbal über den Umstand hin-

---

[1] Küper (W.), Zum Raub mit einer "Scheinwaffe" S.647; vgl.aber
im amerikanischen Recht Cooper v. State, 201 Tenn.149, 152,
297 S.W.2d 75, 77 (1956); Snowball v. State, 477 S.W.2d at
242 (Tenn.Crim.App.1971), zit.in Cook (J.G.), Criminal Law in
Tennessee in 1972: A Critical Survey, 40 Tenn.L.Rev. at 580
(1973).
[2] Küper (W.), Zum Raub mit einer "Scheinwaffe" S.647.
[3] Küper (W.), Zum Raub mit einer "Scheinwaffe" S.647.
[4] Blei (H.), JA 1976, StR S.188 (738).
[5] NJW 76, 248, MDR 75, 1032 f., JZ 75, 702 ff., GA 1976, 56 f.,
JuS 76, 645.

wegtäusche, daß die mit einer Scheinwaffe, vorliegendenfalls
einer Schreckschußpistole, begangene Raubtat einerseits nicht
aus dem Rahmen des § 249 StGB herausfällt und andererseits
ebensowenig den Unwertgehalt erreicht, den alle anderen Moda-
litäten des § 250 StGB aus der gesteigerten Gefährlichkeit
der jeweiligen Angriffsführung empfangen. Sehr beachtlich findet Blei die übrigens auch vom Bundesgerichtshof vertretene
Meinung Küpers, daß die Gewaltanwendung bzw. die Drohung mit
Gewalt sich unmittelbar gegen die Person richten müsse, verlangt aber darüber hinaus im Gegensatz zu dem rein subjektiven
Standpunkt des BGH mit Küper, daß das Mittel, mit dem gedroht
wird, geeignet sein müsse, den Betroffenen körperlich zu verletzen. Küper und Blei mag insoweit zuzustimmen sein, als zu
dem Erfordernis der Einschüchterung und des Schutzes des Opfers
ein gewisses Maß objektiver Gefährlichkeit von Tat und Täter
hinzutreten sollte.[1]

Zu den "Mitteln" i.S. des § 250 Abs.1 Nr.2 StGB rechnen insbesondere Pfeffer und ätzende Chemikalien sowie Betäubungsmittel,
wie Äther und Chloroform, sowie insbesondere solche, die dem
Opfer heimlich in ein Getränk gegeben werden, wie z.B. Nulodar,
als auch die Herbeiführung eines Rauschzustandes durch Verabreichung stark alkoholhaltiger Getränke und dergleichen. Unter
Umständen kann auch ein abgerichteter Hund als gefährliches
Werkzeug oder Mittel angesehen werden.[2] Ob solche Mittel unter
den Begriff "Waffen" i.S. des § 250 Abs.1 Nr.2 StGB fallen und
nicht bloß als widerstandsbrechende Mittel i.S. genannter Bestimmung anzusehen sind, war lange Zeit strittig. So hat das
Reichsgericht in langjähriger Rechtsprechung an der Auffassung
festgehalten, daß die mechanische Wirkung auf den Körper eines
anderen zum Begriff "Waffe" gehöre, so daß ätzende Stoffe, wie
z.B. Vitriol, nicht als Waffe anerkannt wurden.[3] Gegen diesen
aus der Entstehungsgeschichte und der damaligen Lebensauffassung hergeleiteten Rechtsstandpunkt hat das RG bereits in der
Entscheidung GA 39, 68 Zweifel zum Ausdruck gebracht. In der in
Recht 1904, 257 abgedruckten Entscheidung unterschied es zwi-

---

[1] Blei (H.), JA 1976, StR S.188 (738); siehe auch LG Hamburg
NJW 77, 1932.
[2] BGHSt 14, 155.; ebenso ein Kfz, BGH bei Holtz, MDR 78, 988.
[3] RGR 4, 298; RG GA 39, 68.

schen den Verletzungen, die durch das Auftreffen des auf den
Verletzten geschleuderten Kalkes auf mechanischem Wege verursacht sein könnten, und den Verletzungen, die der Kalk infolge
seiner chemischen Eigenschaften hervorgerufen haben könnte.
Dagegen sah es in der Entscheidung GA 62, 321 siedend heißen
Kaffee als Waffe an, obwohl die eigentlich verletzende Wirkung
des siedend heißen Kaffees nicht auf der rein mechanischen Wirkung beruht, sondern auf der Wärmeeinwirkung. An der grundsätzlich einschränkenden Auslegung hat die Rechtsprechung aber festgehalten, ohne neue Begründungen zu geben.[1] Hiervon ist der BGH
in seiner Entscheidung vom 21.11.1950[2] abgerückt, indem er geltend machte, daß diese enge außerstrafrechtliche Auffassung vom
Wesen der Waffe im Wandel der Zeit ihre Berechtigung verloren
habe, indem es auf die chemischen Kampfmittel der Kriegstechnik
zur Herbeiführung von Verbrennungen, Betäubungen und Vergif-
tungen hinwies, die eine Scheidung zwischen mechanischen und
chemischen Vorgängen nicht mehr zu rechtfertigen vermöge. Dieser Entwicklung sei aber auch der allgemeine Sprachgebrauch
bezüglich des Waffenbegriffes längst gefolgt. Auch die strafrechtliche Würdigung führe gerade zu dem Schluß, daß dem Sinn
und dem vom Gesetzgeber verfolgten Zweck der in Frage stehenden
Vorschriften nur die weitere, der heutigen allgemeinen Auffassung entsprechende Auslegung des Waffenbegriffes gerecht werden
könne. Der gesetzgeberische Grund für die strengere Strafdrohung sei die größere Gefährlichkeit der Tat. Diese aber könne
grundsätzlich weder nach dem Maß der Verwerflichkeit der Handlungsweise noch nach der Größe der Gefahr für den Angegriffenen
verschieden beurteilt werden, je nachdem die Verletzungen durch
einen Messerschnitt oder durch eine ätzende Säure herbeigeführt
werden. Für den strafrechtlichen Begriff der Waffe i.S. der
§§ 223 a, 250 Abs.1 Nr.2 StGB sei nicht entscheidend, ob das
zur Beeinträchtigung der körperlichen Unversehrtheit eines
Menschen bestimmte oder verwendete Mittel seine Wirkung auf mechanischem oder auf chemischem Wege durch Verwendung ätzen-
der oder blendender Mittel, wie verdünnter Salzsäure[3] oder Pfef-

---

[1] Vgl.aus späterer Zeit RG DR 1940, 1937; BGHSt 1, 2 ff.
[2] BGHSt 1, 3, NJW 51, 82, LM (1952) Nr.1 zu § 250 StGB.
[3] BGHSt 1, 1.

fer,[1] ausübt. Diese extensive Auslegung des Waffenbegriffes
ist schon seit längerer Zeit im Schrifttum vertreten worden.[2]
Der heutige Standpunkt des Bundesgerichtshofes ist im Urteil
vom 5. Dezember 1967[3] folgendermaßen präzisiert: "Als Waffe
gilt ... jedes Werkzeug, das im körperlichen Kampf zum Angriff oder zur Verteidigung dienen kann und eine erhebliche
Verletzung des Gegners hervorrufen kann". Ob darunter auch
ein mit Äther getränktes Taschentuch fällt, war in diesem Falle strittig. Zwei Männer hatten sich unter einem Vorwand Eintritt in die Wohnung der Frau X verschafft, die Frau plötzlich
von hinten umfaßt, ihr ein mit Äther getränktes Taschentuch
vor Mund und Nase gehalten und ihr, nachdem sie das Bewußtsein verloren hatte, die Geldbörse weggenommen. Daß in der Betäubung durch ein narkotisches Mittel - selbst wenn dieses gewaltlos verabreicht worden wäre[4] - Gewaltanwendung i.S. des
§ 249 StGB liegt, ist, wie schon früher ausgeführt, außer Zweifel. Fraglich war nur, ob in dem mit Äther getränkten Taschentuch eine Waffe i.S. des § 250 Abs.1 Nr.1 StGB[5] zu sehen ist.
Der Bundesgerichtshof sah darin eine Waffe im nicht-technischen
Sinne, lehnte aber aus subjektiven Gründen infolge der unwiderlegten Unkenntnis der Täter von der Gefährlichkeit des Äthers
eine Verurteilung aus § 250 Abs.1 Nr.1 StGB[6] ab.[7] Bei den nicht-
technischen Waffen und Werkzeugen muß sich der Täter nicht nur
bewußt sein, daß er den Gegenstand in seinem Handbereich hat,
sondern auch daß er sich derselben bei der Tat als Waffe zum
Angriff oder zur Verteidigung bedienen könnte. Das Werkzeug
muß also auch in der Vorstellung des Täters eine Waffe gewesen
sein. Der Täter muß den Gegenstand zur Waffe bestimmt haben, da
dieser nicht schon seiner Natur nach, sondern erst nach dem
Willen des Täters im Einzelfall als Waffe dienen soll. Er muß

---

[1] vgl. Rechenberg (Frh.v.), Besitz von Waffen und Einbruchs-
werkzeug als besonderer strafbarer Tatbestand, Archiv f. Kri-
minologie Bd.91 (1932) S.68.
[2] Hippel (R.v.), Lehrbuch des Strafrechts, Berlin 1932 S.196;
Niethammer (E.), Lehrbuch des Besonderen Teils des Strafrechts, Tübingen 1950 S.147; Kohlrausch-Lange 41.Aufl.(1956)
Anm.I zu § 223 a; Mezger-Blei 9.Aufl. Bd.2 (1966) S.40.
[3] BGH Urt.v.5.12.67 - 5 StR 567/67 bei Dallinger MDR 68, 373.
[4] vgl.BGHSt 1, 145, MDR 51, 437.
[5] jetzt § 250 Abs.1 Nr.2.
[6] jetzt § 250 Abs.1 Nr.2.
[7] BGH bei Dallinger MDR 68, 373.

in irgendeinem Zeitpunkt des Tatherganges eine solche nicht-technische Waffe oder Werkzeug bei sich führen.[1] Dagegen braucht er nicht die Absicht zu haben, den Gegenstand als Waffe zu verwenden. So wurde vom BGH[2] das Beisichführen dieser nicht-technischen Waffe mit dem Ziel, das Opfer bewußtlos zu machen, um es in diesem Zustand berauben zu können, mit der Begründung abgelehnt, daß den Tätern nicht habe widerlegt werden können, daß sie das kurze Vorhalten eines solchen Taschentuches vor Mund und Nase für ein harmloses Betäubungsmittel hielten, das nach ihrer Meinung für die Gesundheit der Angegriffenen ungefährlich sei. Da, wie schon erwähnt, eine abstrakte Gefährlichkeit der Waffe oder des Mittels, wie sie in der früheren Rechtsprechung vorausgesetzt wurde, nach dem Wortlaut des § 250 Abs.1 Nr.2 StGB nicht mehr verlangt ist, wäre die Begründung für die Ablehnung einer Verurteilung wohl nicht mehr stichhaltig. Jedes Mittel, das als Waffe im nicht-technischen Sinne anzusehen ist, muß jetzt als ausreichend erachtet werden, ohne Rücksicht auf seine größere oder geringere Gefährlichkeit. Bei Gegenständen, die viele Leute stets bei sich tragen, z.B. ein einfaches Taschenmesser, muß verlangt werden, daß der Täter wenigstens mit der Möglichkeit rechnet, den Gegenstand bei Begehung der Tat verwenden zu können.[3] Bei Begehung der Tat bedeutet nicht, daß der Täter die Waffe oder das Werkzeug oder das Mittel von Anfang an bei sich führen muß. Es genügt, daß er den Gegenstand in irgendeinem Zeitpunkt während des ganzen Tatherganges, auch schon beim Versuch, derart bei sich trägt, daß er sich desselben jederzeit bedienen kann. Am Körper braucht die Waffe oder das Werkzeug nicht getragen zu werden. Es genügt z.B., wenn sie griffbereit sich im Auto befin-

---

[1] RGSt 68, 239; BGHSt 13, 259 f.; BGHSt 20, 197, MDR 65, 499, NJW 65, 1236.

[2] BGH Urt. vom 5.12.1967 - 5 StR 567/67 bei Dallinger MDR 68, 373.

[3] RGSt 68, 239; BGHSt 3, 233, NJW 53, 33, JZ 53, 155; BGH NJW 53, 952.

den.[1] Unter Tathergang ist nicht nur die Verwirklichung der Tatbestandsmerkmale vom Versuchsbeginn bis zur Vollendung des Raubes, sondern das ganze Geschehen bis zu dessen tatsächlicher Beendigung zu verstehen. Bis dahin ist im örtlichen und zeitlichen Zusammenhang mit der weiteren Verwirklichung der Zueignungsabsicht des Täters die Verwendung der Waffe, des Werkzeugs und des Mittels und damit schwerer Raub möglich.[2] So treffen die §§ 244 Abs.1 Nr.2 und 250 Abs.1 Nr.2 StGB auch dann zu, wenn sich der Täter, der zunächst lediglich drohen wollte, zu einer vorher nicht ins Auge gefaßten gefährlichen Anwendung des mitgeführten Mittels entschließt, z.B. das ungeladene Gewehr nunmehr als Schlaginstrument benutzen will.[3] Es genügt, daß der Täter, wenn er während des Tatherganges die Waffe, das Werkzeug oder das Mittel an sich nimmt, bewußt ist oder wird, daß er nunmehr einen Gegenstand bei sich hat, den er als Waffe benutzen kann, auch wenn er ihn an sich nimmt, um damit notfalls den Rückzug zu sichern.[4] Zu dem Urteil des BGH vom 6.4. 1965[5] nimmt Weber[6] kritisch Stellung, indem er geltend macht, daß die extensive Auslegung des BGH den § 252 StGB in einem weiten Feld praktisch zur Bedeutungslosigkeit verurteile, dessen hauptsächlichstes Anwendungsgebiet gerade in den Fällen vollendeter, aber nicht beendeter Wegnahme liege. § 252 StGB würde auf den Bereich der Nacheile und die Zeit nach derselben eingeschränkt. Der Umstand, daß der Täter zum Tragen einer Waffe befugt oder verpflichtet ist, wie z.B. ein Polizist oder ein Soldat auf Wache, ist unerheblich.[7] Denjenigen Teilnehmern, die keine Waffe bei sich führen, ist der Erschwerungsgrund des Beisichführens einer Waffe nur dann anzurechnen, wenn der Vorsatz das Waffenführen des anderen Teilnehmers umfaßt. Bedingter Vorsatz ist aber ausreichend.[8] Dabei ist es gleichgültig, welcher der Teilnehmer die Waffe bei sich führt, wenn er auch nur Anstifter oder Gehilfe ist.[9] Auch wenn der Täter zur Ausführung der Raubtat bereits entschlossen ist, macht sich derje-

1 BGHSt 13, 260; RGSt 55, 17 f.; 68, 239 f.; Dreher 37.Aufl.
2 (1977) Rdz.4 zu § 244.
  RG HRR 1935, 632; BGHSt 13, 260; 20, 194, MDR 65, 499, JZ 65,
3 418 f. unter Hinweis auf RGR 5, 558.
4 Schröder (H.), Diebstahl und Raub mit Waffen S.1836.
5 BGHSt 22, 231; BGH NJW 71, 473.
6 BGHSt 20, 197.
7 Weber (U.), Anm.zu Urt.d.BGH v.6.4.65-1 StR 73/65, JZ 65, 418 f.
  RGSt 54, 196; OLG Köln MDR 78, 335, ablehnend Hruschka (J.)
  NJW 78, 1338, der eine Bestrafung aus § 244 Abs.1 Nr.1 bzw.
  § 250 Abs.1 Nr.1 StGB nur dann anerkennen will, wenn die Waffe
8 zur Ausführung des Diebstahls bzw. Raubes mißbraucht würde.
  BGHSt 3, 234.

nige der Anstiftung zum schweren Raub schuldig, der diesen bestimmt, eine Waffe zu verwenden.[1] Der BGH geht bei seiner Entscheidung unter Hinweis auf Maurach[2] davon aus, daß Anstiftung
auch dann zu bejahen sei, wenn die Willensbeeinflussung die Täter veranlaßt hat, die ins Auge gefaßte Tat "in einer Art und
Weise auszuführen, durch die ihr Unwertgehalt gegenüber dem ursprünglichen Plan erheblich erhöht worden ist".[3] Der Anstifter
habe damit ihren Tatentschluß übersteigert. Weil die Täter zu
dieser Ausführung von sich aus noch nicht bereit gewesen seien,
der Angeklagte sie vielmehr erst dazu verleitet habe, liege nicht
psychische Beihilfe, sondern Anstiftung vor. Der BGH ist der
Auffassung, daß es für diese Beurteilung nicht entscheidend darauf ankomme, ob der Täter zur Verwirklichung eines anderen, mit
schwerer Strafe bedrohten Tatbestandes veranlaßt werde, sondern
auf den erheblich erhöhten Unwertgehalt, der auch in der gefährlichen Ausführungsart liegen könne, ohne daß sich an der
rechtlichen Beurteilung der Tat etwas ändere. Auch könne offen-
bleiben, ob und unter welchen Voraussetzungen Anstiftung vorliegen kann, wenn der Täter zu einer Ausführungsart veranlaßt werde, die an Unwertgehalt geringer ist, als die zunächst geplante.
Gegen diese Auffassung des Bundesgerichtshofes spricht sich Cramer[4] aus. Nach seiner Meinung müsse im Täter der Entschluß zur
Begehung einer bestimmten Straftat geweckt werden. Es unterliege
also keinem Zweifel, daß Anstiftung ausgeschlossen sei, wenn
der Täter zur Deliktsverwirklichung bereits fest entschlossen
sei. Solchenfalls komme nur Beihilfe und ausnahmsweise, wenn es
sich um ein Verbrechen handele, § 49 a StGB[5] in Betracht. Folglich könnte die eine Anstiftung bejahende Ansicht des Bundesgerichtshofes nur damit begründet werden, daß im Täter der Ent-

9 RGSt 54, 248 f.; BGHSt 3, 233; Dalcke-Fuhrmann-Schäfer 37.Aufl.
(1961) § 250 Anm.10.

1 BGHSt 19, 340 f., NJW 64, 1809, JZ 65, 31.
2 Maurach (R.), Deutsches Strafrecht Allg.Teil 2.Aufl.(1958)
S.539; vgl.auch Maurach (R.) a.a.O. 4.Aufl.(1971) S.687; LK 9.
Aufl.(1974) Rdz.14 zu § 48; Baumann (J.), Täterschaft und Teil-
nahme, JuS 63, 130; ders., Strafrecht Allg.Teil 6.Aufl.(1974)
S.586; Stork (E.), Anstiftung eines Tatentschlossenen zu einer
vom ursprünglichen Tatplan abweichenden Tat, Diss.Münster 1969
S.175; a.A. Schönke-Schröder 16.Aufl.(1972) § 48 StGB a.F.Anm.
4 a; Jescheck (H.-H.), Lehrbuch des Strafrechts Allg.T. 2.Aufl.
(1972) S.523; Welzel (H.), Das Deutsche Strafrecht 11.Aufl.(1969)
S.116 m.Kritik v.Busch in LK 9.Aufl.(1974) Rdz.14 zu § 48 StGB a.
F.; Rudolphi-Horn-Samson-Schreiber, System.Komm.z.StGB, Bd.1,
Allg.T.(§§ 1-79 b), Frankfurt/M. 1975 Rdz.4 zu § 26 StGB.

schluß zu einem anderen, mit der ursprünglich geplanten Tat
nicht identischen Verbrechen hervorgerufen werde. Nur darauf
komme es an, nicht auf die vom BGH zugrunde gelegte Steigerung
des Unwertsgehaltes. Keine solche andere Tat liege aber in den
Fällen vor, in denen die Beeinflussung des Täters zu einer
Qualifizierung der ursprünglich geplanten Tat führe. Denn auch
beim Hinzutreten einer Qualifikation werde die Tat nicht zu
einer anderen. Sonst würde im umgekehrten Falle nur versuchte
Anstiftung zu schwerem Raub vorliegen, wenn der Täter das Delikt entgegen der Vorstellung des Anstifters ohne qualifizie-
rendes Merkmal verwirkliche. In diesen Fällen sei aber in der
neueren Rechtsprechung stets vollendete Anstiftung zu Raub in
Tateinheit mit versuchter Anstiftung zu schwerem Raub angenommen worden.[1] Es mag in diesem Zusammenhang noch auf § 245 StGBE
1960 hingewiesen werden. Zu dem darin festgestellten Tatbestand
ist zu bemerken, daß ein minder schwerer Fall mit verringerter
Strafsanktion i.S. von Abs.2 ausgeschlossen ist, wenn der Täter bei Begehung des Raubes eine Waffe im technischen Sinne
oder ein Kraftfahrzeug verwendet. Da die Ausführung über die
tatbestandsmäßige Vollendung der Tat hinaus bis zu deren Beendigung andauert, liegt die Verwendung eines Kraftfahrzeuges insbesondere auch in dem Falle vor, in welchem ein Bankräuber, der,
um mit der Beute aus dem Gefahrenbereich zu entkommen, einen
Kraftwagen benützt, den er zu diesem Zweck vor der Bank bereitgestellt hat. Dagegen soll nach dem Vorschlag des Bundesrats
die genannte Bestimmung dahin eingeschränkt werden, daß die Verwendung eines Kraftfahrzeuges schweren Raub in den Fällen ausschließt, in denen der Täter, ohne vorher an Raub zu denken, nur
zufällig das Kraftfahrzeug benützt, oder, wie beim Handtaschenraub, in ein zufällig dastehendes Taxi springt.[2] Die Verwendung
eines gefährlichen Werkzeuges soll nach den Entwürfen von 1960
und 1962 nur unter den einfachen Raub i.S. des § 245 Abs.1 fal-

---

[3] z.B. Anstiftung zum Raub auf öffentl.Straße, dessen Ausführung
    ursprünglich im Hausflur geplant war (ausgehend v.§ 250 StGB i.
    d.F.v.1.9.69, nach der Neufassung v.1.1.75 nicht mehr als Bei-
    spiel verwertbar).
[4] Cramer (P.), Anm.z.Urt.d.BGH v.3.6.64 - 2 StR 14/64, JZ 65, 31.
[5] jetzt § 30; Rudolphi-Horn-Samson-Schreiber Bd.I (1975) Rdz.6 zu
    § 30 StGB.

[1] Cramer (P.) a.a.O. S.32 Anm.6.
[2] StGBE 1960 S.50 m.Begr.S.383; StGBE 1962 S.51 mit Begr.S.416 f.

len, die Verwendung einer Schußwaffe dagegen unter den schweren Raub i.S. des § 246 Abs.1 Nr.1. Während nach § 245 Abs.2 Nr.1 StGBE 1960 der Raub mit Waffe oder mit einem vor Aufnahme der Tat dazu vorgesehenen Kraftfahrzeug als einfacher Raub, jedoch nicht als minder schwerer Fall, der Raub mit Schußwaffe dagegen nach § 246 Abs.1 Nr.1 StGBE 1960 als schwerer Raub qualifiziert werden sollte, wurde durch die Neufassung des Strafgesetzbuches in § 250 Abs.1 Nr.1 und 2 außer dem Raub mit Schußwaffe auch der Raub mit Waffe oder einem sonstigen Werkzeug oder Mittel – unter Wegfall des Gefährlichkeitserfordernisses – zum schweren Raub gemacht. In § 245 Abs.2 Nr.3 StGBE 1960 ist auch der gewerbsmäßige Raub und in § 245 Abs.2 Nr.2 StGBE 1960 der zur Zeit häufige Bank- und Postraub als Raub, jedoch nicht als minder schwerer Fall, aufgeführt. Diese letztgenannten Bestimmungen sind bislang nicht Gesetz geworden.

2. Bandenraub

§ 250 Abs.1 Nr.4 StGB, der sich wörtlich auf Art.18 Nr.127 EGStGB vom 2.3.1974 (BGBl I 469, 490) gründet, lautet: "Auf Freiheitsstrafe nicht unter fünf Jahren ist zu erkennen, wenn der Täter den Raub als Mitglied einer Bande, die sich zur fortgesetzten Begehung von Raub oder Diebstahl verbunden hat, unter Mitwirkung eines anderen Bandenmitgliedes begeht".[1] Er ist an die Stelle des § 250 Abs.1 Nr.2 StGB i.d.F. vom 1.9.69 getreten, der folgenden Wortlaut aufwies: "Auf Freiheitsstrafe nicht unter fünf Jahren ist zu erkennen, wenn zu dem Raub mehrere mitwirken, welche sich zu fortgesetzter Begehung von Raub oder Diebstahl verbunden haben". Die Auslegung des § 250 Abs.1 Nr.2 StGB a.F. kann der Neuregelung in § 244 Abs.1 Nr.3 StGB derselben Neufassung angepaßt werden. Die Strafschärfung nach § 244 Abs. 1 Nr.3 ist lediglich etwas anders gefaßt, als die der Nr.6

---

[1] Nach österreichischem Recht umfaßt der Bandenraub auch die bandenmäßige Begehung von Erpressung (Stigelbauer (F.), Nötigung und Erpressung im neuen Strafrecht, ÖJZ 74, 647); das schweizerische Recht nimmt Bandenmäßigkeit an, wenn zwei oder mehre Täter sich mit dem ausdrücklich oder konkludent geäußerten Willen zusammenfinden, künftig zur Verübung mehrerer selbständiger, im einzelnen möglicherweise noch unbestimmter Diebstähle oder Raubtaten zusammenzuwirken (BGE 83 IV 147, Pr 46 Nr. 147; Pr 64 Nr.44; Räuberische Ausnahme diebischer Bandenmässigkeit, NZZ v. 25.2.1976, Fernausg.Nr.45 S.7). Als "Täter" ist jeder Beteiligte zu verstehen (Dreher 37.Aufl.(1977) Rdz.8 zu § 250).

des früheren § 243 StGB i.d.F. vom 25.8.1953. Inhaltlich entspricht sie ihr aber im wesentlichen. Dasselbe gilt von § 250 Abs.1 Nr.4 StGB i.d.F. vom 1.1.75 gegenüber § 250 Abs.1 Nr.2 StGB i.d.F. vom 1.9.69. Die bisherige, auf die letztere Fassung sich beziehende Rechtsprechung ist daher weitgehend ebenso verwendbar wie das einschlägige Schrifttum.[1] Soweit Abweichungen vorliegen, handelt es sich zum Teil um die gesetzliche Normierung und Kodifizierung der bisherigen Rechtsprechung und Lehre, zum Teil um die gesetzliche Festlegung einer bisher strittigen Rechtsauffassung. Diese Abweichungen sind im Folgenden Gegenstand besonderer Erörterung. Bereits die sich aus der allgemeinen Verbrechensabrede sowie aus dem späteren örtlichen und zeitlichen Zusammenwirken mehrerer sich ergebende Gefährlichkeit begründet die Strafschärfung.[2] Sowohl der Begriff der "Bande", der anstelle der "Mitwirkung mehrerer" in den Tatbestand des Bandendiebstahls bzw. Bandenraubes durch das 1. Strafrechtsreformgesetz vom 25.6.1969 (BGBl I 645) in § 244 Abs.1 Nr.3 in der Formulierung "als Mitglied einer Bande" eingefügt wurde, wie auch der Begriff der Verbindung zur fortgesetzten Begehung von Raub oder Diebstahl setzen weder eine gegenseitige Verpflichtung der Mitglieder zur Begehung solcher Delikte noch die Bildung einer "festgefügten Organisation" voraus. Vielmehr genügt eine auf ausdrücklicher oder auch aus den Umständen zu folgernder stillschweigender Vereinbarung beruhende Verbindung, wonach die die Bande bildenden Personen übereingekommen sind, in Zukunft mehrere selbständige, im einzelnen nach Zahl, Ort und Ausführungsart noch unbestimmte Diebstahl- oder Raubtaten auszuführen. Eine Individualisierung darf nicht stattfinden.[3] Bezüglich der Frage der gegenseitigen Verpflichtung sowie der Organisation lassen die Gesetzesmaterialien zum 1. Strafrechts-

---

[1] LK 9.Aufl.(1974) Rdz.7 zu § 250 und Rdz.13 zu § 244.

[2] RGSt 66, 241 f.; BGHSt 8, 209.

[3] OGHBrZ NJW 49, 910; RGSt 47, 342; 52, 211; 66, 239; BGH GA 1957, 85; BGH bei Dallinger MDR 72, 752; LK 9.Aufl.(1974) Rdz.15 zu § 244; Lackner 11.Aufl.(1977) § 244 Anm.3 a; Petters-Preisendanz 29.Aufl.(1975) § 244 Anm.3 b.

reformgesetz aus der Einfügung der Bandenmitgliedschaft nicht
entnehmen, daß eine von dem früheren Wortlaut abweichende Auslegung bezweckt wurde.[1] Danach genügt es nicht, wenn mehrere
Beteiligte wiederholt die sich ihnen bietende Gelegenheit zur
Begehung von Raub oder Diebstahl ausnutzen. Erforderlich ist
vielmehr der von den Bandenmitgliedern gemeinschaftlich gefaßte Entschluß, künftig gemeinsam eine Reihe von Diebstählen oder
Raubhandlungen noch unbestimmter Art zu begehen.[2] Voraussetzung
für die Strafschärfung ist seit der Neufassung durch das Erste
Strafrechtsreformgesetz vom 25.6.69[3] in Ansehung von § 244 Abs.
1 Nr.3 die Bandenmitgliedschaft, die anstelle der Mitwirkung
mehrerer des § 250 Abs.1 Nr.2 StGB i.d.F. vom 1.9.69[4] in § 250
Abs.1 Nr.4 StGB in der Neufassung vom 1.1.75[5] auch auf den Raub
ausgedehnt wurde. Diese Bandenmitgliedschaft ist sowohl für den
Täter wie für den an der Raubtat mitwirkenden Beteiligten bzw.
auch der mehreren daran beteiligten Personen gefordert. Die eine
Bande bildenden mehreren Personen müssen mindestens zwei sein,
können aber auch nur zwei sein.[6] Auch Ehegatten können eine Bande

---

[1] BGH GA 1974, 308 i.Verb. mit 1.Schriftlichen Bericht des Sonderausschusses für die Strafrechtsreform, BT-Drucks.V/4094
S.36; Niederschriften des Sonderausschusses für die Strafrechtsreform, 5.Wahlperiode, S.2474; Niederschriften über die
Sitzungen der Großen Strafrechtskommission Bd.6 S.18; StGBE
1962, BT-Drucks.IV/650 S.407; siehe auch LK 9.Aufl.(1974) Rdz.
14 zu § 244.

[2] Petters-Preisendanz 29.Aufl.(1975) § 244 Anm.II 3 b.

[3] BGBl I 645, 655.

[4] BGBl I (1969) 1445, 1485.

[5] BGBl I 1.

[6] RGSt 16, 175; 66, 242; BGHSt 23, 239 f., NJW 70, 1280 mit zust.
Anm.Schröder JR 70, 388 f.; vgl. auch Anm. Kohlhaas zu diesem
Beschluß des BGH in LM (1970) Nr.1 zu § 244 StGB; BGH GA 1974,
308; Schönke-Schröder 18.Aufl.(1976) Rdz.24 zu § 244; Corves
(E.), Die ab 1.April 1970 geltenden Änderungen des Besonderen
Teils des Strafgesetzbuches, JZ 70, 158; Petters-Preisendanz
29.Aufl.(1975) § 244 Anm.II 3 a; Blei (H.), JA 1970 StR S.228,
738; ders., StGB 37.Aufl.(1977) Rdz.10 zu § 244; nach österreichischem Recht ist für eine Bande eine Vereinigung von mindestens drei Personen verlangt (OGH Urt.v.9.11.77, 10 Os 155/77).

bilden.[1] Wenn in § 244 Abs.1 Nr.3 StGB i.d.F. vom 1.9.69[2] in
Abweichung von der bisherigen Fassung des § 243 Abs.1 Nr.6 i.
d.F. vom 23.8.53 zu bestrafen ist "wer als Mitglied einer Bande,
die sich zu fortgesetzter Begehung von Raub oder Diebstahl verbunden hat, unter Mitwirkung eines anderen Bandenmitgliedes
stiehlt", so ist durch die Neufassung, die unverändert in § 244
Abs.1 Nr.3 StGB i.d.F. vom 1.1.75 übernommen wurde, lediglich
die bisherige Rechtsprechung konsolidiert worden und meines Erachtens keine sachliche Änderung eingetreten. Da außerdem der
sich auf Raub beziehende § 250 Abs.1 Nr.3 StGB i.d.F. vom 1.9.69
wie der gleichlautende § 250 Abs.1 Nr.4 StGB i.d.F. vom 1.1.75,
die sich auf Art.18 Nr.127 EGStGB gründet, mit § 243 Abs.1 Nr.6
StGB i.d.F. vom 25.8.53 inhaltlich übereinstimmt, so können
auch die in den folgenden erwähnten, auf § 243 Abs.1 Nr.6 StGB
i.d.F. vom 25.8.53 gestützten Entscheidungen für den Bandenraub
des § 250 Abs.1 Nr.4 StGB i.d.F. vom 1.1.75 Geltung beanspruchen.
Die Änderung des § 243 Abs.1 StGB i.d.F. vom 25.8.53 durch die
§§ 243 und 244 StGB i.d.F. vom 1.9.69 wie i.d.F. vom 1.1.75 berührt den Bandenraub nicht.[3] Die Verbindung zu einem bestimmten einmaligen Diebstahl oder Raub genügt für Bandendiebstahl
oder Bandenraub nicht, ebensowenig wie eine solche zu einem bestimmten fortgesetzten Diebstahl oder Raub,[4] z.B. wenn die
mehreren Personen dem vorgefaßten Entschluß entsprechend an
drei Wochenenden den Weinkeller eines Gastwirtes ausräumen oder
aus einer bestimmten Fahrradwerkstätte nach und nach möglichst
viele Fahrräder entwenden. Andererseits kann diejenige Tat, die
als erste und einzige ausgeführt worden ist, als Bandenraub be-

---

[1] BGH bei Dallinger MDR 67, 369.

[2] BGBl I 1445, 1484.

[3] BGHSt 23, 239; BGH Urt.v.3.4.70 - 2 StR 485/68; BGH Urt.v.29.
4.70 - 2 StR 137/70.

[4] RGSt 56, 90 f.; 66, 238; RG JW 1932, 962; BGH GA 1957, 85;
BGH Urt.v.7.12.66 - 2 StR 399/66; BGH Urt.v.13.4.72 - 4 StR
93/72 bei Dallinger MDR 72, 752; Schönke-Schröder 18.Aufl.
(1976) Rdz.25 zu § 244; Lackner 11.Aufl.(1977) § 244 Anm.3 a;
LK 9.Aufl.(1974) Rdz.15 zu § 244; Blei (H.), Strafrecht II,
Bes.Teil, 10.Aufl.(1976), S.165.

straft werden, wenn die Verbindung zur fortgesetzten Begehung
mehrerer solcher im voraus nicht bestimmter Taten wirklich
stattgefunden hat.[1] Dagegen kann ein Bandendiebstahl oder Bandenraub auch mehrere im voraus unbestimmte fortgesetzte Diebstähle oder Räubereien zum Gegenstand haben.[2] Eine Verbindung
zu gewerbsmäßiger Begehung von Raub oder Diebstahl ist jedoch
nicht erforderlich. Auch dann, wenn sich mehrere Personen zunächst zu anderen Zwecken zusammengeschlossen haben, z.B. zu
einem gemeinsamen Besuch von Tanzlokalen, dann aber übereinkommen, mehrere nach Zahl, Ort und Art unbestimmte Diebstähle oder
Räubereien auszuführen, verbinden sie sich zu fortgesetzter
Begehung von Raub oder Diebstahl. Ist diese Absicht vorhanden,
so genügt schon die Begehung eines Diebstahls oder Raubes in
Ausführung dieser Absicht.[3] Es müssen die weiteren Diebstähle
oder Räubereien im Rahmen der mit der Bildung der Bande verfolgten Zwecke liegen. Die Verabredung allein genügt nicht.[4]
Bei den Diebstählen oder Raubtaten müssen mehrere Mitglieder
der Bande zusammenwirken, was ein örtliches und zeitliches,
wenn auch nicht körperliches Zusammenwirken bei der Ausführung
des einzelnen Diebstahls oder Raubes verlangt.[5] Wird der

---

[1] BGH bei Dallinger MDR 72, 752.

[2] RGSt 9, 297; 16, 174; 52, 211; 56, 91; 66, 238; RG DJZ 1921,
764; RG LZ 1925 Sp.46; Olshausen 11.Aufl.(1927) Bd.2 § 243
Anm.47.

[3] RGSt 66, 236; BGH bei Dallinger MDR 67, 269; Schönke-Schröder 18.Aufl.(1976) Rdz.25 zu § 244; Lackner 11.Aufl.(1977)
§ 244 Anm.3 d; LK 9.Aufl.(1974) Rdz.15 zu § 244; Dreher 37.
Aufl.(1977) Rdz.11 zu § 244.

[4] Olshausen 11.Aufl.(1927) Bd.2 § 243 Anm.48 c.

[5] RGSt 66, 242; 73, 323; BGHSt 8, 206 f.; Schönke-Schröder 18.
Aufl.(1976) Rdz.25 zu § 244; LK 9.Aufl.(1974) Rdz.16 zu
§ 244; Lackner 11.Aufl.(1977) § 244 Anm.3 c; Blei (H.),
Strafrecht II, Bes.T., 10.Aufl.(1976) S.165; vgl. auch Arzt
(G.), Die Neufassung der Diebstahlsbestimmungen, JuS 72,
579.

Diebstahl oder Raub von einem Bandenmitglied allein oder unter Mitwirkung eines nicht zur Bande gehörenden Beteiligten begangen, so reicht dies nach dem ausdrücklichen Wortlaut des § 250 Abs.1 Nr.4 StGB für Bandenraub nicht aus.[1] Was unter "Mitwirkung mehrerer" bzw. nach § 250 Abs.1 Nr.4 der Neufassung des Strafgesetzbuches unter Mitwirkung eines anderen Bandenmitgliedes neben dem die Bandenmitgliedschaft aufweisenden Täter bei der Begehung des Raubes zu verstehen ist, war lange Zeit strittig. In der grundlegenden Entscheidung RGR 6, 644, auf die in RGSt 25, 422 verwiesen ist, ist der Grundsatz ausgesprochen, daß der Begriff der "Mitwirkung" keinesfalls mehr voraussetze, als der Begriff der "Mittäterschaft".[2] Zur Annahme der Mittäterschaft ist aber erforderlich und ausreichend, daß jeder Beteiligte den ganzen Erfolg einer Straftat aus eigenem Willen, aber auf Grund eines gemeinschaftlichen Entschlusses und mit vereinten Kräften verursachen will, daß also jeder seine eigene Tätigkeit als mittelbarer Täter durch die Handlungen des oder der Genossen vervollständigen oder diese sich anrechnen lassen will. Jeder "Mittäter" muß hiernach zwar mit jener inneren Einstellung zur Tat in irgendeiner Weise zur Ausführung derselben mitwirken. Es reicht aber aus, daß er dies durch die unmittelbare Tätigkeit des oder der Genossen tut, während er seine persönliche Tätigkeit auf Handlungen beschränkt, die sich äußerlich als Beihilfehandlungen darstellen, so daß er sich auch nur wegen Beihilfe zum Bandendiebstahl oder Bandenraub gemäß § 27 Abs.2 mit § 49 Abs.1 StGB in milderer Weise strafbar macht.[3] Nicht ist aber erforderlich, daß jeder Tat-

---

[1] Petters-Preisendanz 29.Aufl.(1975) § 244 Anm.II 3 c unter Hinweis auf die Begründung zu § 237 StGBE 1962.

[2] siehe auch RGSt 9, 77; 54, 248; 58, 279; 66, 240.

[3] BGHSt 4, 34 f.; 12, 222 ff.; BGH NJW 52, 945; MinR Corves in 122.Sitzung des Sonderausschusses für die Strafrechtsreform, Niederschriften 5.Wahlperiode S.2474; Schönke-Schröder 18.Aufl.(1976) Rdz.14 zu § 244.

genosse ein Tatbestandsmerkmal verwirklicht.[1] Wie nun in der
neueren Rechtsprechung wiederholt anerkannt worden ist, genügt zur Annahme der Mittäterschaft - immer unter der Voraussetzung des Vorliegens der übrigen Merkmale - nicht nur eine
körperliche, sondern auch eine geistige Mitwirkung. Letztere
besteht darin, daß der eine Tatgenosse dem die Tatbestandsmerkmale verwirklichenden anderen Tatgenossen durch einen vor
oder bei der Ausführung erteilten Rat zur Seite steht oder in
irgendeinem Zeitpunkt in sonstiger Weise dessen Täterwillen
stärkt.[2] Die bloße Beteiligung an der Verabredung, die nicht
in irgendeiner Weise stärkend und fördernd auf den Täterwillen der anderen Genossen wirkt, würde allerdings nicht ausreichen.[3] Zur Zeit der vorerwähnten, in RGR 6, 644 abgedruckten Entscheidung hatte sich diese Rechtsanschauung noch nicht
durchgesetzt. Obwohl sich darin der Satz findet, daß der Begriff der Mitwirkung beim Bandendiebstahl keinesfalls mehr
voraussetzen könne, als der Begriff der Mittäterschaft, wird
darin die Frage offengelassen, ob und inwieweit auch "intel-
lektuelle Beihilfe", d.h. eine Handlung, die sich äußerlich
als geistige Beihilfe darstellt, unter die Strafbestimmung
des § 243 Abs.1 Nr.6 StGB a.F. fällt. Die Entstehungsgeschichte der Bestimmungen über bandenmäßige Begehung wie auch die
Rechtsprechung zu § 146 VZG betreffend Bandenschmuggel, an dessen Stelle § 401 b Abs.2 Nr.1 RAO, später[4] § 397 Abs.2 Nr.1
AO und nunmehr[5] § 373 Abs.2 Nr.3 AO 1977 getreten ist,[6] führen

[1] RGSt 9, 77; 54, 248; 58, 279; 66, 240.
[2] RG Urt.v.8.5.1924 - II 422/24, zit.in RGSt 66, 240; RGSt
35, 17; 53, 138; 59, 379.
[3] RGSt 56, 329 f.; 66, 240.
[4] auf Grund Art.1 Nr.10 des 2.AOStrafÄndG v.12.8.1968 (BGBl
I 953).
[5] BGBl I 613, 690.
[6] RGSt 9, 44; 39, 53; 54, 246 f.; 69, 105; 71, 49; BGHSt 3,
42; 4, 34 f.; 6, 261 f.; 8, 206 f.; vgl.auch Hübner (E.)
in Hübschmann-Hepp-Spitaler, Kommentar zur Reichsabgabenordnung, Bd.IV, 1.-6.Aufl., Lieferung 77 (Juni 1974), Köln,
Anm.14-27 zu § 397 AO und Anm.2 zu Vorbem.zu §§ 396, 397 AO;
Franzen (Kl.) & Gast (B.), Steuerstrafrecht mit Ordnungswi-
drigkeiten, München 1969 Rdz.16 zu § 397 AO; Kohlmann (G.),
Steuerstraf- und Steuerordnungswidrigkeitenrecht einschl.
Verfahrensrecht (§§ 391-449 AO), Köln-Marienburg, Lieferung
v.4.6.74 Rdz.20 zu § 397 AO.

zu dem Ergebnis, daß ebenso wie der Begriff der gemeinschaftlichen Ausübung eines Bannbruchs oder einer Zollhinterziehung bzw. einer Hinterziehung von Eingangsabgaben auch der Begriff des "Mitwirkens mehrerer" beim Diebstahl in § 243 Abs.1 Nr.6 StGB a.F. bzw. beim Raub in § 250 Abs.1 Nr.2 StGB a.F. gegenüber dem in der neueren Rechtsprechung herrschend gewordenen weiten Begriff der "Mittäterschaft" insofern enger ist, als ein irgendwie geartetes zeitliches und örtliches Zusammenwirken mehrerer Mitglieder der Bande bei der Ausführung der einzelnen Diebstähle oder Räubereien wesentlich ist. Dagegen gehört eine geistige oder körperliche Teilnahme am einzelnen Diebstahl oder Raub, die örtlich oder zeitlich von der Tätigkeit der übrigen Genossen getrennt stattfindet, nicht zur "gemeinschaftlichen Ausübung" und nicht zum Begriff des "Mitwirkens mehrerer" i.S. der genannten Bestimmungen. Die Annahme, daß die Rechtsordnung von einem einheitlichen Begriff der bandenmäßigen Begehung ausgeht, liegt um so näher, als die in Betracht kommenden ursprünglichen Gesetzesbestimmungen bezüglich des Grundsatzes der bandenmäßigen Begehung, der von den sie ersetzenden späteren gesetzlichen Änderungen beibehalten wurde, nahezu um dieselbe Zeit entstanden sind. Dabei darf allerdings die abweichende Fassung der beiden Bestimmungen nicht außerachtgelassen werden. So ist nach § 146 Abs.1 VZG die ausserordentliche Strafe schon verwirkt, wenn drei oder mehr Personen, die einen Bannbruch oder eine Zollhinterziehung gemeinschaftlich ausgeführt haben, sich zur gemeinschaftlichen Ausübung dieser einzelnen Tat verbunden haben, wofür eine durch den Nachweis zufälligen Zusammentreffens widerlegbare Vermutung besteht. Eine weitere Strafschärfung tritt, wenn eine derartige Verbindung für die Dauer - also zur fortgesetzten Begehung von Bannbruch oder Zollhinterziehung - eingegangen ist, aus dem Grunde ein, daß die Anordnung einer außerordentlichen Strafe vor allem in der durch die gemeinschaftliche Ausführung gesteigerten Gefährlichkeit der Tat gelegen ist und in der in dem willensmäßigen Zusammenschluß für die Dauer liegenden Gefahr begründet ist. Nach § 243 Abs.1 Nr.6 StGB i.d.F. vom 25.8.1953 ist die Strafschärfung von vornherein an die Voraussetzung geknüpft, daß die beim Diebstahl Mitwirkenden sich zu fortgesetzter Begehung von Raub oder Diebstahl verbunden haben. Hier wird also die in dem willensmäßigen Zusammenschluß für die Dauer liegende Gefahr in den Vordergrund gerückt und es wird hieraus im Schrifttum teilweise der Schluß gezogen, daß sie allein den Grund der Strafschärfung bilde und das örtliche und zeitliche Zusammenwirken mehrerer bei der Tatbestandsverwirklichung keine Rolle spiele.[1] Es ist aber nicht zu verkennen, daß auch beim Diebstahl, wenn auch in geringerem Maß als beim Bannbruch und der Zollhinterziehung, in dem örtlichen und zeitlichen Zusammenwirken mehrerer ein straferhöhender Umstand zu sehen ist. Es rechtfertigt sich daher die Auslegung, daß die Strafschärfung an ein örtliches und zeitliches Zusammenwirken mehrerer gebunden ist, so daß also sowohl der willensmäßige Zusammenschluß wie das örtliche und zeitliche Zusammenwirken mehrerer Voraussetzung für das Vorliegen eines Bandendiebstahls oder Bandenraubes bilden. Hiernach können die einzelnen Diebstähle oder Räubereien, die in Verfolg der Bandenbildung begangen werden, nur insoweit als Bandendiebstähle oder Bandenräubereien beurteilt werden, als bei der Verwirklichung des Diebstahls- bzw. Raubtatbestandes mehrere, mindestens aber zwei Mitglieder der Bande zugegen und irgendwie mittätig sind, wobei allerdings, abgesehen von der persönlichen Anwesenheit, jegliche Art der Beteiligung, auch eine bloß geistige, genügt. Ferner können bei jedem dieser Diebstähle und Räubereien nur diejenigen Bandenmitglieder mit der Strafe für Bandendiebstahl bzw. Bandenraub belegt werden, die am einzelnen Diebstahl oder Raub örtlich und zeitlich, wenn auch nicht notwendig körperlich, mittätig sind, d.h. gemeinsam mitwirken.[2] Das räumlich abwesende, am

---

[1] Binding (C.), Lehrbuch des Gemeinen Deutschen Strafrechts Bes.Teil Bd.1, 2.Aufl., Leipzig 1902 S.304; Hälschner (H.), Das Preußische Strafrecht 3.Theil: System des Preußischen Strafrechts 2.Theil, Bonn 1868 S.486; ders., Das gemeine deutsche Strafrecht systematisch dargestellt, 2.Bd. 1.Abtheilung, Bonn 1884 S.329 f.

[2] RGSt 25, 422; 52, 211; 66, 242 mit RGR 6, 647; 73, 323; BGHSt 8, 206 f., NJW 56, 150, MDR 56, 307; BGH Urt.v.18. 2.54 - 3 StR 814/53; BGH Urt.v.30.10.59 - 1 StR 459/59.

Diebstahl oder Raub nicht mitwirkende Bandenmitglied, das an
dem Fortbestehen der gefährlichen Verbrechensverabredung der
Bande noch immer teilhat und das auf Grund dieses seines
engen Verhältnisses zur Tat "Mittäter" ist,[1] kann nicht als
Täter am Bandendiebstahl oder -raub, wohl aber als Anstifter
oder Gehilfe an demselben sich strafbar machen.[2] Seine Strafe
ist den §§ 26, 27 i.Verb. mit § 244 Abs.1 Nr.3 bzw. § 250 Abs.
1 Nr.4 StGB zu entnehmen.[3] Strittig ist, ob die Bandenmitgliedschaft ein besonderes persönliches Merkmal i.S. von § 28 Abs.2
StGB[4] ist. Bei den Vorarbeiten zum Ersten Strafrechtsreformgesetz hat man das Schwergewicht auf das personale und nicht auf
das sachliche Element der Bandenmitgliedschaft gelegt und daher
§ 28 Abs.2 StGB auf die Bandenmitgliedschaft für anwendbar gehalten.[5] Bei vergleichbarer Problemlage aber abweichendem Wortlaut hat der BGH[6] den personalen Charakter verneint. Er ging
dabei davon aus, daß § 50 Abs.2 StGB i.d.F. vom 25.8.1953 auf
den Teilnehmer, der an der Tat nur insofern mitwirkte, als er
auf Grund einer Beteiligung an der Verabredung des Bandendiebstahls oder -raubes den Haupttätern seinen Wagen zum Abtransport der jeweiligen Beute zur Verfügung stellte und so Beihilfe
leistete, nicht zutreffe. Dies wäre nur der Fall, wenn die "bandenmäßige Begehung" eine besondere persönliche Eigenschaft oder

---

[1] BGHSt 16, 14 f.

[2] RGSt 66, 242; 73, 322; BGHSt 8, 205 mit Anm.Dünnebier JR 56,
148 und Anm.Kielwein MDR 56, 308; Blei (H.), Strafrecht II
Bes.T. 10.Aufl.(1976) S.165; Petters-Preisendanz 29.Aufl.
(1975) § 244 Anm.II 3 c.

[3] LK 9.Aufl.(1974) Rdz.16 zu § 244 StGB; Maurach (R.), Deutsches Strafrecht Bes.T. 5.Aufl., Studienausg. (1971) S.222;
Krey (V.), Strafrecht Bes.T. Bd.2 S.51; a.A. Eser in Schönke-Schröder 18.Aufl.(1976) Rdz.27 zu § 244, nach welchem
auch ein nicht anwesendes Bandenmitglied Mittäter sein kann.

[4] = § 50 Abs.3 StGB i.d.F. vom 1.9.1969.

[5] StGBE 1962 Begr.zu § 237 S.407; Niederschriften über die
Sitzungen der Großen Strafrechtskommission, Bd.6, Bonn 1958
S.35; Protokolle über die Sitzungen des Sonderausschusses für
die Strafrechtsreform in der 5.Wahlperiode, Bonn, S.2474;
Lackner 11.Aufl.(1977) § 244 Anm.3 b; Dreher 37.Aufl.(1977)
Rdz.13 zu § 244; Blei (H.), Strafrecht I Allg.T., 17.Aufl.,
München 1977 S.238; ders., Strafrecht II Bes.T., 10.Aufl.
(1976) S.165; Maurach (R.), Deutsches Strafrecht Bes.T., Nach-
trag zur 5.Aufl., Stand: 1.4.1970, Karlsruhe 1970 S.29; ders.,

ein persönliches Verhältnis sein würde. Einmal aber scheide der Gesichtspunkt der besonderen persönlichen Eigenschaft von vornherein aus, weil eine bandenmäßige Verbrechensverabredung keine solche Eigenschaft der Verabredeten darstelle. Sie sei aber auch kein besonderes persönliches Verhältnis. Zwar könne für die Beurteilung der Frage, ob ein solches persönliches Verhältnis vorliege, die Rechtsprechung zum Bandenschmuggel, die in der bandenmäßigen Tatbegehung kein persönliches Verhältnis sieht,[1] nicht ohne weiteres herangezogen werden. Denn nach § 401 b Abs.2 Nr.1 RAO[2] stehe die gemeinsame zeitliche und örtliche Begehung durch mindestens drei Schmuggler wegen ihrer besonderen Tatgefährlichkeit im Vordergrund, nicht aber eine vorherige Verabredung zu mehreren Schmuggeltaten, während beim Bandendiebstahl und Bandenraub umgekehrt die strafschärfende Gefährlichkeit zunächst in der allgemeinen Verbrechensverabredung liege und erst in zweiter Linie auch in der örtlichen Tatgefahr.[3] Im Ergebnis habe jedoch, wie der Bundesgerichtshof ausdrücklich betont, für den Bandendiebstahl bzw. -raub dasselbe zu gelten. Aber auch wenn die der Tat vorausgehende Verbrechensverbindung nach § 244 Abs.1 Nr.3 StGB i.d.F. vom 1.4. 1970, der an die Stelle von § 243 Abs.1 Nr.6 StGB i.d.F. vom 25.8.1953 getreten ist, bzw. nach § 250 Abs.1 Nr.2 i.d.F. vom 1.9.1969 als besonderes persönliches Verhältnis angesehen werden sollte, so wäre dies insofern unerheblich, als der Grund der Strafschärfung nicht allein hierin, sondern offensichtlich auch in der besonderen Gefährlichkeit örtlich gemeinsamer Tatbegehung, die bei bandenmäßigem Raub (§ 250 Abs.1 Nr.2 StGB) besonders hervortrete, aber auch beim Diebstahl regelmäßig vor-

---

Deutsches Strafrecht Allg.T. 4.Aufl.(1971) S.716; a.A. Vogler (Th.), Zur Bedeutung des § 28 StGB für die Teilnahme am unechten Unterlassungsdelikt, in FS für Richard Lange, Berlin-New York 1976 S.278.
[6] BGHSt 8, 72, 209.

---

[1] BGHSt 3, 46; 4, 34; 6, 262; 8, 72; Mezger-Blei, Strafrecht I Allg.T. 15.Aufl.(1973) S.290.
[2] jetzt § 373 Abs.2 Nr.3 AO v.16.3.76 (AO 1977), BGBl I 690.
[3] RGSt 66, 241; BGHSt 8, 209.

handen sei, liege, wie schon das Reichsgericht unter Hinweis
auf die Entstehung des § 243 Abs.1 Nr.6 StGB i.d.F. vom 25.8.
53 hervorgehoben und als die Strafschärfung mitbegründend bezeichnet habe.[1] Sei ein persönliches Verhältnis jedoch nicht
der alleinige Grund der Strafschärfung, so habe es nach § 50
Abs.2 StGB außer Betracht zu bleiben, da das Gesetz dann nicht
nur den Täter, sondern durch hinzutretende Umstände die Tat
als Ganzes erschwerend gekennzeichnet habe. § 50 StGB hindere
daher die Bestrafung des abwesenden Teilnehmers als Gehilfe
bei den Bandendiebstählen und Bandenräubereien nicht, sofern
er durch seinen Beitrag die von den Beteiligten durchgeführte
Tat gefördert habe. Dem Bundesgerichtshof haben sich auch
Eser[2] und Welzel[3] angeschlossen. In einer späteren Entscheidung allerdings hat der Bundesgerichtshof[4] die Bandenmitgliedschaft als persönliches Merkmal i.S. des § 50 Abs.2 StGB mit
der Begründung anerkannt, daß der Gesetzgeber durch die Formulierung "als Mitglied einer Bande" das Vorliegen eines persönlichen Merkmals verdeutlichen wollte, so daß das an dem
Diebstahl oder Raub teilnehmende Nichtmitglied der Bande als
Täter, Anstifter oder Gehilfe nur nach § 242 StGB bzw. § 249
StGB bestraft werden darf.[5] Durch die Neufassung von § 244
Abs.1 Nr.3 StGB bzw. § 250 Abs.1 Nr.2 StGB ist so die abweichende Entscheidung BGHSt 8, 209 gegenstandslos geworden.[6]
Auch wurden damit der Sachlage entsprechende Ergebnisse erzielt.[7] Zur Bandenmäßigkeit genügt schon die Verbindung für
eine gewisse, auch kürzere Zeit und einen bestimmten Ort, z.B.

---

[1] RGSt 66, 241.

[2] in Schönke-Schröder 18.Aufl.(1976) Rdz.27 zu § 244.

[3] Welzel (H.), Das Deutsche Strafrecht 11.Aufl.(1969) S.355.

[4] BGHSt 12, 220, 226; siehe auch LK 9.Aufl.(1974) Rdz.16 zu
§ 244; StGBE 1962 Begründung S.407.

[5] BGH Urt.v.18.4.78 - 1 StR 815/77 bei Holtz MDR 78, 624.

[6] Petters-Preisendanz 29.Aufl.(1975) § 244 Anm.II 3 a.

[7] Lackner 11.Aufl.(1977) § 244 Anm.3 b; LK 9.Aufl.(1974)
§ 244 Rdz.16; Arzt (G.), Die Neufassung S.576.

einen Jahrmarkttag oder die Herbstmesse oder Ausverkaufszeiten.[1] Auch ist Bandendiebstahl oder Bandenraub gegen denselben Eigentümer, wie z.B. den Staat, die Gemeinde oder eine private Gesellschaft, möglich, jedoch nur dann, wenn derselbe an verschiedenen Orten unter verschiedenen Umständen bestohlen werden kann und dazu die Möglichkeit immer neu ausgespäht werden muß, wenn also die Reihe der Diebstahlsmöglichkeiten nicht von vornherein übersehbar ist,[2] z.B. im Falle des Diebstahls von Kupferdraht einer Beleuchtungsgesellschaft.[3] So ist auch die Absprache, Automaten bei günstiger Gelegenheit zu erbrechen, in der Regel als Bandenbildung anzusehen.[4] Auch wird Bandendiebstahl oder -raub nicht dadurch ausgeschlossen, daß die Diebstähle oder Raubhandlungen auf eine bestimmte Gattung von Sachen begrenzt werden,[5] wie z.B. auf Gegenstände der Beförderung auf der Eisenbahn,[6] auf Kraftwagen,[7] auf Fahrrädern[8] usw. oder auf eine bestimmte Begehungsart, wie z.B. auf Taschendiebstähle.[9] Durch die bandenmäßige Begehung verlieren die einzelnen Diebstähle und Raubhandlungen ihre Selbständigkeit nicht und stehen grundsätzlich als sachlich selbständige Handlungen in Realkonkurrenz.[10] Eine Sammelstraftat ist vom Reichsgericht in solchen Fällen stets abgelehnt worden.[11] Der Versuch beginnt mit der Wegnahme.[12] Maßgebend für die "minder schweren Fälle" kann die Geringwertigkeit der Beute sein. § 248 a StGB findet auf § 250 StGB sowenig wie auf § 244 StGB Anwendung.[13]

---

[1] RGR 5, 776; RGSt 9, 297; RG GA 38, 187; LK 9.Aufl.(1974) Rdz.15 zu § 244; Dreher 37.Aufl.(1977) Rdz.11 zu § 244.
[2] RGSt 52, 211; RG JW 1924, 816.
[3] RGSt 52, 211.
[4] BGH, Urt.v.6.12.60 - 1 StR 520/60, zit.in LK 9.Aufl.(1974) Rdz.15 zu § 244.
[5] LK 9.Aufl.(1974) Rdz.15 zu § 244; BGH, Urt.v.18.4.78 - 1 StR 815/77 bei Holtz MDR 78, 624 mit BGH, Urt.v.22.3.60 - 1 StR 90/60.
[6] RG JW 1923, 399 und 1924, 816.
[7] BGH, Urt.v.22.3.60 - 1 StR 90/60; BGH, Urt.v.7.12.66 - 2 StR 399/66.
[8] RGSt 47, 341.
[9] BGH, Urt.v.4.10.66 - 5 StR 416/66 bei Dallinger MDR 67, 369.
[10] RG JW 1939, 33; RG GA 42, 115; Dalcke-Fuhrmann-Schäfer 37. Aufl.(1961) § 243 Anm.25; Schönke-Schröder 18.Aufl.(1976) Rdz.29 zu § 244; LK 9.Aufl.(1974) Rdz.15 zu § 244.
[11] Beschl. des Großen Strafsenats des Reichsgerichts in RGSt 72, 164 ff., 167.
[12] Dreher 37.Aufl.(1977) Rdz.9 zu § 250.
[13] Schönke-Schröder 19.Aufl.(1978) Rdz.29 zu § 250.

3. Gefährlicher Raub

Nach § 250 Abs.1 Nr.3 StGB, der wörtlich mit Art.18 Nr.127 EGStGB vom 2.3.1974[1] übereinstimmt, liegt gefährlicher Raub als eine Form des schweren Raubes vor, wenn der Täter oder ein anderer Beteiligter durch die Tat einen anderen in die Gefahr des Todes oder einer schweren Körperverletzung (§ 224 StGB) bringt. Der andere braucht weder der Beraubte noch der zu sein, gegen den sich die Gewalt oder die Drohung richtet.[2] Es kann sich um einen Unbeteiligten handeln, den der Täter z.B. durch abirrende Schreckschüsse oder durch Einsatz von Handgranaten als Gewaltmittel vorsätzlich gefährdet, nicht dagegen um einen Tatbeteiligten.[3] Die Gefahr muß eine konkrete Gefahr sein, also durch die Tat herbeigeführt werden, d.h. durch eine Handlung, die angefangen mit dem Beginn des Versuchs bis zur Beendigung der Tat Bestandteil der Tatbestandsverwirklichung ist, z.B. die Gefährdung von Straßenpassanten durch Davonrasen in einem durch die Polizei verfolgten Auto. Es genügt aber bedingter Vorsatz.[4] Dabei reicht aus, daß der eine Beteiligte mit der Gefährdung einverstanden ist, die der andere möglicherweise herbeiführt.

[1] BGBl I 469 ff., 490.

[2] Krey S.68 unter Berufung auf Eser, Strafrecht IV S.108; Dreher 37.Aufl.(1977) Rdz.7 zu § 250.

[3] Schönke-Schröder 19.Aufl.(1978) Rdz.22 zu § 250; Maurach-Schröder 6.Aufl.(1977) S.332; Blei (H.), Strafrecht II, Bes. Teil, 10.Aufl.(1976) S.170.

[4] Dreher 37.Aufl.(1977) Rdz.7 zu § 250; so auch BGH Urt.v.10.2. 1977 - 4 StR 652/76 unter Hinweis auf BGHSt 26, 176, MDR 75, 945 zu § 113 Abs.2 Nr.2 StGB, dem auch § 125 a Nr.3 StGB bewußt angeglichen wurde (vgl.BGH Urt.vom 26.11.1975, MDR 76, 242), und auf BGHSt 26, 244, MDR 76, 242 zu § 11 Abs.4 Nr.2 BetMG, in welchen Fällen der Täter tatbestandsmäßig durch seine Tat das Opfer in die Gefahr des Todes oder der schweren Körperverletzung brachte; siehe auch BGH VRS 44, 423; ferner StGBE 1962 Begründung zu § 296 Abs.1 Nr.3 S.468 und Hübner in LK 9.Aufl.(1974) Rdz.9 zu § 125 a StGB; da es sich bei dem Ingefahrbringen nicht um eine Erfolgsqualifikation, sondern um ein Tatbestandsmoment handelt, das vorsätzliches Handeln verlangt, genügt die Feststellung nicht, daß die Todesgefahr bei der brutalen Behandlung des Opfers sich dem Täter hätte aufdrängen müssen, da diese Formulierung nur für einen Fahrlässigkeitsvorwurf spricht (BGH MDR 77, 638 unter Hinweis auf BGHSt 26, 176, MDR 75, 945, zu § 113 Abs.2 Nr.2 StGB).

Die konkrete Gefahr ist keine besondere Folge i.S. des § 18
StGB, insofern es sich bei der Gefährdung nicht um eine bloße
Erfolgsqualifikation handelt, sondern um ein der lebensgefähr-
denden Behandlung i.S. des § 223 a StGB vergleichbares Tatbe-
standselement, das nach § 15 StGB vom Vorsatz umfaßt sein muß.[1]
§ 250 Abs.1 Nr.3 StGB übernimmt einen Teil der Fälle, die vor
der Neufassung des Strafgesetzbuches vom 1.1.1975 durch § 251
StGB a.F. erfaßt wurden. Tatbestandsmäßig sind jedoch nicht
nur die Fälle, in denen es tatsächlich zu einer schweren Folge
i.S. von § 224 StGB gekommen ist. Es genügt vielmehr bereits
die konkrete Gefahr einer solchen Folge.[2] Da die Qualifikation
des § 250 Abs.1 Nr.3 StGB in den Geltungsbereich des Raubes mit
Todesfolge (§ 251 StGB) hineinragt, mit der Maßgabe, daß § 251
den § 250 Abs.1 Nr.3 verdrängt,[3] ist die Einengung des Anwen-
dungsbereiches des § 251 StGB auf die Fälle der leichtferti-
gen Herbeiführung einer Tötung durch den Raub gerechtfertigt.[4]
Ein minder schwerer Fall i.S. des § 250 Abs.2 StGB kommt insbesondere dann in Betracht, wenn der Täter nur geringwertige

[1] Dreher 37.Aufl.(1977) Rdz.7 zu § 250; Schönke-Schröder 19.
Aufl.(1978) Rdz.24 zu § 250 unter Hinweis auf StGBE 1962 Begr.
zu § 249 S.284; Hirsch (H.J.), Hauptprobleme einer Reform der
Delikte gegen die körperliche Unversehrtheit, ZStW Bd.83
(1971) S.149; Backmann (L.E.), Gefahr als "besondere Folge
der Tat" i.S. der erfolgsqualifizierten Delikte?, MDR 76,
974 ff.; a.A. Krey (V.), Strafrecht Bes.T. S.68, der in der
konkreten Gefahr eine besondere Folge i.S. des § 18 StGB
sieht.
[2] Petters-Preisendanz 29.Aufl.(1975) § 250 Anm.3; zum gleichen
Ergebnis kommt der BGH im Urteil vom 13.9.77 - 1 StR 424/77
bei Holtz MDR 78, 111. Bei der Tatsache, daß schon leichte
Schläge mit einem Meißel auf den Kopf des Opfers nach allgemeiner Lebenserfahrung die schweren Folgen herbeiführen können, unterlag es keinem Zweifel, daß sich der Täter bei den
unter anderem offene Schädelbrüche zur Folge habenden
Schlägen des Eintritts der Gefahr der schweren Folgen bewußt
war und auch, wie der Urteilszusammenhang ergab, diese konkrete Gefahr in Kauf nahm und billigte. Wenn der Täter geltend
machte, er habe das Opfer mit den Schlägen nur bewußtlos und
vorübergehend kampfunfähig machen wollen, um zu dem Schlüssel
zur Wohnung und damit zu dem in der Kasette befindlichen Geld
zu kommen, so ist dies umso weniger glaubhaft, als der Täter
bei seiner mittelschweren Trunkenheit die Kraft und Wirkung
der Schläge, die zu bloßer Bewußtlosigkeit geführt hätten, gar
nicht hätte abschätzen können und daher die Gefahr der schweren Folge gar nicht hätte ausschließen können; siehe auch Eser
in Schönke-Schröder 19.Aufl.(1978) Rdz.21 zu § 250, der hierfür
die nicht mehr beherrschbare Möglichkeit eines Erfolges verlangt, dessen Eintritt oder Ausbleiben nur noch vom Zufall abhängt, und Maurach (R.), Deutsches Strafrecht, 6.Aufl., hrsg.
v.Fr.-Chr.Schroeder, Heidelberg-Karlsruhe 1977 S.332, der eine
nahe Möglichkeit des Schadens verlangt.

Sachen erbeutet hat oder wenn die Gefährlichkeit der Tatausführung an der unteren Grenze liegt, z.B. wenn der Täter das Opfer nur mit einer nicht einsatzbereiten Schußwaffe oder einer sogenannten Scheinwaffe bedroht hat.[1] Was das Verhältnis der einzelnen Alternativen des schweren Raubes (§ 250 StGB) betrifft, so ist zu bemerken: Schon bei schwerem Diebstahl (§ 243 StGB a.F.) hatte der Bundesgerichtshof im Falle des Zusammentreffens mehrerer Straferschwerungsgründe keine Verletzung mehrerer Gesetze i.S. des § 73 StGB a.F. angenommen, sondern nach allgemein anerkannten Grundsätzen nur einen einzigen schweren Diebstahl als vorliegend erachtet, davon ausgehend, daß die einzelnen Tatbestände des § 243 StGB a.F. als Grundtatbestand, d.h. als Unterbau, den § 242 StGB voraussetzen und ihn durch ihre Sonderbestimmungen, die einen erhöhten Unrechts- und Strafgehalt kennzeichnen, ergänzen.[2] Diese Entscheidung hat auch für die straferhöhenden Umstände des Raubes (§ 250 Abs.1 StGB) Bedeutung, zumal § 250 Abs.1 StGB weitgehend dem § 243 Abs.1 StGB a.F. entspricht. Der Bundesgerichtshof hat den genannten, zu § 243 StGB a.F. entwickelten Grundsatz bereits in mehreren Entscheidungen auf § 250 Abs.1 StGB übertragen.[3] So sah der Bundesgerichtshof in dem Falle, daß sich der bewaffnete Täter mit dem Vorsatz des Raubes in ein bewohntes Gebäude eingeschlichen hatte, laut Entscheidung vom 14.12.65[4] den Tatbestand der §§ 249, 250 Abs.1 Nr.1 und

[3] Dreher 37.Aufl.(1977) Rdz.10 zu § 250.

[4] Jung (H.) in Roxin-Stree-Zipf-Jung S.122.

[1] Schönke-Schröder 19.Aufl.(1978) Rdz.29 zu § 250.

[2] Schönke-Schröder 19.Aufl.(1978) Rdz.33 und 37 zu § 244.

[3] BGH, Urt.v.14.12.1965 - 1 StR 467/65; Urt.v.3.11.1967 - 4 StR 458/67; Urt.v.31.10.67 - 1 StR 449/67 bei Dallinger MDR 68, 201; vgl. auch Schönke-Schröder 19.Aufl.(1978) Rdz.27 zu § 250; LK 9.Aufl.(1974) § 250 Anm.2; Lackner 11.Aufl.(1977) § 244 Anm.4 a; a.A. Dreher-Tröndle Rdz.10 zu § 250.

[4] 1 StR 467/65 bei Dallinger MDR 68, 201.

Nr.4 StGB i.d.F. vom 25.8.53 als erfüllt an und von Idealkonkurrenz ist nur in Ansehung des Vergehens gegen das Waffengesetz gesprochen. In einem anderen Fall, in welchem der Tatrichter den Täter wegen bewaffneten Rückfallraubes verurteilt
hatte, ging der Bundesgerichtshof davon aus, daß die Anwendung
des § 250 Abs.1 Nr.1 StGB nicht zutreffe, da die Feststellungen
für die Annahme des Beisichführens von Waffen nicht ausreichen
würden, hatte aber keine Bedenken gegen die Annahme des straferhöhenden Umstandes des § 250 Abs.1 Nr.5 StGB i.d.F. vom 25.8.
53.[1] Der Bundesgerichtshof sprach daher im Urteil vom 3.11.67[2]
den Täter des schweren Raubes für schuldig und fügte bei, daß
der Umstand, ob dem Täter auch das straferhöhende Tatbestandsmerkmal des § 250 Abs.1 Nr.1 StGB anzurechnen sei, den Urteils-
satz des angefochtenen Urteils nicht berühre. Es seien nur ergänzende Feststellungen über die Art der Waffe, ihre Schußbe-
reitschaft und die Art ihrer vom Täter ins Auge gefaßten Anwendung erforderlich, die unabhängig von den bisherigen Feststellungen getroffen werden und nur auf die Bemessung der Strafhöhe
einwirken könnten. Damit kam klar zum Ausdruck, daß der BGH
auch bei einem Zusammentreffen von Raub mit Waffen und Rückfallraub[3] Tateinheit für ausgeschlossen hielt. Dallinger[4] ist
allerdings bei der Besprechung der genannten Urteile in Ansehung des letzteren der abweichenden Meinung, daß es richtig
gewesen wäre, vorliegendenfalls auch den Schuldspruch wegen
schweren Raubes - eventuell unter Aufrechterhaltung der zu
§ 250 Abs.1 Nr.5 StGB i.d.F. vom 25.8.53 getroffenen Feststellungen - aufzuheben, insofern die Qualifizierung der Tat
als Raub mit Waffen nicht nur für die Strafzumessung von Bedeutung sei, sondern tatbestandsmäßig ebenso wie der Rückfallraub den erhöhten Schuldgehalt unter dem Gesichtspunkt des
schweren Raubes trage, es sich also um einen Umstand handele,
der sowohl für die Schuld- wie auch für die Straffrage bedeut-

---

[1] § 250 Abs.1 Nr.5 StGB ist weggefallen und durch die allgemeine Bestimmung des § 17 der Neufassung des Strafgesetzbuches
ersetzt worden.
[2] bei Dallinger MDR 68, 201.
[3] siehe Fn.1.
[4] MDR 68, 201.

sam sei. In einem weiteren Urteil vom 31.10.67,[1] dem eine
Verurteilung wegen schweren Raubes aus § 250 Abs.1 Nr.1 und
Nr.4 StGB i.d.F. vom 25.8.53 zugrunde lag, verneinte der Bundesgerichtshof die Anwendbarkeit von Nr.4 mangels genügenden
und nicht zu erwartenden weiteren Feststellungen. Hier ließ
der Senat mit Recht den Schuldspruch im Urteilstenor bestehen,
beschränkte ihn lediglich in den Gründen auf § 250 Abs.1 Nr.1
StGB und hob den Strafausspruch ganz auf. Auch das Schrifttum
stimmt überwiegend dem Bundesgerichtshof zu.[2] Das Strafmaß be-
trägt wie bei allen Fällen des schweren Raubes i.S. des § 250
Abs.1 Nr.1-4 StGB Freiheitsstrafe nicht unter fünf Jahren. In
minder schweren Fällen ist die Strafe Freiheitsstrafe von einem Jahr bis zu fünf Jahren.[3]

---

[1] bei Dallinger MDR 68, 201.

[2] a.A. Dreher 37.Aufl.(1977) Rdz.10 zu § 250.

[3] Zu dem Begriff des minder schweren Falles siehe Urteil des
Bundesgerichtshofes vom 19.3.1975 - 2 StR 53/75, NJW 75,
1174, JR 76, 24. Nach der Neufassung des Strafgesetzbuches
soll in allen Fällen, in denen bisher mildernde Umstände
vorgesehen waren, in Zukunft ein minder schwerer Fall angenommen werden können, wobei auch andere Umstände als solche,
die das Unrecht oder die Schuld mindern, zu berücksichtigen
sind; so auch Bericht des Sonderausschusses für die Strafrechtsreform, BT-Drucksache 7/1261 S.4. Zipf (H.), Anm. zu
Urt.des BGH vom 19.3.75, JR 76, 24 ff., 25 verlangt für den
Begriff des minder schweren Falles feste Konturen, die eine
einigermaßen wirksame Grenzziehung gegen eine allzu weit-
herzige Verwendung dieses Begriffes gewährleisten. Dabei
soll nach der von Zipf gebilligten Auffassung des Gesetzgebers für die "minder schweren Fälle" keine gegenüber dem
bisherigen Recht engere Handhabung verbunden sein. Mit dem
Bundesgerichtshof ist nach Zipf (S.26) davon auszugehen,
daß alle relevanten Strafzumessungsfaktoren berücksichtigt
werden müssen und ein minder schwerer Fall nur dann zu bejahen ist, wenn ein beträchtliches Überwiegen der entlasten-
den Faktoren gegenüber den belastenden Faktoren vorliegt;
eine solche Bewertung setzt eine Gesamtabwägung und Beurteilung aller relevanten Strafzumessungsfaktoren voraus.

II. Raub mit Todesfolge

In Übereinstimmung mit Art.19 Nr.128 EGStGB vom 2.3.1974[1] wurde § 251 StGB in der Fassung vom 1.1.1975 neu formuliert und
lautet jetzt: "Verursacht der Täter durch den Raub (§§ 249,
250) leichtfertig den Tod eines anderen, so ist die Strafe lebenslange Freiheitsstrafe oder Freiheitsstrafe nicht unter
zehn Jahren". Diese neue Bestimmung lehnt sich an § 246 Abs.2
StGBE 1960 und die gleichlautende Fassung des § 246 Abs.2
StGBE 1962 teilweise an, welche lauten: "Verursacht der Täter durch den Angriff leichtfertig den Tod eines Menschen
oder mißhandelt er bei der Tat einen anderen grausam, so ist
die Strafe Zuchthaus nicht unter zehn Jahren". Die Neufassung
beseitigt den Erschwerungsgrund des Raubes mit Marterung und
beschränkt im übrigen die Strafschärfung - in Anlehnung an die
Bestimmung über erpresserischen Menschenraub (§ 239 a Abs.2)
und die der Geiselnahme (§ 239 b Abs.2) sowie über den Angriff
auf den Luftverkehr (§ 316 c Abs.2) - auf Fälle leichtfertiger
Verursachung des Todes.[2] "Durch den Raub" bedeutet, daß der
Tod durch den Raub schlechthin,[3] d.h. durch irgendeine Tathandlung nach den §§ 249, 250 StGB leichtfertig verursacht
sein muß. Als Tathandlung sind sämtliche zur Tatbestandsverwirklichung gehörenden Handlungen vom Beginn des Versuches bis
zur Beendigung der Tat, nicht aber weitere durch den Gesamtvor-
gang verursachte Ereignisse anzusehen.[4] Der Tod muß die Folge
der tatbestandsmäßigen Gewalt oder der Drohung mit gegenwärtiger
Gefahr für Leib oder Leben, z.B. durch Herzschlag, aber auch
schon der Wegnahme sein,[5] so z.B. wenn das seiner Kleidung beraubte Opfer in einer einsamen Gegend zurückgelassen erfriert.[6]
Auch in der Beendigungsphase des Raubes kann noch eine Todesverur-

---

[1] BGBl I 469, 491.
[2] Dreher 37.Aufl.(1977) Rdz.2 zu § 251; Lackner 11.Aufl.(1977)
§ 251 Anm.2; Schönke-Schröder 19.Aufl.(1978) Rdz.4 zu § 251;
Petters-Preisendanz 29.Aufl.(1975) § 251 Anm.1.
[3] BGHSt 22, 363.
[4] Dreher 37.Aufl.(1977) Rdz.2 zu § 251; enger Blei JA 1974 StR
236; ferner unter Beschränkung auf die tatbestandsmäßige unmittelbare Gewalt BGHSt 16, 316 und 22, 362.
[5] Krey (V.) S.68; Dreher 37.Aufl.(1977) Rdz.2 zu § 251; Maurach-
Schroeder 6.Aufl.(1977) S.333; a.A. Blei JA 1974 StR 236 bezüglich Wegnahme.
[6] Schönke-Schröder 19.Aufl.(1978) Rdz.4 zu § 251.

sachung vorkommen, so z.B. wenn sich der Räuber den Fluchtweg freischießt. Wird dagegen der Tod von Passanten lediglich durch verkehrswidriges Verhalten beim Abtransport der bereits gesicherten Beute verursacht, so scheidet § 251 StGB aus, da es an dem spezifischen inneren Zusammenhang zum vorausgehenden Raub fehlt. Erforderlich ist, daß der Tod unmittelbar durch den betreffenden Teilakt der Raubbegehung verursacht ist, d.h. er muß in einer der Körperverletzungshandlung entsprechenden Teilhandlung des Raubes seine unmittelbare Ursache haben, so z.B. auch wenn das bedrohlich angegangene Opfer beim Zurückweichen fällt und zu Tode kommt, nicht dagegen wenn das Opfer oder ein Dritter ohne unmittelbare Einwirkung des Täters bei der Nacheile oder bei dem Versuch, Hilfe herbeizuschaffen, tötlich verunglückt. Ebensowenig genügt die Todesverursachung durch die Handlung eines Dritten, z.B. der Polizei bei der Verfolgung des Täters.[2] Unerheblich ist, ob der Getötete mit dem Beraubten identisch ist oder ob es sich um eine völlig unbeteiligte Person handelt, die zufällig in die Auseinandersetzungen verwickelt wurde. Lediglich der Tod eines Tatbeteiligten führt nicht zu einer besonderen Strafschärfung.[3] Bei einer Verursachung des Todes durch versuchten Raub ist allerdings Strafmilderung nach §§ 23 Abs.2, 49 Abs.1 StGB möglich, so wenn das Opfer auf der Flucht vor dem angreifenden Täter in einen Abgrund stürzt oder vor Aufregung einen Herzschlag erleidet. Im letzteren Falle mag es allerdings zweifelhaft sein, ob der Tod durch den Täter "leichtfertig" verursacht wurde. Nicht ausreichend für die Anwendung von § 251 StGB ist der Fall, in welchem der Täter bei Bergung der Beute, z.B. beim Abseilen aus einem Fenster, einen anderen leichtfertig tötet. Dasselbe gilt, wenn das Opfer nach dem Überfall bei der Verfolgung des Täters in der Dunkelheit stürzt und sich erst dadurch tötliche Verletzungen zuzieht.[4] Was den Begriff

---

[1] Schönke-Schröder 18.Aufl.(1976) Rdz.4 zu § 251; Dreher 37.Aufl.
[2] (1977) Rdz.2 zu § 251.
  Schönke-Schröder 18.Aufl.(1976) Rdz.5 zu § 251 unter Hinweis
  auf BGHSt 22, 363; a.A. Petters-Preisendanz 29.Aufl.(1975)
[3] § 251 Anm.2 & Lackner 11.Aufl.(1977) § 251 Anm.1.
  Petters-Preisendanz 29.Aufl.(1975) § 251 Anm.2; Schönke-Schröder 18.Aufl.(1976) Rdz.3 zu § 251 unter Hinweis auf RGSt 75,
[4] 54.
  Petters-Preisendanz 29.Aufl.(1975) § 251 Anm.2 mit BGHSt 22,
  363 & Anm.Maurach zu Urt.d.BGH v.18.3.69 - 1 StR 544/68, JR
  70, 70.

"leichtfertig" anbelangt, so darf auf die eingehenden Ausführungen Maiwalds[1] verwiesen werden. In diesem Zusammenhang mag es genügen, auf einige Gesichtspunkte aufmerksam zu machen. Leichtfertigkeit ist eine an Vorsatz grenzende, gesteigerte Form der Fahrlässigkeit, die im wesentlichen der groben Fahrlässigkeit des bürgerlichen Rechts entspricht,[2] die aber in subjektiver Hinsicht mit dieser nicht völlig identisch ist. Dadurch daß sie eine gesteigerte Form der Fahrlässigkeit darstellt, unterscheidet sie sich nicht graduell, sondern grundsätzlich vom Vorsatz, der daher auch keineswegs die Leichtfertigkeit als verminderten Grad einschließt. Wann Leichtfertigkeit im genannten Sinne vorliegt, hat die Rechtsprechung im einzelnen zu bestimmen. Da § 251 StGB zu den "echten erfolgsqualifizierten Delikten" zu zählen ist, wie dies von Krey damit begründet wird, daß im Gegensatz zu § 18 StGB, der durch die Formulierung "wenigstens Fahrlässigkeit" für den Vorsatz Raum läßt, § 251 StGB nicht von "wenigstens leichtfertig" spricht, sondern dem Wortlaut nach nur die leichtfertige Erfolgsverursachung erfaßt, so scheidet vorsätzliche Todesverursachung, auch in der Form des dolus eventualis, bei § 251 StGB aus. Auf sie sind vielmehr die §§ 211, 212 StGB anzuwenden,[3] so daß eine Konkurrenz zwischen § 251 StGB und §§ 211, 212 StGB nicht in Frage kommt. Eine andere Auffassung vertritt Schröder,[4] der in § 251 StGB ein "unechtes erfolgsqualifiziertes Delikt" sieht,

---

[1] Maiwald (M.), Der Begriff der Leichtfertigkeit als Merkmal erfolgsqualifizierter Delikte, GA 1974, 257 ff.
[2] siehe hierzu BGHSt 20, 323 f.; Petters-Preisendanz 29.Aufl. (1975) § 251 Anm.3 mit Hinweis auf § 18 Abs.3 StGBE 1962, nach dem der Täter leichtfertig handelt, wenn er sich besonders leichtsinnig oder gleichgültig über die naheliegende Möglichkeit eines tödlichen Ausgangs hinwegsetzt, z.B. durch brutale Behandlung des Opfers; Maurach (R.), Deutsches Strafrecht Allg. T., 4.Aufl.(1971), S.536 ("Leichtfertigkeit ist in etwa der culpa lata des bürgerlichen Rechts gleichzusetzen"); Jescheck (H.-H.), Lehrbuch des Strafrechts Allg.T., 2.Aufl.(1972), S.431; Krey (V.), Strafrecht Bes.T., Bd.2, S.69; Dreher 37. Aufl.(1977) Rdz.20 zu § 15; Samson in Rudolphi-Horn-Samson-Schreiber 2.Aufl.(1977) Rdz.4 zu Anh. zu § 16; vgl.auch Maiwald S.257 ff. und insbesondere Tenckhoff (J.), Die leichtfertige Herbeiführung qualifizierter Tatfolgen, ZStW 88 (1976) S.897 ff.; nach Hall soll bei Straftaten, die sowohl vorsätzlich wie fahrlässig begangen werden können, besonders leichtfertige Begehung gleich der vorsätzlichen bestraft werden

das nicht voraussetzt, daß der Täter fahrlässig den Erfolg herbeigeführt hat, sondern auch dann erfüllt ist, wenn die Tötung
vorsätzlich erfolgt ist. Hier enthält daher der Tatbestand eine
Kombination zwischen Raub und vorsätzlicher oder fahrlässiger
Tötung, so daß § 251 StGB zu den §§ 211, 212 StGB in Idealkonkurrenz treten kann,[1] während zwischen den §§ 222, 226 und 251
Gesetzeskonkurrenz besteht.[2] Die Eigenschaft des § 251 StGB als
erfolgsqualifiziertes Delikt hat auch zur Folge, daß ein Versuch dieses erfolgsqualifizierten Delikts allenfalls in der Erscheinungsform in Betracht kommen kann, daß schon der Versuch
des Raubes die schweren Folgen herbeigeführt hat, der Raub selbst
aber unvollendet geblieben ist, weil die Wegnahme nicht gelungen
ist,[3] nicht aber wenn der Täter den Eintritt der schweren Folgen wollte oder billigend in Kauf nahm, jedoch nicht verursachte. Die Beteiligten machen sich nach § 251 StGB strafbar, wenn
auch nur einer die Todesursache setzt, die anderen aber insoweit ebenfalls Leichtfertigkeit trifft. Der Anstifter wird bei
Leichtfertigkeit nach § 251 StGB bestraft, auch wenn der Täter
ohne Verschulden gehandelt hat.[4] Mittäter und Gehilfen müssen
die zum Tod führende Raubhandlung allerdings mindestens bedingt
gewollt haben[5] und bezüglich der Todesfolge leichtfertig gehan-

---

(Hall (K.A.), Über die Leichtfertigkeit. Ein Vorschlag de lege
ferenda, in FS für E.Mezger (1954) S.245).
[3] BGHSt 26, 175, NJW 75, 1893, MDR 75, 854, JZ 75, 642, JR 76,
73 f. mit zust.Anm.Rudolphi JR 76, 74 f.; Lackner 11.Aufl.
(1977) § 251 Anm.4; a.A. Dreher 37.Aufl.(1977) Rdz.6 zu § 251
und Herzberg (R.D.), Grundfälle zur Lehre von Täterschaft und
[4] Teilnahme, JuS 1976, 43.
Schönke-Schröder 19.Aufl.(1978) Rdz.9 zu § 251.

[1] Schönke-Schröder 19.Aufl.(1978) Rdz.9 zu § 251 unter Hinweis
auf RGSt 63, 105 und BGHSt 9, 135; ebenso Dreher 37.Aufl.
(1977) Rdz.6 zu § 251.
[2] BGH NJW 65, 2116 mit abl.Anm.Fuchs NJW 66, 868.
[3] Maurach (R.), Deutsches Strafrecht Bes.T., 5.Aufl.(1969),
S.255; LK 9.Aufl.(1974) Rdz.5 zu § 251; vgl.auch Petters-Preisendanz 29.Aufl.(1975) § 251 Anm.2; Dreher 37.Aufl.(1977) Rdz.
[4] 4 zu § 251 mit RGSt 62, 423; 85, 54.
Dreher 37.Aufl.(1977) Rdz.5 zu § 251 mit BGHSt 19, 341 f.; Anm.
Cramer zu BGHSt 19, 339, JZ 65, 32; Maurach-Schroeder 6.Aufl.
(1977) S.333; Eser in Schönke-Schröder 19.Aufl.(1978) Rdz.8 zu
[5] § 251.
RG HRR 1932, 1523; RG DJZ 1932, 611; BGH bei Dallinger MDR 51,
274; BGH, Urt.v.29.1.54 - 1 StR 632/53; BGH, Urt.v.6.7.60 -
2 StR 267/60; BGH NJW 73, 377, MDR 73, 238; Dreher 37.Aufl.
(1977) Rdz.5 zu § 251.

delt haben. Es besteht Gesetzeskonkurrenz von § 251 StGB mit
den §§ 222, 223 und 226 StGB[1] und mit § 250 StGB in allen Be-
gehungsformen.[2] Versuch ist in der Weise möglich, daß durch
eine Tathandlung der Tod des anderen verursacht wird, bevor
die Wegnahme vollendet ist.[3]

---

[1]
vgl. BGH NJW 65, 2116, MDR 65, 925; Widmann (H.J.), Zur Bestrafung wegen vorsätzlicher oder fahrlässiger Tötung bei
gleichzeitigem Vorliegen eines sogenannten erfolgsqualifizierten Deliktes, MDR 66, 554 ff.

[2] BGHSt 21, 184; Maurach-Schroeder 6.Aufl.(1977) S.333; Dreher
37.Aufl.(1977) Rdz.6 zu § 251; a.A. Eser in Schönke-Schröder
19.Aufl.(1978) Rdz.10 zu § 251.

[3] RGSt 62, 423; 69, 332; 85, 54; Dreher 37.Aufl.(1977) Rdz.4
zu § 251; Eser in Schönke-Schröder 19.Aufl.(1978) Rdz.7 zu
§ 251.

E) Versuchter Raub und Teilnahme am Raub

Der Versuch eines Raubes erforderte nach § 43 StGB i.d.F. vom 25.8.1953[1] eine Betätigung des Entschlusses, ein Verbrechen oder Vergehen durch Handlungen zu verüben, welche einen Anfang der Ausführung dieses Verbrechens oder Vergehens enthalten. Auch § 43 i.d.F. vom 1.9.1969[2] hatte diese Begriffsbestimmung übernommen. Nach der Auffassung des Kammergerichts im Urteil vom 15.10.1970[3] war aber zum Anfang der Ausführung einer Tat i.S. des § 43 Abs.1 StGB die Verwirklichung eines Tatbestandsmerkmals nicht notwendig. Es genügt vielmehr nach der Ansicht des Bundesgerichtshofes,[4] wenn durch das Verhalten des Angeklagten eine tätige Beziehung zum Angriffsgegenstand hergestellt und das geschützte Rechtsgut dadurch unmittelbar gefährdet wird. In diesen Fällen kommt es jedoch darauf an, daß der Angriff auf das Rechtsgut, d.h. die unverzügliche Verwirklichung der Tat, nach den Vorstellungen des Täters unmittelbar bevorsteht. Das Rechtsgut muß gefährdet und die unmittelbar sich anschließende Herbeiführung des Enderfolges nahegerückt sein.[5] Im Sinne dieser Rechtsprechung und in Anlehnung an Welzel[6] sowie die Formulierung im Alternativentwurf[7] hat § 22 der Neufassung des Strafgesetzbuches vom 1.1.1975 in der Fassung der Bekanntmachung vom 2.1.1975[8] den Versuch dahin definiert, daß "eine Straftat versucht, wer nach seiner Vorstellung von der Tat zur Verwirklichung des Tatbestandes unmittelbar ansetzt". Dieses Ansetzen zur Verwirklichung des Tatbestandes - nicht der Straftat - soll klarstellen, daß nicht jedes beliebige Ansetzen zu der Straftat schlechthin, sondern nur ein sol-

---

[1] BGBl I 1083.
[2] BGBl I 1445.
[3] GA 1971, 54 f.
[4] BGHSt 4, 333.
[5] BGHSt 2, 381; 22, 81.
[6] Welzel (H.), Das Deutsche Strafrecht 11.Aufl.(1969) S.190.
[7] Alternativ-Entwurf eines Strafgesetzbuches Allg.Teil 2.Aufl., vorgelegt von Jürgen Baumann (u.a.), Tübingen 1969 § 24 S.11.
[8] BGBl I 1.
[9] zur Neuregelung der Versuchsstrafbarkeit siehe Meyer (J.), Kritik an der Neuregelung der Versuchsstrafbarkeit, ZStW 87 (1975) S.598 ff., insbes.S.604 ff.

ches zur Verwirklichung eines Tatbestandsmerkmals ausreicht.[1]
Eine nach der formell objektiven Theorie notwendige teilweise
Verwirklichung der tatbestandsmäßigen Ausführungshandlung ist
nach der Neuregelung so wenig gefordert, wie eine nach der subjektiven Theorie notwendige, aus der Handlung sich unzweideutig ergebende verbrecherische Zielsetzung. Da die Formulierung
im wesentlichen auf den unbeendeten Versuch eines einzelnen Be-
gehungstäters abgestellt ist, können sich Schwierigkeiten für
den Versuchsbeginn bei mittelbarer Täterschaft oder bei unechten Unterlassungen ergeben.[2] Beim beendeten Versuch kann die
neue Versuchsbestimmung die Annahme nahelegen, daß ein Versuch
immer schon dann gegeben sei, wenn der Täter die Handlung vorgenommen hat, die nach seiner Vorstellung den Erfolg herbeiführen soll. Dies ist aber, wie Roxin[3] ausführt, nicht durchweg richtig. Wenn er hierfür den Fall anführt, daß eine Ehefrau während der Gatte verreist ist und sich in einem fernen
Lande aufhält, Gift in dessen Whiskyflasche mischt und diese
dann in den Kühlschrank zurückstellt, so wird man mit Recht einen Vergiftungsversuch schwerlich bejahen können. Es müßte vielmehr, wie schon nach der bisherigen Rechtsprechung gefordert
wurde, die Verwirklichung der Tat unmittelbar bevorstehen, das
Rechtsgut also bereits unmittelbar gefährdet und die unmittelbar sich anschließende Herbeiführung des Enderfolges nahegerückt sein.[4] Auch Roxin stellt entweder auf die unmittelbare
Gefährdung des Rechtsgutes oder doch darauf ab, daß wenigstens
der Kausalverlauf der Sphäre des Täters entglitten ist. Speziell
beim Raub hat der Bundesgerichtshof in seiner bisherigen Rechtsprechung die Abgrenzung des Versuchs von der Vorbereitungshandlung deshalb stets davon abhängig gemacht, ob nach dem Tatplan
die unverzügliche Verwirklichung der Tat bevorstand.[5] Dies trä-

---

[1] Alternativ-Entwurf § 24 S.11 mit Anm.zu § 24 S.63; Rudolphi-
Horn-Samson-Schreiber Bd.1 (1975) Rdz.6 zu § 22; LK 9.Aufl.
Bd.1 (1974) Rdz.14 zu § 43; Jescheck (H.-H.), Lehrbuch des
Strafrechts Allg.T. 2.Aufl.(1972) § 49 IV 3 c.
[2] Roxin (Cl.) in Roxin-Stree-Zipf-Jung, Einführung in das neue
Strafrecht (JuS-Schriftenreihe Heft 30), München 1974 S.16.
[3] Roxin (Cl.) a.a.O.
[4] BGHSt 2, 381; 4, 334; 7, 292; 9, 64; 22, 81; a.A. LK 9.Aufl.
Bd.1 (1974) Rdz.68 zu § 43; Rudolphi-Horn-Samson-Schreiber
Rdz.10 zu § 22.
[5] BGH NJW 52, 514 f.; NJW 54, 567; BGH bei Dallinger MDR 66,
726; BGH Urt.v.23.2.63 - 5 StR 579/62; Dreher 35.Aufl.(1975)
§ 22 Anm.2.

fe z.B. nicht zu, wenn der Täter an der Wohnungstüre des zu Beraubenden nur klingelte, um dessen Anwesenheit festzustellen,
wohl aber dann, wenn der Täter durch Klingeln an der Wohnungstüre und durch Angaben, die er durch die versperrte Türe machte, sich Zutritt verschaffte und damit die letzte Voraussetzung
für den nach seinem Plan sich unmittelbar anschließenden Raub
setzen wollte.[1] Die Neufassung der Versuchsbestimmung wird
hiernach im großen und ganzen nur wenig von der bisherigen Regelung abweichen, so daß auch die bisherige Rechtsprechung und
das bisherige Schrifttum zur Auslegung nach wie vor herangezogen werden können. Ein versuchter Raub wird, wie nach der
bisherigen Regelung, so erst recht nach der Neufassung zu bejahen sein, wenn der Täter schon mit der Ausführung seiner Tat
einen Anfang gemacht hat.[2] Eine Gewaltanwendung stellt aber
nur dann einen Raubversuch dar, wenn die Vollendung der Tat
unmittelbar anschließend erstrebt wird. Die Wegnahme darf also
nicht vor dem Eintritt der Nötigung schon beendet sein.[3] Ge-
walttaten, die nach dem Tatplan nicht in unmittelbarem Zusammenhang mit der Wegnahme stehen, sind nur Vorbereitungshandlungen.[4] Lauert der Täter nach eingehenden Verabredungen und
sorgfältiger Planung eines Raubüberfalles einem anderen an-
griffsbereit an der Stelle, an der jener nach Berechnung des
Täters zu dieser Zeit eintreffen muß, auf, so hat er schon mit
der Ausführung des Raubes begonnen, auch wenn das Opfer entgegen den Erwartungen des Auflauernden nicht am vorgesehenen Tatort erscheint.[5] In ähnlicher Weise spricht sich der Bundesgerichtshof im Urteil vom 20.11.1953[6] aus, wonach ein Raubversuch dann, aber auch erst dann vorliegt, wenn sich das Opfer in
Wirklichkeit oder doch nach der Vorstellung des Täters dem Tat-

---

[1] OLG Frankfurt HESt 2, 307 f.
[2] KG GA 1971, 54 f.; Jescheck (H.-H.), Lehrbuch 2.Aufl.(1972)
§ 49 III 2.
[3] RGSt 63, 105; 69, 329.
[4] Schönke-Schröder 16.Aufl.(1972) Rdz.10 zu § 249; a.A. LK 9.
Aufl.(1974) Rdz.11 zu § 249; derartige Vorbereitungshandlungen
sollen nach dem Vorentwurf der schweizerischen Expertenkom-
mission für eine Revision des Strafgesetzbuches künftig bei
schwersten vorsätzlichen Delikten, so unter anderem bei Raub,
strafbar sein (Terror - die unheimlichste Form der Gewaltverbrechen, NZZ Fernausg.Nr.280 v. 2.12.1978).
[5] BGH MDR 52, 244, NJW 52, 515 mit anzweifelnder Anm.von Mezger;
Anm.Krumme zu diesem Urteil in LM (1952) Nr.6 zu § 43; Kohlrausch-Lange 43.Aufl.(1961) § 249 Anm.V.
[6] NJW 54, 567, LM (1954) Nr.9 zu § 249 StGB.

ort genähert hat. Raubversuch kann nach der Auffassung des Bundesgerichtshofes[1] auch schon vorliegen, wenn der Täter einen Begleiter des zu Beraubenden tätlich angreift. In dem Urteil des Bundesgerichtshofes vom 6.11.1952[2] ist unter anderem darauf hingewiesen, daß die Vertreibung des Begleiters des Opfers bereits den Anfang der Ausführung des Raubes insofern bildete, als dadurch eine erhebliche Gefährdung des Vermögens des Opfers eingetreten sei, weil dieser nunmehr allein drei Personen als Angreifern gegenüberstand. Eine solche Gefährdung habe schon einen Teil der Wegnahmehandlung gebildet, die zum Tatbestand des Raubes gehörte. Wie das Reichsgericht ausgeführt habe, handelt es sich bei der Wegnahmehandlung um den Bruch fremden Gewahrsams.[3] Damit sei aber der Anfang gemacht, sobald eine Beeinträchtigung des fremden Gewahrsams eingetreten ist. Eine solche sei darin zu finden, daß der Täter die naheliegende Möglichkeit eines Bruches des fremden Gewahrsams herbeiführt. Durch die Mißhandlung des Begleiters hätten sich aber die Angeklagten eine solche Möglichkeit verschafft. Indem sie den Überfall auf den Begleiter durchführten, hätten sie den Angriff auf das Vermögen des Opfers eingeleitet. Daß sie ihn erst an einer anderen, für die abschließende Durchführung der Tat günstigeren Stelle beendet haben, sei für die rechtliche Wertung ihres Handelns gegen den Begleiter als Anfang des räuberischen Vorgehens gegenüber dem Opfer ohne Bedeutung. Es habe sich nach der natürlichen Betrachtungsweise um eine einheitliche Tat gehandelt, die lediglich abschnittsweise zur Ausführung gelangt ist. Ein bloßer Raubversuch wurde auch in dem Falle angenommen, in welchem sich eine Frau an dem Rad des ihr die Tasche entreißenden Radfahrers festhielt.[4] Ein Raubversuch liegt auch in einem Falle vor, dessen Sachverhalt folgender-

[1] BGHSt 3, 299, NJW 53, 154.
[2] BGHSt 3, 299, NJW 53, 154.
[3] RGSt 69, 329.
[4] BGH Urt. vom 14.9.54 - 5 StR 313/54 bei Dallinger MDR 55, 145.

maßen festgestellt wurde: A entriß dem B die Brieftasche. Da
diese entgegen der Erwartung des A kein Geld enthielt, warf
er sie als für ihn wertlos weg. Der Raub ist hier im Versuch
steckengeblieben. Der Angeklagte hatte die Brieftasche nicht
in der Absicht rechtswidriger Zueignung weggenommen. Er wollte
ihren wirtschaftlichen Wert nicht einmal vorübergehend seinem
Vermögen einverleiben. Vielmehr war für ihn die Brieftasche
nur als Behältnis für das darin vermutete und allein begehrte
Geld von Interesse gewesen.[1] Nach § 23 Abs.1 StGB ist, wie bisher, der Versuch eines Verbrechens stets strafbar, der Versuch
eines Vergehens nur dann, wenn das Gesetz es ausdrücklich bestimmt. Der Versuch kann milder bestraft werden als die vollendete Tat (§ 23 Abs.2 StGB mit § 49 Abs.1 StGB). Eine Besonderheit hat die Neufassung des Versuchs in § 23 Abs.3 StGB gebracht, in dem der bisher nur durch die Rechtsprechung geschaffene untaugliche Versuch, der, sei es wegen Untauglichkeit der
Art des Deliktsgegenstandes (untaugliches Objekt), sei es wegen
Untauglichkeit der Mittel, mit denen die Tat begangen werden
sollte, überhaupt nicht zur Vollendung führen konnte, im Sinne
der bisherigen Rechtsprechung gesetzlich geregelt wurde. Wegen
der damit verbundenen Unverstandsklausel des § 23 Abs.3, wonach
wegen Versuchs von einer Bestrafung abgesehen oder die Strafe
nach Ermessen des Gerichts gemildert werden kann (§ 49 Abs.2
StGB), sofern der Täter aus grobem Unverstand verkannt hat,
daß der Versuch nach Art des Gegenstandes, an dem, oder des
Mittels, mit dem die Tat begangen werden sollte, überhaupt
nicht zur Vollendung führen konnte, und die daraus entstehenden Probleme darf auf Roxin[2] verwiesen werden.
Was den Rücktritt vom Versuch betrifft, so hat die Neuregelung
des § 24 i.d.F. vom 1.1.1975 gegenüber dem bisherigen Recht in
§ 46 StGB i.d.F. vom 25.8.1953, der durch § 24 des 2. StRG vom
4.7.1969[3] einer grundlegenden Neuerung unterzogen und danach in

---

[1] BGH Beschl. MDR 68, 372.
[2] Roxin a.a.O. S.17 ff.
[3] BGBl I 717.

wörtlicher Übereinstimmung nach § 46 StGB i.d.F. vom 1.9.69[1]
übernommen wurde, nur gewisse Präzisierungen und kleine Änderungen gebracht, so daß die bisherige Rechtsprechung und Lehre nach wie vor weitgehendst maßgebend geblieben ist.[2] Zu erwähnen ist besonders die Regelung der bisherigen Streitfrage durch die gesetzliche Klarstellung, daß es nicht nur beim unbeendeten Versuch, bei dem der Täter die weitere Ausführung der Tat aufgibt, d.h. die begonnene Tat abbricht,[3] sondern auch beim beendeten Versuch, bei dem der Täter schon getan hat, was nach seiner Vorstellung den Erfolg herbeiführen soll,[4] entscheidend auf die Freiwilligkeit des Rücktritts ankommt. Bisher behalf sich die Rechtsprechung damit, daß sie, um ein brauchbares Ergebnis zu erzielen, auch beim beendeten Versuch das Freiwilligkeitskriterium zusätzlich in den Wortlaut der bisherigen Bestimmung (§ 46 Nr.2 StGB a.F.) hineininterpretierte und sich gegenüber dem Einwand der verbotenen Analogie auf eine analoge Anwendung von § 49 a Abs.4 StGB berief, die unbedenklich ist, weil sie sich zugunsten des Täters auswirkt. Dieser Umweg wurde durch die Neuregelung erspart.[5] Rücktritt vom beendeten Versuch kann nach der Neuregelung nicht mehr mit der Begründung abgelehnt werden, die Tat des Angeklagten sei entdeckt worden, bevor dieser den Erfolg abgewendet hat. Es ist möglich, daß die Rettungshandlung des Angeklagten deshalb nicht mehr freiwillig war, weil das Opfer die Tat entdeckt hatte.[6] Einen Rücktritt vom untauglichen Versuch ließ der Wortlaut des § 46 a.F. nicht zu, weil solche Taten unabhängig vom Willen des Handelnden unausführbar sind (Nr.1) und weil sich ein Erfolg, der überhaupt nicht eintreten kann, auch nicht durch eigene Tätigkeit abwenden läßt (Nr.2). Allerdings hat auch der

---

[1] BGBl I 1445.

[2] vgl. Roxin in Roxin-Stree-Zipf-Jung S.22 ff.

[3] BGH bei Dallinger MDR 68, 894; BGH GA 77, 75 (infolge Panik oder Schockwirkung).

[4] RGSt 68, 83 f.; BGHSt 4, 59 f., 181 f.; 10, 131; 14, 75; 22, 330; BGH GA 56, 89; Rudolphi in Rudolphi-Horn-Samson-Schreiber Rdz.15 zu § 24.

[5] Petters-Preisendanz 29.Aufl.(1975) § 24 Anm.6 c; Roxin in Roxin-Stree-Zipf-Jung S.22.

[6] BGH, Beschl. bei Dallinger MDR 75, 365.

Bundesgerichtshof im sogenannten Luminalfall[1] entgegen der
Rechtsprechung des Reichsgerichts einen strafbefreienden Rücktritt vom untauglichen Versuch dennoch zugelassen und die
Strafbefreiung unter anderem auf den Rechtsgedanken des § 49 a
Abs.4 StGB i.d.F. vom 25.8.53 gestützt.[2] Durch die neue gesetzliche Regelung ist diese Frage eindeutig beantwortet. Jetzt
gilt nach § 23 Abs.3 StGB die sogenannte Unverstandsklausel.
Diese besagt, daß, wenn der Täter aus grobem Unverstand verkannt hat, daß der Versuch nach der Art des Gegenstandes an
dem, oder des Mittels, mit dem die Tat begangen werden sollte,
überhaupt nicht zur Vollendung führen konnte, das Gericht von
Strafe absehen oder die Strafe nach seinem Ermessen mildern
kann. Grober Unverstand liegt erst dann vor, wenn jemand bei
einer Tat von der Annahme naturgesetzlicher Zusammenhänge ausgeht, deren Nichtbestehen auch dem unvorgebildeten Normalbür-
ger offenkundig ist, so daß weder eine konkrete noch eine abstrakte Gefährdung durch die versuchte Handlung vorliegt, z.B.
beim Schießen mit einer Pistole auf ein 5000 Meter hoch flie-
gendes Flugzeug. Anders verhält es sich in dem Falle, in dem
der Täter auf ein 1200 Meter entferntes Ziel mit einer Pistole
schießt, die nur eine Reichweite von 1000 Meter besitzt. Hier
beruht die Annahme, die Waffe könne 1200 Meter weit tragen,
sicher nicht auf grobem Unverstand, so daß über das Ergebnis -
Nichtanwendbarkeit des § 23 Abs.3 StGB - kein Zweifel bestehen
kann.[3] Strittig ist auch, ob die Bestimmung des § 23 Abs.3 StGB
auch den sogenannten irrealen, d.h. abergläubischen, Versuch
erfaßt, wie z.B. wenn jemand versucht, einen anderen "totzube-
ten" oder sonst durch übernatürliche Mittel strafrechtlich re-
levante Schäden anzurichten. Der Wortlaut des § 23 Abs.3 StGB
deckt solche Fälle ohne weiteres. Aber da nach geltendem Recht
so gut wie einhellig angenommen wird, daß der abergläubische
Versuch schlechthin straflos ist, so würde eine Einbeziehung
in § 23 Abs.3 StGB zu einer Straferweiterung führen, die in
Widerspruch zu der mit dieser Vorschrift bezweckten Strafein-

[1] BGHSt 11, 324.
[2] Roxin in Roxin-Stree-Zipf-Jung S.23.
[3] Roxin in Roxin-Stree-Zipf-Jung S.17 f.

schränkung stünde.[1] Im Schrifttum besteht hierüber Meinungs-
verschiedenheit, indem teilweise eine Anwendung des § 23 Abs.3
StGB bejaht,[2] teilweise, wie nach bisheriger Rechtsprechung,
Straflosigkeit angenommen wird.[3] Die letztere Auffassung dürfte richtiger sein, da man von einem Versuch nur dann sprechen
sollte, wenn der Täter seine Ziele durch real wirkende Kräfte
erreichen will.[4] Liegt so überhaupt kein Versuch vor, so
scheidet eine Strafbarkeit von vornherein und in allen Fällen
aus.

Der Rücktritt ist nach allgemeiner Lehre ein persönlicher Strafaufhebungsgrund, der voraussetzt, daß der Täter, dessen Tat im
Versuchsstadium steckengeblieben ist, rechtswidrig und schuldhaft gehandelt hat. Sowohl der Täter wie der Teilnehmer kann
sich auf die strafbefreiende Wirkung nur berufen, wenn in seiner Person die Voraussetzungen des § 24 Abs.1 S.1 oder S.2 StGB
begründet sind.[5] Eine Neuerung gegenüber der herrschenden Lehre
und Praxis bringt § 24 Abs.2 StGB insofern, als in ihm bestimmt
ist, daß, wenn mehrere an der Tat beteiligt sind, wegen Versuchs nur derjenige nicht bestraft wird, welcher die Vollendung
der Tat freiwillig verhindert.[6] Allerdings mildert § 24 Abs.2
S.2 StGB dies etwas ab, da bei Beseitigung des eigenen Tatbeitrages schon freiwilliges und ernsthaftes Bemühen um die Verhinderung der Vollendung der Tat zur Straffreiheit führt.[7] Ein ernsthaftes Bemühen setzt lediglich voraus, daß der Täter davon überzeugt ist, daß sein Bemühen den Erfolgseintritt verhindern kann.
Stellt sich in der Sicht des Täters heraus, daß sein Bemühen
um Erfolgsabwendung wirkungslos bleibt, so muß er neue Schritte
zur Erfolgsabwendung unternehmen.[8] Eine generelle Tauglichkeit

---

[1] Roxin in Roxin-Stree-Zipf-Jung S.19 f.
[2] Jescheck (H.-H.), Lehrbuch des Strafrechts Allg.T. 2.Aufl.
(1972) S.402 Fn.7 a; Baumann (J.), Strafrecht Allg.T. 8.Aufl.
(1977) S.528; Alternativ-Entwurf eines Strafgesetzbuches
S.63, 65.
[3] Roxin in Roxin-Stree-Zipf-Jung S.20 und Anm.66.
[4] Roxin in Roxin-Stree-Zipf-Jung S.20.
[5] Dreher 37.Aufl.(1977) Rdz.3 zu § 24; Jescheck (H.-H.), Lehrbuch des Strafrechts 3.Aufl.(1978) S.443; Petters-Preisendanz
29.Aufl.(1975) § 24 Anm.2 b.
[6] vgl.hierzu kritisch: Jescheck (H.-H.), Lehrbuch 3.Aufl.(1978)
S.444; ders., Strafrechtsreform in Deutschland,SchwZStR 75,
30 f. & Anm.84; Meyer (K.), Kritik an der Neuregelung der Versuchsstrafbarkeit, ZStW 75, 598 ff, 619 ff.; Roxin in Roxin-
Stree-Zipf-Jung S.24.
[7] Walter (M.), Zur Strafbarkeit des zurücktretenden Tatbeteiligten, wenn die Haupttat vollendet wird, JR 76, 100.

dieses Bemühens, den Erfolg, falls er wirklich einzutreten drohte, abzuwenden, ist nicht erforderlich.[1] Notwendig ist aber, daß der Täter zu dem Zeitpunkt, in dem er die Untauglichkeit bzw. den Fehlschlag des Versuchs erkennt, den nach seiner Vorstellung zur Erfolgsabwendung führenden Kausalverlauf bereits aus der Hand gegeben hat.[2] Glaubt der Täter irrigerweise, daß der Erfolg nicht eintreten werde, so ist er auch dann zu bestrafen, wenn er sich nur auf Grund seines Irrtums nicht um eine Erfolgsabwendung bemüht hat.[3] Diese Regelung entstammt der Begründung zum StGBE 1962.[4] Der persönliche Strafaufhebungsgrund des Rücktritts greift nur ein, wenn die Tat noch nicht vollendet ist. Bei einer Tat, die zwar rechtlich vollendet, aber tatsächlich noch nicht beendet ist, kommt strafbefreiende tätige Reue nur in wenigen gesetzlich geregelten Ausnahmefällen in Betracht, z.B. bei den §§ 158 und 310 StGB.[5] An dem Begriff der "Freiwilligkeit" hat sich nichts geändert, so daß diese Frage, wie bisher, offenblieb und die bisherige hierüber erfolgte Rechtsprechung und die Lehre in vollem Umfang auch für § 24 StGB weitere Geltung beanspruchen können. Die Frage, ob der Täter die Ausführung der beabsichtigten Handlung freiwillig oder unfreiwillig aufgegeben hat, ist nach der Vorstellung des Täters, die nach der herrschenden Meinung auch dann entscheidend ist, wenn die Vollendung der Tat nach seinem Tatplan erst durch die Vornahme mehrerer Handlungen eintreten soll,[6] zu lösen, so daß der Rücktritt freiwillig ist, wenn der Täter die Ausführung unter der Vorstellung, den Verbrechenstatbestand nicht verwirklichen zu

---

[8] Grünwald (G.), Zum Rücktritt des Tatbeteiligten im künftigen Recht, in FS für Hans Welzel, hrsg.v.G.Stratenwerth (u.a.), Berlin-New York 1974 S.715 f.; Rudolphi-Horn-Samson-Schreiber Rdz.30 zu § 24.

---

[1] Rudolphi-Horn-Samson-Schreiber Rdz.30 zu § 24; Lenckner (Th.), Probleme beim Rücktritt des Beteiligten, in FS für Wilhelm Gallas, hrsg. von K.Lackner (u.a.), Berlin-New York 1973 S.281 ff.; a.A. Arzt (G.), Zur Erfolgsabwendung beim Rücktritt vom Versuch, GA 1964, 2 ff.
[2]
[3] vgl.BGH NJW 73, 632 f.
[4] Rudolphi-Horn-Samson-Schreiber Rdz.30 zu § 24.
[5] S.146.
[6] Petters-Preisendanz 29.Aufl.(1975) § 24 Anm.2.
Welzel (H.), Das Deutsche Strafrecht 11.Aufl.(1969) S.197.

wollen, aufgibt, obwohl ihm die Möglichkeit dazu gegeben ist
oder er doch die Verwirklichung seines Tatplanes für möglich
hält.[1] Freiwillig ist der Rücktritt vom Versuch, wenn der Täter aus Gewissensnot[2] oder aus Schamgefühl[3] oder auf Grund
eindringlichen Vorhalts eines Angehörigen, Freundes oder einer Tatperson[4] von der weiteren Tatausführung Abstand nimmt.
Das Motiv zum Rücktritt muß aber nicht ethisch billigenswert
oder gar wertvoll sein. Entscheidend ist allein, daß der Täter aus "autonomen", d.h. selbstgesetzten, ihm nicht psychisch
oder physisch aufgezwungenen Motiven die Tatausführung aufgibt,
obwohl er noch Herr seiner Entschlüsse ist und die Tatbestandsverwirklichung noch für möglich hält.[5] Unfreiwillig ist der
Rücktritt stets dann, wenn der Täter bei allgemein unbestimm-
tem Wegnahmewillen überhaupt nichts oder bei einem auf Wegnahme bestimmter Sachen oder von Gegenständen bestimmter Art gerichteten Vorsatz keine dieser Sachen vorfindet.[6] Dies gilt
auch dann, wenn er zwar solche Sachen vorfindet, sie aber als
wertlos oder für seine Zwecke unbrauchbar ansieht.[7] Für den Fall,
daß der Täter von der weiteren Durchführung des von ihm beabsichtigten Diebstahls oder Raubes absieht, weil die vorgefundenen Sachen nach Menge oder Wert nicht der von ihm erhofften Beute, also seinen Erwartungen entsprechen, nahm das RG in älteren Entscheidungen[8] Freiwilligkeit des Rücktritts an, weil solchenfalls die Aufgabe des Diebstahls- oder Raubvorhabens regelmässig kein von seinem Willen unabhängiger Umstand sei, der ihn an
der weiteren Ausführung des Diebstahls oder Raubes gehindert habe;
denn die Einwirkung eines solchen Umstandes auf die Entschließung des

[1] BGHSt 7, 297; BGH GA 1968, 279; Petters-Preisendanz 29.Aufl.
(1975) § 24 Anm.5 a; Rudolphi-Horn-Samson-Schreiber Rdz.18 zu
§ 24; Eser in Schönke-Schröder 19.Aufl.(1978) Rdz.44 zu § 24.
[2] RGSt 14, 22.
[3] RGSt 47, 79; LK 9.Aufl.(1974) Rdz.20 zu § 46.
[4] BGHSt 21, 321.
[5] BGHSt 7, 296 mit zust.Anm.Jescheck MDR 55, 653; Petters-Preisendanz 29.Aufl.(1975) § 24 Anm.5 b; maßgebend für den wirksamen Rücktritt nach § 24 Abs.1 StGB ist einzig und allein die
Freiwilligkeit: BGH, Beschl. v.28.1.75 - 5 StR 698/74 bei Dallinger MDR 75, 365; BGH, Beschl. v.13.7.77 - 3 StR 237/77 und
v.2.6.77 - 4 StR 241/77 bei Spiegel DAR 78, 146.
[6] RGSt 24, 223; 55, 66; BGHSt 4, 57 f.
[7] RGSt 45, 7; BGHSt 4, 59.
[8] RGSt 24, 223; 55, 67.

Diebes sei keine in dem Maße zwingende, daß sie den Täter zum
Aufgeben seines Vorhabens habe bringen müssen. Einen anderen
Standpunkt hat das Reichsgericht allerdings in einer späteren
Entscheidung[1] eingenommen, in der der Täter einem Mädchen auf
der Straße Geld rauben wollte, die Annahme der ihm von dem
Mädchen als seine ganze Barschaft angebotenen zwanzig bis dreis-
sig Pfennige aber verweigerte, da er es auf eine größere Geldsumme abgesehen hatte. Von der ihm an sich möglichen Wegnahme
der zwanzig bis dreißig Pfennige nahm er jedoch Abstand, weil
er den angebotenen Betrag für zu gering erachtete, um seinet-
wegen das Mädchen zu berauben. Das Reichsgericht entschied,
daß zwar der Entschluß des Angeklagten, von der Wegnahme des
dargebotenen Pfennigbetrages abzusehen, nicht aber der Rücktritt von der ganzen Tat freiwillig gewesen sei. Da sich
grundsätzlich die Entscheidung über die Freiwilligkeit des
Rücktritts nach den Vorstellungen und dem Willen des Täters
richte, müsse auch die ursprünglich weitergehende Absicht des
Angeklagten, eine größere Geldsumme zu erlangen, berücksichtigt werden. Ihre Fortwirkung könne gerade in der Tatsache Ausdruck gefunden haben, daß er die angebotenen paar Pfennige gar
nicht genommen habe. Dieses weitergehende Vorhaben habe er nur
deshalb nicht ausführen können und nicht ausgeführt, weil das
Mädchen nicht den von ihm erhofften größeren Betrag besessen
habe, also aus einem von seinem Willen unabhängigen Grunde.
Deshalb sei sein Rücktritt nicht freiwillig gewesen. Dieser
letzteren Auffassung des Reichsgerichts ist auch der Bundesgerichtshof[2] im Ergebnis beigetreten. Er pflichtet den Ausführungen des Reichsgerichts in letztgenanntem Urteil[3] darin bei,
daß in den Fällen, in denen der Täter von der weiteren Durchführung des von ihm beabsichtigten Diebstahls oder Raubes absehe, weil die vorgefundenen Sachen nach Menge oder Wert nicht
der erhofften Beute entsprechen, die Frage der Freiwilligkeit

---

[1] RGSt 70, 2.

[2] BGHSt 4, 59.

[3] RGSt 70, 1 ff.

oder Unfreiwilligkeit des Rücktritts vom Versuch nicht allein
danach zu beantworten sei, ob der Täter von der ihm an sich
möglichen Wegnahme des Vorgefundenen freiwillig absieht. Vielmehr müsse grundsätzlich von dem ursprünglich weitergehenden
Plan des Täters ausgegangen werden, von der Vorstellung also,
die er sich von der Menge oder dem Wert der Beute gemacht hat.
Dabei ist aufschlußreich, welchem Zweck die Beute dienen soll.
Hat der Täter die Beute für ein bestimmtes Vorhaben nötig und
ist sie für ihn nur dann in diesem Sinne verwertbar, wenn er
sie in dem für jenen Zweck nötigen Umfang vorfindet, so sei,
falls er aus diesem Grunde von der Wegnahme der in geringfügiger Menge vorgefundenen Sache absieht, sein Rücktritt unfreiwillig. Es liege dieser Fall im Grunde nicht wesentlich anders,
als der bereits oben erwähnte, in dem der Täter einen bestimmten Gegenstand wegnehmen will, eine derartige Sache zwar vorfindet, sie aber aus besonderen Gründen also für seine Zwecke
unbrauchbar ansieht. In beiden Fällen sei die Unzulänglichkeit
des Vorgefundenen für die Zwecke des Täters ein von seinem Willen unabhängiger Umstand, der ihm die Vollendung der geplanten
Tat unmöglich macht. Bei solcher oder ähnlicher Gestaltung des
Sachverhalts obliege es dem Tatrichter unter Berücksichtigung
des vom Täter verfolgten Zweckes die erwartete Beute der Menge
und dem Wert nach möglichst genau festzustellen und anhand des
Verhältnisses der erwarteten zu der tatsächlich vorgefundenen
Beute sowie in Erwägung der sonstigen Umstände des Einzelfalles
die Frage der Freiwilligkeit des Rücktritts nach freier richter-
licher Überzeugung zu entscheiden.[1] Unfreiwilligkeit des Rücktritts liegt auch vor, wenn der Täter wegen Aussichtslosigkeit
des mit der Nötigungshandlung erstrebten Erfolges von seinem
Plan Abstand nimmt.[2] Unerheblich ist dabei, ob die Aussichtslosigkeit darin begründet ist, daß die bestehenden Verhältnisse
die Ausführung des Raubes überhaupt unmöglich machen oder den
Täter nur daran hindern.[3] Nimmt der Angeklagte aus Furcht vor
einer Bestrafung von der Fortsetzung der Tat Abstand, so kommt

---

[1] BGHSt 4, 59 f., NJW 53, 752.
[2] BGH MDR 51, 369 f.
[3] RGSt 37, 403.

es darauf an, ob er dies ohne äußeren Zwang kraft freier Willensentschließung aus rein innerem Beweggrund tat. Solchenfalls ist freiwilliger Rücktritt gegeben.[1] Ist aber der Rücktrittsentschluß nicht allein oder doch nicht vornehmlich auf innere Regungen, insbesondere auf Furcht vor Entdeckung und Strafe, zurückzuführen, sondern ist in einem äußeren Umstand, der die Gefahr einer wahrscheinlichen Entdeckung begründet oder doch steigert, ein unerwartetes Hindernis und ein nach allgemeiner Lebensauffassung zwingender Grund für den Rücktritt von dem Versuch zu sehen, so kommt § 24 StGB nicht in Betracht.[2] Dies trifft z.B. in dem vom OLG Hamburg[3] entschiedenen Falle zu, in dem die Angeklagten die Tatausführung nur aufgegeben hatten, weil sie durch eine Glasscheibe an dem Zutritt zu der Bude gehindert wurden und bei einem Einschlagen der Scheibe befürchteten, daß andere Personen durch das Klirren der Scheibe auf den Diebstahl aufmerksam gemacht würden. Sie hatten, wie das Urteil ausführt, damit zum Ausdruck gebracht, daß ihr Rücktritt nicht allein oder doch vornehmlich auf innere Regungen, insbesondere aus Furcht vor Strafe, zurückzuführen war. Ausschlaggebend sei vielmehr gewesen, daß sie vernünftigerweise die Gefahr einer Entdeckung nicht auf sich nehmen konnten und durften, sondern in diesem wider Erwarten eingetretenen und ihrem Willen zuwiderlaufenden Umstand ein ernstes Hindernis und einen nach allgemeiner Lebensauffassung zwingenden Grund für den Rücktritt von dem versuchten Einbruchdiebstahl erblicken mußten. Wegen des aufgetretenen Hindernisses hätten sie nach der gegebenen Sachlage nicht ernstlich auf ihrem Entschluß beharren können, selbst wenn sie es gewollt hätten. Ihr Versuch habe sich für sie als unausführbar erwiesen. Die Angeklagten seien daher durch den Rücktritt vom Versuch nicht straflos geworden. Was vom heute nicht mehr strafbaren versuchten Einbruchdiebstahl gesagt ist, gilt in gleicher Weise vom Raubversuch. Nach Auffassung des

[1] RGSt 47, 78; 54, 326; 57, 316.
[2] RGSt 57, 316; 65, 149 f.; 68, 83; BGHSt 9, 48 ff.; 14, 80; BGH MDR 51, 369 f.; Roxin (Cl.), Über den Rücktritt vom unbeendeten Versuch, in FS für E.Heinitz, Berlin 1972 S.255; dagegen schließt auch eine Entdeckung der Tat die strafbefreiende Wirkung des Rücktritts nicht von vornherein aus (BGH, Beschl. vom 28.1.75 - 5 StR 698/74 bei Dallinger MDR 75, 365).
[3] NJW 53, 956.

Reichsgerichts[1] kann bei einer bloßen Änderung der Tatmittel, die zu dem unverändert gewollten Enderfolg führen sollten, keinesfalls von einem Rücktritt vom Versuch i.S. des § 46 Nr.1 StGB[2] die Rede sein.[3] Eine andere Frage ist, "ob bei der Teilhandlung einer Fortsetzungstat überhaupt ein Rücktritt vom Versuch i.S. des § 24 Nr.1 oder Nr.2 StGB mit der Wirkung möglich ist, daß die Teilhandlung wegen dieses persönlichen Strafaufhebungsgrundes aus der Verurteilung auszuscheiden hat. Unter Umständen könnte bei einer in sich abgeschlossenen Teilhandlung an eine entsprechende Anwendung des § 46 StGB aus seinem Grundgedanken heraus gedacht werden, einen Anreiz für den Täter zu bieten, den Erfolg nicht eintreten zu lassen". Die Frage, "ob andererseits eine Handlung, von der der Täter zurücktritt, überhaupt ein Teil einer Fortsetzungstat sein kann", brauchte vom Gericht nicht beantwortet zu werden. Es könnte aber dafür "der Umstand sprechen, daß der § 46 StGB keinen Rechtfertigungsgrund und auch keinen Schuldausschließungsgrund, sondern nur einen Strafaufhebungsgrund bildet". Enthält ein Vorgang bereits alle Merkmale des Versuchs eines Verbrechens, so hat die nunmehr einsetzende tatsächliche oder scheinbare Einwilligung des Verletzten nicht die Wirkung, daß dem Versuch nachträglich die Strafbarkeit genommen wird.[4]

Was die Teilnahme am Raub anbelangt, so kann es nicht Gegenstand dieser Abhandlung sein, auf die allgemeinen in Rechtsprechung und Schrifttum entwickelten Teilnahmegrundsätze einzugehen. Es mag vielmehr genügen, einzelne, speziell auf das Verbrechen des Raubes bezügliche Teilnahmehandlungen zu erwähnen. Vorausgeschickt muß allerdings werden, was die Neufassung des Strafgesetzbuches vom 1.1.1975 an Neuerungen gegenüber dem bisherigen Recht gebracht hat. So ist neu, daß § 25 die Täterschaft in ih-

---

[1] RGSt 72, 351.
[2] jetzt § 24 Abs.1 StGB.
[3] vgl. auch RG Urt.v.11.4.1927 - 2 D 238/27 in RGSt 72, 351.
[4] BGH bei Dallinger MDR 73, 191 im Anschluß an RG JW 1934, 2335 Nr.7 a.

ren verschiedenen Formen der Alleintäterschaft und der mittelbaren Täterschaft in Abs.1 und der Mittäterschaft in Abs.2 gesetzlich fixiert hat und daß ihr in §§ 26 und 27 eine gesetzliche Festlegung der Begriffe der Anstiftung und der Beihilfe angefügt wurde. Damit wird der Einheitstäterbegriff abgelehnt und die bisherige Dreiteilung mit Recht beibehalten. Außerdem ist gesetzlich klargestellt, daß die Täterschaft nicht bloß unmittelbar, sondern auch entsprechend der bisherigen Rechtsprechung und Lehre auch mittelbar begangen werden kann. Auch dürfte der Fassung der neuen Gesetzesbestimmungen zu entnehmen sein, daß die in der Praxis vielfach angewandte subjektive Theorie, welche die Täterschaft und Teilnahme nach den Kriterien des Täter- und Teilnehmerwillens voneinander abgrenzt, künftig nicht mehr vertretbar sein wird. Bislang hatte das Reichsgericht Mittäter und Gehilfe danach bestimmt, ob der Beteiligte die Tat "als eigene wolle".[1] Konsequenterweise bedeutete dies, daß nicht nur derjenige Täter sein kann, der selbst keinerlei Tatbestandsmerkmal verwirklicht,[2] sondern auch der Nur-Gehilfe, der sämtliche Tatbestandsmerkmale allein verwirklicht.[3] Der Bundesgerichtshof ist dem Reichsgericht zunächst gefolgt[4] und hat auch ausnahmsweise den als Gehilfen angesehen, der den äußeren Tatbestand voll verwirklicht, wenn er seinen Willen dem eines anderen vollständig unterordnet, z.B. infolge eines militärischen Befehls.[5] Später ist der Bundesgerichtshof dazu übergegangen, Elemente der Tatherrschaftstheorie zu übernehmen. Freilich ist damit noch nicht gesagt, daß unter der Geltung des neuen Allgemeinen Teils die in der Wissenschaft herrschende Tatherrschaftslehre für die Abgrenzung von Täterschaft und Teilnahme herangezogen werden muß. Aber die Begründung zum StGBE 1962[6] deutet immerhin in diese Richtung, wenn sie ausführt: "Der Entwurf gibt dem ... Gedanken der Tatherrschaft Raum.

---

[1] vgl.u.a. RGSt 35, 17; 37, 58; 57, 274.
[2] RGSt 26, 346; 66, 240.
[3] RGSt 31, 82; 74, 85.
[4] BGHSt 2, 170; 4, 21, 42; 6, 228, 249; 11, 271.
[5] BGH NJW 51, 121; BGH bei Dallinger MDR 51, 273.
[6] S.147 f.

Er verzichtet jedoch darauf, ihn gesetzlich festzulegen, um einer weiteren Entwicklung in Rechtsprechung und Rechtslehre nicht vorzugreifen". Es darf aber angenommen werden, daß die Tatherrschaftslehre in Zukunft auch die Rechtsprechung erobern wird.[1] Auch setzen Anstiftung und Beihilfe nach dem Wortlaut der §§ 26 und 27 StGB eine vorsätzlich begangene Tat voraus. Eine Teilnahme an unvorsätzlicher Tat entbehrt künftig der gesetzlichen Grundlage.[2] Damit hat sich der Gesetzgeber der der früheren Judikatur[3] widersprechenden Entscheidung BGHSt 9, 370 ff., die durch die weitere Rechtsprechung bestätigt wurde,[4] angeschlossen, ob berechtigterweise oder nicht, mag dahingestellt bleiben.[5] Führt allein das Fehlen einer besonderen persönlichen Eigenschaft dazu, daß der Tatbeteiligte nur als Gehilfe verurteilt werden darf, so kann ihm die sowohl in § 27 Abs.2 StGB wie in § 28 Abs.1 StGB vorgeschriebene Milderung der Strafe nach § 49 Abs.1 StGB nur einmal zugute kommen.[6] Für die Teilnahme am Raub gelten, von den Neuerungen abgesehen, die durch die Rechtsprechung und Lehre entwickelten Grundsätze fort.[7] Der ihnen zugrundeliegende innere Grund für die Bestrafung des Teilnehmers liegt darin, daß er eine sozial unerträgliche, also tatbestandsrechtswidrige Tat durch Bestimmen veranlaßt oder gefördert hat.[8] Was speziell die Mittäter-

---

[1] Roxin in Roxin-Stree-Zipf-Jung a.a.O. S.29 f.; Rudolphi-Horn-Samson-Schreiber a.a.O. Rdz.10-18 zu § 25; Jescheck (H.-H.), Lehrbuch des Strafrechts Allg.T. 2.Aufl.(1972) S.494 ff., S.495 Anm.24; Roxin (Cl.), Täterschaft und Tatherrschaft 2.Aufl., Hamburg 1967 S.107 ff.; ders., Ein "neues Bild" des Strafrechtssystems, ZStW 1971, 397 ff.
[2] BGHSt 9, 375, 378 ff.; BGH VRS 18, 421; Maurach (R.), Deutsches Strafrecht Allg.T. 4.Aufl.(1971) S.674 f, 722 f.; Welzel (H.), Das Deutsche Strafrecht 11.Aufl.(1969) S.113; Jescheck (H.-H.), Lehrbuch des Strafrechts Allg.T. 2.Aufl.(1972) S.498 f. mit Anm. 42; a.A. Rudolphi (H.-J.), Strafbarkeit der Beteiligung an den Trunkenheitsdelikten im Straßenverkehr, GA 1970, 360 ff.; Roxin (Cl.) in Roxin-Stree-Zipf-Jung a.a.O. S.30 ff.; ders., Täterschaft und Tatherrschaft 2.Aufl.(1967) S.364 ff.
[3] BGHSt 4, 355; 5, 47.
[4] BGH VRS 18, 421; OLG Stuttgart JZ 59, 579, MDR 59, 508 mit Lange (R.), Zur Teilnahme an unvorsätzlicher Haupttat, JZ 59, 560 ff. und Anm.Dahm MDR 59, 508 ff.; OLG Köln NJW 62, 688 mit zust.Anm. Bindokat.
[5] Roxin in Roxin-Stree-Zipf-Jung a.a.O. S.30 f.
[6] BGH Beschl. MDR 75, 414.
[7] siehe u.a. Petters-Preisendanz 29.Aufl.(1975) S.146 ff.
[8] Welzel (H.), Das Deutsche Strafrecht 11.Aufl.(1969) S.112 & 115; zur Unrechtsteilnahmetheorie vgl.auch Rudolphi-Horn-Samson-Schreiber a.a.O. Rdz.6 zu Vorbem.vor § 26.

schaft am Raub betrifft, so kann Mittäter sein, wer sich an der
Planung des Raubes beteiligt, auch wenn er während der Ausführung der Tat nur Schmiere steht.[1] Es braucht auch nur einer der
Mittäter die Nötigung verüben.[2] Raub setzt nicht voraus, daß
sich der Gewalt anwendende Mittäter im Besitz der Diebesbeute
befindet oder sich durch die Gewaltanwendung in ihren Besitz
setzen will.[3] Stets ist aber Voraussetzung, daß der Mittäter
selbst Zueignungsabsicht hat. Jeder Mittäter muß sich die Sache selbst mitzueignen wollen.[4] Dies trifft freilich auch dann
zu, wenn derjenige, der eine fremde bewegliche Sache im Zusammenwirken mit einem anderen gewaltsam wegnimmt, dieselbe sich
in der Weise zueignet, daß er sie sogleich der Verfügungsgewalt
des anderen überläßt, weil er daran ein eigenes wirtschaftliches Interesse hat oder dadurch einer Anstandspflicht entsprechen will.[5] In diesem Sinne spricht sich der Bundesgerichtshof
im Urteil vom 12.1.1962[6] aus, in welchem ausgeführt ist: "Die
Absicht, sich eine Sache rechtswidrig zuzueignen, setzt nicht
voraus, daß der Mittäter die wegzunehmende Sache in seinen alleinigen Gewahrsam bringen und für sich behalten will. Er kann
den durch die gemeinsame Wegnahme an ihr erlangten Mitgewahrsam
vielmehr in Anmaßung der Rechte eines (Mit-)Eigentümers auch
sogleich der Verfügungsgewalt eines anderen Mittäters überlassen. Von einer Zueignungsabsicht des Mittäters kann in solchen
Fällen freilich nur dann die Rede sein, wenn er mit der Überlassung der Sache an den anderen Mittäter irgendeinen wirtschaftlichen Vorteil oder Nutzen für sich erstrebt. Als Beispiel ist in der Rechtsprechung des Bundesgerichtshofes insoweit angeführt, daß der Täter sich eine Gegenleistung gewähren
lassen und so den wirtschaftlichen Wert der Sache (ganz oder

---

[1] OLG Düsseldorf JR 48, 199; LK 9.Aufl.(1974) Rdz.20 zu § 249.
[2] RG JW 1924, 626; LK 9.Aufl.(1974) Rdz.20 zu § 249; Dalcke
  (A.) 37.Aufl.(1961) § 249 Anm.1.
[3] OLG Stuttgart Beschl. GA 1966, 318.
[4] RG Recht 1930 Nr.684; Schönke-Schröder 19.Aufl.(1978) Rdz.12
  zu § 249.
[5] BGHSt 17, 92 f. im Anschluß an BGHSt 4, 238.
[6] NJW 62, 972, JR 62, 347.

teilweise) seinem Vermögen zuführen will, oder, daß er durch
die in der Überlassung zum Ausdruck kommende Verfügung im eigenen Namen als freigebig erscheinen will, ohne eigene Mittel
aufzuwenden (vgl. BGHSt 4, 236, 238 f.). Indessen erschöpfen
diese Beispiele den in der Rechtsprechung des BGH entwickelten Begriff des "Sichzueignens" keineswegs. Er umfaßt auch
Fälle, in denen der Mittäter darauf abzielt, in Anmaßung der
Rechte des Eigentümers die diesem gehörende Sache oder deren
wirtschaftlichen Wert der Verfügungsgewalt eines anderen Mittäters zu überlassen, um damit aus eigenem wirtschaftlichen
Interesse einer an ihn ergangenen Aufforderung dieses anderen
zu entsprechen. Dabei ist nicht erforderlich, daß diesem wirtschaftlichen Interesse die Besorgnis zugrunde liegt, mit Erfolg
rechtlich in Anspruch genommen werden zu können. Es genügt
vielmehr, daß der Täter in der Vorstellung handelt, sich durch
sein Verhalten irgendwelche wirtschaftliche Vorteile zu erhalten oder für die Zukunft zu sichern". Eine andere Ansicht vertritt Schröder,[1] der geltend macht, daß es vorliegendenfalls
nicht um die Absicht des Täters gehe, die Sache selbst oder ihren Wert in irgendeiner Form seinem Vermögen einzuverleiben
oder wie ein Eigentümer über die Sache zu verfügen, sondern um
die Abwendung von Regreßansprüchen, bei der es dem an der Wegnahme Beteiligten daran liege, seinem Mitbeteiligten als dem
Gläubiger einer bestimmten Forderung gerade das zu verschaffen,
was ihm zusteht oder doch vermeintlich zusteht, weil dies die
Voraussetzung dafür bilde, die drohende eigene Haftung von sich
abzuwenden. Das Interesse des Regreßpflichtigen hieran stehe
daher im diametralen Gegensatz zu der Absicht, sich die Sache
zuzueignen. Vielmehr sei das wirtschaftliche Interesse des Regreßpflichtigen nur dadurch zu realisieren, daß die weggenommene Sache in das wirtschaftliche Vermögen des Gläubigers über-
führt werde. In diesem Zusammenhang mag noch bemerkt werden,
daß auch die erfolglose Anstiftung zu einem Verbrechen strafbar
ist. Die Strafsanktion gründet sich auf § 49 a des 3.Straf-

---

[1] Anm.zu Urt.d.BGH v.12.1.62 - 4 StR 346/61, JR 62, 348; ebenso
Eser in Schönke-Schröder 19.Aufl.(1978) Rdz.62 zu § 242 und
Eser (A.), Strafrecht IV, 2.Aufl., München 1976 S.52.

rechtsänderungsgesetzes vom 4.8.1953,[1] der unverändert nach § 49 a StGB i.d.F. vom 25.8.53[2] und von dort mit der Abweichung, daß der in letzterer Fassung in Klammern noch beigefügte § 45 in Wegfall kam, nach § 49 a StGB i.d.F. vom 1.9. 69[3] ebenfalls unverändert übernommen und in § 30 StGB i.d.F. 1.1.75[4] neu formuliert wurde. § 30 StGB lautet: "(1) Wer einen anderen zu bestimmen versucht, ein Verbrechen zu begehen oder zu ihm anzustiften, wird nach den Vorschriften über den Versuch des Verbrechens bestraft. Jedoch ist die Strafe nach § 49 Abs.1 zu mildern. § 23 Abs.3 gilt entsprechend. (2) Ebenso wird bestraft, wer sich bereit erklärt, wer das Erbieten eines anderen annimmt oder wer mit einem anderen verabredet, ein Verbrechen zu begehen oder zu ihm anzustiften". Unproblematisch sind die Fälle, in denen die Tat im Falle der Ausführung sowohl für den in Aussicht genommenen Täter, als auch für den Anstifter ein Verbrechen wäre. Dagegen sind die Fälle umstritten, in denen die Tat im Falle ihrer Ausführung nur infolge besonderer persönlicher Merkmale für den in Aussicht genommenen Täter ein Verbrechen, für den Anstifter jedoch nur ein Vergehen wäre. Das Schrifttum stellt teilweise in entsprechender Anwendung des § 28 Abs.2 StGB auf das Vorstellungsbild der Person des Anstifters ab,[5] d.h. darauf, ob die Teilnahme ein Verbrechen wäre, wenn sie Erfolg gehabt hätte. Der Bundesgerichtshof[6] und ein anderer Teil des Schrifttums[7] stellen dage-

---

[1] BGBl I 739.
[2] BGBl I 1090.
[3] BGBl I 1456.
[4] BGBl I 13.
[5] Cramer in Schönke-Schröder 19.Aufl.(1978) Rdz.36 zu § 30; Maurach (R.), Deutsches Strafrecht Allg.Teil 4.Aufl.(1971) S.702; Schmidhäuser (E.), Strafrecht Allg.Teil 2.Aufl.(1975) 15/108 & Fn.40; Samson in Rudolphi-Horn-Samson-Schreiber 2. Aufl.(1977) Rdz.11 zu § 30; Schröder (H.), Grundprobleme des § 49 a StGB, JuS 67, 292 f.; Langer (W.), Zum Begriff der "besonderen persönlichen Merkmale", in: FS f.Richard Lange, Berlin-New York 1976 S.249; Vogler (Th.) & (B.) Kadel, Strafrecht: Eine verhängnisvolle Bitte, JuS 1976, 249.
[6] BGHSt 4, 18; 6, 309 f.; BGH NJW 51, 667; BayObLG NJW 60, 984.
[7] Busch in LK 9.Aufl.(1974) Rdz.21 ff. zu § 49 a; Letzgus (Kl.), Vorstufen der Beteiligung. Erscheinungsformen und ihre Strafwürdigkeit, Berlin 1972 (Strafrechtl.Abhandlungen N.F.12) S. 205 f.; Jescheck (H.-H.), Lehrbuch des Strafrechts Allg.Teil 3.Aufl.(1978) S.572; Stratenwerth (G.), Strafrecht Allg.Teil I. Die Straftat, 2.Aufl.(1976) Rdz.915; Dreher (E.), Anm.zu Urt.d.BGH vom 28.10.52 - 1 StR 417/52, NJW 53, 313; ders.,

gen auf die Qualifikation des in Aussicht genommenen Täters
ab. Es muß hiernach die in Aussicht genommene Haupttat, nicht
aber die beabsichtigte Anstiftung ein Verbrechen sein. Baumann[1] setzt für § 30 Abs.1 schließlich voraus, daß die Tat sowohl für den Anstifter wie für den in Aussicht genommenen
Haupttäter ein Verbrechen sein muß. Das 2.StRG hat diese Frage bewußt offengelassen und ihre Entscheidung wie bisher der
Rechtsprechung überlassen, dabei aber die eingeschlagene Linie bereits angedeutet. Zu beachten ist, daß die Fälle, in
denen eine Tat ausschließlich wegen des erhöhten Schuldgehalts
zum Verbrechen wird, durch die Reformgesetze praktisch gegenstandslos geworden sind, wie Diebstahl im Rückfall und Betrug
im Rückfall (aufgehoben durch das 1.StRG) sowie gewerbsmäßige
und gewohnheitsmäßige Hehlerei (durch das EGStGB in ein Vergehen umgewandelt). Dies bedeutet, daß auch künftig in Übereinstimmung mit der herrschenden Meinung grundsätzlich auf den
für die Tat in Aussicht genommenen Täter abzustellen ist. Die
Problematik ist heute allerdings nur noch von geringer Tragwei-
te, wie z.B. für den Fall, daß der von X ernsthaft ersuchte A
den nicht eingeweihten B vergeblich auffordert, X zu töten.
Hier würde sich die Tötung des X für B als Mord oder Totschlag,
somit als Verbrechen, für A dagegen nur als Vergehen darstellen. Ähnlich liegen die Fälle erfolgloser Anstiftung zum qualifizierten Verbrechen, z.B. zu schwerem Raub, und erfolgreicher
Anstiftung zum Grunddelikt, z.B. zu einfachem Raub. In einem
solchen Falle hat sich der Bundesgerichtshof[2] zunächst dahin
ausgesprochen, daß § 49 a StGB a.F. subsidiär sei, so daß
nur wegen erfolgreicher Anstiftung zum Grunddelikt verur-

Grundsätze und Probleme des § 49 a StGB, GA 1954, 17; ders.,
Anm.zu Urt. d. BGH v. 12.8.54, MDR 55, 119; Meister (H.G.),
Zweifelsfragen zur versuchten Anstiftung, MDR 56, 16; Niese
(W.), Die Rechtsprechung des Bundesgerichtshofs in Strafsa-
chen, Bd.4 und 5 der Amtlichen Sammlung - Entscheidungen zum
materiellen Strafrecht, JZ 55, 324; ebenso § 35 (3) StGBE 62.

[1] Baumann (J.), Strafrecht Allg.Teil 8.Aufl.(1977) S.620.

[2] BGHSt 1, 131.

teilt werden dürfe. Diese Entscheidung hat in der Rechtslehre
weitgehend Widerspruch gefunden.[1] In einer Entscheidung vom
gleichen Jahr[2] sprach sich der BGH für eine Bestrafung wegen
erfolgloser Anstiftung zum Meineid in Tateinheit mit Anstiftung zur uneidlichen Falschaussage mit der Begründung aus, daß
der Meineid gegenüber der uneidlichen Falschaussage eine Straftat eigener Art, ein delictum sui generis, sei. Indem der Gros-
se Strafsenat zwar diese Entscheidung im Ergebnis für begründet
erachtete, aber die Begründung selbst für nicht tragfähig ansah, sprach er sich mit Beschluß vom 24.10.55[3] dahin aus, daß
die allgemeinen Regeln über das Verhältnis zwischen der erfolglosen Anstiftung zur Qualifizierung und der erfolgreichen Anstiftung zum Grundtatbestand gelten müssen. Für diesen Fall
hatte sich aber der BGH bereits in BGHSt 1, 131 dahin festgelegt, daß § 49 a StGB a.F. subsidiär sei, so daß nur wegen erfolgreicher Anstiftung zum Grunddelikt und nicht wegen erfolgloser Anstiftung zum qualifizierten Delikt bestraft werden dürfe.
Dieser Auffassung hat sich auch Kohlrausch-Lange[4] angeschlossen. Demgegenüber aber hat der 1.Strafsenat im Urteil vom 28.
2.1956[5] es vorgezogen, das grundsätzliche Konkurrenzverhältnis
zwischen erfolgreicher Anstiftung zum Grunddelikt und erfolgloser Anstiftung zur Qualifizierung neu zu überprüfen und -
im Einvernehmen mit den anderen Strafsenaten - die umstrittene Entscheidung[6] aufzugeben. Er führt in der Begründung hierfür aus: "Es kann nicht befriedigen, daß eine, wenn auch nur
in der Form der Gefährdung nach § 49 a StGB erfüllte schwerere Strafvorschrift im Schuldspruch völlig hinter der in der
Form der Verletzung erfüllten schwächeren Rechtsnorm zurück-

---

[1] vgl. u.a. Dreher (E.), Grundsätze und Probleme des § 49 a
StGB, GA 1954, 20 f.; ders., Das Dritte Strafrechtsänderungsgesetz, JZ 53, 421 ff.; Niese (W.), Die Rechtsprechung des
Bundesgerichtshofs in Strafsachen. Bd.1 und 2 der Amtlichen
Sammlung - Entscheidungen zum StGB, JZ 53, 175; Welzel (H.),
Das deutsche Strafrecht 4.Aufl.(1954) § 16 II 7 letzt.Abs.;
LK 6.-7.Aufl.(1953), Bd.1, § 49 a Anm.3.
[2] BGHSt 1, 244.
[3] BGHSt 8, 301 ff., JZ 56, 333 ff.
[4] 41.Aufl.(1956) § 49 a Anm.VI.
[5] BGHSt 9, 132 ff.
[6] BGHSt 1, 131.

treten soll mit dem in der Entscheidung BGHSt 1, 131 allerdings bereits erkannten Ergebnis, daß eine völlig erfolglose
Anstiftung strenger beurteilt wird als eine teilweise erfolgreiche". Es könnte, wie der Bundesgerichtshof an einem Beispiel des näheren darlegt, diese Rechtsansicht zu kaum tragbaren Folgerungen führen. "Es darf auch nicht übersehen werden,
daß bei der Neufassung des § 49 a StGB durch die Strafrechts-
angleichungsVO vom 29.Mai 1943 (RGBl I 339) nicht nur die Wendung 'soweit nicht das Gesetz eine andere Strafe androht' weggefallen ist, sondern daß auch der bisherige besondere Strafrahmen des § 49 a beseitigt und statt dessen derjenige für die
vollendete Tat getreten ist und später (durch das 3.StRÄndG vom
4.8.1953, BGBl I 735) die 'für den Versuch des Verbrechens geltenden Vorschriften (§§ 44, 45)' für anwendbar erklärt worden
sind. Es bedarf hier keiner grundsätzlichen Erörterung der Frage, ob § 49 a StGB auch in dieser seiner Neufassung überhaupt
noch als Hilfsvorschrift ("subsidiär") zu bezeichnen ist (vgl.
BGHSt 1, 131, 134 ff.; 1, 305, 306 f.; 6, 308, 311). Jedenfalls rechtfertigen sein jetziger Wortlaut" - wie er durch
die obengenannte gesetzliche Änderung festgelegt wurde - "und
seine Bedeutung als selbständig strafbare Vorbereitungshandlung
das völlige Zurücktreten hinter anderen Strafvorschriften nur
noch dann, wenn die "vorbereitete" Haupttat in gleichwertiger,
nicht weniger schwerer Erscheinungsform zum Versuch oder zur
Vollendung gediehen ist". Trifft diese Voraussetzung nicht zu,
so steht die erfolglose Anstiftung zum schwereren Delikt, z.B.
zum schweren Raub (§§ 30, 250 StGB) in Idealkonkurrenz mit der
erfolgreichen Anstiftung zum weniger schweren Delikt, z.B. zum
einfachen Raub (§§ 26, 249 StGB).[1] Der Ansicht Kaufmanns,[2] der
in Anknüpfung an die Entscheidung des Reichsgerichts vom 16.11.
1944[3] die Auffassung vertrat, daß die versuchte Anstiftung zum
qualifizierten Tatbestand im Falle des § 49 a Abs.1 StGB a.F.
die vollendete Anstiftung zum Grundtatbestand aufzehre, wurde

---

[1] BGHSt 1, 242; 9, 131.
[2] Kaufmann (A.), Anm.zu Urt.d.BGH v.28.2.56, JZ 56, 606 f.
[3] 3 D 339/44, zit.in JZ 56, 607.

vom 1.Senat mit der Begründung abgelehnt, daß diese Lösung der
Tatsache nicht gerecht werde, daß hinsichtlich des Grundtatbe-
standes eine erfolgreiche Anstiftung vorliege. Diese Einwen-
dung anerkannte auch Kaufmann als berechtigt an, solange das
deutsche Strafgesetzbuch nicht den fehlgeschlagenen Versuch
der Vollendung gleichstelle. Neben der erfolglosen Anstiftung
zu einem Verbrechen (§ 30 Abs.1 StGB) ist auch die Verabredung
zu einem Verbrechen wie auch die Annahme des Anerbietens eines
anderen, eine solche Handlung zu begehen und endlich die Be-
reiterklärung zu einem Verbrechen strafbar (§ 30 Abs.2 StGB).
Was speziell die Verabredung anbelangt, so ist nach dem Urteil
des Kammergerichts vom 15.Oktober 1970[1] die Verabredung zum
Raub nach § 49 a StGB - jetzt § 30 StGB - allerdings nur strafbar, wenn die Beteiligten die Tat ernstlich wollen, d.h. den
bestimmten Willen der Tatbestandsverwirklichung haben.[2] Denn
ein bedingter Wille zum Handeln schließt im Gegensatz zu dem
bedingten Wissen um die Tatumstände ein vorsätzliches Handeln
aus.[3] Der erforderliche und ausreichende Tatentschluß liegt
nach Rechtsprechung und Schrifttum aber auch dann vor, wenn
er von einem Ereignis abhängig ist, dessen künftiger Eintritt
zur Zeit des Tatentschlusses noch ungewiß ist. Entscheidend
ist nur, daß der Entschluß zur Tat für den Eintritt dieses Ereignisses endgültig gefaßt ist.[4] Der Rücktritt vom Versuch der
Beteiligung ist in § 31 Abs.1 und 2 StGB des näheren geregelt.[5]
Zu den einzelnen Tatbestandsmerkmalen des § 30 StGB Stellung
zu nehmen, ginge über den Rahmen dieser Abhandlung hinaus.
Zum Schluß mag noch darauf hingewiesen werden, daß, während
das Kontrollratsgesetz (KRG) 10 das überindividuelle Rechts-

---

[1] GA 1971, 54 f.

[2] BGHSt 12, 309; Schönke-Schröder 19.Aufl.(1978) Rdz.29 zu
§ 30; Baumann (J.), Strafrecht Allg.T. 8.Aufl.(1977) S.622.

[3] RGSt 68, 341; 70, 203; KG GA 1971, 55; Eser in Schönke-
Schröder 19.Aufl.(1978) Rdz.29 zu § 30 und Rdz.18 zu § 22.

[4] Eser in Schönke-Schröder 19.Aufl.(1978) Rdz.18 zu § 22.

[5] vgl. Schönke-Schröder 18.Aufl.(1976) Rdz.3 zu § 31.

gut des Menschenwertes in der sittlichen Ordnung geschützt und deshalb die Zusammenfassung mehrerer Verletzungsakte zu einer Einheit auch dann gestattet hat, wenn sie sich gegen höchstpersönliche Rechtsgüter verschiedener Personen richteten, nach deutschem Strafrecht bei Verletzung eines höchstpersönlichen Rechtsgutes, wie der körperlichen Unversehrtheit, ein Fortsetzungszusammenhang nur dann angenommen werden kann, wenn der Träger des verletzten Rechtsgutes derselbe bleibt.[1] Für die Annahme einer Sammelstraftat[2] liegt kein Anlaß und kein Bedürfnis vor, "weil sich ausreichende Anhaltspunkte zur Individualisierung deutschrechtlicher, dem Gesamttatbestande entsprechender Einzelstraftaten gewinnen lassen".[3] Anstelle der auch beim Raub geltenden allgemeinen Bestimmungen der §§ 73 bis 77 der Neufassung des Strafgesetzbuches vom 1.9.69[4] sind mit Wirkung vom 1.10.73 die §§ 52 bis 55 des Zweiten Gesetzes zur Reform des Strafrechts (2.StrRG) vom 4.7.69[5] getreten, die in den §§ 52 bis 55 StGB i.d.F. des Gesetzes vom 1.1.75[6] übernommen wurden.

---

[1] Baumann (J.), Strafrecht Allg.T. 8.Aufl.(1977) S.700; Jescheck (H.-H.), Lehrbuch des Strafrechts Allg.T. 3.Aufl.(1978) S.583.

[2] RG Beschl. in RGSt 72, 167; zu dem Begriff der Sammelstraftat siehe Baumann (J.), Strafrecht Allg.T. 8.Aufl.(1977) S.703.

[3] OGHBrZ Köln NJW 50, 436.

[4] BGBl I 1459.

[5] BGBl I 724.

[6] BGBl I 16 f.

F) Verhältnis des Raubes zu anderen Delikten

Was die Beziehung des Raubes zu anderen Delikten anbelangt,
so schließt einmal, wie schon erwähnt, der Raub den einfachen
Diebstahl ein und geht daher als lex specialis dem letzteren
vor,[1] so daß nach der herrschenden Meinung, wenn die Gewaltmittel entfallen, Diebstahl oder Diebstahl geringwertiger Sachen bestehen bleibt. Dagegen ist Tatmehrheit zwischen Raub
und Diebstahl bzw. Mundraub[2] bei wiederholter Aneignung möglich.[3] Auch ist die Tat im ganzen als Raub und nicht als Raub
in Tateinheit mit Diebstahl zu beurteilen, wenn der Täter mehr
als ursprünglich beabsichtigt wegnimmt.[4] Daraus, daß der Raub
als Tatbestandsmerkmal Diebstahl einschließt, erklärt sich
auch, daß, wenn bei einer Anklage wegen Raubes und Unterschlagung die besonderen Tatbestandsmerkmale des Raubes nicht feststellbar sind, Diebstahl bestehen bleibt, der mit der Unterschlagung wahlweise zur Verantwortung gezogen werden kann, während eine solche wahlweise Verurteilung zwischen einfachem oder
schwerem Raub und Unterschlagung nicht möglich ist.[5] Das genannte Spezialitätsverhältnis gilt nach der Auffassung des Bundesgerichtshofes,[6] der hierfür auf den Standpunkt des Reichsgerichts[7] Bezug nimmt, auch für das Verhältnis von schwerem Raub
zu schwerem Diebstahl. Nach den Ausführungen des Bundesgerichtshofes im Urteil vom 7.7.1965[8] hat das Reichsgericht allerdings
in der Frage des Verhältnisses von schwerem Raub zu schwerem
Diebstahl geschwankt. Bereits in seiner Entscheidung RGSt 6,
243 hatte der 3.Strafsenat sich dahin ausgesprochen, daß zwischen Raub und Diebstahl Gesetzeskonkurrenz bestehe, folglich

[1] BGH NJW 65, 1923, JZ 65, 729, MDR 65, 925.
[2] jetzt Diebstahl geringwertiger Sachen.
[3] RGSt
[4] BGH Beschl. NJW 69, 1037 f., JZ 69, 399, MDR 69, 495.
[5] BGH MDR 73, 773.
[6] BGH NJW 65, 1923, JZ 65, 728 f., MDR 65, 925.
[7] RGSt 6, 244 ff.; 66, 355 (unter Ablehnung von RGSt 60, 380);
70, 59; RMG 21, 81.
[8] siehe Anm.6

auch der schwere Rückfalldiebstahl im Raubtatbestand aufgehe. Abweichend hiervon hat der 1.Senat des Reichsgerichts nach RGSt 60, 380 in § 252 StGB keinen Sondertatbestand, sondern wie in den §§ 243, 244 StGB einen straferhöhenden Umstand gesehen, jedoch später diesen Standpunkt aufgegeben und sich der Auffassung der beiden anderen Senate in RGSt 66, 353 angeschlossen. Schließlich wurde in dem in RGSt 70, 58 veröffentlichten Urteil unter Hinweis auf RGSt 60, 380 wieder offengelassen, ob zwischen Diebstahl und Raub Gesetzeseinheit oder Tateinheit bestehe. Auch im Schrifttum, so führt das Urteil weiter aus, herrscht in dieser Frage keine Einigkeit.[1] In der obengenannten Entscheidung spricht sich nun der 1.Senat des Bundesgerichtshofes aus gewichtigen Gründen für die vom Reichsgericht in RGSt 6, 243 vertretene Auffassung aus. Das Reichsgericht habe dort unter Heranziehung der Motive zum Strafgesetzbuch ausführlich dargelegt, daß der Raub nach den §§ 249 ff. StGB zwar als ein selbständiger Straftatbestand anzusehen sei, sachlich aber die Merkmale des Diebstahls einschließe. Es zog die Folgerung daraus, daß für den Tatbestand des Raubes der Diebstahl und zwar auch in der Form des schweren Diebstahls keine selbständige strafrechtliche Bedeutung mehr besitze, vielmehr als Element des Raubes in diesem aufgehe. Auch spricht hierfür nach der Meinung des Bundesgerichtshofes vor allem die systematische Einordnung des § 252 StGB, wonach als Räuber auch zu bestrafen ist, wer Gewalt anwendet, um sich im Besitz des Entwendeten zu erhalten. Hier zeige sich der Wille des Gesetzgebers, daß der Diebstahl keine selbständige Bedeutung mehr haben soll. Gegen diesen Standpunkt des Bundesgerichtshofes sind vor allem deshalb Bedenken erhoben worden, weil für schweren Diebstahl im Rückfall (§ 244 StGB a.F.) eine höhere Mindeststrafe vorgesehen war, als für einfachen Raub, dies aber im Falle der Gesetzeskonkurrenz nicht berücksichtigt werden könnte. Diese Bedenken sind inzwischen hinfällig geworden, da nach der jetzigen Rechtsprechung, falls eine Handlung mehrere Strafge-

---

[1] BGH NJW 65, 1923, JZ 65, 728 f., MDR 65, 925.

setze verletzt, der Täter aber nur aus dem strengeren schuldig gesprochen wird, das Mindeststrafmaß und die Strafart des verdrängten milderen Gesetzes eingehalten werden, obwohl nach dem strengeren Gesetz eine geringere Strafe oder eine leichtere Strafart zulässig wäre.[1] Einer Stellungnahme zu den sich widersprechenden Entscheidungen des Reichsgerichts[2] über das Verhältnis zwischen vollendetem schwerem Diebstahl und versuchtem schwerem Raub enthielt sich der Bundesgerichtshof, weil eine Entscheidung über diese Frage im genannten Fall bei der gegebenen Sachlage nicht geboten war. In einer späteren Entscheidung allerdings hat sich der Bundesgerichtshof für Idealkonkurrenz zwischen vollendetem schwerem Diebstahl (§ 244 StGB) und versuchtem schwerem Raub (§§ 250, 52 StGB) ausgesprochen.[3] Nach der Neufassung des Strafgesetzbuches vom 1.1.1975 besteht zwischen schwerem Raub und schwerem Diebstahl in den Fällen von § 250 Abs.1 Nr.1 und 2 und § 244 Abs.1 Nr.1 und 2 Gesetzeskonkurrenz, insofern sich die neuen Bestimmungen inhaltlich, abgesehen von der Trennung in zwei selbständige Tatbestände, von § 243 Abs.1 Nr.5 und § 250 Abs.1 Nr.1 i.d.F. vom 25.8.1953 nicht wesentlich unterscheiden. Die Absicht der Gewaltausübung ist nur im Sinne der bisherigen Rechtsprechung in § 244 Abs.1 Nr.2 wie in § 250 Abs.1 Nr.2 i.d.F. vom 1.1.1975 näher präzisiert worden, während eine solche Präzisierung in § 244 Abs.1 Nr.1 wie in § 250 Abs.1 Nr.1 i.d.F. vom 1.1.1975 nicht besonders festgestellt zu werden braucht, vielmehr in diesen Fällen das Beisichführen der Schußwaffe bei Begehung des Diebstahls oder Raubes ausreichen dürfte. Desgleichen besteht zwischen § 250 Abs.1 Nr.4 und § 244 Abs.1 Nr.3 Gesetzeskonkurrenz, indem zwar in den § 244 Abs.1 Nr.3 StGB i.d.F. vom 1.9.69 und entsprechend in den § 244 Abs.1 Nr.3 StGB i.d.F. vom 1.1.1975 in Übereinstimmung mit

---

[1] RGSt 73, 149 f.; OGHSt 1, 245; BGHSt 1, 155.

[2] RG JW 1932, 2433; RG DJ 1938, 831.

[3] BGHSt 21, 80; Schönke-Schröder 18.Aufl.(1976) Rdz.35 zu § 244.

§ 237 StGBE 1962 das Wort "Bande" aufgenommen wurde, hierdurch aber eine Änderung gegenüber § 243 Nr.6 StGB i.d.F. vom 25.8. 1953 nicht beabsichtigt war,[1] so daß nach wie vor die Verbindung zweier Personen zur fortgesetzten Begehung von Raub oder Diebstahl zum Begriff der "Bande" ausreicht.[2] Da Rückfalldiebstahl (§ 244 StGB i.d.F. vom 25.8.53) und Rückfallraub (§ 250 Abs.1 Nr.5 StGB i.d.F. vom 25.8.53) schon in der Neufassung vom 1.9.1969 in Wegfall gekommen und durch § 48 der Neufassung vom 1.1.1975 ersetzt worden ist, ist die Konkurrenzfrage zwischen diesen beiden Deliktstatbeständen damit hinfällig geworden. Gesetzeskonkurrenz liegt, wie schon nach der Fassung vom 25.8.53 und derjenigen vom 1.9.69 so auch nach der Fassung vom 1.1.1975 im Verhältnis von Raub (§ 249 StGB) zu den privilegierten Fällen der §§ 247 und 248 a StGB vor, so daß in diesen Fällen § 249 StGB stets als lex specialis diese Deliktsbestimmungen verdrängt.[3] Gesetzeskonkurrenz liegt auch im Verhältnis von Raub (§ 249 StGB) zu Körperverletzung (§§ 223, 223 a StGB) vor, soweit letztere unvermeidbarer Bestandteil der Gewaltanwendung ist; sonst ist Idealkonkurrenz gegeben.[4] Fallen bei Idealkonkurrenz zwischen Raub und Körperverletzung die Voraussetzungen für Raub weg, so verbleibt die Körperverletzung. In gleicher Weise kann im englischen Recht nach dem Prevention of Offences Act von 1851[5] bei Verneinung eines Raubes durch die jury ein Spruch wegen Körperverletzung gefunden werden. Gesetzeskonkurrenz besteht auch im Verhältnis von Raub zu Nötigung (§ 240 StGB), auch wenn sich die Nötigung bei Einheitlichkeit des Tatobjekts gegen mehrere Personen richtet, z.B. bei einem Überfall auf zwei Bankwächter.[6] Obwohl die Freiheit ein höchstpersönliches Rechtsgut ist, ist in § 249 StGB auch eine eventuelle Mehrzahl von Nötigungen eingeschlossen. Richtet

---

[1] BGH NJW 70, 1280.

[2] BGH NJW 70, 1280.

[3] Dreher 35.Aufl.(1975) § 249 Anm.5; Kritik der Rechtsprechung und Forderung einer Geringwertigkeitsklausel auch bei Raub und raubgleichen Delikten aus praktischen Erwägungen durch Burkhardt (B.), Die Geringwertigkeit des Weggenommenen bei Raub und raubgleichen Delikten, NJW 75, 1687; ders., Gewaltanwendung bei Vermögensdelikten mit Bagatellcharakter, JZ 73, 110, 115 f.

[4] RG JW 1937, 1328; Schönke-Schröder 18.Aufl.(1976) Rdz.14 zu § 249.

[5] 14 & 15 Vict. c.19 s.15.

[6] LK 9.Aufl.(1974) § 249 Anm.22.

sich allerdings der Raub gegen mehrere Personen, so ist Realkonkurrenz anzunehmen, es sei denn, daß nur eine Nötigungshandlung vorliegt, in welchem Falle Idealkonkurrenz gegeben
ist. Dasselbe gilt auch im Verhältnis von Raub zu Freiheitsberaubung, soweit letztere nicht über das zur Durchführung
des Raubes erforderliche Maß ausgedehnt wird, z.B. um einer
Verfolgung vorzubeugen. Solchenfalls liegt Idealkonkurrenz
vor.[1] Gesetzeskonkurrenz ist endlich im Verhältnis von Raub
zu räuberischem Diebstahl gegeben.[2] Fortsetzungszusammenhang
zwischen Diebstahl und Raub ist wegen der fehlenden Gleichartigkeit der Begehungsweise, die eine Voraussetzung des fest-
gesetzten Delikts ist, nicht möglich, auch wenn die Täter den
erforderlichen Gesamtvorsatz hatten.[3] Der Grund liegt darin,
daß im deutschen Recht der Raub nicht als eine Form des
schweren Diebstahls anzusehen ist, sondern als ein eigen-
ständiges Vermögensverbrechen, das sich nicht nur gegen das
Eigentum, sondern auch gegen die persönliche Freiheit des
Opfers richtet.[4] Dagegen ist zwischen Diebstahl und schwerem
Diebstahl,[5] wie auch zwischen Diebstahl und räuberischem
Diebstahl Fortsetzungszusammenhang möglich. Fortsetzungszusammenhang kann auch zwischen Raub und räuberischer Erpressung
bestehen. Ein solcher ist jedoch ausgeschlossen, wenn sich die
Taten gegen verschiedene Personen richten.[6] Nach den Ausführungen des Bundesgerichtshofs im Urteil vom 3.Mai 1968,[7] dem
der Fall zugrunde lag, in dem die drei Täter versuchten, sich
bei einem Waffenhändler im Wege der räuberischen Erpressung
Waffen zu verschaffen, um mit den erbeuteten Waffen einen bestimmt ins Auge gefaßten und fest verabredeten Überfall auf
die Allgemeine Ortskrankenkasse X auszuführen, aber die Aus-

---

[1] RG JW 1937, 1328; LK 9.Aufl.(1974) § 249 Anm.22; Schönke-
Schröder 18.Aufl.(1976) Rdz.13 zu § 249.
[2] RGSt 6, 244 f.
[3] BGH NJW 68, 1292; LK 9.Aufl.(1974) Rdz.1 zu § 249.
[4] Schönke-Schröder 18.Aufl.(1976) Rdz.1 zu § 249; Maurach,
Deutsches Strafrecht Bes.T. 5.Aufl.(1971) S.247.
[5] BGH VRS 13, 43; BGH v.30.8.66 - 1 StR 273/66 und BGH v.17.
5.66 - 5 StR 214/66 bei Dallinger MDR 67, 12 f.
[6] OLG Braunschweig HESt 2, 32, NdsRpfl 1948, 183.
[7] 4 StR 98/68 bei Dallinger MDR 68, 727.

führung des Versuches von der Polizei vereitelt wurde, hat, wer
eine Straftat begeht, um mittels des Gegenstandes, den er sich
dabei verschafft, in nächster Zeit eine ganz bestimmte weitere
Straftat auszuführen, in Beziehung auf die beiden Taten den für
eine fortgesetzte Handlung erforderlichen Gesamtvorsatz. Für
den Gesamtvorsatz ist verlangt, daß der Täter im voraus ein bestimmtes Gesamtergebnis ins Auge faßt und stückweise zu verwirklichen trachtet, wobei die Vorstellung vom Gesamterfolg um-
rissen, d.h. in bestimmter Weise begrenzt sein muß.[1] Bei der
nahen Verwandtschaft zwischen Raub und räuberischer Erpressung,
die sich nur dadurch unterscheiden, daß der Räuber sein Opfer
zur Duldung der Wegnahme, der räuberische Erpresser zur Herausgabe der Sache zwingt,[2] im übrigen aber sich der Angriff in beiden Fällen gegen dieselben Rechtsgüter richtet und die Mittel
der Einwirkung auf den fremden Willen dieselben sind, sowie im
Hinblick auf die gesetzliche Gleichstellung der beiden Tatbestände liegt die für die Annahme einer fortgesetzten Handlung
erforderliche Gleichartigkeit der Begehungsweise vor. Hieran
würde es auch dann nicht fehlen, wenn bei der als räuberische
Erpressung sich darstellenden Vortat die Nachtat in Form eines
mit Waffen begangenen Raubes ausgeführt werden sollte oder wenn
sich die Täter über diese Einzelheit noch nicht klar waren. Da
es sich im vorliegenden Fall bei den zwei beabsichtigten Über-
fällen um eine einzige fortgesetzte Tat handelt und mit der Ausführung des ersten Einzelaktes bereits begonnen worden ist,
können die Täter nicht auch zusätzlich noch für die Verabredung
des zweiten Einzelaktes bestraft werden. Bei der Bemessung der
Strafe kann aber berücksichtigt werden, daß die Beute des ersten Überfalles der Durchführung des zweiten Überfalles dienen
sollte.[3] Gesetzeskonkurrenz besteht endlich zwischen Raub und
einfacher Erpressung sowie zwischen Raub und räuberischer Erpressung. § 249 StGB schließt aber als lex specialis die §§ 253

---

[1] BGH MDR 61, 1029 f. mit der dort zitierten Rechtsprechung;
BGH v.23.11.65 - 5 StR 457/65 bei Dallinger MDR 66, 198; BGH
MDR 67, 12 f.
[2] BGHSt 7, 254, NJW 55, 877 f.; BGH NJW 67, 61.
[3] BGH v.3.5.68 - 4 StR 98/68 bei Dallinger MDR 68, 727.

und 255 StGB als leges generales aus.[1] Es erhebt sich jedoch
die Frage, ob der genannte Grundsatz auch für das Verhältnis
von versuchtem Raub zu vollendeter räuberischer Erpressung
gilt, sofern eine einheitliche Handlung anzunehmen ist. Der
Bundesgerichtshof[2] hatte diese Frage in einem Fall zu entscheiden, dem folgender Sachverhalt zugrunde lag: Die Angeklagte
Renate M. entwendete aus der Jackentasche des St. zunächst
170 DM, ohne daß St. davon etwas merkte. Weil St. sich weigerte, auch den in der Hand gehaltenen Hundertmarkschein herauszugeben, forderte die M. ihren Ehemann Heinz M. auf, dem St.
den Schein mit Gewalt abzunehmen. Als dessen Bemühungen nicht
zum Erfolg führten, obwohl Heinz M. den St. "in den Schwitz-
kasten nahm", schlug Heinz M. ihm ins Gesicht und forderte ihn
zur Herausgabe des Scheines mit den Worten "komm raus mit dem
Geld" auf. Da auch diese weitere Gewaltanwendung erfolglos
blieb, zog Renate M. die Schlüssel der Wohnungstüre ab und bedeutete dem St., er werde nicht eher aus der Wohnung heraus-
kommen, bis er die 100 DM gezahlt habe. Daraufhin händigte St.
den beiden Angeklagten den Geldschein aus. Der Bundesgerichtshof erblickte in dem gesamten Verhalten der Angeklagten bei natürlicher Betrachtungsweise eine einheitliche Handlung. Der
Umstand, so führt der Bundesgerichtshof aus, "daß die Angeklagten dabei ihren Tatentschluß nach dem für sie unvorhergesehenen Fehlschlagen eines Mittels jeweils unmittelbar anschließend mit einem anderen Mittel zu verwirklichen gesucht
haben, steht der Annahme einer natürlichen Handlungseinheit
nicht entgegen (BGHSt 10, 129 = NJW 57, 595; vgl.auch BGH-Ur-
teil v.6.7.1956 - 5 StR 201/65)". Er ging dabei von dem Grundsatz aus, daß im Falle einheitlicher Handlung diejenigen Betätigungen, die lediglich Versuchshandlungen sind, in der Regel
nicht gesondert in Ansatz zu bringen sind, wenn der Täter zur
Vollendung geschritten ist,[3] und wandte diesen Grundsatz auch

---

[1] RGSt 4, 432; BGHSt 14, 390.
[2] BGH NJW 67, 60 f.; vgl.auch BGHSt 10, 232, NJW 57, 1078.
[3] BGHSt 10, 232, NJW 57, 1078.

auf das Verhältnis vom versuchten Verbrechen des Raubes zur
vollendeten räuberischen Erpressung an, so daß also der versuchte Raub durch die Verurteilung wegen vollendeter räuberischer Sacherpressung als mitabgegolten anzusehen war. Zu diesem Ergebnis kommt auch Mohrbotter,[1] zwar nicht unter dem Gesichtspunkt der Vor- und Nachtat einer einheitlichen Handlung,
da es sich in § 249 und § 255 StGB um zwei selbständige Deliktstatbestände handele, wohl aber im Hinblick auf die Subsi-
diarität der räuberischen Erpressung gegenüber dem Verbrechen
des Raubes, insofern der Raub nur eine spezielle Anwendung der
räuberischen Erpressung bilde und so der Versuch dieses Deliktstypus in der Form der Wegnahme ("Raub") des Vermögensob-
jekts gegenüber der Vollendung desselben Deliktstypus in der
Form der Weggabe ("räuberische Erpressung") stets straflose
Vortat sei, einerlei, ob nur eine Handlung oder mehrere selbständige Handlungen des Täters in Frage kommen. Dagegen ist
Idealkonkurrenz zwischen Raub und räuberischer Erpressung möglich, soweit § 255 StGB selbständige Bedeutung hat.[2] Dies ist
der Fall, wenn sich der versuchte Raub und die räuberische Erpressung auf verschiedene Gegenstände gerichtet haben.[3] Auch
ist Tateinheit zwischen § 249 StGB und § 255 StGB dann möglich,
wenn dasselbe Nötigungsmittel die Duldung der Wegnahme von Sachen und außerdem auch die Herausgabe anderer Sachen erzwingt.[4]
Fortsetzungszusammenhang ist bei Raub und Erpressung ausgeschlossen, wenn sich die Taten gegen verschiedene Personen
richten.[5] Raubmord, d.h. Tateinheit zwischen Raub und vorsätzlicher Tötung, insbesondere Mord, ist im deutschen Strafrecht
im Gegensatz zum österreichischen als selbständiger Begriff,
d.h. als Mord, der in der Absicht verübt wird, eine fremde bewegliche Sache mit Gewalt gegen die Person an sich zu bringen,
unbekannt.[6] Es fragt sich, wie nach deutschem Strafrecht das

[1] Zur mitbestraften Vortat bei Raub und Erpressung, GA 68, 112
ff., 119 f.
[2] RGSt 55, 240 f.
[3] BGH NJW 67, 61.
[4] RGSt 55, 241; BGHSt 7, 254; BGH Urt.v.20.12.51 - 4 StR 723/
51, LM (1953) Nr.3 zu § 249 StGB, Nr.17 zu § 73 StGB.
[5] OLG Braunschweig HESt 2, 32, NdsRpfl 1948, 183.
[6] RGSt 42, 333.

Verhältnis von Raub zu Mord und Totschlag zu beurteilen ist.
Dieses Verhältnis selbst ist durch die Änderung der §§ 211
und 212 StGB, die durch das Gesetz zur Änderung des Strafgesetzbuches vom 4.9.1941[1] - von der Umwandlung von "Zuchthaus"
in "Freiheitsstrafe" abgesehen - unverändert in die Fassung
des Strafgesetzbuches vom 1.9.1969[2] eingegangen und in die Neufassung vom 1.1.1975[3] übernommen worden ist, nicht berührt worden, so daß auch die frühere für dieses Verhältnis maßgebende
Rechtsprechung ihre Gültigkeit behalten hat. Die Beurteilung
dieses Verhältnisses bereitete der Rechtsprechung anfänglich
insofern Schwierigkeiten, als der Tote an seiner Habe keinen
Gewahrsam mehr hat und dieser ihm daher nicht weggenommen werden kann, es sei denn, daß an derselben ein Mitgewahrsam bestanden hätte. Denn solchenfalls könnte dem Mitgewahrsamsin-
haber gegenüber, dessen Mitgewahrsam mit dem Tod des Ermorde-
ten zum Alleingewahrsam geworden ist, eine Wegnahme und damit
Diebstahl bzw. Raub begangen werden, weil Personengleichheit
des Vergewaltigten und des Inhabers der weggenommenen Sachen
nicht erforderlich ist. Aus genanntem Grunde sprach daher das
Reichsgericht[4] starke Bedenken gegen die Annahme des Vorder-
richters aus, daß Mord in Tateinheit mit besonders schwerem
Raub begangen worden sei. Zwar sei die Möglichkeit eines tatsächlichen Zusammentreffens der beiden Verbrechen dann anzuerkennen, wenn die Todesfolge nicht nur fahrlässig, sondern vorsätzlich begangen wurde.[5] Die Tateinheit setze aber eine Wegnahme fremder beweglicher Sachen mittels der gegen den Getöteten verübten Gewalt voraus, die begrifflich regelmäßig in der
Verdrängung des fremden Gewahrsams durch den eigenen des Täters
bestehe. Als Inhaber des fremden Gewahrsams komme zunächst der
Vergewaltigte in Betracht. Sein Gewahrsam ende aber mit seinem

---

[1] RGBl I 549.
[2] BGBl I 1480.
[3] BGBl I 1.
[4] RGSt 56, 24.
[5] RGSt 4, 289; 33, 318; 42, 333; 44, 225; RGR 7, 127.

Tod, so daß er ihm dann nicht mehr weggenommen werden könne.[1]
Sei aber der Getötete alleiniger Gewahrsamsinhaber gewesen und
so mit seinem Tod ein Zustand eingetreten, in dem niemand eine
tatsächliche Gewalt über die Verlassenschaft ausübe, so könne
derjenige, der sich einen dem Getöteten gehörenden Gegenstand
erst jetzt gewaltsam aneigne, keinen Raub, sondern nur eine Unterschlagung begehen, weil es an dem zum Tatbestand des Raubes
gehörenden Merkmal der Wegnahme aus fremdem Gewahrsam fehle. Daran vermöge auch der Umstand nichts zu ändern, daß der Täter
den Vorsatz der rechtswidrigen Zueignung nicht erst jetzt
fasse, sondern schon bei der Tötung des Gewahrsamsinhabers gefaßt habe. Daraus ergebe sich vielmehr nur, daß der Mord das
Mittel zur Begehung einer Unterschlagung gewesen ist und daß
die beiden Straftaten sachlich zusammentreffen.[2] Seitdem das
Reichsgericht die Urteile in Kapitalsachen sachlich-rechtlich
nachprüfte, hat es zunächst ähnlich wie das Schrifttum unterschieden, ob die gewaltsame Wegnahme in Zueignungsabsicht noch
bei Lebzeiten des Opfers erfolgte oder der Gewahrsam wenigstens
gleichzeitig mit dem Tod des Gewahrsamsinhabers erlangt wurde.
In diesem Falle nahm es Tateinheit zwischen Mord und Raub bzw.
besonders schwerem Raub an, wie z.B. beim Zusammenraffen von
Sachen vor dem Tod des Opfers. Zur Begründung führte das Reichsgericht im Urteil vom 22.Juni 1925[3] aus, daß solchenfalls zu
der vorsätzlichen Gewaltanwendung des Raubes mit dem dadurch
verursachten Tod eines Menschen hinzukommen müsse, daß dessen
Tötung auf Vorsatz beruhe und mit Überlegung ausgeführt sei.[4]
Sofern diese Voraussetzungen vorlägen, könne das zu beiden
Verbrechen gehörende Merkmal der Todesfolge als auf denselben
Menschen bezüglich nur einmal durch ein und dieselbe Handlung
verwirklicht worden sein,[5] so daß beide Verbrechenstatbestände
einheitlich zusammentreffen müßten. Sollte jedoch der durch

[1] RGSt 56, 24 mit der dort zitierten Rechtsprechung.
[2] RGSt 56, 24.
[3] RGSt 59, 274.
[4] RGSt 4, 289.
[5] RGSt 33, 318.

räuberische Gewaltanwendung Verletzte nach Beginn des Raubes, aber vor vollendeter Wegnahme von Sachen gestorben sein, so liegt höchstens versuchter Raub mit Todesfolge vor, weil die Vollendung der Zueignungshandlung wegen des inzwischen erfolgten Todes des Gewahrsamsinhabers sich ohne Gewalt gegen ihn vollzog und auch sein Gewahrsam erloschen war,[1] die Aneignung der von dem Täter hernach in seinen Gewahrsam genommenen Sachen des Opfers durch neue Zueignungshandlung aber Unterschlagung begründete. War aber vor Beginn der Wegnahme in Zueignungsabsicht durch den Tod des Opfers ein Zustand der Gewahrsamslosigkeit eingetreten, so wurde auf Realkonkurrenz zwischen Mord und Unterschlagung erkannt.[2] Gegen diese formale Auslegung sprach sich Hellmuth Mayer[3] aus, der in der durch die weitere Zueignungshandlung begangenen Unterschlagung einen Schönheitsfehler sieht. Erst später ging das Reichsgericht einen Schritt weiter und bejahte Mord in Tateinheit mit Raub, schwerem und besonders schwerem Raub dann, aber auch nur dann, wenn die Tötung des Beraubten mit dem Ziel der Wegnahme von Sachen von vornherein gewollt war und die Wegnahme ohne zeitlichen Abstand von der Tötung erfolgte,[4] wenn also die Tötung der Erlangung des Gewahrsams an den Sachen des Opfers durch den Täter diente und der hierdurch ermöglichte neue Gewahrsam des letzteren ohne zeitlichen Abstand von der Tötung begründet wurde. Ging also der Täter nicht davon aus, dem Getöteten dessen Sachen nachträglich wegzunehmen, sondern den Gewahrsam des Opfers an dessen Sachen dadurch zu brechen und sich zu verschaffen, daß er den vom Opfer erwarteten Widerstand von vornherein durch die Tötung gewaltsam unterdrücken und beseitigen wollte, so kann darin eine mit Gewalt bewirkte Wegnahme der Sachen aus dem Gewahrsam des Opfers, also ein Raub, erblickt werden, der

---

[1] RGSt 58, 229; 59, 275.

[2] RGSt 56, 24; 58, 229; RG LZ 1920 Sp.175.

[3] Mayer (H.), Anm.zu Urt.des 2.Senats des Reichsgerichts vom 8. 1.1934 - 2 D 1263/33, JW 1934, 487.

[4] RGSt 60, 52, 165 f.; 63, 105; 72, 352; RG HRR 2, 256.

tateinheitlich mit dem Mord zusammentrifft. Der Umstand, daß
der Widerstand nicht tatsächlich geleistet, sondern nur erwartet wurde und von vornherein unmöglich gemacht werden sollte,
genügt für die Annahme des § 249 StGB. Auf einen solchen Fall
bezieht sich das Urteil des Reichsgerichts vom 31.März 1933,[1]
in welchem der bei der diebischen Wegnahme gestörte Täter sich
der Gewaltanwendung durch sofortige Betäubung verursachende
Beilhiebe gegen den Kopf des Störers als Mittel der Wegnahme
von Geld freilich ohne Erfolg bediente und sich damit des versuchten Raubes in Tateinheit mit versuchtem Totschlag schuldig machte. Dagegen nimmt Dreher[2] Tateinheit zwischen Mord
und Raub an, gleichgültig, ob die ganze oder teilweise Wegnahme sich vor oder nach dem Ableben des Getöteten vollzog.
Nur müsse der Täter die Tötung zum Zwecke der Wegnahme der
fremden Sachen vorgenommen haben. Er geht dabei offenbar von
der rechtlichen Einheit des ganzen Vorganges aus. So dürfte auch Jagusch[3] zu verstehen sein, wenn er ausführt, daß der
Vorbehalt, nach welchem die Wegnahme ohne zeitlichen Abstand
von der Tötung erfolgen müsse, gegenüber dem von Anfang an
festgehaltenen Raubwillen nicht aufrechtzuerhalten sei. Von einem solchen Vorbehalt habe auch das Reichsmilitärgericht[4]
abgesehen. Es sei daher stets Idealkonkurrenz anzunehmen, wenn
die Tötung zu dem Zweck erfolge, dem Opfer seine Sachen wegzunehmen.[5] Welzel[6] gründet unter Berufung auf eine Entscheidung
des Bundesgerichtshofs[7] die Tateinheit zwischen Mord und Raub
bzw. schwerem Raub darauf, daß mit der Gewaltanwendung die
Wegnahme bereits schon begonnen habe. Auch er geht also von

---

[1] RGSt 67, 186.
[2] Dreher 35.Aufl.(1975) § 249 Anm.5 B mit RGSt 63, 105 & 72, 351.
[3] LK 8.Aufl.(1957) § 249 Anm.9.
[4] RMG 10, 90.
[5] vgl. OGHSt 1, 138.
[6] Welzel (H.), Das deutsche Strafrecht 11.Aufl.(1969) S.360.
[7] BGHSt 9, 136.

der Einheitlichkeit des ganzen Vorganges aus. Damit stimmt
auch die Begründung zu § 338 des Strafgesetzbuchentwurfes von
1927[1] überein, wo gesagt ist: "Wegnehmen und Abnötigen können
mit der Gewaltanwendung derart zusammenfallen, daß die Gewaltanwendung schon ein Teil der Wegnahme oder der Abnötigung ist;
von Bedeutung wird in solchem Falle vor allem der Vorsatz des
Täters sein. Danach liegt bei dem sogenannten Raubmord neben
dem Mord Raub vor, wenn der Täter von vornherein darauf ausgegangen ist, seinem Opfer eine Sache wegzunehmen und es zu diesem Zweck erschlagen hat. Dagegen ist er außer wegen Mordes
wegen Unterschlagung zu verurteilen, wenn er zunächst den Mord
begangen und dann auf Grund eines neuen Vorsatzes die günstige
Gelegenheit wahrgenommen hat, den Getöteten nachträglich auszuplündern". Diesen letztgenannten Auffassungen steht aber nach
Schröder[2] die Tatsache entgegen, daß nach natürlicher Betrachtungsweise die Gewalt, der die Wegnahme nicht unmittelbar folgt,
noch keinen Anfang der Ausführung des Raubes darstelle. Demgegenüber hat schon das Reichsgericht in dem bereits erwähnten
Urteil vom 22. Juni 1925[3] sich dahin ausgesprochen, daß allerdings ein Anfang des Gewahrsamsbruches und der Wegnahme fremder Sachen unter Umständen schon in der Gefährdung des Gewahrsams durch Beseitigung eines entgegenstehenden Hindernisses gefunden werden könne und es daher nicht ausgeschlossen sei, die
Ermordung des Gewahrsamsinhabers ebenfalls als Beginn eines auf
Aneignung der Beute und Erlangung ihres Besitzes abzielenden
Handelns in Betracht zu ziehen. Aber selbst bei Verwertung dieses Gesichtspunktes werde die Annahme eines auch nur versuchten Raubes ausgeschlossen, wenn der Täter darauf ausgehe, den
Toten zu "berauben" und insbesondere - z.B. bei dem in RGSt 58,
228 gegebenen Sachverhalt - die Habe des Toten durchsuchen will,
um sich ungestört aus ihr auszuwählen, was ihm der Zueignung wert
sei.

---

[1] Entwurf eines Allgemeinen Deutschen Strafgesetzbuches vom
14.Mai 1927, Reichstagsvorlage, Drucksache Nr.3390, Begründung zu § 338 S.173.
[2] Schönke-Schröder 18.Aufl.(1976) Rdz.16 zu § 249 StGB.
[3] RGSt 59, 275.

G) Räuberischer Angriff auf Kraftfahrer

Einen Sonderfall des schweren Raubes bildet der räuberische
Angriff auf Kraftfahrer (§ 316 a StGB). Die Bestimmung des
§ 316 a Abs.1 StGB a.F., die auf Grund des Gesetzes zur Sicherung des Straßenverkehrs vom 19.12.1952[1] eingefügt wurde, lautete: "Wer zur Begehung von Raub oder räuberischer Erpressung
(§ 255) einen Angriff auf Leib, Leben oder Entschlußfreiheit
des Führers eines Kraftfahrzeuges oder eines Mitfahrers unter
Ausnutzung der besonderen Verhältnisse des Straßenverkehrs
unternimmt, wird mit Zuchthaus nicht unter fünf Jahren, in besonders schweren Fällen mit lebenslangem Zuchthaus bestraft".
§ 316 a Abs.1 in der Neufassung des Strafgesetzbuches vom 1.
9.1969[2] unterschied sich von der bisherigen Bestimmung nur
durch die Abweichung, daß anstelle von Zuchthausstrafe Freiheitsstrafe getreten ist. Dagegen ist im 1.Abschnitt Art.1
Nr.90 des 1.StrRG vom 25.6.1969[3] § 316 a Abs.2 dahin geändert
worden, daß die Worte "die im Abs.1 angedrohte Mindeststrafe
unterschreiten, auf Gefängnis erkennen" durch die Worte "die
Strafe nach seinem Ermessen mildern (§ 15)" ersetzt wurden.
In der Neuformulierung des § 316 a StGB i.d.F. vom 1.1.1975
wurde, von einer Änderung der Strafdrohung durch Beifügung der
Worte "in minder schweren Fällen Freiheitsstrafe nicht unter
einem Jahr" abgesehen, sachlich keine Änderung getroffen, mit
der Ausnahme, daß in Abs.1 in Übereinstimmung mit Art.18 Nr.177
EGStGB das Unternehmen eines Angriffs außer zur Begehung eines
Raubes oder einer räuberischen Erpressung auch auf die Begehung
eines räuberischen Diebstahls ausgedehnt wurde und daß in Abs.2
entsprechend Art.18 Nr.177 EGStGB die Verweisung "(§ 15)"
durch die Verweisung "(§ 49 Abs.2)" sowie die Worte "aus frei-
en Stücken" durch das Wort "freiwillig" und das Wort "ernstliches" durch das Wort "ernsthaftes" ersetzt wurden. § 316 a
StGB i.d.F. vom 1.1.1975 lautet daher: "(1) Wer zur Begehung

[1] BGBl I 832.
[2] BGBl I 1493.
[3] BGBl I 656.

eines Raubes (§§ 249, 250), eines räuberischen Diebstahls
(§ 252) oder einer räuberischen Erpressung (§ 255) einen Angriff auf Leib, Leben oder Entschlußfreiheit des Führers eines Kraftfahrzeugs oder eines Mitfahrers unter Ausnutzung der
besonderen Verhältnisse des Straßenverkehrs unternimmt, wird
mit Freiheitsstrafe nicht unter fünf Jahren bestraft. In besonders schweren Fällen ist die Strafe lebenslange Freiheitsstrafe, in minder schweren Fällen Freiheitsstrafe nicht unter
einem Jahr. (2) Das Gericht kann die Strafe nach seinem Ermessen mildern (§ 49 Abs.2) oder von einer Bestrafung nach
dieser Vorschrift absehen, wenn der Täter freiwillig seine
Tätigkeit aufgibt und den Erfolg abwendet. Unterbleibt der
Erfolg ohne Zutun des Täters, so genügt sein ernsthaftes Bemühen, den Erfolg abzuwenden". Abs.2 betrifft also lediglich
Strafmilderung und Absehen von Strafe bei tätiger Reue. Da
der sachliche Inhalt sich von den früheren Fassungen nicht
oder doch nur unwesentlich unterscheidet, bleibt die Rechtsprechung und das Schrifttum zu den früheren Fassungen nach
wie vor verwertbar und fortgeltend, mit der Maßgabe, daß, wo
im folgenden auf die bisherige Rechtsprechung und das bisherige Schrifttum Bezug genommen ist, zu den Worten "zur Begehung
von Raub und räuberischer Erpressung" stets noch die Worte
"sowie von räuberischem Diebstahl" beizusetzen sind.
Vorläufer des § 316 a StGB war das Gesetz gegen Straßenraub
mittels Autofallen vom 22.6.1938.[1] Es lautete: "Wer in räuberischer Absicht eine Autofalle stellt, wird mit dem Tod bestraft. Dieses Gesetz tritt mit Wirkung vom 1.Januar 1936 in
Kraft". Es wurde durch Art.I Nr.11 des Kontrollratsgesetzes
Nr.55[2] wegen unzulässiger Rückwirkung auf 1.Januar 1936, als
einen Verstoß gegen den Grundsatz nulla poena sine lege, aufgehoben.[3] § 316 a StGB ist nicht notwendig ein gemeingefährli-
ches Delikt, trotz seiner Einordnung in den 27.Abschnitt "Ge-
meingefährliche Straftaten", sondern sachlich eine §§ 249, 252,

---

[1] RGBl.I 651.
[2] Amtsbl.285.
[3] BGHSt 5, 281, MDR 54, 309; BGHSt 6, 83; BGHSt 13, 28, MDR
59, 590 f.

255 StGB ergänzende Norm.[1] Er kann es aber sein, wie z.B. bei
Versperren der Fahrbahn mit Drahtseil oder durch Anhalten be-
liebig vorbeikommender Kraftfahrzeuge in räuberischer Absicht.
Wie seine Entstehungsgeschichte zeigt, stellt § 316 a StGB, der
am 24.1.53 in Kraft trat, eine Maßnahme dar, um das Verbrecher-
unwesen und Rowdytum auf den Strassen zu bekämpfen. Es sollen
alle am Kraftfahrverkehr teilnehmenden Personen, Fahrzeugführer
und Mitfahrer, vor einem Angriff auf Leib, Leben oder Entschlußfreiheit umfassend geschützt werden, sofern der Täter, der auch
der Führer des Fahrzeuges selbst sein kann, dabei die besonderen Verhältnisse des Straßenverkehrs ausnutzt. Dieses letztere
Merkmal des objektiven Tatbestandes ist stets dann erfüllt,
wenn der Täter sich eine Gefahrenlage zunutze macht, die dem
fließenden Straßenverkehr eigentümlich ist und gerade deshalb
so für den Teilnehmer am Kraftfahrzeugverkehr entsteht.[2] Wann
dies der Fall ist, kann im Einzelfall fraglich sein.[3] § 316 a
greift z.B. ein, wo der Fahrer in einen abseits gelegenen Feld-
weg einbog, dort an einer ihm für geeignet erscheinenden Stelle
den Wagen anhielt, die Scheinwerfer ausschaltete und, als der
Mitfahrer den Wagen verließ, um auszutreten, diesen von hinten
faßte, zu Boden riß und mit einer Krawatte würgte, wonach er den
Mitfahrer mit Gewalt zwang, ihm 40 DM auszuhändigen. Der Täter
nahm hier die Möglichkeiten, welche die Benutzung eines Kraftfahrzeuges im Straßenverkehr bietet, wahr und brachte dadurch
sein argloses Opfer in eine Lage besonderer Schutzlosigkeit.[4]
Zu den einzelnen Tatbestandsmerkmalen ist zu bemerken: Voraussetzung ist ein Angriff auf Leib, Leben oder Entschlußfreiheit
des Führers eines Kraftfahrzeuges oder eines Mitfahrers.[5] Angriff ist jede feindselige Handlung einer Person, die einen Eingriff in die Rechtssphäre einer anderen Person bezweckt.[6] An-

---

[1] Maurach-Schroeder 6.Aufl.(1977) S.337, der die Eingliederung
    unter die gemeingefährlichen Straftaten als verfehlt bezeich-
    net; ebenso Müller-Engelmann (K.P.), Der Raub - Zur Kriminolo-
    gie und strafrechtlichen Regelung dieser Deliktstypen unter
    besonderer Berücksichtigung der Geschichte und der Krimina-
    listik, Diss.Frankfurt a.M. 1973 S.225 f.
[2] BGH NJW 71, 765 mit BGHSt 18, 171, NJW 63, 458.
[3] BGHSt 22, 117, NJW 68, 1435.
[4] BGH NJW 71, 765 mit BGHSt 5, 281, NJW 54, 521.
[5] BGHSt 13, 29; Dreher 35.Aufl.(1975) § 316 a Anm.2; Schönke-
    Schröder 18.Aufl.(1976) Rdz.4a, 4b und 5 zu § 316 a; LK 9.
    Aufl.(1973) Rdz.6, 7 & 8 zu § 316 a; Maurach-Schroeder S.337.

griff auf Leib oder Leben ist jede in feindseliger Willensrichtung auf den Körper eines anderen abzielende Einwirkung
und zwar ohne Rücksicht auf einen Erfolg derselben. Auf ein
Anfassen und wirkliches Beeinträchtigen des Körpers, insbesondere eine körperliche Mißhandlung oder Verletzung, kommt
es nicht an. Die Handlung erschöpft sich in bloßer Tätigkeit,
z.B. Ausholen des Armes zum Schlag,[1] wenngleich nach dem
Schrifttum[2] hierbei an Körperverletzung und Tötung oder doch
an den Versuch einer solchen Handlung zu denken ist.[3] Für den
Angriff auf die Entschlußfreiheit des Führers oder Mitfahrers
legt sich der Gesichtspunkt der Nötigung nahe. Auf diese ist
Bezug zu nehmen, soweit der Angriff nicht mittels Gewalt gegen
Leib oder Leben begangen wird.[4] Angriffsmittel sind hier nicht
nur Gewalt gegen Personen oder Sachen und Drohung, sondern
auch Täuschung, wie z.B. Anhalten eines Fahrzeuges unter einem Scheingrund. Der Angriff muß seinerseits Mittel zum Zweck
des Raubes, des räuberischen Diebstahls oder der räuberischen
Erpressung sein. Er kann sich auch gegen das Fahrzeug selbst
richten, wie z.B. beim heimlichen Auslaufenlassen des Treibstoffes während der Fahrt, um den Wagen auf offener Strecke
zum Halten zu bringen.[5] Der Angriff kann sowohl gegen den Führer des Kraftfahrzeuges[6] als auch gegen den Mitfahrer[7] gerichtet sein. Ob der Angriff im Innern des Fahrzeuges, außerhalb desselben oder von außen nach innen unternommen wird, ist ohne Bedeutung.[8] Der Angriff kann vor oder während der Fahrt, wie auch

[6] Rusam (R.), Der räuberische Angriff auf Kraftfahrer, Diss.
München 1960 S.3 mit Hinweis auf RGR 6, 567 & OGHSt 1, 274;
Schönke-Schröder 18.Aufl.(1976) Rdz.3 zu § 316 a; LK 9.Aufl.
(1973) Rdz.5 zu § 316 a.

[1] Rusam S.31.
[2] Rusam S.3 und 31 mit Hinweis auf Schrifttum; Schönke-Schröder
18.Aufl.(1976) Rdz.4 a zu § 316 a.
[3] Rusam S.32.
[4] Rusam S.4 mit Anm.1; Jagusch (H.), Straßenverkehrsrecht 21.
Aufl., München 1974 Rdz.2 zu § 316 a.
[5] Maurach-Schroeder, Strafrecht Bes.T. 6.Aufl.(1977) S.338.
[6] vgl.BGHSt 5, 282; BGHSt 6, 82 ff., NJW 54, 1168.
[7] BGHSt 13, 29 f., NJW 59, 1141, MDR 59, 590, VRS 16, 370;
BGHSt 15, 323 f., NJW 61, 788; BGH NJW 63, 452; BGH NJW 64,
602; BGH NJW 71, 765.
[8] BGHSt 15, 324, NJW 61, 788, MDR 61, 430, LM (1963) Nr.7/8 zu
§ 316 a StGB mit Anm.Geier.

bei Halten des Fahrzeuges erfolgen.[1] Nicht notwendig ist also,
daß der Täter den Angriff vor Antritt der Fahrt geplant oder
vorbereitet hat.[2] § 316 a StGB kann auch anwendbar sein, wenn
der Täter den Entschluß zum Raub erst nach Beginn des Angriffs
auf den Kraftfahrer faßt, sofern er zu Beginn des Angriffs
lediglich darauf aus war, das Opfer zu mißhandeln, vorausgesetzt freilich, daß der Angriff vom Anfang bis zum Ende unter
Ausnutzung der besonderen Verhältnisse des Straßenverkehrs verübt wird.[3] Der Angriff kann auch vom Führer des Fahrzeuges ausgehen, sei es, daß er sich an dem Angriff eines Mitfahrers auf
einen anderen Mitfahrer beteiligt,[4] sei es, daß er seinerseits
einen Angriff auf Leib, Leben oder Entschlußfreiheit eines Fahr-
gastes unternimmt. Er macht sich auch dann nach § 316 a StGB
strafbar, wenn sein Entschluß zur Begehung des Raubes, des räuberischen Diebstahls oder der räuberischen Erpressung erst während der Fahrt aus der Eingebung des Augenblicks heraus gefaßt
wird.[5] Während der BGH anfänglich den Schutzbereich des § 316 a
StGB nur auf den Fahrzeugführer bezogen hatte,[6] hat der BGH
bereits in der Entscheidung vom 27.2.1959[7] sich dahin ausgesprochen, daß § 316 a StGB auch Fahrzeuginsassen vor Angriffen
des Führers allein oder im Zusammenwirken mit anderen schützen
will. An dieser Auffassung hat der Bundesgerichtshof auch in
der Entscheidung vom 16.2.1961[8] festgehalten. In gleicher Weise
hat der Bundesgerichtshof in BGHSt 18, 170 entschieden, daß
als Mittäter beim Angriff auf die Insassen des Fahrzeuges der
Fahrer desselben und sein im Kofferraum verborgener Komplize,
der unvermutet auf den Plan trat, beteiligt waren. Anderer An-

---

[1] Dreher 35.Aufl.(1975) § 316 a Anm.1 A.
[2] BGH VRS 35, 442.
[3] BGH VersR 75, 442; BGH MDR 74, 679 f. mit Anm.Hübner JR 75, 201.
[4] BGHSt 13, 31, NJW 59, 1141; BGHSt 15, 322 ff., NJW 61, 788, JZ 61, 297, MDR 61, 430, VRS 20, 289; BGH NJW 71, 765.
[5] BGHSt 13, 31; 15, 324; BGH VRS 29, 198; BGH NJW 71, 765.
[6] BGHSt 5, 280, NJW 54, 521, JZ 54, 363, MDR 54, 309, LM (1954) Nr.1 zu § 316 a StGB mit Anm.Fränkel; BGH NJW 54, 1169, LM (1954) Nr.2 zu § 316 a StGB mit Anm.Krumme.
[7] BGHSt 13, 29 ff.
[8] BGHSt 15, 322.

sicht ist Beyer,[1] der aus der Entstehungsgeschichte des
§ 316 a StGB herleiten will, daß diese Bestimmung nur den Führer des Kraftfahrzeuges gegen einen von außen kommenden Angriff schützen will, mag dieser Angriff auf den Führer des
Kraftfahrzeuges durch den Dritten mit Gewalt, z.B. durch Bereiten eines Hindernisses, oder mit List eingeleitet sein,
indem sich letzterer als Fahrgast eines Mietautos oder als An-
halter Zugang zu dem Fahrzeug verschafft, um den Fahrer zu berauben. Dagegen soll bei dem Angriff des Fahrzeugführers auf
den Mitfahrer, sei es durch den Führer allein oder im Zusammenwirken mit anderen Mitfahrern, § 316 a StGB keine Anwendung finden, da in diesem Falle das Schutzgut der "Sicherheit
auf der Straße" nicht tangiert sei. Hier habe der Fahrer das
Tatgeschehen in der Hand und werde in der Regel jede Verkehrs-
gefährdung von vornherein ausschließen. Auch sei nicht einzusehen, warum den Täter, der sein argloses Opfer in den Wald
fährt, eine um vieles härtere Strafe treffen solle, als den,
der es mit anderen Mitteln dorthin lockt. Der Angriff muß als
Mittel zum Zweck der Begehung eines Raubes, eines räuberischen
Diebstahls oder einer räuberischen Erpressung unternommen werden. Zur inneren Tatseite gehört also die Absicht, den Führer
des Kraftfahrzeuges oder einen Mitfahrer zu berauben oder räu-
berisch zu erpressen,[2] wobei im Falle der Raubalternative beim
Täter die Absicht vorausgesetzt ist, die Beute sich selbst zuzueignen.[3] Dieses Merkmal ist nicht erfüllt, wenn der Täter
darauf ausging, einem betrunkenen Fahrgast dessen Geldbörse
unbemerkt gewaltlos wegzunehmen, mag ihm auch die Notwendigkeit
gewaltsamer Wegnahme als ferne Möglichkeit vorgeschwebt haben.[4]
Der Raub oder die räuberische Erpressung oder der räuberische
Diebstahl brauchen nicht ausgeführt zu sein. Es genügt der Angriff mit solcher Zielsetzung.[5] Auf sonstige Verbrechenstatbe-

---

[1] Beyer (K.), Zur Auslegung des § 316 a StGB (Autostraßenraub),
NJW 71, 873.
[2] BGHSt 10, 322 f.
[3] BGH NJW 72, 695.
[4] BGH VRS 39, 40.
[5] BGH NJW 71, 766.

stände als Raub, räuberischer Diebstahl und räuberische Erpressung findet § 316 a StGB keine Anwendung.[1] Die tatbestandsmässigen Angriffsmittel im Falle des § 316 a StGB können sowohl mit den Mitteln des Raubes, des räuberischen Diebstahls oder der räuberischen Erpressung, d.h. Gewalt gegen die Person oder Drohung mit gegenwärtiger Gefahr für Leib oder Leben, als auch mit anderen Mitteln, wie mit Gewalt gegen Sachen, mit Drohungen geringeren Grades, als § 249 StGB voraussetzt, oder mit dem psychischen Mittel der List übereinstimmen, z.B. Vortäuschen eines Unfalls.[2] Nur die letzteren Mittel sind als Mittel der Vorbereitung geeignet. Setzt der Täter Raubmittel ein, so beginnt er schon mit dem Raubangriff und Raub und Erpressungshandlung fallen dann insoweit zusammen. Aber auch in diesem Falle sind der Angriff nach § 316 a StGB und die Raub- und Erpressungshandlung selbständige, unabhängig voneinander zu beurteilende Handlungen. Es ist nicht so, als sei der Angriff, wie in einigen Entscheidungen des Bundesgerichtshofs[3] der Anschein erweckt werden könnte und wie aus den dazu ergangenen Besprechungen geschlossen werden könnte,[4] mit dem Versuch oder der Ausführung des Raubes, des räuberischen Diebstahls oder der räuberischen Erpressung identisch. Deutlich ist diese Auffassung erst in der Entscheidung des Bundesgerichtshofs vom 26. Juni 1957[5] zum Ausdruck gekommen. Auch der überwiegende Teil des Schrifttums hält die Begriffe auseinander. Es könnte sonst den § 316 a StGB auch nicht als Vorbereitungsdelikt des Raubes ansehen und die Möglichkeit einer zeitlichen Verschiedenheit mit dem in Durchführung der Absicht begangenen Raub annehmen.[6] Andererseits kann aus der Fassung des § 316 a StGB ("Angriff zur Begehung") nicht geschlossen werden, daß der Angriff dem

---

[1] Kohlrausch-Lange 43.Aufl.(1961) § 316 a Anm.III; Dreher 35. Aufl.(1975) § 316 a Anm.1 B; LK 9.Aufl.(1974) Rdz.2 & 27 zu § 316 a; Schönke-Schröder 18.Aufl.(1976) Rdz.7 zu § 316 a; BGH VRS 39, 39; BGH NJW 70, 1381.
[2] Schönke-Schröder 18.Aufl.(1976) Rdz.4 b zu § 316 a.
[3] BGHSt 6, 83 f.; BGH MDR 57, 307.
[4] Jescheck (H.-H.), Die Rechtsprechung des Bundesgerichtshofes in Strafsachen, GA 1955, 102; ders., GA 1956, 104; Niese (W.), Die Rechtsprechung des Bundesgerichtshofs in Strafsachen, JZ 57, 664.
[5] NJW 57, 672.
[6] Rusam S.10.

Versuch oder der Ausführung des Raubes, des räuberischen Diebstahls oder der räuberischen Erpressung notwendigerweise vorgelagert sein müsse, so daß also ein Gewaltangriff nur tatbestandsmäßig wäre, wenn er nicht schon Teil der Gewalthandlung des Raubes ist. Diese Auslegung würde den Tatbestand sinnwidrig einengen. Zweck des Gesetzes ist die Erhöhung und Vorverlegung der Strafbarkeit. Erübrigt sich der Zweck der Vorverlegung, weil der Täter sofort den Raub- oder Erpressungstatbestand verwirklicht, so bleibt doch der Zweck der Erhöhung der Strafbarkeit bestehen. Das Merkmal der räuberischen oder erpresserischen Absicht liegt nicht nur im Subjektiven, sondern wird zusätzlich objektiv betätigt.[1] Eine genaue Betrachtung zeigt sogar, daß ein mit Mitteln des Raubes, des räuberischen Diebstahls oder der räuberischen Erpressung geführter Angriff immer mit dem Raub, dem räuberischen Diebstahl oder der räuberischen Erpressung zusammenfällt. Dies ist eine Folge davon, daß die Gewalthandlung des Raubes oder der räuberischen Erpressung nicht in einem Akt durchgeführt zu werden braucht. So ist z.B. möglich, daß der Räuber das Opfer zuerst niederschlägt und dann fesselt. Hier liegen zwei Akte, aber nur eine tatbestandsmäßige Gewalthandlung vor.[2] Dasselbe muß gelten, wenn der Täter den Kraftwagen zuerst durch einen Schuß in den Reifen oder mittels einer Straßensperre zum Halten zwingt und den Kraftfahrer dann niederschlägt. Beides zusammen ist eine Handlung.[3]

Der Angriff muß "unter Ausnutzung der besonderen Verhältnisse des Straßenverkehrs" unternommen werden, wobei der Täter die besonderen Mittel des Raubes, des räuberischen Diebstahls oder der räuberischen Erpressung in subjektiver Hinsicht in seinen Vorsatz aufgenommen haben muß. Dabei reicht - insbesondere hinsichtlich der Wirksamkeit der Mittel - auch bedingter Vorsatz aus.[4] Die Anwendbarkeit des § 316 a StGB scheidet daher aus, wenn das Fahrzeug nur als Beförderungsmittel zum Tatort benützt wird, dieser selbst aber zu dem Verkehr als solchem keine ihm wesenseigene Beziehung hat.[5] So hat der BGH neuerdings die

---

[1] Rusam S.10 f.
[2] BGHSt 3, 299 f.; BGH LM (1952) Nr.4 zu § 250 StGB; Schönke-Schröder 18.Aufl.(1976) Rdz.7 zu § 316 a; Maurach (R.), Deutsches Strafrecht Bes.T. 5.Aufl.(1971) S.257.
[3] Rusam S.11
[4] Maurach-Schroeder 6.Aufl.(1977) S.339.
[5] BGHSt 5, 282, MDR 54, 309; BGHSt 13, 30; BGHSt 19, 192, MDR 64, 429; BGHSt 22, 116; BGH MDR 68, 600.

"Ausnutzung der besonderen Verhältnisse des Straßenverkehrs"
i.S. von § 316 a StGB in dem Fall verneint, in welchem der Fahrer eines Lastzuges eine Dirne, mit der er nach ihrem Vorschlag
zum Zwecke der Ausübung des Geschlechtsverkehrs auf einen ab-
seitigen Parkplatz fuhr, nach vollzogenem Verkehr in der Schlaf-
koje des Zugwagens durch Drohung mit körperlicher Verletzung zur
Rückgabe des Dirnenlohnes zwang. Wie der Bundesgerichtshof ausführt, war vorliegendenfalls eine Ausnutzung der besonderen
Verhältnisse des Straßenverkehrs weder darin zu sehen, daß ihm
die Dirne in dem allseitig umschlossenen engen Raum der Schlaf-
koje hilflos ausgeliefert war, noch darin, daß der Täter die
Aussicht hatte, von dem abseits gelegenen Parkplatz leichter un-
erkannt zu entkommen.[1] Die Ausnutzung der besonderen Verhältnisse des Straßenverkehrs verlangt vielmehr, daß die Tat zum
Straßenverkehr, zur Benützung des Fahrzeuges als Verkehrsmittel,
in naher Beziehung steht.[2] Das Kraftfahrzeug muß als Transportmittel im Tatplan eine Rolle spielen.[3] Das ist nicht der Fall,
wenn der Täter seinen Entschluß zum Überfall erst nach Beendigung der Fahrt faßt und das Opfer zu erpressen versucht, nachdem er bereits das Fahrziel erreicht und deshalb das Fahrzeug
zum Halten gebracht hat.[4] Hier liegt in der Regel kein Autostraßenraub, sondern gewöhnlicher Raub nach § 249 StGB vor.[5]
An der Beziehung der Tat zum Fahrzeug als Verkehrsmittel fehlt
es auch, wenn das Fahrzeug nach Vollendung des Raubes zur raschen
Flucht benützt werden soll.[6] Der zur Begehung der Tat vorgesehene Ort muß seiner besonderen Lage nach gerade mit den sich aus dem
Kraftverkehr ergebenden Möglichkeiten und Gefahren in Beziehung

1 BGH Urt.v.11.2.70 - 2 StR 600/69 mit BGHSt 22, 116 f., zit. in
  DAR 71, 114.
2 BGH VRS 7, 127; BGH NJW 69, 1679, MDR 69, 858, DAR 69, 276,
  VRS 37, 203; BGHSt 19, 192; BGHSt 22, 116, NJW 68, 1435, MDR
  68, 600, VRS 35, 33; LK 9.Aufl.(1973) Rdz.10 zu § 316 a.
3 BGHSt 19, 192, NJW 64, 602, MDR 64, 429, VRS 26, 362, LM (1964)
  Nr.11 zu § 316 a StGB mit Anm.Willms; BGH v.30.4.63 - 5 StR 93/
  63 & v.16.2.66 - 2 StR 489/65.
4 BGHSt 19, 192; BGH v.7.9.72 - 4 StR 366/72 & v. 21.11.72 - 3
  StR 270/72.
5 bzw. bisher Straßenraub nach § 250 Abs.1 Nr.3 StGB a.F.; vgl.
  hierzu BGHSt 19, 192; BGHSt 24, 321, NJW 72, 914, MDR 72, 528,
  JZ 72, 371, VRS 42, 430, DAR 72, 190, LM Nr.5 zu § 316 a StGB
  mit Anm.Pelchen; BGH v.21.11.72 - 3 StR 270/72.
6 BGHSt 22, 117, NJW 68, 1436; BGH VRS 37, 203; Schönke-Schröder
  18.Aufl.(1976) Rdz.6 zu § 316 a; Maurach-Schroeder 6.Aufl.
  (1977) S.339.

stehen. So nutzt der Täter die besonderen Verhältnisse des Stras
senverkehrs aus, wenn er den Fahrer zwecks Beraubung an einer
geeigneten Stelle an der Weiterfahrt und damit am Entkommen hindern will.[1] Dies trifft auch im Falle räuberischen Überfalls
auf den Fahrer an einsamer Stelle zu.[2] Der Umstand allein, daß
Gegenstand des Raubes ein auf der Straße haltendes Kraftfahrzeug
ist, macht die Tat nicht zum Autostraßenraub.[3] Doch kann Autostraßenraub auch in und bei einem haltenden Fahrzeug begangen
werden.[4] Es müssen aber tatsächliche Umstände besonderer Art
hinzutreten, z.B. vorheriges Anhalten des Kraftfahrzeuges durch
List oder Gewalt, um den geplanten Raub des Fahrzeuges zu ermöglichen.[5] Die Tat muß auf alle Fälle zum Straßenverkehr in
obenerwähntem Sinne in naher Beziehung stehen. Dies trifft z.B.
zu, wenn der Angriff des Fahrers auf einen Mitfahrer zwar nicht
innerhalb des Kraftwagens, aber in dessen unmittelbarer Nähe und
im engsten zeitlichen Zusammenhang mit dem Anhalten des Wagens
erfolgt. Dadurch wird die nahe Beziehung der Tat zur Benützung
des Kraftfahrzeuges als Verkehrsmittel nicht aufgehoben.[6] § 316
StGB scheidet dagegen aus, wenn das Kraftfahrzeug nur als Beförderungsmittel zum Tatort benützt wird, dieser selbst aber zu
dem Verkehr als solchem keine wesenseigene Beziehung hat.[7]
Anders liegt es, wenn der für die Begehung vorgesehene Ort seiner besonderen Lage nach gerade mit den aus dem Kraftverkehr
sich ergebenden Möglichkeiten und Gefahren in Beziehung steht.[8]
Wird so der Fahrer eines Kraftfahrzeuges an eine einsame Stelle

[1] BGHSt 6, 83, NJW 54, 1169.
[2] BGHSt 6, 84, NJW 54, 1169.
[3] BGH VRS 42, 430; Schönke-Schröder 18.Aufl.(1976) Rdz.6 zu
    § 316 a.
[4] BGHSt 6, 83, NJW 54, 1169, VRS 7, 127; BGH NJW 69, 1679, MDR
    69, 858; BGH bei Dallinger MDR 75, 725; BGH bei Holtz MDR 76,
    988; Maurach-Schroeder 6.Aufl.(1977) S.339.
[5] BGHSt 24, 321, NJW 72, 914, MDR 72, 528, JZ 72, 371, VRS 42,
    430; DAR 72, 190, LM Nr.5 zu § 316 a StGB mit Anm.Pelchen.
[6] BGHSt 5, 282; BGHSt 13, 30, NJW 59, 1140; BGHSt 18, 173, NJW
    63, 452; BGHSt 22, 116, NJW 68, 1435, MDR 68, 600, VRS 35,
    34; Dreher 35.Aufl.(1975) § 316 a Anm.2 A.
[7] BGHSt 5, 282; LK 9.Aufl.(1973) Rdz.19 zu § 316 a; Dreher 35.
    Aufl.(1975) § 316 a Anm.1 A.
[8] BGHSt 5, 282; 22, 116.

gelockt, zum Aussteigen veranlaßt und dann überfallen, so kommt es nicht darauf an, ob der Angegriffene unmittelbar neben seinem Fahrzeug oder erst in einiger Entfernung von z.B. einhundert Meter von diesem weg angefallen wird, sofern nur die durch die Verkehrsverhältnisse geschaffene und ihnen wesenseigene besonder Lage noch fortbesteht.[1] Schon diese Entscheidung ging sehr weit, indem sie bei einer immerhin einhundert Meter betragenden Entfernung des Tatorts vom abgestellten Fahrzeug die Beziehung zum Straßenverkehr noch als fortbestehend ansah. War aber der Abstand, wie er in dem späteren Urteil vom 9.4.1968[2] zugrunde lag, ca.750 Meter vom einsamen Tatort entfernt, so stand die Tat keinesfalls mehr in naher Beziehung zur Benutzung des Fahrzeuges als Verkehrsmittel, da die durch die Verkehrsverhältnisse geschaffene, ihnen wesenseigene besondere Lage nicht mehr fortbestand. Es war vielmehr solchenfalls der räumliche Zusammenhang zu dem in ziemlicher Entfernung zurückgelassenen Fahrzeug unterbrochen und verlorengegangen. Eine andere Auffassung würde zu einer ausdehnenden Auslegung des § 316 a StGB führen, die, zumal angesichts der sehr hohen Strafdrohung dieser Vorschrift, nicht vertretbar erscheint. Dabei ist auch zu berücksichtigen, daß der Autostrassenraub zu den Verkehrsstraftaten gehört, wie er denn auch im Strafgesetzbuchentwurf von 1960 und in dem von 1962 als § 348 eingeordnet ist.[3] Ebenso wird die Gefahrenlage, die dem fliessenden Straßenverkehr eigentümlich ist und gerade deshalb für Teilnehmer am Kraftfahrzeugverkehr entsteht, auch dann nicht mehr fortbestehen, wenn der Täter seinem Plan gemäß ein bewohntes Haus betritt.[4] Dasselbe gilt bei einem Überfall in einer

---

[1] BGHSt 5, 282, NJW 54, 521, MDR 54, 309, JZ 54, 364, VRS 6, 311, LM (1954) Nr.1 zu § 316 a StGB mit krit.Anm.Fränkel; BGH VRS 7, 127.

[2] BGHSt 22, 114 ff., NJW 68, 1435, MDR 68, 600, JZ 68, 473 f., VRS 35, 33 ff.

[3] StGBE 1960 § 348 mit Begründung S.494; StGBE 1962 § 348 mit Begründung S.534.

[4] BGHSt 5, 282.

Garage oder bei einem Aufenthalt in einem Rasthaus oder einer
Gaststätte. Auch in dem Falle, daß die Tat durch einen Fahrgast gegenüber einem Taxifahrer am Ende der Fahrt aus Anlaß
und bei Gelegenheit einer Handlung des Verletzten begangen
wurde, die mit dem Transport im engen Zusammenhang stand und
besondere Gelegenheit zum Angriff bot, wie z.B. das Öffnen
der hinteren Wagentüre, um dem Fahrgast das Aussteigen zu erleichtern, erfüllt noch nicht das Tatbestandsmerkmal der "Ausnutzung der besonderen Verhältnisse des Straßenverkehrs". Auch
bei Taten zum Nachteil des Taxifahrers ist erforderlich, daß
sie unter Ausnutzung der durch die Fahrt, nämlich durch die
Verhältnisse des neuzeitlichen Straßenverkehrs, geschaffenen
und ihm eigentümlichen Gefahren begangen werden.[1] "Daß die
Gutgläubigkeit und das Einverständnis des Opfers mit der Fahrt
die Anwendbarkeit des § 316 a StGB dann nicht ausschließen können, wenn der Fahrzeugführer selbst das Opfer ist, ergibt sich",
wie der Bundesgerichtshof ausführt, "jedoch schon daraus, daß
die Vorschrift anderenfalls gerade in den typischsten Fällen
des Autostraßenraubes unanwendbar wäre: Der Taxifahrer, der
seinen Fahrgast gutgläubig zu dem ihm angegebenen Fahrtziel
bringt und dort von ihm überfallen wird, müßte des Schutzes des
§ 316 a StGB entbehren, weil er an sich mit der Fahrt zum Tatort durchaus einverstanden war. Wird aber", so fährt der BGH
fort, "der Fahrzeugführer durch § 316 a StGB ohne Rücksicht
darauf geschützt, ob er während der gesamten Fahrt gutgläubig
und deshalb mit der Fortsetzung der Tat bis zum Tatort einverstanden war oder nicht, dann kann für den Mitfahrer, dem § 316 a
StGB denselben Schutz zuteil werden läßt wie dem Fahrzeugführer und für den die durch seine Verbringung an einen abgelegenen Ort geschaffene Gefahrenlage die gleiche ist, nichts anderes gelten". Es ist, wie der Bundesgerichtshof in Übereinstimmung mit dem Generalbundesanwalt betont, "kein einleuchtender
Grund dafür zu erkennen, daß der Mitfahrer, der infolge seiner
Gutgläubigkeit die Gefahr seiner Vereinzelung und der Nichter-
reichbarkeit fremder Hilfe am Tatort gar nicht erkennt und sich

[1] BGH St 5, 282; 6, 83; 13, 30; 24, 320.

deshalb auf den ihm drohenden Angriff nicht einstellen kann,
weniger schutzbedürftig sein soll als der Fahrtteilnehmer,
der sich der verbrecherischen Absicht des Fahrzeugführers im
Verlauf der Fahrt bewußt wird und deshalb von diesem Zeitpunkt
an mit der Fortsetzung der Fahrt nicht mehr einverstanden ist.
Das Tatbestandsmerkmal "unter Ausnutzung der besonderen Verhältnisse des Straßenverkehrs" kann somit nicht von der fehlenden Gutgläubigkeit und dem fehlenden Einverständnis des Opfers
mit der Fahrt abhängig gemacht werden".[1] Ob bei einer Behinderung des Kraftfahrers durch die Enge des Wagens Autostraßenraub anzunehmen wäre, läßt der Bundesgerichtshof in der Entscheidung vom 8.7.1969[2] offen, nachdem er bereits im Urteil
vom 13.1.1965[3] ebenso wie Hübner[4] zu dieser Frage kritisch
Stellung genommen hatte. Entgegen dem Wortlaut des § 316 a StGB
nimmt Schröder[5] an, daß nicht notwendig der Angriff auf Leib,
Leben oder Entschlußfreiheit des Führers eines Kraftfahrzeuges
unter Ausnutzung der besonderen Verhältnisse des Straßenverkehrs erfolge. Es müsse vielmehr genügen, daß die Wirkungen dieses Angriffs im Straßenverkehr in einer Weise eintreten, die
dem Täter die Möglichkeit gebe, Raub oder räuberische Erpressung[6] in leichterer Weise ausführen zu können, als es ohne den
Angriff der Fall gewesen wäre, z.B. durch Vornahme irgendwelcher Manipulationen an dem Fahrzeug in der Garage, die bewirken, daß es im Straßenverkehr liegen bleibt und so die Voraussetzung dafür schafft, daß die Durchführung von Raub oder räuberischer Erpressung[7] erleichtert wird. Anders als in § 250
StGB könne daher in § 316 a StGB eine räumliche Beziehung zwischen der Angriffshandlung und dem Verkehr auf der Straße nicht
verlangt werden. Aus diesem Grunde müsse § 316 a StGB auch dann
anwendbar sein, wenn einem Mitfahrer vor Beginn der Fahrt ein
narkotisches Mittel beigebracht werde, um das Opfer sodann im

---

[1] BGH NJW 71, 766, VRS 40, 452.

[2] BGH MDR 69, 858, DAR 69, 276, NJW 69, 1679.

[3] 2 StR 539/64, zit.in BGH MDR 69, 858.

[4] Anm.Hübner zu BGH v.9.4.68 - 1 StR 60/68, LM (1968) Nr.12 zu § 316 a StGB.

[5] Schröder (H.), Zum Begriff des Straßenraubes, Anm.z.BGH v.29. 8.67 - 5 StR 372/67, JR 68, 68.

[6] nach der Neufassung v.1.1.75 zu ergänzen: "räuberischer Dieb-stahl".

[7] nach der Neufassung v.1.1.75 zu ergänzen: "räuberischer Dieb-stahl".

Fahrzeug berauben zu können. Ob diese Betäubung innerhalb des
Fahrzeuges oder bereits vor Antritt der Fahrt erfolgt, könne
für den deliktischen Gehalt des § 316 a StGB nichts ausmachen.
Das Unternehmen des Angriffs ist jede Handlung, die sich als
"unmittelbare Feindseligkeit" darstellt. Es macht keinen Unterschied, ob ein Angriff in tätlicher oder anderer Form verübt
wird. Er braucht in keinem Fall zur Einwirkung zu führen. Die
Handlung erschöpft sich in bloßer Tätigkeit und liegt z.B. im
Ausholen mit dem Arm zum Schlag vor.[1] Unternehmen eines Angriffs ist so jede Handlung, die sich als unmittelbare Feindseligkeit gegen die geschützten Rechtsgüter darstellt, d.h.
als jeden Versuch oder jede Vollendung einer tatbestandsmässigen Einwirkung, sei es einer Nötigung, einer Überlistung,
einer Körperverletzung oder Tötung.[2] Das Unternehmen des Angriffs auf Leib oder Leben oder auf die Entschlußfreiheit i.S.
von § 316 a StGB muß nach dem Willen des Täters darauf gerichtet sein, der Begehung eines Raubes, eines räuberischen Diebstahls oder einer räuberischen Erpressung zu dienen. Es müssen
also die geschützten Rechtsgüter die gleichen sein, nämlich
Eigentum, Gewahrsam, Vermögen und Freiheit.[3] Es genügt somit
nicht, daß der Täter auf eine andere Straftat als Raub, räuberischen Diebstahl oder räuberische Erpressung abzielt.[4] Die
Absicht des Täters muß dabei im Falle der Raubalternative darauf gerichtet sein, die Beute sich selbst zuzueignen.[5] Beim
Mittäter setzt § 316 a StGB dieselbe Absicht in Ansehung der
ganzen oder teilweisen Beute voraus. Ein Tatbeteiligter, der
ohne diese Absicht mitwirkt, ist nur wegen Beihilfe zum Auto-

---

[1] Rusam S.31 mit RGSt 7, 301; 41, 181; 59, 267.

[2] Rusam S.33.

[3] Rusam S.57.

[4] BGH MDR 70, 690; LK 9.Aufl.(1973) Rdz.27 zu § 316 a StGB.

[5] BGHSt 24, 286, NJW 72, 695.

straßenraub in Tateinheit mit schwerem Raub zu bestrafen. Es
reicht aber zum inneren Tatbestand aus, daß der Täter, der ja
regelmäßig den weiteren Ablauf der Ereignisse nicht voraus-
sehen kann, neben einer gewaltsamen Wegnahme auch einen Raub
oder eine räuberische Erpressung miteinplant.[1] Dazu genügt
aber nach der Rechtsprechung des Bundesgerichtshofs[2] die Feststellung, "notfalls" sei gewaltsame Wegnahme beabsichtigt gewesen, bei der besonderen Lage des Falles nicht. Bei beiläufi-
gem Vorschweben gewaltsamen Vorgehens nur als ferne Möglichkeit lasse sich von einem Unternehmen eines Angriffs zur Begehung von Raub i.S. des § 316 a StGB nicht sprechen. Die ungewöhnlich hohen Strafdrohungen des § 316 a StGB bei bloßem
Unternehmen eines Angriffs nötigen zu enger Auslegung.[3] § 348
StGBE 1962, der eine "Verübung" des Angriffs voraussetzt, ist
bis jetzt nicht Gesetz.[4] Das Unternehmen des Angriffs bedingt
den Versuch desselben, also den Beginn der Angriffshandlung,
wie z.B. der erste Spatenstich zur Schaffung einer Autofallgrube, auch wenn der Überfall nicht stattfindet oder erst später erfolgen soll.[5] Darin, daß in § 316 a StGB mit dem "Unternehmen", bei dem Versuch und Vollendung zu einer sachlichen
Einheit unter derselben Strafdrohung zusammengefaßt sind, mindestens ein Versuch, d.h. ein Anfang der Ausführung des Angriffs, verlangt wird,[6] liegt eine Einschränkung gegenüber
dem Autofallengesetz vom 22.6.1938,[7] dessen Zweck nach der
Rechtsprechung des Reichsgerichts dahin ging, schon die Vorbereitungshandlungen des Angriffs unter Strafe zu stellen.
Eine solche Vorbereitungshandlung des Angriffs war aber nur

---

[1] BGH v.25.4.67 - 1 StR 110/67, zit.in BGH MDR 70, 690.

[2] BGH MDR 70, 690, NJW 70, 1382, VersR 70, 39.

[3] BGH MDR 70, 690 in Übereinstimmung mit der Auffassung des
GenBA.

[4] BGH MDR 70, 690 Anm.1.

[5] Dreher 35.Aufl.(1975) § 316 a Anm.2 C.

[6] LK 9.Aufl.(1974) Rdz.50 zu § 46; Maurach (R.), Deutsches
Strafrecht Bes.T. 5.Aufl.(1971) S.259; Welzel (H.), Das
Deutsche Strafrecht 11.Aufl.(1969) S.467.

[7] RGBl I 651.

in der Weise möglich, daß der Angriff mit anderen Mitteln,
als sie § 249 StGB voraussetzt, wie mit dem Mittel der Gewalt
gegen Sachen, dem Mittel von Drohungen geringeren Grades oder
mit dem psychischen Mittel der List begangen wird, da nur diese Mittel als Mittel der Angriffsvorbereitung geeignet sind.
Denn wenn vom Täter die Raubmittel eingesetzt werden, so beginnt er damit schon mit der Raub- oder der Erpressungshandlung.
Angriff einerseits und Raub- oder Erpressungshandlung andererseits fallen dann zusammen.[1] Der Bundesgerichtshof verlangte
daher von Anfang an im Urteil vom 29.4.1954[2] mindestens einen
Versuch des Angriffs und erachtete bloße Vorbereitungshandlungen zu einem solchen für nicht ausreichend. Entsprechend
dieser Rechtsprechung des Bundesgerichtshofes bestimmt § 11
Abs.1 Nr.6 StGB als "Unternehmen einer Tat" i.S. dieses Gesetzes deren Versuch und deren Vollendung und schließt so
bloße Vorbereitungshandlungen aus diesem Begriff aus. Strittig
ist aber, von welchem Zeitpunkt an ein versuchter Angriff und
nicht nur eine Vorbereitungshandlung zu einem solchen vorliegt.
Nach dem genannten Urteil des BGH vom 29.4.1954[3] macht sich
derjenige, der ein Mietauto nimmt, um den Führer des Fahrzeuges im Verlaufe der Fahrt zu überfallen und zu berauben, schon
mit Beginn der Fahrt eines versuchten Angriffs und damit eines
Unternehmens i.S. des § 316 a StGB schuldig, da die Gefahr des
Raubüberfalls dem Opfer solchenfalls unmittelbar nahegerückt
ist.[4] Auch wurde ein versuchter Angriff schon dann angenommen,
wenn der Täter in einem an einem Parkplatz für Mietwagen stehenden Kraftwagen (Taxi) Platz nimmt und dem Fahrer das Fahrziel
angibt, mit dem Willen, diesen zum sofortigen Abfahren zu veranlassen und ihn alsdann während der Fahrt an geeigneter Stelle
zu überfallen und zu berauben.[5] Das Schrifttum hat zu dieser

---

[1] RGSt 73, 73.
[2] BGHSt 6, 84, NJW 54, 1169, VRS 6, 461, LM (1954) Nr.2 zu
§ 316 a StGB mit Anm.Krumme.
[3] BGHSt 6, 82 ff.
[4] BGHSt 6, 84; Dreher 35.Aufl.(1975) § 316 a Anm.1 C; Pfeiffer-
Maul-Schulte § 316 a StGB Anm.5; Krumme-Sanders-Mayr, Stras-
senverkehrsrecht. Kommentar, Stuttgart-Berlin-Köln-Mainz, 7.
Lieferung (Okt.1973) § 316 a Anm.IV.
[5] BGH NJW 57, 431 (LS), MDR 57, 307, JZ 57, 226 f., LM (1957)
Nr.4 zu § 316 a StGB; siehe auch BGH VRS 21, 208.

Entscheidung mehrfach, teils in weiterem, teils in engerem
Sinne kritisch Stellung genommen. So sieht Kohlrausch-Lange[1]
im Gegensatz zum Urteil des BGH vom 29.4.1954 im Mieten eines
Autos in der Absicht, den Fahrer während der Fahrt zu berauben,
keinen versuchten Angriff. Ebenso erblickt Welzel[2] in dem Einsteigen in ein Auto, um den Fahrer später zu berauben, noch
keinen Anfang der Ausführung eines Angriffs auf Leib, Leben
und Entschlußfreiheit, weist aber darauf hin, daß heute die
herrschende Lehre seit den Entscheidungen des Bundesgerichtshofs in BGHSt 6, 82; 10, 65 und 18, 170 wieder auf die weitere Auslegung des Reichsgerichts[3] zurückgreift, allerdings mit
der in BGHSt 22, 114 gemachten Einschränkung. So sieht Schröder[4] schon in dem Einsteigen in den zur Beraubung des Opfers
ausersehenen Kraftwagen einen versuchten Angriff. Dabei umfaßt der Versuch auch den untauglichen Versuch[5] Noch weiter
geht Petters-Preisendanz,[6] der einen versuchten Angriff schon
dann als gegeben ansieht, wenn der Täter in der Absicht, den
Fahrer unterwegs zu überfallen, vor Antritt der Fahrt die
Kraftstoffleitung beschädigt.
Da im Begriff des Unternehmens nach § 11 Abs.1 Nr.6 StGB Versuch und Vollendung zu einer sachlichen Einheit zusammengefaßt
wird und daher mit dem Unternehmen, d.h. mit jeder Handlung,
die sich als unmittelbare Feindseligkeit gegen den Angegriffenen darstellt, die Straftat vollendet ist, gleichgültig, ob
diese Handlung die Verteidigungsfähigkeit oder die Entschlußfreiheit des Angegriffenen tatsächlich beeinträchtigt,[7] so ist

[1] 43.Aufl.(1961) § 316 a Anm.c III.

[2] Welzel (H.), Das Deutsche Strafrecht 11.Aufl.(1969) S.467.

[3] RGSt 73, 73; Schwarz-Dreher 23.Aufl.(1961) § 316 a Anm.1 C;
Schönke-Schröder 18.Aufl.(1976) Rdz.3 zu § 316 a StGB; vgl.
auch Maurach (R.), Deutsches Strafrecht Bes.T. 5.Aufl.(1971)
S.259; Roth-Stielow (K.), Die gesetzwidrige Ausweitung des
§ 316 a StGB, NJW 69, 303 f.

[4] Schönke-Schröder 18.Aufl.(1976) Rdz.8 zu § 316 a StGB mit
OGH ÖJZ 66, 356.

[5] BGH GA 65, 150; Schönke-Schröder 18.Aufl.(1976) Rdz.8 zu
§ 316 a; Pfeiffer-Maul-Schulte § 316 a StGB Anm.5.

[6] Petters-Preisendanz 27.Aufl.(1971) § 316 a Anm.3.

[7] LK 9.Aufl.(1974) Rdz.50 zu § 46 StGB; Rdz.5 zu § 46 a StGB;
Maurach (R.), Deutsches Strafrecht Bes.T. 5.Aufl.(1971)
S.259.

nach herrschender Lehre ein Rücktritt vom Versuch i.S. des
§ 24 StGB ausgeschlossen. Auch die Rechtsprechung des Bundesgerichtshofes, wonach der Versuch des Angriffs zur Vollendung
der Straftat ausreicht, läßt keine andere Schlußfolgerung zu.[1]
Anstelle des Rücktritts vom Versuch und tätiger Reue nach § 24
StGB tritt im Falle des § 316 a StGB die Vorschrift über die
tätige Reue nach § 316 a Abs.2 StGB. Tätige Reue ist trotz
formeller Vollendung mit strafmildernder oder strafbefreiender
Wirkung möglich, wenn der Täter aus freien Stücken seine Tätigkeit aufgibt und den Erfolg abwendet, z.B. durch Zuschütten
der Autofallgrube. Auch beim Unterbleiben des Erfolges ohne
Zutun des Täters genügt sein ernsthaftes Bemühen, den Erfolg
abzuwenden, so z.B. wenn er das Drahtseil entfernt hat, das
Auto dann aber wegen einer Panne gar nicht kommt. Sieht er von
der Tat nur wegen der Panne ab oder kommt es zum Unfall trotz
seiner Reue, so hilft ihm § 316 a Abs.2 StGB nicht.[2] Als Erfolg
ist der vollendete Angriff auf Leib, Leben oder Entschlußfreiheit
des Autofahrers oder eines Mitfahrers anzusehen,[3] nicht, wie
Cramer[4] annimmt, der geplante Raub oder die räuberische Erpressung, da solchenfalls § 24 StGB genügt und es der Sonderbestimmung des § 316 a Abs.2 StGB nicht bedurft hätte. Diese Auffassung ist auch mit dem Wortlaut des Gesetzes nicht zu vereinbaren.
Der Erfolg ist aber nur abzuwenden, solange er sich noch im
Stadium des Versuchs befindet. Hatte der Angriff schon zu einer Einwirkung auf Leib, Leben oder Entschlußfreiheit des Opfers
geführt, so ist der Erfolg eingetreten und damit seine Abwendung ausgeschlossen.[5] Es fragt sich aber, wann der genannte
Erfolg eingetreten, d.h. beendet ist, sofern sich der ver-

---

[1] BGHSt 6, 84; BGH NJW 57, 431.

[2] Dreher 32.Aufl.(1970) § 316 a Anm.2 B b mit OLG Tübingen
DRZ 49, 44; ders., 35.Aufl.(1975) § 316 a Anm.3.

[3] BGHSt 10, 323, VRS 13, 264; BGHSt 18, 172, NJW 63, 453;
BGH VRS 21, 207; Dreher-Tröndle 38.Aufl.(1978) Rdz.6 zu
§ 316 a; LK 10.Aufl., 10.Lieferung (§§ 303-330) (1978)
Rdz.31 zu § 316 a.

[4] Cramer in Schönke-Schröder 19.Aufl.(1978) Rdz.11 zu § 316 a.

[5] BGHSt 10, 323.

suchte Angriff auf Leib, Leben oder Entschlußfreiheit des
Opfers nicht in einem einzigen Akt erschöpft, wie dies im Urteil des Bundesgerichtshofs vom 5.5.1961[1] ausgesprochen ist.
Zwar hatte in diesem Falle der Täter den in § 316 a Abs.1
StGB vorausgesetzten, gegen die Entschlußfreiheit des Fahrers
gerichteten Angriff bereits begonnen, als er sich am Bahnhofs-
platz in B. in der auf Verwirklichung seines Planes gerichteten verbrecherischen Absicht, sich einen fremden Kraftwagen zu
verschaffen, mit einer Pistole bewaffnet in das Fahrzeug des
zur Fahrt ausgewählten Taxifahrers setzte und mit der Fahrt
begann. Den Angriff gegen die Entschlußfreiheit des Fahrers
setzte der Täter aber noch mit steigender Gefährlichkeit fort,
als er die Pistole gegen den Fahrer richtete. Diese Fortsetzung
des versuchten Angriffs auf die Entschlußfreiheit des Opfers
war mit dem Vorhalten der Pistole beendet. Damit war der Angriff über das "Stadium des Versuchs hinaus" gediehen.[2] Von
da an konnte der Täter den Erfolg aus freien Stücken nicht
mehr abwenden. Der in § 316 a Abs.2 StGB eröffneten Vergünstigung hätte der Täter nur bis zu diesem Zeitpunkt teilhaftig
werden können, wenn er sich vorher eines Besseren besonnen und
seinen verbrecherischen Plan aufgegeben hätte. Zwar ist nicht
zu verkennen, daß bei dieser Auslegung des Gesetzes der Anwendungsbereich des § 316 a Abs.2 StGB erheblich eingeschränkt
ist. Dies entsprach aber der Absicht des Gesetzgebers, der
mit der verschärften Strafbestimmung für den Kraftverkehr einen besonders wirksamen strafrechtlichen Schutz schaffen wollte.[3] In Ansehung der zum versuchten Raub bzw. zur versuchten
räuberischen Erpressung gediehenen Handlungsweise dagegen kann
dem Täter Straffreiheit nach § 24 StGB zugute kommen. Allerdings
muß dabei davon ausgegangen werden, daß der Täter den begonnenen Angriff auf die Entschlußfreiheit des Fahrers[4] hätte fortsetzen und möglicherweise zu dem ursprünglich beabsichtigten

---

[1] VRS 21, 207 f.

[2] BGHSt 10, 323, VRS 13, 264.

[3] BGH VRS 21, 208. Über die Entstehungsgeschichte und die ge-
setzgeberischen Motive vgl. BGHSt 5, 281, VRS 6, 310; BGHSt
6, 83, VRS 6, 460.

[4] BGH VRS 73, 363.

Erfolg des Unternehmens hätte führen können, d.h. sich in den
Besitz des Kraftwagens hätte setzen können, da er den Angriff
zu einer Zeit aufgab, als er noch nicht alles getan hatte,
was nach seiner Vorstellung zur Erreichung dieses Zieles erforderlich und möglich war.[1]

Der Autostraßenraub, der gegenüber Raub, räuberischem Diebstahl
und räuberischer Erpressung eine eigene tatbestandliche Ausge-
staltung erfahren hat,[2] ist nach Auffassung einzelner Autoren[3]
lex specialis gegenüber den §§ 249, 250 und 255 StGB. Eine andere Auffassung vertritt der Bundesgerichtshof,[4] der beim
Zusammentreffen von § 316 a StGB und vollendetem Raub oder
vollendeter räuberischer Erpressung Tateinheit annimmt. Beim
Zusammentreffen von § 316 a StGB und versuchtem Raub oder versuchter räuberischer Erpressung liegt dagegen nach Ansicht des
Bundesgerichtshofs Gesetzeskonkurrenz vor.[5] Der BGH lehnte auch
die Auffassung, daß nach Verlassen des Kraftfahrzeuges durch
das Opfer auf einer abgelegenen Straße und Beraubung desselben
daselbst § 250 Abs.1 Nr.3 StGB a.F. durch § 316 a StGB ausgeschlossen werde, als irrig ab. Seine abweichende Auffassung begründet der BGH damit, daß es zur Beraubung gekommen ist und
daß es vielmehr für § 316 a StGB genüge, daß der Täter mit dieser Zielrichtung einen Angriff auf Leib, Leben oder Entschlußfreiheit seines Opfers begonnen habe. Einen solchen Versuch,
der sich als Unternehmen des Autostraßenraubes darstellt, hatte
der Angeklagte schon begangen, ehe er zur Ausführung des Angriffs überging. Habe der Täter seinen Tatentschluß erst während der Fahrt gefaßt, so habe er mit der Ausführung seines
räuberischen Vorhabens spätestens dann begonnen, als er das
Opfer in dem in seinen Tatplan einbezogenen Kraftfahrzeug zu
einer von ihm für geeignet gehaltenen Stelle fahren lasse, um

---

[1] BGH VRS 21, 207 f.

[2] BGHSt 18, 172, NJW 63, 453.

[3] Kohlrausch-Lange 43.Aufl.(1961) § 316 a Anm.VI; Maurach (R.),
Deutsches Strafrecht Bes.T. 5.Aufl.(1971) S.246, 256.

[4] BGHSt 14, 391; 25, 229; BGH NJW 63, 1413; 64, 1630; 69, 1679;
BGH MDR 74, 1029; BGH VRS 45, 436, MDR 73, 1032; BGH VRS 47,
424.

[5] BGHSt 25, 373; BGH MDR 74, 1029 f.; Schönke-Schröder 18.Aufl.
(1976) Rdz.15 zu § 316 a.

es dort zu überfallen. Denn dann sei die Gefahr des Raubüberfalls dem Opfer so nahegerückt, daß es durch die bevorstehende
Herbeiführung des Enderfolges unmittelbar gefährdet sei, habe
doch von da an das Opfer in einer unmittelbaren Gefahr ge-
schwebt, so daß es nur noch vom Belieben des Täters abgehängt
habe, ob und wann die Gefahr sich entladen werde.[1] Der Täter
sei daher aus § 316 a StGB in Idealkonkurrenz mit § 250 Abs.1
Nr.3 StGB a.F. zu bestrafen, da das Unternehmen i.S. des
§ 316 a StGB und die Beraubung einen einheitlichen Akt darstellen. Dient der Angriff der Beraubung mehrerer Personen,
z.B. Ausraubung mehrerer Autos bei einer Straßensperre, so
liegt gleichartige Idealkonkurrenz vor.[2] § 316 a StGB und
§ 263 StGB können beim Prellen des Taxifahrers in Idealkonkurrenz stehen.[3] Ebenso ist Idealkonkurrenz zwischen § 316 a
StGB und § 223 a StGB,[4] wie auch zwischen § 316 a StGB und
den §§ 211, 212 StGB möglich.[5] Bei zeitlicher Verschiedenheit,
wenn also der Angriff der Raubhandlung vorausgeht, scheidet
der Gesichtspunkt der Spezialität aus.[6] Statt dessen greift
der Gesichtspunkt der Handlungseinheit von Vorbereitung und
Vollendung ein. Macht das Gesetz Vorbereitungshandlungen zu
einem selbständigen Delikt, so will es damit, wenn die Tat
zur Haupttat gedeiht, nicht wegen beider Taten selbständig
strafen, sondern betrachtet beide als Einheit und die Vorbereitungshandlung in der Regel als durch die Bestrafung der
Haupttat mitbestraft an. Wenn es zur Durchführung des Raubes
bzw. schwerer räuberischer Erpressung kommt, ist nach § 316 a
StGB und nicht nach §§ 255, 250 Abs.1 Ziff.3 a.F. zu strafen,
da § 316 a StGB als schwerer bestrafte Haupttat anzusehen

---

[1] siehe BGHSt 15, 324; siehe auch BGH bei Spiegel DAR 78, 147.

[2] Schönke-Schröder 18.Aufl.(1976) Rdz.15 zu § 316 a.

[3] Kohlrausch-Lange 43.Aufl.(1961) § 316 a Anm.VI.

[4] RGSt 73, 76; Dreher 35.Aufl.(1975) § 316 a Anm.4.

[5] BGH NJW 71, 766 mit BGHSt 14, 391, NJW 60, 1729; Schönke-
Schröder 18.Aufl.(1976) Rdz.15 zu § 316 a StGB mit Rdz.16
zu § 249 StGB; Maurach-Schroeder 6.Aufl.(1977) S.338.

[6] Rusam S.64.

ist.[1] Einige Autoren nehmen solchenfalls Realkonkurrenz zwischen § 316 a StGB und § 249 StGB an. Der Angriff des § 316 a StGB bleibt aber tatbestandsmäßiger Angriff, auch wenn er in die Raubhandlung übergeht. Es könnte also jedenfalls nur Idealkonkurrenz, nicht Realkonkurrenz vorliegen.[2] So nimmt auch der Bundesgerichtshof in diesem Falle Idealkonkurrenz an.[3] Was das Verhältnis des § 316 a StGB zu den §§ 250 Abs.1 Nr.1, 2 und 4 StGB und zu § 251 StGB anbelangt, so ist hier ein Nebeneinander von § 316 a StGB mit den genannten Nummern von § 250 StGB möglich. Freilich bezeichnen die Nummern des § 250 StGB keine selbständigen Tatbestände, sondern ergänzen nur § 249 StGB, so daß es keine Idealkonkurrenz innerhalb der einzelnen Nummern geben kann. Sie sind nur Strafschärfungsgründe. Wird jedoch zugleich § 316 a StGB verwirklicht, so ist es nicht möglich, die einzelnen Nummern des § 250 Abs.1 StGB als Strafschärfungsgründe zu berücksichtigen, da § 316 a StGB als Abwandlung des § 250 Abs.1 Nr.3 StGB a.F. auch den Grundtatbestand des § 249 StGB, auf den die Nummern aufbauen, verselbständigt.[4] Da aber die Erschwerungsgründe des § 250 Abs.1 Nr.1, 2 und 4 StGB zum Zuge kommen müssen, muß zwischen § 316 a StGB und dem in Form der Nummern 1, 2 und 4 des § 250 Abs.1 StGB begangenen schweren Raub Idealkonkurrenz angenommen werden.[5] Aus demselben Grunde ist auch zwischen § 316 a StGB und § 251 StGB Idealkonkurrenz möglich.[6]

Was die Bestrafung des Autostraßenraubes betrifft, so wurde die dafür vorgesehene Mindeststrafe von fünf Jahren Freiheitsstrafe neuerdings der Kritik unterzogen.[7] Zwar ist diese Min-

---

[1] Rusam S.65; siehe BGHSt 15, 323.

[2] Rusam S.66.

[3] BGHSt 15, 322, MDR 61, 430.

[4] Rusam S.66.

[5] Rusam S.67.

[6] BGH DAR 69, 276; Schönke-Schröder 18.Aufl.(1976) Rdz.16 zu § 316 a.

[7] Beyer (K.), Zur Auslegung des § 316 a StGB (Autostraßenraub), NJW 71, 872 f.; Krüger in Sonderausschuß 51.Sitzung (1971) S.1582; siehe auch Meurer-Meichsner (D.), Untersuchungen zum Gelegenheitsgesetz im Strafrecht. Zugleich ein Beitrag zu § 316 a StGB, Berlin 1974 (Strafrechtliche Abhandlungen N.F. 18) S.47.

deststrafe mit dem Grundsatz der Menschenwürde (Art.1 Abs.1 GG), dem Grundsatz der Verhältnismäßigkeit, d.h. dem Erfordernis, daß die Strafe in einem gerechten Verhältnis zur Schwere der Tat und zum Verschulden des Täters steht (Art.20 GG)[1] sowie mit Art.3 der Menschenrechtskonvention, nach welchem niemand einer unmenschlichen oder erniedrigenden Strafe unterworfen werden darf, vereinbar[2] und daher nicht verfassungswidrig.[3] Es gilt dies auch dann, wenn der Gegenstand des räuberischen Handelns und die Gewaltanwendung verhältnismäßig gering sind, wie z.B. 60 DM im Urteil des Bundesgerichtshofes vom 14.7.1971.[4] Jedoch sind bei den Beratungen des Strafrechts-Sonderausschusses verschiedene Bedenken gegen die Mindeststrafe zum Ausdruck gebracht worden.[5] Der Vertreter des Bundesjustizministeriums gab daraufhin bekannt, daß die Strafdrohung des § 316 a StGB nach der Auffassung des Ministeriums korrigiert werden müsse. Dem ist aber auch in der Neufassung des Strafgesetzbuches vom 1.1.1975 nur insofern entsprochen worden, als die Freiheitsstrafe in minder schweren Fällen auf mindestens ein Jahr festgesetzt wurde.

---

[1] BGHSt 24, 175, NJW 71, 2035, VRS 41, 278.

[2] BGHSt 24, 177; siehe auch Beyer (Kl.), Anm.zu Urt.d.BGH vom 14.7.71 - 3 StR 87/71, NJW 71, 2034.

[3] BGHSt 15, 325, NJW 61, 788; BGH NJW 71, 2035.

[4] BGH NJW 71, 2036.

[5] Protokoll der 34.Sitzung vom 25.3.71, VI/1227; vgl. auch VI/1178, zit. bei Beyer (Kl.), Anm.zu Urt.des BGH vom 14.7.71 - 3 StR 87/71, NJW 71, 2034.

3.Kapitel

Räuberische Erpressung

§ 255 StGB i.d.F. vom 1.1.1975 deckt sich wörtlich mit § 255
StGB i.d.F. vom 25.8.53 und i.d.F. vom 1.9.69. Aus diesem Grunde gelten Rechtsprechung und Schrifttum, welche die beiden
früheren Bestimmungen zum Gegenstand hatten, auch für die neue
Bestimmung.
Für die Abgrenzung des Raubes von der räuberischen Erpressung
ist davon auszugehen, daß der Raub die gewaltsame tatsächliche
Wegnahme einer Sache erfordert, während die gewaltsame Abnötigung einer solchen als räuberische Erpressung anzusehen ist.
Letztere ist nach allgemeiner Ansicht ein herausgehobener Erpressungsfall, der bei Einsatz der Raubmittel dem Raub gleichgestellt ist. Diese Abgrenzung zwischen Raub und der in ihrem
äußeren Erscheinungsbild dem Raub sehr ähnlichen räuberischen
Erpressung war bisher vielfach umstritten. Der Bundesgerichtshof hat nun in einer grundsätzlichen Entscheidung im Jahre
1955[1] folgende Auffassung vertreten: "Raub unterscheidet sich
von der räuberischen Erpressung nicht durch das Mittel der Einwirkung auf den fremden Willen, sondern durch das Ziel und den
Erfolg dieser Einwirkung. Er besteht beim Raub darin, daß das
Opfer die Wegnahme der Sache duldet, während der räuberische
Erpresser sein Opfer zwingt, selbst eine vermögensmindernde
Handlung vorzunehmen, eine vermögenserhaltende zu unterlassen
oder ein sein Vermögen schädigendes Tun eines anderen zu dul-

---

[1]
  BGHSt 7, 254, NJW 55, 877 f., LM (1955) Nr.12 zu § 249 StGB
mit Anm.Krumme, best.durch BGHSt 14, 389 f., NJW 60, 1730;
siehe auch BGHSt 25, 228; OLG Hamm MDR 72, 707; Binding (K.),
Lehrbuch des Gemeinen Deutschen Strafrechts, Bes.Teil, Bd.I,
2.Aufl., Neudruck Aalen 1969 S.376; Lüderssen (K.), Kann gewaltsame Wegnahme von Sachen Erpressung sein?, GA 1968,
257 ff.

den, das über die Wegnahme der Sache hinausgeht oder anderer
Art ist als diese. Wird die Herausgabe einer Sache mit den
Mitteln des Raubes erzwungen, so liegt mithin räuberische
Erpressung vor (RGSt 66, 118; BGH vom 18.11.1954 - 3 StR 361/
54; Nagler LeipzKom 6./7.Aufl. Bem I vor § 249)". Bei Herausgabe der verlangten Sache durch das bedrohte Opfer liegt also hiernach ohne Rücksicht auf die innere Willensrichtung des
Opfers räuberische Erpressung vor, während der Raub nach
§ 249 StGB eine gewaltsame Wegnahme, die auch die Nötigung
eines anderen zur Duldung der Wegnahme in sich schließt, verlangt. Zur Begründung seiner Auffassung führt der Bundesgerichtshof aus: "Für die Abgrenzung zwischen Betrug und Diebstahl kommt es auf die Vornahme einer Vermögensverfügung an;
insoweit ist das innere Verhalten des Getäuschten entscheidend. Für diejenige von Raub und räuberische Erpressung läßt
das Gesetz das äußere Erscheinungsbild des vermögensschädigenden Verhaltens des Verletzten maßgebend sein. Es spielt keine
Rolle, ob dieser "freiwillig" handelt oder sich unter dem
Druck der Vorstellung, Widerstand sei zwecklos, dem Willen
des Täters fügt. Das gilt auch, wenn das erzwungene Verhalten des Opfers in der Herausgabe der verlangten Sache besteht.
Dann kommt es nicht darauf an, ob hierin im Sinne des Betrugstatbestandes eine Vermögensverfügung zu erblicken ist,
sondern nur darauf, ob ein Handeln des Verletzten vorliegt,
durch das er sein Vermögen selbst hingibt. Ist dies zu bejahen,
so ist der Tatbestand des Raubes ausgeschlossen, ohne daß das
innere Verhalten des Verletzten bei der Übergabe der Sache an
den Täter bedeutsam ist". Allerdings scheint die frühere Entscheidung des Bundesgerichtshofes vom 12.8.1954,[1] die auf RGSt
55, 239 Bezug nimmt, von der vorgenannten Entscheidung insofern abzuweichen, als hier keine Hingabe des Vermögens, sondern

---

[1]

1 StR 387/54, zit. bei Herlan MDR 55, 17.

eine erzwungene Wegnahme desselben erfolgte. Dieser Entscheidung lag nämlich ein Fall zugrunde, in welchem bei einer durch Drohung mit Erschießen erzwungenen Angabe des Aufbewahrungsortes des Geldes für den Fall, daß der Täter daraufhin das Geld wegnimmt, Raub bejaht und § 249 StGB als lex specialis gegenüber § 255 StGB bezeichnet wurde. Die Begründung des Bundesgerichtshofes ging dahin, daß das Opfer mit der Angabe des Aufbewahrungsortes seines Geldes den Gewahrsam daran noch nicht verloren gehabt habe, sondern der Gewahrsamsbruch erst durch die nachfolgende, unter dem Einfluß der Drohung gestandene, erzwungene Wegnahme durch den Täter vollzogen und damit Raub begründet worden sei. Da aber der Wille des Täters von Anfang an darauf gerichtet gewesen sei, nicht nur die Angabe des Aufbewahrungsortes des Geldes, sondern auch die Duldung der Wegnahme desselben zu erzwingen, erfülle die Handlung des Täters zugleich den Tatbestand der räuberischen Erpressung, insofern in der erzwungenen Wegnahme des Geldes die Zufügung eines Vermögensnachteils i.S. der §§ 253, 255 StGB zu erblicken und in der Absicht der rechtswidrigen Zueignung des Geldes auch eine Absicht, sich zu Unrecht zu bereichern, enthalten sei. In diesem Falle ging also der Tatbestand des Raubes in dem Tatbestand der räuberischen Erpressung mit der Folge auf, daß § 249 StGB als lex specialis § 255 StGB als lex generalis ausschloß.[1]
Dagegen verlangt der Leipz.Kommentar für die Abgrenzung von Raub zu räuberischer Erpressung für letztere eine Vermögensdisposition[2]. In diesem Sinne spricht sich auch Meister[3] dahin aus, daß der Un-

---

[1]
RGSt 55, 239; BGH vom 12.8.54 - 1 StR 387/54, zit. bei Herlan MDR 55, 17; BGHSt 7, 254; 14, 389 ff.; BGH NJW 67, 61; LK 9.Aufl.(1974) Rdz.13 zu § 249.

[2]
LK 9.Aufl.(1974) Rdz.9 zu § 253.

[3]
Meister (H.-G.), Ein Beitrag zur Abgrenzung der Vermögensdelikte, MDR 47, 251 f.

terschied zwischen Raub und räuberischer Erpressung nicht in
der Wegnahme oder der Hingabe von Sachen, sondern in der Art
und dem Maß der Willensbeeinflussung des Opfers durch größeren oder geringeren Druck auf die Willensbildung zu erblicken
ist, wobei zum Wesen des Raubes eine fast völlige Aufhebung
der Entschlußfreiheit des Opfers gehört. Einen ähnlichen
Standpunkt nimmt Maurach[1] ein, nach welchem bei Raub die Willensentschließung des Opfers ausgeschaltet wird, während bei
der Erpressung der Wille des Opfers dem Willen des Täters
dienstbar gemacht wird. Von dem Erfordernis einer Vermögensverfügung im Falle der räuberischen Erpressung geht Schröder[2]
aus. Er sieht in der erzwungenen Duldung der Wegnahme dann
einen Raub, wenn die Duldung bloßes passives Gewährenlassen
ist, das dem Zwang weicht und der Handlung des Täters nicht
die Eigenschaft des Gewahrsamsbruchs nimmt. Erpressung komme
daher nicht in Frage, da dieses Dulden keine Vermögensverfügung sei. Umgekehrt werde die Weggabe regelmäßig willentliche, wenn auch auf Druck erfolgte Aufgabe des Gewahrsams sein
und damit eine Vermögensverfügung begründen. In diesem Falle
liege Erpressung vor, Raub aber entfalle, da das Merkmal der
Wegnahme hier nicht verwirklicht sei.[3] Der Erpresser wolle eine Disposition, eine Selbstschädigung des Opfers erzwingen,
der Räuber aber lediglich den Widerstand gegen seine eigene
Wegnahme verhindern. Derselben Meinung wie Schröder ist auch
Niese,[4] der gleichfalls von der Wegnahme durch den Täter einerseits und der Vermögensverfügung durch das Opfer andererseits als Unterscheidungsmerkmal zwischen Raub und Erpressung
ausgeht. Auch Welzel[5] stimmt mit der Auffassung Schröders
überein. Er nimmt an, daß für die Abgrenzung des Raubes von

[1] Maurach (R.), Deutsches Strafrecht Bes.T. 5.Aufl.(1971) S.251.
[2] Schönke-Schröder 16.Aufl.(1972) Rdz.31 zu § 249 unter Hinweis
auf OLG Braunschweig NdsRpfl 1947, 24 und 1948, 183.
[3] Schröder (H.), Zur Abgrenzung der Vermögensdelikte, SJZ 50,
100; Schönke-Schröder 16.Aufl.(.1972) Rdz.31 zu § 249.
[4] Niese (W.), Die Rechtsprechung des Bundesgerichtshofs in
Strafsachen, JZ 60, 361.
[5] Welzel (H.), Das Deutsche Strafrecht 11.Aufl.(1969) S.383 unter Hinweis auf OLG Braunschweig vom 9.4.48 - Ss 18/48, HESt
2, 30.

der Erpressung maßgebend ist, ob der Genötigte eine Vermögensverfügung vornimmt (Erpressung) oder ob er den Eingriff
nur duldet (Raub). Entscheidend ist nach ihm nicht das äus-
sere Geschehen, sondern die innere Einstellung des Opfers.
Gibt es die Sache heraus, weil es jeden Widerstand für sinnlos hält, so liege Raub vor, nicht Erpressung. Welzel wie
Schröder berufen sich für ihre Auffassung auf eine entsprechende Anwendung des in den Entscheidungen des Bundesgerichtshofs von 1952 und 1953[1] ausgesprochenen Grundsatzes,
daß bei Vorliegen besonderer Umstände der Mitwirkung des Getäuschten bei der Verschaffenshandlung nicht die Bedeutung
der Übergabe mit der Folge zukomme, daß eigenmächtige Besitz-
ergreifung durch den Täter als Wegnahme i.S. des § 242 StGB
entfalle. Es handelt sich aber in den erwähnten Entscheidungen um Fälle des Betruges, zu dessen Abgrenzung vom Diebstahl es auf eine Vermögensverfügung ankommt, so daß hier
das innere Verhalten des Getäuschten entscheidend ist. Dies
trifft in dem Falle zu, in welchem der Getäuschte die erlangte Sache unter dem Druck der Vorstellung herausgab, daß jeder weitere Widerstand gegenüber dem Täter, der sich als Po-
lizeibeamter ausgab und eine Beschlagnahme von Sachen vor-
täuschte, zwecklos sei. Hier liegt klarerweise keine Vermögensverfügung i.S. des § 263 StGB vor. Die von genannten Autoren vertretene entsprechende Anwendung dieses Grundsatzes,
wonach Raub und nicht räuberische Erpressung vorliege, wenn
das Opfer unter dem Druck der Gewalt oder Drohung die verlangte Sache herausgäbe, aber nicht den Willen habe, den Gewahrsam daran zu übertragen, der freie Wille des Opfers vielmehr völlig ausgeschaltet sei, lehnte der Bundesgerichtshof
mit der Begründung ab, daß es, wie schon erwähnt, für die
Abgrenzung des Raubes von der räuberischen Erpressung auf die
Vornahme einer Vermögensverfügung nicht ankomme, sondern daß
das äußere Erscheinungsbild des vermögensschädigenden Verhaltens des Verletzten allein maßgebend sei. Es spiele keine
Rolle, ob das Opfer freiwillig handele oder sich unter dem
Druck der Vorstellung, Widerstand sei zwecklos, dem Willen

---

[1] BGH NJW 52, 782 f.; BGH NJW 53, 73 f.

des Täters beuge.[1] Die Abgrenzung zwischen Raub und räuberischer Erpressung blieb aber nach wie vor umstritten. So macht
neuerdings Otto[2] geltend, der Gesetzgeber habe in dieser Frage klarerweise zwischen dem Fremd- und dem Selbstschädigungs-
delikt unterscheiden wollen. Demgemäß müsse das maßgebliche Ab-
grenzungskriterium genau wie bei der Abgrenzung des Diebstahls
vom Betrug das Vorliegen oder Fehlen einer Vermögensverfügung
sein. Dabei sei es unerheblich, ob das Opfer die Sache übergibt
oder der Täter sie an sich nimmt, sofern das Opfer sich einem
durch Gewalt begründeten Machtverhältnis fügt; er schädigt aber
nicht durch eine Handlung sich selbst. Anders sei dagegen der
Fall zu beurteilen, in dem das Opfer eine zur Vermögensschädigung notwendige Handlung vornehme und sich dessen auch bewußt
sei, wie z.B. wenn das Opfer den Panzerschrank mit Hilfe von
Fähigkeiten, über die der Täter nicht verfügt und die er auch
durch Drohung oder Gewaltanwendung nicht erlangen kann, öffnet
und das Geld dem Täter aushändigt. Hier liege in der Hergabe
des Geldes eine Verfügung, die das Opfer zwar bedauern mag, d.
h. nicht wünscht, aber dennoch will. Eine Vermögensverfügung
verlangt als Erfordernis auch Dreher.[3] Nach anderer Ansicht
braucht die erzwungene Handlung keine Vermögensverfügung zu
sein, vielmehr soll es genügen, daß das Verhalten des Genötigten es dem Täter ermöglicht, die schädigende Handlung selbst
vorzunehmen.[4] Im Sinne des Bundesgerichtshofes dagegen spricht
sich Mohrbotter[5] aus. Bei den geschilderten widersprechenden
Rechtsanschauungen einerseits und der nahen Verwandtschaft
der beiden Deliktstatbestände, der Verletzung desselben Rechtsgutes und einer nach allgemeinem Rechtsempfinden nicht gerechtfertigten unterschiedlichen Bewertung der sittlichen
Mißbilligung mit der damit verbundenen Folge gleicher Straf-

---

[1] BGHSt 7, 254, NJW 55, 877; BGHSt 14, 390, NJW 60, 1729; BGH
NJW 63, 217; ebenso Mohrbotter (K.), Zur mitbestraften Vortat bei Raub und Erpressung, GA 1968, 118 und Anm.25.
[2] Otto (H.), Zur Abgrenzung von Diebstahl, Betrug und Erpressung bei der deliktischen Verschaffung fremder Sachen, ZStW
79 (1967), 86; ders., Die Struktur des strafrechtlichen Vermögensschutzes, Berlin 1970 S.305.
[3] Dreher 35.Aufl.(1975) § 255 Anm.1.
[4] vgl. Binding (K.), Lehrbuch des Gemeinen Deutschen Strafrechts, Bes.Teil, 2.Aufl.(1902) S.376; Wimmer (A.), Die
listige Sachverschaffung auf dem schwarzen Markt, NJW 47/48,
244.
[5] siehe Fn.1.

androhung andererseits war schon bisher eine wahlweise Verurteilung wegen eines Verbrechens nach § 249 StGB oder § 255
StGB zulässig.[1] Aus diesen Gründen ist die in den Strafgesetzbuch-Entwürfen von 1960 und 1962 vorgesehene Lösung dieser
Streitfrage zu begrüßen. Hiernach soll in Übereinstimmung mit
dem an die früheren Entwürfe sich anschließenden Entwurf eines
Allgemeinen Deutschen Strafgesetzbuchs des Reichsministers der
Justiz vom 14.5.1927[2] und dem Bericht über die Arbeit der amtlichen Strafrechtskommission von 1935[3] die gewaltsame Abnötigung
einer fremden Sache in den Raubtatbestand einbezogen werden, zumal die beiden Tatbestände sehr häufig ineinander übergehen und
auch die Volksanschauung zwischen den beiden Fällen keinen Unterschied zu machen pflegt.[4] Die räuberische Erpressung soll
aber auf die gewaltsame, durch selbstschädigende Vermögensverfügung des Opfers erfolgte Abnötigung anderer Vermögensgegenstände in Bereicherungsabsicht, wie z.B. das Verbrennen eines
Schuldscheins oder Unterschreiben eines Wechsels, beschränkt
werden. Sie soll so in den §§ 259 bis 262 StGBE 1960 zu einer
reinen Straftat gegen das Vermögen gemacht und zugleich mit dem
Delikt des Betruges in den 4.Titel des 3.Abschnitts unter der
Überschrift "Betrug und Erpressung" eingereiht werden.[5]
Was die einzelnen Tatbestandsmerkmale der räuberischen Erpressung i.S. von § 255 StGB anbelangt, so wird auch hier, wie
beim Raub, als Zwangsmittel "Gewalt gegen eine Person" oder Anwendung von "Drohungen mit gegenwärtiger Gefahr für Leib oder
Leben" verlangt. Bezüglich des Tatbestandsmerkmals der Gewalt
gelten die beim Raub gemachten Ausführungen in entsprechender
Weise. Die Gewaltanwendung erfordert auch hier nicht die unmit-

---

[1] BGHSt 5, 281, NJW 54, 521, JZ 54, 363.

[2] Reichstagsvorlage, Berlin 1927 (Reichstags-Drucksache Nr.
3390) § 338 mit Begründung S.173.

[3] Gürtner (F.) (Hrsg.), Das kommende deutsche Strafrecht. Bes.
Teil. Bericht über die Arbeit der amtlichen Strafrechtskommission, Berlin 1935 S.309.

[4] StGBE 1960 Begründung zu § 245 S.382.

[5] Begründung zu StGBE 1960 S.396-399.

telbare Einwirkung auf den Körper des Vergewaltigten, sei es
durch Berührung, sei es durch eine andere die Sinne beeinflussende Tätigkeit. Es genügen vielmehr alle eine gewisse, nicht
notwendig erhebliche, körperliche Kraftanwendung begründenden
Handlungen, die von der Person, gegen die sie unmittelbar oder
auch nur mittelbar gerichtet sind, als ein nicht nur seelischer,
sondern auch körperlicher Zwang empfunden werden. Dies trifft
z.B. in den Fällen der Abgabe von Schreckschüssen zu.[1] Gewalt
gegen eine Person i.S. des § 255 StGB kann nach dem Standpunkt
des Bundesgerichtshofs[2] in der Form der vis compulsiva, die
dazu dient, den Willen des Genötigten zu beugen, angewandt werden. Nach der überwiegenden Meinung im Schrifttum, nach welcher die Erpressung eine Vermögensverfügung des Opfers erfordert, kann sie nur in dieser Form erfolgen und vis absoluta ist
ausgeschlossen.[3] "Oft werden" freilich, wie der Bundesgerichtshof weiter ausführt, "die Vornahme von Gewalt in der Form der
vis compulsiva und die Anwendung von Drohungen mit gegenwärtiger Gefahr für Leib oder Leben ineinander übergehen; in der vis
compulsiva 'kann auch das Element der Drohung enthalten sein' ".[4]
Nicht nur eine Bedrohung mit Gewalt, sondern schon eine gegenwärtige Gewaltanwendung in der Form der vis compulsiva hat der
BGH in dem bereits genannten Fall[5] angenommen, in welchem der
Täter eine durchgeladene und entsicherte Schußwaffe mit dem
Finger am Abzug aus nächster Entfernung auf einen anderen richtete. Solchenfalls drohte er nach der Auffassung des BGH nicht
nur mit Gewalt, sondern übte, wie in den Schreckschußfällen,
unmittelbaren körperlichen Zwang aus, wendete also Gewalt an.
In der Begründung des Urteils führte der Bundesgerichtshof
hierzu des näheren aus: "Er wirkt mit der aus nächster Nähe

---

[1] RGSt 45, 546; 56, 87; 60, 158; 64, 116; 66, 355; BGH GA 1962,
145; BGHSt 19, 265; BGH MDR 70, 62; Frank (R.) a.a.O. 18.Aufl.
(1931) § 250 StGB Anm.I 1; Olshausen (J.v.) a.a.O. 12.Aufl.
(1942) § 240 StGB Anm.II 4 a; Kohlrausch-Lange 43.Aufl.(1961)
§ 250 StGB Anm.II.
[2] BGH NJW 70, 61, MDR 70, 62.
[3] BGH NJW 70, 61; LK 9.Aufl.(1974) Rdz.2 zu § 255 StGB.
[4] BGH NJW 70, 61, MDR 70, 62.
[5] BGH NJW 70, 62, MDR 70, 62.

vorgehaltenen durchgeladenen und entsicherten Waffe unmittelbar auf die Sinne des Vergewaltigten ein und versetzt ihn hierdurch in einen Zustand starker seelischer Erregung und beeinflußt so sein ganzes körperliches Befinden und damit auch die
körperlichen Voraussetzungen der Freiheit seiner Willensent-
scheidung oder seiner Willensbetätigung in hohem Maße. Das war
auch der Zweck des Vorgehens des Angeklagten, der durch das
Vorhalten der durchgeladenen und entsicherten Waffe aus unmittelbarer Nähe Frau B. zur Hergabe des Geldes veranlassen wollte und dazu dieses als lebensgefährdend erscheinende äußerst
wirksame Zwangsmittel anwandte (vgl. RGSt 60, 157, 158). Es
handelte sich nicht nur um eine Bedrohung mit Gewalt, sondern
schon um eine gegenwärtige Gewaltanwendung, weil das Verhalten
des Angeklagten, das eine gewisse körperliche Kraftentfaltung
zum Inhalt hatte, von Frau B. schon als gegenwärtiges Übel
(sinnlich) empfunden wurde, während die Gewaltanwendung bei
der Drohung erst für die Zukunft befürchtet wird (RGSt 64, 113,
115 f.; BGH NJW 62, 1210 = VRS 22, 435, 437, insoweit in BGHSt
17, 213 nicht abgedruckt)". Auch will der Bundesgerichtshof keinen grundlegenden Unterschied zwischen diesem und einem früher
entschiedenen Fall[1] sehen, in welchem der Senat die Auffassung
billigte, "daß in dem Heranfahren auf der Überholspur der Autobahn bis auf wenige Meter an einen Vorausfahrenden, um diesen
zur Räumung der Überholspur zu zwingen, die Anwendung von Gewalt (und nicht nur eine gleichfalls in Betracht kommende
Drohung) zu erblicken ist". In dem einschlägigen Schrifttum,
das, wie erwähnt, für die Erpressung als Gewalt nur die vis
compulsiva gelten läßt, ist zum Teil die Behauptung aufgestellt
worden, daß die Begriffe "Gewalt" und "Gewalt gegen eine Person"
inhaltlich gleichbedeutend seien, weil Gewalt stets einen Angriff gegen den menschlichen Körper voraussetze. Es bestünde daher zwischen den Tatbeständen der einfachen und der räuberischen Erpressung nur dann kein unlösbarer Widerspruch, wenn man
in § 255 StGB die Worte "mit gegenwärtiger Gefahr für Leib oder

---

[1] BGHSt 19, 265, NJW 64, 1426; vgl. auch OLG Köln NJW 63, 2383.

Leben" nicht nur für das Tatmittel der Drohung, sondern auch
für das der "Gewalt gegen eine Person" gelten lasse und annehme, daß die Fassung des Gesetzes "ungenau" sei und ein Redaktionsversehen enthalte.[1] Der Bundesgerichtshof hat aber diese
Auffassung mit folgender Begründung abgelehnt: "Begrifflich
läßt sich durchaus zwischen der Gewalt gegen Sachen und der
Gewalt gegen Personen unterscheiden und auf diese Weise die
einfache von der räuberischen Erpressung abgrenzen. Wird das
als Standpunkt des Gesetzgebers anerkannt, dann liegt kein unlösbarer Widerspruch vor. Die Annahme eines Redaktionsversehens verbietet sich schon deshalb, weil § 253 StGB durch
die DVO zur StRAnglVO v.29.5.1943 und durch das 3.StRÄndG v.
4.8.1953 wiederholt geändert worden ist, ohne daß der Gesetzgeber das Tatbestandsmerkmal der Gewalt in dieser Bestimmung
oder in § 255 StGB i.S. der erwähnten Meinung "berichtigt" hat.
Gegen sie spricht", wie der Bundesgerichtshof weiter ausführt,
"vor allem, daß sie die Tatbestände des Raubes und der räuberischen Erpressung, obwohl diese nahe verwandt und mit der gleichen Strafe bedroht sind, insofern in einen gewissen Gegensatz zueinander bringt, als sie die Verbrechensmittel verschieden abgrenzt. Hinsichtlich der äußeren Tatseite sollen sich
aber", wie schon früher ausgeführt wurde, "beide Straftaten
nach dem Willen des Gesetzgebers nur dadurch unterscheiden, daß
beim Raub die Wegnahme einer Sache erzwungen wird, während der
räuberische Erpresser sein Opfer nötigt, selbst eine vermögensmindernde Handlung vorzunehmen, eine vermögenserhaltende zu unterlassen oder ein vermögensschädigendes Tun zu dulden, das
über die Wegnahme einer Sache hinausgeht oder von anderer Art
ist als diese (BGHSt 7, 252, 254 = NJW 55, 877; BGHSt 14, 386,
389 = NJW 60, 1729). Diese Unterscheidung, die zudem in tatsächlicher Hinsicht nicht immer scharf und eindeutig durchführbar ist und gegebenenfalls eine Wahlfeststellung zwischen Raub
und räuberischer Erpressung notwendig macht (BGHSt 5, 280 =
NJW 54, 521), enthält nichts, was es rechtfertigen könnte, die

---

[1] LK 8.Aufl.(1957) § 255 Anm.2; Kohlrausch-Lange 43.Aufl.(1961)
§ 255 Anm.I; Mezger-Blei, Strafrecht Bes.T. 9.Aufl.(1966)
S.212; vgl. BGHSt 18, 75 f.

räuberische Erpressung in ihrem Unrechts- und Schuldgehalt weniger schwer zu bewerten als den Raub und einen "Ausgleich" dadurch zu schaffen, daß bei ihr an das Tatmittel der "Gewalt gegen eine Person" erhöhte Anforderungen gestellt werden. Vielmehr kann für die Gewalt des räuberischen Erpressers nichts anderes gelten als für die des Räubers: Sie braucht ebensowenig wie diese für Leib oder Leben des Opfers gefährlich zu sein".[1] Es reicht vielmehr jede Gefahr für die Person aus. Dieser Auffassung des Bundesgerichtshofes ist auch die Begründung des Strafgesetzbuch-Entwurfes von 1960 und des Strafgesetzbuch-Entwurfes von 1962 zu den §§ 259 und 261[2] beigetreten, wo ausgeführt ist, daß, wenn sich die Gewalt gegen Personen richtet, räuberische Erpressung auch dann anzunehmen ist, wenn die Gewalt nicht mit gegenwärtiger Gefahr für Leib oder Leben verbunden ist. Dies ist zwar im geltenden Recht, das in § 253 und § 255 StGB denselben Ausdruck verwendet wie der Entwurf in den §§ 259 und 261, umstritten. Die Gegenmeinung widerspricht aber dem klaren Gesetzeswortlaut und führt zu ungerechten Ergebnissen. Es wäre nicht einzusehen, daß jemand, der einen anderen mit einer Leib oder Leben nicht gefährdenden Gewalt nötigt, wegen Raubes bestraft werden soll, wenn es um die Abnötigung einer Sache geht, dagegen nicht wegen räuberischer Erpressung, sondern nur wegen einfacher Erpressung, wenn es sich um die Abnötigung einer Unterschrift unter eine Quittung handelt. Ob die Gewaltanwendung i.S. des § 255 StGB stets eine "erhebliche Einwirkung" voraussetzt, wie der Bundesgerichtshof in einer vorausgehenden Entscheidung aber offengelassen hat, ist erst durch das Urteil des BGH vom 27.8.1969[3] geklärt worden, nach welchem "alle eine gewisse - nicht notwendig erhebliche - körperliche Kraftanwendung darstellende Handlungen, die von der Person, gegen

---

[1] BGHSt 18, 76, NJW 63, 217; ebenso Schönke-Schröder 18.Aufl. (1976) Rdz.2 zu § 255 StGB; Mezger-Blei, Strafrecht Bes.T. 9.Aufl.(1966) S.212; Maurach (R.), Deutsches Strafrecht Bes. T. 5.Aufl.(1971) S.297; Petters-Preisendanz 29.Aufl.(1975) § 255 Anm.2.;Preisendanz 30.Aufl.(1978) § 255 Anm.2.
[2] StGBE 1960 Begründung zu §§ 259 und 261, S.397, 399; StGBE 1962 Begründung zu §§ 259 und 261, S.430 f.
[3] NJW 70, 61 f., MDR 70, 62.

die sie unmittelbar oder auch nur mittelbar gerichtet sind,
als ein nicht nur seelischer, sondern auch körperlicher Zwang
empfunden werden", ausreichen. Freilich dürfte, wie dies beim
Raub dargelegt worden ist, eine nur ganz unerhebliche Einwirkung, die sich, wie beim Raub, unmittelbar oder mittelbar gegen den Körper des Opfers - nicht aber gegen Sachen - richten
kann, nicht ausreichen.[1] Es genügt jedoch, daß das Verhalten
des Täters geeignet war, den Genötigten zu veranlassen, der
Forderung des Erpressers zu entsprechen. Wie beim Raub die
verübte Gewalt i.S. des § 251 StGB als tatbestandliche Gewalt,
d.h. als solche zu verstehen ist, die zugleich Tatbestandsmerkmal des Verbrechens ist, das durch § 251 StGB unter erhöhte
Strafdrohung gestellt ist, so kann auch für die "Gewalt" der
räuberischen Erpressung nichts anderes gelten, da hier der Täter "gleich einem Räuber" zu bestrafen ist.[2] Es finden also,
wie aus der Fassung des § 255 StGB zu schließen ist, die Erschwerungsgründe, wie sie in den §§ 250 und 251 StGB für den
Raub vorgesehen sind, z.B. die Erschwerung des § 250 Abs.1 Nr.
1 StGB, auch auf die räuberische Erpressung Anwendung.[3] Dagegen
ist der Erschwerungsgrund des § 252 StGB auf die räuberische
Erpressung nicht anwendbar. Im Falle des § 251 StGB ist allerdings erforderlich, daß der Erfolg durch jene für § 251 StGB
tatbestandliche Gewalt verursacht wurde. So hat sich auch der
Bundesgerichtshof in dem schon früher erwähnten Fall ausgesprochen, in welchem der Täter sein Opfer durch Vorhalten einer durchgeladenen und entsicherten Pistole bedrohte und erpreßte. Wurde, wie diesfalls, durch die das Erpressungsmittel
bildende[4] Gewalt als Erfolg der Tod des Opfers verursacht und
dieser nach den Feststellungen des Urteils fahrlässig[5] herbeigeführt, so war der Tatbestand der räuberischen Erpressung mit

---

[1] BGHSt 18, 75; Schönke-Schröder 18.Aufl.(1976) Rdz.2 zu § 255;
a.A. Frank (R.), Das Strafgesetzbuch für das Deutsche Reich
18.Aufl.(1931) § 255 Anm.II 1.
[2] BGHSt 16, 319, MDR 62, 148.
[3] LG Hamburg NJW 77, 1931.
[4] BGHSt 16, 319, MDR 62, 148.
[5] § 56 StGB i.d.F. des Gesetzes vom 14.8.53 (BGBl I 735).

Todesfolge (§§ 255, 251 StGB) erfüllt. Anstelle von § 56 StGB
i.d.F. vom 25.8.53 wie i.d.F. vom 1.9.69 trat ab 1.Oktober 1973
die sachlich im wesentlichen unveränderte, ausdrücklich auf den
Teilnehmer ausgedehnte Bestimmung des § 18 des Zweiten Gesetzes
zur Reform des Strafrechts (2.StrRG) vom 4.7.69,[1] die unverändert nach § 18 StGB i.d.F. vom 1.1.75 übernommen wurde. In gleicher Weise wie beim Raub kann bei der räuberischen Erpressung
der Erschwerungsgrund auch nach der tatbestandsmäßigen Vollendung der Erpressung bis zu deren tatsächlichen Beendigung verwirklicht werden. Dies ist z.B. dann der Fall, wenn der Täter
die Gewaltanwendung oder Drohung nach Vollendung der Erpressung in unmittelbarem örtlichen und zeitlichen Zusammenhang auf
einem öffentlichen Weg fortsetzt, um sich den Besitz der Beute
zu sichern.[2] Wie beim Raub spielt auch bei der räuberischen Erpressung die Privilegierung der Diebstahlsfälle keine Rolle.[3]
Gewalt gegen eine Sache ist, wie beim Raub so auch bei der räuberischen Erpressung, nur erheblich, wenn sie sich mittelbar
gegen eine Person richtet. Zu dem Tatmittel der Drohung ist zu
bemerken, daß das beim Raub Ausgeführte in gleicher Weise auch
für die Drohung i.S. des § 255 StGB gilt. Auch hier ist "gegenwärtige Gefahr für Leib oder Leben" verlangt, worunter auch die
körperlich spürbare Einsperrung fällt, nicht dagegen andere
Rechtsgüter, wie z.B. Ehre, fallen. Gerade bei der räuberischen
Erpressung ist von besonderer Bedeutung, daß die Drohung mit
Gefahr für Leib oder Leben, die nicht unabwendbar sein muß,[4]
gegenwärtig sein muß.[5] Unter "gegenwärtiger Gefahr" hat die
Rechtsprechung zu § 255 StGB, die entsprechend auch auf dasselbe Tatbestandsmerkmal der einfachen und der räuberischen
Erpressung anzuwenden ist, einen Zustand verstanden, der nach
menschlicher Erfahrung bei natürlicher Weiterentwicklung der ge-
gebenen Sachlage den Eintritt einer Schädigung sicher oder doch

[1] BGBl I 720.
[2] BGH JZ 69, 606 f. mit krit.Anm. von Hruschka, JZ 69, 607 ff.
[3] OLG Hamm, JMBlNRW 1950, 48.
[4] RG HRR 1937 Nr.133.
[5] BGH NJW 51, 769 unter Hinweis auf RGSt 66, 225.

höchst wahrscheinlich macht, wenn nicht unverzüglich eine Abwehrmaßnahme ergriffen wird.[1] Als gegenwärtig kann die Gefahr auch noch bezeichnet werden, wenn zwischen der Drohung und dem Eintritt der Gefahr ein kurzer Zeitraum dazwischen liegt, wie z.B. bei Ankündigung der Gefahr für den folgenden Tag, zumal eine Drohung unter Setzung einer kurzen Frist unter Umständen nachhaltiger auf das Opfer einwirken, also gefährlicher sein kann, als das Androhen sofortiger Verwirklichung, sofern der durch die Drohung, z.B. mit Erschießen, bei dem Opfer ausgelöste starke seelische Druck während der gesetzten Frist unvermindert bestehen bleiben und der Erpreßte nach dem Willen des Erpressers keine Möglichkeit haben sollte, der schweren Notlage auszuweichen, weil er bei etwaiger Strafanzeige mit der Verwirklichung der Drohung rechnen müßte.[2] Ausnahmsweise kann sich bei besonderer Eigenart der Sachlage, die sich auch über einen längeren Zeitraum erstrecken kann,[3] der Zeitraum zwischen der Drohung und dem Eintritt der Gefahr hinausziehen. Dies trifft dann zu, wenn nur ein Teil der Bedingungen, von denen der schädigende Erfolg abhängt, gewiß ist und dieser gegen die unbekannten, erfahrungsgemäß aber künftig eintretenden weiteren Bedingungen abgewogen werden muß. "Aus dem Ergebnis dieser Wertung", so führt der BGH aus, "ergibt sich der Grad der Wahrscheinlichkeit, mit der eine Verletzung des Rechtsgutes zu besorgen ist (Mezger StuB 2.Aufl.I 67). Ob eine Gefahr wirklich gegenwärtig war, läßt sich erst oft aus einer rückschauenden Betrachtung erschöpfend beurteilen. Diese Einsicht macht zugleich deutlich, daß die Abwägung der bekannten und unbekannten Teilbedingungen ihrem Wesen nach eine tatrichterliche Aufgabe ist, die sich als eine Würdigung der zu dieser Frage erhobenen Beweise der revisionsrichterlichen Nachprüfung entzieht".[4] Die Drohung muß aber wie

[1] BGH MDR 57, 691, LM (1957) Nr.5 zu § 255 StGB mit RG 66,100; RG JW 1932, 2292; BGHSt 5, 373.

[2] BGH MDR 57, 691; Pfeiffer-Maul-Schulte § 249 StGB Anm.6; Blei (H.), JA 70 StR 64.

[3] RGSt 66, 100, 225; RG HRR 1939 Nr.1553.

[4] BGH NJW 51, 770.

beim Raub bei der Notwendigkeit einer "gegenwärtigen Gefahr"
unmittelbar gegenüber dem Opfer oder doch in dessen Anwesenheit erfolgen und kann nicht, wie bei der einfachen Erpressung,
bei der dies gerade die Regel bildet, schriftlich ausgeübt
werden. Denn gegenwärtig ist eine Gefahr nur dann, wenn sie unmittelbar oder doch in allernächster Zeit bevorsteht, auch
wenn die Einwirkung noch nicht begonnen haben muß.[1] Auch der
Entscheidung des Bundesgerichtshofes vom 23.5.57[2] liegt ein
Sachverhalt genannter Art zugrunde, nämlich Drohung mit ge-
zückter Pistole, wenn nicht bis zum nächsten Tag der Anforderung der verlangten Geldsumme entsprochen werde. Der Umstand,
daß ein Gefahrenzustand längere Zeit hindurch andauert, schließt
nicht aus, daß eine unmittelbar zu erwartende Gefährdung vorliegt. Auch eine Dauergefahr kann gegenwärtig sein und braucht
nicht in der Zukunft zu liegen.[3] Während für den Raub auf der
inneren Tatseite die gewaltsame Wegnahme einer fremden Sache
in Zueignungsabsicht verlangt ist, ist für die räuberische Erpressung eine solche Zueignungsabsicht zwar die Regel, begrifflich aber nicht wesentlich. Es genügt für ihr Vorliegen auch
die Ansichnahme in der Absicht, sich zu Unrecht zu bereichern.[4]
Es folgt dies daraus, daß es sich bei der räuberischen Erpressung um einen qualifizierten Fall der Erpressung handelt, deren
gesetzlicher Tatbestand vom Täter neben der vorsätzlichen Vermögensschädigung des Genötigten oder eines Dritten keine Zueignungsabsicht, sondern nur eine Absicht, sich oder einen Dritten

---

[1] RGSt 53, 133; Schönke-Schröder 18.Aufl.(1976) Rdz.2 zu § 255.

[2] BGH MDR 57, 691.

[3] BGHSt 5, 373; BGH NJW 51, 770; Maurach (R.), Deutsches Straf-
recht Allg.T. 4.Aufl.(1971) S.312; Mezger-Blei, Strafrecht I
Allg.T. 15.Aufl.(1973) S.233; Stratenwerth (G.), Strafrecht
Allg.T. I.Die Straftat, Köln-Berlin-Bonn-München 1971 Rdz.
637; Jescheck (H.-H.), Lehrbuch des Strafrechts Allg.T. 2.
Aufl.(1972) S.362; krit. Mayer (H.), Strafrecht Allg.T.,
Stuttgart-Berlin-Köln-Mainz 1967 S.95.

[4] BGHSt 14, 390, NJW 60, 1730 mit Anm.Schnellenbach, NJW 60,
2154.

zu bereichern, erfordert.[1] Hierzu reicht auch die Absicht,
sich rechtswidrig in den Besitz einer Sache zu setzen, aus.[2]
Eine solche Bereicherungsabsicht ist auch in dem Falle anzunehmen, in welchem der Angeklagte das Opfer zur Herausgabe des
Geldbetrages, den dieses als Bankhalter bei einem Glücksspiel
eingestrichen hatte, mit Gewalt und Todesdrohung nötigte. Wie
der Bundesgerichtshof[3] ausführte, schlägt der Einwand des Angeklagten, er habe das Geld zurückfordern dürfen, weil er Eigentümer desselben aus dem Grunde geblieben sei, daß die Spielab-
reden zwischen den Beteiligten nach § 134 BGB mit § 284 BGB
nichtig gewesen seien, nicht durch, da diese Nichtigkeit für
die Regel das abstrakte Erfüllungsgeschäft unberührt lasse.[4]
Ausnahmen von diesem Grundsatz seien im vorliegenden Fall
nicht ersichtlich. Das Opfer sei also als Bankhalter Eigentümer
des Geldes geworden, allerdings sei es um den Gewinn ungerechtfertigt bereichert worden (§§ 134, 812 BGB). Zwar stehe der
Rückforderung des Geldes durch den Angeklagten § 762 Abs.1 S.2
BGB nicht entgegen.[5] Jedoch sei die Rückforderung, auch wenn
man von § 814 Halbs.1 BGB absehe, zumindest nach § 817 S.2 BGB,
der für alle Bereicherungsfälle gelte, ausgeschlossen.[6] Allerdings setze dies voraus, daß auch der Leistende bewußt dem gesetzlichen Verbot zuwiderhandele.[7] Dies sei aber im vorliegenden Fall anzunehmen. Es sei daher mit der Strafkammer mit Recht
davon auszugehen, daß dem Angeklagten kein Rechtsanspruch auf
das abgenötigte Geld zugestanden habe, weder auf die betreffenden Geldscheine,[8] noch überhaupt. Der Angeklagte habe daher
nach dem festgestellten Sachverhalt dies auch gewußt und rechtswidrig in der Absicht gehandelt, sich zu Unrecht zu bereichern
(§ 253 Abs.1 StGB). Dem Erstreben des Vorteils stehe nicht entgegen, daß der Überfallene teilweise ungerechtfertigt bereichert

---

[1] LK 9.Aufl.(1974) § 255 Anm.1; Mezger-Blei, Strafrecht Bes.T.
9.Aufl.(1966) S.211; Petters-Preisendanz 29.Aufl.(1975) § 255
Anm.1.
[2] BGHSt 14, 388 f, NJW 60, 1729 f.
[3] BGH MDR 68, 938.
[4] vgl.auch BGHSt 6, 379; BGH GA 1968, 338.
[5] RGRK-BGB 12.Aufl.(1974) § 762 Anm.7; Palandt 35.Aufl.(1976)
§ 762 Anm.5 b; Erman-Seiler 6.Aufl. Bd.1 (1975) Rdz.8 zu § 762.
[6] BGHZ 44, 6; RGRK-BGB 11.Aufl.(1959) § 817 Anm.16.
[7] BGH NJW 68, 1330, MDR 68, 654.
[8] BGHSt 17, 88 f.

gewesen sei. Die Rechtsprechung billige in solchen Fällen demjenigen die bessere Position zu, der die Sache in der Hand habe (§ 817 S.2 BGB) entsprechend dem Grundsatz "in pari turpitudine melior est causa possidentis". Die Annahme einer räuberischen Erpressung sei daher begründet.[1] Der Tatbestand der räuberischen Erpressung geht nach dem Ausgeführten über denjenigen des Raubes hinaus, mit der Folge, daß, wenn gleichzeitig die Tatbestandsmerkmale des Raubes vorliegen, dieser als lex specialis die räuberische Erpressung als lex generalis ausschließt.[2] Anderer Ansicht ist das überwiegende Schrifttum, nach welchem sich Raub und Erpressung tatbestandsmäßig ausschließen.[3] Andererseits kann aber, wenn die gesetzlichen Merkmale des Raubes nicht alle gegeben, wohl aber diejenigen der räuberischen Erpressung erfüllt sind, Verurteilung nach § 255 StGB erfolgen. Dies trifft insbesondere zu, wenn der Erpresser es nicht auf das Eigentum an der fremden Sache abgesehen hat, sondern lediglich auf den Besitz derselben in der Form der Gebrauchsanmaßung.[4] Die Entscheidung des Bundesgerichtshofes vom 5.Juli 1960[5] hat einen derartigen Sachverhalt zum Gegenstand. Der Angeklagte fuhr gegen 6 Uhr früh mit einem Taxi von Wo. nach We. Unterwegs bat er den Fahrer anzuhalten, da er austreten müsse. Als er zum Kraftwagen zurückkam, zog er plötzlich eine Gaspistole aus der Tasche und gab zwei Schüsse auf den im Wagen sitzenden Taxifahrer ab, von denen mindestens ein Schuß diesen in das Gesicht traf und ihn zum Verlassen des Fahrzeuges und zur Duldung der Wegnahme desselben zwang. Der Angeklagte setzte sich jetzt selbst an das Steuer und fuhr mit dem Taxi weg. Hierbei bedrohte er den Taxifahrer erneut mit der Gaspistole. Nachdem er einige Zeit in der Gegend herumgefahren war, wobei durch einen

---

[1] BGH MDR 68, 938.

[2] RGSt 4, 432; 55, 240; BGH v. 12.8.54 - 1 StR 387/54, zit.bei Herlan, MDR 55, 17; BGHSt 14, 390, NJW 60, 1730; BGH NJW 67, 61; Frank (R.) 18.Aufl.(1931) § 253 Anm.VII 3; Mezger-Blei II.Bes.T. 9.Aufl.(1966) S.211.

[3] Schönke-Schröder 18.Aufl.(1976) Rdz.31 zu § 253.

[4] BGHSt 14, 388 ff., NJW 60, 1730; Welzel (H.) 11.Aufl.(1969) S.383 f.; LK 9.Aufl.(1974) Rdz.3 zu § 255, Rdz.13 zu § 249; a.A. Schönke-Schröder 18.Aufl.(1976) Rdz.8 a zu § 253; Lüderssen (Kl.), Kann gewaltsame Wegnahme von Sachen Erpressung sein ?, GA 1968, 257 ff.

[5] BGHSt 14, 386 ff., NJW 60, 1729 f.

Unfall das Fahrzeug beschädigt wurde, brach er die Fahrt ab
und stellte sich der Polizei. Bei der grundsätzlichen Bedeutung dieser Entscheidung für die im Schrifttum vielfach umstrittene Abgrenzung des Raubes von der räuberischen Erpressung und die dadurch begründete wahlweise Verurteilung erscheint es gerechtfertigt, auf die Begründung dieser Entscheidung des näheren einzugehen. Darin ist unter anderem ausgeführt, es liege hier unzweifelhaft ein Fall der Nötigung vor,[1]
da der Angeklagte den Taxifahrer gezwungen habe, das Fahrzeug
zu verlassen und dessen Wegnahme zu dulden. Es sei aber auch
eine Erpressung gegeben, da eine Bereicherungsabsicht insofern zu bejahen sei, als nach der einhelligen Meinung in
Rechtsprechung und Schrifttum auch der Besitz an einer Sache
schon einen Vermögensbestandteil bilde.[2] Der Verlust des Besitzes bringe dem bisherigen Besitzer einen Vermögensnachteil,
während der neue Besitzer bereichert werde. Dies gelte auch
dann, wenn es sich nur um einen vorübergehenden Besitzwechsel
handele und sei insbesondere vorliegendenfalls zu bejahen,
da es sich um die Wegnahme eines Mietwagens handele, der während des Zeitraums des Besitzentzuges für gewinnbringende Fahr-
ten des früheren Besitzers ausgefallen sei, während der neue
Besitzer den Mietzins erspart habe. Dabei sei zu beachten,
daß der Besitz einer Sache nach wirtschaftlichen Gesichtspunkten stets höher zu werten sei, als die durch den Besitzverlust ausgelösten Ersatzansprüche. Die Absicht des Angeklagten,
sich rechtswidrig in den Besitz des Fahrzeuges zu setzen, habe
daher die Absicht eingeschlossen, sich zu Unrecht zu bereichern. Durch den Besitzverlust habe der Taxifahrer oder, falls
dieser nur Besitzdiener war, der Taxiunternehmer seinerseits
einen Vermögensschaden erlitten. Damit seien die Tatbestandsmerkmale der Erpressung erfüllt gewesen. Es könne deshalb, so
ist in der Entscheidung weiter ausgeführt, unentschieden blei-

---

[1] BGHSt 14, 388.

[2] BGHSt 14, 388, NJW 60, 1729 mit der dort zitierten Rechtsprechung und Literatur.

ben, ob der Angeklagte auch durch den Verbrauch des im Tank
befindlichen Kraftstoffes den Tatbestand der Erpressung erfüllt habe. Dies wäre allerdings bei der subsidiären Natur
des § 248 b StGB nicht schon deshalb ausgeschlossen, weil der
Verbrauch des Kraftstoffes nicht als Diebstahl bzw. Raub zu
werten sei. In einem solchen Falle werde es jedoch regelmäßig
am inneren Tatbestand der Erpressung fehlen, insofern die Absicht des Täters, d.h. die seinen Willen bestimmende Vorstellung, nicht auf den Verbrauch des Kraftstoffes, sondern auf
die Benützung des Wagens gerichtet gewesen sei und der Kraft-
stoffverbrauch nur deren zwangsläufige Folge sei. Es frage sich
aber noch, ob der besondere Tatbestand des § 255 StGB vorgelegen habe. Gegen die Annahme einer räuberischen Erpressung scheine zu sprechen, daß der Angeklagte das Fahrzeug dem Taxifahrer
weggenommen habe, werde doch die Wegnahme gemeinhin als das typische Merkmal des Raubes betrachtet, während der räuberische
Erpresser sein Opfer zwinge, die Sache an ihn herauszugeben.
Dabei spiele es für die Beurteilung des vorliegenden Falles keine Rolle, ob diese Unterscheidung nach dem äußeren Erscheinungsbild zutreffend sei oder ob es dabei auf die Willensrichtung
des Verletzten ankomme. Nach beiden Auffassungen habe der Angeklagte dem Taxifahrer den Kraftwagen weggenommen. Dadurch, daß
der Fahrer den Wagen verlassen habe, habe er weder den Gewahrsam daran aufgegeben, noch damit seinen Willen bekundet, das
Fahrzeug dem Angeklagten zu überlassen. Gleichwohl hat der Bundesgerichtshof hier den Tatbestand der räuberischen Erpressung
aus dem Grunde bejaht, daß der Tatbestand der Erpressung, wie
schon das Reichsgericht zutreffend ausgeführt hatte,[1] den Tatbestand des Raubes mitumfasse. Die Wegnahme einer fremden beweglichen Sache mit Gewalt oder unter Drohungen mit gegenwärtiger
Gefahr für Leib oder Leben, wie sie § 249 StGB fordert, schlies-
se auch die Nötigung eines anderen zur Duldung der Wegnahme in

---

[1] RGSt 4, 432.

sich.[1] Der Räuber zwinge sein Opfer die Wegnahme der Sache zu
dulden. Darauf sei auch sein Wille gerichtet und darin liege
die Zufügung eines Vermögensnachteils i.S. der §§ 253, 255
StGB. § 249 StGB sei insofern das besondere Strafgesetz gegenüber dem allgemeineren des § 255 und gehe daher diesem vor.[2]
Das den engeren Tatbestand enthaltende Strafgesetz (§ 249 StGB)
schließe aber die Anwendbarkeit des den weiteren Tatbestand enthaltenden Strafgesetzes (§ 255 StGB) nur insoweit aus, als seine Voraussetzungen vorliegen. Die Unterscheidung zwischen Wegnahme und Herausgabe sei daher für die Abgrenzung zwischen Raub
und räuberischer Erpressung nur erheblich, wenn alle übrigen
Tatbestandsmerkmale des Raubes vorlägen. Für die Anwendbarkeit
des allgemeineren Strafgesetzes bleibe aber immer Raum, wenn
der festgestellte Sachverhalt zwar dessen Voraussetzungen, aber
nicht zugleich die des besonderen Strafgesetzes erfülle. Im
gleichen Sinne habe das Reichsgericht[3] die Verurteilung nach
§ 253 StGB in einem Falle gebilligt, in dem die Pfandgläubige-
rin mit Gewalt gegen ihre Person zur Duldung der Wegnahme der
Pfandstücke gezwungen worden sei. Von einer Erörterung der Frage,
ob auch der Tatbestand des § 255 StGB erfüllt gewesen sei, habe
das Reichsgericht damals aus dem Grunde abgesehen, daß sie nicht
revisibel war. Anderer Ansicht ist Otto,[4] der als Erfordernis
der Erpressung eine Vermögensdisposition verlangt und daher vorliegendenfalls bei Duldung der Wegnahme Erpressung verneint und
nur Nötigung sowie unbefugten Fahrzeuggebrauch (§§ 240, 248 b
StGB) bejaht. Lüderssen[5] stimmt zwar dem BGH darin zu, daß er
neben den objektiven Voraussetzungen des § 249 StGB auch die
objektiven Voraussetzungen der §§ 253 und 255 StGB angenommen
hat, ist aber der Auffassung, daß er beide Tatbestände auch in

---

[1] BGHSt 7, 254, NJW 55, 877; OLG Hamm MDR 72, 707.
[2] BGHSt 14, 390, NJW 60, 1730 mit der dort zitierten Rechtsprechung.
[3] BGHSt 14, 391 unter Bezugnahme auf RGSt 25, 435 ff.
[4] Otto (H.) S.59 & S.87; ebenso Schönke-Schröder 18.Aufl.(1976)
Rdz.8 zu § 253; Tenckhoff (J.), Die Vermögensverfügung des Genötigten als ungeschriebenes Tatbestandsmerkmal der §§ 253,
255 StGB, JR 74, 489 ff. läßt unter Verzicht auf das Prinzip
der Unmittelbarkeit der Vermögensminderung eine abgenötigte
Gewahrsamslockerung genügen (S.492).
[5] Lüderssen (Kl.) S.278.

subjektiver Hinsicht hätte ins Auge fassen und einheitlich hätte behandeln sollen. Habe der Täter den Aneignungsvorsatz gehabt, so habe sowohl für die Erpressungsabsicht wie für die Diebstahlsabsicht eine wesentliche Voraussetzung vorgelegen, in welchem Falle aber § 249 StGB die Erpressung (§§ 253, 255 StGB) ausschließe. Habe aber wie vorliegendenfalls nur die Absicht zeitweiligen Gebrauchs vorgelegen, so entfalle sowohl § 249 StGB als auch § 253 StGB. Es bliebe nur Nötigung und unbefugter Fahrzeuggebrauch (§§ 240, 248 b StGB) übrig. Lüderssen verkennt, daß es sich bei dem furtum usus zwar nicht um Diebstahl bzw. Raub handeln kann, wohl aber um Erpressung bzw. räuberische Erpressung, da, wie dem Bundesgerichtshof beizupflichten ist, schon der Besitz einer Sache für den Täter einen Vermögensvorteil und für das Opfer einen Vermögensschaden bilden kann, wie dies vorliegendenfalls zutrifft, und die Absicht der Besitzerlangung auch eine Bereicherungsabsicht im Sinne der Erpressungsbestimmungen begründet. Gegen die Auffassung des Bundesgerichtshofes wandte Schnellenbach[1] unter anderem ein, daß zwischen Raub und räuberischer Erpressung kein Spezialitätsverhältnis gegeben sei, da ein solches nur dann vorliege, wenn die Voraussetzungen eines Tatbestandes die eines anderen aus Gründen der Logik - also mit Notwendigkeit - einschließen,[2] es aber im Gegensatz zur Konsumtion nicht genüge, daß der eine Tatbestand den anderen "typischerweise" mitumfasse. Ein Verhältnis logisch notwendigen Einschlusses zwischen den Voraussetzungen des § 255 StGB einerseits und denen des § 249 StGB andererseits bestehe aber nicht,[3] vielmehr müsse stets das Tun des Erpressers über die Wegnahme der Sache hinausgehen. Auch sei eine Kompensationsmöglichkeit nur bei Erpressung, nicht aber bei Raub möglich. Endlich sei nicht jede Zueignungsabsicht notwendigerweise zugleich Bereicherungsabsicht. Schnellenbach

[1] Schnellenbach (H.) S.2154.

[2] RGSt 60, 122.

[3] Schnellenbach (H.) S.2154.

hat mit seinen Einwendungen keinen Anklang gefunden. Das
Schrifttum ist in dieser Frage geteilter Meinung, hat sich
aber überwiegend der Rechtsprechung des Reichsgerichts und
des Bundesgerichtshofes angeschlossen.[1] Ein die rechtswidrige
Bereicherung ausschließender Rechtsanspruch oder doch die gutgläubige Annahme eines solchen schließt trotz der Rechtswidrigkeit der Nötigungsmittel räuberische Erpressung aus. Eine
Nötigung kann aber bestehenbleiben, soweit sie nicht durch
gutgläubige Annahme eines nicht bestehenden Selbsthilferechts
entfällt. Vollendete räuberische Erpressung liegt vor, wenn
der Bedrohte unter der Einwirkung der Drohung von sich aus eine Sache herausgibt und die damit vom Täter ausgelöste Ursa-
chenkette in wesentlichen dessen Vorstellung und Vorsatz entsprechend abläuft.[2] Der vollendeten räuberischen Erpressung
kann sich auch schuldig machen, wer es dem Opfer durch Gewaltanwendung unmöglich macht, eine Forderung durchzusetzen.[3] Eine
vollendete Erpressung liegt unzweifelhaft auch dann vor, wenn
die erhaltene Geldsumme die erwartete Geldsumme übersteigt.
Denn das, was der Täter erreichen wollte, hat er erlangt und
sogar noch mehr. Dieses Mehr ist nach der inneren Richtung
seines Tuns ohne weiteres als in seinen Vorsatz aufgenommen
anzusehen. Dasselbe wird man auch in Übereinstimmung mit der
Rechtsprechung annehmen müssen, wenn ein geringerer als der erwartete Geldbetrag erlangt wird. Ist allerdings der beabsichtigte und der wirklich erreichte Erfolg seiner Art nach so
verschieden, daß die Einheit zwischen der Vorstellung von dem
Ursachenverlauf und dessen tatsächlicher Verwirklichung nicht
erfüllt ist, wie in dem Falle, in dem der in der abgenötigten

---

[1] RGSt 4, 432; 55, 240; BGHSt 14, 390, NJW 60, 1730, MDR 60,
940 f.; BGH v.12.8.54 - 1 StR 387/54, zit.bei Herlan, MDR
55, 17; BGH NJW 67, 61; Frank (R.) 18.Aufl.(1931) § 255
Anm.VII 3; Mezger-Blei II.Bes.T. 9.Aufl.(1966) S.212; Petters-Preisendanz 29.Aufl.(1975) § 249 Anm.5; LK 9.Aufl.
(1974) Rdz.13 zu § 249, Rdz.3 zu § 255; Welzel (H.) 11.Aufl.
(1969) S.383; Dreher 35.Aufl.(1975) § 249 Anm.5; a.A. Schönke-Schröder 18.Aufl.(1976) Rdz.31 zu § 253; Schröder (H.),
Zur Abgrenzung, SJZ 50, 99; Krey (V.) S.92.
[2] OLG Braunschweig HESt 2, 32.
[3] BGH NJW 73, 2072.

Geldbörse enthaltene Betrag geringfügig und für den Täter wertlos ist, so kann nur ein Versuch der Erpressung vorliegen, der
nach den früheren Ausführungen auch bei sofortiger Rückgabe
des erpreßten Gegenstandes keinen freiwilligen Rücktritt begründet.[1] Beim Versuch der räuberischen Erpressung ist der un-
beendete vom beendeten Versuch abzugrenzen, da diese Frage für
einen etwaigen freiwilligen Rücktritt vom Versuch bzw. für tätige Reue wesentlich ist. Nach einhelliger Ansicht in Rechtsprechung und Schrifttum ist mit dem Urteil des Bundesgerichtshofes vom 16.4.1953[2] davon auszugehen, daß die Abgrenzung des
nicht beendeten vom beendeten Versuch der räuberischen Erpressung auch nach subjektiven Gesichtspunkten, also nach der Vorstellung des Täters, vorzunehmen ist.[3] Solange der Täter
glaubt durch Fortführung seiner Versuchstätigkeit zum Ziele
gelangen zu können, ist der Versuch nicht beendet. Dabei ist
allerdings die Vorstellung des Täters, den begonnenen Versuch
(mit Aussicht auf Erfolg) fortsetzen zu können, von derjenigen
zu unterscheiden, einen gescheiterten Versuch wiederholen zu
können. Im ersten Fall liegt unbeendeter, im zweiten Fall beendeter Versuch vor. Ob das, was der Täter im Augenblick der Aufgabe seines Planes nach seiner Meinung noch hätte tun können,
um den Erfolg herbeizuführen, Fortsetzung eines begonnenen oder
Wiederholung eines gescheiterten Versuchs sein würde, läßt sich
nicht bei allen Delikten ausschließlich nach dem ursprünglichen
Plan des Täters beurteilen. Vielmehr entscheidet hierüber die
natürliche Auffassung. Liegt bei einer räuberischen Erpressung
die Drohung nicht oder nicht vorwiegend in Worten des Täters,
sondern in seiner drohenden Haltung gegenüber dem Opfer, z.B.
Vorhalten einer Pistole, so würde es der natürlichen Auffassung

---

[1] RG JW 1934, 488 mit Anm.Kalsbach.

[2] BGHSt 4, 181, NJW 53, 1232, JR 53, 309.

[3] RGSt 68, 308; BGHSt 4, 181; 22, 331; BGH GA 1956, 89; BGH v.
27.4.54 - 1 StR 654/53, zit.in BGH GA 1956, 89; Baumann (J.),
Strafrecht Allg.T. 6.Aufl.(1974) S.500; Jescheck (H.-H.),
Lehrbuch des Strafrechts Allg.T. 2.Aufl.(1972) S.408; LK 9.
Aufl. Bd.1 (1974) Rdz.6 zu § 46; Rudolphi-Horn- Samson-
Schreiber, Strafgesetzbuch Bd.1 Allg.T. Rdz.15 zu § 24.

widersprechen, den Versuch als beendet anzusehen, solange der
Täter diese drohende Haltung in dem Glauben aufrechterhält,
sein Ziel noch erreichen zu können. In einem solchen Fall ist
vielmehr der Versuch erst beendet, wenn der Täter nicht mehr
mit einem Erfolg rechnet und deshalb die drohende Haltung aufgibt. Was den Rücktritt vom nicht beendeten Versuch anbelangt,
so liegt Unfreiwilligkeit desselben dann vor, wenn der Täter
sich die Aussichtslosigkeit des Erfolgs mit der begonnenen Erpressungshandlung vorstellt und dies ihn veranlaßt, von seinem
Plan Abstand zu nehmen, insofern Freiwilligkeit des Rücktritts
vom Versuch nur dann gegeben sein kann, wenn die Möglichkeit
der Verwirklichung des verbrecherischen Planes an sich noch
weiterbesteht. Dies trifft auch dann zu, wenn die Vorstellung
von der wahrscheinlichen Festnahme und Bestrafung mitursächlich
gewesen wäre, weil die Angst vor späterer Bestrafung nur dann
den Rücktritt als freiwillig erscheinen läßt, wenn sie allein
den Täter zur Planaufgabe veranlaßt hat.[1] Aber auch dann dürfte
die Angst vor alsbaldiger Überführung und Ergreifung infolge
der Entdeckung nur dann Freiwilligkeit des Rücktritts begründen, wenn der Täter zwar "aus Besorgnis vor Entdeckung und Bestrafung", aber doch "aus rein inneren Gründen und kraft freier Willensentschließung von der weiteren Verfolgung seines verbrecherischen Vorhabens Abstand genommen hat".[2] Für die Teilnahme an der räuberischen Erpressung gelten die allgemeinen
Bestimmungen der §§ 25 ff. StGB. Zu bemerken ist nur, daß der
Teilnehmer, der von der Nötigung nichts weiß, nur nach dem einfachen Vermögensverbrechen, bei Wegnahme der Sache zur Aneignung,

---

[1]
BGH MDR 51, 369 f.

[2]
was voraussetzt, daß er die weitere Ausführung der versuchten
räuberischen Erpressung für möglich hielt und gleichwohl von
ihr absah, OLG Karlsruhe Beschl. NJW 78, 331 f.; siehe auch
OLG Hamburg NJW 53, 956 unter Hinweis auf RGSt 54, 326 und
RGSt 47, 78; siehe ferner RGSt 65, 149 und die näheren Ausführungen beim versuchten Raub.

also wegen Diebstahls, nach § 242 StGB zu bestrafen ist.[1] Zwischen § 255 StGB und vorsätzlicher Tötung (§§ 211, 212 StGB) ist Tateinheit möglich.[2] Ebenso zwischen § 255 StGB und § 249 StGB, wenn dasselbe Nötigungsmittel die Duldung der Wegnahme der Sache und die Herausgabe anderer Sachen erzwingt.[3] Sonst aber und für die Regel besteht zwischen § 255 StGB und § 249 StGB Gesetzeskonkurrenz, indem § 249 StGB das Delikt des § 255 StGB ausschließt,[4] jedoch nach herrschender Meinung im Schrifttum nur bei vis compulsiva und Drohung, da nach dieser Meinung vis absoluta bei § 255 StGB ebenso wie bei § 253 StGB ausscheidet.[5] Anderer Ansicht ist Lüderssen,[6] der auch für die Erpressung von einer Gleichbehandlung der vis absoluta mit der vis compulsiva ausgeht[7] und sich hierfür auf die von Stemmer[8] angeführten Beispiele beruft, die einerseits dahin gehen, daß der Bezogene auf den Wechselgläubiger einschlägt und verlangt, daß dieser die Wechselurkunde verbrenne, worauf der Gläubiger diesen Entschluß faßt und die Urkunde verbrennt, so daß sie nicht mehr geltend gemacht werden kann (vis compulsiva), andererseits dahin, daß der Bezogene mit unwiderstehlicher Gewalt die Hand des Gläubigers, in der dieser den Wechsel hält, ergreift und sie über eine offene Flamme führt, wobei der Wechsel verbrennt (vis absoluta). Es zeige sich an diesen Bei-

---

[1] LK 9.Aufl. Bd.2 (1974) § 255 Anm.6.

[2] RGSt 44, 344; Kohlrausch-Lange 43.Aufl.(1961) § 255 Anm.III; Dreher 35.Aufl.(1975) § 255 Anm.2; Schönke-Schröder 18.Aufl. (1976) Rdz.3 zu § 255 StGB.

[3] RGSt 55, 240 f.; BGHSt 7, 254, NJW 55, 878; BGH v.4.5.51 - 2 StR 133/51, LM (1952) Nr.17 zu § 73 StGB; BGH JZ 52, 240, LM (1952) Nr.17 zu § 73 StGB; Olshausen (J.v.) 11.Aufl.Bd.2 (1927) § 255 Anm.4; Frank (R.) 18.Aufl.(1931) § 253 Anm.VII 3; Dreher 35.Aufl.(1975) § 255 Anm.2; Dalcke-Fuhrmann-Schäfer 37.Aufl.(1961) Anm.zu § 255 StGB; Schönke-Schröder 18. Aufl.(1976) Rdz.3 zu § 255 StGB.

[4] RGSt 55, 240 f.

[5] vgl. BGH v.12.8.54 - 1 StR 387/54, zit.bei Herlan, MDR 55, 17; BGH NJW 70, 61; Dreher 35.Aufl.(1975) § 255 Anm.1.

[6] Lüderssen (Kl.) S.257 ff.

[7] Lüderssen (Kl.) S.267 & S.278.

[8] Stemmer (H.), Die Erpressung des § 253 StGB nach der Neufassung des Dritten Strafrechtsänderungsgesetzes von 1953, Diss. München 1955 S.44 f.

spielen, welche Ungerechtigkeit sich ergebe, wenn die vis absoluta aus den Druckmitteln der Erpressung ausgeschlossen werde. Es frägt sich aber, ob im zweiten Beispiel überhaupt eine vis absoluta anzunehmen ist oder eine Nötigung zur Duldung unter Verzicht des Genötigten auf Abwehr des von dem Täter vollzogenen Eingriffs, worin eine Vermögensdisposition zu sehen sein dürfte, sofern man für die Erpressung überhaupt eine solche verlangt und nicht vielmehr ein Verhalten des Genötigten genügen läßt, das dem Täter die Möglichkeit verschafft, selbst die schädigende Handlung, wie vorliegendenfalls durch zwangsweise Führung der Hand des Opfers, vorzunehmen. Darin wäre, da die Wechselurkunde eine Sache ist, Erpressung in Tateinheit mit Sachbeschädigung oder doch, falls eine Vermögensdisposition im genannten Sinne verneint werden wollte, Nötigung in Tateinheit mit Sachbeschädigung zu sehen. Bei der großen Schwierigkeit der praktischen Unterscheidung zwischen den Fällen des § 249 StGB und denen des § 255 StGB ist, wie schon ausgeführt, wahlweise Verurteilung nach den §§ 249 und 255 StGB zulässig.[1] Was das Verhältnis von vollendeter Erpressung zum vorausgegangenen versuchten Raub betrifft, so gilt hierfür der allgemeine Grundsatz, daß im Falle einer einheitlichen Handlung diejenigen Betätigungen, die lediglich Versuchshandlungen sind, in der Regel nicht zu bestrafen sind, wenn der Täter bis zur Vollendung geschritten ist.[2] Nach diesem Grundsatz ist der versuchte Raub durch die vollendete räuberische Erpressung als mitbestrafte Vortat abgegolten,[3] da der erstere durch letztere, wenn auch mit anderen Mitteln, nur fortgesetzt und bis zur Vollendung geführt wird, so daß ersterer auch im Strafgehalt von letzterer mitumfaßt wird. Beide Delikte sind nahe verwandt und richten sich gegen dieselben Rechtsgüter. Auch die Mittel der Einwirkung auf den fremden Willen sind dieselben. Nur durch das

---

[1] BGHSt 5, 281, NJW 54, 521, JZ 54, 363, LM (1957) Nr.3 zu § 255 StGB; Kohlrausch-Lange 43.Aufl.(1961) § 255 Anm.III; LK 9. Aufl.(1974) Rdz.4 zu § 255; Schönke-Schröder 18.Aufl.(1976) Rdz.3 zu § 255 StGB.

[2] BGHSt 10, 231, NJW 57, 1078.

[3] BGH NJW 67, 61.

Ziel und den Erfolg dieser Einwirkung unterscheiden sich die beiden Tatbestände. Der Umstand, daß der Täter nach dem unvorhergesehenen Fehlschlagen eines Mittels jeweils unmittelbar anschließend mit einem anderen Mittel seinen Tatentschluß zu verwirklichen gesucht hat, steht der Annahme einer natürlichen Handlungseinheit nicht entgegen.[1] Nicht mitumfaßt wäre der versuchte Raub von der vollendeten räuberischen Erpressung dann, wenn sich der versuchte Raub und die räuberische Erpressung auf verschiedene Gegenstände richten würden.[2] Nach dem obenerwähnten Grundsatz tritt auch versuchte räuberische Erpressung gegenüber dem vollendeten Raub zurück.[3] Fortsetzungszusammenhang ist bei Raub und räuberischer Erpressung ausgeschlossen, wenn sich die Taten gegen verschiedene Personen richten.[4] Tateinheit besteht zwischen § 255 StGB und § 125 StGB i.d.F. des Dritten Gesetzes zur Reform des Strafrechts (Demonstrationsnovelle) vom 20.5.1970[5] und zwischen § 255 StGB und § 223 ff. StGB wie auch zwischen § 255 StGB und § 239 a StGB i.d.F. des 12.Strafrechtsänderungsgesetzes vom 16.12.1971.[6] Zwischen Autostraßenraub und vollendetem Raub oder vollendeter räuberischer Erpressung besteht Tateinheit, da § 316 a StGB weder notwendig noch regelmässig voraussetzt, daß sich der zur Begehung eines Raubes oder einer räuberischen Erpressung begonnene Angriff bis zu deren Vollendung fortsetzt.[7] Zwischen Autostraßenraub und versuchtem Raub oder versuchter räuberischer Erpressung besteht dagegen Gesetzeseinheit.[8] Räuberische Erpressung kann bei früherer Verurteilung

---

[1] BGH NJW 67, 61 mit BGHSt 10, 130 f., NJW 57, 596; vgl.auch BGH v.6.7.56 - 5 StR 201/56, zit.in BGH NJW 67, 61.

[2] BGH NJW 67, 61.

[3] Schönke-Schröder 18.Aufl.(1976) Rdz.31 a zu § 253 StGB mit BGH NJW 67, 61.

[4] OLG Braunschweig HESt 2, 32, NdsRpfl 1948, 183 mit RG HRR 1937 Nr.981; BGH NJW 54, 483.

[5] BGBl I 505.

[6] BGBl I 1979.

[7] BGH NJW 63, 1414; vgl. BGHSt 14, 391, NJW 60, 1729; 15, 323 ff, MDR 61, 430; BGH NJW 69, 1679; BGH MDR 74, 1029.

[8] BGH MDR 74, 1030.

wegen Diebstahls Rückfall i.S. des § 48 StGB begründen, da zwischen Diebstahl und räuberischer Erpressung ein innerer kriminologisch faßbarer Zusammenhang besteht.[1]

---

[1] BGH GA 1978, 12 unter Hinweis auf BGH bei Dallinger MDR 71, 16 und BGH GA 1972, 78.

4.Kapitel

Räuberischer Diebstahl

§ 252 StGB i.d.F. vom 1.1.75 deckt sich wörtlich mit den Fassungen vom 25.8.53 und 1.9.69, so daß Rechtsprechung und Schrifttum zu den beiden früheren Fassungen auch für die Neufassung Gültigkeit besitzen. Die Bestimmung lautet: "Wer, bei einem Diebstahl auf frischer Tat betroffen, gegen eine Person Gewalt verübt oder Drohungen mit gegenwärtiger Gefahr für Leib oder Leben anwendet, um sich im Besitz des gestohlenen Gutes zu erhalten, ist gleich einem Räuber zu bestrafen". Der räuberische Diebstahl unterscheidet sich vom Raub dadurch, daß bei letzterem die Gewaltmittel dem Täter dazu dienen, die fremde Sache zu erlangen, bei ersterem aber der auf frischer Tat betroffene Täter dieselben anwendet, um sich das bereits Entwendete zu erhalten.[1] Das Wesen des räuberischen Diebstahls, der im Strafgesetzbuch-Entwurf von 1960[2] im Hinblick auf die getroffene Tatbestandserweiterung in § 247 daselbst als "Gewaltanwendung nach Diebstahl" bezeichnet wird, ist strittig. Die mitunter vertretene Auffassung,[3] die vereinzelt auch das Reichsgericht teilte,[4] das ursprünglich in solchen Fällen Raub annahm,[5] sieht darin einen verschärften Sonderfall des Diebstahls, also in der Anwendung der Gewaltmittel zur Sicherung und Erhaltung der durch den Diebstahl erlangten Beute lediglich ein Qualifikationsmoment, einen Strafschärfungs-

---

[1] RGSt 73, 344; Welzel (H.), Das Deutsche Strafrecht 11.Aufl. (1969) S.356; LK 9.Aufl. Bd.2 (1974) Rdz.3 zu § 252; Dreher 35.Aufl.(1975) § 252 Anm.1; Schönke-Schröder 18.Aufl.(1976) Rdz.1 zu § 252 StGB.

[2] StGBE 1960, BT-Drucksache 2150 S.48.

[3] Welzel (H.), Das Deutsche Strafrecht 11.Aufl.(1969) S.356; Jagusch in LK 8.Aufl.(1958) § 252 Anm.1; Frank (R.) 18.Aufl. (1931) § 252 Anm.II 1; Meyer-Allfeld, Strafgesetzbuch 7. Aufl.(1912) S.518 Fn.42; Olshausen (J.v.) 11.Aufl.(1927) § 252 Anm.1.

[4] RGSt 60, 380.

[5] vgl. Maurach (R.), Deutsches Strafrecht Bes.T. 5.Aufl.(1971) S.261.

grund. Demgegenüber betrachtet eine andere Auffassung, die insbesondere durch die neuere Rechtsprechung des Reichsgerichts[1] und nunmehr auch vom Bundesgerichtshof[2] anerkannt ist und auch im Schrifttum Anklang gefunden hat,[3] das Verbrechen des § 252 StGB als einen Sondertatbestand, der den Diebstahl und die Gewaltanwendung zu einem Sonderdelikt zusammengefaßt hat. Im letzteren Sinne spricht sich auch die Begründung zu § 247 StGBE 1960[4] aus. Diese Bestimmung sieht in dem räuberischen Diebstahl ein dem Raub ähnliches Verbrechen eigener Art, das in dem Entwurf wegen der Verwandtschaft zum Raub in denselben Titel wie dieser eingereiht ist. Aus den verschiedenen Auffassungen vom Wesenscharakter des räuberischen Diebstahls leitet sich die Folgerung her, daß im Falle der Annahme eines Sondertatbestandes der bisherige § 244 StGB auf den räuberischen Diebstahl keine Anwendung finden konnte, während bei Zugrundelegung einer erschwerten Form des Diebstahls die Anwendung des bisherigen § 244 StGB nicht zweifelhaft sein konnte. Diese Frage ist jetzt insofern bedeutungslos geworden, als die für Diebstahl und Raub bisher geltende Rückfallbestimmung in die Neufassung des Strafgesetzbuches vom 1.9.69 nicht mehr aufgenommen, sondern durch die den Rückfall generell regelnde Bestimmung des § 17 daselbst ersetzt wurde, die ihrerseits nach § 48 StGB i.d.F. vom 1.1.75 mit den Änderungen übernommen wurde, daß in Abs.1 Nr.1 der Begriff "einer vorsätzlichen Straftat" anstelle des bisherigen "eines Verbrechens oder vorsätzlichen Vergehens" und in Abs.1 Nr.2 der Begriff "eine vorsätzliche Straftat" anstelle des bisherigen "eine mit Freiheitsstrafe bedrohte vorsätzliche Straftat" getreten ist. Auch die Beantwortung der Frage, ob die pri-

---

[1] RGSt 66, 354; RG DJ 1938, 1189; RG DR 1940, 685.

[2] BGHSt 3, 77.

[3] Baldus in LK 9.Aufl. Bd.2 (1974) Rdz.12 zu § 252 StGB; Schönke-Schröder 18.Aufl.(1976) Rdz.1 zu § 252; Dalcke-Fuhrmann-Schäfer 37.Aufl.(1961) § 252 Anm.1; Dreher 35.Aufl.(1975) § 252 Anm.1; Mezger-Blei Bes.T. 9.Aufl.(1966) S.157; Maurach (R.), Deutsches Strafrecht Bes.T. 5.Aufl.(1969) S.261; Arndt GA 1954 S.269; Petters-Preisendanz 29.Aufl.(1975) § 252 Anm.1; a.A. Burkhardt (B.), Gewaltanwendung bei Vermögensdelikten mit Bagatellcharakter, JZ 73, 113.

[4] Begründung zu § 247 StGBE 1960 S.386.

vilegierten Diebstahlsfälle (Diebstahl geringwertiger Sachen, Haus- und Familiendiebstahl, Forstdiebstahl) unter § 252 StGB fallen, wird je nach der Auffassung vom Wesen des räuberischen Diebstahls verschieden ausfallen. Ausgehend von einem "raubähnlichen Sonderdeliktscharakter" des räuberischen Diebstahls[1] heben in gleicher Weise wie beim Raub die eine Privilegierung enthaltenden Qualifikationsmomente in den Fällen der §§ 247, 248 a StGB den Diebstahlscharakter nicht auf, so daß also § 252 StGB auch auf sie ebenso wie nach bisherigem Recht Anwendung findet.[2] In diesem Sinne hatte auch schon das Reichsgericht und der Bundesgerichtshof entschieden.[3] Ob die landesrechtlichen Forstdiebstähle - wie nach bisherigem Recht - als Diebstahl i.S. des § 252 StGB anzusehen sind, ist zweifelhaft, dürfte aber zu bejahen sein. Wenn die Begründung zu § 247 StGBE 1960 die Forstdiebstähle als bloße "Entwendungen" von der Anwendung des § 252 StGB ausnehmen will, so hat sich demgegenüber der Bundesrat im StGBE 1962 dahin ausgesprochen, daß auch die privilegierten Fälle als Vortat für § 252 StGB ausreichen müssen und daß daher nach den Worten "nach einem Diebstahl" die Worte "oder einer Entwendung" eingefügt werden sollen. Der Bundesrat bemerkt in der Begründung zu seinem Antrag mit Recht, daß es schwer einzusehen sei, daß jemand, der einem anderen eine Packung Zigaretten mit Gewalt wegnimmt, wegen Raubes bestraft wird, nicht aber wie ein Räuber bestraft werden soll, wenn er die Zigaretten zunächst entwendet und sie dann mit Gewalt gegen einen Verfolger verteidigt. Es erscheine daher nicht gerecht, beim räuberischen Diebstahl im Gegensatz zum Raub die Fälle der Entwendung auszuscheiden. Auch sei die Grenze zwischen dem Versuch eines Diebstahls oder einer Entwendung nicht stets

---

[1] Krey (V.) S.71; h.M. u.a.LK 9.Aufl. Bd.2(1974) Rdz.1 zu § 252 m.w.N.; a.A. z.B. Welzel (H.) 11.Aufl.(1969) S.356.

[2] BGHSt 3, 77, NJW 52, 1026; BGH NJW 68, 2387; OLG Köln MDR 67, 512; vgl. auch RGSt 6, 328; 13, 391; 66, 355; BGH bei Dallinger MDR 75, 543; Schönke-Schröder 18.Aufl.(1976) Rdz.3 zu § 252; Kohlrausch-Lange 43.Aufl.(1961) § 252 Anm.I; Mezger-Blei Bes.T. 9.Aufl.(1966) S.157; Lackner-Maassen 6.Aufl.(1970) § 252 Anm.2; Welzel (H.), Das Deutsche Strafrecht 11.Aufl. (1969) S.356; a.A. Maurach (R.), Deutsches Strafrecht Bes.T. 5.Aufl.(1971) S.261.

[3] vgl.auch StGBE 1960 Begründung zu § 247 S.385.

leicht zu bestimmen.[1] Im gleichen Sinne spricht sich auch der
Leipziger Kommentar aus,[2] da es nach dem Geist des § 252 StGB
nicht auf den Wert des Entwendeten oder auf die Beziehung zum
Geschädigten ankomme, sondern auf die gefährliche Rücksichts-
losigkeit des Täters bei der Verteidigung des Erbeuteten. Bei
Wegfall des Entwendungsbegriffes, der, abgesehen von § 248 a
StGB, in die Neufassung des Strafgesetzbuches vom 1.1.1975
nicht aufgenommen wurde, müssen die Forstdiebstähle als Diebstahl im technischen Sinne angesehen werden und als Vortat für
§ 252 StGB ausreichen. Der Raub sollte auch, da er wenigstens
nominell einen Diebstahl einschließt, bei sinnvoller Auslegung
des § 252 StGB ohne verbotene Analogie als Vortat genügen, zumal sonst unter Umständen die §§ 250 und 251 StGB unanwendbar
wären, wenn die qualifizierenden Tatbestandsmerkmale erst nach
der Wegnahme verwirklicht werden sollten.[3] In diesem Sinne hat
sich auch der BGH im Urteil vom 21.11.67[4] ausgesprochen und
Raub als Vortat eines Verbrechens nach § 252 StGB anerkannt. In
der Begründung wird unter anderem ausgeführt, daß zwar das Reichsgericht in einer früheren Entscheidung[5] § 252 StGB nicht für anwendbar gehalten habe, wenn die Vortat kein Diebstahl, sondern
ein Raub sei. Die Begründung nämlich, daß der Diebstahl im
Raub seine selbständige strafrechtliche Bedeutung verliere, so

---

[1] StGBE 1962 § 247 mit Begründung S.418.

[2] Bd.2 9.Aufl.(1974) § 252 Anm.2.

[3] OGHSt 2, 324; Weber (U.), Anm.zu Urt.des BGH vom 6.4.65 - 1
StR 73/65, JZ 65, 419; Schönke-Schröder 18.Aufl.(1976) Rdz.3
zu § 252 StGB; Dreher 35.Aufl.(1975) § 252 Anm.1 B; Maurach
(R.), Deutsches Strafrecht Bes.T. 5.Aufl.(1969) S.262; Pfeiffer-Maul-Schulte § 252 Anm.2; Petters-Preisendanz 29.Aufl.
(1975) § 252 Anm.2 a; Mezger-Blei, Strafrecht Bes.T. 9.Aufl.
(1966) S.156.

[4] BGHSt 21, 379, NJW 68, 260, MDR 68, 161; ebenso BGH v.28.2.
67 - 5 StR 17/67, zit. in BGHSt 21, 380.

[5] RG GA 48, 355.

daß zwischen beiden Gesetzeskonkurrenz bestehe, vermöge jedoch
nicht zu überzeugen. Denn auch gesetzlich konkurrierende Strafbestimmungen seien nicht stets ohne rechtliche Bedeutung. So
sei anerkannt, daß die Mindeststrafe der gesetzlich konkurrie-
renden milderen Norm nicht unterschritten werden darf.[1] Die
Rechtsprechung habe ferner keine Bedenken getragen, den § 252
StGB auf die Fälle des Mundraubes (§ 370 Abs.1 Nr.5 StGB a.F.)[2]
und der landesgesetzlichen Feldfrüchteentwendung anzuwenden,[3]
obwohl auch hier mit den §§ 242 ff. StGB Gesetzeseinheit besteht.
Lasse man diese privilegierten Diebstahlsformen als "Diebstahl"
i.S. des § 252 StGB gelten, so bestehe kein Grund, den Raub als
Vortat auszuschließen, wenn es sich bei ihm auch nicht um einen bloß qualifizierten Fall des Diebstahls, sondern um ein ei-
genständiges Delikt handelt. Denn dies ändere nichts daran, daß
in ihm der Tatbestand des Diebstahls enthalten ist. Die Auffassung, daß auch Raub Vortat des räuberischen Diebstahls sein
kann, werde denn auch im Schrifttum[4] und wurde im Jahre 1967 vom
5.Senat des Bundesgerichtshofes[5] vertreten.[6]
Der Täter muß nach § 252 StGB bei einem Diebstahl auf frischer
Tat betroffen werden. Der Diebstahl muß also im Zeitpunkt der
Gewaltanwendung vollendet sein, d.h. es müssen alle Tatbestandsmerkmale des Diebstahls verwirklicht sein. Es muß daher der Gewahrsam des bisherigen Inhabers beseitigt und die Sache derart
in die tatsächliche Verfügungsgewalt des Täters gelangt sein,
daß er den Gewahrsam ohne Behinderung durch den bisherigen Inhaber oder eine von diesem beauftragte Person ausüben kann und
letztere ohne Beseitigung der Verfügungsgewalt des Täters nicht
mehr über die Sache verfügen können.[7] Es erhellt dies aus der

[1] BGHSt 1, 155; ebenso RGSt 73, 150; OGHSt 1, 245.
[2] jetzt Diebstahl geringwertiger Sachen
[3] BGHSt 3, 77; BGH NJW 68, 2387; RGSt 6, 328; 13, 391; 66, 355.
[4] Schönke-Schröder 18.Aufl.(1976) § 252 Anm.3; Weber (U.), Anm.
zu Urt.des BGH v.6.4.65 - 1 StR 73/65, JZ 65, 419.
[5] BGH v.28.2.67 - 5 StR 17/67, zit. in BGHSt 21, 380.
[6] vgl. Niederschriften über die Sitzungen der Großen Strafrechtskommission Bd.6 S.92 f.
[7] BGHSt 66, 396; BGH Urt.v.20.9.60 - 5 StR 328/60; BGH Urt.v.21.
6.67 - 4 StR 475/66 bei Dallinger, MDR 67, 896; vgl.auch BGHSt
16, 273, MDR 62, 67; Hanseat.OLG Hamburg MDR 70, 1027; Hanseat.
OLG Hamburg MDR 60, 780; BGHSt 23, 25, MDR 70, 602.

Fassung des § 252 StGB.[1] Ob und wann dies der Fall ist, richtet
sich nach der Anschauung des täglichen Lebens.[2] Die Verkehrsauffassung weist im Regelfall einer Person, die eine Sache in einer Tasche ihrer Kleidung trägt, die ausschließliche Sachherrschaft zu. Der Annahme eines vollendeten Diebstahls steht die
Tatsache nicht entgegen, daß das Diebstahlsgut aus dem Gebäude,
in dem es verwahrt wurde, noch nicht entfernt worden ist, wie
z.B. in dem Falle, in dem der Täter, der noch im Hause des Eigentümers gestellt wurde, zwei Goldringe an seine Finger gesteckt hatte.[3] Die alsbaldige Entdeckung des Täters schafft nur
die Möglichkeit, ihm die Sache wieder abzunehmen. Dieselben Erwägungen gelten, wenn der Täter innerhalb fremder Räume leicht
bewegliche Gegenstände, wie insbesondere Geldscheine und Geldstücke, in seine Kleidung oder Aktentasche steckt.[4] Hier genügt
für die vollendete Wegnahme schon ein Ergreifen und Festhalten
der Sachen.[5] Dies trifft z.B. in dem durch Urteil des BGH vom
23.1.68[6] entschiedenen Fall zu. In diesem hatte der Angeklagte
das an einem Schriftenstand in einer Kirche angebrachte, zur
Aufnahme des jeweiligen für den Erwerb einer Schrift bestimmten
Geldbetrages vorgesehene Kästchen in diebischer Absicht erbro-
chen und war gerade dabei, das mit dem Kästchen auf den Boden gefallene Geld aufzusammeln, als er von der Mesnerin entdeckt wurde. Diese ging hinaus, um Hilfe zu holen. Der Angeklagte nahm
daraufhin das von ihm zusammengelesene Kleingeld an sich und
verließ die Kirche durch den hinteren Ausgang, wurde aber noch
auf dem Kirchengrund gestellt und gab das Geld sofort wieder
heraus. Der Bundesgerichtshof nahm vollendeten schweren Diebstahl
an und führte zur Begründung aus, daß bei leicht beweglichen
Sachen, wie Geldscheinen und Geldstücken, die Verkehrsauffassung,
auf die es wesentlich ankomme, für die vollendete Wegnahme regelmäßig nur ein Ergreifen und Festhalten der Sache verlange.

---

[1] "sich im Besitz des gestohlenen Gutes zu erhalten".
[2] BGHSt 16, 273, MDR 62, 67, JZ 62, 637; BGH v.21.6.67 - 4 StR
475/66, zit.bei Dallinger, MDR 67, 896; BGH v.4.2.69 - 5 StR
711/68, zit.bei Dallinger, MDR 69, 359; BGHSt 23, 255, MDR 70,
602; BGH JZ 75, 608, MDR 75, 590.
[3] BGHSt 23, 255, MDR 70, 602, JZ 70, 658 mit BGH v.20.9.60 - 5
StR 328/60.
[4] BGHSt 23, 255 mit BGH v.26.5.64 - 1 StR 108/64.
[5] BGHSt 23, 255 mit BGH GA 1969, 91; Anm.Fezer zu Urt.d.BGH v.27.
2.75, JZ 75, 609; Gössel (K.H.), Über die Vollendung des Diebstahls, ZStW 85 (1973), 561, 640 ff.
[6] BGH bei Dallinger, MDR 69, 359.

- 541 -

Da der Diebstahl tatbestandlich vollendet war, könne bei der nachfolgenden Gewaltanwendung nur räuberischer Diebstahl und nicht Raub in Frage kommen. Auch der Umstand, daß der Täter vom Gewahrsamsinhaber bei Ausführung der Tat beobachtet worden ist, schließt die Vollendung des Diebstahls nicht aus.[1] Die Wegnahme eines geparkten Kraftfahrzeuges, an dem der Berechtigte den Gewahrsam behält, wenn er das Fahrzeug verläßt, wird dann vollendet, wenn es dem Täter gelingt, den Wagen in Gang zu setzen und ihn mit dem Wegfahren der Einwirkungsmöglichkeit des bisherigen Gewahrsamsinhabers zu entziehen.[2] Dabei kann es nicht darauf ankommen, wie weit der Täter mit dem Fahrzeug kommt, wenn er nur trotz der etwa getroffenen Vorkehrungen des Gewahrsamsinhabers gegen eine Wegnahme und nach seinen eigenen Fahrfähigkeiten die Möglichkeit hat, das in Gang gesetzte Fahrzeug alsbald in den fließenden Verkehr zu bringen. Dies trifft auch schon bei einem Auffahrunfall nach zehn Meter Fahrt zu. Denn schon dann ist unter Berücksichtigung der besonderen Eigenschaften solchen Stehlgutes, nämlich der Motorkraft und der Möglichkeit der schnellen Fortbewegung, in aller Regel eine Einwirkungsmöglichkeit des bisherigen Gewahrsamsinhabers praktisch aufgehoben und die Sachherrschaft des Täters in vollem Umfang hergestellt. Anders kann es je nach Sachlage in seltenen Ausnahmefällen nur sein, wenn etwa der bisherige Gewahrsamsinhaber oder eine andere für ihn tätig werdende Person in dem Augenblick, in dem der Täter gerade im Begriff ist anzufahren, hinzukommt und infolge der Verkehrslage den Täter alsbald zum Halten bringen kann. Ein solcher Ausnahmefall liegt der Entscheidung des Bundesgerichtshofs vom 9.5.72[3] zugrunde, wo es dem Kraftfahrzeuginhaber, der bei dem Anfahren des Wagens sich schon beim Fahrzeug befand, gelang, den Täter beim Steuern zu behindern und schließlich das Auto zum Halten zu bringen. Er verfügte noch über tatsächliche Einwirkungsmöglichkeiten, so daß der

---

[1] vgl. Anm.Fezer zu Urt.d.BGH v.27.2.75, JZ 75, 609 unter Hinweis auf BGHSt 16, 277; BGH NJW 68, 2386 f.; Geilen, JZ 63, 449; LK § 252 Rdz.5.

[2] BGHSt 18, 69, MDR 63, 325.

[3] 2 StR 116/72, zit.bei Dallinger, MDR 72, 752.

Diebstahl zur Zeit der Gewaltanwendung noch nicht vollendet war. Der Täter wurde daher des schweren Diebstahls für schuldig erklärt. Keine Vollendung des Diebstahls wurde in dem Fall angenommen, in welchem der Täter in eine Wohnung eingedrungen war und in Anwesenheit des zunächst schlafenden, nach seinem Erwachen aber sofort zur Verteidigung seines Besitzes entschlossenen Wohnungsinhabers Sachen an sich genommen hatte. Im Urteil des Bundesgerichtshofs vom 2.4.63[1] war die Auffassung geäußert worden, daß der Diebstahl nicht vollendet sei, solange sich der Dieb noch in der Wohnung befinde. In einer späteren Entscheidung[2] ließ der BGH aber offen, ob dieser im Schrifttum nach Ansicht Dallingers mit Recht nicht unwidersprochen gebliebenen Rechtsauffassung[3] für alle denkbaren Fälle beizutreten sein würde.

Unstreitig ist, daß der Diebstahl nach der Fassung des § 252 StGB i.S. der vorausgehenden Ausführungen vollendet sein muß, strittig ist aber, ob derselbe auch beendet, d.h. ob der ganze Tathergang, das tatsächliche Geschehen, zum Abschluß gekommen sein muß. Nach der fast einhelligen Meinung in Rechtsprechung und Schrifttum entscheidet über die Abgrenzung des räuberischen Diebstahls vom Raub der Zeitpunkt der Vollendung, nicht derjenige der tatsächlichen Beendigung des Diebstahlhergangs.[4] Eine gegenteilige Auffassung vertritt Dreher,[5] der sich hierfür auf die Entscheidung des Bundesgerichtshofes vom 6.4.65[6] beruft. Gegen Dreher wandte sich vor allem Dallinger,[7] der i.S. der herrschenden Meinung darauf abstellt, ob die Gewalt oder die Drohung vor der Verwirklichung aller Tatbestandsmerkmale des § 242 StGB oder erst nachher ausgeübt wird. Im ersteren Falle liege Raub, im letzteren Falle räuberischer Diebstahl vor. Auch Weber[8] lehnt die Auffassung Drehers mit der Begründung ab, daß

[1] JR 63, 467.
[2] BGH bei Dallinger MDR 67, 897; vgl. dazu Dallinger MDR 69, 359.
[3] Geilen (G.), Wegnahmebegriff und Diebstahlsvollendung, JR 63, 447.
[4] RGSt 73, 346; BGHSt 9, 256; 16, 277; 26, 95, NJW 75, 1176, MDR 75, 590; BGH v. 21.6.67 - 4 StR 475/66 bei Dallinger MDR 67, 896; BGH v. 12.9.67 - 1 StR 356/67 bei Dallinger MDR 69, 359 f.; BGH v. 9.5.72 - 2 StR 116/72 bei Dallinger MDR 72, 752; LK 9. Aufl.(1974) Rdz.5 zu § 252; Welzel (H.), Das deutsche Strafrecht 11.Aufl.(1969) S.356; Schönke-Schröder 18.Aufl.(1976) Rdz.3 zu § 252; Lackner-Maassen 4.Aufl.(1967) § 252 Anm.2; Maurach (R.), Deutsches Strafrecht, Bes.T., 5.Aufl.(1971) S.262; Weber (U.), Anm.zu BGHSt 20, 194, JZ 65, 419.

nach ihr § 252 StGB in weitem Umfang zu praktischer Bedeutungslosigkeit verurteilt würde, insofern das hauptsächliche und dogmatisch umstrittene Anwendungsfeld dieser Bestimmung gerade bei
den Fällen vollendeter, aber nicht beendeter Wegnahme liege.
Neuerdings hat auch der BGH im Urteil vom 27.2.75[1] der herrschenden Meinung entsprechend sich erneut für die tatbestandsmäßige Vollendung und nicht für die tatsächliche Beendigung des
Diebstahlhergangs als Vorteil für § 252 StGB ausgesprochen und
die Berufung Drehers für seine Auffassung auf das Urteil des BGH
vom 6.4.65 als "zu Unrecht" und dasselbe damit als nicht beweis-
kräftig bezeichnet. Diesem Urteil lag ein Sachverhalt zugrunde,
nach dem die diebische Wegnahme in Zueignungsabsicht noch gar
nicht abgeschlossen war, vielmehr sich noch im Stadium der Wei-
terwirkung der zur Vollendung des Diebstahls erforderlichen,
zwar begonnenen, aber noch nicht abgeschlossenen Zueignungsabsicht befand, um die erlangte Herrschaft an der Sache zur Verwirklichung der Zueignungsabsicht zu festigen und zu sichern.
Der Umstand, daß der vom Täter begründete eigene Gewahrsam noch
nicht gefestigt, d.h. endgültig gesichert, ist, steht aber der
Vollendung des Diebstahls nicht entgegen, wie das Merkmal "auf
frischer Tat betroffen" in § 252 StGB beweist.[2]
Nach der in Rechtsprechung und Schrifttum bisher herrschenden
Auffassung wird ein Dieb auf frischer Tat betroffen, wenn er
alsbald nach der Vollendung der Tat am Tatort oder in dessen
Nähe von einer anderen Person wahrgenommen oder bemerkt wird.[3]
Bemerkt zu werden brauchte nicht die Person des Diebes als äus-
seres Erscheinungsbild, sondern nur seine Gegenwart. Es war da-
her nicht erforderlich, daß der Dieb gesehen wurde, vielmehr

5 Dreher 35.Aufl.(1975) § 252 Anm.1 B; ders., Die Malaise mit
6 § 252 StGB, MDR 76, 529 ff.
7 BGHSt 20, 194, MDR 65, 498, JZ 65, 41.
8 Dallinger MDR 67,897.
  Weber (U.), Anm.zu BGHSt 20, 194, JZ 65, 419 Anm.2.

1 BGHSt 26, 95, NJW 75, 1176, MDR 75, 590.
2 BGHSt 20, 196 und die dort zitierte Rechtsprechung; BGH JZ
3 75, 608 mit Hinweis auf BGHSt 23, 255, JZ 70, 658 m.w.Nachw.
  RGSt 73, 346; BGHSt 9, 257, NJW 56, 1487; BGHSt 16, 277, NJW
  61, 2266; BGH JZ 51, 376, LM (1953) Nr.1 zu § 252 StGB; BGH
  GA 1968, 304; BGH NJW 58, 1547, MDR 58, 856, LM (1959) Nr.6
  zu § 252 StGB m.Anm.Kohlhaas; OGH Urt.v.17.11.76 - 11 Os 151/
  76; Bach (G.), Zur Problematik des räuberischen Diebstahls,
  MDR 57, 402; Schönke-Schröder 18.Aufl.(1976) Rdz.4 zu § 252;
  a.A. Bindokat (H.), Anm.zu BGH NJW 56, 1487, NJW 56, 1686 f.

konnte seine Anwesenheit auch durch andere Sinnesorgane wahrgenommen werden, wie wenn er ein Geräusch verursachte[1] oder sogar wenn ein ihn wahrnehmender Hund anschlug.[2] Ein "Überra-
schen" war nicht erforderlich.[3] Gleichgültig war auch, ob die
Wahrnehmung aus einiger Entfernung oder aus nächster Nähe erfolgte. Daraus ergab sich, daß nicht nur ein Dritter, sondern
auch der Gewahrsamsinhaber, der der Tat von Anfang an beige-
wohnt hatte und dem sogar die Sache aus seinen Händen oder seinem Anzug weggenommen wurde, selbst den Täter auf frischer Tat
betreffen konnte, auch wenn er die Wegnahmehandlung von Anfang
an bemerkt hatte, insbesondere, weil sie unmittelbar, wenn auch
gewaltlos, gegen seinen Körper begangen wurde.[4] Es wäre auch
unverständlich gewesen, wenn gerade derjenige, dessen Recht
verletzt wurde, gegen den Rechtsbrecher weniger als ein Unbe-
teiligter geschützt gewesen wäre. Es war auch kein Grund ersichtlich, die Anwendung des § 252 StGB auf den Fall zu beschränken, daß der Bestohlene die Tat erst nach ihrem Beginn
oder gar erst nach ihrer Vollendung wahrnahm. Für die Anwendung
jener Vorschrift war vielmehr entscheidend, daß der Dieb die
Gewalt oder Drohung erst nach Vollendung des Diebstahls und im
zeitlichen Zusammenhang mit diesem anwandte, um sich im Besitz
des gestohlenen Gutes zu erhalten.[5] Die Entscheidung des Bundesgerichtshofs vom 8.6.56[6] stand dem nicht entgegen. Wenn darin
gesagt war, daß die Vollendung des Diebstahls durch den Täter
gerade Voraussetzung für die Anwendung des § 252 StGB sei, so
sollte darin lediglich zum Ausdruck gebracht werden, daß Gewalt oder Drohung erst nach Vollendung des Diebstahls angewandt
worden sein müsse, wenn die Voraussetzungen des § 252 StGB er-

[1] BGH JZ 51, 376; LK 9.Aufl., Bd.2(1974) Rdz.7 zu § 252.
[2] Dalcke-Fuhrmann-Schäfer 37.Aufl.(1961) § 252 Anm.2 mit BGH
DRspr.III, 331 Bl.1002 b.
[3] RGSt 73, 346; BGH NJW 58, 1547; OLG Hamm HESt 2, 24; LK 9.
Aufl., Bd.2 (1974) Rdz.7 zu § 252; Schönke-Schröder 18.Aufl.
(1976) Rdz.4 zu § 252.
[4] BGH NJW 58, 1547.
[5] BGH NJW 58, 1547; RGSt 73, 345 f. mit Anm.Kohlrausch, ZAkDR
1940, 16; OGH Urt.v.17.11.76, 11 Os 151/76.
[6] BGHSt 9, 255, NJW 56, 1487, MDR 56,690 mit Anm.Salger, LM
(1958) Nr.5 zu § 252 StGB mit Anm.Werner.

füllt sein sollen. Dagegen habe diese Entscheidung nicht ausgesprochen, daß auch die Wahrnehmung der Tat erst nach ihrer
Vollendung erfolgt sein müsse. Dies ergebe sich auch eindeutig
durch die Bezugnahme auf das Urteil des Reichsgerichts in RGSt
73, 345, in welchem das Reichsgericht die oben wiedergegebene
Auffassung vertreten habe. Das "Betroffenwerden" mußte auf
frischer Tat geschehen. Wie das Reichsgericht in der erwähnten
Entscheidung vom 13.10.39[1] unter Bezugnahme auf die Begründung
zum Entwurf des Strafgesetzbuches für den Norddeutschen Bund
darlegte, wird die Gewalt, die ein Täter i.S. dieser Vorschrift
anwendet, deshalb als eine "räuberische" bezeichnet und der Täter wegen räuberischen Diebstahls bestraft, weil die Annahme
naheliegt, daß derjenige, der zur Erhaltung des eben Entwendeten, zur Erreichung seines Enderfolges, in bestimmter Weise ge-
walttätig ist, dieselbe Gewalt angewandt hätte, um die Wegnahme zu vollenden, wenn er an deren Durchführung verhindert worden wäre.[2] Diese Gleichstellung des Diebes mit dem Räuber wurde allerdings auf den Fall beschränkt, daß der Dieb "auf frischer Tat" betroffen wurde, da nur dann die genannten Gründe
zutreffen. Denn nur dann, wenn bei einem Diebstahl zeitlich
alsbald nach der Wegnahme Gewalt gegen eine Person angewandt
wird, um sich den gerade begründeten Gewahrsam an der fremden
Sache zu erhalten, steht der Unrechtsgehalt solchen Diebstahls
einem Raub gleich, bei dem schon der Bruch fremden und die Begründung neuen eigenen Gewahrsams mit Gewalt gegen die Person
begangen wird.[3] Das Merkmal des "Betroffenwerdens auf frischer
Tat" bedeutete einen Umstand, der das Gebiet, in dem jene Annahme zulässig ist, im wesentlichen zeitlich begrenzen sollte. Er
war für die Bedeutung des Verbrecherwillens des Räubers wesentlich, ohne daß es darauf ankommt, von wem und unter welchen Gegebenheiten er verwirklicht wird. Nicht nur zeitlich, sondern
auch örtlich war das "Betroffenwerden auf frischer Tat" be-

---

[1] RGSt 73, 345.
[2] OLG Celle HESt 1, 16.
[3] BGHSt 9, 163, NJW 56, 1165, MDR 56, 562, JZ 56, 539, krit.
Anm.Kohlhaas in LM (1958) Nr.4 zu § 252 StGB.

grenzt. Der Dieb wurde nicht nur auf frischer Tat betroffen,
wenn er am Tatort selbst, sondern auch dann, wenn er in unmittelbarer Nähe desselben bei oder unmittelbar nach der Tatausführung, solange er den Enderfolg, d.h. den gesicherten Erfolg,
noch nicht erreicht hatte, wahrgenommen wurde.[1] Damit hatte der
Bundesgerichtshof die im früheren Schrifttum[2] und hernach von
Bindokat[3] vertretene Auffassung, daß auf frischer Tat betroffen
nur der Dieb ist, der noch am Tatort wahrgenommen wurde, abgelehnt.[4] Dieser Rechtsprechung des Bundesgerichtshofes hatte
sich auch das Schrifttum im wesentlichen angeschlossen.[5] Auch
die Formulierung des Reichsgerichts, daß eine Verfolgung auf
frischer Tat dann vorliege, wenn die Tat unmittelbar nach ihrer Vollendung entdeckt und auf Grund der hierbei gemachten,
auf den Täter hinweisenden Wahrnehmungen die Verfolgung unverzüglich begonnen werde,[6] hatte der Bundesgerichtshof nicht
übernommen. Nach ihm sollte nicht entscheidend sein, daß der
Täter entdeckt oder überrascht worden ist, vielmehr sollte es
genügen, daß der Täter als solcher wahrgenommen oder bemerkt
werde.[7] Zu einer Änderung seiner bisherigen Auffassung über
das Merkmal des "Betroffenwerdens auf frischer Tat" i.S. des
§ 252 StGB kam der Bundesgerichtshof im Urteil vom 27.2.75,[8]
dem folgender Sachverhalt zugrunde lag: Der Angeklagte war in
diebischer Absicht in die Wohnung der Frau C eingedrungen,
während diese abwesend war. Er hatte Schmuck, einen Fotoappa-
rat und Scheckformulare in eine mitgebrachte Aktentasche ge-
packt. In dieser Tasche hatte er auch einen Holzknüppel mitge-
bracht, den er nach eigener Einräumung als Pannenhilfe stets

---

[1] BGHSt 9, 257, NJW 56, 1487, MDR 56, 690.
[2] vgl.Bindokat (H.), Anm.zu BGHSt 9, 255, NJW 56, 1687.
[3] Bindokat (H.), Anm.zu BGHSt 9, 255, NJW 56, 1687.
[4] BGHSt 9, 257.
[5] LK 9.Aufl.(1974) Rdz.8 zu § 252 StGB; Schönke-Schröder 18.
Aufl.(1976) Rdz.4 zu § 252 StGB; Dalcke-Fuhrmann-Schäfer 37.
Aufl.(1961) § 252 Anm.2; a.A. Dreher 35.Aufl.(1975) § 252
Anm.1 C, der sich Bindokat anschließt.
[6] RGSt 58, 226; 59, 50.
[7] BGH NJW 58, 1547 unter Hinweis auf BGH JZ 51, 376; OLG Hamm
HESt 2, 24.
[8] NJW 75, 1176 f., MDR 75, 590 f., JZ 75, 608 f.

bei sich führte. Als er im Begriff war, die Wohnung zu verlassen, hörte er, wie die Wohnungstüre aufgeschlossen wurde. Er versteckte sich hinter einer Zimmertüre und nahm den Knüppel in die Hand. Als Frau C das Zimmer betrat, versetzte er ihr mit dem Knüppel mehrere Schläge auf den Kopf, bis sie zu Boden ging. Dann verließ er fluchtartig die Wohnung. Die Verurteilung wegen räuberischen Diebstahls in Tateinheit mit gefährlicher Körperverletzung wurde vom Bundesgerichtshof bestätigt. In seiner Begründung führte der BGH aus, daß das Merkmal des "Betroffenwerdens auf frischer Tat" erfüllt sei, obwohl nicht feststehe, daß Frau C den Angeklagten gesehen oder sonstwie bemerkt habe, bevor dieser sie niederschlug. Das Merkmal des "Betreffens auf frischer Tat" diene nur dazu, "die Voraussetzungen, unter denen ein Dieb einem Räuber gleichzustellen ist, zeitlich und örtlich einzugrenzen (vgl. RGSt 73, 343, 345; BGHSt 9, 255 = MDR 1956, 690; BGH, NJW 1968, 2386; vgl. dazu auch Bindokat, NJW 1956, 1686)". Keineswegs gehöre zum "Betroffensein auf frischer Tat" unter allen Umständen ein Wahrnehmen, vielmehr bedeuteten diese Worte "in dem gegebenen Zusammenhang nicht mehr als das bewußte oder unbewußte, geplante oder zufällige, raumzeitliche Zusammentreffen einer Person mit dem Dieb alsbald nach der Vollendung des Diebstahls". Jemand könne also im reinen Wortsinne einen Dieb betreffen, ohne daß ihm dessen Anwesenheit bewußt werde. Zu diesem Urteil nimmt Fezer kritisch Stellung.[1] Einmal bezeichnet er die Wortauslegung von "betreffen" als fragwürdig. Sodann erklärt er die historischen Ausführungen für einseitig. Zwar stimmt er dem Ergebnis des Bundesgerichtshofs zu, lehnt aber die Relativierung des Merkmals "betreffen" in allgemeinen Ausführungen ab. Auch befürchtet er eine Einebnung des Unterschiedes zwischen § 249 und § 252 StGB und ist der Meinung, daß daher Anlaß bestehe, den § 247 StGBE 1962, der das "Betroffensein" beibehalten hat, zu überdenken und legt daher nahe, de lege ferenda auf dieses Tatbestandsmerkmal zu verzichten. Das Ergebnis ist jedenfalls unter den Umständen des

---

[1] Fezer (G.), Anm.zu Urt.des BGH v.27.2.75, JZ 75, 609 ff.

gegebenen Sachverhalts als gerechtfertigt anzusehen, insofern eine Bestrafung wegen Körperverletzung dem Unrechtsgehalt der Tat und dem Rechtsempfinden in keiner Weise gerecht würde. Eine Verfolgungsabsicht, insbesondere das Bestreben, dem Täter die erlangte Beute wieder abzunehmen, ist nicht erforderlich.[1] Unter der Voraussetzung eines engen örtlichen und zeitlichen Zusammenhanges mit dem Diebstahl genügt es, daß Gewalt oder Drohungen gegen den Verfolger erst bei der sich anschließenden Verfolgung vorgenommen werden.[2] Der Tatbestand des § 247 StGBE 1960 bezieht sich im Gegensatz zum geltenden Recht nicht nur auf den auf frischer Tat betroffenen, sondern auch auf den auf frischer Tat verfolgten Täter. Damit wird Übereinstimmung zu § 127 StPO hergestellt und eine Streitfrage des geltenden Rechts im Sinne der höchstrichterlichen Rechtsprechung geklärt.[3] Die Zwangsmittel der Gewaltanwendung oder Drohung können solange ausgeübt werden, bis der Dieb den Enderfolg, den gesicherten Besitz an der Beute, erreicht hat.[4] Der BGH läßt die letztere Frage offen,[5] gibt jedoch zu erkennen, daß auch diese Frage im Sinne der Ausführungen des OLG Celle[6] und des OLG Hamm[7] entschieden werden möchte. Fraglich ist, ob bei längerer Verfolgung der vom Bundesgerichtshof[8] geforderte enge zeitliche Zusammenhang mit der Tat und enge örtliche Zusammenhang mit dem Tatort noch angenommen werden kann. Dies trifft aber nicht zu, wenn sich der Dieb schon erheblich weit vom Tatort entfernt hat und erst bei der Flucht zufällig oder auf Verfolgung hin wahrgenommen wird, mag er auch die Tat erst kurz zuvor verübt haben.[9] In diesem Falle ist die Gewaltanwendung gegen den Verfol-

---

[1] BGH MDR 56, 690 mit Anm.Salger MDR 56, 690 f.; OLG Hamm HESt 2, 24.

[2] RGSt 60, 68 f.; BGH NJW 52, 1026; BGHSt 9, 257; BGH GA 1962, 145; OLG Celle HESt 1, 16; OLG Oldenburg HESt 2, 313, NdsRpfl 1949, 183; LK 9.Aufl., Bd.2 (1974) Rdz.8 zu § 252; Dreher 35. Aufl.(1975) § 252 Anm.1 C.

[3] StGBE 1960 Begründung zu § 247 S.386.

[4] OLG Celle HESt 1, 16.

[5] BGHSt 9, 257.

[6] OLG Celle HESt 1, 16.

[7] OLG Hamm HESt 2, 24.

[8] BGHSt 9, 257.

[9] Schönke-Schröder 18.Aufl.(1976) Rdz.4 zu § 252; Dalcke-Fuhrmann-Schäfer 37.Aufl.(1961) § 252 Anm.2; Mezger-Blei Bes.T. 9.Aufl.(1966) S.158.

ger eine selbständige Handlung, z.B. Nötigung oder Körperverletzung.[1] Manche Schriftsteller freilich halten auch eine
Wahrnehmung bei der Nacheile, wo der Täter nach Entdeckung
des Diebstahls erst auf der Flucht wahrgenommen wird und er
dann die Zwangsmittel der Gewalt oder Drohung gegen seine
Verfolger anwendet, stets für ausreichend.[2] Der Dieb muß gegen eine Person Gewalt verüben oder Drohungen mit gegenwärtiger Gefahr für Leib oder Leben anwenden. Der Begriff der "Gewalt" sowie der der "Drohungen mit gegenwärtiger Gefahr für
Leib oder Leben" sind dieselben wie beim Raub.[3] Auf die früheren Ausführungen kann daher im allgemeinen Bezug genommen werden. Es soll nur nochmals darauf hingewiesen werden, daß auch
im Falle des § 252 StGB unter der Gewalt gegen eine Person
sowohl die vis absoluta als die vis compulsiva zur Überwindung eines bestehenden oder mit Sicherheit erwarteten Widerstandes, z.B. durch Abgabe von Schreckschüssen,[4] auch mit einer Gaspistole, die als Waffe i.S. des § 250 Abs.1 Nr.1 StGB
anzusehen ist, zu verstehen ist und daß Gewalt gegen eine Person jede durch körperliche Handlung in Bewegung gesetzte Einwirkung auf den Körper eines anderen bedeutet, die von demselben als körperlicher, nicht nur psychischer Zwang empfunden,
oder richtiger gesagt, als solcher spürbar wird. Daß das Opfer
die Einwirkung als Zwang empfindet, ist nicht erforderlich,
z.B. bei sofortiger Bewußtlosigkeit des Opfers. Die Anwendung
eines betäubenden Mittels ist auch im Falle des § 252 StGB als
Gewalt anzusehen. Ergänzend ist zu bemerken, daß auch die Gewaltanwendung i.S. des § 252 StGB nicht unmittelbar auf die
Person einzuwirken braucht. Es genügt, wenn sie dieselbe mittel-

---

[1] Schönke-Schröder 18.Aufl.(1976) Rdz.4 zu § 252; LK 9.Aufl.
(1974) Rdz.8 zu § 252.
[2] LK 8.Aufl.(1958) § 252 Anm.3; Welzel (H.), Das deutsche Strafrecht 11.Aufl.(1969) S.356; a.A. LK 9.Aufl.(1974) Rdz.8 zu
§ 252; Schönke-Schröder 18.Aufl.(1976) Rdz.4 zu § 252; Dalcke-
Fuhrmann-Schäfer 37.Aufl.(1961) § 252 Anm.2; Mezger-Blei Bes.
T. 9.Aufl.(1966) S.158.
[3] RGSt 64, 115 f.; 66, 355; 73, 344; BGHSt 1, 146 ff.; 6, 340;
8, 103; 16, 343; 18, 330 f.
[4] RGSt 60, 158; 66, 355 f.; BGHSt 1, 146 ff.

bar trifft. Sie kann auch durch mechanische Mittel verstärkt
werden. Auch kann sie durch Freiheitsberaubung mittels Ein-
schließens ausgeübt werden.[1] Auch bei dem Zuhalten einer Türe
zu dem Zweck, Verfolger fernzuhalten, ist Gewalt gegeben.[2] Die
Gewalt braucht nicht unwiderstehlich zu sein. Es ist auch unerheblich, ob sich der Verfolger der Gewalt hätte entziehen
können oder dieselbe hätte überwinden können.[3] Ist zwar nicht
der Diebstahl, wohl aber die Gewaltanwendung gegen den Verfolger mit Beisichführen einer Waffe verübt worden, so greift
§ 252 StGB i.Verb. mit § 250 Abs.1 Nr.1 StGB ein.[4] Was die
Drohung mit gegenwärtiger Gefahr für Leib oder Leben[5] anbelangt,
so braucht die Drohung ebensowenig wie die Gewalt am Tatort angewandt zu werden. Es genügt, wenn der am Tatort wahrgenommene
Dieb diese bei der Verfolgung gegen den Verfolger ausspricht,
also den Vorsatz hierzu erst hierbei faßt.[6] Drohungen leichterer Art als mit gegenwärtiger Gefahr für Leib oder Leben sind
bedeutungslos. Die Drohung braucht nicht unwiderstehlich zu
sein. Ihre Ausführung muß geeignet sein, eine, wenn auch nur
vorübergehende, Beeinträchtigung der leiblichen Unversehrtheit
oder Gesundheit zu bewirken. Doch genügt, wie schon erwähnt,
die Ankündigung eines unerheblichen Eingriffs in die körperliche Integrität des Verfolgers nicht.[7] Ob die Drohung ernst gemeint oder überhaupt ausführbar war, z.B. Vortäuschung einer
Waffe mit umgedrehtem Tabakspfeifenkopf, ist unerheblich.[8] Dies
trifft auch dann zu, wenn der Täter lediglich in der Absicht,
seinen Verfolger abzuschütteln, auf denselben mit einer mit
Gaspatronen geladenen Gaspistole aus einer Entfernung, die
nicht mehr in den Wirkungsbereich der Pistole fällt, schießt.[9]

[1] RGSt 27, 406.
[2] OLG München MDR 50, 627, JR 51, 88; Dreher 35.Aufl.(1975)
§ 252 Anm.2; a.A. Kohlrausch-Lange 43.Aufl.(1961) § 252 Anm.
IV, die darin nur eine unerhebliche Gewalt gegen eine Sache
sehen.
[3] RGSt 13, 51; Schönke-Schröder 18.Aufl.(1976) Rdz.14 zu Vorbem.
zu §§ 234 ff.StGB.
[4] RGSt 71, 68.
[5] siehe OLG Celle NdsRpfl 1948, 120; RGSt 72, 230 f.
[6] OLG Oldenburg HESt 2, 312 f.; OLG München MDR 50, 627; BGHSt
3, 78; BGH GA 1962, 145.
[7] RGSt 72, 231.
[8] OLG Hamburg NJW 48, 699.
[9] BGH GA 1962, 145.

Es genügt die Annahme des Drohenden, daß der Bedrohte sie für ernst gemeint halten könne.[1] Die Ankündigung eines nur mit Hilfe übersinnlicher Kräfte zu begehenden Verbrechens ist nicht genügend.[2] Obwohl eine Drohung nicht wörtlich ausführbar sein kann, so kann sie aber ihrem Kern nach als ernsthafte Ankündigung eines Verbrechens gegen Leib oder Leben erscheinen, z.B. die Drohung, jemand so zu schlagen, "daß er seine Knochen einzeln nach Hause tragen müsse". Freilich kann es sich dabei auch um eine nicht ernstgemeinte Übertreibung handeln. Der Dieb kann sich des Verbrechens des § 252 StGB nicht nur dadurch schuldig machen, daß er in der Absicht, das Entwendete sich zu erhalten, die Zwangsmittel der Gewalt oder Drohung gegen den bisherigen Eigentümer oder Gewahrsamsinhaber anwendet, sondern auch dadurch, daß er sie gegen jemand gebraucht, der das Beutegut zugunsten des Berechtigten schützen will.[3] Darüberhinaus gilt das Gesagte in gleicher Weise, wenn der Dieb die Zwangsmittel gegen irgendeinen beliebigen Dritten gebraucht, der ihm den Gewahrsam gar nicht streitig machen will, sondern z.B. rein zufällig die Diebstahlstat wahrgenommen hat, von dem der Dieb aber irrtümlicherweise annimmt, er wolle ihm den eben erlangten Gewahrsam an der fremden Sache wieder entziehen. Die Absicht des Diebes muß demgemäß darauf gerichtet sein, eine Gewahrsamsentziehung zu verhindern, die, sei es in Wirklichkeit, sei es nach seiner Annahme, gegenwärtig ist oder unmittelbar bevorsteht, wie wenn z.B. der Täter in der Dunkelheit auf einen Komplizen schießt, um sich im Besitz der Diebesbeute zu erhalten.[4] Zum gleichen, den praktischen Bedürfnissen

---

[1] RGSt 2, 286; 4, 10; 12, 198; RG DRiZ 1933 Nr.692; RMG 1, 198; BayObLG NJW 63, 824; LK 9.Aufl.(1974) Rdz.7 zu § 249; Schönke-Schröder 18.Aufl.(1976) Rdz.23 zu Vorbem.zu § 234; Petters-Preisendanz 29.Aufl.(1975) § 240 Anm.3 b.

[2] RG JW 1930, 3435.

[3] BGHSt 9, 163 f.; BGH v. 7.2.57 - 4 StR 578/56, zit.bei LK 9. Aufl.(1974) Rdz.10 zu § 252; OLG Köln MDR 67, 512; Kohlrausch-Lange 43.Aufl.(1961) § 252 Anm.4; Schönke-Schröder 18. Aufl.(1976) Rdz.6 zu § 252; Dreher 35.Aufl.(1975) § 252 Anm.2; Welzel (H.), Das deutsche Strafrecht 11.Aufl.(1969) S.356.

[4] BGHSt 9, 163; NJW 56, 1165 f. mit Anm.Salger; Anm.Salger zu Urt.d.BGH v.8.6.56 - 2 StR 206/56, MDR 56, 691; BGHSt 13, 65; NJW 59, 1236; Bach (G.), Zur Problematik des räuberischen Diebstahls, MDR 57, 402; LK 9.Aufl.(1974) Rdz.10 zu § 252.

entsprechenden Ergebnis kommt auch Bach[1] mit der Begründung,
daß in solchem Falle allein der vom Täter subjektiv verfolgte Zweck, nämlich die Besitzerhaltung des gestohlenen Gutes
entscheidend und diese innere Einstellung, die in der erhöhten Aggressionsbereitschaft eine besondere Gefährlichkeit des
Täters dartue, von einem Irrtum über das Verhalten der von
ihm genötigten Person unabhängig sein müsse. Dagegen greift
§ 252 StGB nicht ein, falls der Dieb sich gegen einen anderen
Tatbeteiligten, insbesondere gegen einen anderen Mitdieb
wehrt, der ihm das Diebesgut entreißen will,[2] da der Mitdieb
dann verbotene Eigenmacht nach § 858 ff. BGB begeht und damit
die Widerrechtlichkeit der Gewaltanwendung entfällt, der Dieb
sich vielmehr "berechtigterweise" schützt.[3] Den Vorsatz der
Anwendung von Gewalt oder Drohung braucht der Täter noch nicht
beim Diebstahl zu haben. Es genügt, wenn er ihn nachträglich
zum Zwecke der Besitzerhaltung faßt.[4] Freilich ist die Anwendung des § 252 StGB nicht dadurch gehindert, daß der Dieb
Gewalt oder Drohung nicht allein zum Zwecke der Besitzerhaltung gebraucht, sondern daneben auch noch ein anderes Ziel
verfolgt, wie etwa, um sich der Festnahme oder Überführung
als Dieb oder als Teilnehmer am Diebstahl zu entziehen.[5] Dies
trifft regelmäßig dann zu, wenn der Dieb befürchtet, es werde ihm im Falle einer Festnahme die Diebesbeute wieder abgenommen und er werde bestraft werden.[6] Falls er jedoch die Gewaltanwendung lediglich dazu gebraucht, die Feststellung seiner Person, z.B. durch Feststellung des amtlichen Kennzeichens
seines Kraftfahrzeuges, oder seine Ergreifung und Festnahme zu
verhindern oder sich der Bestrafung zu entziehen oder gegen einen späteren Verlust der Diebesbeute Vorsorge zu treffen, wo-

---

[1] Bach (G.), Zur Problematik S.402.
[2] Olshausen (J.v.) 11.Aufl.(1927) § 252 Anm.7; LK 9.Aufl.(1974)
Rdz.11 zu § 252 mit OLG Celle NdsRpfl 1948, 120; Schönke-
Schröder 18.Aufl.(1976) Rdz.6 zu § 252; Dreher 35.Aufl.(1975)
§ 252 Anm.2.
[3] Frank (R.) 18.Aufl.(1931) § 252 Anm.IV.
[4] BGHSt 3, 78; BGH v.12.1.60 - 1 StR 633/59, zit.in BGH GA 1962,
145; Schönke-Schröder 18.Aufl.(1976) Rdz.7 zu § 252; Dreher
35.Aufl.(1975) § 252 Anm.3.
[5] BGHSt 13, 65, NJW 59, 1236, MDR 59, 590, Anm.Fränkel in LM
(1959) Nr.7 zu § 252 StGB; BGH GA 1962, 145; BGHSt 16, 4.
[6] BGHSt 13, 65; BGH GA 1962, 145; OLG Köln NJW 67, 740 mit Anm.
Schröder, NJW 67, 1335.

bei mehrere dieser Ziele auch gleichzeitig verfolgt werden können, so greift § 252 StGB nicht ein.[1] Ebenso scheidet § 252
StGB erst recht dann aus, wenn der Dieb das Vorliegen einer
solchen Gefahr nur irrtümlicherweise annimmt. In diesen Fällen
kann eine Bestrafung wegen Diebstahls und Nötigung in Tateinheit mit Körperverletzung in Frage kommen. Hat der Dieb die
Beute weggeworfen und wehrt er sich dann gewaltsam gegen den
Verfolger, um seine Festnahme zu verhindern, so scheidet § 252
StGB aus.[2] Dies trifft auch dann zu, wenn der Täter seine Überführung als Täter dadurch zu vereiteln sucht, daß er die Nötigungsmittel anwendet, um sich des Diebesgutes als eines belastenden Beweismaterials zu entledigen. In diesem Sinne spricht sich
auch Schröder[3] aus, der verlangt, daß die Nötigung der Verteidigung der Diebesbeute dient und nicht dazu bestimmt ist, die
Vernichtung der Diebesbeute als eines belastenden Beweismaterials zu ermöglichen. Er schließt dies aus der Konzeption des
räuberischen Diebstahls und aus seiner systematischen Einordnung, derzufolge es ein Delikt ist, das in den Zusammenhang der
Eigentumsdelikte gehört und seine Entsprechung im Tatbestand
des Raubes findet. Dagegen bejahte das OLG Köln im Urteil vom
27.1.67[4] das Vorliegen eines räuberischen Diebstahls in dem
Falle, in welchem der Täter die Diebesbeute in seiner Tasche
versteckt hatte, aber auf frischer Tat betroffen wurde und nach
Angabe seiner Personalien Gewalt in der Absicht verübte, mit
der Beute zu flüchten und so seine Überführung als Dieb zu verhindern, auch wenn er nach Gelingen der Flucht beabsichtigte,
um der Überführung und Bestrafung zu entgehen, sich der Diebesbeute zu entledigen. Hatte der Täter schon beim Betroffenwerden auf frischer Tat die Absicht, durch die Ausübung von Gewalt sich der Beute zu entledigen, um der Bestrafung zu ent-

---

[1] BGHSt 9, 163 f., NJW 56, 1165, MDR 56, 562, JZ 56, 539, LM
(1959) Nr.4 zu § 252 StGB; a.A. LK 9.Aufl.(1974) Rdz.12 zu
§ 252.
[2] Anm.Salger zu Urt.d.BGH vom 4.5.56 - 5 StR 86/56, NJW 56,
1165; Dreher 35.Aufl.(1975) § 252 Anm.3.
[3] Anm.Schröder zu Urt.d.OLG Köln vom 27.1.67 - Ss 586/66,
NJW 67, 1335.
[4] NJW 67, 740.

gehen, und wäre es ihm also nicht um die Erhaltung des Besitzes der Beute zu tun gewesen, sondern wäre das Mitnehmen
der Beute nur durch die Flucht bedingt gewesen, so hätte, wie
Schröder zu Recht bemerkt, kein räuberischer Diebstahl vorgelegen.[1] Einen von der bisherigen Rechtsprechung abweichenden
Standpunkt nimmt der Strafgesetzbuch-Entwurf von 1960 ein, der
in § 247[2] eine dem § 252 StGB gegenüber teils erweiternde,
teils einengende Bestimmung vorsieht. Die Erweiterung besteht
einmal darin, daß die Absicht, sich den Gewahrsam an dem eben
Entwendeten gewaltsamerweise zu erhalten, auch dann ausreichen
soll, wenn die gestohlene Sache für einen anderen erhalten
werden soll. Eine Erweiterung ist auch insofern vorgesehen,
als die Absicht des Diebes, Feststellungen zur Wiedererlangung
der gestohlenen Sache zu verhindern, für die Anwendung des
§ 247 E künftighin ebenso zureichen soll, wie die Absicht, sich
oder einen anderen, also einen Mittäter, Anstifter oder Gehilfen der Bestrafung zu entziehen. Andererseits ist eine Verengung gegenüber § 252 StGB insofern vorgesehen, als in allen
genannten Fällen die Zwangsmittel der Gewalt und der Drohung
mit gegenwärtiger Gefahr für Leib oder Leben nur dann als tatbestandsmäßig anerkannt sein sollen, wenn sie mit einer Waffe
oder einem anderen gefährlichen Werkzeug (§ 223 a StGB) ausgeführt werden. Mit dieser im Strafgesetzbuch-Entwurf von 1960
vorgesehenen, teils erweiterten, teils verengten Fassung wird
einmal die Notwendigkeit der Umänderung der Bezeichnung in
"Gewaltanwendung nach Diebstahl" und sodann der Ausschluß der
Bestrafung nach den Bestimmungen über Raub für Fälle begründet,
in denen eine solche Bestrafung ohne Einsatz besonderer Mittel,
wie Waffen oder gefährliche Werkzeuge, nicht gerechtfertigt erscheint. So soll z.B. künftig entgegen der bisherigen Rechtsprechung derjenige nicht mehr wie ein Räuber bestraft werden,
der lediglich eine Türe zuhält, um sich seiner Verfolger zu erwehren und der Bestrafung zu entgehen.[3] Der Strafgesetzbuch-

---

[1] Anm.Schröder zu Urt.d.OLG Köln v.27.1.67 - Ss 586/66, NJW 67,
739 in: NJW 67, 1335; LK 9.Aufl.(1974) Rdz.12 zu § 252 StGB.
[2] StGBE 1960 S.50.
[3] Begründung zu § 247 StGBE 1960 S.385.

Entwurf von 1962 will allerdings trotz der Tatbestandserweiterung an der Bezeichnung "räuberischer Diebstahl" festhalten.[1] Vollendet ist das Verbrechen des § 252 StGB mit Anwendung der Nötigungsmittel. Ein Nötigungseffekt wird nicht vorausgesetzt (kupiertes Erfolgsdelikt). Daher ist § 252 StGB vollendet, wenn der Täter die Beute trotz Gewaltanwendung verliert.[2] Auch ist § 252 StGB dann vollendet, wenn die Gewaltanwendung oder Drohung erfolgt, obwohl dem Dieb der erlangte Gewahrsam tatsächlich gar nicht strittig gemacht wird, wenn er nur dabei die Absicht hat, sich im Besitz des gestohlenen Gutes zu erhalten.

Die Frage, ob bei versuchter Anwendung von Gewalt oder Drohung nur ein versuchtes Verbrechen des § 252 StGB vorliegt, wie z.B., wenn die Schußwaffe versagt,[3] oder ob solchenfalls schon eine Vollendung dieses Delikts anzunehmen ist, war im Schrifttum in früheren Jahren strittig. Der Bundesgerichtshof hatte zunächst keinen Anlaß, zu dieser Frage, da sie ihm nicht zur Entscheidung vorlag, Stellung zu nehmen, deutete aber mit seinem Hinweis auf RGSt 59, 50,[4] das den ähnlichen Tatbestand des im Strafgesetzbuch von 1871 enthaltenen § 214 für Totschlag bei Unternehmung einer strafbaren Handlung, der allerdings in der Neufassung des Strafgesetzbuches vom 25.8.53 in Wegfall gekommen ist, betrifft, die Annahme eines vollendeten Delikts des § 252 StGB als seine mutmaßliche Meinung an. Aber schon im Jahre 1960 sprach sich dann der Bundesgerichtshof[5] in Übereinstimmung mit dem Schrifttum[6] ausdrücklich dahin aus, daß, wenn die Gewaltanwendung im Versuch stecken bleibe, nur versuchter,

---

[1] Begründung zu § 247 StGBE 1962 S.418.
[2] BGH NJW 68, 2386; Schönke-Schröder 18.Aufl.(1976) Rdz.8 zu § 252 StGB.
[3] LK 9.Aufl.(1974) Rdz.13 zu § 252; Schönke-Schröder 18.Aufl. (1976) Rdz.8 zu § 252.
[4] vgl. auch RGSt 58, 226; 60, 67.
[5] BGHSt 14, 115.
[6] LK 9.Aufl.(1974) Rdz.13 zu § 252; Schönke-Schröder 16.Aufl. (1972) Rdz.8 zu § 252; Maurach (R.), Deutsches Strafrecht Bes.T. 5.Aufl.(1969) S.262; Mezger-Blei Bes.Teil 9.Aufl. (1966) S.161; Dreher 36.Aufl.(1976) Rdz.4 zu § 252.

nicht vollendeter räuberischer Diebstahl in Betracht komme.
Dabei hat der BGH offengelassen, ob solchenfalls Versuch des
§ 252 StGB in Tateinheit mit § 244 StGB gegeben ist.[1] Versuch
des räuberischen Diebstahls und vollendeter vorausgegangener
Diebstahl stehen miteinander in Gesetzeskonkurrenz, so daß ein
Schuldspruch nach § 242 StGB entfällt.[2] Bleibt bereits der
Diebstahl unvollendet, so scheidet § 252 StGB aus und zwar
selbst dann, wenn der Täter von vornherein mit der Notwendigkeit einer anschließenden Nötigung rechnet und dies solchenfalls billigt.[3] Im gleichen Sinne spricht sich auch die Begründung zu § 247 StGBE 1960 aus, in der auf die Fassung
"nach einem Diebstahl" in § 247 E hingewiesen wird, wonach
versuchter Diebstahl von der Anwendung des § 247 E ausgeschlossen sein soll.[4]
Mittäterschaft kann nicht schon durch das Einverständnis mit
der Tat eines anderen und der Betätigung solchen Einverständ-
nisses begründet werden. Erforderlich ist vielmehr, daß jeder
Beteiligte seine eigene Tätigkeit durch die Handlung des anderen vervollständigen lassen und sich diese auch zurechnen
lassen will, daß somit alle in bewußtem und gewolltem Zusammenwirken handeln.[5] Der Gewalt anwendende Mittäter braucht sich
also nicht im Besitz der Diebesbeute zu befinden, noch durch
die Gewaltanwendung sich in ihren Besitz setzen wollen.[6] Vielmehr muß sich der Mittäter am Diebstahl die Anwendung der
Zwangsmittel durch einen anderen Mittäter zur Erhaltung der
Beute anrechnen lassen und macht sich daher nach §§ 252, 25
Abs.2 StGB strafbar.[7] Es genügt daher grundsätzlich, daß ein
Mittäter nur bei einem späteren Tatteil mitwirkt, wenn er die

---

[1] bejahend LK 9.Aufl.(1974) Rdz.13 zu § 252; Schönke-Schröder
18.Aufl.(1976) Rdz.8 zu § 252.
[2] OLG Karlsruhe Beschl. NJW 78, 769.
[3] LK 8.Aufl., Bd.2 (1958), § 252 Anm.8.
[4] StGBE 1960 Begründung zu § 247 S.386.
[5] RGSt 58, 279; 68, 256; 71, 24; BGHSt 6, 249; 8, 396; 14, 129;
16, 13 f.; Baumann (J.), Strafrecht Allg.T. 5.Aufl.(1968)
S.539 f.; Jescheck (H.-H.), Lehrbuch des Strafrechts Allg.T.
2.Aufl.(1972) S.515; Schmidhäuser (E.), Strafrecht Allg.T.
2.Aufl.(1975) S.506 ff.; Maurach (R.), Deutsches Strafrecht
Allg.T. 4.Aufl.(1971) S.647; Blei (H.), Strafrecht Allg.T.
16.Aufl.(1975) S.243; Preisendanz 30.Aufl.(1978) S.149.
[6] Eser in Schönke-Schröder 18.Aufl.(1976) Rdz.10 zu § 252 mit
OLG Stuttgart NJW 66, 1931.
[7] Arndt GA 1954, 270.

vor seinem Eintritt begangenen Handlungen kennt und billigt, insbesondere ausnützt.[1] Ähnlich sind beim Diebstahl einem Mittäter Erschwerungsgründe, die vor seiner Mitwirkung verwirklicht waren, dann anzurechnen, wenn er sie kennt und billigt.[2] Der Mittäter, der nach Vollendung des Diebstahls nur die Nötigung zur Sicherung der Beute begeht, muß schon aus tatsächlichen Gründen deshalb nach § 252 StGB bestraft werden, weil er damit auch noch an der Wegnahme mitwirkt, also auch Mittäter am Diebstahl ist.[3] § 252 StGB ist nur anwendbar, wenn der Dieb auf frischer Tat betroffen ist. In derartigen Fällen ist der Diebstahl aber regelmäßig noch nicht beendet. Der Diebstahl ist erst dann tatsächlich beendet, wenn der neu begründete eigene Gewahrsam auch einigermaßen gesichert ist. Eine solche Festigung des Gewahrsams ist nicht gegeben, wenn der Täter sofort auf frischer Tat betroffen und verfolgt wird oder wenn sonst versucht wird, ihm die Sachen sogleich wieder abzunehmen. Eine Teilnahme in jeder Form ist aber nicht nur bis zur rechtlichen Vollendung, sondern bis zur tatsächlichen Beendigung einer Straftat möglich.[4] Nicht dasselbe gilt für den Diebesgehilfen, der ebenso wie der Dieb und ein Mittäter bei einem Diebstahl auf frischer Tat betroffen werden kann. Unterscheidet er sich doch vom Täter nicht durch die Art seines Tatbeitrages, sondern nur durch seine Willensrichtung, so daß es nicht darauf ankommt, ob er selbst die Wegnahme ausführte oder sich auf eine Förderung der Wegnahme beschränkte. Auch im letzteren Falle kann seine räumliche Beziehung zur Tat so nahe sein, daß seine unmittelbare Beteiligung am Diebstahl für den hinzukommenden Beobachter offen zutage liegt. Nach § 252 StGB

---

[1] RGSt 59, 79; LK 9.Aufl.(1974) Rdz.17 zu § 47 StGB.

[2] BGHSt 2, 346; LK 9.Aufl.(1974) Rdz.14 zu § 252 StGB.

[3] Arndt GA 1954, 270.

[4] RGSt 51, 405; 52, 26; 71, 194; RG JW 1934, 837 Nr.8; RG HRR 1940 Nr.467; OGHSt 3, 3; BGHSt 2, 345; 6, 251; 20, 197; Arndt GA 1954, 271 mit Anm.8; StGBE 1960 Begründung zu § 247 S.386; vgl. auch Rudolphi-Horn-Samson-Schreiber Rdz. 48 zu § 25.

muß der Täter nach vollendetem Diebstahl Gewalt oder Drohung
gegen eine Person gebraucht haben, um "sich" im Besitz des
gestohlenen Gutes zu erhalten. Fraglich ist, ob nach dem
Wortlaut des Gesetzes auch die Absicht genügt, einem anderen
einen Besitz an der Beute zu erhalten. Der Täter muß also
die Beute besitzen, d.h. tatsächlich innehaben. Dies ist aber
nur der Fall, wenn er sie selbst in seiner Gewalt hat, sei es,
daß er sie selbst mit Gehilfenvorsatz weggenommen hat, sei es,
daß sie ihm vom Dieb alsbald nach der Wegnahme übergeben worden ist. Ihm kann nicht wie dem Mittäter das Tun und somit
der Besitz des Täters als eigenes Verhalten zugerechnet werden. Er kann daher die Absicht, "sich" im Besitz des gestohlenen Gutes zu erhalten, nur dann hegen, wenn er selbst die tatsächliche Gewalt darüber ausübt. In der Fassung des § 252 StGB,
"sich im Besitz des gestohlenen Gutes zu erhalten" bezieht
sich das "sich" auf alle der mehreren Beteiligten.[1] Täter kann
nach § 252 StGB der Diebesgehilfe daher nur sein, wenn er sich
im Besitze des gestohlenen Gutes befindet. Eine noch strengere
Auffassung vertritt Schröder,[2] der für den Täter nach § 252
StGB verlangt, daß er auch das subjektive Unrechtselement der
Zueignungsabsicht besitzt und damit die Voraussetzungen der
Täterschaft des Diebstahls erfüllt, so daß als Täter nach § 252
StGB der Gehilfe am Diebstahl überhaupt ausscheidet. Andererseits hat Arndt[3] weitergehend die Möglichkeit der Mittäterschaft
oder Teilnahme an dem Verbrechen des § 252 StGB auch durch jemand bejaht, der am Diebstahl überhaupt nicht beteiligt war,
sondern nur an der Nötigung teilnahm. Dieselbe Auffassung vertrat das Schrifttum, so unter anderem der Leipziger Kommentar
noch in seiner 8.Auflage, nach welchem es nur darauf ankommt,
daß § 252 StGB Gewaltanwendung durch einen der Tatbeteiligten

---

[1] BGHSt 6, 250 f.; BGH bei Dallinger, MDR 67, 727; Dreher 36.
Aufl.(1976) Rdz.9 zu § 252.

[2] Schönke-Schröder 18.Aufl.(1976) Rdz.10 zu § 252; ebenso Baldus in LK 9.Aufl. Bd.2 (1974) Rdz.14 zu § 252.

[3] Arndt GA 1954, 271.

wegen ihrer Gefährlichkeit verhüten will und daß der Tätergewahrsam dadurch gesichert werden soll.[1] Im gleichen Sinne äusserten sich Kohlrausch-Lange und Frank.[2] Schon der Strafgesetzbuch-Entwurf von 1927 vertrat die Auffassung, daß der Gehilfe des Diebes zum Täter des räuberischen Diebstahls wird, wenn er ohne Wissen und Willen des entfliehenden Täters ein Raubmittel anwendet, um die Sache sich oder einem anderen zu erhalten.[3] Der andere ist hier der, welcher den Diebstahl ausgeführt hat oder sonst an ihm beteiligt ist. Auch nach der Begründung zum Strafgesetzbuch-Entwurf von 1960 braucht der Täter i.S. des § 252 StGB nicht der Allein- oder Mittäter zu sein. Ebenso kann sich auch der Gehilfe als Täter nach § 247 StGBE strafbar machen. Ob er im Besitz der Beute ist oder nicht, ist nach dem Entwurf gleichgültig. Der Täter braucht auch die Beute nicht sich selbst erhalten zu wollen. Er kann auch zugunsten eines anderen handeln, der an dem Diebstahl nicht beteiligt gewesen zu sein braucht. Die insoweit abweichende Begründung zu § 332 StGBE 1927 bzw. zu § 457 StGBE 1936 ist mit dem Wortlaut auch der damals vorgeschlagenen Vorschriften nicht vereinbar. Es ist aber nicht einzusehen, warum die Strafschärfung nicht eintreten soll, wenn der Dieb den gestohlenen Pelzmantel seiner erst nach dem Diebstahl hinzugekommenen Freundin sichern will, mit der er anschließend gemeinschaftlich verfolgt wird.[4] Beihilfe zu § 252 StGB ist gegeben, wenn der Gehilfe den Täter bei der Nötigung unterstützt und dabei den Zweck der Nötigung kennt, sofern er die Nötigung durch den Täter als eigene will.[5] Fehlt es an einem Einvernehmen mit dem Täter, weil dieser von der Unterstützung nichts weiß, so kann nur Nötigung in Betracht kommen.

---

[1] § 252 Anm.7; a.A. LK 9.Aufl.(1974) Rdz.14 zu § 252.

[2] Kohlrausch-Lange 43.Aufl.(1961) § 252 Anm.VI; Frank (R.) 18. Aufl.(1931) § 252 Anm.III.

[3] Begründung zu § 332.

[4] StGBE 1960 Begründung zu § 247 S.386; ablehnend BGHSt 4, 238 f.; 6, 250 mit RGSt 67, 266.

[5] LK 8.Aufl.(1958) § 252 Anm.7; Kohlrausch-Lange 43.Aufl.(1961) § 252 Anm.VI.

[6] Schönke-Schröder 18.Aufl.(1976) Rdz.11 zu § 252 StGB; LK 9. Aufl. Bd.2 (1974) Rdz.15 zu § 252 StGB.

Zwischen § 252 StGB und § 242 StGB besteht Gesetzeskonkurrenz
(zusammengesetztes Delikt), nicht Idealkonkurrenz.[1] Räuberischer Diebstahl und Raub können dagegen tateinheitlich zusammentreffen.[2] Anderer Ansicht ist Schröder,[3] der, wenn die Vortat ein Raub war, Idealkonkurrenz zwischen § 249 StGB und
§ 252 StGB nicht für möglich hält, da sonst das Element des
Diebstahls, das gleichermaßen Bestandteil beider Delikte ist,
zweimal in Ansatz gebracht würde. Regelmäßig schließe daher
die Verurteilung wegen Raubes diejenige aus § 252 StGB aus, es
sei denn, daß der räuberische Diebstahl im Gegensatz zum Raub
unter den erschwerenden Voraussetzungen der §§ 250, 251 StGB
begangen worden sei. In diesem Falle solle der Täter zwar auch
nur wegen Raubes zu verurteilen, die Strafe jedoch den §§ 250,
251 StGB zu entnehmen sein. Die Bedenken Schröders sind meines
Erachtens nicht begründet, da tatsächlich zweimal Gewalt gebraucht wird. Da der Täter i.S. des § 252 StGB gleich einem
Räuber zu bestrafen ist, so kommen alle für den Raub bestimmten Strafrahmen und Tatbestände, also auch die §§ 250, 251 und
256 StGB in Betracht. Es genügt, ist aber auch erforderlich,
daß die Nötigungshandlung unter einem der erschwerenden Merkmale, z.B. Mitsichführen einer Waffe oder eines gefährlichen Werkzeuges, begangen ist.[4] Dagegen reicht es nicht aus, daß die Qua-
lifizierungsumstände nur bei der Wegnahme vorliegen. Hier ist
gegebenenfalls Tateinheit von § 252 StGB mit § 242 StGB, nicht
dagegen mit § 243 StGB gegeben, da diese Bestimmung keinen eigenen Tatbestand mehr bildet, sondern nur Strafschärfungsgründe zu § 242 StGB enthält. Auch mit § 244 StGB ist Tateinheit
nicht möglich, da alle Voraussetzungen des § 244 StGB auch in
§ 250 StGB enthalten sind und daher nur Tateinheit zwischen

---

[1] RGSt 6, 244 f.; RG DJZ 1938, 1189; Schönke-Schröder 18.Aufl.
(1976) Rdz.14 zu § 252 StGB.
[2] OGHSt 2, 323; LK 9.Aufl.(1974) Rdz.16 zu § 252.
[3] Schönke-Schröder 18.Aufl.(1976) Rdz.15 zu § 252 StGB; ebenso
BGHSt 21, 380; BGH GA 1969, 347.
[4] RGSt 19, 147; 71, 66 mit krit.Anm.von Mezger in JW 1937, 1332 f.;
RGR 4, 242; OGHSt 2, 324; BGHSt 17, 180; OLG Celle HESt 1, 16;
OLG Hamm JMBlNRW 1950, 50; Schönke-Schröder 18.Aufl.(1976) Rdz.
12 zu § 252 StGB; Dalcke-Fuhrmann-Schäfer 37.Aufl.(1961) § 252
Anm.6; Kohlrausch-Lange 43.Aufl.(1961) § 252 Anm.VII; Mezger-
Blei Bes.T. 9.Aufl.(1966) S.161; LK 9.Aufl.(1974) Rdz.3 zu
§ 252.

Raub und räuberischem Diebstahl in Frage kommt, der die Tateinheit mit § 244 StGB ausschließt.[1] Dagegen genügt es für die
Annahme der erschwerenden Umstände, wenn dieselben sowohl bei
der Wegnahme als auch bei der Nötigung vorliegen. Idealkonkurrenz ist ferner zwischen § 252 StGB und § 223 a StGB möglich.[2]
Gesetzeskonkurrenz besteht aber zwischen § 252 StGB einerseits
und §§ 239, 240 und 242 StGB andererseits. Anderer Ansicht ist
Dalcke,[3] der Gesetzeskonkurrenz außer zwischen § 252 StGB und
§ 242 StGB auch zwischen § 252 StGB und § 243 bzw. § 244 StGB
annimmt. Letztere Ansicht vertritt auch Dreher.[4] Fortsetzungszusammenhang, der die Gleichartigkeit der Begehungsweise voraussetzt, ist daher zwischen § 242 und § 252 StGB ausgeschlossen,
da die räuberische Erpressung - wie der Raub - nicht nur gegen
das Eigentum und den Gewahrsam des Verletzten, sondern auch gegen die persönliche Freiheit und Unverletzlichkeit des Opfers
und damit gegen ein Rechtsgut von anderer Wesensart wie der
Diebstahl gerichtet ist.[5] Auch das Schrifttum hat sich dieser
Auffassung angeschlossen.[6] Zwischen Diebstahl und räuberischem
Diebstahl ist daher sowenig wie zwischen Diebstahl und Raub
oder zwischen Diebstahl und räuberischer Erpressung Fortsetzungszusammenhang möglich.[7] Soweit dem Urteil des Senats vom 17.4.51[8]
etwas anderes zu entnehmen ist, wird daran nicht festgehalten.[9]

---

[1] Schönke-Schröder 18.Aufl.(1976) Rdz.14 zu § 252.
[2] Schönke-Schröder 18.Aufl.(1976) Rdz.16 zu § 252 mit BGH VRS
21, 113 und OLG Oldenburg HESt 2, 313.
[3] Dalcke-Fuhrmann-Schäfer 37.Aufl.(1961) § 252 Anm.6 mit RG DJ
1938, 1189.
[4] Dreher 36.Aufl.(1976) Rdz.2 zu § 252.
[5] BGH v.13.4.54 - 2 StR 44/54, zit.bei Dallinger MDR 74, 14.
[6] Maurach (R.), Deutsches Strafrecht Allg.T. 4.Aufl.(1971)
S.745; Pfeiffer-Maul-Schulte § 73 Anm.5; § 252 Anm.9; Dreher
33.Aufl.(1972) Anm.3 A c vor § 73; LK 9.Aufl.(1974) Rdz.33
vor § 73.
[7] BGH MDR 68, 599; BGH v.28.3.73 - 3 StR 22/73, zit.bei Dallinger MDR 73, 554 f.; BGH v.17.12.65 - 4 StR 576/65.
[8] 1 StR 134/51.
[9] BGH v.26.6.73 - 1 StR 111/73, zit. bei Dallinger MDR 74,
13 f.

3. A b s c h n i t t

Vergleichung des englischen Rechts des Raubes mit
dem deutschen Recht des Raubes, der räuberischen
Erpressung und des räuberischen Diebstahls

Bei diesem Vergleich ist zu beachten, daß das englische Recht
keine räuberische Erpressung und keinen räuberischen Diebstahl
kennt, vielmehr die gewaltsame Abnötigung der gewaltsamen Wegnahme gleichgestellt hat und daher in der sachverschaffenden
räuberischen Erpressung Raub erblickt, während das deutsche
Recht die gewaltsame Abnötigung zur räuberischen Erpressung gestempelt hat. In den deutschen Strafgesetzbuch-Entwürfen von
1960 und 1962 ist allerdings die sachverschaffende räuberische
Erpressung wie im englischen Recht zum Raub gemacht, so daß
hiernach nur noch die räuberische Vermögenserpressung als erschwerte Form der einfachen Erpressung künftig bestehen bliebe.
Auch der schwere Raub i.S. von s.23 (1) (b) Larceny Act 1916,
der einen ähnlichen Zweck wie der räuberische Diebstahl des
deutschen Rechts verfolgte, ist nach dem Theft Act 1968, das
keinen Tatbestand des schweren Raubes mehr kennt, in Wegfall gekommen, so daß ein Vergleich mit dem räuberischen Diebstahl des
deutschen Rechts hinfällig geworden ist. Aus dem gleichen Grunde ist auch ein Vergleich des englischen Rechts mit den Tatbeständen des schweren und des besonders schweren Raubes des
deutschen Rechts (§§ 250, 251 StGB) nicht mehr möglich.[1] Dasselbe gilt von dem bisherigen "assault with intent to rob", das
als Sondertatbestand einen fortgeschrittenen Versuch des Raubes
darstellte. Es hat als selbständiges Sonderdelikt zu bestehen
aufgehört und ist heute im vollendeten Raubtatbestand aufge-
gangen, woraus sich erklärt, daß nach s.8 i.Verb. mit ss.1 und
3 Theft Act 1968 ein Versuch des "appropriation" noch in Fällen heimlichen Diebstahls gegeben ist, in Fällen öffentlichen
Diebstahls, wie dies beim Raub der Fall ist, jedoch überhaupt
nicht mehr vorkommen kann, insofern das appropriation, vom ge-
_____
[1] vgl. R.v.Hodgson, 1976 Crim.L.R.204.

nannten Ausnahmefall abgesehen, entweder vollendet ist oder
überhaupt nicht vorliegt.

Bis zum Inkrafttreten des Theft Act 1968 kannte aber auch das
englische Recht, wie bereits erwähnt, noch besondere Bestimmungen für schweren und besonders schweren Raub, die mit den
entsprechenden Bestimmungen des deutschen Rechts, wenn auch
nur in beschränktem Umfang, vergleichbar waren, so daß wegen
des Zusammenhangs des Theft Act 1968 mit den Bestimmungen des
Larceny Act 1916 eine kurze historische Darstellung angebracht
ist. Das bisherige englische Recht kannte als schweren Raub
nur das aggravated robbery und das robbery with violence. Das
erstere (s.23 (1) (a) Larceny Act 1916) bestand darin, daß der
Täter mit einer Offensivwaffe oder einem solchen Instrument bewaffnet oder zusammen mit einer anderen oder mehr Personen irgendjemand beraubt oder einen tätlichen Angriff (assault) in
der Absicht zu rauben auf jemand ausführt. Das robbery with
violence (s.23 (1) (b) Larceny Act 1916) verlangte, daß der
Täter jemand beraubt und zur Zeit des Raubes oder unmittelbar
zuvor oder unmittelbar danach eine verletzende Gewaltanwendung
gegen irgendjemand gebraucht. Unter der Ausrüstung mit einer
Angriffswaffe oder -werkzeug war im gleichen Sinne wie in s.28
Larceny Act 1916 eine Waffe oder ein Werkzeug zu verstehen,
das zur Verletzung eines menschlichen Wesens hergestellt, hierzu geeignet gemacht oder bestimmt ist. Zu den Angriffswaffen
wurden in erster Linie Feuerwaffen und Scheinfeuerwaffen i.S.
von s.23 (5) Firearms Act 1937[1] gerechnet, auch wenn sie nicht
geladen sind oder nicht imstande sind, einen Schuß auszulösen
oder eine Kugel oder ein anderes Geschoß abzufeuern. Auch Schein-
pistolen fielen darunter. Luftgewehre wurden ebenfalls als Angriffswaffen angesehen. Auch Totschläger, Keulen und ähnliche
Gegenstände, desgleichen Messer, Peitschen, Pflastersteine und
dergleichen wurden als Angriffswaffen gewertet. Zum Beisichführen der Waffe wurde nach der Rechtsprechung[2] gefordert und nur

[1] 1 Edw.VIII & 1 Geo.VI c.12.

[2] R.v.Palmer, 1831, 1 Mood.& R.70 N.P., 25 Dig.Repl.395, 223;
R.v.Fry and Webb, 1837 , 2 Mood.& R.42 N.P., 25 Dig.Repl.395,
224; R.v.Turner, 1849, 3 Cox C.C.304, 25 Dig.Repl.395, 226;
R.v.Williams, 1878, 14 Cox C.C.59, 25 Dig.Repl.395, 227.

als ausreichend bezeichnet, wenn der Täter nach der Überzeugung der jury die Waffe in der Absicht mit sich nahm, sie als
solche bei Begehung des Deliktes zu gebrauchen. Was den dem
Raub mit Angriffswaffen oder -werkzeug gleichgestellten gemeinschaftlichen Raub und den Raubversuch in der Form des assault
to rob anbelangt, so genügte für ersteren neben der Anwesenheit
bei Ausführung des Raubes der gemeinsam verfolgte Zweck und
die Absicht zu helfen und zu ermutigen.[1] Assault with intent to
rob ist eine besondere Form des Raubsuches. Assault in der
Form des common law assault ist, wie allgemein, am besten mit
tätlichem Angriff wiederzugeben, wobei aber wirkliche Gewaltanwendung (actual violence) nicht notwendig ist. Das Hervorrufen
von natürlicher, wenn auch irrtümlicher Angst ist eine wesentliche Voraussetzung für ein assault. Bloße Drohungen, die nicht
von Gebärden begleitet sind, reichen für ein assault nicht aus.
Das assault muß mit der Absicht zu rauben verbunden sein, also mit der Absicht der Wegnahme oder Herausgabe der erstrebten
Sache mit Gewalt oder durch Furchterregung. Diebstahlsabsicht
reicht nicht aus.[2] Als "violence" i.S. des s.23 (1) (b) Larceny Act 1916 war über die zum Tatbestand des einfachen Raubes
notwendige Gewaltanwendung zur Überwindung bestehenden oder
Verhinderung erwarteten Widerstandes des Opfers gegen die Wegnahme seines Eigentums hinaus ein in Körperverletzung oder gar
Tötung bestehender Eingriff in die körperliche Integrität des
Opfers erforderlich. Eine bloße Drohung mit einem solchen auf
Verletzung abzielenden Eingriff in die körperliche Integrität
des Opfers genügte nicht. Der körperliche Eingriff brauchte
sich aber nicht gegen das Opfer des Raubes zu richten, sondern
konnte auch gegenüber einem Dritten erfolgen, der dem Opfer
bei der Verteidigung gegen einen räuberischen Angriff beisteht
oder den Räuber zwecks Festnahme desselben oder Wiedererlangung
des geraubten Gutes unmittelbar nach Vollendung des Raubes verfolgt.[3] Das Theft Act von 1968 weist überhaupt keinen tatbe-

[1] R.v.Barnett, 1848, 2 C.& K.594, 3 Cox C.C.432, 15 Dig.Repl.
1120, 11 166; R.v.Pudsey, 1586, 1 Hale P.C.534, Fost.354,
123 E.R.383, 14 Dig.Repl.95, 581; R.v.Wilson & Others, 1964
Crim.L.R.670; R.v.Roberts, 1965 Crim.L.R.251; R.v.O'Gorman
& Belton, 1965 Crim.L.R.56; R.v.Worthington, 1965 Crim.L.R.
448.
[2] R.v.Monteth, 1795, 2 Leach 702, 1 East P.C.420, 15 Dig.Repl.
1121, 11 176.

standsmäßigen schweren Raub mehr auf, indem es nur den Raub
i.S. des einfachen Raubes gesetzlich festgelegt und diesen mit
imprisonment bis zu dem auf Lebenszeit bemessenen Höchststraf-
maß unter Strafe gestellt und die Strafbemessung im Einzelfall
ohne Beschränkung ausschließlich dem Gericht anvertraut hat.
Auch das deutsche Recht ist in gewissem Umfang in der in Übereinstimmung mit Art.18 Nr.127 EGStGB erfolgten Neufassung des
Strafgesetzbuches vom 1.1.1975 einer solchen Vereinfachungs-
tendenz gefolgt, indem es zwar für den Raub mit Waffen den bisherigen gesetzlichen Tatbestand in zwei getrennte selbständige
Tatbestände (§ 250 Abs.1 Nr.1 und Nr.2) erweitert und zudem
einen weiteren gesetzlichen Tatbestand des gefährlichen Raubes
(§ 250 Abs.1 Nr.3) geschaffen hat, andererseits aber durch Art.
18 Nr.127 EGStGB vom 2.3.74 (BGBl I 469, 490) und in Übereinstimmung damit durch § 250 StGB i.d.F. vom 1.1.75 die bisherigen gesetzlichen Tatbestände des Straßenraubes (§ 250 Abs.1
Nr.3) und des nächtlichen Raubes (§ 250 Abs.1 Nr.4) aufgehoben
wurden und derjenige des Raubes im Rückfall wegfiel. Was speziell den Raub im Rückfall anbelangt, so war diese Bestimmung
in Anlehnung an § 61 StGBE 1960 schon durch die allgemeine, auf
vorsätzliche Begehung eines Verbrechens oder Vergehens bezügliche Rückfallbestimmung in § 17 des 1.Strafrechtsreformge-
setzes ersetzt worden, welche die bisherigen speziellen Rück-
fallbestimmungen (§§ 244, 250 Abs.1 Nr.5, 261 & 264 StGB a.F.)
überflüssig gemacht hatte.[1]
Die nachfolgende Vergleichung muß sich daher auf den Tatbestand
des einfachen Raubes beschränken. Da die einen Diebstahl begründenden Tatbestandsmerkmale des Raubes bereits bei der Erörterung dieser Merkmale mit den entsprechenden Tatbestandsmerkmalen des Raubes nach deutschem Recht verglichen worden sind,

---

[3]
R.v.Wells, 1880, 5 Q.S.C.R.181, 15 Dig.Repl.1121, 6779 (Aus.);
R.v.Dargue, 1965, 109 Sol.Jo.715, 1965 Crim.L.R.665; R.v.
Toomey, L.R.T. March 3, 1964; R.v.Roberts, L.R.T. January 26,
1965.

---

[1] § 17 des ersten Reformgesetzes wurde mit gleicher Fassung nach
§ 17 StGB i.d.F. vom 1.9.69 und von dort nach § 48 StGB i.d.F.
vom 1.1.75 übernommen; siehe auch Reiß (G.), Die Bestrafung
der Wiederholungstäter gemäß § 17 StGB, Rpfl 74, 295.

wird bei der folgenden Vergleichung nur noch auf die darüber
hinausgehenden besonderen Voraussetzungen des Raubes eingegangen. Diese Voraussetzungen sind Gewaltanwendung und Furchterregung durch Drohung mit Gewaltanwendung. Was die Gewaltanwendung betrifft, so ist der Gewaltbegriff, wie er im Laufe der
Zeit durch die Rechtsprechung entwickelt wurde, auch für das
neue Recht maßgebend. Nach englischem wie nach deutschem Recht
umfaßt der Gewaltbegriff sowohl die physische Gewalt (vis absoluta) als auch die psychische Gewalt (vis compulsiva), z.B.
durch Abgabe von Schreckschüssen oder durch Fesseln mit der
damit verbundenen seelischen Schwächung.[1] Nach beiden Rechtssystemen muß sich die Gewalt gegen eine Person richten und
besteht in einer gegen die körperliche Unversehrtheit gerichteten, den Körper- und Geisteszustand derselben umfassenden körperlichen Kraftanstrengung oder Handlung, welche die freie Willensbestimmung des Opfers durch Überwindung eines bestehenden
oder Verhinderung eines erwarteten Widerstandes ausschließt,
wobei nach deutschem Recht noch verlangt wird, daß dieser Eingriff körperlich spürbar ist. Die bloße Wegnahme einer Sache,
die schon den Tatbestand des Diebstahls erfüllt, genügt für
das Vorliegen eines Raubes nicht, vielmehr ist die einen
Widerstand brechende Wirkung der Gewaltausübung für das Vorliegen eines Raubes wesentlich. Sie muß also das Mittel sein,

---

[1]
R.v.Miller, 1954, 2 Q.B.282 at p.292, (1954) 2 All E.R.529,
118 J.P.340, 98 Sol.Jo.62, 38 Cr.App.R.1, 15 Dig.Repl.1010,
9 949; RGSt 27, 406; 60, 158; 66, 355; 69, 330; 73, 345;
BGHSt 4, 212; 19, 265; 20, 194; 23, 54, 128; BGH GA 62, 145;
BGH NJW 53, 1400; 63, 1210; vgl. auch Geilen (G.), Lebens-
gefährdende Drohung als Gewalt in § 251 StGB, JZ 70, 521 ff.;
Maurach (R.), Probleme des erfolgsqualifizierten Delikts bei
Menschenraub, Geiselnahme und Luftpiraterie, in: FS für Ernst
Heinitz, hrsg. von H.Lüttger, Berlin 1972 S.403 ff., 409;
Müller-Dietz (H.), Zur Entwicklung des strafrechtlichen Ge-
waltbegriffs, GA 1974, 33, 43; Krey (V.), Probleme der Nö-
tigung mit Gewalt - dargestellt am Beispiel des Fluglotsen-
streiks, JuS 74, 418, 420-422.

durch Überwindung oder Verhinderung des Widerstandes den erstrebten Erfolg zu sichern. Sie muß daher der Wegnahme der
Sache vorausgehen oder sie begleiten und so die Wegnahme der
Sache erst ermöglichen. Dies trifft auch für den Raubmord zu,
wie ein solcher nach beiden Rechtssystemen dann vorliegt,
wenn die Tötung und die diebische Wegnahme auf Grund desselben Willensentschlusses in unmittelbarem zeitlichen Zusammenhang stehen und so eine einheitliche Handlung bilden, so daß
die Tötung nur das Mittel und den Anfang der Beraubung bildet.
Unter Raub mittels tatsächlicher Gewalt ist aber nach beiden
Rechtssystemen auch der Fall zu rechnen, in welchem das Opfer
ohne vorherige Warnung niedergeschlagen und seines Eigentums
beraubt wird, während es bewußtlos am Boden liegt.[1] Ebenso
fällt nach englischem wie nach deutschem Recht die Betäubung
des Opfers zum Zwecke seiner Ausplünderung unter die für Raub
erforderliche Gewaltanwendung.[2] Auch wenn die Gewaltanwendung
unter dem Vorwand eines gesetzlichen Rechts erfolgt, liegt
Raub vor.[3] Eine der Wegnahme der Sache nachfolgende Gewaltanwendung begründet nach deutschem Recht keinen Raub, wohl
aber kann solchenfalls räuberischer Diebstahl in Betracht kommen. Auch nach englischem Recht muß die Gewaltanwendung der
Wegnahme vorausgehen oder sie mindestens begleiten.[4] Gewaltausübung, die erst nach der Wegnahme beginnt, dem Diebstahl
also nachfolgt, macht den Diebstahl nicht zum Raub; dagegen
konnte sie nach bisherigem Recht gemäß s.23 (1) Larceny Act
1916 einen erschwerten Raub begründen. Heute ist dagegen nach

---

[1] Girard (P.J.), Burglary, Trends and Protection, 50 J.Cr.L.
Crim.& Pol.Sc.511: "robbery is the felonious forceful taking
of property from a person who is or has been intimidated or
rendered unconscious or killed by a malicious act"; BGH NJW
53, 351.

[2] Kenny-Turner op.cit. 19th ed.(1966) p.320 n.5 mit R.v.Carney,
1922, December 18 (unreported) und R.v.Harrison, 1930, 22
Cr.App.R.82, 15 Dig.Repl.1119, 11 137; Kielwein (G.), Straftaten S.139 & Anm.38 unter Bezugnahme auf Blackstone (W.Sir)
op.cit. 1769/70 ed., book 4, p.244 und R.v.M'Daniel, 1755,
19 St.Tr.745, 804, Fost.121, 2 East P.C.710, 15 Dig.Repl.
1117, 11 101; BGHSt 1, 145, NJW 51, 532, MDR 51, 437 f., JR
51, 503, JZ 51, 369, LM (1952) Nr.1 zu § 249 StGB; BGH NJW
53, 351.

der Fassung des s.8 Theft Act 1968, wonach die Gewaltanwendung
vor oder zur Zeit des Stehlens mit dem Zweck, dasselbe zu ermöglichen, erfolgen muß, Raub bei nachträglicher Gewaltanwendung ausgeschlossen.[1] Aus dem Erfordernis der widerstandbrechen-
den Wirkung der Gewaltanwendung zog das bisherige englische
Recht die Folgerung, daß in Fällen plötzlichen und unerwarteten Wegreißens oder Wegschnappens einer Handtasche, Aktenmappe
und dergleichen, gegen das dem überrumpelten Opfer jede Möglichkeit einer Widerstandsleistung genommen ist, kein Raub vorliegt.[2] Allerdings nahm es auch in diesem Falle Raub dann an,
wenn das Opfer in Befürchtung eines Angriffes das Diebstahlsobjekt verstärkt festhielt oder wenn der Inhaber der Sache durch
die Gewaltanwendung vorsätzlich - nicht nur fahrlässig - körperlich verletzt wird.[3] Auch nach s.8 Theft Act 1968 muß bei Bei-

---

[3] R.v.Gascoigne, 1783, 1 Leach 280, 2 East P.C.709, 15 Dig.Repl.
1119, 11 126; R.v.Edwards, 1843, 1 L.T.O.S.528, 7 J.P.532, 1
Cox C.C.32, 15 Dig.Repl.1119, 11 124.

[4] R.v.Gnosil, 1824, 1 C.& P.304, 15 Dig.Repl.1118, 11 118; R.v.
Harman, 1620, 2 Roll.Rep.154, 1 Hale P.C.534, 1 Hawk.P.C.3407,
81 E.R.721, 15 Dig.Repl.1118, 11 112; RGSt 56, 88; 58, 99; 73,
344; BGHSt 14, 114; OGHSt 3, 114.

---

[1] ..."if he steals, and immediately before or at the time of
doing so, and in order to do so, he uses force on any person
...".

[2] R.v.Gnosil, 1824, 1 C.& P.304, 15 Dig.Repl.1118, 11 118; R.v.
Walls & Hughes, 1845, 2 C.& K.214, 15 Dig.Repl.1119, 11 131;
R.v.Macauley, 1783, 1 Leach 287, 15 Dig.Repl.1119, 11 128; R.
v. Baker, 1783, 1 Leach 290, 168 E.R.247, 15 Dig.Repl.1119,
11 129; R.v.Steward, 1690, 2 East P.C.702, 15 Dig.Repl.1119,
11 127; R.v.Robins, 1787, 1 Leach 290 n., 15 Dig.Repl.1119,
11 130; R.v.Harman, 1620, 2 Roll.Rep.154, 1 Hale P.C.534, 81
E.R.721, 15 Dig.Repl.1118, 11 112; R.v.Butt, 1957, 41 Cr.App.
R.82, Dig.Cont.Vol.A 383, 5 621 a.

[3] R.v.Davies, 1783, 2 East P.C.709, 1 Leach 290 n., 15 Dig.Repl.
1119, 11 132; R.v.Horner, 1790, 1 Leach 291 n., 2 East P.C.
703, 15 Dig.Repl.1119, 11 133; R.v.Lapier, 1784, 1 Leach 320,
2 East P.C.557, 708, 168 E.R.263, 15 Dig.Repl.1072, 10 569;
R.v.Mason, 1820, R.& R.419, 168 E.R.876, 15 Dig.Repl.1119,
11 136; R.v.Edwards, 1843, 1 Cox C.C.32, 1 L.T.O.S.528, 7 J.P.
532, 15 Dig.Repl.1118, 11 124.

behaltung des bisherigen Gewaltbegriffes die Gewaltanwendung
die Person des Opfers selbst berühren, was nichts anderes be-
sagen dürfte, als daß irgendwie die Person selbst in Mitleidenschaft gezogen werden muß, so daß es im wesentlichen auf
die bisherige widerstandbrechende Wirkung der Gewaltausübung
auch nach heutigem englischen Recht ankommt. So ist auch,
worauf Smith hinweist, eine Gewalt, die gebraucht ist, einem
anderen dessen Uhrenkette von seiner Westentasche loszureißen,
an sich für die Annahme eines Raubes nicht ausreichend, da
die Gewalt gegen die Uhrenkette gerichtet ist und nicht gegen
die Person des Inhabers.[1] Auch der Handtaschenschnapper (bag-
snatcher) ist nach dem Theft Act nicht notwendig, sogar nicht
gewöhnlich, des Raubes schuldig. Wenn der Inhaber aber sein
Eigentum fest in der Hand hält oder sein Eigentum wieder in
Griff bekommt (recovers a grasp on his property) und der Täter
es dann durch Gebrauch von Gewalt überwältigt, so ist das Verbrechen zum Raub geworden. Dasselbe gilt, wo das Opfer keinen
Widerstand leistet, der Täter aber überzeugt ist, daß er dem
Opfer eine Verletzung zufügen muß, wenn er sich das erstrebte
Eigentum sichern will, und gleichwohl mit seiner Handlung fortfährt, wie in dem Falle, wo er seinem weiblichen Opfer den Ohrring wegreißt, in Kenntnis, daß er damit ihre durchstochene
Ohrmuschel zerreißen wird.[2] Nach neuem englischen Recht ist also die bisherige Rechtsprechung voll aufrechterhalten.[3] Im
deutschen Recht nahm neben dem überwiegenden Teil des Schrifttums auch das Reichsgericht[4] in solchen Fällen mangels der Überwindung eines Widerstandes zur Ermöglichung des Diebstahls keine Gewalt gegen eine Person, sondern gegen eine Sache an und
hielt nur einfachen Diebstahl für gegeben. An dieser Auffassung

---

[1] R.v.Gnosil, 1824, 1 C.& P.304, 15 Dig.Repl.1118, 11 118;
   Smith (J.C.) op.cit. para.158.
[2] R.v.Lapier, 1784, 1 Leach 320, 2 East P.C.557, 708, 168 E.
   R.263, 15 Dig.Repl.1072, 10 569.
[3] Smith (J.C.) op.cit. para.158 mit n.13.
[4] RGSt 46, 403-405; vgl.auch Schönke-Schröder 17.Aufl.(1974)
   Rdz.4a zu § 249; Mezger-Blei Bd.2 9.Aufl.(1966) S.153; Welzel 11.Aufl.(1969) S.360; Österr.OGH in ÖJZ 59, 636; Schultz
   (H.), Der strafrechtliche Begriff der Gewalt, Schweiz.Ztschr.
   für Strafrecht 1952 S.346; LK 9.Aufl.(1974) Rdz.6 zu § 249;
   Frank (R.), Das Strafgesetzbuch für das Deutsche Reich 18.
   Aufl.(1931) Anm.II 1 zu § 249; Dreher 35.Aufl.(1975) Anm.1 B a
   zu § 249; Petters-Preisendanz 29.Aufl.(1975) Anm.2a zu § 249.

hielt es in der Folgezeit fest. Die deutsche wie auch die englische Rechtsprechung nimmt Raub an, wenn durch ein aus besonderen Gründen veranlaßtes verstärktes Festhalten des Diebstahlsobjekts die Überwindung eines Widerstandes zur Ermöglichung des Diebstahls notwendig war.[1] Nachdem erstmals das LG Köln[2] in einem Fall der unerwarteten plötzlichen Handtaschenentreissung Raub bejaht und auch das Schrifttum[3] vereinzelt sich zu dieser Auffassung bekannte, schloß sich der Bundesgerichtshof im Urteil vom 19.April 1963[4] dieser Ansicht an, indem er davon ausging, daß derjenige, der einen nicht gerade wertlosen Gegenstand in der Hand hatte, nach der Erfahrung des täglichen Lebens regelmäßig bereits entschlossen sei, sich der beliebigen Wegnahme dieses Gegenstandes zu widersetzen. Von dieser Vorstellung gehe auch der Täter aus, der überraschenderweise zugreife, um das Opfer daran zu hindern, seiner inneren Haltung entsprechend Widerstand zu leisten. Der Bundesgerichtshof, der so einen regelmäßig vorhandenen Widerstand voraussetzt, verneinte daher in derartigen Fällen das Vorliegen eines Diebstahls und nahm Raub als gegeben an. Freilich blieb diese von der bisherigen Rechtsprechung abweichende Entscheidung nicht unangefochten[5] und auch der BGH selbst hat in späteren Entscheidungen das genannte Urteil zwar nicht abgelehnt, ihm aber gegenüber doch eine vorsichtige Zurückhaltung geübt,[6] indem er die darin ausgesprochene weitgehende Auslegung des Gewaltbegriffes als an die äußerste Grenze gehend bezeichnete, so daß er offenbar nicht gewillt ist, dieser Auslegung schlecht-

---

[1] BGH NJW 55, 1404 f., LM (1955) Nr.14 zu § 249 StGB.

[2] LG Köln DJ 44, 206 mit Anm.Sommer.

[3] Dalcke-Fuhrmann-Schäfer 37.Aufl.(1961) § 249 StGB Anm.1.

[4] BGHSt 18, 329, 330 f., NJW 63, 1210 f., JZ 63, 714, MDR 63, 695, LM (1963) Nr.19 zu § 249 StGB mit Anm.Martin; ebenso OLG Saarbrücken NJW 69, 622 f.

[5] Geilen (G.), Neue Entwicklungen beim strafrechtlichen Gewaltbegriff, in: FS für H.Mayer, Berlin 1966 S.456, 460 & 465; aber zustimmend Martin Anm.zu BGHSt 18, 329 in LM (1963) Nr.19 zu § 249 StGB.

[6] BGH v. 13.6.67 - 5 StR 246/67 bei Dallinger MDR 68, 17; BGH v. 19.7.67 - 2 StR 349/67 bei Dallinger MDR 68, 17; BGH v. 24.10.67 - 1 StR 454/67, zit. bei BGH GA 68, 338.

hin zu folgen, auch wenn die neuerliche Häufung des Entreis-
sens von Handtaschen aus kriminalpolitischen Gründen eine gewisse ausdehnende Auslegung des Gewaltbegriffes nahelegen
möchte. So hat er im Urteil vom 19.12.1967[1] sich dahin ausgesprochen, daß nicht jede Wegnahme einer Handtasche durch blitzschnelles Zugreifen als Raub anzusehen sei, und im Urteil vom
12.Juli 1968[2] an seiner in den Entscheidungen vom 8.11.1966
und vom 19.12.1967[3] vertretenen Auffassung festgehalten. Diesen Standpunkt vertrat der BGH auch im Beschluß vom 5.10.1974.[4]
Während nach bisherigem englischen Recht die Gewaltanwendung
sich gegen den Besitzer, gleichviel ob General- oder Spezialeigentümer, richten mußte,[5] braucht sich nach der Fassung des
s.8 Theft Act 1968 die Gewaltausübung nicht gegen den Eigentümer der erstrebten Sache zu richten, sondern kann gegen irgendeine Person ausgeübt werden, wie z.B. gegen einen Passanten,
der dem Opfer beispringt, um die Wegnahme der Sache zu verhindern. Dasselbe gilt auch nach deutschem Recht. Weil die Gewaltanwendung die Wegnahme ermöglichen soll, braucht sie sich nicht
nur gegen den Eigentümer oder Gewahrsamsinhaber, sondern kann
sich auch gegen jede andere Person richten, die zum Schutz der
Sache, sei es auf Grund einer Verpflichtung oder auch ohne eine solche bereit ist, die Wegnahme zugunsten und im Interesse
des Berechtigten zu verhindern, wie z.B. ein Angestellter
oder ein Begleiter oder ein freiwilliger Helfer, so daß also
eine Identität der vergewaltigten Person und derjenigen des Inhabers der Sache nicht erforderlich ist.[6] Als schutzbereite
Person kann auch in Frage kommen, wer nur Hilfe herbeiholen
könnte, wie beispielsweise durch Hilferufe. Daher reicht auch
Gewalt gegenüber einem Kind oder einem Geisteskranken, da zur
Schutzbereitschaft der natürliche Wille genügt und ein rechtlich
relevanter Wille nicht nötig ist, aus. Die Gewaltanwendung muß

---

[1] BGH GA 1968, 337.
[2] BGH vom 12.7.68 - 4 StR 257/68, Pfeiffer-Maul-Schulte Anm.4
    zu § 249 StGB.
[3] BGH v. 8.11.66 - 1 StR 476/66 und v. 19.12.67 - 1 StR 590/67,
    GA 1968, 338.
[4] 4 StR 454/74 bei Dallinger MDR 75, 22.
[5] R.v.Fallows, 1832, 5 C.& P.508, 1 Nev.& M.M.C.354, 15 Dig.
    Repl.1118, 11 104.
[6] RGSt 17, 83; 56, 24; 67, 186; 69, 330; BGH NJW 53, 154.

sich nach beiden Rechtssystemen gegen die Person des Opfers
oder eines anderen richten. Der Angriff gegen andere Rechtsgüter, wie z.B. Ehre oder Eigentum, begründet keinen Raub, kann
aber unter Umständen als Erpressung strafbar sein. Nach englischem wie nach deutschem Recht muß die gewaltsame Wegnahme
rechtswidrig sein. Hat der Täter einen Rechtsanspruch auf die
erstrebte Sache oder nimmt er wenigstens gutgläubig an, einen
solchen Anspruch zu haben, so ist Raub ausgeschlossen,[1] wobei
nach deutschem Recht unerheblich ist, ob das Nötigungsmittel
rechtmäßig oder rechtswidrig ist. Dagegen ist nach englischem
Recht mindestens zweifelhaft, ob auch das Druckmittel der Gewaltanwendung oder Furchterregung durch Drohung widerrechtlich
sein muß. So ist in der Entscheidung R.v.Hemmings[2] ein solches
Erfordernis nicht verlangt, während nach Russell[3] in einer
Stellungnahme zum genannten Fall die Nötigungshandlung rechtmäßig sein oder doch mit Grund für rechtmäßig gehalten werden
muß, um Raub auszuschließen. Bei Ausschluß des Raubes ist nach
deutschem Recht möglicherweise das Vorliegen einer Nötigung gegeben, nicht aber nach englischem Recht, das eine allgemeine
Nötigungsbestimmung nicht kennt. Freilich entfällt auch nach
deutschem Recht die Nötigung, wenn der Täter das Bestehen eines in Wirklichkeit nicht vorhandenen Selbsthilferechts gutgläubig annimmt. Anderer Ansicht ist Hirsch,[4] der im Gegensatz
zur geltenden Rechtsprechung[5] im Irrtum über die Grenzen eines
Rechtfertigungsgrundes, wie dies gerade bei Irrtum über die Zulässigkeit der Selbsthilfe der Fall ist, keinen Tatbestandsirrtum, sondern einen vermeidbaren Verbotsirrtum erblickt, der keine strafbefreiende Wirkung hat. In subjektiver Hinsicht muß nach
deutschem Recht ein auf die Wegnahme mit Gewalt gerichteter Vorsatz seitens des Täters vorliegen, nicht aber ist Bereicherungs-

---

[1] R.v.Hall, 1828, 3 C.& P.409, 15 Dig.Repl.1061, 10 462 per
Vaugham B., wo gesagt ist: "If the prisoner demanded a thing
under the honest impression that he had a right to them ...
it would be no robbery", zit.b.Kielwein (G.) a.a.O. S.143;
RGSt 64, 213; RG HRR 1937 Nr.209; BGHSt 17, 87 ff., JR 62,
34 f. m.Anm.Schröder; BGH GA 1962, 144; Schönke-Schröder 17.
Aufl.(1974) Rdz.57 zu § 242; Dreher 35.Aufl.(1975) Anm.3 B zu
§ 242; Petters-Preisendanz 29.Aufl.(1975) Anm.VI 2 h zu § 242;
LK 9.Aufl.(1974) Rdz.70 zu § 242; Cramer (P.), Vermögensbe-

absicht erforderlich.[1] Auch nach Theft Act 1968 ist vorsätzliche Gewaltanwendung zu dem Zweck, mit ihrer Hilfe in den Besitz der erstrebten Sache zu gelangen, gefordert.[2] Der Begriff des Druckmittels der vollendeten oder versuchten Drohung mit sofortiger Gewaltanwendung i.S. von s.8 Theft Act 1968 ist, wie es scheinen mag, nicht wesentlich verschieden von der nach deutschem Recht geforderten Drohung mit gegenwärtiger Gefahr für Leib oder Leben i.S. von § 249 StGB, da auch nach englischem Recht die Drohung mit Gewalt einen Eingriff in die körperliche Unversehrtheit des Opfers verlangt, und nach beiden Rechtssystemen eine Drohung mit geringfügiger körperlicher Beeinträchtigung zur Begründung von Raub nicht ausreicht.[3] Drohungen mit Schädigung des guten Rufes begründen nach deutschem Recht wie nach s.8 Theft Act 1968 keinen Raub, nachdem sie schon nach bisherigem englischen Recht durch die Bestimmungen über Erpressung praktisch ihre Bedeutung als Nötigungsmittel für Raub verloren hatten. Während das deutsche Recht beim Raub

---

griff und Vermögensschaden im Strafrecht (1968) S.74 f.

[2] R.v.Hemmings, 1864, 4 F.& F.50, 176 E.R.462, 15 Dig.Repl. 1061, 10 469.

[3] Russell-Turner op.cit. p.855.

[4] Hirsch (H.J.), Eigenmächtige Zueignung geschuldeter Sachen. Rechtswidrigkeit und Irrtum bei den Zueignungsstrafbestimmungen, JZ 63, 149 f.

[5] BGHSt 17, 87, 91.

---

[1] RG GA 47, 284; siehe auch Dreher 35.Aufl.(1975) Anm.3 zu § 249, Anm.4 B b zu § 242.

[2] Kielwein (G.) a.a.O. S.142.

[3] R.v.Hazell, 1870, 23 L.T.562, 11 Cox C.C.597, 15 Dig.Repl. 1047, 10 315; R.v.Lovell, 1881, 8 Q.B.D.185, 50 L.J.M.C.91, 44 L.T.319, 45 J.P.406, 30 W.R.416, 15 Dig.Repl.1048, 10316; R.v.Walton and Ogden, 1863, L.& C.288, 1 New Rep.374, 32 L. J.M.C.79, 7 L.T.754, 27 J.P.165, 9 Jur.N.S.259, 11 W.R.348, 9 Cox C.C.268, 15 Dig.Repl.1119, 11 138; R.v.Robertson, 1864, L.& C.483, 34 L.J.M.C.35, 11 L.T.387, 28 J.P.821, 11 Jur.N.S. 96, 13 W.R.101, 10 Cox C.C.9, 15 Dig.Repl.1047, 10 313; R.v. Knewland and Wood, 1796, 2 Leach 721, 15 Dig.Repl.1119, 11149; R.v.McGrath, 1869, L.R.1 C.C.R.205, 39 L.J.M.C.7, 21 L.T.543, 11 Cox C.C.347, 18 W.R.119, 34 J.P.86, 15 Dig.Repl.1047, 10 314; RGSt 72, 230 f.; BGHSt 7, 254; LK 9.Aufl.(1974) Rdz.7 zu § 249.

Drohung mit sofortiger Gewaltanwendung - wie mit Gewaltanwendung als solcher - gegen Sachen ausschließt,[1] anerkannte das
bisherige englische Recht Drohungen mit Gefahr für das Eigentum des Opfers ausnahmsweise als Nötigungsmittel für Raub dann
an, wenn solche Drohungen von einem aufgewiegelten Pöbelhaufen ausgestoßen worden waren und als solche regelmäßig gleichzeitig einen Eingriff in die körperliche Unversehrtheit des
Bedrohten in sich schlossen.[2] Da nach der Rechtsprechung diese Ausnahmefälle sich auf Aufruhr, Aufstand und dergleichen
Ausnahmetatbestände beschränkten, so hatten sie großenteils
ihre frühere Bedeutung eingebüßt. Auch nach s.8 Theft Act 1968
dürfte in solchen Ausnahmefällen vollendete Drohung mit sofortiger Gewaltanwendung gegen eine Person zu erblicken sein, soweit nicht sondergesetzliche Bestimmungen Platz greifen sollten.[3] Für das Zwangsmittel der vollendeten oder versuchten
Furchterregung durch Drohung mit sofortiger Gewaltanwendung
gelten im allgemeinen dieselben Grundsätze, die schon für das
Nötigungsmittel der Gewaltanwendung erörtert worden sind. Auch
die Drohung mit sofortiger Gewaltanwendung kann ausdrücklich
oder in schlüssiger Weise, insbesondere durch Gebärden, bewirkt werden. Nach bisherigem englischen Recht mußte sich die
Drohung gegen den zu beraubenden besitzenden General- oder Spezialeigentümer richten. Die Drohung gegen einen Dritten genügte nur dann, wenn der Dritte dem Bedrohten so nahestand, daß
dieser nach Vernunft und menschlicher Erfahrung aller Wahrscheinlichkeit nach durch die mit der Drohung bewirkte Furchterregung bestimmt wurde, dem Verlangen des drohenden Täters zu
entsprechen, wie z.B. bei Drohung gegen den Sohn oder den Ehegatten oder den Bruder oder eine sonstige dem Eigentümer nahestehende Person, ausnahmsweise auch gegenüber einer Person,

---

[1] RGSt 20, 356, 45, 156 f., 46, 404; BGH LM (1955) Nr.14 zu
§ 249; OLG Neustadt/Weinstr. MDR 57, 310; BayObLG NJW 59,
496; LK 9.Aufl.(1974) Rdz.4 zu § 249; Schönke-Schröder 18.
Aufl.(1976) Rdz.4a zu § 249; Dreher 35. Aufl.(1975) Anm.1
B a zu § 249.
[2] R.v.Simons, 1773, 2 East P.C.712, 731, 15 Dig.Repl.1117,
11098; R.v.Taplin, 1780, 2 East P.C.712, 15 Dig.Repl.1119,
11 144; R.v.Brown, 1780, 2 East P.C.731, 15 Dig.Repl.1119,
11 145; R.v.Astley, 1792, 2 East P.C.729, 15 Dig.Repl.1119,
11 147; R.v.Winkworth, 1830, 4 C.& P.444, 15 Dig.Repl.1119,
11 148; R.v.Spencer, 1783, 2 East P.C.1117, 11 099.
[3] vgl. Riot Act 1714 (1 Geo.I st.2 c.5) & Seditious Meetings

die durch keine besonderen Bande der Sympathie mit dem Eigentümer verknüpft war.[1] Nach s.8 Theft Act dagegen kann sich die zur Furchterregung verwendete Drohung auch gegen irgendeinen Dritten, z.B. einen Passanten, der eingreift, um die Ausführung des Diebstahls zugunsten des Eigentümers zu verhindern, richten, so daß der Drohende Raub begeht, wenn er den Diebstahl vollendet. Es ist unwesentlich, daß keine solche Drohung gegenüber dem Eigentümer ausgesprochen ist, dem gegenüber der Diebstahl begangen wird. Die Anklage dürfte solchenfalls auf Raub gegenüber dem Eigentümer lauten, da klarerweise gegenüber dem helfenden Passanten kein Raub gegeben ist.[2] Nach deutschem Recht muß die Drohung mit Gefahr für Leib oder Leben gegenüber dem Gewahrsamsinhaber oder sonstigen Beschützer des Gewahrsams, also auch gegenüber einem bloßen Gewahrsamshalter, gebraucht werden.[3] Doch braucht das in Aussicht gestellte Übel nicht den Bedrohten selbst zu treffen, wenn es ihn nur mittelbar angeht, wie z.B. bei Drohung mit Tötung einer Person seiner Sympathie, mit der der Bedrohte in so nahen persönlichen Beziehungen steht, daß die Drohung auch dem Bedrohten gegenüber als Übel erscheint, von ihm also als eigene Beeinträchtigung empfunden wird, und er nach Vernunft und allgemein menschlicher Erfahrung aller Wahrscheinlichkeit nach durch die Ankündigung des Übels zu seinem, dem Verlangen des drohenden Täters entsprechenden unfreien Verhalten bestimmt wird. Personen seiner Sympathie brauchen nicht nur Angehörige des Bedrohten zu sein, wie Sohn, Ehegatte, Bruder oder sonstige nahe Verwandte, sondern können auch dem Bedrohten nahestehende Personen, wie intime Freunde und Kamera-

---

Act 1817 (57 Geo.III c.19).

---

[1] R.v.Thomas, 1784, 1 Leach 330, 1 East P.C.417, 418, 15 Dig. Repl.1121, 11 169; Archbold (J.F.) op.cit. 34th ed.(1959) p.477.

[2] Smith (J.C.) op.cit. para.165.

[3] RGSt 56, 24; 67, 186; 73, 346; BGH NJW 53, 154.

den, sein.[1] Die Furchterregung durch Drohung mit sofortiger
Gewaltanwendung muß, ebenso wie die Gewaltanwendung, der Wegnahme vorausgehen oder sie doch begleiten. Auch nach dem Recht
nordamerikanischer Bundesstaaten muß die Drohung der Wegnahme
vorausgehen oder sie doch begleiten. Sofern sie nachfolgt,
liegt kein Raub vor.[2] Wie nach bisherigem englischen Recht und
nach deutschem Recht trifft dies auch nach dem Theft Act 1968
zu, wie sich aus der Fassung des s.8 klarerweise ergibt; muß
sie doch erfolgen, um die diebische Wegnahme auszuführen.[3] Drohungen mit Gewalt nach beendeter Wegnahme begründen keinen
Raub, wohl aber nach deutschem Recht räuberischen Diebstahl
(§ 252 StGB), sofern die sonstigen Voraussetzungen dieses Deliktes gegeben sind. Nach englischem Recht dürfte solchenfalls
nur Diebstahl vorliegen und die nachträgliche Drohung straflose Nachtat sein, da das englische Recht kein allgemeines Delikt der Bedrohung kennt, sondern nur gewisse Fälle schriftlicher Bedrohung mit besonders bezeichneten Delikten, nämlich
mit Mord nach dem Offences against the Person Act 1861 (24 &
25 Vict. c.100) s.9 oder mit Inbrandsetzung oder Zerstörung
eines Hauses, einer Scheune oder eines sonstigen Gebäudes oder
von Getreide oder sonstigen landwirtschaftlichen Erzeugnissen
in einem Gebäude oder auf einem Schiff oder mit Töten, Verstümmeln oder Verletzen von Nutztieren, insbesondere von Vieh nach
dem Malicious Damage Act 1861 (24 & 25 Vict. c.97) s.50, strafbar gemacht hat. Aus der Fassung des s.8 Theft Act 1968 folgt
auch, daß im Hinblick auf das Erfordernis einer vollendeten
oder versuchten Furchterregung durch Drohung mit sofortiger, d.
h. an Ort und Stelle auszuübender, Gewalt eine schriftliche
oder telefonische Drohung für das Vorliegen eines Raubes in der
Regel nicht in Betracht kommt. Ebenso scheidet auch eine Drohung
aus, welche auf die künftige Wegnahme einer Sache abzielt. Sie
kann nur als Erpressung in Betracht kommen. Nach bisherigem eng-

---

[1] RGSt 17, 83; 56, 24; 60, 158; 67, 186; 69, 330; Schönke-Schröder 17.Aufl.(1974) Rdz.26 zu Vorbem.zu §§ 234 ff.StGB; LK 9.
Aufl.(1974) Rdz.3 zu § 249.
[2] Hermann v. State, 123 So.2d 846 (Miss.1960), The Journal of
Criminal Law, Criminology and Police Science vol.51 (1961)
p.642; Wharton's Criminal Law and Procedure vol.II (1957)p.263.
[3] ... if he steals, and immediately before or at the time of
doing so, and in order to do so, ...

lischen Recht mußte bei der Furchterregung durch Drohung mit
sofortiger Gewaltanwendung der Bedrohte von solcher Furcht
ergriffen sein, daß sie nach Vernunft und allgemeiner Erfahrung ausreichte, in wahrscheinlicher Weise einen Mann von
normaler Willensstärke zu bestimmen, sein Eigentum um der
Sicherheit seiner Person willen ohne oder gegen sein Einverständnis aufzugeben.[1] Dabei brauchte der Bedrohte allerdings
nur nachzuweisen, daß Umstände vorlagen, die nach allgemeiner
Erfahrung gewöhnlich und vernünftigerweise bei einem Mann von
üblicher Willensstärke eine solche Furcht vermuten lassen,
und es oblag dem Täter der Nachweis, daß eine Furchterregung
bei dem Bedrohten nicht vorlag.[2] Anders verhält es sich nach
dem Theft Act 1968. Aus der Fassung des s.8, wonach nicht nur
eine vollendete, sondern auch schon eine versuchte Furchterregung ausreicht, erhellt, daß es unerheblich ist, ob der Bedrohte tatsächlich von Furcht ergriffen worden sein muß, so
daß sie also auch fehlen kann. Es genügt, daß der Drohende die
Drohung mit sofortiger Gewalt für ausreichend und geeignet
hält, bei dem Bedrohten die Furchterregung herbeizuführen.
Ginge er allerdings selbst davon aus, daß bei dem Bedrohten
durch die Drohung keine Furcht erregt werde, was aber bei der
Art der Drohung mit sofortiger Gewaltanwendung normalerweise
nicht angenommen werden kann, so könnte man solchenfalls von
einer Drohung i.S. von s.8 Theft Act 1968 nicht sprechen. Auch
im deutschen Recht ist nach herrschender Meinung die Beziehung
zwischen der Nötigungshandlung der Furchterregung und der Wegnahme nicht im Sinne objektiven Kausalzusammenhanges zu verstehen, sondern es genügt, daß die Drohung dem Täter zur Wegnahme dienen soll. Ausreichend ist also, daß der Täter die Nö-

---

[1] R.v.Donnally, 1779, 1 Leach 193, 2 East P.C.713, 715, 15 Dig.
Repl.1118, 11 113; R.v.Walton and Ogden, 1863, Le.& Ca.288,
9 Cox C.C.268, 32 L.J.M.C.79, 15 Dig.Repl.1119, 11 138; R.v.
Southerton, 1805, 6 East 126, 102 E.R.1235, 2 Smith K.B.305,
15 Dig.Repl.1121, 11 179; R.v.Woodward, 1707, 11 Mod.Rep.137,
6 East 133 n., 88 E.R.949, 15 Dig.Repl.1121, 11 178; Archbold (J.F.) op.cit. 34th ed.(1959) p.662; Russell (W.O.Sir)
op.cit. 12th ed., vol.2, by J.W.C.Turner (1964) p.862 n.68.

[2] R.v.Norden, 1774, Fost.129, 15 Dig.Repl.1119, 11 141; Russell
(W.O.Sir) op.cit. 12th ed.(1964) p.862 n.69.

tigung in Form der Furchterregung als Mittel der Wegnahme für geeignet und erforderlich hält. Ob sie wirklich erforderlich ist, ob sich das Opfer die Sache auch ohne Zwang hätte abnehmen lassen, ist ohne Belang.[1] Maßgebend ist lediglich die Vorstellung und der Wille des Täters, also die subjektive Auffassung des Täters von dem Vorliegen des Kausalzusammenhanges.[2]

---

[1] RGSt 69, 330; BGHSt 4, 211, NJW 53, 1400.

[2] RGSt 69, 331; BGHSt 4, 211; 18, 331, NJW 63, 1210, JZ 63, 714; Schönke-Schröder 18.Aufl.(1976) Rdz.6 a zu § 249; LK 9.Aufl. (1974) Rdz.9 zu § 249; Dreher 35.Aufl.(1975) § 249 Anm.1 B; Eser (A.), Zum Verhältnis von Gewaltanwendung und Wegnahme beim Raub, NJW 65, 378.

4. A b s c h n i t t

Die einfache Erpressung nach deutschem Recht

A) Gesetzliche Grundlagen

Mit der geschichtlichen Entwicklung des einfachen Erpressungsdelikts nach deutschem Recht hat sich eingehend Frank[1] befaßt,
so daß auf seine diesbezüglichen Ausführungen verwiesen werden
kann. Die ursprüngliche Fassung des § 253 StGB vom 15.5.1871[2]
lautete: "Wer, um sich oder einem Dritten einen rechtswidrigen
Vermögensvorteil zu verschaffen, einen anderen durch Gewalt
oder Drohung zu einer Handlung, Duldung oder Unterlassung nötigt, ist wegen Erpressung mit Gefängnis nicht unter einem Monat zu bestrafen. Der Versuch ist strafbar". Nach Art.3 der
Verordnung zur Durchführung der Verordnung zur Angleichung des
Strafrechts des Altreichs und der Alpen-Donau-Reichsgaue vom
29. Mai 1943[3] wurde die Bestimmung, nachdem schon durch Art.
12 Buchst.b der genannten Verordnung die bisherige Strafandrohung des § 253 StGB mit Gefängnis nicht unter einem Monat
in Zuchthaus oder Gefängnis nicht unter sechs Monaten abgeändert und durch Buchst.d daselbst der die schwere Erpressung
statuierende § 254 StGB gestrichen worden sowie der Eintritt
eines Vermögensnachteils für den objektiven Tatbestand und die
Absicht unrechtmäßiger Bereicherung für den subjektiven Tatbestand gesetzlich festgelegt worden war, folgendermaßen neu gefaßt: (1) "Wer einen anderen rechtswidrig mit Gewalt oder
durch Drohung mit einem empfindlichen Übel zu einer Handlung,
Duldung oder Unterlassung nötigt und dadurch dem Vermögen des
Genötigten oder eines anderen Nachteil zufügt, um sich oder
einen Dritten zu Unrecht zu bereichern, wird wegen Erpressung

---

[1] Vergleichende Darstellung Bd.VI S.5 ff.

[2] RGBl 127.

[3] RGBl I 339.

mit Gefängnis nicht unter sechs Monaten, in besonders schweren Fällen mit Zuchthaus bestraft. (2) Rechtswidrig ist die Tat, wenn die Anwendung der Gewalt oder die Zufügung des angedrohten Übels zu dem angestrebten Zweck dem gesunden Volksempfinden widerspricht". Diese Fassung wurde in die Neufassung des Strafgesetzbuches vom 25.8.53[1] mit der Maßgabe übernommen, daß bei der Strafdrohung anstelle von Gefängnis nicht unter sechs Monaten Gefängnis nicht unter zwei Monaten trat. Außerdem wurde in Abs.2 die Tat dann als rechtswidrig bezeichnet, wenn die Anwendung von Gewalt oder die Androhung des Übels zu dem erstrebten Zweck als verwerflich anzusehen ist. Diese Formulierung des Abs.2 wurde auch nach § 253 StGB i.d.F. vom 1.9.69 übernommen und in der Fassung vom 1.1.75 beibehalten. In der Neufassung des Strafgesetzbuches vom 1.9. 69[2] wurde die bisherige Fassung des § 253 Abs.1 dahin abgeändert, daß die Worte "wegen Erpressung" gestrichen wurden und bei der Strafdrohung anstelle der "Freiheitsstrafe nicht unter zwei Monaten" "Freiheitsstrafe von zwei Monaten bis zu fünf Jahren" und in besonders schweren Fällen "Freiheitsstrafe nicht unter einem Jahr" trat. Nach Art.18 Nr.129 EGStGB vom 2.3.74[3] wurde für diese Vorschrift die Überschrift "Erpressung" bestimmt und in Abs.1 wurden die Worte "wegen Erpressung" gestrichen und die Worte "von zwei Monaten bis zu fünf Jahren" durch die Worte "bis zu fünf Jahren oder mit Geldstrafe" ersetzt. Diese Fassung wurde auch nach § 253 StGB i.d.F. vom 1.1.75[4] übernommen, so daß § 253 StGB jetzt folgenden Wortlaut aufweist: (1) "Wer einen anderen rechtswidrig mit Gewalt oder durch Drohung mit einem empfindlichen Übel zu einer Handlung, Duldung oder Unterlassung nötigt und dadurch dem Vermögen des Genötigten oder eines anderen Nachteil zufügt, um sich oder einen Dritten zu Unrecht zu bereichern,

---

[1] BGBl I 1083.
[2] BGBl I 1445.
[3] BGBl I 469.
[4] BGBl I 1.

wird mit Freiheitsstrafe bis zu fünf Jahren oder mit Geldstrafe, in besonders schweren Fällen mit Freiheitsstrafe nicht unter einem Jahr bestraft. (2) Rechtswidrig ist die Tat, wenn
die Anwendung der Gewalt oder die Androhung des Übels zu dem
angestrebten Zweck als verwerflich anzusehen ist. (3) Der Versuch ist strafbar." § 253 StGB in der ursprünglichen Fassung
vom 15.5.1871 unterscheidet sich von § 253 StGB n.F. dadurch,
daß nach ersterem - was schon im StGBE 1927 und in den späteren StGB-Entwürfen als Mangel bezeichnet wurde[1] - keine Vermögensschädigung des Genötigten oder des Dritten vorausgesetzt war, während nach § 253 StGB n.F. ausdrücklich gefordert
ist, daß durch die Nötigung dem Vermögen des Genötigten oder
eines anderen ein Nachteil zugefügt wird. Zwar entsprach schon
nach früherem Recht in der Regel der Verschaffung eines rechtswidrigen Vermögensvorteils auch eine entsprechende Vermögensschädigung des Genötigten oder eines Dritten;[2] doch war dies,
weil im Gesetz nicht zum Ausdruck gebracht, nicht notwendig.
Ein Beispiel hierfür liefert das Urteil des Bundesgerichtshofs vom 3.6.53,[3] wo in dem Falle, daß der Täter sein Opfer
nötigte, ihm Lebensmittelmarken, die zur Vernichtung bestimmt
beim Ernährungsamt lagen, herauszugeben, vom Bundesgerichtshof im Anschluß an die Rechtsprechung des Reichsgerichts und
des OLG Celle[4] entschieden wurde, daß er dem Vermögen eines anderen keinen Nachteil zugefügt habe, da als geschädigt nur die
Bevölkerung hätte angesehen werden können, die aber als solche nicht rechtsfähig und daher nicht Träger eines Vermögens
oder einzelner Vermögensrechte sein kann, eine bestimmte geschädigte Person also nicht vorhanden war, so daß eine Erpressung entfiel. Nach § 253 StGB i.d.F. vom 15.5.1871 aber
hatte sich der Täter, wie in den Urteilsgründen ausgeführt
ist, der Erpressung schuldig gemacht, da er sich durch den

---

[1] Lange (R.), Zur Strafrechtsreform, NJW 49, 695 ff., 697 f.
[2] siehe RGSt 67, 200.
[3] BGHSt 4, 260 ff., NJW 53, 1232.
[4] RGSt 52, 154; RG DR 40, 1826; OLG Celle HannRpfl.1946, 120.

Besitz von Lebensmittelmarken zu Unrecht bereicherte. Dagegen begründet "die unrechtmäßige Bereicherungsabsicht" - trotz der von § 263 StGB abweichenden Formulierung - gegenüber der "Absicht, sich oder einem Dritten einen rechtswidrigen Vermögensvorteil zu verschaffen" sachlich keinen wesentlichen Unterschied,[1] obwohl durch die geänderte Fassung ausnahmsweise auch ein sachlicher Unterschied begründet werden kann, worüber noch später zu sprechen sein wird. Sehr umstritten war bezüglich der Rechtswidrigkeit der Gewalt oder der Drohung die Weitergeltung des inhaltlich mit § 339 des Entwurfs eines Allgemeinen Deutschen Strafgesetzbuches von 1927[2] übereinstimmenden § 253 i.d.F. der VO vom 29.5.43 in Ansehung des Absatzes 2, der auf das "gesunde Volksempfinden" abstellte, im Hinblick auf Art.II Ziff.3 der Kontrollrat-Proklamation 3 und auf Art.IV Ziff.7 des Militärregierungs-Gesetzes Nr.1. Das LG Dortmund[3] und das Kammergericht[4] waren der Auffassung, das Verbot der Bestrafung nach "gesundem Volksempfinden" umfasse sowohl Abs.1 wie Abs.2 des § 253 StGB und deshalb sei § 253 StGB (bzw. § 240 StGB) in der alten Fassung anzuwenden. Ebenso nahm auch die Thüringische Neufassung des Strafgesetzbuches die alte Fassung der §§ 240 und 253 wieder auf. Die Oberlandesgerichte Freiburg,[5] Oldenburg,[6] Tübingen,[7] Braunschweig[8] und der Oberste Gerichtshof für die Britische Zone[9] vertraten dagegen die Auffassung, daß Abs.2 des § 253 StGB durch die Vorschriften der Besatzungsmächte aufgehoben und daher weggefallen sei und die Rechtswidrigkeit sich daher nach allgemeinen Grundsätzen bestimme. Zum gleichen Ergebnis kam

---

[1] Schönke-Schröder 18.Aufl.(1976) Rdz.19 zu § 253 mit der dort zitierten Literatur und Rechtsprechung.
[2] Reichstagsvorlage, Berlin 1927, Reichstags-Drucksache 3390.
[3] HESt 1, 106, SJZ 1946, 120.
[4] DRZ 1947, 131 f. bzgl.der gleichliegenden Auslegung des § 240 StGB.
[5] DRZ 1946, 61 (zu § 240 StGB) mit krit.Anm.Niethammer.
[6] JBl Braunschweig 1946 Nr.11 S.185, NdsRpfl 1949, 61.
[7] DRZ 1948, 141.
[8] DRZ 1947, 418, NdsRpfl 1947, 24.
[9] OGHSt 2, 103 ff., 111.

auch das OLG Stuttgart,[1] das noch ergänzend erklärte, es sei, wie vor der Verordnung vom 29. Mai 1943, die Verkehrswidrigkeit des angedrohten Übels entscheidend. Demgegenüber nahm das OLG Koblenz[2] an, daß § 240 Abs.2 StGB (= § 253 Abs.2 StGB) weiterhin anwendbar bleibe, weil nicht das nationalsozialistische Schlagwort, sondern der ihm zugrunde liegende sachliche Inhalt maßgebend sei. Anstelle des Begriffs "gesundes Volksempfinden" müsse der Begriff "gute Sitten" treten. Schließlich hielten das OLG Pfalz[3] und das OLG für Hessen[4] die Absätze 2 der §§ 240 und 253 StGB ohne Einschränkungen für fortgeltend. Dieser Auffassung trat auch der Bundesgerichtshof im Urteil vom 5.1.51[5] im Ergebnis bei. "Die Regelung, welche die Erpressung in § 253 StGB a.F. gefunden hatte", so führt er aus, "war von jeher angefochten, weil sie keine Grenze zwischen strafwürdigem und nicht-strafwürdigem Verhalten zog. Die Entwürfe zu einem Strafgesetzbuch befaßten sich deshalb eingehend mit dieser Frage, kamen jedoch zu wesentlich voneinander abweichenden Vorschlägen (vgl. die Begründung des Amtl.Entwurfs 1925 zu § 306 und die Reichstagsvorlage Mai 1927 zu § 339). Das Reichsgericht hat in Übereinstimmung mit dem Schrifttum in ständiger Rechtsprechung die Widerrechtlichkeit der Gewalt oder der Drohung nach dem Verhältnis des Mittels zum Zweck beurteilt. Dem folgt die Neufassung des Abs.2, die die Tat dann für rechtswidrig erklärt, wenn die Anwendung der Gewalt oder die Zufügung des angedrohten Übels zu dem angestrebten Zweck dem gesunden Volksempfinden widerspricht. Hiermit ist gesagt, daß der Richter bei der Abgrenzung des strafwürdigen von dem nicht-strafwürdigen Unrecht nach dem Verhältnis des Mittels zum Zweck auf das Rechtsempfinden des Volkes zu

---

[1] HESt 1, 106, SJZ 1946, 120.

[2] HESt 1, 101, SJZ 1947, 442.

[3] DRZ 1947, 236.

[4] DRZ 1948, 218.

[5] BGHSt 1, 13, 18 f., JZ 54, 178.

achten hat. Das ist" - so fährt der BGH in der erwähnten Entscheidung[1] fort - "von jeher ein Grundsatz rechtsstaatlichen
Strafens gewesen und hier deshalb besonders geboten, weil ein
Zwiespalt des geschriebenen Rechts mit dem allgemeinen Rechts-
bewußtsein gerade bei § 253 StGB besonders peinlich empfunden
werden muß, da dem Erpresser der Makel ehrenrührigen Handelns
anhaftet (so mit Recht die zitierten Entwürfe). Die nationalsozialistischen Machthaber haben allerdings den Begriff des
Volksempfindens zu einem Schlagwort entwertet, mit dem sie
willkürlichen Entscheidungen den Schein des Rechts zu geben
versuchten. Mit der Beseitigung der nationalsozialistischen
Herrschaft ist aber diese Zweckbestimmung hinfällig geworden.
Unter den heutigen rechtsstaatlichen Verhältnissen gilt der
Begriff wieder mit seinem wirklichen unverfälschten Inhalt.
Bestimmungen der Besatzungsmächte stehen der Anwendung des
§ 253 Abs.2 StGB n.F. nicht entgegen". Die Proklamation Nr.3
des Kontrollrates habe daher nur beabsichtigt, die diesem
Begriff vom Nationalsozialismus gegebene, willkürliche Entscheidungen ermöglichende Zweckbestimmung, nach der willkürliche Handlungen bestraft werden konnten, die keinem Strafgesetz unterfielen oder deren Bestrafung nach Analogie verboten war, zu beseitigen, "nicht aber sollte es" - wie das Urteil weiter ausführt - "dem Richter verwehrt sein, bei der Anwendung des Gesetzes auf das Rechtsempfinden des Volkes zu
achten. Die Verschärfung der Strafdrohung durch die Verordnung vom 29.5.43 steht ebensowenig der Fortgeltung des § 253
entgegen". Die scharfe Strafandrohung sei auch, insofern die
Erpressung zu den schwersten und verwerflichsten ehrenrührigen Angriffen gegen Freiheit und Vermögen des Mitmenschen gehöre, zur wirksamen Verbrechensbekämpfung auf diesem Gebiet
nicht unangemessen. Auch § 306 StGBE 1925 und § 339 der Reichstagsvorlage vom Mai 1927 hätten für besonders schwere Fälle
Zuchthaus bis zu zehn Jahren vorgesehen. Der Bundesgerichtshof erachtete daher die §§ 240 Abs.2 und 253 Abs.2 StGB ohne

---

[1] BGHSt 1, 19.

Einschränkung für fortgeltend[1] und führte damit eine Klärung
der strittigen Frage herbei. Durch das dritte Strafrechtsänderungsgesetz vom 4.8.1953[2] wurde dann entgegen dem Regie-
rungsentwurf, der anstelle des "gesunden Volksempfindens"
den Begriff der "guten Sitten" setzen wollte, eine Neufassung gewählt, welche die Rechtswidrigkeit der Tat von der Voraussetzung abhängig machte, daß die Anwendung der Gewalt oder
die Androhung des Übels zu dem angestrebten Zweck als verwerflich anzusehen ist. Die Strafgesetzbuch-Entwürfe von 1960 und
1962 halten ferner, in Übereinstimmung mit der Neufassung des
Strafgesetzbuches vom 1.1.75, in § 259 an der Drohung "mit einem empfindlichen Übel" fest. Den Vorschlägen früherer Entwürfe, der zu weiten Ausdehnung der Erpressungsmittel nach
Schweizer Vorbild[3] durch eine erschöpfende Aufzählung der
strafbaren "gefährlichen" Drohung zu begegnen,[4] wurde darin
nur insofern entsprochen, als in § 260 E die in Abs.1 Ziff.1
bis 5 aufgezählten besonders schweren Fälle der Erpressung zu
einem mit erhöhter Strafsanktion ausgestatteten Delikt der
"schweren Erpressung" gemacht werden sollen. Für die einfache
Erpressung des § 259 E ist eine über "Gewalt oder Drohung mit
einem empfindlichen Übel" hinausgehende Beschränkung der Nötigungsmittel nach der Begründung zum Entwurf von 1960 nicht
notwendig, da der Tatbestand der Erpressung weit weniger offen
ist, als der der Nötigung (§ 170 StGBE 1960), bei dem daher
eine Einschränkung der dort geforderten "gefährlichen" Drohung in § 11 Abs.1 Ziff.7 E 1960, der im StGBE 1962[5] noch
durch die Drohung mit behördlicher Maßnahme, die Drohung mit
Minderung sozialer Geltung und die Drohung mit einem Übel, das
die Lebensgrundlage gefährdet, erweitert wurde,[6] vorgesehen ist,

---

[1] BGHSt 1, 18, JZ 51, 178.

[2] BGBl I 735.

[3] Art.156 SchweizStGB.

[4] Lange (R.), Zur Strafrechtsreform, NJW 49, 698.

[5] BR-Drucksache 200/62.

[6] siehe Jakobs (G.), Nötigung durch Drohung als Freiheitsdelikt,
in: Einheit und Vielfalt des Strafrechts. Festschrift für Karl
Peters, Tübingen 1974 S.87.

und da die Widerrechtlichkeit der Bereicherungsabsicht eine
Einschränkung und eine geeignete Abgrenzung der Grenzfälle ermöglicht. Nach der Fassung des Entwurfs ist eine "widerrechtliche Bereicherungsabsicht", d.h. die Absicht, einen rechtswidrigen Vermögensvorteil zu erlangen, ausdrücklich vorgesehen
und die Rechtswidrigkeit der Nötigungshandlung i.S. des bisherigen Rechts in Abs.2 von der Verwerflichkeit des Mittels zu
dem angestrebten Zweck abhängig gemacht. Die verbesserte Fassung enthält keine sachliche Änderung.[1] Auch verfolgte das
Tatbestandsmerkmal "zu Unrecht" anstelle des Merkmals "widerrechtlich" keinen anderen Zweck, als die lediglich formalrechtliche Abgrenzung durch die Rechtsprechung[2] durch eine materielle Bewertung zu ersetzen,[3] wenn auch, wie sich aus dem Folgenden
ergibt, "die zu Unrecht erfolgte Bereicherung" mit der Erlangung
eines rechtswidrigen Vermögensvorteils sich zwar normalerweise
und regelmäßig, aber nicht schlechthin deckt. Entscheidend soll
nach der neuen Fassung sein, ob die Bereicherung nach der allgemeinen Anschauung des Volkes als Unrecht erscheint, unabhängig davon, ob und wie dies im bürgerlichen Recht zum Ausdruck
kommt.[4] So will sich z.B. der Bestohlene, der den Vater des Diebes durch die Androhung der Anzeige gegen den volljährigen Sohn
nötigt, ihm Schadensersatz zu leisten, nicht zu Unrecht bereichern, obwohl er zivilrechtlich keinen Anspruch auf die Ersatzleistung durch den Vater hat, also einen rechtswidrigen Vermö-

---

[1] Lange (R.), Zur Strafrechtsreform, NJW 49, 695, 698; StGBE
1960 S.52 & 397 mit S.39 & 13; StGBE 1962 mit Stellungnahme
des Bundesrats v.13.7.62, BR-Drucks.IV/650; siehe auch erste
Lesung im Bundestag am 28.9.63 (70.Sitzung, Protokolle S.
3180 ff.); im Rechtsausschuß und späteren Sonderausschuß
(Strafrecht) unter Berücksichtigung der Ausschußanträge nicht
mehr zu Ende behandelt; teilweise Weiterbehandlung im 2.& 3.
Strafrechtsreformgesetz (StRG) v.4.7.69 (BGBl I 717) und v.
20.5.70 (BGBl I 505) und im EGStGB v.2.3.74 (BGBl I 469).

[2] "worauf kein Rechtsanspruch besteht".

[3] Dalcke-Fuhrmann-Schäfer 37.Aufl.(1961) § 253 Anm.9.

[4] OLG Hamm HESt 2, 33; OLG Celle HESt 2, 315; Dalcke-Fuhrmann-
Schäfer 37.Aufl.(1961) § 253 Anm.9; Kohlrausch-Lange 43.Aufl.
(1961) § 253 Anm.VIII b.

gensvorteil anstrebt. Demgegenüber greift nun aber der StGBE
1960[1] wieder auf die "Widerrechtlichkeit" der Bereicherung zurück, indem in der Begründung zu § 252 E ausdrücklich betont
ist: "Widerrechtlich ist die Bereicherung, wenn der Bereicherte keinen rechtlich begründeten Anspruch auf sie hat", so daß
nur das Bestehen eines fälligen Anspruchs die Rechtswidrigkeit
der Vermögensverschiebung beseitigt.[2] Ob die in den Strafgesetzbuch-Entwürfen von 1960 und 1962 vorgesehenen Vorschläge
angenommen und so eine Änderung des Strafgesetzbuches zur Folge haben, bleibt der Entscheidung des Parlaments vorbehalten.

B) Das Wesen der einfachen Erpressung

Die einfache Erpressung wurde nach der früheren Fassung des
§ 253 StGB, wie aus den bisherigen Ausführungen erhellt, als
eine durch eine Bereicherungsabsicht qualifizierte Nötigung
aufgefaßt, bei der es zwar regelmäßig, aber nicht notwendig
auf eine Vermögensschädigung des Genötigten ankam. Sie hatte
also hierbei das Hauptgewicht auf die Verletzung des Rechtsgutes der Freiheit und nur in zweiter Linie auf die des Rechtsgutes des Vermögens gelegt.[3] So stellte das Reichsgericht in
RGSt 20, 56 nur auf die Erlangung eines rechtswidrigen Vermögensvorteil durch die Nötigungshandlung ab, ohne die entsprechende Vermögensschädigung des Genötigten zu erwähnen. Im
Schrifttum verlangten manche Autoren wenigstens, daß die
Bereicherung und der Vermögensschaden in einem kausalen Verhältnis zueinander stehen müssen.[4] Andere Autoren ver-

---

[1] Begründung zu § 259 E S.397 i.Verb. mit Begründung zu § 252
E S.392.

[2] Schönke-Schröder 18.Aufl.(1976) Rdz.19 zu § 253 unter Hinweis auf BayObLGSt 1955, 14; Maurach (R.), Deutsches Strafrecht 5.Aufl. (Studienausg.) (1971) S.290; Welzel (H.), Zum
Schadensbegriff bei Erpressung und Betrug, NJW 53, 652; a.
A. OLG Hamm HESt 2, 33.

[3] LK 8.Aufl., Bd.2 (1958), § 253 Anm.1 unter Hinweis auf v.
Buri GerS.29 Beil.60; Klee (K.), Nötigung und Erpressung,
DStR 1943, 125.

[4] Binding (K.), Lehrbuch Bes.Teil, Bd.1, 2.Aufl.(1902) S.376;
Merkel (A.), Diebstahl und Unterschlagung, in: Handbuch des
deutschen Strafrechts Bd.3 S.727; Villnow (C.), Raub und Erpressung, Begünstigung und Hehlerei nach dem heutigen gemeinen Recht, Breslau 1875 S.46 ff., 47.

langen als Verhalten des Genötigten eine Vermögensverfügung.[1]
Zwischen der zweiten und dritten Meinung besteht der praktische Unterschied darin, daß nach ersterer jede kausale Beziehung, auch eine solche mittelbarer Art, für die Erpressung
ausreicht, daß es insbesondere genügt, daß der Genötigte es
dem Täter lediglich ermöglicht hat, sich selbst den Vermögensvorteil zu verschaffen, während nach letzterer Meinung gefordert wird, daß der Genötigte eine das Vermögen unmittelbar berührende Handlung, Duldung oder Unterlassung vorgenommen haben
muß.[2] Auch nach der neuesten Fassung des § 253 ist das Wesen
der Erpressung umstritten. Die herrschende Meinung[3] betrachtet, wie beim Betrug (§ 263 StGB), als geschütztes Rechtsgut
nicht Vermögen oder Freiheit, sondern Vermögen und Freiheit
und bewertet so die Verletzung beider gleich. Diesem schon vom
Reichsgericht[4] vertretenen Standpunkt ist auch der Bundesgerichtshof im Urteil vom 18.1.1955[5] beigetreten. In diesem Urteil ist die Verurteilung wegen Betrugs sowohl auf die Täuschungshandlung als auf den dadurch verursachten Vermögensschaden abgestellt. Entsprechendes muß auch für die Erpressung
gelten. So ist in dem Urteil unter anderem ausgeführt, daß
nicht nur das durch § 263 StGB allein geschützte Rechtsgut des
Vermögens, sondern auch die sonst durch § 253 StGB zusätzlich
geschützte Freiheit der selbständigen Entscheidung verletzt
worden ist. Nach Klee[6] liegt das Gewicht der Vorschrift im wesentlichen auf dem Schutz der Selbstbestimmung bei vermögens-

---

[1] Frank (R.), Raub und Erpressung S.25 ff. und sachlich übereinstimmend RGSt 3, 426 & 8, 5; schwankend Frank (R.), Das Strafgesetzbuch 18.Aufl.(1931) § 253 Anm.III; Olshausen (J.v.) 11.
Aufl. Bd.2 (1927) § 253 Anm.6.

[2] Schröder (H.), Über die Abgrenzung des Diebstahls von Betrug
und Erpressung, ZStW 60 (1941) S.85 f.; Otto (H.), Zur Abgrenzung von Diebstahl, Betrug und Erpressung bei der deliktischen Verschaffung fremder Sachen, ZStW 79 (1967) S.59 ff.,
85.

[3] Hippel (R.v.), Lehrbuch des Strafrechts, Berlin 1932 S.261;
Gerland (H.), Deutsches Reichsstrafrecht 2.Aufl.(1932) S.645;
Maurach (R.), Deutsches Strafrecht 5.Aufl.(1969) S.288; Mez-
ger-Blei, Strafrecht Bes.T. 9.Aufl.(1966) S.208; Olshausen
(J.v.) 11.Aufl.(1927) § 253 Anm.2; Petters-Preisendanz 29.
Aufl.(1975) § 253 Anm.1; Schönke-Schröder 18.Aufl.(1976) Rdz.1
zu § 253.

[4] RGSt 10, 217.

[5] BGHSt 1, 20; 7, 198.

[6] Klee, Nötigung und Erpressung, DStR 1943, 125.

rechtlicher Betätigung, also in der Vergewaltigung des Willens
und nicht in der Vermögensschädigung. Nach anderen Autoren[1]
ist die Vermögensschädigung und nicht die Nötigung als maßgebend anzusehen, worauf das in der Neufassung des § 253 StGB
gebrauchte Wort "dadurch" hinweisen solle. In diesem Sinne
sprechen sich unter anderem Maurach und Kohlrausch-Lange[2] aus,
die zwar, wie die herrschende Meinung, von der Gleichstellung
der Entschlußfreiheit und des Vermögens ausgehen, aber gleichwohl dem Angriff auf das Vermögen als Zweck gegenüber dem auf
die Entschlußfreiheit als bloßes Mittel das überwiegende Gewicht beimessen. Ebenso mag auch schon das zu § 253 StGB a.F.
ergangene Urteil des Reichsgerichts vom 24.4.1933[3] gedeutet
werden, wo unter anderem gesagt ist: "Das Wesen des in § 253
StGB bezeichneten Vergehens der Erpressung besteht, da der Vorsatz auf Erlangung eines rechtswidrigen Vermögensvorteils gerichtet sein muß, in einem Angriff auf fremdes Vermögen. Daraus
ergibt sich, daß dem Vermögensvorteil i.S. des § 253 auf der
anderen Seite ein Vermögensnachteil gegenüberstehen muß; der
Vermögensvorteil muß durch die ihm entsprechende Schädigung
fremden Vermögens, aus dem er auf Kosten eines Dritten erlangt
werden soll, vermittelt werden. Dann gehört aber zum Vorsatz
der Wille zu nötigen, durch die Nötigung das Vermögen des anderen zu schädigen und dadurch sich oder einem Dritten einen
rechtswidrigen Vermögensvorteil zu verschaffen". Freilich ist
nach § 253 StGB a.F. dies nur der Regelfall. Es kann aber, wie
schon oben dargelegt wurde, ausnahmsweise nach § 253 StGB i.d.
F. vom 15.5.1871 auch ohne Schädigung fremden Vermögens Erpressung vorliegen. Nach § 253 der neueren Fassungen ist letzteres
schon durch den Wortlaut des Gesetzes ausgeschlossen. Auf die
Vermögensschädigung legt auch in Einklang mit dem Bericht von
Kohlrausch über Vermögens- und Eigentumsverbrechen[4] der Straf-

---

[1] z.B. LK 9.Aufl., Bd.2 (1974) Rdz.1 a zu § 253.

[2] Maurach (R.), Deutsches Strafrecht 5.Aufl., Bes.T., Stud.ausg.
(1971) S.288; Kohlrausch-Lange 43.Aufl.(1961) § 253 Anm.I.

[3] RGSt 67, 201.

[4] Kohlrausch (E.), Vermögensverbrechen und Eigentumsverbrechen,
in: Gürtner (Fr.) (Hrsg.), Das kommende Deutsche Strafrecht,
Bes.T., Bericht über die Arbeit der amtlichen Strafrechtskommission, Berlin 1935 S.317 f.

gesetzbuch-Entwurf 1960 das Hauptgewicht, wie der Begründung zu § 259 zu entnehmen ist.[1] Darin ist unter anderem ausgeführt: "Im Tatbestand der Erpressung sind Merkmale der Nötigung, also eines Angriffs gegen die Entschließungsfreiheit, mit Merkmalen eines Angriffs gegen das Vermögen verknüpft. Es ist Sache des Gesetzgebers, welchen Merkmalen das Schwergewicht zukommen soll. Der Entwurf entschließt sich dafür, den Merkmalen der Straftat gegen das Vermögen den Vorrang zu geben und so den Tatbestand der Erpressung als ein Delikt der Vermögensverschiebung entsprechend dem Betrug auszugestalten, von dem er sich nur dadurch unterscheidet, daß der Angegriffene in dem einen Fall durch Täuschung, im anderen durch Gewalt oder Drohung zu einer nachteiligen Vermögensverfügung bestimmt wird". In Zusammenhang mit dem Wesen der Erpressung steht die Frage, ob mehrere Erpressungen gegen verschiedene Personen in Fortsetzungszusammenhang, der einen Gesamtvorsatz, gleiches Rechtsgut und Gleichartigkeit der Verletzung erfordert, wobei bei mehreren Betroffenen höchstpersönliche Rechtsgüter einen Fortsetzungszusammenhang ausschließen,[2] stehen können. Geht man mit der auch vom Bundesgerichtshof geteilten herrschenden Meinung davon aus, daß in § 253 StGB n.F. der Bruch der Entschließungsfreiheit und die Vermögensschädigung gleichgestellt sind, so ist im genannten Fall Fortsetzungszusammenhang zu verneinen. Zum gleichen Ergebnis kam auch schon nach § 253 StGB i.d.F. vom 15.5.1871 das Reichsgericht im Urteil vom 9.2.1937,[3] das im genannten Fall Fortsetzungszusammenhang mit der Begründung verneinte, daß sich die Erpressung gegen die persönliche Freiheit, also ein höchstpersönliches Rechtsgut richte. Ebenso sprach sich das OLG Braunschweig[4] aus. Dieser Auffassung ist auch der Bundesgerichts-

---

[1] StGBE 1960 Begründung zu § 259 S.396 f.

[2] Baumann (J.), Strafrecht Allg.T., 7.Aufl., Bielefeld 1975 S.683 ff.

[3] HRR 1937 Nr.981.

[4] HESt 2, 32.

hof beigetreten.[1] Die herrschende Meinung im Schrifttum teilt diesen Standpunkt.[2] Bei mehreren Angriffen gegen dieselbe Person ist Fortsetzungszusammenhang ohne weiteres möglich.[3]

C) Verhältnis der einfachen Erpressung
zu Raub und räuberischer Erpressung

Vor Erörterung der einzelnen Tatbestandsmerkmale der einfachen Erpressung nach § 253 StGB soll noch kurz auf die Unterschiede zwischen einfacher Erpressung und Raub einerseits und zwischen einfacher Erpressung und räuberischer Erpressung andererseits eingegangen werden. Bei der Erpressung richtet sich im Gegensatz zum Raub und zur räuberischen Erpressung die Gewaltanwendung gegen Sachen oder andere Vermögensgegenstände, z.B. die Räumung einer Mietwohnung durch Blockierung der Heizung oder Aushängen der Fenster,[4] nicht aber gegen eine Person, da solchenfalls räuberische Erpressung vorliegt, auch wenn durch sie keine Gefahr für Leib oder Leben des Genötigten hervorgerufen ist. Wie schon bei der räuberischen Erpressung ausgeführt, ist nach der Rechtsprechung des Bundesgerichtshofs[5] im Gegensatz zu einem Teil des Schrifttums für räuberische Erpressung - sowenig wie für Raub - eine mit Gefahr für Leib oder Leben

---

[1] BGH LM (1954) Nr.7 zu § 253 StGB; ebenso BayObLG NJW 65, 2166.

[2] Lackner in LK 9.Aufl. Bd.2 (1974) Rdz.27 zu § 253; Kohlrausch-Lange 43.Aufl.(1961) § 253 Anm.I; Maurach (R.), Deutsches Strafrecht Bes.T. 5.Aufl., Studienausg. (1971) S.296; Dreher 34.Aufl.(1974) § 253 Anm.6.

[3] LK 9.Aufl. Bd.2 (1974) Rdz.27 zu § 253.

[4] weitere Beispiele bei Schönke-Schröder 18.Aufl.(1976) Rdz.7 zu Vorbem.zu den §§ 234 ff.

[5] BGH NJW 63, 216.

verbundene Gewaltanwendung erforderlich. Vielmehr reicht ein
solcher Grad von Gewalt aus, der nach der Auffassung des Nötigenden geeignet und notwendig ist, das Opfer zur Herbeiführung
des vom Nötiger erstrebten Erfolges zu bestimmen. Diejenigen
Autoren freilich, die bei räuberischer Erpressung eine Gewaltanwendung mit Gefahr für Leib oder Leben fordern, wollen als
Folge hiervon bei der einfachen Erpressung auch Gewalt gegen
eine Person dann zulassen, wenn diese Gewaltanwendung nicht
mit Gefahr für Leib oder Leben verbunden ist.[1] Bestritten ist,
ob die Gewaltanwendung bei der einfachen Erpressung auch dann
ausreicht, wenn sie sich zwar unmittelbar gegen eine Sache,
mittelbar aber gegen eine Person richtet, oder ob sie weder
unmittelbar noch mittelbar gegen den Körper eines anderen wirken darf. Die Meinung hierüber ist geteilt. Schönke-Schröder,
Dreher und Dalcke[2] vertreten z.B. die Auffassung, daß sich bei
§ 253 StGB die Gewalt ausschließlich gegen Sachen richten muß
und daß bei Gewalt gegen Personen stets räuberische Erpressung
nach § 255 StGB gegeben ist. Demgegenüber erklären Frank,
Kohlrausch-Lange und der Leipziger Kommentar[3] bei § 253 StGB
auch Gewalt gegen Personen für ausreichend, sofern sie nicht
so gesteigert ist, daß sie mit Gefahr für Leib oder Leben verbunden ist. Wenn auch bei Gewalt gegen Personen letzteres regelmäßig zutreffen wird, so muß es doch insbesondere bei einer
Gewaltanwendung, die unmittelbar gegen eine Sache und nur
mittelbar gegen die Person gerichtet ist, keineswegs der Fall

---

[1] Kohlrausch-Lange 43.Aufl.(1961) § 253 Anm.II; LK 8.Aufl.
(1958) § 253 Anm.2 a; Welzel (H.), Das Deutsche Strafrecht
11.Aufl.(1969) S.380.

[2] Schönke-Schröder 18.Aufl.(1976) Rdz.3 a zu § 253; Dreher
35.Aufl.(1975) § 253 Anm.1 B a; Dalcke-Fuhrmann-Schäfer
37.Aufl.(1961) § 253 Anm.4.

[3] Frank (R.), Das Strafgesetzbuch für das Deutsche Reich 18.
Aufl.(1931) § 253 Anm.II, 1; Kohlrausch-Lange 43.Aufl.(1961)
§ 253 Anm.II; LK 8.Aufl.(1958) § 253 Anm.2 a.

sein, so wenn z.B. der Vermieter von seinem Mieter eine völlig
unbegründete Mieterhöhung verlangt und ihn zur Bezahlung derselben dadurch nötigt, daß er ihm in der Winterzeit die Heizung sperrt. Danach mag der letzteren Meinung der Vorzug zu geben sein. Absolute Gewalt (vis absoluta) i.S. unbedingten Kör-
perzwanges, die auf den Körper und nicht auf den Willen wirkt,
scheidet bei der Erpressung aus, da diese, wenn auch vielleicht
keine Vermögensverfügung, so doch mindestens eine Willensentschließung verlangt.[1] In diesem Sinne führt auch die Begründung zu § 259 StGBE 1960 unter anderem aus: "Der Erpreßte muß
also selbst über das dadurch geschädigte Vermögen verfügen.
Das bedeutet, daß Fälle absoluter Gewalt, in denen dem Genötigten keinerlei Verfügungsmöglichkeit mehr bleibt, aus dem Bereich der Erpressung ausscheiden. Sie sind, wenn der Täter eine
fremde bewegliche Sache abnötigt, um sie sich oder einem anderen widerrechtlich zuzueignen, als Raub, sonst aber nur als Nötigung zu bestrafen",[2] die mit der Erpressung in Gesetzeskonkurrenz
steht, so daß also die Erpressung die Nötigung einschließt. Idealkonkurrenz kommt nur in Betracht, wenn das Nötigungsmittel zwei
verschiedene Zwecke verfolgt, z.B. wenn der Täter mit einer beides bezweckenden Drohung uno actu sowohl eine Vermögensverfügung,
durch die er einen anderen schädigt und sich einen Vermögensvorteil verschafft, als auch das Unterlassen einer Anzeige über diese Erpressung erzwingt.[3] Ist das Vorliegen von vis absoluta bei
Erpressung ausgeschlossen, so scheiden für dieselbe auch alle
Mittel aus, die den Willen völlig lahmlegen, wie vor allem Narkose, Hypnose und Drogen, soweit sie diesen Grad erreichen.[4]
In solchen Fällen kann nur Raub bzw. räuberische Erpressung,
sofern man für letztere das äußere Erscheinungsbild und nicht
die innere Einstellung des Opfers für maßgebend erachtet, in

---

[1] Dreher 36.Aufl.(1976) Rdz.4 zu § 253; LK 9.Aufl., Bd.2 (1974),
Rdz.4 zu § 253; Maurach (R.), Deutsches Strafrecht Bes.Teil
5.Aufl.(Studienausg.) (1971) S.291; Welzel (H.), Das Deutsche
Strafrecht 11.Aufl.(1969) S.380.

[2] Begr. zu § 259 S.397.

[3] Stigelbauer (F.), Nötigung und Erpressung im neuen Strafrecht,
ÖJZ 1974, 648.

[4] LK 9.Aufl., Bd.2 (1974), Rdz.4 zu § 253.

Frage kommen. Dagegen ist neben der Drohung mit einem empfindlichen Übel vis compulsiva bei der Erpressung möglich. Die Erpressung des § 253 StGB verlangt als Nötigungsmittel neben der Gewalt die "Drohung mit einem empfindlichen Übel". Auch wenn das empfindliche Übel nach Art und Stärke besonders erheblich sein, also eine empfindliche Unannehmlichkeit hervorrufen muß, so muß es sich doch hierbei um ein anderes Übel als ein solches "mit gegenwärtiger Gefahr für Leib oder Leben" handeln, da die Drohung sich gegen die Person des Opfers richtet und § 255 StGB eingreift. Das nach § 253 StGB angedrohte Übel wird daher regelmäßig von geringerem Grade sein. Auch die Drohung mit einem seelischen Übel reicht für die Erpressung aus, so wenn z.B. ein Ehegatte dem anderen droht, seine Zustimmung zur notwendigen Operation des Kindes zu verweigern, falls der letztere die Scheidung ablehnt.[1] Die Drohung des § 253 StGB muß nicht ein gegenwärtiges empfindliches Übel zum Gegenstand haben. Sie braucht daher nicht gegenüber dem zu Nötigenden oder doch in dessen Anwesenheit zum Ausdruck gebracht worden zu sein. Im Gegenteil wird sie meist schriftlich erfolgen und für die Regel mit einer gewissen zeitlichen Befristung für die Ausführung des angedrohten Übels verbunden sein, wobei allerdings vorauszusetzen ist, daß die Wirkung der Drohung bis zu dem künftigen Zeitpunkt fortdauert.[2] Nicht notwendig ist, daß der Bedrohte sich erpreßt gefühlt hat. Es genügt, daß der Drohende dem von ihm angekündigten Übel bestimmenden Einfluß auf den Willen des Bedrohten beigemessen hat und daß die Drohung für den Willensentschluß des Bedrohten ursächlich war.[3] Während der Raub sich außer gegen die Entschließungsfreiheit gegen Gewahrsam und Eigentum an einer fremden beweglichen Sache richtet, ist das Angriffsziel der Erpressung Freiheit und Vermögen, mag sie auf eine bestimmte individuelle Sache (sachver-

---

[1] Dreher 36.Aufl.(1976) Rdz.5 zu § 253; BGH bei Herlan MDR 54, 530.

[2] Olshausen (J.v.) 11.Aufl.(1927) § 253 Anm.7; Dreher 36.Aufl. (1976) Rdz.11 zu § 253.

[3] BGH NJW 53, 1401; vgl.auch RGSt 34, 18.

schaffende Erpressung oder Sacherpressung) oder auf andere
Vermögensgegenstände (Vermögenserpressung) abzielen, z.B. Erpressung der Unterschrift unter einen Schuldschein über eine
nicht bestehende Schuldverpflichtung. Die Erpressung kann insbesondere auch unbewegliche Sachen, vor allem Grundstücke, zum
Objekt haben, gleichgültig, welche Nötigungsart gewählt wird.[1]
Was von der einfachen Erpressung (§ 253 StGB) gesagt wurde,
gilt in Ansehung des Erpressungsgegenstandes auch von der räuberischen Erpressung als einem durch die Raubmittel qualifizierten Erpressungstatbestand. Auch sie kann daher unbewegliche Sachen zum Angriffsobjekt haben. So kann z.B. einem Grund-
besitzer im Wege der einfachen oder räuberischen Erpressung
der Besitz an seinem verschließbaren Gartengrundstück durch
Erzwingung der Schlüsselauslieferung abgenötigt werden.
Im Gegensatz zum Raub, der eine Absicht der rechtswidrigen Zueignung einer fremden beweglichen Sache erfordert, genügt für
die Erpressung ebenso wie für die räuberische Erpressung eine
unrechtmäßige Bereicherungsabsicht, die sich mit der rechtswidrigen Zueignung decken kann, aber keineswegs muß, so daß
auch Gebrauchsanmaßung ausreicht. Es soll nur auf die bereits
früher erwähnte Entscheidung des Bundesgerichtshofs vom 5.7.
1960[2] hingewiesen werden, wo einem Taxifahrer sein gewerblich
genutztes Kraftfahrzeug mit Gewalt durch einen anderen zu einem vorübergehenden Gebrauch für eine Vergnügungsfahrt ohne Absicht der Zueignung abgenötigt wurde. Der Nötiger wurde der
räuberischen Erpressung für schuldig befunden. Die Sacherpressung kann auch in einer durch Nötigung herbeigeführten Pfandkehr (§ 289 StGB) bestehen.

---

[1] LK 8.Aufl., Bd.2 (1958), § 253 Anm.4 a.
[2] BGHSt 14, 386.

D) Die gesetzlichen Tatbestandsmerkmale
der einfachen Erpressung

I. Objektive Tatbestandsmerkmale

Der Tatbestand der Erpressung verlangt, daß das mit Gewalt oder
Drohung mit einem empfindlichen Übel genötigte Verhalten geeignet ist, eine Vermögensschädigung des Genötigten oder eines
Dritten zu bewirken und dadurch eine Bereicherung des Täters
oder eines Dritten herbeizuführen. Im wesentlichen hiermit
übereinstimmend legt das österreichische Strafrecht den Tatbestand der einfachen Erpressung fest.[1] Das erzwungene Verhalten
muß das vom Täter gewollte Mittel sein, das die Beschädigung
und den erstrebten Vorteil verwirklichen soll. Es muß sich als
eine Vermögensverfügung darstellen. Diese kann darin liegen,
daß der Täter es dem Opfer unmöglich macht, eine begründete
Forderung gegen den Täter durchzusetzen.[2] Bemerkt mag noch werden, daß die beiden Nötigungsmittel, Gewalt oder Drohung mit
einem empfindlichen Übel, durch die die freie Willensentschei-
dung und Willensbetätigung des Opfers in eine bestimmte Richtung gedrängt wird, auch mit Hilfe eines Dritten, z.B. einer
Behörde, gebraucht werden können.[3] Auch soll der besonderen
Bedeutung wegen wiederholt werden, daß bei der einfachen Erpressung nach der herrschenden Meinung die Gewaltanwendung
sich nur gegen Sachen, nie gegen Personen richten kann. Strittig ist freilich, ob es auch genügt, daß sich die Nötigungsmittel zwar unmittelbar gegen Sachen, mittelbar aber auch
gegen Personen richten.[4] Richtet sich die Gewalt ausschließlich
gegen eine Person, so ist § 255 StGB gegeben. Auch muß die
Drohung mit einem empfindlichen Übel, nicht aber mit gegenwär-

---

[1] Stigelbauer (F.), Nötigung und Erpressung im neuen Strafrecht, ÖJZ 1974, 645 ff., 647.

[2] vgl. BGH NJW 73, 2072.

[3] Dreher 37.Aufl.(1977) Rdz.3 zu § 253 unter Bezugnahme auf
OLG Hamburg JR 50, 629, HESt 2, 316; siehe auch RGSt 34,
282.

[4] bejahend: Frank (R.) 18.Aufl.(1931) § 253 Anm.II, 1; vernei-
nend: Schönke-Schröder 18.Aufl.(1976) Rdz.3a zu § 253.

tiger Gefahr für Leib oder Leben eines anderen, wie bei Raub oder räuberischer Erpressung, erfolgen. Aus dem letzteren Umstand wird im Schrifttum mitunter geschlossen, daß die Erpressung i.S. des § 253 StGB sich auch gegen die Person richten kann, falls die Drohung nicht mit Gefahr für Leib oder Leben verbunden ist.[1] Ob in dem Falle, in welchem ein Ladeninhaber dem ertappten Dieb Schadensersatz in Höhe der diebstahlsbedingten Geschäftskosten, die in einer Fangprämie sowie in Büro- und Personalkosten zur Diebstahlsermittlung, -aufklärung und -abwicklung bestehen können, abverlangt, eine strafbare Handlung (Nötigung, Betrug oder Erpressung) vorliegt, hängt von der zivilrechtlichen Frage ab, ob dem Ladeninhaber gegen den Ladendieb ein Schadensersatzanspruch auf die Erstattung der aufgewendeten Kosten zusteht oder nicht. Es ist daher notwendig, auf die zivilrechtliche und auf die strafrechtliche Seite des Ladendiebstahls näher einzugehen, zumal die Ladendiebstähle im vergangenen Jahrzehnt mit der raschen Expansion der Warenhäuser, Supermärkte und Selbstbedienungsläden zu einer Massenerscheinung[2] geworden sind, welche die erstinstanzlichen Gerichte in außerordentlichem Maße belastet und gleichzeitig im

---

[1] Petters-Preisendanz 29.Aufl.(1975) § 253 Anm.2.

[2] Nach Geerds waren es im Jahre 1974 insgesamt 188 538 Fälle, von denen 91,2 % als aufgeklärt bezeichnet werden (Geerds (Fr.), Ladendiebstahl. Gegenwärtige Situation und mögliche Konsequenzen für Rechtsanwendung und Gesetzgebung, in FS für E.Dreher, hrsg. von H.-H.Jescheck und H.Lüttger, Berlin-New York 1977 S.534). Die Vermutungen über die im Dunkelfeld bleibenden Taten schwanken zwischen 1 Mio. und 128,5 Mio. für die BRD jährlich (Berckhauer (Fr.H.), Soziale Kontrolle der Bagatellkriminalität: Der Ladendiebstahl als Beispiel, DRiZ 76, 234). Während die Hauptgemeinschaft des Deutschen Einzelhandels die Verluste aus Ladendiebstählen im Jahre 1971 auf 1 Mrd.DM schätzte, geht die Bundesarbeitsgemeinschaft der Mittel- und Großbetriebe des Einzelhandels für das Jahr 1974 bereits von einer Schadenssumme von rd.2,5 Mrd.DM aus (FAZ v.15.5.72; SZ v.6.5.75). Berckhauer kommt dagegen in seinem Forschungsbericht für das Jahr 1974 lediglich zu einem Verlust von etwa 1,7 Mrd.DM (Berckhauer (Fr.H.), Forschungsbericht zur bundesweiten Erfassung von Wirtschaftsstraftaten nach einheitlichen Gesichtspunkten, maschinenschr. vervielfältigt, Freiburg i.Br.1976, zit. in Berckhauer (Fr.H.), Soziale Kontrolle S.233 mit Fn.78). Der Verlust an Waren durch Kaufhausdiebstähle betrug in Großbritannien im Jahre 1977 umgerechnet über 2,6 Mrd.DM und entspricht einer Kostenerhöhung für die britische Durchschnittsfamilie von 5 DM pro Woche (Hill (R.), Diebstahl nach der Einkaufsliste, Stgt.Ztg. v.

Schrifttum eine Flut von Veröffentlichungen ausgelöst hat,
die in ihren Ergebnissen stark auseinandergehen, mit der Folge, daß beim Fehlen höchstgerichtlicher Entscheidungen es an
einer Einheitlichkeit der Ergebnisse mangelt. Nur wenige
höherinstanzliche Gerichte, wie die Oberlandesgerichte Braunschweig,[1] Koblenz[2] und Hamburg[3] haben in einzelnen Punkten
der Ladendiebstahlsproblematik trotz der Verschiedenheit ihrer Auffassungen eine gewisse Klärung herbeigeführt. Insbesondere ist das Urteil des Hanseatischen Oberlandesgerichts Hamburg, worauf die Bundesarbeitsgemeinschaft der Mittel- und
Großbetriebe des Einzelhandels hinweist,[4] für einen bedeutsamen Teil der Streitpunkte von grundsätzlicher Bedeutung. Eine
Entscheidung des Bundesgerichtshofs ist, soweit feststellbar,
zu diesem Fragenkomplex bisher nicht ergangen und ist auch bei
dem meist geringen Streitwert der entwendeten Sachen[5] nicht
oder allenfalls nur auf strafrechtlichem Gebiet zu erwarten.
Die geschilderte Sachlage legt eine Entkriminalisierung des Ladendiebstahls und seine Verweisung in das Ordnungswidrigkeiten-
recht oder gar in das zivilrechtliche Schadensersatzrecht nahe,[6]
wogegen allerdings insofern Bedenken bestehen, als damit die
Bagatellkriminalität der richterlichen bzw. strafrichterlichen
Kontrolle entzogen würde. Es ist bei der Aktualität der Materie
nicht verwunderlich, daß sich auch der 51. Deutsche Juristentag
mit dieser Frage befaßte, dessen Beratungen ein strafrechtliches wie auch ein zivilrechtliches Gutachten[7] zugrunde lagen.

7.1.78). In Österreich wird der Verlust durch Warenhausdieb-
stähle i.J. 1975 auf mehr als zwei Mrd.Schillinge geschätzt
(Ladendieb als Plagegeist, Kurier v.20.3.76).
[1] NJW 76, 60.
[2] NJW 76, 63.
[3] NJW 77, 1347.
[4] "Ladendieb zahlt auch Fangprämie", Stgt.Ztg. v.5.5.1977.
[5] siehe Creutzig (J.), Schadensersatzpflicht der Ladendiebe,
NJW 73, 1593 Fn.2.
[6] siehe Entwurf eines Gesetzes gegen Ladendiebstahl (AE-GLD),
Tübingen 1974 (Recht und Staat 439), der den Ladendiebstahl
aus dem Strafrecht herauszunehmen und in ein zivilrechtliches Rechtsgebiet neuer Art zu überführen vorgeschlagen hat;
vgl. hierzu u.a. Wolter (U.), Der Alternativ-Entwurf eines
Gesetzes gegen Ladendiebstahl und die "actio furti", JZ 76,
469 ff.; bezgl. der Entkriminalisierung des Ladendiebstahls
aus französischer Sicht siehe Zaki (M.S.), Réflexions sur le
vol dans les grands magasins. Problème et critère de la
décriminalisation, Revue de science criminelle et de droit

Als Ergebnis seiner Erörterungen kam der Deutsche Juristentag
insbesondere in Ansehung des Ladendiebstahls zu einer Ablehnung
der Entkriminalisierung und zur Aufrechterhaltung der bisherigen Rechtslage, die sich auf die §§ 248 a StGB, 153 und 153 a
StPO gründet. Derselben Auffassung sind Geerds[1] und Naucke.[2] Nach
Naucke soll eine Überprüfung des § 248 a StGB nach der Möglichkeit einer Ausweitung und eine Übernahme der §§ 153 und 153 a
StPO in das materielle Strafrecht (Allg.Teil) ins Auge gefaßt
werden. Lange[3] will es dagegen allein bei § 248 a StGB belassen.
Auch Wollschläger[4] und Berckhauer[5] wollen an dem bisherigen
Rechtszustand festhalten, obwohl sie hierin keine befriedigende
Lösung sehen. Die rechtliche Problematik des Ladendiebstahls
liegt darin, ob und bejahendenfalls inwieweit von dem Inhaber
eines Warenhauses, Supermarktes oder Selbstbedienungsladens
die von ihm für die Ermittlung, Aufklärung und Abwicklung der
Ladendiebstähle aufgewendeten Kosten als Schadensersatz dem
ertappten Ladendieb ganz oder anteilig aufgebürdet werden können oder von ihm selbst zu tragen sind, da die im Einzelfall
mögliche Verwarnung sowie auch ein ausgesprochenes Hausverbot
erfahrungsgemäß keine generelle Präventivwirkung auszuüben
imstande ist. Letzteres gilt auch von der bloßen Registrierung
des Täters. Der Schadensersatzanspruch des Ladeninhabers kann
sich sowohl auf Delikt wie auf Vertrag gründen. Deutsch[6] unterscheidet in seinem Gutachten zwischen konkreten und abstrakten Schadensausgleichungen. Zu den ersteren, die mit dem einzelnen konkreten Ladendiebstahl verbunden sind, zählt er den
Anspruch auf Herausgabe der gestohlenen Ware, den Verfolgungsschaden, d.h. den Schaden, den der ertappte Dieb bei seiner

---

penal comparé 1977 p.521 et s.
[7] Naucke (W.), Gutachten D für den 51.Deutschen Juristentag
(Strafrechtliches Teilgutachten), München 1976; Deutsch (E.),
Gutachten E für den 51.Deutschen Juristentag (Zivilrechtliches Teilgutachten), München 1976.

---

[1] Geerds (Fr.), Über mögliche Reaktionen auf Ladendiebstähle,
DRiZ 76, 229.
[2] Naucke (W.), Strafrechtliches Teilgutachten S.98 ff.
[3] Lange (R.), Privilegierung des Ladendiebes?, JR 76, 178.
[4] Wollschläger (Chr.), Schadensersatzhaftung von Ladendieben,
NJW 76, 16.
[5] Berckhauer (Fr.H.), Soziale Kontrolle S.237.
[6] Deutsch (E.), Zivilrechtliches Teilgutachten S.70 f.

Verfolgung im Laden, wie etwa durch das Beschädigen oder Zerstören eines zerbrechlichen Gegenstandes, schuldhaft verursacht,
und die Kosten der Fangprämie. Die beiden erstgenannten Schadensersatzansprüche weisen keine Problematik auf. Zweifelhaft
und umstritten ist aber die Fangprämie, die Deutsch gleichfalls
zu den erstattungsfähigen Schadensaufwendungen mit der Begründung rechnet, daß die Kosten der Fangprämie immerhin noch mit
dem konkreten Diebstahlsfall in einer gewissen engen Verbindung stehen. Die abstrakten Schadenaufwendungen dagegen, die
nach Deutsch nicht erstattungsfähig sind, sind, soweit es sich
um Überwachungsmaßnahmen, sei es persönlicher Art, wie Anwer-
bung und Aufstellung von Hausdetektiven oder Freistellung von
Personal ausschließlich zu Beobachtungszwecken, sei es sachlicher Art, wie Aufstellung von Beobachtungsspiegeln oder elek-
tronischen Überwachungsanlagen und dergleichen, handelt, generelle Vorsorge- oder Vorbeugemaßnahmen, die vor dem Diebstahlsfall und ohne innere Verbindung mit demselben getroffen
sind, so daß es bei ihnen in der Regel schon an der Kausalität
für den einzelnen konkreten Ladendiebstahl fehlen wird.[1] Was die
umstrittenen Kosten der Fangprämie betrifft, so spricht Lehre
und Rechtsprechung in der Mehrheit dem Ladeninhaber einen
Rechtsanspruch gegen den Ladendieb auf Erstattung dieser Kosten
zu,[2] sofern die Prämie nicht unangemessen hoch angesetzt ist.[3]

[1] Müller (B.), Schadensersatz wegen Vorsorgekosten beim Ladendiebstahl, NJW 73, 358; Canaris (Cl.-W.), Zivilrechtliche
Probleme des Warenhausdiebstahls, NJW 74, 523; Hagmann (H.H.),
Der Umfang der Ersatzpflicht des Ladendiebes, JZ 78, 134;
ders., Die schadensersatzrechtliche Behandlung von Vorsorgemaßnahmen, Diss.Tübingen 1976 S.37 ff., 88; siehe auch die
näheren Ausführungen auf S.609 ff.
[2] AG München NJW 73, 1044; AG Stuttgart BB 73, 1414; AG Mainz
MDR 74, 506 f.; AG Stuttgart BB 75, 254; AG Bielefeld NJW 76,
57 f.; OLG Hamburg NJW 77, 1348; Müller (B.), Schadensersatz
S.359; Creutzig (J.), Schadensersatzpflicht S.1595; Klimke
(M.), Erstattungsfähigkeit der Kosten von Vorsorge- und Fol-
gemaßnahmen bei Rechtsgutverletzungen, NJW 74, 85; Canaris
(Cl.-W.), Zivilrechtliche Probleme S.522; Schmidt (J.), Vorsorgekosten und Schadensbegriff, JZ 74, 82 (differenzierend);
Staudinger-Schäfer 10./11. Aufl.(1975) Rdz.478 f. zu § 823
BGB; Deutsch (E.), Haftungsrecht, 1.Bd.: Allg.Lehren, Köln-
Berlin-Bonn-München 1976 S.448 Fn.124, 449; vgl.auch Lange
(R.), Privilegierung des Ladendiebes?, JR 76, 180 f. und hier-
zu Blei (H.), JA 1976, StR S.115 f.(453 f.).
[3] LG Braunschweig NJW 76, 1641 f.; AG München NJW 73, 1044; Kra-
mer (H.), Willkürliche oder kontrollierte Warenhausjustiz?,

Die Fangprämie kann in einem pauschalierten Betrag - meist
20 bis 50 DM - gefordert werden, da eine Festsetzung nach einem Prozentsatz der entwendeten Ware vielfach unzweckmäßig wäre und bei geringem Wert derselben, wie häufig bei der Entwendung von Lebensmitteln, keinen Anreiz mehr bieten würde. Dagegen ist natürlich bei Abteilungen, in denen leicht versteckba-
re Gegenstände von hohem Wert, wie z.B. Schmuck oder Pelze, zum
Kauf angeboten werden, eine entsprechend höhere Fangprämie begründet. Von einer Minderheit in Rechtsprechung und Schrifttum
wird ein Schadensersatzanspruch des Ladeninhabers gegen den Ladendieb bezüglich der Fangprämie teils wegen Fehlens eines adäquaten Kausalzusammenhangs,[1] teils weil nicht im Schutzbereich
der Norm liegend,[2] teils weil sonst im Gewande angeblichen Schadens eine zivilrechtlich fremde präventive Sanktion eingeführt
würde,[3] abgelehnt. Im Gegensatz hierzu ist davon auszugehen,
daß es sich bei der Vereinbarung oder Auslobung der Fangprämie
um ein suspensiv bedingtes zwei- oder einseitiges Rechtsgeschäft handelt, das erst mit der Entdeckung des konkreten Ladendiebstahls, d.h. mit dem Eintritt der Bedingung, Rechtswirksamkeit erlangt und erst damit das Unternehmen mit den Kosten
der Prämie belastet, also hierfür kausal ist. In Einklang hiermit steht auch die Entscheidung des LG Braunschweig vom 14.6.
1976,[4] wo ausgeführt ist: Die Kammer "verkennt hierbei nicht,
daß auch die Klägerin" - der Ladeninhaber - "ihrerseits durch
die Auslobung eine Mitursache für die Zahlung der Prämie an ihre Verkäuferin und damit für den Schadenseintritt gesetzt hat,
sieht jedoch die vom Beklagten gesetzte Bedingung" - den Diebstahl - "als ausschlaggebend an. Denn erst durch die Tat des Be-

---

NJW 76, 1612; siehe auch Blei (H.), Vorhalte- und Folgekosten
bei Ladendiebstählen, JA 1974, ZR S.75 (211); Hagmann (H.H.),
Der Umfang S.136 f.; Meurer (D.), Die Bekämpfung des Ladendiebstahls, Berlin-New York 1976 S.26.

[1] AG Essen NJW 76, 55; AG Mettmann NJW 76, 56.
[2] AG München NJW 72, 2038; AG Nürnberg NJW 74, 1668; AG Mettmann NJW 76, 57; OLG Braunschweig NJW 76, 61; OLG Koblenz
  NJW 76, 64; Palandt-Heinrichs 36.Aufl.(1977) § 249 Anm.3 b;
  Wollschläger (Chr.), Schadensersatzhaftung S.15 f.
[3] Wälde (Th.), Schadensersatz wegen Vorsorgekosten beim Ladendiebstahl, NJW 72, 2295; Kramer (H.), S.1610.
[4] NJW 76, 1641.

klagten" - des Ladendiebes - "hat sich die zuvor lediglich abstrakt bestehende Möglichkeit eines Schadeneintritts in einen konkreten Schaden umgewandelt. Billigkeitsgesichtspunkte führen zu keiner hiervon abweichenden Beurteilung". Die gleiche Auffassung vertritt Creutzig,[1] der ausführt: "Zwar geht die Auslobung dem Diebstahl voran. Sie ist auch wesentlicher Bestandteil der Vorsorgemaßnahmen des Geschäftsinhabers. Entscheidend kann aber rechtlich nur sein, in welchem Augenblick der Anspruch auf Auszahlung der Belohnung entsteht: Das ist der Zeitpunkt, in dem der Ladendieb ertappt worden ist". An einem adäquat ursächlichen Zusammenhang zwischen dem Diebstahl und der Auslösung der Fangprämie fehlt es deshalb nicht, weil die Kosten der Fangprämie, die sich als Belohnung für die Wiederbeschaffung des Diebesgutes darstellt,[2] bei den heutigen Verhältnissen sich als durchaus normale und objektiv voraussehbare Folge erweist.[3] In diesem Sinne äußert sich auch Canaris,[4] der darauf hinweist, daß bei Aufwendungen, die nach der Entdeckung des Diebstahls gemacht worden sind, die Kausalität nicht zweifelhaft sein könne.[5] Dies gelte aber auch dann, wenn eine Bedingung schon vor dem Diebstahl gesetzt worden sei, wie z.B. beim Versprechen einer Fangprämie; denn das ändere nichts daran, daß die Verpflichtung zur Zahlung der Prämie erst durch den Diebstahl selbst ausgelöst werde und daß der Diebstahl daher kausal für diese Vermögenseinbuße des Unternehmens sei.[6] Vorsorge- und Beobachtungsmaßnahmen belasten das Unternehmen dagegen ohne Rücksicht auf den einzelnen konkreten Diebstahlsfall im voraus und generell und sind daher zu diesem nicht kausal, es sei denn, daß die Abwehrmaßnahmen durch den unmittelbar bevorstehenden Diebstahl herausgefordert und das geeignete Mittel zu seiner Verhinderung

---

[1] Creutzig (J.) S.1594.
[2] siehe auch BGH VersR 67, 1169; HansOLG Hamburg NJW 77, 1348, MDR 77, 666.
[3] AG Mainz MDR 74, 506; AG München NJW 73, 1045; Creutzig (J.) S.1594; ders., Rechtsfragen zum Ladendiebstahl, BB 71, 1308; Müller (B.), Schadensersatz wegen Vorsorgekosten beim Ladendiebstahl, NJW 73, 359; Wollschläger (Chr.), Schadensersatzhaftung S.15 & Fn.37; Staudinger-Schäfer Bd.II, 10./11.Aufl. (1975) Rdz.479 zu § 823; Braun (J.) & Spieß (P.), Fangprämien für Ladendiebe als Rechtsproblem, MDR 78, 358.
[4] Canaris (Cl.-W.), Zivilrechtliche Probleme S.521 und Fn.4.
[5] siehe auch Creutzig (J.), Schadensersatzpflicht S.1594.
[6] ebenso Stoll (H.), Neuere Entwicklungen auf dem Gebiete des deutschen Schadensrechtes, Lund 1976 S.25.

waren.[1] Die Fangprämie fällt auch in den Schutzbereich des
§ 823 BGB, insofern sie in den Bereich der Gefahren fällt, um
deren willen die Rechtsnorm erlassen worden ist.[2] Diese Frage
wird hinsichtlich der Fangprämie teilweise mit der Begründung
verneint, daß die Kosten für die Strafverfolgung des Täters
grundsätzlich nicht mit Hilfe eines Schadensersatzanspruches
geltend gemacht werden können.[3] So hat die Rechtsprechung z.
B. hinsichtlich der Kosten einer Nebenklage entschieden.[4]
Die einschlägigen Urteile sind nach Canaris[5] für die vorliegende Problematik nicht zu verwerten, da ihre tragende Bedeutung nicht in der Lehre vom Schutzzweck der Norm liege, sondern in dem Hinweis auf den abschließenden Charakter der strafprozessualen Kostenregelung. Als maßgeblich werde dabei der
Zusammenhang zwischen Kostentragungspflicht und Ergebnis des
Strafprozesses angesehen, der nicht auf dem Umweg über eine zivilrechtliche Schadensersatzklage zerstört werden dürfe.[6] Dann
aber könne eine privatrechtliche Ersatzpflicht folgerichtig
nur insoweit ausgeschlossen sein, als überhaupt die rechtliche
Möglichkeit vorhanden ist, den Ersatz der fraglichen Aufwendungen mit Hilfe des strafprozessualen Kostenrechts durchzusetzen. Eine solche Möglichkeit bestehe nun zwar gewiß hinsichtlich der Kosten einer Nebenklage, nicht aber hinsichtlich der
hier in Frage stehenden Aufwendungen wie der Kosten der Anzeige

---

[1] Deutsch (E.), Zivilrechtliches Teilgutachten S.60.
[2] AG München NJW 73, 1048; AG Bielefeld NJW 76, 57; a.A. AG Nürnberg NJW 74, 1668; AG Mettmann NJW 76, 57; OLG Koblenz NJW 76,
64; siehe auch OLG Braunschweig NJW 76, 60 f., nach welchem es
sich bei den Kosten der Kontrollorganisation und der Fangprämie um Präventivmaßnahmen des Ladeninhabers handele, weshalb
Ersatz von dem ertappten Ladendieb jedenfalls deshalb nicht
verlangt werden könne, weil sie außerhalb des Schutzbereichs
der Gesetzesnormen der §§ 823 Abs.1 und 2, 249 ff.BGB, 242
StGB liegen; ebenso Palandt-Heinrichs 36.Aufl.(1977) Anm.2 c,
cc zu Vorbem.v.§ 249, § 249 Anm.3 b.
[3] AG München NJW 72, 2038; Canaris (Cl.-W.), Zivilrechtliche Probleme S.522.
[4] z.B. BGHZ 24, 267; BGH NJW 57, 1878; 58, 1044; LG Stuttgart MDR
69, 574; OLG Düsseldorf VersR 72, 53;LG Wuppertal v.15.9.76 -
368 O 216/75; Freundorfer (K.-P.), Nebenklagekosten, NJW 77,2154.
[5] Canaris (Cl.-W.), Zivilrechtliche Probleme S.522.
[6] vgl. BGHZ 24, 267.

oder gar der Fangprämie. Hinsichtlich der letzteren komme im
übrigen hinzu, daß es dabei gar nicht um Kosten für die Strafverfolgung, sondern um Kosten für die Aufdeckung der Tat und
die Wiedererlangung des Diebesgutes geht. Insoweit bestehe
aber ein so enger innerer Zusammenhang mit der Ausschluß- und
Zuordnungsfunktion des Eigentums, daß man es geradezu als eine
Aushöhlung des Eigentumsrechts ansehen müßte, wenn man die
Kosten für die Wiedererlangung der Diebesbeute nicht mehr als
vom Zweck des deliktsrechtlichen Eigentumsschutzes gedeckt ansehen wollte. So sei es denn auch in der höchstrichterlichen
Rechtsprechung anerkannt, daß Belohnungen, die der Geschädigte
für die Rückgewinnung des Diebesgutes ausgesetzt hat, mit Hilfe eines Schadensersatzanspruchs liquidiert werden können.[1]
Hinsichtlich der Fangprämie anders zu entscheiden, nur weil
diese nicht erst nach, sondern schon vor dem Diebstahl versprochen wurde, entbehre jedes rechtfertigenden Grundes und erscheine geradezu willkürlich. Was über die Fangprämie gesagt
wurde, gelte auch für die Kosten der Strafanzeige,[2] da auch insoweit noch ein enger innerer Zusammenhang zum geschützten Gehalt des Eigentums bestehe. Dazu gehöre vor allem, daß der Geschädigte die Möglichkeit hat, sich vor zukünftigen Eigentums-
verletzungen zu schützen, zumal dem Deliktsrecht der Präven-
tionsgedanke keineswegs völlig fremd sei. Auch dürfe nicht
übersehen werden, daß hier in aller Regel zugleich Ansprüche
aus culpa in contrahendo gegeben sind und daß diese einen wesentlich weiteren Schutzbereich haben als die Ansprüche aus De-

---

[1]
Canaris (Cl.-W.), Zivilrechtliche Probleme S.522 mit BGH VersR
67, 1169; BAG NJW 70, 775; siehe auch OLG Hamburg NJW 77,
1348; nach dem Urteil des OLG Braunschweig v. 14.7.75 (NJW 76,
61) dient die Fangprämie als Präventivmaßnahme dem Schutz vor
künftigen Rechtsverletzungen und sei deshalb mit Belohnungen
zur Wiederbeschaffung entwendeten Eigentums nicht vergleichbar; ebenso OLG Koblenz NJW 76, 64; Palandt-Heinrichs 36.
Aufl.(1977) § 249 Anm.3 b; Wälde (Th.), Schadensersatz S.2294.

[2]
Canaris (Cl.-W.), Zivilrechtliche Probleme S.522.

liktsrecht. Denn anders als in § 823 Abs.1 BGB gehöre bei der
culpa in contrahendo auch das Vermögen als solches zu den geschützten Gütern und daher müsse man wegen der darin zum Ausdruck kommenden Weite des Schutzbereichs diese Anspruchsgrundlage auch dann bejahen, wenn man den eigentlichen Eigentumsschutz gemäß § 823 BGB nicht so weit ausdehne.[1] Im gleichen
Sinne wie Canaris erklärt das OLG Hamburg im Urteil vom 20.4.
1977,[2] daß in dem ihm vorliegenden Fall die Erstattung der
Fangprämie - in angemessenem Umfange - in keiner Weise außerhalb des Schutzzwecks der verletzten Norm liege. Es widerspre-
che nicht dem Schutzzweck des § 823 Abs.1 BGB, daß derjenige,
der das Eigentum eines anderen verletzt, auch die Kosten tragen muß, die der bestohlene Ladeninhaber - in branchenüblicher
Weise - aufgewendet hat, um sein Eigentum nicht endgültig zu
verlieren. Entsprechendes gelte auch für den Schutzzweck des
§ 823 Abs.2 BGB. Die Ersatzpflicht des Ladendiebes scheitere
nicht daran, daß die Geltendmachung des Anspruchs des Ladeninhabers auf Ersatz der Fangprämie überwiegend der Abschreckung
weiterer Täter dient.[3] Mit diesem Präventionszweck ist aber,
wie das LG Braunschweig[4] bemerkt, die Funktion der Auslobung
der Prämie nicht erschöpft, vielmehr diene das Prämienver-
sprechen auch dem vor allem bei wertvolleren Waren berechtigten Zweck und Interesse des Warenhausunternehmers, den Ladendieb nach begangener Tat noch in seinem Zugriffsbereich zu
stellen und dadurch eine möglicherweise bis zum endgültigen
Verlust der Ware anhaltende Fortdauer der bereits abgeschlossenen Eigentumsverletzung erfolgreich zu verhindern. Im Hinblick darauf beinhalte eine Auslobung der vorliegenden Art
neben dem Element der Vorsorge gleichermaßen auch Elemente

---

[1] Canaris (Cl.-W.), Zivilrechtliche Probleme S.522.

[2] NJW 77, 1348.

[3] nach dem Urteil des OLG Koblenz v. 13.11.75, NJW 76, 64
. kommt der Fangprämie nur eine Präventivfunktion zu; im
gleichen Sinne Wollschläger (Chr.), Schadensersatzhaftung
S.15 mit Fn.39; Wälde (Th.), Schadensersatz S.2294.

[4] NJW 76, 1641.

von an den Erfolg geknüpften Belohnungen, die zur Wiederbeschaffung entwendeten Eigentums ausgesetzt werden und deren Erstattungsfähigkeit von der höchstrichterlichen Rechtsprechung
bereits anerkannt worden ist. Die in Anbetracht dieser Doppel-
funktion der Auslobung zu stellende Wertungsfrage, ob der mit
der Prämienzahlung verbundene Schaden trotz des Vorsorgeele-
ments der Auslobung noch eine Folge ist, die in den Bereich der
Gefahren fällt, um deretwillen die Rechtsnorm des § 823 BGB erlassen worden ist, wird vom LG Braunschweig im Anschluß an die
entsprechenden Meinungen in Rechtsprechung und Schrifttum bejaht.[1] Es hat hierbei insbesondere in Betracht gezogen, daß dem
zivilrechtlichen Schadensersatzrecht neben seiner im Vordergrund stehenden Ausgleichsfunktion auch ein Präventionszweck
zukommt und die Prävention durchaus ein erwünschtes Nebenpro-
dukt der Schadensersatzpflicht sein kann.[2] Ob die Tatsache, daß
der Ladeninhaber vom Ladendieb Ersatz für die von ihm geleistete Fangprämie verlangen kann, verfassungsrechtlichen Bedenken
begegnet, ist umstritten. Die herrschende Meinung sieht in dem
Verlangen des Ladeninhabers, vom Ladendieb eine angemessene
Fangprämie und andere Aufwendungen zur Abwehr und Verhinderung
von Ladendiebstählen erstattet zu erhalten, einen zivilrechtlichen Schadensersatzanspruch und nicht die Ausübung einer privaten Selbstjustiz, die das staatliche Strafmonopol aushöhlen
und daher gegen Art.92 und 103 Abs.2 GG verstoßen würde. In diesem Sinne sprechen sich insbesondere das OLG Hamburg[3] und das
AG Mainz[4] wie auch Staudinger[5] aus, der die Ansicht von Wälde[6]

---

[1] NJW 76, 1641.

[2] LG Braunschweig NJW 76, 1641; OLG Hamburg NJW 77, 1348.

[3] OLG Hamburg NJW 77, 1348.

[4] MDR 74, 506 f.

[5] Bd.II, 10./11.Aufl.(1975) Rdz.482 f. zu § 823 BGB.

[6] Wälde (Th.), Schadensersatz wegen Vorsorgekosten beim Ladendiebstahl, NJW 72, 2295.

ablehnt, der seinerseits dem Anspruch auf Ersatz der Kosten
der Ergreifung des Diebes den Charakter einer Privatstrafe statt
eines Ausgleichsinstruments beilegt und darauf hinweist, daß eine den Art.92 und 103 Abs.2 GG widersprechende private Strafge-
walt nur ausnahmsweise im begrenzten und umstrittenen Rahmen ge-
sellschaftlicher Strafmöglichkeiten und nur bei Bestehen eines
vertraglichen Sonderverhältnisses zwischen Strafendem und Be-
straftem, dessen Aufrechterhaltung durch Sanktionen geringerer
Schwere, z.B. Vereins-, Betriebs-, Vertrags- und Schiedspruchs-
strafen, noch zugelassen wird, erlaubt ist. Blei[1] lehnt die Ansicht Wäldes nicht schlechthin ab, kommt aber wegen der Nichtbe-
rücksichtigung des Umstandes, daß Aufwendungen für die Ergreifung des Diebes primär dem Zweck dienen, den Besitzstand des
Geschädigten zu wahren (Ausgleichsgedanke), zu demselben Ergebnis wie die herrschende Meinung im Schrifttum, zu der sich unter anderem auch Creutzig[2] bekennt, während Kramer[3] sich einer
Stellungnahme enthält und eine gesetzliche Regelung als dringend
wünschenswert empfiehlt, da ihm bei der Uneinheitlichkeit und
Widersprüchlichkeit der Rechtsprechung eine Regelung durch richterliche Fortbildung nicht zulässig erscheint. Auch der früher
schon erwähnte Entwurf eines Gesetzes gegen Ladendiebstahl[4]
hat, worauf Kramer[5] hinweist, keine Privatjustiz im Auge, sondern verfolgt einerseits nur eine gewisse Rechtssicherheit, z.B.
bezüglich der Festsetzung des Prämienbetrages im Verhältnis zum
Wert der Diebesbeute anstatt der üblichen Pauschale und hinsichtlich der Inanspruchnahme von Kindern unter 14 Jahren, und andererseits eine Entlastung der Strafverfolgungsbehörden von der Bagatellkriminalität.

---

[1] Blei (H.), Vorhalte- und Folgekosten bei Ladendiebstählen, JA
1974 ZR S.78(214).

[2] NJW 73, 1595.

[3] NJW 76, 1610.

[4] Tübingen 1974 (Recht und Staat 439).

[5] NJW 76, 1611 f., 1613.

Abgesehen von der Fangprämie hat die Häufung der Ladendiebstähle die Ladeninhaber veranlaßt, weitere Maßnahmen zur Abwehr und
Verhinderung wie auch zur Abwicklung derselben nach der Entdek-
kung zu treffen, deren Kostenerstattung sie vom Ladendieb ganz
oder anteilig zu beanspruchen sich für befugt halten. Auch hinsichtlich dieser Ansprüche gibt es sowohl im Schrifttum wie
auch in der Judikatur keine einheitliche Meinung. Eine höchstrichterliche Entscheidung, die eine Klärung der umstrittenen
Materie bringen könnte, kann bei dem regelmäßig geringen Wert
der Diebesbeute nur auf strafrechtlichem Gebiet erwartet werden. Deutsch[1] unterscheidet, wie eingangs schon erwähnt, zwischen erstattungsfähigen konkreten Schäden und nicht erstattungsfähigen abstrakten Schäden. Zu den ersteren zählen nach seiner
Auffassung der Verlust, die Zerstörung bzw. Beschädigung oder
eine Veränderung der Ware, der Verfolgungsschaden und der bereits behandelte Anspruch auf Ersatz der Kosten der vereinbarten oder ausgelobten Fangprämie. Ihre rechtliche Grundlage ist,
von dem Anspruch auf die Fangprämie abgesehen, unanfechtbar und
auch nie angefochten worden. Unter die abstrakten Schäden fallen die Vorsorge- und Vorbeugungskosten, die generell zur Abwehr und Verhinderung der Ladendiebstähle bestimmt sind, mit
ihnen nicht in innerem Zusammenhang stehen und ihnen vorausgehen. Aus diesem Grunde fehlt es letzteren schon an dem erforderlichen adäquaten Kausalzusammenhang zwischen der Vermögenseinbuße des Unternehmens und dem Ladendiebstahl.[2] Außerdem fallen diese Vorsorgekosten außerhalb des Schutzbereichs des § 823
Abs.1 und 2 BGB und können daher nach überwiegender Meinung dem
ertappten Ladendieb weder ganz noch anteilig aufgebürdet werden.[3]
Dies gilt nicht nur von den personenbezogenen Aufwendungen, wie
etwa für einen Hausdetektiv, sondern auch für die sachlichen Aufwendungen, wie z.B. für die Installierung von Alarmanlagen, Se-
lenzellen-Taster, Fernsehkameras, Beobachtungsspiegel (sog.vene-
zianische Spiegel), Drehkreuze und sonstige Sicherungsvorrich-

---

[1] Deutsch (E.), Zivilrechtliches Teilgutachten S.54 f., 75; ders.,
Haftungsrecht, Bd.1: Allgemeine Lehren S.449.
[2] Wälde (Th.), Schadensersatz S.2294 f.; Müller (B.), Schadensersatz S.359; Klimke (M.), Erstattungsfähigkeit S.82; vgl.auch
Canaris (Cl.), Zivilrechtliche Probleme S.523 und Blei (H.),
Vorhalte- und Folgekosten S.76 (212).
[3] AG Nürnberg NJW 74, 1668; OLG Braunschweig NJW 76, 61 mit Blei
(H.), Standgericht im Warenhaus, JA 1976,StR S.38 (160); Klimke (M.) S.82; Niederländer (H.), Schadensersatz bei Aufwen-

tungen.[1] Abweichend hiervon stellen sich vor allem Canaris[2] und
Staudinger-Schäfer[3] auf den Standpunkt, daß die Vorsorgelasten
anteilmäßig auf den einzelnen Ladendieb umgelegt werden dürfen.
Zum gleichen Ergebnis kommt auch Creutzig[4] und ihm folgend, allerdings differenzierend, Schmidt.[5] Zur Stützung ihrer Auffassung berufen sie sich auf eine Entscheidung des Reichsgerichts,
welche die Kosten der Hebung eines im Nordostsee-Kanal gesunke-
nen Schiffes durch die Kanalbehörde zum Gegenstand hat,[6] sowie
auf die Rechtsprechung des Bundesgerichtshofes zur Reservewagenhaltung[7] und auf die GEMA-Rechtsprechung des BGH,[8] indem sie
geltend machen, daß bei den Vorsorgekosten für Ladendiebstähle
die tatsächlichen Verhältnisse so lägen, daß sie mit den Fällen
der Reservewagenhaltung und der GEMA-Überwachung vergleichbar
seien und daß insbesondere auch hier vergleichbare besondere
Umstände gegeben seien, die eine Beteiligung des Ladendiebes an
den Selbstschutzmaßnahmen des Ladeninhabers unter dem Gesichtspunkt des Schadensersatzes verlangen und rechtfertigen.[9] Die
Ladendiebstähle hätten in einem Maße zugenommen, daß ihre Bekämpfung ohne eine besondere Überwachungsorganisation, wie eine
solche schon von der GEMA eingerichtet ist, nicht mehr möglich
sei. Auch hier gelte, daß nur durch die zwangsläufige private
Vorsorge verhindert werden könne, daß der Eigentumsschutz in
diesem Bereich "nicht weitgehend leerläuft".[10] Es wäre unbillig,

---

dungen des Geschädigten vor dem Schadensereignis, JZ 60, 619;
Esser (J.), Schuldrecht, Bd.I: Allg.Teil, 4.Aufl., Karlsruhe
1970 S.284; Fikentscher (W.), Schuldrecht, 6.Aufl., Berlin-
New York 1976 S.295 f.; Larenz (K.), Lehrbuch des Schuldrechts,
Bd.1: Allg.Teil, 11.Aufl., München 1976 S.403; Erman (W.), BGB
Handkommentar, 6.Aufl.(1975) Rdz.8 a zu § 249.

[1]

[2] Klimke (M.), Erstattungsfähigkeit S.82; Droste (H.-J.), Privatjustiz S.59.

[3] NJW 74, 523 ff.

[4] Rdz.497 zu § 823 BGB.

[5] Creutzig (J.), Rechtsfragen zum Ladendiebstahl, BB 71, 1308;
ders., Schadensersatzpflicht S.1594.

[6] Schmidt (J.), Vorsorgekosten S.82 f.

[7] RGZ 74, 365.

[8] BGHZ 32, 280, bestätigt durch BGH VersR 61, 359, NJW 61, 729.

BGHZ 17, 386, NJW 55, 1356, BB 55, 673, DB 55, 719, UFITA 20,
340, Sch 18; BGH GRUR 1960, 253, MDR 60, 282, UFITA 31, 238,
Sch 65; BGHZ 59, 286, NJW 73, 96.

[9] Staudinger-Schäfer Rdz.497 zu § 823 BGB.

[10] BGHZ 59, 288; Staudinger-Schäfer Rdz.497 zu § 823 BGB.

den ertappten Dieb nicht anteilig an den Überwachungskosten zu beteiligen,[1] ein Argument, das auch in der Begründung der GEMA-Entscheidungen verwendet ist. Im ersteren der herangezogenen Fälle berechnete die Behörde, die nach den Bestimmungen der StrandO nur "die Kosten der Beseitigung" des Hindernisses verlangen konnte, dem Schiffseigner gegenüber diese Kosten mit einem pauschalen Aufschlag für allgemeine Verwaltungskosten. Dies wurde vom Reichsgericht unter der Voraussetzung der Angemessenheit des Aufschlages gebilligt. Hier handelte es sich aber nicht um (deliktische) Schadensersatzansprüche, sondern um den gesetzlich umgrenzten Ersatz der Aufwendungen für eine der Behörde im Interesse der Aufrechterhaltung des Verkehrs im Kanal auferlegte Aufgabe, wobei es Sache der Auslegung war, was unter "Kosten der Beseitigung" zu verstehen ist. Allgemeine Folgerungen dahingehend, daß der Schaden auch Vorsorgekosten oder pauschalierte "Bearbeitungskosten" umfasse, lassen sich aus dieser Entscheidung nicht ziehen.[2] Im Falle der "Reservewagenhaltung", in welchem der Unternehmer eines Verkehrsbetriebes für Fahrzeugausfälle ein Ersatzfahrzeug in Reserve hält, gehört nach der Auffassung des Bundesgerichtshofes der auf die Einsatzzeit bis zur Wiederherstellung des beschädigten Fahrzeuges entfallende Aufwand zu den Schäden, für die der Schädiger aufzukommen hat.[3] Die erstattungsfähigen Vorhaltekosten müssen sich nicht auf Fahrzeuge beziehen, die eigens für Fahrzeugausfälle infolge schuldhaften Verhaltens eines Dritten in Reserve gehalten werden,[4] sondern können sich auch auf solche beziehen, die als Betriebsreserve bei Betriebsschäden Verwendung finden.[5] Der Bundesgerichtshof hat die in BGHZ 32, 280 ff. zum Ausdruck gebrachten Gedanken in den folgenden Jahren in gewisser Weise generalisierend verändert beziehungsweise erweitert.[6] In der

---

[1] Staudinger-Schäfer Rdz.497 zu § 823 BGB.

[2] Staudinger-Schäfer Rdz.487 zu § 823 BGB.

[3] BGHZ 32, 280 ff., NJW 60, 1339 f.

[4] BGH DAR 78, 164.

[5] BGH DAR 78, 164; vgl.auch Klimke (M.), Erstattungsfähigkeit S.83 mit Fn.31 & 32; Canaris (Cl.-W.), Zivilrechtliche Probleme S.523 mit Fn.25.

[6] BGH DAR 78, 164; BGH VersR 76, 171; Staudinger-Schäfer Rdz. 489 zu § 823 BGB.

Entscheidung vom 3.2.1961[1] hat der Bundesgerichtshof ausgeführt, daß zwar "Aufwendungen, die jemand vor Eintritt eines Schadensereignisses zu dessen Abwehr oder zur Schadensminderung macht, im allgemeinen nicht in den Schaden einbezogen werden können, wenn nicht im Zeitpunkt der Aufwendung durch den Tatbestand eines zum Ersatz verpflichtenden Verhaltens eines anderen die Möglichkeit eines Schadenseintritts bereits eröffnet war". Jedoch weise der heutige Verkehr eine solche Unfallhäufigkeit auf, daß der Unternehmer eines Verkehrsgroßbetriebes schlechterdings nicht umhinkomme, mit unfallbedingten Ausfällen von Fahrzeugen seines Betriebes zu rechnen. Eine Übertragung der in der Rechtsprechung des Bundesgerichtshofes zur Reservewagenhaltung enthaltenen Grundsätze auf die Vorsorgekosten beim Ladendiebstahl wird unter anderem von Wälde,[2] Klimke[3] und Wollschläger[4] verneint, von Creutzig,[5] Canaris,[6] Deutsch[7] und Staudinger-Schäfer[8] bejaht. In der GEMA-Rechtsprechung hat der Bundesgerichtshof der GEMA zugebilligt, daß sie bei schuldhafter, widerrechtlicher Verletzung des Urheberrechts den doppelten Tarifsatz zur Abgeltung ihrer Kontroll- und Überwachungsorganisation verlangen dürfe. Er begründet dies damit, daß die GEMA zur Verfolgung von Urheberrechtsverletzungen ohne eine umfangreiche Überwachungsorganisation nicht auskomme und die Kosten derselben billigerweise vom Rechtsverletzer zu tragen seien. Die Auffassung des Bundesgerichtshofes wird unter anderem von Creutzig,[9] Canaris[10] und Staudinger-Schäfer[11] geteilt. Nach letztgenanntem Autor ist al-

[1] VersR 61, 359.
[2] NJW 72, 2294.
[3] NJW 74, 83 f.
[4] NJW 76, 14.
[5] NJW 73, 1594.
[6] NJW 74, 524 f.
[7] Zivilrechtliches Teilgutachten S.62.
[8] Rdz.497 zu § 823 BGB.
[9] NJW 73, 1594.
[10] NJW 74, 523 ff.
[11] Rdz.495 zu § 823 BGB.

lerdings der Ansicht des Bundesgerichtshofes nur zuzustimmen, wenn es gelingen sollte, den Umfang der anteiligen Vorsorgekosten eindeutig zu umgrenzen.[1] Andererseits wurden im Schrifttum Einwendungen dahingehend erhoben, daß die Kontrollkosten unabhängig vom einzelnen Schadenfall entstünden und durch diesen nicht veranlaßt seien. Die allgemeinen und ohne Bezug zum konkreten Schadenfall getroffenen Vorkehrungen zur Verhinderung von Rechtsverletzungen seien aber grundsätzlich von dem zu tragen, der sie zu seinem Schutz auf sich nehme und könnten schon deshalb nicht als Schaden geltend gemacht werden, weil sich der auf die einzelne Rechtsverletzung entfallende Anteil der Kosten nicht ermitteln lasse. Die GEMA-Rechtsprechung sei in der besonderen Situation der Verletzung von Urheberrechten, die durch besondere Verletzlichkeit und Schutzbedürfnis gekennzeichnet sei, begründet und könne auf die Vorsorgekosten beim Ladendiebstahl nicht übertragen werden.[2]

Der Ladeninhaber erhebt gewöhnlich auch Anspruch auf die zur Entdeckung und Abwicklung der Ladendiebstähle gemachten Aufwendungen. Dabei handelt es sich um die sogenannten Bearbeitungsgebühren, die erst durch das zum Ersatz verpflichtende Ereignis des Ladendiebstahls unmittelbar oder mittelbar ausgelöst werden, wie die Auslagen für Porti, Telefonate, Schreibmaterialien, Karteiregistrierung und dergleichen. Sie sind eindeutig durch das konkrete, schadenstiftende Ereignis adäquat verursacht[3] und fallen auch in den Schutzbereich des § 823 Abs.1 und Abs.2 BGB.[4] Sie müssen sich allerdings auf Grund der Schadenminderungspflicht (§ 254 Abs.2 BGB) in angemessenen Grenzen

---

[1] zur Berechnungsmethode der anteiligen Vorsorgekosten vgl. Staudinger-Schäfer Rdz.499 zu § 823 BGB.

[2] Wälde (Th.), Schadensersatz S.2294 f.; Wollschläger (Chr.), Schadensersatzhaftung S.13; Palandt-Heinrichs 36.Aufl. (1977) Vorbem. vor § 249 c) cc); Loewenheim (U.), Anm.zu Urt.des BGH v. 10.3.1972 - 1 ZR 160/70, JZ 73, 792 f.

[3] LG Braunschweig NJW 76, 1642; Klimke (M.), Erstattungsfähigkeit S.85; Creutzig (J.), Schadensersatzpflicht S.1593; Canaris (Cl.-W.), Zivilrechtliche Probleme S.521; Blei (H.), Vorhalte- und Folgekosten S.76 f. (212 f.).

[4] Droste (H.-J.), Privatjustiz S.59.

halten.[1] Die sachbezogenen Bearbeitungskosten sind nach überwiegender Auffassung in Rechtsprechung und Schrifttum vom
Schädiger zu erstatten.[2] Ein telefonischer Anruf bei der Polizei um die Entsendung eines Beamten ist jedoch nur unter der
Voraussetzung dem Ladendieb anzulasten, daß dieser die Täterschaft leugnet oder daß er sich weigert, die Einkaufstasche,
in der er die Diebesbeute verborgen hat, durchsuchen zu lassen
oder daß die Identität des Ladendiebes anzuzweifeln ist, nicht
aber, wenn bei vollem Geständnis des Ladendiebes und Rückgabe
der Diebesbeute die Zuziehung der Polizei einzig und allein
der Verwirklichung des staatlichen Strafanspruches dienen soll,
da solchenfalls ein Ersatzanspruch außerhalb der Reichweite
der Schutznorm des § 823 Abs.1 und 2 BGB gelegen ist und der
Ladeninhaber als Mitglied der sozialen Gemeinschaft eine derartige Einbuße auf sich nehmen muß.[3] Sehr umstritten ist die
Frage, ob die zur Entdeckung und Abwicklung des Ladendiebstahls aufgewandte Arbeitszeit des Unternehmers und seines
Personals ein Vermögen darstellt, dessen Einbuße vom Schädiger
ersetzt verlangt werden kann. Das OLG Koblenz hat mit Urteil
vom 13.11.1975[4] unter Bezugnahme auf sein früheres Urteil vom
7.5.1975[5] und unter Berufung auf die Auffassung des Bundesgerichtshofes[6] einen Ersatz für den bloßen Zeitaufwand des Personals bei der Ergreifung des Täters und der Feststellung seiner Personalien mit der Begründung abgelehnt, daß diese Mühe-

---

[1] Klimke (M.), Erstattungsfähigkeit S.85.

[2] AG Mainz MDR 74, 507; LG Braunschweig NJW 76, 1642; Staudinger-
Schäfer Rdz.500 zu § 823 BGB; Creutzig (J.), Schadensersatz-
pflicht S.1593; Canaris (Cl.-W.), Zivilrechtliche Probleme
S.522.

[3] OLG Braunschweig NJW 76, 61; siehe auch LG Stuttgart MDR 69,
574.

[4] OLG Koblenz NJW 76, 64; so auch AG Nürnberg NJW 74, 1668.

[5] OLG Koblenz JR 76, 70.

[6] BGH NJW 69, 1109, VersR 69, 439.

waltung grundsätzlich zum Pflichtenkreis des Geschädigten gehöre. Klimke[1] hält allerdings diese Lösung für unbefriedigend und ist der Meinung, daß ein Ersatz in angemessener Höhe vom Geschädigten sollte gefordert werden können. Creutzig[2] nimmt eine Ersatzpflicht des Schädigers für den durch die Abwicklung des Diebstahls erforderlichen Zeitaufwand jedenfalls nur dann an, wenn er zu einer nachweisbaren Gewinnschmälerung geführt hat, die sich als Folgeschaden aus der Eigentumsverletzung nach § 823 BGB ergeben sollte. Nach der Rechtsprechung des Bundesgerichtshofes[3] gehört der Zeitaufwand des Geschädigten für die Feststellung oder Abwicklung eines Schadens zu seinem eigenen Pflichtenkreis, auch wenn er sich hierbei seines Personals bedient und die dafür aufgewandte Arbeitszeit für eine gewinnbringende Tätigkeit hätte verwendet werden können,[4] es sei denn, daß die Arbeit des Personals den Rahmen allgemeiner Verwaltungstätigkeit überschritten hat, was dann anzunehmen ist, wenn es notwendig ist, einen oder mehrere Mitarbeiter für einen gewichtigen Zeitraum von der üblichen Tätigkeit freizustellen, für einen bestimmten Schadenfall einen zusätzlichen Mitarbeiter einzustellen[5] oder, wenn nicht die eigenen Angestellten eingesetzt werden, Dritte damit zu beauftragen.[6] Es kann dabei keine Rolle spielen, ob sich bei dem Geschädigten aus Gründen, die seiner eigenen Organisation, oft schon einfach dem Umfang seiner behördlichen oder geschäftlichen Betätigung entspringen, solche Anspruchsgrundlagen in großer Zahl verwirklichen.[7] Bei größeren Unternehmen kann im übrigen eine

---

[1] Klimke (M.), Erstattungsfähigkeit S.87.

[2] Creutzig (J.), Schadensersatzpflicht S.1594.

[3] BGH NJW 61, 729, VersR 61, 358 ff. & Anm.Niederländer JZ 61, 422; BGH NJW 69, 1109, VersR 69, 439, LM (1969) Nr.26 zu § 249 (Ha) BGB; vgl. auch LG Nürnberg-Fürth VersR 70, 336; AG Hagen VersR 72, 184 f.; AG Tecklenburg VersR 72, 185 f.; a.A. KG Urt.v.9.3.72 - 12 U 1920/71; siehe ferner Spengler (H.), Erstattung von Schadensbearbeitungskosten, VersR 73, 116.

[4] LG Koblenz BB 78, 259 im Anschluß an BGH NJW 69, 1109.

[5] BGH NJW 77, 35.

[6] BGH VersR 69, 437.

[7] BGH VersR 76, 938; BGH NJW 76, 1258; vgl.auch OLG Köln VersR 75, 1106; OLG Hamm r + s 75, 115; LG Regensburg VersR 77, 483.

ganz oder vorübergehend ausfallende Arbeitskraft regelmäßig
durch andere Bedienstete aufgefangen werden, so daß ein rea-
ler Nachteil nicht nachzuweisen ist.[1] Auf diesen Punkt weist
auch Wollschläger[2] hin, indem er erklärt, daß selbst bei dem
heutigen Umfang der Ladendiebstahlsplage eine Umsatzminderung
bei Groß- und Mittelbetrieben schwerlich nachzuweisen ist.
Als Beispiel führt er an, daß im Durchschnitt aller 72 Kar-
stadt-Warenhäuser im Jahre 1974 etwa ein Ladendieb pro Filia-
le und Verkaufstag gestellt wurde, was sicherlich nicht zu
einer Umsatzminderung geführt habe.[3] An der genannten Rechtsprechung hat der Bundesgerichtshof auch in der Folgezeit
festgehalten[4] und ihr hat sich auch die übrige Rechtsprechung
im allgemeinen angeschlossen.[5] Dabei legt der BGH die normal
nicht zu bewältigende Mehrarbeit sehr eng aus. So wurde sowohl der Bundespost[6] wie auch der Bundesbahn[7] ein Schadensersatz für die Bearbeitungskosten von Schäden aus unerlaubter
Handlung Dritter abgelehnt, obwohl beide Institutionen nachweislich über eigene Schadensreferate verfügen. Bei einem
Hausdetektiv kann der Zeitaufwand für seine Überwachungsfunk-
tion nicht ersetzt werden, da diese Tätigkeit nur den Arbeits-
erfolg liefert, für den er als für den Diebstahl nicht kausale
Präventivmaßnahme bezahlt wird.[8] Soweit aber sein Zeitaufwand
sich lediglich auf die Abwicklung des Ladendiebstahls bezieht,
sind die Abwicklungskosten, weil er insoweit als "besondere
Einrichtung" anzuerkennen ist, vom Schädiger zu ersetzen. Anders als im deutschen Recht hat sich im österreichischen Recht
der OGH in einer Grundsatzentscheidung[9] dafür ausgesprochen,

---

[1] Wollschläger (Chr.), Schadensersatzhaftung S.14 f.

[2] Wollschläger (Chr.), Schadensersatzhaftung S.15.

[3] Wollschläger (Chr.), Schadensersatzhaftung S.15.

[4] BGH NJW 76, 1257 f.; BGH NJW 77, 35.

[5] vgl. u.a. OLG Celle VersR 64, 756; OLG Köln VersR 65, 905;
BAG NJW 68, 221.

[6] KG VersR 73, 750 f.

[7] BGH NJW 61, 729 f.

[8] Wollschläger (Chr.), Schadensersatzhaftung S.14 unter Bezugnahme auf Blei (H.), Vorhalte- und Folgekosten bei Ladendiebstählen, JA 1974, ZR S.78 (214).

[9] JBl 68, 430, EvBl 68, 233, ZVR 69, 85; vgl. auch Welser (R.),
Zur Ersetzbarkeit von Detektivkosten beim Warenhausdiebstahl,
ÖJZ 77, 653.

daß einem Geschädigten ein Mehraufwand an Zeit und Geld in
Zusammenhang mit der Abwicklung eines Schadens stets zu ersetzen ist. Die Frage, ob ein Ersatzanspruch für die Vorbeugungs-
maßnahmen einschließlich der Fangprämie und die Abwicklungs-
maßnahmen in Ansehung des Ladendiebstahls auf vertraglicher
Basis begründet werden kann, wird im allgemeinen verneint.
Zwar versuchen vielfach Warenhäuser durch Aushang von auffäl-
ligen Plakaten in den Geschäftsräumen die Erstattung genannter Aufwendungen im Wege einer Vertragsstrafenvereinbarung nach
§ 339 BGB zu erreichen. Allein die Begründung einer solchen
Vertragsstrafe setzt eine vertragliche Vereinbarung voraus,
die nicht durch die einseitige Erklärung des Ladeninhabers,
auch wenn sie mit dem Hinweis versehen ist, daß das Betreten
des Ladens oder eines durch Sperren abgetrennten Teils desselben als Einverständnis mit dem Inhalt der Ankündigung anzusehen ist, zu erreichen ist, sondern die Zustimmung des Ladendiebes zum Vertragsstrafenangebot voraussetzt, die normalerweise vom potentiellen Ladendieb nicht zu erwarten ist. In ab-
lehnendem Sinne spricht sich insbesondere Wälde[1] aus, nach
welchem die geltend gemachten Ersatzansprüche lediglich auf
die deliktische Anspruchsgrundlage des § 823 Abs.1 und Abs.2
BGB i.Verb. mit § 242 StGB gestützt werden können. Dagegen
stehen nach Canaris[2] einer vom Ladeninhaber mit dem Ladendieb
getroffenen Vertragsstrafenvereinbarung, sofern sie nicht durch
unzulässigen Druck auf den Ladendieb, wie etwa durch Drohung
mit einer Strafanzeige, herbeigeführt wurde, keine generellen
Bedenken entgegen, weil sie von dem Prinzip der Vertragsfrei-
heit gedeckt ist. Insbesondere stehe einer solchen Abmachung
das staatliche Strafmonopol nicht entgegen, da das Bürgerliche
Gesetzbuch die Vertragsstrafe in den §§ 339 ff.BGB ausdrücklich zulasse. Wie Braun[3] ausführt, liegt in dem bloßen Betreten des Warenhauses nicht schon eine Regelung beiderseitigen
"Kaufverhaltens", da viele Menschen das Warenhaus betreten ohne

---

[1] Wälde (Th.), Schadensersatz S.2294; ebenso Stoll (H.), Neuere
Entwicklungen auf dem Gebiete des deutschen Schadensrechtes,
Lund 1976 S.26.
[2] Canaris (Cl.-W.), Zivilrechtliche Probleme S.526, dem das AG
Schöneberg NJW 74, 1823 gefolgt ist; vgl. hierzu auch Deutsch
(E.), Zivilrechtliches Teilgutachten S.34 und OLG Koblenz
NJW 76, 63.
[3] Braun (J.), Vertragsstrafevereinbarung durch Betreten der

eine Kaufabsicht zu haben, z.B. als Schutz gegen Regen oder
zur Erwärmung. Ein sogenannter Zutrittsvertrag sei daher im
Normalfall nicht nur wirklichkeitsfremd, sondern auch bedeutungslos, wobei noch dahingestellt bleiben mag, ob überhaupt
der Zutritt zu großen Warenhäusern an beliebige Bedingungen
geknüpft werden kann.[1] Es erhebt sich nach Braun jedoch noch
die weitere Frage, ob nicht durch die Aufstellung von Schil-
dern im vorgenannten Sinne eine solcher Vertrag zustande kommen kann. Daß die Eintretenden den Willen haben, einen Vertrag für den Fall abzuschließen, daß sie etwas stehlen, sei
kaum anzunehmen. Auch sei der bloße innere Wille für das Zu-
standekommen eines Rechtsgeschäfts nicht entscheidend, sondern es komme auf die Erklärung des Willens an. Zwar könne eine solche Erklärung auch stillschweigend erfolgen, das bloße
Schweigen sei aber regelmäßig nicht als Willenserklärung anzusehen. Maßgebend sei vielmehr, ob ein entsprechender innerer Wille vermutet werden kann. Wollte man im Gegensatz zu
der oben dargestellten Auffassung mit Canaris und dem AG Schöneberg von der Möglichkeit einer solchen verbindlichen Vertragsstrafenvereinbarung ausgehen, so könnte eine Unterwerfung
des Kunden unter eine solche Vereinbarung jedenfalls nur dann
angenommen werden, wenn das Hinweisschild in unmißverständli-
cher Fassung an praktisch unübersehbarer Stelle angebracht
wäre. Auch solchenfalls wäre eine derartige Vereinbarung ohnehin für Minderjährige und des Lesens unkundige Ausländer sowie für Personen mit einer krankhaften Störung der Geistestätigkeit hinfällig.
Was die strafrechtliche Seite des Ladendiebstahls betrifft, so
zeigen vor allem drei Entscheidungen höherer Instanz, nämlich
des OLG Braunschweig vom 14.7.1975,[2] des OLG Koblenz vom 7.5.

Geschäftsräume? Bemerkungen zu einem Urteil des AG Schöneberg, MDR 75, 630.

[1] Braun (J.) a.a.O.

[2] NJW 76, 60 ff., 62.

1975,[1] des OLG Koblenz vom 13.11.1975[2] sowie die Entscheidung des AG Mainz vom 12.7.1973[3] die Richtung der heutigen Rechtsprechung in der noch sehr umstrittenen Frage an.[4] Das Problem, ob der mit einer Strafanzeige drohende Ladeninhaber wegen Erpressung nach § 253 StGB, Betruges nach § 263 StGB oder Nötigung nach § 240 StGB zu bestrafen ist, besteht darin, ob diesem ein wirksamer Anspruch auf Ersatz der unter Täuschung oder Drohung abverlangten Kontroll- und Ergreifungskosten zusteht oder nicht.[5] Da in Übereinstimmung mit Braun eine Vertragsstrafenvereinbarung nicht angenommen werden kann, scheidet ein Anspruch des Ladeninhabers gegen den Ladendieb auf die in Betracht kommenden Kosten als Vertragsstrafe aus. Dem Ladeninhaber kann daher gegen den Ladendieb ein Anspruch nur auf deliktischer Grundlage (§§ 823 Abs.1 und 2 BGB i.Verb. mit § 242 StGB) zustehen. Bedient sich der Ladeninhaber oder sein Geschäftsführer zur Durchsetzung eines bestehenden Anspruchs täuschender Mittel, so ist sein Verhalten als sogenannter Selbsthilfebetrug[6] zu werten, dessen Straflosigkeit heute unbestritten ist, weil wegen des rechtsgültigen Anspruchs bereits ein Vermögensschaden,[7] vor allem aber die Rechtswidrigkeit des erstrebten Vermögensvorteils[8] verneint werden muß.[9] Beim Fehlen eines solchen Anspruchs auf die geforderten Geschäftsunkosten und der Verneinung der zivilrechtlichen Haftung des Ladendiebes kann sich daher der Ladeninhaber oder sein Angestellter mit der Forderung auf Ersatz der aufgewandten Geschäftsunkosten je nach der Rechtslage, d.h. ob Täuschung, Gewalt oder Drohung mit einem empfindlichen Übel vorliegt, eines Betruges,

---

[1] JR 76, 69 ff., 70 f. mit Anm.Roxin JR 76, 71 ff.

[2] NJW 76, 63, JuS 76, 191.

[3] MDR 74, 506 f.

[4] vgl. Kramer (H.), Willkürliche oder kontrollierte Warenhausjustiz?, NJW 76, 1608 f.

[5] Wälde (Th.), Schadensersatz S.2294.

[6] Meurer (D.), Betrug als Kehrseite des Ladendiebstahls? - OLG Koblenz, NJW 1976, 63, JuS 76, 301 f.

[7] Lackner in LK 9.Aufl.(1974) Rdz.192 zu § 263.

[8] Meurer (D.), Betrug S.302 Fn.13.

[9] Meurer (D.), Betrug S.302.

einer Erpressung oder einer Nötigung schuldig machen.[1] Glaubt
der Ladeninhaber oder dessen Angestellter irrigerweise, daß
ein Anspruch gegen den Ladendieb auf Ersatz gewisser Geschäftsunkosten nicht bestehe, und fordert er seiner Überzeugung zuwider die Bezahlung des Schadensersatzes für diese Kosten, so
kann unter Umständen ein solches Verhalten als untauglicher
Betrugsversuch nach §§ 263, 22, 23 Abs.3 StGB zu werten sein.[2]
Aus dem Unbehagen gegenüber einer "Privatjustiz" der Warenhäuser und auf Grund etwaiger nicht auszuschließender Miß-
bräuche bei Ausübung derselben, mindestens solcher gröberer
Art, wie z.B. eindeutige Freiheitsberaubung durch Festhalten
von Kindern und Jugendlichen,[3] Einsetzen eines 14 jährigen
Jungen als Detektiv für vier bis acht Stunden[4] oder mehrmali-
ges tägliches Ausrufen des Namens des Ladendiebes durch Laut-
sprecher,[5] erklären sich die genannten, gegen den Ladeninhaber, Filialleiter oder sonstigen Angestellten ergangenen Straf-
urteile,[6] an denen insofern Kritik geübt wurde, als sie ohne
Ausnahme keine Klärung bezüglich der Zulässigkeit der Warenhausjustiz gebracht haben. In keinem der Urteile ist eine
strafbare Handlung schon in dem Fordern von Bearbeitungsgebühren u.ä. gesehen worden, sondern ist erst beim Hinzutreten
besonderer Umstände mit Nötigungs- oder Täuschungscharakter
angenommen worden.[7] Alle Urteile zeigen, daß die Grenze zwischen erlaubtem und strafbarem Verhalten der Warenhäuser nur
schwer zu ziehen ist, zumal sich oft auch die Frage des Ver-
bots- oder Tatbestandsirrtums stellt, weil im Unterschied zu
den genannten Strafurteilen zahlreiche Zivilgerichte das For-

---

[1] siehe Meurer (D.), Betrug als Kehrseite des Ladendiebstahls?
- OLG Koblenz, NJW 1976, 63, JuS 76, 301.
[2] Meurer (D.) S.302.
[3] Kramer (H.), Willkürliche oder kontrollierte Warenhausjustiz?,
NJW 76 S.1609.
[4] OLG Celle NdsRpfl 74, 258.
[5] LG Braunschweig - 4 O 352/73, zit.bei Kramer S.1609 Fn.32.
[6] Kramer S.1608.
[7] Kramer S.1608 f.

dern von Schadensersatz für die Geschäftskosten für gerechtfertigt erklärt haben und auch die Staatsanwaltschaft Stuttgart schon im Jahre 1972 auf Anfrage von Warenhäusern erklärt
hat, daß es ihnen freistehe, vom Ladendieb eine Bearbeitungsgebühr zu verlangen und dabei Strafanzeige "anzudrohen".[1]
Um zu einer gewissen Klärung der heutigen Rechtslage zu kommen, muß, da die Verschiedenheit der Meinungen über die zivilrechtlichen Voraussetzungen sowohl im Schrifttum[2] wie auch in
den erstinstanzlichen Urteilen[3] eine eindeutige Beurteilung
nicht zuläßt, auf die erwähnten höherinstanzlichen Entscheidungen und deren Begründung näher eingegangen werden. Eine Entscheidung, die im Schrifttum auf heftige Kritik gestoßen ist,[4]
ist das Urteil des OLG Koblenz vom 13.11.1975,[5] nach welchem
ein Angestellter des Ladeninhabers von der jugendlichen Ladendiebin eine formularmäßige Geständnisurkunde unterschreiben
ließ, in der in der Zeile "Strafantrag wird hiermit - nicht -
gestellt" das Wort "nicht" nicht gestrichen war, und dabei erklärte, daß mit der Bezahlung der Bearbeitungsgebühr von 20 DM
die Angelegenheit erledigt sei, der Vorgang nur in den Akten
der Polizei vermerkt werde und weitere Folgen sich nicht ergeben würden. Wie in der Urkunde vorgesehen wurde die von der
Ladendiebin unterschriebene "Erklärung" der Kriminalpolizei
übergeben. Die Diebin wurde wegen des Vorfalles jugendrichter-
lich gemaßregelt. Auf die Anzeige der getäuschten Ladendiebin
hin wurde der Angestellte vom Schöffengericht Mainz[6] von der
Anklage der Nötigung, des Betruges und der Erpressung freigesprochen, vom Berufungsgericht aber wegen Betruges zu einer
Geldstrafe von 150 DM verurteilt und die Revision durch das

---

[1] Kramer S.1609.
[2] vgl. den Überblick bei Blei (H.), Vorhalte- und Folgekosten
JA 1974, ZR S.75 ff.(211 ff.); ferner Meurer (D.), Betrug
S.301 Fn.6.
[3] vgl. Meurer (D.), Betrug S.301 Fn.5.
[4] Meyer (D.), Die Forderung einer "Fangprämie" als Schadensersatz vom ertappten Ladendieb - ein Fall des Betruges zum
Nachteil des Diebes? - Bemerkungen zu OLG Koblenz, MDR 1976,
421 (LS) -, MDR 76, 980 ff.; Meurer (D.), Betrug S.300 ff.;
Meier (G.), Anm.zu Urt.d.OLG Koblenz v.13.11.1975 - 1 Ss 199/
75, NJW 76, 584 f.
[5] NJW 76, 63 ff., JuS 76, 191.
[6] MDR 74, 506 f.

OLG Koblenz verworfen. Dabei gingen die Gerichte davon aus,
daß der Ladeninhaber im Gegensatz zu seiner Auffassung keinen
Rechtsanspruch auf die geforderte Bearbeitungsgebühr hatte.
Auch das Oberlandesgericht speziell verneinte alle denkbaren
Anspruchsgrundlagen.[1] Hätte ein Rechtsanspruch auf die Bearbeitungsgebühr bestanden, so hätte es sowohl an einem rechtswidrigen Vermögensvorteil wie an einer zu Unrecht beabsichtigten Bereicherung gefehlt, so daß Betrug wie auch Erpressung
nicht in Betracht gekommen wären. Erpressung und Nötigung, auf
die die Anklage lautete,[2] scheiterten auch daran, daß es an
der für diese Delikte erforderlichen Drohung fehlte, insofern
der auf Weisung des Ladeninhabers handelnde Angestellte der
Diebin gegenüber kein Zweifel daran aufkommen ließ, daß der
Diebstahl in jedem Fall der Polizei zur Kenntnis gebracht werde.[3] Voraussetzung für die Verurteilung wegen des erkannten
Betruges war allerdings, daß auch die sonstigen Tatbestandsmerkmale dieses Delikts vorlagen, was vom Oberlandesgericht
bejaht wurde, das in der erwähnten Erklärung des Angestellten
des Ladeninhabers die Vorspiegelung einer falschen Tatsache
und in der Forderung eines nicht bestehenden Schadensersatzanspruches gegenüber der Ladendiebin die Verschaffung eines
rechtswidrigen Vermögensvorteils erblickte, indem es in ersterer Hinsicht sich dahin aussprach, daß der Begriff der Tatsache
i.S. von § 263 StGB alle konkreten Geschehnisse oder Zustände
der Vergangenheit bzw. Gegenwart - nicht der Zukunft - einschließe und sich auch auf psychische Gegebenheiten und Abläu-
fe beziehe, sofern sie in einer erkennbaren Beziehung zu Ge-
schehnissen oder Zuständen der Vergangenheit oder Gegenwart
stehen, wie z.B. das Vorhandensein einer bestimmten Überzeugung oder Absicht.[4] Zwar habe es sich bei der Erklärung des Angestellten nach Unterzeichnung des Schuldanerkenntnisses durch

---

[1] vgl. Blei (H.), Standgericht im Warenhaus, JA 1976, StR S.
100 (388).

[2] Meurer (D.), Betrug S.301 m.Fn.4.

[3] Meurer (D.), Betrug S.301.

[4] Schönke-Schröder 18.Aufl.(1976) Rdz.7 zu § 263 unter Hinweis
auf BGHSt 15, 29 und OGHSt 2, 260; LK 9.Aufl.(1974) Rdz.11/12
zu § 263; Lackner 9.Aufl.(1975) § 263 Anm.3 a.

die Ladendiebin und die Bezahlung der Gebühr sei die Angelegenheit erledigt, von der Polizei, an die das Formular weiter-
gereicht werde, werde der Vorfall nur in den Akten vermerkt
und weitere Folgen, insbesondere ein Strafverfahren, kämen
nicht in Betracht, um die Prognose über das Verhalten eines
Dritten, zugleich aber auch, und zwar im Hinblick auf die damals vorhandene gegensätzliche Überzeugung des Angeklagten,
um die Behauptung einer inneren Tatsache dahingehend gehandelt,
daß Fälle dieser Art seiner Erklärung entsprechend so behandelt würden und daß dies auch vorliegendenfalls nicht anders
sein werde.[1] Hiegegen richtet sich die Kritik von Meyer[2] und
Meurer.[3] Ersterer zieht einmal in Zweifel, ob in der erwähnten
Erklärung des Angestellten eine Täuschung über Tatsachen zu
sehen ist und sodann, ob das Vorliegen eines rechtswidrigen
Vermögensvorteils gegeben ist. Auch Meurer bestreitet das Vorliegen einer Täuschungshandlung durch die Vorspiegelung einer
falschen Tatsache, indem er in der Erklärung des Angestellten
keine Tatsache, sondern ein Werturteil sieht. Aber auch, wenn
man mit der herrschenden Meinung davon ausgehen wollte, so
führt Meurer weiter aus, daß sich die Täuschungshandlung sowohl auf innere Tatsachen eines Dritten als auch auf die psychische Einstellung des Täters selbst beziehen könne, so sei
damit die Unterscheidung zwischen Werturteil und Tatsachenbehauptung nicht entbehrlich. Meurer kommt zu dem Schluß, daß die
laienhaften Vorstellungen und Mutmaßungen des Ladenangestell-
ten über das künftige Verhalten der Strafverfolgungsorgane keine Tatsachenbehauptung, sondern ein Werturteil in Form einer
Rechtsansicht seien und es daher an einem wesentlichen Tatbestandsmerkmal des Betruges fehle. Keine Täuschung, durch die
die Diebin zur Bezahlung der geforderten Gebühr bestimmt wurde, liegt allerdings darin, daß der Angestellte es unterlassen
hat, die Diebin, die als Laie den rechtlichen Unterschied zwischen Strafanzeige und Strafantrag nicht kannte, über diesen

---

[1] Blei (H.), Standgericht im Warenhaus, JA 1976, StR S.99
(387).
[2] MDR 76, 981 f.
[3] JuS 76, 302 f.

Unterschied aufzuklären, weil eine so weitgehende Aufklärungs-
pflicht nicht angenommen werden könne.[1] Die Vorspiegelung der
falschen Tatsache wie auch der genannte Inhalt der "Erklärung",
der gleichfalls zur Täuschung beigetragen hat, führte bei der
jugendlichen Diebin zu dem Irrtum, mit der Unterschrift unter
das Formular und der Bezahlung der verlangten Gebühr sei die
Angelegenheit für sie erledigt, es werde insbesondere nicht zu
einem Strafverfahren kommen. Somit ist der erforderliche Kausalzusammenhang zwischen Täuschung und Irrtum und auch zwischen Irrtum und Zahlung der Gebühr offensichtlich gegeben.
Diese Ansicht, so führte das Oberlandesgericht aus, stehe
nicht im Widerspruch zu dem Urteil des OLG Braunschweig vom
14.7.1975, das auf Grund des dortigen Sachverhalts eine Täuschungshandlung, die für die Irreführung adäquat kausal gewesen und im Rahmen des Schutzbereichs des § 823 BGB gelegen
hätte, nicht für gegeben ansah, vielmehr glaubte, es habe
lediglich eine Drohung i.S. eines Nötigungsdelikts vorgelegen.[2]
Eine solche Nötigung ist auch im Urteil des OLG Koblenz vom
7.5.1975[3] angenommen worden, in welchem die Filialleiterin
eines Warenhauses von der Ladendiebin eine Bearbeitungsgebühr
von 50 DM forderte, wobei sie von zwei Fangprämien von je
20 DM und eines Schadensersatzes wegen Arbeitsausfall von
10 DM ausging, und sie der Diebin drohte, daß sie, wenn sie
nicht innerhalb einer halben Stunde das Geld bringe, sie von
der Polizei aus ihrer Wohnung holen lasse. In dieser Erklärung
sah das Oberlandesgericht in Übereinstimmung mit der Strafkammer eine Drohung mit einem empfindlichen Übel i.S. von § 240
StGB[4] und bejahte im Gegensatz zur Strafkammer auch die Rechtswidrigkeit des Verhaltens der Filialleiterin nach § 240 Abs.2

---

[1] Meurer (D.), Betrug S.304.

[2] NJW 76, 62.

[3] OLGSt zu § 240 StGB S.23, JR 76, 69 ff. mit krit.Anm.von
Roxin eod. S.71 ff.

[4] siehe BGHSt 5, 254.

StGB. Diese Rechtswidrigkeit des Verhaltens der Filialleiterin setzte voraus, daß die Androhung des Übels zu dem angestrebten Zweck so verwerflich, d.h. sittlich zu mißbilligen, ist, daß sie ein gesteigertes, als Vergehen strafwürdiges Unrecht darstellt.[1] Eine solche rechtswidrige Drohung ist in der Bedrohung mit einer Strafanzeige zu sehen, die über die bloße Ankündigung einer Strafanzeige hinausgeht, insbesondere wenn es sich um eine äußerst massive Drohung handelt, auch wenn diese gar nicht hätte durchgeführt werden können, da die Polizei zu ihrer Durchsetzung nicht bereit gewesen wäre. Zu der Drohung mit der Tätigkeit eines Dritten ist nur erforderlich, daß in dem Bedrohten die Vorstellung erweckt wird, der Drohende werde den Dritten zu der angedrohten Handlung bestimmen. Zwar hat die höchstrichterliche Rechtsprechung die Drohung mit einer Strafanzeige dann für zulässig erachtet, wenn dadurch der Geschädigte den Täter einer strafbaren Handlung zur Erfüllung begründeter Schadenersatzansprüche veranlassen will.[2] Handelt es sich aber um eine dem Grunde nach in Rechtsprechung und Lehre umstrittene Schadenersatzforderung, so ist die Drohung mit einer Strafanzeige nicht mehr ein zulässiges Mittel zur Willensbeeinflussung des Täters. Denn durch die Androhung soll der Bedrohte veranlaßt werden, eine umstrittene Forderung anzuerkennen und zu erfüllen, ohne daß über den umstrittenen Grund der Forderung in einem durch gesetzliche Verfahrensvorschriften geregelten ordentlichen Gerichtsverfahren eine Entscheidung herbeigeführt wird.[3] Sieht man mit dem OLG Koblenz[4] in der Erklärung des Angestellten die Behauptung einer falschen Tatsache, durch die die Ladendiebin getäuscht, zur Unterzeichnung ihres Geständnisses und zur Bezahlung der Bearbeitungsgebühr bestimmt wurde, so ist,

---

[1] BGHSt 17, 331, NJW 62, 1923.

[2] BGHSt 5, 254; BGH NJW 57, 598; BayObLG MDR 57, 309; OLG Koblenz JR 76, 70.

[3] OLG Koblenz JR 76, 70.

[4] OLG Koblenz NJW 76, 63 ff.

da dem Ladeninhaber kein Anspruch auf die Bearbeitungsgebühr,
mindestens insoweit, als sie in dem Ersatz für den Ausfall der
Arbeitszeit des Personals besteht, zukommt, Betrug gegeben,
vorausgesetzt, daß der Angestellte, wie in den Urteilsgründen
festgestellt wurde, sich der Unwahrheit seiner Erklärung bewußt war. Hätte er statt durch Täuschung durch Drohung mit einem empfindlichen Übel, wie z.B. durch Drohung mit einer Strafanzeige, die Bezahlung der unbegründeten Bearbeitungsgebühr erzwungen, so hätte statt Betrug Erpressung vorgelegen.[1] Anders
gelagert war der vom OLG Koblenz mit Urteil vom 7.5.1975[2] entschiedene Fall, in welchem die Filialleiterin offenbar von dem
Bestehen eines Anspruches überzeugt war, da sie zuvor in Fach-
zeitschriften der Lebensmittelbranche von der Erstattungspflicht
des Diebes gelesen habe. Solchenfalls scheidet nach Roxin[3]
nicht nur Erpressung, sondern im Gegensatz zur Auffassung des
Oberlandesgerichts auch eine Nötigung aus, weil entweder der
geltendgemachte Anspruch zu Recht bestand oder weil, falls der
Anspruch ganz oder teilweise unbegründet war, die angeklagte
Filialleiterin mindestens irrigerweise an das Bestehen eines
solchen Anspruches geglaubt und damit Umstände angenommen hatte,
die, wenn sie vorgelegen hätten, die Nötigung als nicht verwerflich hätten erscheinen lassen. "Denn wenn man die Rechts-
widrigkeitsklausel" ... "des § 240 Abs.2 StGB als eine Ergänzung
des "offenen" Tatbestandsfragmentes in § 240 Abs.1 StGB ansieht,
so ist der Irrtum über verwerflichkeitsbestimmende Umstände ein
Tatbestandsirrtum, der den Vorsatz entfallen läßt. Nimmt man
demgegenüber an, daß § 240 Abs.2 StGB systematisch der Delikts-
stufe der Rechtswidrigkeit zuzuordnen sei, so würde es sich
immer noch um einen Irrtum über sachliche Voraussetzungen eines Rechtfertigungsgrundes (nämlich der mangelnden Verwerflichkeit) handeln, der nach ständiger Rechtsprechung und ganz
herrschender Meinung ebenfalls den Vorsatz oder doch wenigstens die Vorsatzstrafe ausschließt".[4] Sieht man in der

---

[1] auch nach schweizerischem Recht liegt solchenfalls Erpressung
vor, wenn die verlangte "Umtriebsentschädigung" unangemessen
hoch ist (Rust (P.), Ladendiebstahl und Selbstjustiz, Diss.
Zürich 1972 S.83 f.).
[2] JR 76, 69 ff.
[3] Roxin (Cl.), Anm.zu Urt.d.OLG Koblenz v.7.5.75, JR 76, 71 ff.
[4] Roxin S.72.

Rechtswidrigkeit der Nötigung kein Tatbestandsmerkmal, sondern
lediglich ein allgemeines Deliktsmerkmal, so ist der Irrtum
eines Angeklagten nicht als Tatbestands-, sondern als Verbotsirrtum zu werten, der nur bei Unvermeidbarkeit Vorsatz ausschließt. Bei Verneinung der Nötigung kommt, auch wenn kein
Ersatzanspruch gegeben sein sollte, auch Erpressung nicht in
Frage, zumal hier die Rechtswidrigkeit Tatbestandsmerkmal ist
und ein Irrtum hierüber als Tatbestandsirrtum den für Erpressung verlangten Vorsatz ausschließt.

1. Gewaltanwendung

Für den Begriff der Gewalt kann im wesentlichen auf die beim
Raub gemachten Ausführungen verwiesen werden. Es soll nur angefügt werden, daß bei § 253 StGB nach herrschender Auffassung
nur vis compulsiva möglich ist, z.B. durch Schreckschüsse,
weil die vis absoluta die für § 253 StGB erforderliche Willensentschließung ausschließt.[1] Der Gewaltbegriff verlangt zwar
keine besondere körperliche Kraftentfaltung, wohl aber eine unmittelbar gegen den Körper des Opfers gerichtete Handlung, die
vom Genötigten als körperlicher Zwang empfunden werden kann,
d.h. spürbar ist. Es ist also nicht mehr wie früher die Entfaltung körperlicher Kraft, wohl aber die körperliche Betätigung mit der Folge der Zwangswirkung auf das Opfer bzw. die
Intensität derselben als entscheidendes Moment des Gewaltbegriffes anzusehen,[2] so daß auch Narkose und Hypnose wie auch
die Anwendung von Geständnisdrogen unter den Gewaltbegriff fallen.[3] Auch im schweizerischen Strafrecht ist der Begriff der Gewalt bei Raub und Erpressung in der Literatur noch Gegenstand
der Erörterung.[4] Es wird auf die Einwirkung auf den Körper des
Opfers mit der Einschränkung abgestellt, daß diese auf mechani-

---

[1] RGSt 60, 158; 66, 355 f.; Schönke-Schröder 18.Aufl.(1976)
Rdz.3 a zu § 253; Welzel (H.), Das Deutsche Strafrecht 11.
Aufl.(1969) S.380.
[2] Müller-Dietz (H.), Zur Entwicklung des strafrechtlichen Gewaltbegriffs, GA 1974, 33 ff., insbes. S.43 f., 47 ff.
[3] Welzel (H.), Das Deutsche Strafrecht 11.Aufl.(1969) S.325.
[4] vgl. dazu Schultz (H.), Der strafrechtliche Begriff der Gewalt, SchwZStr 1952, 360.

schem Wege erfolgen muß.[1] Damit wird, anders als nach dem
deutschen Schrifttum, eine nicht-mechanische Einwirkung, z.B.
durch Hypnose, aus dem Gewaltbegriff ausgeschieden. Allerdings
wird Raub auch in dem Fall angenommen, daß Gas in ein Zimmer
eingeblasen wird, in dem sich eine zu bestehlende·Person befindet, aber mit der Begründung, daß nach schweizerischem Recht
zur Erfüllung des Raubtatbestandes nicht nur Gewalt, sondern
jedes sonstige zum Ausschalten des Widerstandes geeignete Mittel ausreicht,[2] wie narkotische oder hypnotische Mittel oder
Einsatz von Tränengas, Blendung, Schrecklähmung[3] oder auch die
Verabreichung von Brech- oder rasch wirkenden Abführmitteln.[4]
Das schweizerische Recht verlangt in ähnlichem Sinne wie das
deutsche Recht, daß durch die Gewaltanwendung ein Widerstand
überwunden wird, um die Wegnahme der erstrebten Beute zu ermöglichen. Es geht aber insofern weiter, als es in dem vollständigen Unfähigmachen des Opfers zum Widerstand vollendeten
Raub erblickt, ohne Rücksicht darauf, ob der Täter den beabsichtigten Diebstahl hat ausführen können oder nicht.[5] Unfähig
gemacht ist derjenige, der sich nicht mehr selbst aus eigener
Kraft gegenüber dem Angreifer zu behaupten vermag, wozu das
bloße Suchen nach fremder Hilfe durch Hilferufe nicht ausreicht.
Soweit der Widerstand nicht durch Gewalt, sondern durch eine
die Gewaltanwendung unnötig machende List oder Überraschung
gebrochen wird, liegt Raub oder Erpressung nicht vor. Dagegen
liegt Gewalt, wie auch im deutschen Recht, vor, wenn das
Opfer den Gegenstand mit Rücksicht auf einen erwarteten An-

---

[1] Hafter (E.), Schweizerisches Strafrecht, Bd.II, Bes.Teil,
erste Hälfte, Berlin 1937 S.254.

[2] Gerber (R.), Rechtliche Probleme beim Raub, SchwZStr 1974,
117 f.

[3] vgl. BGE 81 IV 226.

[4] Maurach (R.), Deutsches Strafrecht Bes.Teil 5.Aufl.(Studienausg.) (1971) S.250.

[5] Gerber (R₀), Rechtliche Probleme beim Raub, SchwZStr 1974,
118 ff.

griff so festhält, daß eine gewaltsame Überwindung eines Widerstandes durch das Ansichreißen nötig ist. Das schweizerische Recht kennt den räuberischen Diebstahl nicht, sondern
sieht in der Gewaltanwendung zur Sicherung der Beute einen
Raub, keinen solchen aber bei Anwendung von Gewalt, um sich
die Flucht zu sichern.[1]
Ergänzend mag noch bemerkt werden, daß es nicht erforderlich
ist, daß der Genötigte der Gewaltanwendung Widerstand entgegensetzt,[2] ferner daß es ohne Bedeutung ist, ob der Genötigte
sich hätte der Gewaltanwendung entziehen können oder die Wirkungen durch eigene Tätigkeit hätte beseitigen können.[3]

2. Drohung mit einem empfindlichen Übel

Was den Begriff der Drohung als solchen anbelangt, so kann
auch hier auf die Ausführungen beim Raub Bezug genommen werden. Zu beachten ist, daß auch eine Drohung ausreicht, die
nur für den Bedrohten, nicht aber für dritte Personen erkenn-
bar ist,[4] und zwar auch dann, wenn sie sich auch in allgemeine
und unbestimmte Ankündigungen kleidet, aus denen jedoch der
Bedrohte das mit der Drohung erstrebte Ziel zu erkennen vermag.[5]
Die Drohung kann auch in die Form einer Warnung gekleidet
sein.[6] Dagegen liegt eine bloße Warnung vor, wenn der Eintritt
des Übels vom Willen des Täters unabhängig ist.[7] Unerheblich

---

[1] BGE 83 IV 66.

[2] RGR 8, 188.

[3] RGSt 7, 270; 13, 51.

[4] LK 8.Aufl. Bd.2 (1958) § 253 Anm.2 b unter Bezugnahme auf
KG HRR 25, 256.

[5] RGSt 1, 205 f.

[6] RGSt 34, 19.

[7] BGH NJW 57, 598; Pfeiffer-Maul-Schulte § 253 Anm.3.

ist, ob der Bedrohte sich bedroht fühlt.[1] Entscheidend ist lediglich, ob der Täter durch die Drohung Zwang auf die Willensentschließung und Willensbetätigung des Opfers ausüben will.
Hierfür muß die Drohung nach Vorstellung und Wille des Drohenden mitbestimmend sein.[2] Unerheblich ist auch die Unausführbar-
keit der Drohung. Es genügt, daß die Drohung objektiv den Eindruck der Ernstlichkeit erweckt und der Nötigende davon ausgeht, daß sie vom Bedrohten als ausführbar und ernstgemeint
erachtet wird.[3] Gleichgültig ist auch, ob die als ernstgemeint
erscheinende Drohung verwirklicht werden soll. Es genügt vielmehr, daß der Täter die Drohung als geeignet erkennt, auf die
Willensfreiheit des Opfers einzuwirken.[4] Für die Kundgebung
der Macht und des Willens zur Herbeiführung des Übels reicht
unter Umständen der indirekte Hinweis auf den eventuellen Eintritt aus.[5] Auch ist es unwesentlich, ob der Bedrohte sich erst
nach reiflicher Überlegung zu dem vom Täter erstrebten Verhalten entschließt.[6] Zu dem Begriff der Drohung mit einem empfindlichen Übel i.S. von § 253 StGB gehört nach der ständigen Rechtsprechung des Reichsgerichts, der auch der Bundesgerichtshof
sich angeschlossen hat, nicht, daß der Androhende ankündigt,
er werde das in Aussicht gestellte Übel selbst verwirklichen.
Soll dies aber durch einen Dritten geschehen, so muß in dem
Bedrohten die Vorstellung erweckt werden, daß der Drohende
den Dritten in der befürchteten Richtung beeinflussen könne
und bei Nichtvornahme der geforderten Vermögensverfügung auch
wolle.[7] Anders liegt der Fall, wo die Angeklagte in Bereicherungsabsicht durch die falsche Angabe, von einem Dritten erpreßt zu werden, weshalb sie Geld zur Bezahlung des angeblichen Erpressers benötige, den Getäuschten durch die vorgegebe-
ne Bedrohung mit Enthüllung eines von ihm früher begangenen

---

[1] BGH NJW 53, 1401 mit RGSt 34, 18; BGH Urt.v.15.10.74 - 1 StR
303/74, bei Dallinger MDR 75, 22.
[2] RGSt 48, 346; 64, 115; Schönke-Schröder 18.Aufl.(1976) Rdz.1
zu § 240.
[3] RGSt 3, 263 f.; BayObLG NJW 63, 824; BGPr.1953, 508; BGHSt 23,
294.
[4] BGH Urt.v.15.10.74 - 1 StR 303/74, bei Dallinger MDR 75, 22;
ebenso im schweiz.Recht Gerber (R.) S.118 mit BGE 72 IV 58;
Schönke-Schröder 18.Aufl.(1976) Rdz.23 zu Vorbem.zu §§ 234 ff.
[5] RGSt 10, 217.
[6] RGSt 64,17.
[7] BGHSt 7, 198.

entehrenden Fehltritts durch den Dritten, den angeblichen Erpresser, dazu bestimmte, aus Furcht vor der bevorstehenden
Enthüllung zugunsten der täuschenden, angeblich erpreßten Angeklagten über sein Vermögen zu verfügen. Hierin ist nicht
Erpressung, sondern nur Betrug zu erblicken, da die Angeklagte dem Getäuschten gegenüber nicht zum Ausdruck brachte, Einfluß auf den Eintritt des angeblich vom Dritten angedrohten
Übels zu haben.[1] Die Angeklagte spielte dem Getäuschten gegenüber nur die Rolle einer Hilfesuchenden vor, die selbst
vor der Ausführung einer erpresserischen Drohung geschützt
werden wollte. Keine Drohung liegt in dem Falle vor, wo der
Straftäter einem Augenzeugen freiwillig Schweigegeld anbietet,
das dieser annimmt. Anders liegt der Fall, wenn der Augenzeu-
ge es unter stillschweigendem Anzeigedruck erlangt oder steigert,[2] da hierin eine vom Augenzeugen ausgehende, also auf dessen Initiative zurückgehende Drohung zu finden ist. Keine Drohung liegt endlich vor, wenn dem Opfer die Freiheit seiner
Entschließung bleiben soll, wie bei bloßen Vorschlägen oder
Vergleichsangeboten, deren Ablehnung dem anderen freisteht,
da Nötigungsvorsatz nur gegeben ist, wenn der Täter in dem
Bewußtsein und Willen handelt, dem Bedrohten ein anderes Verhalten, als es seinem freien Willen entsprechen würde, zwangsweise aufzudrängen.[3] Ob aber ein ehrliches Vertragsangebot
oder nur verdeckter Zwang vorliegt, ist Tatfrage.[4] Die Drohung muß sich auch im Falle des § 253 StGB an die Person richten, von deren Willen die Gewährung des erstrebten Vorteils
abhängt.[5] Die Drohung kann aber auch eine dritte Person betreffen, wenn sich nur der Verfügende von der Drohung bestim-

---

[1] BGHSt 7, 197 f.

[2] LK 8.Aufl. Bd.2 (1958) § 253 Anm.2 b.

[3] RGSt 36, 386; vgl. auch RGSt 21, 118; 34, 18; 64, 381; LK
8.Aufl. Bd.2 (1958) § 253 Anm.2 d.

[4] RGSt 21, 118; RG GA 45, 366; LK 8.Aufl. Bd.2 (1958) § 253
Anm.2 d.

[5] RGSt 53, 283; 71, 292; Schönke-Schröder 18.Aufl.(1976) Rdz.
6 zu § 253.

men läßt, dem Begehren des Erpressers zu entsprechen. So wird in der Gewaltausübung gegen einen Dritten oder in der Bedrohung eines Dritten mit dem angekündigten Übel eine Bedrohung des zu Nötigenden zu erblicken sein, wenn es sich bei dem Dritten um eine dem Opfer nahestehende Person handelt, z.B. Ehefrau, Kind, Geschwister, Freund etc., der Genötigte von der Drohung Kenntnis erlangt und sich dadurch zu dem vom Täter erstrebten Verhalten bestimmen läßt.[1] Anderenfalls liegt nur Nötigung des unmittelbar Angegriffenen vor, ein Erpressungsversuch jedoch nur dann, wenn der Täter jene Voraussetzungen für gegeben ansah.[2] Erforderlich ist die Drohung mit einem empfindlichen Übel. An einer solchen fehlt es, wenn das Übel bereits mit dem Aussprechen zugefügt worden ist. So ist die Klagerhebung keine Drohung mit einem empfindlichen Übel, sondern eine vollendete Tatsache,[3] wohl aber kann die Drohung mit Klagerhebung eine Drohung i.S. des § 253 StGB sein. Keine Drohung mit einem empfindlichen Übel liegt vor, wenn die angekündigte Veröffentlichung in keiner Weise geeignet ist, den Bedrohten bloßzustellen.[4] Die Erpressung des § 253 StGB verlangt eine Drohung mit einem für den individuell Betroffenen empfindlichen Übel, d.h. einem auf Grund objektiver Beurteilung nach Art und Stärke besonders erheblichen Übel.[5] Eine derartige Drohung ist nach Schönke-Schröder[6] dann gegeben, wenn eine erhebliche Einbuße an Werten zu besorgen und der drohende Verlust geeignet ist, einen besonnenen Menschen zu dem mit der Drohung erstrebten Verhalten zu bestimmen. Eine bloße Unannehmlichkeit genügt nicht.[7] Die durch die Drohung mit dem

---

1 RGHRR 27, 3; BGH GA 1961, 82; Maurach (R.), Deutsches Strafrecht Bes.T. 5.Aufl.(Studienausg.) (1971) S.292; Schönke-Schröder 18.Aufl.(1976) Rdz.6 zu § 253.
2 RGSt 3, 427.
3 RG JW 1928, 1144.
4 RGSt 39, 268.
5 RGSt 39, 269.
6 Schönke-Schröder 18.Aufl.(1976) Rdz.9 zu § 240.
7 RGSt 19, 42; 34, 19.

empfindlichen Übel hervorgerufene Furchterregung muß von solcher Stärke sein, daß sie geeignet ist, einem besonnenen Mann den Willen des Nötigers aufzudrängen,[1] ihn also zu dem mit der Drohung bezweckten Verhalten zu bestimmen. Sie muß eine begründete Furcht erregen, sei es daß die eindringliche Form der Drohung, welche einen Widerstand nicht aufkommen läßt, oder die Größe des angedrohten Übels die Ursache bildet.[2] Die Drohung mit dem empfindlichen Übel in der genannten Art muß vom Täter erkannt sein. Das angedrohte Übel braucht keine unberechtigte, sei es rechtswidrige oder gar strafbare Handlung, z.B. eine Drohung mit begründeter Strafanzeige[3] oder aber andererseits mit Prügel, wenn der Dirnenlohn nicht bezahlt werde,[4] zu sein. Anders verhält es sich nach dem Norwegischen Strafgesetzbuch (Almindelig borgerlig straffelov) vom 22. Mai 1902, das für die Erpressung eine absolute, d.h. an sich gegebene Rechtswidrigkeit des Zwangsmittels verlangt.[5] Das Übel kann nach deutschem Recht rechtlich unerheblich, z.B. eine bloße Schikane, sein,[6] oder eine Drohung mit Aufgabe der geschäftlichen Beziehungen[7] oder mit Selbstmord. Selbst rechtmäßige Nachteile, wie Rechtsausübungen, wenn es an einem berechtigten Grund zur Ausübung des Rechts fehlt, können als angedrohte Übel in Betracht kommen,[8] wie z.B. Drohung mit fristloser Kündigung eines auf bestimmte Zeit zugesagten Kapitals, Drohung mit Zwangsvollstreckung, speziell bei erschlichenem Vollstreckungstitel,[9] oder mit einem Zivilprozeß,[10] letzterenfalls

---

[1] BayObLGSt 1955, 13, 23; OLG Köln JMBlNRW 1962, 34; östOGH ÖJZ 1964, 470; Olshausen (J.v.) 12.Aufl.(1944) § 240 Anm.6 a; Schönke-Schröder 18.Aufl.(1976) Rdz.9 zu § 240; a.A.
[2] Dreher 36.Aufl.(1976) Rdz.7 zu § 253.
[3] Dreher 36.Aufl.(1976) Rdz.7 zu § 253.
  Maurach (R.), Deutsches Strafrecht, Bes.T., 5.Aufl.(Studienausg.) (1971) S.292.
[4] BGHSt 4, 105.
[5] Frank (R.), Raub und Erpressung S.2; so auch nach deutschem Recht Kollmann (H.), Die Lehre von der Erpressung nach deutschem Recht, Berlin 1910 (Abhandlungen des kriminalistischen Seminars an der Universität Berlin. Neue Folge, 6.Bd., 3.Heft) S.75.
[6] RGSt 72, 76.
[7] RGSt 72, 76.
[8] LK 9.Aufl., Bd.2 (1974), Rdz.5 zu § 253.
[9] RGSt 25, 254; 34, 279.
[10] RGSt 20, 330; 49, 356 f.; RG Recht 15 Nr.231; RG GA 46, 318.

jedoch nur dann, wenn ganz besondere tatsächliche Umstände
vorliegen, die nach ihrer Beschaffenheit in dem Bedrohten die
Besorgnis hervorrufen, daß er trotz seines guten Rechts im
Prozeß unterliegen könne,[1] insbesondere aber wenn in bewußter
Weise eine unbegründete Forderung geltend gemacht werden soll.[2]
Abgesehen von dem Vorliegen solcher besonderer Umstände ist in
der Bedrohung mit einer Zivilklage im allgemeinen keine Drohung
mit einem empfindlichen Übel zu sehen. Eine solche kann aber in
dem Antrag auf Konkurseröffnung[3] oder in begründeter Strafan-
zeige, wie z.B. bei Rückforderung des im verbotenen Glücksspiel
verlorenen Geldes unter Androhung einer Strafanzeige,[4] in der
Anzeige wegen eines Dienstvergehens,[5] in der Stellung oder der
Nichtrücknahme eines Strafantrags, in der Drohung mit Entziehung
der Arbeitsstelle[6] oder einem Boykott gegenüber einem Arbeitgeber[7] oder in schikanösem Verhalten,[8] wie in einer Bedrohung mit
Liefersperre[9] zu sehen sein. Drohung mit einem empfindlichen
Übel kann auch in der Androhung der Weigerung eines Droschken-
kutschers oder eines Taxifahrers weiterzufahren, wenn nicht ein
erhöhter Fahrpreis bezahlt werde,[10] gesehen werden; ebenso in
der Weigerung eines Hausdieners, die Reisetasche herauszugeben,
wenn ihm nicht ein ganz bestimmtes Trinkgeld gegeben werde,[11]

---

[1] RG DR 7, 216.

[2] RG GA 41, 39; RG DR 6, 244.

[3] RGSt 1, 205; RG GA 46, 318.

[4] RGSt 30, 337.

[5] RG DR 41, 1403, 2178; BGH Urt.v.5.1.1951 - 2 StR 29/50;
LK 8.Aufl. Bd.2 (1958) § 253 Anm.2 b.

[6] Schönke-Schröder 18.Aufl.(1976) Rdz.4 zu § 253.

[7] RGSt 21, 114, 117 ff.; RG GA 45, 39; 54, 81.

[8] RGSt 72, 76.

[9] RGSt 34, 16 ff.

[10] RGR 6, 508.

[11] RG DJZ 1908, 140.

oder auch in einer Drohung mit strafgerichtlicher Untersuchung.[1]
Drohung mit einem empfindlichen Übel kann auch in der Drohung
mit einer Vernichtung der wirtschaftlichen Existenz oder der
gesellschaftlichen Stellung durch Enthüllung, insbesondere
Veröffentlichung einer bloßstellenden, zumal ehrenrührigen
wahren Begebenheit oder Tatsache, z.B. einer Jugendverfehlung
oder homosexueller Beziehungen oder ehewidrigen Verhaltens des
Bedrohten oder einer ihm nahestehenden Person, die bei Veröffentlichung in der Presse als Chantage bezeichnet wird[2] und in
ausländischen Gesetzen vielfach als Sonderdelikt behandelt oder,
wie in Art.156 des schweizerischen Strafgesetzbuches,innerhalb
der Erpressung besonders hervorgehoben wird, oder in der Drohung mit Ausnutzung der vorhandenen Unfreiheit des Bedrohten
bestehen.[3] Das angedrohte Übel kann auch in einer Unterlassung
bestehen, sofern eine rechtliche Pflicht zum Handeln vorliegt,[4]
z.B. Drohung mit Nichtbezahlung einer fälligen Schuldverpflichtung trotz vorhandener Mittel oder mit abredewidriger Nichtzu-
rücknahme eines Strafantrages.[5] Dasselbe gilt auch beim Raub
für die Drohung mit Gefahr für Leib oder Leben, sofern das
Übel in einer Unterlassung besteht. Weiter geht Schröder,[6] nach
welchem die Drohung mit einem empfindlichen Übel auch dann in
der Ankündigung eines Unterlassens bestehen kann, wenn keine
Pflicht zum Tätigwerden besteht, da es bei der Nötigung und
Erpressung nicht darauf ankomme, was man tun oder unterlassen
darf, sondern womit man drohen darf.[7] Auch in der Ankündigung

---

[1] RGSt 1, 307.
[2] RGSt 64, 383; BGH Urt.v.3.6.64 - 2 StR 431/63.
[3] RG JW 1937, 265; OLG München NJW 50, 714; österr.OGH ÖJZ 64,
497.
[4] RGSt 14, 265; 63, 425; RGR 10, 582; RG LZ 11 Sp.341; BGH GA
1960, 278 und herrschende Meinung im Schrifttum.
[5] RGR 10, 582; RG GA 40, 54.
[6] Schönke-Schröder 18.Aufl.(1976) Rdz.4 zu § 253, Rdz.22 zu
§ 240 unter Bezugnahme auf RGSt 72, 76; BayObLGSt 1960, 299
läßt die Frage offen; Maurach (R.), Deutsches Strafrecht Bes.
Teil 5.Aufl.(Studienausg.) (1971) S.292 f.; siehe auch Jakobs
(G.), Nötigung durch Drohung als Freiheitsdelikt, in: Einheit
und Vielfalt des Strafrechts. Festschrift f.Karl Peters, Tübingen 1974 S.70 Anm.3.
[7] vgl. auch die bei Schönke-Schröder 18.Aufl.(1976) Rdz.22 zu
§ 240 angeführte weitere Literatur.

des Bestehenlassens, also der Nichtbeseitigung, eines vorhandenen, schon wirkenden empfindlichen Übels kann eine Drohung mit
einem solchen Übel gesehen werden, sofern das Bestehenlassen
lediglich von der Tätigkeit des Drohenden abhängt und dieser
zur Beseitigung des Übels verpflichtet ist.[1] Anders liegt der
Fall, in dem sich der Angeklagte einen Betrag von 500 RM dafür versprechen ließ, daß er ein gegen den Versprechenden bereits laufendes Strafverfahren wegen Beleidigung durch Bestechung der Kriminalbeamten und Aktenbeseitigung verhindern
werde und daß er beim Ausbleiben der Zahlung trotz wiederholter Anforderung dem Versprechenden drohte, falls die Bezahlung
nicht bis zu einem bestimmten Zeitpunkt eingehe, sich der Ver-
sprechende die Folgen selbst zuzuschreiben habe. Es handelt
sich diesfalls um die Drohung mit einer Unterlassung, die keine dem Recht entsprechende oder rechtlich gleichgültig war,
sondern die dem Recht zuwiderlief und strafbar war. Die Unterlassung des Eingreifens war hier vielmehr das rechtlich gebotene Verhalten, so daß für den Angeklagten nicht nur keine
Pflicht, sondern nicht einmal ein Recht zum Handeln bestand.
Muß der Bedrohte mit dem Übel, dem Fortgang des Strafverfahrens, nach dem Recht rechnen und wäre die Beseitigung des
Übels eine rechtlich verbotene Handlung, so kann die Androhung
einer vom Recht gebotenen Unterlassung, eines rechtlich gebotenen Verhaltens, nicht als eine den Tatbestand des § 253 StGB
erfüllende Drohung angesehen werden.[2] Keine Drohung mit einem
empfindlichen Übel liegt in der Ankündigung der Erzwingung
einer geschuldeten Schadensersatzleistung durch Drohung mit
erlaubter Strafanzeige, z.B. wegen Betrugs, es sei denn, daß
sie in übertriebener Höhe oder von Angehörigen des Schuldners
gefordert wird.[3] Diese Rechtsauffassung stützt sich auf den

---

[1] RGSt 63, 425 mit RGSt 14, 265 & RGR 10, 582; RG Urt.v.7.7.
1899 - 2 O 46/99, zit. in RGSt 63, 425; RG LZ 11, Sp.341;
Jagusch in LK 8.Aufl. Bd.2 (1958) § 253 Anm.2 b.

[2] RGSt 63, 426.

[3] RGSt 36, 384; RG GA 38, 207.

Grundsatz, daß Drohung mit erlaubter Strafanzeige immer dann
zulässig ist, wenn das Recht zur Strafanzeige mit dem durch
die Drohung erfolgten Zweck in innerer Beziehung steht.[1] Über
die Frage der Verwerflichkeit, d.h. der Widerrechtlichkeit
der Drohung mit einem empfindlichen Übel, wird später zu
sprechen sein.

3. Nötigung zu einer Handlung, Duldung oder Unterlassung

Die Erpressung zielt mit den Mitteln der Gewalt oder Drohung
mit einem empfindlichen Übel auf ein Handeln, Dulden oder Unterlassen ab, durch das nach dem Wesen der Erpressung als eines gegen Entschlußfreiheit und Vermögen gerichteten Delikts
eine rechtswidrige Vermögensschädigung des Genötigten mit einer Bereicherungsabsicht des Schädigers herbeigeführt wird,
so daß also der Vermögensnachteil in Kausalzusammenhang mit
dem dem Geschädigten abgenötigten Verhalten stehen muß.[2] Es
genügt also nicht, wenn das Opfer von sich aus erwartet, ein
anderer werde ihm ein Übel zufügen und deshalb eine vermögensschädigende Handlung vollzieht, um den Eintritt dieses Übels
abzuwenden.[3] Ein vom Gesetz geforderter Kausalzusammenhang
liegt vor, wenn sich der Genötigte unter dem Druck des Zwanges
zu dem vom Erpresser erstrebten, eine Vermögensschädigung des
Genötigten bewirkenden, mit Bereicherungsabsicht des Erpressers verbundenen Verhalten bestimmen läßt, wobei der Druck
im Zeitpunkt des Nachgebens noch fortwirken muß.[4] Maßgebend

---

[1] BGHSt 5, 258; Maurach (R.), Deutsches Strafrecht Bes.T. 5.
Aufl.(Studienausg.) (1971) S.293 f.
[2] RGSt 3, 427 f.; 8, 6; 33, 79; RG GA 45, 356; RG JW 1934,
488; OLG Frankfurt/Main NJW 70, 343; Dalcke-Fuhrmann-Schäfer 37.Aufl.(1961) § 253 Anm.6; LK Bd.2 8.Aufl.(1958) § 253
Anm.3; Dreher 36.Aufl. (1976) Rdz.11 zu § 253.
[3] BGHSt 7, 253; BGH Urt.v.6.5.52 - 2 StR 602/51, bei Dallinger
MDR 52, 408; Schönke-Schröder 18.Aufl.(1976) Rdz.7 zu § 253.
[4] RGSt 64, 17; BGH Urt.v.16.5.73 - 2 StR 140/73, zit.bei Dreher
36.Aufl.(1976) Rdz.11 zu § 253.

ist, wie bei der Nötigung des § 240 StGB, in gleichem Maße
die Beeinträchtigung der Willensentschließung und der Willensbetätigung. Auf diesem Standpunkt stand insbesondere auch das
Reichsgericht, das in zahlreichen Entscheidungen gerade die
Beeinflussung der Willensentschließung für geeignet zur Erfüllung des Tatbestandes der Nötigung erklärt hat.[1] Wenn dagegen
in anderen Entscheidungen[2] von einer Beeinträchtigung der Willensbetätigung gesprochen wird, so hat dies nicht die Bedeutung, daß dadurch die Beeinträchtigung einer Willensentschließung als mögliche Angriffsform i.S. von § 240 StGB ausgeschlossen sein sollte. Im Gegenteil ist die Beeinträchtigung
der Willensentschließung wesentlich und nicht die nur unmittelbare Beeinträchtigung der Willensbetätigung, die als solche
nicht ausreicht.[3] Für § 253 StGB gilt das Entsprechende. Was
das abgenötigte Verhalten anbetrifft, so setzt das Handeln ein
eigenes Tun, das Dulden ein Geschehenlassen des Tuns des Nötigenden durch den Genötigten[4] und das Unterlassen ein Nichttun
des Genötigten, z.B. Verjährenlassen einer Forderung, voraus.[5]
Strittig ist, welcher Natur dieses abgenötigte Verhalten ist.
Die überwiegende Meinung im Schrifttum sieht darin eine Vermögensverfügung oder doch mindestens eine Gewahrsamsdisposi-
tion, also eine unmittelbare schädigende Einwirkung des Genötigten auf sein Vermögen, um dem Täter einen Vermögensvorteil
zukommen zu lassen, wie z.B. durch Zahlung eines Schweigegel-
des, Herausgabe einer Sache, Ausstellung eines Schuldanerkenntnisses, oder auf das Vermögen eines anderen, sofern der Genötigte in der Lage ist, über das Vermögen des anderen zu dessen

---

[1] RGSt 1, 6; 2, 288; 4, 430; 7, 270; 8, 305; 9, 229; 13, 50;
RGR 9, 447; RGSt 27, 309; 48, 402; RG GA 35, 63; 37, 365 f.;
RG Urt.v.7.6.07 - 4 D 213/07, DJZ 12, 1259.
[2] RG GA 53, 72; RG Urt.v.8.7.1913 - 4 D 565/13; RGSt 48, 347.
[3] RGSt 48, 350.
[4] RGSt 60, 429.
[5] Dreher 36.Aufl.(1976) Rdz.11 zu § 253.

Nachteil zu verfügen, z.B. durch Unterschlagung fremden Geldes (erpreßte Untreue).[1] Dabei ist es gleichgültig, ob die Vermögensdisposition bewußt oder unbewußt erfolgt, wie insbesondere bei Verfügungen durch Unterlassen, z.B. Nichtgeltendmachen einer Forderung, aber auch bei positivem Tun.[2] Diese Auffassung mit der Folge, daß ein Dulden, z.B. eine durch Gewalt erzwungene Duldung der Preisgabe einer Forderung,[3] nur dann ein ausreichender Erpressungseffekt wäre, wenn in ihm eine Vermögensverfügung liegt, wird unter anderem von Schröder,[4] Kohlrausch-Lange,[5] Maurach,[6] Dreher[7] und Welzel[8] vertreten und findet sich auch vereinzelt in der Rechtsprechung.[9] Diese Auffassung stützt sich einmal auf die systematische Stellung der Erpressung im Strafgesetzbuch unter den "Vermögensdelikten", auf die stärkere Betonung des Vermögenselementes unter Zurückdrängung des Nötigungselementes und auf die systematisch berechtigte Gleichstellung der Erpressung mit dem Betrug (§ 263 StGB) und damit die Verlegung des Schwerpunktes der Erpressung auf die Verfügung des Opfers über seine Vermögenswerte, zu deren Erlangung durch den Täter die Nötigung nur das Mittel darstellt. Sie verlangt, daß der genötigte Rechtsinhaber verfügungsberechtigt oder doch tatsächlich zur Verfügung imstande ist und daß der Genötigte den Vermögensschaden unmittelbar herbeiführt.[10] Dieser Meinung ist auch Tenck-

---

[1] RGSt 3, 427; 53, 283; 63, 165; 71, 292; vgl.auch RG HRR 1940 Nr.959.
[2] Schönke-Schröder 18.Aufl.(1976) Rdz.42 zu § 263.
[3] BGHSt 25, 228.
[4] Schröder (H.), Über die Abgrenzung des Diebstahls von Betrug und Erpressung, ZStW Bd.60 (1941) S.38 ff., 95; ders., Abgrenzung der Vermögensdelikte, SJZ 1950, 101; Schönke-Schröder 18.Aufl.(1976) Rdz.8 zu § 253; vgl.hierzu auch Otto (H.), Zur Abgrenzung von Diebstahl, Betrug und Erpressung, ZStW Bd.79 (1967) S.59 ff., 85; Kiedrowski (J.), Die Abgrenzung und das Verhältnis von Raub, Erpressung und räuberischer Erpressung im geltenden Recht und im Entwurf eines Strafgesetzbuches (StGB) E 1962, Diss.FU Berlin 1968, 35 ff.
[5] Kohlrausch-Lange 43.Aufl.(1961) § 253 Anm.IV.
[6] Maurach (R.), Deutsches Strafrecht, Bes.Teil, 5.Aufl.(Studienausg.) (1971) S.294.
[7] Dreher 36.Aufl.(1976) Rdz.11 zu § 253.
[8] Welzel (H.), Das deutsche Strafrecht 11.Aufl.(1969) S.381.
[9] BGH, Urt.v.16.5.73 - 2 StR 140/73; RGSt 33, 409; OLG Braunschweig NdsRpfl 1948, 183.
[10] Schröder (H.), Über die Abgrenzung S.95 und 114.

hoff, der von dem Wesen der Vermögensverfügung als eines Aktes bewußter Selbstschädigung ausgehend für die Vermögensverfügung i.S. der §§ 253, 255 StGB auf alle Fälle eine Mitwirkung des Opfers an der Vermögensverschiebung für notwendig erachtet.[1] Von seiner Auffassung aus liegt nach Schröder darin, daß der Genötigte die Sache, um sie dem Zugriff des Erpressers zu entziehen, vernichtet, keine für § 253 StGB erforderliche Vermögensverfügung. Andererseits sieht er eine solche in der Nötigung des Opfers, von der Durchführung eines Selbsthilferechts abzusehen.[2] Nach der Auffassung des Bundesgerichtshofs,[3] der sich der Meinung des OLG Hamburg[4] angeschlossen hat, und eines Teils des Schrifttums[5] ist eine Vermögensverfügung nicht notwendig, vielmehr genügt eine mittelbare vermögensrechtliche Bedeutung der Handlung, so daß also für die Erpressung jede Handlung, Duldung oder Unterlassung ausreicht, die für einen Vermögensschaden kausal geworden ist. Sie kann also auch in der natürlichen Handlung eines Unzurechnungsfähigen bestehen, muß aber solchenfalls die vermögensschädigende Handlung erleichtern oder ermöglichen, z.B. Zerreißen eines Wechsels oder eines Schuldanerkenntnisses. Im gleichen Sinne spricht sich auch Puppe[6] aus,

---

[1] Tenckhoff (J.), Die Vermögensverfügung des Genötigten als ungeschriebenes Tatbestandsmerkmal der §§ 253, 255 StGB, JR 74, 489 ff., 493.

[2] Schönke-Schröder 18.Aufl.(1976) Rdz.8 a zu § 253 unter Bezugnahme auf OLG Braunschweig NdsRpfl 1948, 24.

[3] BGHSt 14, 390, MDR 60, 941; BGHSt 25, 228, NJW 73, 2072, JR 74, 522; vgl. auch BGHSt 19, 343 f., NJW 64, 1866, MDR 64, 936; OLG Hamm MDR 72, 706.

[4] HESt 2, 318; LK 8.Aufl. Bd.2 (1958) § 253 Anm.3.

[5] Binding (K.), Lehrbuch des Gemeinen Deutschen Strafrechts, Bes.T., Bd.1, 2.Aufl.(1902) S.376; Mezger-Blei Bes.T. 9. Aufl.(1966) S.209; Wimmer (A.), Die listige Sachverschaffung auf dem schwarzen Markt, NJW 47/48, 244.

[6] Puppe (I.), Vermögensverfügung und Vermögensschaden bei Eingehung unwirksamer Verbindlichkeiten, MDR 73, 12 f. im Anschluß an BayObLG Urt.v.17.9.1971 - RReg 7 St 143/71, MDR 72, 157, JZ 72, 25, GA 1972, 79 f., JuS 72, 218, JA 1972, 173 f.

die erklärt, daß durch Lockerung des Begriffs der Vermögensverfügung als eines Verhaltens des Getäuschten bzw. Erpreßten,[1] das unmittelbar einen Schaden verursacht, ohne daß es
eine Rechtshandlung zu sein braucht und auch in einem blossen Dulden oder Unterlassen, sogar in einem unbewußten, bestehen kann, das Merkmal der Vermögensverfügung von einem
rein wirtschaftlichen Standpunkt aus, sofern er grundsätzlich Gefährdungen als Vermögensschaden anerkennt, neben der
Täuschung bzw. Nötigung überflüssig sei, weil die Vermögensverfügung neben der Täuschung keine Funktion mehr habe. Anderer Ansicht ist Hansen, nach welchem es keine Vermögensverfügung durch unbewußtes Unterlassen gibt und daß erst die
Entscheidung des Irrenden in einer bestimmten Situation
die Verfügung als sein Verhalten konstituiert.[2] Gegen die
Auffassung des Bundesgerichtshofs macht Kohlrausch-Lange
geltend, daß für sie zwar nach § 253 StGB a.F. gute Gründe
gesprochen hätten, daß sie aber nach § 253 StGB n.F. zu weit
gehe und dem jetzt betonten Charakter der Erpressung als Vermögensdelikt nicht entspreche, sofern die Erpressung sich
heute vom Betrug im wesentlichen nur durch das Angriffsmittel
- Gewalt oder Drohung bzw. Täuschung - unterscheide.[3] Eine
Folge der von der Rechtsprechung vertretenen Auffassung ist,
daß das Verhalten des Genötigten dem Täter ermöglicht, die
schädigende Handlung selbst vorzunehmen. Wimmer[4] begründet
diese Auffassung noch besonders damit, daß beim Dulden als
"ungewolltem Nichttun" eine Vermögensverfügung, eine unmittelbare Selbstschädigung des Genötigten, nicht vorliege, da
das Dulden zwar auf einem Willensentschluß beruhen könne,

---

[1] Puppe (I.) S.13 mit Fn.5.

[2] Hansen (U.), Die subjektive Seite der Vermögensverfügung
beim Betrug, MDR 75, 533.

[3] Kohlrausch-Lange 43.Aufl.(1961) § 253 Anm.IV.

[4] Wimmer (A.) S.244.

aber nicht müsse. Letzteres treffe zu, wenn der Genötigte die
Wegnahme der Sache durch den Nötiger trotz inneren Widerstre-
bens lediglich hinnehme.[1] Dabei ist es ohne Bedeutung, ob die
erduldete Einwirkung eine straflose oder strafbare Handlung
ist, z.B. Wegnahme und Aneignung einer beweglichen Sache,
Pfandkehr,[2] Wilderei, Entziehung elektrischer Arbeit, Gebrauchsanmaßung,[3] Nachdruck oder Urheberrechtsverletzung.[4]
In dem Fall, in welchem der Täter einen Vermögensfremden zur
Begehung eines Vermögensdeliktes, z.B. eines Diebstahls, nötigt, dessen Vorteil dem Nötigenden zugute kommen soll, wird
für die Erpressung keine Vermögensverfügung verlangt, sondern
es wird jede Handlung für ausreichend erklärt, die für den
Schadenseintritt kausal geworden ist. Daneben liegt noch mittelbare Täterschaft in Ansehung des durch die Zwangshandlung
veranlaßten Delikts, wie Nötigung nach § 240 StGB, vor, die
in Gesetzes- oder Idealkonkurrenz mit der Erpressung stehen
kann. Wird aber für die Erpressungshandlung eine Vermögensverfügung gefordert, so ist Erpressung zu verneinen, weil der Genötigte zu der getroffenen "Verfügung" weder rechtlich noch
tatsächlich in der Lage war.[5] Möglicherweise ist aber Diebstahl
in mittelbarer Täterschaft zu bejahen.[6] Nach der Fassung des
§ 259 StGBE 1960 und der Begründung hierzu[7] ist für das Vorlie-

---

[1] OLG Braunschweig HESt 2, 29; LK 9.Aufl. Bd.2 (1974) Rdz.12
zu § 253; a.A. OGHSt 2, 290.

[2] RGSt 25, 436, 438 f.

[3] BGHSt 14, 90.

[4] LK 9.Aufl. Bd.2 (1974) Rdz.12 zu § 253.

[5] Schröder (H.), Über die Abgrenzung des Diebstahls von Betrug
und Erpressung, ZStW 60, 89, 91.

[6] Otto (H.), Zur Abgrenzung von Diebstahl, Betrug und Erpressung, ZStW 79, 87 f.

[7] Bundestags-Drucksache 2150 S.52 und S.252.

gen der einfachen Erpressung gefordert, daß die Nötigungshandlung eine Vermögensverfügung des Genötigten auslöst. § 259 E 1960 lautet:"(1) Wer jemanden mit Gewalt oder durch Drohung mit einem empfindlichen Übel zu einer Vermögensverfügung nötigt, die diesem oder einem anderen einen Vermögensnachteil zufügt, um daraus sich oder einen Dritten widerrechtlich zu bereichern, wird mit Gefängnis bis zu fünf Jahren bestraft. (2) Die Tat ist nur dann rechtswidrig, wenn die Anwendung des Mittels zu dem angestrebten Zweck verwerflich ist. (3) Der Versuch ist strafbar." In der Begründung ist unter anderem ausgeführt: "Die maßgebliche Annäherung des Tatbestandes an den des Betrugs liegt darin, daß der Entwurf im Gegensatz zum geltenden Recht und zu früheren Entwürfen es nicht ausreichen läßt, daß der Täter den Erpreßten zu einer beliebigen "Handlung, Duldung oder Unterlassung" nötigt, sondern fordert, daß die Nötigung zu einer Vermögensverfügung führt. Der Erpreßte muß also selbst über das dadurch geschädigte Vermögen verfügen. ... Das Erfordernis der Vermögensverfügung bedeutet, ..., weiter, daß eine beliebige, zu einem Vermögensschaden führende Handlung des Genötigten nicht ausreicht, sondern daß er einen unmittelbaren Vermögenseingriff vornehmen muß, der das seiner Verfügungsmacht unterliegende Vermögen mindert. Zwingt ein Kriminalbeamter jemanden, eine Haussuchung zu dulden, und eignet er sich dabei widerrechtlich eine Sache an, so ist diese Tat Diebstahl, nicht Erpressung. Denn es fehlt an einer Vermögensverfügung des Genötigten". Nötigt der Täter dem Opfer eine fremde bewegliche Sache ab, um sie sich oder einem anderen widerrechtlich zuzueignen, so ist räuberische Erpressung bzw. nach § 245 StGBE 1960 Raub gegeben und bei Fehlen der Zueignungsabsicht nur Nötigung.[1] Die genannte Begründung im StGBE 1960 kann mindestens solange für die Auslegung der Änderung des § 253 StGB in der Fassung vom 1. 9. 69 und der Neufassung des Strafgesetzbuches vom 1.1.75, wie sie schon früher beschrieben wurde und die sich sachlich nicht wesentlich unterscheidet, sondern sich auf formale Änderungen und solche

---

[1] StGBE 1960, Begründung zu § 259 S.397 Sp.1.

des Strafmaßes beschränkt, herangezogen werden, als nicht
durch eine vom StGBE 1960 abweichende gesetzliche Regelung eine andere Rechtsauffassung sich durchsetzt.

4. Rechtswidrigkeit

Bei der Rechtswidrigkeit i.S. des § 253 StGB ist zwischen der
Rechtswidrigkeit der Nötigungshandlung und der Rechtswidrigkeit der Vermögensverschiebung, d.h. der erstrebten Bereicherung, zu unterscheiden. Von letzterer wird später zu sprechen
sein. Die Nötigung zu einem mit Vermögensschädigung verbundenen Verhalten des Opfers ist rechtswidrig, wenn die Anwendung
der Gewalt oder die Androhung des Übels zu dem angestrebten
Zweck der Vermögensverschiebung in Bereicherungsabsicht als
verwerflich anzusehen ist.[1] Der Maßstab der Verwerflichkeit
ist an die Stelle der Frank'schen Formel getreten, die von dem
Begriff der "Verkehrswidrigkeit" ausging, d.h. der Ankündigung
eines Übels, mit dessen Zufügung der Bedrohte nach den Regeln
des normalen Verkehrs nicht zu rechnen hatte oder ohnehin rechnen mußte. Frank verfolgte dabei die Absicht, Drohungen mit
einem verkehrsmäßigen Übel auszuschalten.[2] Es mußte also schon
hiernach von der Rechtswidrigkeit der Nötigungshandlung - wie
heute in § 253 Abs.2 StGB festgelegt ist - in Verbindung mit
dem erstrebten Zweck ausgegangen und geprüft werden, ob der
Zusammenhang zwischen der Drohung und dem erstrebten Vorteil
kein verkehrsmäßiger oder ein verkehrsüblicher war und demzufolge das angewandte Mittel zu dem erstrebten Zweck rechtlich
erlaubt war oder nicht. An dieser Relationstheorie hat das

---

[1] § 253 Abs.2 StGB lautet: "Rechtswidrig ist die Tat, wenn die
Anwendung der Gewalt oder die Androhung des Übels zu dem angestrebten Zweck als verwerflich anzusehen ist".
[2] vgl. Engelhard (H.), Zur Problematik des Erpressungstatbestandes, in: Beiträge zur Strafrechtswissenschaft. Festgabe
für Reinhard Frank, Bd.II, Tübingen 1930 S.391 ff., 396.

Reichsgericht seit 1881 festgehalten.[1] Andere Versuche, die
Reichweite der strafbaren Drohungen einzuschränken, machten
außer Engelhard Krückmann und Nipperdey. Letzterer geht von
der Freiheit beschränkenden Wirkung der Drohung aus, Krückmann
von "vertragsfremden Druckmitteln" und Engelhard von der
Frank'schen Formel unter Ablehnung einer Bezugnahme auf das
Zivilrecht. Die Strafgesetzbuch-Entwürfe von 1919, 1925 und
1927 nahmen alle Zuflucht zu einer Kasuistik und ließen als
widerrechtlich nur Drohungen mit Gewalt, mit Verbrechen oder
Vergehen, mit Strafanzeige oder Rufgefährdung zu.[2] Es fragt
sich nun aber, was heute unter dem Begriff "verwerflich" im
Verhältnis vom Mittel zum Zweck zu verstehen ist. Für die
Rechtswidrigkeit i.S. der Verwerflichkeit kam es nach der
früheren Rechtsprechung des Bundesgerichtshofes darauf an, daß
das Mittel der Willensbeeinflussung in Hinsicht auf den erstrebten Zweck als "anstößig" anzusehen ist.[3] Bei einer solchen Wertung des Verhältnisses von Mittel und Zweck hat der
Richter auf das Rechtsempfinden des Volkes zu achten. Eine
ähnliche Auffassung vertritt der Leipziger Kommentar, nach
welchem die Nötigung rechtswidrig ist, wenn die Anwendung
der Gewalt oder die Androhung des Übels zu dem erstrebten
Zweck sozialethisch verwerflich ist und auch nicht durch einen allgemeinen Rechtfertigungsgrund gedeckt wird.[4] Wimmer
spricht vom "richtigen Sittlichkeitsbewußtsein der Allgemeinheit".[5] Eine abweichende Ansicht vertreten u.a. Nüse,[6] der

---

[1] siehe Hinweis auf die Rechtsprechung des Reichsgerichts in
BGHSt 1, 19.

[2] Engelhard (H.), S.397 ff., 401 ff.

[3] BGHSt 5, 256 mit Hinweis auf BGHSt 1, 86; Kohlrausch-Lange
43.Aufl.(1961) § 253 Anm.VI & VIII 2 b sowie die Mehrheit
des Schrifttums z.B. Schönke-Schröder, der Verstoß gegen
ethische Grundnormen wie bei § 826 BGB verlangt (18.Aufl.
(1976) Rdz.11 zu § 253); vgl. auch RegE zum 3.StÄG.

[4] LK 8.Aufl., Bd.2 (1958), § 253 Anm.5; vgl. auch 9.Aufl.,
Bd.2 (1974), Rdz.21 zu § 253; ähnlich Mezger-Blei, Bes.T.,
9.Aufl.(1966) S.61.

[5] NJW 47/48, 243 Fn.11.

[6] Nüse (K.-H.), Zum Dritten Strafrechtsänderungsgesetz (Straf-
rechtsbereinigungsgesetz), JR 53, 277.

einen gesteigerten Sittenmaßstab verlangt, ferner Schreiber,[1]
der Regelsätze für § 253 Abs.2 StGB aufzustellen versuchte,
Mezger,[2] der verwerflich mit "was die Rechtsordnung mißbilligt"
definiert, Welzel,[3] der darunter "sozial verwerflich" sowie
Dalcke,[4] der "sittenwidrig" versteht,[5] während Maurach früher
von dem "Anstandsgefühl aller billig und gerecht Denkenden"
ausging,[6] später aber als verwerflich das bezeichnete, was
nicht "sozialadäquat" ist, d.h. aus dem Rahmen des sozial anerkannten und gebotenen Handelns herausfällt.[7] Der OGH wollte
die Rechtswidrigkeit nach "allgemeinen Rechtsgrundsätzen" aus-
legen.[8] Nach der heutigen Auffassung des Bundesgerichtshofs bedeutet "verwerflich" nichts anderes als "sittlich mißbilligens-
wert".[9] Diese Formel ist allerdings "nur brauchbar, wenn das,
was die "Sitte" verlangt, nicht an den Maßstäben der Moral,
sondern an den Erfordernissen sozialgemäßen Verhaltens orien-
tiert wird".[10] Einigkeit besteht darüber, daß "verwerflich"
streng objektiv unter Ausschluß jeder Subjektivierung i.S. des
persönlich Vorwerfbaren aufzufassen ist.[11]
Zweifelhaft kann sein, ob § 253 Abs.2 StGB einen Rechtfertigungsgrund enthält oder den in Abs.1 zu weit gefaßten Tatbestand einengt, wie es vereinzelt im Schrifttum vertreten wird.[12]
Der BGH vertritt den ersteren Standpunkt und nimmt daher Ver-

---

[1] Schreiber (E.), Die Erpressung im geltenden Strafrecht, Diss.
Würzburg 1950 S.120 ff.
[2] Mezger-Blei Bes.T. 9.Aufl.(1966) S.61.
[3] Welzel (H.), Das deutsche Strafrecht 11.Aufl.(1969) S.382.
[4] Dalcke-Fuhrmann-Schäfer 37.Aufl.(1961) § 240 Anm.9.
[5] Die Verwendung des Generalbegriffs eines Verstoßes "gegen
die guten Sitten" erschien dem Rechtsausschuß des Bundestages
zu zivilistisch und wohl auch zu weit (Dreher JZ 53, 428).
[6] Maurach (R.), Deutsches Strafrecht Bes.T. 4.Aufl.(1964) S.280.
[7] ders., 5.Aufl.(1969) S.118; siehe auch Roxin JuS 64, 373; LK
9.Aufl.(1974) Bd.2 Rdz.66 zu § 240.
[8] OGHSt 2, 111.
[9] BGHSt 17, 331; 18, 391; 19, 268; BGH VRS 40, 107; OLG Saarbrücken NJW 68, 458; OLG Hamburg NJW 68, 663; OLG Hamm NJW
70, 2075; BayObLG NJW 71, 768.
[10] LK 9.Aufl. Bd.2 (1974) Rdz.62 zu § 240; Roxin JuS 64, 375.
[11] LK 8.Aufl. Bd.2 (1958) § 253 Anm.5.
[12] Schönke-Schröder 18.Aufl.(1976) Rdz.11 zu § 253.

botsirrtum nach § 17 StGB an, wenn der Täter das Verhältnis
von Mittel und Zweck falsch bewertet.[1] Nach ständiger Rechtsprechung des Bundesgerichtshofs ist aber Tatbestandsirrtum
gegeben, wenn der Täter sich irrigerweise Umstände vorstellt,
die zur Nötigung berechtigen würden, wie z.B. vermeintliche
Notwehr, erlaubte Selbsthilfe oder beachtliche Einwilligung
des Opfers.[2] Der Bundesgerichtshof weist darauf hin, daß das
Reichsgericht den Fall, in dem der Täter sein Verhalten für
rechtmäßig hält, weil er irrtümlich einen rechtfertigenden
Tatbestand, wie vermeintliche Notwehr, für gegeben erachtet,
stets als Tatirrtum nach § 59 StGB behandelt hat und daß diese
Ansicht fast einhellige Billigung in Rechtslehre und Schrifttum gefunden hat. Daran hat der Bundesgerichtshof[3] festgehalten, indem er im Anschluß an die gemäßigte Schuldtheorie die
irrige Annahme der tatsächlichen Voraussetzungen eines Rechtfertigungsgrundes, also § 16 Abs.1 StGB entsprechend anwendet.
Anders liegt der Fall, wenn sich der Täter über den Rechtsbe-
griff des Rechtfertigungsgrundes, d.h. seinen Wesenscharakter,
irrt, z.B. wenn er annimmt, daß für Notwehr jeder Angriff, auch
wenn er nicht gegenwärtig ist, ausreiche, und aus diesem Grunde
das Vorliegen des Rechtfertigungsgrundes für begründet erachtet.
Im Schrifttum gewann aber im Laufe der Zeit die Ansicht Anhänger,
es handele sich bei der irrtümlichen Annahme der tatsächlichen
Voraussetzungen eines Rechtfertigungsgrundes um einen Verbotsirrtum, so daß der Täter wegen vorsätzlicher Tatbegehung zu bestrafen sei. In diesem Sinne äußert sich Welzel[4] in einer Anmerkung zum Beschluß des Großen Strafsenats vom 18.3.52.[5] Er sieht
es als dogmatisch und wertungsmäßig gleichermaßen verkehrt an,
die irrige Annahme der Voraussetzungen eines Rechtfertigungsgrundes anders zu behandeln, denn als Verbotsirrtum.[6] Eine

---

[1] BGHSt 2, 196, JZ 52, 336.

[2] BGHSt 3, 106; BGH LM (1954) Nr.3 zu § 240; BGHSt 17, 88 mit
Anm.Schröder JR 62, 346; BGH VRS 42, 110.

[3] vgl. Baumann (J.), Strafrecht Allg.T. 7.Aufl.(1975) S.320.

[4] Welzel (H.), Anm. zu Beschl. des Großen Strafsenats vom 18.
3.52 - GSSt 2/51, JZ 52, 340 ff.

[5] BGHSt 2, 194, JZ 52, 335, NJW 52, 593.

[6] Welzel (H.), Anm. zu Beschl. des Großen Strafsenats vom 18.
3.52 - GSSt 2/51, JZ 52, 343 mit Hinweis auf RGSt 8, 106;
Welzel (H.), Der Irrtum über einen Rechtfertigungsgrund,
NJW 52, 564 ff.

klare und präzise Abgrenzung des Tatbestands- vom Verbotsirrtum im allgemeinen - freilich ohne Beantwortung der vorerwähnten Frage, ob die irrige Annahme eines Rechtfertigungsgrundes
als Tatbestands- oder Verbotsirrtum anzusehen ist - gibt der
Große Senat des Bundesgerichtshofs im Beschluß vom 18.3.1952,[1]
wo ausgeführt ist: "Bewußtsein der Rechtswidrigkeit bedeutet:
der Täter weiß, daß das, was er tut, rechtlich nicht erlaubt,
sondern verboten ist. Es hat also nicht die Tatumstände, die
zum gesetzlichen Tatbestand gehören, zum Gegenstand, mögen
diese auch in Rechtsbeziehungen oder Rechtsverhältnissen bestehen, wie etwa die Fremdheit der Sache beim Diebstahl oder
die Beschlagnahme beim Verstrickungsbruch. Die irrige Annahme,
einer dieser Tatumstände liege nicht vor, ist Tatbestandsirrtum, der in § 59 StGB[2] geregelt ist. Auch hier hält der Täter
sein Tun für erlaubt, jedoch weil er nicht weiß, was er tut.
Sein Wille ist nicht auf die Verwirklichung des Tatbestandes
gerichtet. Weil der Tatvorsatz fehlt, kann er wegen vorsätzlicher Tatbegehung nicht bestraft werden. Beruht der Irrtum auf
Fahrlässigkeit, so ist Bestrafung möglich, wenn auch die fahrlässige Verwirklichung des Tatbestandes mit Strafe bedroht ist.
Dagegen betrifft der Irrtum über die Rechtswidrigkeit das Ver-
botensein der tatbestandsmäßigen Handlung. Der Täter weiß, was
er tut, nimmt aber irrig an, es sei erlaubt. Der Irrtum kann
darauf beruhen, daß er die Tat zufolge Nichtkennens oder Ver-
kennens der Verbotsnorm für schlechthin erlaubt hält oder daß
er meint, die Tat sei bei grundsätzlichem Verbot in diesem
Falle durch eine Gegennorm gerechtfertigt, sei es, daß er deren rechtliche Grenzen verkennt, sei es, daß er ihr Vorhandensein irrig annimmt. Der Irrtum über die Rechtswidrigkeit ist
Verbotsirrtum". Was die mit Tatvorsatz, aber im Verbotsirrtum
begangenen Taten anbelangt, so stehen sich in Rechtslehre und
Schrifttum zwei verschiedene Theorien gegenüber, die in der

---

[1] BGHSt 2, 196 f.

[2] jetzt § 16 StGB.

Rechtsprechung nach 1945 beide vertreten worden sind und auf
die bereits oben beim Raub in Ansehung der rechtswidrigen
Wegnahme der fremden Sache hingewiesen worden ist. Die eine
dieser Theorien, die im Schrifttum als "Vorsatztheorie" bezeichnet wird, verlangt als Voraussetzung "für die Vorsatzstrafe neben dem Tatvorsatz das Bewußtsein der Rechtswidrigkeit"
"als einen der Kenntnis der Tatumstände gleichstehenden Bestandteil des Vorsatzes. Ihr Mangel schließt den Vorsatz aus
und führt, falls er nicht vermeidbar ist, zur Straflosigkeit,
falls er vermeidbar ist, trotz vorhandener Tatbestandskennt-
nis zur Bestrafung wegen fahrlässiger Tatbegehung, sofern diese mit Strafe bedroht ist, sonst ebenfalls zur Straflosigkeit.
§ 59 StGB[1] wird also auf den Verbotsirrtum unmittelbar angewendet". Diese Lösung "scheint den Vorzug zu haben, von der Unterscheidung zwischen Tatbestands- und Verbotsirrtum absehen zu
können, weil sie beide Irrtumsarten gleichmäßig nach § 59StGB[2]
behandelt und demnach bei "fahrlässigem" Verbotsirrtum nur wegen fahrlässiger Tatbegehung und nur in demselben Umfange wie
bei fahrlässiger Verkennung von Tatumständen straft". Ein wesentlicher Nachteil dieser Lösung ist, daß der Richter zur Annahme einer Vorsatzstrafe nur gelangen kann, "wenn der Täter im
Augenblicke der Tatbestandsverwirklichung sich bewußt war, Unrecht zu tun. Das ist aber, wie die Erfahrung des täglichen Lebens lehrt, häufig nicht der Fall." So z.B., wenn der Täter vom
Getöteten zum Zorn gereizt in starker Gemütserregung oder lei-
denschaftlicher Aufwallung auf der Stelle zur Tat hingerissen
worden ist (vgl. § 213 StGB). Dasselbe gilt vom Überzeugungs-
täter und von dem zu sittlichen Regungen nicht mehr fähigen,
abgestumpften, aber gleichwohl i.S. des § 20 StGB zurechnungs-
fähigen Gewohnheitsverbrecher. Um zu einem kriminalpolitisch
erträglichen Ergebnis zu kommen, blieb nur eine fiktive, rechtlich nicht zulässige Feststellung des Bewußtseins der Rechtswidrigkeit übrig, weshalb der dieser Lösung huldigende Gürtner'

_____

[1] jetzt § 16 StGB.
[2] jetzt § 16 StGB.

sche Strafgesetzbuch-Entwurf vorschrieb, daß sich der Täter
auf seine der rechtlichen Ordnung zuwiderlaufende Wertung
nicht berufen dürfe. Ein weiterer Nachteil dieser Lösung
"liegt darin, daß die Bestrafung in verschuldetem Verbotsirrtum begangener vorsätzlicher Verbrechen auf diejenigen Straf-
teten beschränkt ist, die auch bei fahrlässiger Begehung mit
Strafe bedroht sind", was eine höchst unerwünschte und sachlich nicht gerechtfertigte Beschränkung der Strafbarkeit bedeutet. Auch dadurch, daß "in den Fällen verschuldeten Verbotsirrtums die Strafe dem Strafrahmen des fahrlässigen Deliktes
entnommen werden muß, kann dem Grad der Schuld nicht immer
hinreichend Rechnung getragen werden". Die andere Theorie,
"für die sich im Schrifttum die Bezeichnung "Schuldtheorie"
eingebürgert hat, weil sie den Vorsatz als Tatvorsatz und das
Bewußtsein der Rechtswidrigkeit als ein vom Vorsatz getrenntes
selbständiges Schuldelement begreift, schließt ebenfalls bei
unverschuldetem Verbotsirrtum die Strafbarkeit aus", macht aber
"die Bestrafung der im verschuldeten Verbotsirrtum begangenen
vorsätzlichen Taten nicht von dem Vorhandensein einer Strafdrohung für die fahrlässige Tatbegehung abhängig" und verschafft dem Richter die Möglichkeit, die Strafe dem jeweiligen Grad der Schuld anzupassen, indem sie ihm gestattet, "je
nach der Gestaltung des einzelnen Falles den Verbotsirrtum
schuldmindernd zu berücksichtigen". Nach Erwägung des Für und
Wider der beiden Lösungen hat sich der Bundesgerichtshof für
die zweite als die richtige entschieden. Nur die Schuldtheorie
führt "ohne Schwierigkeiten und Widersprüche zur allseitigen
sachgemäßen Anwendung der aus dem Wesen der Schuld sich
zwingend - vor aller gesetzlicher Normierung - ergebenden
Rechtssätze, daß die wissentliche und willentliche Verwirklichung der tatbestandsmäßigen rechtswidrigen Tat dem Täter zur
Schuld zuzurechnen ist, wenn er das Unrecht dieser Tatbestandsverwirklichung kannte oder bei der ihm zuzumutenden Anspannung
des Gewissens hätte kennen können und sich trotzdem in Freiheit
zu ihr entschloß, und daß der Verbotsirrtum, wenn er unüber-
windlich ist, die Schuld ausschließt, wenn er überwindlich ist,
sie mindert, aber den Tatvorsatz nicht beseitigt". Mit der Bil-

ligung der Schuldtheorie wurde auch der Vorschlag in § 20
Alternativentwurf abgelehnt, der als Verbotsirrtum den Irrtum über die Rechtswidrigkeit der Tat bei Begehung derselben
festlegen wollte, indem der Gesetzgeber das Merkmal der "fehlenden Unrechtseinsicht" vorzog, um dem Mißverständnis vorzubeugen, daß eine positive Fehlvorstellung erforderlich sei,
wie aus der Fassung des Alternativentwurfs hätte herausgelesen werden können.[1] Die vom Bundesgerichtshof gebilligte
Schuldtheorie wurde im 2.Strafrechtsreformgesetz in § 17 und
nunmehr in § 17 StGB gesetzlich sanktioniert.[2] Die Legalde-
finition des Verbotsirrtums lautet: "Fehlt dem Täter bei Begehung der Tat die Einsicht, Unrecht zu tun, so handelt er
ohne Schuld, wenn er diesen Irrtum nicht vermeiden konnte.
Konnte der Täter den Irrtum vermeiden, so kann die Strafe
nach § 49 Abs.1 gemildert werden". Mit dieser Begriffsbestimmung ist der Gesetzgeber von der engeren Auffassung des § 21
StGBE 1962 abgerückt, nach der lediglich die irrige Annahme,
kein Unrecht zu tun, als Verbotsirrtum gewertet werden sollte.
Im Unterschied zu § 21 StGBE 1962, der eine positive Fehlvorstellung des Täters fordert, reicht nach § 17 StGB aus, daß
sich der Täter überhaupt keine Gedanken über Recht und Unrecht
seines Handelns gemacht hat. Daraus soll dem Täter nicht ohne
weiteres ein Schuldvorwurf zu machen sein, wie insbesondere
bei Unterlassungsdelikten argloses Verhalten denkbar ist.[3]
Aus der Fassung des § 17 StGB ergibt sich klarerweise, daß unter Unrechtseinsicht das Unrechtsbewußtsein zu verstehen ist.
Der Ausdruck "die Einsicht, Unrecht zu tun" wurde vom Gesetzgeber gewählt, um die Verbindungslinie zur Schuldunfähigkeit
und zur verminderten Schuldfähigkeit herzustellen und mit der
einheitlichen Terminologie zum Ausdruck zu bringen, daß die
Regelungen in den §§ 17, 20 und 21 Ausprägungen eines einheit-

---

[1] Stree in: Roxin-Stree-Zipf-Jung S.51.

[2] Baumann (J.), Strafrecht Allg.T. 7.Aufl.(1975) S.443; Stree
in: Roxin-Stree-Zipf-Jung S.50 ff.

[3] 2.StRG v.4.7.69, BT-Drucks.4095 S.9; Niederschriften der 90.
Sitzung S.1783; vgl. auch Kaufmann (A.), Schuldfähigkeit und
Verbotsirrtum. Zugleich ein Beitrag zur Kritik des Entwurfs
1960, in: Festschr.f.Eberh.Schmidt S.325 ff.; Kaufmann (A.),
Die Dogmatik im Alternativ-Entwurf, ZStW 80 (1968) S.39 f.

lichen Schuldprinzips sind, das für die Schuld eine Tätigkeit
mit Unrechtseinsicht voraussetzt. Verschuldeter Verbotsirrtum
kann den Schuldvorwurf mildern, braucht es aber nicht. Die
Entscheidung, ob und inwieweit Strafmilderung einzutreten hat,
gehört zur Strafzumessung und ist als Tatfrage vom Tatrichter
zu entscheiden.[1] Die Strafe kann bei verschuldetem Verbotsirrtum nach Auffassung des Bundesgerichtshofs nur nach § 23 Abs.2
i.Verb. mit § 49 Abs.1 StGB ermäßigt werden, sofern im Hinblick auf verminderte Schuld eine so weitgehende Ermäßigung
gerechtfertigt ist. Die Freiheit des Richters ist allerdings
durch § 46 Abs.1 StGB eingeschränkt.[2] Die genannten Bestimmungen werden in allen Fällen eine schuldangemessene Bestrafung ermöglichen. Inwieweit Gewissensanspannung zumutbar ist,
ist insofern eine Rechtsfrage, als sie Inhalt und Umfang einer Rechtspflicht betrifft, und unterliegt in diesem Umfang
der Nachprüfung durch das Revisionsgericht.[3]
Als rechtswidrig i.S. von § 253 Abs.2 StGB ist anzusehen:
1. die Gewaltanwendung oder die Androhung eines Übels als solche, z.B. Drohung mit ungerechtfertigtem, d.h. einem durch einen allgemeinen Rechtfertigungsgrund nicht gebilligten, Einsperren und Mißhandeln, ferner eine Bedrohung nach § 241 StGB
oder mit Beleidigung, aber auch mit einer entehrenden, an sich
nicht verbotenen Veröffentlichung.[4] Rechtswidrig ist auch das
Erpressen von Schweigegeld durch die Drohung, andernfalls er-
dichtete Skandalgeschichten zu veröffentlichen, oder die Drohung mit grundloser Strafanzeige, wenn der geforderte Betrag
nicht geleistet werde.[5] 2. das abgenötigte Verhalten, wie z.B.
das Begehen einer Straftat,[6] wie Beihilfe zur Steuerhinter-

---

[1] BGHSt 2, 210.

[2] Roxin in: Roxin-Stree-Zipf-Jung S.49 ff.

[3] Zur Entwicklung des geschilderten Problems vgl. Anm. der
Schriftleitung zum Beschl. des Großen Strafsenats v.18.3.
52 mit weiteren Literaturhinweisen und Rechtsprechungshin-
weisen, NJW 52, 596; LK 9.Aufl. Bd.2 (1974) Rdz.96 zu § 240.

[4] RGSt 64, 382.

[5] RGSt 32, 421; OLG Kiel SchlHA 48, 115.

[6] RGSt 72, 76.

ziehung oder das Erzwingen der Freigabe des Weges zur Unfall-
flucht, wobei etwaige weiterreichende Ziele des Nötigenden
außer Betracht zu bleiben haben.[1] 3. die Verquickung an sich
nicht anstößiger Mittel und Ziele,[2] wobei die Gesamtumstände
entscheiden. Verfolgt der Nötiger dabei einen an sich berechtigten Anspruch, so kann ein starkes Mißverhältnis von Drohung und Anspruch unangemessen sein und daher die Nötigung
rechtswidrig machen.[3] Wie vom OLG Hamburg entschieden wurde,
ist in der Regel die Nötigung, die durch Drohung mit einer
Strafanzeige zur Durchsetzung eines bürgerlich-rechtlichen
Anspruchs begangen wird, nicht rechtswidrig, sofern derselbe
Sachverhalt, aus dem sich das Recht zur Strafanzeige ergibt,
den Anspruch begründet.[4] In diesem Sinne hat sich auch der
Bundesgerichtshof[5] in Übereinstimmung mit dem Bericht von
Kohlrausch über "Vermögens- und Eigentumsverbrechen"[6] ausgesprochen. Der BGH führt hierzu unter anderem aus: "Für die
Entscheidung über die Rechtswidrigkeit kommt es darauf an,
ob das Mittel der Willensbeeinflussung im Hinblick auf den
erstrebten Zweck als anstößig anzusehen ist. Hierbei hat der
Richter auf das Rechtsempfinden des Volkes zu achten (BGHSt
1, 86). Eine solche Wertung des Verhältnisses von Mittel und
Zweck hat der Richter auch nach der durch das 3.StrafRÄndG v.
4.8.1953 verbesserten Fassung des § 240 Abs.2 StGB[7] vorzunehmen. Dessen Änderung gegenüber dem früheren Rechtszustand betrifft im wesentlichen die sprachliche Fassung".[8] Wie der
Bundesgerichtshof in Übereinstimmung mit der Vorinstanz weiter

---

[1] BGH MDR 55, 145.
[2] BGHSt 5, 258, NJW 54, 566; Maurach (R.), Deutsches Strafrecht
Bes.T. 5.Aufl.(1971), Bd.2, S.294; Kohlrausch-Lange 43.Aufl.
(1961) § 253 Anm.VI; LK 8.Aufl.(1958) § 253 Anm.5 c.
[3] BGHSt 5, 260, NJW 54, 567.
[4] OLG Hamburg HESt 2, 295.
[5] BGHSt 5, 256.
[6] in: Gürtner (Fr.) (Hrsg.), Das kommende Deutsche Strafrecht.
Bes.Teil. Bericht über die Arbeit der amtlichen Strafrechtskommission, Berlin 1935 S.316.
[7] der wörtlich mit § 253 Abs.2 StGB übereinstimmt.
[8] BGHSt 5, 256, NJW 54, 566.

ausführt, sei die Drohung mit einer Strafanzeige wegen Herbeiführung einer Brandgefahr an sich als rechtmäßig anzusehen, wenn feststehe, daß die mit der Anzeige bedrohten Mieter, die schon vorher die Drohung ausgesprochen hatten, vor ihrem Auszug beträchtlichen Schaden zu stiften, brennende oder glimmende Zigarettenreste aus ihrem Küchenfenster auf das Dach geworfen hatten, auch wenn zwar nicht nachweisbar, so doch nach der Lebenserfahrung nicht unwahrscheinlich war, daß diese Zigarettenreste und Streichhölzer noch in brennendem oder glimmendem Zustand herabgefallen waren. "Ein solches Vorgehen wäre", wie der BGH betont, "nur unzulässig gewesen, wenn mindestens leichtfertig eine falsche Anschuldigung nach § 164 StGB[1] erhoben worden wäre", was nicht der Fall war. "Auch der Zweck, der durch die Drohung mit einer Strafanzeige verfolgt wurde, ist, für sich betrachtet, nicht zu beanstanden. Das Verhalten der Mieter berechtigte den Angeklagten, eine Klage auf Aufhebung des Mietverhältnisses zu erheben, weil nicht nur nach seiner Überzeugung, sondern auch nach den Ereignissen der Tatbestand des § 2 MSchG und des § 1 der Hessischen Verordnung über die einstweilige Regelung von Mietstreitigkeiten vom 23.11.1946 (GVBl 5 S.225) erfüllt sein konnte". Bei der geschilderten Sachlage sei nach den Ausführungen des Bundesgerichtshofs die Fortsetzung des Vertragsverhältnisses bis zu dem im Vergleich vereinbarten Zeitpunkt dem Vermieter nicht mehr zuzumuten gewesen. Der Anspruch auf unverzügliche Räumung habe daher begründet sein können und deshalb sei das Ziel, das der Angeklagte mit seiner Drohung verfolgt habe, in Einklang mit der Rechtsordnung gestanden. Das Verhalten der Mieter habe sowohl einen Rechtsgrund für die Aufhebungsklage wie auch für einen Unterlassungs- oder Schadensersatzanspruch nach § 2 MSchG, §§ 580, 550, 553, 276 BGB abgeben können. Auch wenn also davon auszugehen war, daß sowohl das Mittel der Willensbeeinflussung als auch ihr Ziel rechtmäßig gewesen ist, so blieb doch noch zu prüfen, ob nicht die Verwendung

---

[1] § 164 StGB i.d.F. vom 25.8.53 stimmt mit § 164 StGB i.d.F. vom 1.1.75 im wesentlichen überein. Letzterer unterscheidet sich vom ersteren nur dadurch, daß anstelle der bisherigen Überschrift "Falsche Anschuldigung" die Bezeichnung "Falsche Verdächtigung", anstelle von "Beamten" "Amtsträger" und, abgesehen von einer Änderung des Strafmaßes, anstelle von "einer strafbaren Handlung" "einer rechtswidrigen Tat" und anstelle von "einer Amts- oder Dienstpflicht" "einer Dienstpflicht" getreten ist.

des Mittels der Strafanzeige im Verhältnis zu dem angestrebten
Zweck für verwerflich, also rechtswidrig, anzusehen war. "Für
die Frage", so führt der BGH weiter aus, "ob die Drohung mit
einer erlaubten Strafanzeige benutzt werden darf, um einen begründeten Anspruch durchzusetzen, ist der Inhalt des verfolgten Anspruchs meist ohne Bedeutung. Die Abgrenzung der strafwürdigen Nötigung von einer nicht zu mißbilligenden Willensbeeinflussung wird regelmäßig nach folgenden Gesichtspunkten vorzunehmen sein: In erster Linie kommt es darauf an, ob der Sachverhalt, aus dem sich das Recht zur Strafanzeige herleitet, mit
dem durch die Drohung verfolgten Zweck in innerer Beziehung
steht. Die willkürliche Verknüpfung eines Vorganges, aus dem
die Berechtigung zu einer Strafanzeige erwächst, mit einem Anspruch, der auf einem ganz anderen Lebensvorgang beruht, ist
regelmäßig als verwerflich anzusehen.[1] Wer mit der Anzeige eines
Sittlichkeitsverbrechens droht, um von dem Beschuldigten die
Rückzahlung eines Darlehens zu erreichen, dessen Gewährung unabhängig von dem strafbaren Verhalten erfolgt ist, handelt regelmäßig rechtswidrig. Anders ist es gewöhnlich, wenn die
Drohung mit der Anzeige eines solchen Verbrechens etwa den
Zweck verfolgt, den Schadenersatzanspruch durchzusetzen, der
auf Grund des Verbrechens nach den §§ 174, 176, 177, 179 StGB[2]
begründet ist. Wer durch das strafbare Handeln eines anderen
in seinen Rechten verletzt ist, darf die Strafverfolgungsbehörden auf Tat und Täter aufmerksam machen. Es ist ihm auch erlaubt, dem Täter eine solche Anzeige anzukündigen. Es setzt
ihn dadurch nur der Gefahr aus, daß sein Verhalten in einem
rechtlich geordneten Verfahren geprüft wird, das die Verfolgung
Unschuldiger weitgehend ausschließt. Auch wenn es dem Verletzten nicht darun geht, dem Täter den Strafanspruch des Staates
vor Augen zu halten, es vielmehr sein Ziel ist, den aus dem
Sachverhalt erwachsenen Schadenersatzanspruch durchzusetzen,
ist die Drohung nicht zu mißbilligen. Der Geschädigte kann in

---

[1] BGHSt 5, 258, NJW 54, 566.
[2] Nach der Neufassung des Strafgesetzbuches vom 1.1.75 ist an
die Stelle von § 176 § 178 Ziff.1, an die Stelle von § 179
§ 179 Ziff.2, an die Stelle von § 174 die §§ 174 und 174 b
und an die Stelle von § 177 gleichfalls § 177 getreten.

einem solchen Falle zwar regelmäßig eine Zivilklage erheben,
um zu seinem Ziel zu gelangen. Es ist auch nicht zu verkennen,
daß die Abwehr eines bürgerlich-rechtlichen Anspruchs, der im
Zivilprozeß geltend gemacht wird, vielfach weniger Unannehmlichkeiten einträgt als die Verteidigung gegen den Vorwurf
strafbaren Handelns im Strafprozeß. Daraus folgt aber regelmäßig nicht, daß in solchen Fällen der Gläubiger eines Anspruchs das weniger einschneidende Mittel des Zivilprozesses
wählen muß, um dem Vorwurf einer rechtswidrigen Nötigung zu entgehen. Auch die Vorschriften des Strafrechts und des Strafverfahrens gewähren demjenigen, dessen Rechtsgüter durch strafbare
Handlungen verletzt wurden, die Möglichkeit, Ersatz des ihm zu-
gefügten Schadens zu verlangen."[1] Allerdings sind die Bestimmungen der §§ 188 und 231 StGB a.F., wonach im Strafverfahren wegen
übler Nachrede (§ 186 StGB), Verleumdung (§§ 187, 187 a StGB)
oder Körperverletzung (§§ 223-230 StGB) dem Delinquenten zum
Ersatz des dem Verletzten durch die strafbare Handlung entstandenen Schadens eine entsprechend hohe Buße auferlegt werden
konnte, nach Art.18 Nr.78 und Nr.103 EGStGB vom 2.3.1974 weggefallen. Auch die Bestimmung des § 111 StPO, nach welcher das
Gericht unter Umständen schon vor Abschluß des Strafverfahrens
anordnen konnte, daß dem Verletzten die durch die strafbare
Handlung entzogenen Gegenstände zurückgegeben werden, ist nach
Art.21 Nr.27 EGStG in Wegfall gekommen. Dagegen kann nach wie
vor nach den §§ 403 ff. StPO durch den Strafrichter ohne jede
Beschränkung auf bestimmte Verbrechen oder Vergehen dem Verletzten im Anschlußverfahren jeder vermögensrechtliche Anspruch zuerkannt werden, der ihm aus der abzuurteilenden Straftat gegen
den Beschuldigten erwachsen ist. Dem Angeschuldigten steht also
die Wahl des Verfahrens offen. "Ist es", so führt der BGH aus,
"nicht als verwerflich anzusehen - wie keiner besonderen Begründung bedarf, - den außergerichtlichen Ausgleich eines durch
strafbare Handlung erwachsenen Schadens durch die Drohung mit
der Zivilklage anzustreben, dann kann es auch nicht als unzuläs-

---

[1] BGHSt 5, 258 f., NJW 54, 566.

sig gelten, zu dem gleichen Zweck an Stelle einer solchen Drohung eine auf den schädigenden Sachverhalt gegründete Strafanzeige anzukündigen.[1] Anders verhält es sich, wenn sich der Täter durch die Drohung weitere Vorteile sichern will, auf die
er keinen Anspruch hat, z.B. ein Schweigegeld.[2] "Die Rechtmäs-
sigkeit einer solchen Drohung" mit einer Zivilklage "ist jedoch
ausgeschlossen, wenn vom Standpunkt eines vernünftigen Beurteilers der mit der Drohung verfolgte Zweck seiner Bedeutung nach
im Mißverhältnis zum Gewicht der Drohung steht. Je belangloser
das Ziel ist, desto anstößiger wird ein empfindlicher Druck
auf die Freiheit der Entschließung sein. Die Drohung mit der
Strafanzeige ist z.B. verwerflich, wenn der Schadenersatzanspruch, der aus der Straftat erwachsen ist, bis auf einen für
den Gläubiger bedeutungslosen Restbetrag erfüllt ist.[3] In diesem Zusammenhang sei noch bemerkt, daß die Drohung mit einer
Strafanzeige nicht mehr zulässiges Mittel einer Willensbeeinflussung ist, wenn sich ergibt, daß der Drohende das Strafverfahren nicht nur benutzen will, um die Erfüllung seiner berechtigten Ansprüche herbeizuführen, sondern außerdem eine - ver-
meidbare - Schädigung oder Vernichtung des Beschuldigten erreichen will. Ebenso ergibt die nach § 240 Abs.2 StGB erforderliche Wertung von Mittel und Zweck, daß es rechtswidrig ist,
wenn der Geschädigte zur Verfolgung seiner Ansprüche statt der
Drohung mit einer Strafanzeige die Ankündigung eines Übels
wählt, dem der Bedrohte zunächst ausgesetzt ist, ohne durch gesetzliche Verfahrensvorschriften, die den Vollzug der angedrohten Maßnahme in rechtsstaatlicher Weise regeln, geschützt zu
sein. Dies gilt z.B. für Drohungen, durch die jemand ankündigt,
das strafbare Verhalten durch öffentliche Mitteilungen bloßzustellen".[4] Nicht verwerflich ist die sachgemäße Wahrung berech-

---

[1] Pfeiffer-Maul-Schulte § 253 Anm.4; BGHSt 5, 260, NJW 54, 567.

[2] vgl. BGH v.6.5.52 bei Dallinger MDR 52, 408; BGH NJW 57, 598.

[3] BGHSt 5, 260, NJW 54, 567.

[4] BGHSt 5, 261, NJW 54, 567.

tigter Vermögensinteressen.[1] Beispiele nicht rechtswidriger
Nötigung sind unter anderem die Drohung mit Abbruch der Ge-
schäftsbeziehungen, sofern der Verkäufer keinen Preisnachlaß
gewähren oder die vielleicht unbegründete, aber nach Auffassung
des Käufers begründete Mängelrüge nicht anerkennen will[2] oder
wenn der Mieter Kündigung androht, falls die unerträgliche oder
übersteigerte Vertragsmiete nicht herabgesetzt werden sollte.
Desgleichen liegt keine rechtswidrige Nötigung vor, wenn Arbeitnehmer Lohnerhöhungen mit der Drohung fordern, im Falle der
Verweigerung die Arbeit unter Einhaltung der gesetzlichen Kün-
digungsfrist niederzulegen. Wenn aber Streik und Streikandro-
hung mit dem Ziel erfolgen, Lohnerhöhungen durchzusetzen, die
nicht durch die künftig zu erwartende - durchschnittliche oder
branchenweise - zu ermittelnden Fortschritte der Arbeitsproduk-
tivität gedeckt werden, sind diese nach der Behauptung von
Rasch[3] rechtswidrig. Demgegenüber ist aber darauf hinzuweisen,
daß bei legitimen Streiks die Rechtswidrigkeit durch das Streikrecht regelmäßig ausgeschlossen ist,[4] da das Streikrecht als ein
anerkanntes kollektives Selbsthilferecht grundsätzlich einen
Rechtfertigungsgrund gegenüber einer Verletzung von in § 823
BGB geschützten Rechtsgütern bildet, sofern es lediglich durch
Drohung mit Arbeitseinstellung ausgeübt wird,[5] nicht aber wenn
die Streikhandlungen darüber hinausgehen und strafrechtlich geschützte Interessen verletzen.[6] Es kann daher regelmäßig dahingestellt bleiben, ob der Streik auf Grund seiner "Zwangswirkung",
insbesondere soweit es sich um einen Generalstreik handelt, als
"Gewalt"[7] anzusehen ist, wie der Bundesgerichtshof[8] annimmt, da

---

[1] LK 9.Aufl., Bd.2 (1974), Rdz.23 zu § 253.
[2] Schönke-Schröder 18.Aufl.(1976) Rdz.11 zu § 253.
[3] Rasch (H.), Grenzen des Streikrechts, BB 74, 1217 ff., 1220.
[4] Niese (W.), Streik und Strafrecht, Tübingen 1954 S.40 ff., 57
ff., speziell S.49 & 70; Schröder (H.), Streik und Strafrecht
(Gutachten), BB 53, 1016; LK 9.Aufl., Bd.2 (1974), Rdz.22 zu
§ 253; Schönke-Schröder 18.Aufl.(1976) Rdz.11 zu § 253.
[5] Nipperdey (H.C.), Das Recht des Streiks in Deutschland, SJZ
49, 814; Niese(W.), Streik und Strafrecht S.57; Schröder (H.),
Streik und Strafrecht S.1016.
[6] Siebrecht (Fr.), Das Recht im Arbeitskampf, 3.Aufl., Köln 1964
(Schriftenreihe der Bundesvereinigung der Deutschen Arbeitge-
berverbände Nr.35) S.156.
[7] siehe zur Frage Streik als "Gewalt" S.356 ff.
[8] BGHSt 8, 103 ff.

dem legitimen Streik die Verwerflichkeit und damit die Rechtswidrigkeit i.S. des § 240 Abs.2 StGB[1] fehlt. Anders liegt es
beim illegitimen Streik. Hier ist Nötigung i.S. von § 240 StGB
gegeben. Ob auch Erpressung vorliegt, hängt von der Frage ab,
ob ein rechtswidriger Vermögensvorteil und damit eine ungerechtfertigte Bereicherung erstrebt wird, was nach einem allerdings
vielfach kritisierten Urteil des Reichsgerichts[2] bei Lohnstreiks
immer der Fall sein soll, weil hier immer ein Vorteil erstrebt
wird, auf den kein Rechtsanspruch besteht.[3] Die Rechtswidrigkeit der Drohung mit einer Strafanzeige entfällt ferner in dem
Fall, in welchem jemand, der seinen Angestellten beim Diebstahl ertappt, diesen mit solcher Drohung bestimmt, die gestohlene Sache zurückzugeben, daß er mit Strafanzeige die Zahlung einer Buße an einen Dritten, z.B. eine Wohlfahrtseinrich-
tung, erzwingen will, sofern sich die verlangte Bußzahlung in
maßvollen Grenzen hält.[4] Andererseits schließt die Drohung mit
etwas, wozu der Drohende berechtigt sein würde, nicht ohne
weiteres die Rechtswidrigkeit der Nötigung aus.[5] Eine solche
Drohung mit etwas, was dem Täter erlaubt ist, sei es ein Tun
oder ein Unterlassen, ist stets rechtswidrig, wenn es lediglich
der Schädigung des anderen dienen soll, wenn also in dem Verhalten des Drohenden lediglich eine Schikane i.S. des § 226 BGB
zu sehen ist.[6] Auch die Drohung mit einer Zivilklage kann dann
rechtswidrig sein, wenn der Klaganspruch offensichtlich nicht
besteht[7] oder doch überhöht ist.[8] Bei Bestehen eines rechtlichen Anspruches dagegen ist die Drohung mit einer Zivilklage
nicht rechtswidrig. Dasselbe gilt auch in dem Falle, daß es
sich um eine Forderung aus erlaubtem Glücksspiel handelt, die

---

[1] dies gilt in gleicher Weise für § 253 Abs.2 StGB.
[2] RGSt 21, 114 ff.
[3] Niese (W.), Streik und Strafrecht S.87 f.
[4] Schönke-Schröder 18.Aufl.(1976) Rdz.11 zu § 253; Kohlrausch-
Lange 43.Aufl.(1961) § 253 Anm.VI; Pfeiffer-Maul-Schulte § 253
Anm.4 unter Bezugnahme auf BGH NJW 57, 596 und BGHSt 5, 260,
NJW 54, 565.
[5] BGHSt 5, 258; LG Kiel SchlHA 48, 115.
[6] RGSt 72, 76 f.
[7] siehe RGSt 20, 330; 49, 356 f.; RG GA 46, 318; BayObLG DRiZ
18, 528; Schönke-Schröder 18.Aufl.(1976) Rdz.11 zu § 253.
[8] BayObLG DRiZ 18, 528.

abgesehen von der Nichteinklagbarkeit und dem Bewußtsein davon,
einen Rechtsanspruch auf das auf Grund des Spiels Geleistete
und auf Verwertung dieser Forderung begründet. Damit entfällt
eine Verurteilung wegen vollendeter oder auch versuchter Erpressung nach § 253 StGB.[1] Anders verhält es sich beim unerlaubten Glücksspiel.[2] Ein ähnlicher Fall wie der letztgenannte
liegt z.B. auch vor, wenn ein Schwarzhändler durch Vortäuschung
eines beabsichtigten Kaufes zur Aushändigung einer Ware veranlaßt durch Drohung mit Strafanzeige genötigt wird, sie dem Nötiger ohne Bezahlung zu überlassen. Wird die Ware dem sich wei-
gernden Schwarzhändler mit Gewalt weggenommen, so liegt Raub
nach § 249 bzw. 250 StGB vor.[3] Nicht nur bei Durchsetzung eines nicht-bestehenden Anspruches mit Mitteln des Zwanges, sondern auch bei Drohung mit Klagerhebung bei bestehendem Anspruch ist Rechtswidrigkeit dann gegeben, wenn etwas anderes
als das, worauf der Anspruch gerichtet ist, durchgesetzt werden
soll, wie z.B. eine Darlehenshingabe, auf die kein Anspruch besteht.[4] Die Rechtswidrigkeit entfällt aber, wenn der Verletzte
Ersatz seines begründeten Schadens durch Drohung mit Strafanzeige erzwingen will. Endlich darf die verlangte Ersatzfor-
derung nicht in übertriebener Höhe, noch auch gegen Dritte, z.
B. Angehörige, mit Ausnahme vielleicht von Eltern, falls diesen eine Anstandspflicht zur Ersatzleistung obliegen sollte,
geltend gemacht werden.[5] Verwerflich ist die Androhung mit
Entlassung aus dem Arbeitsverhältnis, falls sich die Genötigte nicht hingebe.[6] Auch ist verwerflich, wenn der Vermieter
die Wohnung des zur Räumung verurteilten Mieters gewalt-

---

[1] RG DR 1907, 391.

[2] BGH MDR 68, 938.

[3] OLG Celle NdsRpfl 1947, 25, DRZ 1947, 418.

[4] RG GA 46, 318.

[5] RGR 8, 55 Nr.1727.

[6] LK 8.Aufl.(1958) § 253 Anm.5 c.

sam und eigenmächtig räumt. Widerrechtlich ist auch eine Drohung mit bewußtermaßen unbegründeter Strafanzeige zur Erlangung von Geld.[1] Nicht verwerflich ist die Androhung einer Meineidsanzeige bei Vollstreckung eines durch Meineid erschlichenen Urteils.[2] Ein Ausschluß der Rechtswidrigkeit der mit Gewalt oder Drohung mit einem empfindlichen Übel vorgenommenen Nötigungshandlung ist auch bei Vorliegen der allgemeinen Rechtfertigungsgründe, wie Notwehr, erlaubte Selbsthilfe, beachtliche Einwilligung u.a. gegeben.[3] Wegen der Möglichkeit des Ausschlusses der Erpressung durch Notwehr soll noch kurz auf die Abhandlung von Haug[4] und die Entgegnungen von Arzt[5] und Baumann[6] eingegangen werden. Es handelt sich bei diesen Abhandlungen um den speziellen Fall der Erpressung durch Drohung mit einer Strafanzeige gegen den Erpreßten wegen einer von diesem früher begangenen strafbaren Handlung und Veröffentlichung in der Presse - dem Hauptfall der sogenannten chantage[7] - und um die Frage, ob in einem solchen Falle dem Erpreßten das Recht der Notwehr gegen den Erpresser nach § 53 StGB a.F. - jetzt § 32 StGB - zusteht oder ob er ausschließlich auf den Schutz des § 154 c StPO angewiesen ist.[8] In einem solchen Falle, wie z.B. bei Drohung mit Anzeige gegen den Erpreßten wegen früher begangener Abtreibung oder Homosexualität oder eines Kriegsverbrechens will Haug dem Erpreßten das Recht der Notwehr als not-

[1] RGSt 32, 422 ff.; OLG Kiel SchlHA 1948, 115; LK 9.Aufl., Bd.2 (1974) Rdz.2 zu § 253.
[2] RGSt 20, 56.
[3] LK 8.Aufl.(1958) § 253 Anm.5 f.
[4] Haug (W.), Notwehr gegen Erpressung, MDR 64, 548 ff.
[5] Arzt (G.), Notwehr gegen Erpressung, MDR 65, 344 f.
[6] Baumann (J.), § 53 StGB als Mittel der Selbstjustiz gegen Erpressung, MDR 65, 346 f.
[7] Chantage ist nach französischem Recht eine Erpressung, deren typische Form darin besteht, daß jemand Geld oder Wertsachen unter der Drohung, das Opfer durch diskriminierende Enthüllungen, insbesondere in der Presse, bloßzustellen, für den Fall der Zahlungsverweigerung in der Absicht rechtswidriger Bereicherung fordert. Sie ist die mildere Form der Erpressung gegenüber der strengeren Form der "extorsion", die allerdings sehr eng begrenzt ist.
[8] § 154 c StPO mit Ergänzung nach Art 21 Nr.51 EGStGB lautet: "Ist eine Nötigung oder Erpressung durch die Drohung begangen worden, eine Straftat zu offenbaren, so kann die Staatsanwaltschaft von der Verfolgung der Tat, deren Offenbarung angedroht worden ist, absehen, wenn nicht wegen der Schwere der Tat eine Sühne unerläßlich ist".

wendiges Schutzmittel gegen den Erpresser zugestehen. Zwar
kommt, wie er sagt, dem Erpreßten insbesondere gegen Berufs-
erpresser, denen häufig noch andere Straftaten wie Diebstahl,
Betrug, Zuhälterei oder gleichgeschlechtliche Unzucht zur
Last fallen, das Schutzmittel der Gegenerpressung zu, das aber
nur dann und nur ausnahmsweise vom Erpreßten benutzt werden
könne, wenn er dem Erpresser das Vorliegen eines Kapitalver-
brechens nachweisen könne, da wegen anderer vom Erpresser begangener Straftaten die angedrohte Strafverfolgung ihn erfahrungsgemäß in der Regel nicht abschreckt. Tatbestandsmäßig
stelle zwar, wie Haug weiter ausführt, eine solche Gegenerpressung eine Nötigung dar. Sie sei aber straflos, wenn mit
ihr nur die Erpressung gestoppt oder die Rückzahlung schon be-
zahlter Beträge verlangt werde und die Gegenerpressung sich
hierauf beschränke, da ersterenfalls nur ein Unterlassen abgenötigt werde, letzterenfalls der erstrebte Vorteil nicht rechtswidrig sei.[1] Dies gelte jedenfalls dann, wenn der Erpreßte dem
Erpresser mit einer Strafanzeige wegen der an ihm begangenen
Erpressung drohe. Es müsse aber Straflosigkeit der in der Gegenerpressung gelegenen Nötigung auch angenommen werden, wenn
der Erpreßte mit der Anzeige anderer, den Erpresser nicht be-
rührender Straftaten drohe, wiewohl normalerweise die willkürliche Koppelung zweier nicht zusammengehörender Lebensvorgänge
als Indiz für die Widerrechtlichkeit einer Nötigung gelte.[2]
Vorliegendenfalls, so fährt Haug fort, treffe dies nicht zu,
da das Verbot der Koppelung nicht zur Anwendung kommen könne,
wenn es sich um bloße Angriffabwehr handele, für die - ohne
Rücksicht auf willkürliche Koppelung - jedes Mittel recht sein
müsse, wenn es nur erforderlich sei. Insofern sei der Notwehr-
gedanke schon im Rahmen der §§ 240 Abs.2 bzw. 253 Abs.2 StGB
heranzuziehen. Man dürfe daher im Ergebnis annehmen, daß die
Gegenerpressung nicht als Nötigung strafbar sei, soweit sie
im übrigen den Voraussetzungen der Notwehr genüge. Abgesehen

---

[1] Schönke-Schröder 11.Aufl.(1963) § 240 Anm.26 & 95 a; 13.Aufl.
(1967) Rdz.4 zu § 253.

[2] vgl. hierzu Schreiber (E.), Die Erpressung im geltenden
deutschen Strafrecht, Diss.Würzburg 1950 S.120 ff.

von dem nur ausnahmsweise benutzbaren Schutzmittel der Gegenerpressung erhebt sich die Frage, ob dem oben erwähnten speziellen Erpressungsfall mit dem Mittel der Notwehr (§ 32 StGB)
mindestens dann begegnet werden kann, wenn der in § 154 c
StPO mit der Ergänzung nach Art.21 Nr.51 EGStG vorgesehene
Schutz des Erpreßten nicht ausreichen und ein weitergehender
Schutz dem allgemeinen Rechtsempfinden entsprechen sollte.
Haug bejaht dies mit eingehender Begründung, die im Rahmen dieser Arbeit nur kurz angedeutet werden kann. Nicht zu bestreiten
ist, daß in jeder Erpressungshandlung ein rechtswidriger Angriff auf Willensfreiheit und Vermögen des Opfers, also auf
notwehrfähige Rechtsgüter[1] zu sehen ist. Dieser Angriff sei
aber auch, wie Haug meint, "gegenwärtig" und zwar vom Eingang
des Drohbriefes mit der Zahlungsaufforderung bis zur Leistung
des verlangten Betrages, da die Drohung während dieses Zeitraums ständig vom Willen des Täters aufrechterhalten werde. Es
handele sich also bei der Erpressung um ein Dauerdelikt, das
über den Zeitraum aller "Ratenzahlungen" hinweg angenommen werden könne, da zumeist Fortsetzungszusammenhang vorliege, wie
auch in Ansehung der einzelnen erpresserischen Teilakte, die
in der Regel einen Angriff von gewisser Dauer darstellen, insofern die Gegenwärtigkeit erst ende, wenn die Beeinträchtigung
des Rechtsgutes durch Gegenwehr nicht mehr gebessert werden
könne.[2] In ähnlichem Sinne äußert sich Pfeiffenberger zu der
Frage der Gegenwärtigkeit des Angriffs, indem er ausführt, daß
der Gesichtspunkt, daß es für die Gegenwärtigkeit auf die zur
Zeit der Tat am Tatort gegebenen Verhältnisse ankomme, wie in
RGSt 64, 102 ausgesprochen ist, nicht formell überspitzt werden
dürfe. Er führe bei Dauernötigung zu richtigen Ergebnissen nur,
wenn er für die praktische Anwendung durch die Formel ergänzt
werde: "unter Berücksichtigung des nach der Gesamtsituation, insbesondere nach der Eigenart und dem bisherigen Verhalten des

---

[1] Focke (E.), Notwehr in Lehre und Rechtsprechung. Zum Strafgesetz in Deutschland und Italien, Breslau 1939 (Strafrechtliche Abhandlungen Heft 403) S.11.
[2] siehe LK 8.Aufl.(1958) § 253 Anm.2 e.

Nötigers von seiner Seite für die allernächste Zukunft zu erwarten, auch wenn der Nötiger zur Zeit noch keine unmittelbaren Anstalten zu einer neuen, einzelnen Nötigungshandlung
getroffen hat". RGSt 60, 321 spreche sich seinerseits dahin
aus, daß gegenwärtige Dauergefahr genüge. Die Gegenwärtigkeit
falle schon begrifflich nicht mit dem Beginn oder unmittelbaren Bevorstehen eines bestimmten einzelnen Angriffs zusammen.
Sie könne auch in einem möglicherweise länger dauernden Va-
kuum zwischen mehreren Exzessen gegeben sein,[1] während dessen
der Peiniger sich ruhig verhalte, sofern nur seiner Eigenart
und seinem bisherigen Verhalten nach in jedem Augenblick mit
plötzlichen, grundlosen oder aus den geringsten Anlässen entspringenden Exzessen zu rechnen sei, wogegen dann Abwehr oder
Widerstand für den Bedrohten nicht mehr möglich oder verständ-
licherweise ihm nicht mehr zumutbar sei. Liege hiernach eine
Notwehrlage vor, so sei zu prüfen, ob eine zur Abwehr des Angriffs erforderliche Verteidigung geboten sei. Nach der Rechtsprechung des Reichsgerichts treffe dies nicht zu, wenn öffentliche Hilfe präsent sei.[2] Es müsse also Notwehr unterbleiben,
wenn sich derselbe Schutz anderweitig "ohne jedes Opfer", "ohne
Aufgabe anderer schutzberechtigter Interessen" verwirklichen
lasse. Diese Auffassung werde auch im allgemeinen vom Schrifttum geteilt.[3] Sie könne aber nach Haug auf den Fall der Erpressung nicht ohne weiteres übertragen werden, da dem wegen einer
Straftat Erpreßten die Anrufung der Polizei nicht zuzumuten sei,
wie es sich aus der gesetzlichen Wertung des § 154 c StPO ergebe,
zumal es bei dem Erpreßten vielfach nicht nur um die verdiente
Strafe, sondern zumeist um seine berufliche und gesellschaftliche
Existenz gehe. Auch könne Notwehr nicht dadurch ausgeschlossen werden, daß der Angegriffene die Notwehrlage selbst verschuldet hat.[4]

[1] Pfeiffenberger (O.), Anm.zu Urt.d.RG v.3.3.1930 - 2 D 1421/29,
   JW 1930, 2958 f.; RGSt 60, 321.
[2] RGSt 16, 72; 32, 392; 66, 244 f.
[3] v. Hippel (R.), Deutsches Strafrecht, Bd.II (1930), S.210 f.;
   Kohlrausch-Lange 43.Aufl.(1961) § 53 Anm.II; Anm.Mezger zu Urt.
   d.RG v.1.3.37 - 2 D 711/36, JW 1937, 1787; a.A. Maurach-Zipf,
   Strafrecht Allg.Teil, Teilbd.1, 5.Aufl., Karlsruhe 1977 S.384,
   der Inanspruchnahme präsenter öffentlicher Hilfe nur in rela-
   tiv harmlosen Ausnahmefällen dem Erpreßten zumuten will; ebenso AG Bensberg NJW 66, 733 f. mit Anm.Himmelreich; Haug (W.),
   Tonbandaufnahmen in Notwehr?, NJW 65, 2392.
[4] LK 8.Aufl.(1958) § 53 Anm.2 g; Schönke-Schröder 18.Aufl.(1976)
   Rdz.23 zu § 32.

Bei danach gebotener Notwehr bleibt noch zu prüfen, ob das zur
Abwehr des Angriffs angewandte Mittel geeignet und erforderlich
ist. Die Frage der Eignung ist eine rein tatsächliche. Maßgebend sind hierfür Gefährlichkeit und Intensität des Angriffs
einerseits und die dem Angegriffenen zu Gebote stehenden Abwehrmittel andererseits. Der Angegriffene muß sich fragen, was
objektiv das mildestmögliche Mittel, das gerade zur Abwehr hin-
reicht, ist und ferner, ob ihm dieses Mittel zur Verfügung steht.
Sollte also der Erpresser sein Vorgehen auf sachliche Beweismittel stützen, so könnte nach Haug der Angriff durch Wegnahme und
Vernichtung derselben gestoppt werden. Beruhe aber die Macht des
Erpressers nur auf seinem Wissen, so könne häufig nur die dem
Erpresser gegenüber gebrauchte Drohung mit Tötung oder gar die
Tötung desselben dem Angriff ein Ende machen, sofern letztere
das einzige Abwehrmittel des Opfers sein sollte, auch wenn heute nach Art.2 Abs.2 EurMRK eine Tötung nur noch zur Abwehr von
"Gewalt gegen einen Menschen" zulässig sei. Denn eine solche
sei bei einem so schweren und folgenreichen Angriff auf die Wil-
lenssphäre und damit auf die Freiheit, wie er für die Erpressung
typisch sei, gegeben. Nach heutiger Lehre und Rechtsprechung sei
so die Möglichkeit der Notwehrtötung nicht ausgeschlossen, wenn
der Angegriffene bei Anrufung fremder Hilfe seiner eigenen Ehre
etwas vergeben oder eigene oder fremde Interessen verletzen würde.[1] Haug räumt aber selbst ein, daß das Interesse des Notwehrers,
sich nicht selbst anzeigen zu müssen, nicht unbedingt schutzwür-
dig sei[2] und daß daher eine Notwehrtötung in solchen Fällen jedenfalls nicht gerechtfertigt werden könne. Demgegenüber lehnen
sowohl Arzt wie Baumann in Fällen der in Frage stehenden Art ein
Notwehrrecht nach § 53 StGB a.F. - jetzt § 32 StGB - ab. Zur Begründung seiner ablehnenden Stellungnahme macht Arzt geltend,
daß Haug bei seiner Argumentation von der Einheitlichkeit des
gegen die freie Willensbestimmung und das Vermögen des Opfers gerichteten Erpressungstatbestandes ausgehe und daß diese Grundbe-
trachtung in Wirklichkeit nicht zur Abwehr der Erpressung, d.h.

---

[1] siehe RGSt 72, 57.
[2] vgl. BVerfG NJW 63, 1195.

des Angriffs gegen das Vermögen und die Willensfreiheit, sondern zur Abwehr der angedrohten Strafanzeige führe, so daß Er-
pressungsabwehr mit Verhinderung der Abwehr gleichgesetzt werde,
die Anzeige aber gerade kein schutzwürdiges Interesse bedrohe.
Arzt geht daher seinerseits davon aus, daß die Notwehr sich nur
gegen die isoliert zu betrachtenden, durch § 253 StGB geschützten beiden Rechtsgüter richten müsse. Er kommt von diesem Standpunkt aus zu dem Schluß, daß bei der Drohung mit Anzeige einer
vom Opfer früher begangenen Straftat weder gegen den Eingriff
in die Willensfreiheit noch gegen den Angriff auf das Vermögen
ein Notwehrrecht bestehe. Den letzteren könne er jederzeit
durch bloße Nichtzahlung verhindern, so daß eine andere Abwehr
weder geboten noch erforderlich sei. Der Angriff auf die Willensfreiheit sei aber mit dem Ausspruch der Drohung bereits verwirklicht. Was der Erpresser darüber hinaus tue, sei entweder
eine neue Drohung und so ein neuer, sofort durchgeführter Angriff oder die Verwirklichung der Drohung. Daß das Opfer getroffen und eine gewisse Dauerwirkung vorliege, mache das Verhalten
des Erpressers noch nicht zum Dauerangriff. Es fehle daher solchenfalls für die Anwendung des § 53 StGB a.F. - jetzt § 32
StGB - an der Gegenwärtigkeit des Angriffs. Dem pflichtet auch
Baumann bei. Auch er sieht in der Erpressung kein Dauerdelikt,
sondern ein Zustandsdelikt. Auch wenn, so sagt er, die in der
Erpressung liegende Nötigung so erfolgen könne und auch vielfach erfolge, daß sie die Freiheit der Willensentschließung über
eine gewisse Zeit hin beeinträchtige, so mache diese in zeitlich
unmittelbarem Zusammenhang stehende, vorübergehende Fortwirkung
der Drohung die Erpressung sowenig zum Dauerdelikt wie bei einer
Beleidigung, bei der sicherlich gegen den ehrverletzenden Zustand ein Notwehrrecht nur dann bestehen könne, wenn noch unmittelbar nach der Beleidigung eine einheitliche Situation gegeben sei.[1] In diesem Sinne äußerte sich auch der Bundesgerichtshof.[2] Er schließt eine "gegenwärtige Gefahr" i.S. des § 253 StGB

---

[1] RGSt 29, 240; BGHSt 3, 218.
[2] BGH MDR 57, 691.

zwar bei einer Fristsetzung für die geforderte Tätigkeit des
Opfers, wie es auch vielfach der Fall ist, nicht aus,[1] verlangt aber ausdrücklich die Setzung einer kurzen Frist, wie
z.B. innerhalb zwölf oder vierundzwanzig Stunden, da bei länge-
rem Zwischenraum von einer Wirkung der Drohung nicht mehr gesprochen werden könne, es vielmehr hierzu einer erneuten Drohung bedürfe. So wird man nicht sagen können, daß das Opfer
daheim an seinem Schreibtisch mehrere Tage nach Empfang des
Drohbriefes einem gegenwärtigen Angriff i.S. des § 253 StGB
ausgesetzt sei. Vielmehr handele es sich hier nur noch um eine
Nachwirkung des beendeten Angriffs, nicht aber um einen fortdauernden Angriff, wenn auch nicht zu verkennen ist, daß auch
während des durch die erstmalige Drohung geschaffenen Zustandes der Angriff durch weitere Drohungen erneuert und mehrfach
wiederholt werden kann. Fehlt es also, wie Arzt und Baumann
annehmen, an der "Gegenwärtigkeit" des Angriffs, so kommt § 32
StGB nicht in Betracht. Es kann daher, was Baumann gleichfalls
verneint, dahingestellt bleiben, ob auch die von Haug bezeichneten Abwehrmaßnahmen, von der Drohung mit Anzeige anderer Straftaten des Erpressers bis zu dessen Tötung, als zur Abwehr des
Angriffs erforderlich und geboten angesehen werden können. Man
wird mit Arzt und Baumann davon auszugehen haben, daß nur eine
großzügige Handhabung des § 154 c StPO mit der Ergänzung nach
Art.21 Nr.51 EGStGB oder eine Verbesserung dieser unbestrittenermaßen mangelhaften Bestimmung, nicht aber eine Zufluchtnahme zu
§ 32 StGB der richtige Weg ist, um das gewünschte Ziel zu erreichen. Auch sollte zu diesem Zweck der Gesetzgeber sich entschlies-
sen, für die Möglichkeit nicht-öffentlicher Verhandlung gegen
Erpresser und Erpreßte zu sorgen, sowie die Strafverschonung
des § 154 c StPO mit Ergänzung nach Art.21 Nr.51 EGStGB auch in
den häufigen Fällen zu gewähren, in denen der volle Nachweis
der Erpressung nicht gelingt. Bemerkt mag noch werden, daß im
englischen im Gegensatz zum deutschen Recht die die Rechtswidrigkeit ausschließende Notwehr keinen Rechtfertigungsgrund bildet,
sondern nur als Einrede im Prozeß (good defense) seitens des Angegriffenen geltend gemacht werden kann.

---

[1] vgl. auch östOGH ÖJZ 76, 438.

5. Vermögensschädigung durch Nötigung

Zum Tatbestand der Erpressung (§ 253 StGB) gehört auch eine
durch das abgenötigte Verhalten[1] verursachte rechtswidrige Vermögensschädigung des Genötigten oder eines anderen. Voraussetzung ist also Kausalität zwischen dem erzwungenen Handeln,
Dulden oder Unterlassen einerseits und dem Vermögensschaden bzw.
dem auf Grund von § 253 StGB i.d.F. vom 15.5.1871 und der darauf beruhenden Rechtsprechung des Reichsgerichts erstrebten
rechtswidrigen Vermögensvorteil als einer günstigeren Vermögenslage jeder Art[2] andererseits.[3] Der erstrebte rechtswidrige Vermögensvorteil muß durch die Vermögensverfügung des Getäuschten
vermittelt werden.[4] Der gegen die Willensfreiheit unternommene
Zwang muß das Mittel sein, das der Täter bewußt in Bewegung
setzt, um den anderen zu bestimmen, ihm durch sein Handeln, Dulden oder Unterlassen den Vermögensvorteil zuzuwenden, auf den
er es abgesehen hat. Es genügt nicht, daß sich der Täter überhaupt von gewinnsüchtigen Absichten leiten läßt.[5] Dieselbe Vermögensverfügung des Getäuschten bzw. Genötigten, die der Täter
nach § 253 StGB in der Absicht, sich zu Unrecht zu bereichern,
veranlaßt, muß die Vermögensschädigung unmittelbar herbeiführen.[6]

---

[1] siehe "dadurch" in § 253 StGB.

[2] RGSt 33, 408; 64, 435; 75, 379; BGHSt 6, 116; BGH bei Dallinger
MDR 56, 10.

[3] RGSt 3, 427 f.; 8, 6 f.; 33, 79; 53, 283.

[4] RGSt 75, 379; 64, 435.

[5] RGSt 53, 283.

[6] BGHSt 6, 116 mit BGH Urt. v. 29.1.1953 - 5 StR 646/52 und BGH
Urt. v. 26.2.1954 - 5 StR 689/53; BGH NJW 64, 1866, JZ 64,
726; für Fehlen der Kausalität siehe RGSt 75, 379 und RGSt
77, 185.

Das nachträgliche Ausfüllen eines durch Täuschung erlangten
Blanketts seitens des Täters erfüllt nicht die Tatbestands-
voraussetzung der Vermögensverfügung nach § 263 StGB gegenüber
dem Getäuschten.[1] Was vom Getäuschten gesagt ist, gilt in
gleicher Weise vom Erpreßten. Damit ist allerdings nicht gesagt, daß der erstrebte Vermögensvorteil in dem durch Zwang
hervorgerufenen Willensakt des Genötigten seine allseitige
Realisierung finden muß, noch auch, daß dieser Akt die ausschließliche Ursache sein muß, durch welche der Täter bereichert wird. Es genügt, daß die Bereicherungsabsicht mit der
Nötigung in einem ursächlichen Zusammenhang steht, wobei der
Umstand, daß der gesuchte Vorteil sich nicht als das unmittelbare Ergebnis der den Gegenstand der Nötigung bildenden Handlung darstellt, vielmehr zur Erlangung des erstrebten Gewinns
noch eine Tätigkeit des Täters hinzutreten muß, bei der Entscheidung über die subjektiven Erfordernisse des Tatbestandes
nach Lage des Falls von tatsächlicher Bedeutung sein, rechts-
grundsätzlich jedoch einen Unterschied nicht begründen kann.[2]
Der ursächliche Zusammenhang zwischen der Nötigung und dem Vermögensschaden fehlt, wenn der Genötigte nur auf einen anderen
einwirken soll, daß dieser dem Täter einen rechtswidrigen Vermögensvorteil verschaffe.[3] Sofern durch die Nötigungshandlung
eine Willensbetätigung ausgelöst wird, ist Kenntnis des Genötigten von der Einwirkung erforderlich.[4] Vollendete Erpressung
liegt erst dann vor, wenn ein Vermögensnachteil bei dem Genötigten oder einem Dritten eingetreten ist. Hierzu muß es aber
genügen, daß die abgenötigte Handlung auf eine Vermögensverfügung gerichtet war und zu einem Vermögensnachteil geführt hat.

---

[1] OLG Düsseldorf NJW 74, 1834.

[2] RGSt 33, 408 f.

[3] RGSt 33, 409.

[4] RGSt 1, 309; 30, 99.

Dem Wortlaut des Gesetzes steht diese Auffassung zweifellos nicht entgegen. Sie stellt auch den Charakter der Erpressung als eines Vermögensdelikts nicht in Frage. Daß der Erpresser nicht in die Lage versetzt wurde, den erstrebten Vermögensvorteil zu erlangen, weil das abgenötigte Geld durch die Schläge des Erpressers in das nahe Gebüsch fiel und verlorenging, ist rechtlich ohne Bedeutung, weil zur Vollendung zwar der durch die genötigte Handlung verursachte Vermögensnachteil, nicht aber der Eintritt der erstrebten Bereicherung gehört.[1] Verlangt ist nur das Vorliegen einer Bereicherungsabsicht. Das Delikt des § 253 StGB ist daher auch vollendet, wenn z.B. das erpreßte Geld auf dem Transport zum Täter verlorengeht.[2] Zur Annahme einer vollendeten Erpressung ist notwendig, daß derjenige Erfolg eingetreten ist, den der Täter durch die Gewaltanwendung oder Drohung zu erreichen gedachte, nicht ein von dieser Willensrichtung des Täters abweichender Erfolg, wobei es allerdings für die Regel genügt, wenn der Erfolg des abgenötigten Verhaltens zwar nicht in vollem Umfang erreicht ist, wenn aber der einen höheren Betrag fordernde Täter damit zugleich zur Leistung eines niedrigeren Betrages nötigen will und das Verhalten des Geschädigten auch in diesem Umfang das vom Täter gewollte Mittel zur Erlangung des auch insoweit rechtswidrigen Vermögensvorteils bildet.[3] Allerdings liegt nur eine versuchte Erpressung vor, wenn der Täter keinesfalls weniger als die verlangte Summe anzunehmen entschlossen ist und daher die geringere Summe zurückweist.[4] Geht die erpreßte Leistung über den erwarteten Betrag hinaus, so ist dieses Mehr nach der inneren Richtung des Tuns des Täters ohne weiteres als in seinen Vorsatz aufgenommen anzusehen. Sind aber der beabsichtigte und der wirklich erreich-

---

[1] BGHSt 19, 344, NJW 64, 1866, JZ 64, 726; BayObLGSt (N.F.) 55, 14 f.

[2] siehe BGHSt 19, 343.

[3] RGSt 33, 79; RG JW 1934, 488 mit Anm.Kalsbach.

[4] RG GA 58, 186.

te Erfolg in ihrer Art verschieden, so ist die Forderung nach der Einheit zwischen der Vorstellung von dem Ursachenverlauf und dessen tatsächlicher Verwirklichung nicht erfüllt, wie wenn z.B. anstatt des erwarteten Geldes der Inhalt der abgenötigten Geldbörse wertlos ist. Da hier der eingetretene Erfolg hinter dem erwarteten der Art nach zurückbleibt, so kann nur Versuch vorliegen. Dabei ist dem Reichsgericht darin zuzustimmen, daß, wenn der Täter in der Erkenntnis der Aussichtslosigkeit seines Bestrebens von der Weiterverfolgung Abstand nimmt, darin kein freiwilliger Rücktritt vom Versuch zu sehen ist, weil Freiwilligkeit nur dann gegeben sein kann, wenn die Möglichkeit der Realisierung des Plans an sich noch weiterbesteht. Wenn allerdings der Täter in der Erkenntnis, daß er nur einen andersartigen Erfolg erzielen kann, sich auf die neu sich bietende Aussicht dieser Vermögensschädigung einstellt, so ist die Geschlossenheit zwischen Vorstellung und Ergebnis wieder vorhanden und daher wäre dann vollendete Erpressung zu bejahen. Für den Versuch der Erpressung genügt es, daß mit der Ausführung der Nötigung, also mit der Anwendung von Gewalt oder Drohung, begonnen worden ist, z.B. also ein Drohbrief abgesandt worden ist.[1]
Ein Versuch kommt auch bei fehlender Kausalität zwischen der Nötigungshandlung und der Vermögensschädigung in Betracht.[2] So bleibt es beim Versuch, wenn der Bedrohte nicht an die Ernstlichkeit der Drohung glaubt oder sie mißachtet, sich jedenfalls dadurch nicht nötigen läßt,[3] oder wenn der Bedrohte freiwillig, z.B. aus Mitleid, das Geforderte gewährt. Der beendete Versuch der Erpressung setzt, wie die Vollendung, die Kenntnisnahme der Drohung seitens des zu Nötigenden voraus. Daher ist § 24 Abs.1 StGB - früher § 46 Nr.2 StGB - über straflosen Rücktritt vom beendigten Versuch durch Abwendung des Erfolgs vor Entdeckung der Handlung bei der Erpressung nicht anwendbar.[4] Ein Versuch in der

---

[1] RGSt 34, 282; RMG 11, 137.
[2] Frank (R.), Das Strafgesetzbuch für das Deutsche Reich, 18. Aufl.(1931) § 253 Anm.I; Dreher 37.Aufl.(1977) Rdz.15 zu § 253.
[3] RGSt 39, 269.
[4] RGSt 26, 78.

Form des Versuchs mit untauglichen Mitteln liegt vor, wenn der
Nötiger das an sich zur Willensbeeinflussung ungeeignete Mittel für dazu geeignet hält[1] oder wenn er nur einen vermeintlich rechtswidrigen Vermögensvorteil erstrebt.[2] Für die Abgrenzung des unbeendeten vom beendeten Erpressungsversuch kann
auf die Entscheidung des Bundesgerichtshofs vom 16.April 1953[3]
und die Ausführungen beim räuberischen Diebstahl verwiesen werden. Zwar war nach § 253 StGB i.d.F. vom 15.5.1871 eine Vermögensschädigung nicht gefordert und für den Tatbestand der Erpressung die Erlangung eines rechtswidrigen Vermögensvorteils
durch die Nötigungshandlung für ausreichend erachtet. Nach
jetzigem Recht ist dagegen eine Vermögensschädigung notwendig.
So hat z.B. in dem Fall, in welchem der Täter sein Opfer zur
Herausgabe von Lebensmittelmarken nötigte, die beim Ernährungsamt nicht mehr zur Herausgabe, sondern zur Vernichtung bestimmt
lagen,[4] insofern keine Vermögensschädigung und damit auch keine Erpressung vorgelegen, als weder die Bevölkerung mangels juristischer Persönlichkeit noch der Täter oder eine andere Person geschädigt war, wohl aber eine zu Unrecht erfolgte Bereicherung. Nach der älteren Fassung des § 253 StGB wäre in
diesem Falle allerdings auf Erpressung zu erkennen gewesen. Es
ist nicht erforderlich, daß der durch Nötigung dem Täter oder
einem Dritten, zu dessen Vorteil er tätig ist, verschaffte Vermögensvorteil gerade aus dem Vermögen des Genötigten fließt.[5]
Der Genötigte braucht nicht zugleich der Geschädigte zu sein,[6]
sofern nur der Genötigte in der Lage ist, über das Vermögen des
Dritten zu verfügen. Es reicht also aus, daß der Schaden, der
aus der erzwungenen Gewährung des rechtswidrigen Vermögensvorteils erwächst, das Vermögen eines anderen beeinträchtigt, sofern nur die erzwungene Handlung für diesen Schaden unmittel-

---

[1] RGSt 25, 254 f.
[2] RGSt 17, 238.
[3] NJW 53, 1231.
[4] BGHSt 4, 260.
[5] RGSt 53, 283.
[6] BGHSt 18, 223; Schönke-Schröder 18.Aufl.(1976) Rdz.46 zu
§ 263.

bar ursächlich ist.[1] Dieser Grundsatz, daß der Getäuschte nicht
auch der Geschädigte sein muß, der in der Rechtsprechung des
Reichsgerichts für den Betrug nach § 263 StGB herausgebildet
wurde, gilt entsprechend auch für die Erpressung i.S. von § 253
StGB. Im Schrifttum freilich wurde schon nach § 253 StGB i.d.F.
vom 15.5.1871 die Auffassung vertreten, daß der Charakter der
Erpressung als Vermögensverbrechen nur gewahrt bleiben könne,
wenn zwischen dem abgenötigten Verhalten und dem angestrebten
Vermögensvorteil ursächlicher Zusammenhang in der Art verlangt
werde, daß dem erstrebten Vermögensvorteil ein Vermögensschaden
entspreche, den der Genötigte durch die erzwungene Handlung,
Duldung oder Unterlassung herbeiführe. Auch die Strafrechtskommission von 1914[2] hat schon die Verbindung des Vermögensvorteils
mit der Nötigung aufgegeben und verlangte neben der Absicht,
sich oder einem Dritten einen Vermögensvorteil zu verschaffen,
auf den kein Rechtsanspruch besteht, die vorsätzliche Beschädigung fremden Vermögens durch die Nötigung eines anderen zu einer Handlung, Duldung oder Unterlassung, so daß dem angestrebten Vermögensvorteil ein Vermögensschaden entspricht.[3] § 253
StGB hat nun die Kausalität zwischen der Nötigungshandlung und
der Vermögensschädigung zweifelsfrei festgelegt. Es erhebt sich
nur die Frage, wann eine durch Nötigung verursachte Vermögensschädigung vorliegt. Dies ist immer der Fall, wenn die Vermögenslage des Betroffenen nach der Tat ungünstiger ist als zuvor,
sei es, daß die Aktiva sich vermindert oder die Passiva sich erhöht haben. Im Gegensatz zu diesem deutschen Schadensbegriff,
der auf eine Vergleichung des Vermögensstandes des Getäuschten
oder Erpreßten vor und nach seiner Verfügung abstellt, um aus
dem Saldo das Bestehen eines Schadens zu bejahen oder zu verneinen, ist, wie aus der Begründung von Scott J. in Berg v. Sandler
and Moore, die lautet: "It is nothing to the purpose to say that

---

[1] siehe RGSt 53, 283; 71, 292; BGHSt 6, 116.

[2] vgl. Ebermayer, Entwurf 1914 S.77.

[3] Anm.Merkel zu Urt.des RG v. 4.7.1919 - II 162/19, JW 1920,
293.

the fraudulent person who was attempting to commit that crime
(i.e. false pretences) was in fact willing to pay the persons
he was attempting to defraud the full prize of the goods" hervorgeht, nach englischem Recht "Gegenstand der Schadensfeststellung" ... "ausschließlich die Tatsache, daß der Getäuschte
unter dem Eindruck der Täuschung Titel und Herrschaft an einer
Sache aufgegeben und somit beides verloren hat. Keine Gegenleistung, gleichgültig, welchen Wert sie haben mag, kann ihm
beides ersetzen. Dieses durch Hingabe der Sache entstandene
tatsächliche Minus ist der Schaden, der beim 'obtaining by
false pretences' gefordert wird".[1] Dasselbe dürfte auch für die
Schadensfeststellung bei der Erpressung (blackmail) gelten,
für die allerdings nur die Absicht der Schadenszufügung verlangt und zur Vollendung des Delikts ein Eintritt des Schadens
nicht notwendig ist.[2]
Taugliche Angriffsgegenstände sind bei der Erpressung alle Vermögensbestandteile. Klarzustellen ist daher zunächst der Begriff
des Vermögens und was darin eingeschlossen ist. Man unterscheidet mindestens vier beachtenswerte Theorien, nämlich die "rein
juristische Vermögenstheorie", die "wirtschaftliche Vermögenstheorie", die "juristisch-wirtschaftliche Vermögenstheorie" und
die "individualisierend personale Vermögenstheorie". Die erstgenannte Theorie, die unter anderem von Binding, Merkel und zeit-
weise auch von Welzel vertreten worden ist, versteht unter "Vermögen" die Summe aller einer Person zustehenden Rechte i.S. ihrer Vermögensrechte und Vermögenspflichten. Gegen die ursprünglich von Welzel vertretene Auffassung, daß die Rechtsprechung
des Reichsgerichts bei Erfüllung einer fälligen Schuldverpflichtung durch den Schuldner zwar die Rechtswidrigkeit des Vermögensvorteils verneint, aber implicite einen Vermögensschaden angenommen habe, wandte sich Bockelmann[3] mit der Begründung, daß Wel-

---

[1] Kielwein (G.), Straftaten S.195 und Fn.122 mit Berg v. Sandler
and Moore, 1937, 2 K.B.158, 168, per Scott J.

[2] Kielwein (G.), Straftaten S.161.

[3] Bockelmann (P.), Die Behandlung unvollkommener Verbindlichkeiten im Vermögensstrafrecht, in: FS für E.Mezger (1954) S.368.

zel der allerdings nicht eindeutigen Rechtsprechung des Reichsgerichts zu § 253 StGB i.d.F. vom 15.5.1871 nicht gerecht werde. Welzel selbst hat denn auch in der Folgezeit[1] die genannte
Auffassung aufgegeben und in Anerkennung der juristisch-ökonomischen Vermögenstheorie im genannten Fall gleichfalls das Vorliegen eines Vermögensschadens verneint. Die wirtschaftliche
Vermögenstheorie, die von der herrschenden Meinung im Schrifttum und auch von der Rechtsprechung akzeptiert wurde[2] und die
ursprünglich kein ungeschütztes Vermögen kannte, beschränkte
jedoch in der Folgezeit entgegen den von den Vereinigten Strafsenaten des Reichsgerichts[3] ausgesprochenen Grundsätzen, nach
denen Vermögen die wirtschaftliche Macht, d.h. alles das ist,
was für die wirtschaftlichen Verhältnisse einer Person Wert hat
und alles, was im System der Geldwirtschaft die Summe der geldwerten Güter einer Person ausmacht, den Vermögensbegriff auf
Sachwerte und rechnete ursprünglich nur solche Forderungen unter das Vermögen, die rechtlichen Bestand hatten. Das Reichsgericht schloß sich damit in der Entscheidung vom 26.1.1931[4]
der juristisch-ökonomischen Vermögenstheorie an. Dagegen wandte
sich besonders Grünhut,[5] der hierzu ausführte: "Wenn jemand
durch Täuschung zur vorbehaltlosen Annahme einer Leistung bestimmt wird, welche hinter der geschuldeten Leistung zurückbleibt, ist Betrug gegeben. Die Vermögensverfügung besteht in
diesem Falle darin, daß der Getäuschte es unterläßt, den Schuldner in voller Höhe in Anspruch zu nehmen und ihn in geeigneter
Weise zur Erfüllung anzuhalten; er unterläßt es, die zu geringe
Summe des ihm herausgegebenen Wechselgeldes zu beanstanden (RG.
52, 163), auf der Rückgabe des versehentlich übergebenen zu grossen Geldscheins zu bestehen (KG Goltd.Arch.67, 457), den ungetreu-
en Kassier für die Fehlmenge der Kasse in Anspruch zu nehmen (Goltd.

---

[1] Welzel (H.), Lehrbuch des deutschen Strafrechts, 11.Aufl.(1969)
S.381.
[2] RGSt 66, 285; BGHSt 1, 264; 2, 367; 3, 102; 16, 220; Olshausen
(J.v.) 11.Aufl., Bd.2 (1927) § 263 Anm.I; Maurach (R.), Deutsches Strafrecht Bes.T. 5.Aufl.(Stud.ausg.) (1969) S.320;
Blei (H.), Strafrecht Bes.T. 10.Aufl.(1976) S.193.
[3] RGSt 44, 233.
[4] RGSt 65, 100.
[5] Anm.Grünhut zu Urt.d.RG v.26.1.1931 - 3 D 730/30, JW 1932,
2434 f.

Arch. 38, 202) oder den Lohn entgegen der falschen Zahl in
der Lohnliste in voller Höhe zu verlangen (Goltd.Arch. 50,
273). Gewiß liegt in all diesen Fällen ein rechtswirksamer Anspruch vor, während im vorliegenden Fall - wie das Reichsgericht auf Grund einer vierfachen zivilistischen Begründung fest-
stellt - der Getäuschte keinen Anspruch gegen den Angeklagten
hatte. Aber es fragt sich, ob dies für die heute unbestreitbar
herrschende wirtschaftliche Vermögensauffassung wesentlich ist.
Für diese kann es nur darauf ankommen, ob der Getäuschte, wenn
er die volle Höhe seiner Forderung gekannt und geeignete Schritte zur Erlangung des Ganzen getan hätte, das ihm Fehlende wirklich bekommen hätte. Dies ist eine tatsächliche, nicht eine
rechtliche Frage. Gewiß ist die Klage im Zivilprozeß ein Weg
zu diesem Ziel, - aber keineswegs der einzig denkbare. Eine mit
einer Einrede behaftete Forderung kann einen Vermögenswert darstellen, - nicht nur im Fall der Verjährung mit Rücksicht auf
§ 390 Satz 2 BGB. (so Olshausen, 18 I Abs.2 zu § 263), sondern
auch in allen anderen Fällen, in denen es aus tatsächlichen
Gründen möglich ist, daß der Schuldner von der Einrede keinen
Gebrauch macht. Dasselbe gilt von unklagbaren Ansprüchen. Auch
hier kommt es lediglich darauf an, ob mit ihrer Erfüllung gerechnet werden kann. Zahlungsfähigkeit, Zahlungswilligkeit und
gesellschaftliche Bindungen des Schuldners sind hier entscheidend. So entgegen den Bedenken Franks (V 3a zu § 263) mit Recht
die herrschende Lehre: RG.36, 205; 40, 21, insbes.29 f.; Olshausen a.a.O.; Lpz.Komm. 6 a.E. zu § 263; Gerland, Strafrecht
S.506, hier freilich nicht aus der wirtschaftlichen, sondern
aus der rein juristischen Vermögensauffassung Bindings begründet. Die gleichen Überlegungen müssen Platz greifen, wenn Getäuschten eine Leistung vorenthalten wird, die aus einem verbotenen Erwerb stammt. Gegenüber diesen auf das Wirtschaftlich-
Tatsächliche abstellenden Gesichtspunkten erhebt sich die spezi-
fisch rechtliche Frage, ob hier ein offensichtlich vitiöser Erwerb vom Strafrecht geschützt werden darf. Aber diese Schranke
hat das RG. längst überschritten. Das verbotene Verhalten des
einen gibt keinem anderen das Recht, sich straflos auf Kosten
des moralisch Schwachen zu bereichern. Diebstahl und Betrug

bleiben strafbar, auch wenn sie gegen einen Dieb begangen sind
(RG.: LZ.1922, 367)". Unter Grünhuts Einfluß wurde denn auch
die oben geschilderte Theorie in der Folge dahin erweitert,
daß als Vermögen die Summe der einer Person zur Verfügung stehenden geldwerten Güter, wobei also wertlose Güter mit bloßem Liebhaberwert ausscheiden,[1] nach Abzug der Verbindlichkeiten verstanden wurde.[2] Eine Vermögensschädigung besteht danach im allgemeinen darin, daß neue Verbindlichkeiten entstehen, denen
kein entsprechender Erwerb gegenübertritt. Maßgebend ist also
der Gegenstand des Vermögens, dessen Verschlechterung eine Vermögensschädigung begründet.[3] Dies trifft auch bei Erschleichung
oder Erzwingung eines Arbeitsverhältnisses oder einer Anstellung
zu.[4] In Konsequenz hiervon soll nach der Auffassung des OGH und
des BGH[5] in Übereinstimmung mit den früheren Ausführungen Grünhuts nicht der rechtliche Bestand einer Forderung, sondern ihre
faktische Realisierbarkeit, die sich aus der Zahlungswilligkeit,
der Zahlungsfähigkeit und den gesellschaftlichen Bindungen des
Schuldners ergibt, dafür maßgebend sein, ob eine Forderung dem
Vermögen zuzurechnen ist. Auch die gegen den Wucherer bestehende
Rückzahlungsforderung kann daher dem Vermögen zugerechnet werden.[6] Der Bundesgerichtshof[7] umschreibt seinerseits die faktische Realisierbarkeit folgendermaßen: "Namentlich die Persönlichkeit des Gläubigers und des Schuldners sowie deren Zahlungsfähigkeit und das Verhältnis beider Partner zueinander können
dabei von Bedeutung sein". Schröder freilich will die aus dem

---

[1] Lackner in LK 9.Aufl., Bd.3 (1977), Rdz.112 zu § 263.
[2] BGHSt 3, 102; siehe auch RGSt 44, 233.
[3] RGSt 16, 3; 28, 311; 42, 60; 44, 235; OGHSt 2, 261; KG HESt
  2, 44 f.; OLG Oldenburg NdsRpfl.1947, 42; siehe auch BGHSt
  1, 264.
[4] OLG Kiel SchlHA 1946, 502, DRZ 1947, 135; OLG Celle NJW 47,
  34, SJZ 47, 212; BGHSt 5, 359 f.; OLG Celle OLGSt § 263 S.99.
[5] OGHSt 2, 193, 200 ff.; BGHSt 2, 364 ff., 369, NJW 52, 833, JZ
  52, 484; BGHSt 4, 373; vgl.auch OLG Hamburg NJW 66, 1525 f.
[6] BGH Urt.v.9.8.60 - 1 StR 320/60, Pfeiffer-Maul-Schulte S.770.
[7] BGHSt 2, 367, NJW 52, 833, JZ 52, 484.

wirtschaftlichen Vermögensbegriff seither gezogene Folgerung,
daß auch rein faktische Positionen Vermögenswert haben können,
für § 253 StGB nur bedingt gelten lassen, indem er darauf hinweist, daß, falls der mit Gewalt zur Erfüllung einer nichtigen
Forderung Aufgeforderte sich weigere, dies eindeutig zeige,
daß die faktische Position des Verlangenden keinerlei Vermögenswert besitze.[1] Er tritt damit in Gegensatz zu der Auffassung des Bundesgerichtshofs,[2] der unter Ablehnung der vom
Reichsgericht wieder aufgenommenen ursprünglichen Auffassung[3]
auf die in RGSt 44, 230 ff. von den Vereinigten Strafsenaten
aufgestellten Grundsätze zurückgreift, die sich im wesentlichen
folgendermaßen darstellen: Die Rechtsprechung des Reichsgerichts
war auf dem Gebiet des Betrugs ursprünglich von dem Gedanken
beherrscht, daß dieses Delikt einen Eingriff in das rechtlich
geschützte Vermögen erfordere. An dieser Voraussetzung fehle
es überall da, wo der Getäuschte zu der Aufwendung, die er aus
seinem Vermögen machte, durch die Vorspiegelung einer Gegenleistung bestimmt wurde, die eine unsittliche oder strafbare
Handlung enthielt.[4] Die Vereinigten Strafsenate waren sich demgegenüber darin einig, daß der Begriff des rechtlich geschützten Vermögens irreführend und daher fallen zu lassen sei. Er
erwecke die Vorstellung, als gebe es auch ein Vermögen, das
rechtlich nicht geschützt sei. Dies wäre aber ein Widerspruch
in sich selbst, da dasjenige, was dem Vermögen einer Person angehört und was Bestandteil ihres Vermögens ist, unter allen Umständen rechtlichen Schutz genießt.[5] Anhand des zur Entschei-

---

[1] Schönke-Schröder 18.Aufl.(1976) Rdz.9 zu § 253; Schröder (H.),
Anm.zu Urt.d.HansOLG Hamburg I StS v.8.6.1966 - 1 Ss 97/65,
JR 66, 472; siehe auch Lenckner (Th.), Zum Problem des Vermögensschadens (§§ 253, 263 StGB) beim Verlust nichtiger Forderungen. Zugleich eine Besprechung des Urteils des OLG Hamburg
v.8.6.1966 - 1 Ss 97/65, JZ 67, 110; Cramer (P.), Grenzen des
Vermögensschutzes im Strafrecht - OLG Hamburg, NJW 1966. 1525,
JuS 66, 472 ff.
[2] BGHSt 2, 364; ebenso OLG Hamburg NJW 66, 1525.
[3] siehe RGSt 65, 100; 47, 67; RG LZ 1921 Sp.722 Ziff.5 & LZ 1922
Sp.367 Ziff.1.
[4] RGSt 12, 320; 19, 191; 21, 161; 27, 300; 36, 342; 37, 31, 161;
38, 423; 47, 67; Daude (P.), Das Strafgesetzbuch für das Deutsche Reich 11.Aufl.(1910) § 263 Anm.16; Schönke-Schröder 18.
Aufl.(1976) Rdz.105 zu § 263.
[5] RGSt 44, 233, 249.

dung stehenden Falles, in dem mehrere Frauen durch Vorspiegelung eines wertlosen Pulvers als Abtreibungsmittel durch Bezahlung eines bestimmten Geldbetrages gegen die genannte Gegenleistung in ihrem Vermögen als der Summe ihrer geldwerten Güter geschädigt wurden, da sie bei der Nichtigkeit des Vertrags
keinen Rechtsanspruch auf das gewünschte Abtreibungsmittel erlangten, kam das Reichsgericht zu dem Schluß, daß nur der wirtschaftliche, d.h. tatsächliche Schaden für die strafrechtliche
Beurteilung in Frage komme, womit das Reichsgericht wieder zur
Anerkennung der wirtschaftlichen Vermögenstheorie zurückgekehrt
ist. Ein privatrechtliches Element komme nur insofern in Betracht, als die Privatrechtsordnung bestimmt, wem ein wirtschaftliches Gut zuzurechnen ist. Da jedoch der Tatbestand des Betrugs
(§ 263 StGB) wie auch der der Erpressung (§ 253 StGB) in dieser
Hinsicht nur erfordere, daß das Vermögen "eines anderen" geschädigt werde, so komme der privatrechtlichen Seite des Vermögensbegriffs für die hier zu entscheidende Frage nur eine untergeordnete Bedeutung zu. Da der Betrug - wie übrigens auch die Erpressung - unstreitig ein Bereicherungsdelikt ist, so läuft
dies darauf hinaus, daß "Vermögensvorteil" und "Vermögensschädigung" in rein wirtschaftlicher Bedeutung zu nehmen sind, also
als Vermögensverschiebung nicht von Rechten, sondern von geldwerten Gütern. Rechte als solche (Eigentumsrechte, Forderungen)
können zwar vermöge des formalen Daseins einen Vermögenswert
haben, haben ihn aber nicht notwendigerweise, wie z.B. die Forderung gegen einen zahlungsunfähigen Schuldner. Der wirtschaftliche Minderwert kann nicht durch das juristische Recht ersetzt
werden.[1] Die Rechtsprechung des Reichsgerichts hat eine Vermögensschädigung unter anderem in dem Verlust eines Beweismittels,
in der Entziehung einer vorhandenen Kundschaft,[2] in der Preisgabe einer klaglosen Forderung, sofern Aussicht bestand, daß der
Schuldner sie freiwillig befriedigen werde,[3] sowie in der Her-

---

[1] RGSt 16, 7.
[2] RGSt 6, 76; 26, 228 f.
[3] RGSt 36, 208; 40, 29.

beiführung einer Zwangslage, die dem Getäuschten bzw. Genötigten die Freiheit nahm, seine Arbeitskraft zu einem angemessenen Lohn zu verwerten,[1] gesehen, trotzdem es sich hierbei nirgends um wohlerworbene juristische Rechte, sondern nur um tatsächliche und wirtschaftliche Verhältnisse, Erscheinungen des
Verkehrslebens, handelt, die aber, weil auf rechtlicher Grundlage beruhend, nach der Auffassung der Beteiligten einen Vermögenswert darstellen und ebenso wie der Besitz, der ebenfalls
kein Recht ist, Gegenstand der Vermögensschädigung sein können.[2]
Dies steht auch vollkommen in Einklang mit der Anschauung des
Reichsgerichts, das seit der Entscheidung der Vereinigten Strafsenate vom 20.April 1887[3] die Frage der Vermögensschädigung ausschließlich darauf abstellte, ob durch die in den wirtschaftlichen Verhältnissen des Getäuschten bzw. Genötigten eingetretene
Änderung des Gesamtwertes seines Vermögens eine Minderung, d.h.
eine ungünstigere Gestaltung, eingetreten ist, was, namentlich
beim Betrug in Vertragsverhältnissen eine vergleichende Ab-
schätzung zwischen denjenigen Werten, die infolge der Täuschung
bzw. Nötigung aus dem Vermögen des Betroffenen heraus und denjenigen, die andererseits dafür hineingekommen sind, erfordert, so daß ein Vermögensschaden auf Grund des Vertragsschlus-
ses dann vorliegt, wenn beim Ziehen des Saldos das Vermögen
des Betroffenen einen geringeren Wert aufweist, als vor demselben.[4] So verneint der Bundesgerichtshof das Vorliegen eines
Vermögensschadens, wenn ein Gastwirt den nach der Hotelrech-
nung geschuldeten Betrag aus dem für ihn erreichbaren Vermögen
des Schuldners mit Sicherheit erzwingen kann.[5] Auch bei Bestehen

---

[1] RGSt 25, 374 f.

[2] RGSt 1, 57 ff.; 41, 267 ff.; 42, 182 ff.; 75, 62 ff.

[3] RGSt Beschl. 16, 1 ff.

[4] vgl. RGSt 74, 129.

[5] BGH Urt.v.15.12.1970 - 1 StR 573/70; BGH GA 1972, 209.

eines Unternehmerpfandrechts nach § 647 BGB ist ein Vermögensschaden zu verneinen.[1] Ebenso verneint das OLG Hamburg[2] eine
Erpressung und bejaht lediglich eine Nötigung in dem Falle,
daß ein Dieb dem Eigentümer androht, er werde den entwendeten
Gegenstand nur gegen Zahlung eines erheblich unter dem Wert
des Gegenstandes liegenden Betrages zurückgeben. Die Begründung geht dahin, daß die vom Angeklagten erstrebte Verwertung
des gestohlenen Autos durch Rückübertragung des Besitzes an
den Bestohlenen gegen Zahlung von 2000 DM keine Vertiefung oder
Erweiterung des durch den Diebstahl bereits verursachten Vermögensschadens darstelle und demgemäß nicht als Vermögensdelikt
strafrechtlich geahndet werden müsse, sondern mit der Bestrafung wegen Diebstahls bereits mitabgegolten sei. Von den vom
Reichsgericht entschiedenen Fällen,[3] bei welchen den Geschädigten erst durch das nachfolgende Vermögensdelikt, nicht jedoch
durch das vorausgegangene Eigentumsdelikt ein wirtschaftlicher
Nachteil zugefügt wurde, unterscheide sich also der vorgenannte
Fall. Einen Vermögensschaden bejaht das OLG Stuttgart in der
Regel auch dann, wenn der Käufer eines "Unfallwagens" diesen
angeblich "unfallfreien" zum eigenen Gebrauch erwirbt und der
Preis den Marktpreis für Unfallfahrzeuge nicht wesentlich übersteigt.[4] Der Vermögensschädigung steht in der Regel die konkrete Vermögensgefährdung gleich, wenn sie bei wirtschaftlicher
Betrachtungsweise bereits eine Verschlechterung der gegenwärtigen Vermögenslage bedeutet.[5] Vorausgesetzt ist, daß sie auf äusseren Ursachen beruht. Ob der auf Täuschung gegründete Irrtum

---

[1] zustimmend: OLG Hamm JMBlNRW 1969, 101; ablehnend: BayObLG JZ
74, 189 f., JR 74, 336 f.
[2] HansOLG Hamburg MDR 74, 330, JR 74, 473 m.Anm.Jakobs S.474 f.,
JZ 75, 101 m.Anm.Mohrbotter S.102.
[3] vgl. RGSt 43, 65 f.; 49, 405 ff.
[4] OLG Stuttgart Justiz 67, 56; vgl.auch OLG Nürnberg OLGSt § 263 S.1.
[5] vgl. z.B. RGSt 16, 11; 59, 106 f.; 64, 227; 66, 373, 411; 73,
63; BGHSt 6, 117; 21, 112; Kohlrausch-Lange 43.Aufl.(1961)
§ 263 Anm.V 2 g; Schönke-Schröder 18.Aufl.(1976) Rdz.100 zu
§ 263.

als Gefährdungsfaktor in die Schadensberechnung einbezogen werden kann oder ob die schadensgleiche Gefährdung auf außerhalb des Irrtums liegende Faktoren einzuschränken ist, wie sich aus dem Erfordernis der Verfügung ergibt, ist strittig.[1] Nach Schröder liegt eine Gefährdung vor, wenn diese nicht nur darin besteht, daß der Getäuschte auf Grund des fortwirkenden Irrtums leistet, der Betroffene vielmehr, auch wenn er den Irrtum nachträglich erkennt, zu der Leistung gezwungen werden könnte, weil ihm kein Anfechtungsrecht zusteht, z.B. bei Übernahme einer Bürgschaft gegenüber dem Gläubiger auf Grund einer arglistigen Täuschung des Schuldners.[2] In Abweichung von seiner bisherigen Rechtsprechung, nach der ein Zeitschriftenwerber, der jemandem unter Vorspiegelung falscher Tatsachen eine für diesen völlig unbrauchbare Zeitschrift aufschwatzt, wegen Betrugs nicht gestraft werden kann, wenn der Verlag auf Beanstandung des Betroffenen hin den Vertrag sofort storniert, da solchenfalls der Getäuschte keinen Vermögensschaden erlitten hat, hat neuerdings der 4.Senat des Bundesgerichtshofs diese frühere Auffassung revidiert und in genanntem Fall Betrug bejaht. Durch Abschluß des Bestellungsvertrags, so führt er aus, sei das Vermögen des Getäuschten nach lebensnahen wirtschaftlichen Gesichtspunkten bereits so gefährdet worden, daß diese Gefährdung einer Schädigung gleichgesetzt werden müsse. Es sei nämlich ungewiß, ob der Besteller die Unbrauchbarkeit der Zeitschrift sogleich erkenne, bevor er durch Bezahlung den Vertragsabschluß bestätige und es sei auch ungewiß, ob der Getäuschte, der die Bereitschaft des Verlags, den Vertrag sofort zu stornieren, nicht kenne, aus irgendwelchen Gründen von einer Beanstandung absehe. Dies hänge unter anderem von der Geschäftsgewandtheit des Betroffenen, von seiner Neigung zur Bequemlichkeit, vom Grad seines Ärgers über die Übertölpelung oder auch von seinen Vermögensverhältnissen ab. Für den Vertreter stelle das einen Zufall

---

[1] bzgl. letzterer Ansicht vgl. u.a. Puppe (I.), Vermögensverfügung und Vermögensschaden bei Eingehung unwirksamer Verbindlichkeiten, MDR 73, 12 und vor allem Cramer (P.), Vermögensbegriff und Vermögensschaden im Strafrecht S.177 ff.

[2] Schönke-Schröder 18.Aufl.(1976) Rdz.102 zu § 263.

dar, der bei lebensnaher Betrachtung für die strafrechtliche
Bewertung nicht ausschlaggebend sein dürfe.[1] Dasselbe gilt
für den Fall, daß dem geschädigten Vertragspartner ein für ihn
zu einem erheblichen Teil unnützer Vertrag, z.B. der Abschluß
einer zusätzlichen Versicherung, aufgeredet wird. Allein hierdurch kann er in seinem Vermögen geschädigt sein.[2] Ebenso kann
auch bei gänzlich Ungebildeten die aufgeschwindelte Bezugsver-
pflichtung für eine an sich bildungsfördernde Lexikonbibliothek
einen Vermögensschaden bedeuten. Dagegen liegt keine Vermögensschädigung vor, wenn jemand durch Täuschung oder Nötigung zum
Beitritt zu einem Buchklub vertraglich sich verpflichtet, wenn
die ihm zugesagten Leistungen nach Maßgabe des Marktes ihren
Preis wert sind und er sie nach seinen Verhältnissen und Bedürfnissen auch gebrauchen kann oder ihre Veräußerung zum vollen Preis mühelos möglich ist.[3] Keine Vermögensschädigung ist
auch gegeben, wenn es der Geschäftspraxis der Buchgemeinschaft
entspricht, die vom Vertreter geworbenen Kunden nur dann zu be-
liefern, wenn diese eine weitere Bestätigungskarte mitunter-
schrieben zurücksenden.[4] Wird die Beitrittserklärung zu einer
Buchgemeinschaft durch Täuschung oder Nötigung bestimmt, so
ist ein Vermögensschaden nicht etwa deshalb zu bejahen, weil
der Betroffene für die Bücher keine Verwendung hat.[5] In diesem
Zusammenhang soll noch auf die zweite Novelle zum Abzahlungsgesetz vom 15.5.1974,[6] die am 1.10.1974 in Kraft getreten ist, hingewiesen werden,[7] durch die der Käufer bei Abzahlungsgeschäften,

---

[1] BGH Beschl. BGHSt 23, 303 f., NJW 70, 1932, MDR 70, 857, LM
(1970) Nr.1 zu § 263 StGB 1969 mit Anm.Willms; a.A. noch BGH
GA 1962, 213 f.

[2] OLG Düsseldorf JMBlNRW 1970, 145, OLGSt § 263 S.55 ff.

[3] KG JR 72, 28 ff.

[4] OLG Celle MDR 69, 159.

[5] OLG Celle MDR 69, 159 im Anschluß an BGHSt 16, 321, MDR 62,
420, NJW 62, 309.

[6] BGBl I 1169 f.

[7] vgl. Giese (W.), Wichtige Änderungen des Abzahlungsgesetzes,
BB 74, 722 f.

insbesondere unter anderem bei Verpflichtung zum wiederkehren-
den Erwerb oder Bezug von Sachen, wie von Zeitungs- oder Zeit-
schriftenabonnements, gegen Übervorteilung, wie eine solche
häufig durch Abmachungen zwischen Tür und Angel erfolgt, geschützt werden soll. Verlangt wird in solchen Fällen Schrift-
form und Aushändigung einer Abschrift der Vertragsurkunde.
Außerdem wird die auf den Vertragsschluß gerichtete Willenserklärung des Käufers erst wirksam, wenn der Käufer sie nicht
dem Verkäufer gegenüber binnen einer Frist von einer Woche
schriftlich widerruft. Dabei genügt zur Wahrung der Frist die
rechtzeitige Absendung des Widerrufs. Die Widerrufsfrist beginnt erst, wenn der Käufer vom Verkäufer über sein Widerrufsrecht schriftlich belehrt wurde, diese Belehrung in drucktech-
nisch deutlich gestalteter Weise in der Vertragsurkunde enthalten ist, vom Käufer gesondert unterschrieben und ihm ein Exemplar der Vertragsurkunde ausgehändigt wurde. Unterbleibt die
Aushändigung, so erlischt das Widerrufsrecht erst zu dem Zeitpunkt, zu dem der Verkäufer die Sache geliefert und der Käufer
den Kaufpreis vollständig entrichtet hat, d.h. praktisch mit
Bezahlung der letzten Rate. Beweispflichtig für die Aushändigung
der Urkunde und für das Übergabedatum ist der Verkäufer.[1]
An der schon dargelegten Auffassung von Vermögensschädigung und
Vermögensgefährdung hielten auch die Vereinigten Strafsenate
im Beschluß vom 14.12.1910[2] fest. Allerdings weist das Reichsgericht in diesem Beschluß darauf hin, daß sich die herrschende
Lehre auf einen abweichenden Standpunkt stelle. Sie blicke, so
wird ausgeführt, nicht auf die Hingabe der Leistung, sondern
auf das Ausbleiben der Gegenleistung. Auf diese Gegenleistung
habe aber der Getäuschte oder Genötigte bei ihrem sittenwidrigen Charakter keinen Anspruch. Der Anspruch hierauf gehöre nicht
zu seinem rechtlich geschützten Vermögen. Deshalb könne er auch
nicht durch das Ausbleiben der Gegenleistung an seinem Vermögen
"im Rechtssinne" geschädigt sein. Einer dahin gehenden Entschei-

---

[1] siehe Scholz (F.J.), Die zweite Novelle zum Abzahlungsgesetz
(I), MDR 74, 881 ff.; Reich (N.), Abzahlungsrecht und Ver-
braucherschutz. Die Neuerungen der 2.Novelle zum Abzahlungsgesetz und ihre Auswirkungen auf die Struktur des Abzahlungs-
geschäfts, JZ 75, 550 ff.
[2] RGSt 44, 235.

dung des 2.Strafsenats vom 1.5.1894,[1] in der erklärt war:
"Der Verlust des Getäuschten besteht in der Nichterlangung eines rechtlich überhaupt nicht erlangbaren Äquivalentes" hatten
die Vereinigten Strafsenate schon im genannten Beschluß vom
20.4.1887[2] ihre Zustimmung versagt. Leistung und Gegenleistung
ließen sich, wie darin betont wird, bei einem zweiseitigen
Vertrag von einander nicht trennen. Für die Beurteilung, ob der
eine oder andere Teil durch die Eingehung eines solchen Vertrages Schaden erlitten hat, müsse dessen Wirkung nach beiden Seiten ins Auge gefaßt werden. Für den Getäuschten aber beschränke
sich die Wirkung des Vertrags, zu dem er verleitet werde, nicht
auf das Entgehen der verabredeten Gegenleistung, auf die er einen Anspruch zu haben glaubt, aber nicht hat, vielmehr habe die
Täuschungshandlung des Täters für den Getäuschten in erster Linie die Wirkung gehabt, ihn zu veranlassen, zur Erfüllung des
Vertrags dem anderen einen Geldbetrag zu zahlen. Jede derartige
Leistung enthalte für den Leistenden zunächst und solange er
nicht für das Hingegebene einen gleichwertigen Ersatz empfange,
eine Minderung seines Vermögens. Eine solche Schädigung liegt
aber beim sogenannten Eingehungsbetrug in allen den Fällen nicht
vor, in denen der Getäuschte auf Vorleistung des Vertragspart-
ners bestehen kann und sich auf diesem Weg von vornherein gegen
einen Schadenseintritt abgesichert hat, wie z.B. beim Kauf beweglicher Sachen, wenn Leistung Zug um Zug vereinbart und der
Verkäufer erst zur Hergabe und Übereignung der Sache verpflichtet ist, wenn der Käufer gleichzeitig seiner Verpflichtung zur
Zahlung des Kaufpreises nachkommt.[3] Treffe die gleichwertige Ersatzleistung mit der Leistung unmittelbar zusammen, so daß eine Vermögensminderung gleichzeitig ausgeglichen wird, so sei
allerdings eine Vermögensschädigung begrifflich ausgeschlossen.
Daraus ergebe sich aber, daß in dem Falle, in welchem der Ge-

---

[1] RG GA 42, 119.

[2] RGSt 16, 1 ff.

[3] BGH Beschl.vom 4.12.74 - 2 StR 95/74, bei Dallinger MDR 75,
196 unter Hinweis auf BGH Urt.v.6.3.62 - 5 StR 652/61, zit.
bei Pfeiffer-Maul-Schulte § 263 Nr.23; siehe auch OLG Köln
OLGSt § 263 S.32 f.

täuschte Geld aufgewendet habe in der (fehlgeschlagenen) Erwartung einer Gegenleistung, die wider die guten Sitten verstößt, seine Vermögensschädigung dem Recht nach bestehen bleiben müsse, da das nach § 138 BGB nichtige Kaufgeschäft keinen
Anspruch auf Erfüllung habe entstehen lassen. Sonach sei es
unrichtig, den Grund der Vermögensschädigung des Getäuschten
allein darin zu suchen, daß ihm die zugesicherte Gegenleistung
vorenthalten geblieben ist, vielmehr liege der Grund in seiner
dem Vertrag gemäß bewirkten Vorleistung ohne die gleichzeitige
Erlangung eines sie wettmachenden Anspruchs auf die Gegenleistung. Er liege also darin, daß trotz mangelnden Gegenan-
spruchs geleistet wurde. Die bereits genannte abweichende Auffassung, wie sie in der Entscheidung des 2.Strafsenats[1] vertreten wurde, hat derselbe Strafsenat bereits in der Entscheidung
RGSt 37, 161 wieder aufgegeben und ist in der Entscheidung RGSt
42, 60 zu der älteren Anschauung zurückgekehrt, wobei erklärt
wird, daß die Nichtigkeit der Verträge - es handelte sich um
Jagdpachtverträge, die durch betrügerische Vorspiegelungen zu-
standegekommen waren und nach dem maßgebenden Landesrecht nichtig waren - der Annahme des Betrugs nicht entgegenstehe. Die
durch Vorspiegelungen veranlaßten Leistungen aus dem eigenen
rechtlich geschützten Vermögen des Getäuschten hätten eine tatsächliche Verminderung desselben enthalten, die sich, sofern
nicht gleichzeitig entsprechende Gegenwerte seinem Vermögen
zugeführt wurden, als Schädigung des Vermögens darstelle. In
diesem Sinne sprach sich auch das Reichsgericht in RGSt 52,
134 aus: "Ein Vermögensverlust kann nicht aus dem Grunde ge-
leugnet werden, daß das Verlorene" - nach § 817 S.2 BGB i.Verb.
mit § 812 BGB - "nicht zurückgefordert werden kann".[2] "Wird
nach § 263 St.G.B.'s schon derjenige als in seinem Vermögen beschädigt angesehen, der die Möglichkeit hat, nachträglich einen

---

[1] RG GA 42, 119.

[2] Schönke-Schröder 18.Aufl.(1976) Rdz.118 f zu § 263.

Ausgleich seines Verlustes zu erreichen, so muß er erst recht
als beschädigt gelten, wenn er diese Möglichkeit nicht hat".
Durch den Ausschluß des Rückforderungsrechts nach § 817 S.2
BGB - soweit solches zutrifft - kann die Tatsache des Verlustes
nicht aus der Welt geschafft werden. Die Aufgabe des Gesetzes
ist es, "die rechtlichen Folgen der eingetretenen Vermögensverschiebung zu ordnen, also zu bestimmen, wer von den Beteiligten
den Schaden zu tragen habe, und in dieser Beziehung kann es allerdings vorschreiben, der Leistende müsse unter so beschaffe-
nen Verhältnissen den Schaden selber tragen".[1] Man muß zwischen
den Zielen der Privatrechtsordnung und des Strafrechts unterscheiden. Es ist etwas anderes, den auf einen verbotenen Erfolg abzielenden rechtsgeschäftlichen Willen der Partei ohne
Hilfe zu lassen und etwas anderes, den durch den rechtswidrigen
Willen des Täters hervorgebrachten Verbrechenserfolg ungesühnt
zu lassen.[2] "Mit rechtsgeschäftlichen Willenskundgebungen und
der Herbeiführung rechtsgeschäftlicher Ergebnisse hat es das
Strafrecht nicht zu tun. Bestraft wird der nach außen hin in
die Erscheinung getretene widerrechtliche Wille unter Umständen
(§ 43 St.G.B.'s)[3] schon dann, wenn das Rechtsgut, gegen das er
sich richtete, objektiv nicht verletzt ist und durch das gewählte Angriffsmittel vielleicht auch nicht ernsthaft verletzt werden konnte, sofern nur der Angreifer sein Vorgehen zur Verwirklichung des beabsichtigten verbrecherischen Erfolges für geeignet gehalten hat. Um so mehr wird ein strafrechtliches Einschreiten dann geboten sein, wenn der mit dem Vorsatze des § 263
St.G.B.'s handelnde Täter sein Ziel, die Bereicherung auf Kosten
fremden Vermögens, wirklich erreicht hat".[4] "Die bürgerlichrechtliche Verfolgbarkeit des Betrugsschadens bildet keine unbedingte Voraussetzung der strafrechtlichen Verfolgbarkeit. Ein
so weitgehendes Abhängigkeitsverhältnis zwischen bürgerlichem

---

[1] RGSt 44, 240.
[2] RGSt 44, 242.
[3] jetzt § 22 StGB.
[4] RGSt 44, 242.

Rechte und Strafrechte, wie es von einzelnen Rechtslehrern allerdings behauptet worden ist,[1] besteht nicht".[2] In diesem Sinne hat sich auch das Reichsgericht schon früher ausgesprochen, indem es sich mit Entschiedenheit gegen den Versuch gewandt hat, die bürgerlichrechtlichen Wirkungen der Täuschung zu einem Begriffsmerkmal des strafbaren Betrugs zu stempeln.[3] "Für das Strafrecht kommt gemäß § 263 St.G.B.'s nur die tatsächliche Wirkung in Betracht".[4] Dasselbe gilt auch nach § 253 StGB.

Nach der Bockelmannschen Theorie, die von einem "personalen Vermögensbegriff" ausgeht, bei dem der Mensch als personaler Vermögensträger im Mittelpunkt der Schadensbestimmung steht, wird zum Vermögen gerechnet, was nach dem berechtigten wirtschaftlichen Bedürfnis, dem anerkennenswerten persönlichen Interesse des Vermögensträgers diesem zusteht, also das, was der Einzelne billigerweise für sich in Anspruch nehmen darf,[5] oder es ist mit anderen Worten als Vermögensschaden das anzusehen, was der Einzelne als ungerechtfertigter Verlust empfindet.[6]

Was endlich die juristisch-ökonomische Vermögenstheorie betrifft, die von Lange,[7] Lackner,[8] Welzel,[9] Frank,[10] Sauer,[11] Gutmann,[12] Lenckner,[13] Blei,[14] Cramer[15] und am eingehendsten

---

[1] vgl. RGSt 44, 243 Fn.1.
[2] RGSt 44, 243.
[3] RGSt 24, 171.
[4] RGSt 24, 171 f.
[5] Bockelmann (P.), Der Unrechtsgehalt des Betruges, in: FS für E.Kohlrausch (1944) S.226, 243 ff.; ders., Zum Begriff des Vermögensschadens beim Betrug, JZ 52, 464; ebenso Hardwig (W.), Beiträge zur Lehre vom Betruge, GA 1956, 17 ff.
[6] Bockelmann (P.), Wandlungen in der Betrugsrechtsprechung des Reichsgerichts, DR 1942, 1112 ff., 1115.
[7] Kohlrausch-Lange 43.Aufl.(1961) § 263 Anm.V 2.
[8] Lackner in LK 9.Aufl., Bd.2, Rdz.110 zu § 263.
[9] Welzel (H.), Das deutsche Strafrecht, 11.Aufl.(1969) S.373.
[10] Frank (R.), Das Strafgesetzbuch für das Deutsche Reich, 18. Aufl.(1931) § 263 Anm.V.
[11] Sauer (W.), System des Strafrechts, Bes.T., Köln-Berlin 1954 S.85.
[12] Gutmann (A.), Der Vermögensschaden beim Betrug im Licht der neueren höchstrichterlichen Rechtsprechung, MDR 63, 3 & 6.
[13] Lenckner (Th.), Zum Problem des Vermögensschadens beim Verlust nichtiger Forderungen, JZ 67, 108.
[14] Blei (H.), Strafrecht, II.Bes.T., Ein Studienbuch, 10.Aufl. (1976) S.194.
[15] Cramer (P.), Vermögensbegriff und Vermögensschaden im Strafrecht, Bad Homburg v.d.H.-Berlin-Zürich 1968 S.108; ders., Grenzen des Vermögensschutzes im Strafrecht - OLG Hamburg, NJW 1966, 1525, JuS 66, 472 ff.

von Franzheim[1] vertreten wird, so versteht sie unter Vermögen
die Summe der jemandem unter dem Schutz der Rechtsordnung zu
Gebote stehenden wirtschaftlichen Werte. Eine weitere von
Ostendorf[2] vertretene Vermögenstheorie gründet sich auf die
juristisch-ökonomische Theorie, indem sie das Vermögen als Inbegriff aller vergegenständlichten Rechte und faktischen Positionen bezeichnet, die nach wirtschaftlicher Betrachtungsweise im Rechtsverkehr als Vermögenspositionen behandelt werden. Er spricht von einem "kombinierten Vermögensbegriff" als
dem Inbegriff aller einer Person zustehenden Vermögensrechte
und faktischen Positionen, die als Vermögenswerte von der sozialen Anschauung anerkannt werden. Zu diesen Gütern rechnen
alle Güter, die "der Interessenverwirklichung und der freien
Lebensentfaltung desjenigen" dienen, "der rechtlich oder
aber auch faktisch darüber bestimmen kann. Hierzu gehören auch
die tatsächlichen Positionen, die sich auf kein subjektives
Recht stützen, sei es, daß sie sich als bloße Chancen zum Gewinn darstellen, sich also im Vorfeld des Rechts befinden, sei
es, daß sie ohne Rechtsgrund als Gebrauchs- oder Verwertungsmöglichkeit erlangt sind", vorausgesetzt, daß neben dem Sub-
stanzwert, auf dem sie beruhen, sie einen selbständigen, in
Geld veranschlagbaren, von der Verkehrsauffassung anerkannten
Vermögenswert aufweisen, wie z.B. die verkehrsgünstige Lage,
die Kundschaft, der "good will", die Erwerbs- und Gewinnchancen
und andere. Hierunter fällt auch die Gebrauchsmöglichkeit eines
Kraftfahrzeuges, bei dessen Beschädigung oder Zerstörung neben
dem die Substanz betreffenden Schaden der Nutzungsausfall, der
die Gebrauchsmöglichkeit als eigenen selbständigen Vermögenswert
voraussetzt, von der Rechtsprechung[3] als besonderer Schaden an-

---

[1] Franzheim (H.), Die Strafbarkeit des Komplicen- und Dirnenbetruges - Ein Beitrag zum Begriff des Vermögensschadens,
GA 1960, 277.

[2] Ostendorf (H.), Der Vermögensbegriff im Bereicherungs- und
Schadensrecht, BB 73, 822 ff., 824.

[3] BGHZ 40, 345; 45, 212; BGH BB 58, 606; vgl. auch Grunsky (W.),
Aktuelle Probleme zum Begriff des Vermögensschadens, Bad Hom-
burg-Berlin-Zürich 1968 S.34; Larenz (K.), Der Vermögensbegriff im Schadenersatzrecht, in: FS f.H.C.Nipperdey, Bd.I,
München & Berlin 1965 S.489 ff.; Schmidt-Salzer (J.), Der Anspruch auf Zahlung eines Nutzungsentgelts wegen entgangener
Gebrauchsvorteile, BB 1970, 15 ff.; Detlefsen (P.), Schadens-

erkannt ist, zu dessen Ausgleich dem Betroffenen ein Anspruch
auf ein Nutzungsentgelt von der Rechtsprechung zuerkannt ist.
Auch Ostendorf schließt sich Mertens[1] Lehre vom subjektiv
funktionalen, im Gegensatz zu dem von der herrschenden Lehre
vertretenen objektiv summatischen Vermögensbegriff an, wonach
die einzelnen Vermögensgegenstände "auf die subjektive Interes-
senentfaltung des Vermögensträgers zu beziehen" sind. Hierunter fallen aber, wie Ostendorf ausführt, auch die tatsächlichen
Positionen, die sich auf kein subjektives Recht stützen. Entscheidend, ob sie von der Verkehrsanschauung als Vermögenswerte beurteilt werden, ist der Umstand, daß ihnen Geldwert zuerkannt wird, der durch die Nützlichkeit und durch den relativen
Seltenheitswert, durch die Knappheit, die sie für das Subjekt
haben, bestimmt wird. Die Rechtsordnung schafft nach Ostendorf
über die gesetzlich bestimmten Vermögensrechte hinaus weitere
schützenswerte vermögensrechtliche Beziehungen. Für die ersteren ist die Rechtszuständigkeit, für die tatsächlichen Positionen der Nützlichkeitsmaßstab das Kriterium zur Bestimmung eines
Vermögensgutes. Dieser Zusammenfassung von Rechten und faktischen Positionen wird nach Ostendorf unter Bezugnahme auf Fischer[2] der ökonomische Vermögensbegriff nicht gerecht, wenn lediglich der Nützlichkeitsgesichtspunkt zur Vermögensbestimmung
herangezogen wird. Wird ein Gläubiger um seine fällige, klagbare und einredelose Forderung, sei es durch Täuschung oder abgenötigten Verzicht, gebracht, so liegt unbestrittenermaßen eine Vermögensschädigung vor. Nach der juristischen Vermögenstheorie ist dies gerade der Prototyp einer Vermögensschädigung.
Aber auch nach der wirtschaftlichen Vermögenstheorie ist es
nicht anders, da nach ihr der Verlust einer Forderung den Geldwert des berührten Vermögens mindert. Zweifel können sich nur
für den Fall ergeben, daß die angegriffene Forderung wegen Zah-

ersatz für entgangene Gebrauchsvorteile, Karlsruhe 1969 S.16
ff.; Küppers (K.), Verdorbene Genüsse und vereitelte Aufwendungen im Schadensersatzrecht, Karlsruhe 1976 S.104 ff.; Waitz
(H.J.), Schadensersatz für Gebrauchsverlust (loss of use) bei
Sachschäden nach deutschem, englischem und amerikanischem Recht,
Diss.Freiburg i.Br.1973 S.4 ff.; Hermann (M.), Der Schadensersatz für die entgangene Nutzung des Kraftfahrzeugs, Diss.Bochum
1974 S.12 ff.
1 Mertens (H.-J.), Der Begriff des Vermögensschadens im Bürgerlichen Recht, Berlin-Köln-Mainz 1967 S.130.
2 Fischer (H.A.), Der Schaden nach dem bürgerlichen Gesetzbuche
  für das Deutsche Reich, Jena 1903 S.11 f.

lungsunfähigkeit des Schuldners wirtschaftlich wertlos ist,
oder für den Fall, daß der Gläubiger nicht um die Innehabung
seines Rechts gebracht, sondern nur daran gehindert wird, es
geltend zu machen. Für die juristische Theorie ändert sich im
ersteren Fall die Beurteilung deshalb nicht, weil nach der ihr
zu Grunde liegenden Auffassung das Vermögensrecht keinen Geldwert zu haben braucht,[1] während für die wirtschaftlich orien-
tierte Auffassung streng genommen mit dem Geldwert die Eigenschaft eines Rechts, Vermögensbestandteil zu sein, entfällt,[2]
dieser Fall aber für die wirtschaftliche Theorie ohne praktische Bedeutung ist, da sich kein Betrüger oder Erpresser um ein
wirtschaftliches Nichts bemüht. Fehlt es aber nicht am Wert,
mag derselbe auch nur in der Hoffnung auf künftige Leistungsfähigkeit des Schuldners oder in der Einbildung des Täters bestehen, so ist Bestrafung wegen Betrugs- oder Erpressungsver-
suchs möglich.[3] Im zweiten Fall kann die wirtschaftliche Theorie ohne weiteres einen Vermögensschaden feststellen.[4] Doch
auch die juristische Vermögenstheorie sieht darin einen Vermögensschaden, indem sie schon in der einfachen Stundung einer
Schuldverpflichtung nicht nur einen wirtschaftlichen, sondern
auch einen rechtlichen Nachteil für den Gläubiger sieht.[5] Dasselbe gilt, wenn jemandens Vermögen mit einer durch Täuschung
oder Drohung erlangten Verbindlichkeit belastet wird. Der Eintritt der Vermögensschädigung wird durch die Berechtigung zur
Anfechtung nach § 123 BGB weder aufgehalten noch auch, sofern
die Anfechtung erfolgt, rückwärts wieder beseitigt.[6] Das Reichsgericht geht in der Entscheidung Bd.48, 186 noch weiter und
sagt, daß auch die Beschwerung des Vermögens mit einer von vorn-

---

[1] vgl. Binding (K.), Lehrbuch des Gemeinen Deutschen Strafrechts,
Bes.T., Bd.1, Leipzig 1902, Neudruck Aalen 1969 S.239, 342 f.
[2] Mühlmann-Bommel, Das Strafgesetzbuch, Regensburg 1949 § 263 Anm.
6.
[3] vgl. auch OLG Düsseldorf JMBlNRW 1952, 230.
[4] vgl. RGSt 64, 395; 76, 173.
[5] Binding (K.), Lehrbuch S.361 Anm.3.
[6] RGSt 28, 65; 39, 83.

herein nichtigen Verbindlichkeit einen Vermögensschaden begründen könne, da "für das Merkmal der Vermögensbeschädigung ausschließlich die tatsächliche, wirtschaftliche Wirkung der Täuschung auf die Vermögensverhältnisse des Getäuschten ins Gewicht fällt".[1] Was für die Täuschung gilt, gilt auch entsprechend für die Nötigung. Das Ausgeführte dürfte auch für die juristisch-ökonomische Theorie gelten. Diese kommt ohnehin der wirtschaftlichen Theorie, wie sie sich in der Praxis ausgebildet hat, ziemlich nahe. Es zeigt sich dies an dem vom Bundesgerichtshof entschiedenen Fall des "Dirnenlohnbetrugs", wo das Gericht einen Vermögensschaden mit den Worten verneinte: "Dem Geschlechtsverkehr kommt für das Recht kein in Geld zu veranschlagender Wert zu. Die Hingabe der Dirne ist daher weder für sie eine Vermögensverfügung noch für den "Freier" ein Vermögensvorteil. Aus diesem Grunde steht auch der "Anspruch" der Dirne gegen den "Freier" auf den vereinbarten Lohn nicht einem durch ein sittenwidriges Rechtsgeschäft erlangten Sachwert gleich. Wer die Dirne um den Lohn prellt, begeht daher auch nach den Grundsätzen der Entscheidung BGHSt 2, 364 ff. keinen Betrug".[2] Die juristisch-ökonomische Theorie dagegen schreibt in diesem Falle der geschlechtlichen Hingabe in gleicher Weise wie anderem Einsatz von Arbeitskraft, z.B. einer Schönheitstänzerin, Vermögenswert zu,[3] versagt aber diesem Vermögenswert den Schutz der Rechtsordnung und verneint daher aus diesem Grunde eine Vermögensschädigung und damit eine Strafbarkeit des Dirnenlohnbetrugs. Er stützt sich auf den schon erörterten Beschluß der Vereinigten Strafsenate vom 14.12.1910,[4] nach dessen Begründung die frühere Rechtsprechung des Reichsgerichts von dem Gedanken beherrscht war, daß der Tatbestand des Betrugs (§ 263 StGB) einen Eingriff in das rechtlich geschützte Vermögen erfordere.

---

[1] RGSt 48, 186; vgl. Anm.Bockelmann zu BGH JZ 52, 483, eod. S.486.
[2] BGHSt 4, 373 mit BGHSt 2, 364 ff.
[3] Kohlhaas (M.), Ist das Prellen einer Dirne um den vereinbarten Lohn kein Betrug?, JR 54, 97; Kohlrausch-Lange 43.Aufl. (1961) § 263 Anm.V 1.
[4] RGSt 44, 230 ff., 237, 244.

An dieser Voraussetzung fehle es überall da, wo der Getäuschte
zu der Aufwendung, die er aus seinem Vermögen mache, durch die
Vorspiegelung einer Gegenleistung bestimmt werde, die eine unsittliche oder strafbare Handlung enthalte. Diesen Standpunkt
haben die Vereinigten Strafsenate im genannten Beschluß aufgegeben und waren sich darin einig, daß der Begriff des rechtlich geschützten Vermögens irreführend und deshalb fallen zu
lassen sei.[1] Was von Rechtsgeschäften gelte, denen auf dem Boden des bürgerlichen Rechts allerdings die Anerkennung versagt ist, sofern sie wider das Gesetz oder die guten Sitten
verstoßen, gelte deshalb noch nicht ohne weiteres zugleich von
dem auf rechtsgeschäftlichem Wege erlangten Vermögen als einer
wirtschaftlichen Macht, einem Inbegriff von Werten, der im
System der Geldwirtschaft als Summe der geldwerten Güter einer
Person zu bezeichnen ist. Allerdings verbinde sich mit diesem
wirtschaftlichen Element in der Bezeichnung "Vermögen" auch
ein privatrechtliches, insofern als es nur der Privatrechtsordnung zukommen kann, die Beziehungen zu regeln, die vorhanden
sein müssen, um ein bestimmtes Vermögensstück dem Vermögens-
kreis einer bestimmten Person zuzurechnen. Da aber der Tatbestand des strafbaren Betrugs - wie auch der Erpressung - in dieser Hinsicht nur erfordere, daß das Vermögen "eines anderen" beschädigt werde, einerlei wer dieser andere ist, so komme der
privatrechtlichen Seite des Vermögensbegriffs für die vorliegende Frage nur eine untergeordnete Bedeutung zu. Der Schwerpunkt
liege auf der wirtschaftlichen Seite. So hat schon die frühere
Rechtsprechung des Reichsgerichts eine Vermögensschädigung unter
anderem in dem Verlust eines Beweismittels, in der Preisgabe
einer klaglosen Forderung und in den anderen bei der Erörterung
des Vermögensbegriffs bereits aufgeführten Fällen gesehen, bei
denen es sich durchweg nicht um wohlerworbene juristische Rechte
handelt, vielmehr nur tatsächliche und wirtschaftliche Verhältnisse in Frage stehen, die, weil auf rechtlicher Grundlage be-

---

[1] siehe RGSt 44, 232 & 249.

ruhend, nach der Auffassung der Beteiligten einen Vermögenswert darstellen und deshalb Gegenstand der Vermögensschädigung sein können. Der Grund für die Vermögensschädigung liegt bei den Vertragsverhältnissen nicht in dem Ausbleiben der Gegenleistung, sondern in der Vorleistung, d.h. der Hingabe der Leistung ohne die gleichzeitige Erlangung einer sie wettmachenden Gegenleistung. Das Reichsgericht hat allerdings den in der erwähnten Entscheidung der Vereinigten Strafsenate vom 14.12. 1910[1] aufgestellten Rechtsgrundsatz im weiteren Verlauf dahin eingeschränkt, daß im Verlust einer Forderung aus einem unsittlichen oder gesetzwidrigen Geschäft sowie im Unterlassen der Geltendmachung einer solchen Forderung kein Vermögensschaden i.S. des § 263 StGB[2] gefunden werden könne, da sich das Wesen einer Forderung in ihrem rechtlichen Bestehen erschöpfe und bei Fehlen dieser Voraussetzung ein Anspruch auch für das Strafrecht bedeutungslos sei.[3] Auch bei dem durch Täuschung[4] veranlaßten Abstehen von der Verfolgung von Ansprüchen, das als solches die Möglichkeit eines Betrugs nicht ausschließen würde, sei ein Vermögensschaden des Getäuschten nur gegeben, wenn diese Ansprüche rechtlichen Bestand hatten.[5] Es müsse deshalb ein grundsätzlicher Unterschied zwischen den Fällen des Betrugs gemacht werden, deren Gegenstand ein mit dem Makel unsittlichen oder gesetzwidrigen Erwerbs behafteter Sachwert, Geldbetrag oder dergleichen ist, und denen, die eine wegen Unsittlichkeit oder Gesetzwidrigkeit nichtige Forderung zum Gegenstand haben. Auch dieser einschränkenden Rechtsprechung[6]

---

[1] RGSt 44, 230 ff.
[2] wie auch des § 253 StGB.
[3] RGSt 65, 100.
[4] oder Drohung
[5] RGSt 24, 410; RG GA 38, 202; 50, 273; RG Urt.v.10.12.1917 - 3 D 464/17, LZ 1918 Sp.640 Nr.37.
[6] RGSt 65, 100.

ist das herrschende Schrifttum gefolgt. Im Gegensatz hierzu
hat der OGHBrZ in einer Entscheidung vom 11.10.1949[1] unter
Hinweis auf die Stellungnahme von Grünhut[2] dieser in RGSt 65,
99 ff. ausgesprochenen einschränkenden Rechtsprechung des
Reichsgerichts die Gefolgschaft versagt und für die Anwendbarkeit des § 263 StGB jene Ansprüche mit den Sachwerten gleichgestellt, da auch ein wegen Unsittlichkeit oder Gesetzwidrigkeit nichtiger Anspruch einen wirtschaftlichen Wert haben könne.
Der Bundesgerichtshof hat sich dieser Auffassung angeschlossen
und geht in der schon genannten grundsätzlichen Entscheidung
vom 25.11.1951[3] von der erwähnten, im Beschluß der Vereinigten
Strafsenate vom 14.12.1910[4] zum Ausdruck gebrachten Rechtsprechung aus, die unter Aufgabe der früheren gegenteiligen
Rechtsprechung in der Folge ständig aufrechterhalten wurde,[5]
indem er ausdrücklich betont, daß die genannten Grundsätze
auch heute noch Geltung haben, um so mehr, als sich in neuerer
Zeit die höchstrichterliche Rechtsprechung in Strafsachen im
Streben nach natürlicher Betrachtung und nach lebensgemäßen,
befriedigenden Ergebnissen immer mehr von der bürgerlichrechtlichen Betrachtungsweise abgewendet und dem wirtschaftlichen
Vermögensbegriff, besonders auf dem Gebiet des Betrugs und der
Untreue, ständig zunehmende Geltung verschafft hat. Das Gesagte gilt in gleicher Weise für die Erpressung. Auch die
überwiegende Meinung im Schrifttum ist der neueren Rechtsprechung bezüglich der Anwendbarkeit des § 263 StGB wie auch des
§ 253 StGB auf solche Fälle beigetreten. Allerdings berücksichtigt

---

[1] OGHSt 2, 201.

[2] JW 1932, 2434 f.

[3] BGHSt 2, 365 ff., JZ 52, 483 ff.

[4] RGSt 44, 230 ff.

[5] vgl. RGSt 47, 67; 65, 3 f.; RG GA 59, 134; RG LZ 1921 Sp.722
Ziff.5; RG LZ 1922 Sp.367 Ziff.1.

der Bundesgerichtshof in seiner Entscheidung vom 25.11.1951[1]
unter ausdrücklicher Ablehnung des in RGSt 65, 100 vertretenen
Standpunktes auch die in der Entscheidung des Obersten Gerichtshofs für die Britische Zone vom 11.10.1949[2] ausgesprochene Auffassung mit, indem er folgendes ausführte: "Es kann nicht
anerkannt werden, daß eine nichtige Forderung rechtsgrundsätz-
lich dem wirtschaftlichen Vermögen nicht zugerechnet werden könne und deshalb als Gegenstand eines Betrugs schlechthin aus-
scheide. Mit Recht hat der Oberste Gerichtshof für die Britische
Zone[3] darauf hingewiesen, daß auch eine solche Forderung wirtschaftlichen Wert haben kann. Dabei ist in erster Reihe an ge-
schäftliche, verwandtschaftliche, freundschaftliche, sonstige
gesellschaftliche oder andere Bindungen zu denken, die den
Schuldner veranlassen können, die wegen Nichtigkeit unklagbare
Forderung zu begleichen, etwa um Nachteile zu vermeiden, die
sich aus der Verweigerung der Zahlung ergeben können (vgl.
Grünhut JW 1932, 2434), gegebenenfalls aber auch aus Beweggrün-
den anderer Art.[4] Namentlich die Persönlichkeit des Gläubigers
und des Schuldners sowie dessen Zahlungsfähigkeit und das Verhältnis beider Partner zueinander können dabei von Bedeutung
sein. Die Klagbarkeit ist bei wirtschaftlicher Betrachtung kein
entscheidendes Merkmal (RGSt 66, 281, 285; 68, 380; Grünhut aaO).
In diese Richtung weist auch die Rechtsprechung, wonach Gegenstand einer Vermögensbeschädigung im Sinne des § 263 StGB auch
sein können verjährte Ansprüche, Forderungen aus Spiel oder Wette und sogar die Kundschaft (RGSt 42, 424, 426) sowie andere
Anwartschaften auf künftigen, mit Wahrscheinlichkeit zu erwartenden Vermögenszuwachs (RGSt 73, 382 ff; 74, 316 f; 75, 62)",
nicht aber nur allgemein unbestimmte Aussichten, z.B. auf eine
Erbschaft oder bloße Hoffnungen, wie auf Gewinnmöglichkeit auf
Grund des Besitzes eines Lotterieloses.[5] "Auch in der Bindung

---

[1] BGHSt 2, 367 ff., JZ 52, 484.
[2] OGHSt 2, 201.
[3] OGHSt 2, 200 ff.
[4] siehe auch RGSt 13, 8 ff.; 26, 227 ff.; 71, 334.
[5] siehe RGSt 42, 175; 73, 384; BGHSt 3, 102 f.

der Arbeitskraft", so führt der BGH im Urteil vom 25.11.1951[1] weiter aus, "hat die Rechtsprechung einen Vermögensschaden gefunden (RGSt 25, 371 ff; 68, 379 f). Bei alledem handelt es sich nicht um Rechte, sondern um tatsächliche Verhältnisse, die einen wirtschaftlichen Wert darstellen und deshalb zum Vermögen i.S. des § 263 StGB[2] gehören. Das Reichsgericht hat sich in der Begründung der Entscheidung RGSt 65, 99 ff bei der Erörterung des Vermögensschadens auf bürgerlichrechtliche Gesichtspunkte beschränkt und ist damit zum Begriff des "rechtlich geschützten Vermögens" zurückgekehrt, der schon in dem eingangs erwähnten Beschluß der Vereinigten Strafsenate mit zutreffender Begründung abgelehnt worden ist. Für die strafrechtliche Würdigung ist, wie dargelegt, der wirtschaftliche Vermögensbegriff maßgebend;[3] daraus, daß im Falle des Verlusts einer nichtigen Forderung kein Schaden vom Privatrecht anerkannt wird, folgt keineswegs, daß auch der Strafrichter den Vermögensschaden im Sinne des § 263 StGB zu verneinen habe. Die Ausführungen der Vereinigten Strafsenate haben angesichts der stetigen Rechtsentwicklung, die sich inzwischen auf dem Gebiete des Strafrechts nach der wirtschaftlichen Richtung hin vollzogen hat, heute erst recht zu gelten. Auch die im Schrifttum hier und da hervorgehobene Erwägung, daß der widerrechtliche Erwerber keines strafrechtlichen Schutzes würdig sei, greift nicht durch. Mit Recht sind die Vereinigten Strafsenate des Reichsgerichts auch diesem Einwand mit dem Hinweis auf die Strafwürdigkeit des Betrügers entgegengetreten (RGSt 44, 232), die bei der strafrechtlichen Betrachtung im Vordergrund stehe, weil es in erster Reihe darauf ankomme, den vom Gesetzgeber mit dem Strafrecht verfolgten Zweck der Gewährleistung allgemeiner Rechtssicherheit zu erreichen. Die Staatsgewalt greife keineswegs nur um des Schutzes der Einzelbelange willen ein; nicht dem Geschädigten allein wer-

---

[1] BGHSt 2, 367 ff.
[2] wie auch i.S. des § 253 StGB.
[3] siehe S. 695.

de die strafrechtliche Sühne als Genugtuung geschuldet; das
Ergebnis, zu dem die bürgerlichrechtliche Betrachtung führe,
begegne ernsten rechtspolitischen Bedenken, vor allem insofern,
als die Straflosigkeit eines derartigen Verhaltens geradezu
einen Anreiz für den Verbrecher bilde, sich seine Opfer in den
Kreisen der sittlich schwachen Personen zu suchen (RGSt 44,
248 f; vgl RG DR 1940, 105, 4). Allen diesen Erwägungen jener
Entscheidung der Vereinigten Strafsenate ist beizutreten. Sie
behalten auch für die Beurteilung des vorliegenden Falls ihre
grundlegende Bedeutung. Die gegenteilige Ansicht sieht den We-
sensgehalt des Verbrechens einseitig in der Verletzung eines
Einzelinteresses; sie verkennt, daß das Verbrechen nicht zuletzt als Pflichtverletzung des Täters gewertet werden muß; sie
übersieht die von ihm betätigte Gesinnung und läßt hierbei seine zutage getretene Gefährlichkeit für die allgemeine Rechtsordnung völlig außer Betracht. Daß das Sühnebedürfnis des Verletzten nicht der ausschlaggebende Rechtsgrund für die strafrechtliche Ahndung ist, bedarf keiner näheren Darlegung; auch die
Verzeihung ist demgemäß bei den von Amts wegen verfolgten Straftaten ohne Einfluß auf das Einschreiten der Strafrechtsorgane.
In diesem Zusammenhang ist auf die Rechtsprechung zum betrogenen
Betrüger hinzuweisen (RGSt 44, 230; 248; 65, 3 f); auch hier
ist die Strafbarkeit nicht zweifelhaft, obwohl der Strafschutz
in der Regel einem Unwürdigen zugute kommt. Die Vertreter der
gegenteiligen Meinung übersehen vor allem, daß in zahlreichen
Fällen der Verstoß gegen Gesetz oder Sitte, der dem vorherge-
gangenen Erwerb durch den Betrogenen anhaftet, hinter der Verwerflichkeit des Betrügers, der sich einen solchen Sachverhalt
wirtschaftlich zunutze zu machen trachtet, dem Grade nach wesentlich zurücktritt. So besonders bei geringfügigen Verstößen
des Betrogenen gegen ernährungswirtschaftliche Vorschriften und
vor allem dann, wenn die Anregung zu dem gesetzwidrigen oder unsittlichen Erwerb von dem nachmaligen Betrüger selbst ausgegangen ist. Schließlich müßte bei wirtschaftlicher Betrachtung
das verschiedenartige Ergebnis befremden, zu dem man gelangen
würde, wenn man im Bereiche des Strafrechts der nichtigen Forderung grundsätzlich eine andere Beurteilung als der mit einem

rechtlichen Makel behafteten Sache zuteil werden ließe. Die
Strafbarkeit würde danach vom Zufall abhängen, denn es käme in
jedem einzelnen Fall nur darauf an, wie weit die Abwicklung
des Geschäfts im Zeitpunkt der Täuschung bereits gediehen war.
Ein solches Ergebnis würde der unbefangenen natürlichen Betrachtung widersprechen (vgl OGHSt 2, 193, 202). Aus allen diesen Erwägungen vermag der Senat an der Entscheidung RGSt 65,
99 ff nicht festzuhalten. Andererseits kann ein nichtiger Anspruch dem Sachwert nicht schlechthin gleichgestellt werden.
Es kommt vielmehr auf die Umstände des einzelnen Falles an. In
einer großen Anzahl von Fällen wird der nichtigen Forderung
überhaupt kein wirtschaftlicher Wert zukommen; dann scheidet
die Anwendung des § 263 StGB[1] aus. Nur in gewissen Fällen wird
einer solchen Forderung nach der besonderen Sachlage, namentlich beim Bestehen anderweitiger Bindungen zwischen den Parte-
en und bei wirtschaftlicher Leistungsfähigkeit des Schuldners,
ein wirtschaftlicher Wert innewohnen. Ob das zutrifft oder
nicht, bedarf - anders als beim unredlich erworbenen Sachwert -
in jedem Einzelfall besonderer Prüfung und Feststellung durch
den Tatrichter. Es unterliegt keinem Zweifel, daß die Annahme
eines wirtschaftlichen Wertes bei einem gestohlenen Gegenstand
oder Geldbetrag wesentlich näher liegt als bei einer nichtigen
Forderung. Soll diese ausnahmsweise als Gegenstand einer Vermögensbeschädigung im Sinne des § 263 StGB[2] gewertet werden, so
sind eingehende tatsächliche Feststellungen unerläßlich". In
dem zur Entscheidung stehenden Fall eines Komplizenbetrugs überließ der Verwahrer der gestohlenen Sache dem Dieb aus dem Erlös
der verkauften Diebesbeute nicht die vereinbarte Hälfte des
durch den Verkauf der gestohlenen Drehbank erzielten Betrages
in Höhe von 1 900 DM, sondern nur den um 400 DM geringeren Teil
von 1 500 DM. In der Tatsache, daß der Verwahrer und gleichzeitiger Verkäufer sich der Erfüllung der getroffenen Vereinbarung

---

[1] wie auch des § 253 StGB.

[2] wie auch i.S. des § 253 StGB.

nicht schlechthin entzog, sondern von dem zum Zweck der Täuschung unrichtig angegebenen Erlös wenigstens den größten Teil
dem Dieb überließ, sah der Bundesgerichtshof[1] einen Umstand,
der auf einen wirtschaftlichen Wert der nichtigen Forderung
hindeutet. Zu dem gleichen Ergebnis wie der Bundesgerichtshof
kommt Bockelmann,[2] der erklärt, daß es nicht zutreffe, daß das
Reichsgericht einen "grundsätzlichen Unterschied" zwischen jenen Fällen des Betrugs gemacht habe, "deren Gegenstand ein mit
dem Makel unsittlichen oder gesetzwidrigen Erwerbs behafteter
Sachwert, Geldbetrag oder dergl. ist, und denen, die eine wegen
Unsittlichkeit oder Gesetzwidrigkeit nichtige Forderung zum Gegenstand haben". Die Entscheidung RGSt 65, 99 ff. lasse bei
richtiger Auslegung eine solche Unterscheidung nicht zu, so daß
auch die Entscheidungen OGHSt 2, 201 und BGHSt 2, 364 ff. keine
Änderung der bisherigen Rechtsanschauung gebracht hätten. Er
geht jedoch mit dem Bundesgerichtshof darin einig, daß der Unterschied sich einfach daraus erklärt, daß "die Wertverhältnis-
se bei Sachgütern anders liegen als bei Forderungen. Wer eine
Sache gestohlen oder erschwindelt hat, der hat sie jedenfalls
im Besitz und damit in seiner tatsächlichen Macht. Damit bietet
sich ein Ansatzpunkt für ihre wirtschaftliche Zurechnung zu seinem Vermögen. Bei Forderungen aber kommt es vom Standpunkt wirtschaftlicher Betrachtungsweise aus darauf an, ob sie beitreib-
bar oder in anderer Form (z.B. durch Aufrechnung) verwertbar
sind oder ob man auf freiwillige Leistung des Schuldners rechnen kann. An diesen Möglichkeiten wird es bei einem nichtigen
Anspruch meistens fehlen und deshalb ist er normalerweise kein
Vermögenswert". Es kann aber auch bei rechtsgültigen Ansprüchen
daran fehlen und dann sind auch sie keine Vermögenswerte.[3]

---

[1] BGHSt 2, 369 f.

[2] Bockelmann (P.), Anm. zu Urt. d. BGH v. 15.11.1951 - 4 StR
574/51, JZ 52, 485.

[3] vgl. Bockelmann (P.), Anm. zu Urt. d. BGH v.15.11.1951 - 4
StR 574/51, JZ 52, 486 mit Anm.5.

Diese Ausführungen über die Vermögensschädigung i.S. des § 263
StGB gelten in gleicher Weise auch für die Vermögensschädigung
i.S. des § 253 StGB. Bezüglich Forderungen aus sittenwidrigen
Verträgen will auch Schröder[1] an dem uneingeschränkten wirtschaftlichen Vermögensbegriff festhalten. Er geht aber davon
aus, daß die rechtliche Mißbilligung, die Illegitimität der
Vermögensverschiebung, ein zusätzliches Element des Tatbestandes
der Erpressung - wie des Betruges - sei und daher der Tatbestand
nur dann voll erfüllt sei, wenn den Genötigten oder Getäuschten
eine Vermögenseinbuße im Widerspruch zur Privatrechtsordnung
treffe. Er leitet seine Auffassung davon ab, daß zwischen Schaden und Vorteil ein Korrespondenzverhältnis bestehen müsse und
daher der Absicht des Täters auf Gewinnung eines rechtswidrigen
Vermögensvorteils eine rechtswidrige Vermögenseinbuße des Opfers
entsprechen müsse. Da aber von einer Rechtswidrigkeit des Vorteils und des Schadens eigentlich nicht gesprochen werden könne,
sondern nur die Erlangung eines Vermögensvorteils rechtmäßig
oder rechtswidrig sein könne,[2] so sei der in § 253 StGB bzw.
§ 263 StGB verwendete Begriff "rechtswidrig" kein Attribut, das
den Begriffen Vorteil und Schaden zuzuordnen sei, sondern be-
zeichne die rechtliche Beurteilung des Vorgangs der Vermögensverschiebung zwischen dem Opfer und dem Täter. Dies dürfte auch
die Rechtsprechung gemeint haben, wenn sie als rechtswidrig
stets denjenigen Vorteil bezeichnet hat, auf den der Täter keinen Anspruch hatte.[3] Der BGH hält seinerseits nach wie vor an
der wirtschaftlichen Vermögenstheorie im dargelegten Sinne fest.[4]
Wenn Lange[5] behauptet, der BGH hätte in dem oben genannten Urteil[6] die wirtschaftliche Vermögenstheorie fallengelassen, weil

1 Schröder (H.), Zum Vermögensbegriff bei Betrug und Erpressung,
  JZ 65, 515; ferner Schröder (H.), Anm.zu Urt.d.HansOLG Hamburg
  v.8.6.66 - 1 Ss 97/65, JR 66, 471 f.; Schönke-Schröder 18.Aufl.
  (1976) Rdz.118 d zu § 263; vgl.auch Rdz.63 ff.zu § 263.
2 Welzel (H.), Das Deutsche Strafrecht, 11.Aufl.(1969) S.382;
  ders., Zum Schadensbegriff bei Erpressung und Betrug, NJW 53,
  652 f.
3 so z.B. RGSt 26, 354; 44, 203; BGHSt 19, 215 f.; vgl.auch Schönke-Schröder 12.Aufl.(1965) Rdz.125 zu § 263.
4 BGHSt 8, 221 ff.
5 Kohlrausch-Lange 43.Aufl.(1961) § 263 Anm.V 1 c & 2 b; siehe
  aber Lange (R.), Literaturübersicht, ZStW 68, 645.
6 BGHSt 8, 221 ff.

er die Forderung nur nach ihrem rechtlichen Bestand gewertet habe, so ist demgegenüber Franzheim[1] zuzustimmen, daß darin nur die Rechtswidrigkeit des vom Käufer erlangten Vermögensvorteils verneint, der Vermögensschaden aber nicht geprüft wurde, indem im Urteil unter anderem ausgeführt wurde, daß, wenn der Käufer nach Täuschung des Lieferers einen niedrigeren als den vereinbarten, kartellgebundenen Festpreis bezahle, der mit der Täuschung erstrebte Vermögensvorteil nur dann rechtswidrig sei, wenn der bezahlte Preis noch unter dem angemessenen (kartellfreien) Preis liege. Die genannte Entscheidung des Bundesgerichtshofs zeigt daher nur, daß es nach der wirtschaftlichen Vermögenstheorie Fälle gibt, in denen jemandem ein Schaden zugefügt werden kann, ohne daß der dadurch erlangte Vermögensvorteil rechtswidrig ist und die daher straflos bleiben.[2] Abgesehen von der schon eingehend behandelten Frage, ob in Leistungen aus unsittlichen oder gesetzwidrigen Verträgen eine Vermögensschädigung i.S. des § 263 StGB bzw. des § 253 StGB zu sehen und Betrug bzw. Erpressung zu bejahen oder zu verneinen ist, wurde im Beschluß der Vereinigten Strafsenate vom 14.12.1910[3] das Vorhandensein eines strafbaren Betrugs in den geschilderten Fällen unter Berufung auf die frühere Rechtsprechung des Reichsgerichts aus einem zweiten Grunde abgelehnt. Das Reichsgericht erklärt "den ursächlichen Zusammenhang zwischen Irrtumserregung und Vermögensschaden dann für rechtlich ausgeschlossen, wenn der Leistende sich bewußt war, keinen Anspruch auf die Gegenleistung zu haben. Dieser Gedanke findet sich bereits angedeutet in Entsch.Bd. 21 S.162, er tritt schärfer hervor in Entsch.Bd.36 S.343 und Bd.38 S.423, und er bildet schließlich den allein entscheidenden Grund in den Urteilen des V. und III.Strafsenats vom 24.Mai 1907 und 12.November 1908, abgedruckt in Goltdammer's Arch. Bd. 54 S.418 und in Entsch. Bd.42 S.58. Hier ist das Vorliegen einer

---

[1] Franzheim (H.), Die Strafbarkeit des Komplicen- und Dirnenbetruges - ein Beitrag zum Begriff des Vermögensschadens, GA 1960, 273.

[2] Franzheim (H.) S.274.

[3] RGSt 44, 230 ff.

Vermögensbeschädigung an sich anerkannt; es wird aber ausgeführt: wer sich eine im Rechte nicht geschützte Gegenleistung versprechen lasse und in deren Erwartung eine Aufwendung mache, müsse als einer behandelt werden, der sich selber beschädigte; denn er mindere sein Vermögen im Bewußtsein, daß eine Gegenleistung im Rechtssinne unmöglich war, also ohne Rücksicht auf Gegenleistung. Die Irrtumserregung bilde für den eingetretenen Vermögensschaden nur die äußere Veranlassung, nicht aber die innere Ursache. Diesen Erwägungen ist entgegenzuhalten: Wer infolge eines von anderer Seite arglistigerweise in ihm erregten Irrtums eine Aufwendung aus seinem Vermögen macht, die für ihn eine Beschädigung darstellt, erscheint zunächst immer als einer, der sein Vermögen selber beschädigt. Es gehört geradezu zum Tatbestande des strafbaren Betrugs, daß der Schaden, auf den es der Täter abgesehen hat, durch eine eigene Verfügung des Getäuschten über sein Vermögen herbeigeführt wird. Trotzdem ist im strafrechtlichen Sinne lediglich der Täuschende als Urheber der Beschädigung anzusehen, insofern erst seine Täuschungshandlung es war, die den anderen zu dieser ihn schädigenden Verfügung veranlaßt hat". Es könne sich also nur darum handeln, ob der Getäuschte durch den in ihm hervorgerufenen Irrtum zu der sein Vermögen berührenden Verfügung oder durch eine davon unabhängige andere Tatsache bestimmt worden sei. Die Beantwortung dieser Frage, so führt das Reichsgericht weiter aus, hänge naturgemäß von der tatsächlichen Würdigung ab. Abzulehnen sei aber die den angeführten Urteilen des Reichsgerichts zugrunde liegende Vorstellung, als lasse sich in Fällen der gegebenen Art niemals ein ursächlicher Zusammenhang anerkennen. "Diese Annahme wäre nur dann berechtigt, wenn es nach menschlicher Erfahrung unter allen Umständen ausgeschlossen wäre, daß sich jemand durch die Vorspiegelung einer Gegenleistung, auf die er keinen Anspruch hat, zu einer Leistung bestimmen lassen könnte. Darin liegt der Irrtum. Was tatsächlich oder rechtlich unmöglich ist, kann deshalb sehr wohl einem anderen als etwas Gewisses vorgespiegelt werden. Es kommt nur darauf an, ob der andere sich hierdurch in Irrtum versetzen läßt. Hält er die ihm vorgespiegelte Tatsache für wahr, so ist nicht einzusehen, warum sein insoweit vorhandener Irrtum für ihn nicht die Ursache des Handelns sollte werden können". Es handele sich nicht darum, ob der Täter die Absicht haben konnte, sich zu einer unmöglichen Gegenleistung rechtlich zu verpflichten, und ob dies dem anderen Teile bekannt war, sondern um die Vorspiegelung der Absicht, die zugesagte Leistung trotz ihrer rechtlichen Unmöglichkeit tatsächlich zu bewirken. "Weiß jemand, daß er seinen Vertragsgenossen nicht im Rechtswege dazu anhalten kann, sein nichtiges Leistungsversprechen zu erfüllen, so hindert dies doch nicht, daß er durch dessen wahrheitswidriges Vorgeben, er sei zur Erfüllung bereit, sich täuschen und dadurch sich verleiten lassen kann, Vermögenswerte wegzugeben, die er ohne jene Vorspiegelung, bei Kenntnis der wahren Absichten des Täters, nicht geopfert haben würde".[1] "Der Gedanke, es müsse derjenige, der sich auf ein rechtlich nicht erzwingbares Leistungsversprechen seines Gegners einließ, so behandelt werden, als ob er geleistet hätte ohne jede Rücksicht auf die Gegenleistung, birgt eine Fiktion. Eine solche kann auf dem Gebiete des Strafrechts nicht zugelassen werden. Steht im gegebenen Falle das Gegenteil fest, ist also sicher, daß der Geprellte um der Gegenleistung willen gezahlt hat, weil er der Versicherung des Täuschenden, sie zu erfüllen, Vertrauen schenkte, dann geht es nicht an, den hiernach in Wirklichkeit bestehenden ursächlichen Zusammenhang zwischen Irrtumserregung und Vermögensbeschädigung bei der strafrechtlichen Beurteilung des Tatbestandes so zu behandeln, als ob er nicht da wäre".[2] Der Täter werde nicht darum bestraft, weil er dem anderen Teile die versprochene, im Rechtssinne unmögliche Gegenleistung vorenthält, sondern weil er ihm in gewinnsüchtiger Absicht falsche Vorspiegelungen über seine Vertragswilligkeit gemacht und ihn dadurch erst zu Geldaufwendungen veranlaßt hat, die ohne sie unterblieben wären und die sich beim Mangel jedweder Gegenleistung für ihn als Beschädigung seines Vermögens darstellen. "Hat der Getäuschte sich dadurch, daß er auf den unsittlichen Rechtshandel einging, etwa seinerseits strafbar gemacht, so mag er dafür ebenfalls büßen. Deshalb aber den eigentlichen Urheber der Vermögensschädigung straflos zu lassen, der das unerlaubte Geschäft bloß zum Vorwande genom-

1 RGSt 44, 245.
2 RGSt 44, 246.

men hat, um unter dessen Deckmantel sich rechtswidrig auf Kosten anderer zu bereichern, widerstreitet den Forderungen des Strafrechts".[1] Was im Vorausgehenden für Betrug durch Täuschung ausgeführt ist, muß sinngemäß auch für die Erpressung durch Nötigung i.S. des § 253 StGB gelten. Mit der Frage, ob auch bei beiderseits unsittlichen Rechtsgeschäften ein Vermögensschaden nach § 263 StGB eintreten kann, beschäftigte sich der Beschluß des Bundesgerichtshofs vom 11.6.1974.[2] In diesem Falle hatten die Dirnen A und B geplant, drei Ausländern durch das Versprechen von Geschlechtsverkehr Geld zu entlocken, wobei sie von vornherein nicht die Absicht hatten, das Versprechen einzulösen. Ein solches Verhalten erfüllt im Falle des Gelingens des Planes die Merkmale des Betruges. Daß mit der Zahlung ein sittenwidriges Geschäft erfüllt werden sollte und daß auf die Gegenleistung daher rechtlich kein Anspruch bestand, ist für die strafrechtliche Wertung ohne Belang, wie das OLG Köln[3] unter Bezugnahme auf RGSt 44, 230 zutreffend dargelegt hat. Sollten die angelockten Männer sich durch die Täterinnen nicht haben täuschen lassen, so kann Betrugsversuch vorliegen. Merkten aber die durch die erfolgte Geldzahlung geschädigten Männer erst nach der Zahlung, daß sie getäuscht worden waren und wurden sie durch Drohung mit einer Waffe genötigt, auf die Rückgabe des Geldes zu verzichten, so sicherten sich die Täterinnen nur den bereits durch Betrug erlangten Vermögensvorteil und fügten den Betrogenen keinen weiteren Vermögensschaden zu. Soweit sich die Tat gegen das Vermögen der Geschädigten richtet, kommt ihr daher neben dem vorangegangenen Betrug keine rechtlich selbständige Bedeutung zu; insoweit liegt eine mitbestrafte Nachtat des Betruges vor. Eine Nötigung, die bloß der Sicherung eines durch Betrug erlangten Vermögensvorteils dient, ist daher nicht als Erpressung zu bestrafen. Die Wirkung der Konsumtion reicht aber nur so weit, wie es sich um das Element der Vermögensbeschädi-

---

[1] RGSt 44, 247 f.

[2] 4 StR 83/74 bei Dallinger MDR 75, 23; was für § 263 StGB ausgeführt ist, gilt entsprechend für § 253 StGB in Ansehung der Vermögensschädigung; vgl. auch OLG Karlsruhe NJW 76, 904.

[3] NJW 72, 1824; vgl. auch BGHSt 2, 366 ff.; Dreher 37.Aufl.(1977) Rdz.29 zu § 263; Schönke-Schröder 18.Aufl.(1976) Rdz.105 zu § 263.

gung handelt. Nicht berührt wird daher die in der Drohung liegende Nötigung, die als solche strafbar bleibt[1] und mit dem
Betrug real konkurriert. Bezweckt die Täuschung nur die Begründung oder Verstärkung der Drohung, so wird der in der Täuschung
liegende Betrug als straflose Vortat von der Erpressung konsumiert.[2] Strittig ist in diesem Falle, ob das durch die Täuschung
begründete betrügerische Verhalten einen tatbestandsmäßigen Betrug darstellt oder ob sie unselbständig ist und nur einen wesentlichen Bestandteil der Drohung bildet. Im letzteren Sinne
spricht sich die herrschende Lehre,[3] im ersteren Sinne Herzberg[4]
aus, der versuchten Betrug in Idealkonkurrenz mit Erpressung annimmt. Bezüglich der Vermögensschädigung ist zu bemerken, daß
auch bei Erpressung - wie bei Betrug - die Vermögensminderung
durch einen gleichzeitig zufließenden Vorteil ausgeglichen werden kann. Dasselbe gilt nach österreichischem Strafrecht. Dabei
müssen allerdings die konkreten Verhältnisse in Betracht gezogen werden.[5] "Unbedingte Voraussetzung für die Bejahung des Be-
trugsunrechts ist die Entstehung eines am wirtschaftlichen Ge-
samtpotential zu messenden realen Schadens - andernfalls fehlt
jedes Rechtsschutzbedürfnis. Enthält die Schädigung immanent
einen entsprechenden Vorteil, kann sie also unmittelbar ausgeglichen werden, so gelangt sie gar nicht erst zum Entstehen.
Daß nur die durch den Vorgang der Schadenszufügung selbst unmittelbar eintretende Vermögensminderung bei der Ermittlung des
Schadens berücksichtigt wird, die spätere Entwicklung dabei
grundsätzlich außer Betracht bleibt, hat seine Berechtigung darin, daß nachträglich Vorteile dem Getäuschten nicht deswegen
vermittelt werden, damit der Betrogene[6] keinen Schaden erleidet,
sondern ausschließlich zu dem Zweck, diesem einen Ersatz für
erlittenen Schaden zu verschaffen".[7] Ein Beispiel unmittelba-

---

[1] BGH Urt.v.21.11.72 - 3 StR 270/72, bei Dallinger MDR 75, 23;
siehe auch Schröder (H.), Sicherungsbetrug und Sicherungserpressung, MDR 50, 400.
[2] Herzberg (R.D.), Konkurrenzverhältnisse zwischen Betrug und
Erpressung - BGHSt 23, 294, JuS 72, 570; Eser in Schönke-
Schröder 18.Aufl.(1976) Rdz.37 zu § 253, Rdz.141 zu § 263.
[3] vgl. Lackner in LK 9.Aufl.(1974) Rdz.29 zu § 253; Küper (W.),
Anm.zu BGH Urt.v.30.6.70 - 1 StR 127/70, NJW 70, 2253 f.
[4] Herzberg (R.D.), Konkurrenzverhältnisse S.571.
[5] Stigelbauer (F.), Nötigung und Erpressung im neuen Strafrecht, ÖJZ 1974, 647.
[6] oder Erpreßte.
[7] Mohrbotter (R.), Grenzen des Vermögensschutzes beim Betrug,
GA 1975, 51 f.

rer Schadensausgleichung ist der Erwerb von gleichwertigen
Waren gegen Geld beim Barkauf, vorausgesetzt, daß der Ausgleich gleichzeitig erfolgt, da ein späterer Ausgleich nicht
genügt; ferner Tilgung einer fälligen Forderung, wobei die Aufgabe eines Vermögenswertes gegen die Befreiung von der Schuldverbindlichkeit eingetauscht wird.[1] In diesen Fällen des Scha-
densausgleichs ist sowohl nach der juristischen Vermögensstheo-
rie wie nach der wirtschaftlichen Vermögenstheorie eine Vermögensschädigung zu verneinen.[2] Welzel[3] meint freilich, das
Reichsgericht habe die genannte These fehlender Vermögensschädigung nur für die Untreue (§ 266 StGB) vertreten. Bei Anklage wegen Betrugs und Erpressung habe es sich damit begnügt,
die Rechtswidrigkeit des Vermögensvorteils zu verneinen. Gleichwohl ist meines Erachtens aus der Rechtsprechung keine abweichende Auffassung des Reichsgerichts zu entnehmen.[4] So hat das
Reichsgericht mehrfach entschieden, daß die Tilgung einer bestehenden Forderung durch den Schuldner grundsätzlich keine
Verschlechterung der Vermögenslage desselben bewirke, da er in
demselben Maße von einer Verbindlichkeit befreit werde, in welchem er sich des Besitzes des zur Tilgung der Forderung erforderlichen und verwendeten Geldes entäußere.[5] Dies trifft auch
dann zu, wenn der Gläubiger die Tilgung der Forderung, die ihm
zusteht oder die er doch ernstlich zu haben glaubt, im Wege der
Täuschung oder Nötigung erreicht.[6] Dabei kann die Tilgung der
Forderung auch im Wege der Aufrechnung erfolgen. Doch schließt
die bloße Aufrechnungsmöglichkeit eine Vermögensschädigung

---

[1] RGSt 75, 230.

[2] RG DJ 1938, 597; BGHSt 3, 162.

[3] Welzel (H.), Zum Schadensbegriff bei Erpressung und Betrug,
NJW 53, 652.

[4] RGR 6, 493; RGSt 11, 76; 77, 184 f.

[5] vgl. RG JW 1938, 1316; RGSt 60, 294; vgl. aber OLG Bremen
NJW 62, 2315; Schönke-Schröder 18.Aufl.(1976) Rdz.77 zu § 263.

[6] RGR 6, 496; RGSt 11, 76; 64, 344; 72, 137; 77, 184 f.; RG JW
1923, 403; RG DR 1942, 1786.

nicht aus. Wer sich für eine fällige Forderung, die er gegen
einen anderen hat, durch Täuschung nicht unmittelbar, sondern
auf dem Wege über ein anderes Rechtsgeschäft Befriedigung verschafft, erzielt einen rechtswidrigen Vermögensvorteil und
schädigt den anderen an seinem Vermögen. In diesem Fall ist
aber die subjektive Seite besonders sorgfältig zu prüfen.[1]
Darüber hinaus hat das Reichsgericht ganz allgemein ausgesprochen,"daß eine Handlung des Treueverpflichteten, die für den
Treugeber teils nützlich teils schädlich ist, nicht als vermö-
genschädigend angesehen werden kann, wenn der wirtschaftlich
höher stehende Vorteil nicht anders als auf dem Weg über einen
- wirtschaftlich geringeren - Nachteil zu erreichen ist".[2]
Die Möglichkeit, sich an einer Kaution schadlos zu halten,
schließt eine Vermögensschädigung nicht aus. Sie ermöglicht
nur die Wiedergutmachung eines bereits eingetretenen Schadens.[3]
"Die Frage, ob eine Vermögensbeschädigung vorliegt, wenn eine
Leistung erbracht ist, die ihrem Werte nach der Gegenleistung
entspricht, ist", wie der Bundesgerichtshof ausführt,[4] "schon
in der Entscheidung der Vereinigten Strafsenate des Reichsgerichts RGSt 16, 1 ff zu einem Teil beantwortet worden. An den
dort aufgestellten Grundsätzen hat auch die spätere Rechtsprechung festgehalten. Danach liegt eine Vermögensbeschädigung
nicht schon dann vor, wenn jemand infolge eines durch eine Täuschung hervorgerufenen Irrtums eine Vermögensverfügung getroffen hat, die er nicht getroffen haben würde, wenn er die Wahrheit gekannt hätte. Würde man diese Ansicht vertreten, so würde der Betrug den ihm innewohnenden Charakter einer gegen das
Vermögen gerichteten Straftat verlieren. Er würde lediglich zu

[1] RGSt 77, 185.

[2] RGSt 75, 230 mit RG JW 1934, 2923.

[3] Schönke-Schröder 18.Aufl.(1976) Rdz.78 zu § 263.

[4] BGHSt 16, 325 mit RGSt 16, 1 ff.

einem Angriff auf die Verfügungsfreiheit werden. Diese ist aber
als solche allgemein nur gegen Gewalt und Drohung (§ 240 StGB),
nicht aber gegen Täuschung strafrechtlich geschützt. Daher bedarf es stets der Prüfung, ob die Verfügung des Getäuschten auf
sein Vermögen (oder das Vermögen eines andern) vorteilhaft oder
nachteilig eingewirkt hat. Es ist also nicht die Meinung des
Getäuschten darüber maßgebend, ob und inwieweit sein Vermögen
als beschädigt anzusehen ist. Ein Vermögensschaden liegt daher
auch dann nicht vor, wenn der Getäuschte wegen des in ihm erregten Irrtums glaubte, durch den Erwerb eines Gegenstandes einen Gewinn zu machen, der aber in Wirklichkeit nicht erzielt
wurde. Entscheidend ist vielmehr zunächst, ob der erworbene Gegenstand wirtschaftlich betrachtet der Gegenleistung entsprach.
Ob dies der Fall ist, kann nicht für sich, also ohne Beachtung
der besonderen Gegebenheiten des Einzelfalls, entschieden, muß
vielmehr nach den persönlichen Bedürfnissen und Verhältnissen
des Erwerbers und unter Berücksichtigung der von ihm nach Maßgabe aller Umstände verfolgten Zwecke beurteilt werden. Ein und
dieselbe Leistung kann für das Vermögen des einen ganz andere
günstige oder ungünstige Wirkungen hervorbringen als für das
Vermögen eines anderen, da die meisten Gegenstände nicht für alle Menschen den gleichen Vermögenswert haben, weil sie nicht
für alle gleich brauchbar sind (RGSt 16, 6 ff.). Es ist bei der
Schadensberechnung zu fragen, ob die Leistung, die der Getäuschte (oder der Genötigte) als Gegenwert erhält, gerade im Hinblick
auf seine individuellen Bedürfnisse und Zwecke ein ausreichendes
Äquivalent darstellt.[1] Dieser "Grundsatz der Individualisierung"
bei der Beurteilung der Vermögensbeschädigung enthält kein Zuge-
ständnis an die abzulehnende Meinung, daß es auf die persönliche
Einschätzung des Schadens durch den Getäuschten ankommt. Vielmehr ist entscheidend, ob dieser die Sache nach der Auffassung
eines sachlichen Beurteilers nicht oder nicht in vollem Umfange
für den von ihm vertraglich vorausgesetzten Zweck oder in anderer zumutbarer Weise (vgl. RGSt 16, 1, 9) verwenden kann.
Fehlt es an einer solchen Verwendbarkeit" oder ist sie auch
nur von geringerer Brauchbarkeit, "so ist schon allein darin
eine Vermögensschädigung zu erblicken, selbst wenn der Verkehrswert der Gegenleistung der Leistung des Getäuschten" - bzw.
Genötigten - "entspricht".[2] Dies traf in einem vom Bundesgerichts-

[1] Mohrbotter (K.), Grenzen des Vermögensschutzes beim Betrug,

hof entschiedenen Falle[1] zu, wo ein Vermögensschaden als vorliegend erachtet wurde, weil die Melkanlage nach dem Sinn des Kaufvertrages für zehn Kühe dienen sollte, aber nur für zwei oder drei Kühe verwendet werden konnte. Noch weiter geht Schröder,[2] nach welchem in dem Falle, in dem der Täter das Opfer zum Kauf einer Ware nötigt, dieses auch bei angemessenem Preis nicht nur dann als geschädigt anzusehen ist, wenn es für die Ware keine sinnvolle Verwendung hat, sondern auch dann, wenn er sie nur nicht verwenden will. Diese Auffassung vertritt auch Stigelbauer nach dem neuen österreichischen Strafrecht, indem er darauf hinweist, daß in letzterem Falle der Gegenwert vom Opfer nur durch eine Weiterveräußerung effektuiert werden kann, die in der Regel ohne Verlust nicht möglich ist.[3] Trotz Gleichwertigkeit der Gegenleistung kann ein Vermögensschaden auch dann vorliegen, wenn ein Minderjähriger, der noch kein Einkommen und Vermögen hat, mit einer erheblichen Forderung belastet wird.[4] Wer sich auf Grund einer Täuschung zu einer Leistung verpflichtet und dafür eine gleichwertige Gegenleistung erhalten soll, ist freilich allein durch die Beeinträchtigung seiner wirtschaftlichen Bewegungsfreiheit nicht ohne weiteres im Sinne des Betrugstatbestandes in seinem Vermögen geschädigt. Ein Vermögensschaden ist solchenfalls nur gegeben, wenn weitere Umstände hinzutreten. Solche können insbesondere, von dem oben erwähnten Fall der Nichtverwendbarkeit der Ware zu dem vertraglich vorausgesetzten oder einem anderen zumutbaren Zweck abgesehen, dann vorliegen, wenn der Erwerber durch die eingegangene Verpflichtung z.B. infolge weit überhöhten Preises zu vermögensschädigenden Maßnahmen genötigt wird oder infolge der eingegangenen Verpflichtung nicht mehr über die

GA 1975, 42 und Fn.5 unter Hinweis auf Schönke-Schröder 17.
2 Aufl.(1974) Rdz.87 zu § 263 und OLG Köln MDR 74, 157.
vgl. auch Bertel (Chr.), Der Schaden des Betrogenen, ÖJZ 77, 201 und 205.

1 BGHSt 16, 324, 326.
2 Schönke-Schröder 18.Aufl.(1976) Rdz.9 zu § 253.
3 Stigelbauer (F.) S.647.
4 BayObLG NJW 73, 633 mit Anm. Berz, NJW 73, 1337.

Mittel verfügen kann, die zur ordnungsgemäßen Erfüllung seiner
Verbindlichkeiten oder sonst für eine seinen persönlichen Verhältnissen angemessene Wirtschafts- oder Lebensführung unerläßlich sind.[1] Statt auf die Vermögensschädigung ist in den Urteilen des Reichsgerichts, denen noch die Fassung des § 253
StGB vom 15.5.1871 zugrunde lag,[2] nach welcher die Herbeiführung einer Vermögensschädigung tatbestandsmäßig nicht gefordert,[3] auch nicht immer, wie schon erwähnt, notwendig war, auf
die Rechtmäßigkeit oder Rechtswidrigkeit des vom Täter erstrebten Vermögensvorteils abgestellt. Hierbei mußte es Schwierigkeiten bereiten, im Falle von Nötigung zur Durchsetzung bestehender Ansprüche den objektiven Tatbestand, wie auch bei irrtümli-
chem Glauben des Täters an sein Recht, den Vorsatz der Erpressung zu verneinen. Aus diesem Grunde empfahl sich der Ausweg,
unter Berufung auf das Fehlen der Absicht rechtswidriger Bereicherung freizusprechen. Daß allerdings der Bundesgerichtshof
noch in zwei Urteilen[4] sich auf diesen Ausweg eingelassen hat,
ist nicht ohne weiteres verständlich, nachdem im ganzen gesehen
die Rechtsprechung erkannt hatte, daß die Befriedigung einer echten Forderung für den Schuldner keinen Vermögensschaden bedeutet.
So hatte sich denn auch schon das Reichsgericht in einem unveröffentlichten Urteil aus dem Jahre 1942[5] im gleichen Sinne ausgesprochen. Es muß daher als feststehend gelten, daß die Erfüllung
einer effektiven Verbindlichkeit trotz der Aufwendungen, die dafür gemacht werden müssen, keine Vermögensschädigung ist.[6] Sofern
daher der Schuldner vom Gläubiger mit Gewalt oder Drohung, z.B.
mit Strafanzeige wegen eines vom Schuldner begangenen Delikts,

---

[1] BGHSt 16, 323, NJW 62, 311; siehe auch RGSt 76, 52.

[2] RGSt 1, 318; 4, 167; 7, 378; 20, 59.

[3] Begründung zu Urt.d.BGH v.8.12.64 - 2 StR 461, 64, JZ 65, 544.

[4] BGHSt 3, 162; 4, 106 f.

[5] vom 31.3.1942 - 4 D 181/41, zit. bei Anm.Hartung zu BGH NJW
52, 1345, NJW 53, 553.

[6] vgl. hierzu Bockelmann (P.), Die Behandlung unvollkommener
Verbindlichkeiten im Vermögensstrafrecht, in: FS f.Mezger
(1954) S.368.

zur Erfüllung einer fälligen Verbindlichkeit genötigt wird,
wird schon wegen der fehlenden Vermögensschädigung beim Schuldner und nicht bloß aus dem Grunde, daß der Gläubiger sich keinen rechtswidrigen Vermögensvorteil zu verschaffen beabsichtigt, Erpressung entfallen und höchstens Nötigung nach § 240
StGB in Frage kommen.[1] Handelt es sich aber um einen nicht bestehenden Anspruch, den der Scheingläubiger in Kenntnis von
der Nichtexistenz seines Rechts mit verkehrswidrigen Mitteln
gegen das Opfer durchzusetzen versucht, so ist bei letzterem
mindestens eine Vermögensgefährdung, die der Vermögensbeschädigung gleichzusetzen ist, gegeben. Bei Vorliegen der Bereicherungsabsicht auf Seiten des Nötigers ist Erpressung bzw. Erpressungsversuch anzunehmen.[2] Will der Nötiger durch verkehrswidrige Drohung die Erfüllung eines Anspruchs, an dessen Bestand er irrtümlich glaubt, gegen den vermeintlichen Schuldner
erzwingen, so will er lediglich seinen Anspruch durchsetzen,
aber dem Betroffenen keinen Schaden zufügen. Er irrt sich über
die Zufügung eines Vermögensschadens und befindet sich so in
einem den Erpressungsvorsatz ausschließenden Tatbestandsirrtum,[3]
ganz abgesehen davon, daß er sich auch keinen rechtswidrigen
Vermögensvorteil zu verschaffen beabsichtigt, insofern er nur
das erstrebt, was, wie er glaubt, ihm rechtlich zusteht. Aus
beiden Gründen scheidet daher solchenfalls eine Erpressung aus.
Verzichtet der Täter auf einen Anspruch, so kann es an einer
Vermögensminderung fehlen.[4] Ein Vermögensschaden ist andererseits auch in der Räumung einer Wohnung[5] sowie in der Benützung

---

[1] siehe RGSt 20, 59; BGHSt 3, 162; BGH JZ 65, 544.

[2] RGSt 64, 383.

[3] BGHSt 4, 106; 17, 88; BGH VRS 42, 110.

[4] RGSt 36, 384; Schönke-Schröder 18.Aufl.(1976) Rdz.9 zu § 253.

[5] OLG Hamburg JR 50, 630.

eines Taxis zu nur vorübergehendem Gebrauch[1] durch Zwang gesehen worden und kann auch unter Umständen in der Verhinderung
der Ausübung eines Vollstreckungsrechts erblickt werden. Letzterenfalls kann die Vermögensschädigung ihrem Wesen nach nur
darin bestehen, daß der Gläubiger an dem Erwerb des aus der
Zwangsvollstreckung erwachsenden Rechts auf Befriedigung aus
der Sache derart verhindert wird, daß die Nichtausübung des
Vollstreckungsrechts nach den Umständen des Einzelfalles im
Ergebnis dem Verlust dieses Rechts gleichkommt. Ein Fall dieser Art wird namentlich dann gegeben sein, wenn aus der Vollstreckung eine Befriedigung des Gläubigers zu erwarten gewesen wäre, eine anderweitige Befriedigung aber bei der Vermögenslage des Schuldners nicht zu erlangen ist. Es wird aber
eine Schädigung des Vermögens des Gläubigers entfallen, wenn
die Durchführung der Vollstreckung in Wirklichkeit nicht zur
Befriedigung des Gläubigers geführt hätte.[2] Besteht allerdings
der Vermögensnachteil im vorübergehenden Besitzentzug einer
vermögenswerten Sache, dann bedarf der Schadensvorsatz jedenfalls dann näherer Begründung, wenn der Besitzentzug nur kurzfristig erfolgen soll oder der Täter davon ausgeht, gegen sein
Opfer anderweitige, wirtschaftlich gleichwertige Gegenansprüche
zu haben.[3] Je nach den Umständen kann eine durch Täuschung erlangte, aber nicht ausbezahlte, sondern lediglich gutgeschrie-
bene Vertreterprovision einen Vermögensschaden bedeuten oder
nicht. Der BGH[4] hat sich zu dieser Frage wie folgt geäußert:
"Durch die Gutschrift wird der Vermögensbestand der beteiligten
Personen rechtlich und wirtschaftlich nicht unmittelbar berührt.
Die Buchung begründet seine Veränderung nicht, sondern bezeugt sie

---

[1] vgl. BGHSt 14, 388 f.
[2] RGSt 67, 202 mit RG Urt.v.26.1.1914 - I 777/13, Recht 1914
Nr.1015.
[3] OLG Hamm MDR 72, 706.
[4] BGHSt 6, 116 f.

nur; sie hat nicht "konstitutive", sondern nur "deklaratorische" Bedeutung. Trotzdem kann eine ungerechtfertigte Gutschrift schon eine Vermögensgefährdung sein, die einem Vermögensschaden gleichkommt. Das ist zB der Fall, wenn eine Güter-
menge als angeblich verloren abgebucht wird, so daß der Berechtigte sie nicht mehr verlangen wird (vgl RG JW 1926, 586
Nr.6 mit Anm von Grünhut S 1197 Nr.38). Ebenso hat das Reichsgericht" und ihm zustimmend der Bundesgerichtshof "die unberechtigte Gutschrift einer Provision dann beurteilt, wenn der
Begünstigte durch sie nicht nur ein Beweismittel für einen etwaigen Rechtsstreit erhielt, sondern auch in der Lage war, den
seinem angeblichen Guthaben entsprechenden Geldbetrag jederzeit abzuheben (RG Goltd Arch 54, 414).[1] Bestand eine solche
Gefahr aber nicht, weil die Provision vereinbarungsgemäß nur
entsprechend den Zahlungen zu entrichten war, die aus den ver-
mittelten Geschäften eingingen, so hat das Reichsgericht den
Vermögensschaden verneint (vgl RG LZ 1914, 1051 Nr.29). Ebenso hat es entschieden, wenn der Schuldner die Forderung trotz
der Gutschrift stets bestritten und seinerseits eine höhere
Gegenforderung hatte (vgl RG LZ 1923, 654 Nr.4)".[2] Was die Vermögensschädigung durch Eingehung eines Vertrages anbelangt, so
ergibt sich eine solche nach dem Urteil des Reichsgerichts vom
29.10.1934[3] durch Vergleichung des Vermögensstandes des Verletzten, wie er vor dem Abschluß des Vertrages bestanden hat,
mit dem, welcher durch den Vertragsabschluß herbeigeführt worden ist. Eine Stundung bedeutet nur dann einen Vermögensschaden,
wenn durch sie die Forderung an Wert verliert. Hierfür kommt es
nicht auf die mit der Stundung verbundene rechtliche Schlechter-
stellung des Gläubigers, sondern darauf an, ob der wirtschaftliche Wert der Forderung geringer geworden ist. Dies trifft zu,

---

[1] vgl. auch OLG Saarbrücken, Urt.v.26.8.65 - Ss 29/65, OLGSt
§ 263 S.7.

[2] BGHSt 6, 117.

[3] RGSt 68, 380 mit RGSt 16, 1 ff.; vgl. auch KG JR 66, 391;
HansOLG Hamburg, Urt.v.3.5.68 - 1 Ss 25/68, OLGSt § 263 S.47.

wenn der Schuldner zur Zeit der Stundung noch zahlungsfähig
oder doch in höherem Maße zahlungsfähig war als später. War
aber die Forderung zur Zeit der Stundung schon so gefährdet,
daß sie durch die Stundung nicht mehr an Wert verlieren konnte,
so ist ein Vermögensschaden zu verneinen.[1] Vor Abschluß eines
Arbeitsvertrages hatte der Genötigte oder Getäuschte die Möglichkeit, über seine Arbeitskraft, sei es unmittelbar, sei es
in der Form des Abschlusses von Dienstverträgen, zu eigenem
Nutzen zu verfügen. Durch den erlisteten oder erzwungenen Vertragsschluß war er genötigt, seine Arbeitskraft dem Arbeitgeber zur Verfügung zu stellen, ohne - bei der festgestellten
Vermögenslosigkeit des Arbeitgebers und bei dem Fehlen des Willens, den Dienstvertrag seinerseits durch Zahlung der vereinbarten Vergütung zu erfüllen - eine Aussicht auf entsprechenden
Lohn zu haben. Dies genügt zum Nachweis des Vermögensschadens.
Der Arbeitnehmer braucht nicht zu beweisen, daß er anderweitig
in der Lage war, bezahlte Arbeit zu finden. Auch ist nach dieser Richtung rechtlich bedeutungslos, daß Dienstleistungen auf
Grund eines Dienstvertrages nach § 888 Abs.2 ZPO nicht erzwungen werden können. "Durch die genannte rechtliche Bestimmung wird nichts daran geändert, daß es sich bei der Eingehung
einer Verpflichtung zur Leistung von Diensten um eine das Vermögen belastende Verbindlichkeit handelt. Das zeigt sich alsbald, wenn sich der zur Leistung Verpflichtete der Erfüllung
der Verbindlichkeit entzieht oder ihr in anderer Weise zuwider-
handelt. Im übrigen ist es anerkannten Rechts, daß sogar die
durch Täuschung herbeigeführte Eingehung einer nicht klagbaren
Verbindlichkeit (z.B. aus Spielvertrag) die Verurteilung wegen
Betruges begründen kann (vgl. RGSt Bd.28 S.401, Bd.36 S.205,
Bd.40 S.29)".[2] Was die Bewertung des Vermögensschadens betrifft,
so ist, soweit es sich nicht um wertlose Güter handelt, der Affektionswert nicht zu berücksichtigen.[3] Noch unbeantwortet ist

---

[1] BGHSt 1, 264; vgl. RGSt 16, 161; 41, 74; RG HRR 1940, 1270.
[2] RGSt 68, 380.
[3] RGSt 68, 214.

durch die bisherigen Ausführungen die Frage, wie die durch
Täuschung oder Nötigung erstrebte Erfüllung unvollkommener Verbindlichkeiten, sogenannter Naturalobligationen, zu beurteilen
ist. Solche unvollkommene Verbindlichkeiten sind: verjährte
Schuldverbindlichkeiten (§ 222 BGB), Spiel- und Wettschulden
(§ 762 - 764 BGB) sowie Verpflichtungen zur Zahlung von Ehemäklerlohn (§ 656 BGB). Hierzu ist allerdings zu bemerken, daß
bei Verträgen über Spiel und Wette wie auch über ein Versprechen von Ehemäklerlohn gar keine rechtlichen Verbindlichkeiten
begründet werden. Für die strafrechtliche Beurteilung kommt es
aber nur darauf an, daß sie mit Aussicht auf Erfolg gericht-
lich nicht geltend gemacht werden können oder daß der Schuldner es in der Hand hat, sie durch Erhebung der Verjährungsein-
rede zu vereiteln, daß aber eine zur Befriedigung des Gläubigers erbrachte Leistung gleichwohl nicht zurückgefordert werden kann. Für die nicht-klagbaren, aber erfüllbaren Naturalobligationen gilt dasselbe, was von der Erfüllung eines bestehenden fälligen Anspruchs bereits gesagt wurde. Zwar ist klar, daß
eine solche Erfüllung für den zahlenden Schuldner zu einer effektiven Verminderung seiner Mittel führt; fraglich ist aber,
ob der auf solche Weise eintretende Verlust, wie bei Bezahlung
einer echten Schuld, durch Befreiung von der "Verpflichtung"
ausgeglichen wird. Dies wird in Übereinstimmung mit Welzel[1] mit
der Begründung zu bejahen sein, daß sie wie sonstige Obligatio-
nen erfüllbar sind, so daß also auch in diesem Falle keine Vermögensverschiebung und daher auch keine Erpressung vorliegt.
Allerdings kann die durch Täuschung oder Nötigung erreichte
Tilgung des Anspruchs nach § 123 BGB vom Schuldner nachträglich
wieder angefochten werden. Aber dieser in das Belieben des
Schuldners gestellte Akt ändert nichts daran, daß vorher Tilgung
eingetreten war, welche somit einen Schaden ausschließt. Zu demselben Ergebnis, allerdings mit der Begründung, daß keine unrechtmäßige Bereicherung vorliege, kommt Dahm,[2] der auch in der

---

[1] Welzel (H.), Zum Schadensbegriff bei Erpressung und Betrug,
NJW 53, 652.

[2] Dahm, Art. "Betrug" in: Das kommende deutsche Strafrecht, Bes.
Teil. Bericht über die Arbeit der amtlichen Strafrechtskommission, hrsg. von Fr.Gürtner, Berlin 1935 S.350.

durch Täuschung oder Nötigung erwirkten Befriedigung eines natürlichen Anspruchs aus Spiel oder Wette oder einer verjährten
Forderung in der Regel nicht ohne weiteres einen Betrug sieht.
Bockelmann[1] hat sich gleichfalls eingehend mit dieser Frage beschäftigt. Auch er kommt zu dem Ergebnis, daß den Naturalobligationen Vermögenswert zukommt, so daß der Schuldner durch Tilgung derselben keine Vermögensschädigung erleidet, insofern der
Verschlechterung seines Vermögens die Befreiung von der Verbindlichkeit ausgleichend gegenübersteht. Zur Begründung seines
Standpunktes beruft er sich einmal auf mehrere Entscheidungen
des Reichsgerichts,[2] in denen ausgesprochen ist, daß auch klag-
lose Forderungen, wie solche aus Spiel oder Wette, bei faktischer Aussicht auf Erfüllung einen Vermögenswert hätten; sodann,
wenn der Schuldner zahlungswillig sei oder wenn sich in der
Hoffnung, daß der Schuldner schließlich doch noch zahlen werde,
jemand finde, der dem Gläubiger die Forderung abzukaufen bereit
sei. Noch weitergehend hat dann das Reichsgericht[3] entschieden,
daß für die Zurechnung einer Wertposition zum Vermögen im strafrechtlichen Sinne die "privatrechtliche Klagbarkeit" keine Bedeutung habe; doch müsse die Möglichkeit bestehen, das in Frage
stehende Interesse "unter dem Schutz der Rechtsordnung" zu betätigen oder "in einem geordneten Verfahren" zu verwirklichen.
Dafür solle es ausreichen, daß der Inhaber des "Quasirechtes"
in der Lage ist, in einem Prozeß, der ihm streitig macht, was
er hat, der Klage mit der Einrede der Arglist zu begegnen. Diese Möglichkeit habe auch der Gläubiger einer Naturalobligation,
falls ihm sein unvollkommener Anspruch von jemand arglistig
entzogen oder verkürzt werden möchte. Im gleichen Sinne spreche
sich auch, wie Bockelmann ausführt, der OGH[4] aus, wenn er in
Ansehung einer nichtigen, aus verbotenem Geschäft stammenden
Forderung erklärt: Wirtschaftlicher Wert habe auch ein rechtlich

---

[1] Bockelmann (P.), Die Behandlung unvollkommener Verbindlichkeiten S.363 ff.

[2] RGSt 36, 208; 40, 29 f.; 44, 234, 241 ff.

[3] RGSt 40, 30; siehe auch Dreher 37.Aufl.(1977) Rdz.27 zu § 263.

[4] OGHSt 2, 201.

nicht klagbarer Anspruch. Der Begründung zum Urteil vom 2.11.
1911[1] ist zu entnehmen, daß unter einem rechtswidrigen Vermögensvorteil i.S. des § 253 StGB i.d.F. vom 15.5.1871 nicht nur
ein solcher zu verstehen sei, der "wider das Recht" erlangt werde. Sonst wäre § 253 auf den nicht anzuwenden, der die Erfüllung einer verjährten Forderung durch Drohung zu erzwingen beabsichtigte; denn nach § 222 BGB könne das zur Befriedigung eines verjährten Anspruchs Geleistete nicht zurückgefordert werden. Damit sei gesagt, daß die Verpflichtung des Schuldners
durch die Verjährung des Anspruchs nicht völlig erloschen sei,
wie denn auch die Leistung als Erfüllung einer Verbindlichkeit
und nicht als Zahlung einer Nichtschuld anzusehen sei, so daß
der Gläubiger durch die Annahme der Leistung nicht ungerechtfertigt bereichert werde und deshalb kein vom Gesetz mißbilligter Vermögensvorteil erlangt werden wolle. "Allein das Reichsgericht hat in feststehender Rechtsprechung, von der abzuweichen kein Anlaß vorliegt, den Begriff der Rechtswidrigkeit des
Vermögensvorteils im Sinne von §§ 253 und 263 St.G.B.'s dahin
ausgelegt, daß sie schon dann vorliegt, wenn ein Rechtsanspruch
auf die Erlangung des Vermögensvorteils nicht besteht (z.B.
Entsch. des R.G.'s in Strafs. Bd.12 S.395 (396 u. 397), Bd.21
S.114, Bd.26 S.354, Bd.32 S.335). Wenn also der Gläubiger einer verjährten Forderung den Schuldner dazu zwingen will, daß
er auf sein Recht verzichte, die Erfüllung auf Grund der Verjährung zu verweigern, so beansprucht er etwas, auf das er kein
Recht hat, er will einen im Sinne des § 253 St.G.B.'s rechtswidrigen Vermögensvorteil erlangen".[2] Dasselbe gilt im Falle
der Nötigung zur Zahlung eines Ehemäklerlohns, auf dessen
Leistung der Nötiger ebenfalls keinen Rechtsanspruch hat (§ 656

---

[1]
RGSt 44, 203 f.

[2]
RGSt 44, 203 f.

Abs.1 S.1 BGB). Wenn andererseits im Falle der Nötigung zur Erfüllung einer Spiel- oder Wettschuld, auf die der Nötiger nach § 762 Abs.1 S.1 BGB gleichfalls keinen Rechtsanspruch hat, da durch Spiel und Wette eine Verbindlichkeit nicht geschaffen wird, die Entscheidung sich darauf stützt, daß sich diesfalls der Nötiger keinen rechtswidrigen Vermögensvorteil verschaffte, so steht dem entgegen, daß die Spiel- oder Wettschuld regelmässig eine so starke moralische und gesellschaftliche Bindung erzeugt, daß jedenfalls bei Zahlungsfähigkeit des Schuldners ihre Gleichstellung mit einer rechtlichen Verbindlichkeit gerechtfertigt erscheint. In dem in Recht 1937 Nr.835 erwähnten Fall handelt es sich im übrigen um ein erlaubtes Glücksspiel, bei dem - neben der Nichtklagbarkeit und dem Bewußtsein davon - auch ein Rechtsanspruch auf das auf Grund des Spiels Geleistete und auf Verwertung dieser Forderung bestand und daher das Tatbestandsmerkmal der Rechtswidrigkeit entfiel. Im Schrifttum wird überwiegend die Auffassung vertreten, daß die durch List oder Nötigung erlangte Befriedigung einer Naturalobligation als Betrug oder Erpressung strafbar sei. Bockelmann dagegen kommt nach seiner personalen Vermögenstheorie, deren Aufrechterhaltung aber, wie früher ausgeführt, mindestens zweifelhaft geworden ist und die sich auf eine Wertung der kollidierenden persönlichen Interessen, auf deren Verteidigung gegen Unehrlichkeit und Vergewaltigung es im Strafrecht ankommt, stützt, zu dem Ergebnis, daß im allgemeinen die natürlichen Verbindlichkeiten den echten Verbindlichkeiten gleichzustellen sind, so daß ihre erlistete oder erzwungene Befriedigung nicht als Schädigung gewertet werden könne und daher Betrug oder Erpressung entfalle. Zu der Auffassung, daß das Verhalten des Gläubigers einer Naturalobligation, der seinen Schuldner durch Täuschung oder Nötigung zur Zahlung bestimmt, nicht wegen Betruges oder Erpressung bestraft werden kann, kommen auch alle jene Autoren, welche die Rechtswidrigkeit des erstrebten Vermögensvorteils aus dem Grunde verneinen, daß der Gläubiger die Leistung des Schuldners nach zivilrechtlichen Vorschriften behalten darf. Zu ihnen gehören vor allem die Vertreter der juristischen Vermögenstheorie, aber auch die Vertreter derjenigen Theorien, welche - abweichend vom Standpunkt des Reichsgerichts - nicht schon jenen Vorteil als rechtswidrig ansehen, auf den der Gläubiger keinen - klagbaren - Anspruch hat, sondern erst denjenigen, der als solcher, nicht nach der Art seiner Erlangung, materiell, also nach dem Sittengesetz[1] oder nach der Volksanschauung als Unrecht erscheint oder den die Rechtsordnung mißbilligt[2] oder wie immer die Formulierungen lauten mögen. Denn ein Vorteil, den der Leistende nicht zurückfordern darf, kann vom Standpunkt jener Grundsätze aus nicht als rechtlich mißbilligter, unsittlicher usw. gewertet werden. Die Bockelmannsche Lösung geht von dem Grundsatz aus, daß eine selbständige, d.h. von der Rechtswidrigkeit der Schädigung unabhängige, Bestimmung der Rechtswidrigkeit des Vorteils nicht möglich ist. So wie der Vorteil an sich dem Schaden als solchem entsprechen muß, so hat auch die Rechtswidrigkeit des Vorteils ihre Quelle in der Rechtswidrigkeit der Schädigung. So sagt Frank: "Der rechtswidrige Vermögensvorteil setzt also eine Vermögensbeschädigung voraus, und er erlangt die Rechtswidrigkeit durch die Rechtswidrigkeit der Vermögensbeschädigung, aus der er stammt".[3] Der Vorteil ist rechtswidrig, der aus einer tatbestandsmäßig-rechtswidrigen, nämlich durch Täuschung oder Nötigung verursachten Vermögensschädigung eines anderen stammt. Wo auf den ersten Blick nur die Rechtswidrigkeit des Vorteils zu fehlen scheint, dort fehlt in Wirklichkeit schon die rechtswidrige Schädigung, und umgekehrt ist zu sagen, daß, wo eine rechtswidrige Schädigung vorliegt, auch der korrespondierende Vorteil ein rechtswidriger ist, gleichviel ob

---

[1] Kohlrausch-Lange 43.Aufl.(1961) § 253 Anm.VIII 2 b.

[2] Schönke-Schröder 18.Aufl.(1976) Rdz.118 f zu § 263.

[3] Frank (R.), Das Strafgesetzbuch für das Deutsche Reich, 18.Aufl.(1931) § 253 Anm.IV; ferner Welzel (H.), Zum Schadensbegriff bei Betrug und Erpressung, NJW 53, 652 f.

das Zivilrecht seine Rückforderbarkeit zuläßt oder ausschließt.[1] Schwieriger ist die Frage zu beantworten, ob auch in der Belastung eines Vermögens mit einer unvollkommenen Verbindlichkeit ein Vermögensschaden zu sehen ist. Im verneinenden Sinne hat sich das Reichsgericht[2] - übrigens bezüglich des Falles einer formlosen Bürgschaft, durch die überhaupt keine Verbindlichkeit begründet wurde, die aber den Naturalobligationen in dieser Entscheidung gleichbehandelt werden soll - dahin ausgesprochen, daß die Beschwerung mit einer unvollkommenen Verbindlichkeit das Vermögen des Verpflichteten nicht belaste und daher nicht schädige. Es hat allerdings diesen Grundsatz gleichzeitig dahin eingeschränkt, daß eine nicht klagbare, aber erfüllbare Verpflichtung - diesfalls aus einem fehlerhaften Bürgschaftsversprechen i.S. von § 766 S.2 BGB - auf jeden Fall dann eine Vermögensbelastung sei, wenn für den "Bürgen" aus tatsächlichen Gründen, z.B. aus geschäftlichen Rücksichten, sich eine Zwangslage ergäbe, die den Schuldner nötigen würde, den Gläubiger wirklich vor Verlust zu bewahren, indem diese tatsächliche Zwangslage, die dem Getäuschten durch die betrügerische Handlung des Täters erwachsen ist, bereits eine so naheliegende Gefährdung der allgemeinen Vermögenslage des Getäuschten bildete, daß schon damit eine Schädigung seines Vermögens gegeben war. Auch hat das Reichsgericht[3] weiterhin die Begründung eines "wenigstens tatsächlichen Anspruchs" gegen einen Spielklub auf Einlösung von (gefälschten) Spielmarken als betrügerische Schädigung angesehen. In Einklang hiermit steht ein weiteres Urteil des Reichsgerichts,[4] in welchem betont ist: "Im übrigen ist es anerkannten Rechtes, daß sogar die durch Täuschung herbeigeführte Eingehung einer nicht klagbaren Verbindlichkeit (z.B.

---

[1] Bockelmann (P.), Die Behandlung unvollkommener Verbindlichkeiten S.382.

[2] RGSt 65, 108.

[3] RG LZ 1921 Sp.25.

[4] RGSt 68, 380.

aus Spielvertrag) die Verurteilung wegen Betruges begründen
kann (vgl. RGSt.Bd.28 S.401, Bd.36 S.205, Bd.40 S.29)." Das Entsprechende muß aber auch für die Erpressung durch Nötigung gelten. Der weitere Fall, daß jemand durch Unredlichkeit oder Nötigung seitens des Schuldners zu einer Kreditgewährung bestimmt
wird, die ihm selbst eine bloße Naturalobligation verschafft,
ist selten und war auch nach Bockelmann nur einmal Gegenstand
der reichsgerichtlichen Rechtsprechung.[1] In diesem Falle hatten
die Täter einen Gastwirt, bei dem sie noch Branntweinschulden
hatten, dadurch zur Stundung einer Forderung aus dem erneuten
Ausschank bestimmt, daß sie ihm Schecks aufnötigten, die der
Gläubiger für gedeckt hielt, während die Deckung in Wirklichkeit fehlte. Die Verurteilung wegen Betrugs erfolgte allerdings
mangels der Deckung, nicht weil nach § 31 Gaststättengesetz
vom 28.4.1930 (BGBl I 146) die Forderung des Wirts durch die erschlichene Stundung unklagbar geworden war, da nach dieser Bestimmung Schankwirte und Kleinhändler keine klagbare Forderung
aus dem Verkauf von Branntwein haben, wenn sie dem Kunden die
Bezahlung stunden, obwohl eine frühere Forderung gleicher Art
noch offensteht. In Wirklichkeit liegt auch hier ein Fall unvollkommener Verbindlichkeit vor. Aus der Urteilsbegründung ist
zu folgern, daß bei Zahlungsbereitschaft und Solvenz der Schuldner Vermögensbeschädigung verneint worden wäre. Auch bei Einräumung von Kredit gegen Begründung einer Naturalobligation soll
es nicht auf die "Verität", sondern auf die "Bonität" der Forderung ankommen und der rechtliche Mangel des Anspruchs nicht
ausschließen, daß er gegebenenfalls zur Schadloshaltung des
Gläubigers ausreicht.[2] Dasselbe dürfte auch in dem Fall gelten,
daß der Gastwirt nicht durch die Täuschung, sondern durch Drohung, z.B. mit Körperverletzung, zur Stundung der Schuld bestimmt worden wäre. Das über Naturalobligationen Ausgeführte
gilt in gleicher Weise bei Spielen in einer Klassenlotterie für
das Recht des Spielers auf die Erneuerung des Loses für die
späteren Klassen, das als Vermögensrecht anzusehen ist.[3] Für

---

[1] Bockelmann (P.), Die Behandlung unvollkommener Verbindlichkeiten S.373 mit RG HRR 1942 Nr.462.
[2] Bockelmann (P.), Die Behandlung unvollkommener Verbindlichkeiten S.373.
[3] RGSt 33, 194 ff.

das Vorliegen eines Vermögensschadens und damit einer Erpressung oder eines Betruges ist auch noch auf das Urteil des Bundesgerichtshofs vom 18.12.64[1] hinzuweisen, das sich mit der Frage auseinandersetzt, welche Bedeutung im Rahmen der Vermögensdelikte der Tatsache zukommt, daß der Täter durch Täuschung oder Nötigung sich in den Besitz von Beweismitteln setzt, die seine prozessuale Position gegenüber seinem Gegner verbessern, sei es daß eine vorhandene, aber schwer beweisbare Forderung auf diese Weise leichter durchgesetzt werden kann, sei es auch daß das Beweismittel der Abwehr eines nicht begründeten Anspruchs dienen soll. Nach der Rechtsprechung des Reichsgerichts, die sich auf § 253 StGB i.d.F. vom 15.5.1871 stützt, wurde je nach dem Einzelfall zum Teil ein rechtswidriger Vermögensvorteil angenommen,[2] zum Teil verneint.[3] Im letzteren Sinne ist im Urteil des Reichsgerichts vom 12.11.1889[4] unter anderem ausgeführt: "Bei der Anwendung des §. 253 ist zu prüfen, ob derjenige, dem ein Vermögensvorteil verschafft werden soll, auf den Vermögensvorteil einen rechtlichen Anspruch hat oder nicht. Besteht ein Recht auf den Vermögensvorteil, oder glaubt der Thäter, daß es bestehe, so fehlt eine notwendige Voraussetzung zur Anwendung des §.253. Die Rechtswidrigkeit der zur Erlangung des Vermögensvorteiles aufgebotenen Mittel kann strafrechtlich dann nur insoweit in Betracht kommen, als die That gegen ein anderes Strafgesetz verstößt; als Erpressung kann sie nicht angesehen werden". Im gleichen Sinne sprach sich das Reichsgericht in einer Entscheidung vom 20.10.1930[5] dahin aus: "Das Reichsgericht ist in ständiger Rechtsprechung davon ausgegangen, daß ein durch Drohung erstrebter Vermögensvorteil rechtswidrig ist, wenn der Drohende auf ihn keinen im Recht begründeten Anspruch hat (RGSt,Bd. 26 S.353 (354), Bd.34 S.15 (20), Bd.44 S.203). Ob die Handlung,

---

[1] BGH MDR 65, 312, JZ 65, 544, LM (1965) Nr.13 zu § 253 StGB mit Anm.Kohlhaas.
[2] RGSt 4, 167.
[3] RGSt 20, 56.
[4] RGSt 20, 59.
[5] RGSt 64, 383.

mit deren Vornahme gedroht wurde, rechtlich erlaubt war oder
nicht, spielt für die Rechtswidrigkeit des damit erstrebten
Vermögensvorteils keine Rolle. Ein Vorteil, auf den das Recht
keinen Anspruch gibt, darf durch Drohung - auch wenn deren
Verwirklichung nicht rechtswidrig wäre - nicht erstrebt werden (RGSt.Bd.10 S.216 (218); vgl.auch die in RGSt. Bd.64 S.16
teilweise abgedruckte Entscheidung des erkennenden Senats III
27/30 vom 20.Februar 1930)". Eine unrechtmäßige Bereicherung
liegt auch vor, wenn der Täter den Vorteil auf andere Weise
ohne Nötigung hätte erlangen können.[1] Alle diese Entscheidungen
gingen aber durchweg von dem Vorliegen oder Fehlen der Absicht,
sich oder einem anderen einen rechtswidrigen Vermögensvorteil
zu verschaffen, aus, weil, wie schon früher erwähnt, § 253 StGB
i.d.F. vom 15.5.1871 im objektiven Tatbestandsteil die Herbeiführung eines Vermögensschadens nicht voraussetzte.[2] Während
die früheren Entscheidungen des Reichsgerichts hierbei in ihrer Mehrheit allein auf das materielle Bestehen des Anspruchs
abstellten und so für unerheblich erklärten, daß der sachlich
Berechtigte seine unsichere oder durch hohes Prozeßrisiko be-
einträchtigte Beweisposition durch Erschwindelung von besseren
Beweismitteln oder sonstigen Abwehrrechten abzusichern suchte,[3]
bejahten spätere Entscheidungen[4] Betrug mit der Begründung, daß
die Erschleichung des Richterspruchs eine Verbesserung der Vermögenslage des Klägers und entsprechend eine Verschlechterung
der Vermögenslage des Gegners bilde, da es hierfür ausreiche,
daß eine unsichere Prozeßlage in eine sichere verwandelt werde.[5]

---

[1] RG JW 1930, 2548.

[2] siehe auch Schröder (H.), Zum Vermögensbegriff S.513.

[3] RGSt 11, 72; 20, 59; 64, 344; RG JW 1923, 403; Schröder (H.),
Zum Vermögensbegriff S.513 Fn.10; siehe auch RGSt 7, 378.

[4] RGSt 72, 133, bestätigt in RG DR 1942, 1786.

[5] siehe Schröder (H.), Zum Vermögensbegriff S.513.

Während es sich nach den bisherigen Ausführungen um die Beschaffung von Beweismitteln zur Durchsetzung berechtigter Ansprüche handelte, müßte doch die Entscheidung ebenso lauten, wenn die Beweismittel zur Abwehr unberechtigter Ansprüche dienen sollte. Der Bundesgerichtshof hat sich wieder der früheren Rechtsprechung des Reichsgerichts angeschlossen und allein auf die materielle Berechtigung des Täters abgestellt, indem er es für unerheblich erklärte, daß der bestehende, aber nur schwer beweisbare Anspruch durch eine falsche Aussage erstritten wurde,[1] wobei er in der Entscheidung vom 19.9.1952[2] die Entscheidung RGSt 72, 133, 136, die dahin ging, daß der vielleicht sonst richtige Grundsatz, daß die Ordnungswidrigkeit eines zur Erlangung eines Vermögensvorteils gebrauchten Mittels ihn noch nicht zu einem rechtswidrigen mache (RGSt 64, 344), keinesfalls für Täuschungen innerhalb eines Rechtsstreits gelte, ausdrücklich ablehnte. Hierbei führte er aus: "Dafür, ob ein Vermögensvorteil rechtswidrig ist oder nicht, ist allein das sachliche Recht maßgebend. Ist danach ein vermögensrechtlicher Anspruch begründet, so wird er nicht deshalb rechtswidrig, weil sich der Berechtigte unerlaubter Mittel bedient, um etwaige Schwierigkeiten, die der Verwirklichung seines Anspruchs entgegenstehen, zu beseitigen. An diesem allgemein anerkannten Grundsatz muß auch dann festgehalten werden, wenn sich der Berechtigte oder zu seinen Gunsten ein anderer in einem Rechtsstreit unredlicher, auf Täuschung des Richters zielender Mittel bedient. Die Begründung, mit der das Reichsgericht in RGSt 72, 133 ff hiervon für den Fall der Unehrlichkeit im Prozeß abweicht, vermag nicht zu überzeugen. Sie vermischt in unzulässiger Weise das Ziel der Handlung mit den zu seiner Erreichung angewandten Mitteln. Entspricht das von einem Täter verfolgte Ziel der Rechtsordnung, so kann es keinesfalls schon dadurch, daß rechtswidrige Mittel zu seiner Verwirklichung angewandt werden, selbst rechtswidrig wer-

---

[1] BGHSt 3, 161, JZ 52, 727; siehe auch BGH Urt.v.11.10.1955 - 2 StR 264/55 bei Dallinger MDR 56, 10 f.; im gleichen Sinne auch BayObLGSt 1955, 3; Schröder (H.), Zum Vermögensbegriff S.514.

[2] BGHSt 3, 161 ff.

den. Dies gilt auch für den Fall der Lüge im Rechtsstreit,
die einem begründeten Anspruch zum Siege verhilft oder verhel-
fen soll. Denn auch hier bleibt die Täuschung des Richters ein
zwar besonders verwerfliches, aber doch nur ein Mittel im
Dienste eines berechtigten Anspruchs. Die gegenteilige Auffassung würde den Begriff der Rechtswidrigkeit im Sinne des § 263
StGB in unannehmbarer Weise ausweiten. Vermutlich ließ sich
das Reichsgericht in RGSt 72, 133 ff von dem Bestreben leiten,
den Schutz der Rechtspflege gegen Täuschungen des Richters zu
verstärken. Diesem Schutz dienen indes die §§ 153 ff StGB.
Straftatbestände, die, wie § 263, das Vermögen schützen sollen,
sind für jenen Zweck vom Gesetz nicht geschaffen worden". Hieran
hat der Bundesgerichtshof auch im Urteil vom 18.12.1964[1] festgehalten, wenn er auch dabei gleichzeitig das Fehlen eines Vermögensschadens bejahte. In der Begründung dieses Urteils ist im
wesentlichen ausgeführt: "Das Reichsgericht hat allerdings wiederholt ausgesprochen, daß es einen rechtswidrigen Vermögensvorteil i.S. des § 253 StGB bedeute, wenn sich ein Gläubiger, ohne
hierauf einen Anspruch zu haben, für eine bestehende Forderung
ein Beweismittel (z.B. einen Schuldschein) beschaffe, mit dessen
Hilfe er die ihm sonst drohende Gefahr des Verlustes seiner Forderung zu mindern oder deren Geltendmachung zu erleichtern vermöge (RG Rspr.2, 599; Recht 1907, Nr.1256; HRR 3 - Beilage zur
ZStW Bd.48 - S.279; vgl. auch RG GA Bd.44, 398 und HRR 1928,
Nr.1537). Der rechtlich gleichliegende Fall, daß sich jemand zur
Abwehr einer in Wirklichkeit nicht bestehenden Forderung ein Beweismittel beschafft, könnte, wenn diese Ansicht zuträfe, nicht
anders beurteilt werden. Indes sind die erwähnten Entscheidungen zu § 253 StGB alter Fassung ergangen, nach dessen Wortlaut der Eintritt eines Vermögensschadens nicht zum Tatbestand
der Erpressung gehörte. Das RG hat sich deshalb auch nicht mit
der Frage befaßt, ob der Bereicherung auf der einen Seite ein
Vermögensschaden auf der anderen Seite entsprechen muß. Nachdem
der Tatbestand jedoch durch die Strafrechtsangleichungsverord-

---

[1] MDR 65, 312, JZ 65, 544.

nung vom 29.5.1943 (RGBl.I S.341) hinsichtlich der Bereicherungsabsicht und der Vermögensbeschädigung dem Betrugstatbestand weitgehend angepaßt worden ist, kann es nicht mehr darauf ankommen, ob auf die Erlangung des Beweismittels ein Anspruch besteht und ob mit seiner Hilfe eine geltend gemachte Forderung leichter durchgesetzt oder abgewehrt werden kann. Maßgebend ist vielmehr allein das mit der Handlung verfolgte Endziel. Entspricht es der Rechtsordnung, steht also die Durchsetzung oder Abwehr einer Forderung mit dem sachlichen Recht in Einklang, so wird es nicht dadurch rechtswidrig, daß zu seiner Verwirklichung rechtswidrige Mittel angewendet werden (BGHSt 3, 160). Auch fehlt es dann auf der Gegenseite an einem Vermögensschaden; denn der Gesamtwert eines Vermögens wird nicht dadurch vermindert, daß sein Inhaber zur Erfüllung einer fälligen Verbindlichkeit veranlaßt oder an der Durchsetzung einer nicht bestehenden Forderung gehindert wird. Für die rechtswidrige Beschaffung eines solchen Mittels muß dasselbe gelten. Daß hierdurch keine Vermögensbeschädigung eintritt, hat übrigens für den Fall eines Betruges auch schon das RG in einem Urteil v.17.4.1916 (BayZfR 1916, 293) angenommen (vgl. auch BayObLGSt 55, 3, 7)". Schröder[1] stimmt im Ergebnis dem Bundesgerichtshof zu, indem er gleichfalls Betrug wie Erpressung in dem Falle verneint, "wenn jemand mit den Mitteln der §§ 253, 263 veranlaßt wird, eine Verbindlichkeit zu erfüllen, oder wenn jemand daran gehindert wird, einen nicht bestehenden Anspruch durchzusetzen. Das, was hier an wirtschaftlichem Effekt erreicht wird oder erreicht werden soll, kann eine Beeinträchtigung der wirtschaftlichen Position sein, jedoch keine solche, die von der Rechtsordnung mißbilligt wird". Völlig anders stellt sich die Sachlage dar, "wenn Beweismittel über Forderungen erschwindelt oder erpreßt werden, die in Wahrheit nicht bestehen, bzw. wenn sich ein Schuldner von einer bestehenden Verbindlichkeit dadurch zu befreien trachtet, daß er unrichtige Beweismittel für das Nichtbestehen oder Nichtmehrbestehen der Forderung präsentiert". In diesen Fällen steht

---

[1] Schröder (H.), Zum Vermögensbegriff S.515 und Anm.23.

außer Zweifel, daß der Besitz unrichtiger Beweismittel für den betroffenen Gegner eine Beeinträchtigung seiner wirtschaftlichen Position bedeutet, die im Widerspruch zur Rechtsordnung steht. Wer sich also durch Täuschung oder Nötigung in den Besitz von Beweismitteln für eine nicht bestehende Forderung setzt, führt offensichtlich einen rechtswidrigen Schaden herbei, eine Auffassung, die von der herrschenden Meinung in Rechtsprechung und Schrifttum vertreten wird.[1] Anders liegt der Fall, wenn sich der Täter durch Nötigung Beweismittel für die "Tilgung" einer nicht bestehenden Forderung beschafft. Hier liegt keine rechtswidrige Vermögensschädigung und daher auch keine Erpressung vor.[2] Dagegen ist Erpressung gegeben, wenn sich der Schuldner ein Beweismittel verschafft, das ihn instandsetzt, sich gegenüber dem Gläubiger, gegen den die Erpressung gerichtet ist, der geschuldeten Leistung zu entziehen.[3] Zweifelhaft kann nur sein, ob es sich dabei um eine bloße Vermögensgefährdung oder um eine wirkliche Vermögensschädigung handelt, was für die Frage, ob vollendete oder versuchte Erpressung bzw. Betrug vorliegt, entscheidend ist. Nach der Rechtsprechung des Reichsgerichts und des Bundesgerichtshofs ist die Vermögensgefährdung im allgemeinen der Vermögensschädigung gleichzusetzen.[4] Dies ist vielfach für den durch Betrug herbeigeführten Abschluß eines Vertrages entschieden worden, wobei der Schaden darin bestehen soll, daß der schuldrechtlichen Verpflichtung des Getäuschten ein wirtschaftlich nicht gleichwertiger Anspruch gegenübertritt, sei es daß der Vertragsgegner zur Leistung nicht imstande oder nicht willens ist, sei es daß die vom Täter versprochene Leistung nicht gleichwertig ist.[5] Anderer Ansicht ist Schönke-Schröder,[6] der

---

[1] Schröder (H.), Zum Vermögensbegriff S.515 u.Anm.23 mit w.Nachw.
[2] BGH MDR 65, 312, JZ 65, 544.
[3] RG GA 44, 396 f.
[4] RGSt 16, 11; 63, 188; 64, 227; 66, 411; 71, 86; 73, 63 m.Anm. Mezger ZAkDR 1939, 202; 74, 130; BGHSt 1, 94; 6, 117; 21, 113; Welzel (H.), Das deutsche Strafrecht 11.Aufl.(1969) S.376; Maurach (R.), Deutsches Strafrecht Bes.T. 5.Aufl.(Studienausg.) (1971) S.324 f.; Dreher 37.Aufl.(1977) Rdz.31 zu § 263; Blei (H.), Strafrecht II Bes.T. 10.Aufl.(1976) S.200; Schönke-Schröder 18.Aufl.(1976) Rdz.100 zu § 263; Cramer (P.), Vermögensbegriff und Vermögensschaden im Strafrecht S.132 ff., 170 ff.
[5] Schönke-Schröder 18.Aufl.(1976) Rdz.91 zu § 263 und die dort angeführten Nachweise.
[6] Schönke-Schröder 18.Aufl.(1976) Rdz.102 zu § 263.

in dem Abschluß eines Vertrags, der die Möglichkeit schafft,
daß der Getäuschte demnächst in Erfüllung der übernommenen Verbindlichkeit eine ihn schädigende Leistung erbringen wird, keine dem Schaden gleichstehende Gefährdung sieht. Ob dies auch
für die Erschleichung von Beweismitteln gilt und daher auch in
solchen Fällen vollendeter oder versuchter Betrug zu bejahen
ist, ist mindestens zweifelhaft.[1] Für die erstere Alternative
spricht eine neuere Entscheidung des Bundesgerichtshofs, in der
schon durch den von einem Zeitschriftenwerber herbeigeführten,
auf Täuschung beruhenden Bestellungsvertrag, auch wenn er vom
Verlag auf die Beanstandung hin alsbald storniert wird, das Vermögen des Getäuschten nach lebensnahen wirtschaftlichen Gesichtspunkten bereits so gefährdet worden ist, daß diese Gefährdung einer Schädigung gleichgestellt werden muß.[2] In diesem Zusammenhang mag zur Frage des Prozeßbetruges noch darauf
hingewiesen werden, daß, auch wenn der Täter den Versuch, die
erkennenden Richter durch Aufstellung unrichtiger Behauptungen
zum Nachteil eines Prozeßgegners bereits mit der Einreichung
der Klagschrift eingeleitet hatte, nach anerkannten Rechtsgrundsätzen der Versuch des Prozeßbetrugs erst beendet ist,
wenn über das aufrechterhaltene unrichtige Vorbringen rechts-
kräftig im ablehnenden Sinne entschieden worden ist, weil bis
dahin die der Vollendung dienende Tätigkeit fortdauert.[3]

---

[1] Schönke-Schröder 18.Aufl.(1976) Rdz.102 a zu § 263 nimmt bei
Erschleichung einer mit der materiellen Rechtslage nicht
übereinstimmenden Beweisurkunde eine dem Vermögensschaden
gleichstehende Vermögensgefährdung nur dann an, wenn der Täter durch die Urkunde in die Lage versetzt wird, unmittelbar
auf das betroffene Vermögen zuzugreifen, wie z.B. bei Er-
schleichen eines Erbscheins (RGSt 53, 261).

[2] BGH NJW 70, 1932.

[3] BGH Urt.v.19.3.1974 - 1 StR 553/73 mit Hinweis auf RGSt 72,
150, bei Dallinger MDR 75, 197.

Der Vermögens- und der Schadensbegriff bei Betrug und Erpressung ist durch die wirtschaftliche Entwicklung wieder in den Mittelpunkt des Interesses gerückt worden. Eine besonders wichtige Frage, die neuerdings ventiliert wurde, ist, ob überhaupt oder gegebenenfalls inwieweit bei Gleichwertigkeit von Leistung und Gegenleistung die Beeinträchtigung der wirtschaftlichen Bewegungsfreiheit als Vermögensschaden i.S. des § 263 StGB bzw. des § 253 StGB anzusehen ist. Das Schrifttum weist keine einheitliche Meinung auf und auch die Rechtsprechung hat noch keinen eindeutigen Kurs eingeschlagen.[1] Vorauszuschicken ist, daß, wie schon früher erwähnt, für die Vergleichung von Leistung und Gegenleistung der maßgebliche Wert derselben nach sachlichen Gesichtspunkten zu ermitteln und die persönliche Einschätzung des Werts der Gegenleistung durch den getäuschten oder genötigten Vertragsteil nicht entscheidend ist. Regelmäßig werden sich Leistung und Gegenleistung ausgleichen, es sei denn, daß besondere Umstände eine abweichende Beurteilung nötig machen, wie sie z.B. in den wirtschaftlichen Verhältnissen des Leistungspflichtigen[2] oder in der Unverwendbarkeit des Leistungsgegenstandes durch den leistungsberechtigten Empfänger[3] liegen können. Ob in dem "Aufschwatzen" einer zwar an sich wertvollen, aber dem Betroffenen unerwünschten Leistung eine Vermögensschädigung enthalten ist, läßt das Reichsgericht in RGSt 76, 52 dahingestellt und will die Entscheidung von den Umständen des Einzelfalles abhängig machen.[4] Wird der Leistungspflichtige - Gleichwertigkeit von Leistung und Gegenleistung vorausgesetzt - durch den Vertragsabschluß in seiner wirtschaftlichen

---

[1] siehe LK Bd.2 9.Aufl.(1974) Rdz.152 f. zu § 263.

[2] vgl. RG HRR 1938 Nr.352 und RG DR 1939, 1509 Nr.11.

[3] vgl. RG HRR 1941 Nr.169 und RG Urt. v. 21.8.1941 - 3 D 360/41.

[4] RGSt 76, 52.

Bewegungsfreiheit nicht unerheblich und auf lange Zeit hinaus beeinträchtigt, so kann schon in einem solchen unerwünschten Vertragsschluß eine Vermögensschädigung zu erblicken sein.[1] Auch der Bundesgerichtshof[2] hat diesen Gedankengang übernommen, indem er unter anderem ausführte: "Freilich mag es Fälle geben, in denen eine Vermögensbeschädigung schon darin zu finden ist, daß Barmittel in Sachwerten festgelegt werden, selbst wenn sie preiswert erworben werden. Das Reichsgericht hat das für solche Fälle bejaht, in denen der Vertragsschluß den Getäuschten, 'gemessen an ihren wirtschaftlichen Verhältnissen, nicht unerhebliche Geldleistungen auferlegte, damit für lange Zeit ihre wirtschaftliche Bewegungsfreiheit irgendwie einschränkte und ihnen insoweit die Möglichkeit nahm oder doch erschwerte, ihr zukünftiges Einkommen nach ihrem Willen und ihren Bedürfnissen zu verwenden' (RG DR 1942, 1145 Nr 15)". "Wer sich ohne weiteres bereitgefunden hat, von seiner "wirtschaftlichen Bewegungsfreiheit" einen solchen" - d.h. unvernünftigen - "Gebrauch zu machen, sei es weil er seine wahren eigenen Bedürfnisse verkennt, sei es weil ihm gerade das Freude macht, dem ist die 'Möglichkeit, seine Mittel nach seinem Willen und seinen Bedürfnissen zu verwenden', durch ein solches Geschäft nicht genommen oder erschwert worden. Es kann nicht die Aufgabe des Strafrechts sein, derart sorglose Menschen gegen ihre eigene Unwirtschaftlichkeit zu schützen. Deshalb muß, wenn schon der blosse Eingriff in die wirtschaftliche Bewegungsfreiheit als ein Vermögensschaden angesehen werden soll, diese Bewegungsfreiheit zum mindesten fühlbar beeinträchtigt sein",[3] was z.B. in einem Fall verneint wurde, in welchem die standesgemäße Lebenshaltung der Klägerin durch eine vierteljährliche Zahlung von 5 DM oder 5,50 DM bei einem Wirtschaftsgeld von monatlich 400 DM nicht als

---

[1] RGSt 76, 52.

[2] BGHSt 3, 102.

[3] RGSt 76, 52; BGHSt 3, 103; zu eng: KG JR 66, 391 mit Anm. Schröder, OLGSt § 263 S.16; Schönke-Schröder 18.Aufl.(1976) Rdz.99 zu § 263; LK Bd.2, 9.Aufl.(1974), Rdz.152 zu § 263.

gefährdet erachtet wurde.[1] Das OLG Celle[2] hat einen Vermögensschaden bereits dann bejaht, "wenn die wirtschaftliche Bewegungsfreiheit infolge Bindung des Einkommens durch die aufge-
gebenen Bestellungen so beeinträchtigt sei, daß eine Beschränkung anderweiter Wirtschaftsgestaltung vorliege", während das
OLG Hamm[3] eine solche Beeinträchtigung der wirtschaftlichen
Bewegungsfreiheit nicht für ausreichend hielt, um sie als Vermögensschaden anzuerkennen und daher die Frage dem BGH zur
Entscheidung vorlegte. Darauf erging der Beschluß des 4.Senats
vom 16.8.1961.[4] Ihm lag folgender Sachverhalt zu Grunde: Der
Angeklagte, Vertreter von Melkmaschinen, hatte solche an eine
Reihe der von ihm aufgesuchten Bauern unter der Vorspiegelung
verkauft, daß er für Werbezwecke die Maschine weit unter dem
Normalpreis verkaufe, während er in Wirklichkeit den Listen-
preis forderte. Zwar war die Maschine preiswert und - von einer Ausnahme abgesehen - für den im Vertrag vorausgesetzten
Zweck verwendbar.[5] "Hier konnte es sich", wie der Bundesgerichtshof ausführt, "nur um die Frage handeln, ob bereits die
Einschränkung der Verfügungsfreiheit, die durch den Abschluß
des Vertrages und die damit verbundene wirtschaftliche Belastung entsteht, einen Vermögensschaden darstellt oder ob in
Fällen dieser Art weitere Merkmale hinzukommen müssen, damit
von einem Vermögensschaden gesprochen werden kann. Die Frage
ist in letzterem Sinne zu beantworten. Die bloße Bindung von
Teilen des Vermögens durch die eingegangene Vertragsverpflich-
tung ist für sich allein betrachtet noch kein Vermögensschaden.

---

[1] Stuttgarter Zeitung vom 15.2.69.

[2] NdsRpfl 1956, 210.

[3] NJW 61, 704; ähnlich BayObLGSt 1955, 8.

[4] BGHSt 16, 321 ff., NJW 62, 309 ff., MDR 62, 420 f.; vgl.
auch OLG Köln, Urt.v.18.1.1966 - Ss 466/65, OLGSt § 263
S.9.

[5] siehe auch Schröder (H.), Grenzen des Vermögensschadens beim
Betrug, NJW 62, 721 f.

Denn das Vermögen des Getäuschten braucht angesichts des erhaltenen Gegenwertes noch keinen geringeren Wert zu haben als zuvor. Welche zusätzlichen Anforderungen bei wertgleicher Gegenleistung über die bloße Beeinträchtigung der Verfügungsfreiheit des Getäuschten hinaus für die Bejahung einer Vermögensschädigung zu stellen sind, ist aus der bisherigen in ihrer Ausdrucksweise vielfach wechselnden Rechtsprechung des Reichsgerichts und des Bundesgerichtshofs nicht mit der für eine gleichmäßige Rechtsanwendung erwünschten Deutlichkeit zu entnehmen. So ist bald davon die Rede, daß die Leistung in Anbetracht der wirtschaftlichen Verhältnisse des Getäuschten "zu hoch" (RG HRR 1938, 362; BGH MDR 1952, 408), bald davon, daß sie "eine wirtschaftlich nicht zu verantwortende" oder "unerträgliche" Last darstellt oder daß der Besteller zu ihr "nicht in der Lage ist" (RG DR 1939, 1509; RG HRR 1935, 1351) oder daß die wirtschaftlichen Verhältnisse ein solches Geschäft "nicht erlauben" oder "nicht gestatten" (RG HRR 1941, 1691; RGSt 76, 49) oder daß die "geldliche Belastung die wirtschaftlichen Verhältnisse übersteigt" (BGH MDR 1952, 408) oder in "unvertretbarer Weise belastet" (RGSt 23, 430; 49, 21) oder daß die Belastung "wirtschaftlich unvernünftig ist" (RG HRR 1935, 1395) oder sich (wegen der Länge und Höhe der Leistung) als "unerwünscht" darstellt. Auch die Entscheidungen des Bundesgerichtshofs sprechen nur davon (Urteil vom 22. April 1952 - 1 StR 384/51 -), daß eine die wirtschaftlichen Verhältnisse des Getäuschten übersteigende oder aus anderen Gründen "zu hohe" oder "sonstwie unnütze" geldliche Leistung oder (BGHSt 3, 99) eine "fühlbare" Beeinträchtigung der wirtschaftlichen Bewegungsfreiheit gegeben sein müsse". Angesichts dieser Unbestimmtheit der Schadensmerkmale bei wertgleicher Gegenleistung hat der Bundesgerichtshof es für erforderlich erachtet, "eine nähere Verdeutlichung dieser Merkmale zu erzielen, ohne daß das kriminalpolitische Bedürfnis, das Strafwürdige auf diesem Gebiet zu erfassen, wesentlich beeinträchtigt wird". Er war sich aber dabei bewußt und hat es auch ausgesprochen, daß die Vielgestaltigkeit der jeweiligen Umstände es nicht gestatte, eine abschließende Umschreibung für alle in Betracht kommenden Fälle zu finden und hat sich daher im Beschluß vom 16.8.1961[1] darauf beschränkt, die typischen Fälle erheblicher Beeinträchtigung der wirtschaftlichen Bewegungsfreiheit, in denen ein Vermögensschaden in Betracht kommt, näher zu umreißen. Als solche führt er dann im einzelnen näher auf: "Ein solcher Vermögensschaden kann" - abgesehen von dem Fall der unnützen Leistung - insbesondere dann vorliegen, wenn der Erwerber "a) die angebotene Leistung" - nach der Auffassung eines sachlichen Beurteilers - "nicht oder nicht in vollem Umfang zu dem vertraglich vorausgesetzten Zweck oder in anderer zumutbaren Weise verwenden kann".[2] "Fehlt es an einer solchen Verwendbarkeit, so ist schon allein darin eine Vermögensschädigung zu erblicken, selbst wenn der Verkehrswert der Gegenleistung der Leistung des Getäuschten entspricht".[3] "b) durch die eingegangene Verpflichtung zu vermögensschädigenden Maßnahmen genötigt wird".[4] Dieser Fall trifft vor allem zu, "wenn der Getäuschte, um die erforderlichen Mittel zur Erfüllung des Vertrags zu beschaffen, ein anderes wirtschaftlich ungünstiges Geschäft abschließen muß, etwa durch Aufnahme eines hoch zu verzinsenden Darlehens oder durch unvorteilhafte Veräußerung eines Wertpapiers oder durch den wirtschaftlich ungünstigen Verkauf eines Sachwerts, oder wenn er den Abschluß eines vorteilhaften anderen Geschäfts unterlassen muß".[5] Dabei ist allerdings zu beachten, daß unter den jeweiligen Umständen diese Nachteile durch den - beträchtlichen - Gebrauchswert der Gegenleistung wirtschaftlich ausgeglichen werden, wie dies namentlich bei Aufnahme eines Darlehens, sei es auch zu einem höheren Zinssatz, der Fall sein kann.[6]

---

[1] BGHSt 16, 323 ff., 327 ff.

[2] vgl. RGSt 16, 1 & 9; BGHSt 16, 326, 328.

[3] BGHSt 16, 326.

[4] BGHSt 16, 328.

[5] BGHSt 16, 328; vgl. auch Eser (A.), Die Beeinträchtigung der wirtschaftlichen Bewegungsfreiheit als Betrugsschaden, GA 1962, 297.

"c) infolge der Verpflichtung nicht mehr über die Mittel verfügen kann, die zur ordnungsmäßigen Erfüllung seiner Verbindlichkeiten oder sonst für eine seinen persönlichen Verhältnissen angemessene Wirtschafts- oder Lebensführung unerläßlich sind".[1] "Dies liegt z.B. vor, wenn der Erwerber "seinen Aufwand im Vergleich zu der seinen Verhältnissen entsprechenden Lebensführung so weit einschränken muß, daß er nur noch die Mittel für die Befriedigung seiner notdürftigen Bedürfnisse zur Verfügung hat".[2] "Die Vermögensschädigung ist solchenfalls darin zu sehen, daß die nach der erschlichenen[3] Vermögensverfügung verfügbar gebliebenen Restmittel des Getäuschten[4] auch nach der Auffassung eines sachlichen Beurteilers infolge ihrer an den bisherigen Bedürfnissen des jeweiligen Erwerbers gemessenen Unzulänglichkeit für ihn derart an Verwertbarkeit und damit an Wert verlieren, daß das Gesamtvermögen dadurch eine Einbuße erfährt. Dabei ist", wie der Bundesgerichtshof betont, "zu beachten, daß der Wert eines Vermögens für die hier angemessene umfassende, lebensnahe und daher auch wirtschaftliche Betrachtung sich nicht nur nach dem Betrag bemißt, der sich aus der Zusammenzählung des Wertes der einzelnen Vermögensgegenstände ergibt, sondern daß dieser Wert mitbestimmt wird durch die tatsächliche und rechtliche Möglichkeit, die vorhandenen Vermögensstücke entsprechend den sachlich anzuerkennenden Bedürfnissen des jeweiligen Vermögensträgers zu verwenden. Wird diese Möglichkeit durch die erschlichene[5] Festlegung eines - nicht unerheblichen - Teiles des Vermögens in solchem Grade beeinträchtigt, daß der verbleibende Rest nur noch zwangsläufig zur Befriedigung der Mindestanforderungen benutzt werden kann, so bedeutet auch dies einen Vermögensnachteil, selbst wenn der Getäuschte[6] infolge

---

[1] BGHSt 16, 328.
[2] BGHSt 16, 328.
[3] oder erzwungenen
[4] oder Genötigten
[5] oder erzwungene
[6] oder Genötigte

eines derart weitgehenden Verlustes an Bewegungsfreiheit nicht
zu den unter b) erörterten vermögensschädigenden Maßnahmen gedrängt werden sollte. Der Senat ist sich", wie er betont, "darüber im klaren, daß er damit in Ablehnung des engeren Standpunktes des vorlegenden Oberlandesgerichts, aber auf der Linie
der bisherigen Rechtsprechung des Reichsgerichts und des Bundesgerichtshofs im Interesse tunlichster Erfassung aller strafwürdigen Fälle das durch Täuschung herbeigeführte übermäßige
Opfer an wirtschaftlicher Bewegungsfreiheit wegen seiner nachteiligen Wirkung auf die Vermögensbewertung als Vermögenseinbuße anerkennt. Einschränkend ist jedoch auch hier, ähnlich
wie oben zu b) auszusprechen, daß in diesem erweiterten Sinne
als Vermögensschädigung nur ein erschlichenes[1] Opfer an Verfügungsfreiheit anzusehen ist, dessen Nachteile nicht durch besondere wirtschaftliche Vorteile ausgeglichen werden. Es kann
durchaus im Rahmen einer vernünftigen Wirtschaftsführung liegen, wenn jemand freiwillig wesentliche Einschränkungen seines
Bedarfs für eine gewisse Zeit auf sich nimmt, um einen hochwertigen Gegenstand zu erwerben, z.B. ein Haus, einen Kraftwagen,
Maschinen usw., deren Anschaffung im Rahmen einer weitschauen-
den Wirtschaftsplanung sich als nützlich erweist. Hier würde
ein Vermögensschaden nicht vorliegen, da in einem solchen Falle der Erwerber üblicherweise Opfer in Kauf nimmt, die durch
den erhöhten Nutzungswert des meist für langfristigen Gebrauch
bestimmten hochwertigen Gegenstandes ausgeglichen werden. Etwas Ähnliches kommt in Betracht, wenn jemand eine günstige Gelegenheit, einen besonders billigen Erwerb zu machen, wahrnimmt. Auch hier können etwaige Einschränkungen der Lebensführung im Rahmen üblicher Wirtschaftsgebarung liegen".[2] Dies
trifft aber nicht zu, wenn der Wert des erworbenen Gegenstandes zwar der erbrachten Leistung entspricht, aber das übermäs-
sige Opfer um deswillen nicht durch besondere wirtschaftliche
Vorteile ausgeglichen wird, weil die besonders günstige Anschaffung nur vorgespiegelt, in Wahrheit aber nicht gegeben ist.[3]

---

[1] oder erzwungenes.
[2] BGHSt 16, 329 f.
[3] siehe BGHSt 16, 330.

Gegen den Beschluß des BGH vom 16.8.1961 wandte sich Schröder[1]
mit der Begründung, daß derselbe mit der überkommenen Betrugs-
auffassung nicht in Einklang gebracht werden könne. So erklärte
er unter anderem, daß schon auf der Ebene des Vermögensschadens
der Betrugstatbestand nicht damit begründet werden könne, daß
"der Erwerb von Sachen den Käufer zu Dispositionen über sein
Vermögen veranlaßt hat, die sich als wirtschaftlich nachteilig
herausstellen. Der Schaden des § 263 StGB muß sich aus dem betrügerischen Geschäft als solchem ergeben, seine Grundlage also immer irgendwie in dem Austausch von Leistung und Gegenleistung haben. Die Nachteile, die mit der Veräußerung anderer
Vermögensstücke verbunden sind, mit deren Erlös dann der "Betrüger" bezahlt werden soll, müssen ebenso außer Betracht bleiben, wie mit einer solchen Veräußerung etwa verbundene Vorteile". Der dem Betrogenen durch Lieferung minderwertiger Sachen
herbeigeführte Schaden könne auch durch den Veräußerungsgewinn
nicht ausgeglichen werden, weil es sich nicht um eine unmittelbare Konsequenz des betrügerischen Geschäfts handelt. Ebensowenig könne dann aber auch ein Geschäft, das zwar durch Täuschung zustande gekommen ist, bei dem sich aber Leistung und
Gegenleistung gleichwertig gegenüberstehen, dadurch zum Betrug
werden, daß die Bezahlung des Kaufpreises nicht aus Barmitteln
erfolgt, sondern diese erst durch Veräußerung anderer Vermögensstücke beschafft werden müssen. Die vom Reichsgericht entwickelte These, Vermögensschädigung i.S. des § 263 sei eine Wertminderung des Gesamtvermögens, könne so jedenfalls in dieser Allgemeinheit nicht richtig sein.[2] Das Problem liegt nach der Meinung Schröders nicht eigentlich im Merkmal der Vermögensschädigung, sondern in dem richtigen Verständnis von der funktionalen
Beziehung der einzelnen Tatbestandsmerkmale des § 263 zueinander. Es müsse eine funktionale Beziehung auch zwischen Irrtum
und Schaden gefordert werden. Es genüge nicht, daß überhaupt
ein Irrtum die schädigende Verfügung verursacht hat. Vielmehr

---

[1] Schröder (H.), Grenzen des Vermögensschadens beim Betrug
S.721; kritisch gegenüber BGH ohne nähere Begründung Schönke-
Schröder 18.Aufl.(1976) Rdz.99 zu § 263.

[2] vgl. hierzu LK Bd.2, 8.Aufl.(1958), Vorbem.III 3 vor § 249.

reiche zur Anwendung von § 263 grundsätzlich nur ein solcher
Irrtum aus, der dem Getäuschten nicht bewußt werden läßt, daß
seine Verfügung sich als für ihn wirtschaftlich nachteilig
darstellt, daß er also insbesondere ohne Rechtsgrund leistet
oder die Gegenleistung nicht erhält, die er erwartet und beanspruchen kann.[1] Einen abweichenden Standpunkt nimmt auch
Eser[2] ein, nach welchem sich die vom Bundesgerichtshof aufgeführten Umstände bezüglich der wirtschaftlichen Bewegungsfreiheit nur als mittelbare Folgen der im Irrtum - oder Zwang -
vorgenommenen Vermögensdisposition auf Grund des vom Täter
angestrebten und erreichten Vertragsabschlusses darstellen.
Damit setze sich der Bundesgerichtshof zu seinem Urteil vom
3.4.1954[3] in Widerspruch, in dem er festgestellt hat: dieselbe Vermögensverfügung des Getäuschten, die der Täter in der
Absicht, sich rechtswidrig zu bereichern, veranlaßt, müsse die
Vermögensschädigung unmittelbar herbeiführen. Eser[4] sieht seinerseits einen unmittelbaren Vermögensschaden bereits in der
Beeinträchtigung der wirtschaftlichen Bewegungsfreiheit als solcher, in der er einen Vermögenswert i.S. des wirtschaftlichen
Vermögensbegriffes erblickt. Er kommt zu dieser Auffassung von
einer von ihm für notwendig erachteten Erweiterung des Vermögensbegriffes aus, der nicht nur statisch den vorhandenen Vermögensbestand, sondern dynamisch auch den Vermögenszuwachs mit-
umfassen soll, also auch jene Faktoren, auf denen der Vermögensbestand ruht und sich ständig erneuert und vergrößert. In diesem Sinne soll der Vermögensschutz nicht mehr nur in der Be-
stands- und Werterhaltung, sondern auch in der Gewährleistung
und Sicherung der Wertvermehrung bestehen. Er weist für seine
Auffassung darauf hin, daß schon bisher in Lehre und Rechtsprechung eine solche Fluktuation in der Vermögensbildung dadurch anerkannt worden sei, daß man solche noch in Bewegung

[1] Schröder (H.), Grenzen des Vermögensschadens beim Betrug
S.722; siehe hierzu auch Mohrbotter (K.), Grenzen des Vermögensschutzes beim Betrug, GA 1975, 46.
[2] Eser (A.), Die Beeinträchtigung der wirtschaftlichen Bewegungsfreiheit als Betrugsschaden S.289 ff.
[3] BGHSt 6, 116; ebenso BGH, Urt.v.29.1.53 - 5 StR 846/52 & v.
26.2.54 - 5 StR 689/53.
[4] Eser (A.), Die Beeinträchtigung S.295 f.; siehe auch Jagusch
in LK 8.Aufl.(1958) Vorbem.zu § 249 Anm.III 2 d cc.

befindliche Vermögenswerte, wie Anwartschaften, Gewinnaus-
sichten, soweit es sich nicht um allgemeine und unbestimmte
Aussichten und Hoffnungen handelt, die wahrscheinlich keinen
Vermögenszuwachs erwarten lassen, Kundenkreise von Gewerbetreibenden, auch eine Arztpraxis, in den Schutz des Betrugstatbestandes miteinbezogen habe.[1] Man müsse aber auch die eigentlich
vermögensbildenden Faktoren hinzunehmen, wie dies bezüglich
der menschlichen Arbeitskraft in der Lehre bereits als anerkannt gelten könne.[2] Dagegen habe sich der Schutz der wirtschaftlichen Bewegungsfreiheit noch nicht allgemein durchsetzen können.[3] Doch will Eser aus dem Urteil des Bundesgerichtshofs vom
10.7.1952[4] eine Anerkennung der wirtschaftlichen Bewegungsfreiheit als Vermögenswert herauslesen, da der Bundesgerichtshof
nur deshalb Betrug verneint habe, weil noch nicht jede gering-
fügige Beeinträchtigung ein Vermögensschaden sei, vielmehr die
wirtschaftliche Bewegungsfreiheit mindestens fühlbar beeinträchtigt sein müsse, was bei einem Kaufpreis von DM 3,60 noch nicht
der Fall sei. Das Haupthindernis, daß die wirtschaftliche Bewegungsfreiheit noch keine allgemeine Anerkennung als Vermögenswert gefunden habe, liege in der Verwechslung mit der Disposi-
tionsfreiheit, in der mitunter schon zu Unrecht ein Vermögenswert erblickt wurde,[5] wiewohl bei dieser nur die freie Willensbestimmung und nicht das Vermögen geschützt werden soll. Deshalb verlangt Eser auch, daß zu der Verletzung der wirtschaftlichen Bewegungsfreiheit hinzukommen muß, daß der Verfügende
auf Grund einer Irreführung seine wirtschaftlichen Mittel öko-
nomisch sinnwidrig und unzweckmäßig eingesetzt hat. Die Beeinträchtigung der wirtschaftlichen Bewegungsfreiheit setze voraus,
daß die irrtumsbedingte Vermögensverfügung eine objektiv unvernünftige wirtschaftliche Zweckverfehlung bedeute, wenn auch die
individuellen Bedürfnisse des Geschädigten nach dem Grundsatz

---

[1] Schönke-Schröder 18.Aufl.(1976) Rdz.65 zu § 263; Maurach (R.),
Deutsches Strafrecht Bes.T., 5.Aufl.(Studienausg.) (1971) S.
321.
[2] wobei die Arbeitskraft nicht als menschliche Tätigkeit, die
von der Person des Trägers nicht losgelöst werden kann, sondern als versachlichtes Substrat, d.h. als Arbeitsleistung
oder auch nur als Möglichkeit, Arbeitskraft an andere zu bin-
den und sie dadurch nutzbringend im Wirtschaftsverkehr einzusetzen, ein wirtschaftliches Gut darstellt; LK Bd.2, 9.Aufl.

der Individualisierung mitberücksichtigt werden könnten.[1] Eser
erblickt so eine Beeinträchtigung der wirtschaftlichen Bewegungsfreiheit einmal darin, daß der Getäuschte Mittel für etwas einsetzt, das ihm den objektiv erwarteten Vermögenszuwachs
nicht bringt, wie langfristige Liquiditätsbeschränkungen;[2] ferner in dem Unmöglichwerden einer angemessenen Wirtschafts- und
Lebensführung,[3] in den Fällen des Fehlens zugesicherter Eigenschaften oder im Ausfall der durch günstigen Gelegenheitskauf
erhofften Einsparung, endlich in dem Hineinmanövierenlassen
des Getäuschten in einen wirtschaftlich ungünstigen Vertrag, von
dem er sich nur durch selbstschädigende Maßnahmen befreien kann,
oder darin, daß der Getäuschte zwecks Erfüllung des Vertrages
zu weiteren vermögensschädigenden Maßnahmen, wie zur Aufnahme
hochverzinslicher Kredite, gezwungen ist.[4] Eser kommt damit im
wesentlichen zu demselben Ergebnis wie der Beschluß des Bundesgerichtshofs vom 16.8.1961, nur daß er den Vermögensschaden
nicht in den Folgen der wirtschaftlich zweckverfehlten Vermögensverfügung, sondern bereits in der Beeinträchtigung der
wirtschaftlichen Bewegungsfreiheit selbst sieht, da nach ihm
die wirtschaftliche Bewegungsfreiheit als solche ein unter den
dynamischen Vermögensbegriff fallender Vermögenswert darstellt.[5]
Mohrbotter dagegen verneint - wie das OLG Hamm - in der Beeinträchtigung der wirtschaftlichen Bewegungsfreiheit einen Vermö-

(1974) Rdz.127 zu § 263; Schönke-Schröder 18.Aufl.(1976) Rdz.
68 zu § 263; Blei (H.), Strafrecht II.Bes.Teil, 10.Aufl.(1976)
S.194; Dreher 37.Aufl.(1977) Rdz.27 zu § 263.
[3] RGSt 76, 52, DR 1942, 1145 mit RG HRR 1935 Nr.1351, 1941 Nr.
169.
[4] BGHSt 3, 103; Eser (A.), Die Beeinträchtigung S.296 Fn.40.
[5] vgl. LK Bd.2, 8.Aufl.(1958), Vorbem.zu § 249 III 2 d cc.

[1] Eser (A.), Die Beeinträchtigung S.296 f.
[2] RGSt 76, 52; Schönke-Schröder 18.Aufl.(1976) Rdz.99 zu § 263
mit OLG Köln JMBlNRW 1966, 210.
[3] OLG Celle NdsRpfl 1956, 201; vgl. auch BGHSt 16, 328.
[4] BGHSt 16, 328.
[5] Eser (A.), Die Beeinträchtigung S.298.

gensschaden. Nach ihm hat der Getäuschte[1] den mittelbaren Vermögensschaden, der ihm durch besondere Aufwendungen oder Einsparungen entsteht, selbst zu tragen und der Täter kann dafür unter strafrechtlichen Gesichtspunkten nicht belangt werden.[2] Zweifelhaft ist, ob der dynamische Vermögensbegriff Esers, in dem auch vermögensbildende Faktoren als unmittelbar verletzbare Vermögenswerte anerkannt werden, mit dem Grundsatz der Stoffgleichheit zu vereinbaren ist. Der Grundsatz der Stoffgleichheit, der sich aus der juristischen Vermögenstheorie herausentwickelte, nach der "Rechtsübergang" erforderlich war, leitete sich dann beim wirtschaftlichen Vermögensbegriff aus dem Wesen der Bereicherungsverbrechen als "Wertverschiebung" her. Darunter war aber keineswegs seiner wahren Bedeutung nach Gleichheit oder wenigstens Gleichartigkeit des Objekts des Vermögensschadens und des erstrebten Vorteils zu verstehen. Schon nach der frühen Rechtsprechung des Reichsgerichts[3] mußte das Objekt des Nachteils und des Vorteils nicht identisch sein. Es waren sogar auch andere als aus dem Vermögensschaden fließende Vorteile als rechtswidrige Vermögensvorteile i.S. von § 263 StGB anerkannt. Allerdings wurde dann in der späteren Rechtsprechung des Reichsgerichts wie auch in der Rechtslehre der gegenteilige Standpunkt der notwendigen Stoffgleichheit oder "gegenständlichen Identität" vertreten und gefordert, daß dem erstrebten Vermögensvorteil der zugefügte Vermögensnachteil gegenüberstehen müsse,[4] der Vermögensnachteil des Geschädigten also zum Vorteil für den Betrüger werden müsse. Das Streben des Täters müsse dahin gehen, durch die Vermögensverfügung des Getäuschten einen Vermögensvorteil zu erlangen.[5] Es genüge aber

---

[1] dasselbe muß auch für den Genötigten gelten.

[2] Mohrbotter (K.), Grenzen des Vermögensschutzes S.52.

[3] RGSt 17, 266.

[4] RGSt 64, 435; 71, 291; Dalcke-Fuhrmann-Schäfer 37.Aufl.(1961) § 253 Anm.8; Binding (K.), Lehrbuch Bd.I (Neudruck 1969) S.364; Frank (R.), Das Strafgesetzbuch für das Deutsche Reich 18.Aufl. (1931) § 263 Anm.VII 3; Dreher 37.Aufl.(1977) Rdz.39 zu § 263.

[5] RGSt 64, 435; Dreher 37.Aufl.(1977) Rdz.39 zu § 263.

für den Tatbestand des Betruges nicht, wenn die Täuschung
zwar zu einem Vermögensnachteil führe, der Vermögensvorteil
für den Betrüger aber aus einer anderen Quelle stamme. So wurde es nicht für genügend erachtet, wenn jemand die Schädigung
eines fremden Vermögens erzwingt, um dafür von einem Dritten
belohnt zu werden.[1] Ebenso fehlt es an der Stoffgleichheit,
wenn der Schaden des Käufers allein darin liegt, daß er Barmittel investiert, die er an anderer Stelle dringender benötigen
würde, während sich der vom Täter erstrebte Vorteil aus dem
Kaufvertrag als solchem ergibt.[2] Dasselbe trifft zu, wenn der
Täter den erstrebten rechtswidrigen Vermögensvorteil nicht
durch die Verfügung des getäuschten oder bedrohten Opfers, sondern durch eine weitere selbständige strafbare Handlung zu erlangen beabsichtigte. Es wird hiernach ein unmittelbarer Kausalzusammenhang zwischen Schaden und Vorteil gefordert. In diesem Sinne hat sich auch Merkel[3] ausgesprochen, der "zwischen
dem abgenötigten Verhalten und dem angestrebten Vermögensvorteil ursächlichen Zusammenhang derart verlangt, daß dem erstrebten Vermögensvorteil ein Vermögensschaden entspricht, den
der Genötigte durch die erzwungene Handlung, Duldung oder Unterlassung herbeiführt". In Einklang hiermit ist im Urteil des
Reichsgerichts vom 16.7.37[4] zum Tatbestand der Erpressung gefordert, daß sich die Drohung und damit die Nötigung gegen die Person richten muß, von deren Willen es abhängt, den Vorteil zu gewähren. "Der Grundsatz, der in der Rechtsprechung des RG. zum Betruge nach dem § 263 StGB. herausgebildet worden ist, daß der

---

[1] Schönke-Schröder 18.Aufl. (1976) Rdz.20 zu § 253; Mezger-
Blei Bes.T. 9.Aufl. (1966) S.211.

[2] Schröder (H.), Grenzen des Vermögensschadens beim Betrug,
NJW 62, 722.

[3] Anm. Merkel zu Urt.d.RG v.4.7.1919 - II 162/19, JW 1920, 293.

[4] RGSt 71, 292.

Getäuschte nicht auch der Geschädigte sein muß (vgl. RGSt. Bd.58
S.216), gilt entsprechend auch für die Erpressung nach dem § 253
(vgl. RGSt. Bd.53 S.282, 283)".[1] So ist auch im Urteil des Reichsgerichts vom 4.7.1919[2] ausgeführt: "Der gegen die Willensfreiheit unternommene Zwang muß vielmehr das Mittel sein, das der
Täter bewußt in Bewegung setzt, um den anderen zu bestimmen, ihm
durch sein Handeln, Dulden oder Unterlassen den Vermögensvorteil
zuzuwenden, auf den er es abgesehen hat. Daraus folgt von selbst,
daß der Zwang oder die Drohung sich gegen die Person zu richten
hat, von deren Willen die Gewährung des Vorteils abhängt, wenn
man auch nicht wird verlangen dürfen, daß der erstrebte Vorteil
dem Täter oder dem Dritten, zu dessen Vorteil er etwa handelt,
gerade aus dem Vermögen des Bedrohten zufließe (vgl. RGSt. Bd.3
S.426, Bd.5 S.277, Bd.8 S.5; RGRspr. Bd.5 S.94)". Nicht genügt
aber, wenn Schaden und Vorteil zwar auf demselben Tatbestand beruhen, der Vorteil dem Täter jedoch aus dem Vermögen eines Dritten zufließt.[3] Es reicht vielmehr aus, daß der Schaden, der aus
der erzwungenen Gewährung des rechtswidrigen Vermögensvorteils
erwächst, das Vermögen irgendeines anderen trifft, sofern nur
die erzwungene Handlung für diesen Schaden unmittelbar ursächlich ist. Der Auffassung des Reichsgerichts[4] von der Notwendigkeit der Stoffgleichheit i.S. eines unmittelbaren Kausalzusammenhangs zwischen der Bereicherungsabsicht und der Vermögensschädigung hat sich auch der Bundesgerichtshof[5] angeschlossen,
der in der Entscheidung BGHSt 6, 116 unter anderem ausführte:

---

[1] RGSt 71, 292.

[2] RGSt 53, 283.

[3] Schönke-Schröder 18.Aufl. (1976) Rdz.123 zu § 263 mit weiteren
Nachweisen.

[4] RGJW 1920, 293.

[5] BGHSt 6, 116.

"Zum Tatbestand des Betruges gehört: Dieselbe Vermögensverfügung des Getäuschten, die der Täter in der Absicht, sich zu Unrecht zu bereichern, veranlaßt, muß die Vermögensschädigung unmittelbar herbeiführen. Der Senat hat dies schon in seinen nicht veröffentlichten Urteilen vom 29.Januar 1953 (5 StR 846/ 52) und 26.Februar 1954 (5 StR 689/53) entschieden. Der vom Täter erstrebte Vermögensvorteil und der verursachte Vermögensschaden müssen mit anderen Worten einander entsprechen (vgl zB LeipzKom 6.u 7.Aufl Bd II S 349, 442; Maurach Lehrb Bes Teil S 254). Das eine muß gleichsam die Kehrseite des anderen sein."[1] Dies trifft auch in dem Falle zu, daß der unter einem falschen Namen auftretende Besteller, der von gutgläubigen Lieferanten Waren an andere Personen liefern läßt, um diese oder einen Dritten wegen der Bezahlung zu ärgern, aus dem geschädigten Vermögen der Lieferanten für sich einen Vermögensvorteil erstrebt.[2] Stoffgleichheit ist nicht gegeben, wenn zwar durch dieselbe Täuschungshandlung des Täters zwei Vermögensverfügungen veranlaßt wurden und sich der Täter auch auf Kosten des Vermögens bereichern wollte, das geschädigt wurde, weil solchenfalls der Vermögensvorteil und der Vermögensschaden einander nicht entsprechen, da sie nicht durch dieselbe Vermögensverfügung vermittelt wurden. So z.B. in dem schon erwähnten Falle, daß ein Provisionsvertreter durch Vorspiegelungen Bestellungen aufnimmt, um sich die Provisionen hierfür zu verschaffen. Hier entstand der Schaden der Lieferfirma mit der Absendung der Waren. Der Angeklagte wollte sich aber nicht hierdurch, sondern durch die Provision, also durch eine andere Vermögensverfügung des Getäuschten, einen Vermögensvorteil verschaffen.[3] Kein Kausalzusammenhang liegt vor, wenn jemand zu einer Handlung genötigt wird, um einen Dritten zur Gewährung des Vorteils an den Täter zu bewegen, es sei denn, daß der Bedrohte über die Tätigkeit des Dritten bestimmen kann, so daß der Kausalzusammenhang

---

[1] siehe auch RGSt 67, 201; 75, 379; BGH NJW 61, 685; Schönke-Schröder 18.Aufl.(1976) Rdz.123 zu § 263 m.w.N.; so auch nach österreichischem Recht, vgl. Stigelbauer S.647, und nach schweizerischem Recht, vgl.BGPr 1959, 39.

[2] BayObLG JZ 72, 25 m.Anm.Schröder (S.26), JR 72, 345 m.Anm.Maurach (S.346), GA 1972, 79 f., JuS 72, 218, JA 72, 173 f.; a.A. Schönke-Schröder 18.Aufl. (1976) Rdz.123 zu § 263.

[3] BGHSt 6, 116.

zwischen der Drohung, der Handlung des Bedrohten und der Absicht der Bereicherungserlangung nicht unterbrochen ist.[1] Die bloße Vermittlung stellt noch keine Bereicherung dar.[2] Von dem Erfordernis des unmittelbaren Kausalzusammenhangs zwischen Schadenszufügung und Vorteilsgewährung aus betrachtet entfällt im oben genannten Fall mangels eines solchen Zusammenhangs zwischen dem den Käufern entstandenen Schaden und den vom Provisionsvertreter von seiner Firma geforderten Provisionen Betrug bzw. Betrugsversuch. Hiervon geht auch § 252 StGBE 1960 aus, in dem nach der Fassung dieser Bestimmung[3] das Erfordernis des unmittelbaren Kausalzusammenhangs zwischen Vermögensschädigung und unrechtmässiger Bereicherungsabsicht künftig gesetzlich verankert werden soll. Gleichwohl hält es der Strafgesetzbuch-Entwurf von 1960 nicht für angezeigt, für Fälle der oben genannten Art eine besondere Bestimmung vorzusehen. Auch die Neufassung des Strafgesetzbuches vom 1.1.1975 hat von einer solchen Vorschrift abgesehen. Im Gegensatz zur herrschenden Meinung will Eser im Hinblick auf diese Fälle de lege ferenda auch mittelbare Kausalbeziehungen zwischen Schaden und Vorteil genügen lassen, da heute vielfach zwischen Geschädigten und Vorteilsempfängern keine direkten Beziehungen bestünden, sondern andere Vermögen dazwischengeschaltet seien. Ob aber eine solche allgemeine Ausdehnung des Kausalzusammenhangs nicht zu unerwünschten Ergebnissen führt, ist fraglich.

---

[1]
RGR 5, 94; RG GA 1951, 46; so auch das österreichische Strafrecht bzgl. erpresserischer Untreue, vgl. Stigelbauer S.647.

[2]
RGSt 3, 428.

[3]
§ 252 Abs.1 StGBE 1960 lautet:
"Wer durch Täuschung über Tatsachen jemand zu einer Vermögensverfügung bestimmt, die diesem oder einem anderen einen Vermögensnachteil zufügt, um daraus sich oder einen Dritten widerrechtlich zu bereichern, wird mit Gefängnis bis zu drei Jahren oder mit Strafhaft bestraft".

II. Subjektive Tatbestandsmerkmale

Zum subjektiven Tatbestand der Erpressung gehören Vorsatz und
Bereicherungsabsicht. Sie müssen schon bei der Androhung des
Übels bzw. der Gewaltanwendung vorliegen.[1]

1. Vorsätzliches Handeln

Der Vorsatz besteht einmal in dem Willen, durch Gewalt oder Drohung mit einem empfindlichen Übel in Kenntnis von der Empfind-
lichkeit des Übels und der Rechtswidrigkeit der Tat einen anderen zu nötigen, d.h. ihm ein aktives oder passives Verhalten
aufzuzwingen,[2] das seinem freien Willen widerspricht. Dabei ist
es unerheblich, ob der Genötigte zu seinem Entschluß sofort oder
erst nach reiflicher Überlegung kommen soll.[3] Der Vorsatz verlangt außerdem, daß der Täter zu gleicher Zeit es darauf absieht,
das Vermögen eines anderen mittels einer nachteiligen Vermögensverfügung oder einer vermögenswirksamen Unterlassung des Genötigten zu schädigen[4] und dadurch sich oder einen anderen zu Unrecht
zu bereichern.[5] Glaubt der Täter auf die Bereicherung einen Anspruch zu haben, so befindet er sich bei seiner Handlung in einem strafausschließenden Tatbestandsirrtum.[6] Dies gilt auch für
den Fall sogenannter Naturalobligationen, wie bei Verbindlichkei-

---

[1] BGH NJW 53, 1400, LM (1954) Nr.5 zu § 253 StGB.

[2] RGSt 36, 386; 64, 381.

[3] RGSt 64, 17.

[4] RGSt 67, 201; 71, 292; BGHSt 1, 20; Lackner 11.Aufl.(1977)
§ 253 Anm.4; Dreher 37.Aufl.(1977) Rdz.13 zu § 253.

[5] RGSt 27, 219 f.; 33, 408 f.; BGHSt 4, 106.

[6] RGSt 20, 59; BGHSt 4, 107, NJW 53, 835, JZ 53, 348, LM (1953)
Nr.4 zu § 253 StGB m.Anm.Busch; BGHSt 17, 91; BGH VRS 42, 111;
BGH Urt.v.20.3.63 - 2 StR 22/63; BGH Urt.v.30.6.67 - 4 StR 163/
67; BGH Urt.v.29.9.67 - 5 StR 430/67.

ten aus Spiel und Wette, sofern der Täter irrigerweise annimmt, eine erzwingbare Forderung zu haben. Entspricht das mit der Handlung verfolgte Endziel der Rechtsordnung, so wird sie nicht dadurch rechtswidrig, daß zu ihrer Verwirklichung rechtswidrige Mittel angewandt werden.[1] Der Vorsatz verlangt auch, daß der Täter annimmt, die Nötigung sei als Druckmittel geeignet, das Opfer zu der geforderten Handlung, Duldung oder Unterlassung zu bestimmen,[2] das Opfer werde auch an die Ernstlichkeit der vielleicht nicht ernstlich gemeinten Drohung glauben und sich dadurch in seinem Verhalten bestimmen lassen, ferner der Dritte werde, falls mit der Handlung eines solchen gedroht wird, tatbereit sein.[3] Irrt sich der Täter über die Tauglichkeit seines Nötigungsmittels, so kann untauglicher Versuch vorliegen. Sowohl bei Raub wie bei Erpressung wird ein solcher Fall sehr selten vorkommen. Zu denken wäre ersterenfalls an einen Überfall auf einen im Bett liegenden Mann, der kurz zuvor gestorben ist, was aber dem Täter nicht bekannt war.[4] Für die Nötigung, die Schadenszufügung und die Unrechtmäßigkeit des erstrebten Vermögensvorteils genügt vorsätzliches Handeln, auch in der Form des dolus eventualis.[5] Dagegen verlangt die Bereicherungsabsicht, daß die Bereicherungsvorstellung als Triebfeder den Willen des Täters bestimmen, also die Entschlußfassung verursacht haben muß, so daß der Bereicherungserfolg den Handlungszweck bildet.[6] Allerdings braucht die Bereicherungsvorstellung nicht der einzige und ausschließliche Beweggrund für das Handeln des Erpres-

---

[1] BGHSt 3, 162.

[2] RGSt 25, 255; LK 9.Aufl., Bd.2, (1974) Rdz.17 zu § 253.

[3] LK 8.Aufl., Bd.2, (1958) § 253 Anm.6 a.

[4] Gerber (J.), S.127.

[5] BGH NJW 53, 1401; Dreher 37.Aufl.(1977) Rdz.214 zu § 253; so auch nach österreichischem Recht, vgl. Stigelbauer (F.), S.647.

[6] RGSt 15, 10; 17, 237; 22, 171 f.; LK 8.Aufl., Bd.2, (1958) § 253 Anm.6 b.

sers zu sein.[1] Der Erpresser muß nach dem Urteil des Bundesgerichtshofs vom 13.5.1953[2] bei Ankündigung des empfindlichen
Übels mit Nötigungsvorsatz und in Bereicherungsabsicht handeln.
Fehlt ihm diese Willensrichtung, dann macht er sich nicht dadurch der Erpressung schuldig, daß er die von ihm aus anderem
Grunde herbeigeführte Willensunfreiheit des Dritten nachträglich zu seinem Vorteil ausnutzt, indem er sich dafür geldlich
abfinden läßt, daß er das angekündigte Übel nicht verwirklicht.[3]

2. Bereicherungsabsicht

Als Bereicherung ist jeder in Geld abschätzbare Vorteil anzusehen, der in einer günstigeren Gestaltung der Gesamtvermögenslage zum Ausdruck kommt.[4] Beispiele hierfür sind unter anderem
die Erteilung eines gewinnbringenden Auftrages,[5] die Erlangung
eines Kredits,[6] die auch nur vorübergehende Besitzerlangung an
einer Sache, der eine Schädigung des bisherigen Besitzers in
Form der entzogenen Nutzungsmöglichkeit der weggenommenen Sache
entspricht.[7] § 253 StGB verlangt eine Bereicherungsabsicht. Ein
derartiger Fall liegt z.B. dann vor, wenn zwei Mittäter einen
unvorsichtigen Autofahrer aus dem Wagen zerrten und ihn zwangen,
ihnen den Wagen zu einer Spritztour zu überlassen und danach den
Wagen an einem dem Eigentümer bekannten oder von ihm ohne weiteres feststellbaren Ort stehen ließen. Mangels Zueignungsabsicht

---

[1] BGH Urt.v.30.9.52 - 2 StR 66/52; BGH NJW 53, 1401; BGHSt 16,
4, MDR 61, 703; BGH Urt.v.9.11.71 - 5 StR 374/71; OLG Frankfurt a.M. NJW 70, 343.

[2] NJW 53, 1400 f.

[3] BGH NJW 53, 1401.

[4] RGSt 33, 408; 50, 279; Schönke-Schröder 18.Aufl.(1976) Rdz.17
zu § 253.

[5] RGSt 33, 409; Schönke-Schröder 18.Aufl.(1976) Rdz.17 zu § 253.

[6] Schönke-Schröder 18.Aufl.(1976) Rdz.17 zu § 253.

[7] BGHSt 14, 389; Schönke-Schröder 18.Aufl.(1976) Rdz.17 zu § 253.

liegt zwar kein Raub, wohl aber eine Erpressung vor, da in der
auch nur vorübergehenden Benutzung des Fahrzeugs dem Eigentümer
durch die zeitweilige Entziehung der Nutzungsmöglichkeit ein
Vermögensschaden entstanden und aus der Benutzung des Wagens zu
der Spritztour auf eine unrechtmäßige Bereicherungsabsicht der
Täter zu schließen ist.[1] Bei Verneinung der Bereicherungsabsicht käme Nötigung in Realkonkurrenz mit Gebrauchsanmaßung
(§ 248 b StGB) in Frage. Bei einer möglichen, nur sehr kurzfristi-
gen Rückgabeabsicht des Besitzerwerbers allerdings, z.B. bei
Leistung Zug um Zug gegen eine solche des bisherigen Besitzers
bedarf der subjektive Tatbestand, die Schädigungsabsicht und die
Bereicherungsabsicht des Besitzerwerbers, obwohl auch objektiv
ein Vermögensvorteil des bisherigen Besitzers und eine Bereicherung des Besitzerwerbers gegeben ist, einer besonders sorgfälti-
gen Prüfung.[2] Bereicherungsabsicht liegt ferner z.B. in der Ausübung des Aktienbezugsrechts z.B. des Volkswagenwerks durch eine nicht zum Kreis der privilegierten Berechtigten gehörende
Person zu ihren Gunsten im Einverständnis mit dem Berechtigten,[3]
in der Erlangung der Anschrift eines Schuldners, in der Gewinnung oder Erhaltung einer Kundschaft, in der Einstellung als
Arbeiter, in der Erlangung einer mit Gehalt verbundenen Anstellung oder in der Erzielung eines Zwangsvergleichs im Konkurs.[4]
Eine Bereicherung liegt auch vor, wenn der Täter, der eine Gegenleistung übernimmt, nicht leistungswillig ist.[5] Keine Bereicherung liegt vor, wenn die Entziehung einzelner Vermögens-

---

[1] vgl. Gerber (J.), S.124.

[2] OLG Hamm MDR 72, 707.

[3] BGHSt 19, 217.

[4] RGR 8, 137; Schönke-Schröder 18.Aufl.(1976) Rdz.17 zu § 253.

[5] RGSt 17, 237.

bestandteile durch gleichzeitige Vermehrung des Vermögens um
andere Vermögensbestandteile von gleichem Geldwert ausgeglichen und dadurch das Vermögen als die Summe der wirtschaftlichen Güter in seinem gesamten Geldwert aufrechterhalten wird.[1]
An einer Bereicherung kann es auch bei dem Verzicht auf einen
Anspruch als Gegenwert fehlen.[2] Bemerkt muß werden, daß ein
Eintritt der Bereicherung nicht notwendig ist, insofern nur
die Absicht, eine solche sich oder einem anderen zu verschaffen, zum Tatbestand der Erpressung gehört.[3] Die Bereicherungsabsicht muß zu Unrecht erfolgen. Der in § 253 StGB gewählte
Ausdruck "um sich oder einen Dritten zu Unrecht zu bereichern"
deckt sich trotz des verschiedenen Wortlauts im wesentlichen
und in der Regel mit der "Absicht sich oder einem Dritten einen rechtswidrigen Vermögensvorteil zu verschaffen" i.S. des
§ 253 StGB i.d.F. vom 15.5.1871 und der Bestimmung des § 263
StGB,[4] weshalb auch in beiden Fällen ein bedingter Vorsatz
nicht ausreicht, es vielmehr dem Täter darauf ankommen muß,
daß er für sich oder den Dritten den Vermögensvorteil bzw. die
Bereicherung zu erlangen bezweckt.[5] Bezüglich der anderen Tatbestandsmerkmale, insbesondere hinsichtlich der Unrechtmäßigkeit des erstrebten Vermögensvorteils genügt dagegen bedingter
Vorsatz des Täters.[6] Wie schon früher erwähnt, erfolgte die Fas-
sungsänderung in § 253 StGB zu dem Zweck, die formalrechtliche
Abgrenzung, nach der als widerrechtlich anzusehen ist, worauf
nach Zivilrecht kein Rechtsanspruch besteht, durch die materielle Bewertung, ob die Bereicherung für das natürliche Rechtsempfinden des Volkes nach dem Sittengesetz als Unrecht erscheint,
gleichgültig, wie es im bürgerlichen Recht zum Ausdruck kommt,

---

[1] Schönke-Schröder 18.Aufl.(1976) Rdz.18 zu § 253.

[2] RGSt 36, 384; Schönke-Schröder 18.Aufl.(1976) Rdz.18 zu § 253.

[3] RGSt 33, 79.

[4] LK 9.Aufl., Bd.2 (1974) Rdz.18 zu § 253; Schönke-Schröder
18.Aufl.(1976) Rdz.19 zu § 253.

[5] BayObLGSt 1955, 14; Maurach (R.), Deutsches Strafrecht Bes.
T., 5.Aufl.(1971) S.295; Schönke-Schröder 18.Aufl.(1976) Rdz.
19 zu § 253; Lackner 11.Aufl.(1977) § 253 Anm.5; Dreher 37.
Aufl.(1977) Rdz.14 zu § 253.

[6] Schönke-Schröder 18.Aufl.(1976) Rdz.21 zu § 253.

zu ersetzen. Allerdings kann durch die geänderte Fassung ausnahmsweise auch ein sachlicher Unterschied begründet werden.[1]
Es ist in dieser Hinsicht auf den schon früher erwähnten Fall
hinzuweisen, in dem der Bestohlene den Vater des Diebes durch
Drohung mit Strafanzeige gegen den volljährigen Sohn nötigte,
ihm Schadensersatz zu leisten. Hier will sich der Bestohlene
nicht "zu Unrecht" bereichern, obwohl er gegen den Vater keinen Rechtsanspruch auf Ersatz des Schadens hat,[2] also einen
rechtswidrigen Vermögensvorteil anstrebt. Auch mag die Sicherung
vorhandener Vermögenswerte, z.B. durch Beweiserleichterung für
einen bestehenden Anspruch mittels Schuldschein oder durch Abwendung drohenden Vermögensschadens mittels Abwehr eines nicht
bestehenden Anspruchs, wohl als Vermögensvorteil, nicht aber
als Bereicherung anzusehen sein.[3] Der materielle Maßstab für
das Unrecht der erstrebten Bereicherung entspricht indessen notwendig dem wirtschaftlichen für den Vermögensschaden. Es muß mit
anderen Worten die erstrebte Bereicherung dem Schaden entsprechen, den der Täter zufügen will, also Stoffgleichheit zwischen
Schaden und Nutzen bestehen.[4] Die Bereicherung kann auch dann
zu Unrecht erstrebt sein, wenn der Täter denselben Vorteil ohne
Nötigung auf andere Weise hätte erlangen können.[5] "Zu Unrecht"
i.S. des § 253 StGB ist ebenso wie auch die Rechtswidrigkeit
des Vermögensvorteils nach § 263 StGB kein allgemeines Verbrechensmerkmal, sondern ein besonderes Tatbestandsmerkmal, so daß
nicht nur bei Vorliegen eines fälligen Rechtsanspruchs, z.B.
bei Forderung eines für geleistete Arbeit angemessenen Lohnes
oder bei Drohung des Mieters mit Kündigung auf den gesetzlichen
oder vereinbarten Termin, falls er eine Herabsetzung des Miet-

---

[1] OLG Hamm HESt 2, 33; OLG Celle HESt 2, 315.

[2] Klee, Nötigung und Erpressung, DStR 1943, 131; OLG Celle
HESt 2, 315.

[3] Dahm, Art."Betrug" in: Das kommende deutsche Strafrecht
S.349.

[4] RG 53, 283; 67, 201; 71, 29; Dreher 37.Aufl.(1977) Rdz.1 zu
§ 253; Schönke-Schröder 18.Aufl.(1976) Rdz.20 zu § 253; Blei
(H.), Strafrecht II Bes.T., 10.Aufl.(1976), S.211.

[5] Schönke-Schröder 18.Aufl.(1976) Rdz.19 zu § 253 unter Bezugnahme auf RG JW 1930, 2548 m.Anm.Bohne.

zinses erreichen will, es sei denn, daß ein Kündigungsausschluß auf bestimmte Zeit vereinbart war, eine zu Unrecht erfolgte Bereicherung entfällt, sondern auch in dem Falle, daß der Nötiger nur ernsthaft glaubt, einen solchen Rechtsanspruch zu besitzen. Damit ist Erpressungsvorsatz ausgeschlossen.[1] In einem solchen Falle kann nur Nötigung in Frage kommen.[2] Hierfür kann auf eine neuere Entscheidung des Bundesgerichtshofs[3] hingewiesen werden, der folgender Sachverhalt zugrundelag: "A versetzte dem B Schläge, um diesen zur Begleichung einer Wettschuld zu zwingen. Zwar wird durch Spiel oder durch Wette keine (vollkommene) Verbindlichkeit (sondern nur eine sog. Naturalobligation) begründet (§ 762 I S.1 BGB). Nahm der Täter aber an, es bestehe eine (erzwingbare) Forderung, so fehlte es beim Tatbestand der Erpressung an der inneren Tatseite. Denn der Vorsatz des Erpressers muß die Vorstellung umfassen, daß auf die erstrebte Bereicherung kein Recht bestehe. Ein Irrtum über das Bestehen einer Verbindlichkeit ist ein beachtlicher, den Vorsatz nach § 59 StGB ausschließender Tatbestandsirrtum (5 StR 430/67 v. 29.9. 1967 im Anschluß an BGHSt 4, 105, 107; hierzu Anm.Busch in LM 4 zu § 253 StGB). Im gegebenen Falle kam daher - den erwähnten Irrtum des Täters unterstellt - nur versuchte Nötigung in Tateinheit mit gefährlicher Körperverletzung in Betracht". Für die rechtswidrige Bereicherung gelten im wesentlichen dieselben Grundsätze, die oben für die rechtswidrige Wegnahme und Zueignung beim Raub in Ansehung von Individual- und Gattungsschulden näher dargelegt worden sind, nur daß hier anstelle der Verschiebung konkreter Sachen die Verschiebung von Werten tritt und hieraus einige Sonderprobleme resultieren.[4] Bei Vorliegen eines fälligen Übereignungsan-

---

[1] BGHSt 2, 194; 4, 107; BGH NJW 53, 835; NJW 54, 480.

[2] RGSt 7, 380; 20, 59 f.; Kohlrausch-Lange 43.Aufl.(1961) § 253 Anm.VIII 2 b.

[3] BGH Urt.v.29.9.67 - 5 StR 430/67 bei Dallinger MDR 68, 18; LK 9.Aufl., Bd.2 (1974) Rdz.18 zu § 253.

[4] Schröder (H.), Rechtswidrigkeit und Irrtum bei Zueignungs- und Bereicherungsabsicht, DRiZ 1956, 69 f. Die neue Fassung "zu Unrecht bereichern" hat materiell keine Änderung bewirkt.

spruchs auf die Individualsache schließt dieser Anspruch die Rechtswidrigkeit des Vermögensvorteils aus, wenn der Täter durch die Nötigung die Herausgabe der Sache erlangt. Aber auch bei Gattungssachen kann nicht zweifelhaft sein, daß die Bereicherung möglicherweise der Rechtsordnung nicht zuwiderläuft, wenn der Täter durch unlautere Mittel die Herausgabe aus der Gattung erzwingt, da und insoweit es sich um die Erfüllung einer rechtlichen Verbindlichkeit handelt. Jedoch liegen hier die Fälle sehr verschieden. Zweifellos liegt keine Rechtswidrigkeit des erstrebten Vorteils dann vor, wenn der Täter es gerade auf die Erfüllung der dem Opfer obliegenden Verbindlichkeit als solcher absieht.[1] Die Absicht einer nur mittelbaren Befriedigung, insbesondere durch Erlangung einer nicht geschuldeten Leistung, um seine Forderung zu realisieren, nimmt dagegen der Bereicherungsabsicht die Rechtswidrigkeit nicht.[2] Daß der widerrechtlichen Bereicherung ein Anspruch aus anderen Rechtsgründen gegenübersteht, kann an dem Ergebnis rechtswidriger Bereicherung nichts ändern. Entscheidend ist, daß der Täter aus diesem selben Rechtsgrund keinerlei Anspruch hat, mag er auch aus anderen Gründen einen gleichwertigen Anspruch gegenüber dem Erpreßten haben. Die Entscheidung des Bundesgerichtshofs vom 11.10.55[3] steht nicht entgegen, weil es sich in diesem Fall um denselben Anspruch nur mit verschiedener Begründung handelte. Eine abweichende Meinung vertreten Welzel und Bockelmann,[4] welche der Auffassung sind, daß es bei Vorliegen eines Anspruchs auf die erstrebte Leistung schon im objektiven Bereich an einem Vermögensschaden fehle, da der Vermögensminderung durch die Leistung als

---

[1] RGSt 77, 184 f. mit der dort zitierten Rechtsprechung.

[2] RGSt 77, 185.

[3] bei Dallinger MDR 56, 10.

[4] Welzel (H.), Zum Schadensbegriff bei Erpressung und Betrug, NJW 53, 653; Bockelmann (P.), Behandlung unvollkommener Verbindlichkeiten im Vermögensstrafrecht, in: FS für Mezger (1954) S.367 ff.

Äquivalent die Befreiung von der Verbindlichkeit gegenüberstehe. Dies zieht Schröder in Zweifel, indem er davon ausgeht, daß der Besitz einer Sache für höherwertig anzusehen sei als die Befreiung von einer, möglicherweise zweifelhaften, Verbindlichkeit. Daher liege ein Vermögensschaden vor. Glaubt der Täter irrtümlich an das Vorhandensein eines Anspruchs auf die durch die Nötigung erlangte Leistung, so befindet er sich entweder in einem Tatbestandsirrtum oder in einem nach der Rechtsprechung des Bundesgerichtshofs dem Tatbestandsirrtum gleich zu behandelnden Irrtum über die tatsächlichen Voraussetzungen eines Rechtfertigungsgrundes, die beide zur Straflosigkeit des Täters führen.[1] Dabei ist der Bundesgerichtshof, soweit er zu dieser Frage Stellung genommen hat,[2] der Meinung, die Widerrechtlichkeit sei in diesen Fällen Tatumstand i.S. des § 59 StGB.[3] Dies gilt jedoch auch hier nur insoweit, als sich der Irrtum des Täters auf einen Anspruch erstreckt, der gerade die erstrebte Leistung des Geschädigten zum Gegenstand hat, wobei es im subjektiven Bereich gleichgültig ist, ob es um die Erfüllung von Individual- oder Gattungsansprüchen geht.[4] Es kann auch Bereicherung eines Dritten beabsichtigt sein. Der Dritte braucht weder die Absicht noch das Bewußtsein der Bereicherung zu haben. Dritter kann auch ein Mittäter oder eine juristische Person sein. Gleichgültig ist, ob der vom Täter bedachte Empfänger die Bereicherung wirklich erlangen konnte, ob er dem Täter bekannt oder unbestimmbar ist.[5] Die auf Bereicherung eines Dritten gerichtete Absicht wird also durch die Unbestimmtheit der Person des Dritten zur Zeit der Nötigung nicht ausgeschlossen.[6] In diesem Sinne spricht sich

[1] BGHSt 4, 107, NJW 53, 835; siehe auch BGHSt 17, 91.
[2] BGHSt 4, 107.
[3] jetzt § 16 StGB.
[4] Schröder (H.), Rechtswidrigkeit S.72.
[5] arg. RGR 1, 495.
[6] RGSt 32, 337.

auch das Reichsgericht in der Entscheidung vom 20.10.1899,[1]
das die Bildung eines Streikfonds für noch unbestimmte Empfänger als Bereicherung ansah, insofern die zunächst vorhandene
Unbestimmtheit und Unbestimmbarkeit der Empfänger der Auffassung derselben als Dritte i.S. des § 253 StGB keineswegs entgegensteht, aus. Schon im Urteil des Reichsgerichts vom 12.10.
1891[2] ist bereits hervorgehoben, daß die auf Bereicherung eines "Dritten" gerichtete Absicht auch durch die völlige Unbestimmtheit der Person des Dritten nicht ausgeschlossen wird.
In einer anderen Entscheidung des Reichsgerichts vom 2.3.1900[3]
war aber der bloße Beitritt zu einer Streikkasse, die zu dieser Zeit keine Beiträge erhob, nicht geeignet, irgend jemand
einen Vermögensvorteil zu verschaffen. Die Wahlfeststellung
"sich oder einem Dritten" ist, da es alternative Tatumstände
sind, statthaft.[4]

---

[1] RGSt 32, 337.
[2] RGSt 22, 173.
[3] GA 47, 165.
[4] LK 8.Aufl., Bd.2 (1958), § 253 Anm.6 b unter Hinweis auf RG
GA 52, 384.

E) Versuch und Teilnahme

Vollendet ist die Erpressung erst, wenn ein Vermögensnachteil
bei dem Genötigten oder einem Dritten, wenn auch nur teilweise, eingetreten ist.[1] Es genügt hierfür, daß dieser durch eine
Handlung herbeigeführt wird, die sich als eine Verfügung des
Genötigten darstellt. Dagegen ist nicht erforderlich, daß sie
zu einer Bereicherung des Täters geführt hat, da nur Bereicherungsabsicht nicht Bereicherung selbst Tatbestandsmerkmal ist.[2]
Der Tatbestand des § 253 StGB ist daher auch dann vollendet,
wenn z.B. das erpreßte Geld auf dem Transport zum Täter verlorengeht.[3] Vollendung liegt auch vor, wenn die erpreßte Leistung
hinter den Forderungen des Täters zurückbleibt.[4] Für den Versuch, der ausdrücklich für strafbar erklärt ist (§ 253 Abs.3
StGB), da einfache Erpressung nur ein Vergehen und daher nur
strafbar ist, wenn das Gesetz ausdrücklich die Bestrafung des
Versuchs bestimmt (§ 23 Abs.1 StGB), genügt es, daß der Täter
nach seiner Vorstellung von der Tat zur Verwirklichung des Tatbestandes unmittelbar angesetzt hat,[5] also mit der Anwendung
von Gewalt oder Drohung begonnen hat, z.B. einen Drohbrief abgesandt hat.[6] Der Versuch der Erpressung beginnt somit mit der
Nötigung.[7] Das Delikt darf andererseits mit der Tätigkeit des
Delinquenten nicht schon zur Vollendung gekommen sein.[8] Ein

---

1 LK 9.Aufl. Bd.2 (1974) Rdz.278 zu § 263; Schönke-Schröder 18.
  Aufl.(1976) Rdz.23 zu § 253; Dreher 37.Aufl.(1977) Rdz.15 zu
  § 253.
2 RGSt 56, 173; BGHSt 19, 342; Dreher 37.Aufl.(1977) Rdz.15 zu
  § 253; Schönke-Schröder 18.Aufl.(1976) Rdz.23 zu § 253; ebenso nach österr.Recht, vgl. Stigelbauer (F.), ÖJZ 74, 647.
3 Schönke-Schröder 18.Aufl.(1976) Rdz.23 zu § 253.
4 RGSt 33, 78; vgl.aber auch RG JW 1934, 488 m.Anm.Kalsbach, wo
  ausgeführt ist, daß, wenn der Vorsatz den größeren Erfolg einbezogen hat, dies erst recht für den geringeren anzunehmen ist.
  Diese Behauptung stimmt aber dann nicht, wenn der Täter es nur
  auf den höheren Betrag abgesehen hat und ihm der geringere Betrag für seinen Zweck wertlos ist, so daß er ihn ablehnt, wel-
  chenfalls nur Versuch in Betracht kommt. Das letztere gilt auch
  dann, wenn der beabsichtigte und der wirklich erreichte Erfolg
  in ihrer Art verschieden sind, es sei denn, daß der Täter in
  Kenntnis des andersartigen Erfolgs sich auf diesen neu einstellt, so daß Geschlossenheit zwischen Vorstellung und Ergebnis wieder vorhanden ist.
5 Baumann (J.), Strafrecht Allg.T. 8.Aufl.(1977) S.520.
6 RMG 11, 137; Schönke-Schröder 18.Aufl.(1976) Rdz.23 zu § 253.
7 LK 9.Aufl. Bd.2 (1974) Rdz.24 zu § 253 mit RGSt 34, 279.
8 Baumann (J.), Strafrecht Allg.T. 7.Aufl.(1975) S.494.

strafbarer Versuch liegt auch dann vor, wenn der Nötigende im
Sinne der nunmehr dem § 22 StGB zugrunde liegenden subjektiven
Versuchslehre[1] das an sich zur Willensbeeinflussung ungeeignete Mittel für dazu geeignet hält.[2] Die objektive Versuchslehre
vom straflosen untauglichen Versuch ist dagegen abzulehnen.[3]
Es kommt seit der Neufassung der Versuchsdefinition im 2.Straf-
rechtsreformgesetz, die nach § 22 StGB i.d.F. vom 1.1.1975
übernommen wurde, auf die Vorstellung des Täters von der Tat,
nicht auf deren Realisierbarkeit an. Notwendig ist aber neben
der Vorstellung des Täters von der Tat das unmittelbare Ansetzen zur Verwirklichung des Tatbestandes, um nicht die blosse Gesinnung zu bestrafen.[4] So liegt in dem erfolglosen Bemühen,
in das Haus des zu Erpressenden zu gelangen, noch kein Versuch,
da damit noch nicht auf den Willen des Opfers eingewirkt wird.[5]
Beim Versuch bleibt es, wenn der Bedrohte nicht an die Ernstlichkeit der Drohung glaubt oder sie mißachtet, sich jedenfalls
dadurch nicht nötigen läßt.[6] Beim Versuch bleibt es auch, wenn
der Bedrohte freiwillig, z.B. aus Mitleid, den vom Täter verlangten Gegenstand herausgibt. Ein Versuch liegt desgleichen

---

[1] § 22 i.d.F. des 2.StRG v. 4.7.69 (BGBl I 720) wurde nach § 22
StGB i.d.F. v. 1.1.75 übernommen; vgl. Baumann (J.), Strafrecht Allg.T. 8.Aufl.(1977) S.498 ff.

[2] Schönke-Schröder 18.Aufl.(1976) Rdz.23 zu § 253.

[3] Baumann (J.), Strafrecht Allg.Teil 7.Aufl.(1975) S.500.

[4] Baumann (J.), Strafrecht Allg.Teil 8.Aufl.(1977) S.502.

[5] BGH Beschl. v. 9.10.74 - 2 StR 350/74, zit. bei Dallinger
MDR 75, 21; Schönke-Schröder 18.Aufl.(1976) Rdz.23 zu
§ 253.

[6] RGSt 25, 255; 71, 292.

ferner vor, wenn der Täter mit der Drohung nur einen vermeintlich rechtswidrigen Vermögensvorteil anstrebt.[1] Zum beendeten
Versuch, der vorliegt, wenn der Täter mit der Ausführung der
Tat bereits begonnen hat und eine weitere Tätigkeit nicht mehr
für erforderlich hält, um den Erfolg herbeizuführen,[2] gehört
Kenntnis des Bedrohten von der Drohung.[3] Ein freiwilliger Rücktritt von versuchter Erpressung kann vom Beginn der Nötigung
an, mit der die versuchte Erpressung anfängt, erfolgen und ist
bis zum, auch nur teilweisen, Eintritt der Schädigung möglich,
mit der die Erpressung vollendet ist.[4] Zu demselben Ergebnis
kommt auch Otto,[5] der für die versuchte Erpressung eine Ergänzung des "Ansetzens" durch den Beginn des Erfordernisses "der
unmittelbaren Gefährdung des von der Strafnorm geschützten
Rechtsgutes" verlangt, das mit der die nachteilige Verfügung
des Opfers erstrebenden, dessen Willensfreiheit verletzenden
Nötigungshandlung gegeben ist. Ein freiwilliger Rücktritt von
versuchter Erpressung verlangt beim unbeendeten Versuch, daß
der Täter die weitere Ausführung der Tat freiwillig aufgibt,
beim beendeten Versuch, daß er den Eintritt des Erfolgs freiwillig abwendet oder doch um diese Abwendung sich ernsthaft und
freiwillig bemüht.[6] Wie beim untauglichen Versuch die Vorstellung des Täters, der Versuch sei vollendbar, diesen mit Versuchsstrafbarkeit belastet, muß auch die Vorstellung des Täters,
sein Handeln wende den Erfolg ab, ihn entlasten.[7] Kein freiwil-

---

[1] RGSt 17, 238; Dreher 37.Aufl.(1977) Rdz.15 zu § 253.

[2] Baumann (J.) 7.Aufl.(1975) S.509 f.

[3] RGSt 1, 309; LK 9.Aufl. Bd.2 (1974) Rdz.24 zu § 253.

[4] LK 9.Aufl. Bd.2 (1974) Rdz.24 zu § 253.

[5] Anm. Otto zu Urt.d.BGH v.16.9.75 - 1 StR 264/75, NJW 76, 579.

[6] § 24 Abs.1 S.2 StGB; Dreher 37.Aufl.(1977) Rdz.7-14 zu § 24
StGB.

[7] Baumann (J.) 7.Aufl.(1975) S.530 mit Anm.29.

liger Rücktritt liegt vor, wenn der Täter sich der Aussichtslosigkeit, mit der begonnenen Erpressung zum Erfolg zu kommen,
bewußt wird und deshalb von seinem Plan Abstand nimmt. Auch bei
Mitursächlichkeit der Annahme einer wahrscheinlichen Festnahme
wäre der Rücktritt als unfreiwilliger zu beurteilen, insofern
der Bundesgerichtshof[1] im Anschluß an die Rechtsprechung des
Reichsgerichts[2] die Angst vor späterer Bestrafung als Grund für
freiwilligen Rücktritt nur anerkennt, wenn der Täter lediglich
durch sie allein zur Aufgabe seines Planes bestimmt wurde.
Bei der Strafzumessung wegen versuchter Erpressung des Täters
dürfen "die egoistischen Beweggründe, die sein Handeln bestimmten" i.S. des § 46 Abs.2 StGB nicht strafschärfend berücksichtigt werden, wenn diese sich mit der Bereicherungsabsicht decken
sollten, da sonst gegen § 46 Abs.3 StGB verstoßen würde.[3] Für
den Rücktritt Tatbeteiligter vom Versuch bestimmt § 24 Abs.2
StGB, daß, wenn an der Tat mehrere beteiligt sind, wegen Versuchs nicht bestraft wird, wer freiwillig die Vollendung verhindert. Jedoch genügt zu seiner Straflosigkeit sein freiwilliges
und ernsthaftes Bemühen, die Tat zu verhindern, wenn sie ohne
sein Zutun nicht vollendet oder unabhängig von seinem früheren
Tatbeitrag begangen wird. Straffreiheit erlangt hiernach der
Tatbeteiligte nur, wenn er freiwillig seinem Teilbeitrag jegliche Wirksamkeit entzieht und sich außerdem wegen der Fortwirkung seines auch zurückgenommenen Tatbeitrages bemüht, die Vollendung der Tat zu verhindern. Unterläßt er dies und kommt die
Tat zur Vollendung, so wird er wegen Teilnahme an der vollendeten Tat bestraft. Walter[4] nimmt dagegen einen freiwilligen Rück-

---

[1] BGH MDR 51, 369 f.

[2] RGSt 57, 316; 68, 83.

[3] BGH Urt.v.2.7.75 - 2 StR 243/75, bei Dallinger MDR 76, 14.

[4] Walter (M.), Zur Strafbarkeit des zurücktretenden Tatbeteiligten, wenn die Haupttat vollendet wird, JR 76, 100 f.

tritt des Tatbeteiligten schon dann an, wenn dieser seinem
Tatbeitrag freiwillig jegliche Wirksamkeit entzieht, ohne daß
er sich darüber hinaus noch zusätzlich bemühen muß, die Vollendung der Tat zu verhindern, was ihm nach bisheriger Rechtsprechung und Lehre zu § 46 StGB i.d.F. vom 15.5.1871 von § 43
StGB derselben Fassung ausgehend nur dann angesonnen wurde,
wenn aus seiner Sicht die Wirksamkeit seines Tatbeitrages
auf andere Weise nicht zu beseitigen ist.[1] Nach dem Urteil
des Bundesgerichtshofes vom 16.9.1975[2] läßt sich § 43 Abs.1
StGB a.F., wonach der Versuch mit "Handlungen, welche einen
Anfang der Ausführung" der Straftat enthielten, auf deren Begehung der Vorsatz des Täters gerichtet war, beginnt, und § 22
StGB, nach welchem in das Versuchsstadium Handlungen fallen,

---

[1]
Nach § 24 StGB wurden die Voraussetzungen für die Straffreiheit des zurücktretenden Tatbeteiligten insofern verschärft, als er nicht nur lediglich seinen Tatbeitrag annuliert, d.h. ihm die ursächliche Wirksamkeit entzogen
(RGSt 59, 412; Jescheck (H.-H.), Lehrbuch Allg.T. 2.Aufl.
(1972) S.414; Schönke-Schröder 17.Aufl.(1974) Rdz.43 f. zu
§ 46), sondern sich auch stets freiwillig und ernsthaft bemüht haben muß, die Vollendung des Delikts zu verhindern,
auch wenn dasselbe im Vollendungsstadium den Tatbeitrag
gar nicht mehr enthält, weil er inzwischen vom Tatbeteiligten annuliert war. Der Grund für die Verschärfung der
Straffreiheitsvoraussetzungen wird in der besonderen Gefährlichkeit der Mehrtäterschaft gesehen, die durch die
Rückgängigmachung des einzelnen Tatbeitrages nicht aufgehoben ist, sondern als fortwirkende Gefahrenerhöhung weiterbesteht (so insbesondere Dreher 35.Aufl.(1975) § 24
Anm.6 A). Dieser Auffassung stehen vor allem Grünwald (G.,
Zum Rücktritt des Tatbeteiligten im künftigen Recht, in
FS für H.Welzel (1974) S.701ff.), Roxin (Cl., in Roxin-
Stree-Zipf-Jung S.24) und Lenckner (Th., Probleme beim
Rücktritt des Beteiligten, in FS für W.Gallas (1973) S.281
ff.) ablehnend gegenüber und auch Walter (M., Zur Strafbar-
keit S.102) verlangt nur Entziehung der Wirksamkeit des
Tatbeitrages und keine zusätzliche Bemühung, die Tat zu
verhindern.

[2]
BGHSt 26, 202, NJW 76, 58, MDR 76, 57, JR 76, 248 f.; Otto
(H.), Anm.zu Urt.d.BGH vom 16.9.75 - 1 StR 264/75, NJW 76,
579; Gössel (K.H.), Anm.zu Urt.d.BGH vom 16.9.75 - 1 StR 264/
75, JR 76, 249 ff.; Kohlhaas (M.), Anm.zu Urt.d.BGH vom 16.
9.75 - 1 StR 264/75, LM (1975) Nr.1 zu § 22 StGB; vgl. auch
Meyer (D.), Abgrenzung der Vorbereitung vom Versuch einer
Straftat - BGHSt 26, 201, JuS 77, 20.

mit welchen der Täter "nach seiner Vorstellung von der Tat zur Verwirklichung des Tatbestandes unmittelbar ansetzt", "übereinstimmend interpretieren (vgl. LK 9.Aufl. § 43 Rdn. 14 und 68; Welzel, Lehrbuch 11.Aufl. § 24 III).[1] Die Rechtsprechung hat schon unter der Geltung des § 43 I StGB a.F. vielfach, wenn auch nicht ausschließlich, die "subjektive Lehre mit objektivem Einschlag" (LK aaO. Rdn.14), die "individuell-objektive Theorie" (Rudolphi in Syst.Komm.StGB § 22 Rdn.9; Welzel aaO. § 24 III 3), die andere als (subjektiv-objektiv) gemischte Methode bezeichnen (vgl. Dreher, StGB 35.Aufl. § 22 Anm.5), vertreten (vgl. BGHSt 1, 115; 16, 34 = MDR 1961, 702; 19, 350; 22, 80; 24, 72 = MDR 1964, 772; 1968, 507; 1971, 407). Der objektive Bewertungsmaßstab auf subjektiver, im konkreten Tatvorsatz zu findenden Beurteilungsgrundlage (vgl. Dreher aaO. Anm.5 A; Lackner, StGB 9.Aufl. § 22 Anm.1 b) dieser Theorie und des geltenden Rechts bezieht in den Bereich des Versuchs ein noch nicht tatbestandsmäßiges Verhalten ein, wenn es nach der Vorstellung des Täters der Verwirklichung eines Tatbestandsmerkmals "unmittelbar vorgelagert" ist (Dreher aaO. Anm.5 C; LK aaO. Rdn. 68), in die tatbestandliche Ausführungshandlung unmittelbar "einmündet" (Rudolphi aaO.). In der Sache nicht anders verstand die Rechtsprechung schon bisher den Bewertungsmaßstab, wenn sie das Versuchsstadium auf Handlungen erstreckte, die "im ungestörten Fortgang unmittelbar" zur Tatbestandserfüllung führen sollten (vgl. BGH NJW 1952, 514 Nr.24 und 1954, 567 Nr. 24; BGH GA 1953, 50; BGH, Urt. v. 3.11.1959 - 1 StR 393/59) oder wenn sie den Versuch mit Handlungen beginnen ließ, die im unmittelbaren räumlichen und zeitlichen Zusammenhang mit der Tatbestandsverwirklichung standen (vgl. BGHSt 22, 81 f. = MDR 1968, 507; BGH bei Dallinger MDR 1973, 728). Die Bedeutung der Begriffsbestimmung des § 22 StGB n.F. liegt trotzdem

---

[1] siehe auch Meyer (D.), Abgrenzung der Vorbereitung vom Versuch einer Straftat - BGHSt 26, 201, JuS 77, 20.

nicht nur in der Anerkennung des Tatvorsatzes als alleiniger Beurteilungsgrundlage, also im Absehen von der "natürlichen Auffassung" des außenstehenden Beobachters (vgl. dazu BGHSt 2, 380, 381; 9, 62, 64; BGH GA 1953, 50; BGH NJW 1954, 567 Nr.24) und in der Nichterwähnung des Gedankens der unmittelbaren Gefährdung des geschützten Rechtsguts (vgl. dazu BGHSt 9, 62, 64; 20, 150 = MDR 1965, 397; 22, 80 = MDR 1968, 507; BGH bei Dallinger MDR 1973, 728), sondern auch und in erster Linie in der Billigung des von Welzel (vgl. aaO. § 24 III) entwickelten Bewertungsmaßstabs. In der strikten Anknüpfung des Unmittelbarkeitserfordernisses an die tatbestandsmäßige Handlung kann "ein Gewinn an Rechtssicherheit" liegen (vgl. Roxin, JuS 1973, 329; Gössel, GA 1971, 225, 227)". Ein Ansetzen zur tatbestandsmäßigen Angriffshandlung lag im vorliegenden Fall darin, daß die Täter davon ausgingen, daß auf ihr Läuten an der Haustüre des Tankstelleninhabers dieser oder eine andere die Türe öffnende Person erscheinen werde, die von den maskierten Tätern mit der Pistole in der Hand bedroht, gefesselt und zur Ermöglichung und Duldung der Wegnahme der erstrebten Beute genötigt werden sollte. Da auf das Läuten hin niemand erschien, gaben die Täter ihr Vorhaben aus dem Grunde auf, weil eine Frau aus dem Fenster des Nachbarhauses heraussah und sie daher glaubten, daß diese sie entdecken könne. "Ansetzen" wurde z.B. in dem Urteil des OLG Hamm vom 21.10.1975[1] in dem Eindringen des Täters in das Gebäude oder den umschlossenen Raum, um festzustellen, ob sich dort Stehlenswertes finde, gesehen und daher darin der Versuch eines schweren Diebstahls und nicht eine bloße Vorbereitungshandlung festgestellt. Gegen dieses Urteil wandte sich Hillenkamp.[2] Zwar könne man

---

[1] MDR 76, 155 f.

[2] Hillenkamp (Th.), Anm. zu Urt. d. OLG Hamm vom 21.10. 1975 - 5 Ss 317/75, MDR 76, 155, in: MDR 77, 242 f.

sich, so führt er aus, dafür, daß das strafbare Versuchsstadium bereits mit dem Beginn des Erschwerungsgrundes erreicht sei, auf Dreher und Lackner sowie auf die Begründung
zum StGBE 1962 S.403 und die früher herrschende Meinung berufen. Diese These wäre aber ohne Bezug zum Tatbestand des
§ 242 StGB schon nach dem Wortlaut des § 22 StGB nur haltbar,
wenn die Regelbeispiele des § 243 StGB Tatbestände wären,
wie es die früheren Qualifikationen waren. Dies stehe aber
im Widerspruch zu der Rechtsprechung des Bundesgerichtshofes
in BGHSt 23, 254. Verwirklichung oder Ansetzen zur Verwirklichung eines Regelbeispiels sei nur dann und erst dann unter
den Wortlaut des § 22 StGB subsumierbar, wenn mit der (Teil-)
Verwirklichung des Regelbeispiels zur Tatbestandsverwirklichung des § 242 StGB unmittelbar angesetzt werde. Die der
These des OLG Hamm bei den Qualifikationen korrespondierende
Behauptung, das Ansetzen zur Qualifikation sei Versuch, unabhängig davon, ob damit zum Gesamttatbestand angesetzt ist,
müsse in dieser Generalisierung als unhaltbar erkannt werden.
Wer drei Tage vor Inbrandsetzen eines Gebäudes vorsorglich
die Löschgeräte beseitigt, verwirkliche einen qualifizierenden
Umstand, ohne zur besonders schweren Brandstiftung anzusetzen.
Eine ähnliche Definition des Versuchs wie im deutschen Recht
findet sich auch im schweizerischen Strafrecht. Nach der dortigen Rechtsprechung liegt ein Versuch vor, wenn der Täter eine Handlung begeht, die nach seinem Plan auf dem Weg zum Erfolg den letzten entscheidenden Schritt darstellt, von dem in
der Regel nicht mehr zurückgetreten wird, es sei denn wegen äus-
serer Umstände, welche die Weiterverfolgung der Absicht erschwe-
ren oder unmöglich machen.[1] Ob die Schwelle der straflosen Vorbereitung zum Versuch nach der Vorstellung des Täters überschritten ist oder nicht, entscheidet nach schweizerischem
Recht der Richter auf Grund der Persönlichkeit des Delinquenten und den Umständen des Einzelfalles.[2] So ist Versuch z.B.

---

[1] Gerber (J.) S.145.

[2] Gerber (J.) S.145.

beim Auflauern oder Beschaffen des Tatfahrzeuges anzunehmen.[1] Dem richterlichen Ermessen ist hierbei ein gewisser Spielraum eingeräumt.[2] Ein vollendeter Versuch liegt nach schweizerischem Recht vor, wenn der Täter von seiner Warte aus alles getan hat, was für den Eintritt des Erfolges notwendig gewesen wäre. Hat er vorher mit der Ausführung der Tat aufgehört, so ist der Versuch unvollendet, zB. beim Auflauern des Opfers, ohne es zu überfallen.

Die Mittäterschaft verlangt gemeinsame Tatbegehung, d.h. ein bewußtes und gewolltes Zusammenwirken der mehreren Beteiligten auf Grund gemeinsamen Tatentschlusses, der auch spontan und stillschweigend herbeigeführt werden kann.[3] Bloßes Zusammenwirken ohne gemeinsamen Entschluß, z.B. nur einseitiges Einverständnis, genügt so wenig wie gemeinsames Planen ohne Kausalität für die Tatbestandsverwirklichung.[4] Die Mittäterschaft ist bei Erpressung gegeben, wenn alle Beteiligten die Bereicherungsabsicht für sich oder einen Dritten, also auch nur zu Gunsten eines Mittäters, haben.[5] Sie ist auch in der Weise möglich, daß der eine Mittäter nur eine Nötigung begeht, da ihm die Bereicherungsabsicht fehlt und er vom Vorhandensein derselben beim anderen Täter auch nichts weiß, während der andere

---

[1]
Schwander (V.), Das schweizerische Strafgesetzbuch unter besonderer Berücksichtigung der bundesgerichtlichen Praxis systematisch dargestellt, 2.Aufl., Zürich 1964 S.238.

[2]
Gerber (J.) S.146.

[3]
Baumann (J.), Strafrecht Allg.Teil 8.Aufl.(1977) S.554 f.

[4]
Baumann (J.), Strafrecht Allg.Teil 8.Aufl.(1977) S.555 mit BGHSt 6, 248; 24, 286.

[5]
RG HRR 1925 Nr.543; BGH, Urt.v.4.4.1973 - 2 StR 54/73, zit. bei Dallinger MDR 73, 729; siehe auch LK 8.Aufl., Bd.2 (1958); § 253 Anm.8.

Mittäter sich der Erpressung schuldig macht.[1] Der Annahme einer Mittäterschaft steht nicht entgegen, daß die Beute der Tat selbst nur dem Mittäter zugutekommen soll. Denn Erpressung kann auch begehen, wer in der Absicht handelt, einen Dritten zu Unrecht zu bereichern. Daß der Dritte sich als Mittäter an der Tat beteiligte, ändert daran nichts. Entscheidend für die Frage der Mittäterschaft ist allein, daß der Mittäter mittelbar auch ein eigenes Ziel verfolgte. Das bewußte und gewollte Zusammenwirken könnte nur dann als bloße Gehilfenschaft angesehen werden, wenn der Betreffende die Tat nicht als seine eigene gewollt hätte.[2] Die Abgrenzung zwischen Mittäterschaft und Beihilfe hat nicht, wie die objektive Theorie behauptet, nach dem Grad der Tatbestandserfüllung, sondern nach dem Willen, die Tat als seine eigene zu begehen (animus auctoris), wofür das Vorliegen eines besonderen Interesses an der Tat ein Indiz sein kann,[3] oder nach dem Willen, eine fremde Tat vorsätzlich zu fördern, zu erfolgen, wobei dem Gehilfen kein oder auch nur ein geringes Interesse am Erfolg zukommt und er auch nur unwesentlich zur Tat beitragen will.[4] Der Anstifter, der den Tatentschluß beim Täter hervorrufen muß, braucht selbst keine Bereicherungsabsicht zu haben.[5] Er muß nur in dem Angestifteten die Bereicherungsabsicht hervorgerufen haben.[6] Da die Bereicherung selbst nicht zum Tatbestand der Erpressung gehört, ist es ohne Bedeutung, daß der Anstifter weiß, daß die Bereicherung tatsächlich nicht erreicht werden kann. Beihilfe ist nicht nur bis zur Vollendung, sondern bis zur tatsächlichen

---

[1] RGSt 54, 153; Schönke-Schröder 18.Aufl.(1976) Rdz.28 zu § 253; Dreher 37.Aufl.(1977) Rdz.16 zu § 253.

[2] BGH, Urt.v.4.4.73 - 2 StR 54/73 bei Dallinger MDR 73, 729.

[3] BGHSt 8, 396; 11, 271 f.; 16, 14; 18, 87; BGH GA 1963, 187; Baumann (J.) 8.Aufl.(1977) S.566.

[4] Baumann (J.) 7.Aufl.(1975) S.585.

[5] RGSt 56, 172; Dreher 37.Aufl.(1977) Rdz.16 zu § 253; Schönke-Schröder 18.Aufl.(1976) Rdz.28 zu § 253.

[6] RGSt 56, 172; LK 8.Aufl. Bd.2 (1958) § 253 Anm.8.

Beendigung der Erpressung, d.h. bis zur endgültigen Erlangung der eventuellen Bereicherung, möglich.[1] Beruht die Drohung des Erpressers auf einer Täuschung, so ist nach der Auffassung des Bundesgerichtshofs[2] ein Gehilfe, der von der Drohung nicht weiß und nur die Täuschung fördern will, wegen Beihilfe zum Betrug zu bestrafen, wenn in seiner Vorstellung auch die übrigen Merkmale des Betrugs vorliegen, wenn also die Tat ohne die Drohung als Betrug strafbar wäre.[3] In der Begründung des Urteils des Bundesgerichtshofes ist ausgeführt: Die Bestrafung des Gehilfen "wegen Beihilfe zu einem - in Wahrheit nicht verübten - Betruge trifft im Ergebnis zu. Der Gehilfe muß zwar einen bestimmten Tatbestand, der durch einen anderen verwirklicht werden soll und sich dann als Verbrechen oder Vergehen darstellt, in seinen wesentlichen Merkmalen im Auge haben. Es kommt aber nicht darauf an, ob die Haupttat ihrer rechtlichen Beurteilung nach dieselbe ist, die sich der Hilfeleistende vorstellt; sie muß sich nur im wesentlichen mit der decken, die er fördern will. Wer z.B. einem anderen eine Waffe überläßt, damit er sie bei einem Diebstahl bei sich führe, wird, wenn der Täter mit ihrer Hilfe eine räuberische Erpressung (§§ 255, 253, 249, 250 Nr.1 StGB) begeht, wegen Beihilfe zum schweren Diebstahle (§§ 243 Abs.1 Nr.5, 49 StGB) bestraft; denn die tatsächlich verübte schwerere Tat ist keine grundsätzlich andere als die leichtere, die sich der Gehilfe vorstellte, und hat mit ihr den Angriff auf fremdes Vermögen gemein (RGSt 67, 343). Ob es im Verhältnis zwischen Betrug und Erpressung ganz allgemein ebenso liegt, braucht der Senat nicht zu entscheiden. Denn die hier verübte Erpressung hat die Besonderheit, daß die Drohung auf einer Täuschung beruhte... In einem solchen Falle geht zwar die Täuschung in der Drohung auf, so daß allein Erpressung und nicht Betrug vorliegt (RGSt 20, 326, 329 f; RG GA 38, 54; 51, 194;

---

[1] RG LZ 1921 Sp.461; RG HRR 1940 Nr.469; LK 8.Aufl. Bd.2 (1958) § 253 Anm.8; Schönke-Schröder 18.Aufl.(1976) Rdz.28 zu § 253.
[2] BGHSt 11, 66 f.
[3] Dreher 37.Aufl.(1977) Rdz.16 zu § 253; Petters-Preisendanz 29.Aufl.(1975) § 253 Anm.6.

69, 400; RG JW 1934, 3285; RG HRR 1941, 169). Sieht man aber
von der Drohung ab, so bleibt die Täuschung und damit ein Betrug übrig. Darum begeht der Gehilfe, der von der Drohung
nichts weiß und nur die Täuschung fördern will, Beihilfe zum
Betruge (ebenso Maurach, Dt.Strafr. Allg.Teil 1.Aufl. S.553
unten). Dieser ist mit geringerer Strafe bedroht als die Erpressung. Nach dem allen ist der Gehilfe in einem solchen
Falle wegen Beihilfe zum Betruge zu verurteilen". Dieses ist
nach Otto[1] unrichtig, denn sehe man wirklich von der Drohung
ab, so sei nach den Worten des Reichsgerichts "eine Wirksamkeit, nicht durch Drohung und Furcht vermittelter Irrtümer
hier überall nicht nachzuweisen". Da der Tatbestand des Betruges nicht erfüllt wurde durch den Haupttäter, habe der Gehilfe demnach lediglich straflose versuchte Beihilfe zu einem Betruge begangen. Mit der Begründung des Bundesgerichtshofs jedenfalls sei die Bestrafung wegen Beihilfe zum Betruge nicht
zu rechtfertigen". Die Ausführungen des Bundesgerichtshofs gelten entsprechend auch von der Anstiftung. Bei Anstiftung zum
Betrug, aber Begehung einer Erpressung durch den Angestifteten
ist der Anstifter nur wegen Anstiftung zu dem von ihm vorge-
stellten leichteren Delikt, also wegen Betrugs zu bestrafen.
Bei Anstiftung zur Erpressung, aber Begehung eines Betruges
durch den Angestifteten ist der Anstifter wegen der Akzessorie-
tät der Anstiftung gleichfalls nur wegen Anstiftung zum Betruge strafbar.[2] Der Bundesgerichtshof stellt aber einschränkend
bezüglich des Gehilfen - was entsprechend auch für den Anstifter zu gelten hat - darauf ab, daß der Gehilfe einen bestimmten, sich als Verbrechen oder Vergehen darstellenden Tatbestand in seinen wesentlichen Merkmalen im Auge haben muß, ohne
daß es darauf ankommt, ob die Haupttat ihrer rechtlichen Bedeutung nach dieselbe ist, die sich der Hilfeleistende - bzw. Anstifter - vorstellt. Sie muß sich nur im wesentlichen mit der

---

[1] Otto (H.), Zur Abgrenzung S.97.

[2] Baumann (J.), Strafrecht Allg.Teil 7.Aufl.(1975) S.583; eine
Ausnahme von der Akzessiorität der Teilnahme ist in den §§ 28,
29 StGB vorgesehen (limitierte Akzessiorität der Teilnahme);
vgl. hierzu Steinke (W.), Welche persönlichen Merkmale des
Haupttäters muß sich der Teilnehmer zurechnen lassen?, MDR 77,
365 ff.

Tat decken, die er fördern bzw. zu der er anstiften will. Mittelbare Täterschaft ist in der Weise möglich, daß das Einschreiten einer Amtsstelle veranlaßt wird.[1] Eine Form der schweren Erpressung, wie sie in § 145 des am 1.1.1975 in Kraft getretenen österreichischen Strafgesetzbuches vorgesehen ist, z. B. Drohung mit Vernichtung der wirtschaftlichen Existenz oder der gesellschaftlichen Stellung,[2] kennt das deutsche Strafrecht nicht. Die frühere Bestimmung des § 254 StGB i.d.F. vom 15.5. 1871 ist bereits durch Art.12 der VO vom 29.5.1943 aufgehoben worden. Dagegen war in den Strafgesetzbuch-Entwürfen von 1960 und 1962 in den dort enumerativ aufgezählten Fällen wieder eine Strafbestimmung für schwere Erpressung vorgesehen.[3] Nunmehr ist aber in § 253 Abs.1 letzter Halbs. StGB als Strafmaß für die Erpressung in besonders schweren Fällen eine Freiheitsstrafe nicht unter einem Jahr bestimmt. Für die Annahme von "besonders schweren Fällen" kommt in erster Linie das Vorliegen eines hohen Vermögensschadens, ferner ein solches von außergewöhnlicher Hartnäckigkeit und Stärke des verbrecherischen Willens oder auch von besonderer Gefährlichkeit der angewandten Mittel in Betracht.[4]

Kein erschwerter Fall der Erpressung, wenn auch in gewissem Sinne damit verwandt, ist der Menschenraub (§ 239 a StGB), der systematisch nicht zu den Vermögensdelikten, sondern ebenso wie das kidnapping des englischen Rechts, das eine gewaltsame Entführung an einen anderen Ort oder in ein anderes Land zum

---

[1] OLG Hamburg JR 50, 630.

[2] Stigelbauer (F.) S.645.

[3] vgl. auch Jakobs (G.), Nötigung durch Drohung als Freiheitsdelikt, in: FS für Karl Peters (1974), wo auf die sechs enumerierten Gruppen gefährlicher Drohung hingewiesen ist, die unter dem Aspekt des faktisch bei ihnen zu erwartenden hohen Maßes an psychischem Druck ausgewählt sind (S.87).

[4] BGH, Urt.v.28.8.75 - 4 StR 175/75 bei Dallinger MDR 76, 16 f.; vgl.auch BGH, Urt.v.19.12.74 - 1 StR 313/74 bei Dallinger MDR 75, 368.

Inhalt hat,[1] zu den Straftaten gegen die persönliche Freiheit
(Abschnitt 18 StGB) zu rechnen ist und daher nicht in den Rahmen dieser Arbeit fällt. Ebenso ist auch die Aussageerpressung
des § 343 StGB kein Fall der Erpressung, sondern ein "unechtes
Amtsdelikt", das besser als "Aussagenötigung" bezeichnet werden
müßte, insofern diese Vorschrift einen Sonderfall der Nötigung
darstellt und daher gleichfalls keinen Gegenstand der vorliegenden Arbeit bildet.

---

[1] Blackstone (Sir W.), Commentaries, vol.IV, p.429; 1 East P.C.
430; Archbold (J.F.), Pleading 38th ed.(1973) p.1036; Smith
(J.C.) and (B.) Hogan, Criminal Law, London: Butterworths
1965 p.280; vgl.auch R.v.Beagle, (1975) Crim.L.R.727.

F) Verhältnis der Erpressung zu anderen Delikten

Erpressung steht regelmäßig mit Nötigung (§ 240 StGB) und
mit Bedrohung (§ 241 StGB) in Gesetzeskonkurrenz, wobei § 253
als die speziellere Bestimmung vorgeht.[1] Idealkonkurrenz ist
aber mit § 240 StGB möglich, wenn die Drohung zwei verschiedene Zwecke verfolgt, von denen der eine dem § 253, der andere
nur dem § 240 entspricht.[2] Dabei ist sowohl für die Nötigung
als auch für die Erpressung Gewalt oder Drohung mit einem empfindlichen Übel erforderlich. Was den Begriff der Gewalt betrifft, so kann auf die früheren Ausführungen beim Raub verwiesen werden. Für den Begriff der Nötigung durch Drohung i.S.
des § 240 StGB und des § 253 StGB darf auf die eingehenden Erörterungen von Jakobs[3] Bezug genommen werden. Zwischen Raub
und Erpressung liegt nach herrschender Meinung ein Spezialitätsverhältnis vor. Sie geht also davon aus, daß die Vorauss-
setzungen des § 249 StGB die des § 253 StGB notwendigerweise
einschließen.[4] Eine andere Ansicht vertritt Eser in Schönke-
Schröder.[5] Seiner Auffassung nach ist in der Regel Exklusi-
vität anzunehmen, so daß die beiden Tatbestände sich wegen ih-

---

[1] Schönke-Schröder 18.Aufl.(1976) Rdz.30 zu § 253 mit RGSt
41, 276; Dreher 37.Aufl.(1977) Rdz.17 zu § 253; Blei (H.),
Strafrecht II Bes.T. 10.Aufl.(1976) S.212; Maurach (R.),
Deutsches Strafrecht 5.Aufl.(Studienausg.) (1971) Bes.T.
S.296.

[2] LK 9.Aufl., Bd.2 (1974), Rdz.29 zu § 253; Schönke-Schröder
18.Aufl.(1976) Rdz.30 mit RG GA 48, 451; ebenso das österreichische Recht, vgl. Stigelbauer S.648.

[3] Jakobs (G.), Nötigung durch Drohung als Freiheitsdelikt,
in FS f. Karl Peters, Tübingen 1974 S.69 ff.

[4] RGSt 4, 432; 55, 239; BGHSt 14, 390; BGH, Urt.v.12.8.1954
- 1 StR 387/54, zit. bei Herlan MDR 55, 17; Frank (R.),
Das Strafgesetzbuch für das Deutsche Reich 18.Aufl.(1931)
§ 253 Anm.VII 3; Blei (H.), Strafrecht II Bes.T. 10.Aufl.
(1976) S.212; Lüderssen (Kl.), Kann gewaltsame Wegnahme
Erpressung sein?, GA 1968, 257 ff.

[5] Schönke-Schröder 18.Aufl.(1976) Rdz.31 zu § 253; ebenso
Dreher 37.Aufl.(1977) Rdz.17 zu § 253; LK 9.Aufl., Bd.2
(1974) Rdz.3 zu § 255.

rer verschiedenen Voraussetzungen ausschließen, da bei Wegnahme Raub vorliegt und es daher an der Vermögensverfügung
fehlt, die für die Erpressung nach Eser im Gegensatz zu
BGHSt 7, 254 erforderlich ist, und die Vermögensverfügung
die für den Raub notwendige Wegnahme ausschließt. Idealkonkurrenz zwischen Raub und Erpressung ist aber möglich, wenn
dasselbe Zwangsmittel zur Wegnahme der einen und zur Herausgabe der anderen Sache führt. Abweichend hiervon ist nach
schweizerischem Recht Idealkonkurrenz zwischen Raub und Erpressung ausgeschlossen, da nach diesem Recht der Raub bereits mit der Gewaltanwendung oder Drohung vollendet ist.[1]
Gesetzeskonkurrenz besteht nach überwiegender Meinung zwischen § 253 StGB und § 242 StGB, wobei ersterer als lex
specialis allein anwendbar ist. Nach Schönke-Schröder[2]
schließen sich dagegen die §§ 253 und 242 StGB, soweit die
Wegnahme mit anderen Mitteln als denen des Raubes erzwungen
wird, bei der Unvereinbarkeit der Wegnahme mit der Vermögensverfügung gegenseitig aus. Nach Wimmer[3] ist nicht Gesetzeskonkurrenz, sondern Idealkonkurrenz anzunehmen, da
sich die Tatbestände nicht vollständig decken. Wendet der
Täter die Nötigungsmittel erst an, wenn er die Wegnahme schon
vollendet hat, er also schon Gewahrsam an der Sache erlangt
hat, so liegt nach Wimmer bei Anwendung nicht-räuberischer
Nötigungsmittel Erpressung vor, die mit Diebstahl in Realkonkurrenz steht. Im Verhältnis zum schweren Diebstahl hält
Frank[4] Idealkonkurrenz mit § 253 StGB für möglich, während nach

---

[1] Gerber (R.) S.124.

[2] Schönke-Schröder 18.Aufl.(1976) Rdz.32 zu § 253.

[3] Wimmer (A.), Die listige Sachverschaffung auf dem schwarzen Markt, NJW 47/48, 241.

[4] Frank (R.), Das Strafgesetzbuch für das Deutsche Reich 18.
Aufl.(1931) § 253 Anm.VII 2.

Kohlrausch-Lange[1] in diesem Fall nur aus § 243 bzw. § 244 StGB
zu strafen ist. Zwischen Pfandkehre und Erpressung ist Idealkonkurrenz möglich.[2] Dasselbe gilt zwischen Betrug und Erpressung dann, wenn neben den durch Drohung hervorgerufenen Vorstellungen geflissentlich Irrtumserregungen über anderweite,
mit dem in Aussicht stehenden Übel nicht zusammenhängende Tatsachen auf die Entschließung des Genötigten eingewirkt haben,
so daß diese Entscheidung teils dem Einfluß der Furcht teils
dem Einfluß der Täuschung zuzuschreiben ist.[3] Welzel[4] und Otto[5]
lehnen dagegen Idealkonkurrenz ab und plädieren für eine Verurteilung nur wegen Erpressung, weil der Bereicherungserfolg
nur einmal eingetreten sei, so daß auch nur ein Bereicherungsdelikt - und zwar regelmäßig die schwerere Begehungsform der
Erpressung - vorliegen könne. Die Frage, ob Vollendung, Versuch oder beides zusammen anzunehmen ist, beantwortet sich danach, welche Beweggründe - Angst, Irrtum oder beide zusammen -
für die Vermögensverfügung tatsächlich bestimmend waren.[6] Beruht die Vermögensverfügung faktisch allein auf der Drohung,
so kommt vollendete Erpressung in Tateinheit mit versuchtem Betrug in Betracht. Wenn sich das Opfer aber ausschließlich auf
Grund der Täuschung zu seinem Verhalten entschließt, so ist neben vollendetem Betrug nur eine idealkonkurrierende versuchte
Erpressung gegeben.[7] Bei Täuschung nach mißlungener Drohung

---

[1] Kohlrausch-Lange 43.Aufl.(1961) § 253 Anm.IX S.557.
[2] RGSt 25, 437 in Ablehnung von RGSt 13, 399.
[3] RGSt 20, 330; RG GA 51, 194; RG, Urt.v.27.2.1925 - 1 D. 69/
25; Lobe, Entscheidungen der Strafsenate des Reichsgerichts,
GA 69, 400 f.; BGHSt 9, 247; Schönke-Schröder 18.Aufl.(1976)
Rdz.37 zu § 253.
[4] Welzel (H.), Das deutsche Strafrecht 11.Aufl.(1969) S.383.
[5] Otto (H.), Zur Abgrenzung S.100 f.
[6] Herzberg (R.D.), Konkurrenzverhältnisse zwischen Betrug und
Erpressung - BGHSt 23, 294, JuS 72, 575.
[7] Günther (H.L.), Zur Kombination von Täuschung und Drohung bei
Betrug und Erpressung, ZStW 88 (1976) S.973.

liegt ebenso wie bei Drohung nach mißlungener Täuschung Realkonkurrenz zwischen versuchter Erpressung und vollendetem Betrug bzw. zwischen versuchtem Betrug und vollendeter Erpressung vor.[1] Bezüglich der Konkurrenz zwischen Betrug und versuchter räuberischer Erpressung ist auf die Entscheidung des
Bundesgerichtshofs vom 30.6.1970[2] hinzuweisen. Nach dem dieser
Entscheidung zugrunde liegenden Tatbestand hatte der Täter, der
aus der Zeitung von der Entführung eines zwölfjährigen Jungen
erfahren hatte, sich den Pflegeeltern des Kindes gegenüber als
Entführer ausgegeben und ihnen vorgespiegelt, er habe das
Schicksal des Kindes in der Hand, um auf diese Weise das vom
wirklichen Entführer unter Androhung von Lebensgefahr für das
Opfer verlangte Lösegeld von 25 000 DM zu erhalten. Er hat
sich dadurch der versuchten räuberischen Erpressung und nicht
des Betrugs schuldig gemacht. "Die Täuschung bezog sich lediglich auf die Ausführbarkeit der angedrohten Gewaltanwendung
durch den Angeklagten", wie der BGH in der genannten Entscheidung ausführte.[3] Ein Versuch räuberischer Erpressung i.S. des
§ 255 StGB und nicht bloß ein solcher einer Erpressung i.S. des
§ 253 StGB liegt vor, weil sich die angedrohte Gefahr auch gegen Dritte richten kann, sofern sich die Verwirklichung der
Drohung auch für den Adressaten als ein Übel darstellt, was
insbesondere dann zutrifft, wenn zwischen dem Dritten und dem
Bedrohten nähere persönliche Beziehungen bestehen, es sich z.B.
um Angehörige oder sonstige näherstehende Personen handelt.[4]
Idealkonkurrenz zwischen Betrug und Erpressung kommt dann nicht
in Betracht, wenn die neben der Drohung herlaufende Irrtumser-

---

[1] Herzberg (R.D.), Konkurrenzverhältnisse S.573 und Anm.19 eod.

[2] BGHSt 23, 296 m.Nachw., NJW 70, 1856, JZ 70, 694, MDR 70, 856,
JuS 71, 47.

[3] BGHSt 23, 296; vgl. auch Herzberg (R.D.), Konkurrenzverhältnisse S.572.

[4] RGSt 17, 82; BGHSt 16, 318; BGH, Urt.v.12.7.1960 - 1 StR 228/
60; Olshausen (J.v.) 11.Aufl. Bd.2 (1927) § 240 Anm.8; LK 9.
Aufl. Bd.2 (1974) § 240 Rdz.48; Schönke-Schröder 18.Aufl.(1976)
Rdz.16 & 26 zu Vorbem.zu § 234.

regung nur darauf berechnet ist, das in Aussicht gestellte
Übel in einem möglichst grellen Licht erscheinen zu lassen, die
Täuschung also nur einen wesentlichen integrierenden Bestandteil der Drohung bildet, die sie verstärkt oder überhaupt erst
als ernsthaft erscheinende begründet, z.B. Drohung mit Tötung
unter der Vorspiegelung, im Besitz einer Mordwaffe zu sein,[1]
oder wenn über den Einfluß des Täters auf das angedrohte Übel
getäuscht wird.[2] Hier liegt nach einmütiger Rechtsprechung und
Lehre Gesetzeskonkurrenz vor,[3] so daß also die Drohung, unge-
achtet ihrer Abhängigkeit von der zugrunde liegenden Täuschung
den von den §§ 253, 255 StGB gestellten Anforderungen genügt
und daher Erpressung zu bejahen ist. Nach Günther[4] ist das Vorliegen der Gesetzeskonkurrenz darin begründet, daß dem Drohungs-
begriff das mögliche Täuschungselement bereits immanent ist und
der Bedrohte zu seinem abgenötigten Verhalten durch die Drohung
auch bestimmt wurde. Hieraus ergibt sich folgerichtig, daß der
Täter außer wegen Erpressung nicht zugleich wegen Betrugs bestraft werden kann. Dagegen scheiden sich die Meinungen bei der
Frage, ob der Betrug schon tatbestandsmäßig verwirklicht ist[5]
oder ob er lediglich aus Gründen der Gesetzeskonkurrenz hinter
§ 253 StGB zurücktritt und damit ausgeschaltet wird. Hierüber
bestehen, wie Günther näher ausführt,[6] vier verschiedene
Auffassungen. Ebenso wie der Bundesgerichtshof[7] sieht auch Otto[8] in

---

[1] BGHSt 11, 67, NJW 58, 69; BGHSt 23, 296; Dreher 37.Aufl.(1977)
Rdz.17 zu § 253; Petters-Preisendanz 29.Aufl.(1975) § 253 Anm.
7; Kohlrausch-Lange 43.Aufl.(1961) § 253 Anm.IX.
[2] RGSt 20, 329; BGHSt 23, 294 mit Anm.Küper, NJW 70, 2253 f.;
Herzberg (R.D.), Konkurrenzverhältnisse S.570.
[3] RG JW 1934, 3285; RG GA 38, 54 f.; 51, 194; 69, 400; Anm.Kü-
per zu Urt.d.BGH vom 30.6.70, NJW 70, 2253; LK 9.Aufl. Bd.2
(1974) Rdz.29 zu § 253.
[4] Günther (H.L.), S.961 f.
[5] BGHSt 23, 296; Otto (H.), Zur Abgrenzung S.97; Blei (H.), JA
1971, StR S.27.
[6] Günther (H.L.), S.962 f.
[7] BGHSt 23, 296.
[8] Otto (H.), Zur Abgrenzung S.97.

der Täuschung nur einen unwesentlichen Bestandteil der Drohung, dem keine selbständige Bedeutung zukomme, so daß es an dem Merkmal der tatbestandsmäßigen Täuschung fehle. Nach Küper[1] scheitert der Betrugstatbestand an dem Erfordernis der Vermögensverfügung i.S. des § 263 StGB, der das Element der Freiwilligkeit infolge des durch die Täuschungshandlung bewirkten oder verstärkten Drohungseffekts abgehe. Er verlangt ergänzend auch noch für § 263 eine unbewußte Selbstschädigung. Blei[2] und ihm folgend Preisendanz[3] bejahen zwar das Merkmal der Vermögensverfügung, verlangen aber, daß der Betrogene bei der Vermögensverfügung sich infolge der Täuschung des vermögensschädigenden Charakters nicht bewußt sei. Der auf Grund der Täuschung Bedrohte nehme aber aus Furcht eine bewußte Selbstschädigung vor. Herzberg,[4] Krey[5] und Lackner[6] halten den Betrug für tatbestandlich gegeben, lassen ihn jedoch im Wege der Konsumtion hinter § 253 StGB zurücktreten, weil der Unwert des formell verwirklichten Betruges in der Bestrafung wegen Erpressung bereits voll erfaßt sei. Günther hält keine dieser Auffassungen für voll überzeugend. Er geht seinerseits davon aus, daß beim Betrug die Täuschung für die Verfügung "bestimmend" gewesen sein muß. Dies treffe aber vorliegendenfalls insofern nicht zu, als die Täuschung nicht unmittelbar zur Vermögensverfügung, sondern nur zur Drohung und damit nur mittelbar auf dem Wege über die Drohung zur Vermögensverfügung

---

[1] Anm. zu BGHSt 23, 294, NJW 70, 2254.

[2] Blei (H.), JA 1971, StR S.27.

[3] Petters-Preisendanz 29.Aufl.(1975) § 253 Anm.7.

[4] Herzberg (R.D.), Konkurrenzverhältnisse S.572.

[5] Krey (V.), Strafrecht Bes.T, Bd.2: Vermögensdelikte, 2.Aufl. (1975) S.94.

[6] LK 9.Aufl., Bd.2 (1974), Rdz.322 zu § 263.

führe. Die Täuschung ermögliche oder verstärke nur die Drohung, die ihrerseits daraufhin den zur Vornahme der Vermögensverfügung erforderlichen psychischen Druck bewirke. Von einer "inneren Verknüpfung" zwischen Irrtum und Vermögensverfügung oder einem inneren "Motivationszusammenhang" könne also keine Rede sein. Nicht Irrtum und Vermögensverfügung seien unmittelbar miteinander verknüpft, sondern nur Irrtum und Drohung. Die Täuschung bereite nur den Boden für die Erpressung vor. Dient sie nur dazu, die Drohung zu ermöglichen oder zu verstärken, so fehle es an dem von § 263 StGB vorausgesetzten spezifischen Motivationszusammenhang zwischen Irrtum und Vermögensverfügung. In diese Richtung weist auch die Entscheidung des BGH vom 30.6.70[1] die darauf hindeutet, daß der Bedrohte nicht unter dem selbständigen Einfluß einer Täuschung zur Zahlung bestimmt werde.[2] Keine Erpressung, aber Betrug liegt in dem der Entscheidung des Bundesgerichtshofs vom 18.1.55[3] zugrunde liegenden Fall vor. In ihm hatte die Täterin, die im Krieg aus einem Liebesverhältnis mit ihrem Schwager ein Kind bekommen hatte, zu dem Zweck das Verhältnis vor der Familie zu verbergen, einen inzwischen gefallenen Bekannten als Vater angegeben. Später erklärte sie dem Schwager wahrheitswidrig, jetzt sei der vermeintlich Gefallene zurückgekehrt und verlange Schweigegeld, da er sonst die Familie des Schwagers aufklären werde. Daraufhin zahlte der Schwager in Raten eine größere Geldsumme an die Täterin. Obwohl das Opfer zahlte, um eine ihm drohende Enthüllung abzuwenden, nahm der Bundesgerichtshof Betrug an mit der Begründung, daß die Täterin nicht die Vorstellung erweckte, daß sie auf den Eintritt des drohenden Übels einwirken könne und wolle, wenn der Schwager nicht bezahle. Sie habe also nicht gedroht, sondern die schädigende Vermögensverfügung durch die Vorspiegelung des von anderer Seite drohenden Übels, also durch Täuschung,

---

[1] BGHSt 23, 296.

[2] Günther (H.L.), S.965.

[3] BGHSt 7, 197 f.

bewirkt.[1] Erfolgt die Erpressung lediglich zur Sicherung der durch eine strafbare Vortat, z.B. Diebstahl oder Betrug, erlangten Diebesbeute (sogenannte Sicherungserpressung), so kann die Nachtat zwar formal als Erpressung oder Nötigung sich darstellen. Sie ist aber in gleicher Weise wie der Sicherungsbetrug, der begangen wird, um sich den Besitz der Vortat zu erhalten, wie früher ausgeführt, durch die Vortat konsumiert, d. h. straflos, wenigstens insoweit, als es sich um dieselbe Vermögensschädigung des Verletzten handelt.[2] Dagegen gehen der Bundesgerichtshof und Schröder davon aus, daß das weitere Element der Freiheitsbeschränkung, das in der Anwendung der Nötigungsmittel liegt und strafrechtlich selbständig zu erfassen ist, von der Vortat nicht konsumiert ist, sondern in Gestalt einer realkonkurrierenden Nötigung in Erscheinung tritt.[3] Dies gilt jedoch auch nur für den Täter oder einen Teilnehmer an der Vortat. Erfolgt die Nötigung zu Sicherungszwecken durch dritte Personen, so ist neben der aus § 257 StGB auch eine Bestrafung wegen Erpressung möglich, die ideell konkurriert. Anders liegt der Fall, wenn ein Dieb oder Hehler den Eigentümer des Entwendeten durch Drohung zur Zahlung eines Lösegeldes für die Rückgabe der Beute veranlaßt. Hier handelt es sich nicht darum, daß sich der Dieb oder Hehler durch die Drohung die erlangte Beute sichern will, sondern daß er mit der Drohung die Verwertung der Beute gegen entsprechendes Entgelt erreichen will. Das OLG Hamburg[4] sah in einem solchen Falle, in welchem der Bedrohte auf das Angebot des Diebes nicht einging, nur eine versuchte Nötigung und keine versuchte Erpressung im Sinne der Anklage. Zwar bejahte das OLG Hamburg das Vorliegen der Drohung mit einem empfindlichen Übel, da die Androhung eines Unterlassens zum mindesten dann eine Drohung mit einem Übel sei, wenn

---

[1] Niese (W.), Die Rechtsprechung des Bundesgerichtshofs in Strafsachen II.Bes.T., JZ 60, 361.

[2] siehe auch Mohrbotter (K.), Zur mitbestraften Vortat bei Raub und Erpressung, GA 1968, 112 ff.

[3] BGH, Urt.v.21.11.1972 - 3 StR 270/72; BGH, Beschl.v.11.6. 74 bei Dallinger MDR 75, 23; Schröder (H.), Zur Abgrenzung der Vermögensdelikte, SJZ 50, 99; ders., Sicherungsbetrug und Sicherungserpressung, MDR 50, 400.

[4] MDR 74, 330, JR 74, 473 m.Anm.Jakobs (S.474 f.), JA 1974, 100, wonach für das entwendete Auto im Wert von 3 000 DM ein Lösegeld von 2 000 DM gefordert wurde.

zugleich die gewollte Verletzung einer Pflicht zum Handeln angekündigt werde. Der Angeklagte sei als Dieb verpflichtet gewesen, das entwendete Fahrzeug unverzüglich und unentgeltlich
zurückzugeben. Entgegen dieser Rechtspflicht habe er der Ehefrau des Geschädigten angekündigt, er werde ohne Geldzahlung
das Auto nicht zurückgeben. Eine versuchte Erpressung liege
aber deshalb nicht vor, weil es an dem dazu erforderlichen Vermögensnachteil für den Geschädigten durch das vom Angeklagten
erstrebte Austauschgeschäft - Rückgabe des gestohlenen Fahrzeuges gegen Zahlung von 2000 DM - fehle. Bereits mit dem vorangegangenen Diebstahl habe der Angeklagte dem Geschädigten durch
die Entziehung des Besitzes des wertvollen Fahrzeuges einen erheblichen Vermögensnachteil zugefügt. Ob und wann der Anspruch
des Bestohlenen nach den §§ 861, 985 BGB auf unentgeltliche
Rückübertragung des Besitzes an dem gestohlenen Auto realisiert werden konnte, war völlig offen. Sicher sei dagegen, daß
der Wert des Fahrzeuges mit der Fortdauer der Gewahrsamsentziehung immer weiter gesunken wäre, gleichviel ob es irgendwo
abgestellt und dem Zugriff Dritter ungehindert preisgegeben
oder vom Dieb oder einem anderen Unberechtigten gefahren wurde.
Unter diesen Umständen stellte die sofortige Erfüllung des
Rückgabeanspruches des Eigentümers durch den Angeklagten eine
Leistung dar, die bei wirtschaftlicher Betrachtungsweise der
erstrebten Gegenleistung der Zahlung von 2000 DM durchaus entsprochen habe. Es fehle daher an jedem Anhalt dafür, daß für
den Geschädigten die Hingabe von Bargeld einen wirtschaftlichen Nachteil dargestellt haben würde. Die vom Angeklagten erstrebte Verwertung des gestohlenen Autos durch Rückübertragung
des Besitzes an den Bestohlenen gegen Zahlung von 2000 DM stelle demnach keine Vertiefung oder Erweiterung des durch den Diebstahl bereits verursachten Vermögensschadens dar und sei daher
als Vermögensdelikt strafrechtlich nicht gesondert zu werten,
sondern mit der Bestrafung wegen Diebstahls bereits abgegolten.
Durch die bei diesem geplanten Austauschgeschäft vorgesehene
Rückgabe der wertvollen Diebesbeute an den Bestohlenen unterscheide sich der vorliegende Fall von den vom Reichsgericht entschiedenen Fällen, bei welchen den Geschädigten erst durch das

nachfolgende Vermögensdelikt, nicht aber durch das vorange-
gangene Eigentumsdelikt ein wirtschaftlicher Nachteil zugefügt
wurde. Hassemer[1] geht daher in einer Anmerkung zum Urteil des
Bundesgerichtshofs vom 18.5.1976[2] davon aus, daß nach unbe-
strittener Auffassung der "Vermögensnachteil" i.S. des § 253
Abs.1 StGB mit der "Vermögensbeschädigung" beim Betrug (§ 263
Abs.1 StGB) gleichbedeutend ist, "also immer dann erfüllt ist,
wenn der wirtschaftliche Wert des Gesamtvermögens nach dem
Zeitpunkt der fraglichen Vermögensverfügung und aufgrund dieser gemindert ist".[3] So hat auch das OLG Hamburg in genanntem
Urteil[4] sich dahin ausgesprochen, daß in dem Falle, daß dem Eigentümer, wenn ihm für die Rückgabe einer gestohlenen Sache eine Gegenleistung abgenötigt wird, die wirtschaftlich nicht höher
als der objektive Wert des gestohlenen Gutes, sondern erheblich
unter dem Wert der zurückgegebenen Sache liegt, ein Vermögensnachteil nicht zugefügt wird und daher eine Erpressung zu verneinen ist. Gegen die Begründung dieses Urteils wandte sich in
einer Anmerkung Jakobs,[5] der unter anderem ausführt: "Sowenig
der Täter ein Vermögensdelikt begeht, wenn er erpreßt, was ihm
gebührt, vermeidet er einen Schaden, wenn er leistet, was er sowieso leisten muß". "Da der Täter das Auto sowieso zurückgeben
mußte, ist durch die Rückgabe nur der "Diebstahlssaldo" ausgeglichen worden (deshalb gilt der Diebstahl auch nichts ab; von
ihm wird - freilich verspätet - zurückgetreten). Es liegt versuchte Erpressung vor". Zu diesem Ergebnis kommt auch der Bundesgerichtshof im Urteil vom 18.5.1976,[6] der in dem gleichge-

---

[1] Hassemer (W.), Anm.zu Urteil des BGH vom 18.5.76 - 1 StR 146/
76, JuS 76, 680.

[2] BGHSt 26, 346, NJW 76, 1414, MDR 76, 769 f., JR 77, 32 m.Anm.
Gössel.

[3] vgl. BGHSt 3, 102; 16, 325.

[4] MDR 74, 330, JR 74, 473, JA 74, 100.

[5] JR 74, 474.

[6] siehe Anm.2.

lagerten Fall eine Erpressung bejahte, da neben der Nötigung
durch Drohung auch deren sonstige Voraussetzungen als vorliegend erachtet wurden. So führt der Bundesgerichtshof aus: "Ein
Vermögensschaden liegt vor, wenn der wirtschaftliche Wert des
Gesamtvermögens gegenüber dem Zustand vor der Vermögensverfügung gemindert ist (BGHSt 3, 99 (102) = NJW 1952, 1062; BGHSt
16, 220 (221) = NJW 1961, 1876; BGHSt 16, 321 (325) = NJW 1962,
309). Das ist hier der Fall. Insbesondere steht der Annahme eines Vermögensnachteils nicht entgegen, daß die Angeklagten eine
höherwertige Plastik gegen Zahlung von 15 000 DM an den Eigentümer zurückgaben. Ein Vermögensschaden entfällt, wenn die
Leistung des Bedrohten und der vom Täter erbrachte Gegenwert
einander wirtschaftlich die Waage halten oder wenn der Wert der
Täterleistung den Wert des Entgelts des Bedrohten übersteigt
(BGHSt 16, 321 (325) = NJW 1962, 309). So liegen die Dinge hier
aber nicht. Die Angeklagten waren ohnehin nach §§ 861, 985 BGB
zur alsbaldigen unentgeltlichen Rückgabe der gestohlenen oder
gehehlten Kunstgegenstände verpflichtet. Die Zueignung hatte zivilrechtlich nicht die völlige Verdrängung des Berechtigten zur
Folge. Die Angeklagten erbrachten deshalb mit der Herausgabe der
Plastik keine Gegenleistung, die ihnen wertmäßig gutgebracht
werden kann, sondern glichen lediglich den bereits angerichteten Vermögensschaden wieder aus. Dadurch, daß sie für die Rückgabe unter Drohungen ein Lösegeld verlangten und erhielten, fügten sie dem Eigentümer des Kunstgegenstandes einen weiteren
Schaden in Höhe des gezahlten Betrages zu. Wer nur leistet, was
er sowieso ohne Entgelt leisten muß, kann sich nicht darauf berufen, daß er einen anrechenbaren Gegenwert erbracht hat. Die
Angeklagten haben dem Genötigten einen Vermögensnachteil zugefügt. Auch insoweit liegt der äußere Tatbestand der Erpressung
vor (im Ergebnis übereinstimmend: Blei, JA 1974, 386; Jakobs,
JR 1974, 474; Lackner, StGB, 9.Aufl.(1975), § 253 Anm.3 a; Mohrbotter, JZ 1975, 102; Schönke-Schröder, StGB, 18.Aufl.(1976),
§ 253 Anm.9)". Zwischen Diebstahl und Hehlerei einerseits und
Erpressung andererseits kann Tatmehrheit vorliegen. Dabei
schließt die Möglichkeit, daß die Angeklagten "bereits bei Erlangung der Verfügungsgewalt über die drei Figuren den Vorsatz

gefaßt haben, den Eigentümer dieser Figuren zu erpressen" die
Tatmehrheit nicht aus. Diese kann auch gegeben sein, wenn eine
Handlung verübt wird, um eine andere zu ermöglichen oder vorzubereiten (RGSt 56, 58, 59)". "Für Tateinheit ist erforderlich,
daß die Willensbetätigungen wenigstens derart zusammenfallen,
daß ein Teil der einheitlichen Handlung zur Erfüllung beider
Tatbestände mitwirkt. Das ist hier nicht der Fall. Als die Nötigung begann, war Diebstahl oder Hehlerei vollendet und beendet. Diese Tatbestände sind erfüllt, wenn die Herstellung der
Sachherrschaft in Zueignungs- oder Bereicherungsabsicht verwirklicht ist. Die Ausnutzung der Herrschaftsstellung gehört nicht
dazu. Die Erpressung ist auch nicht bloße nachträgliche Äusserung des Herrschaftswillens nach der Zueignung (vgl. dazu
BGHSt 14, 38, 44 = MDR 1960, 516), sondern geht als auf eine
weitere Bereicherung gerichtete Handlung wesentlich darüber
hinaus".[1] Kritisch äußert sich hierzu Gössel in einer Anmerkung.[2]
Zwar stimmt er im Ergebnis dem Bundesgerichtshof zu, hält aber
die vom Bundesgerichtshof gegebene Begründung für das Vorliegen
eines Vermögensnachteils i.S. des § 253 StGB nicht für überzeugend. Ausgehend von dem in Rechtsprechung und Lehre überwiegend
vertretenen "wirtschaftlichen" Vermögensbegriff als die "Summe
der geldwerten Güter einer Person"[3] "nach Abzug der Verbindlichkeiten"[4] und davon, daß das Ganze nur dadurch beschädigt werden
kann, daß sein Gesamtwert in Geld vermindert, und das Ganze nur
dadurch verbessert werden kann, daß sein Gesamtwert in Geld vergrößert wird,[5] kann die Frage, ob ein bestimmtes Verhalten einen Vermögensnachteil herbeigeführt hat,"folglich nur durch einen Vergleich dieser Summe geldwerter Güter vor und nach der
fraglichen Handlung beurteilt werden".[6] "Also kann mit dem BGH

---

[1] BGH MDR 76, 769 f.
[2] JR 77, 32 ff.
[3] RGSt 44, 233.
[4] BGHSt 16, 221.
[5] RGSt 16, 3.
[6] Gössel (K.H.), S.32.

ein Vermögensschaden i.S. des § 253 StGB nur dann bejaht werden, 'wenn die Leistung des Bedrohten' den vom Täter erbrachten Gegenwert übersteigt; anders kann das Vermögen des Bedrohten nicht vermindert sein". Durch die Vermögensverfügung der Zahlung erlange das Opfer den - zumeist wertvolleren - Gegenstand wieder zurück, so daß der "Gesamtwert in Geld" nach der Lösegeldzahlung eher größer geworden zu sein scheint.[1] Dem könne nicht, wie der Bundesgerichtshof meint, entgegengehalten werden, daß die Täter mit der Herausgabe der zuvor gestohlenen Gegenstände gegen Lösegeld lediglich den bereits angerichteten Vermögensschaden wieder ausgeglichen hätten, weshalb ihnen die Herausgabe dieser Gegenstände wertmäßig nicht gutgebracht werden könnte und sie also dem Opfer einen weiteren Schaden in Höhe des gezahlten Betrages zugefügt hätten. Diese Argumentation greife über das einzig mögliche Bezugsobjekt der Schadensberechnung, das Vermögen des Opfers, hinaus und beziehe sich zur Bestimmung des Vermögensnachteils des Opfers zusätzlich auf das Vermögen der Täter. Entscheidend sei allein, ob das Vermögen des Lösegeld zahlenden Opfers verringert ist oder nicht, nicht aber, ob den Tätern irgendetwas anzurechnen oder gutzubringen ist. Zudem werde die selbständige schadenbringende Handlung des Diebstahls unzulässigerweise zugleich zur Begründung der davon verschiedenen Erpressung herangezogen - eine Auffassung, die konsequent nur eine Straftat unter Verdrängung der jeweils anderen annehmen dürfte, was der BGH ausdrücklich mit der Begründung verneine, daß die Erpressung nicht etwa schon auf Grund der in BGHSt 14, 38 dargelegten Grundsätze deshalb entfällt, weil der Täter sich den zur Erpressung benutzten Gegenstand schon vorher strafbar zugeeignet hatte. Dies ergebe sich schon aus der Verschiedenheit der Tatobjekte und vor allem aus dem erst mit der Erpressung verwirklichten Angriff auf die Willensfreiheit des Opfers. Auch könne der Vermögensnachteil nicht mit Mohrbotter[2] darin erblickt werden, daß das Opfer

---

[1] Gössel (K.H.), S.33.

[2] Anm.zu Urt.d.OLG Hamburg vom 7.12.73 - 2 Ss 209/73, JZ 75, 102.

"ohnehin einen Rechtsanspruch" auf die Übergabe der durch die Lösegeldzahlung wiedererlangten Sache habe. Dies wäre nur haltbar, wenn man entweder dem Erwerb der Sache selbst wegen des Rückgewähranspruchs keine vermögenssteigernde Wirkung zubilligen wollte oder aber in dem Verlust des wegen der Rückgewähr nicht mehr erfüllbaren Anspruchs des Opfers aus §§ 861, 985 BGB einen Vermögensschaden erblicken würde. "Diese zuletzt genannte Konstruktion lehnt Mohrbotter selbst ab, indem er den 'durch die Vortat' entstandenen Anspruch 'auf Schadensersatz oder Rückgewähr' unberücksichtigt lassen will".[1] Gleichwohl sei aber in diesen Fällen ein Vermögensnachteil des Opfers zu bejahen und daher dem Bundesgerichtshof im Ergebnis zu folgen. Die einhellige Meinung, daß auch der Besitz an einer Sache für sich allein schon ein Vermögensbestandteil ist, verleite dazu, den Wert des durch Lösegeldzahlung zurückgenommenen Gegenstandes allein nach dem bloßen Sachbesitz zu bestimmen. Der vermögensbestimmende Geldeswert eines Gegenstandes werde indes durch den reinen Sachbesitz und die damit verbundenen faktischen Benutzungsmöglichkeiten nur zum geringen Teil bestimmt, zum weit überwiegenden, nicht selten ausschließlichen, Teil jedoch durch den davon verschiedenen Marktpreis. Der Marktpreis werde aber entscheidend durch die Eigentümerposition beeinflußt, zu deren Erlangung allein der marktgerechte Kaufpreis bezahlt wird und die wegen der sich daraus ergebenden Berechtigungen allein eine marktgerechte Verwertung rechtlich ermöglicht. Mit dem Diebstahl habe der Täter seinem Opfer nur den Besitz, nicht aber das Eigentum entziehen können; folglich könne die Rückgabe des gestohlenen Gegenstandes an das Opfer auch nur zur Wiedereinräumung des Besitzes führen, nicht aber zur Rückgewähr des Eigentums und der daraus entfließenden Rechte. Könne aber die Eigentümerposition nicht zurückgewährt werden, so auch nicht der dadurch bestimmte Geldeswert des Gegenstandes. Freilich habe der Eigentümer den mit dem Eigentum am Gegenstand verbundenen Geldeswert durch den Besitzentzug faktisch nicht realisieren kön-

---

[1] Mohrbotter (K.), Anm. zu Urt. d. OLG Hamburg v. 7.12.73 - 2 Ss 209/73, JZ 75, 102.

nen. Mit der Rückgabe werde dem Opfer aber in der Tat die Möglichkeit zur Realisierung des Geldeswertes wieder eingeräumt. Aber diese faktische Möglichkeit - auch wenn sie baren Geldes wert sein mag - sei doch von dem Geldeswert selbst sehr verschieden, insofern die den Geldeswert mitbestimmende rechtliche Verwertungsmöglichkeit des Gegenstandes in erster Linie von der faktischen Verwertungsmöglichkeit abhängig ist. Bei dieser Betrachtungsweise könne der Vermögensstand des Opfers nach der Lösegeldzahlung nur als geringer als vorher angesehen werden. Der Einbuße von Bargeld stehe nunmehr lediglich der Besitzerwerb und die damit verbundene faktische Möglichkeit - nicht die rechtliche Möglichkeit, die beim Eigentümer geblieben ist - zur Realisierung des Gegenstandswertes gegenüber, nicht aber der Gegenstandswert selbst. Daß die Erlangung des Besitzes und der faktischen Verwertungsmöglichkeit kein Äquivalent für die Zahlung von 15 000 DM darstellen, dürfte offensichtlich sein. Auch darüber hinaus seien in der Praxis kaum Fälle vorstellbar, in denen die genannten Vorteile der Lösegeldzahlung entsprechen werden. Die rein wirtschaftliche Betrachtungsweise komme zu dem gleichen Ergebnis. Das Opfer erhalte neben dem Sachbesitz den Marktwert höchstens teilweise, nämlich in der durch die Lösegeldzahlung verminderten Höhe, zurück. Damit sei ein Vermögensschaden des Opfers zu bejahen und damit die abgenötigte Lösegeldzahlung zur Wiedererlangung eines vorher gestohlenen Gegenstandes als Erpressung anzusehen.[1]

Ist der Betrug durch Hingabe der Ware in Erfüllungsabsicht rechtlich abgeschlossen, so stellt die Anwendung der Nötigungsmittel, um sich im Besitz der Sache zu halten, eine Sicherungstat dar, die lediglich unter dem Gesichtspunkt der Nötigung erfaßt werden kann. Die §§ 263 und 240 konkurrieren solchenfalls real. Ist die Vortat vollendeter Diebstahl, mit dem eventuell bereits versuchter Betrug konkurriert, so kommt, solange die Voraussetzungen des § 252 StGB gegeben sind, nur räuberischer Diebstahl in Betracht. Erfolgt die Anwendung des Nötigungsmittels zeitlich spä-

---

[1] ebenso Blei JA 1974, StR S.100; Lackner 11.Aufl.(1977) § 253 Anm.3 a; Dreher 37.Aufl.(1977) Rdz.11 zu § 253; Anm.Pelchen zu LM (1976) Nr.1 zu § 253 StGB 1975.

ter oder erreicht sie nicht die Stärke der §§ 252, 249 StGB,
so liegt Realkonkurrenz zwischen §§ 242 und 240 StGB vor.
Idealkonkurrenz ist auch zwischen Erpressung und Bestechung
möglich.[1] Bei mehreren Erpressungshandlungen gegen verschiedene Personen kommt im Hinblick auf die Höchstpersönlichkeit
der mitangegriffenen Freiheit Fortsetzungszusammenhang nicht
in Betracht.[2]

---

[1] BGHSt 9, 247; Maurach (R.), Deutsches Strafrecht Bes.T., 5.
Aufl.(Studienausg.) (1971), S.752; Schönke-Schröder 18.Aufl.
(1976) Rdz.38 zu § 253; LK 9.Aufl. Bd.2 (1974) Rdz.29 zu
§ 253.

[2] BGHSt 26, 24; BGH NJW 54, 483; Maurach (R.), Deutsches Strafrecht Bes.T., 5.Aufl. (Studienausg.) (1971), S.296; Dalcke-
Fuhrmann-Schäfer 37.Aufl.(1961) § 253 Anm.1; Dreher 37.Aufl.
(1977) Rdz.17 zu § 253; Lackner 11.Aufl.(1977) Anm.IV 2 a bb
vor § 52, § 253 Anm.8 a; a.A. Jagusch in LK 8.Aufl. Bd.2
(1958) § 253 Anm.9 und Schönke-Schröder 18.Aufl.(1976) Rdz.
39 zu § 253.

Vergleichung der Erpressung nach englischem Recht mit der
einfachen Erpressung nach deutschem Recht

Im englischen wie im deutschen Recht richtet sich die Erpressung sowohl gegen das Rechtsgut der freien Willensentschlies-
sung als auch gegen das des Vermögens. Während aber das englische Recht das Hauptgewicht auf die Verfolgung wirtschaftlicher
Interessen legt,[1] betrachtet das deutsche Recht den Verstoß gegen die freie Willensentschließung als gleichwertig mit dem
Verstoß gegen das Vermögen.[2] Sowohl nach englischem wie nach
deutschem Recht kann heute jeder Vermögenswert Gegenstand der
Erpressung sein, mag es sich um bewegliche oder unbewegliche
Sachen oder sonstige Vermögensgegenstände handeln.[3] Sie umfaßt
somit auch die unter Drohungen geforderte und erzwungene Herstellung oder Vernichtung einer wertbaren Urkunde, z.B. eines
Wechsels, als auch die Aufgabe eines Eigentumsanspruches und
die Befreiung von einer rechtlichen Verbindlichkeit.[4] Die Be-
schränkungen des bisherigen englischen Rechts, welches als Objekt für das Fordern "any property or valuable thing"[5] oder
"anything capable of being stolen"[6] oder "any appointment or

---

[1] Smith (J.C.) op.cit. paras.336, 337 & 348.
[2] RGSt 10, 217; BGHSt 1, 20; 7, 198; 19, 343.
[3] siehe s.34 (2) (a) Theft Act 1968 i.Verb. mit s.4 (2) (a-c)
& s.4 (3) & (4) Theft Act 1968; vgl. hierzu Griew (E.), The
Theft Act 1968, 2nd ed.(1974), 7-08 & 7-33 - 7-35; Archbold
(J.F.) op.cit., 38th ed.(1973) p.725; Cross (R.) and Jones
(Ph.A.), An Introduction, 7th ed.(1972) p.185, pp.195-197.
[4] Smith (J.C.) op.cit. para.337; Cross-Jones op.cit., 7th ed.
(1972) p.211.
[5] s.29 & s.31 (a) Larceny Act 1916.
[6] s.31 (b) Larceny Act 1916.

office of profit or trust"[1] verlangte, sind weggefallen und
durch s.2 (2) Theft Act ersetzt worden, das ausdrücklich bestimmt: "The nature of the act or omission demanded is immaterial". Das deutsche Recht unterscheidet nicht zwischen Sach-
und Vermögenserpressung. Es umfaßt die Vermögenserpressung in
vollem Umfang,[2] während das bisherige englische Recht, das in
dieser Hinsicht im wesentlichen dem Code Pénal gefolgt ist,
als einzige strafbare Vermögenserpressung nur den Fall des s.29
(2) mit (3) Larceny Act 1916 kannte, welcher die durch rechtswidrige Gewaltanwendung oder sonstigen Zwang oder durch Anschuldigung mit den in s.29 (3) Larceny Act 1916 aufgeführten
Delikten oder sonstigen Verbrechen oder durch Drohung mit deren Anschuldigung bewirkte Nötigung eines anderen zur Ausstellung oder Annahme, Indossierung, Änderung oder Vernichtung von
wertbaren Sicherheiten oder zur Vornahme einer Blankounterschrift auf einem Papier, das in eine wertbare Sicherheit umgewandelt werden kann, jeweils in der Absicht zu betrügen oder zu
schädigen, zum Gegenstand hatte.[3] Alle anderen Fälle der Vermögenserpressung verwies es in das Gebiet des Zivilrechts. Heute schließt die Erpressung auch nach englischem Recht alle Vermögenswerte ein, wodurch eine Angleichung an das deutsche Recht
erfolgt ist. Nach heutigem englischem Recht reicht zur Vollendung der Erpressung ein nicht zu rechtfertigendes Fordern unter Drohungen in Aussicht auf Gewinn ("with a view to gain")
für den Fordernden oder einen anderen oder in der Absicht, einem anderen einen Verlust ("loss") zu verursachen, aus, wobei

---

[1] s.31 (b) Larceny Act 1916.

[2] Schönke-Schröder 18.Aufl.(1976) Rdz.1 zu § 253; Kohlrausch-
Lange 43.Aufl.(1961) § 253 Anm.I.

[3] R.v.Phiboe, 1795, 2 East P.C.599, 15 Dig.Repl.1117, 11 102,
1118, 11 103; R.v.Edwards, 1834, 6 C.& P.521, 15 Dig.Repl.
1124, 11 213; R.v.Smith, 1852, 2 Den.449, 21 L.J.M.C.111,
5 Cox C.C.533, 19 L.T.O.S. 220, 16 J.P.437, 16 Jur.414, 15
Dig.Repl.1086, 10 754.

gleichgültig ist, ob das "gain" oder das "loss" dauernd oder
nur zeitweilig ist.[1] Der Begriff "gain" ist in der Regel in
seiner allgemein verständlichen Bedeutung als Gewinn i.S. von
"profit" auszulegen. Von dieser Auslegung geht auch der Ausschuß aus, der sich zur Begründung seiner Ansicht auf das korrespondierende Verhältnis zwischen dem Blackmail (s.21 Theft
Act) und dem criminal deception (s.15 Theft Act) mit den Worten bezieht: "gain is ordinarily the purpose of blackmail,
and in this respect the offence would correspond to criminal
deception, which seems right".[2] Dieselbe Auslegung des Begriffes "gain" vertritt auch Hogan,[3] der allerdings zu s.17 Draft
Theft Bill, das aber mit s.21 Theft Act wörtlich übereinstimmt,
Stellung nimmt, sowie Gooderson.[4] Nach dieser Interpretation
des "gain" als wirtschaftlichen Begriff kann es nicht zweifelhaft sein, daß derjenige, der etwas fordert, auf das er einen
Rechtsanspruch hat, kein "view to gain" beabsichtigt und daher
eine wesentliche Voraussetzung des blackmail i.S. des s.21
Theft Act entfällt. Allerdings räumen sowohl der Ausschuß wie
auch Hogan ein, daß es manche Drohungen gibt "which should
make the demand amount to blackmail even if there is a valid
claim to the thing demanded".[5] Hogan[6] nennt als Beispiele
Drohungen mit Mord oder Brandstiftung, während der Ausschuß[7]
den Fall anführt, daß die Drohung in einer Diffamierung des
Bedrohten als homosexuell, auch wenn es wahrheitsgemäß sein
sollte, besteht, sofern derselbe eine Schuldverpflichtung nicht
erfüllen sollte. Ob in diesen Fällen allerdings eine Abweichung
von dem erwähnten Auslegungsgrundsatz zu sehen ist, erscheint
mir zweifelhaft, da es sich hierbei eher um die Verwendung ei-

---

[1] s.21 (1) Theft Act 1968; Smith (J.C.) op.cit. para.354.
[2] The Report Cmnd.2977 para.117.
[3] Hogan (Br.), Blackmail: Another View, (1966) Cr.L.Rev.475.
[4] Gooderson (R.N.), Prejudice as a Test of Intent to defraud,
vol.18 (1960) C.L.J.199 at p.205 bei Erörterung der Bedeutung von "fraud" in Bezug auf Welham v. D.P.P., (1961) A.C.
103, zit. bei Smith (J.C.) op.cit. para.351 fn.13.
[5] The Report Cmnd.2977 para.119; Hogan (Br.) p.475 & n.4.
[6] Hogan (Br.) p.475 n.4.
[7] The Report Cmnd.2977 para.119.

nes nicht zu rechtfertigenden Mittels zur Verstärkung der Drohung handelt und hierdurch nach s.21 (1) Theft Act 1968 blackmail in gleicher Weise entfallen würde wie bei Fehlen des
"view to gain". Gegen die geschilderte Auslegung des Begriffes
"gain" wandte sich Jessel, M.R. in Re Arthur Average Association,[1] der ausführte: " 'Gain' means exactly acquisition ...
Gain is something obtained or acquired". Gain ist hiernach nicht
notwendig gleichbedeutend mit Gewinn i.S. von profit, sondern
drückt Erwerbung, d.h. etwas aus, was erworben oder erlangt ist.
Zwar fand Jessel, daß in dem ihm zur Entscheidung vorliegenden
Fall ein gain i.S. von profit gegeben war; er dachte aber offenbar nicht daran, daß deshalb dieser Begriff in s.21 (1) Theft
Act notwendigerweise mit profit gleichzusetzen sei. Er lasse
vielmehr eine abweichende Auslegung zu. Schließt sonach "gain",
wie er meint, Erwerbung ein, ob mit oder ohne Gewinn, so mag
mit Recht gesagt werden, daß jemand auch erworben hat, worauf
er ein Recht hat, wenn er sich Eigentum oder Besitz daran sichert. Dieser Auffassung ist auch Smith[2] beigetreten, indem er
seinen Standpunkt in der Auslegung des Begriffes "gain" aus der
Fassung des Gesetzes selbst entnimmt, insofern in der gesetzlichen Definition des "gain" in s.34 (2) (a) (i) Theft Act 1968
zum Ausdruck gebracht ist, daß " 'gain' includes a gain by
keeping what one has, as well as a gain by getting what one
has not" und außerdem aus dem Weglassen des Wortes "dishonestly",
das, wie in den ss.1, 15, 16, 17 und 20, die Verteidigung eines
rechtlichen Anspruches gesichert hätte, das Gesetz selbst zum
Ausdruck brachte, daß "gain" den Erwerb von Geld oder anderem
Eigentum einschließt, gleichviel ob es rechtlich geschuldet ist
oder nicht.[3] In diesem Sinne sprach sich auch das Sheffield
Crown Court in R.v.Parkes[4] aus, wo der Circuit Judge entschied,

---

[1] 1875, 10 Ch.App.542 at p.546.

[2] op.cit. para.352 im Gegensatz zu Hogan op.cit. p.476, der in
solchem Falle das Vorliegen eines gain und damit einer Erpressung ablehnt.

[3] R.v.Lawrence and Pomroy, 1971, 57 Cr.App.Rep.64, Crim.L.R.1971
p.645, Dig.Cont.Vol.D 243, 11 197 b.

[4] (1973) Crim.L.R.358.

daß durch das Fordern von Geld, das rechtlich dem Fordernden
geschuldet wurde, derselbe ein view to "gain" hatte, wofür sich
der Richter gleichfalls auf s.34 (2) (a) (i) Theft Act berief.
Denn durch die Absicht, hartes Bargeld anstelle eines bloßen
Klagrechts in Bezug auf die Schuldverpflichtung zu erhalten,
habe der Fordernde mehr als er bereits schon hatte empfangen.
In dem Kommentar zu dieser Entscheidung[1] ist allgemein ausgesprochen, daß gain "acquisition" bedeutet, ob mit oder ohne
profit, und daß dies nach s.34 (2) (a) (i) Theft Act die richtige Konstruktion ist. Sie sei offenbar ohne Erörterung in
Lawrence and Pomroy[2] angenommen worden, wo ein nicht zu rechtfertigendes Fordern unter Drohungen in Ansehung einer als bestehend erachteten Schuldverbindlichkeit als blackmail bewertet wurde. In entsprechender Weise kann der Fordernde auch be-
absichtigen, daß der Bedrohte einen Verlust ("loss") erleidet,
wenn er ihn des speziellen Geldes oder Eigentums zu berauben
trachtet, obwohl er die Absicht haben mag, den Bedrohten nach
wirtschaftlichen Bedingungen voll zu entschädigen. Allerdings
muß der Erwerb der "goods" einen Geld- oder sonstigen Eigentumswert haben, wie wenn der Fordernde z.B. die Heirat mit einer reichen Erbin erzwingt, um sich zu bereichern, nicht aber,
wenn er nur einen sexuellen Verkehr mit ihr erstrebt. Desgleichen fehlt es auch am Geldwert, wenn ein Jurist sich die Qualifikation als Barrister nur Prestige halber erzwingt; wohl aber
ist ein solcher gegeben, wenn er die Barristerqualifikation erzwingt, um durch Ausübung dieses Berufes sich eine Erwerbsquelle
zu verschaffen. Eine dauernde Beraubungsabsicht wie bei Raub
und Betrug ist kein Erfordernis der Erpressung. Die Aussicht
auf ein "temporary gain" reicht für s.21 Theft Act 1968 aus.[3]

---

[1] Commentary to R.v.Parkes, (1973) Crim.L.R.358.

[2] 1971, 57 Cr.App.Rep.64, Dig.Cont.Vol.D 243, 11 197 b, (1971)
Crim.L.R.645.

[3] Smith (J.C.) op.cit. para.354; Griew (E.) op.cit. 7-34 n.61;
Archbold (J.F.) op.cit. 38th ed.(1973) p.769; Cross-Jones
op.cit. 7th ed.(1972) p.211.

Fraglich ist, ob für das "view to gain" genügt, daß der Drohende voraussieht, daß die Erfüllung seines Forderns in einem
"gain" für ihn resultieren wird, auch wenn dasselbe nicht eines der Gegenstände des Forderns ist. Ist der Fordernde so
von dem Wunsche nach der Erbin eingenommen, daß er genau dasselbe Fordern unter Drohungen praktiziert haben würde, auch
wenn sie arm gewesen wäre, weiß er aber, daß die Ehe gewinn-
bringend sein wird, so ist anzunehmen, daß dies wahrscheinlich
nicht genügen wird. Im Falle der Verursachung eines "loss" ist
"intent" erforderlich, der den Wunsch nach Eintritt des Verlustes in sich schließen dürfte. Wenn z.B. der Fordernde erzwingt, daß der Bedrohte, der ihn beleidigte, in einen schmu-
zigen Teich springt, bezweckt er zwar eine Demütigung und eine
Unannehmlichkeit des Bedrohten, er sieht auch die Verschmutzung
der Kleider durch das Eintauchen in den Teich voraus, wodurch
der Bedrohte einen Verlust erleidet, wünscht dies aber nicht
als Folge seiner Drohung, so daß der Drohende der Erpressung
nicht schuldig sein dürfte.[1] Wenn dies mit Rücksicht auf das
"intent to cause loss" richtig ist, so mag es angemessen erscheinen, daß ein ähnliches Prinzip das "view to gain" beherrschen
sollte.[2] In den meisten Fällen gehen "a view to gain" und "an
intent to cause loss" Hand in Hand.[3] Das deutsche Recht verlangt dagegen für die vollendete Erpressung eine rechtswidrige
Nötigung zu einer Handlung, Duldung oder Unterlassung durch
Drohung mit einem empfindlichen Übel, durch die der Täter dem
Vermögen des Bedrohten oder eines anderen einen Nachteil zufügt,
um sich oder einen Dritten zu Unrecht zu bereichern.[4] Im Gegensatz zum englischen Recht verlangt das deutsche für die Erpres-

---

[1] Smith (J.C.) para.349.

[2] Smith (J.C.) para.349.

[3] Smith (J.C.) para.355.

[4] § 253 StGB.

sung eine Absicht der Bereicherung, so daß der Täter, wenn er
etwas fordert, auf das er einen fälligen rechtlichen Anspruch
hat oder doch einen solchen gutgläubig annimmt, sich einer Erpressung nicht dadurch schuldig macht, daß er zur Verwirklichung seines Forderns unerlaubte, d.h. rechtswidrige, Mittel
anwendet.[1] Wesentlich ist aber, daß in beiden Rechtssystemen
das Fordern finanziellen Charakter aufweist,[2] wie sich aus der
Fassung der gesetzlichen Bestimmungen[3] und aus dem Wesen der
Erpressung als Vermögensdelikt ergibt. Ein unter Drohung erfolgtes Fordern, daß der Bedrohte einen Scheidungsprozeß nicht
fortführt, reicht jedenfalls nach englischem Recht zu einer Erpressung nicht aus.[4] Ebensowenig genügt das durch Drohung unterstützte Fordern von Personensorge (custody) für ein Kind, von
sexuellem Entgegenkommen des Opfers, einer Freilassung aus gesetzlicher Haft, einer Zurücknahme von Beweismaterial, dessen
Vorlage zur Unterstützung einer Strafverfolgung in Aussicht gestellt worden war.[5] Nach deutschem Recht können zwar faktische
Positionen einen Vermögenswert haben,[6] doch trifft dies für
§ 253 StGB nur bedingt zu.[7]
Was die Zwangsmittel anbelangt, so beschränkt sich das englische Recht auf ein Fordern mit Drohungen (menaces), während das
deutsche Recht Gewalt oder Drohung mit einem empfindlichen
Übel verlangt. Wie beim Raub so sind auch bei der Erpressung

[1] BGHSt 3, 162, JZ 52, 727; BGH Urt.v.11.10.1955 - 2 StR 264/55
bei Dallinger MDR 56, 11; BGH GA 1966, 52; Schönke-Schröder
18.Aufl.(1976) Rdz.19 zu § 253 & Rdz.125 zu § 263.

[2] Smith (J.C.) op.cit. paras.336, 348; Schönke-Schröder 18.Aufl.
(1976) Rdz.1 zu § 253.

[3] "with a view to gain for himself or another or with intent to
cause loss to another" - "dem Vermögen eines anderen einen
Nachteil zufügt, um sich oder einen Dritten zu Unrecht zu bereichern"; vgl. auch Griew (E.) op.cit. 7-08.

[4] Smith (J.C.) op.cit. para.337.

[5] Griew (E.) op.cit. 7-08.

[6] Schröder (H.), Anm.zu Urt.des HansOLG Hamburg v.8.6.66 - 1 Ss
97/65, JR 66, 472; Cramer (P.), Grenzen des Vermögensschutzes
im Strafrecht - OLG Hamburg, NJW 1966, 1525, JuS 66, 472.

[7] Cramer (P.), Grenzen des Vermögensschutzes S.472; Lenckner
(Th.), Zum Problem des Vermögensschadens (§§ 253, 263 StGB)
beim Verlust nichtiger Forderungen, JZ 67, 110.

die "menaces", obwohl sie als stärkerer Ausdruck gegenüber
"threats" gebraucht sind,[1] in der schon beim Raub erörterten
extensiven Auslegung zu verstehen und schließen nicht nur Drohungen schwerer Art, sondern auch solche mit etwas ein, was
dem Bedrohten lediglich schädlich oder für ihn mit Unannehmlichkeiten verbunden ist. An dieser weiten Auslegung, die
schon für die ss.29 (1) (i) und 30 Larceny Act 1916 in dem
grundlegenden Fall Thorne v. Motor Trade Association[2] in den
dicta von Lord Wright und Lord Atkinson zum Ausdruck kam,[3]
hat die englische Rechtsprechung auch in der Folgezeit festgehalten.[4] Demgegenüber stellt das deutsche Recht wesentlich
strengere Anforderungen an die Art der Drohungen, indem es
Gewalt oder Drohung mit einem empfindlichen Übel, d.h. mit einem auf Grund objektiver Beurteilung nach Art und Stärke besonders erheblichen Übel, durch das eine wesentliche Einbuße
an Werten zu besorgen ist,[5] für erforderlich erklärt und damit zwar einen Teil, aber nicht alle "menaces" einschließt.
Bezüglich des Begriffs der "Gewalt" und der "Drohung" gilt
das beim Raub Ausgeführte auch für die Erpressung mit der Einschränkung, daß bei letzterer mit Rücksicht auf das abgenötigte Verhalten als Vermögensverfügung nur vis compulsiva, nicht
vis absoluta in Betracht kommen kann.[6] Die Drohung kann nach
beiden Rechtssystemen in ausdrücklicher - mündlicher oder
schriftlicher - oder in schlüssiger Weise erfolgen.[7] Ebenso

---

[1] The Report Cmnd.2977 para.123.
[2] 1937, (1937) 3 All E.R.157, (1937) A.C.797, 26 Cr.App.R.51,
67, 15 Dig.Repl.1123, 11 200 Ann.
[3] (1937) A.C. 797 at p.817.
[4] siehe Griew (E.) op.cit. 7-17 & 7-18 mit Wills J. in R.v.Tom-
linson, 1895, 1 Q.B.706 at p.710.
[5] Schönke-Schröder 18.Aufl.(1976) Rdz.9 zu § 240 mit BayObLGSt
1955, 12; OLG Köln JMBlNRW 1962, 34; a.A. Kohlrausch-Lange
43.Aufl.(1961) § 240 Anm.IV 2 und Blei (H.), Strafrecht II,
Bes.T., 10.Aufl.(1976) S.64, 210 sowie Mezger-Blei 9.Aufl.
(1966) S.60, die auf die Besonderheiten der Person und der
Lage abstellen.
[6] Schönke-Schröder 18.Aufl.(1976) Rdz.3 zu § 253; Lackner in
LK 9.Aufl., Bd.2 (1974), Rdz.4 zu § 253.
[7] Smith (J.C.) op.cit. para.338; R.v.Clear, 1968, (1968) 1 Q.
B.670, 2 W.L.R.122, 132 J.P.103, 112 Sol.Jo.67, 52 Cr.App.
Rep.58, Dig.Cont.Vol.C 265, 11 197 a; Blei (H.), Strafrecht
II, Bes.T., 10.Aufl.(1976) S.63.

kann das Fordern sowohl nach englischem wie nach deutschem
Recht auch in der Form eines Ersuchens und in entgegenkommen-
dem Ton wie auch in der Form einer Warnung erfolgen. Allerdings liegt eine bloße Warnung und keine Drohung vor, wenn die
Herbeiführung des Übels vom Willen des Warnenden unabhängig
ist. Das Fordern muß so beschaffen sein, daß ein gewöhnlicher
vernünftiger Mensch es als Fordern bezeichnen würde und daß es
vom Bedrohten - nicht notwendig auch von Dritten - als Fordern
verstanden wird.[1] Während sich nach beiden Rechtssystemen die
Erpressung durch Drohung gegen eine Person richtet, kann sich
nach deutschem Recht die mit Gewalt bewirkte Erpressung nach
herrschender Meinung stets nur gegen Sachen, nie gegen Personen richten. Allerdings ist strittig, ob auch die Gewaltanwendung ausreicht, die sich zwar unmittelbar gegen Sachen, mittelbar aber gegen eine Person richtet. Bei Gewalt gegen eine
Person kommt im deutschen Recht nur Raub oder räuberische Erpressung in Frage. Nach englischem Recht ergibt sich die Richtung der Erpressung gegen eine Person ohne weiteres aus dem Begriff der "menaces",[2] nach deutschem Recht aus der Drohung mit
einem empfindlichen Übel. Im englischen wie im deutschen Recht
der Erpressung kann die Drohung bzw. das angedrohte Übel auch
einen Dritten betreffen, sofern der Bedrohte hiervon Kenntnis
hat und der Dritte eine Person seiner Sympathie ist, die ihm
so nahesteht, daß er dadurch selbst in seiner freien Willensentschließung beeinträchtigt und dazu bestimmt wird, dem Ansinnen des Fordernden zu entsprechen. Nicht notwendig, wenn auch
häufig, wird der Dritte ein Angehöriger, Ehegatte, Kind, Bruder
oder sonstiger naher Verwandter sein, z.B. bei Bedrohung des
Vaters mit Strafanzeige gegen den volljährigen Sohn wegen Diebstahls. Es kann aber auch beispielsweise ein intimer Freund

---

[1] R.v.Collister and Warhurst sub nom. R.v.Warhurst, 1955, 39
Cr.App.Rep.100 at p.102, 15 Dig.Repl.1122, 11 189; R.v.Ro-
binson, 1796, 2 Leach 749, 2 East P.C.1110, 15 Dig.Repl.
1122, 11 190; R.v.Studer, 1915, 11 Cr.App.Rep.307, 85 L.J.
K.B.1017, 114 L.T.424, 25 Cox C.C.312, 15 Dig.Repl.1122,
11 191; Smith (J.C.) op.cit. para.339; Griew (E.) op.cit.
7-10 & n.8; BGHSt 7, 198, NJW 55, 719; LK 8.Aufl.Bd.2 (1958)
§ 253 Anm.2 b unter Bezugnahme auf KG HRR 25, 256; RGSt 34,
19; Pfeiffer-Maul-Schulte § 253 Anm.3.
[2] Smith (J.C.) op.cit. para.340 et seq.; Griew (E.) op.cit.
7-18 & 7-19.

sein.[1] Nach beiden Rechtssystemen kann der Bedrohte auch eine
andere Person als diejenige sein, die das angedrohte Übel aus-
lösen soll, sofern nur der Drohende auf den Dritten z.B. auf
Grund eines Autoritätsverhältnisses so einzuwirken in der Lage
ist, daß von seiner Einwirkung die Auslösung oder Verhinderung
des Übels durch den Dritten abhängt. Dies ist entsprechend der
bisherigen Judikatur in s.21 (2) Theft Act 1968 ausdrücklich
bestimmt und im deutschen Recht durch langjährige Rechtsprechung
anerkannt.[2] Was die erforderliche Wirkung der Drohung auf den
Bedrohten anbelangt, so verlangt das englische Recht eine Drohung von solcher Beschaffenheit und Stärke, daß der Sinn eines
Durchschnittsmenschen von normaler Festigkeit und Standhaftigkeit beeinflußt und so in Furcht versetzt wird, daß er gegen
seinen Willen dem Fordern nachgibt.[3] Ist die Drohung von solcher Beschaffenheit, daß sie weder darauf berechnet noch geeignet ist, eine Person von gesundem und festem Sinn der freien
und freiwilligen Tätigkeit ihres Geistes zu berauben, so begründet sie kein "menace" i.S. von s.21 (1) Theft Act 1968.[4]
Ist die Drohung von so trivialer Natur, daß sie niemand beeinflussen würde, dem Fordern zu entsprechen, so kann sie nicht
als "menace" i.S. des s.21 (1) Theft Act angesehen werden.[5]

---

[1] R.v.Murphy, 1853, 6 Cox C.C.341, 14 Dig.Repl.89, 506; R.v.
Tomlinson, 1895, (1895) 1 Q.B.706, 708 & 709 per Lord Rus-
sel C.J.; siehe auch Williams (Gl.L.), Blackmail, (1954)
Crim.L.R. p.92; RG GA 61, 82; RG HRR 27, 3; BGHSt 16, 318;
BGH NJW 70, 1855; Schönke-Schröder 18.Aufl.(1976) Rdz.6 zu
§ 253 mit Rdz.10 zu § 240; Kohlrausch-Lange 43.Aufl.(1961)
§ 253 Anm.III; Dreher 37.Aufl.(1977) Rdz.6 zu § 253; Dalcke-
Fuhrmann-Schäfer 37.Aufl.(1961) § 253 Anm.2.; LK 8.Aufl.Bd.2
[2] (1958) § 253 Anm.2 b.
R.v.Studer, 1915, 85 L.J.K.B.1017, 25 Cox C.C.312, 15 Dig.
Repl.1122, 11 191; R.v.Smith, 1850, T.& M.214, 2 Car.& Kir.
882, 14 Jur.92, 19 L.J.M.C.80, 4 Cox C.C.42, 15 Dig.Repl.
1122, 11 197; RGSt 34, 20; 54, 236; BGHSt 7, 198; Schönke-
[3] Schröder 18.Aufl.(1976) Rdz.6 zu § 253, Rdz.10 zu § 240.
R.v.Clear, 1968, (1968) 1 All E.R.74, (1968) 1 Q.B.670,
(1968) 2 W.L.R.122, 132 J.P.103, 112 Sol.Jo.67, 52 Cr.App.
[4] Rep.58, C.A., Dig.Cont.Vol.C 265, 11 197 a.
R.v.Boyle and Merchant, 1914, (1914) 3 K.B.339 at pp.344-
345 per Lord Reading; Ausnahmen hiervon erklärt Griew (E.)
op.cit. 7-19 aber für möglich, der ausführt, daß, wenn der
Drohende weiß, daß der Bedrohte eine ungewöhnlich furchtsame
Person oder gegen eine besondere Art von Druck ausnahmsweise
verwundbar ist, der Drohende erwarten darf, daß der Bedrohte
einer Drohung unterliegt, die keine Chance haben würde, auf
einen stärkeren Charakter oder eine Person unter andersartigen Umständen einzuwirken und er mag daher den Bedrohten aus

Ob eine Drohung ein "menace" begründet, scheint auf den ersten Blick eine objektive Frage zu sein, die dadurch zu beantworten ist, daß man seinen Blick auf die wirklichen Umstände des Falles richtet. Aus dem schon erwähnten Fall R.v.Clear[1] geht aber hervor, daß die Frage unter Bezugnahme auf die Tatsachen zu beantworten ist, die dem Fordernden bekannt sind, wenn sich diese von den wirklichen Umständen unterscheiden.[2] Es liegt also eine ausreichende Drohung i.S. der "menaces" nur vor, wenn sie nach den Umständen, die dem Fordernden bekannt sind, 1.den Sinn eines Durchschnittsmenschen von normaler Festigkeit und Standhaftigkeit zu bestimmen vermag, gleichviel, ob sie die angesprochene Person beeinflußt oder nicht, oder 2.den Sinn der angesprochenen Person beeinflußt, obwohl sie eine normale Person nicht beeinflussen würde.[3] Nach deutschem Recht muß das Opfer durch Drohung mit einem empfindlichen Übel[4] zum Handeln, Dulden oder Unterlassen genötigt werden. Dies bedeutet, daß seine freie Willensbestimmung durch die Drohung aufgehoben[5] und damit, soweit die übrigen Tatbestandsmerkmale, insbesondere die Bereicherungsabsicht, erfüllt sind, vollendete Erpressung gegeben ist. Ist die Nötigung nur versucht, so kommt nur versuchte Erpressung in Betracht.

---

[5] diesem Grunde als sein Opfer auswählen.
R.v.Tomlinson, 1895, (1895) 1 Q.B.706 at p.710 per Wills J.; siehe auch Griew (E.) op.cit. 7-18 & n.35.

---

[1] 1968, (1968) 1 All E.R.74, (1968) 1 Q.B.670, (1968) 2 W.L.R. 122, 52 Cr.App.Rep.58, Dig.Cont.Vol.C 265, 11 197 a.

[2] Smith (J.C.) op.cit. paras.343, 344.

[3] Smith (J.C.) op.cit. para.344; im gleichen Sinne Griew (E.) op.cit. 7-19.

[4] worunter nach englischem Recht unter anderem die eine Anschuldigung mit einem Verbrechen enthaltende Drohung i.S. von s.29 (3) Larceny Act 1916 und heute des s.21 (1) Theft Act 1968 sowie die Drohung mit erheblicher wirtschaftlicher Schädigung und mit Lieferungssperre fallen.

[5] RGSt 1, 6; 2, 288; 4, 430; 7, 270; 13, 50; 27, 309.

Nach englischem Recht macht sich der Täter, der beabsichtigt,
dem Opfer einen wirtschaftlichen Gegenwert zu dem vorausgenom-
menen Gewinn, den er im Sinn hat, zu gewähren, gleichwohl der
Erpressung schuldig, da "a view to acquisition of money or
other property" vorliegt. So verhält es sich z.B., wenn der
Drohende von dem Bedrohten ein Goldstück besonderer Prägung,
das für ihn einen Liebhaberwert hat, im Austausch für ein solches gewöhnlicher Prägung unter Drohungen fordert, aber nicht
die Absicht hat, einen profit in Geldwert zu erzielen. Dasselbe Prinzip muß für "loss" gelten; so wenn der Täter ein loss
in der Weise beabsichtigt, daß er darauf ausgeht, das Opfer
des Geldes oder Eigentums zu berauben, obwohl er auch beabsich-
tigen mag, das Opfer in wirtschaftlicher Beziehung voll zu entschädigen.[1] Nach deutschem Recht, nach welchem durch das abgenötigte Verhalten des Opfers eine Vermögensschädigung eintreten muß, die der Bereicherungsabsicht entspricht, liegt, da die
Rechtsprechung vom Gesamtvermögensbegriff ausgeht, eine Vermögensschädigung nur vor, wenn die Gesamtheit des Vermögens durch
die Schädigung eine Verschlechterung erfahren hat, was bei
gleichzeitiger Gewährung einer vollwertigen Gegenleistung nicht
der Fall ist, so daß solchenfalls mangels Schädigung Erpressung
entfällt.[2]
Nach s.21 (1) Theft Act 1968 erfordert die Erpressung ein objektiv - daher nicht nur nach Meinung des Drohenden - nicht zu
rechtfertigendes Fordern unter Drohungen.[3] Die Rechtfertigung
verlangt, daß vernünftige Gründe für das Fordern vorliegen.
Es genügt aber, daß der Fordernde glaubt, daß solche Gründe ge-

---

[1] Smith (J.C.) op.cit. para.353; siehe auch bezgl. "loss" Berg
v. Sandler and Moore per Scott J., 1937, (1937) 2 K.B.158,
168, zit. bei Kielwein (G.), Straftaten S.195 m.Anm.122.

[2] RGSt 16, 3; 28, 311; 37, 357 f.; 42, 61 f.; 44, 236 f.; 75,
230; OGHSt 2, 261; BGHSt 3, 102; 16, 325 f.; OLG Düsseldorf
MDR 47, 268; OLG Oldenburg NdsRpfl 1947, 42.

[3] McKenna (Sir Bernard), Blackmail. A Criticism, (1966) Crim.
L.R.467 at p.472; siehe auch Smith (J.C.) op.cit. para.362.

geben sind und daß vernünftige Leute im allgemeinen die Gründe
für vernünftig erachten würden, auch wenn er keinen Rechtsanspruch hat, z.B. bei der Forderung von Geld aus einer Wette.[1]
Vernünftige Gründe für das Fordern unter Drohungen liegen nach
englischem Recht insbesondere dann vor, wenn der Täter einen
Rechtsanspruch oder mindestens einen moralischen Anspruch auf
das Geforderte hat oder doch ehrlicherweise das Bestehen eines
solchen Anspruches annimmt. Letzteres ist aber in Zweifel zu
ziehen, wenn die geforderte Summe den behaupteten Anspruch un-
verhältnismäßig übersteigt.[2] Unter Hinweis auf R.v.Bernhard[3]
wurde von Smith[4] unter Bezugnahme auf Hogan argumentiert, daß
"that what the section does is to make a moral, as well as a
legal claim of right a defence to a charge of blackmail and
that this is proper". Miss Bernhard wurde freigesprochen, weil
sie glaubte auf das ihr von ihrem Liebhaber wegen sexueller
Vergünstigungen versprochene und von ihr unter Drohungen geforder-
derte Geld einen Rechtsanspruch zu haben. Die Argumentation wurde durch Hogan[5] dahin erweitert, daß es ihm stets merkwürdig

---

[1] Smith (J.C.) op.cit. para.364 mit n.10 unter Hinweis auf die
McNaghten-Rules in R.v.Codere, 1916, 12 Cr.App.Rep.21 at pp.
25 & 27; siehe auch Griew (E.) op.cit. 7-28 mit n.52.

[2] Griew (E.) op.cit. 7-27.

[3] 1938, (1938) 2 K.B.264, (1938) 2 All E.R.140, 26 Cr.App.Rep.
137, 31 Cox C.C.61, 107 L.J.K.B.449, 159 L.T.22, 82 Sol.Jo.
257, 102 J.P.282, 54 T.L.R.615, 36 L.G.R.333, 15 Dig.Repl.
1125, 11 218.

[4] Smith (J.C.) op.cit. para.363; Kenny (C.St.), Outlines 15th
rev.ed.by G.Godfrey Phillips (1936) p.256; Stephen (H.J.),
Commentaries 8th ed. by St.James Stephen (1880) p.203, 17th
ed. vol.IV by V.R.M.Gattie (1922) p.94; Williams (Gl.L.),
Blackmail, 1954 Crim.L.R.246; Campbell (A.H.), The Anomalies
of Blackmail, 1939 L.Q.R.386 n.9 unter Hinweis auf R.v.Cogh-
lan, 1865, 4 F.& F.316, 15 Dig.Repl.1126, 11 244; Davies (D.
R.S.), Demanding with Menaces - Claim of right made in good
Faith, 1938 M.L.R.166-168 (Notes of Cases); R.v.Parker, 1910,
74 J.P.208, 15 Dig.Repl.1259, 12 932.

[5] Hogan (Br.), Blackmail: Another View, 1966 Crim.L.R.474 at
pp.477-478.

erschien, daß Miss Bernhard verurteilt worden wäre, wenn sie
die Rechtslage gekannt, aber mit tiefster Aufrichtigkeit gefühlt hätte, daß sie moralisch zu etwas berechtigt war. Dabei
ist der gute Glaube des Fordernden das einzige Kriterium. Ver-
nünftigkeit ist nur als Beweismittel für das Vorliegen oder
Nichtvorliegen des guten Glaubens des Drohenden von Bedeutung.
Die Annahme des Fordernden, er habe ein Recht auf das "gain",
begründet sicherlich den Glauben an vernünftige Gründe für
sein Fordern. Aber dies allein macht das Fordern nicht gerechtfertigt, wenn es nicht, wie schon erwähnt, mit der Annahme verbunden ist, daß der Gebrauch der Drohung ein angemessenes Mittel ist, das Fordern zu verstärken. Section 21 Theft Act 1968
gebraucht das Wort "dishonestly", das in den ss.1, 15, 16, 17
und 21 die Sicherheit gewährt, daß ein Rechtsanspruch auf das
Eigentum eine gute Verteidigung ist, nicht. Es ist daher offensichtlich, daß das Law Revision Committee die Absicht verfolgte,
daß das Delikt der Erpressung auch begangen werden könne, wo
der Fordernde sowohl einen Rechtsanspruch auf das Eigentum an
dem Geforderten als auch ein wirkliches Recht daran hat, das er
zu erwerben beabsichtigt, sofern die angewandte Drohung kein
angemessenes Mittel zur Durchsetzung des Anspruchs bildet, z.B.
bei einer Bedrohung des Opfers mit Diffamierung durch Erhebung
des Vorwurfs der Homosexualität, um die Bezahlung einer Schuld
zu erreichen.[1] Anderer Ansicht ist Hogan,[2] der in dem Falle, daß
der Fordernde einen Rechtsanspruch auf etwas hat, was ihm geschuldet ist, oder doch in gutem Glauben einen solchen Anspruch
zu besitzen annimmt, das Vorliegen eines view to gain für sich
oder das Verursachen eines loss für einen anderen i.S. von
clause 17 Draft Theft Bill, die mit s.21 Theft Act übereinstimmt, in Abrede zieht, selbst wenn der Fordernde glaubte, daß
er nicht berechtigt war, die Drohung zu gebrauchen, um das Fordern zu unterstützen. Es besteht sicherlich, so behauptet Hogan,

---

[1] vgl. auch Smith (J.C.), Civil Law Concepts in the Criminal
Law, (1972) C.L.J.217.

[2] Hogan (Br.), Blackmail pp.476-477.

"no gain or loss where a person merely secures the payment
of that which he is owed".[1]
Unzulässiges Druckmittel ist die Drohung unter anderem, wenn
das angedrohte Verhalten an sich unrechtmäßig ist, z.B. Drohung mit einem assault zur Erlangung einer geschuldeten Geldsumme oder weil die Drohung nicht als Mittel zur Erzielung eines wirtschaftlichen Vorteils gebraucht werden darf. Immer unzulässig ist die Drohung mit strafrechtlicher Verfolgung oder
mit Verächtlichmachung außerhalb eines gesetzlichen Verfahrens zur Durchsetzung eines rechtlichen oder moralischen Anspruchs oder auch einer bloßen moralischen Freiheit. Ob die
Drohung ein angemessenes Mittel zur Verstärkung des Forderns
bildet, ist danach zu beurteilen, was die Leute im allgemeinen als solches angemessenes Mittel betrachten würden, um das
Fordern zu erzwingen.[2] Erforderlich ist jedoch nur, daß der
Fordernde bei seinem Bildungsstand, seiner Intelligenz und seiner sozialen Stellung ehrlicher-, wenn auch nicht vernünftigerweise glaubt, daß die Leute im allgemeinen die gebrauchte
Drohung als ein angemessenes Mittel zur Durchsetzung seines
bestehenden oder doch als bestehend angenommenen Anspruchs betrachten würden.[3] Dies kann, da der Ausdruck "proper" den
Sinn auf die Erwägung, was moralisch und sozial annehmbar ist,
lenkt,[4] nicht bejaht werden, wenn der Fordernde z.B. mit einem
gezückten Dolch die Bezahlung seines nach seiner Ansicht geschuldeten rückständigen Lohnes erzwingen will. Nach deutschem
Recht ist dagegen das mit der erzwungenen Handlung erfolgte
Ziel maßgebend. Steht also die Durchsetzung des bestehenden
oder die Abwehr des nicht bestehenden Anspruchs mit dem materiellen Recht in Einklang, so werden sie nicht dadurch rechts-

---

[1] Hogan (Br.), Blackmail p.476.

[2] Smith (J.C.) op.cit. para.366; Griew (E.) op.cit. 7-28 n.52.

[3] Smith (J.C.) op.cit. para.366; The Report Cmnd.2977 para.120.

[4] Griew (E.) op.cit. 7-29.

widrig, daß der Berechtigte zu ihrer Verwirklichung rechtswidrige Mittel anwendet. So erklärt der Bundesgerichtshof[1] unter anderem: "Ist danach ein vermögensrechtlicher Anspruch begründet, so wird er nicht deshalb rechtswidrig, weil sich der Berechtigte unerlaubter Mittel bedient, um etwaige Schwierigkeiten, die der Verwirklichung seines Anspruchs entgegenstehen, zu beseitigen". Ebenso spricht sich der Bundesgerichtshof in der Entscheidung vom 11.10.1955[2] in ähnlicher Weise dahin aus: "Ein begründeter vermögensrechtlicher Anspruch wird nicht deshalb rechtswidrig, weil der Täter sich unerlaubter Mittel bedient, um ihn zu verwirklichen". Desgleichen ist in der Entscheidung vom 20.3.1953[3] ausgesprochen, daß an der Rechtsprechung des Reichsgerichts, wonach der Vorsatz des Erpressers die Vorstellung umfassen muß, daß auf die erstrebte Bereicherung kein Recht besteht, festgehalten werde. Glaube der Täter auf die Bereicherung einen Anspruch zu haben, so befinde er sich in einem die Straflosigkeit begründenden Tatbestandsirrtum. Derselben Auffassung sind Schröder[4] und Busch.[5] Auch entsteht solchenfalls dem Bedrohten kein Schaden, so daß Erpressung auch deshalb ausscheidet und nur versuchte oder vollendete Nötigung in Betracht kommt.[6]

Da im englischen Recht nach herrschender Meinung in dem für eine Erpressung verlangten Erfordernis des "with a view to gain" unter "gain" nur Erwerbung, nicht aber Gewinn i.S. von profit zu verstehen ist, so deckt sich das "with a view to gain" offensichtlich nicht mit der im deutschen Recht geforderten Berei-

---

[1] BGHSt 3, 162.

[2] 2 StR 264/55 bei Dallinger MDR 56, 11.

[3] BGHSt 4, 106 f., NJW 53, 834 mit RGSt 20, 56, 59; 55, 257, 259; 72, 133, 137; siehe ferner RGSt 11, 76; 41, 78; 64, 344; 77, 185; BGHSt 3, 123; 17, 91; Dreher 37.Aufl.(1977) Rdz.42 zu § 263.

[4] Schröder (H.), Zum Vermögensbegriff bei Betrug und Erpressung, JZ 65, 515.

[5] Anm.Busch zu BGHSt 4, 105 in LM (1953) Nr.4 zu § 253 StGB.

[6] LK 9.Aufl., Bd.2 (1974), Rdz.18 zu § 253.

cherungsabsicht, da als Bereicherung als Gegenstück zu der in
§ 253 StGB geforderten Vermögensschädigung jeder in Geld be-
wertbare Vorteil anzusehen ist, der in einer günstigeren Gestaltung der Gesamtvermögenslage zum Ausdruck kommt[1] und dies
beim "gain" nicht immer zutreffen mag.
Obwohl im englischen Recht der Rechtfertigungsgrund mehr von
wirtschaftlichen Erwägungen ausgeht, derjenige im deutschen
Recht aber mit dem Erfordernis mangelnder Verwerflichkeit der
Nötigungshandlung auf ethische Maßstäbe abstellt, werden sich
doch diese Tatbestandsmerkmale in der Regel decken, insofern
die Verwendung eines rechtlich nicht zu billigenden Druckmittels zur Durchsetzung eines Forderns meist verwerflich i.S.
eines Verstoßes gegen die guten Sitten sein wird.
Ob eine Vermögensschädigung nach § 263 bzw. § 253 StGB in der
Beeinträchtigung der wirtschaftlichen Bewegungsfreiheit zu
sehen ist, ist im deutschen Recht umstritten. Der Bundesgerichtshof, dem diese Frage durch das OLG Hamm zur Entscheidung vorgelegt wurde, konnte sich auf einen allgemein gültigen Leitsatz
nicht festlegen und beschränkte sich in dem Beschluß vom 16.8.
1961[2] auf die Erörterung der typischen Fälle erheblicher Beeinträchtigung der wirtschaftlichen Bewegungsfreiheit, in denen
ein Vermögensschaden in Betracht kommt. Eser[3] dagegen sieht einen solchen Vermögensschaden nicht, wie der BGH, in den Folgen
der wirtschaftlich zweckverfehlten Vermögensverfügung, sondern
in der Beeinträchtigung der wirtschaftlichen Bewegungsfreiheit
selbst. Nach bisherigem englischen Recht lag in der Beeinträchtigung der wirtschaftlichen Bewegungsfreiheit ein einen Betrug
bzw. eine Erpressung begründender Vermögensschaden nicht vor,

---

[1] RGSt 33, 408; 50, 279.

[2] BGHSt 16, 321 ff., NJW 62, 309 ff., MDR 62, 420 f.; siehe
auch RGSt 76, 52.

[3] Eser (A.), Die Beeinträchtigung der wirtschaftlichen Bewegungsfreiheit als Betrugsschaden. Rechtspolitische und
rechtsvergleichende Gedanken zu einem dynamischen Vermögensbegriff im Anschluß an den Beschluß des BGH - 4 StR 166/61 -
vom 16.8.1961, GA 1962, 290 ff. Eser geht von einem "dynamischen Vermögensbegriff" aus, der auch vermögensbildende Faktoren wie die wirtschaftliche Bewegungsfreiheit als solche in
sich aufnehmen könnte, und lehnt den Beschluß des BGH vom 16.
8.1961, nach welchem die dort aufgeführten Umstände nur als
mittelbare Folgen der im Irrtum vorgenommenen Vermögensdispo-

da es für das Vorliegen eines solchen Schadens verlangte, daß
der Getäuschte bzw. Genötigte zu einer Handlung veranlaßt wird,
die ihn in der Weise schädigt, daß er Recht und Titel an einer
Sache aufgibt und somit beide verliert, wobei die Gewährung einer Gegenleistung ganz unerheblich ist, gleichviel welchen
Wert sie auch haben mag.[1] Dies traf bei der wirtschaftlichen
Beeinträchtigung, die einen Vermögensschaden voraussetzt, nicht
zu, so daß also keine strafrechtliche Folge, sondern allenfalls
eine zivilrechtliche Schädigung in Form eines tort in Frage
kommen konnte. Nach dem Theft Act dagegen kann jeder Vermögensschaden Gegenstand von Betrug oder Erpressung sein, so daß also auch die durch Täuschung oder Zwang verursachte Beeinträchtigung der wirtschaftlichen Bewegungsfreiheit, auch wenn kein
"with a view to gain" oder "with intent to cause loss to another" vorliegt, strafrechtlich als common law misdemeanour der
Nötigung geschützt ist, soweit keine Sonderstatuten eingreifen.[2]

---

sition sich darstellen, ab; siehe auch Eser (A.), Strafrecht
IV: Schwerpunkt Vermögensdelikte, 2.Aufl., München 1976 S.147.

---

[1] Kielwein (G.), Straftaten S.195 unter Bezugnahme auf Buckley
J. in Re London and Globe Finance Corp., 1903, Ch.D.728, 732;
R.v.Bennett, R.v.Newton, 1913, 9 Cr.App.Rep.152.

[2] Kielwein (G.), Straftaten S.162.

S c h l u ß w o r t

Bei einer Vergleichung der beiden Rechtssysteme auf dem Gebiet
von Raub und Erpressung ist eine Annäherung in der Weise festzustellen, daß das englische Recht beim Raub als einer Form erschwerten Diebstahls nicht mehr auf die rechtswidrige Besitzentziehung (trespass) in Form des "taking and carrying away",
sondern in Einklang mit dem deutschen Recht auf die Verletzung
des Eigentums (appropriation) abstellt. Damit ist ein grund-
sätzliches Hindernis, das einer Angleichung der westeuropäi-
schen Strafrechtssysteme bisher entgegenstand, beseitigt worden. Andererseits kommt diesem Ziel auch der Entwurf eines
neuen Strafgesetzbuches von 1960 insofern entgegen, als er in
Übereinstimmung mit den früheren Entwürfen nach dem Vorbild des
englischen Rechts beim Raub der gewaltsamen Wegnahme einer Sache deren zwangsweise Abnötigung gleichstellt, womit die sachverschaffende räuberische Erpressung entfällt und die räuberische Erpressung auf die weniger bedeutsamen Fälle der Vermögenserpressung eingeschränkt wird.
Die für Raub geforderten Zwangsmittel, die in beiden Rechtssystemen dieselben sind, kommen sich auch in der Auslegung so
nahe, daß in dieser Hinsicht wohl ohne Schwierigkeit eine Angleichung erreicht werden kann. Für das Zwangsmittel der Drohung bei der Erpressung verlangt das deutsche Recht eine solche
mit einem empfindlichen Übel, während das englische Recht die
"menaces" weit auslegt und darunter jede Drohung versteht und
auch eine solche mit etwas einschließt, was dem Bedrohten lediglich schädlich ist oder für ihn mit Unannehmlichkeiten verbunden ist.
Was die Zueignungsabsicht (animus furandi) betrifft, so hält
auch der StGBE 1960 an der Absicht der Zueignung der fremden
Sache i.S. einer Überführung derselben in das eigene Vermögen
des Täters zum Zwecke der Ausschöpfung ihres Sachwertes mit der
Ergänzung fest, daß entsprechend den früheren Entwürfen auch die
Überführung der fremden Sache in das Vermögen eines Dritten aus-

reichen soll.[1] Andererseits geht der Strafgesetzbuch-Entwurf
nicht so weit wie das englische Recht, das nach der heutigen
Rechtsprechung zum animus furandi die Absicht der Entziehung
der Sache und der Schädigung des bisherigen Gewahrsaminhabers
genügen läßt und so die Fälle der beabsichtigten sofortigen
Zerstörung der weggenommenen Sache wie die der sofortigen Weitergabe derselben in den Diebstahlstatbestand einschließt.
Nach deutschem Recht wird im Falle einer sofortigen Zerstörung der weggenommenen Sache Diebstahl verneint und Sachbeschädigung (§ 303 StGB) angenommen, wenn die Wegnahme lediglich in der Absicht, dieselbe zu beschädigen oder zu zerstören,
erfolgt, wenn also Wegnahme und Zerstörung zusammenfallen und
so eine einheitliche Handlung bilden, nicht aber wenn der Täter die Sache an sich bringt und sich daraufhin zu ihrer Zerstörung entschließt. Eine gewisse Annäherung an das englische
Recht findet sich in § 251 StGBE 1960, wonach die Sachentziehung - ohne Zueignungsabsicht - neben der Sachbeschädigung
unter besondere Strafbestimmung gestellt ist, freilich mit der
aus der Begründung zu § 251 StGBE zu entnehmenden Abweichung,
daß darin eine dauernde Sachentziehung nicht verlangt ist, da
entsprechend der Begründung zum StGBE 1936 eine zeitliche Begrenzung der Entziehung den Tatbestand zu stark einschränken
würde, andererseits aber durch die geforderte Absicht, einem
anderen einen erheblichen Nachteil zuzufügen, unbedeutende
Fälle ausgeschieden werden können.[2]
Die neue Erpressungsbestimmung des englischen Rechts ist kurz
und allgemein verständlich gefaßt, so daß gewöhnliche Worte
der englischen Umgangssprache von der jury auch als solche zu
verstehen sind und es einer Auslegung derselben durch den Richter, da es sich um keine question of law handelt, nicht bedarf,
ja eine solche auch nicht richtig wäre.[3] Nur wenn in einem Sta-

---

[1] §§ 245, 235 StGBE 1960, BT-Drucksache 3.Wahlperiode Nr.2150
und Begründung hierzu S.382 mit S.369.

[2] StGBE 1960, BT-Drucksache 3.Wahlperiode Nr.2150, Begründung
zu § 251 S.389.

[3] Elliott (D.W.), Law and Fact in Theft Act Cases, (1976) Crim.
L.R.707 et seq., at p.710.

tut dem gebrauchten Worte die gewöhnliche Bedeutung nicht zukommt, hat das Gericht nicht as law but as fact darüber zu entscheiden und die jury zu belehren, daß demselben eine vom gewöhnlichen Gebrauch abweichende Bedeutung zukommt und welche. Dies trifft z.B. bei dem in s.21 Theft Act 1968 gebrauchten Wort "gain" zu, nicht aber bei dem in ss.1 (1), 15, 16, 17, 18 und 20 Theft Act 1968 gebrauchten Ausdruck "dishonestly", in Ansehung dessen in R.v.Feely[1] Lawton L.J.[2] in Widerspruch zu dem Standpunkt der Krone darlegte: "We do not agree that judges should define what 'dishonestly' means. This word is in common use ... Jurors, when deciding whether an appropriation was dishonest can be reasonably expected to, and should, apply the current standards of ordinary decent folk. In their own lives they have to decide what is and what is not dishonest. We can see no reason why, when in a jury box, they should require the help of a judge to tell them what amounts to dishonesty".[3] Hierzu bemerkt noch Elliott: "The jury have complete control of the question. The word does not mean what it ordinarily means. It means what a jury decides it means, which is not the same thing".[4] Dagegen will Smith bei der Auslegung von "dishonestly" der jury nicht stets ein unbegrenztes Ermessen zuerkennen.[5] In Treacy v. D.P.P.[6] wurde auch der Ausdruck "demand" i.S. von s.21 Theft Act 1968 als ein solcher "in ordinary conversation" erachtet und der Kontrolle des Richters entzogen. Bezüglich der Auslegung der "gewöhnlichen Worte" (ordinary words) haben die Gerichte, wie Brazier[7] unter Bezugnahme auf R.v.Feely[8] darlegt,

---

[1] R.v.Feely, 1973, (1973) 1 All E.R.341, (1973) Q.B.530, (1973) 2 W.L.R.201, 137 J.P.157, 117 Sol.Jo.54, 57 Cr.App.Rep.312, Dig.Cont.Vol.D 242, 10 982 a.

[2] id. (1973) Q.B.534.

[3] id. (1973) Q.B.538.

[4] Elliott (D.W.) op.cit. p.711; siehe auch Brazier (R.), The Theft Act: Three Principles of Interpretation, (1974) Crim. L.R.701 et seq.

[5] Smith (J.C.), Commentary on R.v.Feely, (1973) Crim.L.R.192; siehe aber McConville, Directions to Convict - A Reply, (1973) Crim.L.R.170.

[6] 1970, (1971) A.C.537, (1970) Crim.L.R.584; Elliott (D.W.) op. cit. p.713.

[7] op.cit. p.705.

[8] siehe Anm.1.

das Prinzip angenommen, "that the question of the meaning of
ordinary words in the Theft Act is one of fact, not law". Die
Bestimmung des s.21 Theft Act 1968 ist von wesentlich größerer
Reichweite als § 253 StGB und auch als die §§ 259 und 260
StGBE 1960. Auch ist im englischen Recht nach s.21 (3) Theft
Act 1968 die Strafe als Höchststrafe auf 14 Jahre Gefängnis
festgesetzt, während nach deutschem Recht die Erpressung mit
Freiheitsstrafe von zwei Monaten bis zu fünf Jahren und in be-
sonders schweren Fällen mit Freiheitsstrafe nicht unter einem
Jahr bestraft wird. Nach dem Strafgesetzbuch-Entwurf 1960 ist
als Höchststrafe bei einfacher Erpressung fünf Jahre, bei
schwerer Erpressung zehn Jahre Freiheitsstrafe vorgesehen.[1]
Während im englischen Recht nach s.8 Theft Act 1968 der Raub
mit Gefängnis auf Lebenszeit belegt ist, wird nach deutschem
Recht der Raub mit einer Freiheitsstrafe nicht unter einem
Jahr, in minder schweren Fällen mit einer Freiheitsstrafe von
sechs Monaten bis zu fünf Jahren, der schwere Raub mit einer
Freiheitsstrafe von nicht unter fünf Jahren, in minder schweren
Fällen mit einer Freiheitsstrafe von einem bis zu fünf Jahren
bestraft.
Zusammenfassend kann gesagt werden, daß das Theft Act 1968 zu
einer Annäherung beider Rechte auf dem Gebiet der Vermögensdelikte geführt hat, wenngleich diese Entwicklung nur als ein
erster Schritt zu möglichen weiteren Anpassungen anzusehen ist.

---

[1] §§ 259 Abs.1, 260 Abs.1 StGBE 1960, BT-Drucksache 3.Wahlperio-
de Nr.2150 S.52.

QUELLENNACHWEIS

A) Englischsprachige Quellen

I. Bücher, Zeitschriftenaufsätze und
   Entscheidungsanmerkungen

Allen, C.K.   Notes to Thorne v. Motor Trade
                               Association, 54 L.Q.R.13-17
                               (1938).

Archbold, J.Fr.   Pleading and Evidence in Criminal
                               Cases, 20th ed. by John Jervis,
                               including the Practice in Criminal
                               Proceedings by Indictment, by
                               William Bruce, London: H.Sweet 1886;
                               32nd ed. by T.R.Fitzwalter Butler
                               and Marston Garsia (Pleading, Evi-
                               dence and Practice in Criminal
                               Cases), London: Sweet & Maxwell,
                               Ltd., Stevens & Sons, Ltd. 1949;
                               34th ed. by T.R.Fitzwalter Butler
                               and Marston Garsia, London: Sweet
                               & Maxwell, Ltd. 1959; 35th ed. by
                               T.R.Fitzwalter Butler and Marston
                               Garsia, London: Sweet & Maxwell,
                               Ltd. 1962; 38th ed. by T.R.Fitz-
                               walter Butler and Stephen Mitchell,
                               London: Sweet & Maxwell, Ltd.1973.

Beal, E.   The Law of Bailments, embracing
                               Deposits, Mandates, Loans for use,
                               Pledges, Hire, Innkeepers and
                               Carriers, London: Butterworth &
                               Co., Ltd. 1900.

Bishop, J.P.   New Commentaries on the Criminal
                               Law upon a New System of Legal Ex-
                               position, 8th ed. being a new work
                               based on former editions, vol.2,
                               Chicago: T.H.Flood & Co. 1892;
                               9th ed.(A Treatise on Criminal Law)
                               by John M.Zane & Carl Zollmann, In-
                               dianapolis: The Bobbs-Merrill Co.
                               1923.

Black, H.C.
Law Dictionary, 3rd ed., St.Paul, Minn.: West Publ.Co. 1933.

Blackstone, Sir W.
Commentaries on the Laws of England, Copious MS.Notes by Francis Hargrave, book 4, Oxford: Clarendon Press 1769-1770; 8th ed., vol. 4, printed for W.Strahan etc., Oxford: Clarendon Press 1778; 4th ed., vol.4, adapted to the present state of the law by R.M.Kerr, London: John Murray Publ., Ltd.1876; Beacon Press ed., Boston 1962.

Brazier, R.
The Theft Act: Three Principles of Interpretation, (1974) Crim.L.R. 701-708.

Buckland, W.W. & MacNair, A.D.
Roman Law and Common Law. A Comparison in Outline, 2nd ed. revised by F.H.Lawson, Cambridge: University Press 1952.

Calamari, J.D. & Perillo, J.M.
The Law of Contracts, St.Paul, Minn.: West Publ.Co. 1970.

Campbell, A.H.
The Anomalies of Blackmail, 55 L.Q. R.382-399 (1939).

Carter-Ruck, P.F.
Libel and Slander, London: Faber & Faber 1972.

Cheshire, G.F. - Fifoot, C.H.St. - Furmston, M.Ph.
The Law of Contract, 8th ed., London: Butterworths 1972.

Chloros, A.G.
The Doctrine of Consideration and the Reform of the Law of Contract. A Comparative Analysis, 17 Int.& Comp.L. Q.137 et seq.(1968).

Coke, Sir E.
Institutes of the Laws of England, printed for W.Clark & Sons, London 1817.

Commentary
to R.v.Parkes, (1973) Crim.L.R.358.

Committee on Defamation
Report, London:HMSO March 1975 Cmnd. 5909.

Law Revision Committee
6th Interim Report: Statute of Frauds and the Doctrine of Consideration, London:HMSO 1937 Cmnd.5449.

Criminal Law Revision Committee	Eighth Report: Theft and Related Offences, London:HMSO 1966, repr. 1968 Cmnd.2977.
Cook, J.G.	Criminal Law in Tennessee in 1972: A Critical Survey, 40 Tenn.L.Rev. 569 et seq. (1973).
Cross, A.R.N.	Larceny and the Formation of a Felonious Intent after Taking Possession, 12 M.L.R.(Notes of Cases) 228 et seq. (1949).
Cross, A.R.N.	Larceny by an Owner and animus furandi, 68 L.Q.R.99 et seq. (1952).
Cross, A.R.N. & Jones, Ph.A.	An Introduction to Criminal Law, 2nd ed., London: Butterworths 1949; 5th ed., London: Butterworths 1964; 7th ed., London: Butterworths 1972.
Davies, D.R.S.	Demanding with Menaces - Claim of Right made in Good Faith, 2 M.L.R. (Notes of Cases) 166-168 (1938).
State of Delaware	Delaware Criminal Code with Commentary, 1973.
Dunahoo, K.L.	Survey of Iowa Law. Iowa Criminal Law, 23 Drake L.Rev.55 et seq. (1973).
East, Sir E.H.	Pleas of the Crown, vol.2, London: Butterworths 1803.
Edwards, J.Ll.J.	Possession and Larceny, 3 C.L.Pr. 127 et seq. (1950).
Edwards, J.Ll.J.	Malice and Wilfulness in Statutory Offences, 4 C.L.Pr.247 et seq. (1951).
Edwards, J.Ll.J.	Stealing One's Own Property, 14 M. L.R. (Notes of Cases) 215-219 (1951).
Edwards, J.Ll.J.	Notes of Cases, 15 M.L.R.345 (1952).
Edwards, J.Ll.J.	Mens rea in Statutory Offences, London: Macmillan & Co., Ltd. 1955.

Elliott, D.W.   Dishonesty under the Theft Act,
                           (1972) Crim.L.R.625-632 (1972).

Elliott, D.W.   Law and Fact in Theft Act Cases,
                           (1976) Crim.L.R.707 et seq.

Fitzgerald, P.J.   Criminal Law and Punishment, Ox-
                           ford: Clarendon Press 1962 (Claren-
                           don Law Series, edit. by H.L.A.
                           Hart).

Girard, P.J.   Burglary, Trends and Protection, 50
                           J.Cr.L.Crim.& Pol.Sc.511-518 (1959/
                           60).

Gooderson, R.N.   Prejudice as a Test of Intent to de-
                           fraud, 18 C.L.J.199-213 (1960).

Goodeve, L.A.   Modern Law of Personal Property, 9th
                           ed. by R.H.Kersley, etc., London:
                           Sweet & Maxwell, Ltd.1949.

Goodhart, A.L.   Blackmail and Consideration in Con-
                           tracts, 44 L.Q.R.436-449 (1928).

Griew, E.   The Theft Act 1968, London: Sweet &
                           Maxwell, Ltd.1968; 2nd ed., London:
                           Sweet & Maxwell, Ltd.1974.

Hale, Sir M.   Pleas of the Crown, vol.1, London
                           1778.

Hall, J.   Theft, Law and Society, 2nd ed.,
                           Indianapolis: The Bobbs-Merrill Co.
                           Inc. n.d.

Hall, J.   General Principles of Criminal Law,
                           2nd ed., Indianapolis-New York: The
                           Bobbs-Merrill Co.Inc.1960.

Halsbury, H.St.G., Earl of The Laws of England: being a complete
                           statement of the whole law of England,
                           2nd ed. by Rt.Hon.the Viscount Hail-
                           sham, London: Butterworth & Co., Ltd.
                           1931-; 3rd ed. by Rt.Hon.the Viscount
                           Simonds, London: Butterworth & Co.,
                           Ltd. 1952-; 4th ed. by Lord Hailsham
                           of St.Marylebone, London: Butter-
                           worth & Co., Ltd.1973-.

Hamson, C.J.   The Reform of Consideration, 54 L.Q.R.233 et seq. (1938).

Harris, S.Fr.   Principles and Practice of the Criminal Law, 13th ed.(Principles of the Criminal Law) by A.M.Wilshere, London: Sweet & Maxwell, Ltd.1919; 17th ed. by A.M.Wilshere, London: Sweet & Maxwell, Ltd., Toronto: The Carswell Co., Ltd.1943; 20th ed. by H.A.Palmer & H.Palmer, London: Sweet & Maxwell, Ltd.1960.

Hawkins, W.   A Treatise of the Pleas of the Crown, vol.1, London 1842.

Hogan, Br.   Blackmail: Another View, (1966) Crim.L.R.474 et seq.

Holmes, O.W.   The Common Law, Boston: Little, Brown & Co.1881.

Hooper, A.   Larceny by Intimidation, (1965) Crim.L.R.532-541, 592-605.

Howard, C.   Australian Criminal Law, Melbourne, Sydney, Brisbane: The Law Book Co., Ltd.1965.

Jackson, B.S.   Some Comparative Legal History: Robbery and Brigandage, 1 Ga.J. Int'l & Comp.L.45 et seq. (1970).

Jowitt, Earl and Walsh, Cl.   Dictionary of English Law, 2nd ed. by John Burke, vol.1: A-K, London: Sweet & Maxwell, Ltd.1977.

Kenny, C.S.   Outlines of Criminal Law, based on lectures delivered in the University of Cambridge, 8th ed., Cambridge: University Press 1917; 15th ed. by G.Godfrey Phillips, Cambridge: University Press 1936; 16th ed. by J.W. Cecil Turner, Cambridge: University Press 1952; 18th ed. by J.W.Cecil Turner, Cambridge: University Press 1962; 19th ed. by J.W.Cecil Turner, Cambridge: University Press 1966.

Kenny, C.S.   A Selection of Cases Illustrative of English Criminal Law, 6th ed., Cambridge: University Press 1925.

Kerr, M.R.E.

The Time of Criminal Intent in Larceny, 66 L.Q.R.174-205 (1950).

Marshall, O.R.

The Problem of Finding, 2 C.L.Pr.68 et seq. (1949).

McConville, M.J.

Directions to Convict - A Reply, (1973) Crim.L.R.164-175.

McKenna, Sir B.

The Theft Bill - II. Blackmail. A Criticism, (1966) Crim.L.R.467-480.

Minnesota Statutes Annotated

Criminal Code of 1963, Sections 609.01 to 609.655 under Arrangement of the Official Minnesota Statutes, vol.40, St.Paul, Minn.: West Publ. Co.1964.

Mueller, G.O.W., Pieski, J.E.V. and Ploscowe, M. (ed.)

Annual Survey of American Law 1963, Dobbs Ferry, N.Y.: Oceana Publications 1964 (published for New York University School of Law, New York City).

New Jersey Criminal Law Revision Commission (ed.)

The New Jersey Penal Code, vol.II: Commentary. Final Report, Newark, N.J., October 1971.

Note

46 L.Q.R.135-137 (1930).

Note

A Rationale of the Law of Aggravated Theft, 54 Col.L.Rev.84-110 (1954).

O'Sullivan, R. and Brown, R.

The Law of Defamation, London: Sweet & Maxwell, Ltd. 1958.

Page's

Ohio Revised Code Annotated, Replacement Vol., title 29, Cincinnati: The W.H.Anderson Co. 1975.

Paton, Sir G.W.

Bailment in the Common Law, London: Stevens & Sons, Ltd.1952.

Pollock, Sir F.

Principles of Contract at Law and Equity, 13th ed. by P.H.Winfield, London: Stevens & Sons, Ltd.1950.

Pollock, Sir F. & Maitland, F.W.

The History of English Law before the time of Edward I, 2nd ed., vol. 2, Cambridge: University Press 1898.

Pollock, Sir F. & Wright, R.S.

An Essay on Possession in the Common Law, part III by R.S.Wright, Oxford: Clarendon Press 1888.

Prevezer, S.

Criminal Appropriation, 12 C.L.Pr. 159 et seq.(1959).

Radzinowicz, L.

A History of English Criminal Law and its Administration from 1750, vol.1: The Movement for Reform, London: Stevens & Sons, Ltd.1948, vol.2: The clash between private initiative and public interest in the enforcement of the law, London: Stevens & Sons, Ltd.1956

Internal Revenue Code of 1954

July 1, 1967 ed., Englewood Cliffs, N.J.: Prentice Hall, Inc.

Russell, Sir W.O.

On Crime. A Treatise on Felonies and Misdemeanours, 8th ed. by R. E.Ross and G.B.McClure, 2 vols., London: Stevens & Sons, Ltd.1923; 9th ed. by R.E.Ross, 2 vols., London: Stevens & Sons, Ltd. 1936; 10th ed. by J.W.Cecil Turner, 2 vols., London: Stevens & Sons, Ltd. 1950; 12th ed. (A Treatise on Crimes and Misdemeanours) by J.W.Cecil Turner, 2 vols., London: Stevens & Sons, Ltd.1964.

Smith, J.C.

The Law of Theft, 2nd ed., London: Butterworths 1972.

Smith, J.C.

Civil Law Concepts in the Criminal Law, 31 C.L.J.197 et seq. (1972).

Smith, J.C.	Commentary on R.v.Feely, (1973) Crim. L.R.192-195 (1973).
Smith, J.C. & Hogan, B.	Criminal Law, London: Butterworths 1965; 2nd ed., London: Butterworths 1969.
Stephen, H.J.	Commentaries on the Laws of England, 8th ed.by St.James Stephen, vol.IV, London: Butterworth & Co., Ltd.1880; 17th ed.by Edward Jenks, vol.IV by V.R.M.Gattie, London: Butterworth & Co., Ltd.1922; 19th ed.by G.C.Cheshire, vol.IV by C.H.S.Fifoot, London: Butterworth & Co., Ltd.1928.
Stephen, Sir J.F.	A History of the Criminal Law of England, vol.3, London: Macmillan & Co., Ltd.1883.
Stephen, Sir J.F.	A Digest of the Criminal Law, 7th ed. by Sir Herbert Stephen and Sir Harry Lushington, London: Sweet & Maxwell, Ltd.1926; 9th ed.by L.F.Sturge, London: Sweet & Maxwell, Ltd.1950.
Street, H.	The Law of Torts, 5th ed., London: Butterworths 1972.
Tooher, L.G.	Developments in the Law of Blackmail in England and Australia, 27 Int'l & Comp.L.Q.337-377 (1978).
Treitel, G.H.	The Law of Contract, 4th ed., London: Stevens & Sons, Ltd.1975.
Turner, J.W.C.	Larceny and Trespass. The Case of Riley, 58 L.Q.R.340-355 (1942).
Turner, J.W.C.	A Modern Approach to Criminal Law, London: Macmillan & Co., Ltd.1945 (English Studies in Criminal Science, edit.by L.Radzinowicz & J.W.C.Turner, vol.IV).
Turner, J.W.C. & Armitage, A.Ll.	Cases on Criminal Law, 2nd ed., Cambridge: University Press 1958.
Warburton, H. & Grundy, Cl.H.	A Selection of Leading Cases in the Criminal Law, 5th ed., London: Stevens & Sons, Ltd.1921.
Wharton, Fr.	Criminal Law and Procedure, edit.by Ronald Aberdeen Anderson, based on Wharton's Criminal Law (12th ed.) and Wharton's Criminal Procedure (10th ed.), vol.III, Rochester, N.Y.: The Lawyers Co-operative Publishing Company 1957.
Williams, G.L.	Criminal Law - Larceny - Receiving, 15 M.L.R.222-223 (1952).

Williams, G.L.	Blackmail, (1954) Crim.L.R.79-92, 162-172, 240-246.
Williams, G.L.	Mistake as to Quantity in the Law of Larceny, (1958) Crim.L.R.221 et seq., 307 et seq.
Williams, G.L.	Criminal Law: The General Part, 2nd ed., London: Stevens & Sons, Ltd. 1961.
Williams, G.L.	Venue and the Ambit of Criminal Law, part 3, 81 L.Q.R.518 et seq. (1965).
Williston, S.	A Treatise on the Law of Contracts, 3rd ed. by Walter H.E.Jaeger, Mount Kisco, N.Y.: Baker, Voorhis & Co. 1957.
Winder, W.H.D.	The Development of Blackmail, 4 M. L.R.21 et seq. (1941).
Wisconsin Legislative Council	Judiciary Committee Report on the Criminal Code, 1953.

II. Englische Gesetze

III. Jahrbücher und Entscheidungssammlungen (England, Schottland, Irland, Australien, Neuseeland, Kanada, Südafrika)

Yearbook 13 Edw.IV pasch. f.9

A.C. (preceded by date)	Law Reports, Appeal Cases, House of Lords, since 1890 current
A. & E. Ad. & El. }	Adolphus and Ellis's Reports, King's Bench and Queen's Bench, 12 vols., 1834-1842
All E.R. (preceded by date)	All England Law Reports, 1936-(current)
Arn.	Arnold's Reports, Common Pleas, 2 vols., 1838-1839
B. & Ald.	Barnewall and Alderson's Reports, King's Bench, 5 vols., 1817-1822
B. & S.	Best and Smith's Reports, Queen's Bench, 10 vols., 1861-1870
Barn.K.B.	Barnardiston's Reports, King's Bench, fol., 2 vols., 1726-1734
Bing.N.C.	Bingham's New Cases, Common Pleas, 6 vols., 1834-1840
Broun.	Broun's Justiciary Reports (Scotland), 2 vols., 1842-1845 (Scot.)
C.B.	Common Bench Reports, 18 vols., 1845-1856
C.C.C.Sess.Pap. C.C.Ct.Cas. }	Central Criminal Court Cases (Sessions Papers), 76 vols., 1729-1834 and 1834-1913
C.P.D.	Law Reports, Common Pleas Division, 5 vols., 1875-1880
C. & M. Car. & M. }	Carrington and Marshman's Reports, Nisi Prius, 1 vol., 1841-1842
C. & P.	Carrington and Payne's Reports, Nisi Prius, 9 vol., 1823-1841
Cab. & El.	Cababé and Ellis's Reports, Queen's Bench Division, 1 vol., 1882-1885
Camp.	Campbell's Reports, Nisi Prius, 4 vols., 1807-1816

Car. & Kir. ⎱ C. & K. ⎰	Carrington and Kirwan's Reports, Nisi Prius, 3 vols., 1843-1853
Ch. (preceded by date)	Law Reports, Chancery Division, since 1890 current
Ch.D.	Law Reports, Chancery Division, 45 vols., 1875-1890
Ch.App.	Law Reports, Chancery Appeals, 10 vols., 1865-1875
Co.Rep.	Coke's Reports, 13 parts, 1572-1616; 6th ed. by J.H.Thomas and J.F.Fraser, 6 vols., 1826
Cox C.C.	E.W.Cox's Criminal Law Cases, 1843-1945
Cr.App.Rep. ⎱ Cr.App.R. ⎰	Cohen's Criminal Appeal Reports, 1908-(current)
Dears. & B.	Dearsly and Bell's Crown Cases Reserved, 1 vol., 1856-1858
Den.	Denison's Crown Cases Reserved, 2 vols., 1844-1852
Dig.	The English and Empire Digest, since 1919 current
E.R.	English Reports and English Reports Annotated, 178 vols., 1220-1865 and 10 vols., 1866-1869
East	East's Reports, King's Bench, 16 vols., 1800-1812
East, P.C.	East's Pleas of the Crown or Principles and Practice of Criminal Law, 2 vols., 1803
Esp.	Espinasse's Reports, Nisi Prius, 6 vols., 1793-1810
Exch.	Exchequer Reports (Welsby, Hurlstone, and Gordon), 11 vols., 1847-1856
F. & F.	Foster and Finlason's Reports, Nisi Prius, 4 vols., 1856-1867
Fost.	Foster's Crown Cases, 1 vol., 1708-1760
H.L.C. ⎱ H.L.Cas. ⎰	Clark's Reports, House of Lords, 11 vols., 1847-1866
Hale, P.C.	Hale's Pleas of the Crown, 2 vols.,

	1678, 1682, 1685, 1694, 1716, 1759, 1773, 1800 ed.
Hawk.P.C.	Hawkins's Pleas of the Crown, 7th ed. by Thomas Leach, 4 vols., 8th ed. by John Curwood, 2 vols., 1824
Hob.	Hobart's Reports, Common Pleas, fol., 1 vol., 1613-1625
Holt, K.B.	Sir John Holt's Reports, King's Bench, fol., 1 vol., 1688-1710
Hy.Bl.	Henry Blackstone's Reports, Common Pleas, 2 vols., 1788-1796
I.R. (preceded by date)	Irish Reports, since 1892 (Ir.)
J.P.	Justice of the Peace for the Use of Magistrates and their Clerks, weekly, since 1837- (current)
J.P.Jo.	Justice of the Peace and Local Government Review
Jur.	Jurist Reports, 18 vols., 1837-1854
Jur.N.S.	Jurist Reports, New Series, 12 vols., 1855-1867
K.B. (preceded by date)	Law Reports, King's Bench Division, since 1900
L.G.R.	Local Government Reports, 1902- (current)
L.J.C.P.	Law Journal, Common Pleas, 1831-1875
L.J.Ch.	Law Journal, Chancery, 1831-1946
L.J.Ex.	Law Journal, Exchequer, 1831-1875
L.J.K.B. or Q.B.	Law Journal, King's Bench or Queen's Bench, 115 vols., 1831-1946, since 1947 current
L.J.M.C.	Law Journal, Magistrates' Cases, 1831-1896
L.J.P.C.	Law Journal, Privy Council, 1865-1946
L.J.R. (preceded by date)	Law Journal Reports, 1947-1949
L.R.C.C.R.	Law Reports, Crown Cases Reserved, 2 vols., 1865-1875
L.R.C.P.	Law Reports, Common Pleas, 10 vols., 1865-1875
L.R.Ex. } L.R.Exch. }	Law Reports, Exchequer, 10 vols., 1865-1875

L.R.P.C.	Law Reports, Privy Council, 6 vols., 1865-1875
L.R.Q.B.	Law Reports, Queen's Bench, 10 vols., 1865-1875
L.T.O.S.	Law Times Reports, Old Series, 34 vols., 1843-1860
L.T.	Law Times Reports, 1859-1947
L. & C. } Le. & Ca. }	Leigh and Cave's Crown Cases Reserved, 1 vol., 1861-1865
Leach	Leach's Crown Cases, 2 vols., 1730-1814
Lew.C.C.	Lewin's Crown Cases on the Northern Circuit, 2 vols., 1822-1838
M. & S.	Maule and Selwyn's Reports, King's Bench, 6 vols., 1813-1817
M. & W.	Meeson and Welsby's Reports, Exchequer, 16 vols., 1836-1847
Mans.	Manson's Bankruptcy and Company Cases, 21 vols., 1893-1914
Mews	Mews' Digest of English Case Law, 1965 ed.
Mod.Rep.	Modern Reports, 12 vols., 1669-1755
Mood.C.C.	Moody's Crown Cases Reserved, 2 vols., 1824-1844
Mood. & R. } Mood. & Rob.}	Moody and Robinson's Reports, Nisi Prius, 2 vols., 1830-1844
Moore K.B.	Sir F.Moore's Reports, King's Bench, fol., 1 vol., 1485-1620
N.S.W.S.C.R.	New South Wales Supreme Court Reports (Aus.)
N.Z.L.R.	New Zealand Law Reports, 1883- (current) (N.Z.)
Nev. & M.M.C. } N. & M.M.C. }	Nevile and Manning's Magistrates' Cases, 3 vols., 1832-1836
New Rep.	New Reports, 6 vols., 1862-1865
New Sess.Cas.	New Sessions Magistrates' Cases (Carrow, Hamerton, Allen, etc.), 4 vols., 1844-1851
O.B.S.P. } O.B.Sess.Pap. }	Old Bailey Session Papers
O.R. (preceded by date)	Ontario Reports, since 1931 (Can.)
Peake	Peake's Reports, Nisi Prius, 1 vol., 1790-1794

Per. & Dav.	Perry and Davison's Reports, Queen's Bench, 4 vols., 1838-1841
Q.B. (preceded by date)	Law Reports, Queen's Bench, 1891-1901, since 1952- (current)
Q.B.D.	Law Reports, Queen's Bench Division, 25 vols., 1875-1890
Q.S.C.R.	Queensland Supreme Court Reports, 5 vols., 1860-1881 (Aus.)
R.T.R.	Road Traffic Reports, 1970- (current)
Ld.Raym.	Lord Raymond's Reports, King's Bench and Common Pleas, 3 vols., 1694-1732
Roll.Rep.	Rolle's Reports, King's Bench, fol., 2 vols., 1614-1625
Russ. & Ry. } R. & R. }	Russell and Ryan's Crown Cases Reserved, 1 vol., 1800-1823
S.A. (preceded by date)	South African Law Reports, 1947 (S.Af.)
S.R.N.S.W.	New South Wales, State Reports (Aus.)
Salk.	Salkeld's Reports, King's Bench, 3 vols., 1689-1712
Scott	Scott's Reports, Common Pleas, 8 vols., 1834-1840
Smith, K.B.	J.P.Smith's Reports, King's Bench, 3 vols., 1803-1806
Sol.Jo. } S.J. }	Solicitors' Journal, 1856- (current)
St.Tr. } State Tr. }	State Trials, 34 vols., 1163-1820
St.Tr.N.S.	State Trials, New Series, 8 vols., 1820-1858
Stark.	Starkie's Reports, Nisi Prius, 3 vols., 1814-1823
Sty.	Style's Reports, King's Bench, fol., 1 vol., 1646-1655
Swan.	Swanston's Reports, Chancery, 3 vols., 1818-1821
T. & M.	Temple and Mew's Criminal Appeal Cases, 1 vol., 1848-1851
T.L.R. } L.R.T. } (preceded by date)	The Times Law Reports, 1884-1950, since 1951 current

T.Raym.	Sir T.Raymond's Reports, King's Bench, fol., 1 vol., 1660-1683
Taunt.	Taunton's Reports, Common Pleas, 8 vols., 1807-1819
Term Rep. T.R. }	Term Reports (Durnford and East), King's Bench, fol., 8 vols., 1785-1800
V.L.R.	Victorian Law Reports, 1875- (Aus.)
Ves. Ves.Jun. }	Vesey Jun.'s Reports, Chancery, 19 vols., 1789-1817
W.L.R.	Weekly Law Reports, 1953- (current)
W.R.	Weekly Reporter, 54 vols., 1852-1906

IV. Amerikanische Entscheidungssammlungen

A.	Atlantic Reporter, 1885–1938, 2nd ser. 1938 –
N.W.	North Western Reporter, 1879–1942, 2nd ser. 1942 –
N.E.	North Eastern Reporter, 1885–1936, 2nd ser. 1936 –
P. Pac.	Pacific Reporter, 1883–1931, 2nd ser. 1931 –
S.W.	South Western Reporter, 1886–1928, 2nd ser. 1928 –
S.E.	South Eastern Reporter, 1887–1939, 2nd ser. 1939 –
So.	Southern Reporter, 1887–1941, 2nd ser. 1941 –
F.	Federal Reporter, 1880–1924, 2nd ser. 1924 –
U.S.	United States Supreme Court Reports, Lawyer's ed., 1754–1956, 2nd ser. 1957 –
N.Y.S. N.Y.Supp.	New York Supplement, 1888–1937, 2nd ser. 1937 –
A.L.R.	American Law Reports, Annotated, 1919–1948, 2nd ser. 1948–1965, 3rd ser. 1965 –
Fed.Cas.	Federal Cases, U.S., 1894 –

Supreme Court Reporters of

Ala.	Alabama
Ariz.	Arizona
Ark.	Arkansas
Cal.	California
Fla.	Florida
Ga.	Georgia
Ill.	Illinois
Kan.	Kansas
Ky.	Kentucky
Mass.	Massachusetts
Me.	Maine

Mo.	Missouri
N.C.	North Carolina
N.Y.	New York
Nev.	Nevada
Okla.	Oklahoma
Or.	Oregon
Tex.	Texas
Va.	Virginia
Wash.	Washington
Wis.	Wisconsin
Wash.C.C.	Washington's Cir.Ct.Rep.
Cal.App.	California Appeals Reports
App.Div.	Appelate Division of the New York Supreme Court
Blatch. Blatchf.	Blatchford's Rep., Circuit Courts, United States, 2nd Cir. (1845-87)
Col.Cas.	Coleman's Practice Cases, N.Y.
Hun	Hun's New York Sup.Ct.Rep. or Appelate Div.Rep.
LEd	Lawyer's Edition, U.S.Supreme Court Reports
L.R.A.	Lawyers' Reports, Annotated
Misc.	Miscellaneous Reports (N.J., N.Y.)
Paine	Paine's Circuit Court Rep.
Wheat.	Wheaton's U.S. Sup.Ct.Rep.
Wheel.Cr.Cas.	Wheeler's Criminal Cases, N.Y.

B) Französischsprachige Quelle

Zaki, M.S. Réflexions sur le vol dans les grands magasins. Problème et critère de la decriminalisation, Revue de science criminelle et de droit penal comparé 1977 p.521 et suiv.

C) Deutschsprachige Quellen

I. Bücher, Zeitschriftenaufsätze, Entscheidungsanmerkungen, Zeitungsartikel und Gesetzentwürfe

Arndt Die Teilnahme am räuberischen Diebstahl, GA 1954, 269 ff.

Arzt, G. Zur Erfolgsabwendung beim Rücktritt vom Versuch, GA 1964, 1 ff.

ders. Notwehr gegen Erpressung, MDR 65, 344 f.

ders. Die Neufassung der Diebstahlsbestimmungen. Gleichzeitig ein Beitrag zur Technik der Regelbeispiele, JuS 72, 576 ff.

Bach, G. Zur Problematik des räuberischen Diebstahls, MDR 57, 402 f.

Backmann, L.E. Gefahr als "besondere Folge der Tat" i.S. der erfolgsqualifizierten Delikte?, MDR 76, 969 ff.

Baumann, J. Strafrecht, Allgemeiner Teil, 5.Aufl., Bielefeld 1968; 6.Aufl., Bielefeld 1974; 7.Aufl., Bielefeld 1975; 8.Aufl., Bielefeld 1977.

ders. Täterschaft und Teilnahme, JuS 63, 125 ff.

ders. § 53 StGB als Mittel der Selbstjustiz gegen Erpressung?, MDR 65,

346 f.

Berckhauer, Fr.H.	Forschungsbericht zur bundesweiten Erfassung von Wirtschaftsstraftaten nach einheitlichen Gesichtspunkten, Masch.vervielf., Freiburg i.Br. 1976.
ders.	Soziale Kontrolle der Bagatellkriminalität: Der Ladendiebstahl als Beispiel, DRiZ 76, 229 ff.
Bertel, Chr.	Der Schaden des Betrogenen, ÖJZ 77, 201 ff.
Berz, U.	Anm.zu Beschl.d.BayObLG vom 23.11. 72 - RReg 7 St 219/72, NJW 73, 1337 f.
Beyer, Kl.	Zur Auslegung des § 316 a StGB (Autostraßenraub), NJW 71, 872 f.
ders.	Anm.zu Urt.d.BGH vom 14.7.71 - 3 StR 87/71, NJW 71, 2034.
Binding, K.	Lehrbuch des Gemeinen Deutschen Strafrechts, Besonderer Teil, Bd. I, 2.Auflage, Leipzig 1902, Neudruck Aalen 1969.
Bindokat, H.	Anm.zu Urt.d.BGH vom 8.6.56 - 2 StR 206/56, NJW 56, 1686 f.
ders.	Anm.zu Beschl.des OLG Köln vom 19. 10.1961 - Zs 859/60, NJW 62, 686 f.
Blei, H.	Strafrecht I, Allgemeiner Teil, Ein Studienbuch, 16.Aufl., München 1975.
ders.	Strafrecht II, Besonderer Teil, Ein Studienbuch, 10.Aufl., München 1976.
ders.	Zum strafrechtlichen Gewaltbegriff, NJW 54, 583 ff.
ders.	JA 1970 StR S.228 (738).
ders.	JA 1971 StR S.27 (107).
ders.	JA 1972 StR S.156 (574).
ders.	Vorhalte- und Folgekosten bei Ladendiebstählen, JA 1974 ZR S.75 (211).
ders.	Die Neugestaltung der Raubtatbe-

	ständler (EGStGB 1975), JA 1974 StR S.55 ff. (233 ff.).
ders.	JA 1974 StR S.100 (386).
ders.	Strafschutzbedürfnis und Auslegung, in: Grundfragen der gesamten Strafrechtswissenschaft. Festschrift für Heinrich Henkel zum 70.Geburtstag, Berlin 1974 S.109 ff.
ders.	JA 1976 StR S.188 (738).
ders.	Standgericht im Warenhaus, JA 1976 StR S.37 ff. (159 ff.).
ders.	JA 1976 StR S.115 f. (453 f.).
Bockelmann, P.	Wandlungen in der Betrugsrechtsprechung des Reichsgerichts. Bemerkungen zu dem Urteil des 3. Strafsenats vom 29.Januar 1942, DR 1942, 1112 ff.
ders.	Der Unrechtsgehalt des Betruges, in: Festschrift für E.Kohlrausch, Berlin 1944 S.226 ff.
ders.	Zum Begriff des Vermögensschadens beim Betrug, JZ 52, 461 ff.
ders.	Anm.zu Urt.d.BGH vom 15.11.1951 - 4 StR 574/51, JZ 52, 485 f.
ders.	Literaturbericht: Strafrecht - Bes. Teil I, ZStW Bd.65 (1953) S.569 ff.
ders.	Die Behandlung unvollkommener Verbindlichkeiten im Vermögensstrafrecht, in: Festschrift für Edmund Mezger zum 70.Geburtstag, München & Berlin 1954 S.363 ff.
Börtzler	Anm.zu Beschl.d.BGH vom 22.12.71 - 2 StR 609/71, LM (1972) Nr.1 zu § 250 StGB 1969.
Bohne, G.	Anm.zu Urt.d.RG vom 20.2.1930 - 3 D 27/30, JW 1930, 2548 f.
Braun, J.	Vertragsstrafevereinbarung durch Betreten der Geschäftsräume? Bemerkungen zu einem Urteil des AG Schöneberg, MDR 75, 629 ff.
Braun, J. & Spieß, P.	Fangprämien für Ladendiebe als Rechtsproblem, MDR 78, 356 ff.
Braunsteffer, H.	Schwerer Raub gemäß § 250 I Nr.2 StGB bei (beabsichtigter) Drohung mit einer Scheinwaffe?, NJW 75, 623 f.
Burkhardt, B.	Gewaltanwendung bei Vermögensdelikten mit Bagatellcharakter, JZ 73, 110 ff.

ders.   Die Geringwertigkeit des Weggenom-
                         menen bei Raub und raubgleichen De-
                         likten, NJW 75, 1687 f.

Busch   Anm.zu Urt.d.BGH vom 20.3.1953 - 2
                         StR 60/53, LM (1953) Nr.4 zu § 253
                         StGB.

Canaris, Cl.-W.   Zivilrechtliche Probleme des Waren-
                         hausdiebstahls, NJW 74, 521 ff.

Cordier, F.   Diebstahl oder Betrug in Selbstbe-
                         dienungsläden, NJW 61, 1340 f.

Corves, E.   Die ab 1.April 1970 geltenden Än-
                         derungen des Besonderen Teils des
                         Strafgesetzbuches, JZ 70, 156 ff.

Cramer, P.   Anm.zu Urt.d.BGH vom 3.6.64 - 2 StR
                         14/64, JZ 65, 31 f.

ders.   Grenzen des Vermögensschutzes im
                         Strafrecht - OLG Hamburg, NJW 1966,
                         1525, JuS 66, 472 ff.

ders.   Vermögensbegriff und Vermögensscha-
                         den im Strafrecht, Bad Homburg v.d.
                         H. - Berlin - Zürich 1968.

Creutzig, J.   Rechtsfragen zum Ladendiebstahl, BB
                         71, 1307 f.

ders.   Schadensersatzpflicht der Ladendie-
                         be, NJW 73, 1593 ff.

Dahm, G.   Art. "Betrug", in: Das kommende
                         deutsche Strafrecht, Bes.Teil. Be-
                         richt über die Arbeit der amtlichen
                         Strafrechtskommission, hrsg.von Fr.
                         Gürtner, Berlin 1935 S.345 ff.

ders.   Anm.zu Urt.d.OLG Stuttgart vom 6.3.
                         1959 - 2 Ss 49/59, MDR 59, 508 ff.

Dalcke, A.   Strafrecht und Strafverfahren, 36.
                         Aufl. bearb.von E.Fuhrmann & K.Schä-
                         fer, Berlin 1955; 37.Aufl. bearb.von
                         E.Fuhrmann & K.Schäfer, Berlin 1961.

Daude, P.   Das Strafgesetzbuch für das Deutsche
                         Reich, 11.Aufl., Berlin 1910.

Detlefsen, P.   Schadensersatz für entgangene Ge-
                         brauchsvorteile, Karlsruhe 1969 (Ver-
                         öffentlichungen des Seminars für Ver-
                         sicherungswissenschaft der Universi-
                         tät Hamburg und des Versicherungswis-
                         senschaftlichen Vereins in Hamburg e.
                         V., hrsg.v.H.Möller, N.F. Heft 39).

Deutsch, E.   Haftungsrecht, Erster Band: Allgemei-
                         ne Lehren, Köln - Berlin - Bonn -
                         München 1976.

ders.	Empfiehlt es sich, in bestimmten Bereichen der kleinen Eigentums- und Vermögenskriminalität, insbesondere des Ladendiebstahls, die strafrecht- lichen Sanktionen durch andere, zum Beispiel zivilrechtliche Sanktionen abzulösen, gegebenenfalls durch wel- che? Gutachten für den 51.Deutschen Juristentag (Zivilrechtliches Teil- gutachten), in: Verhandlungen des Deutschen Juristentages Stuttgart 1976, 51, 1, E, München 1976.
Dreher, E.	Strafgesetzbuch mit Nebengesetzen und Verordnungen, 32.Aufl., München 1970; 33.Aufl., München 1972; 34. Aufl., München 1974; 35.Aufl., Mün- chen 1975; 36.Aufl., München 1976; 37.Aufl., München 1977; 38.Aufl. bearb.v.H.Tröndle (Strafgesetzbuch und Nebengesetze), München 1978.
ders.	Das Dritte Strafrechtsänderungsge- setz, I.Teil: Materielles Strafrecht, JZ 53, 421 ff.
ders.	Anm.zu Urt.d.BGH vom 28.10.52 - 1 StR 417/52, NJW 53, 313 f.
ders.	Grundsätze und Probleme des § 49 a StGB, GA 1954, 11 ff.
ders.	Anm.zu Urt.d.BGH vom 12.8.1954 - 1 StR 148/54, MDR 55, 119 ff.
ders.	Anm.zu Beschl.d.BGH vom 3.4.70 - 2 StR 419/69, NJW 70, 1802 ff.
ders.	Die Malaise mit § 252 StGB, MDR 76, 529 ff.
Dreher, E. & Maassen, H.	Strafgesetzbuch mit Erläuterungen und den wichtigsten Nebengesetzen, 2.Aufl., München & Berlin 1956.
Droste, H.-J.	Privatjustiz gegen Ladendiebe. Eine Untersuchung zur kriminologischen, verfassungs- und strafrechtlichen Problematik der privaten Verfolgung des Ladendiebstahls unter besonderer Berücksichtigung der Nötigung, hrsg. vom Institut für Selbstbedienung, Köln 1972.
Dünnebier, H.	Anm.zu Urt.d.BGH vom 6.10.1955 - 3 StR 279/55, JR 56, 148 f.
Ebermayer, L.	Die Strafrechtsreform. Das Ergebnis der Arbeiten der Strafrechtskommis- sion, Tübingen 1914.

Engelhard, H.

Zur Problematik des Erpressungstatbestandes, in: Beiträge zur Strafrechtswissenschaft. Festgabe für Reinhard Frank, Bd.II, Tübingen 1930 S.391 ff.

Erman, W.

Bürgerliches Gesetzbuch. Handkommentar, 6.Aufl., Bd.1, Münster/Westf. 1975.

Eser, A.

Die Beeinträchtigung der wirtschaftlichen Bewegungsfreiheit als Betrugsschaden. Rechtspolitische und rechtsvergleichende Gedanken zu einem dynamischen Vermögensbegriff im Anschluß an den Beschluß des BGH - 4 StR 166/61 - vom 16.8.1961, GA 1962, 289 ff.

ders.

Zum Verhältnis von Gewaltanwendung und Wegnahme beim Raub, NJW 65, 377 ff.

ders.

Strafrecht IV: Schwerpunkt Vermögensdelikte, 2.Aufl., München 1976.

Esser, J.

Schuldrecht. Ein Lehrbuch, Bd.1: Allg. Teil, 4.Aufl., Karlsruhe 1970.

Feisenberger, A.

Zum Begriff "Gewalt" i.S. des § 249 StGB, LZ 1921 Sp.489 f.

Fezer, G.

Anm.zu Urt.d.BGH vom 27.2.75, JZ 75, 609 ff.

Fikentscher, W.

Schuldrecht, 6.Aufl., Berlin - New York 1976.

Fischer, H.A.

Der Schaden nach dem bürgerlichen Gesetzbuche für das Deutsche Reich (Abhandlungen zum Privatrecht und Civilprozeß des Deutschen Reichs. In zwanglosen Heften, hrsg.von O.Fischer, XI. Bd., 1.Heft), Jena 1903.

Focke, E.

Notwehr in Lehre und Rechtsprechung. Zum Strafgesetz in Deutschland und Italien, Breslau 1939 (Strafrechtliche Abhandlungen H.403).

Frank, R.

Das Strafgesetzbuch für das Deutsche Reich nebst dem Einführungsgesetz, 2.Aufl., Leipzig 1901; 8.-10.Aufl., Tübingen 1911; 18.Aufl., Tübingen 1931.

ders.

Raub und Erpressung (Abschnitt 20 des II.Teiles des RStrGB). 1.Die Erpressung (§§ 253-255 RStrGB), in: Vergleichende Darstellung des deutschen und ausländischen Strafrechts. Vorarbeiten zur deutschen Strafrechtsreform, hrsg. auf Anregung des Reichs-Justiz-

amtes von den Professoren Dr.Karl
Birkmeyer (u.a.), Besonderer Teil,
VI.Bd., Berlin 1907 S.1 ff.

Fränkel   Anm.zu Urt.des BGH vom 12.1.1954 -
1 StR 631/53, LM (1954) Nr.1 zu
§ 316 a StGB.

ders.   Anm.zu Urt.d.BGH vom 21.4.59 - 5
StR 74/59, LM (1959) Nr.7 zu § 252
StGB.

Franzen, Kl. & Gast, B.   Steuerstrafrecht mit Ordnungswidrig-
keiten, München 1969.

Franzheim, H.   Die Strafbarkeit des Komplicen- und
Dirnenbetruges - ein Beitrag zum Be-
griff des Vermögensschadens, GA 1960,
269 ff.

Freundorfer, K.-P.   Nebenklagekosten und zivilrechtlicher
Schadensersatz, NJW 77, 2153 f.

Fuchs, J.   Erfolgsqualifiziertes Delikt und fahrlässig herbeigeführter Todeserfolg,
NJW 66, 868.

Geerds, Fr.   Über mögliche Reaktionen auf Ladendiebstähle. Ein Beispiel für das Di-
lemma der Rechtsentwicklung im Grenz-
bereich der Kriminalität, DRiZ 76,
225 ff.

ders.   Ladendiebstahl. Gegenwärtige Situa-
tion und mögliche Konsequenzen für
Rechtsanwendung und Gesetzgebung, in:
Festschrift für Eduard Dreher zum 70.
Geburtstag, Berlin - New York 1977
S.533 ff.

Geier   Anm.zu Urt.d.BGH vom 16.2.1961 - 1 StR
621/60, LM (1963) Nr.7/8 zu § 316 a
StGB.

Geilen, G.   Der Tatbestand der Parlamentsnötigung
(§ 105 StGB), Bonn 1957 (Abhandlungen
zur Rechtswissenschaft Bd.1).

ders.   Wegnahmebegriff und Diebstahlsvollendung. Kritische Betrachtungen zu BGH
5 StR 86/63, JR 63, 446 ff.

ders.   Neue Entwicklungen beim strafrechtlichen Gewaltbegriff, in: Beiträge zur
gesamten Strafrechtswissenschaft. Festschrift für Hellmut Mayer, Berlin 1966
S.445 ff.

ders.   Lebensgefährdende Drohung als Gewalt
in § 251 StGB?, JZ 70, 521 ff.

ders. (G.G.)   Anm.zu Urt.d.OLG Köln vom 20.9.77 -
Ss 514/77, Jura-Rechtsprechungskartei

Nr.1 zu § 244 Abs.1, Ziff.1; § 243
II StGB.

Gerber, R.   Rechtliche Probleme beim Raub. Referat, gehalten am 18./19.März 1974 im kriminalistischen Institut des Kantons Zürich, SchwZStR/RPS 1974 S.113 ff.

Gerland, H.   Deutsches Reichsstrafrecht. Ein Lehrbuch, 2.Aufl., Berlin & Leipzig 1932 (Grundrisse der Rechtswissenschaft Bd.16).

Giese, W.   Wichtige Änderungen des Abzahlungsgesetzes, BB 74, 722 f.

Gössel, K.H.   Über die Vollendung des Diebstahls, ZStW Bd.85 (1973) S.591 ff.

ders.   Anm.zu Urt.d.BGH vom 16.9.1975 - 1 StR 264/75, JR 76, 249 ff.

ders.   Anm.zu Urt.d.BGH vom 18.5.76 - 1 StR 146/76, JR 77, 32 ff.

Grünhut, M.   Anm.zu Urt.d.RG vom 26.1.1931 - 3 D 730/30, JW 19..., 2434 f.

Grünwald, G.   Zum Rücktritt des Tatbeteiligten im künftigen Recht, in: Festschrift für H.Welzel, Berlin - New York 1974 S.701 ff.

Grunsky, W.   Aktuelle Probleme zum Begriff des Vermögensschadens, Bad Homburg v.d.H. - Berlin - Zürich 1968.

Günther, H.L.   Zur Kombination von Täuschung und Drohung bei Betrug und Erpressung, ZStW Bd.88 (1976) S.960 ff.

Gürtner, Fr.(Hrsg.)   Das kommende deutsche Strafrecht. Besonderer Teil. Bericht über die Arbeit der amtlichen Strafrechtskommission, Berlin 1935.

Gutmann, A.   Der Vermögensschaden beim Betrug im Licht der neueren höchstrichterlichen Rechtsprechung (I), MDR 63, 3 ff.

Hälschner, H.Ph.E.   Das Preußische Strafrecht, 3.Theil: System des Preußischen Strafrechts 2.Theil, Bonn 1868.

ders.   Das gemeine deutsche Strafrecht systematisch dargestellt, 2.Bd.: Der besondere Theil des Systems, 1.Abtheilung, Bonn 1884.

Hafter, E.   Schweizerisches Strafrecht, Bd.II, Bes.Teil, erste Hälfte, Berlin 1937.

Hagel, K.   Der einfache Diebstahl im englischen und deutschen Recht. Eine rechtsvergleichende Studie, Berlin 1964.

Hagmann, H.H.   Die schadensersatzrechtliche Behandlung von Vorsorgemaßnahmen, Diss. Tübingen 1976.

ders.   Der Umfang der Ersatzpflicht des Ladendiebes, JZ 78, 133 ff.

Hall, K.A.   Über die Leichtfertigkeit. Ein Vorschlag de lege ferenda, in: Festschrift für E.Mezger, München - Berlin 1954 S.229 ff.

Hansen, U.   Die subjektive Seite der Vermögensverfügung beim Betrug, MDR 75, 533 ff.

Hardwig, W.   Zur Systematik der Tötungsdelikte, GA 1954, 257 ff.

ders.   Beiträge zur Lehre vom Betruge, GA 1956, 6 ff.

Hartung, Fr.   Anm.zu Urt.d.BGH vom 19.9.1952 - 2 StR 307/52, NJW 53, 552 f.

Hassemer, W.   Anm.zu Urt.d.BGH vom 18.5.1976 - 1 StR 146/76 - NJW 1976, 1414, JuS 76, 680.

Haug, W.   Tonbandaufnahmen in Notwehr?, NJW 65, 2391 f.

Heberle, M.A.   Hypnose und Suggestion im deutschen Strafrecht, Diss.Erlangen, München 1893.

Heinemann, G. & Posser, D.   Kritische Bemerkungen zum politischen Strafrecht in der Bundesrepublik, NJW 59, 121 ff.

v.Heintschel-Heinegg, B.   Die Gewalt als Nötigungsmittel im Strafrecht, Diss.Regensburg 1975.

Hermann, M.   Der Schadensersatz für die entgangene Nutzung des Kraftfahrzeugs, Diss.Ruhr Universität Bochum 1974.

Herzberg, R.D.   Konkurrenzverhältnisse zwischen Betrug und Erpressung - BGHSt 23, 294, JuS 72, 570 ff.

ders.   Grundfälle zur Lehre von Täterschaft und Teilnahme, JuS 76, 40 ff.

Hillenkamp, Th.   Anm.zu Urt.d.OLG Hamm vom 21.10.1975 - 5 Ss 317/75, MDR 77, 242 f.

Himmelreich, K.   Anm.zu Urt.d.AG Bensberg vom 25.10.1965 - 6 C 35/66, NJW 66, 733 f.

v.Hippel, R.   Deutsches Strafrecht, Bd.II, Berlin 1930.

v.Hippel, R.   Lehrbuch des Strafrechts, Berlin 1932.

Hirsch, H.J.   Eigenmächtige Zueignung geschuldeter Sachen. Rechtswidrigkeit und Irrtum bei den Zueignungsstrafbestimmungen, JZ 63, 149 ff.

ders.   Hauptprobleme einer Reform der Delikte gegen die körperliche Unversehrtheit, ZStW Bd.83 (1971) S.141 ff.

Honig, R.M.   Entwurf eines amerikanischen Musterstrafgesetzbuches (Model Penal Code) vom 4.Mai 1962, Berlin 1965 (Sammlung Außerdeutscher Strafgesetzbücher in deutscher Übersetzung, Bd.LXXXVI, hrsg. von Hans-Heinrich Jescheck und Gerhard Kielwein).

Hruschka, J.   Anm.zu Urt.d.BGH vom 23.8.68 - 4 StR 310/68, JZ 69, 607 ff.

ders.   Anm.zu Urt.d.OLG Köln vom 20.9.1977 - Ss 514/77, NJW 78, 1338.

Hübner, E.   Anm.zu Urt.d.BGH vom 9.4.1968 - 1 StR 60/68, LM (1968) Nr.12 zu § 316 a StGB.

ders.   Anm.zu Urt.d.BGH vom 7.5.1974 - 5 StR 119/74, JR 75, 201 f.

Hübschmann-Hepp-Spitaler   Kommentar zur Reichsabgabenordnung, Bd.IV, 1.-6.Aufl., Lieferung 77, Köln 1974.

Huschka, H.   Diebstahl oder Betrug im Selbstbedienungsladen?, NJW 60, 1189 f.

Isenbeck, H.   Beendigung der Tat bei Raub und Diebstahl, NJW 65, 2326 ff.

Jagusch, H.   Straßenverkehrsrecht, 21.Aufl., München 1974.

Jakobs, G.   Nötigung durch Drohung als Freiheitsdelikt, in: Einheit und Vielfalt des Strafrechts. Festschrift für K.Peters zum 70.Geburtstag, Tübingen 1974 (Tübinger Rechtswissenschaftliche Abhandlungen, Bd.35) S.69 ff.

ders.   Anm.zu Urt.d.HansOLG Hamburg vom 7.12. 1973 - 2 Ss 209/73, JR 74, 474 f.

Jescheck, H.-H.   Lehrbuch des Strafrechts, Allgemeiner Teil, 2.Aufl., Berlin 1972; 3.Aufl., Berlin 1978.

ders.   Die Rechtsprechung des Bundesgerichtshofs in Strafsachen (Bd.1-5 der Amtl. Sammlung - Entscheidungen zum Besonderen Teil des StGB), GA 1955, 97 ff.

ders.	Die Rechtsprechung des Bundesgerichtshofs in Strafsachen (Bd.6 und 7 der Amtlichen Sammlung), GA 1956, 97 ff.
ders.	Strafrechtsreform in Deutschland, SchZStR/RPS Bd.91 (1975) S.1 ff.
Kalsbach, W.	Anm.zu Urt.d.RG vom 15.12.1933 - 1 D 1308/33, JW 1934, 487 f.
Kaufmann, A.	Anm.zu Urt.d.BGH vom 28.2.1956 - 1 StR 536/55, JZ 56, 606 f.
ders.	Schuldfähigkeit und Verbotsirrtum. Zugleich ein Beitrag zur Kritik des Entwurfs 1960, in: Festschrift für Eberhard Schmidt zum 70.Geburtstag, Neudruck der Ausgabe Göttingen 1961, Aalen 1971 S.319 ff.
ders.	Die Dogmatik im Alternativ-Entwurf, ZStW Bd.80 (1968) S.34 ff.
Kessler, Fr.	Einige Betrachtungen zur Lehre von der Consideration, in: Festschrift für Ernst Rabel, Bd.I: Rechtsvergleichung und Internationales Privatrecht, Tübingen 1954 S.251 ff.
Kiedrowski, J.	Die Abgrenzung und das Verhältnis von Raub, Erpressung und räuberischer Erpressung im geltenden Recht und im Entwurf eines Strafgesetzbuches (StGB) E 1962, Diss. Freie Universität Berlin 1968.
Kielwein, G.	Die Straftaten gegen das Vermögen im englischen Recht, Bonn 1955 (Rechtsvergleichende Untersuchungen zur gesamten Strafrechtswissenschaft, N.F. Heft 15).
ders.	Der schwere Diebstahl, Raub und Erpressung, in: Materialien zur Strafrechtsreform, Bd.2: Rechtsvergleichende Arbeiten, II.Bes.Teil, Bonn 1955 S.321 ff.
ders.	Anm.zu Urt.d.BGH vom 6.10.1955 - 3 StR 279/55, MDR 56, 308.
Klee, K.	Nötigung und Erpressung, DStR 1943, 125 ff.
Klimke, M.	Erstattungsfähigkeit der Kosten von Vorsorge- und Folgemaßnahmen bei Rechtsgutverletzungen, NJW 74, 81 ff.
Knodel, Kl.D.	Der Begriff der Gewalt im Strafrecht, München & Berlin 1962.

ders.	Zum Gewaltbegriff in § 249 StGB, JZ 63, 701 ff.
Kohlhaas, M.	Ist das Prellen einer Dirne um den vereinbarten Lohn kein Betrug? Eine Betrachtung zu einem Urteil des BGH, JR 54, 97 f.
ders.	Anm.zu Urt.d.BGH vom 4.5.1956 - 5 StR 86/56, LM (1958) Nr.4 zu § 252 StGB.
ders.	Anm.zu Urt.d.BGH vom 3.7.1958 - 4 StR 208/58, LM (1959) Nr.6 zu § 252 StGB.
ders.	Anm.zu Urt.d.BGH vom 18.12.1964 - 2 StR 461/64, LM (1965) Nr.13 zu § 253 StGB.
ders.	Anm.zu Beschl.d.BGH vom 3.4.1970 - 2 StR 419/69, LM (1970) Nr.1 zu § 244 StGB 1969.
ders.	Anm.zu Urt.d.BGH vom 16.9.1975 - 1 StR 264/75, LM (1975) Nr.1 zu § 22 StGB.
Kohlmann, G.	Steuerstraf- und Steuerordnungswidrigkeitenrecht einschl.Verfahrensrecht (§§ 391-449 AO), Köln-Marienburg, Lief. v.4.6.1974.
Kohlrausch, E.	Vermögensverbrechen und Eigentumsverbrechen, in: Das kommende deutsche Strafrecht, Besonderer Teil. Bericht über die Arbeit der amtlichen Strafrechtskommission, hrsg.von Fr.Gürtner, Berlin 1935 S.297 ff.
ders.	Bem.zu Urt.d.RG vom 23.10.1939 - 3 D 732/39, ZAkDR 1940, 17.
ders.	Strafgesetzbuch mit Erläuterungen und Nebengesetzen, 41.Aufl., bearb.von R. Lange, Berlin 1956; 43.Aufl., bearb. von R.Lange, Berlin 1961.
Kollmann, H.	Die Lehre von der Erpressung nach deutschem Recht, Berlin 1910 (Abhandlungen des kriminalistischen Seminars an der Universität Berlin, N.F. Bd.6 3.Heft).
Kontrollrat	Amtsblatt des Kontrollrats in Deutschland Nr.16 vom 31.Juli 1947, hrsg. vom Alliierten Sekretariat, Berlin.
Kramer, H.	Willkürliche oder kontrollierte Warenhausjustiz, NJW 76, 1607 ff.
Krauth, H., Kurfess, W. & Wulf, H.	Zur Reform des Staatsschutz-Strafrechts durch das Achte Strafrechtsänderungsgesetz, JZ 68, 577 ff.

Krey, V.   Probleme der Nötigung mit Gewalt – dar-
                                gelegt am Beispiel des Fluglotsenstreiks,
                                JuS 74, 418 ff.

ders.   Strafrecht, Besonderer Teil, Bd.2: Ver-
                                mögensdelikte, 2.Aufl., Stuttgart – Ber-
                                lin – Köln – Mainz 1975.

Krüger, R.   Zweifelsfragen zu den Strafbestimmungen
                                des Waffengesetzes, Kriminalistik 68,
                                410 ff.

ders.   Zweifelsfragen zu den waffenrechtlichen
                                Strafbestimmungen in Baden-Württemberg
                                nach der Verordnung des Innenministe-
                                riums vom 5.Juli 1965, Justiz 68, 20 ff.

Krumme, E.   Anm.zu Urt.d.BGH vom 20.12.1951 – 4 StR
                                839/51, LM (1952) Nr.6 zu § 43 StGB.

ders.   Anm.zu Urt.d.BGH vom 21.5.1953 – 4 StR
                                787/52, LM (1953) Nr.7 zu § 249 StGB.

ders.   Anm.zu Urt.d.BGH vom 29.4.1954 – 4 StR
                                837/53, LM (1954) Nr.2 zu § 316 a StGB.

Krumme-Sanders-Mayr   Straßenverkehrsrecht. Kommentar, Stutt-
                                gart – Berlin – Köln – Mainz, 7.Lief.
                                (Oktober 1973).

Küper, W.   Anm.zu Urt.d.BGH vom 30.6.1970 – 1 StR
                                127/70, NJW 70, 2253 f.

ders.   Anm.zu Urt.d.BGH vom 22.12.1971 – 2
                                StR 609/71, NJW 72, 1059 f.

ders.   Zum Raub mit einer "Scheinwaffe" (§ 250
                                I Nr.2 StGB) – BGH, NJW 1976, 248, JuS
                                76, 645 ff.

Küppers, K.   Verdorbene Genüsse und vereitelte Auf-
                                wendungen im Schadensersatzrecht. Eine
                                Untersuchung zur Kommerzialisierungs-
                                these und Frustrationslehre (Beiträge
                                zum Privat- und Wirtschaftsrecht, hrsg.
                                von Prof.Dr.Ernst Klingmüller (u.a.),
                                Heft 29), Karlsruhe 1976.

Lackner, K.   Strafgesetzbuch mit Erläuterungen,
                                4.Aufl., München & Berlin 1967; 6.Aufl.,
                                München 1970; 7.Aufl., München 1972; 8.
                                Aufl., München 1974; 9.Aufl., München
                                1975; 11.Aufl., München 1977.

Lange, R.   Zur Strafrechtsreform, NJW 49, 695 ff.

ders.   Literaturübersicht. Allgemeiner Teil,
                                ZStW Bd.68 (1956) S.599 ff.

ders.   Zur Teilnahme an unvorsätzlicher Haupt-
                                tat, JZ 59, 560 ff.

ders.   Privilegierung des Ladendiebes?, JR 76,
                                177 ff.

Langer, W.   Zum Begriff der "besonderen persönli-
                    chen Merkmale", in: Festschrift für
                    Richard Lange, Berlin - New York 1976
                    S.241 ff.

Larenz, K.   Lehrbuch des Schuldrechts, Bd.1: All-
                    gemeiner Teil, 11.Aufl., München 1976.

ders.   Der Vermögensbegriff im Schadenersatz-
                    recht, in: Festschrift für H.C.Nipper-
                    dey, Bd.I, München & Berlin 1965 S.489
                    ff.

Leipziger Kommentar Kommentar zum Strafgesetzbuch, 8.Aufl.,
                    Bd.2, Berlin 1958; 9.Aufl., Bd.2, Ber-
                    lin - New York 1974 (zit.nach Erschei-
                    nungsdatum der Lieferungen); 10.Aufl.,
                    2.Lieferung (§§ 25-29), bearb.v.Claus
                    Roxin, Berlin - New York 1978; 10.Aufl.,
                    10.Lieferung (§§ 303-330), bearb.von
                    Karl Schäfer, Berlin - New York 1978.

Lenckner, Th.   Zum Problem des Vermögensschadens (§§
                    253, 263 StGB) beim Verlust nichtiger
                    Forderungen. Zugleich eine Besprechung
                    des Urteils des OLG Hamburg vom 8.6.
                    1966 - 1 Ss 97/65, JZ 67, 105 ff.

ders.   Probleme beim Rücktritt des Beteilig-
                    ten, in: Festschrift für Wilhelm Gal-
                    las zum 70.Geburtstag, Berlin - New
                    York 1973 S.281 ff.

Letzgus, Kl.   Vorstufen der Beteiligung. Erschei-
                    nungsformen und ihre Strafwürdigkeit,
                    Berlin 1972 (Strafrechtliche Abhand-
                    lungen N.F.12).

v.Liszt, Fr.   Lehrbuch des Deutschen Strafrechts,
                    21.& 22.Aufl., Berlin & Leipzig 1919;
                    25.Aufl., hrsg.v.Eberhard Schmidt, Ber-
                    lin & Leipzig 1927.

Lobe   Entscheidungen der Strafsenate des
                    Reichsgerichts, I.Strafgesetzbuch,
                    Archiv für Strafrecht und Strafprozeß
                    Bd.69 (1920), 400 f.

Loewenheim, U.   Anm.zu Urt.d.BGH vom 10.3.1972 - 1 ZR
                    160/70, JZ 73, 792 ff.

Löwenstein, S.   Anm.zu Urt.d.RG vom 9.5.1922 - 1 D
                    1733/21, JW 1923, 398.

Lorenz, W.   Entgeltliche und unentgeltliche Ge-
                    schäfte. Eine vergleichende Betrach-
                    tung des deutschen und anglo-amerika-
                    nischen Rechts, in: Ius Privatum
                    Gentium, Festschrift für M.Rheinstein,
                    Bd.II: Nationales und Vergleichendes
                    Privatrecht, hrsg.v.Ernst v.Caemmerer
                    (u.a.), Tübingen 1969 S.547 ff.

Lüderssen, Kl.	Kann gewaltsame Wegnahme von Sachen Erpressung sein?, GA 1968, 257 ff.
Maiwald, M.	Der Begriff der Leichtfertigkeit als Merkmal erfolgsqualifizierter Delikte, GA 1974, 257 ff.
Martin, L.	Anm.zu Urt.d.BGH vom 19.4.1963 - 4 StR 92/63, LM (1963) Nr.19 zu § 249 StGB.
ders.	Anm.zu Urt.d.BGH vom 4.5.1972 - 4 StR 134/72, LM (1972) Nr.3 zu § 244 StGB 1969.
ders.	Zur strafrechtlichen Beurteilung "passiver Gewalt" bei Demonstrationen, in: 25 Jahre Bundesgerichtshof, hrsg. von G.Krüger-Nieland, München 1975 S.211 ff.
Maurach, R.	Deutsches Strafrecht, Allgemeiner Teil. Ein Lehrbuch, 2.Aufl., Karlsruhe 1958; 3.Aufl., Karlsruhe 1965; 4.Aufl., Karlsruhe 1971.
Maurach, R., Zipf, H.	Strafrecht, Allgemeiner Teil, Teilbd.1: Grundlehren des Strafrechts und Aufbau der Straftat. Ein Lehrbuch, 5.Aufl., Heidelberg - Karlsruhe 1977.
Maurach, R.	Deutsches Strafrecht, Besonderer Teil. Systematische Darstellung für Studium und Praxis, Hannover - Darmstadt 1952 (Neue Beiträge zur Rechtswissenschaft).
ders.	Deutsches Strafrecht, Besonderer Teil. Ein Lehrbuch, 4.Aufl., Karlsruhe 1964; 5.Aufl., Karlsruhe 1969, Studienausgabe, Karlsruhe 1971.
ders.	Deutsches Strafrecht, Besonderer Teil, Nachtrag zur 5.Aufl., Stand: 1.4.1970, Karlsruhe 1970.
Maurach, R., Schroeder, Fr.-Chr.	Strafrecht, Besonderer Teil, Teilbd.1: Straftaten gegen Persönlichkeits- und Vermögenswerte. Ein Lehrbuch, 6.Aufl., Heidelberg - Karlsruhe 1977.
Maurach, R.	Deliktscharakter und Auslegung der Notzuchtsbestimmung des § 177 StGB, NJW 61, 1050 ff.
ders.	Anm.zu Urt.d.BGH vom 18.3.1969 - 1 StR 544/68, JR 70, 70 f.
ders.	Anm.zu Urt.d.BayObLG vom 17.9.1971 - RReg 7 St 143/71, JR 72, 345 f.

ders.	Probleme des erfolgsqualifizierten Delikts bei Menschenraub, Geiselnahme und Luftpiraterie, in: Festschrift für Ernst Heinitz, Berlin 1972 S.403 ff.
Mayer, H.	Anm.zu Urt.d.RG vom 26.4.1932 - 1 D 1341/31, JW 1932, 2291 ff.
ders.	Anm.zu Urt.d.RG vom 26.4.1932 - 1 D 1519/31, JW 1932, 3068 f.
ders.	Anm.zu Urt.d.RG vom 8.1.1934 - 2 D 1263/33, JW 1934, 487.
ders.	Strafrecht, Allg.Teil, Stuttgart - Berlin - Köln - Mainz 1967.
Meier, G.	Anm.zu Urt.d.OLG Koblenz vom 13.11. 1975 - 1 Ss 199/75, NJW 76, 584 f.
Meister, H.-G.	Ein Beitrag zur Abgrenzung der Vermögensdelikte, MDR 47, 251 f.
Merkel, A.	Art.Diebstahl und Unterschlagung, in: Handbuch des deutschen Strafrechts, hrsg. von Fr.v.Holtzendorff, Bd.3: Die Lehre von den Verbrechensarten, Berlin 1874.
ders.	Anm.zu Urt.d.RG vom 4.7.1919 - II 162/ 19, JW 1920, 293.
Mertens, H.-J.	Der Begriff des Vermögensschadens im Bürgerlichen Recht, Berlin - Köln - Mainz 1967.
Meurer, D.	Betrug als Kehrseite des Ladendiebstahls? - OLG Koblenz, NJW 1976, 63, JuS 76, 300 ff.
ders.	Die Bekämpfung des Ladendiebstahls, Berlin - New York 1976.
Meurer-Meichsner, D.	Untersuchungen zum Gelegenheitsgesetz im Strafrecht. Zugleich ein Beitrag zu § 316 a StGB, Berlin 1974 (Strafrechtliche Abhandlungen N.F.18).
Meyer, D.	Die Forderung einer "Fangprämie" als Schadensersatz vom ertappten Ladendieb - ein Fall des Betruges zum Nachteil des Diebes? - Bemerkungen zu OLG Koblenz, MDR 1976, 421 (LS) -, MDR 76, 980 ff.
ders.	Abgrenzung der Vorbereitung vom Versuch einer Straftat - BGHSt 26, 201, JuS 77, 19 ff.
Meyer, H.	Lehrbuch des deutschen Strafrechts, neu bearb. von P.Allfeld, 7.Aufl., Leipzig 1912.
Meyer, J.	Kritik an der Neuregelung der Ver-

	suchsstrafbarkeit, ZStW Bd.75 (1963) S.598 ff.
Mezger, E.	Die Suggestion in kriminalpsychologisch-juristischer Beziehung, ZStW Bd.33 (1912) S.847 ff.
ders.	Anm.zu Urt.d.RG vom 1.3.1937 - 2 D 711/36, JW 1937, 1787 f.
ders.	Anm.zu Urt.d.RG vom 16.2.1937 - 1 D 14/37, JW 1937, 1332 f.
ders.	Anm.zu Urt.d.RG vom 22.12.1938 - 3 D 904/38, ZAkDR 1939, 203.
ders.	Anm.zu Urt.d.BGH vom 20.12.1951 - 4 StR 839/51, NJW 52, 514 f.
ders.	Deutsches Strafrecht. Ein Grundriß, 2.Aufl., Berlin 1941.
ders.	Strafrecht. Ein Lehrbuch, 3.Aufl., Berlin & München 1949.
ders.	Strafrecht. Ein Studienbuch, Bes.Teil, 3.Aufl., München & Berlin 1952; 9.Aufl., fortgeführt von H.Blei, München & Berlin 1966.
ders.	Strafrecht I, Allg.Teil, 15.Aufl., fortgeführt von H.Blei, München 1973.
Mittelbach	Anm.zu Urt.d.BGH vom 21.4.1959 - 5 StR 75/59, JR 59, 345 f.
Mohrbotter, K.	Zur mitbestraften Vortat bei Raub und Erpressung, GA 1968, 112 ff.
ders.	Anm.zu Urt.d.OLG Hamburg vom 7.12.1973- 2 Ss 209/73, JZ 75, 102.
ders.	Grenzen des Vermögensschutzes beim Betrug, GA 1975, 41 ff.
Mühlmann, E. & Bommel, G.	Das Strafgesetzbuch, anhand der höchstrichterlichen Rechtsprechung für die Praxis erläutert, Regensburg 1949.
Müller, B.	Schadensersatz wegen Vorsorgekosten beim Ladendiebstahl, NJW 73, 358 f.
Müller-Dietz, H. & Backmann, L.E.	Der "mißglückte" Überfall, JuS 71, 412 ff.
Müller-Dietz, H.	Zur Entwicklung des strafrechtlichen Gewaltbegriffs. Ein Beispiel für den Wandel von Rechtsauslegung und Rechtsanwendung, GA 1974, 33 ff.
Müller-Engelmann, K.P.	Der Raub. Zur Kriminologie und strafrechtlichen Regelung dieser Deliktstypen unter besonderer Berücksichtigung der Geschichte und der Kriminalistik, Diss.Frankfurt a.M. 1973.

Naucke, W.	Empfiehlt es sich, in bestimmten Bereichen der kleinen Eigentums- und Vermögenskriminalität, insbesondere des Ladendiebstahls, die strafrechtlichen Sanktionen durch andere, zum Beispiel zivilrechtliche Sanktionen abzulösen, gegebenenfalls durch welche?, Gutachten für den 51.Deutschen Juristentag (Strafrechtliches Teilgutachten), in: Verhandlungen des Deutschen Juristentages Stuttgart 1976, 51, 1, D, München 1976.
Niederländer, H.	Schadensersatz bei Aufwendungen des Geschädigten vor dem Schadensereignis, JZ 60, 617 ff.
ders.	Anm.zu Urt.d.BGH vom 3.2.1961 - VI ZR 178/59, JZ 61, 422.
Niese, W.	Die Rechtsprechung des Bundesgerichtshofs in Strafsachen (Bd.1 und 2 der Amtlichen Sammlung - Entscheidungen zum StGB), JZ 53, 173 ff.
ders.	Die Rechtsprechung des Bundesgerichtshofs in Strafsachen (Bd.6-9 der Amtlichen Sammlung - Entscheidungen zum materiellen Strafrecht), JZ 57, 658 ff.
ders.	Die Rechtsprechung des Bundesgerichtshofs in Strafsachen. II.Bes.Teil (Bd.6-10 der Amtlichen Sammlung - Entscheidungen zum materiellen Strafrecht), JZ 60, 356 ff.
ders.	Streik und Strafrecht, Tübingen 1954.
Niethammer, E.	Anm.zu Urt.d.BadOLG Freiburg vom 5.6.1946 - Ss 3/46, DRZ 1946, 62.
ders.	Lehrbuch des Besonderen Teils des Strafrechts, Tübingen 1950.
Nipperdey, H.C.	Das Recht des Streiks in Deutschland, SJZ 1949 Sp.811 ff.
Nüse, K.-H.	Zum Dritten Strafrechtsänderungsgesetz (Strafrechtsbereinigungsgesetz), JR 53, 277 ff.
Oertmann, P.	Aneignung von Bestandteilen einer Leiche, LZ 1925, 511 ff.
v.Olshausen, J.	Kommentar zum Strafgesetzbuch für das Deutsche Reich, 11.Aufl., Zweiter Band, Berlin 1927; 12.Aufl., 3.Lieferung, Berlin 1944.
Ostendorf, H.	Der Vermögensbegriff im Bereicherungs- und Schadensrecht, BB 73, 822 ff.

| Ott, S. | Demonstrationsfreiheit und Strafrecht, NJW 69, 454 ff. |

Ott, S. — Demonstrationsfreiheit und Strafrecht, NJW 69, 454 ff.

Otto, H. — Zur Abgrenzung von Diebstahl, Betrug und Erpressung bei der deliktischen Verschaffung fremder Sachen, ZStW Bd.79 (1967) S.59 ff.

ders. — Die Struktur des strafrechtlichen Vermögensschutzes, Berlin 1970.

ders. — Zur Abgrenzung der Vorbereitung vom Versuch, NJW 76, 578 f.

Palandt, O. — Bürgerliches Gesetzbuch, 17.Aufl., München & Berlin 1958; 34.Aufl., München 1975; 35.Aufl., München 1976; 36.Aufl., München 1977.

Paulus, R. — Der strafrechtliche Begriff der Sachzueignung, Neuwied & Berlin 1968.

Pelchen — Anm.zu Urt.d.BGH vom 14.3.1972 - 5 StR 54/72, LM (1972) Nr.5 zu § 316 a StGB 1969.

ders. — Anm.zu Urt.d.BGH vom 18.5.76 - 1 StR 146/76, LM (1976) Nr.1 zu § 253 StGB 1975.

Petters-Preisendanz — Strafgesetzbuch. Lehrkommentar mit Erläuterungen und Beispielen, 29.Aufl., Berlin 1975; 30.Aufl., hrsg.v.Preisendanz, Berlin 1978.

Pfeiffenberger, O. — Anm.zu Urt.d.RG vom 3.3.1930 - 2 D 1421/29, JW 1930, 2958 f.

Pfeiffer, G. - Maul, H. - Schulte, B. — Strafgesetzbuch. Kommentar an Hand der Rechtsprechung des Bundesgerichtshofes, Essen 1969.

Potrykus, G. — Waffenrecht. Waffengesetz mit Durchführungsverordnungen und Kriegswaffenkontrollgesetz, 3.Aufl., München 1977 (Beck'sche Kurz-Kommentare Bd.35).

Preuß, M. — Vertragsbruch als Delikt im anglo-amerikanischen Recht. Die Entwicklungsgeschichte der Zweispurigkeit des Haftungsrechts und ihr Einfluß auf die Ersatzfähigkeit von Vermögensschäden, Heidelberg 1977.

Puppe, I. — Vermögensverfügung und Vermögensschaden bei Eingehung unwirksamer Verbindlichkeiten, MDR 73, 12 f.

Rasch, H. — Grenzen des Streikrechts, BB 74, 1217 ff.

Ratz, M.	Juristische Methodik und Vorverständnis in der Rechtsprechung des Bundesgerichtshofs zum strafrechtlichen Gewaltbegriff, Diss.Köln 1976.
v.Rechenberg, Frh.	Besitz von Waffen und Einbruchswerkzeug als besonderer strafbarer Tatbestand, Archiv für Kriminologie (Kriminalanthropologie und Kriminalistik) Bd. 91 (1932) S.68 f.
Reich, N.	Abzahlungsrecht und Verbraucherschutz. Die Neuerungen der 2.Novelle zum Abzahlungsgesetz und ihre Auswirkungen auf die Struktur des Abzahlungsgeschäfts, JZ 75, 550 ff.
Reiß, G.	Die Bestrafung der Wiederholungstäter gemäß § 17 StGB, Rpfleger 74, 295 ff.
RGRK-BGB	Das Bürgerliche Gesetzbuch mit besonderer Berücksichtigung der Rechtsprechung des Reichsgerichts und des Bundesgerichtshofes. Kommentar hrsg. von Mitgliedern des Bundesgerichtshofes, 12.Aufl., Berlin & New York 1974 (zit.nach Erscheinungsjahr der Lieferung).
Roth-Stielow, Kl.	Die gesetzwidrige Ausweitung des § 316 a StGB, NJW 69, 303 f.
Roxin, Cl.	Verwerflichkeit und Sittenwidrigkeit als unrechtsbegründende Merkmale im Strafrecht, JuS 64, 373 ff.
ders.	Täterschaft und Tatherrschaft, 2.Aufl., Hamburg 1967.
ders.	Ein "neues Bild" des Strafrechtssystems, ZStW Bd.83 (1971) S.369 ff.
ders.	Über den Rücktritt vom unbeendeten Versuch, in: Festschrift für E.Heinitz, Berlin 1972, 251 ff.
ders.	Anm.zu Urt.d.OLG Koblenz vom 7.5.1975 - 1 Ss 55/75, JR 76, 71 ff.
Roxin, Cl. - Stree, W. - Zipf, H. - Jung, H.	Einführung in das neue Strafrecht, München 1974 (JuS-Schriftenreihe Heft 30).
Rudolphi, H.-J.	Der Begriff der Zueignung, GA 1965, 33 ff.
ders.	Strafbarkeit der Beteiligung an den Trunkenheitsdelikten im Straßenverkehr, GA 1970, 353 ff.
ders.	Anm.zu Beschl.d.BGH vom 15.7.1975 - 4 StR 201/75, JR 76, 74 f.
Rudolphi, H.-J. - Horn, E. - Samson, E. - Schreiber, H.-L.	Systematischer Kommentar zum Strafge-

	setzbuch, Bd.1: Allgemeiner Teil (§§ 1 - 79 b), 1.Aufl., Frankfurt a.M. 1975; 2. Aufl., Frankfurt a.M. 1977.
Rusam, R.	Der räuberische Angriff auf Kraftfahrer, Diss.München 1960.
Rust, P.	Ladendiebstahl und Selbstjustiz, Diss. Zürich 1972.
Salger, H.	Anm.zu Urt.d.BGH vom 4.5.1956 - 5 StR 86/56, NJW 56, 1165.
ders.	Anm.zu Urt.d.BGH vom 8.6.1956 - 2 StR 206/56, MDR 56, 690 f.
Sauer, W.	System des Strafrechts, Besonderer Teil, Köln - Berlin 1954.
Schaffstein, Fr.	Zur Abgrenzung von Diebstahl und Gebrauchsanmaßung, insbesondere beim Kraftfahrzeugdiebstahl, GA 1964, 97 ff.
Schaudwet, M.	Die Kraftfahrzeugentwendung in der Rechtsprechung, JR 65, 413 ff.
Schinnerer, E.	Diebstahl und Larceny. Eine rechtsvergleichende Studie, ZStW Bd.57 (1938) S.346 ff.
Schmidhäuser, E.	Strafrecht, Allgemeiner Teil, 2.Aufl., Tübingen 1975.
Schmidt, E.	Verfassungskonforme Auslegung des § 116 StGB?, JR 68, 321 ff.
ders.	Anm.zu Urt.d.BayObLG vom 26.11.1968 - RReg 4 a St 138/68, JZ 69, 395 f.
Schmidt, J.	Vorsorgekosten und Schadensbegriff, JZ 74, 73 ff.
Schmidt-Salzer, J.	Der Anspruch auf Zahlung eines Nutzungsentgelts wegen entgangener Gebrauchsvorteile, BB 1970, 15 ff.
Schneider, A.	Anm.zu Urt.d.BGH vom 6.5.1971 - 4 StR 114/71, NJW 71, 1663.
Schnellenbach, H.	Anm.zu Urt.d.BGH vom 5.7.1960 - 5 StR 80/60, NJW 60, 2154.
Schnitzer, A.F.	Vergleichende Rechtslehre, Bd.2, 2.Aufl., Basel 1961.
Schönke, A.	Strafgesetzbuch. Kommentar, 6.Aufl., München & Berlin 1952.
Schönke - Schröder	Strafgesetzbuch. Kommentar, 10.Aufl., München 1961; 11.Aufl., München 1963; 13.Aufl., München 1967; 16.Aufl., München 1972; 17.Aufl., München 1974; 18. Aufl., München 1976; 19.Aufl., München 1978.

Schönke - Schröder	Drittes Gesetz zur Reform des Strafrechts. Die Demonstrationsnovelle mit zehntem Strafrechtsänderungsgesetz und Straffreiheitsgesetz 1970, München 1970.
Scholz, F.J.	Die zweite Novelle zum Abzahlungsgesetz (I), MDR 74, 881 ff.
Schreiber, E.	Die Erpressung im geltenden deutschen Strafrecht. Mit einem rechtsvergleichenden Überblick, Diss.Würzburg 1950.
Schröder, H.	Zur Abgrenzung der Vermögensdelikte, SJZ 50, 94 ff.
ders.	Sicherungsbetrug und Sicherungserpressung, MDR 50, 398 ff.
ders.	Streik und Strafrecht (Gutachten), BB 53, 1015 ff.
ders.	Rechtswidrigkeit und Irrtum bei Zueignungs- und Bereicherungsabsicht, DRiZ 56, 69 ff.
ders.	Über die Abgrenzung des Diebstahls von Betrug und Erpressung, ZStW Bd.60 (1941) S.33 ff.
ders.	Anm.zu Urt.d.BGH vom 12.1.1962 - 4 StR 346/61, JR 62, 347 f.
ders.	Grenzen des Vermögensschadens beim Betrug, NJW 62, 721 f.
ders.	Anm.zu Beschl.d.BGH vom 19.6.1963 - 4 StR 132/63, JZ 64, 30 f.
ders.	Zum Vermögensbegriff bei Betrug und Erpressung. Zugleich Besprechung des Urt. d.BGH vom 18.12.1964 - 2 StR 461/64, JZ 65, 513 ff.
ders.	Anm.zu Urt.d.KG I.StS vom 20.4.1966 - (I) I Ss 15/66 (20/66), JR 66, 393.
ders.	Anm.zu Urt.d.HansOLG Hamburg vom 8.6. 1966 - 1 Ss 97/65, JR 66, 471 ff.
ders.	Grundprobleme des § 49 a StGB, JuS 67, 289 ff.
ders.	Anm.zu Urt.d.OLG Köln vom 27.1.1967 - Ss 586/66, NJW 67, 1335.
ders.	Anm.zu Urt.d.OLG Celle vom 16.3.1967 - 1 Ss 10/67, JR 67, 390 ff.
ders.	Anm.zu Urt.d.BGH 5.StS vom 29.8.1967 - 5 StR 372/67, JR 68, 68.
ders.	Anm.zu Beschl.d.BGH vom 3.4.1970 - 2 StR 419/69, JR 70, 388 f.
ders.	Anm.zu Urt.d.BGH vom 6.5.1971 - 4 StR 114/71, JR 71, 382 f.

Bad Homburger Tagung vom 23.11.1968, Stgt.Ztg. v.25.11.1968.

Kampagne gegen Ladendiebstähle. Der Handel in Philadelphia greift zu Öffentlichkeitsarbeit, FAZ Nr.111 v.15.5.1972.

Ladendiebstahl - ein Wohlstandsdelikt, SZ Nr.103 v.6.5.1975.

Räuberische Ausnahme diebischer Bandenmässigkeit, NZZ Fernausg. Nr.45 v.25.2.1976.

Ladendieb als Plagegeist, Kurier v.20.3.1976.

Ladendieb zahlt auch Fangprämie, Stgt.Ztg. v.5.5.1977.

Mit Gaspistole verletzt, Stgt.Ztg. v.31.10.1977.

Hill, R.: Diebstahl nach der Einkaufsliste, Stgt.Ztg. v.7.1. 1978.

Terror - die unheimlichste Form der Gewaltverbrechen, NZZ Fernausg.Nr.280 v.2.12.1978.

BayObLGSt	Entscheidungen des Bayerischen Obersten Landesgerichts in Strafsachen, Neue Folge
BGE	Entscheidungen des schweizerischen Bundesgerichts (Amtliche Sammlung)
BGHSt	Entscheidungen des Bundesgerichtshofes in Strafsachen (Amtliche Sammlung)
BGPr	Die Praxis des Bundesgerichts (Entscheidungen des schweizerischen Bundesgerichts)
DRspr	Deutsche Rechtsprechung
EvBl	Evidenzblatt der Rechtsmittelentscheidungen, in: Österreichische Juristen-Zeitung
GRUR	Gewerblicher Rechtsschutz und Urheberrecht
HESt	Höchstrichterliche Entscheidungen. Sammlung von Entscheidungen der Oberlandesgerichte in Strafsachen
HRR	Höchstrichterliche Rechtsprechung
Jura-Rechtsprechungs-kartei	Rechtsprechungskartei der Zeitschrift Jura - Juristische Ausbildung
LM	Nachschlagewerk des Bundesgerichtshofes von Lindenmaier-Möhring
OGHSt(BrZ)	Entscheidungen des Obersten Gerichtshofes für die Britische Zone in Strafsachen
OLGSt	Entscheidungen der Oberlandesgerichte zum Straf- und Strafverfahrensrecht
ÖJZ-LSK	Österreichische Juristenzeitung - Leitsatzkartei
RGR	Rechtsprechung des Reichsgerichts in Strafsachen
RGSt	Entscheidungen des Reichsgerichts in Strafsachen (Amtliche Sammlung)
RMG	Entscheidungen des Reichsmilitärgerichts
Sch	Schulze, Entscheidungssammlung zum Urheberrecht
UFITA	Archiv für Urheber-, Film-, Funk- und Theaterrecht
VRS	Verkehrsrechts-Sammlung. Entscheidungen aus allen Gebieten des Verkehrsrechts

I. Deutsche Abkürzungen

1.Periodika und Zeitungen

BB	Der Betriebsberater
DAR	Deutsches Autorecht
DB	Der Betrieb
DJ	Deutsche Justiz
DR	Deutsches Recht, Wochenausgabe
DRZ	Deutsche Rechts-Zeitschrift
DRiZ	Deutsche Richterzeitung
FAZ	Frankfurter Allgemeine Zeitung
GA	Goltdammer's Archiv, zit.vor 1953 nach Bänden, danach nach Jahrgängen
HannRpfl	Hannoversche Rechtspflege
JA	Juristische Arbeitsblätter
JMBlNRW	Justizministerialblatt für das Land Nordrhein-Westfalen
JR	Juristische Rundschau
JW	Juristische Wochenschrift
JZ	Juristenzeitung
Jur.Bl.	Juristische Blätter
JuS	Juristische Schulung
Justiz	Die Justiz. Amtsblatt des Justizministeriums von Baden-Württemberg
LZ	Leipziger Zeitschrift
MDR	Monatsschrift für Deutsches Recht
NJW	Neue Juristische Wochenschrift
NdsRpfl	Niedersächsische Rechtspflege
NZZ	Neue Züricher Zeitung
ÖJZ	Österreichische Juristenzeitung
r + s	Recht und Schaden
Recht	Das Recht
Rpfleger	Der Deutsche Rechtspfleger
SZ	Süddeutsche Zeitung
SchlHA	Schleswig-Holsteinische Anzeigen
SchwZStR/RPS	Schweizerische Zeitschrift für Strafrecht / Revue Pénale Suisse
Stgt.Ztg.	Stuttgarter Zeitung
VerkMitt	Verkehrsrechtliche Mitteilungen
VersR	Versicherungsrecht
ZAkDR	Zeitschrift der Akademie für Deutsches Recht
ZStW	Zeitschrift für die gesamte Strafrechtswissenschaft

2.Gesetze, Rechtsinstitutionen etc.

AG	Amtsgericht
AO	Abgabenordnung
BGB	Bürgerliches Gesetzbuch
BGBl.I	Bundesgesetzblatt Teil I
BGH	Bundesgerichtshof
BR-Dr.	Bundesrats-Drucksache
BT-Dr.	Bundestags-Drucksache
BVerfG	Bundesverfassungsgericht
GEMA	Gesellschaft für musikalische Aufführungs- und mechanische Vervielfältigungsrechte
KG	Kammergericht
LG	Landgericht
LK	Strafgesetzbuch. Leipziger Kommentar
öst.OGH	Österreichischer Oberster Gerichtshof
OLG	Oberlandesgericht
RGBl.I	Reichsgesetzblatt Teil I
RegE	Regierungsentwurf
SG	Sondergericht
StÄG	Strafrechtsänderungsgesetz
StGB	Strafgesetzbuch
StGBE	Strafgesetzbuch-Entwurf
StPO	Strafprozeßordnung

3.Allgemeine Abkürzungen

a.A.	anderer Ansicht
a.a.O.	am angeführten Ort
Abs.	Absatz
Anm.	Anmerkung
Aufl.	Auflage
Beschl.	Beschluß
bzw.	beziehungsweise
d.h.	das heißt
ders.	derselbe
Diss.	Dissertation
etc.	et cetera
f.(ff.)	folgende Seite(n)
FS	Festschrift
Hrsg.	Herausgeber
hrsg.	herausgegeben
i.d.F.	in der Fassung
Nr.	Nummer
S.	Seite
Sp.	Spalte
Urt.	Urteil
vgl.	vergleiche
zit.	zitiert

II. Englische Abkürzungen

1.Periodika

C.L.J.	Cambridge Law Journal
C.L.Pr.	Current Legal Problems
Col.L.Rev.	Columbia Law Review
Crim.L.R.	Criminal Law Review
Drake L.Rev.	Drake Law Review
Ga.J.Int'l & Comp.L.	Georgia Journal of International and Comparative Law
Int.& Comp.L.Q.	International and Comparative Law Quarterly
J.Cr.L.Crim.& Pol.Sc.	Journal of Criminal Law, Criminology and Police Science
L.Q.R.	Law Quarterly Review
M.L.R.	Modern Law Review
Tenn.L.Rev.	Tennessee Law Review

2.Allgemeine Abkürzungen

ed.	edition
edit.	edited
et seq.	et sequentes = and those that follow
n.d.	no date
op.cit.	opere citato = in the work cited
p.	page
R.	rex = king, regina = queen
Repl.	Replacement
Supp.	Supplement
v.	versus = against
vol.	volume